Die Entwicklung der Differenzierung der Unternehmensberichterstattung in Deutschland und Großbritannien

Europäische Hochschulschriften
Publications Universitaires Européennes
European University Studies

Reihe V
Volks- und Betriebswirtschaft

Série V Series V
Sciences économiques, gestion d'entreprise
Economics and Management

Bd./Vol. 3068

PETER LANG
Frankfurt am Main · Berlin · Bern · Bruxelles · New York · Oxford · Wien

Brigitte Eierle

Die Entwicklung der Differenzierung der Unternehmensberichterstattung in Deutschland und Großbritannien

Ansatzpunkte für die Diskussion der zukünftigen Gestaltung der Abschlusserstellung nicht kapitalmarktorientierter Unternehmen in Deutschland

PETER LANG
Europäischer Verlag der Wissenschaften

Bibliografische Information Der Deutschen Bibliothek
Die Deutsche Bibliothek verzeichnet diese Publikation in der Deutschen Nationalbibliografie; detaillierte bibliografische Daten sind im Internet über <http://dnb.ddb.de> abrufbar.

ISSN 0531-7339
ISBN 3-631-52457-9

www.peterlang.de

Geleitwort

Die Verordnung (EG) Nr. 1606/2002 „betreffend die Anwendung internationaler Rechnungslegungsstandards" vom 19. Juli 2002 (kurz: „IAS-Verordnung") schuf die Basis für eine neue Ära der Harmonisierung der Rechnungslegung innerhalb der Europäischen Union (EU). Sie etablierte nicht nur eine Standardisierung der Konzernabschlussnormen von innerhalb der EU ansässigen kapitalmarktorientierten Unternehmen durch die verbindliche Vorschrift der Anwendung der International (Accounting) Financial Reporting Standards (IAS/IFRS) ab 1. Januar 2005, sondern aus ihr resultiert für jeden Mitgliedstaat auch die Herausforderung, zu entscheiden, inwieweit und innerhalb welches Zeithorizonts, die bestehenden nationalen Rechnungslegungsnormen für nicht kapitalmarktorientierte Unternehmen (bzw. für die Einzelabschlüsse kapitalmarktorientierter Unternehmen) an die IAS/IFRS angepasst und nach welchen Kriterien sowie in welchem Umfang die Rechnungslegungsnormen differenziert werden sollen.

Ausgehend von der wissenschaftlichen Erkenntnis, dass Rechnungslegungsnormen Resultate gesellschaftlicher Konventionen und Kompromisse sind, die im wesentlichen von den herrschenden Umweltbedingungen und politisch bestehenden Überzeugungen, Zielen bzw. Prioritäten beeinflusst werden, die allesamt im Zeitablauf Veränderungen unterliegen, nimmt Frau Eierle diesen aktuellen Hintergrund zum Anlass, die Entwicklung der Differenzierung der Rechnungslegung in Deutschland von den Anfängen des Handelsgesetzbuches bis zum TransPuG historisch aufzuzeigen und die Veränderung der Differenzierungskriterien und -dimensionen strukturiert herauszuarbeiten. Da in der Rechtshistorie immer wieder Konzepte aus anderen Ländern übernommen wurden und gemäß der Intention der EU-Kommission die Mitgliedstaaten sich bei der Adaptation des nationalen Rechts an die IAS/IFRS gegenseitig befruchten sollten, um konvergente und vergleichbare nationale Lösungen zu erreichen, betrachtet und analysiert Frau Eierle auch ausführlich die Entwicklung der Differenzierung der Rechnungslegung in Großbritannien. Dies nicht zuletzt deshalb, weil dies der einzige Mitgliedstaat ist, in dem vor wenigen Jahren ein Differenzierungskonzept installiert wurde, das Potenzial besitzt, dem IASB sowie anderen Mitgliedstaaten als Modell für die Entwicklung von Rechnungslegungsstandards für „*Small and Medium-Sized Entities*" zu dienen.

Die Arbeit von Frau Eierle liefert einen klar strukturierten Einblick in die Komplexität der Differenzierung von Rechnungslegungslegungsnormen. Als wesentliche Differenzierungskriterien charakterisiert sie die Rechtsform, die Unternehmensgröße, die Kapitalmarktorientierung sowie die Struktur von wirtschaftlichen Einheiten. Anhand ihrer detaillierten historischen Analyse arbeitet sie deutlich heraus, dass all diese Kriterien in der Vergangenheit sowohl in Deutschland als auch – mit Ausnahme der Struktur von wirtschaftlichen Einheiten – in Großbritannien Verwendung fanden, dass deren Bedeutung in den beiden Ländern jedoch bis heute unterschiedlich ist und sich über die Zeit hinweg auch in jedem Land beträchtlich gewandelt hat. Während z. B. die Kapitalmarktorientierung in Deutschland seit 1998 zunehmend an Bedeutung gewinnt, stellt sie in Großbritannien kein maßgebliches Differenzierungskriterium dar.

Am Ende der Arbeit entwickelt die Autorin aus den in ihren historischen und länderspezifischen Analysen gewonnenen Erkenntnissen einen Vorschlag für die Neugestaltung der Rechnungslegung in Deutschland. Unter Abwägung von Nutzen- und Kostenargumenten und der Voraussetzung, dass das IASB ein dem britischen Modell entsprechendes Konzept der Etablierung von Rechnungslegungsstandards für „*Small and Medium-Sized Entities*" in naher Zukunft entwickelt, unterbreitet Frau Eierle einen Vorschlag zur Differenzierung der Rechnungslegung in Deutschland, der auf eine Übernahme der IAS/IFRS für alle Unternehmen sowohl im Konzern- als auch Einzelabschluss abzielt.

Das vorliegende Buch stellt einen äußerst nützlichen Beitrag zur aktuell stattfindenden Diskussion um die Weiterentwicklung bzw. Neukonzeption der Rechnungslegungsnormen in Deutschland dar. Es enthält eine gekonnte und detaillierte Strukturierung der Thematik der Differenzierung der Rechnungslegung und gibt einen hervorragenden Einblick und Überblick über die historische Entwicklung der Differenzierung der Rechnungslegungsnormen sowie der hierfür relevanten Parameter und Kriterien sowohl in Deutschland als auch in Großbritannien. Nicht zuletzt die Analyse der britischen Historie schafft in ihrer Tiefe und Detailliertheit einen wesentlichen Informations- und Erkenntnisgewinn für den deutschsprachigen Leserkreis und trägt somit zu einem besseren Verständnis von bestehenden Unterschieden und Harmonisierungshemmnissen in der EU bei. Der am Ende der Arbeit entwickelte und wohl begründete Vorschlag zur weitgehenden Anwendung der IAS/IFRS in Deutschland ist aufgrund seiner Progressivität eine Herausforderung für den Gesetzgeber sowie die Unternehmenspraxis.

Linz, im Februar 2004 Univ.-Prof. Dr. Axel Haller

Vorwort

Durch die im Juli 2002 verabschiedete Verordnung (EG) Nr. 1606/2002 „betreffend die Anwendung internationaler Rechnungslegungsstandards“ der Europäischen Union erlangt die Thematik der Differenzierung von Rechnungslegungsnormen eine völlig neue Dynamik und Aktualität. Sie erzwingt nicht nur eine Standardisierung der Konzernabschlusserstellung für alle in der EU ansässigen kapitalmarktorientierten Mutterunternehmen, sondern wirft gleichzeitig die Frage auf, ob auch nicht kapitalmarktorientierte Unternehmen künftig ihren Abschluss nach internationalen Rechnungslegungsstandards aufstellen sollen, bzw. in welchem Umfang und nach welchen Kriterien eine Differenzierung der anzuwendenden Rechnungslegungsnormen erforderlich ist. An diese Fragestellung knüpft die vorliegende Arbeit an und setzt sich eingehend mit der Thematik der Differenzierung der externen Unternehmensberichterstattung auseinander. Auf Basis einer historischen Analyse der Entwicklung der Differenzierung der Rechnungslegung in Deutschland sowie einer Untersuchung des in Großbritannien bereits implementierten Differenzierungssystems werden erste Ansatzpunkte für eine mögliche Neukonzeption der externen Rechnungslegung in Deutschland entwickelt. Unter der Voraussetzung, dass das *International Accounting Standards Board* in Anlehnung an das britische Differenzierungsmodell einen hinsichtlich Anwendung und Informationspflichten vereinfachten „*International Financial Reporting Standard for Smaller Entities*“ erarbeitet, wird unter Abwägung von Kosten und Nutzen für alle zur Jahres-/Konzernabschlusserstellung verpflichteten Unternehmen grundsätzlich eine IAS/IFRS-basierte Rechnungslegung empfohlen.

Die vorliegende Arbeit entstand während meiner Tätigkeit als wissenschaftliche Mitarbeiterin an der Universität zu Köln sowie der Johannes Kepler Universität Linz und wurde im September 2003 von der Sozial- und Wirtschaftswissenschaftlichen Fakultät der Johannes Kepler Universität Linz als Dissertationsschrift angenommen.

Es ist mir ein großes Anliegen, an dieser Stelle all jenen zu danken, die mich bei der Entstehung dieser Arbeit persönlich begleitet und gefördert haben. Ganz besonders danken möchte ich meinem akademischen Lehrer und Doktorvater, Herrn Prof. Dr. Axel Haller, für das offene und kollegiale Klima, das er an seinem Institut pflegt, für die engagierte und motivierende wissenschaftliche Betreuung dieser Dissertation sowie für seine große persönliche Unterstützung und die Förderung meiner akademischen Arbeit. Frau Elisabeth Evans, MA, PhD, CA danke ich für die Übernahme des Zweitgutachtens, die rasche Begutachtung der Dissertationsschrift sowie ihre vielfältigen konstruktiven Anregungen.

Ferner gilt mein Dank auch dem Sparkassen-Forschungsinstitut Linz für die finanzielle Unterstützung dieser Dissertation. Durch die gewährte Forschungsförderung wurden mir unter anderem Forschungsaufenthalte an der University of Edinburgh und an der Kingston University ermöglicht. Der regelmäßige Meinungsaustausch mit ausländischen Kollegen/innen war nicht nur fachlich, sondern auch persönlich sehr bereichernd und für die Umsetzung meiner Arbeit unverzichtbare Voraussetzung. Für die großartige Unterstützung meiner Forschungsarbeiten sowie die vielfältigen Hinweise, Anmerkungen und Erläuterungen danke ich in diesem Zusammenhang vor allem Dr. J. Collis (Kingston University), Prof. R. Jarvis und R. Martin (beide Association of Chartered Certified Accountants), D. Moore (Canadian Institute of Chartered Accountants) sowie Prof. P. Walton (ESSEC). Bei Frau Dr. J. Collis möchte ich mich außerdem für ihre von Herzlichkeit geprägte Gastfreundschaft während meines Forschungsaufenthaltes an der Kingston University nochmals besonders bedanken.

Darüber hinaus danke ich Herrn Dipl.-Kfm. K. Kunzelmann für die freundschaftliche und kollegiale Zusammenarbeit während unserer gemeinsamen Assistententätigkeit an der Universität zu Köln sowie meinen ehemaligen und jetzigen Kollegen/innen am Institut für Unternehmensrechnung und Wirtschaftsprüfung der Johannes Kepler Universität Linz. Mein besonderer Dank gilt Frau MMag. S. Reitbauer für ihre stets vorhandene Hilfsbereitschaft sowie Herrn Mag. D. Permanschlager für die freundschaftliche Unterstützung bei der Korrektur des Manuskripts. Für die Übernahme von Korrekturlesearbeiten danke ich vor allem Frau A. Stoyer und U. Bachl. Eine große Hilfe in organisatorischen Angelegenheiten war mir außerdem Frau V. Gebauer während ihrer Vertretung als Institutssekretärin.

Mein herzlicher Dank gilt außerdem meiner Schwester Sabine für ihre unermüdlichen Aufmunterungen sowie meinen Eltern, die mich auf meinem Ausbildungsweg immer unterstützten und durch ihre Erziehung den Grundstein für meine berufliche Entwicklung legten. Herrn Dipl. oec. S. Steib danke ich für die zahlreichen fachlichen Diskussionen und insbesondere für seine große moralische Unterstützung. Sein Verständnis und Zuspruch in schwierigen Phasen der Erstellung der Arbeit haben maßgeblich zum erfolgreichen Abschluss meiner Promotion beigetragen. Ihm widme ich deshalb diese Arbeit.

Linz, im Februar 2004 Brigitte Eierle

Inhaltsverzeichnis

Abkürzungsverzeichnis

AAPA	Association of Authorised Public Accountants
Abb.	Abbildung
Abl.	Amtsblatt
ACCA	Association of Chartered Certified Accountants
ADHGB	Allgemeines Deutsches Handelsgesetzbuch
AER	Audit exemption report
AG	Aktiengesellschaft
AIM	Alternative Investment Market
AktG	Aktiengesetz
AN	Arbeitnehmer
Art.	Artikel
ASB	Accounting Standards Board
ASC	Accounting Standards Committee
Bearb.	Bearbeiter(in)
BiRiLiG	Bilanzrichtlinien-Gesetz
bzw.	beziehungsweise
CA	Companies Act
CAA	Capital Allowances Act
CASE	Committee on Accounting for Smaller Entities
CCAB	Consultative Committee of Accountancy Bodies
CDU	Christlich-Demokratische Union (Deutschlands)
CESR	Committee of European Securities Regulators
CGAA	Co-ordinating Group on Audit and Accounting Issues
CICA	Canadian Institute of Chartered Accountants
CIMA	Chartered Institute of Management Accountants
CIPFA	Chartered Institute of Public Finance and Accountancy
CLRC	Company Law and Reporting Commission
Cmnd.	Command
Co.	Kompanie
DAI	Deutsches Aktieninstitut
d. h.	das heißt

DM	Deutsche Mark
Dr.	Doktor
DRS	Deutscher Rechnungslegungsstandard
DRSC	Deutsches Rechnungslegungs Standards Committee
DSR	Deutscher Standardisierungsrat
DTI	Department of Trade and Industry
E	Entwurf
Ecu	European Currency Unit
EFRAG	European Financial Reporting Advisory Group
EG	Europäische Gemeinschaft
EStG	Einkommensteuergesetz
et al.	et altera
etc.	et cetera
EU	Europäische Union
EuGH	Europäischer Gerichtshof
Euro-EG	Euro-Einführungsgesetz
e. V.	eingetragener Verein
evtl.	eventuell
EWG	Europäische Wirtschaftsgemeinschaft
EWGV/EGV	Vertrag zur Gründung der Europäischen Wirtschaftsgemeinschaft
EWR	Europäischer Wirtschaftsraum
f.	folgende
F	Framework
FASB	Financial Accounting Standards Board
FEE	Fédération des Experts Comptables Européens
ff.	fortfolgende
Fifo	first in – first out
Fn.	Fußnote
FRC	Financial Reporting Council
FRED	Financial Reporting Exposure Draft
FRRP	Financial Reporting Review Panel
FRS	Financial Reporting Standard(s)
FRSSE	Financial Reporting Standard for Smaller Entities
FSOSIC	Financial Sector and Other Special Industries Committee
FTSE 100	Financial Times-Stock Exchange 100 Share Index

GAAP	Generally Accepted Accounting Principles
GbR	Gesellschaft bürgerlichen Rechts
GEFIU	Gesellschaft für Finanzwirtschaft in der Unternehmensführung e. V.
GenG	Genossenschaftsgesetz
ggf.	gegebenenfalls
GmbH	Gesellschaft mit beschränkter Haftung
GmbHG	Gesetz betreffend die GmbH
GoB	Grundsätze ordnungsmäßiger Buchführung
GuV	Gewinn und Verlust
h.c.	honoris causa
HGB	Handelsgesetzbuch
HMSO	Her Majesty's Stationery Office
Hrsg.	Herausgeber
hrsg.	herausgegeben
IAASB	International Auditing and Assurance Standards Board
IAS	International Accounting Standard(s)
IASB	International Accounting Standards Board
IASC	International Accounting Standards Committee
ICAEW	Institute of Chartered Accountants in England and Wales
ICAI	Institute of Chartered Accountants in Ireland
ICAS	Institute of Chartered Accountants of Scotland
ICTA	Income and Corporations Taxes Act
i. d. F.	in der Fassung
i. d. R.	in der Regel
IDW	Institut der Wirtschaftsprüfer in Deutschland e. V.
i. e. S.	im engeren Sinne
IFAC	International Federation of Accountants
IFRS	International Financial Reporting Standard(s)
IFRSSE	International Financial Reporting Standard for Smaller Entities
IPR	independent professional review
IR	Internal Revenue
ISA	International Standards on Auditing
i. V. m.	in Verbindung mit
i. w. S.	im weiteren Sinne
jr.	junior

KapAEG	Kapitalaufnahmeerleichterungsgesetz
KapCoRiLiG	Kapitalgesellschaften- und Co-Richtlinie-Gesetz
KG	Kommanditgesellschaft
KGaA	Kommanditgesellschaft auf Aktien
KonTraG	Gesetz zur Kontrolle und Transparenz im Unternehmensbereich
KonzaG	Konzernabschlussgesetz
Lifo	last in – first out
lit.	Litera
LLP	limited liability partnership
Ltd.	Limited
Mio.	Millionen
m. w. N.	mit weiteren Nachweisen
No.	Number
Nr.	Nummer
OCBOA	Other comprehensive bases of accounting
OFR	operating and financial review
OHG	offene Handelsgesellschaft
o. V.	ohne Verfasser
para.	paragraph
PSNC	Public Sector and Not-for-profit Committee
PublG	Publizitätsgesetz
RefE	Referentenentwurf
reg.	regulation
RGBl.	Reichsgesetzblatt
Rn.	Randnummer
RRP	Reporting Review Panel
RSB	Recognised Supervisory Body
S.	Seite
SEC	Securities and Exchange Commission
SFAC	Statement of Financial Accounting Concepts
SI	Statutory Instruments

SIC	Standing Interpretations Committee
SME(s)	small and medium-sized enterprise(s)
SMEGA	Accounting and Financial Reporting Guidelines for Small and Medium-Sized Enterprises
sog.	sogenannte
SoP	Statement of Principles
SORP	Statement(s) of Recommended Practice
Sp.	Spalte
SPD	Sozialdemokratische Partei Deutschlands
SSAP	Statement(s) of Standard Accounting Practice
StEntlG	Steuerentlastungsgesetz
StückAG	Gesetz über die Zulassung von Stückaktien
Tab.	Tabelle
TCGA	Taxation of Chargeable Gains Act
TR	Technical Release
TransPuG	Transparenz- und Publizitätsgesetz
Tz.	Textziffer
u. a.	unter anderem, und andere
UITF	Urgent Issues Task Force
UK/U.K.	United Kingdom
UKLA	United Kingdom Listing Authority
UNCTAD	United Nations Conference on Trade and Development
US	United States
USA/U.S.A.	United States of America
usw.	und so weiter
u. U.	unter Umständen
v.	von
Vgl.	Vergleiche
Vol.	Volume
vs.	versus
WpHG	Wertpapierhandelsgesetz
z. B.	zum Beispiel
ZGR	Zeitschrift für Unternehmens- und Gesellschaftsrecht

Abbildungsverzeichnis

Tabellenverzeichnis

1 Einführung

1.1 Problemstellung und Zielsetzung der Arbeit

Durch den globalen Wettbewerb um Kapital hat die Forderung nach international vergleichbaren Rechnungslegungsnormen eine neue Dynamik erlangt. Wurde mit der Verabschiedung der Vierten und Siebenten EG-Richtlinie noch eine EU-weite Harmonisierung und damit gegenseitige Annäherung der nationalen Rechnungslegungssysteme beabsichtigt, zielen die derzeitigen Bestrebungen zur Schaffung weltweit vergleichbarer Abschlussinformationen auf eine Standardisierung der Rechnungslegung auf Basis der vom *International Accounting Standards Board* (IASB) verabschiedeten *International Financial Reporting Standards* (IFRS) bzw. den von seinem Vorgängergremium, dem *International Accounting Standards Committee* (IASC), verlautbarten *International Accounting Standards* (IAS).[1] Diese Internationalisierungstendenzen haben auch das deutsche Bilanzrecht längst erfasst. Um international agierenden Unternehmen den Zugang zu globalen Kapitalmärkten zu ermöglichen, ist es Mutterunternehmen kapitalmarktorientierter Konzerne seit dem durch das Kapitalaufnahmeerleichterungsgesetz eingeführten § 292 a HGB im Jahr 1998 erlaubt, bei Erfüllung bestimmter Voraussetzungen mit befreiender Wirkung einen Konzernabschluss nach international akzeptierten Rechnungslegungsgrundsätzen (IAS/IFRS bzw. *US Generally Accepted Accounting Principles*) zu erstellen. Darüber hinaus wird mit der im Juli 2002 verabschiedeten Verordnung der Europäischen Union (EU) „betreffend die Anwendung internationaler Rechnungslegungsstandards" (kurz „IAS-Verordnung"),[2] die Anwendung der IAS/IFRS für den Konzernabschluss von kapitalmarktorientierten, in einem Mitgliedstaat der EU ansässige Unternehmen für ab dem 1.1.2005 beginnende Geschäftsjahre sogar zur Pflicht.[3]

---

1 Die vom IASC entwickelten IAS besitzen auch nach der Konstituierung des IASB nach wie vor Gültigkeit, sofern sie nicht durch neuere Regelungen ersetzt oder abgelöst wurden. Zu den Zielen, der Organisation, Entwicklung und Bedeutung des IASB siehe mit weiteren Nachweisen z. B. Bruns, H.-G. (2002), S. 173 ff.; Kleekämper, H./Kuhlewind, A.-M./Alvarez, M. (2002) sowie Wollmert, P./Wagner, T. (2002), Sp. 1191 ff.

2 Vgl. Verordnung (EG) Nr. 1606/2002 des Europäischen Parlaments und des Rates vom 19. Juli 2002. Die Regelungen der EU-Verordnung erlangen für die Unternehmen der einzelnen Mitgliedsländer unmittelbare Geltung; eine Umsetzung durch die jeweiligen Mitgliedstaaten, wie sie bei der Vierten und Siebenten EG-Richtlinie erforderlich war, ist nicht notwendig.

3 Allerdings besitzen die Mitgliedstaaten ein Wahlrecht, EU-Unternehmen, von denen lediglich Schuldtitel an einem geregelten Kapitalmarkt eines EU-Mitgliedstaates gehandelt werden, sowie Unternehmen, deren Wertpapiere in Drittstaaten zum öffentlichen Handel zugelassen sind, und die zu diesem Zweck bereits vor der Veröffentlichung der EU-Verordnung international anerkannte Standards, insbesondere die *US Generally Accepted Accounting Principles*, angewandt haben, für eine Übergangsperiode bis zum 1.1.2007 von der verpflichtenden Anwendung der IAS/IFRS zu befreien; vgl. Verordnung (EG) Nr. 1606/2002 des Europäischen Parlaments und des Rates vom 19. Juli 2002, Artikel 9. Siehe auch Buchheim, R./Gröner, S. (2003), S. 953.

In Deutschland zeichnet sich somit zumindest für den Konzernabschluss eindeutig eine Differenzierung der Rechnungslegungsanforderungen nach der Kapitalmarktorientierung ab. Diese Entwicklung ist von den Anforderungen der Finanz- und Kapitalmärkte getrieben, deren Inanspruchnahme die Bereitstellung international vergleichbarer Rechnungslegungsinformationen voraussetzt. Aus internationaler Perspektive stellen die Bedürfnisse der globalen Finanz- und Kapitalmärkte somit das verbindende, grenzüberschreitende Element und die Antriebsfeder für die weltweite Harmonisierung der Rechnungslegungssysteme dar, die auf nationaler Ebene jedoch vielfach in eine Differenzierung der Rechnungslegungsanforderungen auf Basis des Kriteriums der „Kapitalmarktorientierung" mündet. Das Ergebnis ist eine „Zweiklassengesellschaft"; denn jene, vor allem mittelständische Unternehmen, die den Kapitalmarkt als Finanzierungsquelle nicht in Anspruch nehmen, werden in die aktuelle Internationalisierungsdebatte praktisch nicht mit einbezogen. Dies kann in Deutschland, aber gleichermaßen auch in anderen (europäischen) Staaten beobachtet werden.

Ausgangspunkt der vorliegenden Arbeit ist die These, dass die bislang zu verzeichnende Ausklammerung nicht kapitalmarktorientierter Unternehmen aus der Internationalisierungsdiskussion zur Rechnungslegung in Deutschland einen erheblichen „Normierungs-Nachholbedarf" erzwingen wird. Diese Prognose basiert zum einen auf der nur zeitlich befristeten Öffnung des § 292a HGB für international akzeptierte Rechnungslegungsnormen: Die Regelung gilt nur bis zum Jahr 2004, bis dahin soll das nationale Bilanzrecht umfassend reformiert und an internationale Standards angepasst werden.[4] In diesem Prozess wird u. a. zu prüfen sein, inwieweit international anerkannte Rechnungslegungsgrundsätze auch für Unternehmen übernommen werden sollen, die den Kapitalmarkt nicht in Anspruch nehmen. Zum anderen wird die Ausgangsthese von der „IAS-Verordnung" der EU gestützt, die den Mitgliedstaaten die Wahlmöglichkeit einräumt, die Anwendung der IAS/IFRS sowohl auf den Konzernabschluss nicht kapitalmarktorientierter Unternehmen als auch auf den Einzelabschluss auszudehnen.[5] Damit ergibt sich für sämtliche Mitgliedstaaten die Notwendigkeit, über den Umfang der „Internationalisierung" der nationalen Rechnungslegung zu entscheiden.

Auf internationaler Ebene hat das IASB in einem ersten Schritt bereits die Diskussion um die Ausdehnung des Anwendungsbereichs der primär mit Fokus auf große, börsennotierte Gesellschaften entwickelten IAS/IFRS angestoßen. Um kleineren, nicht

---

4 Vgl. Beschlussempfehlung und Bericht des Rechtsausschusses (6. Ausschuss) vom 12. Februar 1998, Bericht der Abgeordneten Norbert Geis, Joachim Gres, Alfred Hartenbach, Detlef Kleinert (Hannover), Dr. Eckhart Pick und Ronald Pofalla, S. 10.

5 Vgl. Verordnung (EG) Nr. 1606/2002 des Europäischen Parlaments und des Rates vom 19. Juli 2002, Artikel 5.

kapitalmarktorientierten Unternehmen eine Rechnungslegung nach IAS/IFRS zu ermöglichen, prüft es derzeit, ob und inwiefern diesen Unternehmen im Rahmen der IAS/IFRS Erleichterungen und Vereinfachungen eingeräumt werden sollen.[6] Eine Arbeitsgruppe der United Nations hat bereits einen konkreten Vorschlag vorgelegt, wie eine solche vereinfachte Version der IAS/IFRS für kleinere Unternehmen aussehen könnte.[7]

Ferner hat die EU-Kommission im Rahmen ihrer im Jahr 2000 bekannt gegebenen „Neuen Rechnungslegungsstrategie"[8] eine Modernisierung der bestehenden Richtlinien zur Rechnungslegung und deren Anpassung an internationale Rechnungslegungsstandards angekündigt.[9] Dies ist inzwischen durch die Verabschiedung von zwei Richtlinien erfolgt.[10] Durch Modifikationen der Vierten und Siebenten EG-Richtlinie sowie der für Versicherungsunternehmen, Banken und andere Finanzinstitute geltenden Bilanzrichtlinien werden etwaige bestehende Konflikte mit den IAS/IFRS[11] beseitigt und die Richtlinien für die nach IAS/IFRS erforderlichen Rechnungslegungsmethoden geöffnet.[12] Zielsetzung der Richtlinienanpassungen ist zum einen, das für die Umsetzung der „IAS-Verordnung" erforderliche Verfahren zur rechtsverbindlichen Anerkennung der IAS/IFRS, das sog. „*endorsement*",[13] zu erleichtern. Zum

---

6 Vgl. Fleming, C. (2002), S. 15 f. Für aktuelle Informationen siehe außerdem die Website des IASB http://www.iasb.org.uk.

7 Vgl. Intergovernmental Working Group of Experts on International Standards of Accounting and Reporting (Hrsg.) (2003).

8 Vgl. Mitteilung der Kommission an den Rat und das Europäische Parlament KOM (2000) 359 endgültig vom 13. Juni 2000. Siehe hierzu auch Graumann, M. (2002a), S. 643 ff.; Hulle, K. van (2002), S. 178 ff.

9 Der Bekanntgabe der neuen Rechnungslegungsstrategie ging bereits eine Mitteilung der EU-Kommission aus dem Jahr 1995 voraus, in der die Unterstützung der IAS angekündigt wurde. Für weitere Details siehe Mitteilung der Kommission KOM 95 (508).

10 Vgl. Richtlinie 2001/65/EG des Europäischen Parlaments und des Rates vom 27. September 2001 („*Fair value*-Richtlinie") sowie Richtlinie 2003/51/EG des Europäischen Parlaments und des Rates vom 18. Juni 2003 („Modernisierungsrichtlinie").

11 Ältere Untersuchungen zu etwaigen Konflikten zwischen den EG-Richtlinien und den IAS liegen vom Kontaktausschuss der EU (vgl. Kontaktausschuss für Richtlinien der Rechnungslegung (Hrsg.) (1996), S. 14 ff.) sowie vom deutschen Institut der Wirtschaftsprüfer vor (vgl. Institut der Wirtschaftsprüfer (Hrsg.) (1998a), S. 183 ff.).

12 Vgl. Vorschlag für eine Richtlinie des Europäischen Parlaments und des Rates KOM (2002) 259/2 endgültig vom 9. Juli 2002, S. 4 sowie Böcking, H.-J./Herold, C./Wiederhold, P. (2003), S. 395. Für Details zur Modernisierung der Rechnungslegungsrichtlinien siehe auch Busse von Colbe, W. (2002c), S. 1530 ff. sowie Niehus, R. (2002), S. 1385 ff., die sich in ihren Ausführungen jedoch nicht auf die Richtlinie selbst, sondern den vorangegangenen Kommissionsvorschlag beziehen.

13 Ein offizielles Verfahren zur Anerkennung der IAS/IFRS für deren Anwendung in der Europäischen Union (*endorsement*) ist aus Gründen der Rechtssicherheit und demokratischen Legitimität erforderlich. Im Rahmen des *endorsement* werden die IAS/IFRS im Hinblick auf ihre sachgerechte Anwendbarkeit in dem wirtschaftlichen und rechtlichen Umfeld der EU von einem Re-

anderen soll den Mitgliedstaaten aber auch die Möglichkeit zur sukzessiven Anpassung des nationalen Rechts an die IAS/IFRS gegeben werden, um im Interesse gleicher Wettbewerbsbedingungen allen unter den Anwendungsbereich der EG-Richtlinien fallenden Unternehmen eine Anwendung der IAS/IFRS zu ermöglichen.[14] Im Gegensatz zu den im Rahmen der „IAS-Verordnung" eingeräumten Optionen zur Übernahme der IAS/IFRS für den Einzelabschluss sowie für nicht kapitalmarktorientierte Unternehmen, ist es den Mitgliedstaaten mit den vorgeschlagenen Richtlinienänderungen möglich, die IAS/IFRS nur partiell zu übernehmen,[15] sodass es letztendlich den Mitgliedsländern überlassen bleibt, in welchem Ausmaß das nationale Bilanzrecht an internationale Rechnungslegungsgepflogenheiten angepasst wird.

Es stellt sich damit für den deutschen Gesetzgeber – wie auch für die Legislative aller anderen EU-Mitgliedstaaten – die Frage, für welche Unternehmen, in welchem Umfang, für welchen Abschluss und mit welcher Verbindlichkeitswirkung (Wahlrecht oder verpflichtende Anwendung) die IAS/IFRS zukünftig gelten sollen. Zu klären ist hierbei, ob die bislang bestehende Sonderbehandlung von Konzernabschlüssen kapitalmarktorientierter Unternehmen beibehalten und die Anwendung der IAS/IFRS auf die Konzernrechnungslegung solcher Unternehmen beschränkt bleiben soll, oder ob statt dieser kapitalmarktorientierten Rechnungslegungsdifferenzierung eine umfassendere Öffnung des deutschen Bilanzrechts für international akzeptierte Rechnungslegungsgrundsätze anzustreben ist. In diesem Fall hat der Gesetzgeber einerseits die Möglichkeit (vgl. Tab. 1), die Optionen der „IAS-Verordnung" der EU auszuschöpfen und die Anwendung der IAS/IFRS auch für den Konzernabschluss nicht kapitalmarktorientierter Unternehmen sowie für den Einzelabschluss verpflichtend vorzuschreiben bzw. in Form eines Unternehmenswahlrechts zuzulassen. Andererseits kann

---

gelungsausschuss der Kommission (dem *Accounting Regulatory Committee*) geprüft. Zur fachlichen Unterstützung steht dem Regelungsausschuss die *European Financial Reporting Advisory Group (EFRAG)* zur Seite. Dieses privatwirtschaftlich getragene Expertengremium soll dem Regelungsausschuss bei der Anerkennung der IAS/IFRS beratend zur Seite stehen und bei der Entwicklung neuer oder der Überarbeitung bestehender IAS/IFRS in frühestmöglichen Phasen mitwirken, um zu vermeiden, dass eine spätere Anerkennung eines einzelnen IAS/IFRS durch den Regelungsausschuss versagt oder nur mit Abänderungen zugelassen wird. Die letztendliche Entscheidung über die Übernahme oder Ablehnung bestimmter IAS/IFRS wird von der Kommission auf Grundlage des Votums des Regelungsausschusses getroffen. Mit der Verordnung (EG) Nr. 1725/2003 vom 29. September 2003 hat die Kommission mit Ausnahme von IAS 32 und 39 sowie diese betreffende Interpretationen (SIC 5, 16 und 17) sämtliche bis dato bestehenden IAS/IFRS übernommen; vgl. Verordnung (EG) Nr. 1725/2003 der Kommission vom 29. September 2003. Für Details zum *endorsement*-Verfahren siehe beispielsweise Göthel, S. (2001), S. 2059 f.; Graumann, M. (2002a), S. 646 f.; Hulle, K. van (2003), S. 977 ff.

14 Vgl. Vorschlag für eine Richtlinie des Europäischen Parlaments und des Rates KOM (2002) 259/2 endgültig vom 9. Juli 2002, S. 3 f. sowie Böcking, H.-J./Herold, C./Wiederhold, P. (2003), S. 395 f.

15 Vgl. Ernst, C. (2003a), S. 1487.

das nationale Bilanzrecht im Rahmen der in den EG-Richtlinien eingeräumten Spielräume aber auch nur partiell an internationale Standards angepasst werden. Dabei kann in Abhängigkeit der gewählten Strategie gegebenenfalls auch eine differenzierte Behandlung der nicht kapitalmarktorientierten Unternehmen beispielsweise in Abhängigkeit ihrer Größe oder Rechtsform geboten sein.

■ **Tab. 1:** Optionen zur Übernahme internationaler Rechnungslegungsstandards für EU-Mitgliedstaaten

	Einzelabschluss	**Konzernabschluss**
Kapitalmarktorientierte Unternehmen	Optionen: ▪ Pflicht zur Anwendung der IAS/IFRS ▪ Unternehmenswahlrecht zur Anwendung der IAS/IFRS ▪ Zumindest partielle Anpassung des nationalen Bilanzrechts im Rahmen der Spielräume der EG-Richtlinien an internationale Rechnungslegungsnormen	IAS/IFRS Pflicht
Nicht kapitalmarktorientierte Unternehmen	Optionen: ▪ Pflicht zur Anwendung der IAS/IFRS ▪ Unternehmenswahlrecht zur Anwendung der IAS/IFRS ▪ Zumindest partielle Anpassung des nationalen Bilanzrechts im Rahmen der Spielräume der EG-Richtlinien an internationale Rechnungslegungsnormen	Optionen: ▪ Pflicht zur Anwendung der IAS/IFRS ▪ Unternehmenswahlrecht zur Anwendung der IAS/IFRS ▪ Zumindest partielle Anpassung des nationalen Bilanzrechts im Rahmen der Spielräume der EG-Richtlinien an internationale Rechnungslegungsnormen

Angesichts der durch die Globalisierung des wirtschaftlichen Handelns getriebenen Internationalisierungsentwicklungen ist der deutsche Gesetzgeber somit aufgefordert, das bestehende Konzept zur Differenzierung der Anforderungen an die externe Unternehmensberichterstattung von Unternehmen zu überdenken, um eine sinnvolle Integration internationaler Rechnungslegungsgrundsätze in das nationale Gesellschaftsrecht zu gewährleisten. Dabei stellt sich vor allem die Frage, wie die externe Rechnungslegung nicht kapitalmarktorientierter Unternehmen in Zukunft normiert und ausgestaltet sein soll. Zielsetzung der vorliegenden Arbeit ist es, einen fundierten Beitrag zur Diskussion um die Antwort auf diese Fragestellung zu leisten. Auf Basis einer historischen und rechtsvergleichenden Analyse der Differenzierungsproblematik der externen Rechnungslegung sollen hierfür erste konzeptionelle Ansatzpunkte für die künftige Gestaltung der Abschlusserstellung nicht kapitalmarktorientierter Unternehmen in Deutschland entwickelt werden.

1.2 Untersuchungsprämissen und Begriffsbestimmung

Der Untersuchungsbereich der vorliegenden Arbeit wird durch folgende Prämissen eingegrenzt:

- Betrachtet wird im Rahmen dieser Arbeit ausschließlich die Normierung der gesellschaftsrechtlichen Einzel- und Konzernabschlusserstellung. Aufgrund bestehender institutioneller Verbindungen wird in dem Teil der historischen und rechtsvergleichenden Analyse jedoch auch auf die jährlichen Prüfungs- und Publizitätspflichten[16] sowie die Überwachung und Durchsetzung einer ordnungsgemäßen Berichterstattung (Enforcement)[17] eingegangen. Die aus dem Kapitalmarktrecht resultierenden aperiodischen Publizitätspflichten, die Zwischenberichterstattung sowie die Ad-hoc-Publizität werden mangels ihrer Relevanz für die geschilderte Problemstellung nicht in die Untersuchung mit einbezogen. Der Begriff der „externen Unternehmensberichterstattung"[18] ist für die Zwecke dieser Arbeit somit eng definiert und umfasst ausschließlich die gesellschaftsrechtliche (Einzel- und Konzern-)Abschlusserstellung,[19] -prüfung und -publizität sowie das diesbezügliche Enforcement.
- Ferner erstreckt sich die Erörterung ausschließlich auf die externe Unternehmensberichterstattung der gängigsten Gesellschaftsformen wie Einzelkaufleute, Personen(handels-)gesellschaften und Kapitalgesellschaften. Nicht analysiert werden branchenspezifische Regelungen sowie die für besondere Rechtsformen, wie z. B. eingetragene Genossenschaften, geltenden spezifischen Normen.[20]

---

16 Der Begriff „Publizität" wird im Rahmen dieser Arbeit synonym zum handelsrechtlichen Terminus „Offenlegung" gebraucht.

17 Die Ausführungen zum Enforcement beschränken sich auf Überwachungs- und Durchsetzungsaktivitäten etwaiger Enforcement-Institutionen sowie die Erörterung jeweils relevanter Straf- und Sanktionsmechanismen. Sonstige, die Corporate Governance von Unternehmen betreffende Aspekte bleiben weitgehend außer Betracht.

18 Synonym hierzu werden im Rahmen dieser Arbeit die Begriffe „externe Rechnungslegung" sowie „externe Unternehmensrechnung" verwendet.

19 Synonym zum Begriff „Einzelabschluss" wird der Terminus „Jahresabschluss" verwendet.

20 Für Deutschland wird konkret nur die Unternehmensberichterstattung von offenen Handelsgesellschaften (OHG), Kommanditgesellschaften (KG), Kommanditgesellschaften auf Aktien (KGaA), Gesellschaften mit beschränkter Haftung (GmbH), Aktiengesellschaften (AG), Einzelkaufleuten sowie von Personenhandelsgesellschaften ohne natürliche Person als persönlich haftender Gesellschafter (sog. „& Co."-Gesellschaften) betrachtet. Aus sprachlichen Ver-

- Die im Rahmen dieser Arbeit verwendete Definition der Kapitalmarktorientierung ist an jene des § 267 (3) HGB angelehnt, wird aber rechtsformunabhängig verwendet. Danach gilt ein Unternehmen dann als kapitalmarktorientiert, wenn es einen organisierten Markt im Sinne des § 2 (5) WpHG (Wertpapierhandelsgesetz)21 durch von ihm ausgegebene Wertpapiere im Sinne des § 2 (1) Satz 1 WpHG22 in Anspruch nimmt oder die Zulassung zum Handel an einem organisierten Markt beantragt hat. Analog hierzu ist in Anlehnung an § 292a HGB ein Konzern als kapitalmarktorientiert zu qualifizieren, wenn das Mutterunternehmen oder eines seiner Tochterunternehmen einen organisierten Markt im Sinne des § 2 (5) WpHG durch ausgegebene Wertpapiere im Sinne des § 2 (1) Satz 1 WpHG in Anspruch nimmt bzw. wenn die Zulassung zu einem organisierten Markt beantragt worden ist.

1.3 Aufbau der Arbeit

Im zweiten Kapitel werden zur Schaffung einer konzeptionellen Grundlage zunächst die unterschiedlichen Dimensionen der Differenzierung der Normierung der externen Unternehmensberichterstattung beleuchtet. Unter Rückgriff auf theoretische Modelle und normative Konzepte dient dieser Teil der Arbeit der Erörterung der wesentlichen Determinanten und Parameter der Differenzierung der externen Unternehmensberichterstattung.

Der Erklärungsgehalt der in den bisherigen Arbeiten zur Begründung der Normierung der externen Rechnungslegung üblicherweise herangezogenen mikroökonomischen Ansätze[23] leidet unter einschränkenden, meist wenig realitätsnahen Modellprämissen.

---

einfachungsgründen wird der Begriff „Personengesellschaft" im Rahmen dieser Arbeit synonym zu dem gesellschaftsrechtlichen Terminus „Personenhandelsgesellschaft" verwendet. Ebenfalls synonym gebraucht werden die beiden Begriffe „Einzelunternehmen" und „Einzelkaufleute".

21 Gemäß § 2 (5) WpHG ist ein „organisierter Markt" im Sinne des Gesetzes ein von staatlich anerkannten Stellen geregelter und überwachter Markt, der regelmäßig stattfindet und für das Publikum mittelbar oder unmittelbar zugänglich ist. Zum organisierten Markt im Sinne des WpHG zählen in Deutschland der amtliche Markt (§§ 25 ff. Börsengesetz) und der geregelte Markt (§§ 71 ff. Börsengesetz). Der Freiverkehr (§ 78 Börsengesetz) gehört dagegen nach den Definitionsmerkmalen des WpHG nicht zum organisierten Markt; vgl. Hense, B./Lawall, L. (2003), § 267, Tz. 5; Lutz, S./Eidel, U. (2000), S. 27.

22 Hierzu zählen sowohl Aktien, Zertifikate, die Aktien vertreten, Schuldverschreibungen, Genussscheine, Optionsscheine und andere handelbare Wertpapiere, die mit Aktien oder Schuldverschreibungen vergleichbar sind; vgl. Lutz, S./Eidel, U. (2000), S. 27.

23 Für eine mikroökonomische Betrachtung der Regulierung und Normierung der externen Rechnungslegung siehe beispielsweise die Monographien von Brandl, R. (1987); Feldhoff, M. (1992a); Hartmann-Wendels, T. (1991); Hoffmann, J. (2003); Watrin, C. (2001a) und Wüste-

Weder die Notwendigkeit einer normativen Regelung[24] noch allgemeingültige Aussagen über die Vorteilhaftigkeit spezifischer Rechnungslegungsmethoden bzw. -systeme[25] lassen sich hieraus zweifelsfrei ableiten. Auch empirische Untersuchungen erbrachten bislang keine befriedigenden Ergebnisse hinsichtlich der Leistungsfähigkeit und Legitimation der Normierung der externen Unternehmensberichterstattung.[26] Im Rahmen dieser Arbeit wird deshalb eine alternative Vorgehensweise gewählt. Ausgehend von der wissenschaftlichen Erkenntnis, dass Rechnungslegungsnormen und Differenzierungskonzeptionen Konventionen darstellen, die wesentlich von den sozioökonomischen Rahmenbedingungen eines Landes geprägt werden, wird im dritten Kapitel zunächst eine Analyse der historischen Entwicklung der Rechnungslegungsnormierung in Deutschland vorgenommen. Dabei werden insbesondere jene Determinanten und Parameter herausgearbeitet, die das Differenzierungsprofil der externen Rechnungslegung in Deutschland in der Vergangenheit maßgeblich geprägt haben und somit als treibende Kräfte im Entwicklungsprozess hin zum Status quo identifiziert werden können.

Die fortschreitende Globalisierung wirtschaftlichen Handelns und ökonomischer Verflechtungen erzwingt auch die Weiterentwicklung nationaler Rechnungslegungssysteme. Der Internationalisierungsprozess und seine Forderung nach einer grenzüberschreitend vergleichbaren Unternehmensberichterstattung werden deshalb von einer schrittweisen Annäherung und Angleichung der nationalen Rechnungslegungssysteme begleitet. Schrittmacher und Impulsgeber dieses Prozesses ist auf internationalem Parkett das IASB, dessen Rechnungslegungsstandards stark an der angelsächsischen/ anglo-amerikanischen Rechnungslegungsphilosophie orientiert sind, welche deshalb auch Leitlinie der künftigen Entwicklungen sein wird. Für die in Deutschland geführte Diskussion der Rechnungslegungsdifferenzierung und Beurteilung des künftigen Geltungsbereichs der IAS/IFRS drängt es sich deshalb auf, die Ausgestaltung und Differenzierung der externen Unternehmensberichterstattung jener Länder näher zu betrach-

---

mann, J. (2002a). Diese Arbeiten setzen sich jedoch nicht explizit mit der Thematik der Differenzierung der Rechnungslegungsnormierung auseinander. Ausschließlich auf die Regulierung der gesellschaftsrechtlichen Unternehmenspublizität beziehen sich Meier-Schatz, C. (1989) und Merkt, H. (2001).

24 Vgl. Hartmann-Wendels, T. (1991), S. 27 f.; Hoffmann, J. (2003), S. 36; Schäfer, H.-B./Ott, C. (2000), S. 605.

25 Zur theoretischen Beurteilung der Vorteilhaftigkeit von Rechnungslegungssystemen siehe Ballwieser, W. (1982), S. 772 ff.; derselbe (2001a), S. 641 f.; Demski, J. (1973), S. 721 f.; Krönert, B. (2001), S. 26 f.; Wagenhofer, A./Ewert, R. (2003), S. 76 ff.; Wüstemann, J. (2002a), S. 170.

26 Vgl. Merkt, H. (2001), S. 207; Krönert, B. (2001), S. 51. Bezüglich empirischer Untersuchungen zu den Adressaten der externen Rechnungslegung und deren Informationsbedürfnisse siehe für die USA insbesondere American Institute of Certified Public Accountants (Hrsg.) (1994). Hinsichtlich der Adressaten und Informationsbedürfnisse von kleineren, nicht kapitalmarktorien-

ten, deren Rechnungslegungsmodell dem angelsächsischen/anglo-amerikanischen System entspricht, um eventuell auch bezüglich der Normierung der externen Rechnungslegung nicht kapitalmarktorientierter Unternehmen Anleihen von diesen Ländern zu nehmen.

Von besonderem Interesse für eine nähere Untersuchung sind hierbei vor allem die Länder Neuseeland, Australien, Großbritannien und Kanada. Denn zum einen haben diese Länder durch ihre ehemalige Mitgliedschaft in der G4+1 Group die Standardisierungsarbeit des ehemaligen IASC nachhaltig mitgestaltet und besitzen auch heute noch durch entsprechende Repräsentanz im IASB[27] einen großen Einfluss auf den internationalen Normierungsprozess. Zum anderen wurden darüber hinaus, wie nachfolgende Beispiele zeigen, in diesen Ländern bereits intensive Diskussionen zur Differenzierung von Rechnungslegungsstandards geführt.

- Im Jahr 1994 veröffentlichte das *Institute of Chartered Accountants in New Zealand* sein *Framework for Differential Reporting*, das 1997 nochmals überarbeitet wurde.[28] Danach werden Unternehmen, die keiner öffentlichen Rechenschaftspflicht unterliegen,[29] sofern sie entweder bestimmte Größenkriterien erfüllen oder wenn ihre Anteilseigner allesamt gleichzeitig Organmitglieder sind, von der teilweisen bzw. vollständigen Anwendung bestimmter Rechnungslegungsstandards befreit.[30]
- Das britische *Accounting Standards Board* (ASB) gab 1997 für kleinere Unternehmen, die bestimmte Größenkriterien erfüllen,[31] einen auf den britischen Rechnungslegungsstandards basierenden vereinfachten *Financial Reporting Standard for Smaller Entities* (FRSSE) heraus, der zwischenzeitlich mehrmals überarbeitet und an aktuelle Entwicklungen angepasst wurde.[32]
- Im Dezember 2001 nahm das kanadische *Accounting Standards Board* eine neue *section* 1300 „*differential reporting*" in sein Handbuch auf und schuf damit die Grundlage, Unternehmen, die keiner öffentlichen Rechenschafts-

---

tierten Unternehmen siehe für Großbritannien z. B. Carsberg, B./Page, M./Sindall, A./Waring, I. (1985); Collis, J./Jarvis, R. (2000); für Deutschland siehe Schönfeld, A. (1988), S. 154 ff.

27 Jedes der genannten Länder ist durch ein sog. „*liaison member*" im IASB vertreten, das Kontakt zu dem jeweiligen nationalen Normierungsgremium hält.

28 Vgl. Institute of Chartered Accountants of New Zealand (Hrsg.) (1997).

29 Dies sind vor allem privatwirtschaftliche Unternehmen, die den Kapitalmarkt nicht in Anspruch nehmen; vgl. Institute of Chartered Accountants of New Zealand (Hrsg.) (1997), F 4.16 – 4.18.

30 Vgl. Institute of Chartered Accountants of New Zealand (Hrsg.) (1997), F 4.25.

31 Von der Möglichkeit zur Anwendung des FRSSE ausgeschlossen sind jedoch Gesellschaften bestimmter Rechtsformen sowie in spezifischen Branchen tätige Unternehmen; für Details siehe Gliederungspunkt 4.2.2.2.1.

32 Vgl. Accounting Standards Board (Hrsg.) (2001a).

pflicht unterliegen,[33] Erleichterungen und Befreiungen von den Anforderungen bestehender Rechnungslegungsstandards zu ermöglichen.[34] Voraussetzung für die Inanspruchnahme der zur Verfügung stehenden Vereinfachungen ist jedoch, dass sämtliche Gesellschafter sich mit der Anwendung der Erleichterungen und Vereinfachungen einverstanden erklären.[35]

- In Australien sind *proprietary companies*,[36] die bestimmte Größenkriterien erfüllen, gänzlich von der gesetzlichen Verpflichtung zur Erstellung eines Jahresabschlusses und Lageberichts befreit.[37] Gesellschafter, die mindestens 5 % der Stimmrechte besitzen, können der Abschlussbefreiung jedoch widersprechen.[38]

Aufgrund der Zielsetzung der vorliegenden Arbeit wäre eine eingehende Systemanalyse für jedes der angeführten Länder zu rechtfertigen. Da dies jedoch entweder den zweckmäßigen Rahmen sprengen oder aber in eine nur oberflächliche Untersuchung münden würde, soll ausschließlich das britische Konzept betrachtet werden. Für die Auswahl Großbritanniens als exemplarischer Vertreter der angelsächsischen Rechnungslegungsphilosophie sprechen mehrerlei Gründe. Zum einen besteht durch den Zusammenschluss in der Europäischen Union nicht nur eine enge wirtschaftliche Verbindung zwischen Deutschland und Großbritannien, sondern durch die EU- bzw. EG-Richtlinien[39] auch ein gemeinsamer gesellschaftsrechtlicher Rahmen. Zum anderen befindet sich auch das britische Gesellschaftsrecht in einem Modernisierungsprozess, der nicht nur die Möglichkeit zur Inspiration und Befruchtung liefert, sondern in einem stetig internationaler werdenden ökonomischen Umfeld, in dem zur Egalisierung der Wettbewerbsbedingungen der Bedarf nach harmonisierten rechtlichen

---

33 Öffentlich rechenschaftspflichtig sind beispielsweise Publikumsgesellschaften, Genossenschaften, staatliche Unternehmen sowie Unternehmen, die in bestimmten regulierten Branchen tätig sind, wie z. B. Finanzinstitutionen; vgl. Canadian Institute of Chartered Accountants (Hrsg.) (2002a), section 1300.07.

34 Für Hintergrundinformationen zur Verabschiedung eines *"differential reporting framework"* in Kanada siehe Canadian Institute of Chartered Accountants (Hrsg.) (2002b).

35 Vgl. Canadian Institute of Chartered Accountants (Hrsg.) (2002a), section 1300.06.

36 Um sich als *proprietary company* registrieren lassen zu können, darf eine Kapitalgesellschaft nicht mehr als 50 Gesellschafter besitzen und keine Wertpapiere ausgeben, die nach Kapitel 6D des *Corporations Act 2001* mit Offenlegungspflichten gegenüber den Investoren verbunden sind; vgl. section 45 A (Australia) Corporations Act 2001.

37 Vgl. section 292 (2) (Australia) Corporations Act 2001.

38 Vgl. section 293 (Australia) Corporations Act 2001. Darüber hinaus ist außerdem die *Australian Securities Investments Commission,* d. h. die Australische Börsenaufsichtsbehörde, befugt, die Erstellung eines Jahresabschlusses und Lageberichts einzufordern; vgl. section 294 (Australia) Corporations Act 2001.

39 Die frühere Bezeichnung der Europäischen Union war bis 1992 Europäische Gemeinschaft (EG). In Abhängigkeit des Zeitpunktes ihrer Verabschiedung werden deshalb die erlassenen Richtlinien zum Teil mit EG-, zum Teil mit EU-Richtlinie tituliert.

Rahmenbedingungen wächst, auch für andere europäische Staaten und somit insbesondere auch für Deutschland eine bedeutende Vorreiter- und Vorbildfunktion übernehmen kann.[40]

Schließlich muss berücksichtigt werden, dass die Entwicklung von Rechnungslegungsnormen letztlich immer ein politischer Prozess ist.[41] Auch unter diesem Blickwinkel kommt dem britischen FRSSE hinsichtlich der internationalen Fortentwicklung und Differenzierung der IAS/IFRS besondere Bedeutung zu, die sich nicht zuletzt aus der personellen Besetzung des IASB ableiten lässt. Der IASB-Vorsitzende – Sir David Tweedie – ist der ehemalige Vorsitzende des britischen *Accounting Standards Board* (ASB), in dessen Amtszeit auch der FRSSE entwickelt und verabschiedet wurde; und auch Geoffrey Whittington, *IASB-liaison member* für das britische *Accounting Standards Board,* hat als ehemaliger Vorsitzender des sog. *„Committee on Accounting for Smaller Entities"*[42] des ASB maßgeblich an der Konzeption und Fortentwicklung des FRSSE mitgewirkt.[43] Darüber hinaus ist Isobel Sharp, ASB Board-Mitglied und derzeitige Vorsitzende des *Committee on Accounting for Smaller Entities,* gleichzeitig Mitglied des IASB *Advisory Panel on Accounting for Small and Medium-sized Enterprises.* Aufgrund dieser personellen Konstellation im IASB liegt die Vermutung sehr nahe, dass dem im FRSSE zum Ausdruck kommenden britischen Differenzierungsmodell für die internationale Fortentwicklung und mögliche Differenzierung der IAS/IFRS wesentliche Relevanz beizumessen ist.

Wegen der skizzierten Bedeutung, die dem britischen Differenzierungskonzept als Ideen- und Impulsgeber letztlich auch für das deutsche System zugesprochen werden kann, ist die umfassende Analyse der in Großbritannien umgesetzten Konzeption zur Differenzierung der Normierung der externen Rechnungslegung einschließlich seiner Entwicklungsgeschichte Thema des vierten Kapitels. Um daraus Anhaltspunkte für einen deutschen Lösungsweg ableiten zu können, ist es jedoch nicht ausreichend, nur die Differenzierungsparameter selbst näher zu beleuchten. Vielmehr setzt eine Beurteilung des britischen Differenzierungsmodells auch eine Berücksichtigung des auf die

---

40 Bereits in der Vergangenheit hat sich Deutschland bei anstehenden Reformen insbesondere des Aktienrechts immer schon durch Rechtsvergleichungen vor allem von dem britischen Gesellschaftsrecht befruchten lassen, so z. B. in der Aktienrechtsnovelle 1931 (vgl. Gliederungspunkt 3.1.7) und bei der Entwicklung des AktG 1965 (vgl. Gliederungspunkt 3.1.11).

41 Vgl. Wagenhofer, A./Ewert, R. (2003), S. 29; Mould, P./Boczko, T. (2002), S. 5; Ordelheide, D. (1998a), S. 2 ff.; Walker, R./Robinson, S. (1994), S. 18.

42 Für Details zum Aufgabenbereich des *Committee on Accounting for Smaller Entities* siehe Gliederungspunkt 4.1.2.2.

43 Für Details zu den Board-Mitgliedern des IASB siehe die Website des IASB (http://www.iasb.org.uk). Zu den Board-Mitgliedern des ASB zum Zeitpunkt der Verabschiedung des FRSSE siehe Accounting Standards Board (Hrsg.) (1997a), S. 72.

Rechnungslegung Einfluss nehmenden ökonomischen Umfelds voraus.[44] Aus diesem Grund beschränkt sich die Untersuchung des britischen Differenzierungsprofils nicht auf eine losgelöste Betrachtung des in Gesetz und Rechnungslegungsstandards umgesetzten Konzeptes zur Differenzierung der externen Rechnungslegung, sondern stellt diese in den Kontext des national gültigen rechtlichen und institutionellen Rahmens.[45] Analog der Analyse des in Deutschland umgesetzten Differenzierungskonzeptes ist die Zielsetzung der Untersuchung des britischen Modells, die prägenden Einflussfaktoren auf die Rechnungslegungsdifferenzierung zu identifizieren und sowohl die Entstehungshintergründe als auch die Argumentationslogik des bestehenden Differenzierungsregimes zu erörtern.

Aufbauend auf den in Kapitel zwei geschaffenen konzeptionellen Grundlagen sowie den in Kapitel drei und vier gewonnen Erkenntnissen aus der Untersuchung des deutschen und britischen Differenzierungsmodells, werden im fünften und letzten Kapitel der Arbeit konzeptionelle Ansatzpunkte zur künftigen Differenzierung der Normierung der externen Rechnungslegung in Deutschland entwickelt. Aufgrund der großen Bedeutung, die dem britischen FRSSE für eine mögliche Modifizierung der IAS/IFRS für kleinere Unternehmen zugeschrieben wird, wird hierbei unter Berücksichtigung der jeweiligen länderspezifischen Besonderheiten vor allem auf Elemente des britischen Differenzierungskonzepts zurückgegriffen. Vor dem Hintergrund der bestehenden Internationalisierungsdiskussion liegt der Fokus der Analyse primär auf der Normierung und Differenzierung der Abschlusserstellung und weniger auf der Regulierung der Prüfungs- und Publizitätspflichten sowie des Enforcement.

---

44 Nach herrschender Meinung wird die Rechnungslegung eines Landes in starkem Maße von dessen ökonomischem, sozialem, politischem und kulturellem Umfeld geprägt; vgl. anstelle vieler Gray, S. (1988), S. 2.

45 Andere Einflussfaktoren soziologischer, kultureller und politischer Art bleiben weitestgehend außer Betracht.

2 Differenzierungsdimensionen der Normierung der externen Unternehmensberichterstattung

Für den aus dem englischen Sprachgebrauch stammenden Ausdruck des „*differential reporting*" – in dieser Arbeit als „Differenzierung der Normierung der externen Unternehmensberichterstattung" interpretiert – existiert bislang keine einheitliche Definition. Ganz allgemein kann hierunter jedoch die Unterscheidung der Regulierung der externen Unternehmensberichterstattung zwischen

- unterschiedlichen Unternehmenskategorien sowie
- der juristischen Unternehmenseinheit einerseits und der wirtschaftlichen Unternehmenseinheit (Konzern) andererseits

verstanden werden, wobei sich die Differenzierung sowohl auf die Regulierungsart als auch auf -umfang, -inhalt und die Verbindlichkeitswirkung der betreffenden Normen beziehen kann. Unter Zugrundelegung dieser allgemeinen Definition gestaltet sich die Differenzierung der externen Unternehmensberichterstattung sehr facettenreich. Zielsetzung dieses Kapitels ist es, die konzeptionellen Grundlagen für eine Unterscheidung der Normierung der externen Rechnungslegung zu entwickeln und mithilfe einer normativ deduktiven Vorgehensweise sowie unter Rückgriff auf theoretische Modelle die wesentlichen Determinanten eines Differenzierungskonzeptes herauszuarbeiten.

Bevor jedoch untersucht werden kann, welche Gründe für eine Normierungsdifferenzierung der externen Unternehmensberichterstattung sprechen und durch welche gesellschaftsspezifischen Einflussfaktoren die Differenzierung der Rechnungslegungsnormierung beeinflusst wird, soll zunächst die Frage der Funktionen der externe Rechnungslegung in Deutschland geklärt und die ökonomische Notwendigkeit einer Regulierung der externen Unternehmensberichterstattung geprüft werden.

2.1 Funktionen der handelsrechtlichen Abschlusserstellung in Deutschland

Obschon das deutsche Handelsgesetzbuch (HGB) zahlreiche Bestimmungen zur Jahres- und Konzernabschlusserstellung enthält, werden die gesetzlichen Zielsetzungen der externen Rechnungslegung nicht explizit konkretisiert. Nach herrschender Auffassung lassen sich jedoch für den handelsrechtlichen Jahresabschluss abgesehen von der vollständigen Dokumentation der Geschäftsvorfälle – die neben der Erfüllung von

Nachweispflichten und der Beweissicherung[1] Grundvoraussetzung für alle weiteren Jahresabschlussfunktionen ist[2] – vor allem

- die Zahlungsbemessungsfunktion[3] sowie
- die Informationsfunktion (einschließlich der Rechenschaftsfunktion)

als die beiden zentralen Rechnungslegungsziele ausmachen.[4] Dem Konzernabschluss kommt hingegen de lege lata keine Zahlungsbemessungs-, sondern ausschließlich eine Informationsfunktion zu,[5] wenngleich er faktisch durchaus Bedeutung für die Ausschüttungsbemessung hat,[6] da auch die Aktionäre ihre Dividendenerwartungen üblicherweise an den Konzernerfolgen orientieren.

Die Zahlungsbemessungsaufgabe des Jahresabschlusses resultiert daraus, dass die handelsrechtliche Ergebnisermittlung die Grundlage für die Bemessung erfolgsabhängiger, gesetzlich oder vertraglich geregelter Einkommenszahlungen bildet:[7]

- Die Gesellschafter von Personengesellschaften haben grundsätzlich einen Anspruch auf einen Anteil am Jahresgewinn (§§ 120, 121, 122 (1), 167, 168 HGB).
- Für Aktiengesellschaften ergibt sich aus § 58 (4) AktG ein prinzipieller Anspruch der Aktionäre auf den im handelsrechtlichen Einzelabschluss ermittelten Bilanzgewinn.[8] Ähnliches gilt nach § 29 GmbHG für die Gesellschafter einer Gesellschaft mit beschränkter Haftung. Damit wird der Zugriff der Gesellschafter auf den verteilbaren Gewinn gewährleistet.
- Durch den Grundsatz der Maßgeblichkeit (§ 5 (1) EStG) bildet für buchführungspflichtige oder freiwillig Bücher führende Gewerbetreibende das nach den handelsrechtlichen Grundsätzen ordnungsmäßiger Buchführung ermittelte Betriebsvermögen die Ausgangsgrundlage für den zum Zweck der Ein-

---

1 Vgl. Stützel, W. (1967), S. 322.

2 Vgl. Leffson, U. (1987), S. 157.

3 Hierfür werden in der Literatur auch die Begriffe „Ausschüttungsbemessungsfunktion" und „Einkommensbemessungsfunktion" verwendet; vgl. zu den Begrifflichkeiten insbesondere Schneider, D. (1994), S. 127 ff. (mit Kritik an den Begriffen „Ausschüttungsbemessung" und „Zahlungsbemessung").

4 Vgl. Ballwieser, W./Kuhner, C. (1994), S. 60 f.; Coenenberg, A. (2003), S. 18; Kubin, K. (1998), S. 528; Moxter, A. (1984a), S. 156; Schildbach, T. (1986), S. 5; Sigloch, J. (1987), S. 146.

5 Vgl. Busse von Colbe, W. (2002d), Sp. 1345; Fass, J. (1992), S. 78; Frankenberg, P. (1993), S. 40.

6 Vgl. Busse von Colbe, W. (2002d), Sp. 1345; Pellens, B./Gassen, J./Richard, M. (2003), S. 309 ff.

7 Vgl. Ballwieser, W./Kuhner, C. (1994), S. 61.

8 Der Bilanzgewinn stellt eine Residualgröße dar, über dessen Verwendung die Aktionäre nach § 174 AktG in der Hauptversammlung entscheiden. Er ergibt sich aus dem erwirtschafteten Jahresüberschuss bzw. Jahresfehlbetrag nach Verrechnung mit dem Ergebnisvortrag und etwaigen Rücklagenänderungen.

kommensteuerbemessung durchzuführenden Betriebsvermögensvergleich (§ 4 (1) EStG).

- Gewinnabhängige Zahlungen können sich außerdem aus vertraglichen Vereinbarungen z. B. mit Arbeitnehmern[9] oder Gläubigern[10] ergeben.

Die sich ergänzenden Prinzipien des Gläubigerschutzes und der Kapitalerhaltung[11] sind in der Zahlungsbemessungsfunktion des handelsrechtlichen Jahresabschlusses begründet.[12] Beide Elemente haben sich nicht zuletzt aufgrund der großen Bedeutung der von Banken zur Unternehmensfinanzierung bereitgestellten Finanzmittel[13] zu tragenden Pfeilern der deutschen Rechnungslegung entwickelt. Das im HGB (§ 252 (1) Nr. 4) verankerte Vorsichts-, Realisations- und Imparitätsprinzip sind konkreter Ausdruck dieser Basisbausteine.[14] Ziel ist es, durch eine objektivierte, vorsichtige (umsatzbezogene und verlustantizipierende) Gewinnermittlung[15] die Ausschüttung noch nicht hinreichend gesicherter Erfolgsbeiträge an die Gesellschafter, den Fiskus sowie andere Anspruchsberechtigte zu verhindern und somit im Interesse des Gläubigerschutzes das Haftungsvermögen im Unternehmen zu erhalten.[16]

Neben der Zahlungsbemessungsfunktion stellt die Informationsvermittlung die zweite zentrale Zwecksetzung des handelsrechtlichen Jahresabschlusses dar; für den Konzernabschluss ist sie die einzige, die sich aus dem HGB ableiten lässt. Die Informationsfunktion des Jahres-/Konzernabschlusses umfasst neben der Rechenschaftslegung des Managements über die ihm anvertrauten Mittel auch die Vermittlung entschei-

---

9 Von praktischer Relevanz ist in Deutschland vor allem die erfolgsabhängige Vergütung von Managern; vgl. z. B. Heintges, S. (1997), S. 30 f.; Pellens, B./Crasselt, N./Rockholtz, C. (1998), S. 10 f. sowie Schwalbach, J. (1991), S. 41.

10 So z. B. typische stille Gesellschaft (§§ 230 ff. HGB), Genussscheine etc.

11 Zur Kompatibilität von Gläubigerschutz und Kapitalerhaltung siehe Arbeitskreis „Externe Unternehmensrechnung" der Schmalenbach-Gesellschaft (Hrsg.) (1995), S. 97 sowie Stein, H.-G. (1994), S. 660.

12 Die Prinzipien des Gläubigerschutzes und der Kapitalerhaltung haben ihren Ursprung in der Aktienrechtsnovelle 1884; vgl. Gliederungspunkt 3.1.3. Allerdings war das Prinzip des Gläubigerschutzes auch schon im französischen *Ordonnance de Commerce* von 1673 sowie dem *Code de Commerce* von 1807 verankert, die die Grundlage für die Kodifizierung des Allgemeinen Deutschen Handelsgesetzbuches von 1861 (ADHGB) bildeten; vgl. Arbeitskreis „Externe Unternehmensrechnung" der Schmalenbach-Gesellschaft (Hrsg.) (1995), S. 93.

13 Siehe Gliederungspunkt 2.4.2.

14 Siehe zum Vorsichts-, Imparitäts- und Realisationsprinzip z. B. Baetge, J./Kirsch, H.-J./Thiele, S. (2002a), S. 153 ff.; Hense, B./Geißler, H. (2003), Tz. 29 ff.; Leffson, U. (1987), S. 247 ff., S. 339 ff., S. 465 ff.; Moxter, A. (1986), S. 37 ff.; Selchert, F. (2002), Tz. 85 ff.

15 Vgl. Moxter, A. (1987), S. 368.

16 Ähnlich Arbeitskreis Bilanzrecht der Hochschullehrer Rechtswissenschaft (Hrsg.) (2002), S. 2373; Ballwieser, W./Kuhner, C. (1994), S. 63. Zum Kapitalschutz durch Rechnungslegung siehe z. B. Baetge, J./Kirsch, H.-J./Thiele, S. (2002a), S. 86 ff.; Leffson, U. (1987), S. 49 ff.; Schön, W. (2002), S. 1 ff.; Schulze-Osterloh, J. (1995), S. 124 ff.

dungsrelevanter Informationen für die Rechnungslegungsadressaten.[17] Dabei sind Rechnungslegungsinformationen dann als entscheidungsrelevant zu qualifizieren, wenn sie den Rechnungslegungsadressaten das Treffen interessenwahrender Entscheidungen ermöglichen.[18] Die Adressaten des Jahres-/Konzernabschlusses werden im HGB nicht explizit genannt, das Schrifttum fasst den Kreis der Rechnungslegungsinteressenten jedoch in Einklang mit der Stakeholder- bzw. Koalitionstheorie der Unternehmung[19] üblicherweise sehr weit.[20] Neben dem eigenen Management zählen zu den wichtigsten Rechnungslegungsadressaten die aktuellen sowie potenziellen Gesellschafter bzw. Anteilseigner, Fremdkapitalgeber, Arbeitnehmer, Kunden und Lieferanten, der Fiskus sowie die allgemeine Öffentlichkeit.[21]

Die **Eigeninformation des Kaufmanns** spielte bereits bei der Kodifizierung des Allgemeinen Deutschen Handelsgesetzbuchs (ADHGB) 1861 eine zentrale Rolle[22] und stellt auch heute noch ein wesentliches Rechnungslegungsziel der gesetzlichen Jahres- und Konzernabschlusserstellung dar.[23] Der Jahres- bzw. Konzernabschluss soll dem Management Aufschluss über den erzielten Unternehmens-/Konzernerfolg sowie die Vermögens- und Finanzlage geben und damit die Grundlage für eine eigene Leistungsbeurteilung und Selbstkontrolle sowie die weitere Planung und Steuerung der Unternehmensgeschehnisse bilden.[24] Der Zwang zur Selbstinformation soll somit das Treffen geeigneter wirtschaftlicher Dispositionen durch das Management zum Selbst-

---

17 Vgl. Busse von Colbe, W. (1994), S. 44 f.

18 Vgl. Wüstemann, J. (2002a), S. 19 f. i. V. m. Ballwieser, W. (1997), S. 375.

19 Der Stakeholder- bzw. Koalitionstheorie liegt eine interessenpluralistische Unternehmensauffassung zugrunde, nach der die Unternehmung ein soziales Gebilde darstellt, das der Bedürfnisbefriedigung sämtlicher, mit der Unternehmung in Verbindung stehenden Personen oder Institutionen, den sog. „Koalitionsteilnehmern" oder „Stakeholdern", dient; vgl. hierzu u. a. Clarke, T. (1998), S. 186 ff.; Coenenberg, A. (2003), S. 1143 ff.; Haller, A. (1997a), S. 274 ff. sowie die jeweils dort angegebene Literatur.

20 Vgl. beispielsweise Baetge, J./Kirsch, H.-J./Thiele, S. (2002a), S. 90; Coenenberg, A. (2003), S. 14; Kubin, K. (1998), S. 529; Schildbach, T. (1975), S. 19 ff.; Volk, G. (1987), S. 723 ff.; Wüstemann, J. (2002a), S. 21. Auch der Europäische Gerichtshof (EuGH) geht in seiner Rechtsprechung von einem weit gefassten Adressatenkreis der Rechnungslegungspublizität aus. Danach sind die offen zu legenden Abschlussinformationen jeder interessierten Person zugänglich zu machen. Vgl. hierzu beispielsweise Europäischer Gerichtshof, Urteil vom 4. Dezember 1997 – Rechtssache C-97/96; siehe auch Leible, S. (1998), S. 599 ff.; Niehues, M. (2001), S. 1211.

21 In Ermangelung einer expliziten gesetzlichen Regelung, konnte der Adressatenkreis bislang nicht endgültig bestimmt werden. Insofern wird der Adressatenkreis der externen Rechnungslegung im Schrifttum nicht einheitlich definiert. Kein Konsens herrscht beispielsweise darüber, ob auch Konkurrenten sowie der Staat zu den Rechnungslegungsadressaten zählen; vgl. Merkt, H. (2001), S. 409 ff.

22 Vgl. Gliederungspunkt 3.1.1.

23 Vgl. Leffson, U. (1987), S. 55; Moxter, A. (1987), S. 369 f.; beide beziehen sich jedoch ausschließlich auf die Jahresabschlusserstellung.

24 Siehe hierzu Ballerstedt, K. (1965), S. 2; Clemm, H. (1987), S. 95 f.; Stützel, W. (1967), S. 331.

schutz des Unternehmens unterstützen und darüber hinaus indirekt durch die Vermeidung von Konkursfällen dem Gesellschafter- bzw. Gläubigerschutz dienen.[25]

Trotz der Informationsfunktion des Jahres-/Konzernabschlusses für die Unternehmensleitung sind die Rechenwerke der externen Unternehmensberichterstattung nur eingeschränkt als Managementinformationssystem zur Unternehmenssteuerung geeignet. Insbesondere schränken die vom Vorsichtsprinzip sowie von steuerlichen Grundsätzen und Kalkülen geprägten Aufwands- und Ertragskonventionen die Eignung der externen Rechnungslegung für Steuerungszwecke wesentlich ein.[26] Die meisten Unternehmen in Deutschland greifen hierfür deshalb traditionell auf ein eigenständiges internes Rechnungswesen zurück,[27] dem von der externen Rechnungslegung abweichende, vom Management bestimmte Normen zugrunde gelegt werden. Nach herrschender Meinung verbessert sich jedoch mit der Umstellung der externen Rechnungslegung auf internationale Rechnungslegungsstandards deren Eignung für interne Unternehmenssteuerungszwecke.[28] Als Begründung wird die konsequente Ausrichtung internationaler Rechnungslegungsnormen am Grundsatz der *decision usefulness*,[29] d. h. der Bereitstellung entscheidungsrelevanter Informationen für die Rechnungslegungsadressaten, angeführt. Der seit den 1990er-Jahren zu beobachtende Trend, dass Unternehmen, die ihren Konzernabschluss nach IAS/IFRS oder *US Generally Accep-*

---

25 Vgl. Egner, H. (1974), S. 27; Kleindiek, D. (1998), S. 472; Leffson, U. (1987), S. 55; Stützel, W. (1967), S. 323. Dieser Gedanke der Selbstinformation des Kaufmanns im Interesse Dritter kommt bei Kapitalgesellschaften auch in der gesetzlich kodifizierten Sorgfaltspflicht zum Ausdruck, nach der die Unternehmensleitung „bei ihrer Geschäftsführung die Sorgfalt eines ordentlichen und gewissenhaften Geschäftsleiters anzuwenden" hat (§ 93 AktG; ähnlich § 43 GmbHG). Weitere Indikationen einer gesetzlichen Verpflichtung zur Eigeninformation im Interesse Dritter finden sich bei Kapitalgesellschaften auch im Zusammenhang mit den Pflichten der Geschäftsführung bei Vorliegen von Verlusten oder Überschuldung. Demnach ist die Unternehmensleitung nach § 92 AktG und § 64 GmbHG verpflichtet, die Eröffnung eines Insolvenzverfahrens einzuleiten, wenn der Tatbestand der Überschuldung erfüllt oder Zahlungsunfähigkeit gegeben ist. Darüber hinaus muss der Vorstand bei Aktiengesellschaften unverzüglich die Hauptversammlung einberufen, wenn sich bei Erstellung der Jahres- oder Zwischenbilanz ein Verlust in Höhe der Hälfte des Grundkapitals ergibt oder ein solcher nach pflichtmäßigem Ermessen anzunehmen ist (§ 93 AktG).

26 Vgl. Coenenberg, A. (1995), S. 2079; Klein, G. (1999a), S. 67; ähnlich Bruns, H.-G. (1999), S. 588; Busse von Colbe, W. (1998), S. 137; Küting, K./Lorson, P. (1998a), S. 2253 f.

27 Vgl. Egner, H. (1974), S. 27; Kahle, H. (2002a), S. 87; Klein, G. (1999b), S. 33 f.; Kümpel, T. (2002), S. 343.

28 Vgl. Bruns, H.-G. (1999), S. 588 f.; Busse von Colbe, W. (1998), S. 148; Haller, A. (1997b), S. 272 ff.; Küting, K. (2000), S. 40; Küting, K./Lorson, P. (1998b), S. 2303 f.; Klein, G. (1999b), S. 206.

29 Für die Informationsorientierung der *US Generally Accepted Accounting Principles* siehe Financial Accounting Standards Board (Hrsg.) (1978), SFAC 1.32 ff.; für die Orientierung der IAS/IFRS am Kriterium der *decision usefulness* siehe International Accounting Standards Board (Hrsg.) (2001), F 12 ff.

ted Accounting Principles (US GAAP) aufstellen, diesen zunehmend auch für Steuerungs- und Kontrollzwecke nutzen, kann als Beleg für diese These gewertet werden.[30]

Neben der Eigeninformation des Kaufmanns dient der Jahres-/Konzernabschluss der Information der **aktuellen und potenziellen Gesellschafter (Anteilseigner)**. Für ihre individuellen Anlage- und Veräußerungsentscheidungen benötigen sie Informationen, die ihnen Rückschlüsse auf die Höhe, Wahrscheinlichkeit und den zeitlichen Anfall künftig zu erzielender Dividenden sowie die Entwicklung des Anteilspreises ermöglichen.[31] Bei Gesellschaften, in denen Unternehmensleitung und Anteilseigentum getrennt sind, hat die externe Rechnungslegung darüber hinaus den Zweck der Rechenschaftslegung des Managements über die ihm anvertrauten Ressourcen.[32]

Auch **aktuelle sowie potenzielle Fremdkapitalgeber** greifen bei ihren Entscheidungen über die Gewährung, Prolongation, Ausweitung bzw. Reduzierung oder Kündigung eines Kredits sowie bei der Vereinbarung der konkreten Kreditkonditionen auf externe Rechnungslegungsinformationen zurück. Da ihre Ansprüche im Gegensatz zu denen der Anteilseigner vertraglich fixiert werden, sind sie insbesondere an Informationen interessiert, die Aufschluss über die Solvenz des Unternehmens geben, um beurteilen zu können, mit welcher Wahrscheinlichkeit das Unternehmen den vereinbarten Zins- und Tilgungsverpflichtungen auch in Zukunft fristgerecht nachkommen kann.[33] Bei bestehenden Kreditengagements dient die Vorlage des Jahres-/Konzernabschlusses somit ferner – wie gegenüber den Eigenkapitalgebern – der Rechenschaftslegung des Managements über das anvertraute Kapital.[34]

Potenzielle und aktuelle Arbeitnehmer sind vor allem an Informationen interessiert, die eine verlässliche Einschätzung der Arbeitsplatzsicherheit sowie der Fähigkeit des Unternehmens, markt- und leistungsgerechte Löhne einschließlich sozialer Leistungen heute und in Zukunft bezahlen zu können, zulassen. Ferner wollen die Arbeitnehmer bzw. ihre Interessenvertreter wissen, ob ihr Wertschöpfungsanteil angemessen entlohnt wurde und inwiefern die Unternehmensentwicklung Raum für weitere Lohnforde-

---

30 Vgl. hierzu Busse von Colbe, W. (1998), S. 134; Horváth, P./Arnaout, A. (1997), S. 267; Kahle, H. (2002a), S. 88. Für den konkreten Fall von *Siemens* siehe Ziegler, H. (1994), S. 177 ff.

31 Vgl. Coenenberg, A. (1969), S. 77; Clemm, H. (1987), S. 97; Haller, A. (1997a), S. 289; Lange, C. (1989), S. 78, Abb. 11; Meier-Schatz, C. (1989), S. 181 f.; m. w. N. Krönert, B. (2001), S. 34.

32 Vgl. Busse von Colbe, W. (1994), S. 45; derselbe (1993), S. 18; Heyd, R. (1982), S. 26; Federmann, R. (2000), S. 45; Kleindiek, D. (1998), S. 467.

33 Vgl. American Institute of Certified Public Accountants (Hrsg.) (1994), S. 18; Coenenberg, A. (2003), S. 1144 f.; Egner, H. (1974), S. 33 f.; Merkt, H. (2001), S. 398 f.; Accounting Standards Board (Hrsg.) (1999a), Abschnitt 1.3.

34 Vgl. Busse von Colbe, W. (1994), S. 45.

rungen lässt.[35] Die Informationsinteressen der Arbeitnehmer erfahren durch das Betriebsverfassungsgesetz sowie das Mitbestimmungsgesetz zusätzlichen Schutz.[36]

Gegenwärtige sowie künftige Kunden und Lieferanten können die Jahres-/Konzernabschlussinformationen in vielfältiger Weise nutzen. Auch sie benötigen in erster Linie Informationen, die ihnen Prognosen über die künftige finanzielle und wirtschaftliche Entwicklung des Unternehmens liefern, um beurteilen zu können, ob das Unternehmen seinen eingegangenen Liefer- und Zahlungsverpflichtungen jetzt und in Zukunft nachkommen kann.[37] Dies ist vor allem für die Aufnahme einer dauerhaften und umfangreichen Liefer- und Abnehmerbeziehung relevant. Darüber hinaus kann die Kenntnis der wirtschaftlichen und finanziellen Entwicklung des Geschäftspartners sowie der Konkurrenz für die strategische Position bei der Aushandlung von Abnehmer- und Lieferkonditionen bedeutsam sein.[38]

Darüber hinaus hat schließlich auch der **Fiskus** ein Interesse am Jahresabschluss, da dieser aufgrund des in § 5 (1) EStG kodifizierten Maßgeblichkeitsgrundsatzes die Grundlage für die Bemessung der gewinnabhängigen Steuern liefert.[39]

Inwiefern auch die **allgemeine Öffentlichkeit** zu den Rechnungsadressaten zählt, ist umstritten.[40] In Deutschland wurde das Interesse der Allgemeinheit an der externen Unternehmensberichterstattung mit der Verabschiedung des Publizitätsgesetzes im Jahr 1969 anerkannt[41] und mit der volkswirtschaftlichen Bedeutung von Großunternehmen begründet. Die allgemeine Öffentlichkeit verkörpert eine sehr heterogene Adressatengruppe und dient als Sammelbezeichnung für all jene Institutionen und Personen, die in keiner ökonomischen oder sonstigen Beziehung zu einem spezifischen Unternehmen stehen und eine solche Beziehung auch nicht anstreben.[42] Aufgrund des komplexen Charakters, des Begriffs der allgemeinen Öffentlichkeit, lassen sich die Informationsinteressen für diese Adressatengruppe nicht allgemein formulieren, sondern nur im Einzelfall bestimmen.[43]

---

35 Vgl. Coenenberg, A. (2003), S. 1145; Lange, C. (1989), S. 78, Abb. 11.

36 Vgl. Kübler, F. (1999), S. 260; Merkt, H. (2001), S. 404 f.

37 Vgl. Accounting Standards Board (Hrsg.) (1999a), Abschnitt 1.3.

38 Vgl. Egner, H. (1974), S. 37; Lange, C. (1989), S. 78, Abb. 11.

39 Vgl. Coenenberg, A. (2003), S. 1146; Volk, G. (1987), S. 725.

40 Bemängelt wird vor allem der diffuse Charakter des Begriffs der „allgemeinen Öffentlichkeit"; vgl. hierzu die im Rahmen der Einführung des PublG geäußerte Kritik (Gliederungspunkt 3.1.12). *Merkt* kritisiert, dass außerhalb des Kreises der Marktteilnehmer die Legitimation für eine externe Unternehmensberichterstattung im Sinne eines Ausgleichs von Informationsdefiziten zur Entscheidungsvorbereitung fehlen würde; vgl. Merkt, H. (2001), S. 329 und 335.

41 Vgl. Gliederungspunkt 3.1.12.

42 Vgl. Volk, G. (1987), S. 727.

43 Vgl. Fischer, L. (1968), S. 564; Göllert, K. (1979), S. 30 f.

Gemeinsames Interesse der Rechnungslegungsadressaten ist, Zugriff auf adäquate Informationen zu erhalten, die Rückschlüsse auf die künftige Unternehmensentwicklung erlauben.[44] Gleichzeitig unterscheiden sich die jeweiligen Informationsbedürfnisse jedoch deutlich. In Abhängigkeit vom individuellen Zielsystem und der jeweiligen Entscheidungssituation können sogar konträre Ansprüche entstehen.[45] Da die Erfüllung gesetzlicher Vorgaben zur Produktion und Bereitstellung von Abschlussinformationen mit Kosten verbunden ist,[46] sind der Informationsbereitstellung durch das Unternehmen Grenzen gesetzt.[47] Somit können nicht alle Informationsansprüche bedient werden und es kann zu Konflikten zwischen den Rechnungslegungsadressaten sowie zwischen den Abschluss erstellenden Unternehmen und den Rechnungslegungsinteressenten kommen. Divergierende Interessen resultieren aber nicht nur aus der Informationsfunktion des Jahresabschlusses. Auch bezüglich der Zahlungsbemessungsaufgabe kann es zu vielfältigen Interessengegensätzen kommen,[48] allen voran zu Konflikten zwischen Fremd- und Eigenkapitalgebern. Denn während Erstere den auszuschüttenden Betrag zum Zwecke der Erhaltung des Haftungskapitals begrenzen wollen, sind Letztere an einer möglichst hohen Ausschüttung interessiert.[49]

Die vorhandenen Konfliktpotenziale und Interessengegensätze werden zusätzlich noch dadurch verschärft, dass auch die beiden Jahresabschlussfunktionen selbst – Zahlungsbemessung auf der einen Seite und Bereitstellung entscheidungsnützlicher Information auf der anderen Seite – in Konkurrenz zueinander stehen können.[50] Aufgrund dieser Problematik kommt dem Jahresabschluss die Aufgabe zu, die divergierenden Zahlungsbemessungs- und Informationsinteressen der Rechnungslegungsadressaten zu regeln,[51] während der Konzernabschluss ausschließlich auf die Informationsregelung beschränkt ist.

Die gesetzliche Normierung der externen Unternehmensrechnung hat somit zum Ziel, einen Interessenausgleich im Sinne einer ausgewogenen Berücksichtigung der unterschiedlichen Interessen der am Unternehmen beteiligten Unternehmenskoalitionäre

---

44 Vgl. Coenenberg, A. (1969), S. 79; ähnlich Arnold, J./Boyle, P./Carey, A./Cooper, M./Wild, K. (1991), S. 4; Volk, G. (1990), S. 61.

45 Vgl. American Institute of Certified Public Accountants (1994), S. 18; Kirchner, C. (2002), Sp. 1941; Federmann, R. (2000), S. 46 f.; Volk, G. (1990), S. 62.

46 Vgl. Carsberg, B./Page, M./Sindall, A./Waring, I. (1985), S. 18 f.; American Institute of Certified Public Accountants (1994), S. 39 ff. Siehe auch Gliederungspunkt 2.3.2.

47 So auch Kübler, F. (1999), S. 258 f.

48 Vgl. Brandl, R. (1987), S. 126 ff.; Heyd, R. (1982), S. 55 ff.; Kubin, K. (1998), S. 530.

49 Siehe hierzu auch Gliederungspunkt 2.2.1.2.

50 Vgl. u. a. Ballwieser, W. (1997), S. 374; Busse von Colbe, W. (1994), S. 48; Coenenberg, A. (2003), S. 37; Moxter, A. (2001), S. 606.

51 Vgl. Baetge, J./Kirsch, H.-J./Thiele, S. (2002a), S. 91; Coenenberg, A. (2003), S. 14 ff.; Federmann, R. (2000), S. 47 ff.

herbeizuführen.[52] Hierbei wird insbesondere auf die Interessen jener Anspruchsgruppen abgezielt, die aufgrund fehlender wirtschaftlicher Macht nicht in der Lage sind, ihre Informations- und Zahlungsbemessungsinteressen selbst zu schützen. Denn nach dem Sozialstaatsprinzip des Grundgesetzes hat die Rechtsordnung die Aufgabe, dort für Chancengleichheit zu sorgen, wo sie durch wirtschaftliche Macht gefährdet ist.[53] Neben diesem Individual- oder Personenschutz kommt der Normierung der externen Unternehmensberichterstattung darüber hinaus die Aufgabe zu, die Funktionsfähigkeit des Marktes (insbesondere des Zahlungs- und Kreditverkehrs sowie des öffentlichen Kapitalmarktes) zu gewährleisten (Funktionen- bzw. Institutionenschutz).[54] Da einerseits der Individualschutz automatisch auch zu einem Institutionenschutz führt und andererseits der Institutionenschutz gleichzeitig einen Individualschutz bedingt, sind beide Funktionen letztendlich untrennbar miteinander verbunden.[55]

2.2 Mikroökonomische Ansätze zur Begründung der Normierung der externen Unternehmensberichterstattung

Der ökonomische Effizienzgedanke ist gesamtwirtschaftlicher Maßstab für die Beurteilung der Regulierung der externen Unternehmensberichterstattung. Entscheidend ist somit die Frage, inwieweit die Normierung der externen Rechnungslegung die Verschwendung von knappen Mitteln verhindern bzw. eine effiziente Ressourcenallokation sicherstellen und zur Steigerung der gesamtgesellschaftlichen Wohlfahrt beitragen kann.[56] Die neoklassische Modellwelt basiert auf der Grundidee „vollkommener

---

52 Vgl. Baetge, J./Kirsch, H.-J. (2002), Kapitel 4, Tz. 44.; Heyd, R. (1982), S. 194; Hommelhoff, P. (2000a), S. 102.

53 Vgl. Koch, H.-D./Schmidt, R. (1981), S. 235; Gerechtigkeitsaspekte bezüglich der Normierung der externen Rechnungslegung werden auch von *Heyd* (Heyd, R. (1982), S. 194), *Leffson* (Leffson, U. (1987), S. 41) und *Streim* (Streim, H. (1988), S. 23) betont.

54 Vgl. m. w. N. Kleindiek, D. (1998), S. 471 f.

55 Ausführlich zur Untrennbarkeit von Individual- und Institutionenschutz der Rechnungslegung Merkt, H. (2001), S. 249 ff.

56 Eine effiziente Ressourcen-Allokation ist im Sinne der Wohlfahrtsökonomie dann erreicht, wenn Pareto-Effizienz gewährleistet ist. Diese ist dann gegeben, wenn kein Akteur besser gestellt werden kann, ohne dass nicht mindestens ein anderer Akteur dadurch einen Nachteil erleidet; vgl. z. B. Schäfer, H.-B./Ott, C. (2000), S. 26. Das Pareto-Effizienz-Kriterium kann durch das Kaldor-Hicks-Kriterium erweitert werden. Demnach sind wirtschaftliche Veränderungen dann als wohlfahrtssteigernd zu beurteilen, wenn die aus einer Maßnahme resultierenden Vorteile für die Begünstigten so groß sind, dass potenzielle Verlierer voll entschädigt werden können und trotzdem ein Nettovorteil übrig bleibt; vgl. Schäfer, H.-B./Ott, C. (2000), S. 32. Aspekte der Verteilungsgerechtigkeit, die für eine Beurteilung der Gesamtwohlfahrt ebenfalls von Bedeutung sind, werden weder bei Anwendung des Pareto-Effizienz-Kriteriums noch des Kaldor-Hicks-Kriteriums explizit berücksichtigt; vgl. Schäfer, H./Ott, C. (2000), S. 7 und S. 35. In den folgenden Ausführungen

Märkte",[57] in der sich die Normierung der Unternehmensberichterstattung erübrigt,[58] da die streng rational handelnden Marktakteure aufgrund annahmegemäß fehlender Transaktionskosten über vollkommene Information und Voraussicht hinsichtlich aller zukünftigen Kontingenzen und deren Eintrittswahrscheinlichkeiten verfügen und in der Lage sind, vollständige Verträge abzuschließen.[59] Die empirische Konfrontation des neoklassischen Weltbilds mit den Unvollkommenheiten realer Märkte führte jedoch zu einem fortschreitenden Plausibilitätsverfall der neoklassischen Modellannahmen.[60] Die restriktiven Prämissen des vollkommenen Marktes werden deshalb im Rahmen der neuen Institutionenökonomik durch eine realitätsnahere Sichtweise der Marktprozesse abgelöst. In Abgrenzung zur Neoklassik ist die neue Institutionenökonomik, die sich mit der Entstehung, Veränderung und Funktionsweise von Institutionen[61] beschäftigt, durch folgende zentrale Charakteristika geprägt:[62]

- Ein wesentlicher Grundsatz der neuen Institutionenökonomik ist der methodologische Individualismus, nachdem für die Erklärung ökonomischer Sachverhalte grundsätzlich auf das Handeln und Verhalten der individuellen Marktakteure abgestellt wird.[63] Somit steht nicht die Gesellschaft als Ganzes oder ein einzelnes Wirtschaftsunternehmen als Kollektivperson im Fokus der institutionenökonomischen Analyse, sondern das Entscheidungsverhalten der jeweiligen Einzelpersonen, aus denen sich das Kollektiv zusammensetzt.[64]
- Ferner unterstellt die Institutionenökonomie im Gegensatz zur Neoklassik eine nur mehr unvollkommene, d. h. beschränkte individuelle Rationalität der Akteure. Die Präferenzen der Entscheidungssubjekte gelten als unvollständig und können über die Zeit variieren. Außerdem wird angenommen, dass die Akteure in ihrer Fähigkeit, Informationen zu verarbeiten und ökonomisch optimale Entscheidungen zu treffen, beschränkt sind.[65]

---

wird bezüglich Wohlfahrtsbeurteilungen insbesondere auf die paretanische Wohlfahrtstheorie zurückgegriffen, da das Kaldor-Hicks-Kriterium nur eingeschränkt anwendbar ist (siehe hierzu ebenfalls Schäfer, H.-B./Ott, C. (2000), S. 32 ff.) und verteilungspolitische Aspekte einer eigenständigen Analyse bedürfen.

57 Zum Konzept „vollkommener Märkte" siehe z. B. Henderson, J./Quandt, R. (1983), S. 139 ff.; Müller, U. (1982), S. 294 f.; Schumann, J./Meyer, U./Ströbele, W. (1999), S. 22 ff.

58 Vgl. Krönert, B. (2001), S. 20 f.; Merkt, H. (2001), S. 208.

59 Siehe zu diesen Grundannahmen der Neoklassik z. B. Richter, R./Furubotn, E (1999), S. 9 f.

60 Vgl. Richter R./Furubotn, E. (1999), S. 9 ff.

61 Unter „Institutionen" werden Regeln aller Art verstanden einschließlich Vorkehrungen zu deren Durchsetzung; vgl. zum Begriff der Institutionen z. B. Kirchner, C. (1997), S. 269; Richter, R./ Furubotn, E. (1999), S. 7; Wüstemann, J. (2002a), S. 44 ff.

62 Zur Abgrenzung der neuen Institutionenökonomik von der neoklassischen Wirtschaftstheorie siehe z. B. Kirchner, C. (1997), S. 272 sowie Richter, R./Furubotn, E. (1999), S. 1 ff.

63 Vgl. zum methodologischen Individualismus z. B. Richter, R./Furubotn, E. (1999), S. 3 sowie m. w. N. Wüstemann, J. (2002a), S. 27 ff.

64 Vgl. Merkt, H. (2001), S. 209.

65 Vgl. Richter, R./Furubotn, E. (1999), S. 4 sowie m. w. N. Wüstemann, J. (2002a), S. 13 ff.

- Hinzu kommt, dass in der Modellwelt der neuen Institutionenökonomik die in der Neoklassik getroffene Grundannahme kostenloser Tauschvorgänge aufgegeben und stattdessen die Existenz von Transaktionskosten unterstellt wird.[66] Dies hat zur Konsequenz, dass u. a. die Anbahnung, Aushandlung, Überwachung und Durchsetzung von Verträgen mit Kosten verbunden sind.[67] Die Marktakteure können deshalb nicht länger als „vollständig informiert" gelten, da der unbegrenzte Erwerb von Informationen letztendlich nicht mehr erschwinglich ist, bzw., sofern es sich um Informationen über in der Zukunft liegende Entwicklungen handelt, sogar gänzlich unmöglich wird.[68] Dies hat zur Folge, dass die Marktakteure unter Unsicherheit entscheiden und zwar auf Basis ihres jeweiligen Informationsstandes, der durch das individuelle Kosten-Nutzen-Kalkül bezüglich der Gewinnung und Verarbeitung weiterer Informationen determiniert ist.[69]

Mit der Bejahung der Existenz von Transaktionskosten und der Aufgabe der hiermit verbundenen Annahme der vollkommenen Information und Markttransparenz öffnet sich die ökonomische Theorie der Informationsproblematik und damit auch der Normierung der externen Unternehmensberichterstattung. So sind nach der kontraktualistischen Sichtweise der Unternehmung[70] die Unternehmenskoalitionäre (Gesellschafter, Manager, Gläubiger etc.) aufgrund arbeitsteiliger Zusammenarbeit und Tauschprozesse über Märkte durch vielfältige Vertragsbeziehungen miteinander verbunden, die jedoch aufgrund der Existenz von Transaktionskosten durch unvollständige und zum Teil ungleich verteilte Informationen gekennzeichnet sind.[71] Im Extremfall können die aus unvollständigen und asymmetrisch verteilten Informationen resultierenden Unsicherheiten, z. B. über künftige Umweltentwicklungen und über das Verhalten der beteiligten Akteure, dazu führen, dass aus gesamtgesellschaftlicher Sicht als wohlfahrtssteigernd zu beurteilende Kooperationen der Individuen untereinander (z. B. Tauschvorgänge) nicht eingegangen werden.[72] Die Verhinderung von Ineffizienzen bis hin zum vollständigen Marktversagen lässt sich im Sinne der Institutionenökonomie vor allem durch eine Reduzierung der mit unvollkommenen und asymmetrisch verteilten Informationen verbundenen Unsicherheiten und den hieraus resultierenden

66 Vgl. Richter, R./Furubotn, E. (1999), S. 9.
67 Vgl. Richter, R./Furubotn, E. (1999), S. 9.; Schumann, J./Meyer, U./Ströbele, W. (1999), S. 474.
68 Vgl. Richter, R./Furubotn, E. (1999), S. 4.
69 Vgl. Kirchner, C. (1997), S. 270.
70 Siehe hierzu *Fama* und *Jensen* denenzufolge „an organization is the nexus of contracts, written and unwritten, among owners of factors of production and customers"; Fama, E./Jensen, M. (1983), S. 302; siehe auch Walz, R. (1993a), S. 53 sowie Watts, R./Zimmerman, J. (1986), S. 194.
71 Vgl. Pellens, B. (2001), S. 9.
72 Vgl. Hartmann-Wendels, T. (1991), S. 6 ff.; Pellens, B. (2001), S. 9.

Kooperationskonflikten erreichen. Hierin wird die gesamtökonomische Hauptaufgabe der externen Unternehmensberichterstattung gesehen,[73] die durch die Bereitstellung von Rechnungslegungsinformationen eine Veränderung des Zielstroms der individuellen Akteure bewirken und dadurch zur Verwirklichung von Kooperationsvorteilen und Wohlfahrtsgewinnen beitragen soll.[74]

2.2.1 Externe Rechnungslegung zum Abbau von Kooperationskonflikten

Von den vielfältigen Kooperationskonflikten, die zwischen den Unternehmensbeteiligten auftreten können, sind insbesondere jene von besonderer Bedeutung, die durch die gleichzeitige Existenz von Interessensgegensätzen und asymmetrischer Informationsverteilung gekennzeichnet sind. Beides ist charakteristisch für „Principal-Agent-Verhältnisse“[75], die in Unternehmen insbesondere in den in Abb. 1 dargestellten Beziehungen in Erscheinung treten:[76] (1) zwischen Unternehmensleitung und Eigentümern sowie (2) zwischen Gläubigern und den Eigentümern bzw. der Unternehmensleitung.[77]

---

73 Vgl. Hartmann-Wendels, T. (1991), S. 9; Pellens, B. (2001), S. 10; Streim, H. (1998), S. 26.

74 Ähnlich Wüstemann, J. (2002a), S. 44 ff.

75 Eine Principal-Agent-Beziehung ist dadurch gekennzeichnet, dass ein oder mehrere Auftraggeber (Prinzipal) eine andere Person (Agent) beauftragen, Handlungen für sie auszuführen, wobei dies auch die Delegation gewisser Entscheidungsbefugnisse mit einschließt und die Beziehung deshalb durch ungleiche Informationsverteilung gekennzeichnet ist. Unter der Annahme, dass alle Beteiligten danach streben, ihren eigenen Nutzen zu maximieren, ist davon auszugehen, dass Interessenkonflikte auftreten und der Agent deshalb nicht immer im Interesse des Prinzipals handeln wird (Principal-Agent-Konflikt); vgl. Jensen, M./Meckling, W. (1976), S. 308. Das Entstehen von Princpal-Agent-Konflikten setzt somit zwei Bedingungen voraus: (1) die Existenz von Interessenkonflikten und (2) ungleiche Informationsverteilung zwischen Auftraggeber und Beauftragtem; vgl. Hartmann-Wendels, T. (1992), S. 413; Wagenhofer, A. (1993), S. 239 ff. Nach dieser sehr allgemein gehaltenen Grundkonzeption können Agency-Beziehungen auf sämtliche Finanzierungsverhältnisse übertragen werden; vgl. Ewert, R. (1986), S. 2. Kritisch zu der Principal-Agent-Verhältnissen generell zugrunde liegenden Annahme opportunistischen Verhaltens Chua, W. (1986), S. 608 f.; Franke, G./Hax, H. (1999), S. 412.

76 Vgl. Hartmann-Wendels, T. (1992), S. 414; Wagenhofer, A. (1993), S. 239 ff. Neben den genannten Kooperationskonflikten können darüber hinaus z. B. auch zwischen den Anteilseignern (z. B. alte versus neue Eigenkapitalgeber) oder zwischen individuellen Gläubigern Interessengegensätze auftreten, von denen kooperationsfeindliche Effekte ausgehen können; siehe diesbezüglich beispielsweise Brandl, R. (1987), S. 132.

77 Aus Gründen der Komplexitätsreduktion wird bei fremdfinanzierungsbedingten Interessenkonflikten üblicherweise von einer Personalunion bzw. vollständigen Interessenkongruenz von Unternehmensleitung und Eignern ausgegangen.

■ **Abb. 1:** Kooperationskonflikte im Principal-Agent-Kontext

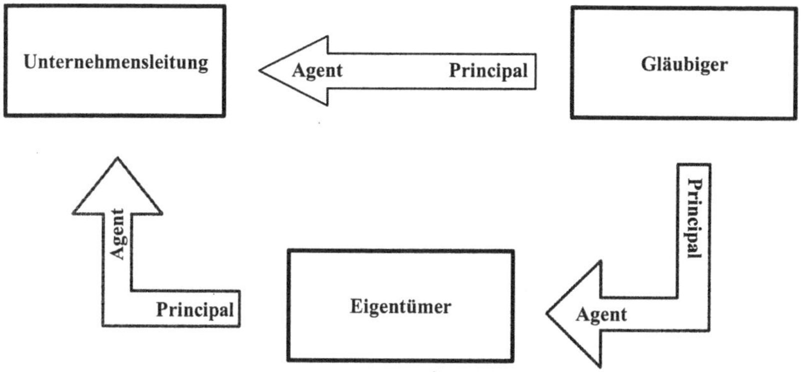

Ein Informationsvorsprung schafft für die überlegene Partei jeweils einen Anreiz zur Ausnutzung ihres informativen Vorteils. Informationsasymmetrien, die vor Vertragsabschluss bestehen („*hidden information*"), können im Extremfall in den von *Akerlof*[78] beschriebenen Prozess einer „*adverse selection*" und damit in einen Marktzusammenbruch münden.[79] Nach Vertragsabschluss auftretende Informationsasymmetrien, die daraus resultieren, dass die Handlungen des Agenten nicht unmittelbar beobachtet werden können („*hidden action*"),[80] bergen dagegen die Gefahr, dass die Agenten nach

---

78 *Akerlof* zeigt am Beispiel des Marktes für gebrauchte Kraftfahrzeuge, dass Informationsasymmetrien zu Marktversagen führen können. Vereinfachungsgemäß unterstellt *Akerlof*, dass es auf dem Markt für gebrauchte Kraftfahrzeuge nur zwei Qualitäten gibt: gute Gebrauchtwagen und schlechte Gebrauchtwagen (sog. „*lemons*"). Da einerseits die Anbieter schlechter Gebrauchtwagen kein Interesse besitzen, die Mängel der zum Verkauf stehenden Fahrzeuge mitzuteilen, die Nachfrager andererseits vorhandene Qualitätsunterschiede auch nicht wahrnehmen können, bildet sich auf dem betrachteten Gebrauchtwagenmarkt ein einheitlicher Preis für gute und für schlechte Fahrzeuge. Nachdem die Nachfrager die Qualität der einzelnen Gebrauchtwagen nicht kennen, gleichzeitig jedoch wissen, dass auch Gebrauchtwagen minderer Qualitäten („*lemons*") unter den angebotenen Wagen sind, ist ihre Zahlungsbereitschaft für Gebrauchtwagen eher gering. Der sich so ergebende relativ niedrige Preis für gebrauchte Kraftfahrzeuge hat wiederum zur Konsequenz, dass Eigentümer guter Gebrauchtwagen nicht mehr bereit sind zu verkaufen. So findet eine negative Auslese (*adverse selection*) statt, die dazu führt, dass auf dem Gebrauchtwagenmarkt nur mehr Anbieter schlechter Wagenqualitäten verbleiben. Siehe hierzu Akerlof, G. (1970).

79 Vgl. Beaver, W. (1989), S. 37; Ewert, R. (1990), S. 11; Franke, G./Hax, H. (1999), S. 410 f.

80 Zur Unterscheidung von *hidden information* und *hidden action* siehe Arrow, K. (1985), S. 38 ff. sowie Ewert, R. (1990), S. 10 f.

Eingehen der Kooperation den zur Verfügung stehenden Handlungsspielraum zu ihrem eigenen Vorteil und zum Schaden der Prinzipale ausnutzen (*moral hazard*).[81]

2.2.1.1 Kooperationskonflikte zwischen Unternehmensleitung und Eigentümern

Konflikte zwischen der Unternehmensleitung[82] und den Eigentümern können nur dann entstehen, wenn die Eigner die Führung des Unternehmens nicht selbst übernehmen, sondern hierfür einen oder mehrere Manager beauftragen.[83] Diese als Principal-Agent-Verhältnis zu charakterisierende Auftragsbeziehung kann dann zur Interessenkollision zwischen beiden Parteien führen, wenn die vom Management (Agenten) zu wählenden Handlungen aus der Sicht der Eigentümer (Prinzipale) andere Konsequenzen haben als aus der Sicht des Managements,[84] d. h. die Zielsetzungen von Management und Anteilseignern divergieren.

Nachdem die Eigner nicht in das Tagesgeschäft involviert sind, besitzen sie weder vollständige Informationen über sämtliche handlungsrelevanten Sachverhalte noch können sie die vom Management durchgeführten Handlungen direkt beobachten. Darüber hinaus verhindert auch die Existenz externer Einflussfaktoren unmittelbare Rückschlüsse von dem erzielten Erfolg auf die Handlungen der Unternehmensführung.[85] Die Kontrollmöglichkeiten der Eigner sind somit eingeschränkt und das Management besitzt einen Informationsvorsprung und -vorteil gegenüber den Anteilseignern. So hat das Management beispielsweise die Möglichkeit, für die Eigentümer relevante Informationen zu verschweigen oder Fehlinformationen zu geben. Hierdurch wird zum einen die Abschätzung der künftigen Unternehmensentwicklung und damit die Beurteilung der Attraktivität eines Investments für die (potenziellen) Anteilseigner erschwert (*hidden information*). Zum anderen verschaffen die Informationsasymmetrien der Unternehmensleitung diskretionäre Verhaltensspielräume (*hidden action*), die nach Vertragsabschluss im Sinne der eigenen Nutzenmaximierung – und zum Schaden der Eigentümer – genutzt werden können (*moral hazard*).[86]

---

81 Vgl. Ewert, R. (1990), S. 10 f.; Franke, G./Hax, H. (1999), S. 410; Fritsch, M./Wein, T./Ewers, H.-J. (2001), S. 282.

82 Synonym zu dem Begriff der Unternehmensleitung werden im Folgenden aus sprachlichen Vereinfachungsgründen die Begriffe Management und Unternehmensführung gebraucht.

83 Eine Trennung von Eigentum und Unternehmensführung hat für die Eigner die Vorteile, dass Spezialisierungsvorteile des Managements genutzt werden können und das eigene Investitionsrisiko durch Diversifikation vermindert werden kann; vgl. Ridder-Aab, C.-M. (1980), S. 76; siehe auch Watts, R./Zimmerman, J. (1986), S. 194.

84 Vgl. Schildbach, T. (1986), S. 72 f.

85 Vgl. Mensch, G. (1999), S. 687; Spremann, K. (1987), S. 9 ff.

86 Vgl. Elschen, R. (1991), S. 210; Koch, H.-D./Schmidt, R. (1981), S. 232; Ridder-Aab, C.-M. (1980), S. 77.

Typische *moral-hazard*-Situationen entstehen z. B. wenn Manager Ausgaben tätigen, die zwar deren individuellen Nutzen maximieren, den Markwert des Unternehmens jedoch schmälern oder nur zum Teil erhöhen. Der Bau eines repräsentativen Verwaltungsgebäudes, die Anschaffung eines teuren Dienstwagens oder der Konsum anderer nicht pekuniärer Vorteile sind Beispiele hierfür.[87] Ähnliche Konflikte können resultieren, wenn die jeweiligen Manager Anreize haben, die unter ihrer Kontrolle stehenden Ressourcen – z. B. aus Prestigegründen – zu maximieren.[88] In diesen Fällen haben die Unternehmensleiter, nicht aber die Eigentümer, regelmäßig ein Interesse daran, Finanzmittel im Unternehmen zu binden (z. B. durch die Einbehaltung von Periodenüberschüssen), selbst wenn sich außerhalb der Unternehmung höher verzinsliche Alternativanlagen bieten sollten (Überinvestitionseffekt).[89] Schließlich können Eigner und Manager auch über unterschiedliche Risikopräferenzen bezüglich zu realisierender Investitionsprojekte verfügen. Denn während Anteilseigner die Möglichkeit haben, ihre Risiken am Kapitalmarkt zu diversifizieren, ist die Arbeitsplatzsicherheit des Managements unmittelbar mit dem Unternehmensrisiko verknüpft. Die Risikobereitschaft der Unternehmensleitung liegt deshalb üblicherweise unter jener der Anteilseigner, weshalb Manager regelmäßig Präferenzen für eine weniger riskante Investitionspolitik zeigen (Unterinvestition in Risikoprojekte).[90]

2.2.1.2 Kooperationskonflikte zwischen Eigentümern und Gläubigern

Da die Zins- und Tilgungsansprüche der Gläubiger genau festgelegt sind, können Konflikte zwischen Gläubigern und Eigentümern nur dann auftreten, wenn der Zahlungsanspruch der Gläubiger riskant, d. h. zumindest teilweise ausfallgefährdet ist.[91] Dies setzt voraus, dass den Gläubigern für die Befriedigung ihrer Ansprüche nur ein begrenztes Haftungsvermögen zur Verfügung steht, sei es aufgrund rechtsformbedingter Haftungslimitierungen oder aufgrund des faktisch beschränkten Privatvermögens persönlich haftender Unternehmenseigentümer.[92] Bei solchen „riskanten" Kapitalüberlassungsverhältnissen können aufgrund fehlender Markttransparenz und asymmetrischer

---

87 Vgl. Ewert, R. (1987), S. 284 f.; Hartmann-Wendels, T. (1991), S. 146; Jensen, M./Meckling, W. (1976), S. 312 f.; Pfaff, D. (1989b), S. 42; Schildbach, T. (1986), S. 73; Wagenhofer, A. (1993), S. 239.

88 Vgl. Wagenhofer, A./Ewert, R. (2003), S. 184 f.

89 Vgl. Pfaff, D. (1989b), S. 43.

90 Vgl. Pfaff, D. (1989b), S. 43; Wagenhofer, A./Ewert, R. (2003), S. 185.

91 Vgl. Jensen, M./Meckling, W. (1976), S. 342 insbesondere Fn. 55. Bei risikolosem Fremdkapital stellen die an die Gläubiger zu leistenden Tilgungs- und Zinsforderungen eine Konstante dar, die das Kalkül der Eigner nicht beeinflusst und somit keine Konflikte auslösen kann; vgl. Leuz, C. (1996), S. 56.

92 Vgl. Leuz, C. (1996), S. 56.

Informationsverteilung insbesondere folgende Interessenkonflikte zwischen Gläubigern und Eigentümern entstehen:[93]

- informationsbedingte Konflikte vor Vertragsabschluss (*hidden information*);
- finanzierungsbedingte Konflikte durch opportunistisches Verhalten nach Vertragsabschluss (*hidden action*).

Vorvertragliche Kooperationskonflikte resultieren daraus, dass zwischen den kreditsuchenden Unternehmenseigentümern und den Fremdkapitalgebern Informationsasymmetrien vorliegen. Da die Kreditnehmer regelmäßig besser über die wirtschaftliche Ertragslage und zukünftigen Ertragsaussichten informiert sind als die Kapitalgeber, haben sie die Möglichkeit, diesen Informationsvorteil durch die Bereitstellung „geschönter" oder falscher Informationen zu ihren Gunsten zu nutzen, um das erforderliche Kapital zu erhalten oder günstige Kreditkonditionen auszuhandeln.[94]

Ferner bestehen für die Eigentümer nach der Aufnahme der Kreditbeziehung Anreize, die ihnen zur Verfügung stehenden Handlungsspielräume für Vermögensverlagerungen zum Schaden der Gläubiger zu nutzen (finanzierungsbedingte Gläubiger-Eigner-Konflikte).[95] Existieren keinerlei Dividendenrestriktionen, so haben die Eigner beispielsweise die Möglichkeit, mittels Ausschüttungen – die entweder durch die Aufnahme zusätzlichen (gleichberechtigten oder vorrangigen) Fremdkapitals (fremdfinanzierte Ausschüttungen) oder durch die Liquidation vorhandener Vermögenswerte (liquidationsfinanzierte Ausschüttungen) finanziert werden – einen Vermögenstransfer zu ihren Gunsten zu erwirken und die (Alt-)Gläubiger zu schädigen.[96] Denn während die Ausschüttungen voll den Eignern zugute kommen, tragen die Gläubiger das durch den Kapitalentzug provozierte höhere Ausfallrisiko, da ihnen für die Befriedigung ihrer Zahlungsansprüche nun weniger Mittel zur Verfügung stehen.[97] Ferner können die Eigentümer aufgrund des Leverage-Effekts Anreize zu zusätzlicher Fremdkapital-

93 Vgl. Ewert, R. (1986), S. 12 ff. Vielfach wird das Principal-Agent-Konzept auch auf Gläubiger-Eigner-Beziehungen übertragen (in diesem Kontext sind die Fremdkapitalgeber die Prinzipale, die Eigner bzw. das Management die Agenten) und auch diesbezüglich von Principal-Agent-Konflikten gesprochen; vgl. Jensen, M./Meckling, W. (1976), S. 333 ff.; Ewert, R. (1986), S. 2 f.; Hartmann-Wendels, T. (1992), S. 413 ff.; Wagenhofer, A. (1993), S. 239.

94 Vgl. Brandl, R. (1987), S. 127; Ewert, R. (1986), S. 21; Franken, L. (2001), S. 56 f.; Hartmann-Wendels, T. (1992), S. 415; Streim, H./Kugel, B. (1985), S. 108; Terberger, E. (1987), S. 232 f.

95 Vgl. Ewert, R. (1986), S. 14; Leuz, C. (1996), S. 57; Terberger, E. (1987), S. 172.

96 Vgl. Ewert, R. (1990), S. 24 f.; Hartmann-Wendels, T. (1992), S. 420 f.; Kalay, A. (1982), S. 210 f.; Leuz, C. (1996), S. 64; Pfaff, D. (1989b), S. 49 f.; Smith, C./Warner, J. (1979), S. 118; Wagenhofer, A. (1993), S. 248.

97 Zwar steht den Gläubigern bei persönlich haftenden Eignern das Privatvermögen zur Befriedigung ihrer Ansprüche zur Verfügung. Doch setzt dies wiederum voraus, dass sich die den Eigentümern durch Ausschüttungen zugeflossenen Mittel im Insolvenzfall noch im Privatvermögen des Schuldners befinden (sei es in Form von Barvermögen oder verwertbaren Vermögenswerten).

aufnahme haben. Hierdurch werden die Ansprüche der (Alt-)Gläubiger auf Zins- und Tilgungszahlungen, sofern keine vorrangige Besicherung gegeben ist, verwässert und damit das Ausfallrisiko der Gläubiger zugunsten einer Verbesserung der Eigenkapitalrendite erhöht.[98] Doch nicht nur durch die Finanzierungs- und Ausschüttungspolitik können Reichtumsverschiebungen zulasten der Gläubiger vorgenommen werden, sondern vor allem auch durch die verfolgte Investitionspolitik. Beispielsweise kann es für die Eigner von Vorteil sein, nach Aufnahme einer Kreditbeziehung in riskantere Investitionsprojekte zu investieren,[99] die z. B. zwar einen geringeren erwarteten Kapitalwert als Alternativinvestitionen aufweisen, jedoch bei günstigem Ausgang einen höheren Zahlungsüberschuss versprechen.[100] Anreize zu derartigem Verhalten bestehen, da die Kreditgeber zwar an den Verlusten des Schuldners partizipieren, nicht jedoch an den die Zins- und Tilgungsverpflichtungen übersteigenden Überschüssen.[101] Ferner können Reichtumsverschiebungen zuungunsten der Gläubiger auch dadurch vorgenommen werden, dass Investitionsprojekte mit negativem Kapitalwert verwirklicht werden (Überinvestitionsproblem). Dies ist für die Eigentümer dann von Vorteil, wenn sie zwar an den Einzahlungsüberschüssen partizipieren, die Auszahlungen aber (vorwiegend) in den Insolvenzzuständen anfallen und deshalb von den Gläubigern zu tragen sind.[102] Schließlich kann es aus Sicht der Eigner bei bestehender Fremdfinanzierung auch vorteilhaft sein, Investitionen mit positivem Kapitalwert nicht mehr durchzuführen (Unterinvestitionsproblem). Anreize zu solch einem Verhalten sind dann gegeben, wenn Investitionsprojekte, die insgesamt einen positiven Kapitalwert aufweisen, mit Eigenmitteln (z. B. thesaurierten Überschüssen) finanziert werden müssten. Denn bei Durchführung der Investition kommt es zu einer faktischen „Nachbesicherung" der risikobehafteten Gläubigerposition, da die Investitionserträge zunächst für die Befriedigung der Gläubigeransprüche herangezogen werden, die bei Unterlassen der Investition leer ausgegangen wären. Reichen die verbleibenden Investitionserlöse dann nicht mehr aus, um die Investitionsausgaben zu decken, werden die Eigentümer die Investition nicht vornehmen, da sich hierdurch der Marktwert des Eigenkapitals vermindert.[103]

---

98 Vgl. Niehues, M. (2001), S. 1215; Watrin, C. (2001a), S. 41.

99 Dies kann z. B. durch eine Änderung der ursprünglich vereinbarten Investitionspolitik oder durch die Liquidation bestehender Projekte und Investition der frei werdenden Mittel in riskantere Projekte geschehen; vgl. Kahle, H. (2002b), S. 700; Leuz, C. (1996), S. 66.

100 Vgl. Ewert, R. (1986), S. 15 ff.; Day, J./Taylor, P. (1996), S. 202; Smith, C./Warner, J. (1979), S. 118 f.

101 Vgl. Ewert, R. (1990), S. 24; Hartmann-Wendels, T. (1992), S. 420; Niedernhuber, G. (1988), S. 44.

102 Vgl. Leuz, C. (1996), S. 69.

103 Vgl. Drukarczyk, J. (1993), S. 309 f.; Ewert, R. (1986), S. 19; Franken, L. (2001), S. 53 f.; Niedernhuber, G. (1988), S. 51; Pfaff, D. (1989b), S. 51; Smith, C./Warner, J. (1979), S. 119.

2.2.2 Kooperationskonflikte und Regulierungsnotwendigkeit

Rational handelnde Marktakteure werden das opportunistische Informations- und Handlungsverhalten der besser informierten Vertragspartei antizipieren und die hieraus resultierenden Risiko-/Renditeeffekte in ihren Kapitalkonditionen berücksichtigen.[104] Die Eigenkapitalgeber werden dementsprechend bei vermuteten opportunistischen Verhaltensweisen des Unternehmensmanagements und der dadurch erwarteten Renditeschmälerungen den Unternehmen weniger Kapital zur Verfügung stellen, indem sie z. B. nur einen geringeren Emissionspreis akzeptieren, ggf. auf das Eingehen der Kooperation gänzlich verzichten[105] oder bei bestehenden Kooperationen durch Ausschüttungsforderungen[106] Kapital beanspruchen. Analog werden auch die Unternehmensgläubiger das eigennützige Informationsverhalten sowie potenzielle Reichtumsverschiebungen der Eigentümer antizipieren und sich mittels höherer Zinsforderungen gegen die erwartete Risikosteigerung schützen[107] bzw. ggf. die Kreditvergabe versagen.[108]

Gelingt eine exakte Abschätzung der Risiko- bzw. Renditeveränderungen, sind die aus dem opportunistischen Verhalten der besser informierten Akteure resultierenden Kosten allein von diesen zu tragen.[109] Dies wird jedoch in der Realität kaum möglich sein, da aufgrund der Informationsasymmetrien nur Erwartungen bezüglich des Verhaltens der anderen Vertragspartei gebildet werden können und somit die Festlegung risiko- und renditeadäquater Kapitalkonditionen nur im Durchschnitt gelingen wird.[110] Falscheinschätzungen bezüglich des einem Kreditengagement zugrunde liegenden Risikos bzw. der aus einer Unternehmensbeteiligung zu erwartenden Rendite können

---

104 Vgl. bezogen auf den Manager-Eigner-Konflikt z. B. Hax, H. (1988), S. 194 ff.; Jensen, M./Meckling, W. (1976), S. 318; Pfaff, D. (1989a), S. 1019 f.; bezüglich des Eigner-Gläubiger-Konflikts siehe z. B. Smith, C./Warner, J. (1979), S. 119.

105 Siehe hierzu die beispielhafte Darstellung von Hax, H. (1988), S. 194 ff. und Jensen, M./Meckling, W. (1976), S. 318 f.

106 Siehe zur Ausschüttungsproblematik in Verbindung mit Eigner-Manager-Konflikten z. B. Pfaff, D. (1989a), S. 1013 ff. Werden die erwirtschafteten Gewinne ausgeschüttet, so werden sie der Entscheidungskompetenz des Managements entzogen. Hierdurch können nicht nur die diskretionären Verhaltensspielräume der Unternehmensführung eingeschränkt und die Kontrolle des Managements verbessert, sondern auch die Allokationseffizienz des Kapitalmarkts erhöht werden, da die ausgeschütteten Gewinne nur dann in Form von Reinvestitionen an das betreffende Unternehmen zurückfließen werden, wenn es entsprechende attraktive Renditen bieten kann; vgl. Wagner, F. (1982), S. 765 ff.; Watrin, C. (2001a), S. 236 ff.

107 Vgl. Drukarczyk, J. (1993), S. 313 ff.; Smith, C./Warner, J. (1979), S. 119.

108 Vgl. zum Problem der Kreditrationierung aufgrund der Schwierigkeit der Risikoabschätzung bei asymmetrisch verteilten Informationen Stiglitz, J./Weiss, A. (1981), S. 393 ff.

109 Vgl. Hax, H. (1988), S. 196; Watts, R./Zimmerman, J. (1986), S. 184 sowie S. 190.

110 Vgl. Wagenhofer, A. (1993), S. 249, der sich jedoch in seinen Ausführungen nur auf den Gläubiger-Eigner-Konflikt bezieht.

jedoch zu Kapitalfehlleitungen und somit zu Effizienzverlusten führen.[111] Im Extremfall kann es aufgrund der bestehenden Konfliktpotenziale zum Scheitern der Kooperation kommen, da das benötigte Kapital aufgrund erwarteter Renditeschmälerungen bzw. Risikoerhöhungen nicht in der benötigten Menge oder nur zu sehr ungünstigen Konditionen zur Verfügung gestellt wird.

Eine Möglichkeit zur Abmilderung der aus Informationsasymmetrien und Marktunvollkommenheiten resultierenden Kooperationskonflikte besteht in der hoheitlichen Normierung von Unternehmensberichterstattungspflichten. Denn durch die Bereitstellung von Informationen zum erzielten Unternehmenserfolg sowie von Daten, die den Marktakteuren die Abschätzung der künftigen Unternehmensentwicklung und der aus der Kooperation zu erzielenden Zahlungsströme ermöglicht, können sowohl im Management-Eigner- als auch im Gläubiger-Eigner-Konflikt Informationsasymmetrien abgebaut (Informationsfunktion im Sinne der Vermittlung entscheidungsrelevanter Daten) sowie die Kontrollmöglichkeiten (Informationsfunktion im Sinne der Rechenschaftslegung) der Unternehmensbeteiligten verbessert werden. Die Gefahr der *adverse selection* sowie der Spielraum für opportunistische Verhaltensweisen werden hierdurch verringert.[112] Ferner können Informationen über den verteilungsfähigen Gewinn (Zahlungsbemessungsfunktion der externen Rechnungslegung) der Bemessung von Zahlungsansprüchen dienen und somit zur Lösung von Kompetenzabgrenzungsproblemen insbesondere zwischen Eignern und Gläubigern sowie zwischen Eignern und Managern beitragen.[113] Beispielsweise können im Sinne eines institutionellen Gläubigerschutzes durch an die ermittelte Gewinngröße anknüpfende Ausschüttungsbeschränkungen im Gläubiger-Eigner-Konflikt auftretende Risiken aus fremd- und liquidationsfinanzierten Dividendenzahlungen sowie Unterinvestitionsprobleme abgemildert werden.[114] Gleichzeitig werden mittels derartiger Ausschüt-

111 Denn wird z. B. das Risiko einer Kreditbeziehung niedriger beurteilt als es tatsächlich ist und deshalb ein zu geringer Zinssatz verlangt, können für das Unternehmen Investitionen als vorteilhaft erscheinen, die bei einem risikoadäquaten Zinssatz nicht attraktiv wären. Analoges gilt im umgekehrten Fall, wenn das Risiko zu hoch eingeschätzt und das Kapital gar nicht oder zu sehr ungünstigen Kreditkonditionen zur Verfügung gestellt wird. Dann können Investitionen, die bei risikoadäquater Verzinsung als vorteilhaft zu beurteilen wären, unter Umständen nicht mehr realisiert werden; vgl. Ewert, R. (1986), S. 22; Franken, L. (2001), S. 57. Die Folge solcher Kapitalfehlleitungen sind Wohlfahrtsverluste, die in Manager-Eigner-Beziehungen bei falschen Renditeabschätzungen der Kapitalgeber analog auftreten; vgl. hierzu auch die Ausführungen von Gonedes, N./Dopuch, N./Penman, S. (1976), S. 101.

112 Vgl. Ballwieser, W. (1985), S. 26; Watrin, C. (2001a), S. 33 und S. 39 f.

113 Vgl. Böcking, H.-J. (1998), S. 25, der darüber hinaus auch noch auf die Kompetenzabgrenzungsprobleme zwischen Mehrheits- und Minderheitsgesellschaftern sowie zwischen Abschlussprüfern, Eignern und Managern hinweist.

114 Vgl. Niedernhuber, G. (1988), S. 51 f. Kritisch zur gläubigerschützenden Wirkung bilanzieller Ausschüttungsrestriktionen wegen daraus resultierenden Überinvestitionsproblemen dagegen

tungsregelungen die Kompetenzen zwischen Eigentümern und Management geregelt,[115] da jene Beträge, die nicht ausgeschüttet werden dürfen, zwangsläufig im Unternehmen verbleiben und ihre weitere Verwendung somit in der Entscheidungskompetenz des Managements liegt. Im Gegensatz zu den Gläubigern sind die Eigentümer deshalb an möglichst hohen Ausschüttungen interessiert, um die diskretionären Verhaltensspielräume der Manager zu beschränken und sicherzustellen, dass die erwirtschafteten Erfolgsbeiträge in ihrem Sinne investiert werden.

Das Potenzial der Normierung der externen Unternehmensberichterstattung als effizientes Instrument zum Abbau von Kooperationskonflikten kann zwar nicht geleugnet werden. Die bloße Existenz von Informationsasymmetrien und damit einhergehende Konflikte rechtfertigen aber nicht notwendigerweise regulative Eingriffe.[116] Nur wenn sich am Markt keine oder nur ineffiziente Lösungen zur Abmilderung der beschriebenen Mängel einstellen, erscheinen derartige Maßnahmen begründet.[117] So besteht für die Marktakteure grundsätzlich die Möglichkeit, sich selbst mittels einzelvertraglicher Vereinbarungen gegen etwaige Nachteile zu schützen. Zum einen können die minder informierten Unternehmensbeteiligten versuchen, das Risiko opportunistischer Verhaltensweisen durch vertragliche Regelungen abzumildern.[118] Hierbei bieten sich insbesondere folgende Maßnahmen (sog. „*monitoring*")[119] an:[120]

- Vereinbarung zur Bereitstellung (geprüfter) Rechnungslegungsinformationen;
- Einschränkung der Handlungsmöglichkeiten der anderen Vertragspartei (z. B. Vereinbarung von Kreditsicherheiten,[121] Festlegung von Mitentscheidungsrechten, Auferlegung von Restriktionen,[122] Festlegung von Kündigungsklauseln etc.);

Ewert, R. (1986), S. 293 ff. und S. 386; Kahle, H. (2002b), S. 698; Wagenhofer, A./Ewert, R. (2003), S. 176 ff.

115 Siehe zu den Funktionen von Ausschüttungsbemessungsregelungen im Manager-Eigner-Konflikt z. B. Wagenhofer, A./Ewert, R. (2003), S. 186 ff. Siehe auch Fn. 106.

116 Vgl. Ebert, E. (2002), S. 102.

117 Ferner können auch Überlegungen zur Verteilungsgerechtigkeit einen Regulierungsbedarf begründen; vgl. Cheffins, B. (1997), S. 142 ff.; Fülbier, R. (1998), S. 166; Schäfer, H.-B./Ott, C. (2000), S. 7. Da verteilungspolitische Aspekte jedoch eigenständige Institutionen bedingen, werden sie in die nachfolgende Betrachtung nicht mit einbezogen.

118 Vgl. Hax, H. (1988), S. 198; Kübler, F. (1999), S. 258; Schmidt, R. (1982), S. 746.

119 Zum Begriff des „*monitoring*" siehe Jensen, M./Meckling, W. (1976), S. 308.

120 Vgl. Ballwieser, W. (1987a), S. 351 f.; Ewert, R. (1990), S. 29 f.; Franken, L. (2001), S. 23; Pfaff, D. (1989b), S. 44 f. und S. 51.

121 Im Idealfall können durch die Übereignung von Sicherheiten das Ausfallrisiko der Gläubiger auf null reduziert und die Informations- und Kontrollkosten erheblich abgesenkt werden; vgl. Drukarczyk, J. (1993), S. 337 f.

122 Für einen beispielhaften Überblick zu den in Kreditbeziehungen relevanten Restriktionsvereinbarungen (sog. „*covenants*") sowie deren Wirkungsweise siehe z. B. Drukarczyk, J. (1993), S. 328 ff.; Theißen, F. (1996), S. 19 ff. Zur praktischen Bedeutung von vertraglich vereinbarten

- anreizverträgliche Vertragsausgestaltungen (z. B. können Manager durch erfolgsorientierte Entlohnungssysteme dazu motiviert werden, im Sinne der Eigentümer zu handeln).[123]

Zum anderen können sich die Besitzer überlegener Informationen, um in den Genuss von Kooperationsvorteilen zu gelangen bzw. ihre Kapitalkosten zu reduzieren, aber auch Selbstbeschränkungen unterwerfen (sog. „*bonding*"),[124] indem sie z. B. freiwillig Rechnungslegungsinformationen bereitstellen[125] und ggf. zur Untermauerung der Glaubwürdigkeit der zur Verfügung gestellten Informationen persönliche Garantien übernehmen[126] oder die bereitgestellten Daten von unabhängigen Dritten prüfen und testieren lassen.[127] Nur wenn es gelingt, die rationale Unterstellung opportunistischen Informations- und Handlungsverhaltens glaubhaft zu widerlegen, können schlechter informierte Parteien für Kooperationen gewonnen und die daraus zu erwartenden Vorteile (z. B. niedrigere Kapitalkosten) erschlossen werden. Die Bereitstellung verlässlicher Informationen und das Akzeptieren von Selbstrestriktionen stellen potenzielle Signale seitens der besser informierten Informationspartei dar.[128]

Inwiefern eine freiwillige Unternehmensberichterstattung sowie privatvertragliche Schutzvorkehrungen tatsächlich verwirklicht werden und zu gesamtgesellschaftlich wünschenswerten Lösungen führen, ist jedoch fraglich.[129] Denn all die genannten Maßnahmen sind mit Transaktionskosten verbunden[130] und werden von den betrof-

---

covenants in Kreditbeziehungen in Deutschland siehe Leuz, C./Deller, D./Stubenrath, M. (1998), S. 122 ff.; Wittig, A. (1996), S. 1381 ff.

123 Siehe hierzu z. B. Elschen, R. (1991), S. 211 ff.; derselbe (1995), S. 304; Fülbier, R. (1998), S. 188; Spremann, K. (1987), S. 7; Wagenhofer, A. (1993), S. 250.

124 Vgl. zum Begriff des „*bonding*" beispielsweise Jensen, M./Meckling, W. (1976), S. 308; Ewert, R. (1990), S. 29 f. Gemäß *Jensen* und *Meckling* besteht der Unterschied zwischen *bonding* und *monitoring* darin, dass *bonding*-Maßnahmen von den Agenten ausgehen, während *monitoring*-Maßnahmen von den Prinzipalen angestrengt werden; vgl. Jensen, M./Meckling, W. (1976), S. 308, S. 323 – 326 und S. 337 – 339; siehe hierzu auch Ewert, R. (1990), S. 29 f.

125 So konnten Untersuchungen zum „*signalling*" Anreize zu einer freiwillig motivierten Unternehmensberichterstattung nachweisen; vgl. Feldhoff, M. (1992a), S. 111; Pellens, B./Fülbier, R. (2000), S. 578. Die „*signalling*"-Theorie basiert auf der Grundannahme, dass das Management zur Preisgabe überlegener Informationen bereit ist, sofern sich hierdurch ökonomische Vorteile realisieren lassen. Siehe zur „*signalling*"-Theorie z. B. Fritsch, M./Wein, T./Ewers, H.-J. (2001), S. 290 ff.; Ross, S. (1979), S. 183 ff. sowie Spence, M. (1973), S. 355 ff.

126 Siehe hierzu beispielsweise Ross, S. (1979), S. 183 ff.

127 Vgl. Fülbier, R. (1998), S. 186.

128 Vgl. zu dieser Argumentation Hartmann-Wendels, T. (1991), S. 138 f.; Hax, H. (1988), S. 196 f.; Healy, P./Palepu, K. (2001), S. 420 f.; Meier-Schatz, C. (1989), S. 168 f.; Schmidt, R. (1982), S. 742 f.; Wagenhofer, A./Ewert, R. (2003), S. 166; Watts, R./Zimmermann, J. (1986), S. 190.

129 So auch Feldhoff, M. (1992a), S. 111; Lev, B. (1988), S. 11 und Schmidt, R. (1982), S. 742.

130 In der Literatur, in der sowohl Eigner-Manager-Konflikte als auch Gläubiger-Eigner-Konflikte in Form eines Principal-Agent-Problems modelliert werden, wird hierbei von den sog. „*agency cost*"

fenen Vertragsparteien deshalb nur dann realisiert werden, wenn der aus den genannten *monitoring*- und *bonding*-Maßnahmen zu erwartetende Nutzen die damit verbundenen Kosten übersteigt. Gegen das Zustandekommen effizienter, auf individuellen Kosten-Nutzen-Kalkülen beruhender Marktregelungen und somit für eine hoheitliche Normierung der externen Unternehmensberichterstattung sprechen insbesondere die Kollektivguteigenschaft von Rechnungslegungsinformationen, die zu einem Marktversagen auf dem Informationsmarkt führen kann, die Existenz von Netzwerkeffekten, Effizienzgesichtspunkte sowie Unzulänglichkeiten privatautonomer Lösungen bei prohibitiv hohen Transaktionskosten und fehlender Verhandlungsmacht.[131]

gesprochen. Diese setzen sich aus den *monitoring*-Ausgaben der Prinzipale (Auftraggeber), den *bonding*-Kosten der Agenten und dem *residual loss*, d. h. dem verbleibenden Effizienzverlust des Prinzipals aufgrund des bestehenden Konflikts (gemessen als Differenz zwischen dem potenziellen maximalen Nutzen des Prinzipals bei optimaler Handlung des Agenten und dem tatsächlich realisierten Nutzen) zusammen; vgl. Jensen, M./Meckling, W. (1976), S. 308; siehe außerdem Franken, L. (2001), S. 26. Kritisch zum Konzept der *agency cost* Schneider, D. (1987), S. 483 ff.

131 Darüber hinaus wird die Notwendigkeit der Regulierung der externen Rechnungslegung zum Teil auch mit negativen Externalitäten von Rechnungslegungsinformationen begründet. Danach wird eine Überproduktion von Informationen unterstellt, da Rechnungslegungsinformationen zwar einzelnen Marktakteuren einen Nutzen stiften können, nicht jedoch der Volkswirtschaft als Ganzes. Als Beispiel wird der Kapitalmarkt angeführt. Durch die Realisierung von Informationsvorsprüngen kann es einzelnen Investoren gelingen, Spekulationsgewinne zu vereinnahmen. Da diese jedoch mit Spekulationsverlusten anderer Marktteilnehmer korrespondieren, ergeben sich keine Auswirkungen auf den „Gesamtreichtum" der Volkswirtschaft. Die Produktion dieser Informationen stellt somit eine Verschwendung knapper Ressourcen dar und erfordert regulative Eingriffe; vgl. Fama, E./Laffer, A. (1971), S. 292; Leftwich, R. (1980), S. 197; Merkt, H. (2001), S. 217 f. Gegen diese Argumentation wird eingewandt, dass Rechnungslegungsinformationen nicht nur zu Umverteilungen zwischen den Kapitalmarktinvestoren führen, sondern Rückwirkungen auf die (Investitions-)Tätigkeit der Unternehmen haben und somit die gesamtwirtschaftliche Kapitalallokation beeinflussen können (siehe hierzu Gonedes, N./Dopuch, N. (1974), S. 57; Franke, G./Hax, H. (1999), S. 406 f.). Dies ist z. B. dann der Fall, wenn Unternehmen, deren Rechnungslegungsinformationen auf gute Zukunftserwartungen schließen lassen, Kapital zu günstigeren Konditionen erhalten. Erfolgsversprechende Investitionsprojekte werden dadurch unterstützt, weniger attraktive Projektvorhaben hingegen eingeschränkt. Das Kapital wird somit in seine effizienteste Verwendungsmöglichkeit gelenkt. Durch die Bereitstellung von Informationen können die Allokationseffizienz und damit die Gesamtwohlfahrt einer Volkswirtschaft erhöht werden. Die Notwendigkeit regulativer Eingriffe aufgrund einer Informationsüberproduktion ist somit nicht überzeugend; vgl. Hax, H. (1988), S. 193; Watrin, C. (2001a), S. 71 f.

2.2.2.1 Kollektivguteigenschaften von Rechnungslegungsinformationen

Öffentliche Güter sind allgemein durch Nichtrivalität im Konsum und/oder fehlende Ausschlussmöglichkeiten von Nichtzahlern gekennzeichnet.[132] In Bezug auf die externe Unternehmensrechnung ist es vor allem das Versagen des Ausschlussprinzips, das die privatautonome Nachfrage nach Rechnungslegungsinformationen beeinträchtigt und deshalb regulative Eingriffe begründen kann.[133] Denn die entgeltliche Nachfrage von Rechnungslegungsinformationen von Seiten der Rechnungslegungsadressaten ist nur dann gewährleistet, wenn es gelingt, die Rechnungslegungsdaten exklusiv nur jenen Akteuren zur Nutzung zur Verfügung zu stellen, die hierfür eine Gegenleistung erbracht haben. Ist dies nicht sichergestellt, so treten sog. „*free rider*"-Probleme (Trittbrettfahrerproblematik) auf.[134]

Zwar könnten Unternehmen ihren Jahres-/Konzernabschluss nur ausgewählten Personen gegen Entgelt zugänglich machen und die entsprechenden Einsichtsrechte verkaufen,[135] doch müsste dann auch gewährleistet sein, dass die Informationsempfänger die erhaltenen Informationen geheim halten.[136] Selbst ohne direkte Weitergabe kann aber unter Umständen allein auch aus den nachfolgenden Handlungen der Informationsempfänger von Dritten indirekt auf den Informationsinhalt geschlossen werden. Dies wird z. B. auf effizienten Kapitalmärkten unterstellt, für die nach *Fama* gilt „[a]n efficient capital market is a market that is efficient in processing information."[137] Demnach ist ein effizienter Kapitalmarkt dadurch gekennzeichnet, dass die Marktpreise stets alle verfügbaren Informationen vollständig reflektieren.[138] Versagen die Aus-

---

132 Ausführlich Hoffmann, J. (2003), S. 10 ff.

133 Zum Teil wird auch argumentiert, dass Rechnungslegungsinformationen durch eine Nichtrivalität im Konsum gekennzeichnet sind (d. h. der Nutzen, den eine Rechnungslegungsinformation für ein Wirtschaftssubjekt liefert, wird durch die Mitbenutzung anderer Wirtschaftssubjekte nicht beeinträchtigt), und dass deshalb eine Regulierungsnotwendigkeit besteht. Gegen diese Auffassung spricht jedoch, wie durch das Phänomen des *insider trading* belegt, dass die Weitergabe von Rechnungslegungsinformationen deren Wert für den ursprünglichen Informationsempfänger durchaus mindern kann; vgl. Feldhoff, M. (1992a), S. 103 ff., Meier-Schatz, C. (1989), S. 171; Merkt, H. (2001), S. 219; Wagner, F. (1982), S. 760; Watrin, C. (2001a), S. 59 ff. Inwiefern somit eine Rivalität im Konsum für Rechnungslegungsinformationen konstatiert werden kann, hängt insbesondere von der Anpassungsgeschwindigkeit des jeweiligen Marktes ab; vgl. Meier-Schatz, C. (1989), S. 171.

134 Vgl. Feldhoff, M. (1992b), S. 1016; Gonedes, N./Dopuch, N. (1974), S. 65 ff.; Gonedes, N./Dopuch, N./Penman, S. (1976), S. 99 f.; Merkt, H. (2001), S. 218 f.; Watrin, C. (2001a), S. 62.

135 Vgl. Feldhoff, M. (1992a), S. 105 f.; Watrin, C. (2001a), S. 62 f.

136 Vgl. Meier-Schatz, C. (1989), S. 172.

137 Fama, E. (1976), S. 133.

138 Vgl. Ross, S. (1979), S. 181. Inwiefern es in der Realität möglich ist, anhand von Markthandlungen auf bestimmte Informationen zu schließen, ist zweifelhaft, da die Handlungen wegen der Anonymität der Märkte in der Regel nicht direkt beobachtbar sind und bei einer Vielzahl an Marktteilnehmern und permanent eingehenden Informationen die Gründe für Preisbewegungen

schlussmöglichkeiten und die Unternehmen können den Informationsempfängern aufgrund von *free rider*-Effekten die angefallenen Informationskosten nicht belasten, so besteht die akute Gefahr einer Informationsunterversorgung,[139] die im Extremfall zu einem Zusammenbruch des Informationsmarktes führen kann.[140] Fehlende Ausschlussmöglichkeiten und die hiermit einhergehenden Trittbrettfahrerprobleme rechtfertigen damit grundsätzlich eine hoheitliche Regulierung der externen Unternehmensberichterstattung.

2.2.2.2 Netzwerkeffekte

Netzwerkeffekte treten auf, wenn Interdependenzen im Konsum bestehen:[141] Wer ein bestimmtes Produkt nutzt, interessiert sich dann nicht nur dafür, inwiefern es die eigenen Ansprüche erfüllt, sondern auch dafür, von wie vielen Nutzern das Produkt sonst noch verwendet wird. Liegen positive Netzwerkeffekte vor, so steigt der Nutzen aus der Verwendung eines spezifischen Systems mit dessen zunehmender Verbreitung.[142] Typische Beispiele für Bereiche, in denen Netzwerkeffekte auftreten, sind die Nutzung von Telefaxgeräten, Telefonapparaten oder die Kommunikation über das Internet. Je mehr Teilnehmer solche Leistungen nutzen, umso besser sind die damit verbundenen Kommunikationsmöglichkeiten, vorausgesetzt, es existieren einheitliche Standards und die Kompatibilität der verwendeten Systeme ist gewährleistet.[143]

Netzwerkeffekte treten jedoch nicht nur im Telekommunikationssektor auf, sondern lassen sich auch im Bereich der externen Rechnungslegung finden. Denn je mehr Unternehmen ein bestimmtes Rechnungslegungssystem nutzen, desto größer werden die hieraus resultierenden (Standardisierungs-)Vorteile für die Beteiligten.[144] Insbesondere können die rechnungslegenden Unternehmen und Abschlussnutzer von folgenden (Standardisierungs-)Effekten profitieren:[145]

- *Verbesserung der Vergleichbarkeit von Rechnungslegungsinformationen*: Die Vergleichbarkeit der Abschlussinformationen steigt mit der Zahl der Unter-

---

nur schwer identifizierbar sind; vgl. Feldhoff, M. (1992a), S. 106 f.; Grossman, S./Stiglitz, J. (1980), S. 403 f.

139 Vgl. Meier-Schatz, C. (1989), S. 167 f.; Walz, R. (1993b), S. 102 f. sowie allgemein Demsetz, H. (1970), S. 306.

140 Kritisch hierzu Leftwich, R. (1980), S. 198 ff.; Watts, R./Zimmerman, J. (1986), S. 167.

141 Vgl. Thum, M. (1994), S. 465.

142 Vgl. Thum, M. (1995), S. 5.

143 Vgl. Thum, M. (1994), S. 465 f.

144 Vgl. Ballwieser, W. (2001a), S. 645; Wagenhofer, A. (2002), S. 232 f.

145 Vgl. Währisch, M. (2001), S. 60 ff.

nehmen, die das gleiche Rechnungslegungssystem verwenden. Durch die zwischenbetriebliche Vergleichbarkeit der Jahres-/Konzernabschlussinformationen wird die Auswertung der Abschlussdaten für die Dispositionsentscheidungen der Marktakteure erleichtert.[146]

- *Erleichterung der Aneignung von Expertenwissen*: Müssen sich die mit der Generierung, Auswertung und Prüfung von Abschlussinformationen befassten Personen nicht mit unterschiedlichen Rechnungslegungssystemen auseinander setzen, sondern können sich diese auf ein einheitliches Normensystem konzentrieren, so werden der Aufbau von Fachkenntnissen und die Ansammlung von Erfahrungen vereinfacht und die Ausbildung fachkundigen Personals erleichtert.[147] Das Vorliegen entsprechender Fachkenntnisse hinsichtlich eines verwendeten Rechnungslegungssystems erspart den Marktakteuren langwierige Einarbeitungszeiten und erhöht die Verständlichkeit der bereitgestellten Rechnungslegungsinformationen für die Nutzer.[148]

Netzwerkeffekte in Form von Standardisierungsvorteilen können die Transaktionskosten der Marktakteure zwar senken.[149] Dennoch ist aber nicht gewährleistet, dass sich die Marktteilnehmer ohne regulative Eingriffe auf die Anwendung eines einheitlichen Rechnungslegungsstandards einigen. Der Grund hierfür liegt darin, dass Netzwerkeffekte mit positiven oder negativen Externalitäten verbunden sind.[150] Denn die Akteure legen bei ihren Entscheidungen über die Verwendung eines bestimmten Rechnungslegungssystems nur ihre individuellen Kosten-Nutzen-Kalküle zugrunde, die aus der Verwendung eines spezifischen Systems resultierenden Nutzensteigerungen für die anderen Teilnehmer werden dagegen nicht berücksichtigt.[151] Dies kann zur Folge haben, dass an veralteten Netzen festgehalten wird und es einer nachfolgenden Nutzergeneration nicht mehr gelingt, einen neuen, verbesserten Standard zu etablieren, da sich nicht genügend Teilnehmer finden, die bereit sind, die Übergangskosten zu tragen.[152] Führt die hieraus resultierende Wechselträgheit dazu, dass sich neue, effizientere Lösungen am Markt nicht etablieren können, oder bildet sich eine Vielfalt unterschiedlicher Systeme heraus und es kommt zur Netzzersplitterung, können regulative Eingriffe wohlfahrtssteigernde Wirkungen entfalten.[153]

---

146 Vgl. hierzu auch Breidenbach, K. (1997), S. 94 sowie Schildbach, T. (1986), S. 92.
147 Vgl. Hoffmann, J. (2003), S. 17 f.
148 Vgl. Achleitner, A.-K. (1995), S. 43; Hax, H. (1988), S. 198.
149 Vgl. Hax, H. (1988), S. 198; Hoffmann, J. (2003), S. 19; Pellens, B. (2001), S. 23.
150 Vgl. Währisch, M. (2001), S. 64 f.
151 Vgl. Blankart, C./Knieps, G. (1992), S. 78 ff.; Terres, P. (1999), S. 49.
152 Vgl. Blankart, C./Knieps, G. (1992), S. 78 ff.; Terres, P. (1999), S. 56.
153 Vgl. Blankart, C./Knieps, G. (1992), S. 82.

2.2.2.3 Unzulänglichkeiten einzelvertraglicher Regelungen bei prohibitiv hohen Transaktionskosten sowie fehlender Verhandlungsmacht

Für bestimmte Marktteilnehmer können die für individuelle Vertragsvereinbarungen aufzuwendenden Transaktionskosten regelmäßig so hoch sein, dass sie den Vorteil aus der sich bietenden Kooperation übersteigen.[154] Nicht jeder Marktakteur ist somit aufgrund der individuell verschiedenen Kosten-Nutzen-Situationen in der Lage, sich anhand umfangreicher privatautonomer Vertragsvereinbarungen zu schützen. Ferner ist davon auszugehen, dass nicht alle Akteure über die notwendige Verhandlungsmacht verfügen, entsprechende Schutzinstitutionen einzelvertraglich zu vereinbaren.[155] Hiervon dürften z. B. insbesondere Kleinanleger, Waren- und Dienstleistungslieferanten sowie Arbeitnehmer betroffen sein.[156]

Können bestehende Informationsasymmetrien aufgrund prohibitiv hoher Transaktionskosten bzw. fehlender Verhandlungsmacht nicht oder nur unvollständig abgebaut werden, kann dies, wie bereits erläutert wurde, zu Kapitalfehlallokationen und Effizienzverlusten führen. Marktakteure, die Nachteile befürchten müssen, weil ihre Geschäftspartner ständig über überlegene Informationen verfügen, werden langfristig mit Gegenstrategien reagieren, indem sie z. B. den Handel mit besser informierten Insidern minimieren[157] oder sich letztendlich ganz vom Markt zurückziehen.[158] Die Konsequenz ist eine reduzierte Marktliquidität; im Extremfall könnte eine völlige Austrocknung erfolgen.[159] Die Gewährleistung von Chancengleichheit zur Sicherstellung der Funktionsfähigkeit der Märkte legitimiert somit eine Regulierung der externen Unternehmensberichterstattung.[160]

Darüber hinaus profitieren von einer hoheitlichen Normierung der externen Rechnungslegung und an die Rechnungslegung anknüpfenden Ausschüttungsregelungen auch jene Marktteilnehmer, die nicht in einer Vertragsbeziehung zum Unternehmen

---

154 Vgl. Assmann, H.-D. (1989), S. 60; Cheffins, B. (1997), S. 132 ff.; Feldhoff, M. (1992b), S. 1015 f.; Ridder-Aab, C.-M. (1980), S. 87; Schmidt, M. (2000), S. 47 f.; Watrin, C. (2001a), S. 97 ff.

155 Vgl. Euler, R. (2002), S. 879; Meier-Schatz, C. (1989), S. 257.

156 Vgl. Schön, W. (2001), S. 78.

157 Vgl. Hoffmann, J. (2003), S. 33.

158 Vgl. Häger, R. (1993), S. 37.

159 Vgl. Häger, R. (1993), S. 37; Kuhner, C. (1998), S. 83. Dies gilt vor allem auch dann, wenn aufgrund unterschiedlicher Kosten-Nutzen-Relationen bzw. unterschiedlicher Verhandlungsmacht Informationsasymmetrien zwischen den Marktakteuren (z. B. zwischen den Kapitalmarktinvestoren) auftreten. Ausführlich hierzu Hoffmann, J. (2003), S. 33; Lev, B. (1988), S. 6 ff.; Watrin, C. (2001a), S. 64.

160 Vgl. Häger, R. (1993), S. 37; Hoffman, J. (2003), S. 34.

stehen, wie z. B. Deliktsgläubiger,[161] und die deshalb gar nicht die Möglichkeit besitzen, sich durch privatvertragliche Regelungen vor opportunistischen Handlungen zu schützen.[162]

2.2.2.4 Effizienzüberlegungen

Selbst wenn einzelvertragliche Regelungen zustande kommen, können Quasi-Skaleneffekte hoheitliche Eingriffe in Form einer „zentralisierten Produktion von Normen" rechtfertigen, „... wenn sie wie vorfabrizierte Formularverträge einmal und mit geringeren Kosten das regeln, was Private ohnehin – aber vielmals und dadurch mit höheren Kosten – in Verträgen regeln würden."[163] Somit kann auch aus Effizienzüberlegungen heraus eine Normierung der externen Unternehmensberichterstattung sinnvoll sein, denn die individuelle vertragliche Fixierung von Rechnungslegungsvorschriften für jeden einzelnen Vertrag ist mit hohen finanziellen und zeitlichen Aufwendungen (Transaktionskosten) für die Beteiligten verbunden.[164] Hinzu kommt, dass auch die privatautonome Absicherung der getroffenen Vereinbarungen angesichts der asymmetrischen Informationsverteilung erhebliche Überwachungsprobleme und -kosten verursacht.[165] Gesetzlich normierte Unternehmensberichterstattungspflichten entfalten dagegen in der Regel eine stärkere Bindungswirkung für die Unternehmen und genießen deshalb bei den beteiligten Marktakteuren gewöhnlich größere Glaubwürdigkeit als vertraglich vereinbarte Selbstbindungen.[166] Hoheitliche Regulierungsmaßnahmen können somit zur Senkung der Transaktionskosten beitragen und gegenüber privatvertraglichen Regelungen zu erheblichen Vereinfachungen und Verbilligungen von Markttransaktionen führen.[167]

2.2.2.5 Zwischenfazit

Die ökonomische Legitimation einer hoheitlichen Normierung der externen Rechnungslegung resultiert aus ihrer Fähigkeit, eine Unterversorgung des Marktes mit

---

161 Deliktsgläubiger sind Gläubiger, die mit dem Unternehmen nicht in vertraglicher Beziehung stehen, sondern zivilrechtlich einklagbare gesetzliche Ansprüche gegen das Unternehmen haben.

162 Vgl. Kirchner, C. (1997), S. 279; Schön, W. (2001), S. 78; Watrin, C. (2001a), S. 99 und S. 210.

163 Schmidt, R. (1982), S. 746; ähnlich Gonedes, N./Dopuch, N./Penman, S. (1976), S. 100; Kuhner, C. (1998), S. 272.

164 Vgl. Breidenbach, K. (1997), S. 93 f.; Ebert, E. (2002), S. 114; Hax, H. (1988), S. 198; Kirchner, C. (1997), S. 279; Kübler, F. (1999), S. 258; Schildbach, T. (1986), S. 91; Walz, R. (1993b), S. 95.

165 Vgl. Ridder-Aab, C. (1980), S. 87, insbesondere Fn. 3.; Watrin, C. (2001a), S. 73 ff.

166 Vgl. Schmidt, R. (1982), S. 746.

167 Vgl. Brinkmann, T./Kübler, F. (1981), S. 684; Kübler, F. (1984), S. 113.

Rechnungslegungsinformationen bei Scheitern privatautonomer Vereinbarungen zu verhindern, die Realisierung von Netzwerkeffekten und darüber hinaus ggf. kostengünstigere Lösungen als einzelvertragliche Regelungen zu ermöglichen.

Obschon somit eine hoheitliche Normierung der externen Unternehmensberichterstattung aus Sicht der Mikroökonomie prinzipiell zu befürworten ist, gibt es zahlreiche Einwände, die gegen ein regulatives Eingreifen vorgebracht werden können.[168] Ein wesentlicher Einwand, der gegen hoheitliche Normierungsmaßnahmen angeführt wird, ist, dass auch Regulierungsinstanzen Eigeninteressen verfolgen[169] bzw. in ihren Entscheidungen durch entsprechende Lobbyingaktivitäten[170] betroffener Interessengruppen beeinflusst werden. Ausmaß und Inhalt von Regulierungsmaßnahmen sind somit nicht zwangsläufig am Ziel der Wohlfahrtsmaximierung orientiert.

Ferner liegt ein weiterer zentraler Nachteil hoheitlicher Normierungsmaßnahmen im Vergleich zu privatautonomen Vereinbarungen darin, dass es sich um pauschale Lösungen handelt, die nicht auf die individuellen Bedürfnisse des Einzelfalls zugeschnitten sind.[171] Da es bei heterogenen Präferenzfunktionen der Rechnungslegungsadressaten unmöglich ist, ein allgemeines, von allen Rechnungslegungsnutzern favorisiertes Rechnungslegungssystem und daran anknüpfende Ausschüttungsnormen abzuleiten,[172] kann es einer Regulierungsinstanz nicht gelingen, durch die Normierung einheitlicher Rechnungslegungsnormen die individuellen Anforderungen aller Marktteilnehmer vollständig zu erfüllen.[173] Die Zielsetzung kann deshalb nur darauf gerichtet sein, die divergierenden Adressatenanforderungen ausgewogen zu berücksichtigen.

Wie die privatautonome so ist auch die hoheitliche Normierung der externen Rechnungslegung mit Kosten verbunden. Zum einen mit den Opportunitätskosten, die daraus resultieren, dass die Unternehmen aufgrund der vorgegebenen pauschalen Normierungsvorschriften gehindert werden, individuelle, auf die Bedürfnisse ihrer Nutzer besser zugeschnittene Lösungen zu verwirklichen.[174] Zum anderen entstehen den Unternehmen aber auch direkte Kosten für die Erfüllung der Normierungsanforderungen sowie indirekte Kosten, die aus Wettbewerbsnachteilen durch die Be-

168 Zu den Einwänden siehe beispielsweise Schildbach, T. (1986), S. 92 ff.; Watrin, C. (2001a), S. 102 ff., S. 128 ff., 209 ff.; Watts, R./Zimmerman, J. (1986), S. 158 ff.

169 Vgl. Ebert, E. (2002), S. 117 f.; Hartmann-Wendels, T. (1991), S. 27; Leftwich, R. (1980), S. 195 f.; Watrin, C. (2001a), S. 106; Watts, R./Zimmerman, J. (1986), S. 226 f.

170 Vgl. m. w. N. zur politischen Ökonomie der Rechnungslegung Ordelheide, D. (1998a), S. 2 ff.

171 Vgl. Breidenbach, K. (1997), S. 95; Schildbach, T. (1986), S. 93 f.

172 Ausführlich hierzu Ballwieser, W. (2001a), S. 643; derselbe (1982), S. 782; Demski, J. (1973), S. 723; Wagenhofer, A./Ewert, R. (2003), S. 76 ff.

173 Ähnlich Kirchner, C. (1997), S. 281; Währisch, M. (2001), S. 44 f.

174 Vgl. Carsberg, B./Page, M./Sindall, A./Waring, I. (1985), S. 18 f.

kanntgabe spezifischer Informationen resultieren können. Außerdem sind auch die Aufwendungen des Staates oder privatrechtlicher Gremien für die Formulierung und Durchsetzung der Normen zu berücksichtigen.[175]

Eine Beurteilung der gesamtgesellschaftlichen Vorteilhaftigkeit regulativer Eingriffe kann somit letztendlich nur anhand von Kosten-Nutzen-Abwägungen erfolgen.[176] Dabei sind die mit der Normierung verbundenen Kosten dem hieraus erzielten gesamtgesellschaftlichen Nutzen (abgeleitet aus dem Nutzen für die Unternehmensbeteiligten, wie z. B. niedrigere Kapitalkosten für die Unternehmen)[177] gegenüberzustellen. Allerdings ist ein solcher Vergleich mit erheblichen methodischen Schwierigkeiten verbunden, da sich ein großer Teil der mit der Normierung der externen Unternehmensberichterstattung in Zusammenhang stehenden Kosten und Nutzen nicht vollständig erfassen, geschweige denn monetär quantifizieren lässt.[178] Ein eindeutiger Nachweis für die Vorteilhaftigkeit einer hoheitlichen Normierung der externen Rechnungslegung auf Basis eines Kosten-Nutzen-Vergleichs kann bei derzeitigem Kenntnisstand deshalb nicht geleistet werden.[179]

2.3 Nutzen-Kosten-Betrachtung als Rechtfertigung der Normierungsdifferenzierung der externen Unternehmensberichterstattung

Die Gegenüberstellung von Kosten und Nutzen ist nicht nur die Beurteilungsbasis im Rahmen einer ökonomischen Diskussion zur hoheitlichen Normierung der externen Unternehmensberichterstattung. Sie ist gleichzeitig auch Ausgangspunkt zur Beantwortung der Frage, ob für sämtliche Unternehmen „gleiche Spielregeln" gelten sollen, oder ob in Abhängigkeit spezifischer Kriterien vielmehr eine Differenzierung der Normierung der externen Unternehmensberichterstattung angemessen erscheint.[180]

---

175 Vgl. Hartmann-Wendels, T. (1991), S. 26; Ross, S. (1979), S. 190 ff.; ausführlich zu den Kosten einer gesetzlichen Normierung von Rechnungslegungspflichten und -normen auch Watts, R./Zimmerman, J. (1986), S. 169 ff.

176 Vgl. Breidenbach, K. (1997), S. 95; Hax, H. (1988), S. 188.

177 Die Reduzierung von Kapitalkosten wird als wichtige Komponente des möglichen Nutzens einer Normierung der Unternehmensberichterstattungsnormen betrachtet; vgl. Ewert, R. (1999), S. 39.

178 Vgl. Breidenbach, K. (1997), S. 95; Hax, H. (1988), S. 188; Währisch, M. (2001), S. 44.

179 Vgl. Hartmann-Wendels, T. (1991), S. 27 f. Erschwert wird eine Urteilsbildung darüber hinaus dadurch, dass die externe Unternehmensberichterstattung in der Regel in ein umfassendes System von gesetzlichen Maßnahmen und vertraglichen Vereinbarungen eingebettet ist und deshalb nicht losgelöst von anderen Institutionen betrachtet werden kann; vgl. Schildbach, T. (1986), S. 90 f.

180 In Neuseeland (vgl. Institute of Chartered Accountants of New Zealand (Hrsg.) (1997), F 3.3), Kanada (vgl. Canadian Institute of Chartered Accountants (Hrsg.) (2002b), Tz. 30) und in Großbritannien (vgl. Consultative Committee of Accountancy Bodies (Hrsg.) (1994), S. 8) wer-

Die Rechtfertigung einer Differenzierung lässt sich prinzipiell ableiten aus:[181]

- Divergenzen in den Bedürfnissen der Rechnungslegungsadressaten in Abhängigkeit von den spezifischen Merkmalen der Unternehmen sowie
- Divergenzen in den Belastungen, die den Unternehmen infolge der Erfüllung der Berichterstattungserfordernisse entstehen.

In einem ersten Schritt muss deshalb zunächst beleuchtet werden, ob die Bedürfnisse der Unternehmenskoalitionäre im Hinblick auf die externe Unternehmensrechnung sowie der mit der Normierung einhergehende Nutzen für die Rechnungslegungsinteressenten über sämtliche Unternehmen hinweg gleich sind, oder ob in Abhängigkeit unternehmensspezifischer Merkmale unterschiedliche Anforderungen zu stellen sind. Ferner sind in einem zweiten Schritt die durch die Normierung verursachten Kosten für die Unternehmen zu betrachten, um zu klären, ob Unterschiede in den Belastungen bestehen und Differenzierungen begründen können.

2.3.1 Nutzenorientierte Betrachtung als Differenzierungsbegründung und mögliche Differenzierungskriterien

Die externe Unternehmensberichterstattung hat unter ökonomischen Gesichtspunkten die Zwecksetzung, durch die Bereitstellung von entscheidungsnützlichen und der Rechenschaftslegung dienenden Informationen sowie die Ermittlung eines ausschüttungsfähigen Gewinns Kooperationskonflikte zwischen den Marktteilnehmern abzubauen. Aufgrund divergierender Unternehmensmerkmale sind diese Kooperationskonflikte jedoch nicht in allen Unternehmen gleich ausgeprägt. Die jeweiligen Abschlussnutzer, deren Beziehung zum Unternehmen, die von den Nutzern zu treffenden Entscheidungen, die verwendeten Entscheidungsmodelle, aber auch das öffentliche Interesse an den unternehmerischen Aktivitäten, können sich deshalb zwischen den Unternehmen erheblich unterscheiden. In der Rechnungslegungspraxis werden deshalb für eine Differenzierung der Normierung der externen Unternehmensberichterstattung üblicherweise folgende, teilweise miteinander korrelierende unternehmensbezogene Merkmale herangezogen:

- Rechtsform
  - Trennung von Management und Eigentum
  - Gesellschafterstruktur

den Rechnungslegungsdifferenzierungen beispielsweise mit Kosten-Nutzen-Argumenten begründet.

181 Vgl. Canadian Institute of Chartered Accountants (Hrsg.) (2002b), Tz. 30; Walton, P./Harvey, D. (1996), S. 6.

  - Haftungsbeschränkung
- Kapitalmarktorientierung
- Unternehmensgröße
- Branchenzugehörigkeit
- rechtliche Einheit versus wirtschaftliche Einheit

2.3.1.1 Rechtsform

Die rechtsformbezogene Unterscheidung der Normierung der externen Rechnungslegung basiert im Wesentlichen auf folgenden Kriterien: (a) formale Trennung von Unternehmensleitung und wirtschaftlichem Eigentum, (b) Gesellschafterstruktur und (c) persönliche Haftung der Eigentümer. Spezifische Rechtsformen sind regelmäßig durch Kombinationen dieser sich überlagernden Merkmale charakterisiert, sodass eine eindeutige, strikte Differenzierung anhand eines einzelnen Kriteriums meist nicht möglich ist. Die rechtsformbezogene Differenzierung stellt somit häufig vielmehr eine „Kriterienmixtur" mit unterschiedlichen Gewichtungen dar.

2.3.1.1.1 Trennung von Management und Eigentum

Eine Differenzierung der externen Rechnungslegung zwischen jenen Unternehmen, in denen Kapitaleigentum und Geschäftsführung auseinander fallen, und jenen Unternehmen, in denen sämtliche Gesellschafter gleichzeitig Managementfunktion besitzen, hat den Schutz der nicht in die Geschäftsleitung involvierten Gesellschafter zum Inhalt. Denn nur in der ersten Gruppe kann es zu Principal-Agent-Konflikten zwischen der Unternehmensleitung und den Eignern kommen, und nur in diesen Unternehmen besteht somit die Notwendigkeit zur Information, der nicht an der Unternehmensführung beteiligten externen Gesellschafter und Rechenschaftslegung des Managements gegenüber dieser Personengruppe.[182]

Allerdings ist jedoch die Einbindung sämtlicher Eigentümer in die Unternehmensführung gleichzeitig mit besonderem Risiko für die externen Gläubiger verbunden. Denn zum einen verfügen die Eigentümergeschäftsführer oftmals über nur begrenzte Managementqualitäten und sind trotzdem vielfach nicht bereit, die Unternehmenslei-

---

[182] Mit diesem Argument sind in Neuseeland Unternehmen, deren Eigentümer allesamt Organmitglieder sind, von der Befolgung bestimmter Rechnungslegungsvorschriften befreit. Dies gilt jedoch nicht für Unternehmen, die einer öffentlichen Rechenschaftspflicht unterliegen wie z. B. öffentliche Körperschaften oder Unternehmen, die den Kapitalmarkt in Anspruch nehmen; vgl. Institute of Chartered Accountants of New Zealand (Hrsg.) (1997), F 4.25.

tung auf einen professionellen Manager zu übertragen.[183] Die Wahrscheinlichkeit von Managementfehlern und damit auch das Ausfallrisiko für die Gläubiger sind somit in eigentümergeführten Unternehmen oftmals höher als in Unternehmen mit einem externen, professionellen Führungsteam. Zum anderen ist es den Eigentümern, wenn sie die Geschäftsführung selbst übernehmen, leichter möglich, Reichtumsverschiebungen zulasten der Gläubiger durchzuführen, als wenn die Führung des Unternehmens in der Hand eines externen, ggf. mehrköpfigen Managementteams liegt.[184] Hinzu kommt, dass aufgrund des Fehlens externer Gesellschafter auch von dieser Seite keine Überwachung der Geschäftsführung stattfindet. Schließlich versagt bei eigentümergeführten Gesellschaften auch die Disziplinierungswirkung des Arbeitsmarktes,[185] da die Geschäftsführer eigenmächtig über ihre Vergütung bestimmen können und, solange die Existenz des Unternehmens nicht bedroht ist, auch nicht mit dem Verlust ihrer Position rechnen müssen.

2.3.1.1.2 Gesellschafterstruktur

Ähnlich wie die Trennung von Anteilseigentum und Management knüpft auch eine Differenzierung nach der Gesellschafterstruktur an der Ausprägung des Manager-Eigner-Konflikts an. Die Entscheidungsfreiräume und Verhandlungsmacht des Managements fallen zum einen tendenziell höher aus, je weniger personalistisch die Beteiligungsstrukturen eines Unternehmens ausgeprägt sind, d. h. je breiter die Basis der involvierten Gesellschafter ist. Zum anderen sind die Managementfreiheiten auch unmittelbar an die Häufigkeit des Mitgliederwechsels gekoppelt. In Abhängigkeit von der Fungibilität der Anteile führt ein reger Handel der Beteiligungen zu steigender Anonymität und zu höherem Formalismus bezüglich der Eigenkapitalüberlassungsverhältnisse sowie der Kommunikationsstrukturen zwischen Unternehmensführung und Eigentümern. Die einzelvertragliche Absicherung von Informationsansprüchen und Ausschüttungsvereinbarungen wird durch beide Faktoren – Gesellschafterzahl und Fungibilität – erschwert und zunehmend ineffizienter.[186] Desto ökonomischer und dringlicher ist deshalb aus Sicht der Gesellschafter eine hoheitliche Regulierung von Informations- und Kontrollinstrumenten. Familiengesellschaften[187] oder Unternehmen

---

183 Vgl. Keasey, K./Watson, R. (1993), S. 59; ähnlich Ernst, D. (1999), S. 59 f.

184 Vgl. Keasey, K./Watson, R. (1993), S. 59; Pettit, R./Singer, R. (1985), S. 53; ähnlich Maul, K.-H. (1987), S. 255.

185 Vgl. Pettit, R./Singer, R. (1985), S. 53. Siehe zur Managementdisziplinierung des Arbeitsmarktes z. B. die Ausführungen von Fama, E. (1980), S. 292 ff.; Fülbier, R. (1998), S. 190; Watrin, C. (2001a), S. 91 ff.

186 Vgl. Koch, H.-D./Schmidt, R. (1981), S. 233; ähnlich Heyd, R. (1982), S. 172 f.; Langfield-Smith, I. (1991), S. 70; Rost, P. (1991), S. 92; Vogel, F. (1993), S. 121.

187 Erleichterungen wurden für Familiengesellschaften z. B. in Deutschland mit der Aktienrechtsreform 1959 eingeführt; siehe Gliederungspunkt 3.1.10. Mit dem Bilanzrichtlinien-Gesetz wurden

mit einem kleinen, relativ konstanten Gesellschafterkreis[188] werden aus diesem Grund in der Rechnungslegungspraxis vielfach Erleichterungen gewährt.

2.3.1.1.3 Haftungsbeschränkung

Im Unterschied zu den vorgenannten Differenzierungsmerkmalen, die auf den Gesellschafterschutz bezogen waren, kann eine Differenzierung der Unternehmensberichterstattungserfordernisse auf Basis der persönlichen Haftung der Unternehmenseigentümer mit dem Schutz der Gläubigerinteressen begründet werden. Die persönliche Haftung der Unternehmenseigentümer führt in der Regel zu einer Gleichschaltung der Interessen von Eignern und Gläubigern, da jede Anstrengung der Eigner zur Maximierung ihres (Privat- oder Unternehmens-)Vermögens gleichzeitig zur Erhaltung der den Gläubigern im Insolvenzfall zur Verfügung stehenden Haftungsmasse beiträgt.[189] Das Gläubigerrisiko und damit der Gläubiger-Eigner-Konflikt sind somit in haftungslimitierten Unternehmen üblicherweise größer als in Unternehmen mit persönlich haftenden Gesellschaftern. Dies ist jedoch weniger durch die beschränkten Rückgriffsmöglichkeiten im Konkursfall begründet (faktisch ist auch bei Unternehmen mit persönlich haftenden Eigentümern das zur Verfügung stehende Haftungskapital begrenzt), sondern vielmehr dadurch bedingt, dass durch die Haftungsbegrenzung Anreize zu risikoreicheren Geschäften gegeben werden, da die Eigentümer zwar an den Gewinnen, jedoch nur zu einem Teil an den Verlusten partizipieren.[190] Aus Gründen des

die Erleichterungen jedoch wieder aufgehoben. Denn zum einen ist es schwierig, eindeutige Abgrenzungsmerkmale für Familiengesellschaften zu definieren und zum anderen ist auch für zur Familie gehörende Kapitalgeber, die nicht in die Geschäftsführung involviert sind, nicht zwangsläufig ein Schutzbedürfnis zu verneinen; vgl. Schmidt, H. (1960), S. 61.

188 In Australien sind z. B. Kapitalgesellschaften mit weniger als 50 Gesellschaftern, sofern sie bestimmte weitere Größenvoraussetzungen erfüllen und keine Wertpapiere ausgegeben haben, grundsätzlich von einer gesetzlichen Rechnungslegungspflicht befreit; vgl. section 292 (2) (Australia) Corporations Act 2001. Auch in Deutschland war die Personenbezogenheit der Gesellschaft mit beschränkter Haftung (GmbH) lange Zeit – bis zur Umsetzung des Bilanzrichtlinien-Gesetzes im Jahr 1985 – der zentrale Grund dafür, dass die GmbH im Vergleich zur Aktiengesellschaft nur reduzierten Unternehmensberichterstattungspflichten unterworfen war. Siehe zu dieser Argumentation z. B. Lutter, M. (1979b), S. 1287. Siehe außerdem zur geschichtlichen Entwicklung der Rechnungslegungspflichten der GmbH die Ausführungen unter Gliederungspunkt 3. In Großbritannien findet heute noch eine Differenzierung der externen Rechnungslegung zwischen *private companies* (diese ist konzeptionell vergleichbar der deutschen GmbH) und *public companies* (diese ist konzeptionell vergleichbar der deutschen AG) statt; vgl. Gliederungspunkt 4.2.1.1.1.

189 Vgl. Niedernhuber, G. (1988), S. 37.

190 Vgl. Moxter, A. (1962), S. 110 f. Die höhere Gläubigergefährdung bei fehlenden Schutzinstitutionen haftungslimitierter Unternehmen konnte in Deutschland auch anhand der höheren Insolvenzanfälligkeit der GmbH bis zur Reformierung der Unternehmensberichterstattungspflichten durch das Bilanzrichtlinien-Gesetz eindrucksvoll dokumentiert werden; vgl. z. B. Biener, H. (1978), S. 197 f. sowie Entwurf eines Gesetzes zur Durchführung der Vierten Richtlinie des Rates der

Gläubigerschutzes werden deshalb in der Rechnungslegungspraxis an haftungslimitierte Gesellschaften gewöhnlich strengere Unternehmensberichterstattungsanforderungen gestellt als an Unternehmen mit unbeschränkt haftenden Eigentümern.[191] Dabei kommt bei haftungsbeschränkten Gesellschaften unter dem Aspekt bestehender Gläubiger-Eigner-Konflikte in Bezug auf die externe Rechnungslegung vor allem der Begrenzung des ausschüttbaren Jahreserfolgs – z. B. durch eine vorsichtige Gewinnermittlung oder durch direkte Ausschüttungsrestriktionen – besondere Relevanz zu.[192]

2.3.1.2 Kapitalmarktorientierung

Die Rechtfertigung einer nach der Kapitalmarktorientierung differenzierten Rechnungslegungsregulierung basiert auf der erheblichen Bedeutung effizienter Kapitalmärkte für das Funktionieren einer Volkswirtschaft sowie dem besonderen Schutzbedürfnis der auf anonymen Kapitalmärkten agierenden Investoren.[193] Letzteres resultiert daraus, dass die über den Kapitalmarkt geschlossenen Kapitalüberlassungsverhältnisse aufgrund des üblicherweise sehr weiten Kapitalgeberkreises, dessen Zusammensetzung wegen der Fungibilität der Anteils- bzw. Gläubigerpapiere darüber hinaus ständig wechseln kann, von großer Anonymität geprägt sind und den Kapitalgebern, bei breiter Streuung des Aktien- bzw. Fremdkapitals, nur geringe Verhandlungsmacht einräumen. Privatautonome Vereinbarungen werden hierdurch erschwert und bergen zudem die Gefahr von Ineffizienzen. Zum Schutz der Kapitalgeber werden an die externe Unternehmensberichterstattung kapitalmarktorientierter Unternehmen deshalb üblicherweise besonders hohe Anforderungen gestellt. Denn die Gewährleistung eines effektiven Schutzes der Kapitalmarktteilnehmer (Individualschutz) durch eine transparente Unternehmensberichterstattung ist gleichzeitig wesentliche Voraussetzung für die Sicherstellung der Funktionsfähigkeit des Kapitalmarktes (Funktionenschutz).[194]

Anknüpfungspunkte für potenzielle Differenzierungen zwischen kapitalmarkt- und nicht kapitalmarktorientierten Unternehmen können sich nicht nur aus dem besonderen

---

Europäischen Gemeinschaften zur Koordinierung des Gesellschaftsrechts (Bilanzrichtlinie-Gesetz) vom 26. August 1983 (im Folgenden zitiert als Entwurf eines Bilanzrichtlinie-Gesetzes (1983)), Begründung, S. 64. Kritisch hierzu jedoch Strobel, W. (1982), S. 1233 f.

191 So z. B. sowohl in Deutschland als auch in Großbritannien; ausführlich hierzu die Ausführungen unter Gliederungspunkt 3.2 sowie 4.

192 Für Unternehmen, deren Eigner unbeschränkt haften, wird die Begrenzung des ausschüttbaren Gewinns dagegen als weniger bedeutsam erachtet; vgl. Ballwieser, W./Kuhner, C. (1994), S. 63; Sieben, G. (1979), S. 83.

193 Vgl. Pellens, B./Fülbier, R. (2000), S. 579.

194 Vgl. Pellens, B./Fülbier, R. (2000), S. 579 f.; Hommelhoff, P. (2000b), S. 772; ähnlich Hopt, K. (1977), S. 415; Möllers, T. (1997), S. 337.

Schutzbedürfnis der anonymen Kapitalmarktteilnehmer ergeben, sondern können auch in der unterschiedlichen Natur der Investitionsentscheidungen der Kapitalgeber begründet sein. Denn während die Anteilspapiere an börsennotierten Gesellschaften in der Regel sehr schnell erworben und veräußert werden können, sind Investments in nicht kapitalmarktorientierte Unternehmen üblicherweise längerfristiger Natur. In Ermangelung eines aktiven, liquiden Marktes für die Gesellschaftsanteile nicht kapitalmarktorientierter Unternehmen stellt der Verkauf eines Gesellschaftsanteils oftmals gar keine realistische Option dar.[195] Dies hat zur Folge, dass Investitionen in nicht kapitalmarktorientierte Unternehmen in der Regel mit wesentlich größerer Unsicherheit bezüglich späterer „Exit"-Möglichkeiten verbunden sind.[196]

Doch nicht nur die von den Kapitalgebern zu treffenden Investitionsentscheidungen divergieren gewöhnlich zwischen kapitalmarktorientierten und nicht kapitalmarktorientierten Unternehmen, in der Regel unterscheiden sich auch die Rechnungslegungskenntnisse zwischen professionellen Investoren[197] börsennotierter Gesellschaften und Kapitalgebern kleinerer, nicht kapitalmarktorientierter Unternehmen[198] sowie die für die Entscheidungen zur Verfügung stehenden Informationen. So fehlen zum einen in Ermangelung eines aktiven Sekundärmarktes für die Gesellschaftsanteile nicht notierter Unternehmen vielfach zuverlässige Marktinformationen über den tatsächlichen Unternehmenswert und zum anderen liegen für nicht kapitalmarktorientierte Gesellschaften auch keine Fachurteile von Analysten vor.

Hinzu kommt, dass die Geschäftsführung nicht kapitalmarktorientierter Gesellschaften zum Teil bessere Möglichkeiten zur Nutzung ihrer diskretionären Verhaltensspielräume hat, als das Management kapitalmarktorientierter Unternehmen, da Letzteres der fortwährenden „Überwachung" durch professionelle Analysten unterliegt und auch der Aktienmarkt disziplinierend[199] auf das Managementverhalten wirken kann.

---

195 Vgl. Accounting Standards Board (Hrsg.) (2001b), Abschnitt 2.5 ff.; Walz, R. (1993b), S. 96. Zum Teil wird deshalb die Auffassung vertreten, dass der zwischenbetrieblichen Vergleichbarkeit von Abschlussinformationen bei nicht kapitalmarktorientierten Gesellschaften geringere Bedeutung beizumessen ist; vgl. Schön, W. (2000), S. 730; ähnlich Canadian Institute of Chartered Accountants (Hrsg.) (2002b), Tz. 37.

196 *Streim* und *Kugel* schlussfolgern deshalb, dass Gesellschafter, für deren Anteile kein aktiver Sekundärmarkt existiert, tendenziell ein größeres Schutzbedürfnis haben; vgl. Streim, H./Kugel, B. (1985), S. 109.

197 Empirische Untersuchungen dokumentieren, dass beispielsweise in Deutschland etwa 70 % des Aktienkapitals börsennotierter Unternehmen von institutionellen Investoren oder anderen Unternehmen gehalten werden; vgl. Deutsches Aktieninstitut (Hrsg.) (2002), Tabelle 08.1-3.

198 Vgl. Accounting Standards Board (Hrsg.) (2001b), Abschnitt 2. 4.

199 Die Kapitalmarktmechanismen können insofern disziplinierend auf das Managementverhalten wirken, als die Unternehmensführung bei fehlendem Managementerfolg z. B. mit sinkenden Aktienkursen und feindlichen Übernahmen rechnen muss; siehe hierzu die Ausführungen bei Fülbier, R. (1998), S. 190.

2.3.1.3 Unternehmensgröße

Im Unterschied zu den bereits erläuterten Differenzierungsmerkmalen ist eine Differenzierung nach der Unternehmensgröße nicht auf den Schutz einer bestimmten Adressatengruppe (Gesellschafter, Gläubiger oder Kapitalmarktteilnehmer) fokussiert. Mit einer auf ökonomischen Größenmerkmalen basierenden Abstufung der Anforderungen an die externe Unternehmensberichterstattung kann deshalb einerseits dem Stakeholderansatz[200] besser Rechnung getragen werden, andererseits fehlt jedoch meist der direkte Bezug zu spezifischen Kooperationskonflikten, d. h., der Unternehmensgröße kommt vielfach nur Indikatorfunktion für andere quantitative und qualitative Merkmale zu. Ein wesentliches Argument, das für das Heranziehen der Unternehmensgröße als Differenzierungsmerkmal spricht, ist, dass mit zunehmender Größe eines Unternehmens – analoge Erwägungen gelten auch für den Konzern – auch die Anzahl der mit dem Unternehmen in Kooperationsbeziehung stehenden Personen bzw. derjenigen, die eine solche Beziehung eingehen wollen, wächst.[201] Die Unternehmensgröße spiegelt somit die Marktinanspruchnahme wider.[202] Sie ist zum einen Ausdruck für den zahlenmäßigen Umfang und die Heterogenität des Kreises an Rechnungslegungsadressaten[203] sowie die volkswirtschaftliche Bedeutung eines Unterneh-

---

200 Siehe zum Stakeholderansatz Fn. 19.

201 Vgl. Accounting Standards Board (Hrsg.) (1999a), Appendix III, Abschnitt 8; Ball, I. (1988), S. 50 f.; Heyd, R. (1982), S. 172; Entwurf eines Gesetzes über die Rechnungslegung von Großunternehmen und Konzernen vom 5. August 1968 (im Folgenden zitiert als Entwurf eines PublG (1968)), Begründung, S. 13 f.; ähnlich Schmidt, H. (1960), S. 61.

202 Vgl. Merkt, H. (2001), S. 394.

203 Vgl. Collis, J./Dugdale, D./Jarvis, R. (2001), S. 170 ; Walton, P./Harvey, D. (1996), S. 11. Das *Canadian Institute of Chartered Accountants* schlussfolgert deshalb: „The fewer the users of an enterprise's financial statements and the greater their ability to gain access to information in addition to that provided in the financial statements, the smaller the benefits likely to be derived from financial information in financial statements. Thus, the likelihood that the costs of providing accounting information in financial statements will exceed its benefits is higher when the group of users is smaller." Canadian Institute of Chartered Accountants (Hrsg.) (2002b), Tz. 36. Empirische Studien, die in anderen Ländern durchgeführt wurden, geben jedoch kein einheitliches Bild über die Abschlussnutzer von kleineren Unternehmen. Während Untersuchungen in Italien (Paoloni, M./Demartini, P. (1997), S. 11) und Großbritannien (Carsberg, B./Page, M./ Sindall, A./Waring, I. (1985), S. 6; Page, M. (1984), S. 275) zeigen, dass bei kleineren Unternehmen neben dem eigenen Management vor allem Banken und der Fiskus zu den wichtigsten Rechnungslegungsadressaten zählen, sind nach empirischen Forschungsergebnissen in Spanien (vgl. Paoloni, M./ Demartini, P./Moneva, J./Cuellar, B. (2000), Tabelle 3) Banken, Lieferanten und die Gesellschafter die bedeutendsten Nutzer von Abschlussinformationen kleinerer Unternehmen. Auch *Collis, Dugdale, Jarvis* kommen in ihrer Studie zu Großbritannien zu dem Ergebnis, dass – neben den gesetzlich legitimierten Abschlussadressaten – das eigene Management, Banken, Kunden und Lieferanten die wesentlichen Nutzer von Abschlussinformationen kleinerer Unternehmen sind; vgl. Collis, J./Dugdale, D./Jarvis, R. (2001), S. 175. Untersuchungen in Australien zeigen, dass Finanzinstitutionen und die Regierung die wichtigsten externen Nutzer von Abschlussinformationen kleinerer Unternehmen sind; vgl. McCahey, J./Ramsay, A. (1989), S. 35 ff. Eine zentrale Schwierigkeit bei der Verallgemeinerung von Forschungsergebnissen

mens.[204] Zum anderen erhöht sich mit wachsender Unternehmensgröße und zunehmender Zahl und Heterogenität der Rechnungslegungsadressaten in der Regel auch die Verwendungsvielfalt der bereitgestellten Abschlussinformationen[205] sowie die Komplexität[206] der mithilfe der externen Rechnungslegung abzubildenden Geschäftstransaktionen.

Ferner ist die Unternehmensgröße vielfach auch ein Indikator für die strukturelle Unternehmenskomplexität und die Personenbezogenheit einer Gesellschaft.[207] Denn je kleiner ein Unternehmen ist, umso geringer ist normalerweise auch die Gesellschafterzahl und umso eher sind die Eigentümer selbst in die Geschäftsführung involviert.[208] Die Unternehmensgröße kann somit als Surrogat sowohl quantitativer als auch qualitativer Unternehmensmerkmale betrachtet werden.[209] Die Ausführungen zur Gesellschafterstruktur sowie zur Trennung von Anteilseigentum und Management gelten analog entsprechend auch für kleinere Unternehmen. So ist der Manager-Eigner-Konflikt in kleineren Unternehmen aufgrund der in der Regel personalistischen Struktur einerseits meist weniger stark ausgeprägt als in großen Gesellschaften.[210] Andererseits sehen sich die externen Kapitalgeber, vor allem die Fremdkapitalgeber, die für kleine und mittelgroße Unternehmen vielfach die primäre Finanzierungsquelle darstellen,[211]

---

empirischer Untersuchungen zu kleineren Unternehmen besteht jedoch darin, dass die Studien nicht nur hinsichtlich ihrer Repräsentativität und Methodik divergieren, sondern dass sich auch die zugrunde liegenden Abgrenzungsmerkmale für „kleinere Unternehmen" unterscheiden. Im Anhang I dieser Arbeit befindet sich deshalb eine Übersicht, über die wesentlichen im Rahmen dieser Arbeit zitierten empirischen Forschungsarbeiten zu „kleineren Unternehmen" und die dort jeweils verwendeten Abgrenzungskriterien.

204 Vgl. Canadian Institute of Chartered Accountants (Hrsg.) (1999), S. 29. Mit dieser Argumentation wurde beispielsweise in Deutschland ein öffentliches Interesse an der externen Unternehmensberichterstattung von Großunternehmen gerechtfertigt; vgl. Entwurf eines PublG (1968), Begründung, S. 13 f.; siehe hierzu auch Gliederungspunkt 3.1.12.1.

205 Vgl. Accounting Standards Board (Hrsg.) (1999a), Appendix III, Abschnitt 8; Collis, J./Dugdale, D./Jarvis, R. (2001), S. 170; Financial Accounting Standards Board (Hrsg.) (1981), S. 30; Walton, P./Harvey, D. (1996), S. 11.

206 Vgl. Financial Accounting Standards Board (Hrsg.) (1981), S. 30; Murray, D./Johnson, R. (1983), S. 5.

207 Vgl. Heyd, R. (1982), S. 172.

208 Dies wird auch durch empirische Untersuchungen in Großbritannien dokumentiert; vgl. Gliederungspunkt 4.2.3.1.2.3.

209 Vgl. Flume, W. (1962), S. 186.

210 Vgl. Ang, J. (1991), S. 4; Hand, J./Lloyd, W./Rogow, R. (1982), S. 27.

211 So zeigen z. B. statistische Erhebungen der Deutschen Bundesbank aus dem Jahr 1998, dass die Eigenkapitalquote nicht kapitalmarktorientierter, kleiner und mittelgroßer Unternehmen in Deutschland im Durchschnitt unter 15 % liegt; vgl. Günterberg, B./Wolter, H.-J. (2002b). Zur Bedeutung der Kreditfinanzierung für kleine und mittelgroße Unternehmen in Deutschland siehe außerdem z. B. Börner, C./Grichnik, D. (2003), S. 682 sowie Kokalj, L./Pfaffenholz, G. (2001), S. 81 ff. Auch in Großbritannien kommt der Fremdkapitalfinanzierung in kleineren Unternehmen zentrale Bedeutung zu; siehe hierzu Kapitel 4, Fn. 688.

im Vergleich zu Großunternehmen oftmals größeren Risiken gegenüber. Diese sind zum einen durch die erhöhte Krisenanfälligkeit kleinerer Unternehmen begründet, die aus der zumeist fehlenden Möglichkeit zur Diversifizierung resultiert.[212] Zum anderen stellt aber auch das Unternehmensmanagement für die Kapitalgeber einen nicht unerheblichen Risikofaktor dar.[213] Denn die Unternehmensleitung liegt bei kleineren Unternehmen in der Regel in den Händen eines nur sehr kleinen Führungsteams, das ggf. sogar auf die Person des Eigentümers reduziert ist. Meist verfügen kleine Managementteams nicht über die ganze Bandbreite an erforderlichen Managementqualifikationen,[214] und oftmals fehlt bei Gesellschaftergeschäftsführern in Krisenphasen auch die Bereitschaft, die Unternehmensleitung an ein externes Management zu delegieren. Damit kommt den Führungspersonen in kleineren Unternehmen – insbesondere deren Motivation, Qualifikation, Leistungsfähigkeit und -bereitschaft – für den künftigen Unternehmenserfolg erhebliche Bedeutung zu.[215] Ferner verfügen Gesellschaftergeschäftsführer kleinerer Unternehmen regelmäßig über wesentlich bessere Möglichkeiten zur Durchsetzung ihrer eigenen, ggf. den Ansprüchen der Gläubiger zuwiderlaufenden Interessen, als dies in Unternehmen mit einem großen Kreis an Führungsmitgliedern und ausgebauten Corporate Governance Strukturen der Fall ist.[216]

Darüber hinaus stehen externen Kapitalgebern bei Investitionen in kleinere Unternehmen in der Regel wesentlich weniger Informationen als Entscheidungsbasis zur Verfügung als bei Engagements in große Publikumsgesellschaften. Dies resultiert u. a. daraus, dass Informationsdienstleister wie z. B. Rating-Agenturen und Auskunfteien mangels entsprechender Nachfrage die Anreize fehlen, sich mit kleineren Unternehmen zu beschäftigen.[217] Da außerdem meist nur sehr rudimentäre interne Managementinformationssysteme verfügbar sind,[218] kommt den Daten der externen Rechnungslegung insbesondere in kleineren Unternehmen für Managemententscheidungen gewöhnlich eine wichtige Rolle zu.[219]

---

212 Vgl. Hand, J./Lloyd, W./Rogow, R. (1982), S. 26; Keasey, K./Watson, R. (1993), S. 59.

213 Vgl. Keasey, K./Watson, R. (1993), S. 58 f.

214 Vgl. Ang, J. (1991), S. 3.

215 Vgl. Berry, A./Faulkner, S./Hughes, M./Jarvis, R. (1993a), S. 6; ähnlich Freidank, C.-C./Paetzmann, K. (2002), S. 1787. Die Beurteilung des Unternehmensmanagements ist deshalb auch für externe Eigenkapitalgeber bei Investitionen in kleinere Unternehmen in der Regel besonders wichtig; vgl. Mason, C./Harrison, R. (1994), S. 93 f.

216 Vgl. Berry, A./Faulkner, S./Hughes, M./Jarvis, R. (1993a), S. 6 f.; Hand, J./Lloyd, W./Rogow, R. (1982), S. 26; Keasey, K./Watson, R. (1993), S. 58.

217 Vgl. Ang, J. (1991), S. 5; Hand, J./Lloyd, W./Rogow, R. (1982), S. 26.

218 Vgl. Berry, A./Faulkner, S./Hughes, M./Jarvis, R. (1993a), S. 8.

219 Dies zeigen z. B. empirische Studien in Deutschland (vgl. Schönfeld, A. (1988), S. 172 f.), Großbritannien (vgl. Barker, P./Noonan, C. (1996a), S. 20 f.; Carsberg, B./Page, M./Sindall, A./Waring, I. (1985), S. 31; Collis, J./Jarvis, R. (2000), S. 60; Dugdale, D./Hussey, J./Jarvis, R. (1998), S. 52; Keasey, K./Short, H. (1990), S. 310; Page, M. (1984), S. 275), Italien (vgl. Paoloni,

2.3.1.4 Branche

Eine besondere gesamtgesellschaftliche Bedeutung und ein hieraus resultierendes allgemeines öffentliches Interesse an einer ordnungsgemäßen Unternehmensberichterstattung als Anknüpfungstatbestand für eine Rechnungslegungsdifferenzierung können auch durch den Unternehmensgegenstand begründet sein.[220] An die externe Rechnungslegung von Unternehmen, die in gesamtgesellschaftlich bedeutsamen und mit besonderen Risiken für die Volkswirtschaft verbundenen Branchen tätig sind, wie z. B. Kreditinstitute und Versicherungsunternehmen, werden deshalb aufgrund ihrer Relevanz für die Funktionsfähigkeit einer Volkswirtschaft vielfach besondere Anforderungen gestellt.[221] Besondere Berichtserfordernisse spezifischer Branchen sind allerdings nicht ausschließlich auf deren Bedeutung für das Gemeinwohl einer Gesellschaft zurückzuführen, vielfach ist es auch die Eigenart einer Geschäftstätigkeit, die spezifische Abbildungsregeln erfordern kann, um eine sachgerechte Darstellung des Unternehmensgeschehens zu gewährleisten.[222]

2.3.1.5 Rechtliche Einheit versus wirtschaftliche Einheit

Unterschiedliche Anforderungen der Rechnungslegungsadressaten an die externe Unternehmensberichterstattung können sich darüber hinaus bei Abweichen der wirtschaftlichen Einheit von der rechtlichen Unternehmenseinheit für Konzern- und Einzelabschluss ergeben. Dies kann zum einen in der gesamtwirtschaftlichen Bedeutung von Konzernen und dem damit verbundenen öffentlichen Interesse an Konzernrech-

---

M./Demartini, P. (1997), S. 11), Spanien (vgl. Paoloni, M./Demartini, P./Moneva, J./Cuellar, B. (2000), S. 20 f.), Australien (vgl. Holmes, S./Nicholls, D. (1989), S. 144) und den USA (vgl. Abdel-khalik, R. (1983), S. 46).

220 Vgl. Bundesverband des privaten Bankgewerbes e. V. (Hrsg.) (1958), S. 40; Hornef, H. (1958), S. 257.

221 So finden sich auch im Vierten Abschnitt des Dritten Buches HGB Sondervorschriften für Kredit- und Finanzdienstleistungsinstitute sowie für Versicherungsunternehmen und Pensionsfonds. Auch im Rahmen der IAS/IFRS existieren branchenspezifische Sondernormen für Banken und ähnliche Finanzinstitute; vgl. International Accounting Standards Committee (Hrsg.) (1994), IAS 30.

222 Vgl. Heyd, R. (1982), S. 174 ff. sowie die einleitenden Worte der Richtlinie 91/674/EWG des Rates vom 19. Dezember 1991 sowie der Richtlinie 86/635/EWG des Rates vom 8. Dezember 1986. So sind z. B. zur Gewährleistung einer sachgerechten Abbildung des Unternehmensgeschehens gemäß den EU-Richtlinien für Versicherungsunternehmen, Banken und andere Finanzinstitutionen von der Vierten EG-Richtlinie abweichende Gliederungsvorschriften für Bilanz- und GuV-Rechnung anzuwenden; vgl. Richtlinie 86/635/EWG des Rates vom 8. Dezember 1986, Artikel 1 sowie Artikel 27 f.; Richtlinie 91/674/EWG des Rates vom 19. Dezember 1991, Artikel 6 und Artikel 34. Um den besonderen Belangen landwirtschaftlicher Unternehmen Rechnung zu tragen gelten darüber hinaus gemäß IAS/IFRS für landwirtschaftliche Geschäftsbetriebe besondere Rechnungslegungsnormen; vgl. International Accounting Standards Committee (Hrsg.) (2001), IAS 41.

nungslegungsinformationen begründet sein,[223] zum anderen aber auch aus der speziellen Informationsaufgabe des Konzernabschlusses resultieren. Denn im Unterschied zum Einzelabschluss, der die Aufgabe hat, über die wirtschaftliche Situation der rechtlichen Einheit zu informieren, kommt dem Konzernabschluss die Funktion zu, über die wirtschaftliche Einheit als Ganzes zu berichten. Im Konzernabschluss sind deshalb einerseits innerkonzernliche Beziehungen zu eliminieren,[224] andererseits erfordert eine wahrheitsgetreue Darstellung der Konzernsituation aber auch eine adäquate Berichterstattung über die Risiken der Konzerngesellschaften.[225] Konzern- und Einzelabschluss sind somit sich gegenseitig ergänzende Berichtsinstrumente, die beide als Informationsgrundlage für die Adressaten unverzichtbar sind, jedoch aufgrund ihrer divergierenden Zielrichtung unterschiedliche Informationsinhalte erfordern können. Werden darüber hinaus, wie häufig zu beobachten, Konzern- und Einzelabschluss unterschiedliche Aufgaben zugedacht,[226] so kann eine Differenzierung schon allein aufgrund der daraus resultierenden funktionalen Divergenzen erforderlich sein, da die Ausgestaltung der Unternehmensberichterstattung durch den Rechnungslegungszweck determiniert wird.[227]

2.3.2 Kostenorientierte Betrachtung als Differenzierungsbegründung

Die hoheitliche Normierung der externen Rechnungslegung stößt dort an ihre Rechtfertigungsgrenzen, wo die damit einhergehenden Zusatzbelastungen für die Unternehmen den zu erwartenden Nutzen überkompensieren. Zu den Mehrbelastungen der Abschlussersteller, die aus der Erfüllung von Unternehmensberichterstattungspflichten resultieren, zählen im Einzelnen:[228]

- die für die Befolgung der Berichterstattungserfordernisse erforderlichen zeitlichen und finanziellen Aufwendungen für die Schulung der Mitarbeiter, für das Studium der relevanten Normvorgaben, für die Informationsbeschaffung, -verarbeitung und -aufbereitung einschließlich der damit verbundenen Opportunitätskosten, die daraus resultieren, dass mit der Erfüllung der Normvorgaben knappe Ressourcen gebunden werden, die nicht anderweitig eingesetzt und verwendet werden können;[229]

---

223 Vgl. Apelt, B. (1991), S. 25; Hax, K. (1962), S. 111.
224 Vgl. Baetge, J./Kirsch, H.-J./Thiele, S. (2002b), S. 35.
225 Ausführlich hierzu Hommelhoff, P. (1999), S. 443 ff.
226 Z. B. kommt dem Einzelabschluss im Gegensatz zum Konzernabschluss in vielen Ländern Kontinentaleuropas neben einer Informationsaufgabe noch eine Zahlungsbemessungsfunktion zu.
227 Vgl. Baetge, J. (1976), S. 13; Schneider, D. (1994), S. 51; Stützel, W. (1967), S. 320.
228 Vgl. Carsberg, B./Page, M./Sindall, A./Waring, I. (1985), S. 18 f.
229 Vgl. hierzu auch McCahey, J./Ramsay, A. (1989), S. 1.

- die den Unternehmen in Form von Wettbewerbsnachteilen entstehenden Kosten, die mit der allgemeinen Bekanntgabe spezifischer Rechnungslegungsinformationen verbunden sind;[230]
- die Opportunitätskosten, die den Unternehmen durch den entgangenen Nutzen individueller, an ihre Bedürfnisse (bzw. die ihrer Rechnungslegungsadressaten) besser angepasster Lösungen entstehen.[231]

Die durch die Erfüllung von Unternehmensberichterstattungserfordernissen hervorgerufenen Kostenbelastungen können sich zwischen den Unternehmen zum Teil erheblich unterscheiden. Divergenzen können sich z. B. aus der unterschiedlichen Komplexität der abzubildenden Geschäftstransaktionen ergeben. Für die wahrheitsgetreue Darstellung der Geschäftstätigkeit sind deshalb nicht für alle Unternehmen gleichermaßen komplizierte und damit kostenintensive Abbildungsregelungen erforderlich, die für Nutzer ohne tief gehende Rechnungslegungskenntnisse ohnehin nur schwer nachvollziehbar sind.[232] Dies spricht grundsätzlich für eine größenbezogene Differenzierung der externen Rechnungslegung, da insbesondere kleine Unternehmen vielfach über einfache Geschäftstransaktionen verfügen.

Außerdem sind Unternehmen, deren Geschäftstätigkeit nicht diversifiziert ist, d. h. wiederum vorwiegend kleine Unternehmen, ggf. eher von Wettbewerbsnachteilen durch Offenlegungsmaßnahmen betroffen als Unternehmen mit stark diversifizierter Unternehmenstätigkeit, da Konkurrenten oder Geschäftspartner bei Einproduktunternehmen in Abhängigkeit der offen zu legenden Informationen leichter Rückschlüsse auf die Kostensituation oder Gewinnmargen ziehen und die gewonnenen Informationen zu ihrem Vorteil nützen können als bei Unternehmen, die in unterschiedlichen Sparten tätig sind.[233]

---

230 Ausführlich hierzu Moxter, A. (1962), S. 4 ff.; siehe außerdem Kuhner, C. (1998), S. 86; Merkt, H. (2001), S. 220; Ross, S. (1979), S. 191.

231 Siehe hierzu auch Hepp, G./McRae, T. (1982), S. 53 f.; Keasey, K./Short, H. (1990), S. 307. Die Opportunitätskosten einer Standardisierung sind umso höher, je heterogener die Präferenzen der Abschlussnutzer im Hinblick auf ein spezifisches Set an Rechnungslegungsnormen sind; vgl. Pellens, B./Gassen, J. (2001), S. 138 f.

232 Vgl. Consultative Committee of Accountancy Bodies (Hrsg.) (1994), S. 7 f.; Financial Accounting Standards Board (Hrsg.) (1981), S. 30; Murray, D./Johnson, R. (1983), S. 5; Walton, P./ Harvey, D. (1996), S. 11.

233 Vgl. Barker, P./Noonan, C. (1996a), S. 9; Committee of Inquiry on Small Firms (Hrsg.) (1971), S. 307; Ditgen, A. (1958), S. 438. Diese Argumentation bewegte in der Aktienrechtsreform 1959 auch den deutschen Gesetzgeber dazu, kleinere Unternehmen von der Angabe ihrer Umsatzerlöse in der GuV-Rechnung zu befreien; vgl. Gliederungspunkt 3.1.10. Befragungen in Großbritannien deuten jedoch nicht daraufhin, dass dies eine Belastung für kleinere Unternehmen darstellt; vgl. Carsberg, B./Page, M./Sindall, A./Waring, I. (1985), S. 6; Page, M. (1984), S. 276.

Schließlich kann auch der relative Anteil der durch die Erfüllung der Unternehmensberichterstattungserfordernisse verursachten Kosten an den Gesamtkosten eines Unternehmens zwischen Unternehmen erheblich divergieren. Vielfach wird vermutet, dass insbesondere für kleinere Unternehmen die Befolgung von Rechnungslegungspflichten mit verhältnismäßig hohen Kosten verbunden ist, da sie in Ermangelung der erforderlichen Ressourcen, insbesondere des entsprechenden Know-how für die Abschlusserstellung in der Regel externe Rechnungslegungsexperten beauftragen müssen[234] und von etwaigen *economies of scale* bezüglich der Erfüllung vorgegebener Anforderungen nicht in dem Ausmaß profitieren können wie größere Unternehmen.[235] Wird die Größe eines Unternehmens als Indikator für die Komplexität der abzubildenden Geschäftsvorfälle, das Ausmaß der Diversifikation der Geschäftstätigkeit und als Gradmesser für die relative Kostenbelastung gesehen, die aus der Erfüllung von Unternehmensberichterstattungspflichten resultiert, so kann auch eine kostenorientierte Betrachtung eine Differenzierung nach der Unternehmensgröße rechtfertigen.

2.3.3 Dimensionen der Unternehmensberichterstattung – mögliche Differenzierungsbereiche

In den vorangegangenen Abschnitten wurde das Spektrum potenzieller Differenzierungskriterien auf Basis von Kosten-Nutzen-Überlegungen skizziert. Darauf aufbauend gilt es nun, die Frage nach sinnvollen Differenzierungsbereichen als zweite Ebene in die Diskussion einzuführen. Unter Kosten-Nutzen-Gesichtspunkten kann sich eine Differenzierung der externen Unternehmensberichterstattung insbesondere auf die Bereiche Abschlusserstellung, Prüfung, Publizität und Enforcement erstrecken, die sich ihrerseits wieder aus einer variablen Anzahl an differenzierungsrelevanten Teilbereichen zusammensetzen. Abb. 2 fasst das Zusammenwirken von Differenzierungskriterien und Differenzierungs(teil)bereichen in einer „Differenzierungsmatrix" schematisch zusammen.

234 Vgl. Canadian Institute of Chartered Accountants (Hrsg.) (1999), S. 8; Fleming, C. (2002), S. 16; McCahey, J./Ramsay, A. (1989), S. 6.

235 Vgl. Murray, D./Johnson, R. (1983), S. 11 f. Während von *Keasey* und *Short* durchgeführte Befragungen von kleineren Unternehmen in Großbritannien diese Annahme nicht bestätigen konnten (vgl. Keasey, K./Short, H. (1990)), kommen *Nair* und *Rittenberg* in ihrer empirischen Studie zu dem Ergebnis, dass kleinere Unternehmen in den USA (in Relation zu Bilanzsumme, Umsatzerlöse, Anzahl der Arbeitnehmer, Anzahl der Anteilseigner) mit verhältnismäßig höheren Kosten (berücksichtigt wurden Honorare für externe *Certified Public Accountants* sowie die Personalkosten für interne *accountants*) belastet werden als größere Unternehmen (vgl. Nair, R./Rittenberg, L. (1983), S. 238 ff.).

■ **Abb. 2:** Differenzierungsmatrix

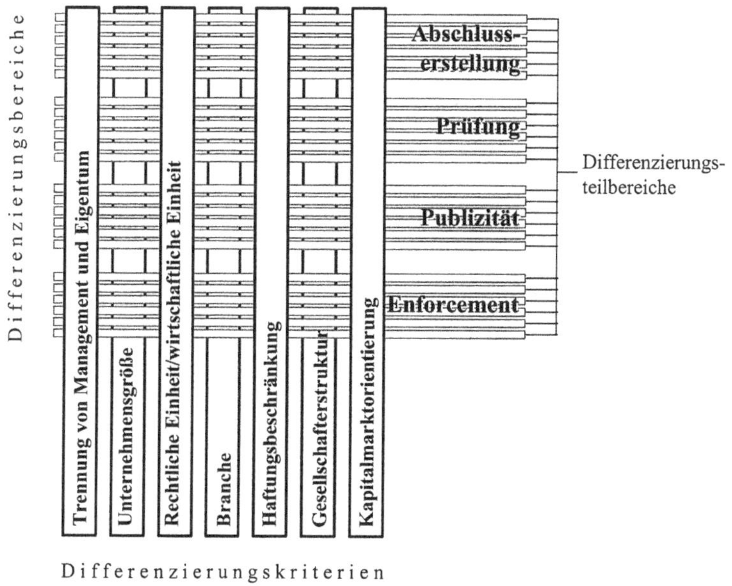

2.3.3.1 Abschlusserstellung

Hinsichtlich der Abschlusserstellung können unter Kosten-Nutzen-Gesichtspunkten Differenzierungen insbesondere in folgenden Teilbereichen vorgenommen werden: Pflicht zur Jahres- bzw. Konzernabschlusserstellung, zu erstellende Abschlussinstrumente sowie anzuwendende Rechnungslegungsgrundsätze (vgl. Abb. 3).

■ **Abb. 3:** Differenzierungsbereich Abschlusserstellung und seine Teilbereiche

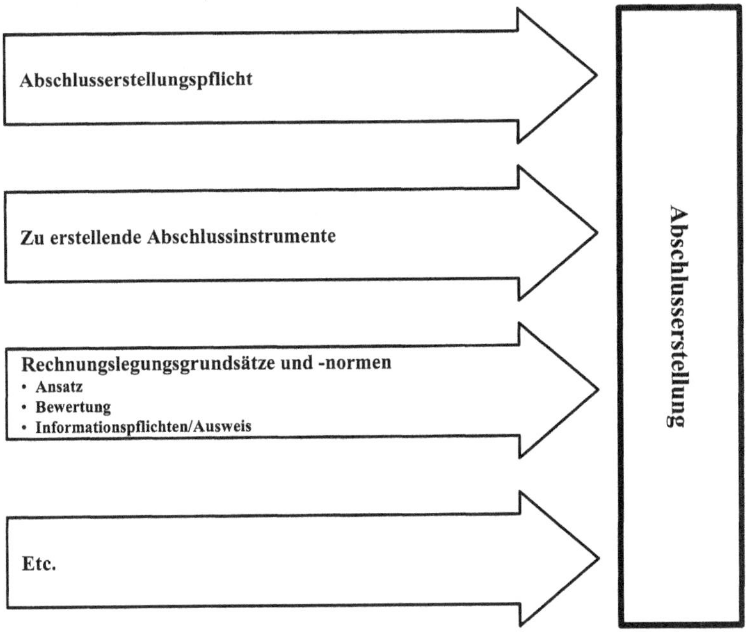

Im Mittelpunkt dieser Arbeit steht – aufgeworfen durch die nach der „IAS-Verordnung“ der EU angeordnete zwingende Übernahme der IAS/IFRS für die Konzernabschlusserstellung kapitalmarktorientierter Unternehmen – die Frage nach der Differenzierung der bei der (Einzel-/Konzern-)Abschlusserstellung anzuwendenden Ansatz-, Bewertungs- und Ausweisgrundsätze. Diesbezüglich stehen einer Normierungsinstanz prinzipiell folgende Differenzierungsstrategien zur Verfügung:

- Einheitsstrategie
- Separationsstrategie
- Modifizierungsstrategie

Bei Anwendung der **Einheitsstrategie** werden keinerlei Unterscheidungen bezüglich der anzuwendenden Rechnungslegungsnormen vorgenommen, d. h. für alle Unternehmen gelten dieselben Ansatz-, Bewertungs-, Informations- und Ausweisvorschriften. Der Vorteil dieser Strategie liegt einerseits darin, dass die aufgrund der Standardisierung realisierbaren Netzwerkeffekte sehr groß sind und insbesondere eine Vergleichbarkeit der Abschlussinformationen gewährleistet ist,[236] andererseits können jedoch bei dieser „*one size fits all*" Vorgehensweise heterogene Präferenzen der Nutzer sowie unterschiedliche Kostensituationen der Unternehmen keinerlei Berücksichtigung finden. Die Gefahr der Einheitsstrategie besteht deshalb darin, dass „... die Unternehmensbeteiligten ... statt eines Maßanzugs ein Rechnungslegungssystem ‚von der Stange' vorfinden"[237], das auf den kleinsten gemeinsamen Nenner reduziert ist und daher den Bedürfnissen der Nutzer nur bedingt gerecht wird,[238] oder aber die Bilanzierenden mit unverhältnismäßig hohen Kosten belastet. Ob eine Einheitsstrategie effizient ist, hängt somit ganz entscheidend von der Homogenität der Rechnungslegungspräferenzen der Abschlussnutzer und der Abschluss erstellenden Unternehmen ab.[239]

Der Gegenpol zur Einheitsstrategie ist die **Separationsstrategie**, der zufolge verschiedene Rechnungslegungssysteme mit völlig unterschiedlichen Ansatz-, Bewertungs- und Ausweisnormen sowie Informationspflichten nebeneinander bestehen können.[240] Im Gegensatz zur Einheitsstrategie kann bei der Separationsstrategie den individuellen Gegebenheiten der bilanzierenden Unternehmen und den Anforderungen der Rechnungslegungsadressaten möglicherweise besser Rechnung getragen werden. Allerdings ist die Vielfalt an Rechnungslegungssystemen mit dem Verlust von Netzwerkeffekten, insbesondere der Vergleichbarkeit der Abschlussinformationen verbunden[241] und führt daher zu hohen Kosten für die Informationsgewinnung und -auswertung.

236 Siehe hierzu UNCTAD Secretariat (Hrsg.) (2000), S. 19.

237 Pellens, B./Gassen, J. (1998), S. 648.

238 Vgl. Stacy, G. (1985), S. 12.

239 Vgl. Watrin, C. (2001a), S. 130.

240 Eine solche Separationsstrategie besteht derzeit beispielsweise in Deutschland für die Konzernrechnungslegung, da kapitalmarktorientierte Unternehmen nach § 292 a HGB das Wahlrecht besitzen, ihren Konzernabschluss nach völlig unterschiedlichen Rechnungslegungssystemen – nämlich nach IAS/IFRS, US GAAP oder nach HGB – zu erstellen. Eine noch weiter gehende Differenzierung existiert in den USA. Dort haben Unternehmen, die nicht aufgrund gesetzlicher Vorschriften, satzungsmäßiger oder sonstiger Vereinbarungen zur Anwendung der US GAAP verpflichtet sind, (eine Verpflichtung zur Anwendung der US GAAP ergibt sich für all jene Unternehmen, die ein Testat des Wirtschaftsprüfers benötigen, da dieser im Rahmen der von ihm durchzuführenden Abschlussprüfung grundsätzlich die GAAP-Konformität zu bestätigen hat; ausführlich hierzu Haller, A. (1994), S. 233 ff.) die Möglichkeit, ihren Abschluss nach einer „*other comprehensive bases of accounting*" (OCBOA) – hierzu zählen insbesondere steuerliche Vorschriften, Einzahlungs-Auszahlungs-Rechnungen, Einnahmen-Überschuss-Rechnungen sowie von Regulierungsbehörden vorgegebene Rechnungslegungsnormen – zu erstellen; vgl. Alderman, W./Guy, D./Meals, D. (1982), S. 52 ff.; Ramos, M. (1998), S. 3 ff.

241 Vgl. Canadian Institute of Chartered Accountants (Hrsg.) (2002b), Tz. 29; dasselbe (Hrsg.) (1999), S. 34 ff.

Einen Kompromiss zwischen den beiden Extremen „Einheits-" und „Separationsstrategie" stellt die **Modifizierungsstrategie** dar:[242] Es gelten analog zur Einheitsstrategie für alle Unternehmen prinzipiell dieselben Rechnungslegungsnormen, jedoch wird unter Berücksichtigung der divergierenden Präferenzen der Abschlussnutzer und der Kostenbelastung der Abschluss erstellenden Unternehmen die einheitliche Anwendung der Vorschriften aufgeweicht, indem Erleichterungen gewährt oder für spezifische Unternehmen Zusatzanforderungen normiert werden. Die Modifizierungsstrategie versucht somit die Realisierung von Netzwerkeffekten zumindest teilweise zu ermöglichen und bis zu einem gewissen Ausmaß auch den individuellen Gegebenheiten Rechnung zu tragen. Ein weiterer Vorteil der Modifizierungsstrategie besteht darin, dass im Gegensatz zur Separationsstrategie ein in sich konsistentes Rechnungslegungssystem etabliert werden kann, das es den Unternehmen ermöglicht, sich sukzessiv in wachsende Rechnungslegungsanforderungen hineinzuentwickeln. Ein abrupter Übergang auf ein völlig neues Rechnungslegungssystem kann somit bei Umsetzung der Modifizierungsstrategie verhindert werden.

Inwiefern mithilfe der Modifizierungsstrategie die Realisierung von Netzwerkeffekten und die Berücksichtigung divergierender Präferenzen der Nutzer und Unternehmen gelingt, ist jedoch vor allem von dem verwirklichten Strategiekonzept abhängig. Die zentrale Frage hierbei ist, ob nur eine Modifikation des Ausweises sowie der zu gewährenden Informationen (*disclosure*) oder aber auch eine Änderung der Ansatz- und Bewertungsnormen (*recognition* und *measurement*) vorgenommen wird. Auf der einen Seite kann eine Modifikation der materiellen Rechnungslegungsnormen erforderlich sein, um den divergierenden Anforderungen spezifischer Abschlussnutzer sowie der Präferenzen der Unternehmen gerecht zu werden[243] und insbesondere deren Kostenbelastung[244] adäquat zu berücksichtigen. Auf der anderen Seite hat eine Differenzierung der Ansatz- und/oder Bewertungsnormen jedoch unmittelbare Auswirkung auf den zu ermittelten Unternehmenserfolg. Die zwischenbetriebliche Vergleichbarkeit der Abschlussinformationen und damit der Nutzen für die Rechnungslegungsadressaten sowie die Realisierung sonstiger Netzwerkeffekte werden dadurch erheblich beein-

---

242 Die Modifizierungsstrategie kann auch mit der Separationsstrategie kombiniert werden, d. h. es bestehen prinzipiell mehrere Rechnungslegungssysteme nebeneinander, aber innerhalb der jeweiligen Rechnungslegungssysteme kann dann wiederum entweder nach der Einheits- oder Modifizierungsstrategie verfahren werden.

243 Vgl. Consultative Committee of Accountancy Bodies (Hrsg.) (1994), S. 12.

244 Vgl. McCahey, J./Ramsay, A. (1989), S. 9 ff.; Walton, P./Harvey, D. (1996), S. 18.

trächtigt.[245] Die Differenzierung von Ansatz- und/oder Bewertungsnormen wird deshalb in der Rechnungslegungspraxis sehr unterschiedlich gehandhabt.[246]

Im Zusammenhang mit der Entscheidung, welche Modifikationen vorgenommen werden, ist außerdem bedeutsam, wie diese durchgeführt werden, d. h. ob die Modifikationen durch die Normierung von Vergünstigungen (*top-down approach*)[247] oder durch die Festlegung von Zusatzanforderungen (*bottom-up approach*) erfolgen sollen.[248] Die gewählte Vorgehensweise ist entscheidend für den primären Fokus der Normierungsarbeit.[249] Denn während beim *bottom-up approach* die Normengebung darauf fokussiert ist, ein Basis-Set an Rechnungslegungsnormen zu schaffen, das von allen Unternehmen gleichermaßen anzuwenden ist, und erst darauf aufbauend zusätzliche Anforderungen für bestimmte Unternehmen definiert werden, stehen beim *top-down approach* jene Unternehmen im Fokus der Normengebung, an die die höchsten Rechnungslegungsanforderungen zu stellen sind. Erst in einem zweiten Schritt ist dann zu prüfen, von welchen Standards bestimmte Unternehmen befreit bzw. welche Erleichterungen eingeräumt werden können. Denkbar ist außerdem, dass im Mittelpunkt der Normensetzung die Schaffung eines Sets an Rechnungslegungsnormen steht, das

---

245 Vgl. Canadian Institute of Chartered Accountants (Hrsg.) (2002b), S. 21; McCahey, J./Ramsay, A. (1989), S. 10 f. In anderen Ländern durchgeführte empirische Untersuchungen zu der Frage der Differenzierung von Ansatz- und/oder Bewertungsnormen spiegeln das Dilemma wider. So zeigt beispielsweise eine in den 1980er-Jahren in den USA durchgeführte Umfrage des *Financial Accounting Standards Board* (FASB) (vgl. Financial Accounting Standards Board (Hrsg.) (1981)), dass einerseits ca. 60 % der Abschlussprüfer und ca. 50 % der befragten Manager eine Differenzierung materieller Rechnungslegungsnormen befürworten, andererseits aber ca. 66 % der übrigen Abschlussnutzer in einer Differenzierung von Ansatz- und/oder Bewertungsnormen erhebliche Nutzeneinbußen sehen; siehe zu den Umfrageergebnissen Financial Accounting Standards Board (Hrsg.) (1983), S. 5; Hildebrand, G./Mazzella, F. (1983), S. 4. Auch in einer in Kanada durchgeführten Studie zeigten sich die Befragten uneinig über die Nützlichkeit der Differenzierung materieller Rechnungslegungsnormen; vgl. Canadian Institute of Chartered Accountants (Hrsg.) (1999), S. 40 f.

246 Während sich beispielsweise die vom FASB im Rahmen US GAAP eingeräumten Vereinfachungen ausschließlich auf Offenlegungserleichterungen beschränken, finden sich im Rahmen der kanadischen (vgl. Canadian Institute of Chartered Accountants (Hrsg.) (2002a), section 1300, Appendix A) und neuseeländischen GAAP (vgl. Institute of Chartered Accountants of New Zealand (Hrsg.) (1997), Appendix 1) darüber hinaus auch Abweichungen, die sich auf die Bereiche Ansatz und Bewertung erstrecken. Auch das britische *Accounting Standards Board* (ASB) gewährt im Rahmen seines *Financial Reporting Standard for Smaller Entities* (FRSSE) Vereinfachungen, die sich sowohl auf Offenlegung, Ansatz und Bewertung beziehen, wobei jene im Bereich der materiellen Rechnungslegungsnormen jedoch geringfügig sind (für Details siehe Gliederungspunkt 4.2.3.1.5).

247 Im Extremfall kann der *top-down approach* auch zu einer vollständigen Befreiung spezifischer Unternehmen von der Abschlusserstellung führen.

248 Siehe hierzu Consultative Committee of Accountancy Bodies (Hrsg.) (1994), S. 12.

249 Vgl. Accounting Standards Board (Hrsg.) (2001b), Abschnitt 6.4 ff.

einem breiten Spektrum an Unternehmen genügt und dann sowohl Vergünstigungen als auch Zusatzanforderungen definiert werden.

Im Fall eines *top-down approach* gilt es darüber hinaus zu klären, ob den zur Nutzung der Erleichterungen berechtigten Unternehmen die Möglichkeit eingeräumt werden soll, einzelfallorientiert auszuwählen, welche der bestehenden Vergünstigen sie nutzen wollen, oder ob die bestehenden Erleichterungen nur en bloc gewährt werden und die Unternehmen somit nur die Wahl haben, sich entweder für oder gegen die Inanspruchnahme der Vereinfachungen zu entscheiden. Während bei einer selektiven Nutzung der Vereinfachungen eine flexible Anwendung der eingeräumten Erleichterungen und Rücksichtnahme auf die individuellen Bedürfnisse der Unternehmen und Anforderungen der Abschlussnutzer ermöglicht wird, hat diese Vorgehensweise im Vergleich zu einer Gesamtanwendung den Nachteil, dass die Rechnungslegungsvielfalt zunimmt und damit die Vergleichbarkeit und Verständlichkeit der Abschlüsse für die Rechnungslegungsnutzer erschwert wird.[250]

2.3.3.2 Jährliche Abschlussprüfung

Aus dem Blickwinkel der mikroökonomischen Theorie hat die jährliche Prüfung des Jahres- bzw. Konzernabschlusses den Zweck, in der durch Informationsasymmetrien gekennzeichneten Situation zwischen Unternehmensinsidern (Unternehmensmanagement, hierbei kann es sich auch um Gesellschaftergeschäftsführer handeln) und Unternehmensoutsidern (externe Gesellschafter, Gläubiger und andere externe Interessenten) durch Verifizierung der vom Unternehmensmanagement vorgelegten Abschlussinformationen, deren Glaubwürdigkeit und Verlässlichkeit zu erhöhen.[251] Die Durchführung einer Abschlussprüfung kann somit zum einen den Nutzen der bereitgestellten Abschlussinformationen für die externen Abschlussnutzer verbessern[252] und dadurch zum Abbau von Kooperationskonflikten beitragen.[253] Zum anderen kann die Abschlussprüfung auch dem Unternehmensmanagement sowie gesellschaftsrechtlichen Kontroll- bzw. Aufsichtsorganen wesentliche Informationen liefern.[254] Jedoch ist eine Prüfung des Konzern- bzw. Jahresabschlusses durch einen externen Prüfer auch mit

---

250 Vgl. Canadian Institute of Chartered Accountants (Hrsg.) (2002b), Tz. 58 ff.

251 Siehe zur Begründung der Abschlussprüfung im durch asymmetrische Informationsverteilung gekennzeichneten Principal-Agent-Kontext z. B. Ballwieser, W. (1987b), S. 327 ff.; Marten, K.-U./Köhler, A. (2002a), Sp. 1834 f.; Marten, K.-U./Quick, R./Ruhnke, K. (2003), S. 27 ff.; Wagenhofer, A./Ewert, R. (2003), S. 378 ff.

252 Vgl. Kirchner, C. (2002), Sp. 1941 f.; Wagenhofer, A. (1993), S. 253. Ausführlich zum Nutzen von Abschlussprüfungen Ruhnke, K. (2003), S. 250 ff.

253 Vgl. Jensen, M./Meckling, W. (1976), S. 323; Pfaff, D. (1989b), S. 45.

254 Vgl. Orth, C. (2000), S. 20.

nicht unerheblichen Kosten für die Unternehmen verbunden (hierzu zählen vor allem das Honorar des Abschlussprüfers sowie der zeitliche Aufwand für die Beantwortung der Fragen des Prüfers und die Herbeibringung der nötigen Unterlagen).[255] Eine Abwägung von Kosten und Nutzen steht deshalb auch im Zentrum der Normierung der Abschlussprüfung bzw. deren Differenzierung, die sich insbesondere auf folgende Bereiche erstrecken kann:

- Prüfungspflicht
- Prüfungsform (z. B. vollständige Abschlussprüfung versus prüferische Durchsicht in Form eines *review*), Gegenstand und Umfang der Prüfung, für die Prüfungsdurchführung zu berücksichtigende Prüfungsnormen, Prüfungsurteil, Dokumentation des Prüfungsergebnisses
- Anforderungen an den zur Prüfungsdurchführung befugten Abschlussprüfer – z. B. Anforderungen an die fachliche Qualifikation,[256] Schutzmaßnahmen zur Gewährleistung der Unabhängigkeit des Prüfers (z. B. obligatorische externe bzw. interne Prüferrotation), Erfordernis zusätzlicher Überwachungsmaßnahmen (z. B. Peer-Review) etc.
- Haftung des Abschlussprüfers bei nicht ordnungsgemäßem Verhalten

Während die Eruierung der mit der Normierung der Abschlussprüfung verbundenen Kosten noch einigermaßen exakt gelingen mag, so ist eine genaue Abschätzung des aus der Abschlussprüfung resultierenden Nutzens für die Rechnungslegungsadressaten sowie die sich ergebenden gesamtgesellschaftlichen Nutzeneffekte[257] kaum möglich.[258]

---

255 Vgl. Department of Trade and Industry (Hrsg.) (1999b), S. 10 i. V. m. Ruhnke, K. (2003), S. 250. Ferner fallen für die mit der Normierung der Abschlussprüfung befassten Institutionen darüber hinaus Kosten für die Herausgabe von Prüfungsnormen an.

256 Gegebenenfalls kann hierbei nicht nur zwischen Unternehmen, sondern auch innerhalb des Wirtschaftsprüferberufsstandes differenziert werden, wodurch jedoch die Einheitlichkeit des Wirtschaftsprüferberufes gefährdet wird; siehe hierzu die Ausführungen von Ernst, C. (2003b), S. 18 ff.

257 So ist zu berücksichtigen, dass eine Abschlussprüfung nicht nur dem Abbau individueller Kooperationskonflikte, sondern allgemein auch der Stärkung des Marktvertrauens dienen kann, indem eine Prüfungspflicht beispielsweise zur Förderung einer integeren Geschäftsführung beiträgt und dadurch die Konkursanfälligkeit von Unternehmen vermindern kann; vgl. zu dieser Argumentation Biener, H. (1978), S. 198; Cheffins, B. (1997), S. 512; Department of Trade and Industry (Hrsg.) (1999b), Annex A.

258 Vgl. Department of Trade and Industry (Hrsg.) (1999b), Annex A; Humphrey, C./Turley, S. (1986), S. 26.

Die mit der Institutionalisierung einer Abschlussprüfung verbundenen Kosten und Nutzen, die daraus abgeleitete Notwendigkeit der Differenzierung der Prüfungspflicht und Ausgestaltung der Abschlussprüfung sowie der Unterscheidung der Anforderungen an den zur Durchführung berechtigten Abschlussprüfer – einschließlich der Haftung bei Fehlverhalten – wird länderspezifisch sehr unterschiedlich beurteilt. Dies dokumentiert z. B. die in den einzelnen EU-Mitgliedsländern[259] sehr unterschiedliche Umsetzung des in der Vierten EG-Richtlinie eingeräumten Wahlrechts zur Prüfungsbefreiung kleiner Kapitalgesellschaften,[260] setzt sich darüber hinaus aber auch in anderen Bereichen wie z. B. der Pflicht zur Prüferrotation[261] fort.

2.3.3.3 Publizität

Die Publizität des Jahres- bzw. Konzernabschlusses sichert den Rechnungslegungsinteressenten die Einsicht in die Abschlussinformationen, die sonst nur den Gesellschaftern zur Verfügung steht bzw. individuell privatvertraglich vereinbart werden müsste. Damit schafft eine allgemeine Pflicht zur Abschlusspublizität eine wichtige Voraussetzung für Chancengleichheit. Denn bei privatautonomen Lösungen wären ggf. nicht alle Rechnungslegungsinteressenten in der entsprechenden Machtposition, ihre Informationsansprüche vertraglich durchzusetzen, bzw. müssten sie hierfür möglicherweise so hohe Informationsbeschaffungskosten in Kauf nehmen, dass sich die Kooperation nicht mehr lohnen würde.[262] Ferner wird mit einer allgemeinen Abschlusspublizität auch die Öffentlichkeit informiert und damit in die Lage versetzt, die Geschäftsführung zu kontrollieren. Die Allgemeinheit besitzt zwar keine unmittelbare Entscheidungs- und Handlungsbefugnis, doch kann eine öffentliche Diskussion zu unternehmerischen Fehldispositionen zumindest Abschreckungswirkung entfalten und das Management zu vermehrter Sorgfalt veranlassen.[263] Publizität und

---

259 Vgl. Department of Trade and Industry (Hrsg.) (1999b), Annex B.

260 Vgl. zu dem eingeräumten Mitgliedstaatenwahlrecht Vierte Richtlinie 78/660/EWG des Rates vom 25. Juli 1978, Artikel 51 (2).

261 So schreibt z. B. Deutschland für Aktiengesellschaften, deren Aktien amtlich notiert sind, eine Pflicht zur internen Prüferrotation vor (vgl. § 319 (3) Nr. 6 HGB), während z. B. in Österreich die Pflicht zu einer externen Prüferrotation für alle zur Abschlussprüfung verpflichteten Unternehmen besteht (vgl. § 271 (2) Nr. 9 österreichisches HGB; siehe außerdem Haller, A./Reitbauer, S. (2002), S. 2229 ff.). Die EU empfiehlt dagegen eine interne Rotation der Prüfungspartner mit Schlüsselfunktion und zwar für alle Unternehmen des öffentlichen Interesses; vgl. Empfehlung der Kommission vom 16. Mai 2002, Abschnitt 10.

262 Vgl. Committee of Inquiry on Small Firms (Hrsg.) (1971), S. 310 f.; Häger, R. (1993), S. 41; Wagenhofer, A./Ewert, R. (2003), S. 341. Eine Übersicht über Nutzer von Abschlussinformationen kleinerer Unternehmen, die über keine entsprechende Machtposition zur Durchsetzung ihrer Rechnungslegungsansprüche verfügen gibt Institute of Chartered Accountants of Scotland (Hrsg.) (1998), Table 3.1.

263 Vgl. Fischer, L. (1968), S. 568 f.; Moxter, A. (1962), S. 65.

damit das Bewusstsein, öffentlich Rechnung legen zu müssen, kann somit auch als wirksame Prophylaxe gegen Missbräuche verstanden werden[264] und als präventives Enforcement wirken.

Abschlusspublizität ist auch mit Kosten verbunden. Hierzu zählen nicht nur die direkten Publizitätskosten, sondern insbesondere auch die aus der Offenlegung wettbewerbssensitiver Informationen resultierenden wirtschaftlichen Nachteilen für die betroffenen Unternehmen.[265] Insbesondere kleine, wenig diversifizierte Unternehmen können durch die Bekanntgabe von Rechnungslegungsinformationen ungleich stärker benachteiligt werden, da ggf. von den offen gelegten Daten auf Gewinnmargen und Kostenstrukturen geschlossen werden kann[266] und Einblicke in die Privatsphäre (z. B. bei Verpflichtung zur Unterrichtung über Geschäftsführergehälter) ermöglicht werden.[267] Dem Publizitätsinteresse der Rechnungslegungsadressaten steht somit das Geheimhaltungsinteresse der Unternehmen entgegen. Inwiefern ein Zwang zur Publizität gesetzlich vorgeschrieben werden soll, welche Abschlussinformationen zu publizieren sind,[268] in welcher Form die Offenlegung zu erfolgen hat (z. B. Registerpublizität, Bekanntgabe in öffentlichen Blättern etc.) und innerhalb welcher Frist die Offenlegung vorzunehmen ist, ist deshalb wiederum unter Abwägung von Kosten und Nutzen und in Abhängigkeit unternehmensbezogener Merkmale ggf. unterschiedlich zu entscheiden.[269]

---

264 Vgl. Caemmerer, E. v. (1962), S. 166 ebenso Department of Trade and Industry (Hrsg.) (1973), S. 7.

265 Vgl. Merkt, H. (2001), S. 220; Moxter, A. (1962), S. 4 ff.; Schildbach, T. (1995), S. 2638; Streim, H./Kugel, B. (1985), S. 112; Wagenhofer, A./Ewert, R. (2003), S. 342. Gegebenenfalls kann eine Unterrichtung der Konkurrenten unter gesamtwirtschaftlichen Gesichtspunkten jedoch weniger nachteilig erscheinen, wenn diese dazu führt, dass neue Anbieter angelockt und damit die Ausnützung wirtschaftlicher Machtstellungen verhindert wird; vgl. Hunger, M. (1993), S. 116; Moxter, A. (1962), S. 4.

266 Vgl. z. B. mit Verweis auf Unternehmen mit einfachen Produktionsstrukturen Ditgen, A. (1958), S. 438; Mellerowicz, K. (1959), S. 215 f.; Studienkommission des Deutschen Juristentages (Hrsg.) (1955), S. 84. Siehe auch Gliederungspunkt 2.3.2.

267 Vgl. Committee of Inquiry on Small Firms (Hrsg.) (1971), S. 305 f.; Hunger, M. (1993), S. 116 ff. In der Vierten EG-Richtlinie sind deshalb Publizitätserleichterungen für kleine und mittelgroße Unternehmen vorgesehen; vgl. Vierte Richtlinie 78/660/EWG des Rates vom 25. Juli 1978, Artikel 47 (2) und (3).

268 Die in der Vierten EG-Richtlinie eingeräumten Publizitätserleichterungen für kleine und mittelgroße Unternehmen wurden sowohl in Deutschland (vgl. Tab. 14) als auch in Großbritannien (vgl. Gliederungspunkt 4.2.6.2) zumindest teilweise an die Unternehmen weitergegeben.

269 So weist *Schildbach* daraufhin, dass nicht kapitalmarktorientierte Unternehmen die einzelnen Unternehmensbeteiligten kostengünstiger direkt informieren und den Informationsumfang ggf. individuell bemessen könnten; vgl. Schildbach, T. (1995), S. 2638; ähnlich Heyd, R. (1982), S. 172; Schön, W. (2000), S. 730.

2.3.3.4 Enforcement

Die externe Rechnungslegung kann den Rechnungslegungsinteressenten nur dann den gewünschten Nutzen stiften, wenn die vorgegebenen Normen von den Unternehmen auch befolgt werden.[270] Hierzu bedarf es eines effektiven Überwachungs- und Durchsetzungssystems (Enforcement), das sich gewöhnlich aus verschiedenen Elementen des Rechts- und Wirtschaftssystems eines Landes zusammensetzt.[271] Neben der Abschlussprüfung und den Systemen der Corporate Governance[272] kommt insbesondere den Straf- und Sanktionsmechanismen im Hinblick auf die Durchsetzung der Unternehmensberichterstattungspflichten besondere Bedeutung zu. Strafvorschriften und Geldbußen dienen dazu, Gesetzesverstöße entsprechend zu sanktionieren. Hierdurch sollen Unternehmen zu einer ordnungsgemäßen Unternehmensberichterstattung angehalten und Abschreckungswirkung erzeugt werden. Dies setzt einerseits voraus, dass die Straf- und Sanktionsmaßnahmen entsprechend hoch sind.[273] Andererseits können zu strenge Sanktionsregelungen jedoch auch lähmend auf die Unternehmen wirken und bei Rechtsunsicherheiten wirtschaftliches Handeln blockieren. Es gilt somit auch hinsichtlich der Normierung von Sanktionsmaßnahmen, die hieraus resultierenden Kosten und Nutzen gegeneinander abzuwägen.

Weiterer wesentlicher Bestandteil eines effektiven Enforcement ist nach herrschender Auffassung die Überwachung und Durchsetzung einer ordnungsgemäßen Unternehmensberichterstattung durch eine eigene Enforcement-Institution. Angesichts jüngster spektakulärer Fälle ordnungswidriger Unternehmensberichterstattung wird die Einrichtung eines solchen Enforcement-Gremiums auch von der Europäischen Kommission als zwingend notwendig erachtet, um die Glaubwürdigkeit und Verlässlichkeit der Abschlussinformationen für die Rechnungslegungsadressaten sicherzustellen.[274] In

---

270 Vgl. Hulle, K. van (2001), S. 30; Wüstemann, J. (2002b), S. 720.

271 Vgl. Wagenhofer, A./Ewert, R. (2003), S. 17. Siehe für die wesentlichen Elemente des deutschen Enforcement-Systems Baums, T. (Hrsg.) (2001), Rn. 277; Tielmann, S. (2001b), S. 37 ff.

272 Diese sollen im Folgenden jedoch nicht weiter betrachtet werden. Zu den unterschiedlichen Corporate Governance Systemen siehe beispielsweise Orth, C. (2000), S. 86 ff.; Rössler, S. (2001), S. 17 ff.

273 Beispielswiese wurden die von der Bundesregierung verhängten Geldstrafen für die Verletzung von Offenlegungspflichten vom EuGH als nicht ausreichend erachtet, worauf mit dem Kapitalgesellschaften- und Co-Richtlinie-Gesetz die Sanktionsmaßnahmen verschärft wurden; vgl. Gliederungspunkt 3.1.16.3.2.

274 Vgl. Mitteilung der Kommission an den Rat und das Europäische Parlament KOM (2000) 359 endgültig vom 13. Juni 2000, S. 10; ähnlich Fédération des Experts Comptables Européens (Hrsg.) (1999), S. 6. Auch die SEC betrachtet die Existenz eines effektiven Enforcement-Systems als zentrale Bedingung für die Akzeptanz der IAS/IFRS als globale *high quality standards*; vgl. Securities and Exchange Commission (Hrsg.) (2003), S. 11 f.

zahlreichen Ländern[275] bestehen bereits Enforcement-Institutionen, die sich mit der Überwachung und Durchsetzung der ordnungsgemäßen Anwendung von Rechnungslegungsnormen befassen, und auch in Deutschland liegt vom Bundesministerium der Finanzen[276] bereits ein konkreter Vorschlag für die Schaffung einer solchen Institution vor. Je umfassender der Enforcement-Auftrag eines solchen Überwachungs- und Durchsetzungsgremiums ist, umso größer sind jedoch auch die für ein effektives Enforcement erforderlichen Ressourcen. Unter Gegenüberstellung von Kosten und Nutzen gilt es deshalb neben der Frage, ob es sich bei der Enforcement-Institution um eine staatliche Behörde oder ein privatrechtliches Gremium handeln soll,[277] insbesondere zu klären:[278]

- welche Unternehmen (z. B. kapitalmarktorientierte Unternehmen, Unternehmen von öffentlichem Interesse, alle abschlusspflichtigen Unternehmen) und welche Unternehmensberichterstattungsinstrumente (z. B. Konzernabschluss, Einzelabschluss, Zwischenberichte etc.) dem Kontrollauftrag der Enforcement-Instanz unterliegen sollen;
- in welcher Form die Überwachung stattfinden soll (insbesondere ist die Kontrollpolitik zu bestimmen – reaktiv versus proaktiv – und über die Übernahme einer *pre clearance*-Funktion zu entscheiden, d. h. soll die Enforcement-Instanz bei Unklarheiten seitens der Unternehmen bezüglich der Behandlung spezifischer Sachverhalte vorab Auskünfte erteilen oder nicht);
- welche Sanktionsmöglichkeiten dem Gremium eingeräumt werden sollen.

Dabei kann die Konzeption des Enforcement in Abhängigkeit unternehmensbezogener Merkmale auch unterschiedlich geregelt werden.[279] Nach dem vom *Committee of European Securities Regulators* (CESR)[280] erarbeiteten „Standard No. 1 On Financial

---

275 Vgl. für einen Überblick der in europäischen Ländern bestehenden Enforcement-Systeme Fédération des Experts Comptables Européens (Hrsg.) (2001a).

276 Vgl. Bundesministerium der Finanzen (Hrsg.) (2003), S. 6.

277 Zu der diesbezüglichen Diskussion in Deutschland vgl. insbesondere Arbeitskreis „Externe Unternehmensrechnung" der Schmalenbach-Gesellschaft (Hrsg.) (2002), S. 2173 ff.; Böckem, H. (2000a), S. 1189 ff.; dieselbe (2000b), S. 136 ff.; Haller, A./Eierle, B./Evans, E. (2001), S. 1673 ff.; Hommelhoff, P. (2001), S. 39 ff.; Hütten, C./Lorson, P. (2002), S. 122 ff.; Institut der Wirtschaftsprüfer (Hrsg.) (2000), S. 1029 ff.; Küting, K./Wohlgemuth, F. (2002), S. 265 ff.; Tielmann, S. (2001a), S. S. 1625 ff.; dieselbe (2001b), S. 214 ff. In ihrem Maßnahmenkatalog zur Stärkung des Anlegerschutzes und des Vertrauens in die Aktienmärkte vom 25.02.2003 hat sich die Bundesregierung für die Einrichtung einer privatrechtlichen Enforcement-Instanz unter staatlicher Aufsicht ausgesprochen; vgl. o. V. (2003a), S. 224.

278 Für einen ausführlichen Überblick über die Dimensionen des Enforcement siehe Hütten, C./ Lorson, P. (2002), Übersicht 2.

279 So z. B. in Großbritannien, siehe Gliederungspunkt 4.2.7.

280 Bei dem CESR handelt es sich um ein unabhängiges Komitee, das sich aus Vertretern der Wertpapieraufsichts- und -regulierungsbehörden der EU-Mitgliedstaaten zusammensetzt; vgl. Committee of European Securities Regulators (Hrsg.) (2001), Artikel 1.

Information – Enforcement of Standards on Financial Information in Europe“ [281], der jedoch nur Empfehlungscharakter für die in CESR zusammengeschlossenen nationalen Wertpapieraufsichts- und -regulierungsbehörden der einzelnen EU-Mitgliedstaaten hat,[282] soll sich der Enforcement-Auftrag der national einzurichtenden Enforcement-Instanzen, in Übereinstimmung mit dem Fokus der „IAS-Verordnung“ der EU, zunächst ausschließlich auf kapitalmarktorientierte Unternehmen beschränken.[283] Eine Ausdehnung des Enforcement auch auf nicht kapitalmarktorientierte Unternehmen wurde jedoch sowohl im Rahmen des der Verabschiedung des Standard No. 1 vorangegangenen Konsultationsprozesses[284] als auch von der *Fédération des Experts Comptables Européens* (FEE),[285] der Berufsvereinigung und Interessenvertretung des *accountant*-Berufsstandes in Europa,[286] nachdrücklich gefordert.

2.3.4 Dimensionen der Normierung

Die Dimensionen der Normierung der externen Rechnungslegung erstrecken sich, wie in Abb. 4 schematisch dargestellt, neben dem Normierungsinhalt auf die Bereiche

- Normierungsart (z. B. Marktregelung, hoheitliche Normierung durch den Gesetzgeber oder ein staatliches oder privates Normierungsgremium),[287]
- Normierungsumfang (z. B. Detailvorschriften oder allgemeine Grundsätze) und
- Verbindlichkeit der Normen (z. B. Empfehlungen, Wahlrechte oder zwingende Vorschriften).

---

281 Vgl. Committee of European Securities Regulators (Hrsg.) (2003a). Um ein einheitliches und konsistentes Enforcement innerhalb der EU zu gewährleisten, hat die EU-Kommission die Mitgliedstaaten dazu aufgerufen, über das CESR ein gemeinsames Enforcement-Konzept zu entwickeln; vgl. Verordnung (EG) Nr. 1606/2002 des Europäischen Parlaments und des Rates vom 19. Juli 2002, Begründung, Abschnitt 16. Dies ist mit der Verabschiedung des Standard No. 1 nun aufgegriffen worden.

282 Vgl. Committee of European Securities Regulators (Hrsg.) (2001), Abschnitt 4.3.

283 Vgl. Committee of European Securities Regulators (Hrsg.) (2003a), principle 9.

284 Vgl. Committee of European Securities Regulators (Hrsg.) (2003b), S. 3.

285 Vgl. Fédération des Experts Comptables Européens (Hrsg.) (2002), S. 21.

286 Zur Organisation, den Aufgaben und Zielen der FEE siehe Slomp, S. (2002), Sp. 764 ff.

287 Außerdem können – und das ist in der Praxis auch vielfach der Fall – verschiedene Normierungsarten auch unmittelbar nebeneinander Bestand haben und sich gegenseitig ergänzen. So z. B. auch in Deutschland, wo die Normierung der Konzernabschlusserstellung sowohl durch den Gesetzgeber als auch durch das Deutsche Rechnungslegungs Standards Committee (DRSC) erfolgt. Auch in Großbritannien werden die gesetzlich kodifizierten Rechnungslegungsgrundsätze durch die vom *Accounting Standards Board* (ASB) verabschiedeten Normen ergänzt; vgl. Gliederungspunkt 4.1.2. Ausführlich zu den Arten der Normierung der externen Unternehmensberichterstattung Breidenbach, K. (1997); Ebert, E. (2002); Hoffmann, J. (2003).

■ Abb. 4: Dimensionen der Normierung

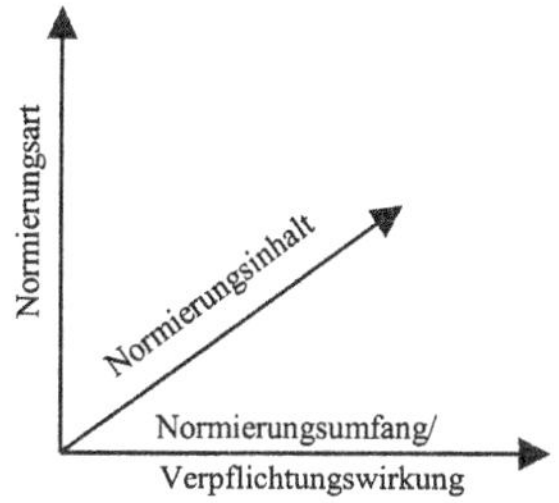

Je stärker regulierend eingegriffen wird, d. h. je detaillierter die hoheitlichen Vorgaben sind und je höher die Verpflichtungswirkung der Normen ist, umso weniger Spielraum und Flexibilität bleibt den beteiligten Marktakteuren einerseits für individuelle, d. h. auf den jeweiligen Einzelfall zugeschnittene Lösungen, bzw. können diese dann nur mit Zusatzaufwand für die rechnungslegenden Unternehmen erfüllt werden. Obschon Marktlösungen auf der einen Seite den Vorteil haben, dass sie individuell an die jeweiligen Bedürfnisse angepasst werden können, ist das Zustandekommen unternehmensindividueller Vereinbarungen auf der anderen Seite von der jeweiligen Machtposition und den Transaktionskosten der Marktteilnehmer abhängig[288] und darüber hinaus umso schwieriger und ggf. auch ineffizienter, je größer und weniger konstant der Kreis an Rechnungslegungsadressaten wird.[289] Ferner sind privatautonome Regelungen insbesondere im Hinblick auf anzuwendende Rechnungslegungsgrundsätze auch wegen der Existenz von Netzwerkeffekten abzulehnen.[290] Somit spricht allgemein eine Reihe von Gründen für eine hoheitliche Regulierung der externen Unternehmensberichterstattung. Allerdings können gesetzliche Regelungen oder von Normierungsgremien erlassene Normvorschriften mit wachsender Komplexität und zunehmendem Umfang der Normvorgaben erhebliche Kostenbelastungen bei den Rechnungslegenden hervorrufen, denen unter Umständen nicht bei allen Unternehmen gleichermaßen ein entsprechender Nutzen gegenübersteht.[291] Insofern kann unter Kosten-

[288] Vgl. Gliederungspunkt 2.2.2.3.

[289] Vgl. Brandl, R. (1987), S. 149. Siehe außerdem die Gliederungspunkte 2.3.1.1.2 sowie 2.3.1.2.

[290] Siehe Gliederungspunkt 2.2.2.2.

[291] Die zunehmende Komplexität, der wachsende Detaillierungsgrad und Umfang an Rechnungslegungsstandards haben in der Vergangenheit vor allem in Ländern mit angelsächsischer/angloamerikanischer Rechnungslegungsauffassung zur Diskussion des „*accounting standards overload*“ geführt und die Forderung nach Erleichterungen für kleinere Unternehmen laut werden lassen; siehe z. B. für Australien McCahey, J./Ramsay, A. (1989), S. 1 f.; für die USA American Institute of Certified Public Accountants (Hrsg.) (1976), S. 116 ff. sowie American Institute of

Nutzen-Überlegungen eine differenzierte Handhabung der Normierung der externen Unternehmensberichterstattung erforderlich sein.[292]

2.3.5 Zwischenfazit zu den Dimensionen der Differenzierung

Wie die Ausführungen gezeigt haben, können die Kooperationskonflikte sowohl zwischen Eignern und Managern als auch zwischen Eigentümern und Gläubigern in Abhängigkeit unternehmensbezogener Merkmale sehr unterschiedlich ausgeprägt sein und insbesondere der zahlenmäßige Umfang der Abschlussnutzer, die Bedeutung einzelner Adressatengruppen, deren Fähigkeit zur Verarbeitung komplexer Rechnungslegungsinformationen, die von den Beteiligten zu treffenden Entscheidungen sowie das öffentliche Interesse an den unternehmerischen Aktivitäten zwischen Unternehmen erheblich divergieren. Auch die Komplexität der durch den Jahres-/Konzernabschluss abzubildenden Sachverhalte sowie die mit der Erfüllung von Normvorgaben verbundenen relativen Kostenbelastungen können unternehmensspezifisch variieren. Unter Kosten-Nutzen-Gesichtspunkten kann deshalb eine Differenzierung der Normierung der externen Unternehmensberichterstattung durchaus geboten sein, auch wenn eine solche Entscheidung fast immer subjektive Werturteile voraussetzt. Da es im Mehrpersonenkontext bei heterogenen Präferenzordnungen der Unternehmensbeteiligten, die wegen bestehender Umverteilungseffekte üblicherweise bestehen, nicht möglich ist, ein von allen Betroffenen favorisiertes Rechnungslegungssystem zu identifizieren, müssen für eine Kosten-Nutzen-Betrachtung der Differenzierung der Normierung der externen Unternehmensrechnung interpersonelle Nutzenvergleiche durchgeführt und Nutzeneinbußen der einen Gruppe gegen Nutzengewinne der anderen Gruppe aufgerechnet werden. Dies scheitert jedoch an einer exakten Quantifizierbarkeit und kann deshalb nicht frei von subjektiven Werturteilen erfolgen.[293] Die theoretische Ableitung eines aus gesamtgesellschaftlichen Gesichtspunkten optimalen Differenzierungskonzeptes stößt somit schnell an unüberwindbare Grenzen. Nach welchen Kriterien und in welchem Ausmaß Normierungsart, -umfang und -inhalt für die einzelnen (Teil-)Bereiche der externen Unternehmensberichterstattung differenziert

Certified Public Accountants (Hrsg.) (1983), S. 1 ff.; für Kanada Canadian Institute of Chartered Accountants (Hrsg.) (1999), S. 8 f. und für Großbritannien Gliederungspunkt 4.2.2.

292 So vertritt beispielsweise *Breidenbach* die Auffassung, dass in Deutschland bei Personengesellschaften und Einzelkaufleuten angesichts der persönlichen Haftung der Eigentümer und des üblicherweise begrenzten Kreises an Rechnungslegungsadressaten analog der britischen Differenzierungkonzeption (vgl. Gliederungspunkte 4.1.1.2 und 4.1.1.3) ggf. auf eine gesetzliche Normierung von Rechnungslegungsvorschriften verzichtet werden könnte; vgl. Breidenbach, K. (1997), S. 95.

293 Vgl. American Accounting Association (Hrsg.) (2000), S. 36 f.

werden, kann als Konsequenz vielfach nur anhand subjektiver Kosten-Nutzen-Abwägungen erfolgen.

Die Kombinationen der in Abb. 5 zusammengefassten potenziellen Differenzierungskriterien und Differenzierungs(teil-)bereiche zeigen – in Abhängigkeit von Art, Inhalt, Umfang und Verbindlichkeit der Normierung – das Spektrum möglicher Alternativen eines Differenzierungskonzeptes auf.

■ **Abb. 5:** Dimensionen der Differenzierung der Normierung der externen Unternehmensberichterstattung

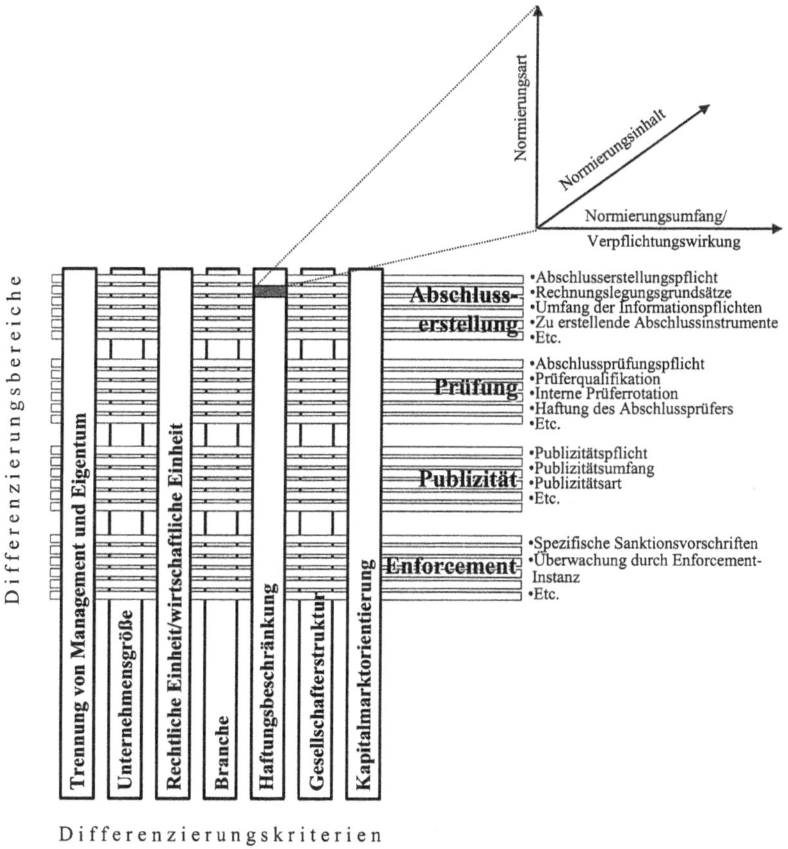

Aufgrund der den theoretischen Modellen innewohnenden Mängel ist es „... unrealistic to expect accounting theory to provide unequivocal policy guidance.“[294] Dies hat zur Konsequenz, dass Differenzierungskonzeptionen zwangsläufig vielfach auf subjektiven Werturteilen der Normierungsinstanzen basieren. Die Auswahl der Differenzierungskriterien setzt dabei Abwägungen bezüglich der primär zu schützenden Adressatengruppen voraus. Während Differenzierungsmerkmale, die auf die Gesellschafterstruktur abstellen, vorrangig auf den Schutz der Unternehmenseigentümer zielen, steht bei Kriterien, die an der persönlichen Haftung der Gesellschafter anknüpfen, der Gläubigerschutz im Vordergrund. Eine Differenzierung nach der Kapitalmarktorientierung findet dagegen ihre Rechtfertigung in dem Schutz der auf anonymen Kapitalmärkten agierenden Investoren und dem öffentlichen Interesse an der Funktionsfähigkeit der Kapitalmärkte. Im Gegensatz zu den vorangegangenen Kriterien ist bei Rückgriff auf die Unternehmensgröße als Differenzierungsmerkmal der Fokus nicht auf eine spezifische Nutzergruppe gerichtet. Vielmehr wird die Größe eines Unternehmens als Surrogat für sowohl quantitative als auch qualitative Unternehmensmerkmale betrachtet. Ferner ist bei der Auswahl von Differenzierungskriterien zur Gewährleistung von Chancengleichheit, die Voraussetzung für die Funktionsfähigkeit der Märkte ist, vor allem auch auf jene Unternehmensbeteiligte Rücksicht zu nehmen, die sich in einer „schwachen“ Verhandlungsposition befinden, und deshalb auf den Schutz hoheitlicher Normierungsmaßnahmen besonders angewiesen sind.

Hinsichtlich der unterschiedlichen Differenzierungsbereiche gestaltet sich vor allem die Entscheidung über eine Differenzierung der für die Abschlusserstellung zu verwendenden materiellen Rechnungslegungsnormen besonders komplex. Durch Unterscheidungen von Ansatz- und/oder Bewertungsnormen können zwar einerseits spezifische Adressateninteressen und unternehmensindividuelle Gegebenheiten möglicherweise besser berücksichtigt werden. Andererseits stehen diesen Nutzengewinnen gleichzeitig Nutzeneinbußen gegenüber, da durch die Differenzierung der anzuwendenden Rechnungslegungsgrundsätze zwischen Unternehmen die Verständlichkeit und zwischenbetriebliche Vergleichbarkeit der Abschlussinformationen maßgeblich beeinträchtigt wird. Insofern überrascht es nicht, dass in verschiedenen internationalen Untersuchungen der Nutzen einer Differenzierung von Ansatz- und/oder Bewertungsvorschriften von den Abschlussadressaten sehr unterschiedlich beurteilt wird.[295]

Die abweichenden Ergebnisse empirischer Erhebungen im internationalen Kontext machen jedoch auf einen weiteren wichtigen Aspekt aufmerksam: Werturteile über Kosten und Nutzen einer Normierung der externen Rechnungslegung oder darüber, welche Adressatengruppen als schützenswert einzustufen sind, werden in erheblichem

---

294 American Accounting Association (Hrsg.) (2000), S. 51.

295 Vgl. Fn. 245.

Maße von den landesspezifischen, sozioökonomischen Strukturen geprägt. Eine Interpretation der in den jeweiligen Volkswirtschaften vorgefundenen Erkenntnisse kann deshalb nicht losgelöst von den kulturspezifischen Einflussfaktoren erfolgen. Die aus rechnungslegungstheoretischer Sicht wichtigsten Elemente dieser gesellschaftsspezifischen Rahmenbedingungen sollen deshalb im folgenden Abschnitt kurz andiskutiert werden.

2.4 Gesellschaftsspezifische Beeinflussungsfaktoren

Obschon der übergeordnete Zweck der externen Unternehmensrechnung kulturunspezifisch darin besteht, aus unvollständigen und ungleichmäßig verteilten Informationen resultierende Kooperationskonflikte zu mindern, haben sich in verschiedenen Ländern unterschiedliche Rechnungslegungs- und Differenzierungskonzeptionen entwickelt.[296] Denn Rechnungslegungssysteme stellen „... keine neutralen, wissenschaftlichen Gebilde dar“[297], sondern sind Bestandteil des gesamtgesellschaftlichen Ordnungsrahmens eines Landes und werden deshalb in starkem Maße von den jeweiligen gesellschaftlichen, rechtlichen und gesamtwirtschaftlichen Umweltbedingungen bestimmt.[298] Länderspezifisch divergierende sozioökonomische Umweltfaktoren sind somit wesentlich verantwortlich für Unterschiede zwischen nationalen Rechnungslegungssystemen und determinieren damit zusammenhängend auch die individuelle Ausprägung nationaler Differenzierungskonzeptionen. Obschon unstrittig ist, dass sozioökonomische Umweltfaktoren einen bedeutsamen Einfluss auf die Ausgestaltung des Rechnungslegungssystems eines Landes haben, konnten bislang die relevanten Umweltparameter weder abschließend bestimmt, noch etwaige Wirkungszusammenhänge exakt ermittelt werden.[299] Aus dem umfassenden Katalog potenzieller sozioökonomischer Umweltfaktoren, denen ein prägender Einfluss auf die Rechnungslegung beigemessen wird,[300] werden deshalb im Folgenden nur das Rechtssystem, das Finanzierungssystem sowie das Steuersystem exemplarisch herausgegriffen,[301] um die Bedeutung gesellschaftsspezifischer Determinanten für die Ausformung der Differenzierungskonzeption durch einige grundlegende Überlegungen zu verdeutlichen.

---

296 Vgl. Pellens, B. (2001), S. 21.
297 Rost, P. (1991), S. 74.
298 Vgl. Glaum, M. (2001), S. 125; Gray, S. (1988), S. 2.
299 Vgl. Hayn, S. (1997), S. 19.
300 Für einen Überblick über die in unterschiedlichen wissenschaftlichen Studien herausgearbeiteten Umweltfaktoren siehe Hayn, S. (1997), Abbildung 1, S. 20 sowie Rost, P. (1991), S. 81 ff.
301 Nach Hayn, S. (1997), S. 23 und Rost, P. (1991), S. 85 wird diesen Faktoren besondere Bedeutung beigemessen.

2.4.1 Rechtssystem

Rechtssysteme sind Ausdruck des ordnungspolitischen Leitbildes eines Landes und determinieren das Verhältnis des Staates zu seinen Bürgern. Insofern hat das Rechtssystem auch unmittelbaren Einfluss auf die Normierung und Differenzierung der externen Unternehmensberichterstattung, die Bestandteil des Wirtschaftssystems und damit Element der gesamtgesellschaftlichen Ordnung ist.[302] Unter den in westlichen Industrienationen präsenten Rechtsordnungen lassen sich hierbei vor allem das auf römischer Rechtstradition basierende, kontinentaleuropäische Rechtssystem des *code law* und das durch Einzelfallentscheidungen geprägte, dem angelsächsischen/angloamerikanischen Rechtskreis zuzuordnende System des *common law* (auch *case law*-System) unterscheiden.[303] Der zentrale Unterschied zwischen den beiden Systemen besteht darin, dass im *code law*-System Rechtsentscheidungen primär aus Gesetzen abgeleitet werden, während in der Rechtsfamilie des *common law* richterliche Präzedenzentscheidungen Ausgangspunkt der Rechtsfindung sind.[304]

Im *code law*-System, dem z. B. die Länder Frankreich, Deutschland, Spanien, Italien und Portugal angehören,[305] bilden damit die von der Legislative durch deduktive Vorgehensweise entwickelten Gesetze die wesentliche Rechtsgrundlage. Der Rechtsprechung kommt dagegen primär nur Interpretationsfunktion zu.[306] Wesentliche Zielsetzung des *code law*-System ist, durch umfassende, vom Einzelfall abstrahierte und verallgemeinerte Gesetzesvorschriften eine möglichst universale Anwendbarkeit von Rechtsnormen zu gewährleisten.[307] Typisch für Länder, die das *code law*-System anwenden ist demzufolge, dass auch die externe Unternehmensberichterstattung durch umfassende gesetzliche Vorschriften (*legalistic approach*)[308], wenngleich mit gewissen Erleichterungen und Modifikationen, für alle Unternehmen normiert wird.[309]

In den durch das *common law*-System beeinflussten Ländern – dies sind beispielsweise Australien, Großbritannien, Kanada, Neuseeland und die USA[310] – bilden nicht kodifizierte, vom Parlament geschaffene Gesetze, sondern einzelfallbezogene Ge-

---

302 Vgl. Haller, A. (1994), S. 5.
303 Vgl. Neumayer, H. (Bearb.) (1989), S. 55 ff.; Roberts, C./Weetman, P./Gordon, P. (2002), S. 14 f.
304 Vgl. Grasmann, G. (Bearb.) (1989b), S. 161.
305 Für einen ausführlichen Überblick siehe Rost, P. (1991), S. 87.
306 Vgl. Hayn, S. (1997), S. 27. Zur Bedeutung der Rechtsprechung im *code law*-System siehe auch Grasmann, G. (Bearb.) (1989b), S. 195 ff.
307 Zu den Charakteristika des *code law*-Systems siehe z. B. Grasmann, G. (Bearb.) (1989a), S. 145 ff.; Hayn, S. (1997), S. 27.
308 Vgl. Müller, G./Gernon, H./Meek, G. (1997), S. 8.
309 Vgl. Hayn, S. (1997), S. 27; Roberts, C./Weetman, P./Gordon, P. (2002), S. 15; Haller, A./ Walton, P. (2000), S. 16.
310 Vgl. Pellens, B. (2001), S. 24, Tabelle 5; Rost, P. (1991), S. 86.

richtsentscheidungen die zentrale rechtliche Grundlage.[311] Die Rechtsentwicklung erfolgt induktiv auf Basis der von Kasuistik geprägten Rechtsprechung. Zielsetzung der Rechtsfindung ist dabei nicht allgemein anwendbare Rechtsnormen zu schaffen, sondern die Lösungen für einen spezifischen Einzelfall herbeizuführen.[312] Damit wird privatautonomen Regelungen in *common law*-Systemen ein wesentlich größerer Raum gegeben. Dies zeigt sich auch bei der Normierung der externen Rechnungslegung. Vielfach wird die Verpflichtung zur Aufstellung von Abschlüssen nur für bestimmte Unternehmen[313] und oftmals nur in Form von allgemeinen Rahmenbedingungen gesetzlich reguliert. Erst durch Verlautbarungen privatrechtlich organisierter Normierungsgremien (*standard setting bodies*), deren Mitglieder sich u. a. aus dem *accountant*-Berufsstand rekrutieren, werden die gesetzlichen Rahmengrundsätze flexibel ausgefüllt und erfahren weitere Konkretisierung (*non-legalistic approach*).[314] Dies hat zum einen zur Konsequenz, dass den Angehörigen der *accounting*-Profession durch Mitwirkung im Normensetzungsapparat und die Möglichkeit zur Abgabe von Stellungnahmen im Rahmen des *standard setting process* (auch *due process* genannt) in *common law*-Systemen in der Regel ein wesentlicher Einfluss auf die Normenentwicklung zukommt.[315] Zum anderen können die Rechnungslegungsstandards durch die Delegation der Normensetzung an ein privates Gremium wesentlich flexibler fortentwickelt und schneller an aktuelle Situationen angepasst werden. Ferner haben darüber hinaus einzelvertragliche Vereinbarungen in *common law*-Ländern in der Regel eine wesentlich größere Bedeutung als in *code law*-Ländern, da eine Abschlusserstellungspflicht gewöhnlich nur für bestimmte Unternehmen gesetzlich kodifiziert ist und damit bei jenen Unternehmen, die keiner gesetzlichen Rechnungslegungspflicht unterliegen, die Vereinbarung von Abschlusserstellungspflichten sowie Art und Umfang der Unternehmensberichterstattung den Unternehmensbeteiligten selbst überlassen ist.[316] Deshalb ist in *common law*-Systemen durch die größere Relevanz privatvertraglicher Regelungen eine Differenzierung gesetzlich normierter Aufstellungspflichten von Abschlüssen üblich, während in Rechtsfamilien des *code law* eine vergleichsweise einheitliche Normierung der externen Unternehmensrechnung erfolgt.[317]

---

311 Vgl. Haller, A. (1994), S. 13; Hayn, S. (1997), S. 25; Rost, P. (1991), S. 86.

312 Vgl. Nobes, C. (1992), S. 4; derselbe (2000a), S. 19.

313 So z. B. in Großbritannien; vgl. Gliederungspunkt 4.1.1.4.

314 Vgl. Hayn, S. (1997), S. 26 ff.

315 Vgl. Hayn, S. (1997), S. 25 ff.; Rost, P. (1991), S. 86 f.

316 Vgl. Hayn, S. (1997), S. 27 f.

317 So gibt es in der Europäischen Union einige Länder, die die Rechnungslegungsgrundsätze der Vierten EG-Richtlinie nicht nur für Kapitalgesellschaften übernommen, sondern auch auf andere Rechtsformen übertragen haben (z. B. Österreich, Spanien und mit gewissen Modifikationen auch Deutschland); vgl. hierzu auch die Untersuchung von Paoloni, M./Demartini, P. (1998).

2.4.2 Finanzierungssystem

Finanzierungsformen sowie die dadurch beeinflusste strukturelle Ausprägung der Unternehmenslandschaft einer Volkswirtschaft haben wesentliche Auswirkung auf die Auswahl von Differenzierungskriterien und die Unterscheidung von Anforderungen an die externe Unternehmensberichterstattung.[318]

In vielen Ländern Kontinentaleuropas kommt der Fremdkapitalfinanzierung über Banken eine unverändert bedeutende Rolle zu,[319] wohingegen der Kapitalmarkt als Finanzierungsquelle – im Unterschied zu angelsächsischen Staaten – nur von wenigen Unternehmen in Anspruch genommen wird.[320] Kennzeichnend für die Struktur der Unternehmenslandschaft in Deutschland beispielsweise sind eine große Anzahl primär bankenfinanzierter, nicht kapitalmarktorientierter Unternehmen, von denen es sich in vielen Fällen um im Familienbesitz befindliche, eigentümergeführte,[321] mittelständische Unternehmen[322] handelt (vgl. Tab. 2).

318 *Nobes* schlägt sogar vor, die Erklärung internationaler Unterschiede von Rechnungslegungssystemen ausschließlich auf divergierende Finanzierungsstrukturen sowie etwaige externe Einflussfaktoren (wie z. B. Kolonialherrschaft) zu stützen; vgl. Nobes, C. (1998), S. 170.

319 Zur Bedeutung der Bankenfinanzierung in Deutschland siehe Ballwieser, W. (2001b), S. 1237 ff. Ballwieser, W./Kuhner, C. (1994), S. 42 f.

320 Vgl. Hayn, S. (1997), S. 31.

321 Nach Wolter und Hauser handelt es sich bei über 90 % der Unternehmen um eigentümergeführte Unternehmen (als Maßstab wurden rechtsform- und branchenspezifisch unterschiedliche Kriterien herangezogen); vgl. Wolter, H.-J./Hauser, H.-E. (2001), S. 25 ff. Siehe außerdem auch die Strukturanalyse der Monopolkommission; Monopolkommission (Hrsg.) (2000), S. 123 ff.

322 Für den Begriff des „Mittelstandes" gibt es keine allgemeine Definition. In der Regel werden jedoch quantitative Merkmale, wie z. B. die Höhe der Umsatzerlöse oder die Anzahl der Mitarbeiter herangezogen. So definiert beispielsweise das Institut für Mittelstandsforschung in Bonn Unternehmen mit weniger als 500 Beschäftigten oder Umsatzerlösen von weniger als 100 Mio. DM (entspricht 50.843 €) als mittelständische Unternehmen, während die Europäische Union strengere Kriterien anlegt und nur Unternehmen mit weniger als 250 Beschäftigten zum Mittelstand zählt; vgl. Wolter, H.-J./Hauser, H.-E. (2001), S. 29.

■ **Tab. 2:** Anzahl der Unternehmen in Deutschland nach Unternehmensgröße im Jahr 2000

Rechtsform	Anzahl der Unternehmen[1]	Davon Anzahl der Unternehmen mit Umsatzerlösen	
		≥ 25 Mio. €[3]	≥ 50 Mio. €[3]
Einzelunternehmen	2.040.713	379	105
OHG (einschließlich GbR)	262.030	713	332
KG und GmbH & Co. KG	102.937	6.284	3.038
AG und KGaA (einschließlich bergrechtliche Gewerkschaften) [Davon börsennotiert]	5.526 [905][2]	978	726
GmbH	446.797	6.011	2.924
insgesamt	2.858.003 (100 %)	14.365 (5 %)	4.087 (0,15 %)

Quelle: In Anlehnung an: Günterberg, B./Wolter, H.-J. (2002a), Kapitel 2, Tabelle 26 sowie Deutsches Aktieninstitut (Hrsg.) (2002), Tabelle 02-1-a.

1 Die Daten basieren auf der Umsatzsteuerstatistik 2000. Erfasst sind umsatzsteuerpflichtige Unternehmen (d. h. auch Nichtvollkaufleute) mit Lieferungen und Leistungen von mehr als 16.617 €.

2 Die Daten sind dem DAI-Factbook 2002 entnommen. Zur Anzahl der kapitalmarktorientierten Unternehmen[323] liegen keine Daten vor.

3 In Ermangelung allgemeiner Definitionsmerkmale für zum Mittelstand zählende, bzw. als klein und mittelgroß zu qualifizierende Unternehmen sowie aufgrund der eingeschränkten Verfügbarkeit statistischen Datenmaterials wurde hilfsweise auf die Höhe der Umsatzerlöse zurückgegriffen (eine aktuelle, offizielle Statistik des statistischen Bundesamtes in Wiesbaden, die Aufschluss über Rechtsform und z. B. die jeweilige Beschäftigtenzahl Auskunft gibt, liegt nicht vor; schätzungsweise beschäftigen aber mehr als 98 % der Unternehmen in Deutschland weniger als 50 Mitarbeiter pro Unternehmen; vgl. Niehues, K. (2000), Abb. 1). Der in der obigen Tabelle verwendete Schwellenwert von 25 Mio. € wurde mangels verfügbarer Daten als Annäherung an den in § 267 HGB für mittelgroße Unternehmen geltenden Grenzwert (dieser beträgt 27,5 Mio. €) herangezogen. Ergänzend wurde darüber hinaus auch noch die Anzahl der Unternehmen mit Umsatzerlösen von mehr als 50 Mio. € angegeben, um eine bessere Einschätzung der Ergebnisse zu ermöglichen.

Diese Unternehmensstruktur hat in Deutschland auch das Rechnungslegungssystem maßgeblich beeinflusst. So wird durch die Dominanz der Fremdkapitalfinanzierung – die insbesondere für kleine und mittelgroße Unternehmen eine bedeutende Rolle spielt[324] – dem Gläubigerschutz und der Ermittlung eines vorsichtig bemessenen, ausschüttungsfähigen Gewinns zentrale Relevanz beigemessen, wohingegen der Publizierung umfassender, geprüfter Abschlussinformationen nur untergeordnete Bedeutung zukommt.[325] Dies ist darin begründet, dass sowohl Banken, die aufgrund ihrer

323 Siehe hierzu die Definition unter Gliederungspunkt 1.2.

324 Siehe Gliederungspunkt 2.3.1.3.

325 Vgl. Haller, A./Walton, P. (2000), S. 12; Nobes, C. (1998), S. 166 f.

Geschäftsbeziehung zu den Unternehmen sowie wegen ihrer Aufsichtsratsmandate als „Informationsinsider" gelten und darüber hinaus über Depotstimmrechte maßgeblichen Einfluss auf die Geschäftspolitik der Unternehmen ausüben können,[326] als auch die Gesellschafter aufgrund der großen Verbreitung von eigentümergeführten bzw. familienkontrollierten Unternehmen, vielfach direkten Zugang zu den Unternehmensdaten haben. Weder Banken noch die in die Geschäftsführung involvierten Gesellschafter sind somit für ihre Investitionsentscheidungen auf die publizierten, geprüften Abschlussinformationen angewiesen.

Da sich die Normierung der Unternehmensberichterstattung jener Länder, in denen der Fremdkapitalfinanzierung über Banken eine bedeutende Rolle für die Unternehmensfinanzierung zukommt, nicht nur am Schutz der Anteilseigner, sondern auch am Gläubigerschutz orientiert, weisen deren Differenzierungskonzeptionen vielfach Elemente des Stakeholderansatzes auf, demzufolge die externe Rechnungslegung für sämtliche Partizipantengruppen (insbesondere Fremdkapitalgeber, Gesellschafter, Arbeitnehmer, Lieferanten, Kunden und die allgemeinen Öffentlichkeit) Nutzen stiften soll. In Ländern mit vorwiegender Kapitalmarktfinanzierung herrscht dagegen bezüglich der Differenzierung von Rechnungslegungsanforderungen vielfach eine Shareholder- bzw. Kapitalmarktorientierung vor. Dies kommt u. a. dadurch zum Ausdruck, dass die Differenzierung von Rechnungslegungsanforderungen an eine Kapitalmarktinanspruchnahme anknüpft und/oder auf den Schutz der Anteilseigner fokussierte Differenzierungskriterien, wie z. B. die Gesellschafterstruktur, verwendet werden (so z. B. in Neuseeland). Ferner kann sich eine Shareholderorientierung auch dadurch äußern, dass den Gesellschaftern die Möglichkeit eingeräumt wird, die Inanspruchnahme von Erleichterungen zu verhindern (so beispielsweise in Australien und Kanada).[327]

2.4.3 Steuersystem

In Ländern, in denen der nach den gesellschaftsrechtlichen Normen ermittelte Jahresüberschuss grundsätzlich auch Bemessungsgrundlage für die Ertragsbesteuerung ist, d. h. der Grundsatz der Maßgeblichkeit besteht, spielt die einheitliche Normierung materieller Rechnungslegungsnormen zur Erfüllung des Grundsatzes der Steuergerechtigkeit eine wichtige Rolle. So gingen, wie die historische Entwicklung z. B. in Deutschland zeigt, von dem im Einkommensteuergesetz kodifizierten Maßgeblichkeitsgrundsatz in der Vergangenheit erhebliche Tendenzen zur rechtsformübergreifenden Verein-

---

326 Vgl. Glaum, M. (2001), S. 126; Hayn, S. (1997), S. 30 f.; Rost, P. (1991), S. 91. Auch den jeweiligen Corporate Governance-Strukturen kommt somit großes Einflusspotenzial auf die Ausgestaltung und Differenzierung der Anforderungen an die externe Unternehmensberichterstattung zu.

327 Siehe für einen kurzen Überblick der in Neuseeland, Australien und Kanada umgesetzten Differenzierungskonzeptionen Gliederungspunkt 1.3.

heitlichung materieller Rechnungslegungsnormen aus.[328] Ferner zeichnet sich in Ländern mit starker Verknüpfung zwischen steuerlicher Gewinnermittlung und gesellschaftsrechtlicher Rechnungslegung vor allem in den letzten Jahren eine zunehmende Differenzierung zwischen dem ausschließlich der Information der Rechnungslegungsadressaten dienenden Konzernabschluss und dem sowohl der Information als auch der Ausschüttungs- und Steuerbemessung dienenden Einzelabschluss ab (so z. B. in Deutschland und Österreich). Diese Unterscheidung ist durch die Übernahme internationaler Rechnungslegungsgrundsätze für die Konzernabschlusserstellung sowie der divergierenden Anforderungen von Informations- und Zahlungsbemessungsfunktion bedingt[329] und findet auch in der „IAS-Verordnung" der EU Berücksichtigung.

2.4.4 Zwischenfazit

Es ist intuitiv einleuchtend, dass landesspezifische sozioökonomische Umweltbedingungen maßgebenden Einfluss auf die individuelle Ausprägung von nationalen Rechnungslegungssystemen einschließlich ihrer Differenzierungskonzeptionen ausüben. Doch trotz kulturspezifisch verschiedenartiger Ausprägungen gibt es auch zahlreiche Parallelen und Gemeinsamkeiten zwischen nationalen Rechnungslegungsauffassungen, die auf gleichartige kulturelle, wirtschaftliche und politische Umwelteinflüsse bzw. in verschiedenen Ländern gleichzeitig aufgetretene Ereignisse oder Situationen zurückzuführen sind. Im Rahmen wissenschaftlicher Klassifikationsstudien wurden deshalb zahlreiche Versuche unternommen, verschiedene Länder auf Basis bestehender Gemeinsamkeiten zu systematisieren.[330] Die am häufigsten verwendete Einteilung beruht auf der Unterscheidung zwischen der angelsächsischen/anglo-amerikanischen Rechnungslegungsauffassung[331] auf der einen Seite und der kontinentaleuropäischen Rechnungslegungskonzeption auf der anderen Seite. Die wesentlichen Merkmale dieser beiden Rechnungslegungsauffassungen einschließlich deren Auswirkungen auf die vorherrschende Differenzierungskonzeption werden in der nachstehenden Tab. 3 synoptisch dargestellt. Allerdings dürfen die zum Teil verallgemeinert dargelegten grundsätzlichen Gemeinsamkeiten zwischen den einer Rechnungslegungsauffassung zugehörigen Länder nicht darüber hinwegtäuschen, dass aufgrund länderspezifischer, kultureller und historischer Rahmenbedingungen zwischen den einzelnen, einer Kategorie zuordenbaren Ländern im Detail sehr wohl wesentliche Unterschiede bestehen können.

---

328 Vgl. Gliederungspunkt 3.1.6.

329 Siehe hierzu auch die Ausführungen unter den Gliederungspunkten 3.1.16.1.1 und 3.1.16.4.

330 Vgl. hierzu den Überblick bei Choi, F./Frost, C./Meek, G. (1999), S. 36 ff.; Hayn, S. (1997), S. 47 ff.; Nobes, C. (1992), S. 26 ff.; Rost, P. (1991), S. 55 ff.

331 Kritisch zu dieser verallgemeinernden Klassifizierung Alexander, D./Archer, S. (2000), S. 539 ff.; D'Arcy, A. (2001), S. 327 ff.

Tab. 3: Fundamentale Unterschiede zwischen der kontinentaleuropäischen und angelsächsischen/anglo-amerikanischen Rechnungslegungsauffassung

	Kontinentaleuropäische Rechnungslegungsauffassung	Angelsächsische/anglo-amerikanische Rechnungslegungsauffassung
Rahmenbedingungen		
Rechtssystem	▪ Detaillierte Gesetzesvorschriften dominieren (*code law*) ▪ Normierung der externen Rechnungslegung erfolgt primär durch Gesetze	▪ Fallspezifisches Richterrecht dominiert (*common law*) ▪ Entwicklung von Rechnungslegungsnormen erfolgt primär durch private Institutionen
Finanzierungssystem	Finanzierung durch Banken dominiert	Kapitalmarktfinanzierung dominiert
Steuersystem	„Gesellschaftsrechtliche" und steuerrechtliche Gewinnermittlung sind eng verbunden	Trennung von „gesellschaftsrechtlicher" und steuerrechtlicher Gewinnermittlung
Rechnungslegungsfunktionen		
Informationsfunktion		
▪ **Dominante Adressaten**	Gläubiger, Fiskus, Investoren, Arbeitnehmer (Stakeholder Ansatz)	Investoren (Shareholderansatz)
▪ **Grundsätze**	Vorsichtsprinzip dominiert	*True and fair view* (*decision usefulness*)
▪ **Offenlegung**	Tendenziell niedrigerer Offenlegungsumfang	Tendenziell höherer Offenlegungsumfang
Ausschüttungsbemessungsfunktion	Vorsichtige Ausschüttungsbemessung	Keine unmittelbare Ausschüttungsbemessungsfunktion des Abschlusses
Steuerbemessung	Maßgeblichkeitsprinzip	Kein Maßgeblichkeitsprinzip
Differenzierungskonzeption		
▪ **Geltungsbereich der Normierung**	Pflicht zur Abschlusserstellung besteht in der Regel für alle Unternehmen (in Deutschland z. B. für alle Vollkaufleute)	Gesetzliche Normierung bezieht sich i. d. R. nur auf spezifische Unternehmen (z. B. Kapitalgesellschaften), d. h. eine Differenzierung der Rechnungslegungspflicht ist üblich. Dadurch kommt privatautonomen Vereinbarungen tendenziell eine hohe Bedeutung zu
▪ **Differenzierungskriterien**	▪ Orientieren sich im Sinne des Stakeholderansatzes vorwiegend sowohl am Gläubiger- als auch am Gesellschafterschutz ▪ Größenbezogene und rechtsformspezifische Differenzierungskriterien dominieren	▪ Orientieren sich primär am Schutz der Anteilseigner bzw. anonymer Kapitalmarktteilnehmer (Schutz der Funktionsfähigkeit des Kapitalmarktes) ▪ Kapitalmarktorientierung sowie auf die Gesellschafterstruktur bezogene Differenzierungsmerkmale dominieren
▪ **Differenzierung von Konzern- und Einzelabschluss**	I. d. R. dominiert der Einzelabschluss der Rechtseinheit; der Konzernabschluss gilt lediglich als zusätzliches Informationsinstrument	I. d. R. dominiert der Konzernabschluss als Informationsinstrument für die Investoren; eine explizite Differenzierung zwischen Konzern- und Einzelabschluss ist unüblich
Länder		
Beispiele zugehöriger Länder	Deutschland, Österreich, Frankreich, Italien, Schweiz	USA, Großbritannien, Australien, Neuseeland, Kanada

Quelle: In partieller Anlehnung an Glaum, M./Mandler, U. (1996), Tabelle 5, S. 28.

2.5 Schlussfolgerungen für die weitere Vorgehensweise

Die Entwicklung eines Differenzierungskonzeptes zur Normierung der externen Unternehmensberichterstattung erfordert zunächst die konkrete Festlegung der relevanten Differenzierungskriterien sowie der in die Differenzierung einbezogenen Bereiche. Die Ausführungen der vorangegangenen Abschnitte haben die Komplexität dieser Aufgabe verdeutlicht, die aus den zahlreichen Facetten resultiert, die bei der Analyse zu berücksichtigen sind. Es konnte gezeigt werden, dass die dem gesamtgesellschaftlichen Effizienzkonzept entnommene Kosten-Nutzen-Systematik als Leitfaden der Konzepterstellung wenig geeignet ist. Die theoretisch optimale Vorgehensweise scheitert letztlich daran, dass im Mehrpersonenkontext ein von allen Beteiligten favorisiertes Differenzierungssystem meist nicht gefunden werden kann. Dies hat zur Konsequenz, dass interpersonelle Nutzenvergleiche vorgenommen werden müssen, die jedoch mangels Quantifizierbarkeit nur subjektiv möglich sind. Auch empirische Arbeiten zu Fragen von Kosten und Nutzen alternativer Differenzierungsansätze konnten bislang nur wenig zur Lösung dieser Aufgabe beitragen. Auch sie stoßen dort an ihre Grenzen, wo divergierende Präferenzen der Marktteilnehmer interpersonelle Nutzenabwägungen erfordern. Differenzierungen der Normierung der externen Unternehmensberichterstattung stellen somit letztlich zumeist auf subjektiven Wertungen der Normierungsinstanzen beruhende, ggf. durch Lobbying beeinflusste Konventionen dar. Diese werden zudem maßgeblich von den in der jeweiligen Volkswirtschaft vorherrschenden kulturellen und sozioökonomischen Umweltbedingungen determiniert. Ein Rechnungslegungssystem ist somit nicht nur bloßes Instrumentarium, sondern ein gewachsener, integraler Bestandteil eines komplexen gesellschaftlichen Beziehungsgeflechts, dessen Leistungsfähigkeit und Stabilität erheblichen Einfluss auf die Funktionsfähigkeit gesamtwirtschaftlicher Prozesse in einer Volkswirtschaft haben.

Da sich weder ökonomische Modellansätze noch empirische Studien als geeignete Ausgangspunkte zur Herleitung eines Differenzierungskonzepts im Rahmen der Zielsetzung der vorliegenden Arbeit aufdrängen, wird eine alternative Vorgehensweise gewählt. Mithilfe einer normativen Analyse der historischen Entwicklung der Normierung der externen Unternehmensberichterstattung in Deutschland sollen zunächst jene Determinanten und Parameter herausgearbeitet werden, die das Differenzierungsprofil der externen Rechnungslegung in ihrem Entstehungsprozess nachhaltig geprägt haben. Dieser Vorgehensweise liegt die Überzeugung zugrunde, dass Rechnungslegung ein soziales Konstrukt ist, das durch die sozioökonomischen Rahmenbedingungen eines Landes nachhaltig beeinflusst wird. Um einen radikalen Bruch mit gewachsenen Strukturen und daraus resultierende Ungleichgewichte im gesellschaftlichen Gesamtsystem zu vermeiden, ist es deshalb für eine Neukonzeption der Differenzierung der externen Rechnungslegung notwendig, sich eingehender mit der historischen Entwicklungsgeschichte der Normierung der externen Unternehmensrechnung in Deutschland auseinander zu setzen. Deshalb sollen im nächsten Kapitel zunächst die „treibenden Kräfte“ und Parameter der Differenzierung der Normierung der externen Rechnungslegung in Deutschland identifiziert werden, die auch als Momentum künftiger Veränderungen gelten können. Im vierten Kapitel soll dann durch eine Analyse des britischen Differenzierungskonzeptes die Ausgangsbasis geschaffen werden, um im letzten Teil der Arbeit Ideen und Ansatzpunkte für eine systemkonforme, organische Weiterentwicklung der deutschen Rechnungslegungssystematik im Hinblick auf die Integration der von der angelsächsischen/anglo-amerikanischen Rechnungslegungsauffassung geprägten IAS/IFRS zu entwickeln.

3 Historische Entwicklung und Status quo der Differenzierung der Normierung der externen Unternehmensberichterstattung in Deutschland

Rechnungslegungssysteme und damit auch die jeweils innewohnenden Konzepte zur Differenzierung von Rechnungslegungsanforderungen sind als Teil des sozioökonomischen Gesamtsystems eines Landes gleichermaßen in die Vergangenheit und in die Gegenwart eingebettet.[1] Sie können somit als Produkte der jeweiligen historischen, ökonomischen, institutionellen und kulturellen Umweltbedingungen interpretiert werden.[2] Vielfach sind es deshalb nicht juristische Mängel, die den Erlass oder die Modifikation von Rechnungslegungsnormen bedingen, sondern die Änderung der wirtschaftlichen Rahmenbedingungen.[3] Ziel des folgenden Kapitels ist es daher, die wichtigsten Etappen der Entwicklungsgeschichte der in Deutschland umgesetzten Differenzierungskonzeption zur Unterscheidung der Anforderungen an die externe Unternehmensberichterstattung darzustellen und die wesentlichen Faktoren und Parameter, die diesen evolutionäreren Prozess[4] beeinflusst haben, zu identifizieren.[5] Wesentliche Auswirkungen zentraler Gesetzesinitiativen auf die Entwicklung der Differenzierungskonzeption werden jeweils am Ende eines Gliederungspunktes im Rahmen eines Differenzierungstableaus schematisch dargestellt. Neben einem besseren Verständnis des Status quo sollen durch die Analyse der historischen Prozessdynamik insbesondere Anhaltspunkte für eine mögliche Fortentwicklung des derzeitigen Rechts erarbeitet werden.

---

1 Vgl. Perridon, L. (1967), S. 683.

2 Vgl. Choi, F./Frost, C./Meek, G. (1999), S. 29; Glaum, M. (2001), S. 125; Rost, P. (1991), S. 79 ff.

3 Vgl. Nickel, A. (1935), S. 1 sowie Haller, A./Walton, P. (2003), S. 3 f., die in diesem Kontext auf das „'contingent' model of accounting evolution“ verweisen.

4 Als „evolutionärer Prozess“ wird hier nicht im Sinne der darwinistischen Selektionstheorie ein Ausleseprozess verstanden, bei dem sich das „beste“ Rechnungslegungssystem durchsetzt – dieser Auffassung widersprechen Forschungsarbeiten, die zeigen, dass die Normierung der Rechnungslegung das Ergebnis eines politischen Prozesses ist (vgl. Gliederungspunkt 1.3 sowie 2.2.2.5) –, sondern ein allmählich fortschreitender Entwicklungsprozess, der ohne radikalen Bruch mit gewachsenen Strukturen vonstatten geht.

5 Branchenspezifische Sondernormen und -gesetze sowie die für Genossenschaften geltenden Rechtsgrundlagen stehen nicht im Fokus dieser Arbeit und werden deshalb nicht weiter berücksichtigt. Zur Entstehung branchenspezifischer Rechnungslegungsnormen siehe beispielsweise Passow, R. (1910), Kapitel 12 ff.; für die Entwicklungsgeschichte des Genossenschaftsrechts siehe beispielsweise Rieß, A. (1922), S. 1 ff.; Wilcken, C. (2000).

3.1 Historische Entwicklung

3.1.1 Allgemeines Deutsches Handelsgesetzbuch (ADHGB) 1861

Basierend auf der Rechtstradition des Allgemeinen Preußischen Landrechts von 1794[6] sowie dem *code de commerce* von 1807[7] wurde mit dem Allgemeinen Deutschen Handelsgesetzbuch von 1861 (ADHGB)[8] erstmals für ganz Deutschland eine einheitliche Normierungsgrundlage zur Buchführung und Rechnungslegung erarbeitet, die schließlich durch entsprechende Partikulargesetze sukzessive in den einzelnen Bundesstaaten eingeführt wurde.[9] Rechtsform- und größenunabhängig verpflichtete das ADHGB (1861) jeden Kaufmann dazu „... Bücher zu führen, aus welchen seine Handelsgeschäfte und die Lage seines Vermögens vollständig zu ersehen sind“[10] sowie zu einer jährlichen Bilanzerstellung.[11] Hauptzweck der handelsrechtlichen Rechnungslegung war die Eigeninformation des Kaufmanns, die Grundlage für eine erfolgreiche Steuerung der Handelsgeschäfte sein sollte.[12] Darüber hinaus entfaltete eine ordnungsgemäße Rechenschaftslegung als Ausdruck für die Korrektheit und ordentliche Geschäftsführung des Kaufmanns auch bei Rechtsstreitigkeiten Beweiswirkung.[13] Dem Gläubigerschutz trug das ADHGB (1861) nur indirekt Rechnung, indem durch die Eigeninformation des Kaufmanns geschäftsgefährdende Dispositionen vermieden und somit eine mittelbare Konkursvorsorge sichergestellt werden sollte.[14] Neben dem Hauptzweck der Selbstinformation des Kaufmanns hatte die handelsrechtliche Rech-

---

6 Vgl. Baums, T. (Hrsg.) (1982), S. 42.

7 Zum Einfluss des französischen Handelsgesetzbuches auf die Normierung des Handelsrechts in Deutschland siehe Baums, T. (Hrsg.) (1982), S. 11 f. Zum Einfluss auf das ADHGB (1861) siehe insbesondere die 1848 veröffentlichte Denkschrift über die Hauptprinzipien bei der Ausarbeitung eines allgemeinen Handelsrechtes für Deutschland, abgedruckt in Baums, T. (Hrsg.) (1982), S. 53 ff.

8 Zum Verlauf der vorangegangenen Beratungen zum ADGHB (1861) siehe List, H.-A. (1998), S. 29 ff. Siehe außerdem Barth, K. (1953), S. 65 ff.; Baums, T. (Hrsg.) (1982), S. 29 ff.; Passow, R. (1910), S. 99 ff.; Vehn, A. (1929), S. 38 ff.

9 Vgl. Hachenburg, M. (Hrsg.) (1930), S. 2; Schön, W. (1997) S. 135; Schröer, T. (1993), S. 337. Zur geschichtlichen Entwicklung der Normierung der externen Unternehmensberichterstattung vor Verabschiedung des ADHGB 1861 siehe Barth, K. 1953, S. 61 ff.; siehe außerdem auch Ballwieser, W. (1996), S. 2 ff.; Baums, T. (Hrsg.) (1982), S. 10 ff.; Schmalenbach, E. (1956), S. 13 ff.; Schneider, D. (2002), Sp. 950 ff.; Walb, E. (1953); S. 3 ff.

10 Art. 28 ADHGB (1861).

11 Vgl. Art. 29 ADHGB (1861).

12 Vgl. Motive des zweiten Titels, zweiter Abschnitt des Entwurfs eines allgemeinen Handelsgesetzbuches für Deutschland, abgedruckt in Baums, T. (Hrsg.) (1982), S. 91 f.; Schön, W. (1997), S. 136 ff.

13 Vgl. Art. 34 ADHGB (1861). Die Beweisfunktion der Rechnungslegung war bereits im Allgemeinen Landrecht für die preußischen Staaten von 1794 verankert; vgl. Hattenhauer, H. (Hrsg.) (1996), §§ 562 ff., Zweyter Theil, Achter Titel, Siebenter Abschnitt Allgemeines Landrecht für die preußischen Staaten von 1794.

14 Vgl. Schön, W. (1997), S. 137 f.

nungslegung darüber hinaus jedoch auch Zahlungsbemessungsfunktion. So bestimmte das ADHGB (1861) sowohl für Offene Handelsgesellschaften (OHG) als auch Kommanditgesellschaften (KG), dass „... auf Grund des Inventars und der Bilanz, der Gewinn oder der Verlust dieses Jahres ermittelt und für jeden Gesellschafter sein Antheil daran verrechnet [wird].“[15] Allerdings enthielt das damalige ADHGB (1861) nur sehr rudimentäre Ansatz- und Bewertungsnormen, die sich darauf reduzierten, für sämtliche Vermögensstücke und Forderungen den Ansatz des beizulegenden Wertes, für die Bewertung zweifelhafter Forderungen den Ansatz des wahrscheinlichen Wertes und für uneinbringliche Forderungen eine verpflichtende Abschreibung vorzuschreiben.[16] Die Vereinbarung darüber hinausgehender, konkreter Regelungen zur Gewinnermittlung war dagegen primär den beteiligten Gesellschaftern und bei Einzelkaufleuten diesen selbst überlassen.[17] Die Kapitalerhaltung spielte in dieser Zeit noch keine Rolle. Aktiengesellschaften sowie die Kommanditgesellschaft auf Aktien (KGaA) unterlagen noch der Konzessionspflicht und somit der staatlichen Aufsicht,[18] und bei Einzelkaufleuten sowie Personengesellschaften gewährleistete die unbeschränkte Haftung des Einzelunternehmers bzw. der persönlich haftenden Gesellschafter einen Schutz der Gläubiger.

Um jedoch dem aus der Haftungsbegrenzung von Aktiengesellschaften resultierenden Gläubigerinteressen Rechnung zu tragen,[19] wurde für Aktiengesellschaften die gesellschaftsvertragliche Festlegung konkreter Bilanzierungs- und Gewinnermittlungsgrundsätze im aktienrechtlichen Teil des ADHGB (1861) verpflichtend vorgeschrieben.[20] Auch die Art und Weise, wie die Prüfung der Bilanz zu erfolgen hatte, musste im Gesellschaftsvertrag niedergelegt werden.[21] Hinsichtlich der aktienrechtlichen Bilanzpublizität sah das ADHGB (1861) lediglich eine Vorlage der Bilanz innerhalb der ersten sechs Monate eines Geschäftsjahres gegenüber den Aktionären vor.[22]

---

15 Art. 107 ADHGB (1861). Diese in Art. 107 ADHGB (1861) für Offene Handelsgesellschaften kodifizierte Norm wurde mit Art. 161 ADHGB (1861) auch auf Kommanditgesellschaften übertragen.

16 Vgl. Art. 31 ADHGB (1861).

17 Vgl. Schmalenbach, E. (1956), S. 18; Schön, W. (1997), S. 239.

18 Vgl. Art. 174 sowie Art. 208 ADHGB (1861). Allerdings besaßen die Länder die Ermächtigung, in ihren Landesgesetzen von einer Konzessionspflicht abzusehen; vgl. Art. 206 und 249 ADHGB (1861). Insbesondere bei der Errichtung der Kommanditgesellschaft auf Aktien wurde aufgrund ihrer rechtsformspezifischen Besonderheiten vielfach auf eine staatliche Genehmigung verzichtet; vgl. Entwurf eines Gesetzes, betreffend die Kommandit-Gesellschaften auf Aktien und die Aktien-Gesellschaften vom 12. Mai 1870 (im Folgenden zitiert als Entwurf eines AktG (1870)), Motive, S. 649 f.; siehe auch Fischer, R. (1916), S. 27.

19 Vgl. zu dieser Argumentation Geßler, E. (1966), S. 133 f.

20 Vgl. Art. 209 ADHGB (1861).

21 Vgl. Art. 209 ADHGB (1861). Zur geschichtlichen Entwicklung der Abschlussprüfung von Aktiengesellschaften siehe List, H.-A. (1998).

22 Vgl. Art. 239 ADHGB (1861).

Auch für Kommanditgesellschaften auf Aktien bestand die Pflicht, den Kommanditisten sowie dem Aufsichtsrat – ein solcher war für Kommanditgesellschaften auf Aktien nach den Bestimmungen des ADHGB (1861) verpflichtend einzurichten[23] – innerhalb der ersten sechs Monate eines Geschäftsjahres eine Bilanz vorzulegen.

Bereits in den aktienrechtlichen Sondervorschriften des ADHGB (1861) lassen sich erste Tendenzen einer rechtsformspezifischen Differenzierung der Rechnungslegungsnormierung erkennen, die sich in den Folgejahren weiter fortsetzte. Bedingt durch rechtsformspezifische Besonderheiten, die unterschiedliche volkswirtschaftliche Bedeutung und Entwicklung einzelner Rechtsformen sowie des hieraus resultierenden divergierenden Normierungsbedarfs vollzog sich die Entwicklung des Bilanzrechts in Deutschland in den Folgejahren rechtsformspezifisch im Rahmen von Sondergesetzen/-normen über die einzelnen Gesellschaftsformen.[24]

■ **Abb. 6:** Differenzierungstableau zum ADHGB 1861

Differenzierungskriterien:

- Keine wesentliche Unterscheidung zwischen verschiedenen Unternehmenskategorien

Differenzierungsbereiche:

- ---

Normierung:

- Die Normierung der externen Unternehmensberichterstattung reduziert sich für alle Unternehmen auf die gesetzliche Kodifizierung nur rudimentärer Rechnungslegungsnormen

3.1.2 Aktienrechtsnovelle 1870

Alsbald stand die Aktiengesellschaft und mit ihr auch die Kommanditgesellschaft auf Aktien im Fokus der Wirtschaftspolitik. Denn im Zuge der fortschreitenden Industrialisierung erwies sich das bis dato für Aktiengesellschaften und die Kommanditgesellschaft auf Aktien geltende und auf den *code de commerce* zurückgehende Konzessionensystem,[25] das deren Errichtung an das Vorliegen einer entsprechenden staat-

[23] Vgl. Art. 175 Nr. 6 ADHGB (1861). Für Aktiengesellschaften war die Bestellung eines Aufsichtsrates im ADHGB (1861) lediglich fakultativ vorgesehen; vgl. List, H.-A. (1998), S. 38.

[24] Vgl. Barth, K. (1953), S. 68.

[25] Zur Verankerung des Konzessionensystems im *code de commerce* und seine Bedeutung für die Entwicklung des Aktienrechts in Deutschland siehe Bösselmann, K. (1939), S. 61 ff.; Fischer, R. (1916), S. 23 ff.

lichen Genehmigung knüpfte, bald als zu schwerfällig. So konnte das Konzessionierungssystem angesichts der gestiegenen Kapitalnachfrage weder den Bedürfnissen der Unternehmen gerecht werden, noch die hiermit einhergehende staatliche Beaufsichtigung die Aktionäre und Gläubiger, die sich vertrauensvoll auf die staatliche Kontrolle verließen, vor missbräuchlichen Machenschaften und Vermögensverlusten schützen.[26] In Übereinstimmung mit der liberalen Wirtschaftsauffassung des Gesetzgebers wurden deshalb die aktienrechtlichen Vorschriften des ADHGB (1861) im Jahr 1870 überarbeitet und mit der Verabschiedung des AktG (1870) (Gesetz, betreffend die Kommanditgesellschaften auf Aktien und die Aktiengesellschaften vom 11. Juni 1870) die staatliche Genehmigungspflicht von Aktiengesellschaften und der Kommanditgesellschaft auf Aktien aufgehoben.[27] Als Ersatz für die staatliche Konzessionierung knüpfte der Gesetzgeber in Anlehnung an die englische und französische Gesetzgebung[28] sowohl die Errichtung[29] als auch die laufende Verwaltung von Aktiengesellschaften sowie von Unternehmen in der Rechtsform der Kommanditgesellschaft auf Aktien in „... Einklang mit der rechtlichen Natur und volkswirthschaftlichen Bedeutung der in Rede stehenden Gesellschaften zum Schutze des Publikums gegen Übervortheilung und Täuschung ...“[30] an die Erfüllung normativer Vorgaben (Normativsystem).

Die Einrichtung eines Aufsichtsrates, der für die Kommanditgesellschaft auf Aktien bereits im ADHGB (1861) zum Schutz sowohl der Interessen der Kommanditisten gegenüber den geschäftsführenden Gesellschaftern als auch der Gläubiger[31] verpflichtend vorgeschrieben war,[32] wurde nun auch für die Aktiengesellschaft als obligatorisch einzurichtendes Organ zur Überwachung des Vorstandes angeordnet.[33] Außerdem wurden für Aktiengesellschaften zum Schutz der Gläubigerinteressen die für alle

---

26 Vgl. Großfeld, B. (1968), S. 132; Kronstein, H./Claussen, C. (1960), S. 10; List, H.-A. (1998), S. 40; Merkt, H. (2001), S. 59; siehe auch Entwurf eines AktG (1870), Motive, S. 650 f.

27 Vgl. Art. 174 sowie Art. 208 Gesetz betreffend die Kommanditgesellschaften auf Aktien und die Aktiengesellschaften vom 11. Juni 1870 (im Folgenden zitiert als AktG (1870)). Zu weiteren Einzelheiten bezüglich der Abschaffung des Konzessionensystems durch die Aktienrechtsnovelle von 1870 siehe Schubert, W. (1981), S. 285 ff.

28 Vgl. Entwurf eines AktG (1870), Motive, S. 651 f. sowie Fischer, R. (1916), S. 25 ff.

29 Zu den Gründungserfordernissen siehe Art. 175 ff. sowie Art. 210 a AktG (1870). Nach wie vor an eine staatliche Konzessionierung gebunden waren allerdings Gesellschaften, die in volkswirtschaftlich bedeutsamen Geschäftsbereichen wie z. B. dem Eisenbahnbau, der Banknotenemission oder im Versicherungsgeschäft tätig waren; vgl. Göllert, K. (1979), S. 65; List, H.-A. (1998), S. 41.

30 Entwurf eines AktG (1870), Motive, S. 651. Unklar bleibt, ob der Gesetzgeber mit dem Schutz des Publikums neben den aktuellen und potenziellen Geschäftspartnern auch die allgemeine Öffentlichkeit schlechthin zu den schützenswerten Adressaten zählt. Diese Auffassung bejahend beispielsweise Göllert, K. (1979), S. 73 sowie Döllerer, G. (1958), S. 1281; anderer Auffassung Caemmerer, E. v. (1962), S. 162 sowie Merkt, H. (2001), S. 65 ff.

31 Vgl. Entwurf eines AktG (1870), Motive, S. 654.

32 Vgl. Art. 175 Nr. 6 ADHGB (1861). Siehe auch Gliederungspunkt 3.1.1.

33 Vgl. Art. 209 Nr. 6 AktG (1870).

Kaufleute geltenden Bilanzierungs- und Bewertungsnormen ergänzt, um überhöhten Dividendenausschüttungen entgegenzuwirken.[34] Beispielsweise durften Wertpapiere, für die ein Börsenpreis festgestellt werden konnte, nunmehr maximal mit dem am Bilanzstichtag beizulegenden Kurswert bewertet werden, und für Organisations- und Verwaltungskosten wurde ein Aktivierungsverbot kodifiziert.[35] Ferner wurde für Aktiengesellschaften erstmals eine allgemeine Publizitätspflicht erlassen. So waren Aktiengesellschaften verpflichtet, ihre Bilanz in den ersten sechs Monaten eines Geschäftsjahres in den Gesellschaftsblättern zu veröffentlichen.[36] Um eine ordnungsgemäße Rechnungslegung zu gewährleisten, verschärfte der Gesetzgeber darüber hinaus sowohl für Aktiengesellschaften als auch für Kommanditgesellschaften auf Aktien die Strafbestimmungen für die Leitungs- und Aufsichtsorgane bei wissentlich falscher Darstellung der wirtschaftlichen Situation des Unternehmens.[37]

Obwohl die staatliche Genehmigungspflicht sowohl für die Kommanditgesellschaft auf Aktien als auch für die Aktiengesellschaft abgeschafft wurde, zielten die betreffenden Normativbestimmungen zur externen Rechnungslegung und -publizität der Aktienrechtsnovelle 1870 – abgesehen von den erlassenen Strafvorschriften – ausschließlich auf Aktiengesellschaften. Dies wurde im Wesentlichen damit begründet, dass der Rechtsform der Aktiengesellschaft im Vergleich zur Kommanditgesellschaft auf Aktien eine weitaus größere wirtschaftliche Bedeutung zukam und der Gesetzgeber auch deren Entwicklungspotenzial erheblich höher als jenes der Kommanditgesellschaft auf Aktien einschätzte.[38] Da es der Kommanditgesellschaft auf Aktien erlaubt war, ausschließlich Namensaktien zu emittieren,[39] deren Inhaber (Name, Wohnort, Beruf) im Aktienbuch der Gesellschaft vermerkt werden musste,[40] war die Übertragung der Aktien sehr umständlich, nur mittels Indossament möglich. Die Kommanditgesellschaft auf Aktien war deshalb im Gegensatz zur Aktiengesellschaft für einen kleineren Teilhaberkreis geschaffen und in ihrem inneren Wesen eher durch ein persönliches Verhältnis zwischen Kommanditisten und Komplementärgesellschaftern charakterisiert, durch die erschwerte Übertragbarkeit der Aktienanteile und leichtere Einflussnahme auf die Geschäftsführung allerdings gleichzeitig auch in ihren Möglichkeiten zur Aufbringung großer Eigenkapitalbeträge beeinträchtigt und damit in ihren ökonomischen Entwicklungsmöglichkeiten begrenzt.[41] Ein weiterer Grund für die Differenzierung der Rechnungslegungsanforderungen zwischen Aktiengesellschaf-

---

34 Vgl. Entwurf eines AktG (1870), Motive, S. 657.
35 Vgl. Art. 239 a AktG (1870).
36 Vgl. Art. 239 AktG (1870).
37 Vgl. Art. 206 sowie 249 AktG (1870).
38 Vgl. Entwurf eines AktG (1870), Motive, S. 658.
39 Vgl. Art. 173 ADHGB (1861).
40 Vgl. Art 182 ADHGB (1861).
41 Vgl. Entwurf eines AktG (1870), Motive, S. 654.

ten und Kommanditgesellschaften auf Aktien lag in deren unterschiedlichem Haftungsumfang. Während die Kommanditgesellschaft auf Aktien über mindestens einen persönlich haftenden Komplementärgesellschafter verfügen musste, war die Haftung der Aktiengesellschaft auf das Gesellschaftsvermögen begrenzt. Der Kodifizierung gläubigerschützender Rechnungslegungsnormen kam somit vor allem in der haftungsbegrenzten Aktiengesellschaft im Zuge des Wegfalls der Staatsaufsicht besondere Bedeutung zu.[42] Aufgrund der zwischen Aktiengesellschaften und Unternehmen der Kommanditgesellschaft auf Aktien bestehenden strukturellen und haftungsbedingten Unterschiede war Letztere auf Basis von Landesgesetzen vielfach auch schon vor der Verabschiedung des AktG (1870) von einer Konzessionspflicht befreit.[43] Im Zuge einer allgemeinen Abschaffung der Staatsgenehmigung wurde deshalb ein vordringlicher Normierungsbedarf vor allem für die Aktiengesellschaft gesehen.[44]

■ **Abb. 7:** Differenzierungstableau zum AktG 1870

Differenzierungskriterien:
- Rechtsform

Differenzierungsbereiche:
- Abschlusserstellung
- Publizität
- Enforcement

Normierung:
- Normierungsinhalt-/umfang: (1) für Aktiengesellschaften wurden detailliertere Rechnungslegungsgrundsätze sowie die Pflicht zur Bekanntgabe der Bilanz in den Gesellschaftsblättern kodifiziert; (2) Verschärfung der Strafvorschriften für die Leitungs- und Aufsichtsorgane von Aktiengesellschaften und Kommanditgesellschaften auf Aktien bei wissentlich falscher Darstellung der wirtschaftlichen Situation

42 Vgl. Entwurf eines AktG (1870), Motive, S. 655 f.
43 Vgl. Fn. 18 sowie die dort angegebene Literatur.
44 Vgl. Entwurf eines AktG (1870), Motive, S. 91 f. sowie S. 653 ff.

3.1.3 Aktienrechtsnovelle 1884

Die Aufhebung der Konzessionspflicht für Aktiengesellschaften und für Kommanditgesellschaften auf Aktien sowie die Aufbruchstimmung nach Beendigung des deutsch-französischen Krieges im Jahr 1871 führte in den Folgejahren zu einer Flut an Neugründungen von Aktienkapital emittierenden Gesellschaften,[45] die in den Jahren 1872/73 eine massive Krise auslöste.[46] Ursache hierfür war, dass sich die 1870 im Zuge der Abschaffung des Konzessionierungssystems eingeführten Vorschriften als wenig wirksam erwiesen, Schwindelgründungen von nicht überlebensfähigen Aktiengesellschaften durch skrupellose Geschäftemacher zu verhindern.[47] Es wurden Aktiengesellschaften gegründet, die durch viel versprechende Ausschüttungen rasch enorme Kapitalsummen akquirieren konnten. Nachdem die ausgeschütteten Gewinne nicht am Markt erwirtschaftet, sondern mittels Bilanzmanipulationen generiert waren, kam es durch die kapitalverzehrenden Ausschüttungen in den Folgejahren jedoch zu massiven Unternehmenszusammenbrüchen.[48] Die durch Aktienspekulationen und Gründungsschwindel ausgelösten Verluste des Anlegerpublikums beliefen sich innerhalb weniger Jahre auf horrende Summen[49] und zwangen den Gesetzgeber schließlich zum Handeln. Ergebnis war die Verabschiedung des AktG (1884)[50], das tief greifende Änderungen für Aktiengesellschaften sowie die Kommanditgesellschaft auf Aktien vor allem auch in Bezug auf das geltende Bilanzrecht mit sich brachte.[51]

Sowohl für Aktiengesellschaften als auch für Kommanditgesellschaften auf Aktien wurden die Gründungsvorschriften grundlegend überarbeitet,[52] die Stellung des Aufsichtsrates als Kontrollorgan gefestigt,[53] die Rechte von Minderheitsaktionären in Aktiengesellschaften gestärkt[54] sowie die bestehenden aktienrechtlichen Rechnungslegungsvorschriften des ADHGB (1861) deutlich erweitert und nun auch auf die Kommanditgesellschaft auf Aktien übertragen.[55] Zwar erkannte der Gesetzgeber die

45 Siehe hierzu die Übersichten in der Allgemeinen Begründung zum Entwurf eines Gesetzes, betreffend die Kommanditgesellschaften auf Aktien und die Aktiengesellschaften vom 7. März 1884 (im Folgenden zitiert als Entwurf eines AktG (1884)), § 2, S. 237 ff.; vgl. auch Geßler, E. (1966), S. 137; Nickel, A. (1935), S. 6 sowie Großfeld, B. (1968), S. 143 f.

46 Zu Einzelheiten siehe List, H.-A. (1998), S. 44 ff.

47 Vgl. Bez, H. (1936), S. 31; Merkt, H. (2001), S. 67; Schmalenbach, E. (1956), S. 19.

48 Vgl. Stein, H.-G. (1994), S. 659.

49 Vgl. Hommelhoff, P. (1985), S. 55 f.

50 Vgl. Gesetz betreffend die Kommanditgesellschaften auf Aktien und die Aktiengesellschaften vom 18. Juli 1884 (im Folgenden zitiert als AktG (1884)).

51 Zu den der Aktienrechtsnovelle von 1884 vorangegangenen Diskussionen siehe List, H.-A. (1998), S. 46 ff.

52 Vgl. Art 174a ff. sowie Art. 209 ff. AktG (1884). Für Details siehe auch Meisel, B. (1992), S. 68 ff. sowie Nickel, A. (1935), S. 9 ff.

53 Vgl. Art. 191 ff. sowie Art. 224 ff. AktG (1884).

54 Vgl. Art. 222a AktG (1884).

55 Vgl. Art. 185 f. sowie Art. 239b AktG (1884).

strukturellen und haftungsbedingten Unterschiede zwischen der Rechtsform der Aktiengesellschaft und jener der Kommanditgesellschaft auf Aktien auch weiterhin an, realisierte jedoch gleichzeitig den engen wirtschaftlichen Zusammenhang beider Gesellschaftsformen. Da nach der Auffassung des Gesetzgebers jegliche gesetzgeberischen Reformmaßnahmen, die nur auf eine der beiden Unternehmensformen zielte, die Rechtsformwahl der Unternehmen unmittelbar beeinflusste und damit Lenkungsfunktion entfaltete, war es die Zielsetzung des AktG (1884) „... die beiden Formen da gleichmäßig zu gestalten, wo wirtschaftlich ein Unterschied zwischen ihnen nicht besteht.“[56] Keinerlei Divergenzen zwischen der Rechtsform der Aktiengesellschaft und der Kommanditgesellschaft auf Aktien wurden hinsichtlich des Verhältnisses der Aktionäre untereinander gesehen, weshalb insbesondere die Normen zur Gewinnermittlung und Gewinnverteilung für beide Gesellschaftsformen vereinheitlicht werden sollten.[57]

Da die rudimentären Bewertungsvorschriften des ADHGB (1861) sowie die in der Rechtsprechung herausgebildeten Einzelveräußerungspreise als zentraler Wertmaßstab für die Vermögensbewertung[58] mangels hinreichender Objektivierungskriterien überoptimistischen Wertansätzen sowie substanzverringernden Dividendenausschüttungen Tür und Tor geöffnet hatten,[59] sah sich der Gesetzgeber insbesondere bei der Aktiengesellschaft zum Schutz der Gläubigerinteressen[60] und zum Zweck der Kapitalerhaltung zu einer Präzisierung der bestehenden aktienrechtlichen Ansatz- und Bewertungsnormen veranlasst. Um Divergenzen hinsichtlich der Gewinnermittlung von Aktiengesellschaften und Unternehmen der Rechtsform der Kommanditgesellschaft auf Aktien zu vermeiden, wurden die aktienrechtlichen Rechnungslegungsnormen für Letztere trotz der unbeschränkten Haftung des Komplementärgesellschafters und der hiermit verbundenen geringeren Relevanz gläubigerschützender Rechnungslegungsbestimmungen unverändert übernommen. Somit wurde für beide Gesellschaftsformen das Anschaffungskosten- und Niederstwertprinzip kodifiziert, für abnutzbare Vermögenswerte eine planmäßige Abschreibung eingeführt und angeordnet, dass Gewinne nur mehr nach erfolgter Realisation ausgewiesen werden durf-

---

56 Entwurf eines AktG (1884), Allgemeine Begründung, § 15, S. 308.

57 Vgl. Entwurf eines AktG (1884), Allgemeine Begründung, § 15, S. 310.

58 Maßgebend hierfür war die Grundsatzentscheidung des Reichsoberhandelsgerichts vom 3.12.1873, nach der für die Bewertung der Aktiva und Passiva unter der Bedingung der Unternehmensfortführung fiktive Veräußerungserlöse zugrunde gelegt werden sollten; vgl. Barth, K. (1953), S. 139 ff.; Passow, R. (1910), S. 85 ff.

59 Vgl. Göllert, K. (1979), S. 82 f.; Schmalenbach, E. (1956), S. 17 ff.; Schön, W. (1997), S. 140 f.

60 Siehe zur Relevanz des Gläubigerschutzes für die Kodifizierung spezieller aktienrechtlicher Ansatz- und Bewertungsnormen Dürrhammer, W. (1970), S. 17 f.; Geßler, E. (1966), S. 137 f.; Passow, R. (1910), S. 217 sowie Entwurf eines AktG (1884), Allgemeine Begründung, § 14, S. 301.

ten.[61] Zielsetzung war es, die Ermittlung eines vorsichtig bemessenen, verteilungsfähigen Gewinns zu gewährleisten, um zum Schutz der Gläubiger die Ausschüttung kapitalverzehrender Dividenden zu unterbinden.[62] Außerdem wurde das im AktG (1870) für Aktiengesellschaften normierte generelle Aktivierungsverbot für Organisations- und Verwaltungskosten auch in die neuen aktienrechtlichen Bestimmungen übernommen und nun auch für Kommanditgesellschaften auf Aktien kodifiziert.[63] Gläubigerschutz und Kapitalerhaltung wurden damit zu wesentlichen Grundpfeilern der Rechnungslegung von Aktiengesellschaften und Kommanditgesellschaften auf Aktien. Ebenfalls dem Gläubigerschutz dienen sollte in Anlehnung an das französische und belgische Recht die Verpflichtung zur Bildung einer gesetzlichen Gewinnrücklage.[64] Auch diese Verpflichtung wurde zur Vermeidung divergierender Gewinnverteilungsvorschriften für Aktiengesellschaften und Unternehmen der Rechtsform der Kommanditgesellschaft auf Aktien gleichermaßen kodifiziert.[65]

Zur Verbesserung der Informationsversorgung der Aktionäre sowie der Kontrollfunktion des Aufsichtsrates führte der Gesetzgeber darüber hinaus für beide Rechtsformen die Pflicht ein, sowohl Aufsichtsrat als auch Generalversammlung neben einer Bilanz mit einer GuV-Rechnung sowie einem Geschäftsbericht, aus dem die Vermögenslage sowie deren Entwicklung zu ersehen war, zu versorgen.[66] Eine weitere, zentrale Neuerung stellte die Erweiterung der Publizitätspflichten dar. Neben der von der Generalversammlung genehmigten Bilanz war sowohl von Aktiengesellschaften als auch von Kommanditgesellschaften auf Aktien auch die GuV-Rechnung in den hierzu bestimmten öffentlichen Blättern bekannt zu machen. Ferner wurde für Aktiengesellschaften und Kommanditgesellschaften auf Aktien die Registerpublizität eingeführt, d. h. fortan mussten Bilanz und GuV-Rechnung nicht nur in den öffentlichen Blättern bekannt gegeben, sondern darüber hinaus zusätzlich auch beim Handelsregister eingereicht werden.[67]

Im Vergleich zur früheren Rechtslage wurde außerdem nun auch für die Kommanditgesellschaft auf Aktien die gesellschaftsvertragliche Vereinbarung von Grundsätzen zur Prüfung der Bilanz angeordnet[68] und für Aktiengesellschaften die Regelungen zur Abschlussprüfung ausgebaut, indem der Generalversammlung explizit das Recht ein-

61 Das Realisationsprinzip wurde zwar nicht explizit in das AktG (1884) aufgenommen, war aber durchaus vom Gesetzgeber intendiert; vgl. Schmalenbach, E. (1956), S. 19.
62 Vgl. Entwurf eines AktG (1884), Allgemeine Begründung, § 14, S. 301 ff.
63 Vgl. Art. 185 a sowie 239 b AktG (1884).
64 Vgl. Entwurf eines AktG (1884), Allgemeine Begründung, S. 305.
65 Vgl. Art. 185 b sowie Art. 239 b AktG (1884).
66 Vgl. Art. 185 sowie 239 AktG (1884).
67 Vgl. Art. 185 c sowie 239 b AktG (1884).
68 Vgl. Art. 185 c AktG (1884).

geräumt wurde, zur Prüfung der Bilanz besondere Revisoren zu bestellen.[69] Darüber hinaus war es bei Aktiengesellschaften den Eigentümern überlassen, in den Statuten detaillierte Prüfungsvorschriften zu verankern.[70] Von einer expliziten gesetzlichen Verpflichtung zu einer jährlichen Abschlussprüfung und Ausformung konkreter Prüfungsnormen sowie Anforderungen an den Abschlussprüfer sah der Gesetzgeber allerdings auch in der Aktienrechtsnovelle 1884 ab. Dies war, wie bereits erläutert wurde, auch weiterhin Bestandteil gesellschaftsvertraglicher Vereinbarungen und lag somit in der Privatautonomie der Beteiligten.[71] Durch die Verhängung von Ordnungsgeldern sowie die Androhung strafrechtlicher Konsequenzen – u. a. waren für wissentlich unwahre Vermögensdarstellungen oder -verschleierungen sowohl für die persönlich haftenden Gesellschafter einer Kommanditgesellschaft auf Aktien sowie die Vorstandsmitglieder einer Aktiengesellschaft als auch für die jeweiligen Aufsichtsratsmitglieder Gefängnis- und Geldstrafen vorgesehen – sollte darüber hinaus die Durchsetzung der Einhaltung der kodifizierten Rechnungslegungsvorschriften weiter gestärkt werden.

Mit der Ausformung der Normen zur externen Unternehmensberichterstattung für Aktiengesellschaften und Kommanditgesellschaften auf Aktien durch die Aktienrechtsnovelle 1884 kam es erstmals seit der Verabschiedung des ADHGB (1861) zu einer wesentlichen rechtsformbezogenen Spaltung des Bilanzrechts. Denn während Einzelunternehmen und Personengesellschaften hinsichtlich ihrer Jahresabschlusserstellung nur sehr liberalen Rechnungslegungsanforderungen unterlagen, waren Aktiengesellschaften und Kommanditgesellschaften auf Aktien zur Einhaltung konkreter materieller Bilanzierungs- und Bewertungsnormen sowie zur Offenlegung ihrer Bilanz- und GuV-Rechnung verpflichtet.

---

69 Vgl. Art. 239 a AktG (1884).

70 Siehe hierzu List, H.-A. (1998), S. 82.

71 Allerdings wurde für Aktiengesellschaften explizit eine Gründungsprüfung durch Vorstand und Aufsichtsrat angeordnet; vgl. 209 h AktG (1884). Zusätzlich war eine Gründungsprüfung durch besondere Revisoren erforderlich, sofern Mitglieder des Vorstands oder des Aufsichtsrats zugleich Gründer waren, Sacheinlagen geleistet oder sich im Gesellschaftsvertrag besondere Vorteile ausbedungen hatten; vgl. Art. 209 h AktG (1884). Siehe außerdem Meisel, B. (1992), S. 68 f.; Quick, R. (1990), S. 221 f. Bei Kommanditgesellschaften auf Aktien beschränkte sich die Gründungsprüfung auf eine Prüfung durch den Aufsichtsrat; vgl. Art. 175 e AktG (1884).

■ **Abb. 8:** Differenzierungstableau zum AktG 1884

Differenzierungskriterien:

- Rechtsform

Differenzierungsbereiche:

- Abschlusserstellung
- Prüfung
- Publizität
- Enforcement

Normierung:

- Normierungsinhalt-/umfang: Aktiengesellschaften/Kommanditgesellschaften auf Aktien wurden dazu verpflichtet: (1) detailliertere Rechnungslegungsgrundsätze zu befolgen; (2) neben einer Bilanz eine GuV-Rechnung und einen Geschäftsbericht zu erstellen; (3) ihre GuV-Rechnung und Bilanz in den Gesellschaftsblättern öffentlich bekannt zu machen und zum Handelsregister einzureichen; (4) außerdem wurden für Aktiengesellschaften/Kommanditgesellschaften auf Aktien die Vorschriften für satzungsmäßig vereinbarte Abschlussprüfungen ausgebaut und (5) die Strafvorschriften für Leitungs- und Aufsichtsorgane bei unwahrer Darstellung der wirtschaftlichen Unternehmenssituation verschärft

3.1.4 Gesetz betreffend die Gesellschaft mit beschränkter Haftung (GmbHG) 1892

Zu einer weiteren Zergliederung des Rechnungslegungsrechts kam es mit der Verabschiedung des Gesetzes betreffend die Gesellschaft mit beschränkter Haftung[72] im Jahr 1892, mit dem der Gesetzgeber auf das erwachsende Bedürfnis der Wirtschaft nach einer auf das Gesellschaftsvermögen haftungsbegrenzten Gesellschaftsform für Unternehmen mit geringem Eigenkapitalbedarf und einem überschaubaren, dauerhaft verbundenen, geschlossenen Gesellschafterkreis reagierte.[73] Trotz der im Hinblick auf die Haftungsbegrenzung bestehenden Ähnlichkeit der Gesellschaft mit beschränkter Haftung (GmbH) mit der Rechtsform der Aktiengesellschaft übertrug der Gesetzgeber die ergänzenden, 1884 novellierten aktienrechtlichen Rechnungslegungs- und Berichterstattungsnormen nur zum Teil auf die Gesellschaft mit beschränkter Haftung. Denn während bei der Aktiengesellschaft die große Zahl sowie der häufige Wechsel der Mitglieder und die hieraus resultierende lockere Verbindung derselben mit der Gesell-

---

72 Vgl. Gesetz betreffend die Gesellschaften mit beschränkter Haftung vom 20. April 1892 (im Folgenden zitiert als GmbHG (1892)).

73 Vgl. Entwurf eines Gesetzes, betreffend die Gesellschaften mit beschränkter Haftung vom 11. Februar 1892 (im Folgenden zitiert als Entwurf eines GmbHG (1892)), Begründung, S. 3724 ff. Siehe auch Buschmeyer, K.-D. (1993), S. 22 f.; Feine, H. (1929), S. 1 ff.; Hasenack, W. (1965), S. 440.

schaft besondere Maßnahmen zum Schutz des sich beteiligenden Publikums erforderte, bedurfte es solchen Regelungen in Anbetracht der engeren Beziehung der Gesellschafter zum Unternehmen nach Auffassung des Gesetzgebers bei der Gesellschaft mit beschränkter Haftung nicht.[74] Neben den für alle Kaufleute im Handelsrecht bestehenden Normen wurden für die Gesellschaft mit beschränkter Haftung im GmbHG (1892) zwar zusätzliche Unternehmensberichterstattungsnormen kodifiziert, diese waren jedoch weniger umfassend als die ergänzenden aktienrechtlichen Rechnungslegungs- und Berichterstattungsnormen.

Anders als die Aktiengesellschaft und die Kommanditgesellschaft auf Aktien war die Gesellschaft mit beschränkter Haftung z. B. ausschließlich zur Aufstellung einer Bilanz und GuV-Rechnung verpflichtet; die zwingende Erstellung eines Geschäftsberichtes war hingegen nicht erforderlich.[75] Auch die aktienrechtlichen Bewertungsnormen wurden für die Gesellschaft mit beschränkter Haftung nur zum Teil übernommen, indem das Anschaffungskostenprinzip im Gegensatz zur Aktiengesellschaft/ Kommanditgesellschaft auf Aktien nicht für sämtliche Vermögenswerte, sondern nur für das Anlagevermögen verpflichtend vorgeschrieben wurde.[76] Diese Vorgehensweise rechtfertigte der Gesetzgeber damit, dass die Gefahr der Ausschüttung nicht realisierter Gewinne bei der Gesellschaft mit beschränkter Haftung – anders als bei der Aktiengesellschaft oder Kommanditgesellschaft auf Aktien, wo hierdurch kursbeeinflussende Wirkungen erzielt werden konnten – weniger groß war, zumal das GmbHG (1892) einer solchen Praxis durch die Kodifikation einer Nachschusspflicht[77] bei Auszahlung fiktiver Gewinne, die zu einer Beeinträchtigung des Stammkapitals führten, entsprechend entgegenwirkte.[78]

Neben Abweichungen in materiellen Rechnungslegungsgrundsätzen wurden darüber hinaus für die Gesellschaft mit beschränkter Haftung weder eine privatrechtliche Vereinbarung von Prüfungspflichten angeordnet, noch eine verpflichtende Publizierung von Bilanz und GuV-Rechnung kodifiziert.[79] Nur wenn es sich um eine im Bankgeschäft tätige Gesellschaft mit beschränkter Haftung handelte, erkannte der Gesetzgeber mit Rücksicht auf die Eigenart der Geschäfte ein allgemeines Interesse der Öffentlichkeit an der Gesamtlage der Unternehmung an[80] und verlangte eine verpflich-

74 Vgl. Entwurf eines GmbHG (1892), Begründung, S. 3725.
75 Vgl. § 42 GmbHG (1892). Die verpflichtende Erstellung eines Geschäftsberichtes konnte jedoch in der Satzung vereinbart werden; vgl. Feine, H. (1929), S. 572.
76 Vgl. § 43 GmbHG (1892); kritisch hierzu Feine, H. (1929), S. 584 f.
77 Vgl. § 31 GmbHG (1892).
78 Vgl. Entwurf eines GmbHG (1892), Begründung, § 43, S. 3749.
79 Vgl. § 42 GmbHG (1892).
80 Vgl. hierzu insbesondere Feine, H. (1929), S. 575.

tende Offenlegung der Bilanz.[81] Eine allgemeine Pflicht zur Rechnungslegungspublizität, die bei Aktiengesellschaften nach Auffassung des Gesetzgebers primär dem Schutz aktueller und potenzieller Anteilseigner diente, wurde für Unternehmen in der Rechtsform der Gesellschaft mit beschränkter Haftung angesichts eines geschlossenen Gesellschafterkreises für nicht gerechtfertigt befunden. Darüber hinaus erachtete der Gesetzgeber mit Rücksicht auf die aus einer öffentlichen Bekanntgabe von Bilanz und GuV-Rechnung eventuell resultierenden Wettbewerbsnachteile auch die in der Haftungsbeschränkung der Gesellschaft mit beschränkter Haftung begründeten Interessen der Gläubiger für eine gesetzlich verpflichtende Rechnungslegungspublizität als nicht ausreichend, da schließlich auch bei Personengesellschaften mit persönlich haftenden Gesellschaftern die Haftung faktisch auf den Wert des verfügbaren Privatvermögens beschränkt war.[82] Somit waren zum damaligen Zeitpunkt nicht Haftungsaspekte, sondern Unterschiede in der Gesellschafterstruktur und hiermit einhergehende Divergenzen hinsichtlich der Eigenkapitalbeschaffung die zentralen Kriterien für die Differenzierung von Publizitätspflichten. Die bei der Gesellschaft mit beschränkter Haftung fehlende Zwangspublizität wurde als einer der Hauptgründe für die in den Folgejahren wachsende Beliebtheit und rasche Verbreitung dieser Gesellschaftsform gesehen.[83]

Ferner wurden auch die Straf- und Bußgeldvorschriften des Aktienrechts für die Organmitglieder bei unwahrer Darstellung der wirtschaftlichen Unternehmenssituation für die Gesellschaft mit beschränkter Haftung nicht übernommen, da im Sinne des Allgemeinwohls ein besonderer Schutz der Gesellschafter im Unterschied zur Aktiengesellschaft angesichts der geringeren Mitgliederzahl sowie der fehlenden Fungibilität der Anteilspapiere nach Auffassung des Gesetzgebers nicht erforderlich war. Für den Gläubigerschutz wurden dagegen die Bestimmungen des allgemeinen Strafrechts für ausreichend erachtet.[84]

81 Vgl. § 42 GmbHG (1892).
82 Vgl. Entwurf eines GmbHG (1892), Begründung, § 42, S. 3749. Kritisch hierzu Buschmeyer, K.-D. (1993), S. 72 f.
83 Vgl. Feine, H. (1929), S. 574; für einen Überblick über die zahlenmäßige Entwicklung der Gesellschaften mit beschränkter Haftung siehe Feine, H. (1929), S. 12 ff.
84 Vgl. Entwurf eines GmbHG (1892), Begründung, §§ 79 bis 81, S. 3760.

■ **Abb. 9:** Differenzierungstableau zum GmbHG 1892

Differenzierungskriterien:
- Rechtsform/Haftungsbeschränkung/Gesellschafterstruktur

Differenzierungsbereiche:
- Abschlusserstellung
- Prüfung
- Publizität
- Enforcement

Normierung:
- Normierungsinhalt-/umfang: (1) Teilweise Übernahme der für Aktiengesellschaften/Kommanditgesellschaften auf Aktien geltenden materiellen Rechnungslegungsgrundsätze für die Gesellschaft mit beschränkter Haftung; (2) im Gegensatz zu Aktiengesellschaften/Kommanditgesellschaften auf Aktien wurde für Gesellschaften mit beschränkter Haftung jedoch (a) keine Pflicht zur Erstellung eines Geschäftsberichts und (b) keine Publizitätspflicht kodifiziert; (3) außerdem wurden für Gesellschaften mit beschränkter Haftung weder die strafrechtlichen Bestimmungen des Aktienrechts für die Organmitglieder bei unwahrer Darstellung der wirtschaftlichen Lage übernommen noch die privatrechtliche Vereinbarung von Prüfungspflichten angeordnet

3.1.5 HGB 1897

Auch bei der Verabschiedung des HGB von 1897, die im Wesentlichen durch die Neufassung des Bürgerlichen Gesetzbuches ausgelöst wurde,[85] unterließ es der Gesetzgeber, in dem für sämtliche Kaufleute geltenden Rechnungslegungsteil konkrete Ansatz- und Bewertungsnormen zu kodifizieren. Allerdings ordnete § 38 HGB erstmals an, dass die Handelsbücher sämtlicher Kaufleute den „Grundsätzen ordnungsmäßiger Buchführung“[86] entsprechen müssten.[87] Obschon in den Folgejahren der unbestimmte Rechtsbegriff der Grundsätze ordnungsmäßiger Buchführung (GoB) heftige Diskussionen hinsichtlich Inhalt und Deduzierung entfachte,[88] verstand der damalige Handelsgesetzgeber hierunter zunächst lediglich die „Gepflogenheiten sorgfältiger Kaufleute“[89]. Abhängig von dem Gegenstand, der Art und des Umfangs des Geschäfts konnten die hieraus resultierenden Anforderungen, deren Konkretisierung letztlich

85 Vgl. Göllert, K. (1979), S. 89.
86 Zur geschichtlichen Entwicklung des Begriffs siehe Barth, K. (1963), S. 384 ff.; Leffson, U. (1987), S. 129 ff.
87 Vgl. § 38 HGB.
88 Siehe hierzu beispielsweise Leffson, U. (1987), S. 112 ff.
89 Vgl. Litthauer, F. (Hrsg.) (1898), Anmerkungen zu § 38 HGB; Schön, W. (1997), S. 144; Rudorff, O. (1898), Anmerkungen zu § 38 HGB.

dem Bilanzierenden selbst überlassen war,[90] variieren.[91] Der Gesetzgeber hatte somit bewusst von einer Verallgemeinerung der aktienrechtlichen Ansatz- und Bewertungsnormen abgesehen und davon Abstand genommen, Personengesellschaften und Einzelkaufleute den aktienrechtlichen Anforderungen zu unterwerfen.[92] Diese Vorgehensweise rechtfertigte der Gesetzgeber damit, dass die aktienrechtlichen Rechnungslegungsvorschriften, die in erster Linie die Auszahlung unrealisierter Gewinne verhindern sollten, erst gemeinsam mit anderen Maßregeln ihre volle Wirkung entfalten und zur Erhaltung des statutenmäßigen Gesellschaftskapitals beitragen konnten. Da bei Personengesellschaften und Einzelunternehmen das Geschäftskapital aufgrund der unbeschränkten Haftung jedoch keinen Verfügungsbeschränkungen unterlag, würden auch die aktienrechtlichen Bilanzierungsnormen ihren Zweck verfehlen.[93] Insofern war bei Aktiengesellschaften die Rechnungslegung auf die Ermittlung eines verteilungsfähigen Gewinns gerichtet, während bei Einzelkaufleuten und Personengesellschaften im Wesentlichen die Ermittlung des erzielten Gewinns im Vordergrund stand.[94]

Bezüglich der aktienrechtlichen Vorschriften nutzte der Gesetzgeber die Neufassung des HGB für eine Neustrukturierung. Die für die Kommanditgesellschaft auf Aktien geltenden Vorschriften wurden nun nicht mehr als Spezialnormen jenen der Kommanditgesellschaft nachgestellt, sondern im Anschluss an die aktienrechtlichen Vorschriften verankert, sodass die Kommanditgesellschaft auf Aktien somit nicht mehr wie bislang eine Sonderform der Kommanditgesellschaft war, sondern nun primär dem Recht der Aktiengesellschaften zugeordnet wurde.[95] Gleichzeitig wurde in Einklang mit dieser Neukategorisierung das Verbot zur Emission von Inhaberaktien für die Kommanditgesellschaft auf Aktien aufgehoben.[96] Aufgrund des hiermit einhergehenden erleichterten Kapitalmarktzugangs wurden die für Aktiengesellschaften geltenden, besonderen Rechnungslegungs-, Prüfungs- und Publizitätsvorschriften nun vollständig auf die Kommanditgesellschaft auf Aktien übertragen.[97] Dies galt auch für die mit dem HGB 1897 eingeführte Erweiterung der Publizitätspflicht. Zum Schutz der Aktionäre, der Gläubiger sowie des öffentlichen Interesses[98] musste neben der Bilanz- und GuV-Rechnung nun auch der Geschäftsbericht beim Handelsregister eingereicht werden

---

90 Siehe hierzu die Ausführungen bei Leffson, U. (1987), S. 130 ff.
91 Vgl. Barth, K. (1953), S. 80; Litthauer, F. (Hrsg.) (1898), Anmerkungen zu § 38 HGB.
92 Vgl. Barth, K. (1953), S. 81 f. und S. 172 f.; Kruse, H. (1970), S. 198; Moxter, A. (1984b), S. 1781.
93 Vgl. Denkschrift zum Entwurf eines Handelsgesetzbuchs und eines Einführungsgesetzes in der Fassung der dem Reichstag gemachten Vorlage, 9. Legislaturperiode, IV. Session 1895/97, S. 46.
94 Vgl. Moxter, A. (1994), S. 712 f.; derselbe (1996), S. 238 f.
95 Vgl. Rudorff, O. (1898), Anmerkungen zu § 320.
96 Vgl. § 320 HGB.
97 Vgl. § 325 HGB.
98 Siehe zur Adressatenfrage bezüglich des Geschäftsberichtes Göllert, K. (1979), S. 92 ff.

(eine Veröffentlichung des Geschäftsberichts in den Gesellschaftsblättern war hingegen nicht vorgesehen).[99] Um die vollständige Veröffentlichung der Bilanz- und GuV-Rechnung in den Gesellschaftsblättern sicherzustellen – in der Rechnungslegungspraxis war die Offenlegung eines nur verkürzten Abschlusses üblich – musste darüber hinaus neben den Abschlussinstrumenten sowie dem Geschäftsbericht auch der Text der Bekanntmachung zum Handelsregister eingereicht werden.[100] Außerdem verkürzte der Gesetzgeber zur Gewährleistung einer zeitnahen Berichterstattung die Frist zur Vorlage des Jahresabschlusses (Bilanz und GuV-Rechnung) sowie des Geschäftsberichtes gegenüber dem Aufsichtsichtsrat und der Generalversammlung von sechs auf drei Monate, wobei im Gesellschaftsvertrag eine hiervon abweichende Regelung und maximale Verlängerung der Vorlagefrist auf sechs Monaten vereinbart werden konnte.[101]

■ **Abb. 10:** Differenzierungstableau zum HGB 1897

Differenzierungskriterien:
- Rechtsform

Differenzierungsbereiche:
- Abschlusserstellung
- Publizität

Normierung:
- Normierungsinhalt-/umfang: Bei Aktiengesellschaften und Kommanditgesellschaften auf Aktien: Ausdehnung der Publizitätspflicht auf den Geschäftsbericht
- Normierungsart: Keine Übernahme der für Aktiengesellschaften/Kommanditgesellschaften auf Aktien sowie die Gesellschaft mit beschränkter Haftung kodifizierten Bilanzierungs- und Bewertungsnormen für alle Kaufleute; stattdessen erfolgt im Rahmen der für alle Kaufleute kodifizierten, rudimentären Rechnungslegungsvorschriften nur ein Verweis auf die „Grundsätze ordnungsmäßiger Buchführung"

---

99 Vgl. § 265 sowie § 325 HGB.
100 Vgl. Döllerer, G. (1958), S. 1282; Göllert, K. (1979), S. 90; Merkt, H. (2001), S. 70.
101 Vgl. § 260 HGB.

3.1.6 Entstehung des Maßgeblichkeitsgrundsatzes und sein Einfluss auf die Rechnungslegungsdifferenzierung

Obwohl die Väter des Handelsgesetzbuches von 1897 den besonderen Bewertungsnormen des Aktienrechts keine rechtsformunabhängige Gültigkeit beimaßen, gewannen die aktienrechtlichen Rechnungslegungsprinzipien im Zeitablauf immer mehr auch für Einzelkaufleute und Personengesellschaften an Bedeutung. Das Aktienbilanzrecht wurde zunehmend zum „Schrittmacher“[102] für die allgemeine handelsrechtliche Rechnungslegung und die Entwicklung einheitlicher, rechtsformunabhängig gültiger GoB, was nicht zuletzt auch auf entsprechende Entwicklungstendenzen im Steuerrecht zurückgeführt werden konnte.[103] Denn parallel zur Fortentwicklung des Handelsbilanzrechts entdeckte auch der Steuergesetzgeber die handelsrechtliche Rechnungslegung als Grundlage für die Erhebung der Einkommensteuer auf gewerbliche Einkünfte.

Die ersten beiden Länder, die nach In-Kraft-Treten des ADHGB (1861) in ihren Einkommensteuergesetzen hinsichtlich der steuerlichen Gewinnermittlung auf die handelsrechtliche Rechnungslegung verwiesen, waren Sachsen und Bremen im Jahr 1874. Diesem Beispiel folgte u. a. Preußen, das in seinem Einkommensteuergesetz von 1891 forderte, den „... Reingewinn aus dem Handel und Gewerbe nach den Grundsätzen zu berechnen, wie solche für die Inventur und Bilanz durch das Allgemeine Deutsche Handelsgesetzbuch vorgeschrieben sind und sonst dem Gebrauche eines ordentlichen Kaufmannes entsprechen.“[104] Die Entstehungsgeschichte des preußischen Einkommensteuergesetzes zeigt, dass der Anstoß für die Anbindung der Besteuerung an die handelsrechtliche Gewinnermittlung letztlich nicht vom Staat, sondern von der Kaufmannschaft selbst ausging, die sich den Doppelaufwand aus der Erstellung zwei verschiedener Jahresrechnungen – steuerliche Einnahmen-Überschuss-Rechnung einerseits und handelsrechtliche Rechnungslegung andererseits – ersparen wollte.[105]

Das Prinzip der Maßgeblichkeit der handelsrechtlichen Rechnungslegung für die steuerliche Gewinnermittlung war geboren. Es wurde nach und nach auch von anderen Staaten des deutschen Reiches übernommen und zwang letztlich nun auch jene Kaufleute zu einer Bilanzerstellung, die in Ermangelung entsprechender handelsrechtlicher Sanktionsmaßnahmen bislang ihren handelsrechtlichen Rechnungslegungspflichten

102 Vgl. Beisse, H. (1994), S. 8.

103 Vgl. Beisse, H. (1994), S. 8; Moxter, A. (1996), S. 239.

104 § 14 des Preußischen Einkommensteuergesetzes von 1891 zitiert nach Barth, K. (1955), S. 204.

105 Ausführlich hierzu Barth, K. (1955), S. 183 ff.; Pohl, K. (1983), S. 18 ff; Robisch, M./Treisch, C. (1997), S. 158. Zur Geschichte des Maßgeblichkeitsgrundsatzes vgl. auch Alsheimer, H. (1974), S. 842 ff.; Broer, F. (2001), S. 48 ff.; Drescher, S. (2002), S. 16 ff.; Krieger, A. (1988), S. 329 ff.; Pausch, A. (1979), S. 60 ff.; Schmidt, L. (1994), S. 17 ff.

nicht nachgekommen waren.[106] Insofern trug das Maßgeblichkeitsprinzip in der damaligen Zeit wesentlich zur Durchsetzung des Handelsbilanzrechts bei. Die Bindung der steuerrechtlichen Gewinnermittlung an das Handelsbilanzrecht hatte aber noch eine weitere Wirkung. Um ihre Steuerzahlungen zu verringern, griffen nun verstärkt auch Einzelkaufleute und Personengesellschaften auf die Anwendung der vom Realisationsprinzip geprägten aktienrechtlichen Rechnungslegungsnormen zurück, was nach anfänglicher Ablehnung letztendlich auch von den zuständigen Gerichten gebilligt wurde.[107]

In Fortführung der Tradition der Einkommensteuergesetze der früheren deutschen Staaten hielt der Gesetzgeber auch im Einkommensteuergesetz von 1920 an dem Grundsatz der Maßgeblichkeit der handelsrechtlichen Rechnungslegung für die steuerliche Gewinnermittlung fest und führte ihn nun für das gesamte deutsche Reich ein. Infolge der zunehmenden Inflation novellierte der Steuergesetzgeber das Einkommensteuergesetz allerdings bereits im Jahr darauf und kodifizierte das im Aktienrecht längst etablierte Anschaffungskosten- und Niederstwertprinzip nun rechtsformunabhängig für alle buchführenden Steuerpflichtigen.[108] Die zunächst nur im Aktien- und GmbH-Recht verankerten, an einer vorsichtigen Gewinnermittlung orientierten Rechnungslegungsprinzipien erlangten durch das Steuerrecht entgegen der ursprünglichen Intention des Handelsgesetzgebers von 1897 nun auch für Einzelkaufleute und Personengesellschaften zwar nicht handelsrechtlich, aber steuerrechtlich Verpflichtungswirkung. Wenngleich hieraus kaum praktische Wirkungen resultierten – denn trotz der einschlägigen handelsrechtlichen Rechtsprechung, die eine Bewertung zum gemeinen Wert vorschrieb, entsprach die Anwendung dieser Prinzipien bereits der allgemeinen kaufmännischen Praxis[109] – so förderte die steuerrechtliche Kodifizierung des Anschaffungskosten- und Niederstwertprinzips doch den Prozess der Fortentwicklung dieser Grundsätze von rein aktienrechtlichen Bewertungsgrundsätzen zu allgemein akzeptierten GoB.[110] Auch in die nachfolgend erlassenen Einkommensteuergesetze von 1925 und 1934 wurde das Maßgeblichkeitsprinzip, zum Teil in etwas modifizierter Form, übernommen.[111] Fast unverändert ist es seitdem in § 5 (1) EStG verankert, wonach für die steuerliche Gewinnermittlung das Betriebsvermögen ange-

---

[106] Vgl. Schmalenbach, E. (1956), S. 20.

[107] Vgl. Barth, K. (1955), S. 216 ff.

[108] Vgl. Barth, K. (1955), S. 240 ff.; Pohl, K. (1983), S. 73. Durch das reichsgesetzliche Körperschaftsteuergesetz von 1920 wurden juristische Personen den gleichen Gewinnermittlungsgrundsätzen unterworfen wie Einzelkaufleute und Personengesellschaften; vgl. Barth, K. (1955), S. 238; Clemm, H./Nonnenmacher, R. (1985), S. 228.

[109] Vgl. Pohl, K. (1983), S. 74.

[110] Siehe speziell zum Niederstwertprinzip Kruse, H. (1970), S. 194 f.

[111] Vgl. Barth, K. (1955), S. 246 und S. 259.

setzt werden muss, „... das nach den handelsrechtlichen Grundsätzen ordnungsmäßiger Buchführung auszuweisen ist."[112]

Die beibehaltene Anbindung der steuerlichen Gewinnermittlung an die handelsrechtliche Rechnungslegung hatte auf die weitere Fortentwicklung des handelsrechtlichen Differenzierungskonzeptes einen nachhaltigen Einfluss. Zum einen hatte die stetige Auseinandersetzung der Finanzgerichte mit der Ordnungsmäßigkeit und Angemessenheit der Gewinnermittlung zur Folge, dass die steuerliche Rechtsprechung sich aufgrund der Gültigkeit der handelsrechtlichen Rechnungslegung für die steuerrechtliche Gewinnermittlung sehr intensiv mit der Interpretation der GoB beschäftigte. Dies führte nicht nur zu einer starken steuerrechtlichen Prägung der GoB,[113] sondern förderte zur Erfüllung einer gleichmäßigen Besteuerung auch die Herausbildung einheitlicher Rechnungslegungsnormen und die Fortentwicklung der aktienrechtlichen Rechnungslegungsgrundsätze zu rechtsformübergreifenden GoB.[114] Denn durch die Orientierung der aktienrechtlichen Rechnungslegungsnormen an der Ermittlung eines vorsichtig bemessenen, objektivierten Gewinns, dessen Ausschüttung die Haftungssubstanz des Unternehmens nicht gefährden sollte, entsprachen sie nicht nur den Interessen der Steuerpflichtigen,[115] die damit ihre Steuerbelastung möglichst niedrig halten konnten, sondern standen vielfach auch in Einklang mit der vom Fiskus angestrebten gleichmäßigen Besteuerung der finanziellen Leistungsfähigkeit der Steuerpflichtigen.[116] Denn die anhand objektivierter GoB ermittelte, innerhalb eines Geschäftsjahres erwirtschaftete Vermögensmehrung stellte nach Auffassung des Fiskus eine „sichere", d. h. verlässliche Grundlage für die Bestimmung des steuerpflichtigen Einkommens dar.[117] Zum anderen schuf aber auch die Steuergesetzgebung selbst – vom Grundsatz der Gleichmäßigkeit der Besteuerung geleitet – rechtsformübergreifend anzuwendende Rechnungslegungsnormen (vgl. §§ 6 ff. EStG), die ihrerseits wiederum Vorbildcharakter für ein einheitliches Handelsbilanzrecht entfalteten.[118] Insofern gingen in der Vergangenheit von der Maßgeblichkeit der handelsrechtlichen Rechnungslegung für die steuerliche Gewinnermittlung starke Vereinheitlichungstendenzen aus, die die Ent-

---

112 § 5 (1) EStG.
113 Vgl. Geßler, E. (1964), S. 47; Haller, A. (1992), S. 47.
114 Vgl. Beisse, H. (1994), S. 8; Krieger, A. (1988), S. 340; Moxter, A. (1996), S. 239.
115 Vgl. Krieger, A. (1988), S. 331; Schmalenbach, E. (1956), S. 21; siehe hierzu auch die Ausführungen bei *Kruse* zur Relevanz der Bilanzierungs- und Bewertungsvorschriften des Aktiengesetzes 1965 für die steuerliche Gewinnermittlung; Kruse, H. (1970), S. 193 ff.
116 Vgl. Haller, A. (1992), S. 45. Kritisch zur Vereinbarkeit des Realisationsprinzips mit dem Grundsatz der Besteuerung steuerlicher Leistungsfähigkeit Moxter, A. (1984b), S. 1785. Ebenfalls kritisch äußert sich *Schneider* dazu, den Gewinn der Handelsbilanz als Maßstab für die steuerliche Leistungsfähigkeit zu definieren; Schneider, D. (1978), S. 1578 f.
117 Vgl. Alsheimer, H. (1974), S. 845; Krieger, A. (1988), S. 331; Pohl, K. (1983), S. 28.
118 Ähnlich Schön, W. (1997), S. 142.

wicklung uniformer, rechtsformübergreifender handelsrechtlicher Rechnungslegungsgrundsätze förderte.

3.1.7 Aktienrechts(not)verordnung von 1931

Unter dem Einfluss der einsetzenden Weltwirtschaftskrise gegen Ende der 1920er-Jahre sowie den hiermit einhergehenden zahllosen Unternehmenszusammenbrüchen war der Gesetzgeber erneut zum Handeln gezwungen. Wiederum stand die Rechnungslegung der Aktiengesellschaft und Kommanditgesellschaft auf Aktien im Mittelpunkt der Gesetzgebungspolitik.

Obwohl die Aktienrechtsverordnung von 1931, die auch als „Kleine Aktienrechtsreform" bezeichnet wird, letztendlich durch die einsetzende Weltwirtschaftskrise in einem beschleunigten Verfahren verabschiedet werden musste,[119] war sie von langer Hand vorbereitet[120] und von den sich wandelnden wirtschaftlichen Strukturen und Finanzierungsgepflogenheiten[121] bestimmt.[122] Bereits 1926 auf dem 34. Deutschen Juristentag war die Reformierung des deutschen Aktienrechts ein zentrales Thema; die Notwendigkeit einer Annäherung des deutschen Aktienrechts an das englische bzw. amerikanische Recht wurde intensiv diskutiert.[123] Doch nicht nur Einflüsse aus dem Ausland prägten die Überlegungen zur Reformierung des Rechts für Aktiengesellschaften/Kommanditgesellschaften auf Aktien, auch das sich ändernde Verständnis über die gesamtwirtschaftliche (soziale) Verantwortung von Großunternehmen (insbesondere von großen Aktiengesellschaften)[124] spielte eine zentrale Rolle.[125]

Geleitet von der Auffassung, dass die gewaltige Zusammenballung volkswirtschaftlichen Vermögens in Aktiengesellschaften und Kommanditgesellschaften auf Aktien neben den Informationsansprüchen der Kapitalgeber auch ein berechtigtes Interesse

119 Vgl. Barth, K. (1953), S. 99; Klausing, F. (1933), S. 13. Zu den zeitgeschichtlichen Hintergründen der Aktienrechts(not)verordnung siehe auch Born, K. (1966), S. 53 ff.; Nickel, A. (1935), S. 65 ff. sowie Quick, R. (1990), S. 228 ff.

120 Vgl. Schmalenbach, E. (1956), S. 24.

121 Siehe hierzu Reichsjustizministerium (Hrsg.) (1930), erläuternde Bemerkungen, S. 93.

122 Ausführlich zur Entwicklung der Aktienrechtsreform Klausing, F. (1933), S. 25 ff.

123 Vgl. hierzu das auf dem 34. Deutschen Juristentag vorgestellte Gutachten von Lehmann, J. (1926), S. 258 ff. sowie die hierzu geäußerten Leitsätze samt Begründungen von Pinner, A. (1927), S. 611 ff. und S. 615 ff.; Solmssen, G. (1927), S. 613 f. und S. 678 ff. sowie Heymann, E. (1927), S. 614 f. und S. 742 ff. Zur Diskussion über die Einführung einer Pflichtprüfung nach Vorbild des englischen Rechts siehe auch Ständige Deputation des deutschen Juristentages (Hrsg.) (1928), S. 23 sowie Quick, R. (1990), S. 228.

124 Vgl. hierzu die beiden zentralen Werke von Rathenau, W. (1922) und Haussmann, F. (1928).

125 Vgl. Reichsjustizministerium (Hrsg.) (1930), Erläuternde Bemerkungen, S. 93. Siehe auch Buschmeyer, K.-D. (1993), S. 67 f.; Klausing, F. (1933), S. 22 f.

des Volkes als Ganzes an Rechnungslegungsinformationen begründet,[126] sah sich der Staat infolge skandalöser Bilanzmanipulationen und Unternehmenskrisen[127] zum Handeln genötigt. Im Jahr 1930 legte das Reichsjustizministerium einen Entwurf zur Reformierung des Aktienrechts vor,[128] der einschneidende Änderungen hinsichtlich der aktienrechtlichen Rechnungslegungs- und Berichterstattungsnormen vorsah. Diese wurden kaum modifiziert in einen zweiten Entwurf übernommen und schließlich im September 1931 mittels Notverordnung[129] – die im Sommer 1931 eingetretene akute Wirtschaftskrise und Unternehmenszusammenbrüche ließen ein reguläres Gesetzgebungsverfahren nicht mehr zu – in einem beschleunigten Verfahren umgesetzt.[130]

Die Regelungen über den Jahresabschluss bildeten sowohl nach Umfang als auch nach Inhalt und Tendenz das Hauptstück der Aktienrechtsnovelle.[131] So verfeinerte die Aktienrechts(not)verordnung 1931 die im Rahmen des Handelsgesetzbuches kodifizierten aktienrechtlichen Ansatz- und Bewertungsnormen, ohne jedoch von den bestehenden, vom Gläubigerschutz geprägten Prinzipien der vorsichtigen Gewinnermittlung zur Vermeidung von fiktiven Dividendenausschüttungen abzurücken.[132] Beispielsweise normierte der Gesetzgeber mit der Aktienrechts(not)verordnung für Vermögenswerte des Umlaufvermögens das strenge Niederstwertprinzip. Wertpapiere, die dauernd dem Geschäftsbetrieb dienten, durften jedoch auch ohne Rücksicht auf einen am Bilanzstichtag etwaigen niedrigeren Börsen- oder Marktpreis zu Anschaffungskosten angesetzt werden, vorausgesetzt, die relevanten GoB standen dieser Vorgehensweise nicht entgegen. Darüber hinaus schrieb die Aktienrechts(not)verordnung für Kosten der Gründung und Kapitalerhöhung sowie den originären Firmenwert ein Aktivierungsverbot vor. Für den derivativen Goodwill wurde dagegen ein Aktivierungswahlrecht mit anschließender Pflicht zur planmäßigen Abschreibung ein-

---

126 Vgl. Reichsjustizministerium (Hrsg.) (1930), Erläuternde Bemerkungen, S. 94.

127 Vgl. Leffson, U. (1987), S. 133 f.

128 Vgl. Reichsjustizministerium (Hrsg.) (1930).

129 Vgl. Verordnung des Reichspräsidenten über Aktienrecht, Bankenaufsicht und über eine Steueramnestie vom 19. September 1931 (im Folgenden zitiert als Aktienrechts(not)verordnung (1931)).

130 Vgl. Barth, K. (1953), S. 99; Klausing, F. (1933), S. 13.

131 Vgl. Klausing, F. (1933), S. 91.

132 Siehe zur Bedeutung des Gläubigerschutzes im damaligen Aktienrecht auch Forster, K.-H. (1964), S. 423 f. Trotz zum Teil erheblicher Kritik von Vertretern der Betriebswirtschaftslehre lehnte der Gesetzgeber eine vorschnelle Neuausrichtung des Bilanzrechts auf eine der derzeit diskutierten wesentlichen Theorien (dies waren vor allem die dynamische, die statische und die organische Bilanzlehre) ab. Dies wurde mitunter dadurch begründet, dass sich die Betriebswirtschaftslehre nach wie vor im Fluss befinden würde und sich bislang keine Einigkeit über eine bestimmte vorziehenswürdige Theorie herausgebildet hätte. Insofern wollte der Gesetzgeber zumindest in diesem Stadium an den traditionell gewachsenen Rechnungslegungsgrundsätzen festhalten; vgl. hierzu ausführlich Ullmann, F. (1930), S. 2634. Darüber hinaus konnte sich der Gesetzgeber auch nicht zur Eindämmung der stillen Reservenbildung durchringen, obschon dies heftig diskutiert wurde; vgl. z. B. Nickel, A. (1935) S. 86 ff. sowie die dort angegebene Literatur.

geräumt. Außerdem spezifizierte die Verordnung die Kalkulation der Herstellungskosten, indem für Abschreibungen und angemessene Anteile der Betriebs- und Verwaltungskosten ein Einbeziehungswahlrecht und für Vertriebskosten ein explizites Aktivierungsverbot verankert wurde.[133] Für Anleihen wurde der Rückzahlungsbetrag als relevanter Bewertungsmaßstab normiert.

Neben einer Verfeinerung der materiellen Rechnungslegungsnormen wurden zur Verbesserung der Aussagefähigkeit der Geschäftsberichterstattung[134] die Anforderungen an deren Inhalt erheblich konkretisiert. Zum Schutz der Informationsinteressen der Aktionäre[135] musste der Geschäftsbericht nun über die bereits bestehende Darstellung der Entwicklung des Vermögensstandes und der Verhältnisse der Gesellschaft hinaus konkrete Erläuterungen zu Bilanz und GuV-Rechnung sowie wesentliche Abweichungen gegenüber dem Vorjahr beinhalten.[136] Außerdem wurden die Unternehmen dazu verpflichtet, über Konzernverflechtungen zu informieren und u. a. über das ausgegebene Aktienkapital, in der Bilanz nicht ersichtliche Haftungsverhältnisse, Vorstandsbezüge, die Zugehörigkeit zu preis- und absatzregelnden Verbänden und ähnliche Verbindungen sowie über wertbeeinflussende Ereignisse zu berichten.[137] Um inhaltsleere Jahresabschlüsse zu vermeiden, wurde schließlich auch eine Generalnorm (nach dem Vorbild des britischen Gesellschaftsrechts)[138] eingeführt. Demnach waren Aktiengesellschaften sowie die Kommanditgesellschaft auf Aktien dazu verpflichtet, ihren Jahresabschluss „... so klar und übersichtlich aufzustellen, dass er den Beteiligten einen möglichst sicheren Einblick in die Lage der Gesellschaft gewährt."[139] Dieser Forderung entsprach auch die Einführung detaillierter Vorgaben hinsichtlich der Untergliederung der Bilanz und GuV-Rechnung,[140] wobei für Letztere allerdings nur eine Nettorechnung ohne Preisgabe der Umsatzerlöse vorgeschrieben wurde, um die Unternehmen vor zu großen Einblicken der Wettbewerber zu schützen.[141] Darüber hinaus finden sich in der Aktienrechts(not)verordnung von 1931 bereits erste Ansätze eines Konzernrechts. So wurden Aktiengesellschaften sowie Kommanditgesellschaften auf Aktien nicht nur dazu verpflichtet, im Geschäftsbericht bestehende Konzernverhält-

---

133 Vgl. § 261 Aktienrechts(not)verordnung (1931).

134 Zum Teil beschränkten sich die Unternehmen im Geschäftsbericht mangels konkreter Vorgaben auf sehr allgemeine Ausführungen; vgl. Klausing, F. (1933), S. 151 f.

135 Die Interessen der Gesellschaft selbst sowie jene der Allgemeinheit an einer Geheimhaltung spezifischer Sachverhalte gingen allerdings im Konfliktfall den Informationsinteressen der Aktionäre vor; vgl. Reichsjustizministerium (Hrsg.) (1930), Erläuternde Bemerkungen, S. 111.

136 Der Geschäftsbericht war somit zweigeteilt in einen Lagebericht und einen Erläuterungsbericht; vgl. hierzu Ertner, U. (1968), S. 20.

137 Vgl. § 260 a (3) Aktienrechts(not)verordnung (1931). Ausführlich zu den Geschäftsberichtserfordernissen sowie zu deren Begründung siehe Klausing, F. (1933), S. 151 ff.

138 Vgl. Barth, K. (1953), S. 85.

139 § 260 b Aktienrechts(not)verordnung (1931).

140 Vgl. §§ 261 a ff. Aktienrechts(not)verordnung (1931). Siehe auch Nickel, A. (1935), S. 89 ff.

141 Vgl. Ullmann, F. (1930), S. 2636.

nisse darzulegen, sondern auch Forderungen und Verbindlichkeiten gegenüber Konzerngesellschaften in der Bilanz getrennt auszuweisen.[142]

Da nach der Auffassung des Gesetzgebers Aktiengesellschaften sowie Kommanditgesellschaften auf Aktien zum Teil erhebliche Summen des nationalen Kapitals akkumulierten, mussten diese nicht nur einer gesteigerten Rechenschaftspflicht nachkommen, sondern auch strengeren Kontrollen entsprechen.[143] Nach dem Vorbild des britischen Gesellschaftsrechts sowie des Prüfungswesens in Nordamerika kodifizierte der Gesetzgeber mit der Aktienrechts(not)verordnung 1931 für Aktiengesellschaften sowie Kommanditgesellschaften auf Aktien erstmals explizit eine gesetzliche Pflicht zur Durchführung einer jährlichen Abschlussprüfung durch externe „Bilanzprüfer“[144] und definierte zugleich konkrete Anforderungen an deren fachliche Kompetenz und Unabhängigkeit.[145] Die Gewährleistung einer ordnungsgemäßen Rechnungslegung würde – so die Ansicht des Gesetzgebers – nicht nur dem Interesse der Gesellschaft, ihrer Aktionäre und Gläubiger entsprechen, sondern auch dem der gesamten Volkswirtschaft,[146] und könnte, wie insbesondere die Erfahrungen in England zeigten, zur Gesundung und Sicherung des Aktienwesens beitragen.[147] Die zum Teil an den britischen *Companies Act 1900*[148] angelehnten Regelungen zur Jahresabschlussprüfung der Aktienrechts(not)verordnung 1931 wurden mitunter als die wichtigste Neuerung bezeichnet[149] und waren nach spektakulären Unternehmenszusammenbrüchen (wie z. B. der Frankfurter Allgemeinen Versicherungs-AG) als unausweichlich betrachtet worden.[150] Zur Gewährleistung einer ordnungsgemäßen Unternehmensberichterstattung wurden mit der Aktienrechts(not)verordnung darüber hinaus die Strafvorschriften für die Organmitglieder einer Aktiengesellschaft/Kommanditgesellschaft auf Aktien verschärft

142 Vgl. § 261 a Aktienrechts(not)verordnung (1931).

143 Vgl. Reichsjustizministerium (Hrsg.) (1930), Erläuternde Bemerkungen, S. 95. Die Aktienrechts(not)verordnung von 1931 enthält selbst keine amtliche Begründung. Da jedoch die mit der Verordnung umgesetzten Änderungen auf den ersten Entwurf zurückgehen, ist davon auszugehen, dass sie auf jenen Überlegungen und Motiven basieren, die auch im Entwurf zum Ausdruck gebracht wurden; so auch Döllerer, G. (1958), S. 1283.

144 Vgl. § 262 a ff. Aktienrechts(not)verordnung (1931). Siehe auch Fischer, L. (1970), S. 502 sowie Klausing, F. (1933), S. 172. Zwar ließen schon in den 1920er-Jahren insbesondere große Aktiengesellschaften ihre Abschlüsse durch unternehmensunabhängige Personen und Gesellschaften prüfen, jedoch beschränkte sich diese vielfach auf eine Prüfung der formellen Übereinstimmung von Bilanz und Buchführung; siehe hierzu ausführlich Meisel, B. (1992), S. 172 ff.

145 Für Details zur Jahresabschlussprüfung vgl. §§ 262 a ff. Aktienrechts(not)verordnung (1931).

146 Neben den Interessen der Gläubiger und Aktionäre nennt der Aktienrechtsentwurf von 1930 somit explizit auch die allgemeine Öffentlichkeit als Rechnungslegungsadressat; vgl. Reichsjustizministerium (Hrsg.) (1930), Erläuternde Bemerkungen, S. 94 sowie S. 115.

147 Vgl. Reichsjustizministerium (Hrsg.) (1930), Erläuternde Bemerkungen, S. 115.

148 Vgl. Merkt, H. (2001), S. 106. Siehe zum britischen Bilanzrecht auch die Ausführungen unter Gliederungspunkt 4.1.1.1.2.6.

149 Vgl. Schmölder, K. (1930), S. 2625.

150 Vgl. Barth, K. (1953), S. 94; Nickel, A. (1935), S. 79; Schmölder, K. (1930), S. 2625.

und die Verhängung von Geld- und Gefängnisstrafen auch für den verantwortlichen Abschlussprüfer sowie dessen Gehilfen bei unwahrer Berichterstattung über das Prüfungsergebnis eingeführt.[151]

Obschon die Aktienrechts(not)verordnung 1931 selbst keine größenspezifischen Differenzierungen vornahm, räumte sie der Reichsregierung die Befugnis ein, für „... Aktiengesellschaften und Kommanditgesellschaften auf Aktien geringeren Umfanges oder von besonderer Art Ausnahmen von den Vorschriften zuzulassen, die die Gliederung der Jahresbilanz und der Gewinn- und Verlustrechnung oder die Prüfung des Jahresabschlusses durch Bilanzprüfer betreffen ...“[152] Hierdurch sollten zum einen die Geheimhaltungsinteressen kleinerer Unternehmen geschützt[153] und zum anderen der Tatsache Rechnung getragen werden können, dass aus volkswirtschaftlichen Aspekten[154] bei kleineren Gesellschaften eine Pflichtprüfung durch fachlich qualifizierte, unabhängige Bilanzprüfer aufgrund der hiermit verbundenen Kosten unter Umständen nicht zu rechtfertigen war. Von dieser Ermächtigung machte die Regierung in den Folgejahren zumindest teilweise Gebrauch und befreite kleine Aktiengesellschaften und Kommanditgesellschaften auf Aktien, deren Grundkapital drei Millionen Reichsmark nicht überstieg, vorübergehend von der Anwendung der neu kodifizierten Vorschriften zur Abschlussprüfung.[155] 1932 wurde diese Befreiung jedoch eingeschränkt und nur mehr jenen Gesellschaften gewährt, deren Grundkapital unter 500.000 Reichsmark lag.[156] Im Jahr 1934 wurde die Befreiung dann gänzlich aufgehoben.[157] Für nach dem 30. September 1933 beginnende Geschäftsjahre unterlagen damit sämtliche Aktiengesellschaften und Kommanditgesellschaften auf Aktien unabhängig von ihrer Unternehmensgröße denselben Prüfungsanforderungen.

Die stufenweise Ausdehnung der Prüfungspflicht legt den Schluss nahe, dass die größenspezifische Differenzierung der Prüfungspflicht des damaligen Gesetzgebers nicht

151 Vgl. Artikel IX Aktienrechts(not)verordnung (1931).

152 Artikel XIV Abs. 2 Nr. 2 Aktienrechts(not)verordnung (1931).

153 Die Bedeutung der Geheimhaltungsinteressen der Unternehmen kommt z. B. dadurch zum Ausdruck, dass selbst für große Gesellschaften eine Bruttorechnung für die GuV-Rechnung nicht durchgesetzt werden konnte; vgl. Reichsjustizministerium (Hrsg.) (1930), Erläuternde Bemerkungen, S. 114.

154 Vgl. Reichsjustizministerium (Hrsg.) (1930), Erläuternde Bemerkungen, S. 115.

155 Vgl. Artikel 3, Erste Verordnung zur Durchführung der aktienrechtlichen Vorschriften der Verordnung des Reichspräsidenten über Aktienrecht, Bankenaufsicht und über eine Steueramnestie vom 15. Dezember 1931.

156 Vgl. Artikel 3, Zweite Verordnung zur Durchführung der aktienrechtlichen Vorschriften der Verordnung des Reichspräsidenten über Aktienrecht, Bankenaufsicht und über eine Steueramnestie vom 20. Dezember 1932.

157 Vgl. Fünfte Verordnung zur Durchführung der aktienrechtlichen Vorschriften der Verordnung des Reichspräsidenten über Aktienrecht, Bankenaufsicht und über eine Steueramnestie vom 16. Februar 1934.

dadurch begründet war, dass für kleinere Gesellschaften in Anbetracht ihrer im Vergleich zu Großunternehmen geringeren volkswirtschaftlichen Macht auf eine Überprüfung ihres Jahresabschlusses durch unabhängige Prüfer verzichtet werden konnte, sondern wohl eher deshalb notwendig war, weil befürchtet wurde, es stünde keine ausreichende Anzahl an qualifizierten Prüfern zur Verfügung.[158]

Die Einführung der gesetzlichen Jahresabschlussprüfung durch fachlich qualifizierte, unabhängige Abschlussprüfer (deren Berufsbezeichnung lautete in einer nachfolgend verabschiedeten Durchführungsverordnung nun offiziell „Wirtschaftsprüfer" und nicht mehr wie in der Aktienrechts(not)verordnung (1931) „Bilanzprüfer")[159] trieb gleichzeitig auch die Entwicklung des Wirtschaftsprüferberufsstandes und die Ausgestaltung des Berufsrechts voran. Die Anzahl der Wirtschaftsprüfer nahm rasch zu und es konnte erstmals von einem geschlossenen Berufsbild der mit der Abschlussprüfung betrauten Personen gesprochen werden. Im Jahr 1932 wurde schließlich das „Institut der Wirtschaftsprüfer" (IDW) durch die Umgründung des Instituts für das Revisions- und Treuhandwesen errichtet.[160]

■ **Abb. 11:** Differenzierungstableau zur Aktienrechts(not)verordnung 1931

Differenzierungskriterien:
- Rechtsform

Differenzierungsbereiche:
- Abschlusserstellung
- Prüfung
- Enforcement

Normierung:
- Normierungsinhalt/-umfang: Für Aktiengesellschaften und Kommanditgesellschaften auf Aktien nimmt der Detaillierungsgrad der kodifizierten Rechnungslegungsanforderungen zu: (1) Verfeinerung der Ansatz- und Bewertungsnormen, (2) Konkretisierung der Inhalte des Geschäftsberichts, (3) Normierung konkreter Gliederungsvorschriften für Bilanz und GuV-Rechnung, (4) Kodifizierung einer externen, jährlichen Abschlussprüfungspflicht; (5) Verschärfung der Strafvorschriften für die Organmitglieder; (6) Normierung von Strafbestimmungen für den verantwortlichen Abschlussprüfer sowie dessen Gehilfen

[158] Vgl. List, H.-A. (1998), S. 165; Quick, R. (1990), S. 233 f.; Schmölder, K. (1930), S. 2626; Schuld, H. (1966), S. 41.

[159] Hierdurch wollte der Gesetzgeber wohl klarstellen, dass sich die Aufgabe des Abschlussprüfers nicht auf die Prüfung der Bilanz beschränkte, sondern sich darüber hinaus beispielsweise auch auf die Prüfung der GuV-Rechnung und des Geschäftsberichts erstreckte; vgl. List, H.-A. (1998), S. 169 f.

[160] Vgl. List, H.-A. (1998), S. 172 ff.; zur Entwicklungsgeschichte des Wirtschaftsprüferberufsstandes siehe außerdem Markus, H. (1992), S. 1 ff. sowie Meisel, B. (1993).

3.1.8 Aktiengesetz 1937

Das sechs Jahre später im regulären Gesetzgebungsverfahren verabschiedete Aktiengesetz von 1937[161] hat die Vorschriften der Aktienrechts(not)verordnung von 1931 bis auf wenige Ausnahmen fast unverändert übernommen und schloss die 1931 initiierten Reformbestrebungen vorläufig ab. Im Gegensatz zur bisherigen Gesetzessystematik wurden jedoch die bislang im Rahmen des Handelsgesetzbuches kodifizierten Vorschriften betreffend die Aktiengesellschaft sowie die Kommanditgesellschaft auf Aktien nun in ein eigenständiges Aktiengesetz ausgegliedert.[162] Ein Vergleich der im Rahmen der Notverordnung von 1931 verabschiedeten aktienrechtlichen Normen mit den Regelungen des Aktiengesetzes 1937 (AktG 1937) offenbart hinsichtlich der Vorschriften zur Unternehmensberichterstattung im Wesentlichen vier zentrale Modifikationen.

Zum einen verschob das AktG (1937) das bis zu diesem Zeitpunkt bestehende Kräfteverhältnis zwischen Hauptversammlung und Geschäftsführung, indem es für den Regelfall die Feststellung des Jahresabschlusses dem Vorstand (mit Billigung durch den Aufsichtsrat) überantwortete[163] und damit dem Verantwortungsbereich der Hauptversammlung entzog. Dieser blieb somit nur mehr die Beschlussfassung über die Gewinnverteilung, wobei es aber auch hier dem Ermessen der Geschäftsleitung überlassen wurde, den verteilbaren Gewinn vorab durch die Bildung stiller und offener Rücklagen zu kürzen.[164] Die bis dato geltenden, auf dem HGB von 1897 basierenden umfangreichen Befugnisse der Aktionäre im Hinblick auf die Ausschüttungsbemessung sowie die Durchsetzung ihrer Gewinnansprüche – beispielsweise hatten die Aktionäre bis zur Verabschiedung des AktG 1937 im Wege der Anfechtung des Hauptversammlungsbeschlusses (§ 271 HGB) die Möglichkeit, Rücklagenbildungen zu beanstanden und die volle Ausschüttung des Bilanzgewinns ohne Rücksicht auf die individuelle Unternehmenssituation (wie z. B. Liquiditätsengpässe, schlechte zukünftige Ertragsaussichten etc.) zu fordern (§§ 213 und 215 HGB) – wurden somit zugunsten eines größeren Handlungsspielraums für den Vorstand, der diesen im wohlverstandenen Interesse des Unternehmens nutzen sollte, erheblich beschnitten.[165]

---

161 Vgl. Gesetz über Aktiengesellschaften und Kommanditgesellschaften auf Aktien (Aktiengesetz) vom 30. Januar 1937 (im Folgenden zitiert als AktG (1937)).

162 Vgl. AktG (1937).

163 Vgl. § 125 AktG (1937).

164 Vgl. Teichmann, R./Koehler, W. (1937), Vorbemerkung zum Fünften Teil: Rechnungslegung.

165 *Von Caemmerer* sieht zwischen der Funktionenteilung, die zwischen Vorstand und Hauptversammlung besteht, und der Notwendigkeit bzw. dem Anreiz zur Bildung stiller Reserven einen unmittelbaren Zusammenhang. Seiner Auffassung nach liegen die Wurzeln für die im deutschen Aktienrecht jahrelang geduldete und von der Rechtsprechung befürwortete, bewusste Unterbewertung in den auf das HGB von 1897 zurückgehenden, umfangreichen Rechten der Aktionäre

Zum anderen wurde durch eine Verfeinerung der Mindestgliederungsvorgaben für die GuV-Rechnung gleichzeitig die Einblicknahme der Kapitalgeber in die erwirtschafteten Erfolge verbessert. Zwar konnte die GuV-Rechnung noch in Form einer Nettorechnung aufgestellt werden,[166] das Gesetz verpflichtete nun aber zum jeweils gesonderten Ausweis von außerordentlichen Erträgen und Aufwendungen sowie jener Wertminderungen und Verluste, zu deren Ausgleich die gesetzliche Rücklage verwandt wurde bzw. der Erträge, die auf die Auflösung der gesetzlichen Rücklage zurückzuführen waren.[167]

Darüber hinaus stärkte das AktG (1937) die Institution Abschlussprüfung, indem sämtliche ohne vorherige Prüfung festgestellten Jahresabschlüsse automatisch als nichtig erklärt wurden.[168] Außerdem präzisierte und verschärfte der Gesetzgeber die Straf- und Bußgeldvorschriften für die verantwortlichen Leitungsorgane bei Verletzen ihrer Berichterstattungspflichten.

Eine wesentliche Modifikation des AktG (1937) bestand auch darin, dass die in der Aktienrechts(not)verordnung kodifizierte Ermächtigung der Reichsregierung zum Erlass größenabhängiger Erleichterungen nicht mehr in das aktuelle Gesetz übernommen wurde. Stattdessen beschränkte das AktG (1937) die Befugnis des Justizministers nur mehr darauf, Gesellschaften von besonderer Art von einer Abschlussprüfung zu befreien oder für diese modifizierte Prüfungsvorschriften zu erlassen.[169] Diese Vorgehensweise erschien nur konsequent, betrachtete man die seit In-Kraft-Treten der Aktienrechts(not)verordnung (1931) verfolgte Differenzierungspolitik. Denn eine Durchsicht der seit 1931 beschlossenen Durchführungsverordnungen offenbart, dass die Reichsregierung auch bis zur Verabschiedung des AktG (1937) von ihrer Befugnis zur Normierung größenspezifischer Erleichterungen nur insofern Gebrauch machte, als kleineren Gesellschaften temporär Erleichterungen hinsichtlich der Jahresabschlussprüfung gewährt wurden. Wie bereits erläutert, war das zugrunde liegende Motiv wohl der befürchtete Mangel an qualifizierten Prüfern, und nicht wie ursprünglich vom Gesetzgeber intendiert, die geringere gesamtgesellschaftliche Verantwortung kleinerer

---

im Hinblick auf die Einforderung und Durchsetzung ihrer Gewinnansprüche; vgl. Caemmerer, E. v. (1962), S. 147 f.

166 Diesbezüglich ergab sich sogar eine Einblicksverschlechterung gegenüber der Aktienrechts(not)-verordnung (1931), da die Umsatzerlöse nun nicht mehr nur um die Aufwendungen für Roh-, Hilfs- und Betriebsstoffe gekürzt werden konnten, sondern darüber hinaus noch mit weiteren Aufwendungen saldiert werden durften; vgl. § 132 AktG (1937).

167 Vgl. § 132 AktG (1937).

168 Vgl. § 135 (1) AktG (1937).

169 Vgl. § 142 AktG (1937). Hierbei kamen vor allem Gesellschaften in Betracht, die bereits einer der aktienrechtlichen Prüfung mindestens gleichwertigen anderen Form der Aufsichtsprüfung unterlagen; vgl. Godin, R. v./Wilhelmi, H. (1950), Anmerkungen zu § 142 AktG (1937).

Unternehmen.[170] Diese Vermutung wird auch durch die mit der zunehmenden Anzahl der prüfungsbefugten Personen einhergehende stufenweise Aufhebung und gänzliche Einstellung der gewährten Prüfungserleichterungen im Jahr 1934 bestätigt. Anscheinend stellte die unter volkswirtschaftlichen Gesichtspunkten zu rechtfertigende größenspezifische Differenzierung der Anforderungen an die Rechenschaftslegung und Jahresabschlussprüfung nach der Auffassung der damaligen Regierung kein zwingendes Erfordernis dar, was vielleicht auch darauf zurückzuführen war, dass die in kleineren Gesellschaften ebenfalls auszumachenden Informations- und Kontrollinteressen der Aktionäre und Gesellschaftsgläubiger möglichen Deregulierungsmaßnahmen entgegenstanden.

■ **Abb. 12:** Differenzierungstableau zum AktG 1937

Differenzierungskriterien:

- Rechtsform

Differenzierungsbereiche:

- Abschlusserstellung
- Enforcement

Normierung:

- Normierungsinhalt/-umfang: Für Aktiengesellschaften und Kommanditgesellschaften auf Aktien erfolgt eine Verfeinerung der Gliederungsvorschriften für die GuV-Rechnung sowie eine Präzisierung und Verschärfung der Straf- und Bußgeldvorschriften für die verantwortlichen Organmitglieder bei Verletzen ihrer Berichtspflichten

3.1.9 Gesetz über die Prüfung von Jahresabschlüssen von 1937

Ebenfalls im Jahr 1937 schuf der Gesetzgeber die Rechtsgrundlage zur Ausdehnung der Abschlussprüfungspflicht auf andere Rechtsformen. Obwohl der Reichsminister dazu ermächtigt wurde, auch für die Gesellschaft mit beschränkter Haftung eine allgemeine Pflicht zur Abschlussprüfung anzuordnen und darüber hinaus für Einzelunternehmen, offene Handelsgesellschaften und Kommanditgesellschaften eine Prüfungspflicht vorzuschreiben, sofern sich diese im Bank- oder Sparkassengeschäft be-

170 Vgl. Gliederungspunkt 3.1.7. Dauerhaft von der Durchführung einer Abschlussprüfung befreit waren seit 1931 bislang nur Privatnotenbanken, die deutsche Golddiskontbank, gemeinnützige Wohnungsunternehmen sowie Bahnunternehmen; vgl. Teichmann, R./Koehler, W. (1937), Anmerkungen zu § 142 AktG (1937).

tätigten,[171] beschränkte sich dieser auf den Erlass branchenspezifischer Prüfungspflichten. Somit wurden nur Kreditinstitute (und zwar unabhängig davon, ob es sich hierbei um eine Gesellschaft mit beschränkter Haftung, ein Einzelunternehmen, eine offene Handelsgesellschaft oder eine Kommanditgesellschaft handelte)[172] einer gesetzlich verpflichtenden jährlichen Abschlussprüfung sowie dem Aktienrecht ähnlichen Anforderungen an die Auswahl des Abschlussprüfers unterworfen.[173] Zu einer Kodifizierung einer vom Betätigungsfeld unabhängigen, allgemeinen Jahresabschlussprüfungspflicht für Gesellschaften mit beschränkter Haftung konnte sich der Gesetzgeber hingegen nicht durchringen.

■ **Abb. 13:** Differenzierungstableau zum Gesetz über die Prüfung von Jahresabschlüssen 1937

Differenzierungskriterien:
- Branche

Differenzierungsbereiche:
- Prüfung

Normierung:
- Normierungsinhalt/-umfang: Einführung einer rechtsformunabhängigen Prüfungspflicht für den Jahresabschluss von Banken und Sparkassen

3.1.10 Aktienrechtsreform 1959

Mit der Aktienrechtsreform 1959,[174] die als Teilreform zur Förderung des Kapitalmarktes[175] einer umfassenden Reformierung des Aktienrechts vorgezogen war, stand neben einer Novellierung der Vorschriften zur Kapitalerhöhung aus Gesellschaftsmitteln erneut die Umgestaltung der aktienrechtlichen Gliederungsvorschriften der GuV-Rechnung im Fokus der Gesetzgebungspolitik. Neben der Kontoform wurde Aktiengesellschaften sowie Unternehmen der Rechtsform der Kommanditgesellschaft

171 Vgl. Gesetz über die Prüfung von Jahresabschlüssen vom 3. Juni 1937.

172 Sonderregelungen galten darüber hinaus für Jahresabschlüsse von Kreditinstituten in der Rechtsform der eingetragenen Genossenschaft; vgl. Artikel 2 der Verordnung über die Prüfung der Jahresabschlüsse von Kreditinstituten vom 7. Juli 1937.

173 Vgl. Verordnung über die Prüfung der Jahresabschlüsse von Kreditinstituten vom 7. Juli 1937.

174 Vgl. Gesetz über die Kapitalerhöhung aus Gesellschaftsmitteln und über die Gewinn- und Verlustrechnung vom 23. Dezember 1959.

175 Siehe Entwurf eines Gesetzes über die Kapitalerhöhung aus Gesellschaftsmitteln und über die Gewinn- und Verlustrechnung vom 3. Juni 1958, Begründung, S. 8.

auf Aktien auf den Vorschlag des Wirtschaftsprüferberufsstandes hin[176] nun auch die Staffelform für die Aufstellung der GuV-Rechnung erlaubt. Außerdem wurde die Untergliederung unabhängig von der gewählten Aufstellungsform im Vergleich zum bestehenden Recht wesentlich verfeinert,[177] um den Aktionären einen besseren Einblick in die wirtschaftliche Situation des Unternehmens sowie dessen Erfolgsentwicklung zu gewähren.[178] Erheblich verbessert werden sollte die Aussagefähigkeit der GuV-Rechnung durch den unsaldierten Ausweis der Umsatzerlöse. Die Angabe der Umsatzerlöse wurde zwar bereits seit längerem gefordert,[179] war jedoch aufgrund der Einwände der Bilanzierenden gegen zu große Einblicke der Konkurrenz und der hieraus resultierenden Wettbewerbsnachteile gegenüber ausländischen Wettbewerbern[180] immer wieder fallen gelassen worden.

Da sich aus Kapitalmarktgesichtspunkten sowie mit Rücksicht auf das öffentliche Interesse das Bedürfnis einer erweiterten Informationspflicht primär für große bzw. börsennotierte Gesellschaften ergab, befreite der Gesetzgeber allerdings all jene Aktiengesellschaften und Kommanditgesellschaften auf Aktien, deren Anteile nicht zum amtlichen Handel oder Freiverkehr zugelassen waren und auch keine Zulassung beantragt hatten, von einer unsaldierten Angabe der Umsatzerlöse[181] wenn:

- ihre Bilanzsumme drei Millionen DM nicht überstieg oder

---

176 Vgl. Institut der Wirtschaftsprüfer (Hrsg.) (1956), S. 57.

177 Beispielsweise wurden die Unternehmen zu einem wesentlich detaillierteren Ausweis aperiodischer Erfolgskomponenten, wie die gesonderte Angabe der Erträge bzw. Verluste aus dem Abgang von Vermögensgegenständen des Anlagevermögens, der Erträge aus den Auflösungen von Rückstellungen etc., verpflichtet, wodurch die Bildung und Auflösung stiller Reserven transparenter werden sollte. Darüber hinaus forderte das Gesetz über die Kapitalerhöhung aus Gesellschaftsmitteln und über die Gewinn- und Verlustrechnung vom 23. Dezember 1959 einen unsaldierten Ausweis der Zinsaufwendungen und -erträge, um den Gläubigern eine Beurteilung der Schuldendeckungskontrolle zu erleichtern. Für Details siehe § 19 des Gesetzes über die Kapitalerhöhung aus Gesellschaftsmitteln und über die Gewinn- und Verlustrechnung vom 23. Dezember 1959 sowie die amtliche Begründung zum gleichnamigen Gesetzesentwurf vom 3. Juni 1958, S. 16 ff.

178 Vgl. Begründung zum Entwurf eines Gesetzes über die Kapitalerhöhung aus Gesellschaftsmitteln und über die Gewinn- und Verlustrechnung vom 3. Juni 1958, S. 16 f.

179 Vgl. beispielsweise Le Coutre, W. (1937), S. 8 ff.; Lohmann, M. (1951), S. 157; Schmidt, F. (1928), S. 81.

180 Siehe zu den vorgebrachten Einwendungen beispielsweise Arbeitsgemeinschaft der Schutzvereinigungen für Wertpapierbesitz (Hrsg.) (1952), S. 48; Bundesverband der Deutschen Industrie u. a. (Hrsg.) (1959), S. 44 ff.; Ditgen, A. (1958), S. 438; Mellerowicz, K. (1959), S. 215 f.; Studienkommission des Deutschen Juristentages (Hrsg.) (1955), S. 84; Ullmann, F. (1930), S. 2636. Die Einwände entkräftend dagegen Ballerstedt, K. (1958), S. 448 f.; Bundesverband des privaten Bankgewerbes e. V. (Hrsg.) (1958), S. 37; Semler, J. (1958), S. 459.

181 Stattdessen konnte unmittelbar der aus der Verrechnung der Umsatzerlöse mit den Bestandsveränderungen, aktivierten Eigenleisten sowie den Aufwendungen für Roh-, Hilfs- und Betriebsstoffe resultierende Rohertrag bzw. Rohaufwand angegeben werden.

- falls es sich um eine Familiengesellschaft handelte, d. h. ihr Aktionärskreis ausschließlich aus miteinander verwandten oder verschwägerten natürlichen Personen bestand, ihre Bilanzsumme nicht mehr als zehn Millionen DM betrug. Allerdings wurde den Aktionären bei Familiengesellschaften die Möglichkeit eingeräumt, eine GuV-Rechnung mit unsaldiertem Ausweis der Umsatzerlöse einzufordern.[182]

Mit den höheren Schwellenwerten für Familiengesellschaften trug der Gesetzgeber dem besonderen Umstand der verwandtschaftlichen Bindung der Gesellschafter Rechnung.[183] Dagegen lehnte der Gesetzgeber, der Empfehlung des Wirtschaftsausschusses folgend,[184] die Forderung,[185] ausschließlich börsennotierte Aktiengesellschaften und Kommanditgesellschaft auf Aktien zur Angabe ihrer Umsatzerlöse zu verpflichten, aus Gründen des öffentlichen Interesses ebenso ab, wie den Vorschlag, eine Verrechnung der Umsatzerlöse auch Einprodukt-Unternehmen zu gewähren.

In dem Gesetz über die Kapitalerhöhung aus Gesellschaftsmitteln und über die Gewinn- und Verlustrechnung nimmt der Gesetzgeber somit erstmals eine nicht nur temporär konzipierte Unterscheidung[186] der Anforderungen an die Rechnungslegung und Berichterstattung innerhalb des Aktienrechts vor.[187] Der Gesetzgeber differenzierte somit nicht mehr nur rechtsformspezifisch, welchen Anforderungen die externe Rechnungslegung und Unternehmensberichterstattung zu genügen hatte, sondern stufte die Berichtserfordernisse darüber hinaus – wenngleich auch nur in geringem Umfang – auch unter den rechnungslegungspflichtigen Aktiengesellschaften und Kommanditgesellschaften auf Aktien ab. Hierbei erlangten neben dem in Größenmerkmalen ausgedrückten Kriterium des öffentlichen Interesses erstmals auch strukturelle Merkmale

---

182 Vgl. § 132 (5) AktG (1937) einschließlich der Änderungen durch das Gesetz über die Kapitalerhöhung aus Gesellschaftsmitteln und über die Gewinn- und Verlustrechnung vom 23. Dezember 1959.

183 Siehe hierzu Schriftlicher Bericht des Wirtschaftsausschusses (16. Ausschuss) vom 20. November 1959, A. Bericht des Abgerodneten Dr. Barzel, Anmerkungen zu § 22 Nr. 2. Kritisch zur Heranziehung von Verwandtschaftsbeziehungen als Differenzierungsmerkmal *Schmidt*, der eine Unterscheidung in personenbezogene und nicht personenbezogene Unternehmen für sachgerechter gehalten hätte; vgl. Schmidt, H. (1960), S. 61.

184 Vgl. Schriftlicher Bericht des Wirtschaftsausschusses (16. Ausschuss) vom 20. November 1959, A. Bericht des Abgeordneten Dr. Barzel, Anmerkungen § 22 Nr. 2.

185 So z. B. Bundesverband der Deutschen Industrie u. a. (Hrsg.) (1959), S. 46; Bundesverband des privaten Bankgewerbes e. V. (Hrsg.) (1958), S. 37; Forberg, K. (1958), S. 447.

186 So z. B. bei der Differenzierung der Prüfungspflicht durch die Erste Verordnung zur Durchführung der aktienrechtlichen Vorschriften der Verordnung des Reichspräsidenten über Aktienrecht, Bankenaufsicht und über eine Steueramnestie vom 15. Dezember 1931.

187 Das Genossenschaftsrecht sah dagegen schon länger Offenlegungs- und Publizitätserleichterungen für kleinere Genossenschaften vor; für Details siehe die Verordnung über die Bilanzierung von Genossenschaften vom 30. Mai 1933.

(Verwandtschaftsbeziehung zwischen den Gesellschaftern) sowie die Börsennotierung als Differenzierungskriterien zentrale Relevanz.

■ **Abb. 14:** Differenzierungstableau zur Aktienrechtsreform 1959

Differenzierungskriterien:
- Unternehmensgröße/Börsennotierung/Gesellschafterstruktur

Differenzierungsbereiche:
- Abschlusserstellung

Normierung:
- Normierungsinhalt/-umfang: Befreiung nicht börsennotierter Aktiengesellschaften und Kommanditgesellschaften auf Aktien sofern sie bestimmte Größenkriterien unterschreiten (für Familiengesellschaften wurden höhere Schwellenwerte festgelegt) von der unsaldierten Angabe der Umsatzerlöse

3.1.11 Aktienrechtsreform 1965

Die mit der Teilreform von 1959 begonnenen Reformbestrebungen wurden mit der Verabschiedung des Aktiengesetzes 1965[188] abgeschlossen. Aufgrund seiner umfassenden Änderungen markiert das AktG (1965) einen wichtigen Meilenstein in der Geschichte des deutschen Aktienrechts. Zielsetzung der Gesetzesinitiative war es, den zentralen Grundsätzen der bestehenden Rechts- und Wirtschaftsordnung, die auf Anerkennung und Schutz des Privateigentums basierten, auch im Aktienrecht stärkeres Gewicht zu verleihen, um so zur Förderung des Kapitalmarktes beizutragen und die Attraktivität der Aktie als Anlagealternative für eine breite Bevölkerungsschicht zu erhöhen.[189] Insbesondere galt es, als Gegenbewegung zur Aktienrechtsreform von 1937 nun die Rechte der Aktionäre bzw. jene der Hauptversammlung als kollektives Entscheidungs- und Kontrollorgan der Aktionäre gegenüber der Unternehmensleitung zu verbessern sowie den Aktionären eine ihrem Status als rechtliche Eigentümer des Unternehmens entsprechende Einflussnahme und Stellung zu gewähren. Dadurch sollte die Investition in Aktienkapital auch für private Kleinanleger an Attraktivität gewin-

---

188 Vgl. Aktiengesetz vom 6. September 1965 (im Folgenden zitiert als AktG (1965)). Der Verabschiedung des AktG (1965) gingen ein Referentenentwurf vom Oktober 1958 (vgl. Bundesministerium der Justiz (Hrsg.) (1958) sowie zwei Regierungsentwürfe – vgl. Entwurf eines Aktiengesetzes vom 13. Juni 1960 (im Folgenden zitiert als Entwurf eines AktG (1960)) sowie Entwurf eines Aktiengesetzes vom 3. Februar 1962 (im Folgenden zitiert als Entwurf eines AktG (1962)) – voraus.

189 Vgl. Entwurf eines AktG (1962), Begründung, S. 92 f.

nen und somit eine möglichst breite Streuung des Aktienkapitals gewährleistet werden.[190]

Das im Rahmen des AktG 1937 von der Hauptversammlung auf den Vorstand übertragene Recht zur Feststellung des Jahresabschlusses sollte jedoch auch weiterhin in der Verantwortung der Geschäftsleitung liegen.[191] Zur Sicherung der Gewinnansprüche der Aktionäre wurde jedoch die Kompetenz des Vorstandes zur Bildung von Rücklagen erheblich eingeschränkt.[192] Darüber hinaus sollten die Möglichkeiten der Geschäftsleitung – dem Vorbild des britischen *Companies Act von 1948* folgend[193] – durch bewusste Unterbewertungen der Aktiva bzw. Überbewertungen der Passiva (bzw. die anschließende Auflösung der auf diese Art und Weise gebildeten stillen Reserven) den erwirtschafteten Erfolg zu verschleiern und dadurch Einfluss auf den verteilbaren Gewinn zu nehmen, erheblich eingeschränkt werden.[194]

Wie bisher hielt der Gesetzgeber zur Wahrung der Gläubigerinteressen und der Kapitalerhaltung aber auch im AktG (1965) an den bewährten, auf dem Vorsichtsprinzip basierenden Grundsätzen, wie dem Niederstwertprinzip, dem Realisationsprinzip und den historischen Anschaffungs- und Herstellungskosten als Wertobergrenze, fest. In Einklang mit dem Grundsatz der Vorsicht normierte der Gesetzgeber darüber hinaus im AktG (1965) in Abweichung zum bestehenden Recht nicht mehr nur für den originären Firmenwert ein explizites Aktivierungsverbot, sondern dehnte dieses nun auch auf sämtliche selbst geschaffenen immateriellen Vermögenswerte aus.[195] Die aus diesen Rechnungslegungsgrundsätzen resultierenden stillen Reserven erschienen dem Gesetzgeber nach vernünftiger kaufmännischer Vorsicht zur Risikoantizipation durch-

---

190 Vgl. Entwurf eines AktG (1962), Begründung, S. 93.

191 Vgl. § 172 AktG (1965).

192 Vgl. § 150 sowie § 174 AktG (1965).

193 Siehe hierzu die Ausführungen von Schmölder, K. (1950), S. 290.

194 Vgl. Entwurf eines AktG (1962), Begründung, S. 165 f. sowie Schriftlicher Bericht des Rechtsausschusses (12. Ausschuss) vom 12. April 1965, Bericht des Abgeordneten Dr. Wilhelmi vom 28. April 1965, Anmerkungen zu §§146–146c zum Entwurf eines Aktiengesetzes, S. 30 f. Siehe außerdem Bundesministerium der Justiz (Hrsg.) (1958), Begründung zum Referentenentwurf eines AktG von 1958, Anmerkungen zu E § 151. *Kronstein* und *Claussen* hatten diesbezüglich auf Basis des US-amerikanischen Vorbilds das Prinzip der „gläsernen, aber verschlossenen Taschen" entwickelt, nachdem einerseits die Bildung stiller Reserven unterbunden, andererseits aber auch den Aktionären kein uneingeschränkter Zugriff auf die offen gelegten Werte gewährt werden sollte; vgl. Kronstein, H./Claussen, C. (1960). Die Frage der Zulässigkeit stiller Reserven berührte den Kern der Aktienrechtsreform und war sehr umstritten; siehe beispielsweise Mellerowicz, K. (1959), S. 208 ff. und Leffson, U. (Hrsg.) (1961), S. 23 ff. sowie die dort angegebene Literatur.

195 Vgl. § 153 AktG (1965).

aus zweckmäßig.[196] Verhindert werden sollte seiner Auffassung nach lediglich die bewusste Unterbewertung und willkürliche Risikovorsorge. Um dieser Praxis entgegenzuwirken, wurde die Bildung der Rückstellungen im AktG (1965) präzisiert und durch die Einführung eines konkreten Rückstellungskatalogs nur noch für genau umrissene Sachverhalte zugelassen.[197] Demnach konnten nun Rückstellungen nur mehr für ungewisse Verbindlichkeiten und drohende Verluste aus schwebenden Geschäften sowie für Gewährleistungsverpflichtungen und im Geschäftsjahr unterlassene Instandhaltungsmaßnahmen und Abraumbeseitigungen, die im Folgejahr nachgeholt werden, gebildet werden.[198] Außerdem wurden auch die Abschreibungsmöglichkeiten eingeschränkt: So durften Abschreibungen nur mehr bei vorliegenden Wertminderungen und nicht wie bisher für Selbstfinanzierungszwecke angesetzt werden.[199] Zur Verbesserung der Beurteilung und Kontrolle der Geschäftsführung[200] wurden die Bewertungsspielräume für des Anlage- und Umlaufvermögen eingedämmt. Anstelle einer Bewertung bis maximal zu den historischen Anschaffungs- und Herstellungskosten wurden nun vielfach konkrete Wertansätze vorgegeben (Fixwertprinzip).[201] Hierdurch sollten im Sinne einer aktionärsbezogenen Rechenschaftslegung die bilanzpolitischen Spielräume der Bilanzierenden eingeschränkt und ein möglichst zutreffender Einblick in die Vermögens-, Finanz- und Ertragslage sichergestellt werden. Insofern wurde ein bedeutender Wandel im aktienrechtlichen Bewertungskonzept vollzogen, da nun neben den bis dahin dominierenden Prinzipien der Gläubigersicherung und Ka-

---

196 Vgl. Entwurf eines AktG (1962), Begründung, Anmerkungen zu § 146, S. 174 ff.

197 Vgl. § 152 (7) AktG (1965) sowie Entwurf eines AktG (1962), Begründung, Anmerkungen zu § 146, S. 175. Umstritten war, ob auch Rückstellungen für unterlassene Reparaturen und Abraumbeseitigungen zugelassen werden sollten. Obschon sich der erste Regierungsentwurf gegen die Zulässigkeit derartiger Rückstellungen aussprach, da es sich hierbei um Wertberichtigungen bzw. um Rücklagen für künftige Betriebsausgaben handelte, wurde von dieser Position in der endgültigen Fassung des AktG (1965) abgerückt. Grund hierfür war, dass das Steuerrecht Rückstellungen für diese Zwecke unter der Voraussetzung anerkannte, dass sie auch in der Handelsbilanz angesetzt wurden. Um die steuerliche Anerkennung derartiger Rückstellungen nicht zu gefährden, ließ der Gesetzgeber deshalb die Bildung von Rückstellungen für im Geschäftsjahr unterlassene Aufwendungen für Instandhaltung und Abraumbeseitigung auch weiterhin in begrenztem Umfang zu; vgl. hierzu Kropff, B. (1965), S. 236 f.

198 Vgl. § 152 (7) AktG (1965).

199 Vgl. Entwurf eines AktG (1962), Begründung, Anmerkung zu § 146, S. 174 f.

200 Vgl. Schriftlicher Bericht des Rechtsausschusses (12. Ausschuss) vom 12. April 1965, Bericht des Abgeordneten Dr. Wilhelmi vom 28. April 1965, Anmerkungen zu §§146 – 146c zum Entwurf eines Aktiengesetzes, S. 30 f.

201 Die bilanzpolitischen Spielräume der Unternehmensführung reduzierten sich somit vor allem auf Methodenwahlrechte. Die Vorgabe konkreter Wertansätze (Fixwertprinzip) wurde erst auf das Bemühen des Rechtsausschusses hin eingeführt; vgl. Schriftlicher Bericht des Rechtsausschusses (12. Ausschuss) vom 12. April 1965, §146 und § 146b. Siehe hierzu auch Forster, K.-H. (1966), S. 18 sowie Boelke, W. (1970), S. 91 f.

pitalerhaltung erstmals auch der Grundsatz des Aktionärsschutzes Berücksichtigung fand.[202]

Gleichzeitig sollte die Rechenschaftslegung der Geschäftsführung gegenüber den Aktionären[203] in Anknüpfung an die Reformmaßnahmen von 1959 durch eine Verfeinerung der Gliederungsvorschriften, diesmal jener der Bilanz, verbessert werden.[204] Die in der Aktienrechtsreform 1959 eingeführten größenabhängigen Erleichterungen hinsichtlich der GuV-Gliederung für nicht börsennotierte kleinere Gesellschaften und Familienunternehmen wurden auch in das neue AktG (1965) übernommen, blieben allerdings wie bisher auf die GuV-Rechnung beschränkt.[205] Eher klarstellenden Charakter[206] hatte die Neufassung der Generalnorm, die im Unterschied zum AktG (1937) einen möglichst sicheren Einblick in die Vermögens- und Ertragslage der Gesellschaft nur mehr im Rahmen der vorgegebenen Bewertungsvorschriften forderte.[207] Mit Rücksicht auf die Verknüpfung zwischen handelsrechtlicher und steuerlicher Gewinnermittlung erkannte das AktG außerdem erstmals Abschreibungen auf rein steuerlich bedingte niedrigere Wertansätze an.[208] Gleichzeitig wurde in der Bilanz die Position „Sonderposten mit Rücklageanteil" neu eingeführt.[209] Das Prinzip der „umgekehrten Maßgeblichkeit", d. h. eine Anpassung der Handelsbilanz an steuerliche Wertansätze, hatte somit im AktG (1965) formal seinen Niederschlag gefunden.

Wesentliche Neuerungen brachte das AktG (1965) darüber hinaus hinsichtlich der Konzernrechnungslegung. Um dem Tatbestand Rechnung zu tragen, dass das wirtschaftliche Schicksal eines Konzernunternehmens eng mit jenem der übrigen Konzernunternehmen verflochten ist[210] und ein wahrheitsgetreuer Einblick der Kapitalgeber in die Vermögens- und Ertragslage einer Konzerngesellschaft durch die alleinige Einblicknahme in den Einzelabschluss eines im Konzern verbundenen Unternehmens

---

202 Vgl. Coenenberg, A. (1995), S. 2077 f.; Forster, K.-H. (1964), S. 426 f.; Geßler, E. (1966), S. 159.

203 Bemerkenswert ist, dass zahlreiche, die Jahresabschlusserstellung und Offenlegung betreffenden Reformmaßnahmen mit den Interessen der Aktionäre begründet wurden, gleichzeitig aber sämtliche Aktiengesellschaften bzw. Kommanditgesellschaften auf Aktien (mit Ausnahme der eingeschränkten Publizität der GuV-Rechnung bei kleineren Gesellschaften und Familiengesellschaften) den gleichen Publizitätsanforderungen unterworfen wurden, unabhängig davon, ob es sich um eine börsennotierte Publikumsgesellschaft oder ein kleines Unternehmen mit geschlossenem Gesellschafterkreis handelte. Forster, K.-H. (1966), S. 9 f.

204 Vgl. Entwurf eines AktG (1962), Begründung, S. 165.

205 Vgl. § 157 (4) AktG (1965). Für die Gliederung der GuV-Rechnung wurde im AktG (1965) jedoch für alle Unternehmen nur mehr die Staffelform zugelassen; vgl. § 157 AktG (1965).

206 Siehe hierzu Entwurf eines AktG (1962), Begründung, Anmerkungen zu § 142, S. 166.

207 Vgl. § 149 (1) AktG (1965).

208 Vgl. § 154 (2) Nr. 2. sowie § 155 (3) Nr. 2 AktG (1965).

209 Vgl. § 152 (5) AktG (1965).

210 Vgl. Entwurf eines AktG (1962), Begründung, Vorbemerkung zu den §§ 141 ff.

nicht mehr möglich ist, verpflichtete der Gesetzgeber Muttergesellschaften in der Rechtsform der Aktiengesellschaft sowie der Kommanditgesellschaft auf Aktien – inspiriert durch das Vorbild des US-amerikanischen *Securities and Exchange Act 1933* sowie des englischen *Companies Act 1948*[211] – erstmals explizit zur Aufstellung eines nationalen Konzernabschlusses (bestehend aus Konzernbilanz und -GuV-Rechnung) sowie eines Konzerngeschäftsberichts. Darüber hinaus wurden umfassende Konzernrechnungslegungsbestimmungen normiert und auch die Prüfung und Publizität des Konzernabschlusses verpflichtend vorgeschrieben.[212] Auch die den Einzelabschluss betreffenden Bußgeld- und Strafvorschriften für die Leitungs- und Aufsichtsorgane bei unwahrer Darstellung der wirtschaftlichen Situation sowie bei Verletzen bestehender Berichtspflichten dehnte der Gesetzgeber entsprechend auf den Konzernabschluss aus. Dennoch blieb die Konzernrechnungslegung in Deutschland auch weiterhin weit hinter den angelsächsischen Vorbildern zurück, die zu dieser Zeit bereits langjährige Erfahrung im Bereich der Konzernrechnungslegung besaßen.[213] Beispielsweise bestand nach den Vorschriften des AktG (1965) keine Verpflichtung, ausländische Tochtergesellschaften in den Konzernabschluss mit einzubeziehen,[214] anstatt einer einheitlichen Konzernbewertung schrieb der Gesetzgeber die Übernahme der Einzelbilanzwerte vor[215] und die Konzern-GuV[216] konnte in vereinfachter Form erstellt werden.

Um den Kapitalgebern von Aktiengesellschaften bzw. Kommanditgesellschaften auf Aktien auch dann ein hinreichendes Urteil über deren Vermögens- und Ertragslage zu gewähren, wenn die betroffenen Unternehmen in einen Konzern eingebunden waren, der unter der einheitlichen Leitung einer Gesellschaft mit beschränkter Haftung oder einer bergrechtlichen Gewerkschaft stand, verpflichtete der Gesetzgeber darüber hinaus auch Muttergesellschaften in der Rechtsform der Gesellschaft mit beschränkter Haftung bzw. der bergrechtlichen Gewerkschaft zur Aufstellung eines Konzernabschlusses und Anwendung der aktienrechtlichen Konzernrechnungslegungs-, Prüfungs- und Publizitätsbestimmungen, wenn mindestens ein in den Konzernabschluss einzubeziehendes Unternehmen eine Aktiengesellschaft oder Kommanditgesellschaft auf Aktien war.[217] Eine Ausdehnung der Pflicht zur Konzernabschusserstellung auf sämtliche Rechtsformen, um zu verhindern, dass Unternehmen durch entsprechende Rechtsformgestaltungsmaßnahmen der Konzernrechnungslegungspflicht entgehen

211 Siehe hierzu Entwurf eines AktG (1962), Begründung, Vorbemerkung zu den §§ 317 ff. Zum *Companies Act 1947*, der 1948 in den *Companies Act 1948* überführt wurde, siehe Gliederungspunkt 4.1.1.1.2.9.

212 Vgl. §§ 329 ff. AktG (1965).

213 Ausführlich hierzu Kropff, B. (1997), S. 660.

214 Vgl. § 329 (2) AktG (1965).

215 Vgl. § 331 (1) AktG (1965).

216 Vgl. § 333 AktG (1965).

217 Vgl. § 28 Einführungsgesetz zum Aktiengesetz vom 6. September 1965.

konnten,[218] lehnte der Gesetzgeber hingegen ab, da derartige Gesetzesinitiativen außerhalb des Aktienrechts hätten geregelt werden müssen und somit gesetzessystematisch nicht zu einer Aktienrechtsreform passten.[219]

Schließlich wurde mit dem AktG (1965) auch die Prüfungspflicht des Registergerichts in Bezug auf die von Aktiengesellschaften/Kommanditgesellschaften auf Aktien zu hinterlegenden Abschlussunterlagen konkretisiert. Demnach war das Registergericht verpflichtet, sowohl die Vollzähligkeit der eingereichten Unterlagen als auch die Übereinstimmung des in den Gesellschaftsblättern bekannt gemachten Jahres-/Konzernabschlusses mit dem beim Handelsregister hinterlegten Abschluss zu überprüfen. Ferner umfasste der Auftrag des Registergerichtes auch die Überprüfung der offensichtlichen Nichtigkeit des eingereichten Jahresabschlusses.[220]

■ **Abb. 15:** Differenzierungstableau zum AktG 1965

Differenzierungskriterien:
- Rechtsform

Differenzierungsbereiche:
- Abschlusserstellung
- Prüfung
- Publizität
- Enforcement

Normierung:
- Normierungsinhalt/-umfang: (1) Kodifizierung detaillierter Rechnungslegungsgrundsätze und -normen sowie Gliederungsvorgaben für Aktiengesellschaften und Kommanditgesellschaften auf Aktien; (2) Einführung einer Pflicht zur Erstellung, Prüfung und Publizität eines Konzernabschlusses für Mutterunternehmen in der Rechtsform der Aktiengesellschaft sowie Kommanditgesellschaften auf Aktien; (3) Übertragung der den Einzelabschluss betreffenden Bußgeld- und Strafvorschriften für die Leitungs- und Aufsichtsorgane entsprechend auch auf den Konzernabschluss; (4) Präzisierung des Prüfungsauftrages des Registergerichts

218 Vgl. Studienkommission des Deutschen Juristentages (Hrsg.) (1955), S. 56; Flume, W. (1960), S. 56 f.

219 Siehe die Einwände des Rechtsausschusses: Schriftlicher Bericht des Rechtsausschusses (12. Ausschuss) vom 12. April 1965, Bericht des Abgeordneten Dr. Wilhelmi vom 28. April 1965, Anmerkungen zu § 25 zum Entwurf eines Einführungsgesetzes zum Aktiengesetz, S. 60.

220 Vgl. § 177 sowie § 338 AktG (1965).

3.1.12 Gesetz über die Rechnungslegung von bestimmten Unternehmen und Konzernen (Publizitätsgesetz) 1969

Wie die Ausführungen verdeutlichen, entwickelte sich das Bilanzrecht in den ersten Jahrzehnten des HGB vor allem rechtsformspezifisch[221] und war primär auf die Aktiengesellschaft sowie – wegen ihrer grundsätzlichen Austauschbarkeit – auf die Kommanditgesellschaft auf Aktien fokussiert.[222] Bedingt durch die Trennung von Anteilseigentum und Management sowie die Fungibilität der Mitgliedschaftsanteile war die Aktiengesellschaft der Prototyp des Großunternehmens,[223] das durch eine öffentliche Kapitalmarktinanspruchnahme die Aufbringung und Zusammenballung immenser Kapitalsummen sowie die Finanzierung kapitalintensiver und riskanter Geschäfte ermöglichte. Diese Spezifika veranlassten den Gesetzgeber sowohl zum Schutz der aktuellen und potenziellen Aktionäre als auch der mit dem Unternehmen in Geschäftsbeziehung stehenden Gläubiger[224] zur Kodifizierung immer umfassenderer Rechnungslegungs-, Prüfungs- und Publizitätspflichten.[225] Ein über den Aktionärs- und Gläubigerschutz hinausgehendes Interesse der allgemeinen Öffentlichkeit an Rechnungslegungsinformationen der Aktiengesellschaft war dagegen noch in der Aktienrechtsreform 1965 sehr umstritten,[226] obschon der Gesetzgeber selbst ein solches im Aktienrechtsentwurf von 1930 noch klar bejahte: „Der allgemeine, dem Recht jeder

---

221 Neben der Rechtsform beeinflussten aber auch noch die Branchenzugehörigkeit sowie die öffentliche, wirtschaftliche und soziale Bedeutung eines Unternehmens die Normierung von Rechnungslegungs- und Berichterstattungspflichten. So unterlag neben Banken, Investmentgesellschaften, öffentlich-rechtlichen Kreditinstituten und Versicherungsgesellschaften auch die Deutsche Bundesbahn aufgrund ihrer gesamtgesellschaftlichen Funktion spezifischen Rechnungslegungs- und Publizitätspflichten; vgl. Goerdeler, R. (1962), S. 211 f.; Hornef, H. (1958), S. 254 f. Branchenspezifische Rechnungslegungs- und Berichterstattungspflichten sowie die Rechnungslegungsbestimmungen für Unternehmen von besonderer öffentlicher, wirtschaftlicher und sozialer Bedeutung sind jedoch nicht Bestandteil dieser Arbeit.

222 Neben Aktiengesellschaften sowie Kommanditgesellschaften auf Aktien waren auch Genossenschaften spezifischen Rechnungslegungs- und Publizitätspflichten unterworfen; vgl. Goerdeler, R. (1962), S. 211 f.; Greiffenhagen, H. (1968), S. 115; Hornef, H. (1958), S. 254 f. Die Besonderheiten der genossenschaftsrechtlichen Rechnungslegung und -publizität werden im Rahmen dieser Arbeit jedoch nicht weiter vertieft.

223 Zur Bedeutung der Aktiengesellschaft als Organisationsform der Großunternehmen siehe Großfeld, B. (1968), S. 5 ff.

224 Zur Bedeutung des Aktionärs- und Gläubigerschutzes im Aktienrecht siehe Entwurf eines AktG (1870), Motive, S. 650; Entwurf eines AktG (1884), Allgemeine Begründung, S. 244; Entwurf eines AktG (1962), Begründung S. 94. Siehe außerdem Caemmerer, E. v. (1962), S. 141 ff.; Studienkommission des Deutschen Juristentages (Hrsg.) (1955), S. 79.

225 Zu den Rechnungslegungs- und Publizitätspflichten von Aktiengesellschaften sowie Unternehmen der Kommanditgesellschaft auf Aktien siehe §§ 148 ff. sowie §§ 329 ff. AktG (1965).

226 Ablehnend beispielsweise wegen des diffusen Charakters des Öffentlichkeitsbegriffs Hofstätter, P. (1962), S. 82; Kaiser, J. (1962), S. 88 ff.; Muthesius, V. (1962a), S. 396; ein öffentliches Publizitätsinteresse befürwortend dagegen Döllerer, G. (1958), S. 1281 ff.; Hornef, H. (1958), S. 253; Schilling, W. (1962a), S. 123; Schwantag, K. (1961), S. 12; Semler, J. (1958), S. 453; Studienkommission des Deutschen Juristentages (Hrsg.) (1955), S. 79.

Kulturnation geläufige Rechtssatz, daß Verwaltung fremden Vermögens zur Rechenschaft verpflichtet, gilt auch für die Großunternehmungen der Gegenwart im Verhältnis zur Gesamtheit der Staatsbürger. In diesen Unternehmungen ist Volksvermögen in so gewaltigem Maße zusammengeballt, dass das Volk als ganzes ein dringendes berechtigtes Interesse daran hat, über das Ergebnis der Verwaltung soweit unterrichtet zu werden, als es das Wohl des Unternehmens gestattet."[227] Auch die Haftungsbeschränkung als Anknüpfungsmerkmal für verschärfte Rechnungslegungserfordernisse zum Schutz der Gläubigerinteressen hatte zum damaligen Zeitpunkt eine nur untergeordnete Bedeutung. Dies kommt in der nur rudimentären Übertragung der aktienrechtlichen Rechnungslegungs-, Prüfungs- und Publizitätsvorschriften auf die Gesellschaft mit beschränkter Haftung deutlich zum Ausdruck.[228] Insofern waren die aktienrechtlichen Rechnungslegungserfordernisse, Prüfungs- und Publizitätspflichten auch nicht in der Haftungsbeschränkung der Aktiengesellschaft begründet, sondern „in dem Gewicht dieser Unternehmen, dem Umfang, indem hier Kapitalien zusammengebracht und damit Geschäfte getätigt werden, sowie in der Tatsache, daß hier typisch Leitung und Eigentum getrennt sind,"[229] und den sich hieraus ergebenden besonderen Schutzbedürfnissen für aktuelle und potenzielle Aktionäre und Gläubiger (sowie die Allgemeinheit). Die rechtsformspezifisch differenzierten Rechnungslegungs-, Prüfungs- und Publizitätserfordernisse des deutschen Gesellschaftsrechts basierten somit nicht auf dem Kriterium der Haftungsbegrenzung, sondern dem Kapitalmarktzugang und der hieraus resultierenden Möglichkeit zur Beteiligung eines breiten Aktionärskreises, zur Anhäufung umfangreicher Kapitalien und zum Aufbau ökonomischer und sozialer Macht.

3.1.12.1 Durchbrechung der rechtsformspezifischen Differenzierung durch größenabhängige Berichterstattungserfordernisse

Unvollkommen war die an die Rechtsform gebundene Differenzierung der Rechnungslegung, Prüfung und Publizität des Jahres-/Konzernabschlusses dahingehend, dass auch außerhalb der Aktiengesellschaft Kapitalien in erheblichem Umfang kumuliert und soziale Macht aufgebaut werden konnten und somit einen besonderen Schutz der Interessen der Öffentlichkeit erforderten.[230] Denn unabhängig von der Rechtsform berührte letztlich jedes gesamtgesellschaftlich bedeutende Unternehmen die Belange zahlreicher Dritter, wie z. B. gegenwärtige und künftige Lieferanten, Kunden, Arbeitnehmer, Geldgeber und Behörden und somit die Interessen der Allgemeinheit. Diese

---

227 Reichsjustizministerium (Hrsg.) (1930), Erläuternde Bemerkungen, S. 94.
228 Ähnlich, allerdings ausschließlich auf die Publizität bezogen Moxter, A. (1975), Sp. 3284.
229 Caemmerer, E. v. (1962), S. 173.
230 So auch Castan, E. (1968), S. 516 ff.; Fischer, L. (1968), S. 561 ff.; Hornef, H. (1958), S. 253 ff.; Kronstein, H. (1964), S. 1058; Schilling, W. (1962b), S. 1497 f.

Erkenntnis wurde auch durch entsprechende Zusammenbrüche bedeutender Personengesellschaften in der Nachkriegszeit bestätigt.[231] Da nach dem Kriterium der gesamtwirtschaftlichen Bedeutung nach Auffassung des Gesetzgebers ein öffentliches Interesse an einer ordnungsmäßigen Rechenschaftslegung an allen Großunternehmen zu bejahen war – zum einen wegen der Vielzahl der Betroffenen bei einer potenziellen Insolvenz und zum anderen weil zur Abwehr derartig großer Schäden oftmals auch öffentliche Mittel verwandt werden mussten[232] – wurde im Jahr 1969 das Gesetz über die Rechnungslegung von bestimmten Unternehmen und Konzernen verabschiedet.[233] Das allgemein kurz als Publizitätsgesetz (PublG) bezeichnete Regelwerk, das auch heute noch, allerdings in modifizierter Form, Gültigkeit besitzt, wendet sich grundsätzlich unabhängig von der Rechtsform an sämtliche großen Unternehmen[234] und verpflichtet diese zu einer öffentlichen Rechenschaftslegung. Hierbei waren gemäß der ursprünglichen Fassung des PublG die wesentlichen aktienrechtlichen Rechnungslegungs-, Prüfungs- und Publizitätsbestimmungen zu beachten.[235] Somit wurde für Großunternehmen eine Flucht in Rechtsformen mit geringeren Unternehmensberichterstattungserfordernissen generell unterbunden.[236] Das PublG untergliedert sich auch heute noch in zwei große Abschnitte, wobei sich der erste Abschnitt auf den Einzelabschluss und der zweite Abschnitt auf die Konzernrechnungslegung bezieht.

---

231 Vgl. hierzu Hornef, H. (1958), S. 253; Kronstein, H. (1964), S. 1055; Fischer, L. (1968), S. 567. Siehe hierzu auch das Protokoll der ersten Beratung des Regierungsentwurfs im Deutschen Bundestag am 23. Oktober 1968, insbesondere die Anmerkungen von *Heinemann* und *Kurlbaum,* abgedruckt in Biener, H. (Bearb.) (1973), S. 6 und 8 f.

232 Vgl. Entwurf eines PublG (1968), Begründung, S. 13 f.; ähnlich Fischer, L. (1968), S. 561 f.

233 Vgl. Gesetz über die Rechnungslegung von bestimmten Unternehmen und Konzernen vom 15. August 1969 (im Folgenden zitiert als PublG).

234 Grundsätzlich wandte sich das PublG nicht an bestimmte Rechtsformen, schränkte den Anwendungsumfang des Gesetzes für die Einzelabschlusserstellung – nicht aber für die Konzernabschlusserstellung – schließlich aber doch auf bestimmte Rechtsformen ein; vgl. § 3 PublG sowie Entwurf eines PublG (1968), Begründung, Anmerkungen zu § 3. Siehe auch Gliederungspunkt 3.1.12.2.

235 Eine Ausdehnung der aktienrechtlichen Rechnungslegungs-, Prüfungs- und Publizitätsbestimmungen auf große Gesellschaften mit beschränkter Haftung war von der SPD Fraktion bereits mehrfach gefordert worden; vgl. Artikel II, Antrag der Fraktion der SPD vom 20. Februar 1962; Artikel II, Antrag der Fraktion der SPD vom 6. Dezember 1960. Gegen eine Ausweitung der aktienrechtlichen Rechnungslegungs-, Prüfungs- und Publizitätsanforderungen auf Großunternehmen anderer Rechtsformen dagegen u. a. wegen verfassungsrechtlicher Bedenken Arntz, K. (1968), S. 135 ff.; Ernst, E. (1965), S. 694 ff.; Thomä, K. (1962), S. 286 ff. Befürchtet wurde u. a. auch, dass die Befürwortung eines öffentlichen Interesses an gesamtgesellschaftlich bedeutenden Unternehmen Auswirkungen auf das Mitbestimmungsrecht nach sich ziehen und eine Ausdehnung der Arbeitnehmermitbestimmung auf alle Großunternehmen bewirken könnte; vgl. hierzu beispielsweise Brüning, G. (1969), S. 38 f. sowie Muthesius, V. (1962b), S. 133 f.

236 Vgl. Brüning, G. (1969), S. 38.

3.1.12.2 Den Einzelabschluss betreffende Berichtserfordernisse

Zur Beachtung der den Einzelabschluss betreffenden Normen des PublG verpflichtet waren neben Gesellschaften mit beschränkter Haftung auch Personenhandelsgesellschaften und Einzelkaufleuten sowie eine Reihe anderer Rechtsformen,[237] wenn sie an mindestens drei aufeinander folgenden Abschlussstichtagen wenigstens zwei der nachstehenden Kriterien erfüllten:[238]

- Bilanzsumme > 125 Mio. DM
- Umsatzerlöse > 250 Mio. DM
- Anzahl der Arbeitnehmer > 5.000

3.1.12.2.1 Auswahl der Größenkriterien

Die angeführten Merkmale basierten auf der „... unter den Befürwortern einer Publizitätspflicht für Großunternehmen herrschenden Auffassung, dass die Bilanzsumme, der Umsatz und die Beschäftigtenzahl am meisten über die Größe eines Unternehmens aussagen."[239] Nicht ein Kriterium allein, sondern das Zusammenspiel von Bilanzsumme, Umsatzerlösen und Zahl der Beschäftigten sollte die Beurteilung erlauben, ob ein publizitätspflichtiges Großunternehmen vorliegt oder nicht. Dabei wurde die Bilanzsumme als Ausdruck für das in einem Unternehmen eingesetzte Kapital, die Um-

---

237 Neben den genannten Rechtsformen fand das PublG hinsichtlich der Einzelabschlusserstellung in seiner ursprünglichen Fassung auch noch Anwendung auf: bergrechtliche Gewerkschaften; Vereine mit wirtschaftlichem Geschäftsbetrieb; gewerbetreibende rechtsfähige Stiftungen des bürgerlichen Rechts; ins Handelsregister eingetragene oder als Kreditinstitute oder Versicherungen betriebene Körperschaften, Stiftungen oder Anstalten des öffentlichen Rechts. Ausgenommen waren dagegen neben Aktiengesellschaften und Kommanditgesellschaften auf Aktien, für die das PublG ohnehin keine Neuerungen brachte, Versicherungsvereine auf Gegenseitigkeit, Genossenschaften, bestimmte Versicherungsunternehmen und Verwertungsgesellschaften, da deren Rechnungslegung und Berichterstattung aufgrund der besonderen Charakteristika dieser Unternehmen bereits in gesonderten Gesetzen geregelt war; vgl. § 3 PublG sowie Entwurf eines PublG (1968), Begründung, Anmerkungen zu § 3. Im Rahmen dieser Arbeit werden jedoch nur die üblichen Rechtsformen wie die Gesellschaft mit beschränkter Haftung, Personenhandelsgesellschaften und Einzelkaufleute einer näheren Betrachtung unterzogen.

238 Vgl. § 1 PublG. Um zu prüfen, ob die Bilanzsumme die angegebene Wertgrenze überschreitet, muss (dies gilt auch heute noch) für den Fall, dass am Abschlussstichtag die Umsatzerlöse oder die Zahl der Arbeitnehmer die Grenzen des PublG erreichen eine Probebilanz gemäß der Vorschriften des PublG aufgestellt werden; vgl. § 1 PublG sowie für weitere Details Biener, H. (1972a), S. 1 ff.; Forster, K.-H. (1972), S. 469 ff. Für Kreditinstitute und Versicherungsgesellschaften definierte das PublG damals aufgrund deren Branchenspezifika Sonderkriterien zur Bestimmung der Unternehmensgröße. Demnach waren bei Banken das sog. „Geschäftsvolumen" (ermittelt aus Bilanzsumme zuzüglich bestimmter Eventualverbindlichkeiten) sowie bei Versicherungsunternehmen die vereinnahmten Versicherungsprämien für die Beurteilung einer sich aus dem PublG ergebenden Publizitätspflicht maßgeblich; vgl. § 1 (3) und (4) PublG.

239 Entwurf eines PublG (1968); Begründung, Anmerkungen zu § 1.

satzerlöse als Maßgröße für die Leistung des Unternehmens am Markt und die Zahl der Beschäftigten als Indikator für die menschliche Arbeitsleistung sowie die sozialpolitische Bedeutung eines Unternehmens gesehen.[240] Die kumulative Berücksichtigung zweier Größenmerkmale verfolgte den Zweck, Verzerrungen durch branchenspezifisch bedingte Divergenzen in Kapital- und Beschäftigungsintensität sowie Umschlagshäufigkeit abzumildern.[241]

Bei der Frage, welche Unternehmen unter dem Gesichtspunkt des gesamtgesellschaftlichen Interesses rechtsformunabhängig im Rahmen des PublG besonderen Berichterstattungserfordernissen unterworfen werden sollten und welche Kriterien eine solche gesamtgesellschaftliche Bedeutsamkeit begründeten, stand der Gesetzgeber vor der Schwierigkeit, dass sich der Begriff des „gesamtgesellschaftlichen Interesses" aufgrund seiner Vielfältigkeit einer für rechtliche Entscheidungen brauchbaren definitorischen Abgrenzung entzieht.[242] Demzufolge war es auch nicht möglich, einen allgemeinen Maßstab für die gesamtwirtschaftliche Bedeutung eines Unternehmens zu definieren bzw. Merkmale abzuleiten, die eine solche begründeten.[243] Insofern stellte die Fokussierung des Gesetzgebers auf die Unternehmensgröße sowie die Wahl der Bilanzsumme, Beschäftigtenzahl und Höhe der Umsatzerlöse als Maßgrößen zur Operationalisierung der gesamtgesellschaftlichen Bedeutung eines Unternehmens eine zwangsläufig notwendige Vereinfachung dar, die aus der Komplexität der Materie resultierte. Aufgrund dieser Mängel war die im PublG getroffene Merkmalsauswahl, die neben Anhaltspunkten für die gesamtwirtschaftliche Bedeutsamkeit eines Unternehmens auch eine Vergleichbarkeit von Unternehmen aller Branchen, Produktionsbreiten und -tiefen ermöglichen[244] und vor allem auch dem Gesichtspunkt der Praktikabilität und Rechtssicherheit[245] gerecht werden sollte, heftig umstritten.[246] Abgesehen von den Kriterien Bilanzsumme, Umsatzerlöse und Beschäftigtenzahl wurden in der Literatur eine Reihe weiterer Merkmale – wie z. B. auch die Wertschöp-

240 Vgl. Entwurf eines PublG (1968), Begründung, Anmerkungen zu § 1.

241 Vgl. Entwurf eines PublG (1968), Begründung, Anmerkungen zu § 1; Schriftlicher Bericht des Rechtsausschusses (12. Ausschuss) vom 19. Juni 1969, Bericht des Abgeordneten Deringer vom 20. Juni 1969, Anmerkungen zu § 1. Siehe hierzu auch Fischer, L. (1968), S. 566; Zimmermann, K. (1960b), S. 220.

242 Vgl. Ballerstedt, K. (1955), S. 22 ff.; Scherrer, G. (1968), S. 55.

243 Vgl. Arntz, K. (1968), S. 136; Bundesverband des privaten Bankgewerbes e. V. (Hrsg.) (1958), S. 40; Fischer, L. (1968), S. 564 f.; Hasenack, W. (1965), S. 447; Hornef, H. (1958), S. 256; Scherrer, G. (1968), S. 56.

244 Vgl. Fischer, L. (1968), S. 565.

245 Vgl. Hornef, H. (1958), S. 253; Kronstein, H. (1964), S. 1058.

246 Die im PublG verankerten Kritierien als Gradmesser für die gesamtwirtschaftliche Bedeutung eines Unternehmens generell befürwortend beispielsweise Hornef, H. (1958), S. 256; Kronstein, H. (1964), S. 1058; Kunze, O. (1965), F 27 f. Ablehnend äußern sich dagegen Arntz, K. (1968), S. 136; Eder, K. (1968), S. 209; Rittner, F. (1965), F 10 ff.

fung,[247] die Gesamtleistung[248] (Umsatzerlöse zuzüglich Bestandsveränderungen und aktivierte Eigenleistungen) oder die Lohn- und Gehaltssumme[249] – als Maßgrößen für die gesamtgesellschaftliche Relevanz eines Unternehmens diskutiert. Diese Kriterien wurden jedoch – obwohl insbesondere die Wertschöpfung im Vergleich zu den Umsatzerlösen als konzeptionell geeigneteres Kriterium für die Messung der Unternehmensleistung erachtet wurde[250] – primär aus Praktikabilitätsgründen[251] verworfen.[252]

Was die Wahl der Größengrenzen anbelangt, so handelt es sich auch hierbei schlussendlich – bedingt durch die fehlende Operationalisierbarkeit der gesamtwirtschaftlichen Bedeutung eines Unternehmens – notwendigerweise um eine Konvention. Denn objektive Maßstäbe zur Identifizierung eines gesamtgesellschaftlich bedeutenden Unternehmens ließen sich ebenso wenig eindeutig bestimmen wie die zugrunde liegenden Merkmalskriterien.[253] Wie das Zustandekommen der Größengrenzen des PublG zeigt,[254] handelte es sich bei der gewählten Grenzziehung nicht um theoretisch fundierte oder auf Basis statistischer Auswertungen begründete Werte, sondern letztendlich um eine parteipolitische Kompromisslösung.[255]

---

247 Vgl. Fischer, L. (1968), S. 565 f.; Hornef, H. (1958), S. 256; Zimmermann, K. (1960a), S. 161.

248 Vgl. Brüning, G. (1969), S. 40.

249 Vgl. Fischer, L. (1968), S. 566.

250 Vgl. Busse von Colbe, W. (1964), S. 57; Fischer, L. (1968), S. 566.

251 Siehe zur Praktikabilität der angeführten Kriterien Brüning, G. (1969), S. 40; Fischer, L. (1968), S. 566 f.; Zimmermann, K. (1960a), S. 159 ff.

252 Die Begründung des Gesetzgebers zu den ausgewählten Merkmalen ist nur sehr rudimentär und gibt deshalb nur in begrenztem Umfang Aufschluss über die Gründe für die favorisierten Kriterien. Die Gesamtleistung des Unternehmens als Indikator für die erzielte Unternehmensleistung wurde jedoch explizit aus Praktikabilitätsüberlegungen abgelehnt; vgl. Entwurf eines PublG (1968), Begründung, Anmerkung zu § 1.

253 Vgl. Arntz, K. (1968), S. 136; Fischer, L. (1968), S. 567. Dies wird auch dadurch bestätigt, dass unterschiedliche Studien zu Größenmerkmalen gesamtwirtschaftlich bedeutender Unternehmen zu jeweils unterschiedlichen Größengrenzen gelangten; siehe hierzu beispielsweise Brüning, G. (1969), S. 41 ff.

254 Die Größengrenzen gehen auf einen Vorschlag *Zimmermanns* aus den 1960er-Jahren zurück, dessen Ziel es war, spezifische Größenmerkmale für das Unternehmensverfassungsrecht zu definieren. Abgeleitet aus empirischen Erhebungen definierte er jene Unternehmen als groß, die mindestens zwei der folgenden Kriterien erfüllten: Bilanzsumme > 500 Mio. DM; Jahresumsatz > 1 Mrd. DM; durchschnittliche Zahl der jährlich Beschäftigten > 20.000; vgl. Zimmermann, K. (1960b), S. 220. Dividiert man diese Werte durch zehn, so erhält man jene Größengrenzen, die von der SPD in ihren beiden Gesetzesentwürfen zur Verbesserung der Publizität der Gesellschaft mit beschränkter Haftung vom Dezember 1960 (vgl. Artikel II, Antrag der Fraktion der SPD vom 6. Dezember 1960) sowie Februar 1962 (vgl. Artikel II, Antrag der Fraktion der SPD vom 20. Februar 1962) vorgeschlagen wurden. Auf Drängen der CDU wurden die in den SPD-Entwürfen enthaltenen Größengrenzen schließlich auf das 2,5fache erhöht; vgl. hierzu Brüning, G. (1969), S. 40 f. Siehe auch Rittner, F. (1978), S. 76 f. sowie Scherrer, G. (1968), S. 91 ff.

255 Vgl. Brüning, G. (1969), S. 41; Fischer, L. (1968), S. 567.

3.1.12.2.2 Inhaltliche Ausgestaltung, Prüfungs- und Publizitätspflicht des Einzelabschlusses

Obschon der ursprüngliche Gesetzesentwurf für unter den Anwendungsbereich des PublG fallende Großunternehmen nicht nur die Beachtung der aktienrechtlichen Gliederungsvorschriften, sondern auch die Berücksichtigung der besonderen aktienrechtlichen Ansatz- und Bewertungsnormen vorsah,[256] wurde Letzteres in die endgültige Fassung des PublG nicht übernommen. Stattdessen verwies der Gesetzgeber auf die GoB,[257] sodass das PublG im Bereich des materiellen Rechnungslegungsrechts – wie von Spitzenorganisationen der gewerblichen Wirtschaft gefordert[258] – keine maßgeblichen Neuerungen für die betroffenen Unternehmen mit sich brachte. In der Literatur war es schon zur damaligen Zeit sehr umstritten, inwieweit die GoB mit den aktienrechtlichen Bewertungsnormen des AktG (1965) übereinstimmten.[259] Da der Gesetzgeber vom ursprünglichen Regierungsentwurf abwich, unterstellte er wohl keine völlige Identität der GoB mit den Bewertungsregeln des AktG (1965) – zumindest nicht, was die aktienrechtlichen Mindestbewertungsnormen betraf.[260] Somit war es den unter das PublG fallenden Unternehmen im Einklang mit der bislang geltenden Bilanzierungspraxis auch weiterhin in begrenztem Umfang möglich, über das für Aktiengesellschaften/Kommanditgesellschaften auf Aktien mögliche Maß hinaus stille Reserven zu bilden. Dies eröffnete einerseits Selbstfinanzierungsspielräume,[261] beeinträchtigte andererseits jedoch auch die Zielsetzung des Jahresabschlusses einer möglichst wahrheitsgetreuen Darstellung der Unternehmenssituation, die letztlich nicht ausschließlich auf den Aktionärsschutz gerichtet,[262] sondern auch im Hinblick auf eine öffentliche Rechenschaftslegung zu fordern gewesen wäre.[263]

---

256 Vgl. § 5 (2) Entwurf eines PublG (1968).

257 Vgl. § 5 (2) PublG. Die diesbezügliche Abänderung der ursprünglichen Gesetzesvorlage ging auf den Vorschlag des Rechtsausschusses zurück, der eine explizite Übernahme der aktienrechtlichen Bewertungsnormen, insbesondere der Mindestbewertungsvorschriften, ausdrücklich ablehnte, da dies zur Erreichung der Zielsetzung des betreffenden Gesetzes für nicht erforderlich erachtet wurde; vgl. Schriftlicher Bericht des Rechtsausschusses (12. Ausschuss) vom 19. Juni 1969, Bericht des Abgeordneten Deringer vom 20. Juni 1969, II. sowie Anmerkungen zu § 5.

258 Vgl. Chmielewicz, K. (1980), S. 28.

259 Vgl. Entwurf eines PublG (1968), Begründung, Anmerkung zu § 5. Eine Übereinstimmung der aktienrechtlichen Normen mit den GoB eher befürwortend Biener, H. (1972a), S. 5 ff.; Döllerer, G. (1965), S. 1417; Eder, K. (1965), S. 147; Littmann, E. (1966), S. 235; Risse, H. (1966), S. 789. Zweifel äußern dagegen Birkholz, H. (1966), S. 709 ff.; Boelke, W. (1970), S. 182; Greiffenhagen, H. (1966), S. 171; Kormann, B. (1966), S. 1278; Ludewig, R. (1965), S. 194; Rehbinder, M. (1966), S. 1549 ff.

260 Vgl. Forster, K.-H. (1972), S. 472 sowie Entwurf eines PublG (1968), Begründung, Anmerkungen zu § 5 und § 8.

261 Siehe zu dieser Argumentation Greiffenhagen, H. (1965), F 82.

262 So auch Döllerer, G. (1965), S. 1417.

263 Siehe hierzu Biener, H. (1972a), S. 7 sowie die Argumentation im ursprünglichen Gesetzesentwurf; Entwurf eines PublG (1968), Begründung, Anmerkungen zu § 5.

Als Ergänzung zu Bilanz und GuV-Rechnung verpflichtete das PublG – mit Ausnahme von Einzelkaufleuten und Personenhandelsgesellschaften – sämtliche Großunternehmen zur Erstellung eines Geschäftsberichtes, der jedoch im Vergleich zu dem im Aktienrecht vorgegebenen Katalog an Einzelinformationen wesentlich weniger Angaben erforderte. Auch eine Abschlussprüfung und Bekanntgabe des Jahresabschlusses einschließlich eines ggf. vorhandenen Geschäftsberichts war in Einklang mit den entsprechenden aktienrechtlichen Bestimmungen erforderlich. Für Einzelkaufleute und Personengesellschaften sah das PublG jedoch gewisse Offenlegungserleichterungen vor, um sie bedingt durch ihre personalistische Struktur keinen weiter gehenden Einblicken zu unterwerfen als Kapitalgesellschaften.[264] Einzelunternehmen und Personengesellschaften konnten deshalb auf die Bekanntgabe der GuV-Rechnung verzichten, wenn sie dafür den Jahresabschluss um einen Anhang ergänzten und dort verschiedene Informationen, wie z. B. die Höhe der Umsatzerlöse, Erträge aus Beteiligungen, Aufwendungen für Löhne, Gehälter, Sozialabgaben sowie für Altersversorgung und Unterstützung und die Anzahl der Arbeitnehmer zur Verfügung stellten und über die Bewertungs- und Abschreibungsmethoden einschließlich wesentlicher Änderungen berichteten.[265]

3.1.12.3 Den Konzernabschluss betreffende Berichtserfordernisse

Nicht nur die Einzelabschlusserstellung großer Unternehmen wurde durch das PublG normiert, sondern auch die Pflicht zur Konzernrechnungslegung. So wurde die bislang im Wesentlichen nur für Aktiengesellschaften, Kommanditgesellschaften auf Aktien und mit Einschränkungen für die Gesellschaft mit beschränkter Haftung[266] geltende Pflicht zur Konzernrechnungslegung grundsätzlich auf alle Unternehmen ausgedehnt,[267] die eine einheitliche Leitung in einem Konzernverbund ausübten, der an drei aufeinander folgenden Abschlussstichtagen mindestens zwei der folgenden Größen-

---

264 Vgl. Schriftlicher Bericht des Rechtsausschusses (12. Ausschuss) vom 19. Juni 1969, Bericht des Abgeordneten Deringer vom 20. Juni 1969, Anmerkungen zu § 9.

265 Vgl. § 5 ff. PublG.

266 So waren auch bislang schon Gesellschaften mit beschränkter Haftung zur Konzernabschlusserstellung verpflichtet, wenn dem Konzernverbund eine Aktiengesellschaft oder Kommanditgesellschaft auf Aktien angehörte; vgl. Gliederungspunkt 3.1.11.

267 Ausgenommen von der Beachtung der Konzernrechnungslegungsbestimmungen des PublG waren neben Aktiengesellschaften und Kommanditgesellschaften auf Aktien, für die eine Pflicht zur Konzernrechnungslegung ohnehin schon aus dem AktG (1965) resultierte, nur Personenhandelsgesellschaften und Einzelkaufleute, wenn sich ihr Gewerbebetrieb ausschließlich auf die Vermögensverwaltung beschränkte und sie nicht die Aufgaben der Konzernleitung wahrnahmen; vgl. § 11 PublG.

merkmale erfüllte:[268]

- Konzernbilanzsumme > 125 Mio. DM
- Außenumsatzerlöse des Konzerns > 250 Mio. DM
- Anzahl der Arbeitnehmer des Konzerns > 5.000

Bei der Aufstellung des Konzernabschlusses und -geschäftsberichtes waren die aktienrechtlichen Normen zur Konsolidierung, Gliederung der Abschlussinstrumente und Ausgestaltung des Konzerngeschäftsberichts nach § 13 PublG sinngemäß anzuwenden. Auch die Prüfung und Bekanntmachung des Konzernabschlusses und Konzerngeschäftsberichtes hatte nach den Vorschriften des PublG im Wesentlichen den Anforderungen des AktG (1965) zu genügen.[269] Für zur Konzernrechnungslegung verpflichtete Einzelkaufleute und Personengesellschaften sah das PublG jedoch Erleichterungen im Hinblick auf die Veröffentlichung einer Konzern-GuV-Rechnung vor. Sie hatten die Möglichkeit auf die Publizierung einer Konzern-GuV-Rechnung zu verzichten und stattdessen wie bereits bei der Publizität des Einzelabschlusses bestimmte Informationen in einem Anhang zur Konzernbilanz zu gewähren.[270] Darüber hinaus gewährte das PublG bei Erfüllung bestimmter Voraussetzungen Offenlegungserleichterungen hinsichtlich der Publizität des Einzelabschlusses von Konzernunternehmen in der Rechtsform der Kapitalgesellschaft, wenn diese sich zu 100 % im Anteilsbesitz der Konzernleitung befanden.[271]

Auch die Straf- und Bußgeldvorschriften des PublG wurden in enger Anlehnung an die aktienrechtlichen Bestimmungen normiert und bezogen sich dementsprechend sowohl auf den Einzel- als auch den Konzernabschluss. Im Unterschied zum AktG 1965 kodifizierte der Gesetzgeber die Sanktionsmaßnahmen jedoch nur gegenüber den gesetzlichen Vertretern und nicht gegenüber den Aufsichtsorganen, da das divergierende Aufgabenspektrum der Aufsichtsgremien der verschiedenen im PublG erfassten Rechtsformen eine generelle Einbeziehung der Aufsichtsorgane in die Straf- und Buß-

---

[268] Vgl. § 11 PublG. Von Versicherungsunternehmen und Kreditinstituten waren die für den Einzelabschluss geltenden Sonderkriterien sinngemäß anzuwenden. Eine größenunabhängige Ausdehnung der Konzernrechnungslegungspflicht auf all jene Konzerne, denen ein Unternehmen in der Rechtsform der Aktiengesellschaft oder Kommanditgesellschaft auf Aktien angehört, wie sie zunächst im Gesetzesentwurf vorgesehen war, wurde hingegen nach Ablehnung durch den Rechtsausschuss nicht umgesetzt; vgl. § 16 Entwurf eines PublG (1968) i. V. m. Schriftlicher Bericht des Rechtsausschusses (12. Ausschuss) vom 19. Juni 1969, Bericht des Abgeordneten Deringer vom 20. Juni 1969, II. sowie Anmerkungen zu § 16.

[269] Vgl. §§ 13 ff. PublG. Für Details zur Konzernrechnungslegungspflicht und inhaltlichen Ausgestaltung des Konzernabschlusses nach dem PublG siehe auch Biener, H. (1972b), S. 85 ff.; Brinkmann, J./Reichardt, P. (1971), S. 2417 ff.; Prühs, H. (1969), S. 1385 ff.

[270] Vgl. § 13 (2) PublG.

[271] Vgl. § 16 PublG.

geldbestimmungen nicht zuließ.[272] Auch der aktienrechtliche Prüfungsauftrag des Registergerichts zur Überprüfung der formalen Ordnungsmäßigkeit der eingereichten Jahres-/Konzernabschlussunterlagen wurde entsprechend auf nach dem PublG offenlegungspflichtige Unternehmen ausgeweitet.

■ **Abb. 16:** Differenzierungstableau zum PublG 1969

Differenzierungskriterien:
- Unternehmensgröße

Differenzierungsbereiche:
- Abschlusserstellung
- Prüfung
- Publizität
- Enforcement

Normierung:
- Normierungsinhalt/-umfang: (1) Weitgehende Übertragung der aktienrechtlichen Rechnungslegungs-, Prüfungs- und Publizitätspflichten einschließlich der Pflicht zur Konzernrechnungslegung sowie Prüfung und Publizität des Konzernabschlusses und -geschäftsberichts auf alle Großunternehmen bzw. großen Konzerne; (2) auch die Bußgeld- und Sanktionsbestimmungen des PublG wurden eng an jene des AktG 1965 angelehnt; (3) der Prüfungsauftrag des Registergerichts wird entsprechend um die nach dem PublG offenlegungspflichtigen Unternehmen erweitert

3.1.13 Referentenentwurf eines GmbH-Gesetzes

Im gleichen Jahr, in dem auch das PublG verabschiedet wurde, legte das Bundesjustizministerium einen Referentenentwurf eines Gesetzes über Gesellschaften mit beschränkter Haftung vor.[273] Denn obschon der Versuch einer Reformierung des GmbH-Rechts bereits 1940 in der Nachfolge zur Aktienrechtsreform 1937 unternommen[274] und auch im Schrifttum seit längerem nachdrücklich gefordert wurde,[275] war

272 Vgl. Entwurf eines PublG (1968), Begründung, Anmerkung zu §§ 17 ff.

273 Vgl. Bundesministerium der Justiz (Hrsg.) (1969). Siehe zum Inhalt des Referentenentwurfs auch Geßler, E. (1969), S. 589 ff.

274 Näher dazu Geßler, E. (1980), S. 96 f.

275 So forderte beispielsweise schon im Jahr 1955 die Studienkommission des Deutschen Juristentages eine Ausdehnung der Publizitäts- und Prüfungspflicht auf die große Gesellschaft mit beschränkter Haftung, um ein Ausweichen vor den aktienrechtlichen Prüfungs- und Berichtspflichten durch Rechtsformwandel zu unterbinden; vgl. Ballerstedt, K. (1955), S. 34. Siehe außerdem Hasenack, W. (1965), S. 446; Winter, H. (1961), S. 194 f.

das kodifizierte GmbH-Recht seit seiner Einführung im Jahr 1892 keiner umfassenden Änderung mehr unterzogen worden.

In Bezug auf die Rechnungslegung folgte der Entwurf zwar weitgehend den Normen des Aktienrechts, befreit Gesellschaften mit beschränkter Haftung jedoch z. B. von der Verpflichtung zur Erstellung eines Geschäftsberichts. Dies wurde damit begründet, dass die Gesellschafter in der Regel ohnehin durch die enge Verbundenheit mit dem Unternehmen ausreichend Einblick in die Geschäftsentwicklung hätten bzw. sich einen solchen durch die Ausübung ihres Auskunfts- und Einsichtsrechts verschaffen könnten.[276] Außerdem gewährte der Entwurf im Vergleich zum AktG mit Hinblick auf die große Anzahl kleinerer Gesellschaften mit beschränkter Haftung durch die Zusammenfassung von Posten Vereinfachungen hinsichtlich der Untergliederung der Bilanz und GuV-Rechnung.[277] Darüber hinaus sah der Referentenentwurf auch wesentliche Abweichungen in der Bewertung vom geltenden Aktienrecht vor. So sollte es dem Ermessen der Gesellschafter überlassen werden, durch die Unterbewertung von Aktiva in begrenztem Umfang stille Reserven zu bilden, sofern hierfür eine gesellschaftsvertragliche Ermächtigung vorlag.[278] Begründet wurde die Zulässigkeit der Bildung stiller Reserven und somit die rechtsformabhängige Differenzierung materieller Rechnungslegungsgrundsätze damit, dass bei der Gesellschaft mit beschränkter Haftung im Gegensatz zur Aktiengesellschaft die Gesellschafter über die Feststellung des Jahresabschlusses und somit auch die Bildung und Auflösung von stillen Reserven entschieden. Insofern reichte es für den Schutz der einzelnen Anteilseigner bei der Gesellschaft mit beschränkter Haftung nach Auffassung der Referenten aus, das mit der Abschlussfeststellung betraute Organ in seiner Befugnis zur Bildung stiller Reserven zu beschränken. Dies sollte dadurch gewährleistet werden, dass die Legung stiller Reserven nur dann zulässig war, wenn der Gesellschaftsvertrag dies erlaubte oder anordnete. Da durch die Unterbewertungen die Lage der Gesellschaft nicht günstiger dargestellt würde, war auch aus Gläubigeraspekten – so die Erläuterung zu dem Entwurf – ein gänzliches Verbot stiller Reserven nicht zu rechtfertigen.[279]

---

[276] Vgl. Bundesministerium der Justiz (Hrsg.) (1969), § 127 GmbHG-E sowie die zugehörigen erläuternden Bemerkungen; Coenenberg, A./Matschke, M./Sieben, G. (Bearb.) (1972).

[277] Vgl. Bundesministerium der Justiz (Hrsg.) (1969), § 129 und § 135 GmbHG-E.

[278] Vgl. Bundesministerium der Justiz (Hrsg.) (1969), §§ 132 f. GmbHG-E.

[279] Vgl. Bundesministerium der Justiz (Hrsg.) (1969), Vorbemerkungen zu §§ 131 – 134 GmbHG-E. Im Schrifttum wurde die Zulässigkeit der Bildung stiller Reserven, wie sie in dem Referentenentwurf gebilligt wurde, heftig kritisiert. Neben einer Beeinträchtigung des Schutzes der Minderheitsgesellschafter (vgl. Coenenberg, A./Luckan, E./Sieben, G. (1970), S. 146; Saage, G. (1970), S. 8) sowie der Irreführung der Rechnungslegungsadressaten (vgl. Hasenack, W. (1969a), S. 564; Wirtschaftsprüferkammer/Institut der Wirtschaftsprüfer (Hrsg.) (1970), S. 155) wurde die Bildung stiller Ermessensreserven in Konflikt mit den Grundsätzen ordnungsmäßiger Buchführung sowie dem Maßgeblichkeitsprinzip (vgl. Greiffenhagen, H. (1969), S. 206 f.; Hasenack, W. (1969a), S. 559 ff.) gesehen.

Neben Divergenzen in materiellen Rechnungslegungsgrundsätzen wich der Referentenentwurf auch hinsichtlich Abschlussprüfung und Publizität in wesentlichen Aspekten von den aktienrechtlichen Normen ab. Um der Vielzahl der kleinen Gesellschaften mit beschränkter Haftung keine untragbare Kostenbelastung aufzubürden, verpflichtete der Referentenentwurf nur große Gesellschaften zur Durchführung einer obligatorischen Jahresabschlussprüfung. Im Gegensatz zum PublG stützte sich der Entwurf jedoch nicht auf die Erfüllung mehrerer Merkmalskriterien für die Begründung einer Prüfungspflicht, sondern machte diese ohne weitere Begründung allein von der Höhe der Bilanzsumme abhängig.[280] Somit sollten nur solche Gesellschaften mit beschränkter Haftung einer Pflicht zur Jahresabschlussprüfung unterliegen, deren Bilanzsumme vier Millionen DM überstieg.[281] Für alle nicht prüfungspflichtigen Gesellschaften mit beschränkter Haftung, die sich auch keiner freiwilligen Prüfung unterwerfen wollten, sah der Referentenentwurf zum Schutz der Unternehmensgläubiger dagegen eine verschärfte Haftpflicht der Geschäftsführer bzw. Gesellschafter vor, wenn diese durch vorsätzliche oder grob fahrlässige Überbewertung von Posten die Vermögens- und Ertragslage der Gesellschaft verfälschten oder verschleierten.[282]

---

280 Die Unterscheidung der Prüfungspflicht allein nach dem Kriterium der Bilanzsumme wurde im Schrifttum wegen der hieraus resultierenden Ungleichbehandlung von kapital-, arbeits- und leistungsintensiven Unternehmen kritisiert; vgl. z. B. Fischer, L. (1970), S. 505; Hasenack, W. (1969b), S. 609 ff.; ähnlich Coenenberg, A./Luckan, E./Sieben, G. (1970), S. 149.

281 Der Betrag von vier Mio. DM Bilanzsumme ging auf Diskussionen im Rahmen der Entwicklung einer Ersten EG-Richtlinie zurück; vgl. Centrale für GmbH (Hrsg.) (1964), S. 23. Der Entwurf einer Ersten EG-Richtlinie sah, weil man sich auf eine generelle Publizitätspflicht für die Gesellschaft mit beschränkter Haftung aufgrund ihrer personalistischen Strukturen nicht einigen konnte, als Kompromiss eine obligatorische Veröffentlichung der Bilanz und GuV-Rechnung nur für jene Gesellschaften vor, deren Bilanzsumme eine Mio. Rechnungseinheiten (seinerzeit vier Mio. DM) überstieg, da man der Auffassung war, dass diese Unternehmen in der Regel nicht international agieren würden; vgl. Vorschlag für eine Richtlinie des Rates vom 21. Februar 1964, S. 18 f. sowie Würdinger, H. (1964), S. 151. In der endgültigen Fassung der Ersten EG-Richtlinie (Erste Richtlinie 68/151/EWG des Rates vom 9. März 1968) wurde zwar an dem Grundsatz der Rechnungslegungspublizität der Gesellschaft mit beschränkter Haftung festgehalten, vor allem auf Drängen der Deutschen Delegation jedoch auf die Fixierung einer Größengrenze verzichtet und stattdessen die Konkretisierung der Rechnungslegungspublizität der Gesellschaften mit beschränkter Haftung auf die Verabschiedung einer nachfolgenden Richtlinie verschoben; siehe hierzu Apelt, B. (1991), S. 35.

282 Vgl. zur Prüfungspflicht sowie der besonderen Verantwortung nicht prüfungspflichtiger Gesellschaften mit beschränkter Haftung Bundesministerium der Justiz (Hrsg.) (1969), § 138 sowie §147. Kritisch zu der im Referentenentwurf vorgesehenen Haftungsregelung für prüfungsbefreite Gesellschaften mit beschränkter Haftung Deutscher Industrie- und Handelstag u. a. (Hrsg.) (1969), S. 70 f.; Coenenberg, A./Luckan, E./Sieben, G. (1970), S. 149; Keplin, J. (1970), S. 97; Rittner, F. (1970), S. 145 f. Befürchtet wurde u. a., dass die Haftungsnorm des Referentenentwurfs als indirekter Zwang zur Durchführung einer freiwilligen Prüfung wirken könnte und damit die mit der Prüfungsbefreiung angestrebte Kostenentlastung kleinerer Unternehmen geradezu konterkariert würde.

Im Unterschied zu der größenabhängig differenzierten Prüfungspflicht, schrieb der Referentenentwurf für alle Gesellschaften mit beschränkter Haftung, unabhängig von ihrer Unternehmensgröße, die Hinterlegung ihrer Bilanz beim Handelsregister vor. Die Offenlegung der GuV-Rechnung wurde dagegen in Abweichung vom Aktienrecht für die Gesellschaft mit beschränkter Haftung nicht angeordnet, da sich hierdurch insbesondere bei kleinen Unternehmen zu große Einblicke in die Interna der Gesellschaft und ggf. auch der Gesellschafter ergeben würden.[283] Begründet wurde die größenunabhängige Ausdehnung der Publizitätspflicht auf alle Gesellschaften mit beschränkter Haftung mit deren Haftungsbegrenzung und den hieraus resultierenden Gläubigerinteressen. Hierbei wurde vor allem auf die hohe Insolvenzanfälligkeit der Gesellschaft mit beschränkter Haftung verwiesen.[284] Konzeptionell betrachtet, enthält der Referentenentwurf damit drei zentrale Neuerungen im Vergleich zum bis dahin gültigen Differenzierungsprofil: (1) die Haftungsbegrenzung wird erstmals zum zentralen Anknüpfungstatbestand für eine Publizitätspflicht; (2) die Prüfungspflicht wird größenbezogen differenziert; (3) der Gesetzgeber regelt erstmals Publizität und Prüfung unterschiedlich, d. h. es erfolgt eine Abkoppelung der Publizitäts- von der Prüfungspflicht.[285]

Der Referentenentwurf stieß sowohl bei Praktikern als auch Akademikern auf große Ablehnung.[286] Obschon er trotz der vorgebrachten Kritik kaum verändert dem Bundestag als Regierungsentwurf vorgelegt wurde,[287] kam es letztendlich aufgrund der bestehenden Bedenken zu keiner Behandlung der Gesetzesvorlage.[288] Aufgrund der mit der Ersten EG-Richtlinie[289] angestoßenen und mit der Verabschiedung der Vierten EG-Richtlinie im Jahr 1978 konkretisierten EU-weiten Harmonisierung der Rechnungslegung der Gesellschaft mit beschränkter Haftung als Bestandteil einer umfassenden Annäherung des Gesellschaftsrechts innerhalb der Europäischen Gemeinschaft wurde auch in der nachfolgenden GmbH-Novelle im Jahr 1980 von einer Übernahme der aktienrechtlichen Rechnungslegungsvorschriften in das GmbH-Gesetz abgesehen. Stattdessen sollte die Rechnungslegung der Gesellschaft mit beschränkter

---

283 Vgl. Bundesministerium der Justiz (Hrsg.) (1969), § 152 GmbHG-E sowie Vorbemerkung zur Offenlegung des Jahresabschlusses.

284 Vgl. Bundesministerium der Justiz (Hrsg.) (1969), Vorbemerkung zur Offenlegung des Jahresabschlusses. Siehe für einen Vergleich der Insolvenzquoten von Aktiengesellschaften und Gesellschaften mit beschränkter Haftung beispielsweise Apelt, B. (1991), S. 75 ff.

285 Die damals herrschende Auffassung war, dass die Offenlegung ungeprüfter Abschlussbestandteile den Rechnungslegungsinteressenten keinerlei Nutzen stiften würde; vgl. Caemmerer, E. v. (1962), S. 173; Hasenack, W. (1965), S. 446; Rittner, F. (1970), S. 151.

286 Siehe Geßler, E. (1971), S. 665; Krieger, A. (1972), S. 1972; Rittner, F. (1970), S. 133 ff.

287 Vgl. Entwurf eines Gesetzes über Gesellschaften mit beschränkter Haftung (GmbHG) vom 31. Januar 1972 (im Folgenden zitiert als Entwurf eines GmbHG (1972)).

288 Vgl. Geßler, E. (1980), S. 100.

289 Vgl. Erste Richtlinie 68/151/EWG des Rates vom 9. März 1968.

Haftung im Zuge der Transformation der Vierten EG-Richtlinie einer tief greifenden Reformierung unterzogen werden.[290]

3.1.14 Bilanzrichtlinien-Gesetz 1985

Mit der Verabschiedung des Bilanzrichtlinien-Gesetzes (BiRiLiG)[291] am 19. Dezember 1985 kam der deutsche Gesetzgeber seiner Verpflichtung nach, die Vierte,[292] Siebente[293] und Achte[294] Richtlinie der Europäischen Gemeinschaften in nationales Recht umzusetzen.

3.1.14.1 Europarechtliche Grundlagen des Bilanzrichtlinien-Gesetzes

Die genannten Richtlinien basieren auf dem in Rom geschlossenen „Vertrag zur Gründung der Europäischen Wirtschaftsgemeinschaft" (EWGV) vom 25. März 1957,[295] indem sich die Mitgliedstaaten das Ziel setzten, einen gemeinsamen Markt zu errichten und alle Hindernisse, die die Bewegungsfreiheit von Arbeit, Kapital, Gütern und Dienstleistungen innerhalb der Gemeinschaft beeinträchtigten, zu beseitigen. Insbesondere sollte die Niederlassungsfreiheit von natürlichen und juristischen Personen[296] durch eine Harmonisierung der gesellschaftsrechtlichen Rahmenbedingungen[297] erreicht werden.[298] Zu diesem Zweck wurden seit der Unterzeichnung des Vertrages von Rom im Jahr 1957 eine Reihe an Rechtsnormen erlassen,[299] wobei die Vierte und Sie-

---

290 Vgl. hierzu Geßler, E. (1980), S. 106 f.

291 Vgl. Gesetz zur Durchführung der Vierten, Siebenten und Achten Richtlinie des Rates der Europäischen Gemeinschaften zur Koordinierung des Gesellschaftsrechts (Bilanzrichtlinien-Gesetz – BiRiLiG) vom 19. Dezember 1985 (im Folgenden zitiert als Bilanzrichtlinien-Gesetz).

292 Vgl. Vierte Richtlinie 78/660/EWG des Rates vom 25. Juli 1978.

293 Vgl. Siebente Richtlinie 83/349/EWG des Rates vom 13. Juni 1983.

294 Vgl. Achte Richtlinie 84/253/EWG des Rates vom 10. April 1984.

295 Vgl. Vertrag zur Gründung der Europäischen Wirtschaftsgemeinschaft (im Folgenden zitiert als EWGV (1957)). Im Jahr 1992 ging der EWGV in überarbeiteter Form in den am 7. Februar 1992 verabschiedeten EG-Vertrag (Maastricht-Vertrag) ein; vgl. Haller, A./Walton, P. (2000), S. 33, Fn. 1.

296 Vgl. Art. 58 EWGV (1957).

297 Vgl. Art. 54 Absatz 3 g EWGV (1957).

298 Für weitere Details siehe Lutter, M. (1979a), S. 3 f.; Rost, P. (1991), S. 123 ff.

299 Zur Harmonisierung des Gesellschaftsrechts stehen dem europäischen Gesetzgebungsorgan verschiedene Instrumente (Verordnungen, Richtlinien, Empfehlungen) zur Verfügung. Während Verordnungen unmittelbar allgemeine Verbindlichkeitswirkung in den Mitgliedstaaten erlangen, konstituieren die vom Ministerrat verabschiedeten Richtlinien kein unmittelbares nationales Recht. Vielmehr verpflichten sie die Gesetzgeber der Mitgliedsländer, den Inhalt in nationale Gesetze zu transformieren. Im Gegensatz zu Verordnungen und Richtlinien entfalten Empfehlungen, wie der Name bereits ausdrückt, für die Mitgliedsländer keine Verbindlichkeitswirkung. Für Details zur europäischen Rechtsetzung siehe Lutter, M. (1979a), S. 7 ff.

bente Richtlinie[300] den Grundstein für eine Angleichung der externen Rechnungslegung in den europäischen Mitgliedstaaten legte (die Achte EG-Richtlinie zielte dagegen auf eine Vereinheitlichung der Zulassungsanforderungen der mit der Abschlussprüfung betrauten Personen).

Durch die Normierung von Mindestanforderungen an Inhalt, d. h. die formelle und materielle Ausgestaltung, Prüfung und Offenlegung von Jahres- bzw. Konzernabschlüssen (einschließlich diese ergänzende Berichtsinstrumente) von Kapitalgesellschaften verfolgten die Vierte und Siebente EG-Richtlinie die Zielsetzung der Harmonisierung der einzelstaatlichen Normen zur externen Unternehmensberichterstattung. Durch die Gewährleistung vergleichbarer Abschlussinformationen sollte der grenzüberschreitende Wirtschaftsverkehr gefördert und gleiche Wettbewerbsbedingungen geschaffen werden. Obschon nach dem EWGV die Möglichkeit bestanden hätte, auch Personenhandelsgesellschaften in den Anwendungsbereich der Vierten und Siebenten EG-Richtlinie mit einzubeziehen,[301] beschränkte der europäische Gesetz-

[300] Weitere, zwischenzeitlich verabschiedete und für die Harmonisierung der externen Rechnungslegung besonders relevante Richtlinien/Verordnungen sind:
- Richtlinie 90/605/EWG des Rates vom 8. November 1990 („GmbH & Co.-Richtlinie"): der Geltungsbereich der Vierten und Siebenten Richtlinie wird auf bestimmte, in ihrer Haftung beschränkte Personengesellschaften ausgedehnt;
- Richtlinie 90/604/EWG des Rates vom 8. November 1990 („Mittelstandsrichtlinie"): die Größenkriterien für kleine und mittlere Gesellschaften werden angehoben und die für diese Unternehmen bestehenden Erleichterungen erweitert;
- Richtlinie 86/635/EWG des Rates vom 8. Dezember 1986 sowie Richtlinie 91/674/EWG des Rates vom 19. Dezember 1991: befassen sich mit den speziellen Rechnungslegungsaspekten von Banken und Versicherungsunternehmen;
- Richtlinie 2001/65/EG des Europäischen Parlaments und des Rates vom 27. September 2001 („*Fair value*-Richtlinie"): Einführung des beizulegenden Zeitwertes als relevanten Bewertungsmaßstab für die Bewertung bestimmter Finanzaktiva und -passiva, um eine Kohärenz zwischen den Richtlinien (speziell betroffen sind die Vierte und Siebente Richtlinie sowie die Richtlinie zur Koordination von Banken und anderen Finanzinstitutionen) und international anerkannten Rechnungslegungsstandards zu wahren;
- Verordnung (EG) Nr. 1606/2002 des Europäischen Parlaments und des Rates vom 19. Juli 2002 („IAS-Verordnung"): die Anwendung der IAS/IFRS wird für den konsolidierten Abschluss kapitalmarktorientierter Mutterunternehmen unmittelbar angeordnet;
- Richtlinie 2003/51/EG des Europäischen Parlaments und des Rates vom 18. Juni 2003 („Modernisierungsrichtlinie"): Modernisierung und Aktualisierung der Rechnungslegungsvorschriften der Vierten und Siebenten EG-Richtlinie und deren Angleichung an internationale Rechnungslegungsstandards;
- Verordnung (EG) Nr. 1725/2003 der Kommission vom 29. September 2003: en bloc *endorsement* bestehender IAS/IFRS durch die Europäische Kommission (lediglich IAS 32 und 39 sowie die zugehörigen SIC Interpretationen SIC 5, SIC 16 und SIC 17 werden nicht übernommen, da sie zum Zeitpunkt der Entscheidung einer umfassenden Überarbeitung durch das IASB unterliegen).

[301] Artikel 58 (2) EWGV (1957) verweist auf Gesellschaften des bürgerlichen und des Handelsrechts, einschließlich Genossenschaften und sonstige juristische Personen des öffentlichen und privaten Rechts.

geber den ursprünglichen Anwendungsumfang auf Kapitalgesellschaften und für Deutschland konkret auf Aktiengesellschaften, Kommanditgesellschaften auf Aktien sowie Gesellschaften mit beschränkter Haftung. Diese Eingrenzung des Anwendungsbereichs der EG-Bilanzrichtlinien wurde primär mit Praktikabilitätsüberlegungen und den damals bestehenden großen Divergenzen im Recht der übrigen Unternehmensformen gerechtfertigt.[302] Außerdem wurde für Kapitalgesellschaften besonderer Handlungsbedarf gesehen, „... weil die Tätigkeit der betreffenden Gesellschaften einerseits häufig über das nationale Hoheitsgebiet hinausreicht und die Gesellschaften andererseits Dritten eine Sicherheit nur durch ihr Gesellschaftsvermögen bieten."[303]

Im Vordergrund der Koordinierungsbestrebungen der Vierten und Siebenten EG-Richtlinie stand allerdings nicht die absolute Vereinheitlichung nationaler Rechnungslegungssysteme, sondern vielmehr eine gegenseitige Annäherung, durch die materiell gleichwertiges Recht geschaffen werden sollte.[304] Dennoch stellte die Verabschiedung der beiden Richtlinien aufgrund der national divergierenden Rechnungslegungsauffassungen und Rahmenbedingungen ein schwieriges Unterfangen dar. Insbesondere kristallisierten sich bei der Entwicklung der Richtlinien unüberwindbare Gegensätze zwischen der angelsächsischen Rechnungslegungstradition auf der einen Seite und der kontinentaleuropäischen Rechnungslegungsphilosophie auf der anderen Seite heraus. Eine Einigung konnte deshalb letztendlich nur in Form eines politischen Kompromisses gefunden werden, indem den Mitgliedstaaten zur Erfüllung ihrer jeweiligen Wünsche eine Vielzahl von Wahlmöglichkeiten eingeräumt wurden. Bereiche, in denen keine Übereinkunft erzielt werden konnte, wurden schließlich gänzlich aus den Richtlinien ausgeklammert.[305] Diese Vorgehensweise bewirkte zwar, dass ein Scheitern der EG-Richtlinien verhindert werden konnte, hatte jedoch auch zur Folge, dass die mit den Richtlinien verfolgte Zielsetzung der Vergleichbarkeit der Jahres- und Konzernabschlüsse maßgeblich beeinträchtigt wurde.[306]

Da die vom europäischen Parlament verabschiedeten Richtlinien in den Mitgliedstaaten keine unmittelbare Rechtswirkung entfalten, mussten sie von den jeweiligen einzelstaatlichen Gesetzgebern durch gesonderte Rechtsakte in nationales Recht transformiert werden. In Deutschland erfolgte die gemeinsame Transformation der Vierten,

---

302 Vgl. Fischer, L. (1970), S. 506.

303 Vierte Richtlinie 78/660/EWG des Rates vom 25. Juli 1978, Präambel.

304 Vgl. Hulle, K. van (1996), S. 9; Rost, P. (1991), S. 124; Schmitz, R. (1988), S. 3; Wengel, T. (2001), S. 589.

305 Vgl. Küting, K. (1993), S. 31; Rost, P. (1991), S. 185 ff.

306 Zu den durch die EG-Richtlinien erzielten Harmonisierungserfolgen im Bereich der externen Rechnungslegung siehe beispielsweise Haller, A. (2002), S. 154 ff.; Küting, K. (1993), S. 31 ff; Küting, K. (2000), S. 39; Nobes, C. (2000b), S. 66 ff.; Rost, P. (1991), S. 183 ff.; Schruff, W. (1993), S. 400 f. Für Details zur Umsetzung der Vierten EG-Richtlinie in einzelnen Mitgliedstaaten und deren Einfluss auf das nationale Recht siehe Gray, S./Coenenberg, A. (Hrsg.) (1984).

Siebenten und Achten Richtlinie – obschon verspätet[307] – mit der Verabschiedung des Bilanzrichtlinien-Gesetzes im Dezember 1985.

3.1.14.2 Exkurs: Entwicklung der größenbezogenen Differenzierung der Vierten EG-Richtlinie

Da die größenbezogene Abstufung der Unternehmensberichterstattungserfordernisse der Vierten EG-Richtlinie die Differenzierungskonzeptionen der Mitgliedstaaten – insbesondere auch das deutsche und britische Differenzierungsmodell – maßgeblich geprägt hat, soll im Folgenden ein kurzer Überblick über die Entstehungsgeschichte des Differenzierungsansatzes der Vierten EG-Richtlinie gegeben werden.

3.1.14.2.1 Differenzierungskonzept des Vorentwurfs einer Vierten EG-Richtlinie

Die Vierte EG-Richtlinie wurde in einem über zehn Jahre dauernden Entwicklungsprozess erarbeitet. Ausgangspunkt der Beratungen bildete ein von der Studiengruppe „Groupe d'Etudes Droit des Sociétés des Experts Comptables de la C.E.E." erarbeiteter Vorentwurf einer Vierten Richtlinie. Diese Studiengruppe war auf Wunsch der Kommission eingesetzt worden und setzte sich aus Vertretern des *accounting*-Berufsstandes der verschiedenen Mitgliedstaaten zusammen.[308] Unter deutschem Vorsitz nahm die Arbeitsgruppe 1965 ihre Arbeit auf und veröffentlichte im März 1968 ihren Richtlinienentwurf.[309]

Dieser Entwurf einer Vierten EG-Richtlinie bezog sich für Deutschland zunächst ausschließlich auf Aktiengesellschaften.[310] Ohne Festlegung spezifischer Größenkriterien sah der Vorschlag allerdings bereits die Möglichkeit vor, kleinere Aktiengesellschaften oder Familiengesellschaften bis zu einer bestimmten Größe von einzelnen Vorschriften der Richtlinie zu befreien.[311] Hinsichtlich der Übertragung der für Aktiengesellschaften entwickelten Harmonisierungsvorschläge auf die Gesellschaft mit beschränkter Haftung schlussfolgerte die Studiengruppe, dass hinsichtlich der anzuwendenden

---

307 Die Umsetzung der Vierten EG-Richtlinie hätte bis 1.08.1980 erfolgen sollen. Allerdings ist dieser Verpflichtung kein Land gerecht geworden. Für die Transformation der Siebenten und Achten EG-Richtlinie hatten die Mitgliedstaaten dagegen bis 1.1.1988 Zeit. Bezüglich der Siebenten EG-Richtlinie konnte dieser Zeitrahmen nur von Frankreich und Deutschland eingehalten werden. Für Details siehe Rost, P. (1991), S. 129 ff.

308 Vgl. Elmendorff, W. (1967), S. 621.

309 Für Details zu diesem Vorentwurf siehe Müller, E. (1971), S. 11 ff.; Schruff, L. (Hrsg.) (1986), S. 9 ff.

310 Vgl. Maul, K.-H. (1987), S. 252.

311 Vgl. Schruff, L. (Hrsg.) (1986), S. 20/21 ff.

materiellen Rechnungslegungsnormen keine rechtsformbezogenen Unterscheidungen zwischen Aktiengesellschaften und Gesellschaften mit beschränkter Haftung vorgenommen werden sollten.[312] Eine von der Aktiengesellschaft abweichende Behandlung der Gesellschaft mit beschränkter Haftung wurde jedoch bezüglich der Offenlegung des Jahresabschlusses empfohlen. Basierend auf der Überzeugung, dass „... zwischen dem Informationsanspruch der Kapitaleigner einerseits und der Dritten andererseits ein nicht unwesentlicher Unterschied besteht“,[313] schlug die Studiengruppe für die Gesellschaft mit beschränkter Haftung eine Unterscheidung zwischen der internen Rechenschaftslegung gegenüber den Gesellschaftern auf der einen Seite und der externen Rechnungslegung gegenüber Dritten auf der anderen Seite vor.[314] Für die externe Rechnungslegung der Gesellschaft mit beschränkter Haftung gegenüber Dritten regte die Studiengruppe eine nach der Unternehmensgröße abgestufte Publizitätspflicht an und folgte damit der in der Ersten EG-Richtlinie[315] getroffenen Regelung, die Rechnungspublizität bei Gesellschaften mit beschränkter Haftung nach der Unternehmensgröße zu bestimmen. Große Gesellschaften mit beschränkter Haftung sollten wegen ihrer volkswirtschaftlichen Bedeutung analog der Aktiengesellschaft einer uneingeschränkten nach außen gerichteten Publizitätspflicht unterliegen. Mittelgroße Gesellschaften mit beschränkter Haftung sollten die Möglichkeit erhalten, anstatt einer vollständigen nur einer verkürzte GuV-Rechnung offen zu legen, und kleine Gesellschaften mit beschränkter Haftung sollten nach den Empfehlungen der Studiengruppe gänzlich von einer Veröffentlichung ihres Jahresabschlusses befreit werden. Für die nach innen gerichtete Publizität gegenüber den Kapitaleignern sollten dagegen keinerlei größenbezogenen Erleichterungen gewährt werden.[316] Ferner sollte die kleine Gesellschaft mit beschränkter Haftung nach der Auffassung der Studiengruppe von der Prüfungspflicht befreit werden. Schließlich hätten die Gesellschafter die Möglichkeit, eine Prüfungspflicht im Rahmen gesellschaftsvertraglicher Vereinbarungen selbst zu regeln.[317]

In Anlehnung an das deutsche PublG schlug die Studiengruppe die Bilanzsumme, die Umsatzerlöse sowie die Anzahl der Arbeitnehmer als potenzielle Differenzierungskriterien für die Abstufung der externen Publizitätspflichten und die Regulierung der

312 Vgl. Elmendorff, W. (1972), S. 37.
313 Elmendorff, W. (1972), S. 37.
314 Für Aktiengesellschaften wurden dagegen keine vergleichbaren Erleichterungen vorgesehen, da bei dieser Gesellschaftsform nach der Auffassung der Studiengruppe wegen des offenen Gesellschafterkreises in der Regel keine Unterscheidung zwischen externer und interner Publizität möglich war; vgl. Elmendorff, W. (1972), S. 37.
315 Vgl. Erste Richtlinie 68/151/EWG des Rates vom 9. März 1968, Artikel 2 (1f).
316 Vgl. Elmendorff, W. (1972), S. 37 f.
317 Vgl. Elmendorff, W. (1972), S. 38.

Prüfungspflicht der Gesellschaften mit beschränkter Haftung vor, ergänzte diese Merkmale jedoch noch um das Eigenkapital. Auf spezifische Schwellenwerte legte sich die Arbeitsgruppe nicht fest, da es sich hierbei um eine überwiegend politische Entscheidung handelte. Um einerseits eine gewisse Kontinuität zu gewährleisten und andererseits Umgehungsmöglichkeiten einzugrenzen, sollten die erweiterten Publizitätspflichten sowie die Prüfungspflicht jedoch in Entsprechung zum deutschen PublG erst dann gelten, wenn mindestens zwei der genannten Kriterien an drei aufeinander folgenden Stichtagen erfüllt waren.[318]

3.1.14.2.2 Differenzierungskonzept des ersten Vorschlags einer Vierten EG-Richtlinie der EWG-Kommission

Auf Basis des Vorentwurfs der Studiengruppe erarbeitete die Kommission der Europäischen Gemeinschaften einen eigenen Vorschlag einer Vierten EG-Richtlinie, der dem Rat mit Schreiben vom 16. November 1971 vorgelegt wurde.[319] Der Vorschlag war bezüglich des vorgesehenen Differenzierungskonzeptes eng an den Entwurf der Studiengruppe angelehnt. Nach dem Vorschlag der Kommission sollten die Vorschriften der Vierten EG-Richtlinie in Deutschland sowohl auf die Aktiengesellschaft, die Kommanditgesellschaft auf Aktien als auch die Gesellschaft mit beschränkter Haftung Anwendung finden.[320] Die Ausdehnung des Anwendungsbereichs der Vierten EG-Richtlinie auf alle haftungsbeschränkten Kapitalgesellschaften wurde u. a. mit der auffallenden Insolvenzanfälligkeit der Gesellschaft mit beschränkter Haftung gerechtfertigt.[321] Bezüglich der materiellen Ansatz- und Bewertungsnormen sowie der einzuhaltenden Gliederungsformate sah der Kommissionsvorschlag keine rechtsformbezogene Differenzierung zwischen Aktiengesellschaften/Kommanditgesellschaften auf Aktien und Gesellschaften mit beschränkter Haftung vor.[322] Allerdings sollten die Mitgliedstaaten für Letztere aus Kosten-Nutzen-Überlegungen ein Wahlrecht zur Gewährung von größenbezogenen Publizitäts- und Prüfungserleichterungen erhalten. Diese Erleichterungen sind in Tab. 4 schematisch dargestellt.

---

318 Vgl. Elmendorff, W. (1972), S. 38.

319 Vgl. Vorschlag einer Vierten Richtlinie des Rates vom 16. November 1971. Für eine Analyse der Unterschiede zwischen dem Vorentwurf der Studiengruppe und dem Vorschlag der EWG-Kommission siehe Elmendorff, W. (1972), S. 29 ff. sowie Schruff, L. (1986), S. 10/11 ff.

320 Vgl. Vorschlag einer Vierten Richtlinie des Rates vom 16. November 1971, Artikel 1.

321 Siehe hierzu Sigloch, J. (1987), S. 118.

322 Vgl. Vorschlag einer Vierten Richtlinie des Rates vom 16. November 1971, Artikel 48.

■ **Tab. 4:** Erleichterungen für Gesellschaften mit beschränkter Haftung nach dem Kommissionsvorschlag einer Vierten EG-Richtlinie

	Bilanzsumme in Rechnungseinheiten	**Nettoumsatzerlöse in Rechnungseinheiten**	**Anzahl der Arbeitnehmer**	**Vereinfachungen**
Große GmbH	> 1 Mio.	> 2 Mio.	> 100	Keine
Mittelgroße GmbH	≤ 1 Mio.	≤ 2 Mio.	≤ 100	Kein gesonderter Ausweis der Nettoumsatzerlöse in der zu publizierenden GuV-Rechnung (Artikel 50 Vorentwurf) Keine Pflicht zur Veröffentlichung des Jahresabschlusses im Bundesanzeiger (lediglich Registerpublizität)
Kleine GmbH	≤ 100.000	≤ 200.000	≤ 20	Keine Prüfungspflicht für den Jahresabschluss (Artikel 49 Vorentwurf) Lediglich Pflicht zur Publizierung einer verkürzten Bilanz und eines verkürzten Anhangs; auf die Offenlegung der GuV-Rechnung kann ganz verzichtet werden (Artikel 50 Vorentwurf) Keine Pflicht zur Veröffentlichung der offenlegungspflichtigen Jahresabschlussbestandteile im Bundesanzeiger (lediglich Registerpublizität)

Obwohl die Kommission die von der Studiengruppe vorgeschlagene größenbezogene Abstufung der Publizitätspflichten für die Gesellschaft mit beschränkter Haftung weitgehend übernahm und damit die grundsätzliche Trennung zwischen der nach innen gerichteten Rechnungslegung und jener gegenüber externen Rechnungslegungsadressaten unterstützte, sah der Richtlinienvorschlag auch für die kleine Gesellschaft mit beschränkter Haftung entgegen dem Entwurf der Studiengruppe ein Minimum an externen Offenlegungspflichten vor. Dies rechtfertigte die Kommission damit, dass die Notwendigkeit zur Offenlegung des Jahresabschlusses zum Schutz der Gläubiger untrennbar mit dem Privileg der Haftungsbegrenzung verbunden sein müsste.[323] Da darüber hinaus die Rechtsformwahl in den einzelnen Mitgliedstaaten sehr uneinheit-

323 Die Kommission folgt damit der britischen Rechtsauffassung. In Großbritannien wurde mit dieser Argumentation im *Companies Act 1967* (CA 1967) eine einheitliche Publizitätspflicht für alle haftungsbeschränkten *companies* (Kapitalgesellschaften) eingeführt; vgl. Gliederungspunkt 4.1.1.1.2.10.

lich war, strebte die Kommission im Interesse gleicher Wettbewerbsbedingungen eine weitgehende Gleichbehandlung der verschiedenen Gesellschaftsformen an.[324] Die größenbezogene Abstufung des Publizitätsumfangs für Gesellschaften mit beschränkter Haftung wurde mit deren geringerer volkswirtschaftlicher Bedeutung gerechtfertigt und als Kompromiss zwischen den Geheimhaltungsinteressen der Abschluss erstellenden Unternehmen und den Informationsbedürfnissen der externen Rechnungslegungsadressaten betrachtet.[325]

Die genannten Erleichterungen für die Gesellschaften mit beschränkter Haftung sollten gemäß dem Vorschlag der Kommission nur dann in Anspruch genommen werden können, wenn an mindestens zwei aufeinander folgenden Geschäftsjahren alle genannten Kriterien kumulativ erfüllt waren.[326] Die Auswahl der herangezogenen Kriterien begründete die Kommission damit, dass diese den Besonderheiten von Handels-, Industrie- und Dienstleistungsunternehmen Rechnung tragen würden. Denn während Handelsgesellschaften üblicherweise eine niedrige Bilanzsumme und hohe Umsatzerlöse hätten, wäre dies bei Industrieunternehmen gerade umgekehrt. Dienstleistungsunternehmen wären dagegen in der Regel durch eine große Anzahl an Arbeitnehmern charakterisiert.[327] Für die Wahl der Schwellenwerte lieferte die Kommission keine explizite Begründung.[328] Die Größengrenze von einer Million Rechnungseinheiten für die Bilanzsumme wurde jedoch schon im Rahmen der Verabschiedung der Ersten EG-Richtlinie als mögliches quantitatives Merkmal für eine obligatorische Publizitätspflicht der Gesellschaft mit beschränkter Haftung diskutiert.[329]

Für Aktiengesellschaften und Kommanditgesellschaften auf Aktien sah der Kommissionsvorschlag analog zu den Erleichterungen für mittelgroße Gesellschaften mit beschränkter Haftung die Möglichkeit vor, auf den gesonderten Ausweis der Nettoumsatzerlöse in der GuV-Rechnung zu verzichten, falls deren Bilanzsumme eine Million Rechnungseinheiten nicht überstieg, die Umsatzerlöse unter zwei Millionen Rechnungseinheiten lagen und im Geschäftsjahr durchschnittlich nicht mehr als einhundert Arbeitnehmer beschäftigt wurden. Damit sollte den Geheimhaltungsinteressen von Gesellschaften, deren Geschäftsaktivitäten nur in sehr begrenztem Umfang aufgefächert waren, Rechnung getragen werden. Analog zu den Anspruchsvoraussetzungen der Gesellschaft mit beschränkter Haftung mussten alle genannten Merkmale kumulativ an zwei aufeinander folgenden Geschäftsjahren erfüllt sein, um in den Genuss der

---

324 Vgl. Biener, H. (1979b), S. 208.
325 Vgl. Biener, H. (1979b), S. 208.
326 Vgl. Vorschlag einer Vierten Richtlinie des Rates vom 16. November 1971, Artikel 48 und 50 sowie Elmendorff, W. (1972), S. 38 und Müller, E. (1972), S. 231.
327 Vgl. Elmendorff, W. (1972), S. 33.
328 Vgl. Elmendorff, W. (1972), S. 38.
329 Vgl. Fn. 281; siehe außerdem Biener, H. (1979b), S. 210.

Erleichterungen zu gelangen.[330] Publizitätserleichterungen oder eine Prüfungsbefreiung für kleine Aktiengesellschaften/Kommanditgesellschaften auf Aktien vergleichbar der kleinen Gesellschaften mit beschränkter Haftung enthielt der Kommissionsvorschlag nicht.

3.1.14.2.3 Differenzierungskonzept des geänderten Vorschlags einer Vierten EG-Richtlinie der EWG-Kommission

Nach Beratung des Kommissionsvorschlags durch das Europäische Parlament,[331] den Wirtschafts- und Sozialausschuss[332] sowie einer Analyse eingegangener Stellungnahmen, veröffentlichte die Kommission der Europäischen Gemeinschaften im Februar 1974 einen geänderten Vorschlag einer Vierten EG-Richtlinie,[333] der jedoch bezüglich des vorgesehenen Differenzierungskonzeptes keine Änderungen vorsah.

3.1.14.2.4 Endgültiges Differenzierungskonzept der Vierten EG-Richtlinie

Erst in der im Juli 1978 verabschiedeten endgültigen Version der Vierten EG-Richtlinie wurde die rechtsformbezogene Unterscheidung zwischen Aktiengesellschaften/Kommanditgesellschaften auf Aktien auf der einen Seite und Gesellschaften mit beschränkter Haftung auf der anderen Seite aufgehoben und durch eine ausschließlich größenbezogene Differenzierung ersetzt.[334] Hierauf hatte sowohl der Wirtschafts- und Sozialausschuss[335] als auch das Europäische Parlament[336] hingewirkt, um ein Ungleichgewicht hinsichtlich der den Gesellschaften auferlegten Verpflichtungen zu vermeiden.[337] Schließlich diente die Gleichstellung der Gesellschaftsformen auch der Egalisierung der Wettbewerbsbedingungen, da dem Umstand Rechnung getragen wurde, dass in manchen Mitgliedstaaten die Rechtsform der Gesellschaft mit beschränkter Haftung von Unternehmen gewählt wurde, für die in anderen Mitgliedsländern die Rechtsform der Aktiengesellschaft üblich war.

---

330 Vgl. Vorschlag einer Vierten Richtlinie des Rates vom 16. November 1971, Artikel 24.

331 Vgl. Entschließung mit der Stellungnahme des Europäischen Parlaments vom 11. Dezember 1972.

332 Vgl. Anhörung des Wirtschafts- und Sozialausschusses vom 22. Februar 1973.

333 Vgl. Geänderter Vorschlag einer Vierten Richtlinie des Rates 26. Februar 1974.

334 Kritisch zur Gleichbehandlung von Gesellschaften mit beschränkter Haftung und Aktiengesellschaften Lutter, M. (1979b), S. 1286 ff.

335 Vgl. Anhörung des Wirtschafts- und Sozialausschusses vom 22. Februar 1973, Anmerkungen zu Artikel 44 und 45.

336 Vgl. Entschließung mit der Stellungnahme des Europäischen Parlaments vom 11. Dezember 1972, Tz. 3.

337 Zu dieser Begründung siehe Anhörung des Wirtschafts- und Sozialausschusses vom 22. Februar 1973, Anmerkungen zu Artikel 44 und 45.

Die Festlegung der Schwellenwerte für große, mittelgroße und kleine Gesellschaften erfolgte im Rahmen eines politischen Kompromisses. Denn während vor allem jene Länder, deren Rechnungslegung am angelsächsischen Rechnungsmodell orientiert war, die Auffassung vertraten, dass jegliche Haftungsbegrenzung zum Schutz der Interessen von Gläubigern und sonstigen Dritten größenunabhängig mit einer umfassenden Publizitätspflicht einhergehen müsste, stieß eine undifferenzierte Publizitäts- und Prüfungspflicht vor allem in Deutschland auf große Ablehnung, da dort für die Gesellschaft mit beschränkter Haftung bislang eine generelle Prüfungs- und Offenlegungspflicht für den Jahresabschluss völlig fehlte.[338] Im Vergleich zum ursprünglichen Richtlinienentwurf wurden die Größenmerkmale in der endgültigen Fassung der Vierten EG-Richtlinie um ein vielfaches höher angesetzt[339] und die Mitgliedstaatenwahlrechte hinsichtlich größenspezifischer Erleichterungen erweitert. Einen Überblick über die größenbezogenen Erleichterungen der verabschiedeten Version der Vierten EG-Richtlinie gibt Tab. 5.

Im Gegensatz zum ursprünglichen Richtlinienentwurf wurde bezüglich der Bekanntgabe des Jahresabschlusses nur mehr auf die Erste EG-Richtlinie verwiesen. Danach waren größenunabhängig eine Einreichung der offenlegungspflichtigen Unterlagen zu einem zentralen Register bzw. einem Handels- oder Gesellschaftsregister und mindestens eine Bekanntmachung der Hinterlegung der Unterlagen in einem von dem Mitgliedstaat zu bestimmenden Amtsblatt erforderlich.

---

338 Vgl. Biener, H. (1978), S. 197.

339 Hierauf hatte auch die mit der ursprünglichen Erarbeitung eines Richtlinienvorschlags betraute Groupe d'Etudes des Experts Comptables de la C. E. E. hingewirkt; vgl. Groupe d'Etudes des Experts Comptables de la C. E. E. (Hrsg.) (1972), S. 435; Kaminski, H. (1973), S. 230 f.

■ **Tab. 5:** Wesentliche Erleichterungen für kleine und mittelgroße Gesellschaften nach der verabschiedeten Fassung der Vierten EG-Richtlinie

	Bilanzsumme in Rechnungseinheiten	Nettoumsatzerlöse in Rechnungseinheiten	Anzahl der Arbeitnehmer	Vereinfachungen
Große Gesellschaften	> 4 Mio.	> 8 Mio.	> 250	Keine
Mittelgroße Gesellschaften	≤ 4 Mio.	≤ 8 Mio.	≤ 250	Erstellung einer verkürzten GuV-Rechnung, in der die Nettoumsatzerlöse nicht gesondert auszuweisen sind (Artikel 27) Im Anhang kann auf die Angabe der segmentierten Umsatzerlöse verzichtet werden (Artikel 45) Anstelle einer vollständigen Bilanz und eines vollständigen Anhangs kann jeweils eine verkürzte Version offen gelegt werden
Kleine Gesellschaften	≤ 1 Mio.	≤ 2 Mio.	≤ 50	Möglichkeit zur Erstellung einer verkürzten Bilanz (Artikel 11) Erstellung einer verkürzten GuV-Rechnung, in der die Nettoumsatzerlöse nicht gesondert auszuweisen sind (Artikel 27) Möglichkeit zur Erstellung eines verkürzten Anhangs (Artikel 44) Keine Prüfungspflicht für den Jahresabschluss (Artikel 51) Lediglich Pflicht zur Offenlegung der verkürzten Bilanz und des verkürzten Anhangs; auf die Offenlegung der GuV-Rechnung und des Lageberichts kann ganz verzichtet werden (Artikel 47)

■ **Abb. 17:** Differenzierungstableau zur Vierten EG-Richtlinie

Differenzierungskriterien:
- Rechtsform (Haftungsbeschränkung)
- Unternehmensgröße

Differenzierungsbereiche:
- Abschlusserstellung
- Prüfung
- Publizität

Normierung:
- Normierungsinhalt/-umfang: Der Anwendungsbereich der Richtlinie erstreckt sich ausschließlich auf Kapitalgesellschaften bzw. für Deutschland konkret auf Aktiengesellschaften/Kommanditgesellschaften auf Aktien sowie auf Gesellschaften mit beschränkter Haftung; bezüglich kleinen und mittelgroßen Kapitalgesellschaften werden Mitgliedstaatenwahlrechte eingeräumt, die (1) die Erstellung verkürzter Abschlussinstrumente ermöglichen und (2) Publizitätserleichterungen zulassen; (3) für kleine Unternehmen wird den Mitgliedstaaten außerdem ein Wahlrecht zur Prüfungsbefreiung gewährt

3.1.14.3 Entwicklungsprozess des Bilanzrichtlinien-Gesetzes

Obwohl sich der Anwendungsbereich der Vierten und Siebenten EG-Richtlinie für Deutschland, wie bereits erläutert, nur auf die Aktiengesellschaft, die Gesellschaft mit beschränkter Haftung sowie die Kommanditgesellschaft auf Aktien bezog,[340] nutzte der deutsche Gesetzgeber die Transformation dieser Richtlinien für eine umfassende Reform und Neugestaltung des Rechnungslegungsrechts aller Rechtsformen. Der Verlautbarung des Bilanzrichtlinien-Gesetzes im Jahr 1985 gingen deshalb umfangreiche Vorarbeiten und Erörterungen mit betroffenen Interessengruppen und Sachverständigen voran.[341] Bereits im Jahr 1980 gab es einen Referentenvorentwurf eines Bilanzrichtlinie-Gesetzes.[342] Ein erster offizieller Regierungsentwurf eines Bilanzrichtlinie-Gesetzes zur Umsetzung der Vierten EG-Richtlinie wurde dem Bundestag nach

340 Erst mit der Richtlinie 90/605/EWG des Rates vom 8. November 1990 („GmbH & Co.-Richtlinie") wurde der Gültigkeitsbereich der Vierten und Siebenten EG-Richtlinie auch auf in ihrer Haftung begrenzte Personengesellschaften ohne persönlich haftenden Gesellschafter und somit auch auf die GmbH & Co. KG ausgedehnt.

341 Einen guten Überblick über den Entstehungsprozess des Bilanzrichtlinien-Gesetzes geben Busse von Colbe, W./Chmielewicz, K. (1986), S. 290 sowie Sigloch, J. (1987), S. 107.

342 Vgl. Bundesministerium der Justiz (Hrsg.) (1980).

eingehenden Diskussionen mit der Fachwelt[343] erst im Jahr 1982 zugeleitet.[344] Da es nicht gelang, den vorgelegten Entwurf noch in der laufenden Legislaturperiode zu verabschieden, wurde er nach der Neuwahl des Bundestages im Jahr 1983 – wenngleich in etwas modifizierter Form[345] – erneut eingebracht. Parallel zu den Beratungen des Gesetzentwurfes zur Transformation der Vierten EG-Richtlinie wurde dem Bundestag im Juni 1985 ein weiterer Gesetzesentwurf[346] nämlich zur Umsetzung der Siebenten und Achten EG-Richtlinie vorgelegt. Abweichend zu den ursprünglichen Gesetzesentwürfen der Bundesregierung erarbeitete der beauftragte Rechtsausschuss[347] unter Anhörung von Sachverständigen sowie Spitzenverbänden beteiligter Kreise[348] eine modifizierte Konzeption[349] eines Bilanzrichtlinien-Gesetzes, in der die beiden Regierungsentwürfe zur Umsetzung der Vierten respektive Siebenten und Achten EG-Richtlinie zu einem einzigen Gesetzentwurf zusammengefasst wurden. Dieser vom Rechtsausschuss nicht nur konzeptionell, sondern auch inhaltlich wesentlich modifizierte Gesamtentwurf bildete schließlich die Grundlage für das im Dezember 1985 vom Bundestag beschlossene Bilanzrichtlinien-Gesetz.

343 Siehe hierzu beispielsweise die Stellungnahmen auf dem Betriebswirtschaftertag 1980, abgedruckt in: Busse von Colbe, W./Laßmann, G. (Hrsg.) (1981).

344 Siehe Entwurf eines Gesetzes zur Durchführung der Vierten Richtlinie des Rates der Europäischen Gemeinschaften zur Koordinierung des Gesellschaftsrechts (Bilanzrichtlinie-Gesetz) vom 12. Februar 1982 (im Folgenden zitiert als Entwurf eines Bilanzrichtlinie-Gesetzes (1982)). Dieser Entwurf wurde nach dem zuständigen Referenten im Bundesjustizministerium auch als sog. „Biener-Entwurf" bezeichnet.

345 Im Gegensatz zum ursprünglichen Entwurf sah die Regierungsvorlage vom 26. August 1983 von einer Gleichstellung von Personengesellschaften, bei denen kein persönlich haftender Gesellschafter eine natürliche Person ist (Hauptanwendungsfall: GmbH & Co. KG) mit der Gesellschaft mit beschränkter Haftung ab; vgl. Entwurf eines Gesetzes zur Durchführung der Vierten Richtlinie des Rates der Europäischen Gemeinschaften zur Koordinierung des Gesellschaftsrechts (Bilanzrichtlinie-Gesetz) vom 26. August 1983 (im Folgenden zitiert als Entwurf eines Bilanzrichtlinie-Gesetzes (1983)), Begründung, Vorbemerkung.

346 Vgl. Entwurf eines Gesetzes zur Durchführung der Siebenten und Achten Richtlinie des Rates der Europäischen Gemeinschaften zur Koordinierung des Gesellschaftsrechts vom 3. Juni 1985.

347 Vgl. Beschlussempfehlung und Bericht des Rechtsausschusses (6. Ausschuss) vom 13. November 1985.

348 Siehe hierzu vor allem Stenographisches Protokoll über die 17. Sitzung des Unterausschusses „Bilanzrichtlinie-Gesetz" vom 9. Mai 1985 sowie stenographisches Protokoll der 18. Sitzung am 23. September 1985 und der 19. Sitzung am 24. September 1985 des Unterausschusses „Bilanzrichtlinie-Gesetz". Siehe außerdem die in der Anlage zu den stenographischen Protokollen beigefügten Stellungnahmen von Spitzenverbänden beteiligter Kreise sowie betroffenen Personen.

349 Für Details zur vom Rechtsausschuss erarbeiteten Konzeptionsänderungen siehe Biener, H. (1985a), S. 3 ff.; Helmrich, H. (1986), S. 345 ff.

3.1.14.4 Transformationsstrategie des deutschen Gesetzgebers

Nachdem nicht Unzufriedenheit mit dem bestehenden Bilanzrecht Anlass für das Bilanzrichtlinien-Gesetz war, sondern allein die Erfüllung europarechtlicher Vorgaben,[350] orientierte sich der Gesetzgeber an der Maxime, nur die Mindestanforderungen der EG-Richtlinien zu erfüllen. Da an dem Grundsatz der Maßgeblichkeit festgehalten werden sollte, war der Gesetzgeber bestrebt, den bestehenden Status quo so weit als möglich zu erhalten, um etwaige steuerliche Nachteile für die Rechnungslegenden zu verhindern.[351] Dementsprechend wurden eingeräumte Mitgliedstaatenwahlrechte großzügig an die rechnungslegungspflichtigen Unternehmen weitergegeben, sodass diesen größtmögliche Erleichterungen zugute kamen.[352] Diese Strategie gewährleistete einerseits zwar eine weitgehende Beibehaltung des durch das Aktienrecht geschaffenen Status quo und wurde wesentlich dadurch begünstigt, dass der materielle Gehalt der Vierten (und weitgehend auch der Siebenten) EG-Richtlinie aufgrund des starken Einflusses der deutschen Delegation maßgeblich am deutschen Aktiengesetz orientiert war.[353] Andererseits war diese Vorgehensweise weder für die Erreichung der Zielsetzung der EG-Richtlinien – nämlich innerhalb der Europäischen Gemeinschaft eine Rechtsannäherung herbeizuführen – noch für eine Modernisierung und Anpassung des bestehenden Rechts an internationale Erfordernisse förderlich.[354]

3.1.14.5 Grundkonzeption des Bilanzrichtlinien-Gesetzes

Mit dem als Artikelgesetz[355] konzipierten Bilanzrichtlinien-Gesetz änderte sich die Struktur und der Geltungsbereich des deutschen Bilanzrechts grundlegend. So wanderte das Rechnungslegungsrecht von den einzelnen Spezialgesetzen (Aktiengesetz (AktG), Gesetz betreffend die Gesellschaften mit beschränkter Haftung (GmbHG), Gesetz betreffend die Erwerbs- und Wirtschaftsgenossenschaften (GenG) etc.) wieder an seinen ursprünglichen Ort – das Handelsgesetzbuch[356] – zurück, wo es nun in einem

---

350 Vgl. Helmrich, H. (1988), S. 219; ähnlich Claussen, C. (1986), S. 145; Vogel, H. (1979), S. 16 f.

351 Siehe hierzu Entwurf eines Bilanzrichtlinie-Gesetzes (1983), Begründung, V.4. Siehe zum Einfluss des Maßgeblichkeitsgrundsatzes auf das Bilanzrichtlinien-Gesetz auch Sigloch, J. (1987), S. 116 ff.

352 Vgl. Entwurf eines Bilanzrichtlinie-Gesetzes (1983), Begründung, III.2.

353 Vgl. Strobel, W. (1981), S. 1742; ähnlich jedoch ausschließlich auf die Vierte EG-Richtlinie bezogen Biener, H. (1979a), S. 1; Claussen, C. (1986), S. 153; Nobes, C./Parker, R. (1984), S. 81; Vogel, H. (1979), S. 18.

354 Ähnlich Claussen, C. (1986), S. 153.

355 D. h. der Gesetzgeber schuf mit dem Bilanzrichtlinien-Gesetz kein weiteres, eigenständiges Gesetz, sondern änderte lediglich bereits bestehende Gesetze.

356 Die insbesondere von der Kommission Rechnungswesen geforderte Schaffung eines eigenen Rechnungslegungsgesetzes (vgl. Kommission Rechnungswesen im Verband der Hochschullehrer für Betriebswirtschaft e. V. (Hrsg.) (1979), S. 5), das umfassend und abgekoppelt vom Gesell-

neuen „Dritten Buch" umfassend für alle Kaufleute geregelt wurde.[357] Der Empfehlung des Rechtsausschusses folgend wurde das Dritte Buch des HGB in drei Abschnitte untergliedert.[358] Die für alle Kaufleute geltenden Vorschriften wurden im Ersten Abschnitt des Dritten Buches des HGB kodifiziert und darauf aufbauend wurden im Zweiten Abschnitt, entsprechend den Anforderungen der Vierten und Siebenten EG-Richtlinie, ergänzende Vorschriften für Kapitalgesellschaften, d. h. für Aktiengesellschaften, Kommanditgesellschaften auf Aktien und für Gesellschaften mit beschränkter Haftung normiert. Bedingt durch die Regelungen der EG-Richtlinien wurde die Gesellschaft mit beschränkter Haftung erstmalig in der Rechtsgeschichte bilanzrechtlich der Aktiengesellschaft und Kommanditgesellschaft auf Aktien gleichgestellt. Eingetragene Genossenschaften nahmen eine Sonderrolle ein, da sie nicht in den Anwendungsbereich der EG-Richtlinien fielen. Neben der Beachtung der für alle Kaufleute im Ersten Abschnitt des Dritten Buches des HGB normierten Vorschriften, kodifizierte der Gesetzgeber für eingetragene Genossenschaften im Dritten Abschnitt weitere, ergänzende Normen.

Durch die in der Gesetzesstruktur zum Ausdruck kommende klare Abgrenzung der für alle Kaufleute geltenden Vorschriften von den ergänzenden Normen für Kapitalgesellschaften und Genossenschaften sollte nicht nur die Lesbarkeit und Anwendbarkeit des Gesetzes erleichtert, sondern darüber hinaus auch verhindert werden, dass die nur für Kapitalgesellschaften oder Genossenschaften normierten Vorschriften unreflektiert auf alle übrigen Unternehmen übertragen werden, wie dies in der Vergangenheit vielfach mit aktienrechtlichen Normen geschehen war.[359]

Ein während des Gesetzgebungsverfahrens besonders strittiger Punkt war, ob die Kapitalgesellschaft & Co. (Hauptanwendungsfall: GmbH & Co. KG), die zwar in ihrer Haftung begrenzt war, in der Vierten und Siebenten EG-Richtlinie aber nicht explizit

schaftsrecht alle Vorschriften für die zur Rechnungslegung verpflichteten Unternehmen enthalten sollte, wurde vom Gesetzgeber mit dem Argument abgelehnt, dass eine weiter gehende grundsätzliche Reform der Rechnungslegung nicht angestrebt würde. Eine Erweiterung der Rechnungslegungsvorschriften im HGB entsprach damit der Zielsetzung des Gesetzgebers, das geltende Recht lediglich fortzuschreiben, besser als die Neukonzeption eines Rechnungslegungsgesetzes; vgl. Entwurf eines Bilanzrichtlinie-Gesetzes (1983), Begründung, V.1.

357 Vgl. Claussen, C. (1986), S. 147; Ordelheide, D./Hartle, J. (1986), S. 9.

358 Die beiden Regierungsentwürfe – Entwurf eines Bilanzrichtlinie-Gesetzes (1982) und Entwurf eines Bilanzrichtlinie-Gesetzes (1983) – schlugen zunächst eine wesentlich verschachteltere Gesetzesstruktur vor, die wegen ihrer mangelnden Lesbarkeit jedoch verworfen wurde; vgl. Beschlussempfehlung und Bericht des Rechtsausschusses (6. Ausschuss) vom 13. November 1985, Bericht der Abgeordneten Helmrich, Kleinert (Hannover) und Stiegler, III.

359 Vgl. Beschlussempfehlung und Bericht des Rechtsausschusses (6. Ausschuss) vom 13. November 1985, Bericht der Abgeordneten Helmrich, Kleinert (Hannover) und Stiegler, III.

erwähnt wurde,[360] den für Kapitalgesellschaften geltenden Regelungen unterworfen werden sollte. Obschon der erste Entwurf eines Bilanzrichtlinie-Gesetzes noch vorgesehen hatte, die ergänzenden Vorschriften für Kapitalgesellschaften auch „... auf offene Handelsgesellschaften und Kommanditgesellschaften anzuwenden, bei denen kein persönlich haftender Gesellschafter eine natürliche Person ist“,[361] wurde hiervon letztendlich[362] entgegen bestehender Sachgründe[363] zum Schutz der mittelständischen Wirtschaft[364] im Gesetzgebungsverlauf wieder abgesehen, nachdem eine Gleichstellung der Kapitalgesellschaften & Co. mit den Kapitalgesellschaften vor allem auch bei den maßgebenden Wirtschaftsverbänden und Berufsorganisationen[365] auf einhellige Ablehnung gestoßen war.[366]

---

360 Die Nichtnennung der Kapitalgesellschaft & Co. in der Vierten und Siebenten EG-Richtlinie wurde primär darauf zurückgeführt, dass derartige Gesellschaftsformen in Europa wenig verbreitet waren und im Wesentlichen nur ein deutsches und niederländisches Spezifikum darstellten; vgl. Biener, H. (1979b), S. 23; Entwurf eines Bilanzrichtlinie-Gesetzes (1982), Begründung, IV.2.

361 Entwurf eines Bilanzrichtlinie-Gesetzes (1982), Artikel § 178 HGB-E.

362 Bereits im Zweiten Entwurf eines Bilanzrichtlinie-Gesetzes war eine Gleichstellung der Kapitalgesellschaft & Co. mit den Kapitalgesellschaften nicht mehr vorgesehen; vgl. Entwurf eines Bilanzrichtlinie-Gesetzes (1983), Begründung, Vorbemerkung. Ein Antrag der SPD, die Kapitalgesellschaften & Co. in die ergänzenden Vorschriften für Kapitalgesellschaften mit einzubeziehen (vgl. Änderungsantrag der Fraktion der SPD vom 4. Dezember 1985) wurde abgelehnt; vgl. Beschlussempfehlung und Bericht des Rechtsausschusses (6. Ausschuss) vom 13. November 1985, Bericht der Abgeordneten Helmrich, Kleinert (Hannover), Stiegler, II.

363 Eine gute Übersicht über die Argumente, die für eine Einbeziehung der Kapitalgesellschaft & Co. in die für Kapitalgesellschaften geltenden Regelungen sprechen, gibt beispielsweise Schellein, H. (1990), S. 530.

364 Vgl. o. V. (1983), S. 1295; Schellein, H. (1990), S. 531; Plenarprotokoll des Deutschen Bundestages 10/181, S. 13739 ff.

365 Vgl. Arbeitsgemeinschaft Selbständiger Unternehmer e. V. (Hrsg.) (1981), S. 1989 ff.; Bundesnotarkammer (Hrsg.) (1982), S. 223 f.; Centrale für GmbH (Hrsg.) (1981), S. 225 f.; Deutscher Industrie- und Handelstag u. a. (Hrsg.) (1981), S. 1865; Deutscher Industrie- und Handelstag u. a. (Hrsg.) (1984), S. 2.

366 Im Schrifttum wurde die Nichteinbeziehung der Kapitalgesellschaft & Co. in die Regelungen der Kapitalgesellschaften wegen der gleichermaßen bestehenden Haftungsbegrenzung dieser Rechtsformen vielfach als inhaltlich falsch (vgl. Lutter, M./Mertens, H.-J./Ulmer, P. (1983), S. 1737 ff.; Schulze-Osterloh, J. (1986a), S. 428) und als möglicher Verstoß gegen die Vierte EG-Richtlinie gewertet (vgl. Claussen, C. (1986), S. 152; Großfeld, B. (1986), S. 955; Lutter, M./Mertens, H.-J./Ulmer, P. (1983), S. 1739; Marx, P./Delp, U. (1986), S. 289 f.; Schulze-Osterloh, J. (1986a), S. 429). Andere Ansicht vertraten dagegen *Streim* und *Kugel*, die eine Ausdehnung der Publizitätspflicht auf die GmbH & Co. KG ablehnten. Nach ihrer Ansicht würde für den Gesellschafterschutz eine Unterrichtungspflicht ausreichen, und auch zum Zweck des Gläubigerschutzes wäre eine allgemeine Publizitätspflicht nicht erforderlich. Denn Großgläubiger hätten die erforderliche Macht entsprechende Abschlussinformationen anzufordern, und Kleingläubiger würden wegen der kurzen Kreditlaufzeiten von einer allgemeinen Publizitätspflicht wenig profitieren, da sie in der Regel für ihre Entscheidungen aktuellere Informationen benötigten. Unter diesen Gesichtspunkten hätte nach ihrer Ansicht allerdings auch die Gesellschaft mit beschränkter Haftung von der allgemeinen Publizitätspflicht befreit werden müssen; vgl. Streim, H./Kugel, B. (1985), S. 112 ff.

Durch die umfassende Normierung des Rechnungslegungsrechts im HGB verblieben in den Spezialgesetzen (AktG, GmbHG, GenG) nur mehr jene wenigen Vorschriften zur Unternehmensberichterstattung, die sich konkret nur auf eine bestimmte Rechtsform bezogen. Das PublG hatte auch weiterhin Gültigkeit, jedoch erstreckte sich sein Anwendungsbereich nun nicht mehr auf die Gesellschaft mit beschränkter Haftung, sondern primär nur mehr auf große Personengesellschaften und Einzelunternehmen. Für diese normierte das PublG auch weiterhin über den Ersten Abschnitt des Dritten Buches des HGB hinausgehende, zusätzliche Rechnungslegungs-, Prüfungs- und Publizitätspflichten.[367]

3.1.14.6 Wesentliche Grundzüge des Differenzierungskonzeptes des Bilanzrichtlinien-Gesetzes

Obwohl die Gesetzgebungspolitik des deutschen Gesetzgebers an der Maxime orientiert war, die Sollvorgaben der EG-Richtlinien nicht zu überschreiten, nutzte die Bundesregierung die Anpassung des deutschen Rechts an die Vierte, Siebente und Achte EG-Richtlinie dazu, das gesamte Rechnungslegungsrecht, über den eigentlichen Auftrag der EG-Richtlinien hinaus, für sämtliche Kaufleute neu zu konzipieren. Ein wesentlicher Grund hierfür war, dass der Gesetzgeber auch weiterhin an dem Grundsatz der Maßgeblichkeit der handelsrechtlichen Rechnungslegung für die steuerliche Gewinnermittlung festhalten wollte, um eine steuerneutrale Umsetzung der Vierten EG-Richtlinie zu gewährleisten.[368] Da das Prinzip der Gleichmäßigkeit der Besteuerung jedoch einheitliche Gewinnermittlungsregeln voraussetzte, sollte in Einklang mit dem Interesse der Rechtseinheitlichkeit und Rechtsklarheit durch die Kodifizierung eines für alle Kaufleute gültigen rechtlichen Rahmens eine rechtsformbezogene Zerfaserung und Auseinanderentwicklung handelsrechtlicher Gewinnermittlungsvorschriften vermieden werden.[369] Obwohl dies in Abweichung zum bis-

---

367 Vgl. Entwurf eines Bilanzrichtlinie-Gesetzes (1983), Begründung, III.1 und VI.5. sowie Ordelheide, D./Hartle, J. (1986), S. 9.

368 Die Verknüpfung von Handelsbilanz und steuerlicher Gewinnermittlung wird durch die Vierte EG-Richtlinie generell nicht gefährdet, da sie den Mitgliedstaaten bei Gewährung zusätzlicher Informationen das Wahlrecht einräumt, steuerliche Wertansätze für die Handelsbilanz zuzulassen; vgl. Vierte Richtlinie 78/660/EWG des Rates vom 25. Juli 1978, Artikel 35 (1d) sowie Artikel 39 (1e). Dieses Mitgliedstaatenwahlrecht wurde auf massives Hinwirken insbesondere der deutschen Delegation gegen den Willen am angelsächsischen Rechnungsmodell orientierter Länder in die Vierte EG-Richtlinie aufgenommen; siehe Biener, H. (1985a), S. 4.; Krieger, A. (1988), S. 336.

369 Die Ausdehnung der Reformmaßnahmen über den Kreis der in der Vierten EG-Richtlinie genannten Kapitalgesellschaften hinaus und die Vereinheitlichung der Gewinnermittlungsnormen für alle Kaufleute stießen in der Fachwelt nicht auf einhellige Zustimmung. Tendenziell kritisch äußerten sich zu diesem Vorhaben wegen der hieraus resultierenden Kosten und der Gefahr der sachlich ungerechtfertigten Generalisierung beispielsweise Arbeitskreis „Rechnungslegungsvorschriften der EG-Kommission“ der Gesellschaft für Finanzwirtschaft in der Unternehmensführung e. V.

herigen Recht zur Konsequenz hatte, dass nun erstmalig in der Geschichte des deutschen Handelsrechts auch für Einzelkaufleute und Personengesellschaften eine umfassende Normierung der Rechnungslegungsvorschriften erfolgte,[370] wurde die Auffassung vertreten, dass hieraus kaum materielle Änderungen gegenüber dem geltenden Recht resultieren würden. Denn zum einen hatte der Grundsatz der Maßgeblichkeit und die darauf beruhende Rechtsprechung des Bundesfinanzhofs bereits in der Vergangenheit dazu geführt, dass sich die Regelungen des Aktienrechts zu GoB entwickelt hatten,[371] die für alle Kaufleute Gültigkeit erlangten; und zum anderen wollte der Gesetzgeber die eingeräumten Mitgliedstaatenwahlrechte – wie bereits erläutert – so nutzen, dass sich im Vergleich zur bestehenden Praxis keine wesentlichen Änderungen ergeben sollten.[372] Insofern handelte es sich bei den im Ersten Abschnitt des Dritten Buches des HGB normierten Vorschriften für alle Kaufleute um relativ liberale Grundsatzregelungen[373] und einen Beitrag zur Rechtsklarheit.

Neben den für alle Kaufleute geltenden Rechnungslegungsnormen des Ersten Abschnitts des Dritten Buches des HGB, der die Rechnungslegung von Personengesellschaften und Einzelunternehmen, sofern sie nicht die Größenkriterien das PublG überschreiten,[374] abschließend regelt, werden im Zweiten Abschnitt des Dritten Buches des HGB – wie bereits erläutert – ergänzende Anforderungen für Kapitalgesellschaften (Aktiengesellschaften, Kommanditgesellschaften auf Aktien und Gesellschaften mit beschränkter Haftung) und im Dritten Abschnitt supplementäre Regelungen für eingetragene Genossenschaften normiert. Gleichzeitig räumte der Gesetzgeber mit dem Bilanzrichtlinien-Gesetz kleinen und mittelgroßen Kapitalgesellschaften in Anlehnung an das Differenzierungskonzept der Vierten EG-Richtlinie größenabhängige Erleichterungen ein, die auch auf Genossenschaften übertragen wurden. Das mit dem Bilanzrichtlinien-Gesetz in das HGB eingeführte Differen-

---

(GEFIU) (Hrsg.) (1980), S. 2; Deutscher Industrie- und Handelstag u. a. (Hrsg.) (1981), S. 1864 f.; Müller, E. (1979), S. 82 f.; Schulze, W. (1979), S. 56 f.; Strobel, W. (1983), S. 1665 ff. Die Kodifizierung rechtsform- und größenunabhängiger Gewinnermittlungsnormen dagegen im Interesse der Rechtseinheitlichkeit und Rechtsklarheit tendenziell befürwortend Bundessteuerberaterkammer (Hrsg.) (1980), S. 663; Chmielewicz, K. (1980), S. 21 ff.; Geßler, E. (1979), S. 81 f.; Kommission Rechnungswesen im Verband der Hochschullehrer für Betriebswirtschaft e. V. (Hrsg.) (1979), Tz. 10; Schulze-Osterloh, J. (1981), S. 2 f.; Wysocki, K. v. (1979), S. 64.

370 Siehe Claussen, C. (1986), S. 152.

371 Vgl. Moxter, A. (1983), S. 15 f. Siehe hierzu auch Gliederungspunkt 3.1.6.

372 Vgl. Entwurf eines Bilanzrichtlinie-Gesetzes (1982), Begründung, V.4. sowie Entwurf eines Bilanzrichtlinie-Gesetzes (1983), Begründung, V.4.

373 Vgl. Sigloch, J. (1987), S. 111.

374 Die Größengrenzen des PublG wurden mit dem Bilanzrichtlinien-Gesetz nicht verändert. Personengesellschaften und Einzelunternehmen, die die Schwellenwerte des PublG überschreiten, müssen auch heute noch neben den Rechnungslegungsanforderungen des Ersten Abschnitts des Dritten Buches des HGB die ergänzenden Vorschriften des PublG beachten; vgl. Gliederungspunkt 3.2.3.

zierungskonzept, das in seinen Grundzügen auch heute noch Gültigkeit besitzt, ist somit zweistufig aufgebaut. Ebene I: rechtsformbezogene Differenzierung zwischen Einzelunternehmen und Personengesellschaften auf der einen Seite und Kapitalgesellschaften sowie eingetragenen Genossenschaften auf der anderen Seite; Ebene II: größenspezifische Differenzierung der im Zweiten bzw. Dritten Abschnitt des Dritten Buches des HGB normierten, zusätzlichen Berichterstattungserfordernisse von Kapitalgesellschaften und eingetragenen Genossenschaften, wobei Letztere im Folgenden nicht weiter betrachtet werden sollen. Schematisch lässt sich die sowohl als *top-down* wie auch als *bottom-up approach* konzipierte Modifizierungsstrategie des Gesetzgebers folgendermaßen veranschaulichen (vgl. Abb. 18):

■ **Abb. 18:** Differenzierungsstrategie des Bilanzrichtlinien-Gesetzes

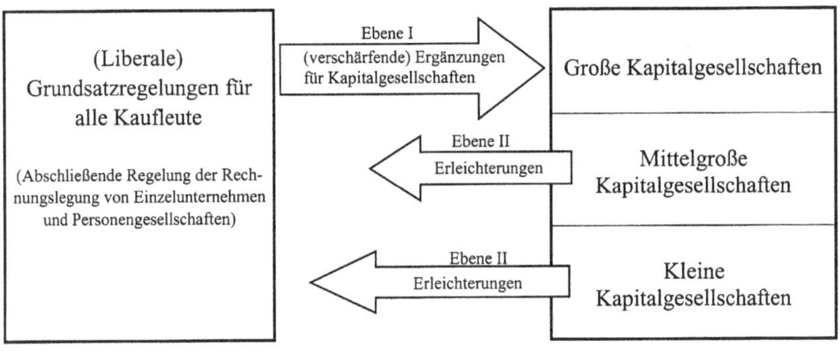

Quelle: In Anlehnung an Sigloch, J. (1987), S. 112.

Ergänzt wird dieses Differenzierungsregime durch die für große Unternehmen (insbesondere große Einzelunternehmen und Personengesellschaften) im PublG kodifizierten Anforderungen. Neben die bisher dominierende rechtsformspezifische Unterscheidung von Unternehmensberichterstattungserfordernissen trat somit mit dem Bilanzrichtlinien-Gesetz ergänzend eine von der Unternehmensgröße abhängige Differenzierung, die bislang im Wesentlichen (abgesehen von den einzelfallbezogenen Erleichterungen des AktG für kleine Unternehmen bei Erstellung der GuV-Rechnung) nur im PublG Anwendung fand.[375]

375 Vgl. Busse von Colbe, W./Chmielewicz, K. (1986), S. 293.

3.1.14.6.1 Ebene I: Rechtsformbezogene Differenzierung

Im für alle Kaufleute geltenden Ersten Abschnitt des Dritten Buches des HGB wurden mit dem Bilanzrichtlinien-Gesetz neben grundsätzlichen Regelungen zur Buchführungspflicht (§ 238 HGB), zur Aufstellung eines Inventars (§ 240 HGB) und zur Führung von Handelsbüchern (§ 239 HGB) auch die Pflicht zur Erstellung eines Jahresabschlusses (bestehend aus Bilanz und GuV-Rechnung) (§ 242 HGB) verankert. Darüber hinaus kodifizierte der Gesetzgeber im Ersten Abschnitt die wesentlichen Ansatz- und Bewertungsgrundsätze (§§ 246 – 256 HGB) – hierbei handelte es sich primär um die Festschreibung bestehender GoB – und schuf damit für alle Kaufleute einen einheitlichen rechtlichen Rahmen für die zur Abschlusserstellung anzuwendenden materiellen Rechnungslegungsgrundsätze.

Rechtsformbezogene Unterscheidungen zwischen Personengesellschaften und Einzelunternehmen auf der einen Seite und Kapitalgesellschaften auf der anderen Seite resultierten zum einen daraus, dass in Einklang mit der bestehenden Rechtstradition für ausschließlich zur Beachtung des ersten Abschnitts des Dritten Buches HGB verpflichtete Einzelunternehmen und Personengesellschaften weder eine Pflicht zur Prüfung und Publizität des Jahresabschlusses noch eine Verpflichtung zur Konzernrechnungslegung kodifiziert wurde (derartige Verpflichtungen wurden im Rahmen des Bilanzrichtlinien-Gesetzes auch nicht diskutiert). Für Kapitalgesellschaften, auch für die bislang grundsätzlich von der Prüfungs-, Publizitäts- und Konzernrechnungslegungspflicht befreite Gesellschaft mit beschränkter Haftung, wurde im Zweiten Abschnitt des Dritten Buches des HGB dagegen bedingt durch die Anforderungen der Vierten und Siebenten EG-Richtlinie eine grundsätzliche Verpflichtung zur Abschlussprüfung (§ 316 HGB) und -publizität (§ 325 HGB) sowie die Pflicht zur Erstellung eines Konzernabschlusses (§ 290 HGB) normiert, wenngleich kleinen und mittelgroßen Kapitalgesellschaften bzw. Konzernen größenspezifische Befreiungen und Erleichterungen eingeräumt wurden. Neu gegenüber den Konzernrechnungslegungsbestimmungen des AktG 1965 war – neben der Modifizierung und umfassenden Normierung der Kapitalkonsolidierung und Zwischenergebniseliminierung (§§ 300 ff. HGB) –, dass es sich bei dem zu erstellenden Konzernabschluss gemäß den Anforderungen der Siebenten EG-Richtlinie fortan um einen Weltabschluss handeln musste, in den nicht nur inländische, sondern nun auch ausländische Tochterunternehmen einbezogen werden mussten (§ 294 HGB). Darüber hinaus wurde mit dem Bilanzrichtlinien-Gesetz die konzerneinheitliche Bewertung und grundsätzliche Abkoppelbarkeit des Konzernabschlusses von den ausschüttungs- und steuerpolitisch beeinflussten Wertansätzen des Einzelabschlusses eingeführt, wodurch die konzernrechnungslegungspflichtigen Unternehmen die Möglichkeit erhielten, sämtliche für den Einzelabschluss bestehenden Wahlrechte für die Konzernabschlusserstellung neu auszuüben (§ 308 HGB). Das Bilanzrichtlinien-Gesetz markiert somit die Emanzipierung des Konzernabschlusses von den Abschlüssen der Einzelunternehmungen und befreite die Konzernrechnungslegung in Deutschland erstmals aus ihrem bis dahin bestehenden Schattendasein.

Divergenzen zwischen Personengesellschaften/Einzelunternehmen und Kapitalgesellschaften manifestieren sich jedoch nicht nur im Bereich der Prüfung, Publizität und Konzernrechnungslegung, sondern auch im Bereich der Jahresabschlusserstellung. Beispielsweise normierte der Gesetzgeber im Ersten Abschnitt des Dritten Buches des HGB ausschließlich die Pflicht zur Erstellung einer Bilanz und GuV-Rechnung, wohingegen Kapitalgesellschaften mit dem Bilanzrichtlinien-Gesetz entsprechend den Anforderungen der Vierten EG-Richtlinie zusätzlich zur Aufstellung eines Anhangs und Lageberichts verpflichtet wurden. Auch konkrete Gliederungs- und Ausweisvorschriften für Bilanz und GuV-Rechnung wurden für Personengesellschaften und Einzelunternehmen im Gegensatz zu Kapitalgesellschaften nicht kodifiziert. Somit wurden Einzelunternehmen und Personengesellschaften nur sehr abgespeckten Informationspflichten unterworfen. Darüber hinaus differenzierte das Bilanzrichtlinien-Gesetz auch hinsichtlich der materiellen Gewinnermittlungsregeln zwischen ausschließlich zur Beachtung der Vorschriften des Ersten Abschnitts des Dritten Buches HGB verpflichteten Personengesellschaften/Einzelunternehmen einerseits und Kapitalgesellschaften andererseits. Beispielsweise führte der Gesetzgeber mit dem Bilanzrichtlinien-Gesetz für Personengesellschaften und Einzelunternehmen die Möglichkeit ein, über das gesetzlich gebotene Maß hinaus Abschreibungen nach vernünftiger kaufmännischer Beurteilung vorzunehmen (§ 253 (4) HGB) oder Anlagevermögen, auch wenn es sich nicht um Finanzanlagen handelt, bei nur vorübergehender Wertminderungen außerplanmäßig abzuschreiben (§ 253 (2) HGB). Kapitalgesellschaften wurde diese Möglichkeit nicht eingeräumt (§ 279 HGB). Außerdem wurde mit dem Bilanzrichtlinien-Gesetz für Kapitalgesellschaften ein generelles Wertaufholungsgebot kodifiziert, falls nach erfolgter außerplanmäßiger Abschreibung die Gründe hierfür in späteren Geschäftsjahren entfallen (§ 280 (1) HGB), für Personengesellschaften und Einzelunternehmen wurde dagegen ein grundsätzliches Beibehaltungswahlrecht normiert (§ 253 (5) HGB). Allerdings relativierte der Bilanzrichtlinien-Gesetzgeber das für Kapitalgesellschaften seitdem geltende Wertaufholungsgebot dahingehend, dass ein niedrigerer Wertansatz beibehalten werden kann, falls mit dieser Wertaufholung steuerliche Folgen verbunden sind (§ 280 (2) HGB). Auch eine Abwertung auf steuerlich zulässige Werte kann seit In-Kraft-Treten der Bestimmungen des Bilanzrichtlinien-Gesetzes von Kapitalgesellschaften nur in dem Maße vorgenommen werden, wie das Steuerrecht einen entsprechenden Ansatz im handelsrechtlichen Jahresabschluss explizit vorschreibt (§ 279 (2) HGB). Schließlich wurde auch der aus der angelsächsischen Rechtstradition stammende *true and fair view*-Grundsatz der Vierten EG-Richtlinie (Artikel 2 Abs. 3)[376] der Empfehlung des Rechtsausschusses

376 Siehe hierzu Nobes, C. (1993), S. 35 ff.; Nobes, C./Parker, R. (1984), S. 82.

folgend ausschließlich für Kapitalgesellschaften (§ 264 (2) HGB)[377] und nicht im für alle Kaufleute geltenden Ersten Abschnitt des Dritten Buches HGB kodifiziert.[378]

Die rechtsformspezifische Unterscheidung materieller Gewinnermittlungsnormen, insbesondere die Zulässigkeit stiller Reserven für Personengesellschaften und Einzelunternehmen, war heftig umstritten.[379] Ein divergierendes materielles Bilanzrecht wurde insbesondere von Vertretern der Betriebswirtschaftslehre[380] sowie von Seiten der Gewerkschaften[381] als sachlich unbegründet und unter Verweis auf die mit der Legung und Auflösung stiller Reserven bestehenden Möglichkeit, die tatsächliche Vermögens- und Ertragslage zum Nachteil der Abschlussnutzer zu verschleiern, abgelehnt. Dennoch hielt der Gesetzgeber an diesem Differenzierungskonzept fest, um zum einen eine Verschärfung der bestehenden Rechnungslegungspraxis von Einzelkaufleuten und Personengesellschaften zu vermeiden[382] und zum anderen Unterneh-

---

377 In den beiden Regierungsentwürfen zum Bilanzrichtlinien-Gesetz war dagegen die Verpflichtung zur Vermittlung eines den tatsächlichen Verhältnissen entsprechenden Einblicks in die Vermögens-, Finanz- und Ertragslage noch für alle Kaufleute vorgesehen; vgl. Entwurf eines Bilanzrichtlinie-Gesetzes (1982), § 237 (2) HGB-E sowie Entwurf eines Bilanzrichtlinie-Gesetzes (1983), § 237 HGB.

378 Allerdings dürften sich die hieraus resultierenden materiellen Divergenzen in Grenzen halten. Denn entgegen den Anforderungen der Vierten EG-Richtlinie hat der deutsche Gesetzgeber das *true and fair view*-Prinzip nicht als übergeordnete Generalnorm kodifiziert (für Details zur deutschen Interpretation des in der Vierten EG-Richtlinie normierten *true and fair view*-Grundsatzes siehe beispielsweise Ordelheide D. (1993), S. 81 ff.). Auch der Jahresabschluss von Kapitalgesellschaften hat deshalb lediglich unter Beachtung der GoB – und diese gelten rechtsformunabhängig für alle Unternehmen – ein den tatsächlichen Verhältnissen entsprechendes Bild der Vermögens-, Finanz- und Ertragslage zu vermitteln (§ 264 (2) HGB). Der Verzicht auf die Übernahme des *true and fair view*-Grundsatzes in den für alle Kaufleute geltenden Ersten Abschnitt wurde vom Rechtsausschuss damit begründet, dass jeglicher Eindruck, das geltende Recht für Einzelkaufleute/Personengesellschaften zu verschärfen, vermieden werden sollte; vgl. Beschlussempfehlung und Bericht des Rechtsausschusses (6. Ausschuss) vom 13. November 1985, Bericht der Abgeordneten Helmrich, Kleinert (Hannover) und Stiegler, IV.2.

379 Dies vor allem auch deshalb, weil selbst große Personengesellschaften und Einzelunternehmen, die unter das PublG fallen, die Möglichkeit zur Bildung stiller Reserven behielten; vgl. Gliederungspunkt 3.1.14.6.3.

380 Vgl. Busse von Colbe, W. (1985a), S. 195; Busse von Colbe, W. (1985b), S. 17/26 f.; Chmielewicz, K. (1981), S. 18; Kommission Rechnungswesen im Verband der Hochschullehrer für Betriebswirtschaft e. V. (Hrsg.) (1979), S. 8, Tz. 18; Streim, H./Kugel, B. (1985), S. 110; Wysocki, K. v. (1985), S. 17/118.

381 Vgl. Deutscher Gewerkschaftsbund (Hrsg.) (1985), S. 66 f.; Scheibe-Lange, I. (1985), S. 17/4 ff.

382 So die offizielle Begründung zum Regierungsentwurf und zur Beschlussempfehlung des Rechtsausschusses; vgl. Entwurf eines Bilanzrichtlinie-Gesetzes (1983), Begründung, § 269 sowie Beschlussempfehlung und Bericht des Rechtsausschusses (6. Ausschuss) vom 13. November 1985, Bericht der Abgeordneten Helmrich, Kleinert (Hannover) und Stiegler, Anmerkungen zu § 253 HGB-E.

men mit der Möglichkeit zur Bildung stiller Reserven vor den Begehrlichkeiten von Minderheitsgesellschaftern und anderen Gewinnberechtigten zu schützen.[383]

Weitere Divergenzen zwischen (nicht unter das PublG fallende) Einzelunternehmen/ Personengesellschaften auf der einen Seite und Kapitalgesellschaften auf der anderen Seite resultierten im Bereich der Straf- und Bußgeldvorschriften. Die bis dato im AktG normierten spezifischen Sanktionsregelungen für Leitungs- und Aufsichtsorgane bei unrichtigen Darstellungen der wirtschaftlichen Situation sowie Verstößen gegen die gesetzlichen Unternehmensberichterstattungspflichten wurden mit dem Bilanzrichtlinien-Gesetz in modifizierter[384] Form in das HGB übertragen und auf alle Kapitalgesellschaften ausgeweitet.[385] Für Einzelunternehmen und Personengesellschaften wurden hingegen in Einklang mit dem bis dahin bestehenden Recht keine spezifischen Straf- und Bußgeldvorschriften kodifiziert.[386]

---

383 Letzteres Argument kristallisierte sich vor allem in der öffentlichen Anhörung in der 17. Sitzung des Unterausschusses „Bilanzrichtlinie-Gesetz" heraus, siehe beispielsweise die Stellungnahmen von Moxter, A. (1985), S. 17/114 und Tenhof, D. (1985), S. 17/115. Gegner eines divergierenden Bilanzrechts lehnten dagegen im Interesse des Gesellschafterschutzes eine Eindämmung der Begehrlichkeiten von Minderheitsgesellschaftern und anderen Gewinnbeteiligten durch die Legung stiller Reserven und bewusste Informationsverschleierung ab und forderten stattdessen, die Gewinnverteilung durch entsprechende Kompetenzzuweisungen zu regeln; vgl. Chmielewicz, K. (1985a), S. 17/132 f.; ähnlich Döllerer, G. (1985), S. 17/121.

384 Beispielsweise wurde dem Registergericht die Möglichkeit zur Festsetzung eines Zwangsgeldes eingeräumt, wenn ein Mitglied des vertretungsbefugten Organs seinen im Zusammenhang mit der Unternehmensberichterstattung stehenden Pflichten nicht nachkam und ein Einschreiten des Registergerichts von einem Gesellschafter, einem Gläubiger oder dem Betriebsrat des Unternehmens beantragt wurde; vgl. § 335 HGB.

385 Mit dem Bilanzrichtlichen-Gesetz wurden die für Kapitalgesellschaften im HGB normierten Straf- und Bußgeldvorschriften darüber hinaus weitgehend auch für die nach dem PublG offenlegungspflichtigen Unternehmen übernommen und entsprechend in das PublG übertragen. Im Gegensatz zum HGB ist nach PublG allerdings für die Festsetzung eines Zwangsgeldes durch das Registergericht bei Verletzung von Berichterstattungspflichten ein Antrag von Dritter Seite nicht erforderlich; vgl. § 21 PublG.

386 Angesichts einer fehlenden generellen Publizitätspflicht von ausschließlich zur Beachtung des Ersten Abschnitts des Dritten Buches des HGB verpflichteten Einzelunternehmen/Personengesellschaften, unterliegt der Jahresabschluss dieser Unternehmen im Gegensatz zu jenem von Kapitalgesellschaften auch nicht der Überprüfung durch das Registergericht; siehe § 329 HGB. Im Vergleich zum AktG 1965 wurde der Prüfungsauftrag des Registergerichts mit dem Bilanzrichtlinien-Gesetz jedoch modifiziert. Die Überprüfung der offensichtlichen Nichtigkeit des Jahresabschlusses war fortan nicht mehr Gegenstand der Prüfungspflicht des Registergerichts, sodass sich diese auch bei Kapitalgesellschaften nur mehr auf eine Überprüfung der Vollzähligkeit der eingereichten Unterlagen reduzierte.

3.1.14.6.2 Ebene II: Größenbezogene Differenzierung der Anforderungen an die Unternehmensberichterstattung von Kapitalgesellschaften

Auf der zweiten Differenzierungsebene lehnte sich der Bilanzrichtlinien-Gesetzgeber weitgehend an das in der Vierten EG-Richtlinie enthaltene größenbezogene Differenzierungsmodell an und nahm der Empfehlung des Rechtsausschusses folgend keine rechtsformbezogene Unterscheidung der Unternehmensberichterstattungserfordernisse zwischen Aktiengesellschaften bzw. Kommanditgesellschaften auf Aktien auf der einen Seite und Gesellschaften mit beschränkter Haftung auf der anderen Seite vor.[387] Der Gesetzgeber wich damit allerdings von seinem ursprünglichen Entwurf zur Durchführung der Vierten EG-Richtlinie ab, in dem er noch eine stärkere Differenzierung zwischen Aktiengesellschaften einschließlich Kommanditgesellschaften auf Aktien und der Gesellschaft mit beschränkter Haftung vorsah.

3.1.14.6.2.1 Differenzierungsmodell des Regierungsentwurfs

In dem ursprünglichen Entwurf hatte die Regierung gemäß der bestehenden Rechtstradition noch eine stärker rechtsformbezogene Differenzierung der Rechnungslegungsanforderungen zwischen Aktiengesellschaften/Kommanditgesellschaften auf Aktien und der Gesellschaft mit beschränkter Haftung angestrebt. Innerhalb der offenlegungspflichtigen Kapitalgesellschaften wurden deshalb folgende Kategorien unterschieden:[388]

- **Kategorie I – nicht prüfungspflichtige Unternehmen**: Hierzu gehörten die kleine Gesellschaft mit beschränkter Haftung sowie die kleine Genossenschaft, da auf die jährliche Abschlussprüfungspflicht abgestellt wurde und

[387] Die Gesellschaft mit beschränkter Haftung war somit hinsichtlich der zu erfüllenden Rechnungslegungs-, Prüfungs- und Publizitätspflichten erstmalig in der Geschichte des deutschen Rechnungslegungsrechts der Aktiengesellschaft und Kommanditgesellschaft auf Aktien völlig gleichgestellt und dadurch am nachhaltigsten vom Bilanzrichtlinien-Gesetz betroffen. Während das Bilanzrichtlinien-Gesetz für Aktiengesellschaften und die Kommanditgesellschaften auf Aktien wegen des großen Einflusses des deutschen Aktienrechts auf die Vierte und Siebente EG-Richtlinie lediglich eine Korrektur des bestehenden Rechts und für kleine Aktiengesellschaften/Kommanditgesellschaften auf Aktien sogar gewisse Erleichterungen brachte, implizierte es für die Gesellschaft mit beschränkter Haftung eine Revolutionierung des geltenden Rechnungslegungsrechts; vgl. Lutter, M. (1979b), S. 1286 ; Priester, H.-J. (1980), S. 214; Vogel, H. (1979), S. 18 ff. Für einen Überblick über Änderungen des Bilanzrichtlinien-Gesetzes gegenüber dem bis dahin für Aktiengesellschaften geltenden Recht siehe beispielsweise Busse von Colbe, W./ Chmielewicz, K. (1986), S. 289 ff.; Schulze-Osterloh, J. (1986b), S. 544 ff.

[388] Vgl. Entwurf eines Bilanzrichtlinie-Gesetzes (1983), § 236 HGB-E sowie die in der Begründung zu dem Entwurf angeführten Anmerkungen zu § 236 HGB-E.

kleine Genossenschaften nur alle zwei Jahre eine Abschlussprüfung durchführen mussten;

- **Kategorie II – prüfungspflichtige Unternehmen**: Hierunter fielen die mittelgroße und große Gesellschaft mit beschränkter Haftung, Genossenschaften, sofern sie nicht als klein zu klassifizieren waren, sowie sämtliche Aktiengesellschaften/Kommanditgesellschaften auf Aktien und alle unter das PublG fallenden Unternehmen;
- **Kategorie III – große prüfungspflichtige Unternehmen**: Von den unter Kategorie II aufgeführten prüfungspflichtigen Unternehmen waren die großen Aktiengesellschaften, Kommanditgesellschaften auf Aktien, Gesellschaften mit beschränkter Haftung, Genossenschaften und alle unter das PublG fallende Unternehmen als große prüfungspflichtige Unternehmen zu klassifizieren.

Bezüglich der Anforderungen an die Jahresabschlusserstellung, Prüfung und Publizität orientierte sich der Regierungsentwurf für nicht prüfungspflichtige Unternehmen an den für kleine Gesellschaften und für prüfungspflichtige Unternehmen an den für mittelgroße Gesellschaften definierten Mindestvorgaben der Vierten EG-Richtlinie. Die Kategorie der großen prüfungspflichtigen Unternehmen lehnte sich in konsequenter Fortführung dieses Konzeptes an die in der Vierten EG-Richtlinie für große Unternehmen festgelegen Berichterstattungserfordernisse an.

Die kleine Gesellschaft mit beschränkter Haftung hatte als nicht prüfungspflichtiges Unternehmen nach dem Regierungsentwurf nicht nur den Vorteil der Befreiung von der Abschlussprüfung,[389] sondern darüber hinaus die Möglichkeit bestimmte Informationsangaben im Anhang zu unterlassen,[390] eine weniger tief untergliederte Bilanz und GuV-Rechnung zu erstellen[391] und auf die Offenlegung der GuV-Rechnung[392] zu verzichten. Die kleine Aktiengesellschaft und Kommanditgesellschaft auf Aktien konnte diese Erleichterungen dagegen als prüfungspflichtige Gesellschaft nicht in Anspruch nehmen, sondern musste mindestens die in der Vierten EG-Richtlinie für mittelgroße Unternehmen definierten Anforderungen erfüllen.[393] Diese ursprünglich von der Regierung vorgesehene rechtsform- und größenbezogene Differenzierung der Anforderungen an Kapitalgesellschaften sollte gewährleisten, dass die Erfordernisse an die

389 Vgl. Entwurf eines Bilanzrichtlinie-Gesetzes (1983), § 42 b GmbHG-E.
390 Vgl. Entwurf eines Bilanzrichtlinie-Gesetzes (1983), § 272 HGB-E.
391 Vgl. Entwurf eines Bilanzrichtlinie-Gesetzes (1983), § 239 (1) und § 253 (4) HGB-E.
392 Vgl. Entwurf eines Bilanzrichtlinie-Gesetzes (1983), § 42 f GmbHG-E.
393 Vgl. Entwurf eines Bilanzrichtlinie-Gesetzes (1983), Begründung, Anmerkungen zu § 236 HGB-E.

externe Unternehmensberichterstattung insbesondere von kleinen Aktiengesellschaften nicht schwächer ausgestaltet würden als nach dem bis dahin geltenden Recht.

3.1.14.6.2.2 Realisiertes Differenzierungskonzept

Der Rechtsausschuss lehnte das nach Größe und Rechtsform differenzierende Konzept des Regierungsentwurfs ab. Er plädierte dafür, dass unter Ausnützung der in der Vierten EG-Richtlinie zur Verfügung stehenden Wahlrechte die eingeräumten Erleichterungen weitgehend ausgeschöpft und auch kleineren Aktiengesellschaften einschließlich Kommanditgesellschaften auf Aktien zugebilligt werden sollten, um so die Attraktivität der Rechtsform der Aktiengesellschaft insbesondere auch für mittelständische Unternehmen zu erhöhen und gleichzeitig den Zugang zu organisierten Kapitalmärkten zu erleichtern.[394] Als Ausgleich für die hieraus im Vergleich zum geltenden Recht resultierenden Informationsbeeinträchtigungen sollten die Aktionäre jedoch das Recht erhalten, in der Hauptversammlung die Vorlage eines ungekürzten Jahresabschlusses zu verlangen.[395] Der Empfehlung des Rechtsausschusses folgend setzte der Gesetzgeber das ursprüngliche Differenzierungskonzept nicht um und löste sich somit erstmals in der Rechtsgeschichte von dem bis dato bestehenden Dualismus der Rechnungslegung von Kapitalgesellschaften.

Im Zweiten Abschnitt des Dritten Buches des HGB wurde deshalb nach dem Bilanzrichtlinien-Gesetz auf eine rechtsformbezogene Unterscheidung der Anforderungen an die externe Rechnungslegung von Aktiengesellschaften, Kommanditgesellschaften auf Aktien und Gesellschaften mit beschränkter Haftung gänzlich verzichtet und stattdessen eine nur mehr nach Unternehmensgröße und Börsennotierung gestaffelte Differenzierungskonzeption für die ergänzenden Anforderungen an die Rechnungslegung

---

394 Die Notwendigkeit der Förderung der Attraktivität der Rechtsform der Aktiengesellschaft als Einstiegsform für den Mittelstand wurde insbesondere im Hinblick auf die rückläufige Anzahl von Aktiengesellschaften und der unzureichenden Eigenkapitalausstattung mittelständischer Unternehmen für notwendig erachtet; vgl. hierzu Unterrichtung durch die Bundesregierung vom 21. Februar 1985, S. 5 sowie Kommission Rechnungswesen im Verband der Hochschullehrer für Betriebswirtschaft e. V. (Hrsg.) (1983), S 6. Siehe außerdem die Stellungnahmen in der öffentlichen Anhörung der 17. Sitzung des Unterausschusses „Bilanzrichtlinie-Gesetz“: Helmrich, H. (1985), S. 17/181; Chmielewicz, K. (1985a), S. 17/179; Claussen, C. (1985), S. 17/181. Gegner lehnten dagegen eine Gleichstellung der kleinen Gesellschaft mit beschränkter Haftung mit der kleinen Aktiengesellschaft vor allem wegen der unterschiedlichen Gesellschafterstruktur dieser beiden Rechtsformen ab; vgl. Budde, W. (1985), S. 17/176; Scheibe-Lange, I. (1985), S. 17/175 f.

395 Vgl. Beschlussempfehlung und Bericht des Rechtsausschusses (6. Ausschuss) vom 13. November 1985, Bericht der Abgeordneten Helmrich, Kleinert (Hannover) und Stiegler, IV.3 sowie Anmerkungen zu § 267 HGB-E.

von Kapitalgesellschaften eingeführt.[396] Unter maximaler Ausnutzung der Größengrenzen der Vierten EG-Richtlinie und der Berücksichtigung der zwischenzeitlich durch die Änderungsrichtlinie vom 27.11.1984[397] zulässigen Anhebung der Schwellenwerte definierte das Bilanzrichtlinien-Gesetz (§ 267 HGB) folgende Größenklassen (Tab. 6):

■ **Tab. 6:** Den Einzelabschluss betreffende Größenklassen des Bilanzrichtlinien-Gesetzes

	Kleine Kapitalgesellschaften	Mittelgroße Kapitalgesellschaften	Große Kapitalgesellschaften
Umsatzerlöse	≤ 8,0 Mio. DM	≤ 32,0 Mio. DM	> 32,0 Mio. DM
Bilanzsumme	≤ 3,9 Mio. DM	≤ 15,5 Mio. DM	> 15,5 Mio. DM
Anzahl der Mitarbeiter	≤ 50	≤ 250	> 250

Entsprechend den Anforderungen der Vierten EG-Richtlinie[398] war eine Inanspruchnahme der Erleichterungen gemäß dem Bilanzrichtlinien-Gesetz nur dann möglich, wenn mindestens zwei der genannten Größenmerkmale an mindestens zwei aufeinander folgenden Abschlussstichtagen erfüllt waren (§ 267 HGB). Außerdem waren börsennotierte Kapitalgesellschaften, deren Aktien oder sonstige Wertpapiere an einer Börse eines Mitgliedstaates der EU zum amtlichen Handel zugelassen oder in den geregelten Freiverkehr einbezogen waren oder die Zulassung zum amtlichen Handel beantragt hatten, unabhängig von ihrer tatsächlichen Unternehmensgröße nach den Bestimmungen des Bilanzrichtlinien-Gesetzes stets als groß zu klassifizieren (§ 267 (3) HGB). Obschon die Vierte EG-Richtlinie diese Einschränkung nicht zwingend erforderte,[399] wurde eine Beschränkung der größenbezogenen Erleichterungen auf nicht börsennotierte Gesellschaften zum Schutz der Informationsinteressen der Aktionäre für notwendig erachtet.[400] Durch die Ergänzung der größenspezifischen Differenzierungsmerkmale durch das Kriterium der Börsennotierung – das bereits in der Ak-

396 Auch die differenzierte Behandlung von Familiengesellschaften, wie sie noch im AktG (1965) bestand, wurde aufgegeben.

397 Vgl. Richtlinie 84/569/EWG des Rates vom 27. November 1984.

398 Vgl. Vierte Richtlinie 78/660/EWG des Rates vom 25. Juli 1978, Artikel 12 und Artikel 27.

399 Ein entsprechender Ausschluss kapitalmarktorientierter Unternehmen von der Inanspruchnahme etwaiger größenbezogener Erleichterungen wurde erst mit der Modernisierungsrichtlinie im Juni 2003 normiert; vgl. Artikel 1 Nr. 20 Richtlinie 2003/EG des Europäischen Parlaments und des Rates vom 18. Juni 2003.

400 Vgl. insbesondere Arbeitskreis 4. EG-Richtlinie im Verband der Hochschullehrer für Betriebswirtschaft e. V. (Hrsg.) (1985), S. 151 f. sowie Chmielewicz, K. (1985a), S. 17/179 f.

tienrechtsreform 1959 als Differenzierungsmerkmal Relevanz erlangte[401] und auch in das AktG (1965)[402] Eingang fand – gewährleistete der Gesetzgeber, dass börsennotierte Kapitalgesellschaften unabhängig von ihrer tatsächlichen ökonomischen Größe mit großen Kapitalgesellschaften gleichgestellt wurden.

Die in der Vierten EG-Richtlinie vorgesehenen Erleichterungen für kleine und mittelgroße Kapitalgesellschaften wurden vom deutschen Gesetzgeber vollständig als Unternehmenswahlrechte an die Rechnungslegenden weitergegeben.[403] Durch die Prüfungsbefreiung kleiner Kapitalgesellschaften koppelte der Gesetzgeber somit erstmals seit der Einführung der gesetzlichen Pflichtprüfung für Aktiengesellschaften im Jahr 1931 die Publizitätspflicht von der Prüfungspflicht ab, was zur Konsequenz hat, dass seitdem bei kleinen Kapitalgesellschaften ungeprüfte Abschlussinstrumente zur Offenlegung gelangen.[404]

Neben der Übernahme der in der Vierten EG-Richtlinie eingeräumten Erleichterungen für kleine und mittelgroße Unternehmen in das nationale Recht nahm der Gesetzgeber darüber hinaus mit dem Bilanzrichtlinien-Gesetz auf Basis der Ersten EG-Richtlinie eine größenbezogene Differenzierung der Art der Offenlegung vor. Während kleine und mittelgroße Gesellschaften lediglich zur Einreichung der offenlegungspflichtigen Unterlagen beim Handelsregister (Registerpublizität) sowie zur anschließenden Bekanntmachung der Einreichung im Bundesanzeiger (Hinweispublizität) verpflichtet wurden, müssen große Gesellschaften seit dem Bilanzrichtlinien-Gesetz die offenlegungspflichtigen Unterlagen vollständig im Bundesanzeiger veröffentlichen (Bundesanzeigerpublizität) und sowohl die Bekanntmachung sowie die betreffenden Unterlagen beim Handelsregister einreichen (§ 325 HGB). Der Grund für diese Differenzierung dürfte wohl darin liegen, dass die vollständige Veröffentlichung des Abschlusses einschließlich diesen ergänzende Informationen im Bundesanzeiger einerseits den Adressaten zwar den Zugriff auf die benötigten Abschlussinformationen wesentlich erleichtert, andererseits jedoch auch mit erheblichen Kosten verbunden ist,[405] die bei kleineren Unternehmen mit einem in der Regel überschaubaren Adressatenkreis den hieraus resultierenden Nutzen wahrscheinlich übersteigen würden.

Obgleich mit dem Bilanzrichtlinien-Gesetz grundsätzlich keine rechtsformbezogene Unterscheidung der Rechnungslegungsanforderungen zwischen Kapitalgesellschaften

---

401 Vgl. Gliederungspunkt 3.1.10.

402 Vgl. Gliederungspunkt 3.1.11.

403 Vgl. hierfür die in Tab. 5 angeführten Erleichterungen der Vierten EG-Richtlinie für kleine und mittelgroße Gesellschaften.

404 Dies war noch im Zuge der andiskutierten GmbH-Reform im Jahr 1969 heftig kritisiert worden; vgl. Gliederungspunkt 3.1.13.

405 Vgl. Hunger, M. (1993), S. 120.

vorgenommen wurde, differenzierte der Gesetzgeber in Bezug auf den zur Durchführung von gesetzlichen Abschlussprüfungen berechtigten Personenkreis dennoch zwischen Gesellschaften mit beschränkter Haftung auf der einen Seite und Aktiengesellschaften sowie Kommanditgesellschaften auf Aktien auf der anderen Seite. Dies ebnete den Weg für die Entwicklung eines gespaltenen Prüfungsberufsstandes. Denn im Gegensatz zu Aktiengesellschaften und großen Gesellschaften mit beschränkter Haftung ist es mittelgroßen Gesellschaften mit beschränkter Haftung seit In-Kraft-Treten der Regelungen des Bilanzrichtlinien-Gesetzes gestattet, für die Prüfung ihres Jahresabschlusses und Lageberichts anstelle eines Wirtschaftsprüfers oder einer Wirtschaftsprüfungsgesellschaft auch einen vereidigten Buchprüfer oder eine Buchprüfungsgesellschaft zu beauftragen (§ 319 (1) HGB).[406]

Hintergrund dieser Differenzierung waren die Befürchtungen der vereidigten Buchprüfer, Steuerberater und Rechtsanwälte, mit der Neueinführung der Pflichtprüfung für mittelgroße und große Gesellschaften mit beschränkter Haftung wesentliche Mandantenverluste hinnehmen zu müssen. Zwar war es diesen Berufsgruppen schon bis dahin nicht erlaubt, gesetzliche Abschlussprüfungen durchzuführen,[407] doch wurden von ihnen jegliche sonstige mit der Rechnungslegung von Unternehmen verbundenen Leistungen einschließlich „freiwilliger" Prüfungen angeboten. Befürchtet wurde nun, dass mit der Einführung der Pflichtprüfung für die Gesellschaft mit beschränkter Haftung diese Unternehmen sich nicht nur in Sachen Abschlussprüfung, sondern auch hinsichtlich anderer Leistungen an den als Abschlussprüfer tätigen Wirtschaftsprüfer wenden würden.[408] Um die hieraus resultierenden negativen Konsequenzen für die Angehörigen dieser Berufe abzumildern, wurde einerseits vereidigten Buchprüfern die Befugnis eingeräumt, Jahresabschlussprüfungen von mittelgroßen Gesellschaften mit beschränkter Haftung durchzuführen und andererseits Steuerberatern und Rechtsanwälten die Möglichkeit gegeben, innerhalb einer Übergangsfrist von vier Jahren die Zusatzqualifikation des vereidigten Buchprüfers unter weniger strikten Voraussetzungen zu erwerben.[409] Die mit dem Bilanzrichtlinien-Gesetz eingeführte rechtsformbezogene Differenzierung des zur Durchführung von Jahresabschlussprüfungen befug-

406 Zum Berufsstand des „vereidigten Buchprüfers" siehe z. B. Buchner, R. (1997), S. 3 ff.

407 Die gesetzliche Abschlussprüfung von Aktiengesellschaften war bereits vor dem Bilanzrichtlinien-Gesetz ausschließlich Wirtschaftsprüfern und Wirtschaftsprüfungsgesellschaften vorbehalten (§ 164 AktG (1965)).

408 Vgl. Entwurf eines Bilanzrichtlinie-Gesetzes (1983), Begründung, Vorbemerkung zu Artikel 6.

409 Ausführlich hierzu Beschlussempfehlung und Bericht des Rechtsausschusses (6. Ausschuss) vom 13. November 1985, Bericht der Abgeordneten Helmrich, Kleinert (Hannover) und Stiegler, V. Siehe außerdem Lutter, M. (1996), S. 141.

ten Personenkreises war somit primär aus Besitzstandsüberlegungen heraus[410] und weniger aus sachlichen Gründen geboren worden.[411]

Im Gegensatz zum Einzelabschluss nahm das Bilanzrichtlinien-Gesetz in Bezug auf die Konzernrechnungslegung von Kapitalgesellschaften keinerlei größenbezogene Abstufungen der Prüfungs- und Publizitätspflichten vor. Kleine Konzerne wurden jedoch in Entsprechung der Siebenten EG-Richtlinie völlig von einer Konzernabschlusserstellung befreit. Als klein war ein Konzern nach dem Bilanzrichtlinien-Gesetz unter maximaler Ausnutzung der in der Siebenten EG-Richtlinie angegebenen Schwellenwerte und eingeräumten Übergangsregelungen[412] dann zu qualifizieren, wenn an zwei aufeinander folgenden Abschlussstichtagen mindestens zwei der in Tab. 7 aufgeführten Größenmerkmale erfüllt waren (§ 293 (1) HGB):

■ **Tab. 7:** Größengrenzen des Bilanzrichtlinien-Gesetzes für die Befreiung von der Erstellung eines Konzernabschlusses

	Kleine Konzerne	
	Netto-Methode	Brutto-Methode
Bilanzsumme	≤ 39,0 Mio. DM	≤ 46,8 Mio. DM
Umsatzerlöse	≤ 80,0 Mio. DM	≤ 96,0 Mio. DM
Anzahl der Mitarbeiter	≤ 500	≤ 500

Unabhängig von der Erfüllung der genannten Größenmerkmale, konnte die Konzernabschlussbefreiung nicht in Anspruch genommen werden, wenn Aktien oder andere Wertpapiere des Mutterunternehmens oder eines im Konzernabschluss erfassten Tochterunternehmens an einer Börse in einem Mitgliedstaat der EU zum amtlichen Handel zugelassen oder in den geregelten Freiverkehr einbezogen waren oder die Zulassung zum amtlichen Handel beantragt worden war (§ 293 (5) HGB).

Darüber hinaus wurde im Bilanzrichtlinien-Gesetz die Gleichstellung von Aktiengesellschaften/Kommanditgesellschaften auf Aktien und Gesellschaften mit beschränkter

---

410 Kritisch zu dem Argument der Besitzstandswahrung Institut der Wirtschaftsprüfer (Hrsg.) (1979), S. 190 f.

411 Denn noch in dem Vorentwurf eines Bilanzrichtlinie-Gesetzes wurde eine Zweiteilung des Prüferberufes mit der Begründung abgelehnt, dass „... die Prüfung der Jahresabschlüsse von Unternehmen in der Rechtsform der GmbH oder von sonstigen mittelgroßen Unternehmen die gleiche Qualifikation wie die Prüfung von Jahresabschlüssen einer Aktiengesellschaft oder einer großen GmbH erfordert"; Bundesministerium der Justiz (Hrsg.) (1980), Nachtrag II, S. 117.

412 Vgl. Siebente Richtlinie 83/349/EWG des Rates vom 13. Juni 1983, Artikel 6.

Haftung in Einklang mit der Siebenten EG-Richtlinie prinzipiell auch für die Konzernrechnungslegung vollzogen. Eine rechtsformbezogene Unterscheidung wurde jedoch bei der Befreiung von der Pflicht zur Erstellung eines Teilkonzernabschlusses bei Einbezug in den Konzernabschluss eines übergeordneten Mutterunternehmens vorgenommen. Denn gemäß Artikel 8 der Siebenten EG-Richtlinie kann einer solchen befreienden Abschlusserstellung von Seiten der Minderheitsgesellschafter widersprochen werden, wenn diese im Fall einer Aktiengesellschaft bzw. Kommanditgesellschaft auf Aktien mindestens 10 %, bei Gesellschaften mit beschränkter Haftung mindestens 20 %, der Anteile des zu befreienden Mutterunternehmens besitzen. Unter maximaler Ausnützung der Erleichterungen der Siebenten EG-Richtlinie wurde diese rechtsformspezifische Differenzierung auch vom deutschen Gesetzgeber ins nationale Recht übernommen und somit die Interessen von Minderheitsgesellschafter in Abhängigkeit der betrachteten Rechtsform divergierend behandelt. Bezüglich der Prüfung des Konzernabschlusses nahm das Bilanzrichtlinien-Gesetz jedoch im Gegensatz zum Einzelabschluss keine rechtsformbezogene Unterscheidung des prüfungsbefugten Personenkreises vor (§ 319 HGB), sodass der Konzernabschluss bis heute unabhängig von der Rechtsform der Muttergesellschaft zwingend von Wirtschaftsprüfern oder Wirtschaftsprüfungsgesellschaften zu prüfen ist.

3.1.14.6.3 Auswirkungen des Bilanzrichtlinien-Gesetzes auf das Publizitätsgesetz

Zwar wurde das PublG im Rahmen des Bilanzrichtlinien-Gesetzes an die modifizierten Bestimmungen des HGB angepasst, eine vollständige Übernahme der für Kapitalgesellschaften kodifizierten Normen erfolgte jedoch nicht. Insbesondere wurden die verschärften Bewertungsnormen für Kapitalgesellschaften nicht auf unter das PublG fallende Großunternehmen übertragen,[413] obschon dies im Vorentwurf[414] und im Regierungsentwurf[415] eines Bilanzrichtlinie-Gesetzes aus Gründen des öffentlichen Interesses und zur Vermeidung von Wettbewerbsverzerrungen zulasten mittelständischer Kapitalgesellschaften[416] noch vorgesehen war. Die Beibehaltung der Vergünstigungen für unter das PublG fallende Großunternehmen war somit weniger sachlich begründet als vielmehr politisch motiviert[417] und von der Grundauffassung dominiert, dass die Rechnungslegung jener Unternehmen, die nicht Inhalt der Vierten und Siebenten EG-

---

413 Vgl. §§ 5 und 13 PublG.

414 Vgl. Bundesministerium der Justiz (Hrsg.) (1980), § 5 PublG-E.

415 Vgl. Entwurf eines Bilanzrichtlinie-Gesetzes (1983), §§ 5 und 13 PublG-E.

416 Vgl. Bundesministerium der Justiz (Hrsg.) (1980), Begründung, S. 15.

417 So sprachen sich die Vertreter der Wirtschaft explizit gegen eine Übernahme der für Kapitalgesellschaften geltenden Vorschriften des Handelsrechts auf unter das PublG fallende Unternehmen aus; siehe Arbeitskreis „Rechnungslegungsvorschriften der EG-Kommission" der Gesellschaft für Finanzwirtschaft in der Unternehmensführung e. V. (GEFIU) (Hrsg.), S. 11.

Richtlinie sind, nicht strenger ausgestaltet werden sollte als vor Verabschiedung des Bilanzrichtlinien-Gesetzes.[418]

3.1.14.7 Zusammenfassung

Abgesehen von branchenspezifischen Differenzierungsmerkmalen, wurden mit dem Bilanzrichtlinien-Gesetz neben dem Merkmal der Rechtsform, die Unternehmensgröße, ergänzt um die Börsennotierung, als zentrale Kriterien für die Differenzierung von Unternehmensberichterstattungserfordernissen etabliert. Unterschieden wurden sowohl Prüfungs- und Publizitätspflichten als auch die Anforderungen an die zu erstellenden Abschluss- und Berichtsinstrumente, offen zu legenden Informationen, Gliederungsformate und die anzuwendenden Bewertungsgrundsätze. Das nachstehende Differenzierungstableau gibt – bezogen auf den Jahresabschluss – einen zusammenfassenden Überblick über die wesentlichen Differenzierungsdimensionen des Bilanzrichtlinien-Gesetzes unter Berücksichtigung sowohl des HGB als auch des PublG. Branchenspezifika sowie das besondere Recht der eingetragenen Genossenschaften wurden in die Abbildung nicht mit einbezogen.

418 Divergierende Gewinnermittlungsnormen für Großunternehmen des PublG auf der einen Seite und Kapitalgesellschaften auf der anderen Seite wurden vor allem von Hochschullehrern und Vertretern der Gewerkschaften im Hinblick auf die Beeinträchtigung der Schutzinteressen der Anleger und anderer Rechnungslegungsadressaten kritisiert; vgl. beispielsweise Arbeitskreis 4. EG-Richtlinie im Verband der Hochschullehrer für Betriebswirtschaft e. V. (Hrsg.) (1985), S. 138; Deutscher Gewerkschaftsbund (Hrsg.) (1985), S. 66 f.; Scheibe-Lange, I. (1985), S. 17/7.

■ Abb. 19: Differenzierungstableau zum Bilanzrichtlinien-Gesetz 1985

Differenzierungskriterien:

- Rechtsform (Haftungsbeschränkung)
- Unternehmensgröße
- Börsennotierung
- Rechtliche Einheit/wirtschaftliche Einheit

Differenzierungsbereiche:

- Abschlusserstellung
- Prüfung
- Publizität
- Enforcement

Normierung:

- Normierungsinhalt/-umfang:
  - Gegenüber ausschließlich nach dem Ersten Abschnitt des Dritten Buches des HGB rechnungslegenden Unternehmen wurden für unter das PublG fallende Großunternehmen sowie für Kapitalgesellschaften im Sinne einer *bottom-up approach* basierten Modifizierungsstrategie verschärfte Rechnungslegungs-, Prüfungs- und Publizitätsanforderungen normiert; allerdings wurden die für Kapitalgesellschaften geltenden strengeren Bewertungsnormen nicht auf unter das PublG fallende Großunternehmen übertragen; Unterschiede ergaben sich darüber hinaus im Hinblick auf die normierten Straf- und Bußgeldvorschriften
  - Kleine und mittelgroße Kapitalgesellschaften wurden jedoch von bestimmten Informationsangaben befreit und erhielten Publizitätserleichterungen (*top-down approach* basierte Modifizierungsstrategie); darüber hinaus wurden kleine Kapitalgesellschaften von einer Prüfungspflicht entbunden; mittelgroße Gesellschaften mit beschränkter Haftung erhielten die Möglichkeit, die Prüfung ihres Jahresabschlusses von vereidigten Buchprüfern oder Buchprüfungsgesellschaften vornehmen zu lassen; börsennotierten Kapitalgesellschaften wurde die Inanspruchnahme jeglicher größenbezogener Erleichterungen versagt
  - Mit dem Bilanzrichtlinien-Gesetz wird für den Konzernabschluss die konzerneinheitliche Bewertung und grundsätzliche Abkoppelbarkeit des Konzernabschlusses von den Wertansätzen des Einzelabschlusses eingeführt; kleine Konzerne werden gänzlich von einer Konzernabschlusserstellung befreit

(die nachstehende Tabelle gibt einen Überblick über das Differenzierungskonzept des Bilanzrichtlinien-Gesetzes und zeigt, welche Differenzierungsbereiche nach welchen Merkmalen differenziert wurden)

	Jahresabschlusserstellung		**Prüfung**	**Publizität**	**Enforcement**
	Ansatz/ Bewertung	Informations- pflichten			
Rechtsform (Haftung)	✓	✓	✓	✓	✓
Größe		✓	✓	✓	✓
Börsennotierung		✓	✓	✓	
Rechtliche Einheit/ wirtschaftliche Einheit	(✓)				

Obwohl das Bilanzrichtlinien-Gesetz eine Differenzierung nach Rechtsformen vornahm, leistete es einen wesentlichen Beitrag, die bis zu seiner Einführung bestehende rechtsformbezogene Zersplitterung der Rechnungslegungsvorschriften maßgeblich zu verringern. Dies zeigt sich insbesondere an der einheitlichen Kodifizierung der grundlegenden Rechnungslegungsgrundsätze für sämtliche Unternehmen sowie der Gleichstellung der Gesellschaft mit beschränkter Haftung mit der Aktiengesellschaft und Kommanditgesellschaft auf Aktien. Die größenbezogene Differenzierung wurde dagegen mit dem Bilanzrichtlinien-Gesetz ausgebaut. Neben der bestehenden Definition von zusätzlichen Anforderungen für Großunternehmen (primär große Einzelkaufleute und Personengesellschaften) durch das PublG diente die Unternehmensgröße, ergänzt durch das Kriterium der Börsennotierung, nun auch der Abstufung der Rechnungslegungsanforderungen von Kapitalgesellschaften.

3.1.15 Erweiterung der Erleichterungen für kleine und mittelgroße Unternehmen durch die „Mittelstandsrichtlinie" im Jahr 1990

Im Rahmen seines Aktionsprogramms für kleine und mittlere Unternehmen[419] verabschiedete der Rat der Europäischen Gemeinschaften am 8. November 1990 die sog. „Mittelstandsrichtlinie", um „... die administrativen Anforderungen, die an die kleinen und mittleren Unternehmen gestellt werden, soweit wie möglich zu vereinfachen ..."[420] Insbesondere wurden mit dieser Richtlinie die Größenmerkmale der Vierten EG-Richtlinie für kleine und mittelgroße Kapitalgesellschaften angehoben sowie die diesen Unternehmen zur Verfügung stehenden Erleichterungen erweitert.[421] Die Regelungen der Mittelstandsrichtlinie durften auf nach dem 1. Januar 1995 beginnende Geschäftsjahre angewendet werden und wurden vom deutschen Gesetzgeber zum

---

[419] Vgl. Entschließung (86/C 287/01) des Rates vom 3. November 1986 i. V. m. Entschließung (88/C 197/04) des Rates vom 30. Juni 1988.

[420] Richtlinie 90/604/EWG des Rates vom 8. November 1990, Vorbemerkung.

[421] Die ursprünglich angedachte vollständige Aufhebung der Anforderungen der Vierten EG-Richtlinie für kleine „geschlossene Gesellschaften", die weder in einem Beteiligungsverhältnis mit anderen Unternehmen stehen, noch über einen externen, nicht zum Gesellschafterkreis gehörenden Geschäftsführer verfügen und deren Anteile nur mit Zustimmung des Unternehmens übertragen werden können (vgl. Vorschlag (88/C 287/06) für eine Richtlinie des Rates vom 24. Oktober 1988, Artikel 1), wurde letztendlich nicht umgesetzt. Denn zum einen würden nach Auffassung des Wirtschafts- und Sozialausschusses, der sich gegen die Umsetzung dieser Befreiung aussprach, auch diese Unternehmen grenzüberschreitend agieren und zum anderen, würde eine solche Bestimmung den bislang verfolgten Bestrebungen der Kommission das Gesellschaftsrecht aller Unternehmen in der Gemeinschaft zu harmonisieren zuwider laufen; vgl. Tz. 1.7.1 Stellungnahme des Wirtschafts- und Sozialausschusses (89/C 139/12) vom 31. März 1989. Siehe zur Entwicklung der Mittelstandsrichtlinie auch Otte, H.-H. (1990), S. 517 f. sowie Schellein, H. (1990), S. 531 f.

30.7.1994 in das nationale Recht umgesetzt.[422] Unter vollständiger Ausschöpfung der Grenzwerte der Mittelstandsrichtlinie definierte der deutsche Gesetzgeber die Größenklassen für kleine, mittelgroße und große Unternehmen nun wie folgt (vgl. Tab. 8), wobei börsennotierte Gesellschaften auch weiterhin unabhängig vom Erreichen der Schwellenwerte als groß klassifiziert wurden:

■ **Tab. 8:** Im HGB umgesetzte, den Einzelabschluss betreffende Größenklassen der „Mittelstandsrichtlinie“

	Kleine Kapitalgesellschaften	Mittelgroße Kapitalgesellschaften	Große Kapitalgesellschaften
Umsatzerlöse	≤ 10.62 Mio. DM	≤ 42,48 Mio. DM	> 42,48 Mio. DM
Bilanzsumme	≤ 5,31 Mio. DM	≤ 21,24 Mio. DM	> 21,24 Mio. DM
Anzahl der Mitarbeiter	≤ 50	≤ 250	> 250

Die in der Mittelstandsrichtlinie eingeräumten Erleichterungen wurden vom deutschen Gesetzgeber vollständig an die Unternehmen weitergegeben. Demnach wurden kleine Gesellschaften beispielsweise nun von der Verpflichtung zur Aufstellung eines Lageberichts (§ 264 (1) HGB), der Erstellung eines Anlagespiegels (§ 274 a Nr. 1 HGB), der Erläuterung bestimmter Posten im Anhang (§ 274 a, § 276 HGB), der Aufspaltung der Ertragsteuern auf das Ergebnis der gewöhnlichen Geschäftstätigkeit und das außerordentliche Ergebnis (§ 285 Nr. 6 HGB) sowie der Angabe erheblicher Bewertungsunterschiede zwischen Bewertung nach Verbrauchsfolgeunterstellung bzw. gewogener Durchschnittsmethode (§ 284 (4) HGB) und einer Bewertung zu Marktpreisen befreit. Weitere Erleichterungen betrafen Informationen, die Rückschlüsse auf die Einkommensverhältnisses eines bestimmten Mitglieds der Verwaltungs-, Geschäftsführungs- und Aufsichtsorgane erlaubten. So wurde kleinen Unternehmen zum einen die Option eingeräumt, auf die Angabe der Gesamtbezüge der Geschäftsführungs- und Aufsichtsorgane zu verzichten, falls hierdurch die Bezüge eines Mitglieds dieser Organe für Außenstehende transparent würden. Zum anderen erhielten mittelgroße und große Gesellschaften mit beschränkter Haftung die Möglichkeit, von der Offenlegung der Ergebnisverwendung abzusehen, wenn anhand dieser Angaben Rückschlüsse auf die Gewinnanteile natürlicher Personen in der Funktion eines Gesellschafters möglich wären (§ 325 (1) HGB); kleine Gesellschaften waren von dieser Offenlegungspflicht ohnehin bereits befreit.[423]

422 Vgl. Gesetz zur Änderung des D-Markbilanzgesetzes und anderer handelsrechtlicher Bestimmungen.

423 Vgl. Gesetz zur Änderung des D-Markbilanzgesetzes und anderer handelsrechtlicher Bestimmungen, Artikel 2: Änderungen des Handelsgesetzbuchs, Nr. 1 ff.

Die Größenmerkmale für die Konzernabschlussbefreiung wurden entsprechend der geänderten Schwellenwerte für die Einzelabschlusserstellung ebenfalls angehoben, sodass sich für die Konzernabschlusserstellung nun folgende, in Tab. 9 dargestellte Größengrenzen ergaben:[424]

■ **Tab. 9:** Im HGB umgesetzte, die Konzernabschlusspflicht betreffende Größengrenzen der „Mittelstandsrichtlinie“

	Kleine Konzerne	
	Netto-Methode	Brutto-Methode
Umsatzerlöse	≤ 106,20 Mio. DM	≤ 127,44 Mio. DM
Bilanzsumme	≤ 53,10 Mio. DM	≤ 63,72 Mio. DM
Anzahl der Mitarbeiter	≤ 500	≤ 500

3.1.16 Jüngste Gesetzesinitiativen zur Internationalisierung und Modernisierung des deutschen Bilanzrechts

War die Anpassung des deutschen Rechnungslegungsrechts an internationale Erfordernisse bei der Umsetzung der Vierten und Siebenten EG-Richtlinie vornehmlich politisch motiviert und geprägt von nationalen Interessen an der weitgehenden Erhaltung des bestehenden Status quo orientiert,[425] so sind die Gesetzgebungsinitiativen der jüngsten Vergangenheit zur Internationalisierung und Modernisierung des nationalen Bilanzrechts von den Bedürfnissen der Finanz- und Kapitalmärkte getrieben und als Reflex auf eine immer globaler werdende Wirtschaft zu verstehen.

3.1.16.1 Kapitalaufnahmeerleichterungsgesetz (KapAEG) vom 20. April 1998

Das Kapitalaufnahmeerleichterungsgesetz (KapAEG)[426] vom 20. April 1998 markiert den Beginn dieses einschneidenden Reformprozesses. Es entstand als Reaktion des Gesetzgebers auf das zunehmende Bedürfnis global agierender Unternehmen, ihren

[424] Vgl. Gesetz zur Änderung des D-Markbilanzgesetzes und anderer handelsrechtlicher Bestimmungen, Artikel 2 Nr. 7.

[425] Vgl. Helmrich, H. (1988), S. 219; ähnlich Graumann, M. (2002c), S. 619; Grund, M. (1996b), S. 1293 f.

[426] Vgl. Gesetz zur Verbesserung der Wettbewerbsfähigkeit deutscher Konzerne an Kapitalmärkten und zur Erleichterung der Aufnahme von Gesellschafterdarlehen (Kapitalaufnahmeerleichterungsgesetz – KapAEG) vom 20. April 1998 (im Folgenden zitiert als KapAEG).

Abschluss nach international anerkannten Rechnungslegungsnormen zu erstellen. Denn nach dem spektakulären Listing der damaligen Daimler Benz AG an der New York Stock Exchange im Jahr 1993 hatten nach deutschem Bilanzrecht erstellte Abschlüsse auf internationalen Kapitalmärkten erheblich an Glaubwürdigkeit verloren.[427] Die von der Daimler Benz AG vorgelegte Überleitungsrechnung mit der das nach nationalen Rechnungslegungsvorschriften ermittelte Eigenkapital und Jahresergebnis auf US GAAP überführt wurde,[428] verdeutlichte den interessierten Investorenkreisen die bestehende Diskrepanz zwischen den beiden Normensystemen: Aus einem nach HGB ermittelten Jahresüberschuss von 615 Mio. DM wurde nach US GAAP ein Verlust in Höhe von 1.839 Mio. DM.[429] Um das seitdem bestehende Misstrauen internationaler Investoren gegenüber deutschen Abschlüssen zu kompensieren, sahen sich insbesondere global agierende Unternehmen veranlasst, ihrem Anlegerpublikum Konzernabschlüsse nach international akzeptierten Rechnungslegungsnormen (d. h. nach vom IASC verabschiedeten International Accounting Standards (IAS) bzw. US GAAP) vorzulegen,[430] selbst wenn dies von nationalen bzw. ausländischen Börsenzulassungsbestimmungen nicht verpflichtend gefordert wurde.[431]

Auf diese Praxis reagierte der Gesetzgeber schließlich im April 1998 mit der Verabschiedung des KapAEG, das den ersten wesentlichen Schritt zur Internationalisierung der Rechnungslegung in Deutschland markierte.[432] Um die Wettbewerbsfähigkeit deutscher Konzerne zu verbessern, brachte das KapAEG zwei zentrale Neuerungen:[433]

---

427 Vgl. Entwurf eines Gesetzes zur Verbesserung der Wettbewerbsfähigkeit deutscher Konzerne an internationalen Kapitalmärkten und zur Erleichterung der Aufnahme von Gesellschafterdarlehen (Kapitalaufnahmeerleichterungsgesetz – KapAEG) vom 6. März 1997 (im Folgenden zitiert als Entwurf eines KapAEG (1997)), Begründung, S. 7.

428 Eine solche Überleitungsrechnung ist nach den Anforderungen der US-amerikanischen Börsenaufsichtsbehörde (*Securities and Exchange Commission*, SEC) erforderlich, falls kein geprüfter Konzernabschluss nach US GAAP vorgelegt wird.

429 Vgl. Liener, G. (1995), S. 746.

430 Zum Teil erstellten die betroffenen Unternehmen anstelle eines eigenständigen IAS bzw. US GAAP Abschlusses auch nur eine Überleitungsrechnung oder veröffentlichten einen sog. „dualen Abschluss", der durch eine entsprechende Ausübung von zur Verfügung stehenden Bilanzierungswahlrechten sowie die Bereitstellung von Zusatzinformationen sowohl den Anforderungen des HGB als auch der IAS bzw. US GAAP genügen sollte; zu den Rechnungslegungsstrategien deutscher Unternehmen vgl. Goebel, A. (1995), S. 1037 ff.; Grund, M. (1996b), S. 1294; Kahle, H. (2002a), S. 226 f.; Küting, K. (2000), S. 40; Wengel, T. (2001), S. 589.

431 Neben der Erfüllung der Zulassungsvoraussetzungen von nationalen und internationalen Kapitalmärkten sowie der Erlangung von Wettbewerbsvorteilen durch die Befriedigung der Informationsanforderungen der Investoren liegt in der möglichen Konvergenz von internem und externem Rechnungswesen ein anderer wesentlicher Beweggrund für die Anwendung internationaler Rechnungslegungsnormen; vgl. u. a. Küting, K. (2000), S. 39 f.

432 Vgl. Ebbers, G. (2001), S. 301; Kleindiek, D. (2000), S. 2.

433 Eine dritte, allerdings weniger zentrale Änderung betraf die Lockerung der Voraussetzungen für die befreiende Wirkung von EU-/EWR-Konzernabschlüssen (§ 291 HGB); für Details siehe Küting, K./Garnier, S. (2001a), S. 470 f.

Zum einen räumte es börsennotierten Mutterunternehmen ein Wahlrecht ein, anstelle eines nach handelsrechtlichen Rechnungslegungsprinzipien erstellten Konzernabschlusses einen befreienden Konzernabschluss und Konzernlagebericht nach international anerkannten Normen (§ 292a HGB) zu erstellen. Zum anderen erfuhr die Jahresabschlusserstellung von Tochter-Kapitalgesellschaften eine Deregulierung, da bei Erfüllen bestimmter Voraussetzungen auf die Beachtung der im Zweiten Abschnitt des Dritten Buches des HGB für Kapitalgesellschaften normierten strengeren materiellen Bilanzierungs- und Bewertungsvorschriften sowie eine Prüfung und Publizität des Einzelabschlusses verzichtet werden konnte (§ 264 (3) HGB).

3.1.16.1.1 Befreiende Aufstellung eines international akzeptierten Konzernabschlusses

Kernstück des KapAEG war die Einführung des § 292a HGB, der es börsennotierten[434] Mutterunternehmen seitdem ermöglicht, anstelle eines HGB-Konzernabschlusses und -lageberichts einen Konzernabschluss und Konzernlagebericht nach international anerkannten Rechnungslegungsgrundsätzen (insbesondere IAS/IFRS bzw. US GAAP)[435] zu erstellen. Voraussetzung für eine Inanspruchnahme dieser Befreiung ist jedoch, dass die angewandten Rechnungslegungsgrundsätze im Anhang angegeben und etwaige Abweichungen zu handelsrechtlichen Rechnungslegungs- und Konsolidierungsmethoden erläutert werden. Außerdem muss der nach international anerkannten Rechnungslegungsnormen erstellte Abschluss und Lagebericht in Ein-

---

[434] Börsennotiert sind nach Auffassung des Rechtsausschusses Gesellschaften, deren Aktien an einem staatlich geregelten und überwachten Markt gehandelt werden, der regelmäßig stattfindet und der für das allgemeine Publikum zugänglich ist; vgl. Beschlussempfehlung und Bericht des Rechtsausschusses (6. Ausschuss) vom 12. Februar 1998, Begründung, S. 12. Damit orientierte sich der Rechtsausschuss an der im Gesetz zur Kontrolle und Transparenz im Unternehmensbereich (KonTraG) verankerten Legaldefinition (zum KonTraG siehe Gliederungspunkt 3.1.16.2). Die ursprüngliche im Regierungsentwurf vorgesehene Einschränkung der Befreiungsregel auf an ausländischen Märkten notierte Mutterunternehmen wurde auf Empfehlung des Rechtsausschusses nicht umgesetzt, um Wettbewerbsnachteile für deutsche Unternehmen, die an inländischen Kapitalmärkten notiert sind, zu vermeiden. Schließlich könnte sich auch für an inländischen Börsen gelistete Unternehmen die Notwendigkeit ergeben, einen Konzernabschluss nach international anerkannten Rechnungslegungsnormen aufzustellen, sei es, um den Wünschen ausländischer Investoren zu entsprechen oder um den Regelanforderungen der Börse wie z. B. des damaligen „Neuen Marktes" zu genügen; vgl. Beschlussempfehlung und Bericht des Rechtsausschusses (6. Ausschuss) vom 12. Februar 1998, Bericht der Abgeordneten Norbert Geis, Joachim Gres, Alfred Hartenbach, Detlef Kleinert (Hannover), Dr. Eckhart Pick und Ronald Pofalla, S. 11.

[435] Vgl. Beschlussempfehlung und Bericht des Rechtsausschusses (6. Ausschuss) vom 12. Februar 1998, Bericht der Abgeordneten Norbert Geis, Joachim Gres, Alfred Hartenbach, Detlef Kleinert (Hannover), Dr. Eckhart Pick und Ronald Pofalla, S. 12; Ernst, C. (1998), S. 1031; siehe hierzu auch Pellens, B./Bonse, A./Gassen, J. (1998), S. 786 f.; Wollmert, P./Oser, P. (2000); S. 731.

klang mit den betreffenden EG-Richtlinien stehen[436] und in seiner Aussagekraft einem nach HGB aufgestellten Konzernabschluss und -lagebericht[437] mindestens gleichwertig[438] sein. Die Befreiungsregel ist jedoch nur als Übergangslösung gedacht und deshalb bis 31.12.2004 befristet. Bis dahin sollen die nationalen Konzernrechnungslegungsvorschriften insbesondere für börsennotierte Konzerne[439] an internationale Rechnungslegungsstandards angepasst werden.[440]

Diese Befreiungsvorschrift wurde seitens des Gesetzgebers mit folgenden Argumenten begründet. Zum einen sollen auf globalen Kapitalmärkten agierende Mutterunternehmen durch die Möglichkeit der befreienden Erstellung eines Konzernabschlusses nach international akzeptierten Rechnungslegungsstandards von den Kosten der Aufstellung paralleler oder dualer Konzernabschlüsse bzw. umfangreicher Überleitungsrechnungen entlastet sowie die aus der Veröffentlichung divergierender Rechnungslegungsinformationen resultierenden internen und externen Kommunikationsprobleme überwunden

436 Die Kompatibilität eines nach international anerkannten Rechnungslegungsnormen erstellten Abschlusses mit den EU-Bilanzrichtlinien ist erforderlich, da der deutsche Gesetzgeber in seiner Rechtsetzung an das Gemeinschaftsrecht gebunden ist; vgl. Entwurf eines KapAEG (1997), Begründung, S. 11; Ordelheide, D. (1996), S. 548; Schön, W. (2000), S. 721. Nach Auffassung des Deutschen Standardisierungsrates ist das Einklanggebot im Sinne einer europäischen Betrachtungsweise erfüllt, wenn die angewandte Rechnungslegungsmethode in Deutschland oder in anderen Mitgliedstaaten der EU anerkannten Gesetzen und Rechnungslegungsgrundsätzen entspricht; vgl. Deutscher Standardisierungsrat (Hrsg.) (2000), Tz. 21 f. Siehe zum Postulat der Richtlinienkonformität außerdem Ballwieser, W. (1999), S. 437; Erdbrügger, A. (2001), S. 99 ff.; Grund, M. (1996a), S. 1973 f.; Henssler, M./Slota, C. (1999), S. 1139 ff.; Pellens, B./Bonse, A./Gassen, J. (1998), S. 787 f.; Scheffler, E. (2001), S. 16 f; Schön, W. (2000), 721 ff.; Wollmert, P./Oser, P. (2000), S. 732 f. Diskussionen um Konflikte der EG-Richtlinien mit den IAS/IFRS, wie sie vom Kontaktausschuss der EU (vgl. Kontaktausschuss für Richtlinien der Rechnungslegung (Hrsg.) (1996), S. 14 ff.) sowie dem Institut der Wirtschaftsprüfer (vgl. Institut der Wirtschaftsprüfer (Hrsg.) (1998a), S. 183 ff.) identifiziert wurden, wurden mit der Modernisierung und Anpassung der EG-Richtlinien an internationale Standards durch die „*Fair value*-Richtlinie“ (vgl. Richtlinie 2001/65/EG des Europäischen Parlaments und des Rates vom 27. September 2001) sowie die „Modernisierungsrichtlinie“ (vgl. Richtlinie 2003/51/EG des Europäischen Parlaments und des Rates vom 18. Juni 2003) zwischenzeitlich beseitigt.

437 Zur Problematik der Erstellung eines Konzernlageberichtes nach international akzeptierten Rechnungslegungsnormen, die sich daraus ergibt, dass es weder in den IAS/IFRS noch den US GAAP ein unmittelbares Pendant zum deutschen Lagebericht gibt, siehe beispielsweise Deutscher Standardisierungsrat (Hrsg.) (2000), Tz. 44 ff.; Küting, K./Hütten, C. (1999), S. 13 ff.; Wollmert, P./Oser, P. (2000), S. 731.

438 Diese Forderung bezieht sich auf den Informationsgehalt des Konzernabschlusses und Konzernlageberichts insgesamt, nicht auf Einzelinformationen. Die Gesetzesbegründung geht davon aus, dass ein nach IAS/IFRS bzw. US GAAP erstellter Konzernabschluss diese Voraussetzungen erfüllt; ggf. können Informationsdefizite über zusätzliche Angaben kompensiert werden; vgl. Entwurf eines KapAEG (1997), Begründung, S. 11.

439 Vgl. Ernst, C. (1998), S. 1032.

440 Vgl. Beschlussempfehlung und Bericht des Rechtsausschusses (6. Ausschuss) vom 12. Februar 1998, Bericht der Abgeordneten Norbert Geis, Joachim Gres, Alfred Hartenbach, Detlef Kleinert (Hannover), Dr. Eckhart Pick und Ronald Pofalla, S. 10.

werden, um so die Wettbewerbsfähigkeit deutscher Konzerne auf ausländischen Kapitalmärkten zu verbessern.[441] Zum anderen dient § 292 a HGB aber auch der Beseitigung der Diskriminierung deutscher Unternehmen gegenüber Unternehmen in anderen EU-Mitgliedstaaten, denen es bereits vor Verabschiedung des KapAEG möglich war, mit befreiender Wirkung Konzernabschlüsse nach internationalen Normen zu erstellen, welche dann aufgrund EU-rechtlicher Bestimmungen für Börsenzwecke in Deutschland akzeptiert werden mussten.

Neben diesen Vorteilen hatte die mit dem § 292 a HGB eingeführte Befreiung börsennotierter Mutterunternehmen von der Erstellung eines HGB-Konzernabschlusses und -lageberichts jedoch auch eine völlig neue Form der Differenzierung der Rechnungslegung zur Konsequenz, die durch die Übernahme systemfremder Normen und die Aufgabe der nationalen Normierungshoheit[442] in eine gänzlich neue Dimension vorstieß. So ergibt sich einerseits auf der Ebene der Konzernrechnungslegung im Sinne einer Separationsstrategie[443] eine Spaltung der Rechnungslegungsgrundsätze, da in Abhängigkeit von einer Börsennotierung für die Konzernabschlusserstellung völlig divergierende Rechnungslegungsnormen zulässig sind, die jeweils unterschiedlichen Rechnungslegungsmodellen entspringen. Andererseits wird seit Verabschiedung des KapAEG aber auch eine Differenzierung zwischen Konzern- und Einzelabschluss vorgenommen, da bei Inanspruchnahme der Befreiungsregel des § 292 a HGB für diese beiden Rechenwerke trotz ihrer inhaltlichen Verknüpfung ganz verschiedene Rechnungslegungskonzepte und -normen zur Anwendung kommen.[444] Begründet wird die Differenzierung zwischen Konzern- und Einzelabschluss mit den unterschiedlichen Zwecksetzungen der beiden Berichtsinstrumente. Denn während dem Konzernabschluss ausschließlich eine Informationsaufgabe zukommt, bildet der Einzelabschluss darüber hinaus die Grundlage für die Ausschüttungs- und Steuerbemessung (Zahlungsbemessungsfunktion). Da die IAS/IFRS primär mit der Zwecksetzung der Bereitstellung entscheidungsrelevanter Informationen für die Rechnungslegungsadressaten entwickelt werden,[445] bieten sie im Vergleich zum HGB weitreichendere Aktivierungsmöglichkeiten und schränken das Passivierungspotenzial ein.[446] Dies hat zur Folge, dass bei Ausschüttung eines nach IAS/IFRS ermittelten Gewinns die Ka-

441 Vgl. Entwurf eines KapAEG (1997), Begründung, S. 7.

442 Zur Verfassungsmäßigkeit der dynamischen Verweisung des § 292 a HGB auf Rechnungslegungsnormen, die von ausländischen/internationalen Normierungsgremien verlautbart werden, siehe Budde, W./Steuber, E. (1998b), S. 504 ff.; Grund, M. (1996a), S. 1974 f.; Heintzen, M. (1999), S. 1050 ff.; derselbe (2001), S. 150 ff.; Henssler, M./Slota, C. (1999), S. 1136 ff.; Kirchhof, P. (2000), S. 681 ff.

443 Siehe zu den Charakteristika einer Separationsstrategie Gliederungspunkt 2.3.3.1.

444 So auch Herzig, N. (2000), S. 104 f.; ähnlich Pellens, B./Bonse, A./Gassen, J. (1998), S. 785.

445 Vgl. International Accounting Standards Board (Hrsg.) (2001), F 12.

446 Vgl. Euler, R. (2002), S. 876 ff.; Schulze-Osterloh, J. (2003), S. 95 ff.

pitalerhaltung für die Gläubiger gefährdet werden könnte.[447] Den IAS/IFRS wird für die Erfüllung der Zahlungsbemessungsaufgabe deshalb nur bedingte Eignung attestiert. Darüber hinaus bestehen verfassungsrechtliche Bedenken, einen nach IAS/IFRS erstellten Abschluss für Besteuerungszwecke zu verwenden, da damit die Normierung der Steuerbemessungsgrundlage auf ein internationales, privates Gremium übertragen würde, das sich jeglicher Einflussnahme des nationalen Gesetzgebers entzieht.[448]

3.1.16.1.2 Erleichterung der Jahresabschlusserstellung für Tochter-Kapitalgesellschaften

Eine weitere Maßnahme des KapAEG zur Entlastung von Konzernunternehmen bestand darin, dass nach § 264 (3) HGB Kapitalgesellschaften, die Tochterunternehmen eines nach § 290 HGB zur Konzernabschlusserstellung verpflichteten Mutterunternehmens sind, von der Beachtung der im Zweiten Abschnitt des Dritten Buches des HGB normierten ergänzenden Vorschriften für Kapitalgesellschaften zur Jahresabschluss- und Lageberichterstellung einschließlich der diesbezüglichen Prüfungs- und Publizitätsvorschriften befreit wurden.[449] Diese Erleichterung, die Tochter-Kapitalgesellschaften die Möglichkeit gibt, ihren Jahresabschluss nur unter der Anwendung der im Ersten Abschnitt für alle Kaufleute normierten Regeln zu erstellen und von einer Prüfungs- und Offenlegungspflicht entbindet, beruht auf Artikel 57 der Vierten EG-Richtlinie[450] und kann in Einklang mit den EU-rechtlichen Anforderungen[451] nur dann in Anspruch genommen werden, wenn folgende Voraussetzungen kumulativ erfüllt sind (§ 264 (3) HGB):[452]

(a) Alle Gesellschafter des Tochterunternehmens müssen der Befreiung für das betroffene Geschäftsjahr zugestimmt haben und der Zustimmungsbeschluss muss nach § 325 HGB[453] offen gelegt werden;

---

447 Vgl. Arbeitskreis Bilanzrecht der Hochschullehrer Rechtswissenschaft (Hrsg.) (2002), S. 2373 f.; Kirsch, H.-J. (2003), S. 276; Peemöller, V./Spanier, G./Weller, H. (2002), S. 1801; Schildbach, T. (2002), S. 271 f.; Strobel, E. (1996), S. 400 ff.; Niehus, R. (2001), S. 750.

448 Vgl. Herzig, N. (2000), S. 118; derselbe (2001), S. 155 f.; Herzig, N./Bär, M. (2003), S. 4; Kahle, H. (2002c), S. 188; Zabel, M. (2002), S. 922.

449 Für Details siehe Küting, K./Garnier, S. (2001a), S. 469.

450 Der ursprünglich als Übergangsregel gedachte Artikel 57 der Vierten EG-Richtlinie wurde durch Artikel 43 der Siebenten EG-Richtlinie aktualisiert und somit mit Verabschiedung der Siebenten EG-Richtlinie nicht außer Kraft gesetzt.

451 Bezüglich Bedenken zur Vereinbarkeit des § 264 (3) HGB mit den EG-Richtlinien siehe Grund, M. (1996a), S. 1971.

452 Für Details zur Interpretation der Befreiungsvoraussetzungen siehe Arbeitskreis „Externe Unternehmensrechnung" der Schmalenbach-Gesellschaft (Hrsg.) (1999), S. 493 ff.; Dörner, D./Wirth, M. (1998), S. 1525 ff.; Giese, A./Rabenhorst, D./Schindler, J. (2001), S. 512 ff.

453 Große Tochter-Kapitalgesellschaften müssen den Zustimmungsbeschluss demnach im Bundesanzeiger veröffentlichen und anschließend im Handelsregister einreichen; bei kleinen und mittel-

(b) das Mutterunternehmen ist gesetzlich zur Verlustübernahme nach § 302 AktG verpflichtet (dies ist regelmäßig bei Bestehen eines Beherrschungs- oder eines Gewinnabführungsvertrags der Fall)[454] oder das Mutterunternehmen hat sich freiwillig zu einer solchen Verlustübernahme verpflichtet; die Verlustübernahmeerklärung ist ebenfalls nach § 325 HGB offen zu legen;

(c) das Tochterunternehmen muss tatsächlich in den Konzernabschluss des Mutterunternehmens in Form einer Vollkonsolidierung einbezogen worden sein;

(d) die Befreiung des Tochterunternehmens muss in dem vom Mutterunternehmen aufzustellenden Konzernanhang angegeben werden und

(e) die vom Mutterunternehmen offen zu legenden Konzernabschlussunterlagen sind auch zum Handelsregister des die Befreiung in Anspruch nehmenden Tochterunternehmens einzureichen.

Für Versicherungsunternehmen, Kreditinstitute und Finanzdienstleistungsinstitute beschränken sich die Erleichterungen des § 264 (3) HGB auf das Entfallen der Publizitätspflicht.[455] Mit der Befreiungsregel des § 264 (3) HGB sollen die Rechnungslegungskosten von Konzernen reduziert werden. Neben der Einsparung von Prüfungs- und Publizitätskosten erleichtert § 264 (3) HGB darüber hinaus die Anwendung international akzeptierter Rechnungslegungsvorschriften für die Konzernabschlusserstellung. Denn dadurch, dass Konzernunternehmen von der Beachtung der verschärften Bilanzierungsvorschriften für Kapitalgesellschaften befreit werden, erhalten sie mehr Flexibilität in der Einzelabschlusserstellung, die sie dazu nutzen können, Anpassungen an international anerkannte Rechnungslegungsnormen bereits in der Handelsbilanz I vorzunehmen.[456]

Ähnliche Befreiungsmöglichkeiten, allerdings auf die Publizität beschränkt und ausschließlich auf vollständig im Anteilsbesitz eines Mutterunternehmens stehende Tochterunternehmen bezogen, wurden bereits im Rahmen des Bilanzrichtlinien-Gesetzes diskutiert,[457] letztendlich aber wegen der hieraus resultierenden Informations-

---

großen Tochter-Kapitalgesellschaften genügen die Einreichung zum Handelsregister sowie die Bekanntmachung der Einreichung im Bundesanzeiger.

454 Vgl. Förschle, G./Deubert, M. (2003), Anmerkungen zu § 264, Tz. 86 ff.

455 Vgl. §§ 340a und 341a HGB.

456 Vgl. Ordelheide, D. (1996), S. 551.

457 Diskussionsgegenstand des Bilanzrichtlinien-Gesetzes war, die im PublG verankerte Befreiung 100%iger Tochtergesellschaften von der Bekanntmachung ihres Einzelabschlusses (§ 16 PublG), die der damaligen aktienrechtlichen Vorschrift für eingegliederte Gesellschaften nachempfunden war (§ 325 AktG), auch auf GmbH-Konzerne zu übertragen (vgl. Entwurf eines Bilanzrichtlinie-Gesetzes (1982), § 42f (5) GmbH-E; Biener, H. (1985b), S. 49 f.). Dieser Vorschlag wurde jedoch nicht umgesetzt, stattdessen wurden mit dem Bilanzrichtlinien-Gesetz die bis dato bestehen-

einschränkungen für die Adressaten sowie die publizitätspolitische Benachteiligung von nicht in Konzernstrukturen organisierten Unternehmen wieder fallen gelassen.[458]

■ **Abb. 20:** Differenzierungstableau zum KapAEG 1998

Differenzierungskriterien:

- Rechtliche Einheit versus wirtschaftliche Einheit
- Börsennotierung

Differenzierungsbereiche:

- Abschlusserstellung
- Prüfung
- Publizität

Normierung:

- Normierungsinhalt/-umfang: (1) Differenzierung der für die Konzernabschlusserstellung anwendbaren materiellen Rechnungslegungsgrundsätze (Separationsstrategie) in Abhängigkeit der Börsennotierung; (2) Unterscheidung der für den Konzernabschluss anwendbaren Normen von den für den Einzelabschluss zulässigen Normen; (3) Befreiung von in einen Konzernabschluss einbezogenen Tochter-Kapitalgesellschaften bei Erfüllen bestimmter Voraussetzungen bezüglich des zu erstellenden Einzelabschlusses von der Befolgung der für Kapitalgesellschaften im Zweiten Abschnitt des Dritten Buches des HGB normierten Rechnungslegungsgrundsätze, Prüfungs- und Publizitätspflichten
- Normierungsart: Partielle Aufgabe der nationalen Normierungshoheit hinsichtlich der Konzernabschlusserstellung börsennotierter Unternehmen; anstelle der im HGB gesetzlich normierten Rechnungslegungsgrundsätze erhalten börsennotierte Unternehmen die Möglichkeit, ihren Konzernabschluss nach Rechnungslegungsstandards eines ausländischen bzw. internationalen Normierungsgremiums zu erstellen

3.1.16.2 Gesetz zur Kontrolle und Transparenz im Unternehmensbereich (KonTraG) vom 27. April 1998

Inhalt des Gesetzes zur Kontrolle und Transparenz im Unternehmensbereich (KonTraG)[459] war nicht nur die Reformierung der Unternehmensberichterstattung, sondern allgemein die Verbesserung der Corporate Governance von Unternehmen, um den mit der Globalisierung einhergehenden Anforderungen internationaler Investoren

---

den Befreiungsmöglichkeiten für Aktiengesellschaften (§ 325 AktG) sowie für unter das PublG fallende Unternehmen (§ 16 PublG) aufgehoben.

458 Siehe zu diesen Argumenten Busse von Colbe (1985c), S. 52; Busse von Colbe, W./Chmielewicz, K. (1986), S. 293; Chmielewicz, K. (1985b), S. 50 f.; Grund, M. (1996a), S. 1971 f.

459 Vgl. Gesetz zur Kontrolle und Transparenz im Unternehmensbereich (KonTraG) vom 27. April 1998 (im Folgenden zitiert als KonTraG).

Rechnung zu tragen und die internationale Wettbewerbsfähigkeit deutscher Unternehmen zu stärken.[460] Die Änderungen, die das KonTraG mit sich brachte, waren deshalb sehr vielschichtig. Einige Regelungen betrafen ausschließlich das Aktiengesetz und bezogen sich somit nur auf Aktiengesellschaften sowie Kommanditgesellschaften auf Aktien; so z. B. die Vorschriften zur Reformierung des Aufsichtsrates (§§ 100, 110, 111 AktG),[461] die an US-amerikanische Vorschriften angelehnte Erleichterung des Rückkaufs eigener Aktien (§ 71 AktG),[462] die Einschränkung der Ausübung von Depotstimmrechten durch Banken (§ 135 AktG) sowie die Pflicht des Vorstandes zur Einrichtung eines Überwachungssystems (§ 91 AktG).[463] Obschon die Einrichtung eines Überwachungssystems nur für Aktiengesellschaften/Kommanditgesellschaften auf Aktien gesetzlich kodifiziert wurde, kann diese Pflicht nach der Auffassung des Gesetzgebers Ausstrahlungswirkung auf andere Rechtsformen haben und in Abhängigkeit der Größe, Komplexität und Struktur eines Unternehmens eine analoge Anwendung der aktienrechtlichen Normen bedingen.[464] Eine Pflicht zur Überprüfung der Errichtung des geforderten Überwachungssystems sowie dessen Zweckmäßigkeit durch den Abschlussprüfer ist jedoch nur für börsennotierte Aktiengesellschaften gesetzlich normiert worden (§ 317 (4) HGB). Nach der durch das KonTraG eingeführten Legaldefinition der Börsennotierung zählen hierzu Gesellschaften „... deren Aktien an einem Markt gehandelt werden, der von staatlich anerkannten Stellen geregelt und überwacht wird, regelmäßig stattfindet und für das Publikum mittelbar oder unmittelbar zugänglich ist.“[465] Diese Kriterien werden in Deutschland vom amtlichen Markt und dem geregelten Markt erfüllt.[466] Gesellschaften, deren Aktien im Freiverkehr gehandelt werden, sind dagegen nach den aktienrechtlichen Definitionsmerkmalen nicht als börsennotiert zu klassifizieren.[467]

Da die Verbesserung der Corporate Governance jedoch auch durch eine Erhöhung der Transparenz der Unternehmensdarstellung nach außen erreicht werden sollte, ergaben sich durch das KonTraG auch für das Handelsrecht eine Vielzahl an Neuerungen, Er-

---

460 Vgl. Entwurf eines Gesetzes zur Kontrolle und Transparenz im Unternehmensbereich (KonTraG) vom 28. Januar 1998 (im Folgenden zitiert als Entwurf eines KonTraG (1998)), Begründung, S. 11; sowie Claussen, C. (1998), S. 177.

461 Für Details siehe Hommelhoff, P./Mattheus, D. (1998), S. 254 ff.; KPMG (Hrsg.) (1998b), S. 17 f.

462 Vgl. Pellens, B./Schremper, R. (2000), S. 132 ff. Siehe hierzu außerdem Claussen, C. (1998), S. 179 f.; Kindl, J. (1999), S. 1276 ff.

463 Für weitere Informationen siehe Böcking, H.-J./Orth, C. (2000), S. 244 ff.; Forster, K.-H. (1999), S. 195; Hommelhoff, P./Mattheus, D. (1998), S. 251 ff.; Kromschröder, B./Lück, W. (1998), S. 237 ff.; Weber, J./Weißenberger, B./Liekweg, A. (1999), S. 1710 ff.

464 Vgl. Entwurf eines KonTraG (1998), Begründung zu Nr. 7 – § 91 (2) AktG.

465 KonTraG, Artikel 1, Nr. 1c.

466 Ebenfalls erfüllt wurden diese Kriterien vom Neuen Markt, der jedoch zwischenzeitlich abgeschafft wurde.

467 Vgl. Böcking, H.-J.(1999), S. 726; Busse von Colbe, W. (1999a), S. 407.

gänzungen und Modifikationen bezüglich der für Kapitalgesellschaften geltenden Vorschriften.[468] So wurden z. B. die Erläuterungspflichten im Anhang zu den Gesamtbezügen für Mitglieder der Leitungsorgane ausgedehnt (§ 285 Nr. 9a HGB). Weitergehende Berichtspflichten wurden darüber hinaus für börsennotierte Kapitalgesellschaften definiert. Sie wurden zur Verbesserung des Einblicks in bestehende personelle Verflechtungen und Beteiligungsstrukturen dazu verpflichtet, Anteile an großen Kapitalgesellschaften, die 5 % der Stimmrechte überschreiten, im Anhang anzugeben (§ 285 Nr. 11 HGB) sowie bestehende Mandate[469] ihrer Geschäftsführer und Aufsichtsratsmitglieder in Aufsichtsgremien zu benennen (§ 285 Nr. 10 HGB).[470] Zudem führte das KonTraG für zur Erstellung eines Lageberichts verpflichtete Kapitalgesellschaften die Pflicht ein, den Lagebericht des Einzel- und Konzernabschlusses um eine Risikoberichterstattung zu ergänzen (§ 289 (1) sowie § 315 (1) HGB),[471] um den Rechnungslegungsadressaten eine bessere Beurteilung der Lage des Unternehmens zu ermöglichen. Außerdem wurde durch das KonTraG, in Anknüpfung an die Erleichterung des Aktienrückkaufs, die Bilanzierung eigener Aktien (§ 272 (1) HGB) modifiziert.[472]

Ein zentraler Bestandteil des KonTraG bestand darüber hinaus in einer Reformierung der gesetzlichen Abschlussprüfung sowie des Zusammenwirkens von Abschlussprüfer und Aufsichtsrat. Neben einer Erweiterung von Prüfungsumfang und -gegenstand,[473] durch die in Anlehnung an internationale Grundsätze eine stärkere Problemorientierung der Prüfung bewirkt werden sollte, hatte das KonTraG außerdem die Zielsetzung, die Unabhängigkeit des Abschlussprüfers zu stärken. Aus diesem Grund wurde die Erteilung des Prüfungsauftrages auf den Aufsichtsrat übertragen,[474] die

---

468 Für einen ausführlichen Überblick über die handelsrechtlichen Änderungen siehe Küting, K./Garnier, S. (2001b), S. 454 ff. sowie Küting, K./Garnier, S. (2001c), S. 369 f.

469 Ausführlich hierzu Schröer, H. (1999), S. 1163 ff.

470 Vgl. Böcking, H.-J./Orth, C. (1998b), S. 1874; KPMG (Hrsg.) (1998b), S. 14 f.

471 Ausführlich hierzu Baetge, J./Schulze, D. (1998), S. 939 ff.; Dörner, D./Bischof, S. (1999), S. 445 ff.; Küting, K./Hütten, C. (1997), S. 251 ff. Zur Prüfung der Risikoberichterstattung durch den Abschlussprüfer siehe insbesondere Böcking, H.-J./Orth, C. (2000), S. 244 ff.

472 Vgl. hierzu insbesondere Arbeitskreis „Externe Unternehmensrechnung" der Schmalenbach-Gesellschaft (Hrsg.) (1998), S. 1674 ff.; Thiel, J. (1998), S. 1583 ff.

473 Die Erweiterungen von Prüfungsumfang und -gegenstand betrafen im Wesentlichen das Erkennen von Unrichtigkeiten und Verstößen gegen Gesetz, Gesellschaftsvertrag und Satzung, die Prüfung der Darstellung der Risiken der künftigen Entwicklung im Lagebericht sowie bei börsennotierten Aktiengesellschaften die Prüfung der Einrichtung des aktienrechtlich geforderten Überwachungssystems; vgl. Böcking, H.-J./Orth, C. (1998a), S. 358 ff.; Dörner, D. (2000), S. 102; Graumann, M. (2002b), S. 157; Schindler, J./Rabenhorst, D. (1998a), S. 1889.

474 Für Details siehe beispielsweise Forster, K.-H. (1999), S. 194; Hachmeister, D. (1999), S. 1454; Schindler, J./Rabenhorst, D. (1998a), S. 1886 f.; Ziemonis, H. (2000), S. 78. Konsequenz der Erteilung des Prüfungsauftrages durch den Aufsichtsrat ist, dass diesem auch der Prüfungsbericht vorzulegen ist (§ 325 (5) HGB). Als weitere Maßnahme zur Verbesserung der Zusammenarbeit von Aufsichtsrat und Abschlussprüfer wurde der Abschlussprüfer von Aktiengesellschaften nach

Ausschlusskriterien für die Übernahme eines Prüfungsmandates verschärft[475] und für die Prüfung von Aktiengesellschaften, deren Aktien amtlich notiert sind (begründet durch die besonderen Schutzbedürfnisse der Kapitalmarktteilnehmer), eine interne Prüferrotation vorgeschrieben.[476] Außerdem wurde durch das KonTraG die Haftung des Abschlussprüfers bei fahrlässigem Handeln im Rahmen gesetzlicher Abschlussprüfungen verschärft, indem die Haftungssumme von bis dahin 500.000 DM auf 1.000.000 € und für Prüfungen von amtlich notierten Aktiengesellschaften auf 4.000.000 € angehoben wurde (§ 323 HGB). Die Zweiteilung der Haftungsbeschränkung stellte ein Novum für das deutsche Handelsrecht dar und unterstrich die besondere Bedeutung einer vertrauenswürdigen Abschlussprüfung von amtlich notierten Aktiengesellschaften. Weitere Änderungen in Bezug auf die gesetzliche Abschlussprüfung betrafen die konzeptionelle Neugestaltung des Prüfungsberichts[477] und des Bestätigungsvermerks, dessen Inhalt an die Anforderungen der *International Standards on Auditing*[478] *(ISA) 700* angepasst wurde[479] und in Abkehr vom sog. „Formeltestat" nun frei zu formulieren ist. Die Informationsvermittlung sollte hierdurch verbessert und die bestehende „Erwartungslücke"[480] verringert werden.[481]

Darüber hinaus legt der Gesetzgeber mit dem KonTraG den Grundstein für die mit dem KapAEG angekündigte Modernisierung der nationalen Konzernrechnungsle-

---

dem KonTraG dazu verpflichtet, an den Bilanzsitzungen des Aufsichtsrates teilzunehmen und über die wesentlichen Ergebnisse seiner Prüfung Bericht zu erstatten (§ 171 (1) AktG); siehe hierzu Dörner, D. (2000), S. 101 f.; Schindler, J./Rabenhorst, D. (1998a), S. 1888 f.

475 Siehe hierzu KPMG (Hrsg.) (1998b), S. 22 f.

476 Vgl. Böcking, H.-J./Orth, C. (1999), S. 420 f.

477 Für Details siehe Schindler, J./Rabenhorst, D. (1998b), S. 1939 ff. Dies spiegelt sich auch in dem neuen Prüfungsstandard des IDW zur Berichterstattung bei Abschlussprüfungen wider; vgl. Hauptfachausschuß des Instituts der Wirtschaftsprüfer in Deutschland e. V. (Hrsg.) (1999a).

478 Die *International Standards on Auditing* (ISA) werden vom *International Auditing and Assurance Standards Board* (IAASB), einem Ausschuss der *International Federation of Accountants* (IFAC), herausgegeben. Bei der IFAC handelt es sich um einen internationalen Zusammenschluss der *accountancy*-Berufsverbände zum Zweck der internationalen Harmonisierung des *accounting*-Berufsstandes sowie der Anforderungen an die Abschlussprüfung. Für weitere Details zur Organisation und den Aufgaben der IFAC siehe beispielsweise Mertin, D./Schmidt, S. (2001), S. 317 ff.

479 Vgl. Jansen, W./Pfitzer, N. (1999), S. 682; Schindler, J./Rabenhorst, D. (1998b), S. 1941. Daraus folgend entspricht auch der vom IDW im Juni 1999 verabschiedete Prüfungsstandard zur ordnungsmäßigen Erteilung von Bestätigungsvermerken bei Abschlussprüfungen dem *International Standard on Auditing 700*; vgl. Hauptfachausschuß des Instituts der Wirtschaftsprüfer in Deutschland e. V. (Hrsg.) (1999b).

480 Hierunter wird die Divergenz zwischen der Erwartung der Öffentlichkeit an Inhalt und Aussagekraft der gesetzlichen Abschlussprüfung und der Berufsausübung nach den gesetzlich vorgeschriebenen Pflichten sowie den berufsständischen Grundsätzen verstanden; vgl. beispielsweise Marten K.-U./Köhler, A. (2002b), Sp. 703 ff.

481 Vgl. hierzu Böcking, H.-J./Orth, C. (1998a), S. 355 ff.; Dörner, D. (2000), S. 105; Jansen, W./Pfitzer, N. (1999), S. 683.

gungsnormen und deren Anpassung an internationale Standards. Zum einen wurden durch das KonTraG in Anpassung an internationale Bilanzierungsgepflogenheiten[482] börsennotierte Mutterunternehmen verpflichtet, ihren Konzernanhang um eine Kapitalflussrechnung und eine Segmentberichterstattung zu erweitern (§ 297 (1) HGB),[483] und zum anderen schaffte das KonTraG die rechtliche Grundlage für die in Deutschland zwar schon häufiger geforderte, aber bis dato nie verwirklichte[484] Errichtung eines privatrechtlich organisierten Rechnungslegungsgremiums (§ 342a HGB).[485] Durch die Schaffung einer privaten Normierungsinstanz sollte hauptsächlich die deutsche Einflussnahme auf den internationalen Standardisierungsprozess, insbesondere auf die Normierungsarbeit des IASC, verbessert werden.[486] Unverzüglich nach der Verabschiedung des KonTraG konstituierte sich das Deutsche Rechnungslegungs Standards Committee (DRSC) als privates Rechnungslegungsgremium,[487] und erlangte mit Vertrag vom 3.09.1998[488] die Anerkennung durch das Bundesministerium der Justiz.[489] Gemäß § 342 HGB wurden dem DRSC folgende Aufgaben übertragen:[490]

- Erarbeitung von Empfehlungen zur Anwendung der Grundsätze über die Konzernrechnungslegung,[491]

---

482 Vgl. Beschlussempfehlung und Bericht des Rechtsausschusses vom 4. März 1998, Bericht der Abgeordneten Joachim Gres, Detlef Kleinert (Hannover), Dr. Eckhart Pick und Ludwig Stiegler, Anmerkungen zu § 297 HGB-E; Busse von Colbe, W. (2002a), S. 162; Küting, K./Garnier, S. (2001b), S. 456.

483 Die Konkretisierung der inhaltlichen Ausgestaltung der Segmentberichterstattung und Kapitalflussrechnung erfolgt durch die beiden, vom Deutschen Standardisierungsrat verabschiedeten, Deutschen Rechnungslegungsstandards (DRS) Nr. 2 und Nr. 3; vgl. Deutscher Standardisierungsrat (Hrsg.) (1999a) und (1999b). Für Details zum DRS 2 siehe außerdem. Wysocki, K. v. (1999), S. 2373 ff. Für Informationen zum DRS 3 siehe Alvarez, M. (2002), S. 2057 ff.

484 Vgl. hierzu Haller, A./Eierle, B. (1998), S. 733; Langenbucher, G./Blaum, U. (1995), S. 2325 f.; Zitzelsberger, S. (1998a), S. 246.

485 Zur Verfassungsmäßigkeit der Übertragung staatlicher Regulierungsverantwortung auf ein privates Normierungsgremium siehe Budde, W./Steuber, E. (1998a), S. 1185; Hommelhoff, P./ Schwab, M. (1998), S. 38 ff.

486 Vgl. Beschlussempfehlung und Bericht des Rechtsausschusses vom 4. März 1998, Bericht der Abgeordneten Joachim Gres, Detlef Kleinert (Hannover), Dr. Eckhart Pick und Ludwig Stiegler, III. Zur Begründung der Beschlussempfehlung, 1. Allgemeines, S. 24 f.

487 Zu den Aufgaben, der Organisationsstruktur und Arbeitsweise des DRSC siehe die Website des DRSC http://www.drsc.de sowie Baetge, J./Krumnow, J./Noelle, J. (2001), S. 769 ff.; Biener, H. (2000), S. 64 ff.; Breidenbach, K. (1999), S. 642 ff.; Hoffmann, J. (2003), S. 48 ff.; Küting, K./Brakensiek, S. (1999), S. 681 f.; Scheffler, E. (1999b), S. 408 ff.

488 Für eine juristische Würdigung des Standardisierungsvertrages des DRSC siehe Schwab, M. (1999a), S. 731 ff.; Schwab, M. (1999b), S. 783 ff.

489 Subsidiär, für den Fall, dass kein privatrechtlich organisiertes Rechnungslegungsgremium anerkannt worden wäre, hatte § 342a HGB die Schaffung eines beim Bundesministerium der Justiz angesiedelten Rechnungslegungsbeirats vorgesehen.

490 Kritisch zu den Aufgaben des DRSC Schildbach, T. (1999), S. 645 ff.

491 Bei der Entwicklung seiner Empfehlungen ist das DRSC allerdings an den durch das HGB und die GoB gesetzten rechtlichen Rahmen gebunden, vgl. Zitzelsberger, S. (1998a), S. 251.

- Beratung des Bundesministeriums der Justiz bei Gesetzgebungsinitiativen zu Rechnungslegungsvorschriften und
- Vertretung der Bundesrepublik Deutschland in internationalen Gremien zur Normierung der Rechnungslegung.

Mit der Aufgabe zur Entwicklung von Empfehlungen zur Konzernrechnungslegung kommt dem DRSC eine Schlüsselfunktion in der Fortentwicklung der Konzernrechnungslegung zu. Seit seiner Arbeitsaufnahme hat der Deutsche Standardisierungsrat (DSR), das mit der Entwicklung von Rechnungslegungsstandards betraute Organ des DRSC, bereits vierzehn sog. „Deutsche Rechnungslegungsstandards" (DRS) verlautbart. Mit Bekanntmachung der DRS durch das Bundesministerium der Justiz (dies ist bisher bei allen vom DRSC verlautbarten DRS erfolgt) erlangen die Empfehlungen des DRSC die Vermutung von Grundsätzen ordnungsmäßiger Konzernrechnungslegung.[492] Eine Nichtbeachtung durch die Rechnungslegenden ist folglich nur zulässig, wenn nachgewiesen wird, dass die in einem DRS empfohlene Behandlung mit den gesetzlichen Zielen unvereinbar ist.[493]

Die Überantwortung der Kompetenz zur Entwicklung von Rechnungslegungsnormen auf ein privates Rechnungslegungsgremium stellt einen wesentlichen Bruch der bisherigen Regulierungstradition dar, in der die Normierung der Rechnungslegung vornehmlichste Aufgabe des Gesetzgebers war.[494] Durch diese Neuorientierung der Rechnungslegungsnormierung und Anpassung an ausländische Vorbilder sollten eine flexible und rasche Anpassung der Konzernrechnungslegung an international akzeptierte Rechnungslegungsstandards gewährleistet und langwierige Gesetzgebungsprozesse umgangen werden.[495] Gleichzeitig führte der Gesetzgeber aber durch die Beschränkung der Normierungskompetenz des DRSC auf die Konzernrechnungslegung die im KapAEG begonnene Spaltung von Konzernabschluss und Einzelabschluss fort. Auf Konzernabschlussebene hat das KonTraG einerseits eine zunehmende Differenzierung zwischen börsennotierten und nicht börsennotierten Mutterunternehmen zur Folge, da ausschließlich Erstere zur Erstellung einer Kapitalflussrechnung und Segmentberichterstattung verpflichtet wurden. Andererseits bewirkt jedoch die Beauftragung des DRSC mit der Modernisierung und Anpassung des nationalen Konzernrechnungslegungsrechts an internationale Normen, dass die mit dem KapAEG einge-

492 Zur Autorität der vom DRSC erarbeiteten Empfehlungen siehe Ballwieser, W. (1999), S. 443 ff.; Ebke, W. (1999), S. 1201 ff.; Küting, K./Dürr, U./Zwirner, C. (2002), S. 198; Luttermann, C. (1999), S. 9; Moxter, A. (1998), S. 1425 ff.; Scheffler, E. (1999a), S. 1291 f.

493 Vgl. Ebke, W. (1999), S. 1202 f.; Scheffler, E. (2001), S. 14. Die letztendliche Entscheidung über die Ordnungsmäßigkeit einer Rechnungslegungspraktik bleibt somit stets den Gerichten vorbehalten; Funke, R. (1998), S. I.; Moxter, A. (1998), S. 1427; Schön, W. (1998), S. I.

494 Vgl. Ballwieser, W. (2002), S. 297; Fey, G./Knorr, L. (2001), S. 100.

495 Vgl. Deutsches Rechnungslegungs Standards Committee e. V. (Hrsg.) (1998), S. 2.

führte Differenzierung zwischen nicht börsennotierten Mutterunternehmen, die nach nationalen HGB-Normen einen Konzernabschluss und -lagebericht aufstellen müssen, und börsennotierten Mutterunternehmen, die die Befreiungsvorschrift des § 292a HGB in Anspruch nehmen und nur mehr einen Konzernabschluss und -lagebericht nach international akzeptierten Standards erstellen, mittel- bis langfristig abgebaut werden kann.

Deutlich wird auch, dass mit dem KonTraG eine Differenzierung nach der Börsennotierung auch für den Einzelabschluss Relevanz erlangte, wenn bislang auch nur für den Bereich der Abschlussprüfung und die Angabepflichten im Anhang. So wurden z. B. die Anhangangaben für börsennotierte Gesellschaften gegenüber den übrigen Kapitalgesellschaften erweitert und darüber hinaus für amtlich notierte Aktiengesellschaften eine interne Prüferrotation und die Pflicht zur Prüfung des von den gesetzlichen Vertretern zu implementierenden Überwachungssystems eingeführt. Außerdem wurde für die Prüfung von Aktiengesellschaften, deren Aktien zum Handel am amtlichen Markt zugelassen sind, die Haftungssumme des Abschlussprüfers von einer Million Euro auf vier Millionen Euro erhöht. Unverständlich ist, dass der Gesetzgeber ohne Angabe von Gründen bestimmte Vorschriften für sämtliche börsennotierten Aktiengesellschaften (dies sind solche, deren Aktien zum amtlichen Handel oder geregelten Markt zugelassen sind) und andere wiederum ausschließlich für im amtlichen Handel notierte Aktiengesellschaften kodifiziert hat.[496]

496 So Auch Böcking, H.-J./Orth, C. (1998b), S. 1874; Busse von Colbe, W. (1999b), S. 467 f.

■ **Abb. 21:** Differenzierungstableau zum KonTraG 1998

Differenzierungskriterien:
- Rechtliche Einheit versus wirtschaftliche Einheit
- Börsennotierung/amtliche Notierung
- Rechtsform

Differenzierungsbereiche:
- Abschlusserstellung
- Prüfung

Normierung:
- Normierungsinhalt/-umfang: (1) Erweiterung des Konzernanhangs börsennotierter Unternehmen um eine Segmentberichterstattung und Kapitalflussrechnung; (2) Ausdehnung der Erläuterungspflichten im Anhang für Kapitalgesellschaften mit weiter gehenden Angabepflichten für börsennotierte Kapitalgesellschaften; (3) Festlegung höherer Haftungssummen und Einführung einer Pflicht zur internen Prüferrotation für amtlich notierte Aktiengesellschaften; (4) Ausdehnung von Prüfungsumfang und -gegenstand für alle prüfungspflichtigen Unternehmen mit zusätzlicher Pflicht zur Überprüfung der Einrichtung des aktienrechtlich geforderten Überwachungssystems für börsennotierte Aktiengesellschaften
- Normierungsart: Übertragung der Kompetenz zur Erarbeitung von Empfehlungen zur Anwendung der Grundsätze über die Konzernrechnungslegung auf ein privates Normierungsgremium

3.1.16.3 Kapitalgesellschaften- und Co-Richtlinie-Gesetz (KapCoRiLiG) vom 24. Februar 2000

Das im Februar 2000 verabschiedete Kapitalgesellschaften- und Co-Richtlinie-Gesetz (KapCoRiLiG)[497] verfolgte mehrere Zielsetzungen.[498] Zum einen diente es der Anpassung des deutschen Handelsrechts an EU-rechtliche Vorgaben, insbesondere der Umsetzung der sog. „GmbH & Co.-Richtlinie",[499] der Anhebung der Schwellenwerte

497 Vgl. Gesetz zur Durchführung der Richtlinie des Rates der Europäischen Union zur Änderung der Bilanz- und der Konzernbilanzrichtlinie hinsichtlich ihres Anwendungsbereichs (90/605/EWG), zur Verbesserung der Offenlegung von Jahresabschlüssen und zur Änderung anderer handelsrechtlicher Bestimmungen (Kapitalgesellschaften- und Co-Richtlinie-Gesetz – KapCoRiLiG), vom 24. Februar 2000 (im Folgenden zitiert als KapCoRiLiG).

498 Vgl. Entwurf eines Gesetzes zur Durchführung der Richtlinie des Rates der Europäischen Union zur Änderung der Bilanz- und der Konzernbilanzrichtlinie hinsichtlich ihres Anwendungsbereichs (90/605/EWG), zur Verbesserung der Offenlegung von Jahresabschlüssen und zur Änderung anderer handelsrechtlicher Bestimmungen (Kapitalgesellschaften- und Co-Richtlinie-Gesetz – KapCoRiLiG) vom 13. August 1999 (im Folgenden zitiert als Entwurf eines KapCoRiLiG (1999)), A. Zielsetzung.

499 Vgl. Richtlinie 90/605/EWG des Rates vom 8. November 1990.

für kleine und mittlere Unternehmen gemäß der Ecu-Anpassungsrichtlinie,[500] der Absenkung der Schwellenwerte für die Verpflichtung zur Aufstellung eines Konzernabschlusses aufgrund des Ablaufens der Übergangsregelungen der Siebenten EG-Richtlinie sowie der Verschärfung der Sanktionsmodalitäten für Publizitätsverweigerungen, wie durch die EuGH-Rechtsprechung gefordert wurde. Zum anderen wurde mit dem KapCoRiLiG neben weiteren, eher klarstellenden Änderungen[501] der Anwendungsbereich des § 292a HGB zur Erstellung eines befreienden Konzernabschlusses nach international akzeptierten Rechnungslegungsnormen erweitert.

3.1.16.3.1 Neuregelungen für „& Co."-Gesellschaften

Das Kernstück des KapCoRiLiG bildete die Umsetzung der aus dem Jahre 1990 stammenden EG-Richtlinie 90/605/EWG, der sog. „GmbH & Co.-Richtlinie". Mit dieser Richtlinie stellte der europäische Gesetzgeber klar, dass an die Unternehmensberichterstattung von haftungsbeschränkten Personengesellschaften, die über keine natürliche Personen als unbeschränkt haftender Gesellschafter verfügen, grundsätzlich die gleichen Anforderungen zu stellen sind, wie an Kapitalgesellschaften. Die GmbH & Co.-Richtlinie lieferte damit die Antwort auf die in Deutschland schon während der Entwicklung des Bilanzrichtlinien-Gesetzes geführte Diskussion zur Behandlung von Kapitalgesellschaften & Co. Bei Erarbeitung des Bilanzrichtlinien-Gesetzes wurde eine Gleichstellung der Kapitalgesellschaft & Co. mit der Aktiengesellschaft, Kommanditgesellschaft auf Aktien und der Gesellschaft mit beschränkter Haftung insbesondere von den Spitzenverbänden der Wirtschaft entschieden abgelehnt.[502] Vielleicht ist dies auch der Grund dafür, dass der deutsche Gesetzgeber die GmbH & Co.-Richtlinie nicht fristgemäß umgesetzt hat,[503] denn die Regelungen der

---

500 Vgl. Richtlinie 1999/60/EG des Rates vom 17. Juni 1999.

501 Für einen umfassenden Überblick über die Änderungen des KapCoRiLiG siehe Bömelburg, P. (1999), S. 841 ff.; Küting, K./Garnier, S. (2001c), S. 370 ff. Einige Änderungen betrafen auch das PublG und die Übertragung der mit dem KapAEG im Jahr 1998 eingeführten Gesetzesänderungen auf unter das PublG fallende Unternehmen. Beispielsweise wurde die mit dem KapAEG eingeführte Befreiung des § 264 (3) HGB von Tochter-Kapitalgesellschaften analog auch auf Konzernunternehmen im Sinne des PublG übertragen (§ 5 (6) PublG). Somit sind unter das PublG fallende Unternehmen hinsichtlich ihrer Einzelabschlusserstellung von der Anwendung des PublG befreit, wenn sie in einen Konzernabschluss eines Mutterunternehmens einbezogen und die sonstigen Voraussetzungen des § 264 (3) HGB erfüllt sind; vgl. Bitter, B./Grashoff, D. (2000b), S. 2286; Keller, B. (2001), S. 213 f. Entsprechend können Kapitalgesellschaften sofern bestimmte weitere Voraussetzungen erfüllt sind, die Befreiungsregel auch dann in Anspruch nehmen, wenn sie Tochterunternehmen eines nach § 11 PublG zur Konzernabschlusserstellung verpflichteten Mutterunternehmens sind (§ 264 (4) HGB).

502 Vgl. Gliederungspunkt 3.1.14.5.

503 Schon bei der Erarbeitung der GmbH & Co.-Richtlinie haben sich deutsche Vertreter für eine gänzliche Publizitätsbefreiung von Kleinstbetrieben ausgesprochen; siehe Barth, K. (1987), S. 1045.

Richtlinie hätten bereits auf ab 1995 beginnende Geschäftsjahre angewendet werden müssen.[504] Da der deutsche Gesetzgeber bezüglich dieses Versäumnisses am 22. April 1999 vom Europäischen Gerichtshof (EuGH) verurteilt wurde,[505] war die Transformation der GmbH & Co.-Richtlinie nunmehr unumgänglich. Mit der Verabschiedung des KapCoRiLiG ist die Regierung dieser längst überfälligen Verpflichtung nachgekommen.

Im Wesentlichen orientierte sich das KapCoRiLiG an den Mindestanforderungen der GmbH & Co.-Richtlinie und führte für offene Handelsgesellschaften sowie Kommanditgesellschaften, bei denen nicht wenigstens ein persönlich haftender Gesellschafter

a) eine natürliche Person oder
b) eine andere Personengesellschaft mit einer natürlichen Person als persönlich haftendem Gesellschafter ist,

die Pflicht ein, ihren Jahres- und Konzernabschluss sowie den Lagebericht und Konzernlagebericht grundsätzlich[506] nach den für Kapitalgesellschaften im Zweiten Abschnitt des Dritten Buches des HGB kodifizierten Vorschriften aufzustellen, prüfen zu lassen und offen zu legen (§ 264a HGB). In konsequenter Auslegung der GmbH & Co.-Richtlinie erfasst diese Regelung nicht nur – wie EU-rechtlich gefordert – die Kapitalgesellschaft & Co., sondern sämtliche haftungsbeschränkten Personengesellschaften, also auch solche Gesellschaftskonstruktionen, bei denen eine Stiftung, Genossenschaft oder ein wirtschaftlicher Verein Komplementär ist (sog. „& Co.“-Gesellschaften).[507] Mit dem KapCoRiLiG erlangt somit das Merkmal der „Haftung“ als Differenzierungskriterium stärkeres Gewicht.

Eine Beachtung der ergänzenden Ansatz-, Bewertungs- sowie Gliederungs- und Ausweisvorschriften für Kapitalgesellschaften, die Aufstellung eines Anhangs und Lageberichts sowie die Prüfung und Offenlegung des Jahresabschlusses und Lageberichts

---

[504] Vgl. Richtlinie 90/605/EWG des Rates vom 8. November 1990, Artikel 3 (2).

[505] Vgl. Europäischer Gerichtshof, Sechste Kammer, Urteil vom 22. April 1999 – Rechtssache C 272/97; Europäische Kommission/Bundesrepublik Deutschland.

[506] Aufgrund der abweichenden gesellschaftsrechtlichen Strukturen von Personenhandelsgesellschaften lassen sich die für Kapitalgesellschaften geltenden Rechnungslegungsvorschriften nicht vollständig auf Personengesellschaften übertragen. Den erforderlichen Modifikationen im Hinblick auf Bilanz und GuV-Rechnung trägt der Gesetzgeber in § 264c HGB Rechnung. Für Details zu § 264c HGB siehe Bitter, B./Grashoff, D. (2000a), S. 835 f.; Herrmann, H. (2001), S. 275 ff.; Hoffmann, W.-D. (2000), S. 837 ff.; KPMG (Hrsg.) (2000b), S. 34 ff.; Meyer, C. (2000), S. 1184 ff.; Theile, C. (2000a), S. 555 ff.

[507] Vgl. Entwurf eines KapCoRiLiG (1999), Begründung, S. 33. Siehe hierzu auch Bömelburg, P. (1999), S. 842 sowie Ernst, C. (1999), S. 903. Schätzungen zufolge betraf die Einbeziehung der „& Co.“-Gesellschaften in die Berichterstattungspflichten der Kapitalgesellschaften ca. 100.000 Unternehmen, wobei davon etwa 20.000 Unternehmen der Prüfungspflicht und etwa 5.000 Unternehmen der Konzernabschlusspflicht unterliegen; vgl. Strobel, W. (1999), S.1027.

sind allerdings in Einklang mit den Richtlinienanforderungen nicht erforderlich, wenn die haftungsbeschränkte Personengesellschaft in einen publizierten Konzernabschluss einbezogen ist (§ 264b HGB). Diese unlängst mit dem KapAEG im Jahr 1998 für Tochter-Kapitalgesellschaften eingeführte Erleichterungsoption (§ 264 (3) HGB) wird damit auch auf die „& Co."-Gesellschaften übertragen. Allerdings wurde in Einklang mit der GmbH & Co.-Richtlinie die Inanspruchnahme der Befreiung für diese Fälle an weniger restriktive Voraussetzungen geknüpft.[508] Für eine Erfüllung der Befreiungsvoraussetzungen muss die „& Co."-Gesellschaft (§ 264b HGB):

- in den Konzernabschluss eines Mutterunternehmens mit Sitz in der Europäischen Union oder einem anderen Vertragsstaat des Abkommens über den Europäischen Wirtschaftsraum oder in den Konzernabschluss eines anderen Unternehmens, das Komplementär der „& Co."-Gesellschaft ist, einbezogen sein;
- der Konzernabschluss sowie der Konzernlagebericht muss in Einklang mit der Siebenten EG-Richtlinie stehen;
- das den Konzernabschluss aufstellende Unternehmen muss die offen zu legenden Unterlagen auch zu jenem Handelsregister einreichen, an dem die zu befreiende „& Co."-Gesellschaft ihren Sitz hat;
- die Befreiung muss im Konzernanhang angegeben werden.

Im Gegensatz zu Tochter-Kapitalgesellschaften ist damit z. B. für „& Co."-Konstruktionen weder eine Zustimmung der Gesellschafter zur Inanspruchnahme der Befreiung (§ 264 (3) Nr. 1 HGB) noch eine Verpflichtung des Mutterunternehmens zur Verlustübernahme (§ 264 (3) Nr. 2 HGB) erforderlich (§ 264b HGB). Ferner reicht bei „& Co."-Gesellschaften, um in den Genuss der Erleichterungen zu gelangen, ein Einbezug in einen freiwillig erstellten Konzernabschluss aus.[509]

3.1.16.3.2 Verschärfung der Sanktionierung von Publizitätsverletzungen

Auch die Neugestaltung der Sanktionierung von Offenlegungsverletzungen durch das KapCoRiLiG[510] diente der Erfüllung EU-rechtlicher Vorgaben. Nachdem der EuGH mit zwei Urteilen klarstellte, dass die Sanktionsregelungen des HGB den EU-

---

508 Für Details siehe Bitter, B./Grashoff, D. (2000a), S. 836 f.; Giese, A./Rabenhorst, D./Schindler, J. (2001), S. 515 f.

509 Eine freiwillige Konzernabschlusserstellung wird vielfach als Strategie zur Vermeidung der Publizität des Einzelabschlusses gesehen; vgl. Heni, B. (1999), S. 914 f.; Salgert, M. (2000), S. 87 f.; Strobel, W. (2000), S. 56 f.; Theile, C. (2000b), S. 217 f.

510 Für Details siehe KPMG (Hrsg.) (2000b), S. 53 ff.; Salgert, M. (2000), S. 87.

rechtlichen Anforderungen nicht genügten,[511] verschärfte der Gesetzgeber mit dem KapCoRiLiG die Sanktionsvorschriften für Kapitalgesellschaften bei Nichterfüllung der gesellschaftsrechtlichen Unternehmensberichterstattungserfordernisse und übertrug diese auch auf Kapitalgesellschaften & Co. und andere Personengesellschaften ohne natürliche Person als persönlich haftenden Gesellschafter („& Co."-Gesellschaften). Als Sanktionsmöglichkeiten stehen dem Registergericht mit dem KapCoRiLiG neben dem Zwangsgeld- (§ 335 HGB) nun auch das Ordnungsgeldverfahren (§ 335 a HGB) zur Verfügung, wobei sich die beiden Verfahren auf unterschiedliche Anwendungsfälle beziehen.[512]

Das bis dato bestehende Zwangsgeldverfahren wurde durch das KapCoRiLiG neu geregelt. Seitdem kann es auf Antrag von jedermann und nicht mehr wie zuvor nur von Gesellschaftern, Gläubigern und dem Betriebsrat eingeleitet werden (§ 335 HGB). Allerdings dient das Zwangsgeldverfahren entgegen dem bisherigen Recht nur mehr der Sanktionierung von Pflichtverletzungen betreffend die Aufstellung des Jahres- bzw. Konzernabschlusses und des Lageberichts, der Bestellung des Abschlussprüfers sowie der Vorlage und Auskunftspflichten gegenüber dem Abschlussprüfer. Die Höhe des Zwangsgeldes bleibt gemäß bestehender Rechtspraxis auf maximal 5.000 € begrenzt.

Für Offenlegungsverletzungen wird nicht mehr wie zuvor ein Zwangsgeld, sondern ein sog. „Ordnungsgeld" verhängt (§ 335 a HGB), wobei auch für die Einleitung eines Ordnungsgeldverfahrens ein Antrag von Dritter Seite erforderlich ist.[513] Das Ord-

511 Zum einen wurde der Bundesrepublik Deutschland ein Verstoß gegen den EG-Vertrag sowie die Erste und Vierte EG-Richtlinie vorgeworfen, da sie keine geeigneten Sanktionen vorgesehen hatte, wenn Kapitalgesellschaften den ihnen aus den EG-Richtlinien obliegenden Offenlegungspflichten nicht nachkamen; vgl. Europäischer Gerichtshof, Urteil vom 29.September 1998 – Rechtssache C-191/95; Europäische Kommission/Bundesrepublik Deutschland. Zum anderen wurde vom EuGH in einem weiteren Urteil (vgl. Europäischer Gerichtshof, Urteil vom 4. Dezember 1997 – Rechtssache C-97/96; Verband deutscher Daihatsu-Händler e. V./Daihatsu Deutschland GmbH) klargestellt, dass die Zwangsgeldregelung des HGB, nach der ein Zwangsgeldverfahren lediglich von Gesellschaftern, Gläubigern und Arbeitnehmern beantragt werden konnte, nicht den Anforderungen der Ersten EG-Richtlinie entsprach. Siehe hierzu auch Entwurf eines KapCoRiLiG (1999), Begründung, S. 46; Jansen, E. (1999), S. 1490 ff.; Leible, S. (1998), S. 596 f.; Tielmann, S. (2001b), S. 168.

512 Die ursprünglich im Referentenentwurf vorgesehene Registersperre bei unterlassener Offenlegung (vgl. Bundesministerium der Justiz (Hrsg.) (1999), § 328 HGB-E) wurde nicht umgesetzt.

513 Ein Einschreiten von Amts wegen wurde wegen der damit verbundenen Arbeitsbelastung für die Registergerichte abgelehnt; vgl. Entwurf eines KapCoRiLiG (1999), Begründung, S. 46 f. Während Zwangs- und Ordnungsgeldverfahren dazu bestimmt sind, Verstöße gegen Aufstellungs- und Offenlegungspflichten zu ahnden, kann für Ordnungswidrigkeiten, die Inhalt und Form der zu erstellenden Abschlussunterlagen betreffen, wie bisher ein Ordnungswidrigkeitsverfahren eingeleitet werden (§ 334 HGB). Darüber hinaus können unrichtige Darstellungen der Verhältnisse im

nungsgeld kann zwischen 2.500 € und 25.000 € betragen und stellt damit gegenüber dem bislang für Publizitätsverweigerungen relevanten Zwangsgeld von maximal 5.000 € eine spürbare Verschärfung dar.[514] Hiermit möchte der deutsche Gesetzgeber das Enforcement der gesellschaftsrechtlichen Unternehmensberichterstattungspflichten verbessern und der primär bei Gesellschaften mit beschränkter Haftung vorhandenen Aversion gegen eine Offenlegung der Abschlussunterlagen begegnen. Statistischen Untersuchungen zufolge, kamen in der Vergangenheit nur etwa 10 % der Gesellschaften mit beschränkter Haftung ihren gesellschaftsrechtlichen Publizitätspflichten nach, wobei sich vor allem kleinere Unternehmen einer Offenlegung ihres Abschlusses verweigerten.[515] Diese Abneigung ist mitunter historisch bedingt, denn als Familienkapitalgesellschaft unterlag die kleine und mittelgroße Gesellschaft mit beschränkter Haftung fast 100 Jahre lang weder einer Prüfungs- noch einer Publizitätspflicht. Die diesbezügliche Gleichstellung der Gesellschaft mit beschränkter Haftung mit der Aktiengesellschaft und Kommanditgesellschaft auf Aktien, wie sie durch das Bilanzrichtlinien-Gesetz herbeigeführt wurde, widersprach somit der gewachsenen Rechnungslegungstradition und wurde von den betroffenen Gesellschaften stets als aufgezwungen empfunden.

Als Kompensation für die verschärften Sanktionsmaßregeln wurde die generelle Frist zur Offenlegung des Jahres-/Konzernabschlusses mit dem KapCoRiLiG von bisher neun auf zwölf Monate verlängert (§ 325 (1) HGB).

3.1.16.3.3 Änderung der Schwellenwerte für kleine und mittelgroße Gesellschaften sowie für die Konzernabschlusserstellungspflicht

Vor dem Hintergrund der im Juni 1999 verabschiedeten Ecu-Anpassungsrichtlinie,[516] mit der der Europäische Gesetzgeber seiner Verpflichtung gemäß Artikel 53 der Vierten EG-Richtlinie nachkam, die dort enthaltenen Größenmerkmale unter Berücksichtigung der wirtschaftlichen und monetären Entwicklung alle fünf Jahre einer Überprüfung und ggf. Änderung zu unterziehen, wurden mit dem KapCoRiLiG die bisherigen Schwellenwerte des § 267 HGB für kleine, mittelgroße und große Gesellschaften auf die maximal zulässigen EU-Werte angehoben. Somit ergeben sich mit

---

Jahres-/Konzernabschluss oder Lagebericht, wie bisher, strafrechtlich verfolgt werden (§ 331 HGB und § 335 b HGB). Ausführlich zu den handelsrechtlichen Sanktionsmechanismen z. B. Tielmann, S. (2001b), S. 169 ff.

514 Auch im PublG wurde das Strafmaß für Publizitätsverletzungen auf maximal 25.000 € angehoben (§ 21 PublG). Die Unterscheidung zwischen Ordnungsgeld und Zwangsgeld wurde in das PublG jedoch nicht übernommen.

515 Vgl. Apelt, B. (1991), S. 144 f.; Baetge, J./Apelt, B. (1992), S. 402; Jansen, E. (1999), S. 1490.

516 Vgl. Richtlinie 1999/60/EG des Rates vom 17. Juni 1999.

dem KapCoRiLiG nun folgende, in der Tab. 10 dargestellten Größengrenzen (§ 267 HGB), die fortan auch für Kapitalgesellschaften & Co. bzw. andere Personengesellschaften gelten, die über keine natürliche Person als Vollhafter verfügen (§ 264a HGB):

Tab. 10: Neue Größengrenzen für kleine und mittelgroße Unternehmen nach dem KapCoRiLiG

	Kleine Gesellschaften	Mittelgroße Gesellschaften	Große Gesellschaften
Umsatzerlöse	≤ 6,875 Mio. €	≤ 27,50 Mio. €	> 27,50 Mio. €
Bilanzsumme	≤ 3,438 Mio. €	≤ 13,75 Mio. €	> 13,75 Mio. €
Anzahl der Mitarbeiter	≤ 50	≤ 250	> 250

Wie bislang müssen für die Zugehörigkeit zu einer bestimmten Größenklasse mindestens zwei Merkmale an mindestens zwei aufeinander folgenden Geschäftsjahren erfüllt sein. Unabhängig von der Überschreitung der genannten Größenkriterien galten nach bisherigem Recht Unternehmen, deren Wertpapiere zum amtlichen Handel oder zum geregelten Markt zugelassen waren oder die eine solche Zulassung beantragt hatten, stets als große Gesellschaften. Diese Definition wurde mit dem KapCoRiLiG auf alle kapitalmarktorientierten Kapitalgesellschaften und haftungsbeschränkten Personengesellschaften („& Co."-Gesellschaften) erweitert, die einen organisierten Markt im Sinne des § 2 (5) WpHG durch von ihnen ausgegebene Wertpapiere im Sinne des § 2 (1) Satz 1 WpHG in Anspruch nehmen oder eine Zulassung ihrer Wertpapiere zum Handel an einem organisierten Markt beantragt haben (§ 267 (3) HGB).

Auf der einen Seite wurde durch die Anhebung der für die Jahresabschlussberichterstattung geltenden Schwellenwerte des § 267 HGB der Kreis der zur Inanspruchnahme größenabhängiger Erleichterungen berechtigten Unternehmen maßgeblich erweitert. Auf der anderen Seite führte das KapCoRiLiG aber gleichzeitig zu einer erheblichen Absenkung der Schwellenwerte für die Konzernabschlusspflicht und damit zu einer wesentlichen Ausdehnung der Konzernrechnungspflicht. Diese Maßnahme war notwendig, da die bis dato geltenden Größenmerkmale auf einer Übergangsregelung der Siebenten EG-Richtlinie[517] basierten, die zum 1. Januar 2000 auslief.[518] Von einer Konzernabschlusserstellung befreit sind seitdem nur mehr jene kleinen Konzerne, die mindestens zwei der nachfolgenden, in Tab. 11 dargestellten Merkmale an mindestens zwei aufeinander folgenden Geschäftsjahren erfüllen (§ 293 HGB):

517 Vgl. Siebente Richtlinie 83/349/EWG, Artikel 6 (5).
518 Vgl. Entwurf eines KapCoRiLiG (1999), Begründung, S. 44 f.

■ **Tab. 11:** Neue Größengrenzen für die Konzernabschlusserstellung nach dem KapCoRiLiG

	Kleine Konzerne			
	Netto-Methode		Brutto-Methode	
	bisher	seit KapCoRiLiG	bisher	seit KapCoRiLiG
Bilanzsumme	≤ 27,15 Mio. €	≤ 13,75 Mio. €	≤ 32,58 Mio. €	≤ 16,5 Mio. €
Umsatzerlöse	≤ 54,30 Mio. €	≤ 27,50 Mio. €	≤ 65,16 Mio. €	≤ 33,0 Mio. €
Anzahl der Mitarbeiter	≤ 500	≤ 250	≤ 500	≤ 250

Analog zum Ausschluss kapitalmarktorientierter Unternehmen von der Inanspruchnahme größenabhängiger Erleichterungen bei der Einzelabschlusserstellung, kann von der größenabhängigen Konzernabschlussbefreiung kein Gebrauch gemacht werden, wenn das Mutterunternehmen oder ein in den Konzernabschluss des Mutterunternehmens einbezogenes Tochterunternehmen einen organisierten Markt im Sinne des § 2 (5) WpHG durch von ihm ausgegebene Wertpapiere im Sinne des § 2 (1) Satz 1 WpHG in Anspruch nimmt oder eine Zulassung zum Handel an einem organisierten Markt beantragt hat (kapitalmarktorientierte Konzerne).

3.1.16.3.4 Ausdehnung des Anwendungsbereichs des § 292a HGB zur Erstellung eines Konzernabschlusses und -lageberichts nach international anerkannten Rechnungslegungsnormen

Neben Anpassungen des nationalen Rechts an EU-rechtliche Vorgaben nutzte der Gesetzgeber das KapCoRiLiG darüber hinaus dazu, den mit dem KapAEG eingeführten § 292a HGB zu modifizieren. Die bisherige Anwendungsbeschränkung des § 292a HGB, nach der die Erstellung eines befreienden Konzernabschlusses nach international akzeptierten Normen nur börsennotierten Mutterunternehmen möglich war, wurde mit dem KapCoRiLiG aufgrund vielfacher Kritik[519] gelockert und auf alle kapitalmarktorientierten Konzerne ausgedehnt. Die Möglichkeit mit befreiender Wirkung einen international akzeptierten Konzernabschlusses und -lagebericht aufzustellen, steht mit dem KapCoRiLiG nun allen Mutterunternehmen zur Verfügung, die einen organisierten Markt im Sinne des § 2 (5) WpHG durch von ihm oder einem seiner Tochterunternehmen ausgegebene Wertpapiere im Sinne des § 2 (1) Satz 1 WpHG in Anspruch nehmen (§ 292a HGB). Die Beantragung der Zulassung der Wertpapiere

519 Vgl. Busse von Colbe, W. (1999a), S. 407 f.; Institut der Wirtschaftsprüfer (Hrsg.) (1998b), S. 49; Ordelheide, D. (1996), S. 550; Pellens, B./Bonse, A./Gassen, J. (1998), S. 788; Remme, W./ Theile, C. (1998), S. 912.

zum Handel ist hierbei ebenfalls ausreichend (§ 292a HGB). Da der Anwendungsbereich des § 292a HGB somit nicht mehr nur auf börsennotierte Unternehmen, d. h. gelistete Aktiengesellschaften begrenzt ist, sondern auch auf Unternehmen mit fremdkapitalverbriefenden Wertpapieren ausgedehnt wird, steht die Option, den Konzernabschluss und -lagebericht mit befreiender Wirkung nach international akzeptierten Standards aufzustellen, sowohl sämtlichen nach §§ 290 ff. HGB konzernabschlusspflichtigen Kapitalgesellschaften sowie „& Co."-Gesellschaften als auch nach dem PublG konzernabschlusspflichtigen sonstigen Unternehmen (§ 11 (6) PublG) zur Verfügung, die das Kapitalmarktkriterium erfüllen.[520] Dies hat zur Konsequenz, dass nun wesentlich mehr Untenehmen in den Genuss der Befreiungsregel gelangen. Für konzernabschlusspflichtige Unternehmen, die den Kapitalmarkt nicht in Anspruch nehmen oder deren Wertpapiere nur im Freiverkehr gehandelt werden, besteht dagegen nach der Gesetzesbegründung zum KapCoRiLiG „... keine entsprechende Investorenerwartung und infolgedessen auch kein sachlich rechtfertigender Grund für eine Befreiung von nationalen Bilanzrechtsvorschriften."[521]

Mit dem KapCoRiLiG wird somit die Trennung zwischen Einzel- und Konzernabschluss bezüglich der anzuwendenden, materiellen Rechnungslegungsgrundsätze weiter ausgedehnt, indem nun einem größeren Kreis an Unternehmen die Möglichkeit zur Erstellung eines befreienden Konzernabschlusses nach international anerkannten Rechnungslegungsgrundsätzen gewährt wird. Darüber hinaus erlangt neben dem Kriterium der „Haftung" das Merkmal der „Kapitalmarktorientierung" stärkere Bedeutung für die Differenzierung der externen Unternehmensrechnung.

---

520 Vgl. Ernst, C. (1999), S. 903. Das Börsengesetz sowie die Börsenzulassungs-Verordnung erlauben grundsätzlich auch Personengesellschaften die Emission von Wertpapieren; vgl. Lutz, S./ Eidel, U. (2000), S. 27.

521 Entwurf eines KapCoRiLiG (1999), Begründung zu Nummer 9 – § 292a (1) HGB, S. 44.

■ **Abb. 22:** Differenzierungstableau zum KapCoRiLiG 2000

Differenzierungskriterien:
- Rechtsform (Haftung)
- Kapitalmarktorientierung
- Unternehmensgröße

Differenzierungsbereiche:
- Abschlusserstellung
- Prüfung
- Publizität
- Enforcement

Normierung:
- Normierungsinhalt/-umfang: (1) Ausdehnung des Anwendungsbereichs des Zweiten Abschnitts des Dritten Buches des HGB auf „& Co.“-Gesellschaften; (2) Verschärfung der Sanktionierung von Publizitätsverletzungen von Kapitalgesellschaften und „& Co.“-Gesellschaften; (3) Anhebung der Schwellenwerte für kleine und mittelgroße Kapitalgesellschaften und „& Co.“-Gesellschaften; (3) Absenkung der Schwellenwerte für die Konzernabschlusserstellungspflicht von Kapitalgesellschaften und „& Co. Gesellschaften; (4) Ausschluss kapitalmarktorientierter Unternehmen/Konzerne von der Inanspruchnahme größenbezogener Erleichterungen und Befreiungen; (5) Wahlrecht des § 292 a HGB zur Erstellung eines Konzernabschlusses und -lageberichts nach international anerkannten Rechnungslegungsgrundsätzen wird auf „kapitalmarktorientierte Konzerne“ ausgedehnt

3.1.16.4 Transparenz- und Publizitätsgesetz (TransPuG) vom 19. Juli 2002

Ziel des am 19. Juli 2002 verabschiedeten Transparenz- und Publizitätsgesetzes (TransPuG)[522] war die Fortführung der Reformierung des Aktien- und Bilanzrechts sowie die Umsetzung der von der *Regierungskommission Corporate Governance* erarbeiteten Empfehlungen.[523] Der Erste Teil des TransPuG bezieht sich deshalb auf das Aktienrecht und die Verbesserung der Unternehmensführung und -kontrolle von Aktiengesellschaften.[524] Der zweite Teil des Gesetzes ist der handelsrechtlichen Rechnungslegung gewidmet und dient primär der Fortführung der mit dem KapAEG angekündigten Modernisierung des Konzernbilanzrechts.[525] Die diesbezüglichen Änderun-

---

522 Vgl. Gesetz zur weiteren Reform des Aktien- und Bilanzrechts, zu Transparenz und Publizität (Transparenz- und Publizitätsgesetz) vom 19. Juli 2002 (im Folgenden zitiert als TransPuG).

523 Vgl. Entwurf eines Gesetzes zur weiteren Reform des Aktien- und Bilanzrechts, zu Transparenz und Publizität (Transparenz- und Publizitätsgesetz) vom 8. Februar 2002, (im Folgenden zitiert als Entwurf eines TransPuG (2002)), S. 1. Zu den Empfehlungen der *Regierungskommission Corporate Governance* siehe Baums, T. (Hrsg.) (2001).

524 Für einen umfassenden Überblick siehe Schüppen, M. (2002).

525 Ausführlich hierzu Busse von Colbe, W. (2002b); Schurbohm, A./Streckenbach, J. (2002).

gen des Handelsrechts basierten auf dem vom Deutschen Standardisierungsrat erarbeiteten Entwurf eines Gesetzes „Zur Internationalisierung der Rechnungslegung“,[526] wobei als Vorgriff auf die angestrebte größere Reform im Jahr 2004 nur ein Teil der dort angeregten Modifikationen umgesetzt wurde, um den Unternehmen so einen schrittweisen Übergang auf eine stärker an internationalen Rechnungslegungsstandards orientierte Konzernrechnungslegung zu ermöglichen.[527]

Um den besonderen Transparenzanforderungen von auf anonymen Kapitalmärkten agierenden Investoren gerecht zu werden, beziehen sich zahlreiche Änderungen des TransPuG ausschließlich auf Konzerne, die den Kapitalmarkt als Finanzierungsquelle in Anspruch nehmen. So hebt das TransPuG beispielsweise im Interesse einer erhöhten Kapitalmarkttransparenz die prinzipiell bestehende Befreiung von der Aufstellung eines Teilkonzernabschlusses für Mutterunternehmen auf, deren Aktien zum amtlichen Handel zugelassen sind (§ 291 (3) HGB).[528] Zudem wird die mit dem KonTraG eingeführte Pflicht börsennotierter Mutterunternehmen zur Ergänzung des Konzernabschlusses um eine Segmentberichterstattung und eine Kapitalflussrechnung in Anpassung an die mit dem KapCoRiLiG verabschiedete erweiterte Fassung des § 292a HGB auf alle Mutterunternehmen ausgedehnt, die einen organisierten Markt im Sinne des § 2 (5) WpHG durch von ihm oder einem seiner Tochterunternehmen emittierten Wertpapiere im Sinne des § 2 (1) Satz 1 WpHG in Anspruch nehmen oder eine Zulassung ihrer Wertpapiere zum Handel an einem organisierten Markt beantragt haben (kapitalmarktorientierte Konzerne). Neben einer Segmentberichterstattung und Kapitalflussrechnung ist fortan von diesen Unternehmen in Anlehnung an internationale Rechnungslegungsgepflogenheiten auch ein Eigenkapitalspiegel zu erstellen (§ 297 (1) HGB).[529] Im Gegensatz zur vorangegangenen Regelung werden Segmentberichterstattung und Kapitalflussrechnung jedoch nicht mehr als Bestandteil des Anhangs

---

526 Vgl. Deutscher Standardisierungsrat (Hrsg.) (2001).

527 Vgl. Entwurf eines TransPuG (2002), Begründung, S. 20.

528 Der Gesetzesvorschlag des DRSC ging dagegen noch über die Regelung des TransPuG hinaus und sah eine Aufhebung der Befreiung für alle kapitalmarktorientierten Unternehmen vor; vgl. Deutscher Standardisierungsrat (Hrsg.) (2001), Artikel 1, Nr. 2. Da dies jedoch nicht in Einklang mit der Siebenten EG-Richtlinie stand – die Siebente EG-Richtlinie sieht eine Aufhebung der Teilkonzernabschlussbefreiung nur für Unternehmen vor, deren Wertpapiere zur amtlichen Notierung an einer Wertpapierbörse in einem Mitgliedstaat zugelassen sind; vgl. Siebente Richtlinie 83/349/EWG des Rates vom 13. Juni 1983, Artikel 7 (3) – konnte der Gesetzgeber den Vorschlag des DRSC nur zum Teil umsetzen.

529 Das DRSC hat in seinem Gesetzesvorschlag die Ergänzung des Konzernabschlusses um eine Kapitalflussrechnung und einen Eigenkapitalspiegel für alle Konzernabschlüsse gefordert; vgl. Deutscher Standardisierungsrat (Hrsg.) (2001), Artikel 1, Nr. 4. Die Beschränkung der Erstellung dieser zusätzlichen Berichtsinstrumente auf kapitalmarktorientierte Mutterunternehmen entspricht dagegen den Forderungen des Mittelstandes, nach denen eine zusätzliche Belastung nicht kapitalmarktorientierter Unternehmen vermieden werden sollte; vgl. Centrale für GmbH (Hrsg.) (2001), S. 916 f.

aufgefasst, sondern analog dem Eigenkapitalspiegel als eigenständige Berichtsinstrumente des Konzernabschlusses definiert, um so ihren Stellenwert entsprechend zu erhöhen.[530] Gleichzeitig wurde für kapitalmarktorientierte Unternehmen die Schutzklausel des § 313 (3) HGB aufgehoben, nach der im Konzernabschluss auf Angaben zum Konsolidierungskreis und Konzernanteilsbesitz verzichtet werden kann, falls nach vernünftiger kaufmännischer Beurteilung damit zu rechnen ist, dass diese Informationen zu Nachteilen für das Mutterunternehmen, eines seiner Tochterunternehmen oder für ein anderes Beteiligungsunternehmen führen. Gemäß der Gesetzesbegründung ist die Informationsfunktion des Konzernabschlusses über die Schutzinteressen der hiervon betroffenen Unternehmen zu stellen.[531] Die Änderungen zeigen, dass der Gesetzgeber an die Konzernrechnungslegung kapitalmarktorientierter Konzerne deutlich höhere Anforderungen stellt als an die nicht auf dem Kapitalmarkt präsenten Unternehmen. Dadurch wird die mit dem KapAEG begonnene „Zweiklassen-Gesellschaft“[532] durch das TransPuG bestätigt und konsequent fortgeführt.

Neben diesen ausschließlich auf kapitalmarktorientierte Unternehmen beschränkten Neuerungen, brachte das TransPuG aber auch für nicht kapitalmarktorientierte Mutterunternehmen einige Änderungen, die der Anpassung der handelsrechtlichen Konzernrechnungslegungsvorschriften an international akzeptierte Rechnungslegungsgrundsätze dienten. Denn nach Auffassung des DRSC verstärkt sich „... auch für nicht kapitalmarktorientierte Unternehmen ... durch die Diskussion über die Umsetzung der Grundsätze des Basler Ausschusses zur Bonitätsanalyse der Zwang, die Transparenz der Rechnungslegung zu verbessern.“[533] Mit dem TransPuG wurde deshalb, den Empfehlungen des DRSC folgend,[534] das zuvor bestehende Wahlrecht, für den Konzernabschluss einen vom Jahresabschluss des Mutterunternehmens abweichenden Stichtag zu wählen, gänzlich eliminiert (§ 299 (1) HGB) und auch die Option zum Verzicht auf die Durchführung einer Zwischenergebniseliminierung, wenn Lieferungen oder Leistungen zu marktüblichen Bedingungen erfolgten und die Ermittlung der Konzernanschaffungs- oder -herstellungskosten einen unverhältnismäßig hohen Aufwand erforderte (§ 304 (2) HGB), für alle konzernrechnungslegungspflichtigen Unternehmen abgeschafft. Ebenfalls aufgehoben wurde die bis dato ver-

530 Vgl. Entwurf eines TransPuG (2002), Begründung, S. 64 f.

531 Vgl. Entwurf eines TransPuG, Begründung, S. 68 f. Das DRSC hatte die Aufhebung der Schutzklausel für alle Konzerne gefordert; vgl. Deutscher Standardisierungsrat (Hrsg.) (2001), Artikel 1, Nr. 13. Mit der Beibehaltung der Schutzklausel für nicht kapitalmarktorientierte Unternehmen folgt der Gesetzgeber den Bedürfnissen des Mittelstandes; vgl. Centrale für GmbH (Hrsg.) (2001), S. 916 ff.

532 Vgl. Ordelheide, D. (1996), S. 550.

533 Deutscher Standardisierungsrat (Hrsg.) (2001), Begründung, A. Allgemeiner Teil. Siehe zu den geplanten Bonitätsanalyse-Grundsätzen des Basler Ausschusses für Bankenaufsicht Basler Ausschuss für Bankenaufsicht (Hrsg.) (2003).

534 Vgl. Deutscher Standardisierungsrat (Hrsg.) (2001), Artikel 1, Nr. 5 und Nr. 7.

pflichtende Anschaffungskostenrestriktion bei Anwendung der Neubewertungsmethode (§ 301 (1) Satz 4 HGB).[535] Diese war weder IAS/IFRS-konform[536] noch in der Siebenten EG-Richtlinie[537] vorgesehen. Auch die international (insbesondere nach IAS/ IFRS sowie US GAAP) nicht übliche Schutzklausel des § 314 (2) HGB,[538] nach der auf eine aufgegliederte Angabe der Umsatzerlöse nach Tätigkeitsbereichen und geographischen Märkten verzichtet werden konnte, falls sich hieraus erhebliche Nachteile für ein in den Konzernabschluss einbezogenes Unternehmen ergeben können, wurde mit dem TransPuG eliminiert. Eine weitere zentrale Neuerung des TransPuG bestand darin, dass für den Konzernabschluss in konsequenter Annäherung an international anerkannte Rechnungslegungsgrundsätze das Prinzip der umgekehrten Maßgeblichkeit aufgehoben und das Wahlrecht zur Übernahme steuerlich bedingter Wertansätze abgeschafft wurde.[539] Mit dieser ebenfalls auf den Vorschlag des DRSC zurückgehenden Eliminierung steuerlich motivierter Wertansätze für die Konzernabschlusserstellung[540] wurde die mit dem KapAEG beschrittene Trennung von Einzel- und Konzernabschluss, die mit der reinen Informationsorientierung der Konzernrechnungslegung begründet wurde,[541] konsequent fortgeführt.

Über die angeführten Modifikationen hinaus, ergaben sich auch im Sinne einer Verbesserung der Corporate Governance von Unternehmen durch das TransPuG einige weitere Änderungen des Handelsbilanzrechts. So ist z. B. für kapitalmarktorientierte Unternehmen die Inanspruchnahme der Schutzklausel des § 286 (3) HGB, nach der im Jahresabschluss auf Angaben über den Anteilsbesitz im Anhang verzichtet werden kann, wenn dem zur Berichterstattung verpflichteten Unternehmen oder dem anderen Unternehmen hieraus ein erheblicher Nachteil entstehen kann, aufgehoben worden. Ferner wurden börsennotierte Aktiengesellschaften fortan dazu verpflichtet, gemeinsam mit ihrem Jahresabschluss ein sog. „*Compliance Statement*“ offen zu legen (§ 325 (1) HGB), in dem sie erklären, dass den vom Bundesministerium der Justiz bekannt gemachten Empfehlungen der *Regierungskommission Deutscher Corporate*

---

535 *Schurbohm* und *Streckenbach* sehen hierin einen Systembruch mit den grundlegenden Bewertungsvorschriften des HGB; vgl. Schurbohm, A./Streckenbach, J. (2002), S. 848 f.; ähnlich kritisch Pfitzer, N./Oster, P./Orth, C. (2002), S. 165. Die Aufhebung der Anschaffungskostenrestriktion im Sinne einer Orientierung an international akzeptierten Rechnungslegungsgrundsätzen dagegen befürwortend Institut der Wirtschaftsprüfer (Hrsg.) (2002a), S. 150; Kessler, H./ Strickmann, M. (2002), S. 634 f.

536 Ausführlich hierzu Busse von Colbe, W. (2002b), S. 1585.

537 Vgl. Entwurf eines TransPuG (2002), Begründung, S. 67.

538 Vgl. Deutscher Standardisierungsrat (Hrsg.) (2001), Begründung zu Nr. 14.

539 Vgl. Entwurf eines TransPuG (2002), Begründung, S. 68. In der Rechnungslegungspraxis wurde von dem bis dato bestehenden Wahlrecht zur Übernahme steuerlicher Wertansätze in den Konzernabschluss sehr uneinheitlich Gebrauch gemacht; siehe hierzu die empirische Untersuchung von Kühnberger, M./Schmidt, T. (1999), S. 2602 ff.

540 Vgl. Deutscher Standardisierungsrat (Hrsg.) (2001), Artikel 1, Nr. 10.

541 Vgl. Deutscher Standardisierungsrat (Hrsg.) (2001), Begründung zu Nr. 10.

Governance Kodex entsprochen worden ist bzw. welche Empfehlungen keine Anwendung fanden;[542] ferner ist über die Abgabe der Entsprechenserklärung im Anhang zu berichten (§ 285 Nr. 16 HGB). Die Beschränkung des Anwendungsbereichs der Entsprechenserklärung auf börsennotierte Aktiengesellschaften wurde von der *Regierungskommission Corporate Governance* damit begründet, dass die Kommunikation über die Einhaltung bestimmter standardisierter Verhaltensmaßstäbe für gute Unternehmensführung und -kontrolle insbesondere für auf anonymen Kapitalmärkten agierende Unternehmen mit diversifiziertem Portfolio von Relevanz ist. Gesellschaften mit einem geschlossenen Anlegerkreis oder Tochterunternehmen ohne externe Aktionäre würden dagegen über andere Kommunikationswege und -formen verfügen. Ein für alle aufsichtsratspflichtigen Unternehmen entwickelter Kodex wäre – so die Auffassung der Kommission – darüber hinaus entweder zu allgemein gefasst und somit nicht zielführend gewesen oder hätte kleinere Unternehmen mit unnötigen Kosten belastet.[543]

Eine Reihe weiterer Änderungen des TransPuG betrafen den Prüfungsbericht, der im Hinblick auf eine stärker problemorientierte Berichterstattung nach der umfassenden Neugestaltung durch das KonTraG erneut modifiziert wurde.[544] Darüber hinaus führte das TransPuG für Aktiengesellschaften die verpflichtende, förmliche Billigung des Konzernabschlusses durch den Aufsichtsrat (bzw. ggf. durch die Hauptversammlung) ein (§§ 171 und 173 AktG).[545] Hierdurch soll eine intensivere Auseinandersetzung des Aufsichtsrates mit der Konzernrechnungslegung gefördert und dadurch die Intensität und Qualität der Prüfung von Konzernabschluss und -lagebericht verbessert werden.[546] Damit reagierte der Gesetzgeber auf die traditionelle Diskriminierung des Konzernabschlusses gegenüber dem Einzelabschluss im bestehenden Gesellschaftsrecht, die in der Wirtschaftspraxis keine Rechtfertigung findet. Denn längst hat sich der Konzerabschluss in der Publizitätspraxis aus seinem Schattendasein gelöst und bedingt durch die Anforderungen der Kapitalmarktteilnehmer mehr und mehr zum dominanten Kommunikationsinstrument entwickelt.[547]

---

542 Für Details siehe Ihrig, H.-C./Wagner, J. (2002), S. 789 ff.; Schüppen, M. (2002), S. 1271 ff.
543 Vgl. Baums, T. (Hrsg.) (2001), Tz. 13.
544 Ausführlich hierzu Schüppen, M. (2002), S. 1274 f.
545 Für Details siehe Busse von Colbe, W. (2002b), S. 1586.
546 Vgl. Baums, T. (Hrsg.) (2001), Tz. 274.
547 Siehe hierzu beispielsweise Kropff, B. (1997), S. 661 f.

■ **Abb. 23:** Differenzierungstableau zum TransPuG 2002

Differenzierungskriterien:

- Rechtliche Einheit versus wirtschaftliche Einheit
- Kapitalmarktorientierung/amtliche Notierung/Börsennotierung

Differenzierungsbereiche:

- Abschlusserstellung
- Prüfung
- Publizität

Normierung:

- Normierungsinhalt/-umfang: (1) Verschärfung der Anforderungen an den Konzernabschluss kapitalmarktorientierter Unternehmen (z. B. Einführung der Pflicht zur Erstellung eines Eigenkapitalspiegels, Aufhebung von Schutzklauseln); (2) einzelfallorientierte Anpassung der Konzernrechnungslegungsvorschriften (für Kapitalgesellschaften und „& Co."-Gesellschaften) an internationale Rechnungslegungsgepflogenheiten, stärkere Abkoppelung des Konzernabschlusses vom Einzelabschluss; (3) strengere Informationspflichten für den Jahresabschluss kapitalmarktorientierter Unternehmen; (4) Verpflichtung zur Abgabe und Offenlegung eines *Compliance Statement* für börsennotierte Aktiengesellschaften; (4) Reformierung des Prüfungsberichts für prüfungspflichtige Gesellschaften

3.1.17 Neuere Entwicklungstendenzen bezüglich des steuerlichen Maßgeblichkeitsgrundsatzes

Wurde der Grundsatz der Maßgeblichkeit der Handelsbilanz für die steuerliche Gewinnermittlung sowie dessen Umkehrung bei Verabschiedung des Bilanzrichtlinien-Gesetzes im Jahr 1985 noch ausdrücklich bestätigt,[548] so führt die jüngere Steuergesetzgebung zu einer zunehmenden Aufweichung des Maßgeblichkeitsprinzips. In seinen Grundfesten erschüttert wurde der Maßgeblichkeitsgrundsatz mit dem Gesetz zur Fortsetzung der Unternehmenssteuerreform vom 29. Oktober 1997, das die handelsrechtlich gebotene Bildung von Rückstellungen für drohende Verluste aus schwebenden Geschäften (§ 249 (1) HGB) für die steuerliche Gewinnermittlung abschuf.[549] Mit dem am 24. März 1999 verabschiedeten Steuerentlastungsgesetz (StEntlG) 1999/2000/2002[550] wurde die mit dem Unternehmensreformgesetz von 1997 begonnene Loslösung der steuerlichen Gewinnermittlung von der handelsrechtlichen

[548] Siehe Gliederungspunkt 3.1.14.6.

[549] Vgl. Gesetz zur Fortsetzung der Unternehmenssteuerreform vom 29. Oktober 1997, Artikel 1: Änderung des Einkommensteuergesetzes, Nr. 2.

[550] Vgl. Steuerentlastungsgesetz 1999/2000/2002 vom 24. März 1999.

Rechnungslegung weiter fortgesetzt.[551] Zielsetzung der Maßnahmen war eine Verbreiterung der Bemessungsgrundlage, die zu einem einfacheren und gerechteren Steuerrecht führen sollte. Da die auf dem Gläubigerschutz basierenden Rechnungslegungsprinzipien nach Auffassung des Steuergesetzgebers zum einen die Globalisierungsbestrebungen deutscher Unternehmen behinderten und zum anderen einen nur eingeschränkten Einblick in die tatsächliche Ertragslage ermöglichten, löste sich das StEntlG 1999/2000/2002 von den handelsrechtlichen Rechnungslegungsprinzipien. Durch die Einschränkung der steuerlichen Zulässigkeit von stillen Reserven sollte vordergründig die steuerliche Gewinnermittlung objektiviert und die Besteuerung nach der tatsächlichen Leistungsfähigkeit verbessert werden,[552] faktisch wurde hierdurch aber eine Erhöhung des Steueraufkommens beabsichtigt.

Durch diese Maßnahmen ergaben sich wesentliche Abweichungen zum Handelsbilanzrecht, die einerseits zu einer Aushebelung des Maßgeblichkeitsgrundsatzes führten, andererseits jedoch eine partielle Angleichung der steuerlichen Gewinnermittlungsvorschriften an internationale Rechnungslegungsgrundsätze bewirkten.[553] So wurde beispielsweise mit dem StEntlG 1999/2000/2002 die Vornahme von Teilwertabschreibungen bei nur vorübergehenden Wertminderungen (§ 6 (1) Nr. 1 und 2 EStG) verboten. Dies steht in einem unausweichlichen Konflikt mit dem handelsrechtlichen Niederstwertprinzip, das im Umlaufvermögen auch bei nur vorübergehenden Wertminderungen eine zwingende Abschreibung erfordert (§ 253 (3) HGB). Ferner besteht im Handelsrecht ein generelles Wahlrecht zur außerplanmäßigen Abschreibung des Anlagevermögens auf den niedrigeren beizulegenden Wert (§ 253 (2) HGB), das jedoch für Kapitalgesellschaften und „& Co."-Gesellschaften auf das Finanzanlagevermögen beschränkt ist (§ 279 (1) HGB). Wird dieses Wahlrecht in Anspruch genommen oder ist im Umlaufvermögen nach Handelsrecht gemäß dem strengen Niederstwertprinzip bei nur vorübergehender Wertminderung eine Abschreibung geboten, so klaffen die handelsrechtliche und die steuerliche Gewinnermittlung auseinander.

Ähnliches gilt für das mit dem StEntlG 1999/2000/2002 eingeführte strikte Wertaufholungsgebot, falls eine dauernde Wertminderung nicht mehr nachgewiesen werden kann (§ 6 (1) Nr. 1 Satz 4; Nr. 2 Satz 3 EStG). Wird von dem prinzipiellen Wertbeibehaltungswahlrecht des § 253 (5) HGB Gebrauch gemacht – dieses steht allerdings Kapitalgesellschaften sowie „& Co."-Gesellschaften nicht zur Verfügung – so weichen auch hier handels- und steuerrechtliche Wertansätze voneinander ab. Zwangsläufige

---

551 Für Details siehe Kußmaul, H./Klein, N. (2001), S. 546 f.; Küting, K./Garnier, S. (2001a), S. 480 ff.; Schmitz, T. (1999), S. 1974 ff.; Theile, C. (1999), S. 1183 ff.

552 Vgl. Entwurf eines Steuerentlastungsgesetzes 1999/2000/2002 vom 13. Januar 1999, Begründung, S. 127 f.

553 Zur Internationalisierung der Steuerbilanz siehe Herzig, N. (2000), S. 108 ff.; derselbe (2001), S. 156.

Divergenzen zwischen handels- und steuerrechtlichen Wertansätzen ergeben sich auch bei Verbindlichkeiten und Rückstellungen, die ab einer Laufzeit von einem Jahr durch die Neuregelung des § 6 (1) Nr. 3 und Nr. 3 a EStG steuerrechtlich zwingend abzuzinsen sind. In der Handelsbilanz sind Verbindlichkeiten und Rückstellungen dagegen grundsätzlich mit dem Rückzahlungsbetrag anzusetzen; Ausnahmen bestehen nur für Rückstellungen, denen Verbindlichkeiten zugrunde liegen, die einen Zinsanteil enthalten (§ 253 (1) HGB).

In dem Gesetz zur Fortsetzung der Unternehmenssteuerreform 1997 und dem StEntlG 1999/2000/2002 zeigt sich eine sukzessive Abkehr des Steuerrechts vom Handelsbilanzrecht. Der Maßgeblichkeitsgrundsatz befindet sich somit in einem schleichenden Auflösungsprozess,[554] der mit dem von der Bundesregierung geplanten Steuervergünstigungsabbaugesetz weiter fortgesetzt werden soll.[555] Konsequenz dieses Entwicklungsprozesses ist, dass eine Einheitsbilanzierung, d. h. die Erstellung nur einer Bilanz sowohl für handelsrechtliche als auch steuerliche Zwecke,[556] mit der die Schaffung des Maßgeblichkeitsgrundsatzes ursprünglich begründet wurde,[557] nur mehr in Ausnahmefällen realisierbar ist.[558]

3.1.18 Zwischenfazit

Die Analyse der Entwicklungsgeschichte der Rechnungslegung in Deutschland zeigte die hohe Bedeutung der rechtsformbezogenen Differenzierung auf, die aber im Zeitablauf zunehmend an Relevanz verlor. Beginnend mit dem PublG entwickelten sich alsbald größenbezogene Merkmale zu den richtungsweisenden Determinanten der Differenzierung. Eine zentrale Bedeutung erlangte die Unternehmensgröße als Differenzierungskriterium darüber hinaus im Rahmen der Verabschiedung des Bilanzrichtlinien-Gesetzes 1985, das wesentliche Erleichterungen für kleine und mittelgroße Kapitalgesellschaften einführte. Das Kriterienduo Rechtsform und Unternehmensgröße (ergänzt um das Kriterium der Börsennotierung) bildet – zusammenfassend betrachtet – den traditionellen Merkmalskatalog, dessen Elemente Schrittmacher der historischen Ausgestaltung und Fortentwicklung des Differenzierungskonzepts der deutschen Rechnungslegung waren.

---

554 Vgl. Weber-Grellet, H. (2002), S. 700.

555 Dies sieht beispielsweise die Abschaffung der Lifo-Methode für die Vorratsbewertung sowie der Vereinfachungsregelung bei Abschreibungen vor; für Details siehe Kirsch, H. (2003), S. 129.

556 Zum Begriff der Einheitsbilanz siehe z. B. Lauth, B. (2000), S. 1365.

557 Vgl. Gliederungspunkt 3.1.6.

558 Ähnlich Lauth, B. (2000), S. 1365; Theile, C. (1999), S. 1183; Kölpin, G. (2000), S. 4265 ff.

Die jüngere Entwicklungsgeschichte der Normierung der externen Unternehmensberichterstattung in Deutschland war hingegen von einer zunehmenden Differenzierung nach der Kapitalmarktorientierung einerseits sowie einer daran gekoppelten Ausrichtung der Rechnungslegung an internationale, von der angelsächsischen/anglo-amerikanischen Rechnungslegungsphilosophie beeinflusste Rechnungslegungsstandards andererseits geprägt. Die wachsende Bedeutung einer Rechnungslegung nach IAS/IFRS oder US GAAP als Zugangsvoraussetzung zu internationalen Kapitalmärkten hat der Kapitalmarktorientierung als Differenzierungsmerkmal erhebliches Gewicht verschafft. Mit den jüngsten Initiativen zur Angleichung des deutschen Rechnungslegungsrechts an international akzeptierte Rechnungslegungsgrundsätze ging auch eine zunehmende Verselbstständigung und Abspaltung des Konzernabschlusses vom Einzelabschluss einher. Die Konsequenz dieses Entwicklungsprozesses ist eine im Detail vielschichtige Zergliederung der Anforderungen an die externe Unternehmensberichterstattung nach unterschiedlichsten Merkmalen. Abb. 24 fasst die Meilensteine dieses Entwicklungsprozesses noch einmal zusammen.

■ **Abb. 24:** Übersicht über den Entwicklungsprozess der Normierung und Differenzierung der externen Unternehmensberichterstattung in Deutschland

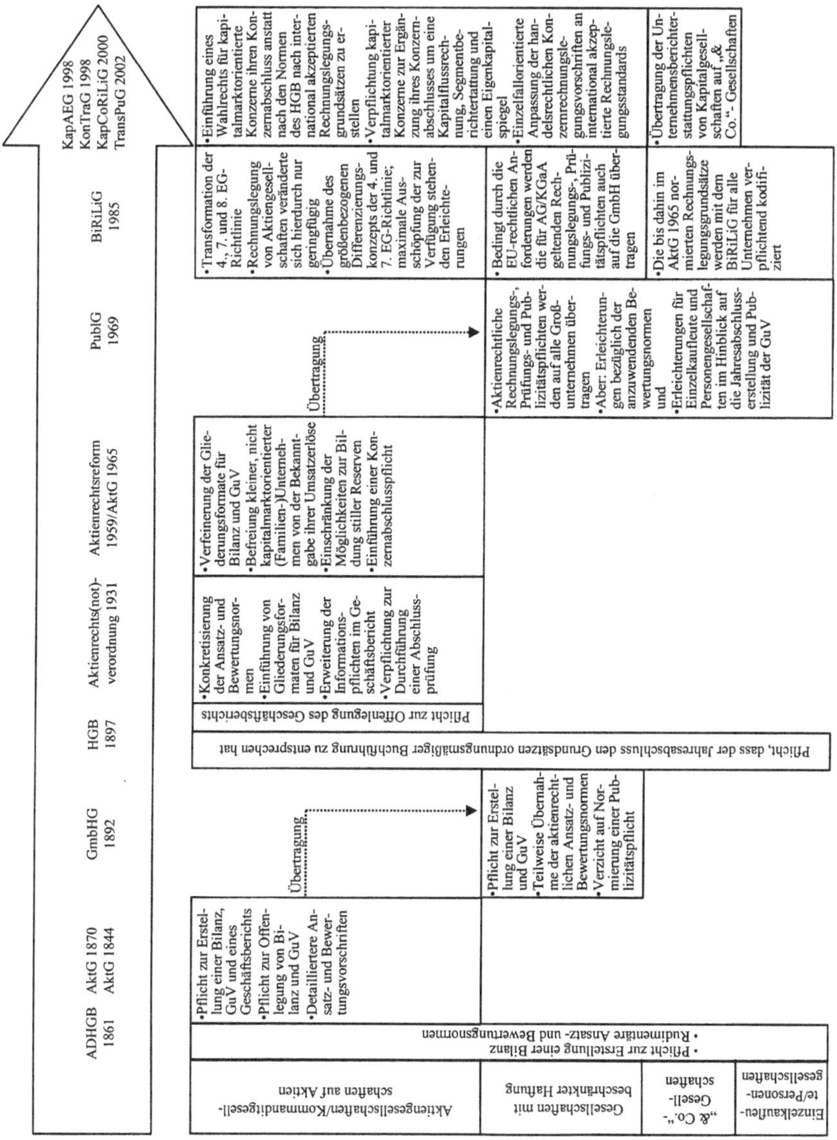

Der aus dem skizzierten Prozess resultierende Status quo ist Ausgangspunkt der notwendigen Fortentwicklung des deutschen Differenzierungskonzepts und soll im nächsten Abschnitt detaillierter diskutiert werden.

3.2 Status quo

Die nachstehende Abb. 25 gibt einen Überblick über die Grobstruktur der aktuellen Differenzierung gesellschaftsrechtlicher Unternehmensberichterstattungserfordernisse. In den nachfolgenden Betrachtungen werden die wesentlichen Strukturelemente diskutiert, auf branchenspezifische Sondernormen, ergänzende Berichterstattungsanforderungen von eingetragenen Genossenschaften und allein aus Rechtsformbesonderheiten resultierende Sonderregelungen für „& Co."-Gesellschaften (insbesondere die Vorschriften des § 264c HGB) wird hierbei jedoch nicht näher eingegangen.

■ **Abb. 25:** Struktur der Differenzierung gesellschaftsrechtlicher Unternehmensberichterstattungserfordernisse in Deutschland

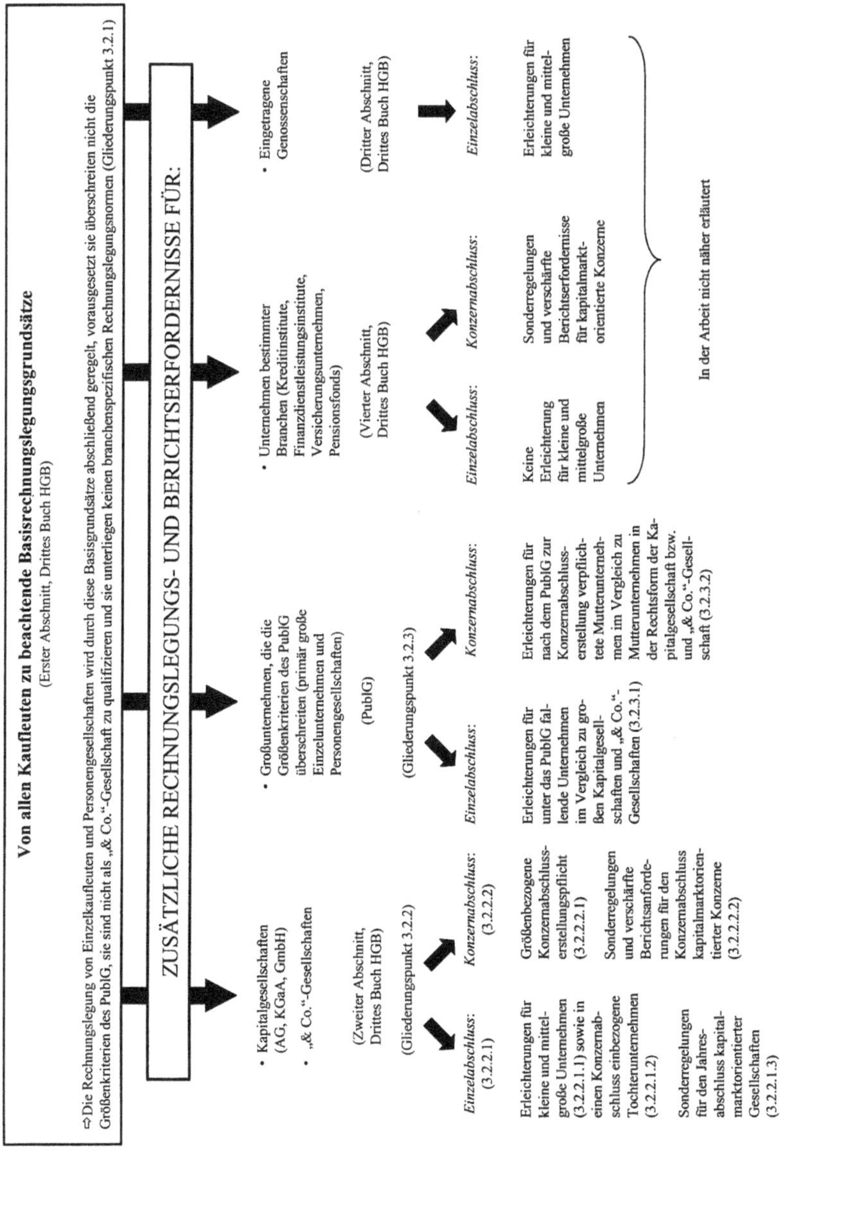

3.2.1 Erleichterungen für Unternehmen, die nur den Berichtserfordernissen des Ersten Abschnitts des Dritten Buches des HGB unterliegen

Für Unternehmen, die ausschließlich den im Ersten Abschnitt des Dritten Buches des HGB kodifizierten Unternehmensberichterstattungserfordernissen unterliegen – dies sind im Wesentlichen Einzelunternehmen und Personengesellschaften, die weder die Größenkriterien des PublG überschreiten, noch als „& Co."-Gesellschaft zu qualifizieren sind und auch in keiner spezifisch geregelten Branche tätig sind – ergeben sich gegenüber jenen Unternehmen, die zusätzlich dem Zweiten Abschnitt des Dritten Buches des HGB unterliegen – Aktiengesellschaften, Kommanditgesellschaften auf Aktien, Gesellschaften mit beschränkter Haftung und „& Co."-Gesellschaften – die in Tab. 12 dargestellten Erleichterungen.

■ **Tab. 12:** Erleichterungen für Unternehmen, die nur die Berichtserfordernisse des Ersten Abschnitts des Dritten Buches des HGB beachten müssen

	Erleichterungen
Abschluss- und Lageberichterstellung	▪ die Aufstellung des Jahresabschlusses ist nicht zwingend innerhalb von drei Monaten nach Ende des Geschäftsjahres, sondern innerhalb der einem ordnungsmäßigen Geschäftsgang entsprechenden Zeit aufzustellen (§ 243 (3) HGB) ▪ der Jahresabschluss muss nur aus Bilanz und GuV-Rechnung bestehen, d. h. keine Pflicht zur Erstellung eines Anhangs und Lageberichts (§ 242 (3) HGB) ▪ keine Pflicht zur Beachtung spezifischer Gliederungsvorschriften für Bilanz und GuV-Rechnung ▪ der Jahresabschluss unterliegt nicht der generellen Anforderung, ein den tatsächlichen Verhältnissen entsprechendes Bild der Vermögens-, Finanz- und Ertragslage zu vermitteln ▪ weniger strenge Vorschriften hinsichtlich der Bewertung von Vermögenswerten (z. B. generelles Abschreibungswahlrecht bei nur vorübergehenden Wertminderungen im Anlagevermögen (§ 253 (2) HGB); Wertbeibehaltungswahlrecht bei Wegfall des Grundes für eine außerplanmäßige Abschreibung (§ 253 (5) HGB); Möglichkeit zur Vornahme von Abschreibungen nach vernünftiger kaufmännischer Beurteilung (§ 253 (4) HGB); großzügigere Möglichkeiten zur Berücksichtigung steuerrechtlicher Abschreibungen im handelsrechtlichen Jahresabschluss (§ 254 HGB)) ▪ keine Pflicht zur Erstellung eines Konzernabschlusses
Prüfung	▪ keine Pflicht zur Durchführung einer Jahresabschlussprüfung
Offenlegung	▪ keine Publizitätspflicht (dadurch unterliegt der Jahresabschluss auch keiner Überprüfung durch das Registergericht)
Enforcement	▪ keine spezifischen Straf-, Buß-, Zwangs- und Ordnungsgeldvorschriften für die gesetzlichen Vertreter

3.2.2 Differenzierung der ergänzenden Berichterstattungserfordernisse des Zweiten Abschnitts des Dritten Buches des HGB

Aktiengesellschaften, Kommanditgesellschaften auf Aktien sowie Personengesellschaften, bei denen nicht wenigstens ein persönlich haftender Gesellschafter eine natürliche Person bzw. eine andere Personengesellschaft mit einer natürlichen Person als persönlich haftendem Gesellschafter ist („& Co."-Gesellschaften), sind neben der Beachtung des für alle Kaufleute geltenden Ersten Abschnitts des Dritten Buches des HGB zur Befolgung der ergänzenden Normen des Zweiten Abschnitts des Dritten Buches des HGB verpflichtet. Dies hat zur Konsequenz, dass jene Unternehmen neben Bilanz und GuV-Rechnung einen Anhang sowie einen Lagebericht erstellen müssen (§ 264 (1) HGB), im Sinne einer *bottom up approach* basierten Modifizierungsstrategie[559] zur Befolgung strengerer Bewertungsnormen verpflichtet sind (§§ 279 ff. HGB), spezifische Gliederungsformate für Bilanz und GuV-Rechnung beachten müssen (§§ 266, 275 HGB), den Jahresabschluss innerhalb von drei Monaten nach Ende des Geschäftsjahres erstellen müssen (§ 264 (1) HGB), einer generellen Prüfungs- und Offenlegungspflicht (§§ 316, 325 HGB) unterliegen und prinzipiell zur Konzernabschlusserstellung (§ 290 HGB) verpflichtet sind. Außerdem bestehen für die Leitungs- und Aufsichtsorgane dieser Unternehmen spezifische Straf- und Bußgeldvorschriften für die unrichtige Darstellung der wirtschaftlichen Verhältnisse (§ 331 HGB), für Zuwiderhandlungen bei der Aufstellung des Jahres-/Konzernabschlusses und des (Konzern-)Lageberichts (§ 334 HGB) sowie der Verletzung von Unternehmensberichterstattungspflichten (§§ 335 und 335 a HGB).

Zur Entlastung kleinerer Gesellschaften sowie von in einen Konzernabschluss einbezogenen Tochtergesellschaften gewährt der Gesetzgeber jedoch im Hinblick auf den Einzelabschluss sowohl größenbezogene Vereinfachungen als auch Erleichterungen für Tochterunternehmen. Zusätzliche Anforderungen werden zur besseren Informationsversorgung der Investoren auf anonymen Kapitalmärkten an die Unternehmensberichterstattung von kapitalmarktorientierten Gesellschaften gestellt. Dies zeigt sich insbesondere im Bereich der Konzernrechnungslegung, die im Zuge zunehmender Internationalisierungstendenzen mehr und mehr zum zentralen Berichtsinstrument wird und sich verstärkt vom Einzelabschluss emanzipiert.

[559] Vgl. zum Begriff der „Modifizierungsstrategie" die Ausführungen zu Gliederungspunkt 2.3.3.1.

3.2.2.1 Differenzierungen im Bereich der Jahresabschlusserstellung, -prüfung und -publizität

3.2.2.1.1 Größenbezogene Erleichterungen

In Anlehnung an die größenbezogenen Erleichterungen der Vierten EG-Richtlinie gewährt das HGB kleinen und mittelgroßen Kapitalgesellschaften und diesen gleichgestellten Personengesellschaften („& Co."-Gesellschaften) Erleichterungen bezüglich der Erstellung, Prüfung und Publizität des Einzelabschlusses. Unter vollständiger Ausschöpfung der Größenklassen der Vierten EG-Richtlinie[560] kann von den Erleichterungen dann Gebrauch gemacht werden, wenn mindestens zwei der nachstehenden (vgl. Tab. 13) Merkmale an mindestens zwei aufeinander folgenden Abschlussstichtagen erfüllt sind. Kapitalmarktorientierte Gesellschaften, die einen organisierten Markt im Sinne des § 2 (5) WpHG (hierzu zählen der amtliche Markt und der geregelte Markt) durch die Ausgabe von eigen- oder fremdkapitalverbriefenden Wertpapieren im Sinne des § 2 (1) Satz 1 WpHG in Anspruch nehmen oder die Zulassung zum Handel an einem organisierten Markt beantragt haben, sind jedoch unabhängig von der Erfüllung der genannten Größenkriterien stets als groß zu klassifizieren.

■ **Tab. 13:** Aktuelle Größenklassen des § 267 HGB

	Kleine Gesellschaften	Mittelgroße Gesellschaften	Große Gesellschaften
Umsatzerlöse	≤ 6,875 Mio. €	≤ 27,500 Mio. €	> 27,500 Mio. €
Bilanzsumme	≤ 3,438 Mio. €	≤ 13,750 Mio. €	> 13,750 Mio. €
Anzahl der Mitarbeiter	≤ 50	≤ 250	> 250

Bei Qualifizierung als kleine bzw. mittelgroße Gesellschaft stehen den Unternehmen in Einklang mit der Vierten EG-Richtlinie hinsichtlich des Jahresabschlusses folgende, in Tab. 14 angeführte Erleichterungen bzw. Vereinfachungen zur Verfügung:

560 Erweitert durch die Ecu-Anpassungsrichtlinie vom 17. Juni 1999; vgl. Gliederungspunkt 3.1.16.3.3. Die mit der Richtlinie 2003/38/EG des Rates vom 13. Mai 2003 vollzogene Anhebung der Größengrenzen für kleine und mittelgroße Gesellschaften wurde vom deutschen Gesetzgeber bislang nicht in das nationale Recht transformiert.

Tab. 14: Größenbezogene Erleichterungen des HGB für kleine und mittelgroße Kapitalgesellschaften und „& Co."-Gesellschaften

	Kleine Kapitalgesellschaften und „& Co."-Gesellschaften	Mittelgroße Kapitalgesellschaften und „& Co."-Gesellschaften
Jahresabschluss- und Lageberichterstellung	▪ Aufstellung des Jahresabschlusses innerhalb von sechs (anstelle von drei) Monaten nach Ende des Geschäftsjahres (§ 264 (1) HGB) ▪ Erstellung einer verkürzten Bilanz (§ 266 (1) HGB) ▪ Erstellung einer verkürzten GuV-Rechnung in der die Umsatzerlöse und Materialaufwendungen nicht separat gezeigt werden, sondern nur das Rohergebnis ausgewiesen wird (§ 276 HGB) ▪ Erstellung eines verkürzten Anhangs, (§§ 274a, 276 und 288 HGB), durch Verzicht auf - die Erstellung eines Anlagegitters (§ 274a HGB) - die Erläuterung antizipativer Aktiva and Passiva (§ 274a Nr. 2 u. 3 HGB) - die Erläuterung aktivierter Aufwendungen für die Ingangsetzung und Erweiterung des Geschäftsbetriebes (§ 274a Nr. 5 HGB) - die Erläuterung außerordentlicher Erträge und Aufwendungen (§ 276 HGB) - die Erläuterung wesentlicher Rückstellungsbeträge, die in der Bilanz unter dem Posten „sonstige Rückstellungen" ausgewiesen sind (§ 288 HGB) - den gesonderten Ausweis eines aktivierten Disagios in der Bilanz bzw. dessen gesonderte Angabe im Anhang (§ 274a Nr. 4 HGB) - die Angabe von Unterschiedsbeträgen zwischen dem angewandten Bewertungsverfahren und einer Bewertung zum Börsenkurs oder Marktpreis bei Anwendung von Gruppenbewertungs- oder Verbrauchsfolgeverfahren (§ 288 HGB) - die Aufgliederung der Verbindlichkeiten mit einer Restlaufzeit von mehr als fünf Jahren sowie Betrag, Art und Form bestehender Sicherheiten jeweils für die einzelnen in der Bilanz ausgewiesenen Verbindlichkeitsposten (§ 288 HGB) - die Angabe des Gesamtbetrags der sonstigen finanziellen Verpflichtungen, die weder in noch unter der Bilanz erscheinen (§ 288 HGB) - eine segmentierte Angabe der Umsatzerlöse (§ 288 HGB) - Angaben zu Auswirkungen von steuerrechtlichen Vergünstigungsvorschriften auf das Jahresergebnis (§ 288 HGB) - Angaben zum Umfang der auf das gewöhnliche und das außerordentliche Ergebnis entfallenden Ertragsteuern (§ 288 HGB) - die Angabe der durchschnittlichen Zahl der während des Geschäftsjahres beschäftigten Arbeitnehmer getrennt nach Gruppen (§ 288 HGB) - Angaben zum Materialaufwand bei Anwendung des Umsatzkostenverfahrens (§ 288 HGB) - Angaben zu den Gesamtbezügen von aktiven und früheren Leitungs- und Aufsichtsorganen (§ 288 HGB) ▪ Verzicht auf Lageberichterstellung (§ 264 (1) HGB)	▪ Erstellung einer verkürzten GuV-Rechnung in der die Umsatzerlöse und Materialaufwendungen nicht separat gezeigt, sondern nur das Rohergebnis ausgewiesen wird (§ 276 HGB) ▪ Verzicht auf eine segmentierte Angabe der Umsatzerlöse im Anhang (§ 288 HGB)

Prüfung	▪ Keine Pflicht zur Durchführung einer Jahresabschlussprüfung (§ 316 (1) HGB)	▪ Bei mittelgroßen GmbH oder „& Co."-Gesellschaften kann die verpflichtende Prüfung des Jahresabschlusses sowie des Lageberichts von vereidigten Buchprüfern oder Buchprüfungsgesellschaften anstelle eines Wirtschaftsprüfers oder einer Wirtschaftsprüfungsgesellschaft durchgeführt werden (§ 319 (1) HGB)
Offenlegung	▪ Die Offenlegung beschränkt sich auf die erstellte verkürzte Bilanz und den verkürzten Anhang (§ 326 HGB) sowie den Vorschlag und Beschluss der Ergebnisverwendung und den Bericht des Aufsichtsrats. Die GuV-Rechnung muss nicht beim Handelsregister hinterlegt werden. Der Anhang muss die GuV-Rechnung betreffenden Angaben nicht enthalten (§ 326 HGB) ▪ Eine Bekanntgabe des Jahresabschlusses sowie diesen ergänzende Unterlagen im Bundesanzeiger, wie für große Unternehmen gefordert, ist nicht erforderlich (§ 325 (2) HGB); lediglich die Einreichung der Unterlagen beim Handelsregister muss im Bundesanzeiger bekannt gemacht werden (Hinweispublizität)	▪ Pflicht zur Einreichung des vollständigen Jahresabschlusses mit Bestätigungsvermerk, Lagebericht, Bericht des Aufsichtsrats sowie dem Vorschlag und Beschluss über die Ergebnisverwendung beim Handelsregister. Mittelgroße Gesellschaften können jedoch anstelle einer vollständigen Bilanz nur eine verkürzte Bilanz (§ 327 HGB), wie sie von kleinen Gesellschaften erstellt wird, offen legen – jedoch mit zusätzlichen Informationsangaben in Bilanz oder Anhang – und darüber hinaus bezüglich des offen zu legenden Anhangs auf bestimmte Informationsangaben verzichten. Insbesondere muss der Anhang folgende Angaben nicht enthalten: - Aufgliederung der Verbindlichkeiten mit einer Restlaufzeit von mehr als fünf Jahren sowie Betrag, Art und Form bestehender Sicherheiten jeweils für die einzelnen in der Bilanz ausgewiesenen Verbindlichkeitsposten (§ 327 HGB) - Auswirkungen von steuerrechtlichen Sonderabschreibungen (§ 327 HGB) - Angaben zum Materialaufwand bei Anwendung des Umsatzkostenverfahrens (§ 327 HGB) - Erläuterung wesentlicher Rückstellungsbeträge, die in der Bilanz unter dem Posten „sonstige Rückstellungen" ausgewiesen sind (§ 327 HGB) ▪ Die Bekanntgabe des Jahresabschlusses im Bundesanzeiger, wie für große Unternehmen gefordert, ist nicht notwendig (§ 325 (2) HGB); lediglich die Einreichung der Unterlagen muss im Bundesanzeiger bekannt gemacht werden (Hinweispublizität)

Gesellschaften mit beschränkter Haftung haben darüber hinaus unabhängig von ihrer Größe die Möglichkeit, von der Offenlegung der Ergebnisverwendung abzusehen, wenn sich anhand dieser Angaben die Gewinnanteile von Gesellschaftern, die natürliche Personen sind, ermitteln lassen (§ 325 (1) HGB).

3.2.2.1.2 Jahresabschlusserleichterungen für in einen Konzernabschluss einbezogene Tochtergesellschaften

Um Konzerne von den zusätzlichen Kosten der Erstellung, Prüfung und Publizität des Einzelabschlusses der Tochterunternehmen zumindest teilweise zu entlasten, werden seit dem KapAEG von 1998[561] Kapitalgesellschaften, die Tochterunternehmen eines nach § 290 HGB zur Aufstellung eines Konzernabschlusses verpflichteten Mutterunternehmens sind, bezüglich ihres Einzelabschlusses von der Anwendung der im Zweiten Abschnitt des Dritten Buches des HGB definierten, ergänzenden Ansatz-, Bewertungs- sowie Gliederungs- und Ausweisvorschriften für Kapitalgesellschaften, der Aufstellung eines Anhangs und Lageberichts sowie der Prüfung und Publizität des Jahresabschusses und Lageberichts befreit (§ 264 (3) HGB). Es verbleibt somit nur mehr die Pflicht, einen Jahresabschluss nach den für alle Kaufleute geltenden Vorschriften des Ersten Abschnitts des Dritten Buches des HGB zu erstellen. Diese Erleichterungen können jedoch nur in Anspruch genommen werden, wenn spezifische Voraussetzungen erfüllt sind.[562]

Für Kapitalgesellschaften, die Tochterunternehmen eines nach § 11 PublG zur Aufstellung eines Konzernabschlusses verpflichteten Mutterunternehmens sind, gelten die Befreiungen entsprechend, allerdings ist neben der Erfüllung der bestehenden Befreiungsvoraussetzungen darüber hinaus erforderlich, dass das Mutterunternehmen im Konzernabschluss nicht von dem Wahlrecht des § 13 (3) Satz 1 PublG zur Nichtanwendung bestimmter Vorschriften Gebrauch macht. Folgende, nach dem PublG zur Verfügung stehende Wahlrechte können dementsprechend von dem Mutterunternehmen nicht angewandt werden, wenn die Befreiung des § 264 (3) HGB in Anspruch genommen werden soll: a) Abschreibung von Vermögensgegenständen im Rahmen vernünftiger kaufmännischer Beurteilung; b) außerplanmäßige Abschreibungen von Vermögensgegenständen des Anlagevermögens, die nicht Finanzanlagen sind, bei nur vorübergehender Wertminderung; c) Beibehaltung eines niedrigeren Wertansatzes, wenn die Gründe für eine bestimmte in der Vergangenheit vorgenommene außerplanmäßige Abschreibung entfallen sind (Wertbeibehaltungswahlrecht); d) Verzicht auf

---

561 Siehe Gliederungspunkt 3.1.16.1.

562 Zu den Befreiungsvoraussetzungen siehe 3.1.16.1.2.

Angaben zu den Gesamtbezügen von aktiven und ehemaligen Mitgliedern der Geschäftsführungs- und Aufsichtsorgane im Konzernanhang.

Mit der Verabschiedung des KapCoRiLiG und der Übertragung der ergänzenden Berichtsanforderungen des Zweiten Abschnitts des Dritten Buches des HGB auf Personengesellschaften, bei denen nicht mindestens eine natürliche Person als persönlich haftender Gesellschafter beteiligt ist („& Co.“-Gesellschaften), wurde die für Tochter-Kapitalgesellschaften bestehende Befreiung des § 264 (3) HGB von der Verpflichtung zur Aufstellung eines Jahresabschlusses und Lageberichts nach den ergänzenden für Kapitalgesellschaften geltenden Vorschriften auch auf Tochterunternehmen übertragen, die als sog. „& Co.“-Gesellschaft geführt werden. Allerdings wurde für diese Unternehmen die Befreiung an weniger restriktive Voraussetzungen geknüpft (§ 264b HGB).[563]

3.2.2.1.3 Sonderregelungen für den Jahresabschluss kapitalmarktorientierter Gesellschaften

Im Zuge der jüngsten Gesetzesinitiativen zur Anpassung der nationalen Unternehmensberichterstattungserfordernisse an internationale Gepflogenheiten[564] hat das Kriterium der Kapitalmarktorientierung zur Differenzierung von Qualitätsanforderungen an die externe Unternehmensberichterstattung zunehmend an Bedeutung gewonnen. Abgesehen von dem Ausschluss kapitalmarktorientierter Kapitalgesellschaften und „& Co.“-Gesellschaften von der Inanspruchnahme der größenbezogenen Erleichterungen des Zweiten Abschnitts des Dritten Buches des HGB, gelten für Unternehmen, die den Kapitalmarkt als Finanzierungsquelle nutzen, über die für Kapitalgesellschaften und „& Co.“-Gesellschaften geltenden Vorschriften hinausgehende Berichtspflichten und Sondervorschriften. Hierbei differenziert der Gesetzgeber jedoch zwischen:

- kapitalmarktorientierten Kapitalgesellschaften und „& Co.“-Gesellschaften, die einen organisierten Markt im Sinne des § 2 (5) WpHG (amtlicher Markt, geregelter Markt) mittels der Ausgabe von eigen- oder fremdkapitalverbriefenden Wertpapieren im Sinne des § 2 (1) Satz 1 WpHG in Anspruch nehmen oder die Zulassung zum Handel an einem organisierten Markt beantragt haben;

---

563 Vgl. Gliederungspunkt 3.1.16.3.1.
564 Vgl. Gliederungspunkt 3.1.16.

- börsennotierten Kapitalgesellschaften und „& Co."-Gesellschaften, die durch die Ausgabe von Aktien den amtlichen Markt oder den geregelten Markt nutzen;
- amtlich notierten Kapitalgesellschaften und „& Co."-Gesellschaften, deren Aktien zum amtlichen Handel zugelassen sind.

Somit differenziert das HGB die Qualitätsanforderungen an die externe Unternehmensberichterstattung von Kapitalgesellschaften und „& Co."-Gesellschaften einerseits nach der Art der emittierten Wertpapiere (Aktien versus sonstige eigen- oder fremdkapitalverbriefende Wertpapiere im Sinne des § 2 (1) Satz 1 WpHG) und andererseits nach dem in Anspruch genommenen Marktsegment (amtlicher Markt oder geregelter Markt). Während börsennotierte Unternehmen eine Teilmenge der kapitalmarktorientierten Gesellschaften darstellen, sind amtlich notierte Gesellschaften wiederum eine Teilmenge der börsennotierten Unternehmen. Zur terminologischen Abgrenzung von kapitalmarktorientierten, börsennotierten und amtlich notierten Gesellschaften siehe Tab. 15.

■ **Tab. 15:** Terminologische Abgrenzung von kapitalmarktorientierten, börsennotierten und amtlich notierten Gesellschaften

Art der ausgegebenen Wertpapiere / In Anspruch genommenes Börsensegment	**Aktien**	**Sonstige Wertpapiere im Sinne des § 2 (1) Satz 1 WpHG**
Amtlicher Markt	▪ Kapitalmarktorientiert ▪ Börsennotiert ▪ Amtlich notiert	▪ Kapitalmarktorientiert
Geregelter Markt	▪ Kapitalmarktorientiert ▪ Börsennotiert	▪ Kapitalmarktorientiert

Einen Überblick über die hinsichtlich des Jahresabschlusses für kapitalmarktorientierte, börsennotierte und amtlich notierte Kapitalgesellschaften und „& Co."-Gesellschaften geltenden Sondervorschriften gibt die nachstehende Tab. 16.

■ **Tab. 16:** Sondervorschriften für kapitalmarktorientierte, börsennotierte und amtlich notierte Kapitalgesellschaften und „& Co."-Gesellschaften bezüglich des Jahresabschlusses

Kapitalmarktorientierte Kapitalgesellschaften und „& Co."-Gesellschaften	▪ Keine Möglichkeit zur Inanspruchnahme größenabhängiger Erleichterungsvorschriften (§ 267 (3) HGB) ▪ Keine Möglichkeit zur Inanspruchnahme der Schutzklausel des § 286 (3) HGB nach der auf Anhangangaben über den Anteilsbesitz verzichtet werden kann, wenn dem berichterstattenden Unternehmen oder dem anderen Unternehmen ein erheblicher Nachteil entsteht
Zusätzlich für börsennotierte Kapitalgesellschaften und „& Co."-Gesellschaften	▪ Erweiterung des Anhangs um Angaben zu bestehenden Mitgliedschaften der Geschäftsführer und Aufsichtsratsmitglieder in Aufsichtsratsgremien und anderen Kontrollorganen (§ 285 Nr. 10 HGB) ▪ Erweiterung des Anhangs um Angabe bestehender Beteiligungen an großen Kapitalgesellschaften, wenn diese 5 % der Stimmrechte übersteigen (§ 285 Nr. 11 HGB) ▪ Pflicht des Abschlussprüfers zur Überprüfung und Beurteilung der Einrichtung und Zweckmäßigkeit des einzurichtenden internen Überwachungssystems (§ 317 (4) HGB) (gilt jedoch nur für börsennotierte Aktiengesellschaften) ▪ Pflicht zur Offenlegung eines sog. „Compliance Statement" hinsichtlich der Beachtung der von der Regierungskommission Deutscher Corporate Governance Kodex erarbeiteten Empfehlungen (§ 325 (1) HGB) und diesbezügliche Berichterstattung im Anhang (§ 285 Nr. 16 HGB) (gilt nur für börsennotierte Aktiengesellschaften)
Zusätzlich für amtlich notierte Aktiengesellschaften	▪ Verpflichtender Prüferwechsel (interne Rotation) (§ 319 (3) Nr. 6 HGB) ▪ Erhöhung der Haftungssumme des verantwortlichen Abschlussprüfers von 1 Mio. € auf 4 Mio. € (§ 323 (2) HGB)

3.2.2.2 Differenzierungen im Bereich der Konzernabschlusserstellung, -prüfung und -publizität

3.2.2.2.1 Größenbezogene Konzernabschlusserstellungspflicht

In Anlehnung an die Siebente EG-Richtlinie ist die Pflicht zur Konzernrechnungslegung für Mutterunternehmen in der Rechtsform der Aktiengesellschaft, Kommanditgesellschaft auf Aktien, Gesellschaft mit beschränkter Haftung sowie einer Personengesellschaft ohne natürliche Person als persönlich haftender Gesellschafter („& Co."-Gesellschaft) größenspezifisch normiert. Demnach sind kleine Konzerne, die an zwei aufeinander folgenden Abschlussstichtagen mindestens zwei der nachstehenden (vgl. Tab. 17) Größenmerkmale erfüllen,[565] von einer Konzernabschlusserstellung gänzlich befreit (§ 293 (1) Nr. 2 HGB).

[565] Vgl. zum Entstehungshintergrund 3.1.16.3.3.

■ **Tab. 17:** Aktuelle Größengrenzen des § 293 HGB zur Konzernabschlusserstellungspflicht

	Kleine Konzerne	
	Netto-Methode	Brutto-Methode
Bilanzsumme	≤ 13,75 Mio. €	≤ 16,5 Mio. €
Umsatzerlöse	≤ 27,50 Mio. €	≤ 33,0 Mio. €
Anzahl der Mitarbeiter	≤ 250	≤ 250

Zur Gewährleistung einer adäquaten Informationsversorgung auf anonymen Kapitalmärkten gilt diese Befreiung jedoch nicht für kapitalmarktorientierte Konzerne, d. h. Konzerne, bei denen das Mutterunternehmen oder ein in den Konzernabschluss des Mutterunternehmens einbezogenes Tochterunternehmen einen organisierten Markt im Sinne des § 2 (5) WpHG (hierzu gehören der amtliche Markt und der geregelte Markt) durch ausgegebene eigenkapital- oder fremdkapitalverbriefende Wertpapiere im Sinne des § 2 (1) Satz 1 WpHG in Anspruch nimmt oder eine Zulassung zum Handel an einem organisierten Markt beantragt hat (§ 293 (5) HGB).

3.2.2.2.2 Sonderregelungen und verschärfte Berichtsanforderungen für den Konzernabschluss kapitalmarktorientierter Konzerne

Mit der Anpassung der Konzernrechnungslegung an internationale Erfordernisse und den Initiativen zur Verbesserung der Corporate Governance von Unternehmen wurden eine Reihe von Sonderregelungen eingeführt, die wegen der besonderen Informationsbedürfnisse der Kapitalmärkte zunächst auf die Konzernrechnungslegung kapitalmarktorientierter Konzerne beschränkt blieben.[566] Die nachstehende Tab. 18 gibt einen Überblick über die besonderen Berichterstattungserfordernisse kapitalmarktorientierter Konzerne[567] bzw. Konzerne, deren Mutterunternehmen eine amtlich notierte Aktiengesellschaft ist.

---

566 Siehe hierzu Gliederungspunkt 3.1.16.

567 Zur Definition kapitalmarktorientierter Konzerne siehe Gliederungspunkt 3.2.2.2.1 sowie zum Entstehungshintergrund Gliederungspunkt 3.1.16.3.4.

Tab. 18: Besondere Regelungen für den Konzernabschluss kapitalmarktorientierter Konzerne sowie amtlich notierter Mutterunternehmen

Kapitalmarktorientierte Konzerne	▪ Keine Möglichkeit zur Inanspruchnahme der größenabhängigen Konzernabschlussbefreiung (§ 293 (5) HGB) ▪ Bei Erfüllung bestimmter Voraussetzungen Möglichkeit zur Erstellung eines befreienden Konzernabschlusses nach international akzeptierten Rechnungslegungsgrundsätzen (§ 292 a HGB) ▪ Pflicht zur Ergänzung des Konzernabschlusses um eine Kapitalflussrechnung, eine Segmentberichterstattung sowie einen Eigenkapitalspiegel (§ 297 (1) HGB) ▪ Keine Möglichkeit zur Inanspruchnahme der Schutzklausel des § 313 (3) HGB, nach der im Konzernanhang unter bestimmten Voraussetzungen auf Angaben zum Konsolidierungskreis und Konzernanteilsbesitz verzichtet werden kann (§ 313 (3) Satz 3 HGB)
Zusätzlich für Mutterunternehmen in der Rechtsform der Aktiengesellschaft mit amtlich notierten Aktien	▪ Keine Befreiung von der Erstellung eines Teilkonzernabschlusses bei Einbezug in einen übergeordneten Konzernabschluss (§ 291 (3) HGB) ▪ Verpflichtender Prüferwechsel (interne Rotation) für die Abschlussprüfung des Konzernabschlusses (§ 319 (4) HGB) ▪ Erhöhung der Haftungssumme des verantwortlichen Abschlussprüfers von 1 Mio. € auf 4 Mio. € (§ 323 (2) HGB)

3.2.2.3 Wesentliche Divergenzen zwischen Konzernabschluss und Einzelabschluss

Im Zuge der Modernisierung des Konzernbilanzrechts deutet sich eine fortschreitende Unterscheidung zwischen der Konzernrechnungslegung und der einzelbilanziellen Rechnungslegung an, die durch die unterschiedlichen Funktionen von Konzernabschluss (Informationsfunktion) und Einzelabschluss (Informationsfunktion, Ausschüttungsbemessungsfunktion, Steuerbemessungsfunktion) begründet wird. Differenzierungen zwischen Konzern- und Jahresabschluss bestehen zum einen im Bereich materieller Rechnungslegungsgrundsätze, zum anderen aber auch bezüglich zu erfüllender Berichtserfordernisse. Für Muttergesellschaften kapitalmarktorientierter Konzerne ergeben sich durch die für die Konzernabschlusserstellung dieser Unternehmen bestehenden Sonderregelungen die größten Divergenzen zwischen Konzern- und Einzelabschluss.[568] Tab. 19 fasst die wesentlichsten Differenzierungen zwischen Konzern- und Jahresabschluss zusammen.

568 Zur diesbezüglichen historischen Entwicklung siehe Gliederungspunkt 3.1.16.

Tab. 19: Differenzierung zwischen Konzern- und Einzelabschluss

Divergenzen, die für alle konzernrechnungslegungspflichtigen Kapitalgesellschaften und „& Co."-Gesellschaften Relevanz haben	▪ Folgende für den Einzelabschluss geltenden Vorschriften dürfen für den Konzernabschluss nicht angewandt werden – Ansatz eines Sonderpostens mit Rücklageanteil (§§ 247 (3), 273, 281 (1) HGB i. V. m. § 298 (1) HGB) – Abschreibungen auf einen nur steuerrechtlich bedingten niedrigeren Wert sowie dessen Beibehaltung (§§ 254, 279 (2), 280 (2) i. V. m. § 298 (1) HGB) – aus den vorstehenden Normen resultierende Anhangangaben (§ 281 (2) HGB i. V. m. § 298 HGB) ▪ Neben den handelsrechtlichen Normen sind für die Konzernabschlusserstellung zusätzlich die vom Deutschen Standardisierungsrat erlassenen DRS zu beachten; für den Einzelabschluss erlangen diese Normen keine Relevanz
Zusätzliche Divergenzen für Mutterunternehmen kapitalmarktorientierter Konzerne	▪ Möglichkeit, den Konzernabschluss bei Erfüllung bestimmter Voraussetzungen nach international akzeptierten Rechnungslegungsgrundsätzen zu erstellen ▪ Pflicht zur Erweiterung des Konzernabschlusses um eine Kapitalflussrechnung, Segmentberichterstattung und einen Eigenkapitalspiegel; für den Einzelabschluss gilt diese Pflicht nicht

3.2.3 Besonderheiten des Publizitätsgesetzes

Mit dem PublG[569] werden die für Kapitalgesellschaften und „& Co."-Gesellschaften im Zweiten Abschnitt des Dritten Buches des HGB normierten, ergänzenden Normen auf Großunternehmen anderer Rechtsformen übertragen.

3.2.3.1 Erleichterungen bezüglich des Jahresabschlusses

Hinsichtlich des Einzelabschlusses findet das PublG grundsätzlich nur für folgende Rechtsformen Anwendung (§ 3 PublG):

- Personenhandelsgesellschaften, die nicht als „& Co."-Gesellschaft im Sinne des § 264 a HGB zu qualifizieren sind,
- Einzelkaufleute,
- Vereine mit wirtschaftlichem Geschäftsbetrieb,
- rechtsfähige Stiftungen des bürgerlichen Rechts, die ein Gewerbe betreiben, sowie

[569] Zur historischen Entwicklung und Begründung des PublG siehe Gliederungspunkt 3.1.12.

- Körperschaften, Stiftungen oder Anstalten des öffentlichen Rechts, die Musskaufmann nach § 1 HGB sind, oder als Kaufmann in das Handelsregister eingetragen sind.

Unabhängig von der gewählten Rechtsform entfalten die Vorschriften des PublG grundsätzlich keine Gültigkeit für Kreditinstitute, sonstige Finanzdienstleistungsunternehmen und Versicherungsunternehmen, deren Rechnungslegung neben den für alle Kaufleute geltenden Normen des Ersten Abschnitts des Dritten Buches des HGB ergänzend im Vierten Abschnitt des Dritten Buches des HGB geregelt ist.

Unternehmen der oben genannten Rechtsformen sind neben den allgemein für alle Kaufleute geltenden Regelungen des Ersten Abschnitts des Dritten Buches des HGB bezüglich der Jahresabschlusserstellung, Prüfung und Publizität zur Beachtung der ergänzenden Vorschriften des PublG verpflichtet, wenn an drei aufeinander folgenden Geschäftsjahren mindestens zwei der nachstehend angeführten Größenkriterien erfüllt sind (§ 1 PublG):

- Bilanzsumme > 65 Mio. €
- Umsatzerlöse > 130 Mio. €
- Anzahl der Arbeitnehmer > 5.000

Da das PublG hinsichtlich der zu erfüllenden Rechnungslegungsanforderungen auf die handelsrechtlichen Normen des Zweiten Abschnitts des Dritten Buches des HGB verweist (§ 5 PublG), sind Unternehmen, die die genannten Voraussetzungen für die Anwendung des PublG erfüllen, grundsätzlich dazu verpflichtet, einen Jahresabschluss und Lagebericht zu erstellen, die den für große Kapitalgesellschaften bzw. „& Co.“-Gesellschaften im HGB kodifizierten Normen entsprechen. Ferner sind für den Jahresabschluss und Lagebericht die im HGB für große Kapitalgesellschaften/ „& Co.“-Gesellschaften normierten Prüfungs- und Publizitätsbestimmungen sinngemäß anzuwenden (§§ 6, 9 PublG), was zur Konsequenz hat, dass Unternehmen, die dem PublG unterliegen, ihren Jahresabschluss einschließlich Lagebericht in der gleichen Weise prüfen lassen müssen und offen zu legen haben wie große Kapitalgesellschaften und „& Co.“-Gesellschaften. Erleichterungen bestehen jedoch hinsichtlich der anzuwendenden Bewertungsgrundsätze und Anhangangaben sowie für Einzelunternehmen und Personengesellschaften. Die nachstehende Tab. 20 gibt einen Überblick über wesentliche Erleichterungen, die Unternehmen im Sinne des PublG bezüglich der Aufstellung des Jahresabschlusses und Lageberichts sowie deren Prüfung und Offenlegung im Vergleich zu großen Kapitalgesellschaften/„& Co.“-Gesellschaften zur Verfügung stehen.

■ **Tab. 20:** Wesentliche Erleichterungen des PublG in Bezug auf die Erstellung, Prüfung und Offenlegung des Jahresabschlusses und Lageberichts im Vergleich zu den diesbezüglich von großen Kapitalgesellschaften und „& Co."-Gesellschaften zu befolgenden handelsrechtlichen Normen

Abweichend von großen Kapitalgesellschaften und „& Co."-Gesellschaften stehen Großunternehmen im Sinne des PublG folgende Erleichterungen zur Verfügung:	▪ § 264 HGB ist nicht anzuwenden (§ 5 (1) PublG): D. h. der Jahresabschluss muss kein den tatsächlichen Verhältnissen entsprechendes Bild der Vermögens-, Finanz- und Ertragslage vermitteln ▪ § 280 HGB ist nicht anzuwenden (§ 5 (1) PublG): Hieraus ergibt sich ein grundsätzliches Wertbeibehaltungswahlrecht bei Wegfall des Grundes für eine vorher vorgenommene außerplanmäßige Abschreibung ▪ § 279 HGB ist nicht anzuwenden (§ 5 (1) PublG): Dies hat zur Konsequenz, dass – über das handelsrechtlich gebotene Maß hinaus Abschreibungen nach vernünftiger kaufmännischer Beurteilung zulässig sind, – für das Anlagevermögen ein generelles Abschreibungswahlrecht bei nur vorübergehender Wertminderung besteht, – steuerrechtliche Abschreibungen grundsätzlich in den Jahresabschluss übernommen werden können ▪ Im Anhang kann auf folgende Angaben verzichtet werden: – Angaben zum Umfang der auf das gewöhnliche und das außerordentliche Ergebnis entfallenden Ertragsteuern (§ 5 (2) PublG i. V. m. § 285 Nr. 6 HGB) – Spezifische Angaben zu Mutterunternehmen, mit denen das Unternehmen in einem Tochter- Mutterverhältnis steht (§ 5 (2) PublG i. V. m. § 285 Nr. 14 HGB)
Zusätzliche Erleichterungen für Einzelkaufleute und Personengesellschaften im Sinne des PublG	▪ Keine Pflicht zur Erstellung eines Anhangs und Lageberichts (§ 5 (2) PublG) ▪ Möglichkeit die GuV-Rechnung in Abweichung zu § 275 HGB nach den für diese Unternehmen geltenden Bestimmungen aufzustellen (§ 5 (5) PublG) ▪ Erfolgt die Gliederung der GuV-Rechnung nach § 275 HGB, so können die Steuern, die das Unternehmen zu entrichten hat, als sonstiger Aufwand erfasst werden (§ 5 (5) PublG) ▪ Auf die Offenlegung der GuV-Rechnung sowie den Ergebnisverwendungsbeschluss kann verzichtet werden, wenn in einer Anlage zur Bilanz mindestens folgende Angaben ausgewiesen werden (§ 9 (2) i. V. m. § 5 (5) PublG): – Umsatzerlöse – Erträge aus Beteiligungen – Löhne, Gehälter, soziale Abgaben, Aufwendungen für Altersversorgung und Unterstützung – Bewertungs- und Abschreibungsmethoden einschließlich wesentlicher Änderungen – Anzahl der Beschäftigten ▪ Zum Zweck der Offenlegung können die ansonsten gesondert auszuweisenden Eigenkapitalposten zu einem einzigen Posten zusammengefasst werden

Die für Tochter-Kapitalgesellschaften geltende Befreiung von der Beachtung der ergänzenden Normen für Kapitalgesellschaften und „& Co."-Gesellschaften (§ 264 (3) HGB) bei Einbezug in einen Konzernabschluss und Erfüllung spezifischer weiterer

Voraussetzungen, gilt analog auch für Großunternehmen im Sinne des PublG, die als Tochterunternehmen in einen Konzernabschluss nach § 11 PublG oder § 290 HGB einbezogen sind (§5 (6) PublG). Folglich sind unter das PublG fallende Großunternehmen hinsichtlich ihrer Einzelabschlusserstellung von der Beachtung der ergänzenden Vorschriften des PublG befreit, wenn sie in einen Konzernabschluss einbezogen sind und die sonstigen Voraussetzungen des § 264 (3) HGB erfüllt sind.[570] Im Gegensatz zu den nach HGB für Tochter-Kapitalgesellschaften geltenden Regelungen (§ 264 (4) HGB) entfaltet ein nach § 11 PublG erstellter Konzernabschluss für Tochterunternehmen im Sinne des PublG auch dann befreiende Wirkung, wenn das Mutterunternehmen von den nach § 13 (3) Satz 1 PublG zur Verfügung stehenden Bewertungswahlrechten Gebrauch gemacht hat.

3.2.3.2 Erleichterungen bezüglich des Konzernabschlusses

Neben der Jahresabschlusserstellung regelt das PublG auch die Konzernrechnungslegungspflichten von Unternehmen, sofern diese nicht bereits schon im HGB normiert sind. Keine Anwendung finden die Vorschriften zur Konzernrechnungslegung des PublG demnach auf Aktiengesellschaften, Kommanditgesellschaften auf Aktien, Gesellschaften mit beschränkter Haftung, „& Co."-Gesellschaften sowie Kreditinstitute, sonstige Finanzdienstleistungsunternehmen und Versicherungsunternehmen (§ 11 (5) PublG), da deren Konzernabschlusspflichten bereits im Zweiten bzw. Vierten Abschnitt des Dritten Buches des HGB normiert sind.

Obschon sich die Vorschriften zur Konzernrechnungslegung des PublG an jenen des HGB anlehnen, ergeben sich auch einige zentrale Unterschiede. So findet z. B. abweichend zum HGB das Control-Konzept im PublG keine Anwendung. Eine Pflicht zur Konzernrechnungslegung ergibt sich nach dem PublG somit nur aus dem Tatbestand der einheitlichen Leitung (§ 11 (1) PublG), die von einem inländischen Mutterunternehmen ausgeübt werden muss. Im Gegensatz zu § 290 (1) HGB ist das zusätzliche Bestehen eines Beteiligungsverhältnisses nicht erforderlich.[571] Sind die Voraussetzungen der einheitlichen Leitung erfüllt, so ist ein Konzernabschluss und -lagebericht nach § 11 PublG jedoch nur dann zu erstellen, wenn der Konzern an drei aufeinander folgenden Konzernabschlussstichtagen mindestens zwei der nachfolgenden Größenmerkmale erfüllt:

- Konzernbilanzsumme > 65 Mio. € (Netto-Methode)

---

570 Siehe Gliederungspunkt 3.2.2.1.2.

571 Eine Sonderregelung besteht für ausschließlich vermögensverwaltende Einzelkaufleute und Personenhandelsgesellschaften. Sie sind nach § 11 (5) PublG von der Aufstellung eines

- Konzernumsatzerlöse > 130 Mio. € (Netto-Methode)
- Anzahl der Mitarbeiter bei inländischen Konzernunternehmen > 5.000

Im Vergleich zu den handelsrechtlichen Normen ist die Pflicht zur Konzernrechnungslegung nach den Vorschriften des PublG somit an wesentlich höhere Schwellenwerte gebunden und tritt erst dann ein, wenn die Voraussetzungen an drei aufeinander folgenden Abschlussstichtagen erfüllt sind.[572]

Hinsichtlich der Aufstellung des Konzernabschlusses und -lageberichts sowie seiner Prüfung und Offenlegung finden nach §§ 13, 14 und 15 PublG die diesbezüglichen handelsrechtlichen Normen sinngemäße Anwendung. Erleichterungen ergeben sich jedoch im Bereich der Bewertung sowie der Angabepflichten im Anhang. Darüber hinaus stehen Einzelunternehmen und Personengesellschaften analog zum Einzelabschluss Gliederungserleichterungen zur Verfügung. Die nachstehende Tab. 21 gibt einen Überblick über die wesentlichen bei der Aufstellung und Offenlegung des Konzernabschlusses und -lageberichts nach dem PublG im Vergleich zu den handelsrechtlichen Normen bestehenden Erleichterungen.

Konzernabschlusses und -lageberichts befreit, wenn sie nicht die Funktion der Konzernleitung wahrnehmen.

572 Für Details zu den Aufstellungsvoraussetzungen für Konzernabschlüsse nach PublG siehe auch Berger, A./Lütticke, S. (2003), Tz. 100 ff.

Tab. 21: Wesentliche Erleichterungen des PublG in Bezug auf die Erstellung, Prüfung und Offenlegung des Konzernabschlusses im Vergleich zu den diesbezüglichen handelsrechtlichen Normen

Abweichend von den nach HGB zur Konzernabschlusserstellung verpflichteten Unternehmen stehen nach dem PublG konzernrechnungslegungspflichtigen Unternehmen folgende Erleichterungen zur Verfügung:	▪ § 280 HGB ist nicht anzuwenden (§ 13 (3) PublG): Hieraus ergibt sich für den Konzernabschluss ein grundsätzliches Wertbeibehaltungswahlrecht bei Wegfall des Grundes für eine vorher vorgenommene außerplanmäßige Abschreibung ▪ § 279 (1) HGB ist nicht anzuwenden (§ 13 (3) PublG): Dies hat zur Konsequenz, dass – im Konzernabschluss über das handelsrechtlich gebotene Maß hinaus Abschreibungen nach vernünftiger kaufmännischer Beurteilung zulässig sind, – im Konzernabschluss für das Anlagevermögen ein generelles Abschreibungswahlrecht bei nur vorübergehender Wertminderung besteht ▪ Im Konzernanhang kann auf Angaben zu den Gesamtbezügen aktiver und ehemaliger Organmitglieder des Mutterunternehmens verzichtet werden (§ 13 (3) PublG)
Zusätzliche Erleichterungen für Mutterunternehmen in der Rechtsform der Personenhandelsgesellschaft oder des Einzelkaufmanns	▪ Möglichkeit der Anwendung einer vereinfachten Gliederung für die Konzern-GuV-Rechnung (§ 13 (3) i. V. m. § 5 (2) PublG)

Die Regelungen des § 291 HGB hinsichtlich der Befreiung eines Mutterunternehmens von der Erstellung eines Teilkonzernabschlusses bei Einbezug in einen übergeordneten Konzernabschluss, wenn dieser bestimmte Voraussetzungen erfüllt, gelten entsprechend auch für nach dem PublG konzernrechnungslegungspflichtige Mutterunternehmen (§ 11 (6) Nr. 1 PublG). Die Sonderregelungen und verschärften Berichtsanforderungen für den Konzernabschluss kapitalmarktorientierter Konzerne[573] gelten sinngemäß grundsätzlich auch für nach dem PublG zur Konzernrechnungslegung verpflichtete Unternehmen (§ 13 (2) PublG), sofern sie das Kapitalmarktkriterium erfüllen.[574] Dabei besteht auch nach dem PublG für kapitalmarktorientierte Konzerne die Möglichkeit, von der Anwendung des § 292a HGB Gebrauch zu machen und mit befreiender Wirkung einen Konzernabschluss nach international akzeptierten Normen zu erstellen (§ 11 (6) Nr. 2 PublG).

573 Siehe Gliederungspunkt 3.2.2.2.2.

574 Dies ist insofern inkonsistent, als die Erleichterungen des PublG durch die Nichtanwendbarkeit des § 280 HGB und § 279 (1) HGB auch für kapitalmartorientierte Konzerne gelten.

3.2.4 Zusammenfassende Darstellung des in Deutschland umgesetzten Differenzierungsregimes

Die folgende Tab. 22 gibt einen zusammenfassenden Überblick über die wesentlichsten Elemente des in Deutschland umgesetzten Differenzierungskonzepts (die für Genossenschaften geltenden Normen sowie branchenspezifische Sonderregelungen sind in der Darstellung nicht berücksichtigt).

■ **Tab. 22:** Synoptische Darstellung des in Deutschland umgesetzten Regimes zur Differenzierung der externen Unternehmensberichterstattung

Dimensionen	**Differenzierungskonzept**
Abschlusserstellung	
▪ Pflicht zur Jahres-/ Konzernabschlusserstellung	▪ Eine gesetzliche Pflicht zur Erstellung eines Einzelabschlusses besteht für alle Vollkaufleute. Die Pflicht zur Erstellung eines Konzernabschlusses besteht nach HGB/PublG nur für Konzerne, die aufgrund ökonomischer Größenmerkmale oder ihrer Kapitalmarktorientierung als „groß" zu qualifizieren sind. ⇨ Es erfolgt keine Differenzierung der Jahresabschlusserstellungspflicht; die Pflicht zur Konzernrechnungslegung ist größenbezogen (ergänzt um das Kriterium der Kapitalmarktorientierung) differenziert.
▪ Rechnungslegungsgrundsätze, zu erstellende Abschlussinstrumente, Informationspflichten etc.	▪ Das HGB, ergänzt um das PublG, differenziert sowohl hinsichtlich der anzuwendenden Bewertungsnormen als auch hinsichtlich der zu erstellenden Abschlussinstrumente und der zu gewährenden Informationen. Als Differenzierungskriterien werden neben rechtsformbezogenen Merkmalen (Haftung), ökonomische Größenkriterien und das Kriterium der Kapitalmarktorientierung herangezogen. Darüber hinaus findet hinsichtlich der anzuwendenden Rechnungslegungsgrundsätze eine Differenzierung von Konzern- und Einzelabschluss statt. ▪ In den DRS des Deutschen Standardisierungsrates wird dagegen keine Differenzierung vorgenommen. Da die Standards aber der Konkretisierung der gesetzlichen Vorgaben dienen, entfalten sie zum Teil nur für kapitalmarktorientierte Konzerne Autorität (z. B. Ausgestaltung der Segmentberichterstattung), wenngleich jene Konzerne, die den für kapitalmarktorientierten Konzernen geltenden Berichtspflichten freiwillig nachkommen, ebenfalls angehalten sind, die entsprechenden DRS zu befolgen. ⇨ Die für die Abschlusserstellung anzuwendenden materiellen Rechnungslegungsnormen, die zu erstellenden Berichtsinstrumente sowie der Umfang der Informationspflichten werden nach Rechtsform (hierbei steht primär die Haftungsbeschränkung im Vordergrund), ökonomischen Größenkriterien, Kapitalmarktorientierung sowie in Abhängigkeit davon, ob ein Konzern- oder Einzelabschluss zu erstellen ist, differenziert. Grundsätzlich wendet der Gesetzgeber für die Differenzierung der Rechnungslegungsanforderungen eine Modifizierungsstrategie an. Mit der Öffnung der Konzernrechnungslegung kapitalmarktorientierter Konzerne für international akzeptierte Rechnungslegungsnormen findet auch die Separationsstrategie Eingang in das deutsche Differenzierungsmodell.

Prüfung	▪ Eine Prüfungspflicht besteht grundsätzlich für alle mittelgroßen und großen Kapitalgesellschaften und „& Co.“-Gesellschaften (kapitalmarktorientierte Gesellschaften sind grundsätzlich als „groß“ zu qualifizieren) sowie für alle übrigen Großunternehmen, die die Größenkriterien des PubG erfüllen. Darüber hinaus besteht auch für den Konzernabschluss eine generelle Prüfungspflicht. ▪ Als „mittelgroß“ zu klassifizierende (nicht kapitalmarktorientierte) Kapitalgesellschaften und „& Co.“-Gesellschaften können ihren Jahresabschluss und Lagebericht von vereidigten Buchprüfern oder Buchprüfungsgesellschaften anstelle eines Wirtschaftsprüfers oder einer Wirtschaftsprüfungsgesellschaft prüfen lassen. ⇨ Die Differenzierung der Prüfungspflicht sowie der Qulifikationsanforderungen an den prüfungsberechtigten Abschlussprüfer erfolgen nach Rechtsform, Größe und Kapitalmarktorientierung.
Offenlegung	▪ Es besteht eine grundsätzliche Pflicht zur Hinterlegung des Jahres-/Konzernabschlusses beim Handelsregister für alle Kapitalgesellschaften und „& Co.“-Gesellschaften sowie für alle Großunternehmen. ▪ Für nicht kapitalmarktorientierte, kleine und mittelgroße Kapitalgesellschaften und „& Co.“-Gesellschaften bestehen Offenlegungserleichterungen. ▪ Für große Kapitalgesellschaften und „& Co.“-Gesellschaften sowie für die unter das PublG fallenden Großunternehmen besteht neben der Registerpublizität die Pflicht zur Bekanntgabe des Abschlusses sowie diesen ergänzende Unterlagen im Bundesanzeiger. ⇨ Publizitätspflicht, -umfang und -form werden nach Rechtsform (primär nach Haftungsbeschränkung), Unternehmensgröße und Kapitalmarktorientierung differenziert.
Enforcement	▪ Das Enforcement reduziert sich für Kapitalgesellschaften, „& Co.“-Gesellschaften sowie Großunternehmen, die unter das PublG fallen, auf die Vollzähligkeitsprüfung des Handelsregisters sowie die normierten spezifischen Straf- und Bußgeld- sowie Zwangsgeld- und Ordnungsgeldvorschriften. ⇨ Die Differenzierung des Enforcement erfolgt nach Rechtsform (primär nach Haftungsbegrenzung) und Unternehmensgröße.

3.3 Zentrale Erkenntnisse aus der Entwicklungsgeschichte

Aus der Entwicklungsgeschichte der externen Unternehmensberichterstattung in Deutschland lassen sich thesenartig folgende, für die Differenzierungsdiskussion relevante Erkenntnisse gewinnen:

[1]: Die Pflicht zur Jahresabschlusserstellung wurde von Anbeginn rechtsformunabhängig für alle Kaufleute kodifiziert.

Mit Einführung des ADHGB von 1861[575] wurde die Rechnungslegungspflicht von Anbeginn rechtsformunabhängig normiert. Wesentlicher Grund für die

575 Siehe zum ADHGB (1861) Gliederungspunkt 3.1.1.

Kodifizierung einer allgemeinen Rechnungslegungspflicht war die Gewährleistung einer adäquaten Selbstinformation des Kaufmanns, durch die zum Schutz der Gläubiger eine ordnungsgemäße Steuerung der Handelsgeschäfte sichergestellt und somit geschäftsgefährdende Dispositionen vermieden werden sollten.

[2]: Das *legal entity*-Konzept wurde sukzessive von der *economic entity*-Betrachtungsweise verdrängt.

Die rechtsformbezogene Differenzierung von Rechnungslegungsanforderungen verlor im Zeitablauf zunehmend an Relevanz.[576] So wurden beispielsweise mit dem GmbHG (1892)[577] die ursprünglich für Aktiengesellschaften entwickelten materiellen Rechnungslegungsnormen weitgehend auch für die Gesellschaft mit beschränkter Haftung übernommen und mit der Verabschiedung des PublG[578] die wesentlichen im AktG (1965) kodifizierten Rechnungslegungsgrundsätze, Prüfungs- und Offenlegungsanforderungen grundsätzlich rechtsformunabhängig auf alle Großunternehmen übertragen. Auch das Bilanzrichtlinien-Gesetz leistete 1985 einen weiteren Beitrag zum Abbau rechtsformbezogener Divergenzen, indem die grundlegenden Rechnungslegungsprinzipien nun einheitlich für alle Kaufleute im Ersten Abschnitt des Dritten Buches des HGB normiert wurden und die Gesellschaft mit beschränkter Haftung hinsichtlich der zu erfüllenden Rechnungslegungs-, Prüfungs- und Publizitätspflichten der Aktiengesellschaft und Kommanditgesellschaft auf Aktien völlig gleichgestellt wurde.[579] Dieser Harmonisierungsprozess fand mit dem KapCoRiLiG (2000) seinen vorläufigen Abschluss, das an die externe Unternehmensberichterstattung von Personengesellschaften, die nicht über mindestens eine natürliche Person als persönlich haftender Gesellschafter verfügen, prinzipiell die gleichen Anforderungen stellt wie an Aktiengesellschaften, Kommanditgesellschaften auf Aktien und Gesellschaften mit beschränkter Haftung.[580] Im Zuge des Wandels von einem auf die Rechtsform fokussierten *legal entity*-Konzept hin zum *economic entity*-Ansatz rückte zunehmend die Unternehmensgröße der wirtschaftlichen Einheit in den Mittelpunkt und löste die rechtliche Einheit als zentrale Determinante der Differenzierung ab.

---

576 Ähnlich Kübler, F. (1999), S. 257 f.

577 Siehe zum GmbHG (1892) sowie dessen Entstehungshintergrund Gliederungspunkt 3.1.4.

578 Siehe Gliederungspunkt 3.1.12.

579 Vgl. Gliederungspunkt 3.1.14.6.

580 Vgl. Gliederungspunkt 3.1.16.3.1.

[3]: Die Informationsvermittlung hat als zentrale Basisfunktion der externen Unternehmensberichterstattung zunehmend an Gewicht gewonnen mit gestalterischen Effekten auch für die Fortentwicklung der deutschen Differenzierungssystematik.

Während die materiellen Rechnungslegungsnormen des AktG 1870 und 1884 primär dem Gläubigerschutz und der Kapitalerhaltung dienten, leistete die Aktienrechts(not)verordnung 1931[581] einen entscheidenden Beitrag zur Verbesserung der Informationsvermittlung des Jahresabschlusses für die Rechnungslegungsadressaten, indem detaillierte Gliederungsformate vorgeschrieben, die Angabepflichten für den Geschäftsbericht erheblich erweitert und eine obligatorische Pflichtprüfung eingeführt wurden. Mit der Aktienrechtsreform 1959 und dem AktG (1965) wurden die Gliederungsformate für Bilanz und GuV-Rechnung weiter verfeinert und die Angabepflichten weiter ausgedehnt. Ferner führte das AktG (1965) die verpflichtende Erstellung eines nationalen Konzernabschlusses und Konzerngeschäftsberichts für Aktiengesellschaften und Kommanditgesellschaften auf Aktien ein, um den Einblick der Kapitalgeber in die wirtschaftliche Lage von Konzernunternehmen zu verbessern. Ein weiterer wesentlicher Beitrag des AktG (1965) zur Verbesserung der Informationsfunktion der Rechnungslegung bestand in der Beschränkung der Bildung stiller Reserven.[582] Mit dem Bilanzrichtlinien-Gesetz[583] wurde die Informationsfunktion des Jahres- und Konzernabschlusses nach 1985 weiter verbessert. Durch die Pflicht zur Erstellung eines Anhangs und Lageberichts wurden die Informationsangaben ausgedehnt und mit der Einführung des Weltabschlussprinzips für den Konzernabschluss dessen Informationswert für die Rechnungslegungsadressaten maßgeblich erhöht. Einen wesentlichen Beitrag zur Verbesserung des Informationsnutzens des Konzernabschlusses leisteten außerdem auch jüngere Gesetzesinitiativen.[584] So wurden beispielsweise mit dem KonTraG (1998) ergänzt um das TransPuG (2002) kapitalmarktorientierte Konzerne verpflichtet, ihren Konzernabschluss um eine Kapitalflussrechnung, Segmentberichterstattung und einen Eigenkapitalspiegel zu erweitern. Ferner hob das TransPuG für den Konzernabschluss das Prinzip der umgekehrten Maßgeblichkeit auf, um eine Informationsverzerrung durch die Übernahme steuerlicher Wertansätze zu vermeiden und somit den Informationswert für die Abschlussadressaten zu erhöhen. Informationsverbesserungen sollten darüber hinaus auch von den Neuregelungen zur Abschlussprüfung ausgehen, die mit dem KonTraG eingeführt und mit dem TransPuG weiter fortgesetzt und mo-

---

581 Zum Inhalt der Aktienrechts(not)verordnung 1931 sowie den historischen Entstehungshintergrund siehe Gliederungspunkt 3.1.7.

582 Vgl. Gliederungspunkt 3.1.11.

583 Zum Bilanzrichtlinien-Gesetz siehe 3.1.14.6.

584 Siehe Gliederungspunkt 3.1.16.

difiziert wurden. Es zeigt sich somit, dass die zur Verfügungstellung entscheidungsnützlicher Informationen für die Stakeholder des Unternehmens im Zeitablauf zunehmend an Bedeutung gewonnen hat.

[4]: Die Unternehmensgröße wurde als primäres Differenzierungsmerkmal entdeckt, um auf die weiter steigenden Informationsansprüche an die externe Unternehmensberichterstattung reagieren und gleichzeitig ein ausgewogenes Verhältnis von Kosten und Nutzen sicherstellen zu können.

Mit dem fortschreitenden Abbau rechtsformbezogener Divergenzen und den wachsenden Informationsanforderungen an die externe Unternehmensberichterstattung von Unternehmen erlangten größenbezogene Kriterien verstärkt Relevanz für die Differenzierung von Berichterstattungserfordernissen. Zum einen nutzte und nutzt der Gesetzgeber die größenbezogene Differenzierung dazu, Großunternehmen verschärften Unternehmensberichterstattungspflichten zu unterwerfen; gesetzliche Konsequenz dieses Konzeptes ist das 1969 verabschiedete PublG.[585] Zum anderen dient sie jedoch auch dazu, kleinere Unternehmen von den stetig wachsenden Informationsanforderungen zu entlasten, um einerseits deren Geheimhaltungsinteressen zu schützen und andererseits ein ausgewogenes Verhältnis von den mit der Unternehmensberichterstattung verbundenen Kosten und dem hieraus resultierenden Nutzen für die Rechnungslegungsadressaten zu gewährleisten. Größenbezogene Erleichterungen wurden erstmals mit der Aktienrechtsreform 1959 eingeführt, die kleinere, nicht börsennotierte Unternehmen und Familiengesellschaften von der Preisgabe ihrer Umsatzerlöse befreite.[586] Eine zentrale Bedeutung erlangten Größenmerkmale darüber hinaus im Rahmen des Bilanzrichtlinien-Gesetzes, das für kleine und mittelgroße Kapitalgesellschaften ab 1985 gewisse Offenlegungserleichterungen einführte und kleine Unternehmen von einer verpflichtenden Abschlussprüfung befreite.[587] Außerdem wird auch die Pflicht zur Konzernrechnungslegung sowohl im PublG als auch im Bilanzrichtlinien-Gesetz an die Erfüllung spezifischer Größenmerkmale geknüpft. Die mit dem Bilanzrichtlinien-Gesetz eingeführten größenspezifischen Erleichterungen für kleine und mittelgroße Kapitalgesellschaften wurden mit dem KapCoRiLiG auch auf Personengesellschaften übertragen, an denen keine natürliche Person als persönlich haftender Gesellschafter beteiligt ist (sog. „& Co.“-Gesellschaften).[588]

---

[585] Vgl. Gliederungspunkt 3.1.12.
[586] Vgl. Gliederungspunkt 3.1.10.
[587] Vgl. Gliederungspunkt 3.1.14.6.2.
[588] Vgl. Gliederungspunkt 3.1.16.3.3.

[5]: Globalisierung und Internationalisierung waren und sind treibende Kräfte der jüngsten Umgestaltungen nicht nur der Rechnungslegungssystematik und -differenzierung, sondern auch der Regulierungs- und Normgebungsstruktur in Deutschland.

Konzeptionelle Vorstöße und Gesetzesinitiativen der jüngeren Entwicklungsgeschichte der deutschen Rechnungslegung spiegeln vor allem die aus den Internationalisierungstendenzen unternehmerischen Handelns resultierenden Forderungen nach einer über die Landesgrenzen hinweg aussagekräftigen Unternehmensberichterstattung wider. Im Mittelpunkt stehen hier insbesondere Angleichungsbestrebungen an international akzeptierte, stärker am angelsächsischen/anglo-amerikanischen Rechnungslegungsmodell orientierte Grundsätze. Obschon bereits die Vierte und Siebente EG-Richtlinie die Zielsetzung der grenzüberschreitenden Harmonisierung der Rechnungslegung innerhalb der EU verfolgten, war dieser Prozess vornehmlich politisch motiviert. Dies hatte zur Konsequenz, dass die Umsetzung der EG-Richtlinien in Deutschland – geprägt von nationalen Interessen – primär an der Erhaltung des bestehenden Status quo orientiert war und deshalb nur bedingt zur EU-weiten Angleichung der Rechnungslegungsanforderungen führte.[589] Im Gegensatz hierzu sind die Gesetzgebungsinitiativen der jüngsten Vergangenheit zur Internationalisierung und Modernisierung des nationalen Bilanzrechts von den Bedürfnissen der Finanz- und Kapitalmärkte getrieben und als Reflex einer zunehmend voranschreitenden Internationalisierung menschlichen und wirtschaftlichen Handelns zu interpretieren. Als Ausfluss dieser veränderten Rahmenbedingungen führte das KapAEG 1998 für börsennotierte Mutterunternehmen erstmals die Möglichkeit ein, unter bestimmten Voraussetzungen mit befreiender Wirkung einen Konzernabschluss nach international akzeptierten Rechnungslegungsgrundsätzen aufzustellen.[590] Diese Option wurde mit dem KapCoRiLiG auf alle kapitalmarktorientierten Konzerne ausgedehnt.[591] Ferner wurden seit der Verabschiedung des KapAEG verschiedene Anstrengungen unternommen, um das nationale Konzernbilanzrecht an internationale, stärker dem angelsächsischen bzw. anglo-amerikanischen Rechnungsmodell entsprechende Erfordernisse anzupassen. So wurde mit dem DRSC ein privater *standard setter* gegründet, dem u. a. die Aufgabe zukommt, durch die Erarbeitung von Rechnungslegungsstandards die Konzernrechnungslegung zielgerichtet fortzuentwickeln und an internationale Rechnungslegungsgepflogenheiten anzupassen sowie den Gesetzgeber bei Gesetzesinitiativen zur Internationalisierung des nationalen Rechnungslegungsrechts zu be-

589 Vgl. Gliederungspunkt 3.1.14.4.
590 Siehe Gliederungspunkt 3.1.16.1.1.
591 Vgl. Gliederungspunkt 3.1.16.3.4.

raten.[592] Diese Initiativen tragen bereits erste Früchte. Beispielsweise wurde, der Empfehlung des DRSC folgend, mit dem TransPuG[593] die Option für den Konzernabschluss einen vom Jahresabschluss des Mutterunternehmens abweichenden Stichtag zu wählen, gestrichen, die Anschaffungskostenrestriktion bei Anwendung der Neubewertungsmethode aufgehoben und die international nicht übliche Schutzklausel, die es erlaubte, auf eine segmentierte Angabe der Umsatzerlöse im Konzernanhang zu verzichten, falls sich hieraus erhebliche Nachteile für ein in den Konzernabschluss einbezogenes Unternehmen ergeben können, abgeschafft.

Die Institutionalisierung der Regulierung der externen Rechnungslegung hat sich in Deutschland mit der Konstituierung des DRSC als privater *standard setting body* maßgeblich verändert. An die Stelle staatlicher Regulierung tritt in Anlehnung an das angelsächsische Rechtssystem des *common law*[594] im Bereich der externen Rechnungslegung nun eine stärkere Selbststeuerung. Somit werden nicht nur die Normen selbst an international akzeptierte, dem angelsächsischen/anglo-amerikanischen Rechnungslegungsmodell entlehnte Standards angepasst, sondern auch die nationale Regulierungs- und Normgebungsstruktur.

[6]: Die Internationalisierungsbestrebungen gehen mit einem Auseinanderdriften und einer gleichzeitig stärkeren Gewichtung des Konzernabschlusses im Verhältnis zum Einzelabschluss einher und leiten damit eine neue Entwicklungsrichtung der Differenzierung materieller und formeller Rechnungslegungsnormen ein.

Noch im AktG 1965 stand in Deutschland geprägt von einer *legal entity*-Fokussierung, der Abschluss der rechtlichen Einheit als Rechnungslegungsinstrument im Vordergrund. Erst mit dem im Rahmen der europäischen Harmonisierungsbestrebungen verabschiedeten Bilanzrichtlinien-Gesetz hat sich der Konzernabschluss von den Abschlüssen der Einzelunternehmungen emanzipiert[595] und hat seitdem sukzessive an Bedeutung gewonnen. Auch im Rahmen der jüngsten Initiativen zur Modernisierung des nationalen Bilanzrechts steht primär der Konzernabschluss im Normierungsfokus. Empirischen Untersuchungen zufolge ist der Konzernabschluss faktisch sogar für die Bemessung der Ausschüttungen an die Aktionäre relevant.[596] In Einklang mit einer *economic entity*-Betrachtungs-

---

592 Siehe hierzu Gliederungspunkt 3.1.16.2.
593 Siehe zu Zielsetzung und Inhalt des TransPuG Gliederungspunkt 3.1.16.4.
594 Zu den zentralen Charakteristika des *common law*-Systems siehe Gliederungspunkt 2.4.1.
595 Vgl. Gliederungspunkt 3.1.14.6.1.
596 Vgl. Pellens, B./Gassen, J./Marc, R. (2003), S. 309 ff.

weise entwickelt sich der Konzernabschluss somit zunehmend zum dominanten Rechnungslegungsinstrument.

Gleichzeitig geht mit den Initiativen zur Anpassung des nationalen Rechnungslegungsrechts an international akzeptierte Rechnungslegungsgrundsätze eine zunehmende Abspaltung des Konzernabschlusses vom Einzelabschluss einher.[597] So wurde beispielsweise die Anwendung international akzeptierter Rechnungslegungsgrundsätze auf den Konzernabschluss beschränkt und mit dem durch das TransPuG eingeführten Verbot zur Übernahme steuerlich bedingter Wertansätze in den Konzernabschluss[598] erstmals eine allgemeine Differenzierung der Bewertungsnormen zwischen Konzernabschluss und Einzelabschluss vollzogen. Zudem beziehen sich auch die Verlautbarungen des DRSC ausschließlich auf den Konzernabschluss,[599] woraus weitere Divergenzen resultieren. Wesentlicher Grund für diese Differenzierung ist, dass der Einzelabschluss im Gegensatz zum Konzernabschluss nicht ausschließlich Informationsfunktion besitzt, sondern darüber hinaus Bemessungsgrundlage für die Einkommen- und Körperschaftsteuer ist und bei Kapitalgesellschaften die Ausgangsbasis für die Ermittlung des ausschüttbaren Gewinns darstellt.

Diese Multifunktionalität des Einzelabschlusses hatte zur Konsequenz, dass die Entwicklung der Rechnungslegungsgrundsätze in Deutschland nicht ausschließlich an der Informationsfunktion orientiert war, sondern erheblich von der Zielsetzung des Gläubigerschutzes sowie der Kapitalerhaltung dominiert wurde (so z. B. im AktG 1870, AktG 1884 sowie der Aktienrechts(not)verordnung 1931)[600] und darüber hinaus wesentliche Prägung durch das Steuerrecht einschließlich der steuerlichen Rechtssprechung erfuhr. Der starke Einfluss des Steuerrechts auf das Bilanzrecht wurde insbesondere bei der Ausarbeitung des Bilanzrichtlinien-Gesetzes 1985 transparent: Dominiert von der Zielsetzung des Erhalts des Maßgeblichkeitsgrundsatzes[601] und einer steuerneutralen Transformation der Vierten EG-Richtlinie war die Gesetzesinitiative vor allem bezüglich der materiellen Rechnungslegungsgrundsätze auf eine weitgehende Erhaltung des Status quo fokussiert. Wegen der gesellschafts- und steuerrechtlichen Konsequenzen, die an den Einzelabschluss anknüpfen, sind auch die jüngsten Bestrebungen zur Modernisierung des nationalen Bilanzrechts bislang ausschließlich auf den Konzern-

---

597 So auch Herzig, N. (2000), S. 104; Scheffler, E. (2001), S. 6; ähnlich auch Busse von Colbe, W. (1997), S. 429.

598 Vgl. Gliederungspunkt 3.1.16.4.

599 Vgl. Gliederungspunkt 3.1.16.2.

600 Vgl. Gliederungspunkte 3.1.2, 3.1.3 und 3.1.7.

601 Siehe zum Entstehungshintergrund des Maßgeblichkeitsprinzips sowie dessen Einfluss auf die externe Rechnungslegung Gliederungspunkt 3.1.6.

abschluss begrenzt, während im Einzelabschluss an den traditionellen Rechnungslegungsnormen festgehalten wird. Allerdings zeigt sich von Seiten der Steuergesetzgebung seit der Verabschiedung des Gesetzes zur Fortsetzung der Unternehmenssteuerreform im Jahr 1997 eine zunehmende Durchlöcherung des Maßgeblichkeitsgrundsatzes,[602] die auf eine stärkere Abkoppelung der steuerlichen Gewinnermittlung von der handelsrechtlichen Rechnungslegung, wie sie in Ländern mit angelsächsischem/anglo-amerikanischem Rechnungsmodell üblich ist,[603] schließen lässt.

[7]: **Die Kapitalmarktorientierung hat sich als zusätzliches bedeutendes Differenzierungskriterium infolge der Internationalisierungstendenzen einerseits und der gestiegenen Informationsansprüche an die Unternehmensberichterstattung andererseits etabliert.**

Vor Verabschiedung des KapAEG im Jahr 1998 waren die gesellschaftlichen Anforderungen an die externe Unternehmensberichterstattung – abgesehen von Branchenspezifika – primär nach Rechtsform (Haftung) und Größe differenziert. Das Kriterium der Börsennotierung spielte dagegen bis dahin eine untergeordnete Rolle. Es diente im Wesentlichen nur als Ausschlusskriterium, um zu verhindern, dass börsennotierte Unternehmen in den Genuss größenbezogener Erleichterungen kommen konnten. Mit der wachsenden Bedeutung einer Rechnungslegung nach IAS/IFRS oder US GAAP als Zugangsvoraussetzung zu internationalen Kapitalmärkten ist das Kriterium der Kapitalmarktorientierung jedoch inzwischen zu einem zentralen Differenzierungsmerkmal geworden. Dies lässt sich zum einen mit den besonderen Schutzbedürfnissen anonymer Kapitalmarktteilnehmer rechtfertigen,[604] zum anderen ist diese Entwicklung aber auch damit zu begründen, dass der Kapitalmarkt das zentrale integrative Element im Rahmen der Internationalisierungsbestrebungen darstellt. Denn die Kommunikation auf internationalen Kapitalmärkten erfordert die Bereitstellung international vergleichbarer Rechnungslegungsinformationen. Bei nicht kapitalmarktorientierten Unternehmen fehlt dagegen das grenzüberschreitende Element „Kapitalmarkt", sodass bislang die Notwendigkeit der „Internationalisierung" der Rechnungslegung für jene Unternehmen im Gegensatz zu kapitalmarktorientierten Unternehmen nicht als dringlich angesehen wurde. Etliche Maßnahmen zur Modernisierung des nationalen Bilanzrechts und der Verbesserung des Informationsnutzens von Abschlussinformationen waren deshalb bisher ausschließlich

602 Vgl. Gliederungspunkt 3.1.17.
603 Siehe Tab. 3.
604 Siehe hierzu auch Gliederungspunkt 2.3.1.2.

auf kapitalmarktorientierte Unternehmen begrenzt.[605] So ist es beispielsweise heute nur Mutterunternehmen kapitalmarktorientierter Konzerne erlaubt, mit befreiender Wirkung einen Konzernabschluss nach international anerkannten Rechnungslegungsgrundsätzen zu erstellen, und auch die Ergänzung des Konzernabschlusses um eine Segmentberichterstattung, Kapitalflussrechnung und einen Eigenkapitalspiegel wird nur für Abschlüsse kapitalmarktorientierter Konzerne verpflichtend gefordert.

[8]: Die Entwicklung der (Differenzierung) der externen Unternehmensberichterstattung in Deutschland ist gleichermaßen ein evolutionärer und politischer Prozess, in dem sowohl sozioökonomische, gesellschaftspolitische Strömungen und Leitideen als auch punktuelle staatliche Eingriffe zur Beseitigung von Fehlentwicklungen als gestalterische Kräfte mitgewirkt haben.

Insgesamt lässt sich im Rahmen der Analyse zur Entwicklungsgeschichte der Unternehmensberichterstattung in Deutschland eine stetig fortschreitende Regulierung konstatieren. Treibende Kräfte waren zum einen aus den sozioökonomischen Rahmenbedingungen abgeleitete gesellschaftspolitische Strömungen und Leitideen. Die Philosophie des Laisser-faire bzw. der Privatautonomie als Basisströmung des HGB (1897) und des GmbHG (1892) auf der einen Seite und der Publizitäts-, Machtkontrolle- und Minderheitenschutz-Gedanke als prägende Kerngedanken des AktG (1965) und des PublG (1969) auf der anderen Seite dokumentieren dies. Dass der tendenziell eher als evolutionär zu bezeichnende Entwicklungsprozess der externen Unternehmensberichterstattung immer auch ein politischer Prozess war, zeigen nicht zuletzt die massiven Versuche betroffener Interessenverbände, auf Entscheidungen Einfluss zu nehmen. Beispielsweise ist die Unterscheidung der Bewertungsnormen von Kapitalgesellschaften und unter das PublG fallender Großunternehmen auf die erfolgreiche Lobbyarbeit der Spitzenorganisationen der gewerblichen Wirtschaft zurückzuführen. Hierdurch ist es den Interessenvertretern gelungen, die im ursprünglichen Gesetzesentwurf zum PublG vorgesehene Übernahme der im AktG (1965) verankerten materiellen Rechnungslegungsnormen in das PublG abzuwehren,[606] was bis heute Tatbestand hat. Auch die bereits im Bilanzrichtlinien-Gesetz in Erwägung gezogene Übertragung der für Kapitalgesellschaften geltenden Rechnungslegungsanforderungen auf die Kapitalgesellschaft & Co. wurde nach Einflussnahme maßgebender Wirtschaftsverbände und Berufsorganisationen letztendlich entgegen bestehender Sachgründe wieder verworfen[607] und mit der Verab-

---

605 Siehe Gliederungspunkt 3.1.16.

606 Vgl. Gliederungspunkt 3.1.12.2.2.

607 Vgl. Gliederungspunkt 3.1.14.5.

schiedung des KapCoRiLiG[608] letztendlich erst 15 Jahre später verwirklicht. Als unerwünscht identifizierte (Fehl-)Entwicklungen wurden schließlich auch von den jeweils Regierenden regelmäßig zum Anlass genommen, mit punktuellen Gegenmaßnahmen gestalterisch in den Entwicklungsprozess einzugreifen. Die Einführung des §292a HGB mit dem KapAEG im Jahre 1998[609] als Reaktion auf das gestiegene Bedürfnis börsennotierter Mutterunternehmen, international akzeptierte Rechnungslegungsnormen für den Konzernabschluss anzuwenden, kann hierfür als Beispiel gelten. Der Status quo der externen Unternehmensberichterstattung in Deutschland – und das darin realisierte Differenzierungskonzept – ist somit als das Ergebnis eines komplexen Entwicklungsprozesses zu interpretieren, auf den unterschiedlichste gesamtgesellschaftliche Kräfte ein- und mitgewirkt haben.

[9]: Die Gewichtung und die Kombination der relevanten Differenzierungskriterien und -bereiche sowie die vom Gesetzgeber realisierte Differenzierungsstrategie unterlagen im Zeitablauf einem evolutionären, steten Wandel.

Während bei der Konzipierung des ADHGB von 1861 noch keinerlei Unterscheidungen hinsichtlich der von Unternehmen zu erfüllenden Unternehmensberichterstattungspflichten vorgesehen wurden, erlangten im anschließenden Prozess der kontinuierlichen Fortentwicklung der Rechnungslegung faktisch sämtliche der in Abb. 26 aufgeführten Differenzierungskriterien und -bereiche zumindest temporäre Relevanz. Auch im Status quo nimmt der Gesetzgeber Differenzierungen in allen Bereichen (Abschlusserstellung, Prüfung, Publizität und Enforcement) vor. Als zentrale Differenzierungskriterien haben sich allerdings neben dem Merkmal der Branche (das in der Abbildung jedoch nicht berücksichtigt ist), die Kriterien Rechtsform (Haftungsbeschränkung),[610] Unternehmensgröße, Kapitalmarktorientierung sowie eine Unterscheidung zwischen rechtlicher und wirtschaftlicher Einheit herauskristallisiert (die unterschiedliche Gewichtung dieser Kriterien wird in Abb. 26 durch die Anzahl der schraffierten Rechtecke symbolisiert).

---

[608] Siehe Gliederungspunkt 3.1.16.3.1.

[609] Siehe zum Entstehungshintergrund des KapAEG 3.1.16.1.

[610] Die rechtsformbezogene Unterscheidung von Anforderungen an die externe Unternehmensberichterstattung basiert im Wesentlichen auf einer Differenzierung zwischen haftungsbeschränkten und nicht haftungsbeschränkten Unternehmen. Eine Ausnahme stellt jedoch die Kommanditgesellschaft auf Aktien dar, die obschon ihrer unbegrenzten Haftung aufgrund ihres engen wirtschaftlichen Zusammenhangs zur Aktiengesellschaft seit der Aktienrechtsnovelle 1884 (vgl. Gliederungspunkt 3.1.3) im Hinblick auf die zu erfüllenden Unternehmensberichterstattungspflichten der Aktiengesellschaft gleichgestellt ist.

■ **Abb. 26:** Differenzierungsmatrix – Status quo in Deutschland

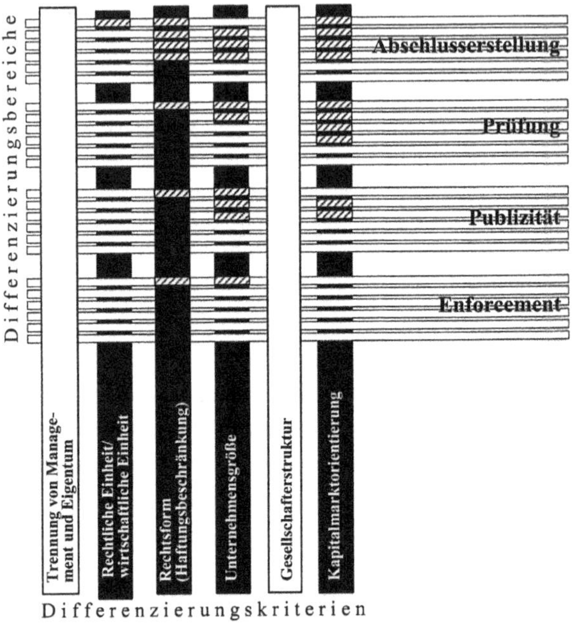

Hinsichtlich der Differenzierung der materiellen und formellen Rechnungslegungsgrundsätze verfolgte der Gesetzgeber traditionell eine Modifizierungsstrategie,[611] die seit dem Bilanzrichtlinien-Gesetz sowohl auf einem *top-down* als auch einem *bottom-up approach* basiert.[612] Ein radikaler Strategiewechsel erfolgte jedoch mit der Einführung des § 292a HGB durch das KapAEG im Jahr 1998: Mit der Öffnung des Konzernbilanzrechts für international anerkannte Rechnungslegungsgrundsätze akzeptiert der Gesetzgeber im Sinne einer Separationsstrategie[613] erstmals die parallele Existenz von unterschiedlichen Rechnungslegungssystemen mit völlig verschiedenen Ansatz-, Bewertungs- und Ausweisnormen.[614]

611 Siehe zum Begriff der „Modifizierungsstrategie" Gliederungspunkt 2.3.3.1.
612 Vgl. Gliederungspunkt 3.1.14.6.
613 Siehe zum Begriff der „Separationsstrategie" Gliederungspunkt 2.3.3.1.
614 Siehe Gliederungspunkt 3.1.16.1.1.

Die „IAS-Verordnung“ der EU hat der von der Internationalisierung auf den Güter- und Finanzmärkten ausgelösten Forderung einer Angleichung der nationalen Rechnungslegungsnormen an international akzeptierte Standards gesetzgeberischen Ausdruck verliehen. Hierdurch wurden auf administrativer Ebene Fakten geschaffen: Angelsächsisch/anglo-amerikanisches Gedankengut zur Rechnungslegung erhält Eingang in die nationalen Rechnungslegungssystematiken. Damit sind die Weichen für die Fortentwicklung der deutschen Unternehmensberichterstattung gestellt, an deren Anfang die Erarbeitung eines Konzeptes zur künftigen Normierung der externen Rechnungslegung mit entsprechend weit reichenden Konsequenzen stehen wird. Die Notwendigkeit hierfür resultiert insbesondere aus der Frage, wie die Unternehmensberichterstattung nicht kapitalmarktorientierter Unternehmen künftig ausgestaltet sein soll: Für welche Unternehmen bzw. für welchen Abschluss soll die Anwendung der IAS/IFRS künftig zwingend vorgeschrieben bzw. als Option zur Wahl gestellt werden? Ein sinnvoller Weg auf der Suche nach möglichen Ansatzpunkten zur Beantwortung dieser Fragen wird, wie im Gliederungspunkt 1.3 bereits angedeutet, in dieser Arbeit in der historischen und normativen analytischen Auseinandersetzung mit der Differenzierung der externen Unternehmensberichterstattung in Großbritannien gesehen, die im folgenden Kapitel 4 ausführlich betrieben wird.

4 Historische Entwicklung und Status quo der Differenzierung der Normierung der externen Unternehmensberichterstattung in Großbritannien

Großbritannien[1] verdient in der Diskussion um eine Neukonzeption der Unternehmensberichterstattung in Deutschland aus mehrerlei Gründen besondere Beachtung. Zum einen besteht nicht nur geographisch sowie durch den Zusammenschluss in der Europäischen Union (EU) eine enge wirtschaftliche Verbindung, sondern durch die EU- bzw. EG-Richtlinien auch ein gemeinsamer gesellschaftsrechtlicher Rahmen, der nicht zuletzt zu einer zumindest partiellen Annäherung der beiden Rechnungslegungssysteme geführt hat.[2] Zum anderen befindet sich auch das britische Gesellschaftsrecht in einer tief greifenden Umbruchphase: Zur Förderung der Wettbewerbsfähigkeit der nationalen Wirtschaft soll das bestehende Kapitalgesellschaftsrecht einer umfassenden Modernisierung unterzogen werden. Zu diesem Zweck setzte die Regierung bereits im Jahr 1998 unter der Regie des *Department of Trade and Industry* (DTI) eine eigene *Company Law Review Steering Group* mit dem Auftrag ein, im Rahmen eines dialogorientierten Konsultationsprozesses mit betroffenen Kreisen und der interessierten Öffentlichkeit einen konsensbasierten Reformierungsvorschlag zu erarbeiten. Hierfür veröffentlichte die *Company Law Review Steering Group* mehrere sog. „*consultation documents*" (Konsultationsdokumente) zur öffentlichen Stellungnahme[3] und legte schließlich unter Berücksichtigung der eingegangenen Kommentare im Jahr 2001 ihre Abschlussempfehlungen[4] vor.

Auf Basis der von der *Company Law Review Steering Group* erarbeiteten Empfehlungen formulierte die Regierung dann im Juli 2002 ihren eigenen Vorschlag zur Re-

---

1 Obwohl die Gesetze des britischen Parlaments nicht unmittelbar im gesamten Vereinigten Königreich von Großbritannien (England, Wales, Schottland) und Nordirland Rechtsgültigkeit entfalten – so besitzt beispielsweise Schottland ein eigenständiges, auf römischer Rechtstradition basierendes Recht und Nordirland über einen eigenen Gesetzgeber – werden sie in vielen Fällen, wenngleich zum Teil in ihrem Anwendungsbereich beschränkt oder erweitert, neben England und Wales auch auf Schottland und vielfach auch auf Nordirland übertragen; vgl. hierzu Scholtissek, W. (1991), S. 13. i. V. m. Will, M. (Bearb.) (1989), S. 436. Es bestehen deshalb auch in Bezug auf den rechtlichen Rahmen der externen Unternehmensberichterstattung kaum Unterschiede zwischen England, Wales und Schottland. Die Ausführungen beziehen sich aus diesem Grund im Folgenden terminologisch auf Großbritannien; auf die besonderen Spezifika Schottlands, die sich vor allem im Bereich des Rechts der Personengesellschaften ergeben, wird allerdings im Rahmen dieser Arbeit nicht eingegangen.

2 Zu wesentlichen, auch nach der Umsetzung der Vierten und Siebenten EG-Richtlinie bestehenden, Unterschieden zwischen britischen und deutschen Bilanzierungsnormen und -gepflogenheiten siehe KPMG (Hrsg.) (2000a); Küting, K. (1994), S. 71 f.

3 Siehe hierzu The Company Law Review Steering Group (Hrsg.) (1999a), (1999b), (1999c), (2000a), (2000b), (2000c).

4 Vgl. The Company Law Review Steering Group (Hrsg.) (2001a) und (2001b).

formierung des britischen Gesellschaftsrechts und veröffentlichte diesen zu Diskussionszwecken in einem sog. „*white paper*".[5] Als Mitglied der EU steht auch der britische Gesetzgeber vor der Herausforderung, bei der Reformierung seines Gesellschaftsrechts die Vorgaben des europäischen Parlaments zu berücksichtigen und mögliche Konzepte zur Übernahme der IAS/IFRS in das nationale Recht zu erörtern.[6] Der sich in Großbritannien vollziehende gesellschaftsrechtliche Reformierungsprozess eröffnet nicht nur die Möglichkeit, von den dort gemachten Erfahrungen profitieren zu können, sondern in einem zunehmend globaler werdenden wirtschaftlichen Umfeld, in dem zur Egalisierung der Wettbewerbsbedingungen der Bedarf nach harmonisierten rechtlichen Rahmenbedingungen wächst, kann diesem zudem eine wichtige Vorreiter- und Vorbildfunktion für andere europäische Staaten und nicht zuletzt auch für Deutschland zufallen. Bereits in der Vergangenheit hat sich Deutschland deshalb bei anstehenden Reformen insbesondere des Aktienrechts immer schon durch Rechtsvergleichungen vor allem von dem britischen Gesellschaftsrecht befruchten lassen.[7] Da in Großbritannien seit ca. Mitte der 1990er-Jahre eine intensive Auseinandersetzung mit der Rechnungslegung kleinerer Unternehmen stattfindet, die 1997 in die Verabschiedung eines eigenen *financial reporting standard for smaller entities* (FRSSE), d. h. eines eigenständigen Rechnungslegungsstandard für kleine Unternehmen mündete, verfügt Großbritannien darüber hinaus bereits über mehrjährige Erfahrungen im Hinblick auf die Differenzierung von Rechnungslegungsanforderungen in Bezug auf die Unternehmensgröße, die sich auch in Deutschland, wie die Analyse im vorigen Kapitel deutlich machte, zu einem maßgeblichen Differenzierungskriterium entwickelt hat.

Viel versprechend im Hinblick auf die Zielsetzung der vorliegenden Arbeit ist eine Auseinandersetzung mit dem vom britischen *standard setter* verabschiedeten FRSSE vor allem auch deshalb, weil dieser vom IASB im Rahmen seines Agendaprojektes zur Erleichterung der Anwendung der IAS/IFRS für kleinere Unternehmen als mögliches Modell diskutiert wird.[8] Berücksichtigt man, dass es sich bei der Entwicklung von

---

5 Vgl. Secretary of State for Trade and Industry (Hrsg.) (2002a) sowie (2002b). Bis zur Fertigstellung der vorliegenden Arbeit hat es die Regierung jedoch unterlassen, auf Basis der Abschlussempfehlungen der *Company Law Review Steering Group* sowie dem vorgelegten *white paper* konkrete Gesetzesänderungen zu initiieren, sodass es sich bei den unterbreiteten Reformvorschlägen nach wie vor lediglich um angedachte Maßnahmen handelt.

6 Auch diesbezüglich liegt ein Konsultationsdokument vor, das vom *Department of Trade and Industry* herausgegeben wurde; vgl. Department of Trade and Industry (Hrsg.) (2002).

7 Vgl. Schmölder, K. (1950), S. 287; ähnlich Großfeld, B./Diekmann, H. (1998), S. 429; bezogen auf das AktG (1937) Weiß, A. (1948), S. 36. So wurde beispielsweise mit der Aktienrechts-(not)verordnung 1931 für den Jahresabschluss von Aktiengesellschaften/Kommanditgesellschaften auf Aktien eine Generalnorm nach dem Vorbild des britischen Gesellschaftsrechts eingeführt; vgl. Gliederungspunkt 3.1.7. Auch die Einschränkung der Bildung stiller Reserven im AktG (1965) war durch das britische *Companies Act 1948* inspiriert; vgl. Gliederungspunkt 3.1.11.

8 Vgl. Fleming, C. (2002), S. 15 ff sowie die Website des IASB; http://www.iasb.org.uk.

Rechnungslegungsnormen um einen politischen Prozess handelt,[9] der von den beteiligten Personen, d. h. im Fall des IASB auch von dessen Board-Mitgliedern, maßgeblich beeinflusst und vorangetrieben wird,[10] so ist dem vom britischen *Accounting Standards Board* (ASB) entwickelten FRSSE in dem IASB-Projekt auch unter politischen Gesichtspunkten besondere Relevanz beizumessen. Handelt es sich doch bei Sir David Tweedie, dem Vorsitzenden des IASB, um den ehemaligen Vorsitzenden des britischen *Accounting Standards Board*, in dessen Amtszeit auch der FRSSE 1997 entwickelt und verabschiedet wurde; und auch Geoffrey Whittington, IASB-*liaison member* für das britische *Accounting Standards Board*, hat als Board-Mitglied und ehemaliger Vorsitzender des sog. „*Committee on Accounting for Smaller Entities*"[11] des ASB maßgeblich an der Konzeption und Fortentwicklung des FRSSE mitgewirkt.[12] Ferner wurde Isobel Sharp, ASB Board-Mitglied und derzeitige Vorsitzende des *Committee on Accounting for Smaller Entities*, vom IASB in das *Advisory Panel on Accounting for Small and Medium-sized Enterprises* berufen. Insofern ist dem im FRSSE zum Ausdruck kommenden britischen Differenzierungsmodell auch für die internationale Fortentwicklung und mögliche Differenzierung der IAS/IFRS wesentliche Relevanz zuzuschreiben.

Aufgrund der besonderen Bedeutung, die dem britischen Differenzierungskonzept aus vorgenannten Gründen beigemessen wird, ist das folgende Kapital einer ausführlichen Analyse der in Großbritannien umgesetzten Konzeption zur Differenzierung der externen Unternehmensberichterstattung gewidmet. Soll das britische Differenzierungsmodell als Inspiration für einen deutschen Lösungsansatz dienen, reicht es jedoch nicht aus, nur die Differenzierungsparameter selbst näher zu beleuchten. Vielmehr setzt eine Beurteilung dieses Modells auch eine Berücksichtigung der auf die Rechnungslegung Einfluss nehmenden ökonomischen Rahmenbedingungen voraus.[13] Aus diesem Grund geht der Analyse des britischen Differenzierungsprofils (Gliederungspunkt 4.2) eine ausführliche Erläuterung des rechtlichen und institutionellen Rahmens (Gliederungspunkt 4.1) voran.[14]

---

[9] Vgl. Mould, P./Boczko, T. (2002), S. 5; Ordelheide, D. (1998a), S. 2 ff.; Wagenhofer, A./Ewert, R. (2003), S. 29; Walker, R./Robinson, S. (1994), S. 18.

[10] Ähnlich Kenny, S./Larson, R. (1993), S. 548 f.

[11] Für Details zum Aufgabenbereich des *Committee on Accounting for Smaller Entities* siehe Gliederungspunkt 4.1.2.2.

[12] Zu den Board-Mitgliedern des IASB sowie zu dem Vorsitzenden Sir David Tweedie siehe die Website des IASB (http://www.iasb.org.uk). Zu den Board-Mitgliedern des ASB zum Zeitpunkt der Verabschiedung des FRSSE siehe Accounting Standards Board (Hrsg.) (1997a), S. 72.

[13] Nach wissenschaftlichen Erkenntnissen wird die Rechnungslegung eines Landes in starkem Maße von dessen ökonomischem, sozialem, politischem und kulturellem Umfeld geprägt; vgl. Gliederungspunkt 2.4.

[14] Andere Einflussfaktoren soziologischer, kultureller und politischer Art bleiben dagegen weitgehend unberücksichtigt.

4.1 Gesellschaftsrechtliche und institutionelle Rahmenbedingungen der Normierung der externen Unternehmensberichterstattung

Für eine Analyse der rechtlichen und institutionellen Rahmenbedingungen der Normierung der externen Rechnungslegung sind insbesondere die folgenden Parameter von besonderem Interesse:

- von der Regierung verabschiedete gesellschaftsrechtliche Gesetze und Verordnungen zur externen Unternehmensberichterstattung,
- vom ASB, dem britischen *standard setter*, erlassene Rechnungslegungsnormen,
- der Einfluss steuerrechtlicher Vorschriften auf die gesellschaftsrechtliche Rechnungslegung sowie
- jener, der von den vom IASB (bzw. IASC) herausgegebenen internationalen Rechnungslegungsstandards (IAS/IFRS) auf das britische Rechnungslegungssystem ausging bzw. -geht.

Kapitalmarktrechtliche Normen werden aufgrund der Ausrichtung dieser Arbeit auf nicht kapitalmarktorientierte Unternehmen nicht in die Betrachtung miteinbezogen.[15]

4.1.1 Gesetzliche Grundlagen der externen Unternehmensberichterstattung

Entsprechend der Rechtstradition des *common law*[16] stellt das Fallrecht, das von den Richtern gesetzte Recht, die wichtigste Rechtsquelle des britischen[17] Gesellschaftsrechts dar.[18] Durch die von der britischen Regierung erlassenen gesellschaftsrechtlichen Gesetze und Verordnungen wird somit nur ein kodifizierter Rahmen gesetzt, der erst durch induktive Normentwicklung in Form von einzelfallbezogenen Gerichtsent-

---

15 Hinsichtlich der externen Unternehmensberichterstattung sind hierbei für Unternehmen, deren Wertpapiere am *Official List Market* (kurz *official list*), d. h. am Hauptmarkt der *London Stock Exchange* notieren, vor allem die *listing rules* der *Financial Services Authority*, die mit der Kapitalmarktregulierung und -aufsicht von in der *official list* der *London Stock Exchange* notierten Unternehmen beauftragt ist, sowie die *admission and disclosure standards* der *London Stock Exchange* relevant, wobei Letztere hinsichtlich der laufenden Publizitätspflichten direkt auf die *listing rules* verweisen; siehe London Stock Exchange (Hrsg.) (2002b), S. 2-4 sowie Financial Services Authority (Hrsg.) (2002), chapter 12. Für Unternehmen, deren Wertpapiere am *Alternative Investment Market* (AIM), einem Marktsegment für kleine wachstumsorientierte Werte, notieren, ergeben sich die kapitalmarktrechtlichen Publizitätsanforderungen unmittelbar aus den *AIM rules* der *London Stock Exchange*; vgl. London Stock Exchange (Hrsg.) (2002a), S. 1-2 ff.

16 Vgl. zu den Charakteristika des *common law* Gliederungspunkt 2.4.1.

17 Wie bereits in Fn. 1 erläutert, herrscht in Großbritannien nur teilweise einheitliches Recht.

18 Vgl. Department of Trade and Industry (Hrsg.) (1998b), S. 19; Triebel, V./Hodgson, S./Kellenter, W./Müller, G. (1995), S. 34.

scheidungen (sog. „*case law*") konkretisiert, ausgefüllt und weiterentwickelt wird.[19] Von dieser kasuistischen Rechtsentwicklung geprägt, folgen die von der Legislative geschaffenen gesellschaftsrechtlichen Gesetze und Verordnungen vielfach keiner auf theoretischen Erkenntnissen basierenden Systematik, sondern dienen vielmehr dazu, den in der Unternehmenspraxis herausgebildeten Zustand der *best practice* verbindlich vorzuschreiben[20] und an aktuelle Entwicklungen anzupassen.[21] Hieraus resultiert eine sehr pragmatische Rechtsentwicklung, die zur Konsequenz hat, dass zu einem Rechtsgebiet eine Vielfalt an kodifizierten Bestimmungen verfügbar sein kann, während für andere Rechtsfragen wiederum keinerlei gesetzliche Vorschriften existieren.[22]

Diese Rechtsphilosophie spiegelt sich auch in der Normierung der externen Unternehmensrechnung wider. Zum einen beschränken sich die gesetzlichen Vorschriften zur materiellen Ausgestaltung der Abschlusserstellung auf die Regelung grundlegender Anforderungen, insbesondere die Vermittlung eines *true and fair view*, während die inhaltliche Ausfüllung des gesetzlichen Rahmens der Rechnungslegungspraxis, dem privaten *standard setter* sowie der Urteilsfindung der Gerichte überlassen wird.[23] Zum anderen gibt es in Großbritannien kein dem deutschen HGB vergleichbares Gesetz, in dem die Unternehmensrechnung umfassend für alle Kaufleute geregelt ist.[24] Vielmehr erfolgt die gesetzliche Normierung der externen Rechnungslegung rechtsformspezifisch, was zur Konsequenz hat, dass in Abhängigkeit von der gewählten Rechtsform – hierbei stehen Unternehmen im Wesentlichen neben der Unternehmensform des *sole trader*[25] (Einzelunternehmung) die Möglichkeit des Zusammenschlusses als *partnership* (Personengesellschaft) oder die Firmierung als *company* (Handelsge-

---

19 Vgl. Triebel, V./Hodgson, S./Kellenter, W./Müller, G. (1995), S. 34 i. V. m. Will, M. (Bearb.) (1989), S. 494 ff.

20 Vgl. Diethmayr, S. (1994), S. 29; Triebel, V./Hodgson, S./Kellenter, W./Müller, G. (1995), S. 34.

21 Die Anpassung bestehender Gesetze an aktuelle Gegebenheiten geschieht meist durch die Verabschiedung von die gesetzlichen Bestimmungen ergänzenden, sog. „*Statutory Instruments*" (SI), die konzeptionell mit Rechtsverordnungen verglichen werden können. SI sollen eine Flexibilisierung der kodifizierten Bestimmungen gewährleisten und eine Anpassung der bestehenden gesetzlichen Vorschriften an aktuelle Erfordernisse ermöglichen. Die Verabschiedung von SI erfolgt im Rahmen der sog. „*secondary legislation*" und ist im Gegensatz zu dem Erlass von Gesetzen (sog. „*primary legislation*") an weniger strenge Anforderungen vor allem in Bezug auf die Involvierung des Parlaments gebunden, wodurch in der Regel eine schnellere Verfahrensabwicklung gewährleistet wird. Hinsichtlich des verordnungsähnlichen Rechtscharakters von SI siehe *Statutory Instruments Act von 1946.* Zu den unterschiedlichen alternativ zur Verfügung stehenden Prozedere zur Herausgabe von SI siehe beispielsweise The Company Law Review Steering Group (Hrsg.) (2000b), S. 245.

22 Vgl. Triebel, V./Hodgson, S./Kellenter, W./Müller, G. (1995), S. 39.

23 Vgl. Walton, P. (2000), S. 208.

24 Vgl. Triebel, V./Hodgson, S./Kellenter, W./Müller, G. (1995), S. 29 und S. 209.

25 Synonym hierzu werden in der Literatur auch die Begriffe *sole proprietorship* oder *single traders* verwendet.

sellschaft mit eigener Rechtspersönlichkeit, insbesondere Kapitalgesellschaft)[26] zur Verfügung[27] – sowie deren konkreter Ausgestaltung unterschiedliche Rechtsvorschriften zur Anwendung kommen und sich somit divergierende gesellschaftsrechtliche Rechnungslegungspflichten ergeben können.

4.1.1.1 Wesentliche Gesetzesgrundlage für die Normierung der externen Unternehmensberichterstattung: die *Companies Acts 1985* und *1989*

Das für die Normierung der externen Unternehmensrechnung bedeutendste Gesetz ist der im Jahr 1985 verabschiedete *Companies Act 1985* (CA 1985) (Gesetz über Kapitalgesellschaften), dessen Bestimmungen durch den nur vier Jahre später erlassenen *Companies Act 1989* (CA 1989) ergänzt, modifiziert und zum Teil neu gefasst wurden.[28] Obwohl beide *Companies Acts* nebeneinander Gültigkeit besitzen, stellt nach wie vor der CA 1985 das umfassendere Hauptgesetz und damit die primäre Rechtsquelle des britischen *company law*[29] (Kapitalgesellschaftsrecht) dar.[30]

---

26 Siehe zum Begriff der *company* auch Gliederungspunkt 4.1.1.1.1.

27 Vgl. Farrar, J./Hannigan, B. (1998), S. 39. Neben den genannten Rechtsformen existieren eine Reihe weiterer, zum Teil sehr spezifischer Unternehmensformen, wie z. B. *trusts* (zur Verwaltung von Treuhandvermögen begründete Rechtsbeziehungen), *unincorporated associations* (vergleichbar den nicht rechtsfähigen Vereinen), *societies* (Genossenschaften), *friendly societies* (Sonderform des Versicherungsvereins auf Gegenseitigkeit) etc.; vgl. Farrar, J./Hannigan, B. (1998), S. 5 ff. i.V.m. Güthoff, J. (1998), S. 5. Da diese Gesellschaftsformen jedoch oftmals nur zweckbestimmt zur Verfügung stehen bzw. nur bedingt zur Ausübung auf Dauer angelegter unternehmerischer Aktivitäten geeignet sind, werden sie in die weiteren Ausführungen dieser Arbeit nicht miteinbezogen.

28 Neben England und Wales gelten die beiden *Companies Acts* aus den Jahren 1985 und 1989 grundsätzlich auch in Schottland und wurden darüber hinaus durch spezielle Verordnungen (z. B. *Companies (Northern Ireland) Order 1986*) auch auf Nordirland übertragen; vgl. section 745 CA 1985 und section 213 CA 1989. Siehe zur Gültigkeit der *Companies Acts* Triebel, V./ Hodgson, S./Kellenter, W./Müller, G. (1995), S. 210 f.

29 Neben den *Companies Acts* (CA 1985 und CA 1989), die durch die Verabschiedung von *Statutory Instruments* (siehe Fn. 21) laufend ergänzt, modifiziert und aktualisiert werden, gibt es noch eine Reihe weiterer Rechtsquellen, die Kapitalgesellschaften betreffen und deshalb ebenfalls zum Kapitalgesellschaftsrecht (*company law*) gezählt werden. Hierzu gehören insbesondere die von der EU verabschiedeten Richtlinien, der *Financial Services and Markets Act 2000* (Gesetz über Dienstleistungen im Finanz- und Investitionsbereich), der *Insolvency Act 1986* (Insolvenzgesetz), der *Business Names Act 1985* (Gesetz über Firmennamen) sowie die für das *common law*-System übliche Rechtsableitung aus richterlichen Entscheidungen.

30 Dies ist u. a. darauf zurückzuführen, dass mit dem Erlass des CA 1985 keine wesentlichen neuen Normen eingeführt, sondern lediglich die vorher in verschiedenen *Companies Acts* kodifizierten Bestimmungen in einem einzigen Gesetz zusammengeführt wurden. Der CA 1985, der aus diesem Grund häufig auch als *consolidation act* bezeichnet wird, hat deshalb den Charakter eines umfassenden Regelwerkes sukzessiv entstandener Gesetzesbestimmungen; vgl. Walton, P. (2000), S. 207.

Der externen Unternehmensberichterstattung ist im CA 1985 ein eigener Abschnitt (Part VII „*Accounts and Audit*") gewidmet, der durch einen zugehörigen Anhang zum Gesetz (den *schedules*) ergänzt wird. Während sich der Hauptteil des Gesetzes überwiegend auf Bestimmungen zur Führung ordnungsmäßiger Bücher, die Verpflichtung zur einer dem *true and fair view*-Prinzip entsprechenden Abschlusserstellung, deren Prüfung durch den Abschlussprüfer sowie der Pflicht zur Berichterstattung gegenüber den Anteilseignern und Unternehmensexternen beschränkt, wird die durch die EG-Richtlinien bedingte konkrete materielle Ausgestaltung der Unternehmensberichterstattung in Form ausführlicher Bilanzierungs- und Bewertungsvorschriften in den *schedules* normiert.

Die wesentlichsten *schedules* zum Part VII des CA 1985, die durch den CA 1989 ergänzt und partiell neustrukturiert wurden,[31] sind thematisch wie folgt gegliedert (vgl. Tab. 23):

■ **Tab. 23:** *Schedules* zum Part VII des CA 1985

Schedule	
4	*Form and content of company accounts* (Gliederung und Inhalt des Einzelabschlusses)
4A	*Form and content of group accounts* (Gliederung und Inhalt des Konzernabschlusses)
5	*Disclosure of information: related undertakings* (Angaben über Beziehungen zu nahe stehenden Personen)
6	*Disclosure of information: emoluments and other benefits of directors and others* (Angaben über Einkünfte und andere Vorteile von Personen der Aufsichts- und Leitungsorgane sowie anderen Personen)
7	*Matters to be dealt with in directors' report* (im Lagebericht zu gewährende Informationen)
7A	*Directors' Remuneration Report* (Berichterstattung über Vergütungen der Organmitglieder)
8	*Form and content of accounts prepared by small companies* (Gliederung und Inhalt von Abschlüssen kleiner Kapitalgesellschaften)
8A	*Form and content of abbreviated accounts of small companies delivered to registrar* (Gliederung und Inhalt verkürzter Abschlüsse kleiner Kapitalgesellschaften zur Einreichung beim Unternehmensregister)
9	*Special provisions for banking companies and groups* (Sondervorschriften für Banken und Bankenkonzerne)
9A	*Form and content of accounts of insurance companies and groups* (Gliederung und Inhalt der Abschlüsse von Versicherungsunternehmen und -konzernen)
10	Aufgehoben
10A	*Parent and subsidiary undertakings: supplementary provisions* (Mutter- und Tochterunternehmen: ergänzende Vorschriften)

31 Vgl. section 1 CA 1989; KPMG (Hrsg.) (1998a), S. 1; Küting, K./Weber, C.-P. (1994), S. 94.

4.1.1.1.1 Anwendungsbereich der *Companies Acts 1985* und *1989*

Wenngleich der Terminus technicus „*company*" in Großbritannien für sämtliche Kapitalgesellschaftsformen mit eigener Rechtspersönlichkeit steht und damit neben den sog. „*registered companies*", d. h. durch Registrierung im Unternehmensregister mit eigener Rechtsfähigkeit ausgestattete Kapitalgesellschaften, auch alle Formen der *unregistered companies* umfasst – *unregistered companies* können sowohl durch königliche Konzession (*royal charter*)[32] als auch durch spezifische Parlamentsgesetze[33] Rechtspersönlichkeit erlangen[34] – ist der grundsätzliche Anwendungsbereich der beiden *Companies Acts* (CA 1985 und 1989) ausschließlich auf Unternehmen in der Rechtsform der *registered company* beschränkt.[35] Gemäß section 1 (2) CA 1985 zählen hierzu folgende drei Kapitalgesellschaftsformen: *companies limited by shares*, *companies limited by guarantee* und *unlimited companies*,[36] deren primäres Unterscheidungskriterium in dem Haftungsumfang der (des) beteiligten Gesellschafter(s) liegt.

Bei der ***company limited by shares*** (haftungsbeschränkte Kapitalgesellschaft) ist die Haftung der Teilhaber auf den nominellen Anteilsbetrag beschränkt. Es werden die *public company limited by shares* (konzeptionell vergleichbar mit der deutschen AG), deren *shares* (Anteile) und/oder *debentures* (Schuldtitel)[37] öffentlich aufgelegt werden können, und die *private company limited by shares* (konzeptionell vergleichbar mit der

---

32 Eine durch *royal charter* gegründete, sog. „*chartered company*" ist z. B. die *Bank of England*.

33 Versorgungsunternehmen werden üblicherweise in Form von Parlamentsgesetzen gegründet. In diesem Kontext wird dann von sog. „*statutory companies*" gesprochen.

34 Vgl. hierzu Davies, P. (1997), S. 5.

35 Durch *royal charter* oder Parlamentsgesetze gegründete *companies* fallen grundsätzlich nicht unter die Bestimmungen der *Companies Acts* (CA 1985 und 1989). Allerdings wurden per Verordnung einzelne Vorschriften auch für diese *unregistered*, d. h. nicht durch Eintragung ins Unternehmensregister gegründeten *companies* übernommen. Siehe hierzu section 718 CA 1985 in Verbindung mit schedule 22 CA 1985. Aufgrund der eingeschränkten Verfügbarkeit der beiden ersten Gesellschaftsformen für die allgemeine Unternehmenspraxis werden im Rahmen dieser Arbeit jedoch nur die *registered companies* näher betrachtet. Der Terminus „*company*" wird deshalb in den weiteren Ausführungen aus sprachlichen Vereinfachungsgründen mit dem Begriff der „*registered company*" gleichgesetzt und allgemein mit „Kapitalgesellschaft" übersetzt.

36 Für einen tieferen Einblick in die Gründungserfordernisse und notwendigen Gesellschaftsorgane der verschiedenen Kapitalgesellschaftsformen siehe beispielsweise Davies, P. (1997), S. 10 ff. und S. 98 ff.; Güthoff, J. (1998), S. 20 ff.; Triebel, V./Hodgson, S./Kellenter, W./Müller, G. (1995), S. 220 ff. sowie S. 263 ff.

37 Der Begriff *debentures* ist im CA 1985 nicht exakt definiert, bezeichnet allerdings eine ganze Reihe von fremdkapitalverbriefenden, üblicherweise übertragbaren Finanzinstrumenten wie z. B. Schuldverschreibungen, Schuldanerkenntnisse etc.; vgl. die Definition in section 744 CA 1985. Übliche Bankkredite werden allerdings in der Regel nicht als *debenture* bezeichnet; vgl. Davies, P. (1997), S. 323.

deutschen GmbH),[38] deren *shares* bzw. *debentures* nicht öffentlich angeboten und gehandelt werden dürfen, unterschieden. Aufgrund der strengeren formellen Gründungsanforderungen[39] (wie z. B. Mindestkapital £ 50.000, mindestens zwei Gründungsmitglieder)[40] wird die Gesellschaftsform der *public company limited by shares* primär von Großunternehmen und die *private company limited by shares* (kein gesetzliches Mindestkapital, Gründung ist als Einpersonenunternehmen möglich)[41] üblicherweise von kleineren und mittelgroßen Unternehmen gewählt.[42] Die mit der Rechtsform der *private company limited by shares* verbundene Haftungsbegrenzung gepaart mit den sehr moderaten Gründungsanforderungen und geringen Registrierungsgebühren, tragen dazu bei, dass die Gesellschaftsform der *private company limited by shares* mit zu den meist verbreitetsten Rechtsformen zählt und sich insbesondere auch bei kleineren Unternehmen sehr großer Beliebtheit erfreut.[43]

Bei der ***company limited by guarantee*** (Gesellschaft mit beschränkter Nachschusspflicht) ist die Haftung der Gesellschafter auf eine bestimmte Garantiesumme beschränkt, die jedoch erst im Liquidationsfall geleistet werden muss.[44] In der Unternehmenspraxis wird diese eher seltene,[45] als Einpersonenunternehmen mögliche Gesellschaftsform,[46] die seit 1980 nur noch als *private company limited by guarantee* ohne *share capital* (Anteilskapital) gegründet werden kann,[47] aufgrund der hieraus resultierenden Einschränkung der Möglichkeit zur Kapitalaufbringung überwiegend von Non-Profit-Organisationen, wie z. B. von Musikorchestern, Bildungseinrichtungen oder Sportvereinen, gewählt und als Alternative zur treuhänderischen Ver-

---

38 Ein ganz zentraler Unterschied zwischen der deutschen GmbH und der *privat (limited) company* ist jedoch, dass die *private company limited by shares* über kein gesetzliches Mindestkapital verfügen muss; für Details siehe Davies, P. (1998), S. 346 ff.; Fleischer, H. (2000), S. 1016 ff.

39 Für Details zu den Gründungsanforderungen von *public* und *privat companies limited by shares* siehe beispielsweise Davies, P. (1997), S. 10 ff. und S. 98 ff.; Farrar, J./Hannigan, B. (1998), S. 58 ff; Güthoff, J. (1998), S. 59 f.; Triebel, V./Hodgson, S./Kellenter, W./Müller, G. (1995), S. 216 ff.

40 Vgl. section 11 i. V. m. section 118 CA 1985.

41 Vgl. section 1 (3A) CA 1985. Die Einmanngesellschaft wurde in Großbritannien mit der Umsetzung der Zwölften EU-Richtlinie im Jahr 1992 mit den Companies (Single Member Private Limited Companies) Regulations 1992, SI 1992/1699 eingeführt.

42 Vgl. Güthoff, J. (1998), S. 5.

43 Vgl. Freedman, J./Godwin, M. (1994), S. 232; Hiddleston, J./Whitehill, H./Oberhofer, M. (2001), S. 155; siehe außerdem Tab. 25 i. V. m. Abb. 33.

44 Vgl. section 2 (4) CA 1985 sowie Cooke, T./Choudhury, M./Wallace, O. (1995), S. 2661; The Company Law Review Steering Group (Hrsg.) (2000a), S. 292; Triebel, V./Hodgson, S./Kellenter, W./Müller, G. (1995), S. 215; Walton, P. (2000), S. 207.

45 Vgl. Farrar, J./Hannigan, B. (1998), S. 42.

46 Vgl. section 1 (3A) CA 1985.

47 Vgl. Farrar, J./Hannigan, B. (1998), S. 42 sowie section 1 (4) CA 1985.

mögensverwaltung (*trust*) betrachtet,[48] obwohl die Rechtsform der *company limited by guarantee* gesetzlich nicht auf bestimmte Unternehmenszwecke beschränkt ist.[49]

Im Gegensatz zu den bislang beschriebenen Kapitalgesellschaftsformen haften die Gesellschafter bei der ***unlimited company*** (Gesellschaft mit unbeschränkter Haftung) ähnlich einer Personengesellschaft in unbegrenzter Höhe.[50] Allerdings greift diese Verpflichtung zur unbeschränkten Haftung der Gesellschafter, die sowohl natürliche als auch juristische Personen sein können, erst dann, wenn das Haftungsvermögen der Gesellschaft für die Befriedigung der Gläubigeransprüche nicht mehr ausreicht.[51] Handelt es sich bei den Teilhabern jedoch ausschließlich um haftungsbeschränkte Gesellschaften – in diesem Fall spricht man von einer sog. „*qualifying unlimited company*"[52] – kann auch mit dieser Konstruktion die persönliche Haftung der Anteilseigner der beteiligten Unternehmen für die Schulden der als *unlimited company* konzipierten Gesellschaftsform umgangen werden.[53] Im Gegensatz zur *private company limited by shares* oder *by guarantee* erfordert die Gründung der *unlimited company*, die zwar über Anteilskapital verfügen jedoch nur als *private company* konzipiert werden kann,[54] mindestens zwei Gründungsmitglieder.[55] In der Praxis wird diese älteste Kapitalgesellschaftsform,[56] die zwischen 1844 und 1855 zu den häufigsten Unternehmensformen zählte, nur noch sehr selten und überwiegend von Berufsgruppen gewählt, die einerseits die mit einer Registrierung als *company* verbundenen Vorteile nutzen möchten,[57] denen es aber aufgrund bestehender Berufsgrundsätze untersagt ist, ihre persönliche Haftung zu beschränken.[58]

Bezüglich der Trennung zwischen „*public*" und „*private*" *companies* ergibt sich somit aus dem CA 1985 folgende Einteilung (Tab. 24).[59]

---

48 Vgl. Farrar, J./Hannigan, B. (1998), S. 42.

49 Vgl. The Company Law Review Steering Group (2000a), S. 292.

50 Vgl. Küting, K./Weber, C.-P. (1994), S. 96; Triebel, V./Hodgson, S./Kellenter, W./Müller, G. (1995), S. 215; Walton, P. (2000), S. 207.

51 Vgl. Güthoff, J. (1998), S. 49 f.

52 Siehe zur Definition der *qualifying unlimited company* reg. 9 Partnerships and Unlimited Companies (Accounts) Regulations 1993, SI 1993/1820.

53 Vgl. Güthoff, J. (1998), S. 50.

54 Vgl. section 1 (3) CA 1985; Farrar, J./Hannigan, B. (1998), S. 59.

55 Vgl. section 1 (1) und (3A) CA 1985.

56 Vgl. Farrar, J./Hannigan, B. (1998), S. 42.

57 Hierzu zählen beispielsweise ein verbesserter Kapitalzugang, steuerliche Vorteile oder die Möglichkeit der Verwirklichung komplexerer Organisationsstrukturen. Für weitere Vorteile siehe Farrar, J./Hannigan, B. (1998), S. 81.

58 Dies gilt z. B. für Ärzte oder Rechtsanwälte; vgl. Farrar, J./Hannigan, B. (1998), S. 59 i. V. m. Güthoff, J. (1998), S. 2 f. Die geringe praktische Relevanz der *unlimited company* wird auch durch entsprechende Statistiken belegt. So waren im Jahr 2000 nur insgesamt 3.900 *unlimited companies* registriert; vgl. Department of Trade and Industry (Hrsg.) (2000b), Tabelle A2.

59 Vgl. section 1 (3) CA 1985.

Tab. 24: Unterscheidung zwischen „*public*" und „*private*" *companies*

Public companies	***Private companies***
▪ *Public company limited by shares* (konzeptionell vergleichbar der deutschen Aktiengesellschaft) ▪ [*Public company limited by guarantee and having share capital* (seit 1980 sind Neugründungen dieser Rechtsform nicht mehr möglich)]	▪ *Private company limited by shares (konzeptionell vergleichbar der deutschen GmbH)* ▪ *Private company limited by guarantee (and not having a share capital)* ▪ *[Private company limited by guarantee and having a share capital (seit 1980 sind Neugründungen dieser Rechtsform nicht mehr möglich)]* ▪ *Unlimited company*

Wesentliches Abgrenzungsmerkmal zwischen *public* und *private companies* ist, dass *private companies* die öffentliche Ausgabe von Gesellschaftsanteilen (*shares*) und Schuldtiteln (*debentures*) verboten ist. Dies ergibt sich aus dem CA 1985[60] sowie den entsprechenden kapitalmarktrechtlichen Vorschriften.[61]

---

60 Vgl. section 81 CA 1985. Section 81 CA 1985 greift jedoch nur noch teilweise. Bezüglich eines Listing in der *offical list* (d. h. dem Hauptmarkt der *London Stock Exchange*) sind die Regelungen des *Financial Services and Markets Act 2000* relevant. Unklar ist auch, warum die *company limited by guarantee and not having a share capital* explizit von dem in section 81 CA 1985 kodifizierten Verbot der öffentliche Emission von Schuldtiteln und Gesellschaftsanteilen ausgenommen wurde. Theoretisch würde somit der *company limited by guarantee* nach den Bestimmungen des CA 1985 die Möglichkeit offen stehen, sich über die öffentliche Ausgabe von Schuldtiteln zu finanzieren (die öffentliche Ausgabe von Gesellschaftsanteilen ist der *company limited by guarantee* seit 1980 ohnehin nicht mehr möglich). Da dem jedoch kapitalmarktrechtliche Vorschriften entgegenstehen (siehe nachfolgende Fn. 61) und diese Gesetzeslücke bislang auch keine Probleme verursacht hat, wird diesbezüglich trotz der hieraus resultierenden Inkonsistenzen auch in dem derzeitigen Reformprozess kein Änderungsbedarf gesehen; vgl. The Company Law Review Steering Group (Hrsg.) (2000b), S. 28, Fn. 19 sowie für weitere Erläuterungen The Company Law Review Steering Group (Hrsg.) (2000b), S. 28 ff. und The Company Law Review Steering Group (Hrsg.) (2001a), S. 83 ff.

61 So ist *private companies* (d. h. auch *companies limited by guarantee and not having a share capital*, für die section 81 CA 1985 nicht greift; siehe obige Fn. 60) sowohl nach dem *Financial Services and Markets Act 2000* (vgl. section 75 (3) Financial Services and Markets Act 2000 i. V. m. reg. 3 (a) Financial Services and Markets Act 2000 (Official Listing of Securities) Regulations 2001, SI 2001/2956) als auch nach den *listing rules* der *Finanancial Services Autority* (vgl. Financial Services Authority (Hrsg.) (2002), Abschnitt 3.2) die Notierung ihrer Wertpapiere in der *offical list* der *London Stock Exchange* grundsätzlich untersagt.

4.1.1.1.2 Historische Entwicklung des Kapitalgesellschaftsrechts

Um die Struktur und Inhalte der heute gültigen *Companies Acts* zu verstehen, ist es von Bedeutung, deren Entwicklungsgeschichte zu kennen. Bedingt durch die enge Verknüpfung der Evolution der heutigen *Companies Acts* mit der Entstehung und Verbreitung der Rechtsform der *company*, deren Anfänge bis in das 15. Jahrhundert zurückreichen, erstreckt sich die Historie des Kapitalgesellschaftsrechts über einen Zeitraum von ca. sechs Jahrhunderten. Aufgrund dieses sehr langen Entwicklungsprozesses, der mit dem Erlass unzähliger Gesetzesnovellen verbunden war, können im Folgenden nur die wesentlichen Stationen angeführt werden.[62]

4.1.1.1.2.1 Anfänge der Rechtsform der *company*

Ursprüngliche Intention für die Schaffung von Rechtsformen mit eigener Rechtspersönlichkeit war die Sicherstellung eines personenunabhängigen, fortwährenden Bestandsschutzes.[63] Der Status eigener Rechtsfähigkeit, der ursprünglich ausschließlich durch *royal charter* (königliche Konzession) oder Parlamentsakte verliehen werden konnte,[64] wurde jedoch nur bei Vorliegen eines öffentlichen Interesses gewährt und deshalb überwiegend Non-Profit-Organisationen wie z. B. kommunalen, kirchlichen oder Bildungseinrichtungen zugebilligt.[65] Handelsunternehmen hingegen kamen nur dann in den Genuss einer *incorporation* (d. h. der Verleihung eigener Rechtspersönlichkeit) wenn ihre unternehmerische Tätigkeit dem allgemeinen Staatsinteresse wie z. B. der Erschließung neuer Märkte oder der Entdeckung neuer Länder diente und deshalb besondere Protektion erforderte. Die Verleihung einer *royal charter* an solche Unternehmen war notwendig, da ein bloßer Zusammenschluss von Kaufleuten zur Betreibung von Außenhandelsgeschäften wegen der fehlenden Rechtsfähigkeit der Handelsvereinigung weder einen für alle Mitglieder rechtsverbindlichen Vertrag hätte schließen noch die nationale Kaufmannschaft an sich im Ausland hätte repräsentieren können. Eine *incorporation* verbunden mit einem entsprechenden Monopol für das neu erschlossene Geschäft, war damit ein geeignetes Instrument für den Schutz derartiger Unternehmen.[66] Während anfänglich bei der Gewährung einer *royal charter* vor allem die Vertretung der nationalen Interessen im Ausland und weniger die hiermit

---

[62] Einen umfassenden Überblick über die geschichtliche Entwicklung des *company law* geben beispielsweise Davies, P. (1997), S. 19 ff; Farrar, J./Hannigan, B. (1998), S. 15 ff; Post-Pawelleck, G. (1996), S. 55 ff.

[63] Vgl. Napier, C. (1995), S. 260.

[64] Vgl. Fischer, R. (1916), S. 25 f.; Farrar, J./Hannigan, B. (1998), S. 16.

[65] Vgl. Cooke, C. (1950), S. 51; Farrar, J./Hannigan, B. (1998), S. 16; Napier, C. (1995), S. 260.

[66] Vgl. Cooke, C. (1950), S. 51 f.

verbundenen ökonomischen Vorteile im Vordergrund standen, nutzte die Regierung die Verleihung eigenständiger Rechtsfähigkeit mit dem aufkommenden Seehandel und der zunehmenden Kolonialisierung Ende des 16. Jahrhunderts immer stärker als Instrument zur Regulierung des Überseegeschäfts durch die Gewährung von Handelsmonopolen.[67] Die Hauptmotivation für den Erhalt einer *royal charter* war deshalb aus Unternehmenssicht weniger die Zubilligung eigener Rechtsfähigkeit als vielmehr die Erlangung spezifischer Handelsprivilegien.[68]

4.1.1.1.2.2 Einführung des Konzeptes des *joint stock*

Während sich der Handel von Anteilen zunächst darauf beschränkte, dass jeder Gesellschafter als Unternehmensteilhaber nur mit seinem eigenen Anteil handelte, markiert die Einführung des Konzeptes des *joint stock*, d. h. eines von den Anteilseignern bzw. Gesellschaftern gemeinsam gehaltenen Gesellschaftskapitals,[69] den nächsten wesentlichen Entwicklungsschritt in der Entstehungsgeschichte der *company*.[70] Anfänglich galt jede Seereise als eigenes „Unternehmen" doch bald stellten sich dauerhaftere Investitionsstrukturen ein. Die *East India Company* zählte zu den ersten Gesellschaften, die 1617 das Konzept der eigenständigen Rechtspersönlichkeit mit der Ausgabe von Aktienkapital an die allgemeine Öffentlichkeit verband und hierdurch ihren kapitalintensiven Überseehandel finanzierte.[71] Zunehmend mehr Unternehmen – zum Teil handelte es sich um Gesellschaften mit eigener, per *royal charter* verliehener Rechtsfähigkeit, zum Teil waren es aber auch nur Personengesellschaften[72] – basierten ihre Finanzierung auf die Ausgabe von Gesellschaftsanteilen, und die Finanzierung über den Kapitalmarkt gewann für immer mehr Unternehmen an Bedeutung.[73] Allgemeine Rechnungslegungspflichten existierten für derartige „*joint stock companies*" nicht, allerdings konnten im *document of incorporation*, d. h. der entsprechenden Gründungsurkunde zur Erlangung eigener Rechtspersönlichkeit, Rechnungslegungsvorschriften enthalten sein, die z. B. den Aktionären ein Recht auf Einsichtnahme in die Bilanz gewährten.[74]

---

67 Vgl. Cooke, C. (1950), S. 52 f.; Farrar, J./Hannigan, B. (1998), S. 17.

68 Vgl. Farrar, J./Hannigan, B. (1998), S. 17.

69 Siehe zum Begriff „*joint stock*" Department of Trade and Industry (Hrsg.) (1998a), Fn. 1 sowie Hunger, M. (1993), S. 14 f.

70 Vgl. Farrar, J./Hannigan, B. (1998), S. 17.

71 Vgl. Cooke, C. (1950), S. 57.

72 Lange Zeit erfolgte keine klare Trennung zwischen *unincorporated partnerships* und *incorporated companies*; vgl. Davies, P. (1997), S. 21.

73 Vgl. Farrar, J./Hannigan, B. (1998), S. 17.

74 Vgl. Napier, C. (1995), S. 261.

4.1.1.1.2.3 Verabschiedung des „*Bubble Act*"

Der Beginn des 18. Jahrhunderts war durch einen Boom an Unternehmensgründungen gekennzeichnet, der durch die florierenden Aktienmärkte ausgelöst wurde. Zahlreiche *companies* wurden entgegen den gesetzlichen Vorschriften ohne *royal charter* gegründet bzw. erwarben diese von finanziell angeschlagenen *companies*, die hiermit ein gutes Geschäft machen konnten. Infolge zunehmender betrügerischer Spekulationen sah sich die Regierung schließlich zum Handeln gezwungen und verabschiedete 1720 den sog. „*Bubble Act*".[75] Zum Schutz der Investoren wurde die Ausgabe übertragbarer Teilhaberpapiere sowie die Geschäftsaufnahme als juristische Person sehr restriktiv an das Vorliegen einer *royal charter* oder eines entsprechenden Parlamentsgesetzes geknüpft.[76] Unternehmen, die diese Anforderungen nicht erfüllten, konnten per gerichtlicher Verfügung zur Einstellung ihrer Geschäftstätigkeit gezwungen werden. Das Ergebnis war die Liquidation zahlreicher Gesellschaften, verbunden mit erheblichen Investitionsverlusten der beteiligten Aktionäre, was schließlich in einen Zusammenbruch des Aktienmarktes mündete.[77] Die Fortentwicklung der Rechtsform der *company* erhielt hierdurch einen erheblichen Rückschlag, da nur mehr sehr kapitalintensiven im Infrastruktur- oder Landwirtschaftsbereich, wie z. B. im Straßen- oder Kanalbau, beschäftigten Unternehmen eine *incorporation* ermöglicht wurde.[78] Die zu Beginn der industriellen Revolution entstehenden Produktionsunternehmen mussten sich deshalb überwiegend über Darlehen industrieller Großunternehmer oder Ersparnisse der eigenen Familienangehörigen finanzieren. Zur Kostenkontrolle als Grundlage für die eigenen unternehmerischen Entscheidungen sowie zur Ermittlung des Gewinnanteils der beteiligten Geschäftspartner setzte sich in dieser Zeit die Führung freiwilliger Rechnungslegungsaufzeichnungen durch.[79]

4.1.1.1.2.4 Verabschiedung des *Joint Stock Companies Act 1844*

Neuen Aufschwung erhielt die Entwicklung des Gesellschaftsrechts erst wieder Mitte des 19. Jahrhunderts. Der zunehmende Ausbau der Eisenbahngesellschaften sowie das durch die industrielle Revolution hervorgerufene Wirtschaftswachstum erforderte zur Deckung des enormen unternehmerischen Kapitalbedarfs die Schaffung von Rechts-

---

75 Für eine ausführlichere Erläuterung der Hintergründe des „*Bubble Act*" siehe beispielsweise Cooke, C. (1950), S. 80 ff.; Davies, P. (1997), S. 24 oder Farrar, J./Hannigan, B. (1998), S. 17 f.

76 Vgl. Farrar, J./Hannigan, B. (1998), S. 18.

77 Vgl. Cooke, C. (1950), S. 83.

78 Vgl. Napier, C. (1995), S. 261.

79 Vgl. Napier, C. (1995), S. 261.

formen, die eine öffentliche Kapitalaufnahme erlaubten.[80] Die Folge war eine umfassende Reformierung der bestehenden Gesetzesbestimmungen, was schließlich im Jahr 1844 in die Verabschiedung des *Joint Stock Companies Act 1844* (CA 1844) mündete und gleichzeitig den Anfang der Entwicklungsgeschichte des heutigen *Companies Act* markiert.

Mit dem *Joint Stock Companies Act 1844* wurde die sehr restriktive Regelung der Konstituierungserfordernisse von *companies*, deren Gründung wie oben beschrieben bis dato an die Verleihung einer *royal charter* oder an entsprechende individuelle Zulassungen per Gesetz gebunden war, aufgehoben sowie die Rechtsform der *registered company,* und somit die Erlangung eigener Rechtspersönlichkeit, durch Eintrag im *registrar of companies* (Unternehmensregister),[81] eingeführt.[82] Die Errichtung von selbstständig rechtsfähigen (Handels-)Gesellschaften war nun – mit Ausnahme von Banken und Versorgungsunternehmen, deren Errichtung auch nach dem In-Kraft-Treten des *Joint Stock Companies Act 1844* an die Verleihung einer königlichen Konzession bzw. die Verabschiedung von Spezialgesetzen gebunden war[83] – für einen breiteren Unternehmenskreis verfügbar. Gleichzeitig bewirkte das Gesetz eine klare Trennung zwischen *private partnerships* und *joint stock companies.*[84] Trotz Ausstattung der *joint stock company* mit eigener Rechtsfähigkeit, hafteten die Anteilseiger auch bei dieser Rechtsform persönlich für die Schulden der Gesellschaft, es sei denn, eine persönliche Haftung wurde im Rahmen individueller Vertragsvereinbarungen zwischen Aktionären und Fremdkapitalgebern ausgeschlossen. Somit war diese Gesellschaftsform konzeptionell mit der heutigen Rechtsform der *unlimited company* vergleichbar.[85] Als Preis für die selbstständige Rechtsfähigkeit und die hierdurch bedingte konzeptionelle Trennung von Anteilseigentum und Unternehmensmanagement führte das Gesetz zum Schutz der Kapitalgeber erstmalig allgemeine gesetzliche Rechnungslegungs-, Prüfungs- und Publizitätspflichten für *companies* ein. Neben der Erstellung von *full and fair annual accounts,*[86] deren Form und Inhalt jedoch nicht

---

80 Vgl. Walton, P. (2000), S. 208.

81 Die Einrichtung des Unternehmensregisters geht ebenfalls auf das *Joint Stock Companies Act 1844* zurück; vgl. Davies, P. (1997), S. 38; Department of Trade and Industry (Hrsg.) (1998a), S. 3.

82 Vgl. Department of Trade and Industry (Hrsg.) (1998a), S. 3; Edey, H./Panitpakdi, P. (1956), S. 356; Page, M. (1982), S. 214; Post-Pawelleck, G. (1996), S. 63.

83 Vgl. Post-Pawelleck, G. (1996), S. 63. Hier deutet sich bereits die vielfach übliche Sonderstellung in bestimmten Geschäftszweigen tätiger Unternehmen an, auf die jedoch im Rahmen dieser Arbeit nicht explizit eingegangen wird.

84 Vgl. Davies, P. (1997), S. 38.

85 Vgl. Farrar, J./Hannigan, B. (1998), S. 20; ähnlich Napier, C. (1995), S. 264; Trumpler, H. (1939), S. 4.

86 Diese bestanden zum damaligen Zeitpunkt jedoch nur aus einer Bilanz; vgl. hierzu Cooke, T./ Choudhury, M./Wallace, O. (2001), S. 2581; Edey, H. (1984), S. 222; Edey, H./Panitpakdi, P. (1956), S. 356 f.

näher spezifiziert wurden,[87] erforderte der *Joint Stock Companies Act 1844* eine verpflichtende Prüfung der *accounts* durch einen, meist aus dem Aktionärskreis stammenden, *auditor* (einem Art Rechnungsprüfer).[88] Sowohl der Prüfungsbericht als auch die *annual accounts* mussten gemeinsam mit der Unternehmenssatzung beim Unternehmensregister hinterlegt und damit der Öffentlichkeit zugänglich gemacht werden.[89] Investoren und Gläubigern sollte hierdurch sowohl eine Beurteilung der Zahlungsfähigkeit der Gesellschaft als auch das rechtzeitige Erkennen überhöhter, eigenkapitalvernichtender Ausschüttungen ermöglicht werden.[90] Die Pflicht zur Publizität wurde ähnlich wie in Deutschland im Zuge der Abschaffung des Konzessionensystems[91] als wirksamer Schutz gegen Täuschung und Betrug erachtet.[92]

Dies waren die Anfänge der gesetzlichen Kodifizierung von Rechnungslegungs-, Prüfungs- und Publizitätsanforderungen für *companies*, die jedoch schon damals nur einen Rahmen an Mindestanforderungen vorgaben.[93] Geprägt durch ein stark auf die Anteilseigner fokussiertes Unternehmensverständnis wurde dem gesamtgesellschaftlichen Nutzen von Rechnungslegungsinformationen zur damaligen Zeit nur wenig bis gar keine Beachtung geschenkt. Da die Auffassung bestand, die Bereitstellung von Rechnungslegungsdaten diene allein der Information der Anteilseigner bzw. der Rechenschaftslegung des Managements gegenüber diesem Personenkreis, wurde es nicht als Aufgabe des Gesetzgebers betrachtet, für eine ausgeformte Regulierung der Unternehmensrechnung und -berichterstattung zu sorgen. Auch Gläubiger bedurften nach der damaligen Auffassung keines besonderen Schutzes, da sie selbst entscheiden konnten, ob und zu welchen Konditionen sie in entsprechende Geschäftsbeziehungen treten wollten. Demzufolge griff der Gesetzgeber nur wenig regulierend in die Normierung der Unternehmensrechnung ein und überließ eine konkrete Ausformung der materiellen Rechnungslegungsvorschriften der Privatautonomie der beteiligten Parteien, d. h. der Anteilseigner, Gläubiger sowie der Unternehmensführung.[94] Aufgrund der nur rudimentären Gesetzesvorschriften sowie der zurückhaltenden Auslegung der Gesetzesvorgaben im Rahmen richterlicher Urteilsfindungen, entwickelte sich die Normierung der externen Unternehmensberichterstattung in Großbritannien in den Folgejahren sehr interessenorientiert und wurde in hohem Maße durch den vom

87 Vgl. Edey, H. (1984), S. 222; Edey, H./Panitpakdi, P. (1956), S. 357; Hunger, M. (1993), S. 22; Post-Pawelleck, G. (1996), S. 68 f.

88 Vgl. Edey, H. (1984), S. 222 f.; Farrar, J./Hannigan, B. (1998), S. 483; Lee, T. (1984a), S. 153.

89 Vgl. Department of Trade and Industry (Hrsg.) (1998a), S. 3 i. V. m. Farrar, J./Hannigan, B. (1998), S. 482.

90 Vgl. Edey, H./Panitpakdi, P. (1956), S. 359; Napier, C. (1995), S. 264.

91 Vgl. die Ausführungen unter Gliederungspunkt 3.1.2 zur Aktienrechtsnovelle von 1870, mit der in Deutschland das Konzessionensystem abgeschafft wurde.

92 Vgl. Davies, P. (1997), S. 38.

93 Vgl. hierzu Hopwood, A./Vieten, H. (1999), S. 338.

94 Vgl. Hopwood, A./Vieten, H. (1999), S. 338; ähnlich Edey, H. (1984), S. 223.

accountant-Berufsstand[95] geschaffenen Handelsbrauch sowie der geltenden praktischen Übung beeinflusst.[96] Die hierbei hervorgebrachten Rechnungslegungsgrundsätze und -prinzipien zeichneten sich dementsprechend durch größtmögliche Freiräume und Ermessensspielräume aus.[97] Die damals geschaffene Rechtsstruktur, nach der der Gesetzgeber nur wenig regulierend in die Normierung der Unternehmensrechnung eingriff, prägte auch in den Folgejahren die Rechtsfindung und legte zugleich die Grundlagen für die heute vorhandenen institutionellen Rahmenbedingungen.

4.1.1.1.2.5 Einführung der beschränkten Haftung durch das *Limited Liability Act 1855*

Das Konzept der beschränkten Haftung fand erst mit dem *Limited Liability Act 1855* Eingang in das britische Kapitalgesellschaftsrecht und wurde durch entsprechende Entwicklungen im ausländischen Gesellschaftsrecht induziert. Nachdem zunehmend mehr Unternehmen dazu übergingen, Gesellschaften in Frankreich und Amerika zu errichten, um in den Genuss der dort möglichen Haftungsbeschränkung zu gelangen, gab die Regierung dem ökonomischen Druck nach und reagierte mit der Verabschiedung eines entsprechenden Konzeptes.[98] Durch die Haftungsbegrenzung der Eigenkapitalgeber sollte es den Unternehmen ermöglicht werden, einen breiteren Kreis an Investoren zu gewinnen, die gewillt waren, Risikokapital bereitzustellen, ohne sich jedoch persönlich an der Geschäftsführung zu beteiligen. Die Konzeption der durch frei übertragbare Eigenkapitalanteile finanzierten *public company* war geboren und wurde in der unternehmerischen Praxis zur Norm.[99] Zum Schutz der Unternehmensgläubiger, denen durch die Haftungslimitierung kein Durchgriffsrecht mehr auf das Privatvermögen der Anteilseigner zustand, wurden in ihrem Haftungsumfang begrenzte *companies* dazu verpflichtet, diesen Tatbestand in ihrem Firmennamen zum

---

95 Während die Bezeichnung „*accountant*" im heutigen Sprachgebrauch für sämtliche mit der Rechnungslegung befassten Berufsgruppen verwendet wird und somit sowohl Rechnungslegungsersteller, wie z. B. Buchhalter, als auch mit der Abschlussprüfung betraute Personen, wie Wirtschafts- und Buchprüfer, sowie entsprechende Fachspezialisten anderer Berufsgruppen mit einschließt, ist es sehr schwierig, für die Entstehungszeit des *accountant*-Berufsstandes, die bis ins 19. Jhd. zurückreicht, klar abgegrenzte Aufgabengebiete zu definieren. Das Tätigkeitsfeld reichte von der Erhebung des Mietzinses bis zur Abwicklung sonstiger, die finanziellen Angelegenheiten eines Unternehmens betreffenden Aufgaben; siehe hierzu Meisel, B. (1992), S. 28 ff.; Walton, P. (2000), S. 211 f.

96 Vgl. Hopwood, A./Vieten, H. (1999), S. 338.

97 Vgl. Lee, T. (1984b), S. 17; Napier, C. (1995), S. 264.

98 Vgl. Farrar, J./Hannigan, B. (1998), S. 20. Versicherungsunternehmen wurden jedoch von einer möglichen Haftungsbegrenzung explizit ausgenommen; vgl. Cooke, C. (1950), S. 153; Edey, H./ Panitpakdi, P. (1956), S. 361.

99 Vgl. Hicks, A./Drury, R./Smallcombe, J. (1995), Executive Summary.

Ausdruck zu bringen und mit dem Zusatz „*limited*" bzw. „*ltd.*" zu versehen.[100] Während das *Limited Liability Act von 1855* eine Haftungsbegrenzung noch an bestimmte Kapitalausstattungen knüpfte,[101] wurden diese Erfordernisse sowie die mit dem CA 1844 eingeführte Pflichtprüfung und Hinterlegung der Bilanz im Unternehmensregister mangels Effektivität[102] durch das kurz später im Jahr 1856 verabschiedete *Joint Stock Companies Act 1856* (CA 1856), gemäß dem vorherrschenden Zeitgeist des Laisser-faire, wieder aufgehoben und durch zwar umfangreichere, aber lediglich fakultative Rechnungslegungsbestimmungen[103] ersetzt.[104] Die vom Liberalismus geprägte Gesetzgebungspolitik räumte den Unternehmen größtmögliche Freiräume ein und beschränkte sich auf ein Mindestmaß an Regulierung.[105] Dies hatte zur Konsequenz, dass der nur mehr auf den entsprechenden Firmennamenzusatz sowie die Gewährung freiwilliger Rechnungslegungsinformationen reduzierte Gläubigerschutz allein der Privatautonomie der beteiligten Parteien überlassen war. Dies galt jedoch nicht für regulierte *companies*, deren Gründung per Gesetzeserlass erfolgte, wie z. B. Eisenbahngesellschaften, Banken, Versicherungsunternehmen sowie Unternehmen der Gas- und Elektrizitätswirtschaft. Diese waren aufgrund ihrer wirtschaftlichen und gesellschaftlichen Bedeutung sowie des hieraus resultierenden öffentlichen Interesses an Rechnungslegungsinformationen auch weiterhin zur Prüfung und Publizität von Jahresabschlussinformationen verpflichtet.[106]

Auch das 1862 erlassene Gesetz, mit dem u. a. als weitere Rechtsformvarianten die *company limited by guarantee* sowie die *unlimited company* ins Leben gerufen wurden,[107] sah keine allgemeine gesetzliche Jahresabschlusspublizitäts- und Prüfungs-

---

100 Vgl. Department of Trade and Industry (1998a), S. 3 f.; Farrar, J./Hannigan, B. (1998), S. 20.

101 Für Details siehe Cooke, C. (1950), S. 153.

102 Aufgrund ihres nur rudimentären Charakters konnten durch die gesetzlichen Berichterstattungserfordernisse Informationsverschleierungen durch die Rechnungslegenden nicht unterbunden werden und wurden deshalb vielfach als unnötiger Eingriff in die Privatautonomie des Managements sowie der Aktionäre empfunden; vgl. Edey, H./Panitpakdi, P. (1956), S. 361; Edwards, J. (1989), S. 190; Post-Pawelleck, G. (1996), S. 66 f. Da das Gesetz keine Zwangsmaßnahmen gegen Publizitätsverstöße vorsah, hatte das Unternehmensregister außerdem keine Möglichkeit, eine Einreichung der geforderten Unterlagen im Fall der Missachtung der gesetzlichen Vorschriften zu erzwingen; vgl. Edey, H. (1984), S. 223; Hunger, M. (1993), S. 26; Post-Pawelleck, G. (1996), S. 67.

103 Diese Rechnungslegungsempfehlungen waren Bestandteil eines *model set of articles*, d. h. einer im Gesetzesanhang beigefügten Mustersatzung. Für Details siehe Edey, H./Panitpakdi, P. (1956), S. 362 ff.; Post-Pawelleck, G. (1996), S. 72 ff.

104 Vgl. Edey, H. (1984), S. 223 f.; Farrar, J./Hannigan, B. (1998), S. 20 f., S. 465 und S. 482; Napier, C. (1995), S. 265; Taylor, P./Turley, S. (1986), S. 35.

105 Vgl. Edey, H. (1984), S. 223.

106 Vgl. Edwards, J. (1989), S. 214; Napier, C./Noke, C. (1992), S. 37 f.; Post-Pawelleck, G. (1996), S. 80 f.; Taylor, P./Turley, S. (1986), S. 35.

107 Vgl. Farrar, J./Hannigan, B. (1998), S. 21.

pflicht für *registered companies* vor.[108] Trotzdem war das 1862er-Gesetz im Vergleich zu seinen Vorgängern wesentlich umfassender konzipiert und gilt deshalb auch heute noch als das erste moderne *Companies Act.*

Insgesamt betrachtet, kennzeichnet die Limitierung der Anteilseignerhaftung, verbunden mit der Deregulierung der Publizitätspflichten im CA 1856, den endgültigen Durchbruch der *company* als Unternehmensrechtsform, die aufgrund des Vorteils der Haftungslimitierung zunehmend auch von *partnerships* und *sole traders* gewählt wurde. Somit gewann die ursprünglich für Unternehmen zur Risikokapitalaufbringung geschaffene Rechtsform der haftungslimitierten *company* zunehmend auch für kleine Unternehmen an Attraktivität, deren primäre Intention weniger in der Erlangung von Eigenkapital für risikoreiche Geschäftsaktivitäten als vielmehr in der Beschränkung der persönlichen Haftung lag.[109] Da auch die gesetzlich geforderte Anzahl von mindestens sieben Gründungsmitgliedern aufgrund fehlender weiterer Regulierungen umgangen werden konnte, indem beispielsweise der Gesellschaftergeschäftsführer die Mehrheit der ausgegebenen Anteile zeichnete und die übrigen sechs, ggf. vorgeschobenen Anteilseigner nur jeweils einen Geschäftsanteil erwarben, war es möglich, die Rechtsform der *company* quasi als Einmann-Gesellschaft zu führen.[110] Dies trug erheblich zur Beliebtheit dieser Gesellschaftsform – insbesondere auch für kleinere Unternehmen – bei, was auch an der gegen Ende des 19. Jahrhunderts drastisch zunehmenden Zahl an Registrierungen deutlich wird.[111] Die Popularität der Rechtsform der *company* für kleinere Unternehmen hat sich bis heute gehalten. So dokumentieren auch aktuelle Statistiken, dass es sich bei der großen Mehrheit der registrierten Kapitalgesellschaften um kleine *companies* handelt.[112]

4.1.1.1.2.6 Erlass der *Companies Acts 1900* und *1907*

Mit Beginn des 20. Jahrhunderts wurde der über 40 Jahre dauernde Normierungsliberalismus, dem nicht zuletzt zugute kam, dass ruinöse Unternehmenszusammenbrüche und -skandale zu der damaligen Zeit im Vergleich zu heute wesentlich seltener waren, allmählich abgelöst und eine schrittweise Wiedereinführung der bereits im CA 1844 enthaltenen Rechnungslegungs- und Publizitätsbestimmungen bewirkt. Allerdings unterschieden sich die im 20. Jahrhundert erlassenen Normen von denen

---

108 Vgl. Napier, C. (1995), S. 265.

109 Vgl. Hicks, A./Drury, R./Smallcombe, J. (1995), S. 3.

110 Diese Vorgehensweise wurde auch durch die Rechtsprechung in dem berühmten „Salomon vs. Salomon" Fall bestätigt; vgl. Davies, P. (1997), S. 47 f.

111 Vgl. Department of Trade and Industry (Hrsg.) (1998a), S. 4; Farrar, J./Hannigan, B. (1998), S. 21.

112 Vgl. Gliederungspunkt 4.2.1.1.1.

des CA 1844 dadurch, dass sie über mehrere Jahre entwickelt und dadurch wesentlich präziser waren und unter Berücksichtigung möglicher Regulierungslücken sukzessive verbessert und erweitert wurden.

Ein erster Schritt in diesem Regulierungsprozess war, dass mit der wachsenden Bedeutung der Rechtsform der *company* sowie des Kapitalmarktes als Finanzierungsquelle mit dem *Companies Act 1900* (CA 1900), die für große, am Kapitalmarkt agierende Unternehmen durchaus übliche jährliche Abschlussprüfung nach ihrer Abschaffung im Jahr 1856 nun für alle *registered companies* wieder verpflichtend eingeführt wurde.[113] Zwar konnte es sich bei den eingesetzten Prüfern – für die allerdings keine bestimmte Qualifikation vorgeschrieben war – nach wie vor um eigene Aktionäre handeln, doch durften diese keine leitende Funktion im zu prüfenden Unternehmen bekleiden. Somit zeichneten sich bereits erste Versuche zur Etablierung einer vom Einfluss des Managements unabhängigen Prüfung ab.[114] Obwohl der *Companies Act 1900* lediglich eine Abschlussprüfung explizit vorschrieb, interpretierte die allgemeine Rechtspraxis diese als Pflicht zur Vorlage einer geprüften Bilanz in der jährlichen Aktionärshauptversammlung.[115] Wenngleich das Interesse der Aktionäre an Rechnungslegungsinformationen allmählich allgemeine Akzeptanz fand, setzten sich die Informationsinteressen der Gläubiger nur sehr langsam durch.[116]

Als Konsequenz der zunehmenden Anzahl kleiner Kapitalgesellschaften nahm der *Companies Act 1907* (CA 1907) erstmalig eine offizielle Unterscheidung zwischen *private* und *public companies* vor,[117] indem es als Klassifizierungsmerkmal der *private company* die Anzahl der Gesellschafter auf maximal 50 Anteilseigner beschränkte und die Zahl der Mindestaktionäre auf zwei reduzierte, während die Errichtung einer *public company* nach wie vor eine Mindestanzahl von sieben Gründungsmitgliedern erfor-

---

113 Vgl. Cooke, T./Choudhury, M./Wallace, O. (2001), S. 2581; Edey, H. (1984), S. 225; Edey, H./ Panitpakdi, P. (1956), S. 371 f.; Farrar, J./Hannigan, B. (1998), S. 483, Napier, C. (1995), S. 270.

114 Vgl. Farrar, J./Hannigan, B. (1998), S. 483; Lee, T. (1984a), S. 157; Walton, P. (2000), S. 208.

115 Vgl. Edey, H. (1984), S. 225; Edey, H./Panitpakdi, P. (1956), S. 371 f.; Napier, C. (1995), S. 270.

116 Vgl. Napier, C. (1995), S. 270.

117 In der Unternehmenspraxis bestanden solche Gesellschaftsformen mit einem kleinen, privaten Teilhaberkreis bereits lange vor der Einführung der gesetzlichen Definition; vgl. Cooke, C. (1950), S. 181. Hier zeigt sich ein entscheidender Unterschied der britischen *private* (*limited*) *company* zur deutschen Gesellschaft mit beschränkter Haftung. Denn während sich die *private company* unmittelbar aus der Rechtspraxis als Ausprägung einer einheitlichen Kapitalgesellschaftsform entwickelte, handelt es sich bei der deutschen Gesellschaft mit beschränkter Haftung um eine Kunstschöpfung des Gesetzgebers (vgl. Gliederungspunkt 3.1.4). Dies spiegelt sich auch in den entsprechenden Normierungsgrundlagen wider. Die *private* und *public company* sind in Großbritannien im Rahmen eines einheitlichen gesellschaftsrechtlichen Rahmens entstanden und deshalb auch heute noch unter dem gemeinsamen Dach des *Companies Act* geregelt. In Deutschland existieren dagegen mit dem AktG und dem GmbHG jeweils getrennte Rechtsgrundlagen; ausführlich hierzu Fleischer, H. (2000), S. 1015 f.

derte.[118] Da der *private company* im Gegensatz zur *public company* darüber hinaus eine öffentliche Ausgabe von Aktien und Schuldtiteln verboten war,[119] kam es erstmals auch zu einer Differenzierung der gesellschaftsrechtlichen Publizitätspflichten. Die Verpflichtung zur Hinterlegung einer Bilanz beim Unternehmensregister zum Schutz der Informationsinteressen Dritter wurde mit dem *Companies Act 1907* nach deren Abschaffung im Jahr 1856 nur mehr für *public companies* wieder eingeführt.[120] *Private companies* waren hingegen von einer entsprechenden, ggf. die Unternehmensinteressen beeinträchtigenden Publizität ihrer finanziellen Verhältnisse befreit, da eine Registerpublizität in Ermangelung der Möglichkeit einer Inanspruchnahme der breiten Öffentlichkeit zur Kapitalaufbringung nach Auffassung des damaligen Gesetzgebers – zumindest aus Gesellschafterschutzaspekten – nicht erforderlich war.[121] Aufgrund dieser privilegierten Behandlung der *private company*, die eine Haftungsbegrenzung ohne die hiermit üblicherweise verbundene Publizität von Rechnungslegungsinformationen ermöglichte, überrascht es kaum, dass diese Gesellschaftsform sich zunehmender Beliebtheit erfreute. Zu Beginn des ersten Weltkrieges waren deshalb etwa 50.000 der insgesamt 60.000 *companies* als *private company* registriert.[122] Diese Tendenz hat sich bis zum heutigen Tage fortgesetzt. Auch derzeit sind nur ca. 1 % aller registrierten Kapitalgesellschaften *public companies*.[123]

4.1.1.1.2.7 Institutionalisierung regelmäßiger Novellierungen des Kapitalgesellschaftsrechts

Um eine ständige Fortentwicklung des geltenden Rechts zu gewährleisten, institutionalisierte die Regierung mit Beginn des 20. Jahrhunderts ein im Zeitabstand von etwa 20 Jahren stattfindendes Revisionsverfahren zur Überprüfung der bestehenden Gesetzesbestimmungen. Die hieraus resultierenden, meist sehr pragmatisch entwickelten und durch bestehende Missstände oder Unternehmensskandale hervorgerufenen Empfehlungen mündeten in die Verabschiedung einer Novelle zum bestehenden *Companies Act* (eines sog. „*amending Companies Act*") und wurden schließlich im Rahmen einer Zusammenfassung (*consolidation*) der Einzelgesetze in ein einheitliches

---

118 Vgl. Napier, C. (1995), S. 270.
119 Vgl. Napier, C. (1995), S. 270; Post-Pawelleck, G. (1996), S. 94, Fn. 3.
120 Vgl. Cooke, T./Choudhury, M./Wallace, O. (2001), S. 2582; Napier, C. (1995), S. 271. Die publizierte Bilanz konnte jedoch in Form und Inhalt von der für die eigenen Aktionäre erstellten Bilanz abweichen; vgl. hierzu Napier, C. (1995), S. 270.
121 Vgl. Powling, H./Pryde, A./Sharp, I. (2002), S. 1.
122 Vgl. Napier, C. (1995), S. 271.
123 Vgl. Gliederungspunkt 4.2.1.1.1.

und umfassendes neues *Companies Act* überführt.[124] Derartige *consolidation acts* wurden beispielsweise 1908, 1929 und 1948 verabschiedet. Während die den beiden ersten *consolidation acts* vorangegangenen Gesetzesreformen nur zu geringfügigen Änderungen der Unternehmensberichterstattung führten,[125] markiert die als Folge des sog. „*Cohen Report*" von 1945 vorgenommene Reformierung des Kapitalgesellschaftsrechts durch den *Companies Act 1947* (CA 1947), der im Jahr 1948 in ein umfassendes neues Gesetz, den *Companies Act 1948* (CA 1948), überführt wurde, eine einschneidende Trendwende.[126]

4.1.1.1.2.8 Entwicklung eines neuen Unternehmensverständnisses in der Nachkriegszeit

Bedingt durch die Erfahrungen der wirtschaftlichen Depression in den 1930er-Jahren sowie aufgrund eines gewandelten gesellschaftlichen Verständnisses begann sich in der Nachkriegszeit ein neues Unternehmensbild zu entwickeln.[127] Im Gegensatz zu dem bis dato bestehenden Wirtschaftsliberalismus festigte sich zunehmend die Auffassung einer staatlichen Verantwortung für das wirtschaftliche Wohlergehen des Landes. Basierend auf dieser neu definierten Funktion des Staates, lag es in der Aufgabe der Regierung diesem Auftrag entsprechende Rahmenbedingungen zu schaffen und sofern erforderlich regulierende Maßnahmen zu ergreifen. Aufgrund des durch entsprechende Eigenkapitalgenerierung möglichen ökonomischen Potenzials von *companies*, des damit einhergehenden wachsenden öffentlichen Interesses an deren wirtschaftlicher Tätigkeit sowie der zunehmenden Erkenntnis über die weit reichenden Implikationen von Rechnungslegungsinformationen für das wirtschaftliche Geschehen, rückte die Normierung der Unternehmensrechnung von *companies* verstärkt in den Fokus der Wirtschaftspolitik. Gleichzeitig stärkte die Berichterstattung der

---

124 Vgl. Department of Trade and Industry (Hrsg.) (1998a), S. 4.

125 Das Gesetz von 1908 brachte keine wesentlichen Neuerungen, sondern hatte vielmehr den Zweck, vorangegangene Bestimmungen zu konsolidieren. Das Gesetz von 1929 weitete die Offenlegungspflicht der *public companies* aus, indem diese nunmehr neben einer geprüften Bilanz den Aktionären auch eine GuV-Rechnung vorlegen mussten. Allerdings bestanden für die GuV-Rechnung weder konkrete inhaltliche Erfordernisse noch eine gesetzliche Pflicht zur Prüfung und Hinterlegung beim Unternehmensregister; vgl. hierzu Edwards, J. (1989), S. 128; Napier, C. (1995), S. 273. Für detaillierte Ausführungen zum *Companies Act 1929* siehe außerdem Trumpler, H. (1939). Eine weiter gehende gesetzliche Konkretisierung der Rechnungslegungsinhalte wurde zum Schutz der Wettbewerbsinteressen der Unternehmen abgelehnt. Aufgrund des bestehenden Auskunftsrechts der Aktionäre wurde in der mangelnden Transparenz keine Beeinträchtigung der Informationsbedürfnisse der Anteilseigner gesehen. Ein Schutz der Informationsinteressen der Gläubiger war diesen im Rahmen vertraglicher Vereinbarungen selbst überlassen; vgl. hierzu Post-Pawelleck, G. (1996), S. 114 f.

126 Vgl. Napier, C. (1995), S. 274 f.

127 Vgl. Hopwood, A./Vieten, H. (1999), S. 341; Napier, C. (1995), S. 274 f.

langsam entstehenden Finanzpresse über aktuelle Unternehmenszusammenschlüsse und -übernahmen sowie deren Beeinflussung durch die Rechnungslegungspolitik der Unternehmen auch in bislang kaum mit Rechnungslegungsfragen befassten Bevölkerungskreisen das Bewusstsein für die wirtschaftliche Relevanz der Unternehmensrechnung. Die Rechnungslegung gelangte vermehrt in das öffentliche Interesse und provozierte durch die bestehenden bilanzpolitischen Spielräume, die sich im Rahmen der nur rudimentären staatlichen Rechnungslegungsnormierung entwickeln konnten, die Forderung nach rechenschaftsfähigen Rechnungslegungsbestimmungen.[128]

4.1.1.1.2.9 Reformierung des Kapitalgesellschaftsrechts durch die Verabschiedung des *Companies Act 1947*

Die Verabschiedung des *Companies Act 1947* (CA 1947), dessen Inhalt weitgehend auf die Ergebnisse des unter der Leitung des damaligen Justizministers *Cohen* stehenden Untersuchungskomitees zurückging,[129] spiegelte das im Wandlungsprozess befindliche Gesellschafts- und Politikverständnis wider und kann deshalb als Maßnahme zur stärkeren Gewichtung der öffentlichen Rechenschaftspflicht von Kapitalgesellschaften interpretiert werden.[130] Durch die gesetzliche Verankerung von Rechnungslegungsgrundsätzen und die Einführung vergleichsweise umfangreicher Angaben für die *notes* (Anhang), der Verpflichtung zur Hinterlegung sowohl einer geprüften Bilanz als auch einer geprüften GuV-Rechnung[131] sowie einer verpflichtenden Konzernabschlusserstellung bei einer Stimmenmehrheit von 50 % versuchte die Regierung ihrem Auftrag zum Schutz der Informationsinteressen der Rechnungslegungsadressaten – dies waren nach wie vor primär die Aktionäre[132] – durch die Aufwertung des Aussagegehalts der zu erstellenden Abschlüsse nachzukommen und die bis dahin vorhandenen bilanzpolitischen Spielräume der Rechnungslegungsersteller einzugrenzen.[133] Auch der heutige Wortlaut der Generalnorm des CA 1985, nämlich der

---

[128] Vgl. Hopwood, A./Vieten, H. (1999), S. 341 f.

[129] Das Komitee wurde 1943 vom Präsidenten des *Board of Trade* zur Untersuchung der bestehenden Mängel des *Companies Act 1929* und der Erarbeitung von Maßnahmen zur Stärkung des Investorschutzes und der besseren Berücksichtigung des öffentlichen Interesses eingesetzt. Die Untersuchungsergebnisse präsentierte das Komitee etwa zwei Jahre später im Juni 1945 durch die Veröffentlichung des sog. „*Cohen Report*", der die Verabschiedung des *Companies Act 1947* bewirkte; vgl. Cooke, T./Choudhury, M./Wallace, O. (2001), S. 2582.

[130] Vgl. Department of Trade and Industry (Hrsg.) (1998b), S. 11.

[131] Diese erfüllte jedoch nach wie vor lediglich Minimalanforderungen; vgl. Post-Pawelleck, G. (1996), S. 129; Walton, P. (2000), S. 209.

[132] Vgl. Board of Trade (Hrsg.) (1945), Abschnitt 50.

[133] Vgl. Department of Trade and Industry (1998b), S. 11; Napier, C. (1995), S. 275; Walton, P. (2000), S. 209.

Vermittlung eines *true and fair view* der wirtschaftlichen Lage eines Unternehmens, geht auf den CA 1947 zurück.[134]

Von der allgemeinen Verpflichtung zur Veröffentlichung der GuV-Rechnung durch Hinterlegung im Unternehmensregister ausgenommen waren allerdings sog. „*exempt private companies*",[135] d. h. *private companies* mit einfachen Teilhaberstrukturen.[136] Mit der Festlegung dieser strukturellen Befreiungsvoraussetzungen zielte das Gesetz auf Unternehmen mit einem kleinen Gesellschafterkreis wie Familienunternehmen bzw. eigentümergeführte Gesellschaften, in denen sich in Ermangelung einer Inanspruchnahme des öffentlichen Kapitalmarktes sowie einer faktisch vielfach fehlenden Separierung von Anteilsbesitz und Management eine externe Publizitätspflicht zum Schutz der Gesellschafterinteressen erübrigte.[137] Außerdem sollten insbesondere kleine Familienunternehmen, deren Konkurrenten vielfach nicht zur Publizität verpflichtete Einzelunternehmen und Personengesellschaften waren, vor unbilligen Wettbewerbsnachteilen und ungewollten Einblicken der großen Kontrahenten, deren Abschluss durch die meist vorhandene diversifizierte Geschäftstätigkeit häufig oftmals weit weniger Aufschluss bot, als jener einer nicht diversifizierten Familiengesellschaft, geschützt werden.[138]

Außerdem wurde mit dem CA 1947 zur Wiedergewinnung des infolge bilanzpolitischer Unternehmensskandale gebrochenen öffentlichen Vertrauens in Rechnungslegungsinformationen sowie zur Stärkung der Unabhängigkeit des Abschlussprüfers der Kreis der prüfungsbefugten Personen auf nur mehr entsprechend fachlich qualifizierte *accountants* eingeschränkt.[139] Von diesen restriktiven Qualifikationsanforde-

---

134 Vgl. Cooke, T./Choudhury, M./Wallace, O. (2001), S. 2580; Napier, C. (1995), S. 275; Nobes, C. (1993), S. 35.

135 Vgl. Department of Trade and Industry (1998b), S. 11; Napier, C. (1995), S. 275; Powling, H./ Pryde, A./Sharp, I. (2002), S. 1 f. Nichtsdestotrotz waren auch *exempt private companies* dazu verpflichtet ihre *annual accounts* den Aktionären und Inhabern von Fremdkapital verbriefenden Wertpapieren vorzulegen; vgl. Edey, H./Panitpakdi, P. (1956), S. 373.

136 Zu den *exempt private companies* zählten generell *private companies*, deren Aktien und Schuldtitel ausschließlich von Nichtkapitalgesellschaften gehalten wurden, deren Geschäftspolitik nicht von einer Kapitalgesellschaft z. B. in Form einer entsprechenden Geschäftsleitungsfunktion bestimmt werden konnte und deren Kreis an Inhabern von Schuldtiteln maximal 50 Personen umfasste. Neben den genannten grundlegenden Prinzipien enthielt der CA 1948 eine Reihe weiterer, detaillierter Hinweise zur Prüfung der Erfüllung der geforderten Befreiungsvoraussetzungen; siehe hierzu section 129 CA 1948 und insbesondere schedule 7 des CA 1948.

137 Vgl. Board of Trade (Hrsg.) (1945), Abschnitt 53.

138 Vgl. zu dieser Argumentation Board of Trade (Hrsg.) (1945), Abschnitt. 51; siehe außerdem Hunger, M. (1993), S. 32 f.

139 Vgl. Department of Trade and Industry (Hrsg.) (1998b), S. 11; Cooke, T./Choudhury, M./Wallace, O. (2001), S. 2580.

rungen ausgenommen waren jedoch die mit der Prüfung von *exempt private companies* befassten Prüfer.[140]

Im Jahr 1948 wurde der CA 1947 in den *Companies Act 1948* (CA 1948) überführt.[141] Dieser brachte selbst keine wesentlichen Neuerungen, sondern hatte primär zum Ziel, alle zu diesem Zeitpunkt bestehenden Einzelgesetze in einem umfassenden neuen *Companies Act* zu vereinigen.

4.1.1.1.2.10 Verabschiedung des *Companies Act 1967*

Zur Überprüfung der Effektivität des CA 1948 setzte die Regierung im Jahr 1960 das sog. „*Jenkins Committee*" ein, das 1962 seine Empfehlungen im sog. „*Jenkins Report*"[142] vorlegte.[143] Da keine gravierenden Schwachpunkte festgestellt werden konnten, brachte der nachfolgend verabschiedete *Companies Act 1967* (CA 1967) nur kleinere Änderungen, die sich vor allem auf die Gewährung zusätzlicher Informationen wie z. B. die Angabe der Umsatzerlöse, die Darlegung von Marktwerten sowie Informationen zu Mitarbeiterzahlen und gezahlten Spenden beschränkten.[144] Hier zeigen sich erste Tendenzen der Berücksichtigung eines nunmehr breiteren Adressatenkreises, indem neben den ausschließlich investorfokussierten Informationen auch solche Angaben verpflichtend wurden, die zwar ebenfalls Relevanz für die Kapitalmarktteilnehmer besaßen, jedoch primär der Befriedung öffentlicher Informationsinteressen dienten.[145]

Durch die zunehmende missbräuchliche Interpretation der Definitionsanforderungen der *exempt private companies* durch die Unternehmenspraxis und dem hiermit einhergehenden Gestaltungsmissbrauch[146] sah sich der Gesetzgeber zur Definition immer komplexer werdenden Befreiungs- bzw. Erleichterungsvoraussetzungen veranlasst.[147] Da nach den Empfehlungen des *Jenkins Committee* der durch die Offenlegungserleichterungen bewirkte Wettbewerbs- und Publizitätsschutz für kleine Familien-

---

140 Vgl. section 161 CA 1948. Siehe auch Board of Trade (Hrsg.) (1945), Abschnitt 56 sowie Committee of Inquiry on Small Firms (Hrsg.) (1971), S. 301.

141 Vgl. Cooke, T./Choudhury, M./Wallace, O. (2001), S. 2582. Ausführlich zum CA 1948 Weiß, A. (1948) sowie die zugehörigen Fortsetzungen in Weiß, A. (1949).

142 Vgl. Board of Trade (Hrsg.) (1962).

143 Vgl. Department of Trade and Industry (Hrsg.) (1998a), S. 4.

144 Vgl. Cooke, T./Choudhury, M./Wallace, O. (2001), S. 2581 ff.

145 Vgl. Farrar, J./Hannigan, B. (1998), S. 464.

146 Von den zum 31.12.1961 im Unternehmensregister insgesamt 387.000 registrierten *private companies* waren mehr als 70 % *exempt private companies*; vgl. Board of Trade (Hrsg.) (1962), S. 19.

147 Vgl. Consultative Committee of Accountancy Bodies (Hrsg.) (1994), S. 11 i.V. m. The Company Law Review Steering Group (Hrsg.) (1999a), S. 56, Fn. 54.

unternehmen durch den hieraus resultierenden Informationsnachteil für die Unternehmenspartizipanten – insbesondere die Lieferanten und Kreditgeber – mehr als kompensiert wurde,[148] reagierte der Gesetzgeber im CA 1967 schließlich mit einer völligen Abschaffung der Sonderregelung für *exempt private companies*.[149] Publizität sollte das Korrektiv für eine Haftungsbegrenzung sein, weshalb mit Ausnahme der *unlimited company* alle haftungsbeschränkten *registered companies* zur Hinterlegung eines geprüften Jahresabschlusses bestehend aus Bilanz, GuV-Rechnung und Anhang beim Unternehmensregister verpflichtet wurden.[150] Um jedoch die Geheimhaltungsinteressen kleiner, meist nicht diversifizierter Gesellschaften vor zu großen Einblicken der Wettbewerber in die eigene Geschäftstätigkeit und den hieraus resultierenden Wettbewerbsnachteilen zu schützen,[151] wurden mit dem CA 1967 bei Erfüllung spezifischer Größenmerkmale einzelfallorientierte Publizitätserleichterungen eingeführt.[152] Damit wurde der Umfang der zu beachtenden Unternehmensberichterstattungspflichten mit dem CA 1967 erstmals an das Erfüllen ökonomischer Größenmerkmale geknüpft.

Auch die Abschlussprüfung musste nun grundsätzlich für alle *companies* von fachlich qualifizierten,[153] unabhängigen Abschlussprüfern durchgeführt werden, wobei das Gesetz für vormals als *exempt private companies* qualifizierende Unternehmen Übergangsvorschriften vorsah.[154]

Bedingt durch den raschen Wandel und die zunehmende Komplexität des ökonomischen Umfelds folgten dem CA 1967 weitere Gesetzesnovellierungen. Um dem zunehmenden Rechenschaftsinteresse der Abschlussadressaten genüge zu tun, wurde der vom Gesetzgeber vorgegebene Rahmen sowie die Mindestanforderungen an die Unternehmensrechnung und -berichterstattung zunehmend umfassender und die Autonomie der Bilanzierenden weiter eingeschränkt. Trotzdem hielt der Gesetzgeber zur Ge-

---

148 Vgl. Board of Trade (Hrsg.) (1962), S. 20 f.

149 Vgl. Consultative Committee of Accountancy Bodies (Hrsg.) (1994), S. 11 i. V. m. The Company Law Review Steering Group (Hrsg.) (1999a), S. 56, Fn. 53. Siehe außerdem Hunger, M. (1993), S. 34.

150 Vgl. Committee of Inquiry on Small Firms (Hrsg.) (1971), S. 302 f.; Department of Trade and Industry (Hrsg.) (1998a), S. 11.

151 Vgl. zu dieser Argumentation Board of Trade (Hrsg.) (1962), S. 21 f.

152 Beispielsweise wurden Unternehmen (sowohl *public* als auch *private companies*), sofern sie keinem Konzern angehörten und ihre Umsatzerlöse für das betroffene Geschäftsjahr £ 50.000 nicht überstiegen, von der Verpflichtung zur Publizierung ihrer Umsatzerlöse befreit; vgl. schedule 2, para. 13A CA 1967. Siehe auch Committee of Inquiry on Small Firms (Hrsg.) (1971), S. 302 ff.; Powling, H./Pryde, A./Sharp, I. (2002), S. 2.

153 Die Abschlussprüfer mussten Mitglieder einer vom *Department of Trade and Industry* zu diesem Zweck anerkannten Berufsvereinigung sein; vgl. Fearnley, S./Hines, T./McBride, K./Brandt, R. (2000b), S. 301.

154 Vgl. section 13 CA 1967 sowie Magnus, S./Estrin, M. (1967), Tz. 526.

währleistung einer flexiblen Gesetzesanwendung nach wie vor an der für die angelsächsische Rechtsauffassung typischen rechtlichen *common law*-Struktur fest und beschränkte sich auf die Kodifizierung gesetzlicher Rahmenvorgaben und Mindestbestimmungen zur Prüfung und Publizität, während die Formulierung materieller Bilanzierungs- und Bewertungsregeln weiterhin überwiegend der Rechnungslegungspraxis und hier insbesondere der zunehmend an Bedeutung gewinnenden *accountant*-Profession[155] überlassen wurde.

4.1.1.1.2.11 Infolge der Transformation der EG-Richtlinien verabschiedete *Companies Acts 1980, 1981, 1985* und *1989*

Der *Companies Act 1980* hatte primär die Transformation der Zweiten EG-Richtlinie und somit die gesetzliche Kodifizierung entsprechender Ausschüttungsbeschränkungen zum Inhalt.[156] Eine umfassende gesetzliche Verankerung von Bilanzierungs-, Bewertungs- und Gliederungsnormen wurde in das britische Kapitalgesellschaftsrecht erst im Zuge der Übernahme der Vierten EG-Richtlinie durch die Verabschiedung des *Companies Act 1981* (CA 1981) eingeführt. Die mit der Transformation der EG-Richtlinie notwendige Kodifizierung detaillierter materieller Rechnungslegungsvorschriften und Gliederungsvorgaben, die auf den Einfluss der kontinentaleuropäischen Mitgliedsländer zurückgingen,[157] bewirkte einen nachhaltigen Eingriff in die sich über Jahrhunderte entwickelte Rechtstradition des *common law*,[158] und wird auch heute noch als ein maßgebliches Korsett sowohl für die Unternehmenspraxis als auch für die privatrechtliche Normengebung und damit die künftige Rechtsentwicklung empfunden.[159] Denn obwohl sich in der Vierten EG-Richtlinie auch wesentliche britische Elemente, wie beispielsweise das Gebot der Vermittlung eines *true and fair view*, wiederfinden,[160] besteht traditionell die Auffassung, dass eine gesetzliche Zementierung von detaillierten Rechnungslegungsvorschriften einer an ökonomischen Sachverhalten orientierten, flexiblen Rechtsanwendung und -fortentwicklung entgegensteht.[161]

---

155 Siehe hierzu Gliederungspunkt 4.1.2.

156 Vgl. Cooke, T./Choudhury, M./Wallace, O. (2001), S. 2582 f. Für weitere Details siehe Gliederungspunkt 4.2.3.1.2.2.1.

157 Zum Einfluss des deutschen AktG (1965) auf die Vierte EG-Richtlinie siehe Gliederungspunkt 3.1.14.4.

158 Vgl. Department of Trade and Industry (Hrsg.) (1998b), S. 18 f. i. V. m. Secretary of State for Trade (Hrsg.) (1979), S. 9; Edwards, J. (1989), S. 217 ff.

159 Vgl. Davies, M./Paterson, R./Wilson, A. (1999), S. 9. Dies wird auch in dem derzeitigen Reformierungsprozess des *company law* deutlich; siehe hierzu The Company Law Review Steering Group (Hrsg.) (2000a), S. 169 ff.

160 Für eine ausführliche Analyse des Einflusses Großbritanniens auf die Entwicklung der Vierten EG-Richtlinie siehe Nobes, C./Parker, R. (1984) S. 81 ff.

161 Vgl. Walton, P. (2000), S. 211.

Nachdem der britische Gesetzgeber zur Gewährleistung größtmöglicher Flexibilität und einer von kurzfristigen politischen Interessen unabhängigen Weiterentwicklung der Rechnungslegung durch entsprechende Fachspezialisten die Verlautbarung konkreter Bilanzierungs- und Bewertungsnormen von jeher dem *accountant*-Berufsstand bzw. privaten Normierungsgremien überlassen hat,[162] bestehen seit der Transformation der in der Vierten EG-Richtlinie enthaltenen Rechnungslegungsvorschriften in den *Companies Act* Überschneidungen zwischen den nunmehr gesetzlich geregelten materiellen Rechnungslegungsanforderungen und den privatrechtlich entwickelten Verlautbarungen zur Unternehmensrechnung,[163] die in Einzelfällen sogar eine sich widersprechende Behandlungsweise bedingen können.[164] Dieser Zustand konnte aufgrund der bestehenden EU-rechtlichen Erfordernisse auch im *Companies Act 1985* (CA 1985) nicht beseitigt werden,[165] der zum Zweck der Konsolidierung der zwischen 1948 und 1983 verabschiedeten *Companies Acts* infolge des CA 1981 erlassen wurde.[166] Im Jahr 1989 wurde der CA 1985 durch die Transformation der Siebenten und Achten EG-Richtlinie, deren Umsetzung durch den *Companies Act 1989* (CA 1989) erfolgte, erneut überarbeitet, ergänzt und modifiziert,[167] um die bestehenden materiellen Rechnungslegungsvorschriften an die entsprechenden Erfordernisse der Siebenten EG-Richtlinie anzugleichen. Seitdem haben beide *Companies Acts* (CA 1985 und CA 1989) nebeneinander Gültigkeit, jedoch stellt der CA 1985 das umfassendere Hauptgesetz dar.

---

162 Vgl. Walton, P. (2000) S. 208 ff. i. V. m. The Company Law Review Steering Group (Hrsg.) (2000a) S. 168. Siehe hierzu auch Gliederungspunkt 4.1.2.

163 Vgl. Secretary of State for Trade (Hrsg.) (1979), S. 47; Emmerich, M. (1999), S. 29; Nobes, C./Parker, R. (1984), S. 87; Parker, R. (2000), S. 115 f.; The Company Law Review Steering Group (Hrsg.) (2000a), S. 168. U. a. wird eine überschneidungsfreie Normierung von Gesetz und privatrechtlichen Verlautbarungen auch dadurch behindert, dass die Verlautbarungen des privaten *standard setter* nicht auf die unter den CA 1985 fallenden Gesellschaftsformen beschränkt sind, sondern grundsätzlich von allen Unternehmen zu beachten sind, deren Abschluss einen *true and fair view* vermitteln soll; vgl. Accounting Standards Board (Hrsg.) (1999a), Appendix I. Siehe auch Gliederungspunkt 4.1.2.2.2.

164 Beispielsweise erlaubt der CA 1985 die Anwendung der Lifo-Methode (schedule 4, para. 27 CA 1985), während SSAP 9 diese Bewertungsmethode als i. d. R ungeeignet ablehnt (Accounting Standards Committee (Hrsg.) (1988d)). Vgl. für weitere Inkonsistenzen zwischen dem CA 1985 und den privatrechtlichen Normen Accounting Standards Board (Hrsg.) (1999a), Appendix I. Entscheidungsgrundlage für eine ordnungsgemäße Bilanzierung ist jedoch in jedem Fall das *true and fair view*-Prinzip, sodass die Abschluss erstellenden Unternehmen letztlich jene Methode anwenden müssen, die zu einer wahrheitsgetreuen Darstellung der Unternehmenssituation führt; vgl. Nobes, C. (1993), S. 43; siehe außerdem Gliederungspunkt 4.1.2.2.2.

165 Vgl. The Company Law Review Steering Group (Hrsg.) (2000a), S. 168 f.

166 Aus diesem Grund wird der CA 1985 sehr häufig auch als sog. „*consolidation act*" bezeichnet; vgl. Fn. 30.

167 Vgl. Department of Trade and Industry (Hrsg.) (1998b), S. 17 f.; Napier, C. (1995), S. 278 f.

Beeinflusst durch die historisch gewachsene Rechtsauffassung einer flexiblen Rechtsfortentwicklung war auch die Transformation der Vierten sowie später der Siebenten EG-Richtlinie ähnlich wie in Deutschland[168] von der Intention der Wahrung größtmöglicher Spielräume für die Rechnungslegungsersteller geprägt.[169] Viele der in den EG-Richtlinien enthaltenen Wahlrechte wurden deshalb unmittelbar an die Unternehmen weitergegeben.[170] So hat der britische Gesetzgeber auch das größenbezogene Differenzierungskonzept der Vierten und Siebenten EG-Richtlinie weitgehend übernommen und bis heute beibehalten. Mit der Transformation der EG-Richtlinien erlangten somit im britischen Recht größenbezogene Merkmale als generelle Indikatoren für die ökonomische Bedeutung eines Unternehmens und das an ihm bestehende öffentliche Interesse erstmals zentrale Relevanz für die Differenzierung von Rechnungslegungs- und Berichterstattungserfordernissen.

4.1.1.1.3 Gesetzliche Rechnungslegungspflicht von Kapitalgesellschaften

Bezüglich der grundsätzlichen Pflicht zur externen Rechnungslegung nimmt der CA 1985 historisch begründet keine Differenzierung zwischen den verschiedenen Kapitalgesellschaftsformen (*private company limited by shares*, *public company limited by shares*, *company limited by guarantee*, *unlimited company*) vor und verpflichtet somit unabhängig von der Rechtsformgestaltung, den Teilhaberstrukturen, der Unternehmensgröße und Branche sämtliche *registered companies* zu einer gesellschaftsrechtlichen Jahresabschlusserstellung. Da *companies* über eine eigenständige, in der Regel durch Registrierung erlangte Rechtspersönlichkeit verfügen, und somit von den Gesellschaftern unabhängige Rechtssubjekte darstellen, ergibt sich die Notwendigkeit zu einer nachprüfbaren und nachvollziehbaren Rechenschaftslegung des Managements über die Geschäfte der Gesellschaft.[171] Denn die konzeptionelle Abkoppelung der Kapitalgesellschaft von der Rechtssphäre der Teilhaber und der hiermit einhergehenden formalen – wenn auch in der Unternehmenspraxis nicht immer vollzogenen – Trennung von Anteilseigentum und Management erfordert eine Rechenschaftslegung der Gesellschaft über den erwirtschafteten Unternehmenserfolg, die bei Ernennung eines gesellschafterfremden Geschäftsführers insbesondere die Befriedigung der Informa-

---

[168] Vgl. Gliederungspunkt 3.1.14.4.

[169] Für eine ausführlichere Diskussion über die Auswahl der zur Verfügung stehenden Mitgliedstaatenwahlrechte siehe Secretary of State for Trade (Hrsg.) (1979), S. 9 ff.; Nobes, C./Parker, R. (1984), S. 85 ff.

[170] Beispielsweise gewährt der britische Gesetzgeber den Unternehmen sämtliche in der Vierten EG-Richtlinie eingeräumten Darstellungswahlrechte für die Aufstellung der Bilanz und GuV-Rechnung; vgl. schedule 4, part I, section B CA 1985 sowie Gliederungspunkt 4.2.3.1.4.1.1.

[171] Zu der Argumentation der Rechnungslegung als Preis für die eigenständige Rechtsfähigkeit siehe Farrar, J./Hannigan, B. (1998), S. 79.

tionsinteressen der Anteilseigner sicherstellen soll.[172] Darüber hinaus entsteht insbesondere bei den haftungsbeschränkten Kapitalgesellschaftsformen auch Dritten gegenüber die Notwendigkeit einer Rechnungslegung über die unternehmerische Geschäftstätigkeit.[173] Denn durch die Ausstattung der *company* mit eigenem Rechtsstatus wird im Haftungsfall, abgesehen von der besonderen Konstellation der *unlimited company*, ein Durchgriff der Gesellschaftsgläubiger auf das Privatvermögen der Teilhaber grundsätzlich verhindert.[174] Die zur Verfügung stehende Haftungsmasse bleibt somit auf das Gesellschaftsvermögen beschränkt. Deshalb erfordert section 221 (1) CA 1985 unabhängig von der gewählten Kapitalgesellschaftsform, der Zugehörigkeit zu einer bestimmten Größenklasse oder der Branche, dass „... every company shall keep accounting records which are sufficient to show and explain the company's transactions ...". Diese Aufzeichnungen müssen den *companies officers*[175] für eine etwaige Überprüfung jederzeit zugänglich[176] und so geführt sein, dass die Geschäftsleitung ihrer in section 226 CA 1985 verankerten Verpflichtung zur Erstellung eines den ge-

---

172 Vgl. John, B./Healeas, S. (2000), S. 11; The Company Law Review Steering Group (Hrsg.) (1999a), S. 115; The Company Law Review Steering Group (Hrsg.) (2000a), S. 271 f. Siehe zu dieser Argumentation auch die Ausführungen unter Gliederungspunkt 2.3.1.1.1.

173 Vgl. Department of Trade and Industry (Hrsg.) (1973), S. 11; The Company Law Review Steering Group (Hrsg.) (1999a), S. 115. Siehe zu dieser Argumentation auch Gliederungspunkt 2.3.1.1.3.

174 Abweichend von dieser grundsätzlichen Regelung kann jedoch beispielsweise eine Durchgriffshaftung auf den Gesellschafter eintreten, wenn eine *public company limited by shares*, die mindestens zwei Gesellschafter benötigt, aufgrund des Ausscheidens eines Gesellschafters plötzlich als Einpersonengesellschaft geführt und nicht binnen sechs Monaten ein weiterer Gesellschafter gefunden oder die Gesellschaft aufgelöst wird; vgl. section 24 CA 1985. Weitere Tatbestände, in denen eine persönliche Inanspruchnahme des Gesellschafters in Frage kommt, sieht das Gesetz für den Fall vor, dass die Haftungsbeschränkung der *company* mit betrügerischer Absicht gläubigerschädigend missbraucht wird (*fraudulent trading*), vgl. sections 213 – 215 Insolvency Act 1986. Siehe für weitere Details außerdem Davies, P. (1997), S. 148 ff.

175 Hierzu zählen gem. section 744 CA 1985 neben den Mitgliedern des *board of directors* (Aufsichts- und Leitungsorgan), die *managers* (Management) sowie der *company secretary* (ein leitender Angestellter, dem im britischen Kapitalgesellschaftsrecht wichtige verwaltungstechnische Aufgaben zukommen). Siehe zur Funktion des *company secretary* z. B. Graf von Bernstorff, C. (1998), S. 435; Güthoff, J. (1998), S. 43; Scholtissek, W. (1991), S. 19. Das *board of directors* wird von den Eigentürmern (Aktionären) gewählt und ist die höchste Führungsinstanz der britischen Kapitalgesellschaft. Im Gegensatz zum Vorstand der deutschen Aktiengesellschaft obliegen den *directors* (dies sind die Mitglieder des *board of directors*) sowohl Überwachungs- als auch Verwaltungsaufgaben. Eine der deutschen Aktiengesellschaft ähnliche Trennung zwischen Aufsichtsrat und Vorstand existiert somit im britischen Kapitalgesellschaftsrecht nicht. Allerdings muss sich das *board of directors* nach dem *„code of best practic"*, der insbesondere für börsennotierte Unternehmen Bindungswirkung entfaltet, neben den unmittelbar mit der Geschäftsführung betrauten *executive directors* aus sog. *„non-executive directors"* zusammensetzen. Diese *non-executive directors* sind nicht direkt in die Geschäftsführung involviert und sollen zu einer verbesserten Selbstüberwachung beitragen; vgl. Orth, C. (2000), S. 89 f. Siehe zu den Corporate Governance Strukturen der britischen *company* außerdem beispielsweise Farrar, J./Hannigan, B. (1998), S. 301 ff.; Davies, P. (1997), S. 178 ff.

176 Vgl. section 222 (1) CA 1985.

setzlichen Erfordernissen entsprechenden Jahresabschlusses (*individual accounts*) nachkommen kann. Somit sind in Großbritannien sämtliche *registered companies*, d. h. unter den CA 1985 fallende Kapitalgesellschaften, nicht nur zur Buchführung, sondern grundsätzlich auch zur Aufstellung eines Jahresabschlusses gemäß den Vorschriften des CA 1985 verpflichtet.[177] Vorrangiges Ziel der kodifizierten Rechnungslegungspflicht ist dabei, neben einer Rechenschaftslegung des Managements über die Geschäfte der Gesellschaft und die ihm anvertrauten Ressourcen gegenüber den Anteilseignern (Rechenschafts- bzw. *stewardship*-Funktion),[178] bei haftungsbeschränkten Gesellschaften die Bedienung der Informationsbedürfnisse aller an dem Unternehmen interessierten Personen oder Personengruppen mit primär für wirtschaftliche Entscheidungen relevanten Daten (Informationsfunktion).[179]

Während bei *unlimited companies* aufgrund deren unbeschränkter Haftung bei einer Normierung der Rechnungslegungspflicht von jeher die Rechenschaftslegung im Sinne einer Dokumentation des Unternehmensgeschehens sowie einer Information der Anteilseigner (Gesellschafterschutz) im Vordergrund stand,[180] trat bei den haftungsbeschränkten Kapitalgesellschaftsformen (d. h. *companies limited by shares* oder *by guarantee*) im Zeitablauf neben die Rechenschaftsaufgabe sowie dem hieran anknüpfenden Gesellschafterschutz auch die Funktion des Schutzes von Gläubiger- und anderen Stakeholderinteressen.[181]

4.1.1.2 Gesetzliche Grundlagen für Einzelunternehmen

Die Unternehmensform des *sole trader* ist im Gegensatz zu den *companies* in keinem spezifischen Gesetz geregelt, sodass nur die allgemeinen Regeln des nicht kodifizierten Gesellschaftsrechts zur Anwendung kommen.[182] *Sole traders* sind wie im deutschen Gesellschaftsrecht dadurch charakterisiert, dass die Unternehmung selbst keine

---

177 Die Verpflichtung zur Buchführung und Jahresabschlusserstellung einschließlich der Aufstellung eines Lageberichts wurde durch die Companies (Unregistered Companies) Regulations 1985, SI 1985/680 auch für *unregistered companies* übernommen.

178 Vgl. The Company Law Review Steering Group (Hrsg.) (1999a), S. 115; Secretary of State for Trade (Hrsg.) (1979), S. 56.

179 Vgl. The Company Law Review Steering Group (Hrsg.) (1999a), S. 115. Zu den Funktionen und Adressaten der Rechnungslegung siehe auch Gliederungspunkt 4.2.3.1.2.

180 Diese Schlussfolgerung wird vor allem dadurch bestätigt, dass die *unlimited company* generell keiner externen Publizitätspflicht unterliegt; vgl. section 254 CA 1985 sowie speziell zu den Publizitätspflichten Gliederungspunkt 4.2.6.2.

181 Vgl. The Company Law Review Steering Group (Hrsg.) (1999a), S. 115; Farrar, J./Hannigan, B. (1998), S. 464.

182 Vgl. Güthoff, J. (1998), S. 1 f.

eigene Rechtsfähigkeit erlangen und deshalb stets nur der Unternehmensinhaber Träger von Rechten und Pflichten sein und somit haftbar gemacht werden kann. Aufgrund dieser fehlenden eigenständigen, von der Person des Inhabers losgelösten Rechtspersönlichkeit der Firma des *sole trader*, verbunden mit der einfachen Einzelunternehmensstruktur sowie der persönlichen Haftung des Eigentümers, fehlt nach dem Verständnis des britischen Gesellschaftsrechts ein allgemeines öffentliches Interesse und somit die Rechtfertigung einer gesetzlichen Reglementierung weiterer Gläubigerschutzvorschriften in Form von Rechnungslegungsbestimmungen. Deshalb existieren in Großbritannien für Einzelunternehmen im Unterschied zu Deutschland,[183] völlig unabhängig vom Umfang des Geschäftsbetriebes und der Unternehmensgröße, keinerlei expliziten gesellschaftsrechtlichen Vorschriften zur Buchführung und Jahresabschlusserstellung sowie deren materieller Ausgestaltung.[184] Jegliche Vereinbarungen zur Bereitstellung von Rechnungslegungsinformationen unterliegen somit allein der Privatautonomie der betroffenen Parteien. Allerdings sind auch Einzelunternehmen im Rahmen der Steuergesetze zur Ermittlung des zu versteuernden Unternehmensgewinns verpflichtet.[185] Eine steuerliche Rechnungslegungspflicht besteht somit auch für *sole traders*.

4.1.1.3 Gesetzliche Grundlagen für Personengesellschaften

Während für *registered companies* die beiden *Companies Acts* (CA 1985 sowie CA 1989) die zentralen gesetzlichen Normengrundlagen darstellen, existieren für die Regulierung von *partnerships* (Personengesellschaften) eigene *Partnership Acts*. In Abhängigkeit der gewählten *partnership*-Form – diesbezüglich unterscheidet das britische Gesellschaftsrecht[186] grundsätzliche zwischen drei verschiedenen Typen: *(general) partnerships*, *limited partnerships* sowie *limited liability partnerships* – kommen hierbei unterschiedliche Gesetze – *Partnership Act 1890* (Gesetz über Personengesellschaften), *Limited Partnerships Act 1907* (Gesetz über Personengesellschaften mit Voll- und Teilhaftern), *Limited Liability Partnerships Act 2000* (Gesetz über haftungsbeschränkte Personengesellschaften) – zur Anwendung.

183 Vgl. Gliederungspunkt 3.2.
184 Vgl. Cooke, T./Choudhury, M./Wallace, O. (2001), S. 2606.
185 Vgl. hierzu Gliederungspunkt 4.1.5.
186 Im Bereich des Rechts der Personengesellschaften herrscht in Großbritannien keine einheitliche Rechtssituation. Auf die besonderen Spezifika des schottischen *partnership law* wird im Rahmen dieser Arbeit jedoch nicht eingegangen; siehe hierzu mit weiteren Nachweisen The Law Commission/The Scottish Law Commission (Hrsg.) (2000), S. 6 ff.

4.1.1.3.1 Gesetzliche Rechnungslegungspflicht von *general partnerships*

(*General*) *partnerships* – konzeptionell vergleichbar mit der deutschen offenen Handelsgesellschaft,[187] gesetzlich geregelt im *Partnership Act 1890*[188] – können zu jedem (erlaubten) mit Gewinnerzielungsabsicht betriebenen Geschäftszweck gegründet werden. Allerdings limitiert der CA 1985 die Anzahl der *partner* (Gesellschafter)[189] einer *partnership* auf maximal 20 Mitglieder, indem er grundsätzlich für alle Personenvereinigungen mit einer diese Grenze übersteigenden Mitgliederzahl eine Registrierung als *company* verpflichtend vorschreibt.[190] Zusammenschlüsse bestimmter freiberuflich tätiger Berufsgruppen, wie beispielsweise Anwalts- und Wirtschaftsprüfersozietäten, sind jedoch von dieser Regelung ausgenommen.[191] Die Unternehmensform der (*general*) *partnership* besitzt vergleichbar dem *sole trader* keine selbstständige Rechtsfähigkeit und zählt somit nicht zu den juristischen Personen.[192] Hieraus ergibt sich, dass einerseits grundsätzlich jeder *partner* geschäftsführungsbefugt (er kann sich hiervon jedoch ausnehmen lassen)[193] und im Außenverhältnis alleinvertretungsberechtigt ist.[194] Andererseits haften die Gesellschafter (mit ihrem Privatvermögen) jedoch auch gesamtschuldnerisch für die Verbindlichkeiten der Gesellschaft.[195] Somit ergibt sich nach dem britischen Rechtsverständnis weder aus Sicht des Gesellschafter- noch

---

187 Vgl. Triebel, V./Hodgson, S./Kellenter, W./Müller, G. (1995), S. 214.

188 Weitere zentrale Rechtsgrundlagen sind neben dem *Partnership Act 1890*, der grundsätzlich neben England und Wales mit Abweichungen auch in Schottland Gültigkeit besitzt, das durch Gerichtsentscheidungen entwickelte Recht des *common law* sowie der zwischen den Gesellschaftern geschlossene Gesellschaftervertrag; siehe hierzu The Law Commission/The Scottish Law Commission (Hrsg.) (2000), S. 8 ff. Wie eingangs erwähnt, wird auf die Besonderheiten der in Schottland gültigen Bestimmungen nicht gesondert eingegangen.

189 Gesellschafter können sowohl natürliche als auch juristische Personen sein.

190 Vgl. section 716 CA 1985. Diese Größenrestriktion ist ein Überbleibsel aus dem 19. Jhd., als die Verklagung von Personengesellschaften eine Klageerhebung gegen jeden einzelnen Gesellschafter erforderte. Obwohl dies inzwischen nicht mehr notwendig ist und Personengesellschaften unter ihrem Firmennamen gerichtlich verfolgt werden können, wurde die Mitgliederlimitierung nicht abgeschafft; vgl. The Law Commission/The Scottish Law Commission (Hrsg.) (2000), S. 57 f. In der derzeitigen Diskussion um eine Reformierung des *company law* wird jedoch eine Abschaffung dieser Größenrestriktion angeregt; vgl. The Law Commission/The Scottish Law Commission (Hrsg.) (2000), S. 59.

191 Vgl. section 716 (2) CA 1985. Außerdem wurde diese größenabhängige Beschränkung im Zeitablauf per Verordnung für zahlreiche weitere Berufsgruppen durch sog. „*Partnerships (Unrestricted Size) Regulations*", aufgehoben; vgl. section 716 (2) CA 1985 sowie die zugehörigen *notes*. Siehe außerdem zu den von der Größenrestriktion ausgenommenen Berufsgruppen L'Anson Banks, R. (1995), S. 68 ff.

192 Vgl. Güthoff, J. (1998), S. 2; L'Anson Banks, R. (1995), S. 19 f. Dies gilt jedoch nicht für eine *Scottish firm*, die eigene Rechtspersönlichkeit besitzt; für Details siehe The Law Commission/The Scottish Law Commission (Hrsg.) (2000), S. 8 f.

193 Vgl. section 24 (7) Partnership Act 1980.

194 Vgl. section 5 Partnership Act 1980.

195 Vgl. section 9 Partnership Act 1890; The Law Commission/The Scottish Law Commission (Hrsg.) (2000), S. 133 f.

aus Sicht des Gläubigerschutzes eine zwingende Erfordernis zur Darlegung des Unternehmensgeschehens in Form einer gesellschaftsrechtlichen Rechnungslegung, da sämtliche Gesellschafter grundsätzlich geschäftsführungsbefugt und den Unternehmensgläubigern persönlich für die Schulden der Gesellschaft haften. Aus diesem Grund besteht nach dem in der Zeit des Normierungsliberalismus[196] entstandenen *Partnership Act 1890* für (*general*) *partnerships* keine explizite Rechnungslegungs- und Abschlusserstellungsverpflichtung.[197]

Dies gilt jedoch nicht für sog. „*qualifying partnerships*" (Kapitalgesellschaften & Co.),[198] d. h. für Personengesellschaften, deren sämtliche Gesellschafter entweder *limited companies*[199] oder aber *unlimited companies* (bzw. *Scottish firms*) sind, deren Teilhaberkreis sich wiederum ausschließlich aus *limited companies* zusammensetzt, und die damit letztlich über keine natürliche Person als persönlich haftender Gesellschafter verfügen.[200] Da diese Personengesellschaften durch entsprechende gesellschaftsrechtliche Gestaltungsmaßnahmen die zunächst unbeschränkte Haftung der Gesellschafter auf das Gesellschaftsvermögen der beteiligten Kapitalgesellschaft(en) begrenzen und den Gläubigern somit einen Durchgriff auf das Privatvermögen der involvierten Anteilseigner verwehren, sind sie in ihrer Haftungskonzeption der Rechtsform der Kapitalgesellschaft gleichgestellt und demnach gemäß der „GmbH & Co.-Richtlinie" der Europäischen Union unter den Anwendungsbereich der Vierten und Siebenten EG-Richtlinie zu fassen.[201] Dieser EU-Vorgabe musste auch der britische Gesetzgeber nachkommen und verabschiedete deshalb im Jahr 1993 die *Partnerships and Unlimited Companies (Accounts) Regulations 1993* (SI 1993/1820). Danach werden die für *companies* im Part VII CA 1985 kodifizierten Rechnungslegungsbestimmungen, abgesehen von einigen Modifikationen, auch auf *qualifying partnerships* übertragen,[202] sodass auch *qualifying partnerships* größenunabhängig einer grundsätzlichen

---

196 Zum Zeitpunkt der Entstehung des *Partnership Act 1890* waren nicht einmal haftungsbeschränkte *companies* gesetzlich zur Rechnungslegung und Publizität verpflichtet; vgl. Gliederungspunkt 4.1.1.1.2.5.

197 Vgl. Prime, T./Scanlan, G. (1995), S. 247; L'Anson Banks, R. (1995), S. 593.

198 In der Literatur werden diese Personengesellschaften auch häufig als *corporate partnerships* bezeichnet.

199 Zu den *limited companies* sind sowohl die *companies limited by shares* als auch die *companies limited by guarantee* zu zählen.

200 Vgl. reg. 3 Partnerships and Unlimited Companies (Accounts) Regulations 1993, SI 1993/1820.

201 Vgl. Richtlinie 90/605/EWG des Rates vom 8. November 1990, Artikel 1. Konsequenterweise müsste die Regelung analog auch bei Beteiligung der gleichfalls haftungsbeschränkten *limited liability partnership* greifen. Da diese jedoch in der „GmbH & Co.-Richtlinie" nicht erfasst ist, hat der britische Gesetzgeber wohl auch keine Notwendigkeit zu deren Berücksichtigung gesehen. Zur Rechtsform der *limited liability partnership* siehe Gliederungspunkt 4.1.1.3.4.

202 Vgl. reg. 2 (1) i. V. m. reg. 4 (1) (a) Partnerships and Unlimited Companies (Accounts) Regulations 1993, SI 1993/1820. Zum Teil werden die Anforderungen des CA 1985 durch die *Partnerships and Unlimited Companies (Accounts) Regulations 1993* geringfügig modifiziert. Siehe

Rechnungslegungspflicht unterliegen. In Einklang mit den Bestimmungen der „GmbH & Co.-Richtlinie" sind jedoch Personengesellschaften, die in einen innerhalb der EU, nach den Erfordernissen der Siebenten EG-Richtlinie erstellten und geprüften Konzernabschluss eines beteiligten Unternehmens bzw. dessen Muttergesellschaft einbezogen sind, von der Anwendung der Rechnungslegungsanforderungen des CA 1985 befreit. Voraussetzung hierfür ist jedoch, dass über die Inanspruchnahme der Befreiungsvorschrift im Anhang des Konzernabschlusses berichtet wird und die an der Personengesellschaft beteiligten *limited companies* auf Anfrage den Namen der Gesellschaft nennen, in dessen Konzernabschluss die Personengesellschaft einbezogen wurde.[203]

4.1.1.3.2 Gesetzliche Rechnungslegungspflicht von *limited partnerships*

Die nur sehr rudimentäre Regelung der Gesellschafterinteressen in Form von gesetzlichen Rechnungslegungsvorschriften und -normen zeigt sich auch bei der Rechtsform der *limited partnership* – konzeptionell vergleichbar mit der deutschen Kommanditgesellschaft[204] –, deren zentrale gesetzliche Grundlagen der *Limited Partnerships Act* von 1907 sowie der *Partnership Act 1890* sind.[205] Letztere Gesetzesgrundlage greift allerdings nur dann, wenn der *Limited Partnerships Act 1907* keine abweichende Regelung vorsieht.[206] *Limited partnerships*, die wie *(general) partnerships* grundsätzlich in ihrer Geschäftstätigkeit keinen Zweckbeschränkungen unterliegen[207] und abgesehen von spezifischen Ausnahmen nicht mehr als 20 Gesellschafter umfassen dürfen,[208] unterscheiden sich von den *(general) partnerships* primär dadurch, dass mindestens ein Gesellschafter unbeschränkt und persönlich für die Schulden der Gesellschaft haftet (*general partner*) und zumindest ein Gesellschafter in seiner Haftung auf die von ihm geleistete Einlage beschränkt ist (*limited partner*).[209] Als Konsequenz dieser Haftungsbegrenzung sind die *limited partners* grundsätzlich von der Geschäftsführung ausge-

---

hierzu schedule zu den Partnerships and Unlimited Companies (Accounts) Regulations 1993, SI 1993/1820.

203 Vgl. reg. 7 Partnerships and Unlimited Companies (Accounts) Regulations 1993, SI 1993/1820 sowie Richtlinie 90/605/EWG des Rates vom 8. November 1990, Artikel 1.

204 Vgl. Triebel, V./Hodgson, S./Kellenter, W./Müller, G. (1995), S. 214 f.

205 Vgl. Prime, T./Scanlan, G. (1995), S. 343, Fn. 4; L'Anson Banks, R. (1995), S. 861 f.; dementsprechend findet generell auch das in Ergänzung zum kodifizierten Recht entwickelte und auf richterlichen Entscheidungen basierende Fallrecht zu *(general) partnerships* auf *limited partnerships* Anwendung; siehe section 7 Limited Partnerships Act 1907.

206 Vgl. section 7 Limited Partnerships Act 1907.

207 Vgl. L'Anson Banks, R. (1995), S. 866.

208 Vgl. section 4 (2) Limited Partnerships Act 1907. Bezüglich der von dieser Regelung ausgenommenen Berufsgruppen siehe z. B. Limited Partnerships (Unrestricted Size) No. 1 Regulations 1971, SI 1971/782; Limited Partnerships (Unrestricted Size) No. 2 Regulations 1990, SI 1990/1518; Limited Partnerships (Unrestricted Size) No. 3 Regulations 1992, SI 1992/1027.

209 Vgl. section 4 (2) Limited Partnerships Act 1907.

schlossen und besitzen keine Befugnis, die Gesellschaft nach außen zu vertreten.[210] Diese Kompetenzen stehen nach den Bestimmungen des *Limited Partnerships Act 1907* ausschließlich den voll haftenden Gesellschaftern zu. Obwohl *limited partnerships* einer Registrierungspflicht im *Registrar of Companies* (Unternehmensregister) unterliegen, um die begrenzte Haftung der *limited partners* öffentlich zu bekunden,[211] handelt es sich bei der *limited partnership* um keine juristische Person mit eigener Rechtsfähigkeit[212] und damit um kein von den Gesellschaftern losgelöstes Rechtssubjekt. Dies hat vergleichbar der *(general) partnership* zur Konsequenz, dass nicht die Gesellschaft an sich Träger von Rechten und Pflichten ist, sondern diese auf die *(general) partners* übertragen und von diesen wahrgenommen werden. Dementsprechend stehen die *(general) partners* in der Verpflichtung, persönlich für die Schulden der Gesellschaft zu haften. Aufgrund der Erweiterung der den Gläubigern zur Verfügung stehenden Haftungsmasse über das Gesellschaftsvermögen hinaus um das private Vermögen der *(general) partners,* sah sich der Gesetzgeber auch in dieser Rechtsformkonstellation nicht veranlasst, weitere gläubigerschützende Maßnahmen in Form einer gesetzlichen Verpflichtung zur Rechnungslegung und Jahresabschlusserstellung explizit in das *Limited Partnerships Act 1907* aufzunehmen und durch konkrete Rechnungslegungsvorschriften und -normen materiell auszuformen. Auch aus Sicht des Gesellschafterschutzes waren derartige Maßnahmen nach Auffassung des britischen Gesetzgebers nicht erforderlich. Vielmehr wurden und werden die Informationsinteressen insbesondere der nicht zur Geschäftsführung befugten *limited partners* an der Vermögens-, Finanz- und Ertragslage der Gesellschaft durch gesetzlich verankerte Informations-, Kontroll- und Beratungsrechte gesichert und machen somit explizite, konkret definierte Rechnungslegungspflichten und -vorschriften verzichtbar. Somit unterliegen, aufgrund der Gültigkeit des *Partnership Act 1890* auch für die *limited partnership*, nicht nur alle Gesellschaftergeschäftsführer einer gegenseitigen Rechenschafts- und Auskunftspflicht über sämtliche im Rahmen der Gesellschaft getätigten Geschäfte,[213] sondern darüber hinaus steht außerdem ausnahmslos allen Gesellschaftern das Recht zur Einsichtnahme und Überprüfung der Geschäftsbücher zu.[214] Um speziell den Interessen der von der Geschäftsführung ausgeschlossenen *limited partners* gerecht zu werden, räumt der Gesetzgeber diesen darüber hinaus

---

210 Vgl. section 6 (1) Limited Partnerships Act 1907.

211 Vgl. section 5 Limited Partnerships Act 1907; L'Anson Banks, R. (1995), S. 869. Bis zur Registrierung besteht die Gesellschaft als *(general) partnership*, was zur Folge hat, dass alle Gesellschafter in unbegrenzter Höhe für die Schulden der Gesellschaft haften; siehe hierzu section 5 Limited Partnerships Act 1907.

212 Vgl. L'Anson Banks, R. (1995), S. 864; The Law Commission/The Scottish Law Commission (Hrsg) (2001), S. 9. Dies trifft jedoch nicht für das schottische Recht zu, nach dem auch Personengesellschaften über eine eigene Rechtspersönlichkeit verfügen; vgl. The Law Commission/The Scottish Law Commission (Hrsg.) (2001), S. 9.

213 Vgl. section 7 Limited Partnerships Act 1907 i. V. m. section 28 Partnership Act 1890.

214 Vgl. section 24 (9) Partnership Act 1890 sowie section 6 Limited Partnerships Act 1907.

explizit das Recht ein, die derzeitige Lage und künftigen Aussichten der Gesellschaft zu überprüfen sowie sich diesbezüglich mit den persönlich haftenden Gesellschaftern zu beraten.[215]

Analog der *general partnership* unterwirft der britische Gesetzgeber die *limited partnership* gemäß den auf der „GmbH & Co.-Richtlinie" der EU basierenden *Partnerships and Unlimited Companies (Accounts) Regulations 1993* nur dann expliziten Rechnungslegungspflichten und -normen, wenn den Gläubigern aufgrund spezifischer Rechtsformkonstellationen der Durchgriff auf das Privatvermögen der Gesellschafter verwehrt ist, d. h. eine sog. *„qualifying partnership"* vorliegt.[216] Dies ist analog den Ausführungen zur *general partnership*[217] dann der Fall, wenn sich die persönlich haftenden Komplementärgesellschafter, d. h. die (*general*) *partners* der Gesellschaft ausschließlich aus haftungsbeschränkten Unternehmen – dies können sowohl *companies limited by shares* als auch *companies limited by guarantee* sein – oder *unlimited companies* (bzw. *Scottish firms*) mit nur haftungsbeschränkten Kapitalgesellschaften als Gesellschafter zusammensetzen.[218] In diesem Fall ist die Haftung der (*general*) *partners* auf das Gesellschaftsvermögen der beteiligten Kapitalgesellschaften begrenzt und unterscheidet sich daher aus Gläubigergesichtspunkten nicht von der einer *company*. Die bei der *general partnership* gemachten Ausführungen zu den Rechnungslegungspflichten von *qualifying partnerships* sowie etwaige Befreiungsvorschriften bei Einbezug in einen EU-Konzernabschluss gelten dann analog.[219]

In der britischen Unternehmenspraxis konnte sich die *limited partnership* trotz der Haftungsbegrenzung der *limited partners* bislang kaum durchsetzen.[220] Die Ver-

---

215 Vgl. section 6 Limited Partnerships Act 1907. Diese Einsichts- und Beratungsrechte der *partner* gehen weit über die Auskunftsrechte der Aktionäre von *companies* hinaus. Diese besitzen zwar das Recht den Jahresabschluss zu erhalten (vgl. section 238 CA 1985) und haben die Möglichkeit im Rahmen des *annual general meeting* (Hauptversammlung) Auskünfte einzuholen, ein Recht zur Einsichtnahme in die Geschäftsbücher steht den Aktionären jedoch nicht zu; vgl. die im Table A zum CA 1985 angegebene Mustersatzung, insbesondere para. 109. Zu den Rechten der Hauptversammlung siehe The Company Law Review Steering Group (Hrsg.) (1999b).

216 Vgl. reg. 2 (2) Partnerships and Unlimited Companies (Accounts) Regulations 1993, SI 1993/1820. Die angeführte Verordnung gilt sowohl für *limited partnerships* als auch für (*general*) *partnerships.*

217 Vgl. Gliederungspunkt 4.1.1.3.1.

218 Vgl. reg. 3 (1) sowie reg. 4 (1) (a) Partnerships and Unlimited Companies (Accounts) Regulations 1993, SI 1993/1820. Analog der Ausführungen zur *general partnership* müssten die Bestimmungen der Partnerships and Unlimited Companies (Accounts) Regulations 1993 auch bei Beteiligung von Unternehmen in der Rechtsform der *limited liability partnership* greifen; vgl. Fn. 201.

219 Vgl. hierzu die Ausführungen zur *general partnership* im Gliederungspunkt 4.1.1.3.1.

220 So sind nur etwa 9.000 der in England und Wales insgesamt registrierten 700.000 Personengesellschaften *limited partnerships;* vgl. The Law Commission/The Scottish Law Commission (Hrsg.) (2001), S. 1.

abschiedung des *Limited Partnerships Act 1907* erfolgte zeitgleich mit der Einführung und Verbreitung der *private limited company*, die in Bezug auf die zu erfüllenden Gründungsanforderungen (kein Mindestkapital; Gründung als Einpersonengesellschaft möglich) vergleichbar ist, durch die Haftungsbegrenzung aller Gesellschafter jedoch gewisse Vorzüge aufweist und deshalb vielfach größere Attraktivität besitzt.[221] Neben der Firmierung als *sole trader* stellt die *general partnership* gemeinsam mit der *private company limited by shares* in Großbritannien somit die wichtigste Rechtsform für kleinere Unternehmen dar.[222]

4.1.1.3.3 Faktische Rechnungslegungspflicht von gesetzlich nicht zur Rechnungslegung verpflichteten Personengesellschaften

Obwohl für *general partnerships* sowie für *limited partnerships* grundsätzlich – sofern sie nicht als Kapitalgesellschaft & Co. zu klassifizieren sind und unter die *Partnerships and Unlimited Companies (Accounts) Regulations 1993* fallen – keine gesetzliche Verpflichtung zur Abschlusserstellung normiert ist, besteht dennoch die faktische Notwendigkeit zur Erstellung eines Jahresabschlusses.[223] Zum einen müssen für steuerliche Zwecke Bücher geführt werden[224] und zum anderen entsteht durch die gemeinschaftliche Verfügung der Gesellschafter über das Gesellschaftsvermögen und insbesondere durch die gemeinsame persönliche Haftung der Komplementäre für die Schulden der Gesellschaft sowie des hieraus resultierenden Treue- und Abhängigkeitsverhältnisses eine Rechenschaftspflicht der Teilhaber gegenüber den Mitgesellschaftern sowie das Erfordernis einer internen Ergebnisermittlung und Rechenschaftslegung über sämtliche Geschäfte, die im Namen der Gesellschaft oder mit Gesellschaftsmitteln vorgenommen wurden. Deshalb verpflichtet der *Partnership Act 1890* jeden einzelnen Gesellschafter dazu „... to render true accounts and full information of all things affecting the partnership to any partner or his legal representatives“[225] und räumt gleichzeitig ein Einsichtsrecht in die Geschäftsbücher der Gesellschaft ein,[226] was auch den haftungsbeschränkten Gesellschaftern im *Limited Partnership Act* 1907 noch einmal explizit zugesichert wird. Damit unterstellt der Gesetzgeber implizit, ohne dies ausdrücklich vorzuschreiben, dass die jeweilige Gesellschaft sehr wohl Aufzeichnungen über ihre Geschäfte führt, überlässt allerdings jegliche weiter gehenden Vereinbarungen, wie z. B. die Festlegung der zugrunde zu legenden Rech-

---

221 Vgl. Davies, P. (1997), S. 48.

222 Vgl. The Law Commission/The Scottish Law Commission (Hrsg.) (2001), S. 1.

223 Vgl. Güthoff, J. (1998), S. 10 f.; Prime, T./Scanlan, G. (1995), S. 247; L'Anson Banks, R. (1995), S. 593.

224 Zu den steuerlichen Gewinnermittlungsvorschriften siehe Gliederungspunkt 4.1.5.

225 Section 28 Partnership Act 1890.

226 Vgl. section 24 (9) Partnership Act 1890.

nungslegungsnormen, der Privatautonomie der Gesellschafter. Obwohl ein zentrales Kriterium für das Vorliegen einer *partnership* die Gewinnerzielungsabsicht der Unternehmensbeteiligten ist,[227] konkretisiert weder der *Partnership Act 1890* noch der *Limited Partnerships Act 1907*, nach welchen Vorschriften dieser Gewinn generell zu ermitteln ist.[228] Vielmehr existiert die allgemeine Auffassung: „Partnership accounts are a private matter between the partners."[229] Dies hat zur Konsequenz, dass trotz des mit einer einheitlichen Normierung der Rechnungslegung ggf. verbundenen Informationsnutzens für neu aufzunehmende Gesellschafter oder auch externe Dritte, wie z. B. Banken, die Festlegung der Rechnungslegungsnormen und damit auch der Normen zur Ermittlung des verteilungsfähigen Gewinns allein in der Verantwortung der Unternehmensbeteiligten liegt. Es zeigt sich hier sehr deutlich, dass die Privatautonomie im britischen Gesellschaftsrecht einen wesentlich höheren Stellenrang einnimmt als beispielsweise in Deutschland und der Gesetzgeber sich für die Gewährleistung eines Gesellschafterschutzes in Form einer verpflichtenden Rechnungslegung und Abschlusserstellung in einer Rechtsformgestaltung, die einerseits jedem unbeschränkt haftenden Gesellschafter Geschäftsführungsbefugnis einräumt und andererseits sämtlichen Gesellschaftern Einsichtsrechte gewährt, nicht zuständig sieht, sondern stattdessen diese Verantwortung auf die Beteiligten selbst überträgt. In der Unternehmenspraxis wird davon auch regelmäßig Gebrauch gemacht und in Ermangelung gesetzlicher Regelungen eine Verpflichtung zur Buchführung und Jahresabschlusserstellung sowie eine Festlegung der anzuwendenden Rechnungslegungsgrundsätze und -normen – hier wird häufig auf die steuerlichen Gewinnermittlungsvorschriften zurückgegriffen[230] – in die *partnership agreements* (Gesellschaftervertrag) aufgenommen.[231] Neben einer Pflicht zur Buchführung und Abschlusserstellung sowie einer Festsetzung der anzuwendenden Rechnungslegungsnormen wird im Gesellschaftervertrag häufig sogar die verpflichtende Durchführung einer Abschlussprüfung vereinbart.[232]

---

227 Vgl. section 1 (1) Partnership Act 1890.

228 Vgl. Prime, T./Scanlan, G. (1995), S. 253.

229 The Law Commission/The Scottish Law Commission (Hrsg.) (2000), S. 165.

230 Vgl. L'Anson Banks, R. (1995), S. 589.

231 Vgl. Güthoff, J. (1998), S. 10 f.; L'Anson Banks, R. (1995), S. 193 f.; Prime, T./Scanlan, G. (1995), S. 62 und 72 f.; Richards, C. (2001), S. 65. Enthält der Gesellschaftsvertrag keine Vereinbarung über die anzuwendenden Grundsätze der Gewinnermittlung, so erfolgt diese im Allgemeinen in Form einer Einzahlungs-/Auszahlungsrechnung; vgl. hierzu Prime, T./Scanlan, G. (1995), S. 70. Im Rahmen einer derzeit stattfindenden Überarbeitung des Rechts für Personengesellschaften ist von Seiten der beteiligten *Law Commissions* angeregt worden, den bestehenden *Partnership Act 1890* dahingehend zu ergänzen, dass im Fall fehlender gesellschaftsvertraglicher Vereinbarungen im Hinblick auf die anzuwendenden Rechnungslegungsvorschriften die *United Kingdom Generally Accepted Accounting Principles* (UK GAAP) zur Anwendung kommen sollten; vgl. The Law Commission/The Scottish Law Commission (Hrsg.) (2000), S. 165 f. Zum Begriff der UK GAAP siehe Gliederungspunkt 4.1.2.2.3.

232 Vgl. Richards, C. (2001), S. 65.

4.1.1.3.4 Gesetzliche Rechnungslegungspflicht von *limited liability partnerships*

Bei der *limited liability partnership* (LLP) handelt es sich um eine im britischen Rechtskreis relativ neue Rechtsform, die erst mit der Verabschiedung des *Limited Liability Partnerships Act* im Juli 2000 ins Leben gerufen wurde.[233] Die *limited liability partnership* kann grundsätzlich zu jedem mit Gewinnerzielungsabsicht verfolgten Geschäftszweck gegründet werden und erfordert mindestens zwei Gründungsmitglieder.[234] Konzeptionell vereinigt die mit eigener Rechtsfähigkeit ausgestattete Rechtsform der LLP[235] sowohl Elemente einer Kapital- als auch einer Personengesellschaft und verbindet somit die mit einer juristischen Person verbundenen Vorzüge der Haftungsbeschränkung der Mitglieder auf ihre Einlage mit der flexiblen Organisationsstruktur einer Personengesellschaft.[236] Dies hat den Vorteil, dass trotz der selbstständigen Rechtsfähigkeit der LLP ein einfacher Organisationsaufbau möglich ist, der konzeptionell keine Trennung von Eigentum und Geschäftsführung sowie die hiermit verbundenen, bei (großen) Kapitalgesellschaften üblichen komplexen Corporate Governance Strukturen erfordert.[237] Auch in ertragsteuerrechtlicher Hinsicht wird die LLP wie eine Personengesellschaft behandelt, was zur Konsequenz hat, dass die Gewinne der Gesellschaft nicht wie bei Kapitalgesellschaften der Körperschaftsteuer unterliegen, sondern bei den jeweiligen Gesellschaftern im Rahmen der Einkommensteuer erfasst werden.[238] Da die LLP vor allem auch für kleine und mittelgroße Unternehmen attraktiv sein dürfte, kann die Initiative des Gesetzgebers auch als Reaktion auf die bereits seit langem umstrittene Eignung der Gesellschaftsform der *company* für kleinere, häufig unterkapitalisierte Gesellschaften[239] und der hiermit verbundenen Diskussion um die Schaffung einer neuen, mit eigener Rechtsfähigkeit

---

233 Ursprünglicher Entstehungshintergrund für die Schaffung einer neuen Rechtsform war, dass es bestimmten Berufsgruppen aufgrund satzungsrechtlicher oder berufsrechtlicher Bestimmungen nicht möglich ist, ihre Geschäftstätigkeit in der Rechtsform der *company* auszuüben; die Rechtsform der *general* oder *limited partnership* jedoch den Nachteil einer gesamtschuldnerischen Haftung der Komplementäre für die Schulden der Gesellschaften mit sich bringt; vgl. hierzu Department of Trade and Industry (Hrsg.) (1999c), S. 11 ff. sowie Linsell, R. (2001), S. 120.

234 Vgl. section 2 (1a) Limited Liability Partnerships Act 2000; siehe auch Hiddleston, J./Whitehill, H./Oberhofer, M. (2001), S. 153.

235 Vgl. section 1 Limited Liability Parnterships Act 2000.

236 Vgl. Explanatory Notes zum Limited Liability Partnerships Act 2000, S. 1; Department of Trade and Industry (Hrsg.) (1998c), S. 7.

237 Vgl. Department of Trade and Industry (Hrsg.) (1998c), S. 4. Zu den Corporate Governance Konzepten im britischen Kapitalgesellschaftsrecht siehe Farrar, J./Hannigan, B. (1998), S. 301 ff.

238 Vgl. Explanatory Notes zum Limited Liability Partnerships Act 2000, S. 4; Gale, S. (2001), S. 18; Hiddleston, J./Whitehill, H./Oberhofer, M. (2001), S. 157. Hierin wird ein wesentlicher Vorteil der LLP gegenüber der Rechtsform der *company* gesehen; vgl. Department of Trade and Industry (Hrsg.) (1998c), S. 5.

239 Vgl. beispielsweise Board of Trade (1962), S. 5 ff. sowie 24 f.; The Company Law Review Steering Group (1999a), S. 57 ff.; Freedman, J./Godwin, M. (1994), S. 265 ff.; Hicks, A./Drury, R./Smallcombe, J. (1995), S. 29 f. und 83.

und ggf. beschränkten Haftung ausgestatteten, speziell für kleinere Unternehmen geeigneten Gesellschaftsform[240] gewertet werden.

Konform zu den nach Rechtsfähigkeit und Haftung differenzierenden gesellschaftlichen Vorschriften zur externen Rechnungslegung finden die im CA 1985 verankerten Bestimmungen zur externen Unternehmensberichterstattung aufgrund der diesbezüglichen Ähnlichkeit der *limited liability partnership* mit Kapitalgesellschaften – selbstständige Rechtsfähigkeit und Begrenzung des Haftungskapitals auf das Gesellschaftsvermögen – abgesehen von geringfügigen Modifikationen auch auf *limited liability partnerships* Anwendung.[241] Demnach sind *limited liability partnerships* analog den *companies* grundsätzlich größen- und branchenunabhängig zur Buchführung und Abschlusserstellung verpflichtet und hinsichtlich der materiellen Ausgestaltung ihrer externen Rechnungslegung an die Vorgaben des Part VII CA 1985 gebunden.[242]

4.1.1.4 Zusammenfassung

Wie die Ausführungen verdeutlichen, knüpft der britische Gesetzgeber die Pflicht zur externen Rechnungslegung nicht wie in Deutschland an die Erfüllung der Kaufmannseigenschaft, sondern regelt die Verpflichtung zur Abschlusserstellung rechtsformspezifisch. Eine gesellschaftsrechtliche Verpflichtung zur externen Unternehmensrechnung ergibt sich in Großbritannien somit grundsätzlich aus zwei Tatbeständen (vgl. Abb. 27).[243] Zum einen definiert der Gesetzgeber eine Rechnungslegungspflicht im Sinne einer Rechenschaftslegung für all diejenigen Gesellschaften, die über eine eigenständige Rechtspersönlichkeit verfügen und durch die Ausstattung der Gesellschaft mit einer eigenen, von den Teilhabern losgelösten Rechtsfähigkeit die Möglichkeit besitzen, eine Trennung von Anteilseigentum und Management vorzunehmen. Dies trifft für alle Formen der *registered company* sowie für die jüngst konzipierte Rechtsform der *limited liability partnership* zu. Zum anderen ergibt sich ein Bedarf zur externen Rechnungslegung aus Gläubigerschutzgesichtspunkten für alle haftungsbeschränkten Unternehmen. Hierzu zählen mit Ausnahme der *unlimited company* nicht nur sämtliche Formen der *registered company* sowie Unternehmen in der Rechtsform der *limited liability partnership*, sondern auch *qualifying partnerships,* d. h. jene Per-

---

240 Vgl. hinsichtlich dieser Diskussion z. B. Department of Trade and Industry (1973), S. 13 f.; Department of Trade and Industry (1994), S. 22 ff.; Hicks, A./Drury, R./Smallcombe, J. (1995), S. 67 ff.

241 Vgl. reg. 3 Limited Liability Partnerships Regulations 2001, SI 2001/1090.

242 Vgl. reg. 3 Limited Liability Partnerships Regulations 2001, SI 2001/1090.

243 Vgl. zu den Differenzierungskriterien der Rechnungslegungspflicht auch The Company Law Review Steering Group (2000a), S. 271 f.

sonengesellschaften, die über keine natürliche Person als persönlich haftender Gesellschafter verfügen (Kapitalgesellschaften & Co.).[244]

■ **Abb. 27:** Differenzierung der gesellschaftsrechtlichen Rechnungslegungspflicht nach Rechtsfähigkeit und Haftung

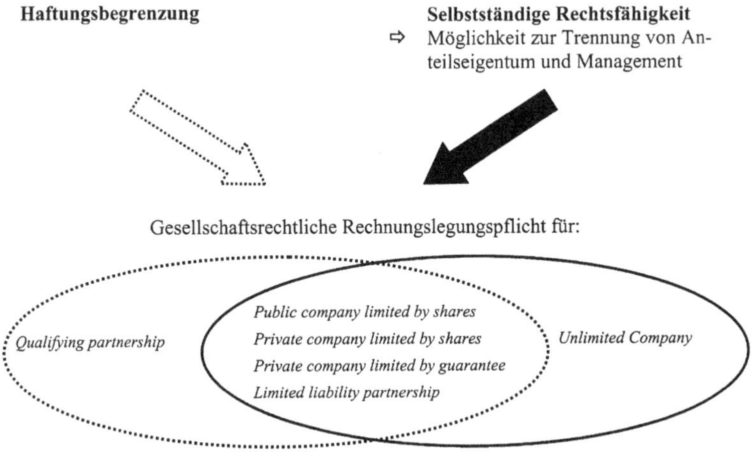

Obwohl die gesetzliche Pflicht zur Rechnungslegung häufig als Preis für die beschränkte Haftung betrachtet wird,[245] greift diese Argumentation zu kurz. Denn wie die Historie des Gesellschaftsrechts in Großbritannien zeigt, stellt die Haftung im britischen Rechtsverständnis keinesfalls das zentrale Kriterium für die gesetzliche Normierung einer Rechnungslegungspflicht dar. Dies wird zum einen am Beispiel der in ihrer Haftung beschränkten *qualifying partnerships* deutlich, deren Rechnungslegungspflichten erst im Zuge der Transformation der „GmbH & Co.-Richtlinie" der EU durch die Verabschiedung der *Partnerships and Unlimited Companies (Accounts) Regulations 1993* im Jahr 1993 gesetzlich normiert wurden. Bis zur Transformation der entsprechenden EU-Vorgaben unterlagen derartige Mischformen trotz ihrer beschränkten Haftung keiner explizit gesetzlich geregelten Rechnungslegungspflicht.[246] Zum anderen wird auch am Beispiel der *unlimited company*, deren Ver-

244 Zu der Argumentation der gesetzlichen Verpflichtung zur Rechnungslegung als Preis für die Haftungsbeschränkung siehe The Law Commission/The Scottish Law Commission (Hrsg.) (2000), S. 3 und S. 165.

245 So z. B. Collis, J./Jarvis, R. (2000), S. 11.

246 Jedoch kann der Grund hierfür auch darin liegen, dass Kapitalgesellschaften & Co. (*qualifying partnerships*) aufgrund der großen Flexibilität, die die Rechtsform der *company* bietet, in Groß-

pflichtung zur Unternehmensrechnung seit jeher, auch in allen früheren Fassungen des *Companies Acts* verankert war,[247] und unbeeinflusst von der Transformation der Vierte EG-Richtlinie in den CA 1985 übernommen wurde,[248] eindrucksvoll deutlich, dass im britischen Gesellschaftsrecht eine Differenzierung der gesetzlichen Rechnungslegungspflicht nicht allein auf Basis einer Haftungsbeschränkung vorgenommen, sondern historisch bedingt primär durch die selbstständige Rechtsfähigkeit begründet wird. Diese gesetzliche Rechnungslegungspflicht schließt selbst *unlimited „close" companies*,[249] d. h. *unlimited companies* mit nur sehr wenigen und gleichzeitig am Management beteiligten Gesellschaftern mit ein, obwohl bei derart konzipierten Gesellschaftsformen weder die Information der ohnehin durch ihre Managementfunktion in die Geschäftstätigkeit involvierten Anteilseigner im Vordergrund stehen noch eine Rechnungslegungspflicht durch eine Haftungsbegrenzung gerechtfertigt werden kann. Somit bleibt für diesen Fall die eigenständige Rechtsfähigkeit alleiniger Auslösungstatbestand für die gesetzliche Reglementierung der Dokumentation der Geschäfte der Gesellschaft,[250] die aufgrund der formalen Abkoppelung der Gesellschaft von der Privatsphäre der Gesellschafter nicht mehr wie bei gewöhnlichen Formen der Personengesellschaft als Privatangelegenheit der Anteilseigner betrachtet werden kann, sondern vielmehr als ein Instrument der Corporate Governance[251] und als Rechenschaftspflicht des Managements verstanden werden muss.

Da die Rechnungslegungspflicht im britischen Gesellschaftsrecht somit nur für mit eigenständiger Rechtsfähigkeit bzw. beschränkter Haftung ausgestattete *registered companies*, *limited liability partnerships* und *qualifying partnerships* gesetzlich kodifiziert ist, unterliegt ein Großteil der Unternehmen, im Gegensatz zu Deutschland, keiner gesellschaftsrechtlich verpflichtenden Abschlusserstellung. Dies wird aus der

---

britannien kaum praktische Relevanz haben; vgl. hierzu Triebel, V./Hodgson, S./Kellenter, W./ Müller, G. (1995), S. 216.

247 Siehe hierzu die Ausführungen zu Gliederungspunkt 4.1.1.1.2.

248 Der Anwendungsbereich der Vierten EG-Richtlinie betrifft ausschließlich *limited companies* (*public companies limited by shares* oder *by guarantee* und *private companies limited by shares* oder *by guarantee*) sowie *qualifying partnerships* und *qualifying unlimited companies*, d. h. *general partnerships, limited partnerships* und *unlimited companies*, bei denen nicht wenigstens ein persönlich haftender Gesellschafter eine natürliche Person oder eine andere Gesellschaft mit mindestens einer natürlichen Person als persönlich haftender Gesellschafter ist; siehe Vierte Richtlinie 78/660/EWG des Rates vom 25. Juli 1978, Artikel 1 erweitert um die Vorschriften der Richtlinie 90/605/EWG des Rates vom 8. November 1990 („GmbH & Co.-Richtlinie"). Konzeptionell fällt auch die *limited liability partnership* in den Anwendungsbereich der Vierten EG-Richtlinie, ist dort jedoch aufgrund ihrer erst kurzen Existenz noch nicht explizit erfasst.

249 Zum Begriff der *„close" company* vgl. The Company Law Review Steering Group (Hrsg.) (1999a), S. 56. Synonym zu diesem Terminus wird in der Literatur auch der Begriff *„closely-held" company* verwendet.

250 Ähnlich Farrar, J./Hannigan, B. (1998), S. 79.

251 Zum Verhältnis von *accounting* und Corporate Governance siehe beispielsweise Higson, A. (1995), S. 104.

nachstehenden Tab. 25, die einen Überblick über die Anzahl der bestehenden Gesellschaftsformen gibt, ersichtlich.

■ **Tab. 25:** Anzahl der Unternehmen in Großbritannien nach Rechtsformen im Jahr 2000

companies	0,8 Mio.
general partnerships, limited partnerships	0,7 Mio.
limited liability partnerships	--- [252]
sole traders	2,2 Mio.
insgesamt	3,7 Mio.

Quelle: In Anlehnung an Department of Trade and Industry (Hrsg.) (2000a).

Abgesehen von den in der obigen Tabelle nicht berücksichtigten, jedoch in der britischen Unternehmenslandschaft ohnehin wenig verbreiteten *qualifying partnerships*[253] zeigt sich, dass von den insgesamt 3,7 Mio. Unternehmen nur etwa 20 % bzw. 0,8 Mio. *companies* einer gesellschaftsrechtlichen Rechnungslegungspflicht unterliegen. Die Normierung der Rechnungslegung der übrigen 80 % der Unternehmen ist der Privatautonomie der jeweiligen Marktteilnehmer überlassen. Die gesetzliche Rechnungslegungspflicht von Einzelunternehmen beschränkt sich im Wesentlichen auf die steuerliche Gewinnermittlung. Bei Personengesellschaften wird eine gesellschaftsrechtliche Rechnungslegungspflicht üblicherweise im Rahmen des Gesellschaftsvertrages vereinbart, in dem in der Regel auch die anzuwendenden Rechnungslegungsnormen – auch hier wird vielfach auf die steuerliche Gewinnermittlung zurückgegriffen – festgelegt werden. Die zentrale Gesetzesgrundlage für die Normierung der Rechnungslegung von gesellschaftsrechtlich zur Unternehmensrechnung verpflichteten Unternehmen bilden die Rechnungslegungsvorschriften des CA 1985, die zwar grundsätzlich nur für *registered companies* Gültigkeit besitzen, jedoch durch entsprechende Verweise im *Limited Liability Partnerships Act 2000*[254] sowie in den *Partnerships and Unlimited Companies (Accounts) Regulations 1993*[255] auf mit eigener Rechtspersönlichkeit und limitierter Haftung ausgestattete *limited liability partnerships* bzw. auf haftungsbegrenzte *qualifying partnerships* ohne natürliche Person als voll haftender Gesellschaf-

252 Da es sich bei der Rechtsform der *limited liability partnership* noch um eine sehr junge Gesellschaftsform handelt, konnte kein statistisches Datenmaterial eruiert werden.

253 Vgl. Fn. 246.

254 Vgl. section 15 Limited Liability Partnerships Act 2000 i. V. m. reg. 3 Limited Liability Partnerships Regulations 2001, SI 2001/1090.

255 Vgl. reg. 4 Partnerships and Unlimited Companies (Accounts) Regulations 1993, SI 1993/1820.

ter übertragen werden. Hierdurch wird eine weitgehend einheitliche Normierung der Unternehmensberichterstattung zwar konzeptionell unterschiedlicher jedoch in Bezug auf Haftung und/oder Rechtsfähigkeit vergleichbarer Gesellschaftsformen gewährleistet und somit eine gleichförmige Behandlung sichergestellt.

4.1.2 Privatrechtlich organisierte Normengebung

Bedingt durch das Rechtssystem des *common law*, nach der zur Gewährleistung einer schnellen Reaktion auf aktuelle Geschehnisse sowie sich ändernde Rahmenbedingungen eine flexible Normanwendung und -interpretation im Vordergrund steht und dementsprechend bis zur Umsetzung der EG-Richtlinien im Gesetz nur Mindestanforderungen an die Unternehmensberichterstattung definiert wurden,[256] kam der *accountant*-Profession hinsichtlich der Regulierung der inhaltlichen Ausgestaltung der Unternehmensrechnung maßgebliche Relevanz zu.[257] Diese Normierungsfunktion trug wesentlich zur Stärkung des *accountant*-Berufsstandes bei, der auch heute noch erhebliche Bedeutung in dem für die externe Unternehmensberichterstattung relevanten institutionellen Rahmengefüge hat. Handelte es sich bei den entwickelten Regelungen anfänglich überwiegend um informelle, durch praktische Übung entstandene Normen der *best practice,*[258] so wurden diese später durch offizielle Verlautbarungen[259] von im Zeitablauf wechselnden, privatrechtlich organisierten Normierungsgremien (*standard setting bodies*) – bei deren Konstituierung die verschiedenen Berufsorganisationen der *accounting profession*[260] eine ganz zentrale Rolle spielten – ersetzt und ergänzt. Diese

---

256 Siehe hierzu die Ausführungen zur geschichtlichen Entwicklung des *Companies Act* unter Gliederungspunkt 4.1.1.1.2.

257 Vgl. Post-Pawelleck, G. (1996), S. 108; Taylor, P./Turley, S. (1986), S. 18 ff.

258 Siehe hierzu Napier, C. (1995), S. 269.

259 Die ersten offiziellen, allerdings ausschließlich als Empfehlungen herausgegebenen Verlautbarungen zur Unternehmensberichterstattung stammten von dem im Jahr 1942 vom *Institute of Chartered Accountants in England and Wales* (ICAEW) errichteten *Committee on Accounting Principles*; vgl. hierzu Walton, P. (2000), S. 215 f. Siehe auch Post-Pawelleck, G. (1996), S. 124 ff.

260 Zu den bedeutendsten Berufsvereinigungen der *accountants* zählen:
- *Institute of Chartered Accountants in England and Wales* (ICAEW)
- *Institute of Chartered Accountants of Scotland* (ICAS)
- *Institute of Chartered Accountants in Ireland* (ICAI)
- *Association of Chartered Certified Accountants* (ACCA)
- *Chartered Institute of Management Accountants* (CIMA)
- *Chartered Institute of Public Finance and Accountancy* (CIPFA)

Während die ersten vier Berufsorganisationen schwerpunktmäßig auf den Bereich der Wirtschaftsprüfung konzentriert sind – die Mitglieder des ICAEW, ICAS, ICAI, ACCA werden unter der Voraussetzung der nötigen Berufspraxis und der erfolgreichen Absolvierung des entsprechenden berufsständischen Examens von der Regierung als Abschlussprüfer anerkannt –, rekrutieren sich die Mitglieder der CIMA überwiegend aus im Finanz- und Kostenmanagement tätigen und damit vornehmlich mit der internen Unternehmensrechnung befassten Praktikern. Die von privaten Normierungsgremien entwickelten Verlautbarungen zur Rechnungslegung sind deshalb in Großbritannien neben den im CA 1985 kodifizierten Vorschriften bis heute die zweite wesentliche Säule der Normierung der externen Unternehmensberichterstattung.

Während die privatrechtlich organisierte Normengebung in Großbritannien bis Ende der 1980er-Jahre ausschließlich durch Institutionen der berufsständischen Organisationen der *accountant profession* und auf dessen Eigeninitiative erfolgte,[261] liegt es seit 1989 in der Kompetenz des zuständigen *Secretary of State for Trade and Industry* (Wirtschaftsminister) die Verabschiedung von detaillierten, das Gesetz konkretisierenden Rechnungslegungsnormen sowie die Initiierung und Beaufsichtigung dieses Normensetzungsprozesses, einschließlich der Überwachung der Normenanwendung in der Unternehmenspraxis, an private Institutionen zu delegieren.[262] Diese seit 1989 formal in section 256 des CA 1985 festgelegte Ermächtigung des Staates, über die eigentliche Gesetzgebung hinaus in den Normsetzungsprozess einzugreifen, geht auf die Empfehlungen des damals mit der Analyse und Novellierung des bestehenden Normierungssystems vom *accounting*-Berufsstand beauftragten sog. „*Dearing Committee*" zurück.[263] Sie war die politische Reaktion auf die in den späten 1980er-Jahren durch das *creative accounting*[264] hervorgerufene öffentliche Kritik an der Unternehmensberichterstattung, deren Prüfung durch den Wirtschaftsprüfer sowie die damalige Organisation des *standard setting*.[265] Aufgrund der bestehenden Missstände, verbunden mit einem zunehmend globaler und komplexer werdenden wirtschaftlichen Umfeld, wuchs das gesellschaftliche Interesse nach einer stärkeren staatlichen Regulierung der Unternehmensrechnung.[266] Zur Wahrung eines flexiblen und dynamischen

---

Mitglieder der CIPFA hingegen stammen überwiegend aus dem Bereich der öffentlichen Verwaltung. Um eine Kooperation zwischen den sechs angeführten berufsständischen Organisationen zu gewährleisten, verfügen diese über eine gemeinsame Dachorganisation, das *Consultative Committee of Accountancy Bodies* (CCAB). Für weitere Details der berufsständischen *accounting*-Organisationen siehe beispielsweise Walton, P. (2000), S. 211 ff. Für einen umfassenden Einblick in Organisation, Aufbau, Aufgaben und Berufszugangsvoraussetzungen des *accountant*-Berufsstandes, insbesondere des ICAEW siehe Quick, R./Nieman, L. (2001), S. 322 ff.

261 Zur Geschichte der *accounting profession* in Großbritannien siehe beispielsweise Hanney, B. (2002), S. 76 ff.; Meisel, B. (1992), S. 28 ff.; Napier C. (1995), S. 267 ff.; Post-Pawelleck, G. (1996), S. 108 ff.; Taylor, P./Turley, S. (1986), S. 20 ff.

262 Vgl. section 256 CA 1985 i. V. m. Walton, P. (2000), S. 215 ff.

263 Das Ergebnis seiner Untersuchungen veröffentlichte das *Dearing Committee* in einem Abschlussbericht, der auch als sog. „*Dearing Report*" bekannt ist, und vom ICAEW herausgegeben wurde; vgl. Institute of Chartered Accountants in England and Wales (Hrsg.) (1988).

264 Hierunter wird im Allgemeinen die durch Raffinesse und Ideenreichtum gekennzeichnete Fülle bilanzpolitischer Maßnahmen verstanden, die von Unternehmen eingesetzt werden.

265 Zur damaligen Organisation der Normensetzung siehe Institute of Chartered Accountants in England and Wales (Hrsg.) (1988), S. 1 ff.; Turley, S. (1992), S. 106; Walton, P. (2000), S. 216 f.; Whittington, G. (1989), S. 195 ff.

266 Ausführlicher Boczko, T. (1997), S. 5 ff.

Normierungssystems sollte entsprechend den Empfehlungen des *Dearing Committee* jedoch gleichzeitig eine primär legalistische Normierungsstruktur vermieden und die detaillierte inhaltliche Ausformung der Unternehmensrechnung durch die Entwicklung von Rechnungslegungsnormen auch weiterhin einem mit *accountants* (Abschlussersteller, -prüfer und -nutzer)[267] besetzten privaten Normierungsgremium überlassen werden.[268]

Gemäß den Empfehlungen des *Dearing Committee* machte die Regierung 1990 von ihrer gesetzlichen Ermächtigung Gebrauch und ersetzte das ursprünglich vom *Institute of Chartered Accountants in England and Wales* (ICAEW) im Jahr 1969 gegründete und bis dato mit der Rechnungslegungsnormierung befasste *Accounting Standards Committee* (ASC)[269] durch das von der *accountancy profession* unabhängige[270] *Financial Reporting Council* (FRC), das auch heute noch das Dachorgan des privatrechtlichen Normierungsapparates darstellt.[271] Die dem FRC zugewiesene Aufgabe umfasst sowohl die Sicherung der Qualität der Unternehmensberichterstattung als auch die Akquisition der hierfür erforderlichen Finanzmittel.[272] Zur Erfüllung seiner „Qualitätssicherungsfunktion" ernennt das FRC zwei weitere, ihm untergeordnete Gremien (vgl. Abb. 28): das *Accounting Standards Board* (ASB), das mit der Aufgabe der Normensetzung beauftragt ist, und das *Financial Reporting Review Panel* (FRRP), das für das Enforcement (Durchsetzung und Überwachung) der gesetzlichen Anforderungen in der Unternehmenspraxis zuständig ist. Zur fachlichen Unterstützung verfügt das ASB über

---

267 Zum Begriff „*accountant*" siehe auch Fn. 95.

268 Vgl. Institute of Chartered Accountants in England and Wales (Hrsg.) (1988), S. 7 und S. 23.

269 Ursprüngliche Bezeichnung des ASC bei Gründung durch das ICAEW war *Accounting Standards Steering Committee*. Als im Zeitablauf auch die anderen *accountant*-Berufsvereinigungen ICAS, ICAI, ACCA, CIMA, CIPFA (zu den *accountant*-Berufsorganisationen siehe Fn. 260) dem Normensetzungsgremium beitraten, wurde es in *Accounting Standards Committee* umbenannt und als Unterkomitee des *Consultative Committee of Accountancy Bodies* (CCAB), der Dachorganisation der sechs Berufsvereinigungen, geführt; vgl. hierzu Institute of Chartered Accountants in England and Wales (Hrsg.) (2001), S. 3 sowie zu den Mängeln des ASC Turley, S. (1992), S. 106; Walton, P. (2000), S. 216 f.; Whittington, G. (1989), S. 195 ff.

270 Siehe hierzu Fearnley, S./Hines, T./McBride, K./Brandt, R. (2000a), S. 18.

271 Die Umgestaltung des privatrechtlichen *standard setting* markierte zugleich den Beginn eines weiter gehenden Reformprozesses der Unternehmensüberwachung und -kontrolle, der mitunter die Entwicklung eines Rahmenkonzeptes zur Corporate Governance sowie eine Neuregulierung des Wirtschaftsprüferberufsstandes beinhaltete; vgl. Fearnley, S./Hines, T./McBride, K./Brandt, R. (2001), S. 4.

272 Das dem FRC für die Normierung zur Verfügung stehende Finanzbudget, aus dem auch das *Accounting Standards Board* (ASB) sowie das *Financial Reporting Review Panel* (FRRP) finanziert werden, setzt sich neben Verkaufserlösen aus Publikationen etwa zu gleichen Teilen aus Beiträgen des Staates, des *Consultative Committee of Accounting Bodies* sowie aus Geldern von Finanz- und Versicherungsinstitutionen zusammen; vgl. Fearnley, S./Hines, T./McBride, K./ Brandt, R. (2000a), S. 18; McBarnet, D./Whelan, C. (1999b), S. 19; Turley, S. (1992), S. 112 f. Siehe auch den Jahresbericht des FRC, Financial Reporting Council (Hrsg.) (2002a), Appendix 2, S. 76 sowie die zugehörigen Anmerkungen.

vier weitere Unterkomitees, die *Urgent Issues Task Force* (UITF), das *Financial Sector and Other Special Industries Committee* (FSOSIC), das *Public Sector and Not-for-profit Committee* (PSNC) und das *Committee on Accounting for Smaller Entities* (CASE).[273]

■ **Abb. 28:** Organisation des *standard setting* in Großbritannien

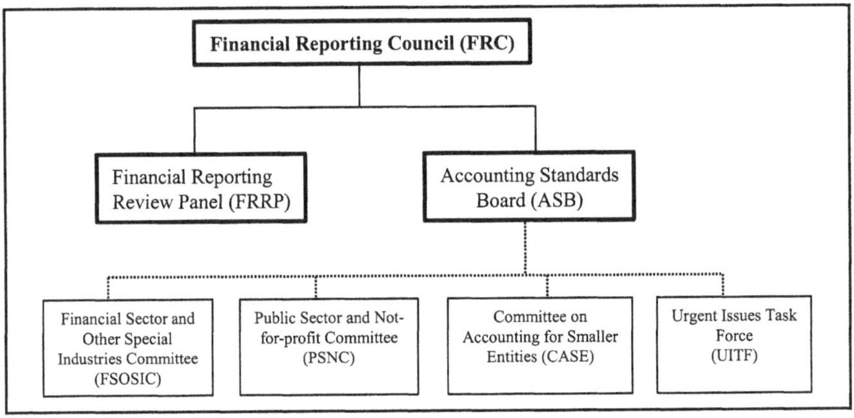

Quelle: In Anlehnung an Financial Reporting Council (Hrsg.) (2002a), S. 8.

4.1.2.1 *Financial Reporting Council*

Um eine möglichst große Meinungs- und Interessenvielfalt zu gewährleisten, stammen die insgesamt ca. 30 Mitglieder des FRC aus den unterschiedlichsten mit der Rechnungslegung befassten Interessengruppen, wobei sowohl der Präsident als auch die drei Vizepräsidenten direkt vom *Secretary of State for Trade and Industry* (Wirtschaftsminister) sowie dem Präsidenten der *Bank of England* ernannt werden.[274] Die

273 Vgl. Financial Reporting Council (Hrsg.) (2002a), S. 8. Als Folge von Finanzskandalen ist in Großbritannien derzeit eine Neuregulierung der berufsständischen Selbstverwaltung geplant. Dabei soll künftig auch das *Auditing Practices Board* (APB), das für die Verlautbarung von Prüfungsnormen zuständig ist, als Untergremium des FRC fungieren. Darüber hinaus ist vorgesehen, unterhalb des FRC zusätzliche Gremien zu schaffen, die für die Überwachung der berufsständischen Selbstverwaltung sowie die Einleitung disziplinarischer Verfahren und Verhängung von Sanktionsmaßnahmen bei aufgedeckten Verstößen und Fehlverhalten von Angehörigen des *accountant*-Berufsstandes künftig zuständig sein sollen; vgl. Department of Trade and Industry (Hrsg.) (2003b); dasselbe (2003c); Fearnley, S./Hines, T. (2003b), S. 230 f.

274 Vgl. Breidenbach, K. (1997), S. 107 sowie die Mitgliederaufstellung im Jahresbericht des FRC, z. B. Financial Reporting Council (Hrsg.) (2002a), Appendix 1, S. 66 ff.

übrigen Mitglieder werden, abgesehen vom Präsidenten des ASB und des FRRP, die kraft ihrer Funktion im FRC vertreten sind, vom Präsidenten und den berufenen Vizepräsidenten des FRC gemeinsam bestimmt.[275] Zur Sicherstellung seiner Integrität und öffentlichen Akzeptanz veröffentlicht das FRC einen jährlichen *Annual Review*, der neben den Arbeitsberichten des FRC, ASB und FRRP u. a. finanzwirtschaftliche Informationen, eine detaillierte Mitgliederaufstellung der einzelnen Gremien sowie eine Übersicht über die aktuell gültigen ASB-Verlautbarungen enthält.[276]

4.1.2.2 *Accounting Standards Board*

Als gesetzlich autorisierter *standard setting body*[277] ist das ASB für die eigentliche Normensetzung zuständig und hat in dieser Funktion die Verantwortung zur Entwicklung, Überarbeitung und Verabschiedung von *accounting standards*[278] sowie anderen Normen zur Rechnungslegung und Berichterstattung von (privaten und öffentlichen)[279] Unternehmen und anderen Organisationen.[280] Es umfasst zehn, mit Ausnahme des Vorsitzenden und des fachlichen Direktors, nebenberuflich tätige Mitglieder, die durch ein Nominierungskomitee des FRC (bestehend aus dem Präsidenten, den Vizepräsidenten und drei weiteren Mitgliedern des FRC) ernannt werden.

Zur Berücksichtigung der verschiedenartigen Interessen der von der Rechnungslegung betroffenen Personengruppen wird auf eine ausgewogene Besetzung des Board mit Vertretern der Abschlussnutzer, des *accountant*-Berufsstandes und der Industrie geachtet.[281] Um eine breite Akzeptanz der Normen des ASB zu gewährleisten, werden die Verlautbarungen in Form eines sich über mehrere Phasen erstreckenden Entwicklungsprozesses (*standard setting process*) erarbeitet. Die interessierte Öffentlichkeit

---

275 Vgl. Breidenbach, K. (1997), S. 107 f.

276 Vgl. Financial Reporting Council (Hrsg.) (2002a).

277 Siehe section 256 (3a) CA 1985.

278 Der Begriff der „*accounting standards*" wird in Großbritannien uneinheitlich verwendet. In Anlehnung an die Legaldefinition des CA 1985 (section 256) umfasst er jedoch ausschließlich die vom ASC verabschiedeten und noch gültigen *Statements of Standard Accounting Practice* (SSAP) sowie die *Financial Reporting Standards* (FRS) des ASB; siehe auch Gliederungspunkt 4.1.2.2.3.

279 Zwar obliegt die eigentliche Regulierung der Rechnungslegung von Institutionen der öffentlichen Hand der Regierung selbst, doch kann aufgrund entsprechender Verweise auf die Rechnungslegungsnormen des ASB zumindest partiell davon ausgegangen werden, dass die Rechnungslegungsanforderungen der Regierung mit den Verlautbarungen des ASB in Einklang stehen; vgl. hierzu das Vorwort zu den *accounting standards* des ASB; Accounting Standards Board (Hrsg.) (1993a), Abschnitt 21.

280 Vgl. zur Zielsetzung des ASB das von ihm herausgegebene *Statement of Aims*, in: Institute of Chartered Accountants in England and Wales (Hrsg.) (2001), S. 8.

281 Siehe die Mitgliederaufstellung des ASB im Jahresbericht des FRC, Financial Reporting Council (Hrsg.) (2002a), Appendix 1, S. 69.

kann auf die Normensetzung innerhalb standardisierter Zeitfenster durch die Abgabe von Stellungnahmen Einfluss zu nehmen.[282] Obwohl von Seiten des Staates kein unmittelbarer Einfluss auf die Normensetzung besteht,[283] werden von der Regierung zur Überwachung der Arbeit des ASB zwei staatliche Beobachter zu dessen Sitzungen entsandt.

Unterstützt wird das ASB in seiner Normierungsarbeit von der sog. „*Urgent Issues Task Force*“ (UITF), die sich überwiegend aus Vertretern großer Wirtschaftsprüfungsgesellschaften zusammensetzt.[284] Die Hauptaufgabe der UITF besteht darin, auftretende Rechnungslegungsprobleme frühzeitig zu erkennen und durch die rasche Entwicklung selbstständiger Stellungnahmen einer Verbreitung unerwünschter Rechnungslegungspraktiken sowie einer uneinheitlichen Normanwendung und -interpretation unmittelbar zu begegnen.[285] Nach Genehmigung[286] gibt das ASB die entwickelte Stellungnahme der UITF in Form eines sog. „*UITF Abstract*“ bekannt.

Zur Berücksichtigung der besonderen Belange spezieller Wirtschaftszweige sowie öffentlicher Unternehmen und Non-Profit-Organisationen stehen dem ASB in seiner Normierungsarbeit die beiden Konsultationsausschüsse FSOSIC und PSNC mit Sach- und Meinungskompetenz zur Seite. Dementsprechend werden die Mitglieder der beiden Gremien einschließlich der Vorsitzenden, die aus dem ASB-Mitgliederkreis stammen, vor allem nach fachlicher Expertise und beruflicher Affinität zu den zugewiesenen Aufgabenbereichen ausgewählt.[287] Entgegen der Praxis seines Vorgängergremiums gibt das ASB jedoch selbst keine nur spezifische Sektoren, Wirtschaftszweige oder Organisationen betreffende Rechnungslegungsempfehlungen in Form sog. „*Statements of Recommended Practice*“ (SORP) heraus.

Diese Aufgabe wird von speziellen, vom ASB anerkannten Gremien (zu derartigen *recognised bodies* zählen u. a. die *British Bankers' Association*, das *Oil Industry Accounting Committee*, die *Charity Commission* etc.) übernommen. Zur Gewähr-

---

282 Für weitere Details zum *standard setting process* des ASB siehe Accounting Standards Board (Hrsg.) (1993a), Abschnitt 23 ff. sowie Breidenbach, K. (1997), S. 109.

283 Vgl. hierzu auch Gliederungspunkt 4.1.2.4.

284 Vgl. Accounting Standards Board (Hrsg.) (1994a), Appendix, A2.

285 Vgl. Turley, S. (1992), S. 114; Walton, P. (2000), S. 218 f.

286 Obwohl eine Annahme des UITF-Lösungsvorschlages durch das ASB der Regelfall ist, hat sich das ASB dessen Ablehnung vorbehalten, wenn es die Auffassung vertritt, dass die erarbeitete Stellungnahme mit bestehenden gesetzlichen Bestimmungen oder geltenden Rechnungslegungsstandards konfligiert; vgl. Accounting Standards Board (Hrsg.) (1994a), Appendix, Tz. A20; Turley, S. (1992), S. 114.

287 Für eine genaue Mitgliederaufstellung dieser beiden Gremien siehe Financial Reporting Council (Hrsg.) (2002a), S. 71 f.

leistung einer ordnungsgemäßen und mit der bestehenden Rechnungslegungspraxis sowie den *accounting standards* konsistenten Normenentwicklung reglementiert und überwacht das ASB jedoch insbesondere durch die FSOSIC bzw. PSNC die Entwicklung und Verlautbarung der einzelnen SORP.[288]

Wie bei dem FSOSIC und PSNC handelt es sich auch beim CASE um einen Expertenausschuss. Der Mitgliederkreis umfasst neben Repräsentanten von Banken und der Industrie vor allem Vertreter von Wirtschaftsprüfungsgesellschaften; der Vorsitzende ist wiederum ein ASB-Mitglied.[289] Als Fachkomitee für *smaller entities* ist das CASE mit den Rechnungslegungsbedürfnissen kleinerer Unternehmen befasst und in diesem Zusammenhang vor allem auch mit der Entwicklung und Überarbeitung des *Financial Reporting Standard for Smaller Entities* (FRSSE), d. h. des speziellen Rechnungslegungsstandards für kleinere Unternehmen betraut. Wie das FSOSIC und PSNC hat auch das CASE keine Entscheidungskompetenz, sondern lediglich Beratungsfunktion.

4.1.2.2.1 Regelungsinhalt der Verlautbarungen des *Accounting Standards Board*

Seit der Aufnahme seiner Arbeit im Jahr 1990 ist es die Zielsetzung des ASB, zum Nutzen der Abschlussadressaten, der Rechnungslegenden sowie der Abschlussprüfer Normen zur Unternehmensrechnung zu verabschieden und ständig weiterzuentwickeln.[290] Durch die Rechnungslegungsstandards des ASB werden die gesetzlichen Vorschriften des CA 1985 durch zusätzliche Angabepflichten ergänzt und einheitliche materielle Rechnungslegungsgrundsätze zu Ansatz-, Bewertungs- und Ausweisfragen geschaffen. Hierdurch soll die Vergleichbarkeit von Abschlussinformationen verbessert werden, um den Abschlussadressaten sowohl Zeit- als auch Unternehmensvergleiche zu ermöglichen.[291] Zur Erreichung dieser Zielsetzung gibt das ASB in seiner

---

[288] Um eine ordnungsgemäße Entwicklung der SORP sicherzustellen, müssen sich die *recognised bodies* an die vom ASB verabschiedeten Richtlinien zur Entwicklung von SORP (*Policy for the development of Statements of Recommended Practice*) halten. Ist das ASB der Überzeugung, dass der Empfehlungsvorschlag im Rahmen eines *due process*, d. h. eines öffentlichen Konsultationsprozesses, entwickelt wurde und keine wesentlichen Kernpunkte enthält, die der allgemeinen Rechnungslegungspraxis oder bestehenden bzw. in Entwicklung befindlichen *accounting standards* widersprechen, bestätigt es dies in einem sog. „*negative assurance statement*". Siehe für Details *Introductory Note* zu den *Statements of Recommended Practice*; vgl. Institute of Chartered Accountants in England and Wales (Hrsg.) (2001), S. 1431 ff. sowie den Inhalt der *Policy for the development of SORP*; Accounting Standards Board (Hrsg.) (1994c). Siehe auch Davies, M./Paterson, R./Wilson, A. (1999), S. 33 f.

[289] Siehe zu den Mitgliedern des CASE den Jahresbericht des FRC, Financial Reporting Council (Hrsg.) (2002a), S. 73.

[290] Dies dokumentiert das ASB auch in seinem *Statement of Aims*; siehe Institute of Chartered Accountants in England and Wales (Hrsg.) (2001), S. 8.

[291] Vgl. Collis, J./Jarvis, R. (2000), S. 2.

Funktion als autorisierter *standard setting body* verschiedene Arten von Verlautbarungen heraus, die sich hinsichtlich ihres Regelungsinhaltes in vier Gruppen teilen lassen:

- ***Financial Reporting Standards*** **(FRS)**: Bei den FRS (hierzu zählt auch der FRSSE) handelt es sich um relativ detaillierte und konkrete Regelungen zu Bilanzierungs-, Bewertungs- und Offenlegungsfragen. Diese konstituieren gemeinsam mit den vom Vorgängergremium des ASB verlautbarten *Statements of Standard Accounting Practice* (SSAP), die, sofern sie vom ASB zwischenzeitlich nicht aufgehoben wurden, auch heute noch Gültigkeit besitzen, die *accounting standards* im Sinne des CA 1985.[292] Während die FRS und SSAP grundsätzlich unabhängig von der Unternehmensgröße anzuwenden sind, haben kleinere Unternehmen auch die Möglichkeit, ihren Abschluss nach den vereinfachten Vorschriften des FRSSE[293] zu erstellen.
- ***UITF Abstracts***: Sie dienen der Präzisierung, Ergänzung und Erläuterung einzelner *accounting standards* oder gesetzlicher Bestimmungen des CA 1985, die in der Rechnungslegungspraxis zu vordringlichen Anwendungs- und Interpretationsproblemen führen. Die *UITF Abstracts* zählen selbst nicht zu den *accounting standards*.[294]
- ***Statements by the Accounting Standards Board***: Bei den vom ASB herausgegebenen *Statements* handelt es sich um Richtlinien zur inhaltlichen Ausgestaltung bestimmter Berichterstattungsinstrumente. Die Regelungen entfalten keine Verpflichtungswirkung, sondern sind vielmehr als Entwicklung und Formulierung der *best practice* zu verstehen. Dementsprechend sind sie nicht als *accounting standards* im Sinne des CA 1985 zu interpretieren. Ihre Anwendung wird allerdings von verschiedenen Institutionen empfohlen.[295]
- ***Statement of Principles*** **(SoP)**: Das SoP definiert neben den Zielsetzungen der Unternehmensrechnung die maßgeblichen Rechnungslegungsprinzipien und -grundsätze, zählt selbst jedoch nicht zu den *accounting standards* im Sinne des CA 1985. Vielmehr bildet das SoP das *framework*, d. h. den konzeptionellen Rahmen für die Entwicklung, Überarbeitung und Auslegung der *accounting standards*.[296]

---

292 Vgl. section 256 CA 1985 sowie Accounting Standards Board (Hrsg.) (1993a), Abschnitt 7.

293 Zu den Anwendungsvoraussetzungen des FRSSE siehe Gliederungspunkt 4.2.2.2.1.

294 Vgl. Accounting Standards Board (Hrsg.) (1994a), Abschnitt 2.

295 Siehe hierzu die einzelnen *Statements by the Accounting Standards Board*; Accounting Standards Board (Hrsg.) (2003); (1997c); (1998f).

296 Vgl. Accounting Standards Board (Hrsg.) (1999a), Abschnitt 1 – 4. Das SoP ist in seiner Funktion und seinem Inhalt mit dem *Framework for the Preparation and Presentation of Financial Statements* des IASB bzw. den *Statements of Financial Accounting Concepts* des FASB vergleichbar.

Neben den oben angeführten Verlautbarungen gibt das ASB darüber hinaus *discussion drafts*, *discussion papers* und *exposure drafts* (FRED) heraus, die im Rahmen des *due process* zur Entwicklung der *accounting standards* als Diskussions- und Entscheidungsgrundlage dienen.[297]

Die *Statements of Recommended Practice* (SORP) werden, wie bereits erwähnt, nicht durch das ASB, sondern durch von ihm autorisierte sog. „*recognised bodies*" entwickelt und herausgegeben. Sie betreffen in der Regel sehr spezifische Rechnungslegungsprobleme, die nur für bestimmte Sektoren, Wirtschaftszweige oder Organisationen von Relevanz sind, und deshalb nicht im Rahmen eines *accounting standards* behandelt werden. Die SORP sind somit meist nur für einen sehr eingeschränkten Anwenderkreis von Bedeutung, stellen jedoch für diesen durch die Vorgabe der derzeitigen „*current best practice*" eine wichtige Hilfestellung in der praktischen Behandlung spezifischer Rechnungslegungsfragen dar.[298]

4.1.2.2.2 Rechtliche Autorität der *accounting standards*

Nach der Auffassung des ASB sind die *accounting standards*, unter denen entsprechend der Definition in section 256 CA 1985 sowohl die FRS als auch der FRSSE sowie die noch gültigen SSAP zu verstehen sind, für sämtliche Abschlussersteller relevant, deren „... financial statements ... are intended to give a true and fair view of its state of affairs at the balance sheet date and of its profit or loss (or income and expenditure) for the financial period ending on that date."[299] Demgemäß setzt die Erfüllung des *true and fair view*-Prinzips grundsätzlich auch eine Beachtung der *accounting standards* voraus, was dazu führt, dass diese für sämtliche Rechnungslegenden Relevanz erlangen, deren Abschluss einen *true and fair view* der wirtschaftlichen Situation wiedergeben soll.

Unmittelbare Verpflichtungswirkung entfalten die *accounting standards* somit für alle gesellschaftsrechlich zur Rechnungslegung verpflichteten und unter den Anwendungsbereich der Rechnungslegungsbestimmungen des CA 1985 fallenden Unternehmen (*registered companies*, *qualifying partnerships* und *limited liability partnerships*), da der CA 1985 in section 226 (2) explizit fordert, dass sowohl die Bilanz als auch die GuV-Rechnung einschließlich die zugehörigen *notes* einen *true and fair view* vermitteln müssen.[300] In section 227 (3) CA 1985 wird diese Anforderung auch auf den Kon-

---

[297] Vgl. Accounting Standards Board (Hrsg.) (1993a), Abschnitt 25.
[298] Vgl. Institute of Chartered Accountants in England and Wales (Hrsg.) (2001), S. 1431.
[299] Accounting Standards Board (Hrsg.) (1993a), Abschnitt 13.
[300] Vgl. section 226 (2) i. V. m. section 261 (2) CA 1985.

zernabschluss übertragen. Eine über das *true and fair view*-Gebot hinausgehende explizit kodifizierte Pflicht zur Anwendung der *accounting standards* findet sich im CA 1985 jedoch nicht. Vielmehr soll durch die Kodifizierung des *true and fair view* als Generalnorm und übergeordnetes Anforderungsmerkmal[301] an eine ordnungsmäßige Abschlusserstellung eine flexible Gesetzesauslegung und dynamische Fortentwicklung der Rechnungslegung gewährleistet und zugleich sichergestellt werden, dass die übergeordnete Zielsetzung des Gesetzes – nämlich die wahrheitsgetreue Darstellung der Unternehmenssituation – nicht allein durch die apodiktische Befolgung vorgegebener Rechnungslegungsnormen (sog. „*cook book accounting*") erfüllt werden kann.[302] Demzufolge ergibt sich auch für die zur Beachtung der Rechnungslegungsvorschriften des CA 1985 verpflichteten Unternehmen die Notwendigkeit zur Einhaltung der *accounting standards* bislang ausschließlich aus dem gesetzlich kodifizierten *true and fair view*-Gebot.

Neben den unter den Anwendungsbereich des CA 1985 fallenden Gesellschaften sind die *accounting standards* darüber hinaus, nach Auffassung des ASB, auch von jenen Unternehmen anzuwenden, die sich freiwillig oder aufgrund vertraglicher Vereinbarungen (z. B. im Rahmen des Gesellschaftervertrages von Personengesellschaften) zu einer dem *true and fair view*-Prinzip entsprechenden Abschlusserstellung verpflichtet haben. Dies bedeutet, dass die *accounting standards* auch für *sole traders* und *partnerships* Verpflichtungswirkung entfalten, wenn deren Rechnungslegung dem *true and fair view*-Prinzip zu entsprechen hat.[303] Da die Anwendung der Verlautbarungen des ASB nicht ausschließlich auf privatrechtliche oder mit Gewinnerzielungsabsicht geführte Unternehmen beschränkt ist,[304] können die *accounting standards* ggf. mittels erforderlicher Modifikationen darüber hinaus auch für öffentliche Behörden, gemeinnützige Organisationen oder sonstige Rechnungslegende, deren Abschluss aufgrund entsprechender Gesetzesgrundlagen oder sonstiger freiwilliger oder vertraglicher Vereinbarungen einen *true and fair view* erfüllen muss, Relevanz erlangen.

Rechtliche Verbindlichkeitswirkung erlangen die *accounting standards* außerdem dadurch, dass bei Erteilung eines uneingeschränkten Prüfungstestats, in dem die Ver-

---

301 Trotz dieser wesentlichen Bedeutung des *true and fair view*-Grundsatzes für die Rechnungslegung in Großbritannien findet sich weder im Gesetz noch in der Literatur eine eindeutige Definition und Interpretation des *true and fair view*-Konzeptes, sodass die letztendliche Entscheidung darüber, was unter „*true and fair*" zu verstehen ist, der subjektiven Auslegung durch die Rechtsprechung überlassen bleibt; vgl. Collis, J./Jarvis, R. (2000), S. 2; John, B./Healeas, S. (2000), S. 13. Hinsichtlich der verschiedenen Ansätze zur Erklärung des *true and fair view*-Prinzips siehe z. B. Rutherford, B. (1985), S. 483 ff. sowie Walton, P. (1993), S. 49 ff.

302 Vgl. Walton, P. (2000), S. 224 f.

303 Vgl. Collis, J./Jarvis, R. (2000), S. 2.

304 Vgl. Accounting Standards Board (Hrsg.) (1999a), Abschnitt 9.

mittlung eines *true and fair view* des betreffenden Abschlusses bestätigt wird, der Wirtschaftsprüfer nach prüfungsrechtlichen Grundsätzen dazu verpflichtet ist, u. a. die Einhaltung der *accounting standards* zu prüfen. Weichen die von einem Unternehmen angewandten Rechnungslegungsmethoden und gewährten Abschlussinformationen ohne entsprechende Rechtfertigung von den Anforderungen der *accounting standards* ab, so darf der Prüfer eine *unqualified opinion* (d. h. ein uneingeschränktes Prüfungstestat) grundsätzlich nicht geben.[305]

Eine Abweichung von den *accounting standards* ist jedoch dann notwendig, wenn deren Beachtung ausnahmsweise nicht zur Vermittlung eines *true and fair view* führt.[306] Denn der *true and fair view*-Grundsatz hat in Großbritannien als gesetzliche Generalnorm und *overriding principle* Vorrangstellung gegenüber sämtlichen Rechnungslegungsnormen, was in Einzelfällen ein Abweichen von den gesetzlichen und sonstigen Rechnungslegungsnormen erfordern kann, wenn diese der Erfüllung eines *true and fair view* entgegenstehen.[307] Da die *accounting standards* jedoch gerade mit der Zielsetzung entwickelt werden, dass ihre Anwendung zur Vermittlung eines den tatsächlichen Verhältnissen entsprechenden Bildes führt, dürfte eine Nichteinhaltung nach Auffassung des ASB nur in Ausnahmefällen erforderlich sein.[308] Die Beurteilung der Erfüllung des *true and fair view* durch die Anwendung der *accounting standards* ist jedoch weder im CA 1985 noch in den prüfungsrechtlichen Grundsätzen eindeutig definiert und liegt somit in erster Linie im Ermessen der Rechnungslegenden sowie des zuständigen Wirtschaftsprüfers. Hierdurch soll einerseits eine flexible und dem *overriding principle* des *true and fair view* – als letztlichem Gradmesser einer ordnungsmäßigen Rechnungslegung – entsprechende Gesetzesinterpretation und -fortentwicklung gewahrt werden, andererseits schafft das Fehlen konkreter Beurteilungsgrundlagen jedoch auch eine gewisse Rechtsunsicherheit und eröffnet den Abschluss erstellenden Unternehmen fallweise Ermessens- und Argumentationsspielräume. Zur Information der Rechnungslegungsadressaten über die zugrunde liegende Normenbasis sowie zur Stärkung der gesetzlichen Autorität der *accounting standards* sind seit der Verabschiedung des CA 1989 als „groß" zu qualifizierende Gesellschaften[309] dazu verpflichtet, im Anhang die Einhaltung der *accounting standards* explizit anzugeben bzw. (ggf.) eine Nichteinhaltung zu begründen.[310]

---

305 Vgl. Brandt, R. (Hrsg.) (2001), S. 277 ff.; Richards, C. (2001), S. 1373 ff. sowie S. 1554 f.

306 Vgl. Accounting Standards Board (1993a), Abschnitt 18.

307 Vgl. section 226 (5) sowie section 227 (6) CA 1985.

308 Vgl. Accounting Standards Board (Hrsg.) (1993a), Abschnitt 18 sowie Arden, M. (1993), Tz. 10.

309 Siehe für die Größenklassifizierung von *companies* section 247 CA 1985 sowie Gliederungspunkt 4.2.1.1.1.

310 *Qualifying partnerships* sind von dieser Informationsangabe jedoch grundsätzliche befreit; siehe für Details Gliederungspunkt 4.2.3.1.3. Zu der Entwicklung des Verhältnisses von *accounting standards* und Gesetz vgl. Parker, R. (2000), S. 116 f.

Doch nicht nur durch das *overriding principle* des *true and fair view* kann die Verpflichtungswirkung der *accounting standards* außer Kraft gesetzt werden. Eine Nichtbeachtung spezifischer Anforderungen der *accounting standards* ist darüber hinaus auch dann gerechtfertigt, wenn einer Befolgung explizite Befreiungsvorschriften des CA 1985 entgegenstehen, denn „[w]here accounting standards prescribe information to be contained in financial statements, such requirements do not override exemptions from disclosure given by law to, and utilised by, certain types of entity.“[311] Dies hat zur Konsequenz, dass nach dem CA 1985 für spezifische Unternehmen bestehende Erleichterungen hinsichtlich der Nichtangabe bestimmter Informationen selbst dann gelten, wenn in den *accounting standards* deren Preisgabe gefordert wird.[312]

Neben der Beachtung der *accounting standards* erfordert die Zielsetzung des *true and fair view* nach Auffassung des ASB darüber hinaus regelmäßig auch eine Befolgung der *UITF Abstracts.* Obwohl diese – wie bereits oben erwähnt – keine *accounting standards* darstellen und ihnen somit jegliche gesetzliche Basis fehlt, dienen die *UITF Abstracts* durch ihre Auslegungs- und Interpretationsfunktion der inhaltlichen Konkretisierung des *true and fair view*-Prinzips, wodurch ein enger Konnex zu den *accounting standards* und somit eine entsprechende Beachtungsnotwendigkeit entsteht.[313] Die SORP nehmen hinsichtlich ihrer Verbindlichkeitswirkung eine Zwischenstellung ein. Sie stellen keine *accounting standards* dar und besitzen grundsätzlich ausschließlich Empfehlungscharakter. Allerdings geben sie vielfach die „*current best pracitice*“ für die Behandlung eines spezifischen Rechnungslegungsproblems wieder und können dann durch die inhaltliche Präzisierung des *true and fair view*[314] ebenfalls Verpflichtungscharakter entfalten.[315] Keinerlei Verbindlichkeitswirkung für die Rechnungslegungspraxis resultiert seitens des Gesetzgebers sowie des ASB aus den als Richtlinien konzipierten *Statements by the ASB* sowie seinem quasi theoretischen Rahmenkonzept, dem SoP, da sie weder *accounting standards* darstellen, noch einen unmittelbaren Bezug zu diesen aufweisen.[316]

Während die in den vergangenen Jahren sehr aktive Normierungsarbeit des ASB sowie die hieraus hervorgegangenen Rechnungslegungsnormen die Möglichkeiten des

---

311 Accounting Standards Board (Hrsg.) (1993a), Abschnitt 15.

312 Für weitere Erläuterungen siehe Richards, C. (2001), S. 1308 f.

313 Vgl. Accounting Standards Board (Hrsg.) (1994a), Abschnitt 13 ff. sowie Arden, M. (1993), Tz. 12.

314 Vgl. zur Relevanz der SORP für die Vermittlung eines *true and fair view* Cairns, D./Nobes, C. (2000), S. 5.

315 Vgl. Richards, C. (2001), S. 5 f.

316 Vgl. hinsichtlich des SoP, Accounting Standards Board (Hrsg.) (1999a), Abschnitt 5 sowie hinsichtlich des Status der *ASB Statements* den jeweiligen Vorspann zu den betreffenden *statements*. Allerdings hat das ASB wesentliche, im SoP enthaltene Rechnungslegungsgrundsätze in den FRS 18 übernommen, wodurch sich eine entsprechende Verbindlichkeitswirkung ergibt.

creative accounting[317] durch die Unternehmenspraxis stark eingeschränkt haben und damit als Beitrag zur Verbesserung der Qualität der Unternehmensberichterstattung gewertet werden können,[318] resultiert aus dem wachsenden Normenwerk in Verbindung mit der häufig sehr legalistisch orientierten Enforcement-Arbeit des FRRP[319] letztendlich auch ein Zurückdrängen des *professional judgement* des Vorort tätigen Wirtschaftsprüfers und damit eine stärker normative Betrachtungsweise.

4.1.2.2.3 Begriffliche Abgrenzung der *accounting standards* von den *UK Generally Accepted Accounting Principles*

Bei den *UK Generally Accepted Accounting Principles* (UK GAAP) handelt es sich um einen unbestimmten Terminus, der in Großbritannien sehr uneinheitlich gebraucht wird. In ihrer weitesten Definition verkörpern die GAAP ein dynamisches Konzept, das durch Anpassungen und Reaktionen auf sich ständig verändernde Umstände stetig weiterentwickelt wird. In diesem Sinne umfassen die UK GAAP eine Fülle von Verlautbarungen verschiedenster Organisationen sowie nicht festgeschriebene Grundsätze, Methoden und Verfahrensweisen zur Unternehmenspublizität. Wird diese Definition zugrunde gelegt, so beinhalten die GAAP neben den Bestimmungen des CA 1985 und den vom *accountant*-Berufsstand sowie den privatrechtlich organisierten *standard setting bodies* offiziell verlautbarten Normen auch kapitalmarktrechtliche Vorschriften sowie sämtliche nicht offiziell verlautbarten Rechnungslegungsmethoden, die vom *accountant*-Berufsstand allgemein als zulässig erachtet werden.[320] In der Praxis üblich ist jedoch eine etwas eingeschränktere Definition, nach der unter den GAAP nur die formell erlassenen und mit Bindungswirkung ausgestatteten Normen – dies sind neben den *accounting standards* die *UITF Abstracts*, ggf. die SORP, die Bestimmungen des CA 1985 sowie die verpflichtenden kapitalmarktrechtlichen Regelungen – zu verstehen sind.[321] Bei sehr enger Auslegung beinhalten die GAAP hingegen ausschließlich die *accounting standards* (FRS, FRSSE und SSAP)[322] und ggf. die diese interpretierenden *UITF Abstracts*. Die folgende Abb. 29 verdeutlicht den Zusammenhang zwischen der gewählten Begriffsdefinition und der im Wesentlichen zu den GAAP zu zählenden Normen, die entsprechend ihrer Verpflichtungswirkung[323] in unterschiedliche Hierarchieebenen eingeteilt werden können.

---

[317] Siehe zum Begriff des *creative accounting* Fn. 264.

[318] Vgl. hierzu die Argumentation im *Dearing Report*, Insitute of Chartered Accountants in England and Wales (Hrsg.) (1988), S. 12 f.

[319] Siehe Haller, A./Eierle, B./Evans, E. (2001), S. 1678.

[320] Vgl. Davies, M./Paterson, R./Wilson, A. (1999), S. 1 ff.

[321] Siehe hierzu Hussey, R. (1999), S. 177; PricewaterhouseCoopers (Hrsg.) (1999), S. 2001 f.

[322] Vgl. Davies, M./Paterson, R./Wilson, A. (1999), S. 1 ff.

[323] Siehe für eine Einteilung der Normenquellen der UK GAAP nach ihrer Bindungswirkung auch Richards, C. (2001), S. 5 ff.

■ **Abb. 29:** Terminologische Abgrenzung des Begriffs der *UK Generally Accepted Accounting Principles*

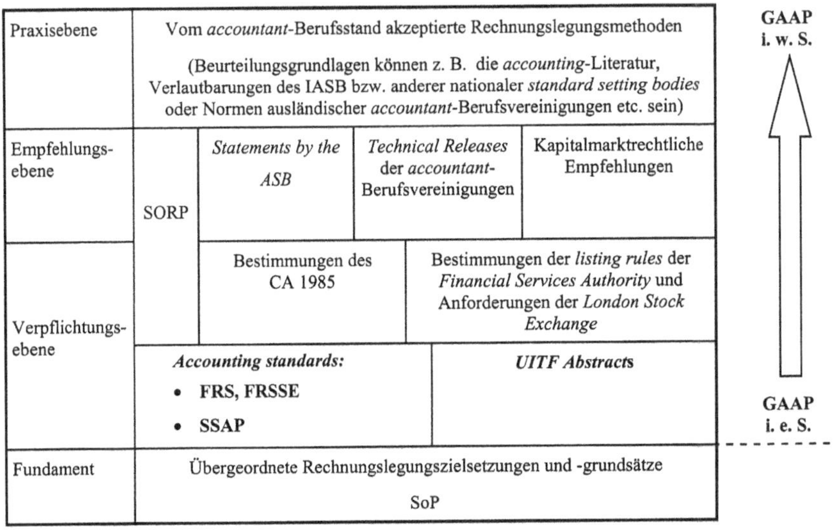

Für die weitere Vorgehensweise wird eine enge Interpretation des GAAP-Begriffs gewählt. Im Folgenden sollen hierunter ausschließlich die *accounting standards* sowie die *UITF Abstracts* verstanden werden.

4.1.2.3 *Financial Reporting Review Panel*

Im Gegensatz zum ASB, das mit der Entwicklung von Verlautbarungen zur Rechnungslegung befasst ist, ist das *Financial Reporting Review Panel* (FRRP) für das Enforcement, d. h. die Überwachung und Durchsetzung der im CA 1985 festgelegten Anforderungen an die Erstellung der *annual accounts*, d. h. der Jahres- bzw. Konzernabschlussaufstellung,[324] einschließlich der zur Vermittlung eines *true and fair view* anzuwendenden *accounting standards* und ggf. *UITF Abstracts* verantwortlich. Um dieser Aufgabe gerecht zu werden, wird bei der Auswahl der Mitglieder des

324 Der Begriff der „*annual accounts*" wird gleichbedeutend mit dem Terminus „*accounts*" gebraucht und umfasst nach der Definition des CA 1985 sowohl die *individual accounts* (Einzelabschluss) als auch die *group accounts* (Konzernabschluss); vgl. section 261 (1) CA 1985.

FRRP[325] – diese erfolgt wie beim ASB durch das Nominierungskomitee des FRC – vor allem auf die fachliche Expertise sowie den beruflichen Background geachtet. Dabei handelt es sich meist um Juristen und *accountants*, die aus unterschiedlichen Bereichen wie dem Finanzsektor, der Wirtschaftsprüfung, der Industrie und dem öffentlichen Sektor stammen. Geleitet wird das FRRP gemäß der Empfehlung des *Dearing Committee*[326] von einem Juristen, stellvertretender Vorsitzender ist in der Regel ein Vertreter des *accountant*-Berufsstandes. Während sowohl der Vorsitzende als auch dessen Stellvertreter teilzeit- und gegen Entgelt beim FRRP beschäftigt sind, sind die weiteren Mitglieder ehrenamtlich tätig.[327] Die eigentliche fachliche Überprüfungs- und Durchsetzungsarbeit führt das FRRP in fallweise gebildeten Expertenausschüssen durch, die vom Vorsitzenden unter Berücksichtigung potenzieller Interessenkonflikte sowie des erforderlichen fachlichen Know-how zusammengesetzt werden und denen in der Regel neben dem Vorsitzenden selbst sowie seinem Stellvertreter weitere drei bis vier FRRP-Mitglieder angehören. Zur Unterstützung stehen den Mitgliedern ein *secretary* sowie eine hauptberufliche vom FRC beschäftigte *technical staff* zur Verfügung.[328]

4.1.2.4 Staatlicher Einfluss auf die privatrechtliche Normensetzung und -überwachung

Obwohl das FRC sowie seine beiden „Tochterinstitutionen" ASB und FRRP als *company limited by guarantee* (Gesellschaft mit beschränkter Nachschusspflicht) geführt werden[329] und damit formale Unabhängigkeit und rechtliche Selbstständigkeit besitzen, wird an verschiedenen Elementen der britischen Normensetzungsstruktur dennoch eine staatliche Involvierung deutlich. Dies zeigt sich darin, dass es sich beim FRC als Dachgesellschaft des Normierungsapparates um eine staatlich „eingesetzte" Institution handelt, die ihren Auftrag zur Entwicklung von Rechnungslegungsstandards sowie die Überwachung der Unternehmensberichterstattung, und damit ihre Existenzberechtigung, unmittelbar durch die Regierung erhält. Das FRC wird somit zum Erfüllungsgehilfen der Regierung, die durch ihre Mitsprache bei der Besetzung der Stellen des Präsidenten und der Vizepräsidenten des FRC Einfluss auf die Ent-

---

325 Die Mitgliederzahl des FRRP ist grundsätzlich nicht begrenzt. Im Jahr 2001 hatte das FRRP neben dem Vorsitzenden und dessen Stellvertreter insgesamt 19 weitere Mitglieder. Siehe hierzu die Mitgliederaufstellung im Jahresbericht des FRC, Financial Reporting Council (Hrsg.) (2002a), Appendix 1, S. 74 f.

326 Vgl. Institute of Chartered Accountants in England and Wales (Hrsg.) (1988), S. 48.

327 Vgl. Hines, T./McBride, K./Fearnley, S./Brandt, R. (2001), S. 55; für weitere Details zur Organisation und Struktur des FRRP siehe außerdem Tielmann, S. (2001b), S. 203 f.

328 Vgl. Hines, T./McBride, K./Fearnley, S./Brandt, R. (2001), S. 55.

329 Vgl. zu den Charakteristika dieser Gesellschaftsform auch die Ausführungen zu Gliederungspunkt 4.1.1.1.1.

wicklungsrichtung der Normensetzung nehmen kann. Durch die Entsendung von mit Beobachterstatus ausgestatteten Regierungsvertretern in die Sitzungen des ASB besteht zumindest theoretisch die Möglichkeit, dessen Arbeit zu überwachen und durch frühzeitiges Lobbying und die Abgabe von Stellungnahmen einer den staatlichen Interessen widersprechenden Normenentwicklung entgegenzuwirken.[330] Darüber hinaus manifestiert sich auch durch die Finanzierung des FRC, die neben Verkaufserlösen aus Publikationen und Beiträgen von *sponsoring organisations* – hierzu zählen neben dem *accountant*-Berufsstand Institutionen und Vereinigungen des Versicherungs- und Finanzsektors – durch staatliche Gelder erfolgt,[331] ein gewisses Abhängigkeitsverhältnis.

Die staatliche Involvierung in die Normensetzungsstruktur, verbunden mit der Verquickung von Gesetz und *accounting standards*, hat ein sehr komplexes Normierungssystem zur Konsequenz. Aus der Parallelität von Gesetz und *standards* sowie der unklar definierten und damit im subjektiven Ermessen der Rechnungslegenden sowie des zuständigen Wirtschaftsprüfers liegenden Autorität der *accounting standards* resultiert ein zwar flexibles aber gleichzeitig auch zahlreiche Interpretationsspielräume und in Einzelfällen inkonsistentes und Überschneidungen beinhaltendes Normengebilde, das nicht zuletzt als Ausfluss des stetigen – insbesondere auch durch die Umsetzung der Vierten und Siebenten EG-Richtlinie beeinflussten – Spannungsverhältnisses zwischen der eher an objektiven Kriterien orientierten juristischen sowie der stärker auf dem *professional judgement* des Wirtschaftsprüfers basierenden wirtschaftlichen Betrachtungsweise[332] gewertet werden kann.

4.1.3 Zusammenfassender Überblick über die Normierungsgrundlagen der externen Unternehmensberichterstattung

Wie die Ausführungen verdeutlicht haben, erfolgt die Normierung der externen Unternehmensberichterstattung gesellschaftsrechtlich zur Rechnungslegung verpflichteter Unternehmen sowohl durch die Vorschriften des *Companies Act 1985* als auch, aufgrund der im Gesetz verankerten Verpflichtung zur Erfüllung des *true and fair view*-Grundsatzes, durch die vom ASB verabschiedeten privatrechtlichen Rechnungslegungsnormen (insbesondere die *accounting standards* und *UITF Abstracts* sowie

---

[330] Inwiefern hiervon in der Praxis tatsächlich Gebrauch gemacht wird, wurde nicht weiter recherchiert.

[331] Siehe hierzu den jährlichen Finanzbericht des FRC, für 2002 Financial Reporting Council (Hrsg.) (2002a), Appendix 2, sowie die zugehörigen *notes*. Siehe auch Fn. 272.

[332] Zu dem bestehenden Spannungsverhältnis zwischen wirtschaftlicher und juristischer Betrachtungsweise beispielsweise Freedman, J./Power, M. (1992), S. 5 ff.; Napier, C./Noke, C. (1992), S. 42 ff.

ggf. SORP). Freiwillig bzw. aufgrund von satzungsmäßigen oder sonstigen Vereinbarungen nach dem *true and fair* view-Prinzip Rechnungslegende sind hingegen ausschließlich zur Beachtung der *accounting standards, UITF Abstracts* sowie ggf. relevanter SORP verpflichtet (siehe Abb. 30).

■ **Abb. 30:** Normierungsgrundlagen der externen Unternehmensberichterstattung

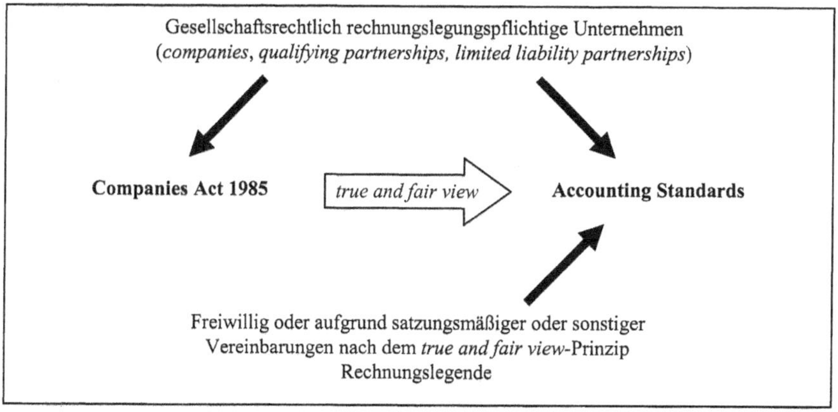

Da die *accounting standards* somit einerseits der Ausformung der gesetzlichen Bestimmungen dienen und andererseits gleichzeitig die alleinige Normierungsgrundlage für sämtliche zwar nicht unter den Anwendungsbereich des CA 1985 fallenden, aber dennoch nach dem *true and fair view*-Prinzip rechnungslegenden Unternehmen darstellen, ergibt sich in Großbritannien ein sehr komplexes Normengeflecht aus gesetzlichen Bestimmungen und den privatrechtlichen Verlautbarungen des ASB bzw. seines Vorgängergremiums. Wegen des im Vergleich zum CA 1985 grundsätzlich größeren Anwendungsumfangs der *accounting standards* sind diese als eigenständiges Regelwerk konzipiert, das zwar mit den gesetzlichen Bestimmungen grundsätzlich konsistent ist, jedoch nicht unmittelbar auf diesen aufbaut oder an diesen anknüpft.[333] Konsequenz dieser Vorgehensweise sind nicht nur zahlreiche Überschneidungen zwischen Gesetz und *accounting standards*, sondern zum Teil auch sich widersprechende Normen. Dies resultiert mitunter auch daraus, dass seit der Transformation

333 Ähnlich Powling, H./Pryde, A./Sharp, I. (2002), S. 46. Siehe hierzu auch die Anmerkungen im Anhang zum SoP, das als Normierungsbasis für die Fortentwicklung der *accounting standards* bewusst außerhalb der gesetzlichen Restriktionen des CA 1985 konzipiert wurde; vgl. Accounting Standards Board (Hrsg.) (1999a), Appendix I.

der Vierten und Siebenten EG-Richtlinie eine Vielzahl detaillierter Bilanzierungs-, Gliederungs- und Bewertungsnormen im CA 1985 enthalten sind, die nicht nur konzeptionell im Widerspruch zur Rechtsphilosophie des *common law* stehen,[334] sondern teilweise auch inhaltlich mit den Rechnungslegungsauffassungen des ASB konfligieren. Denn zur Gewährleistung einer fachkundigen und flexiblen Normenentwicklung wurde und wird die materielle Ausformung detaillierter Rechnungslegungsvorschriften in Großbritannien traditionell privatrechtlichen Normierungsgremien übertragen. Die Zementierung der in den EG-Richtlinien enthaltenen Normen in den CA 1985 widerspricht deshalb bereits in ihrem Wesen der traditionellen britischen Rechtsauffassung und hat durch die stetige Fortentwicklung der *accounting standards* durch das ASB zwischenzeitlich auch zu inhaltlichen Konflikten zwischen den *accounting standards* und den Regelungen der Vierten und Siebenten EG-Richtlinie geführt. Da diese seit ihrer Verabschiedung nicht mehr umfassend überarbeitet und weiterentwickelt wurden,[335] war es auch nicht möglich, die Rechnungslegungsbestimmungen des britischen CA 1985 an bestehende Veränderungen anzupassen.

4.1.4 Angedachte Reformmaßnahmen

Zur Schaffung einer den Wettbewerbsanforderungen der nationalen Wirtschaft entsprechenden Rechtsgrundlage wird der CA 1985 derzeit einem tief greifenden und umfassenden Reformprozess unterzogen.[336] Im Rahmen dieser Reformbemühungen unterliegt auch das bestehende Rechnungslegungsregime einer kritischen Prüfung.

4.1.4.1 Beibehaltung der größenunabhängigen Rechnungslegungspflicht für Kapitalgesellschaften

Die für alle Kapitalgesellschaften größenunabhängig geltende Verpflichtung zur Buchführung und Jahresabschlusserstellung soll basierend auf der Empfehlung der mit der Erarbeitung des Reformvorschlages betrauten *Company Law Review Steering Group* auch weiterhin beibehalten werden. Hierdurch soll einerseits eine verlässliche Bewertung der Unternehmensperformance und Lenkung der Geschäftsaktivitäten durch das Unternehmensmanagement oder die Eigner gewährleistet und andererseits eine ausreichende Versorgung der nicht in das Tagesgeschäft involvierten, aber dennoch über

---

[334] Siehe auch Gliederungspunkt 4.1.1.1.2.11.

[335] Eine umfassende Änderung der Vierten und Siebenten EG-Richtlinie ist jedoch inzwischen durch die Verabschiedung der „*Fair value*-Richtlinie" (vgl. Richtlinie 2001/65/EG des Europäischen Parlaments und des Rates vom 27. September 2001) sowie der „Modernisierungsrichtlinie" (vgl. Richtlinie 2003/51/EG des Europäischen Parlaments und des Rates vom 18. Juni 2003) erfolgt.

[336] Vgl. hierzu auch Gliederungspunkt 4.

ein berechtigtes Interesse an finanziellen Unternehmensinformationen verfügenden Stakeholder (wie z. B. Steuerbehörden, aktuelle und zukünftige Eigen- oder Fremdkapitalgeber, gegenwärtige und potenzielle Arbeitnehmer, Lieferanten etc.) mit nützlichen Informationen sichergestellt werden. Da nicht alle Interessenten die erforderliche wirtschaftliche Macht besitzen, bei nicht Vorhandensein entsprechender gesetzlicher Regelungen ihre Informationsansprüche durchzusetzen, ist zum Schutz der Informationsinteressen dieser Adressatengruppen eine Regulierung durch den Gesetzgeber nach der Auffassung der *Company Law Review Steering Group* unerlässlich.[337] Im Unterschied zu üblichen Personengesellschaftsformen oder Einzelunternehmen, für die keine vergleichbaren gesetzlichen Rechnungslegungspflichten existieren und stattdessen jegliche diesbezüglichen Vereinbarungen der Privatautonomie der beteiligten Gruppen überlassen wird, sieht die Arbeitsgruppe eine gesetzliche Normierung der Rechnungslegungspflicht von *companies* vor allem dadurch gerechtfertigt, dass diese in der Regel in ihrer Haftung begrenzt sind[338] und durch ihre selbstständige Rechtspersönlichkeit die Möglichkeit zur Separierung von Management und Anteilseigentum besitzen. Eigenkapitalgeber, die nicht in das Unternehmensmanagement eingebunden sind, benötigen deshalb Rechenschaftsinformationen der Unternehmensführung, deren Bereitstellung, insbesondere bei Publikumsaktionären mit geringer Macht zur Durchsetzung ihrer Rechenschaftsansprüche, nach Auffassung der *Company Law Review Steering Group* gesetzlicher Regulierung bedarf.[339] Die gesetzliche Verpflichtung zur Abschlusserstellung soll aus diesen Gründen – so die Empfehlung der Arbeitsgruppe[340] und Absicht des Gesetzgebers[341] – unabhängig von der Unternehmensgröße und Rechtsformausgestaltung für sämtliche *registered companies* beibehalten werden.[342]

4.1.4.2 Neuordnung des Verhältnisses von Gesetz und *accounting standards*

Um zum einen die bestehenden Überschneidungen zwischen Gesetz und den privatrechtlichen Normen zu eliminieren und zum anderen eine flexible und dynamische

---

337 Siehe zum theoretischen Hintergrund dieser Argumentation auch die Ausführungen unter Gliederungspunkt 2.2.2.3.

338 Nicht in ihrer Haftung begrenzt sind lediglich *unlimited companies*; vgl. Gliederungspunkt 4.1.1.1.1.

339 Vgl. The Company Law Review Steering Group (Hrsg.) (2000a), S. 271 f. Siehe zu den Merkmalen Haftung, Gesellschafterstruktur, Trennung von Anteilseigentum und Management als mögliche Kriterien zur Differenzierung der Normierung der externen Unternehmensberichterstattung auch Gliederungspunkt 2.3.1.1.

340 Vgl. The Company Law Review Steering Group (Hrsg.) (2001a), S. 75.

341 Siehe zu den beabsichtigten Gesetzesänderungen Secretary of State for Trade and Industry (Hrsg.) (2002b), draft clause number 71 ff.

342 Vgl. The Company Law Review Steering Group (Hrsg.) (2000a), S. 271 f. Da sich der Untersuchungsauftrag der Arbeitsgruppe auf das *company law* beschränkte, wurden zu anderen Rechtsformen keine entsprechenden Empfehlungen ausgearbeitet.

Normanwendung zu gewährleisten, empfahl die *Company Law Review Steering Group* in ihrem in 2001 vorgelegten Abschlussbericht eine „Entschlackung" der gesetzlichen Vorschriften zur externen Rechnungslegung. Dementsprechend sollten im Kapitalgesellschaftsgesetz nur mehr zentrale Regelungen – wie die Verpflichtung zur Jahres- und Konzernabschlusserstellung, das Erfordernis zur Vermittlung eines *true and fair view* sowie die Vorschriften zu den Prüfungs- und Publizitätspflichten – verankert werden. Die formelle Gestaltung sowie den materiellen Rechnungslegungsinhalt betreffende Normen zur Abschlusserstellung einschließlich der EU-rechtlichen Vorgaben sollten dagegen aus dem Gesetz eliminiert und zur Wahrung größtmöglicher Flexibilität nur mehr im Rahmen der privatrechtlichen Normensetzung, d. h. in den *accounting standards* geregelt werden.[343] Diese Neuordnung von Gesetz und privatrechtlicher Normensetzung, die prinzipiell dem Zustand vor der Umsetzung der Vierten und Siebenten EG-Richtlinie entspricht, und grundsätzlich auch in dem von der Regierung zu den Empfehlungen der Arbeitsgruppe veröffentlichten *white paper* Unterstützung findet,[344] erfordert allerdings zur Gewährleistung einer rechtswirksamen Umsetzung der in den EU-Direktiven enthaltenen Rechnungslegungsbestimmungen eine Verstärkung der gesetzlichen Autorität der *accounting standards*.[345] Die *Company Law Review Steering Group* regte deshalb an, die Verpflichtung zur Beachtung der *accounting standards* bei der gesetzlichen Abschlusserstellung künftig explizit in den CA 1985 aufzunehmen.[346] Allerdings sollte das *true and fair view*-Gebot auch weiterhin als *overriding principle* letztendlicher Gradmesser für eine ordnungsgemäße Rechnungslegung sein, um zu vermeiden, dass durch die apodiktische Befolgung der Rechnungslegungsstandards der übergeordnete Normierungszweck – nämlich die Vermittlung eines *true and fair view* der wirtschaftlichen Unternehmenssituation – verloren geht. Um trotz einer gesetzlichen Verankerung der *accounting standards* den bislang bestehenden und für eine flexible und effektive Normensetzung erforderlichen Freiraum des privaten *standard setter* bei der Normenentwicklung auch weiterhin zu erhalten, wurde darüber hinaus in Erwägung gezogen, bei der Durchsetzung der privat-

---

343 Vgl. The Company Law Review Steering Group (Hrsg.) (2000a), S. 168 ff.; The Company Law Review Steering Group (Hrsg.) (2000b), S. 127 ff.; The Company Law Review Steering Group (Hrsg.) (2001a), S. 173 f.

344 Vgl. Secretary of State for Trade and Industry (Hrsg.) (2002a), S. 34 und S. 44 ff.

345 Die Transformation der Vierten und Siebenten EG-Richtlinie in nationales Recht muss nicht zwingend per Gesetz erfolgen. Um jedoch die Rechtswirksamkeit der Bestimmungen sicherzustellen, muss ein adäquates Enforcement-System einschließlich der Verhängung von Sanktionen bei einer Nichtbefolgung der vorgegebenen Normen gewährleistet sein; vgl. The Company Law Review Steering Group (Hrsg.) (2000a), S. 152. Zur Vereinbarkeit der Beauftragung eines privatrechtlichen Gremiums mit der Umsetzung der in den EG-Richtlinien vorgegebenen Bestimmungen siehe darüber hinaus The Company Law Review Steering Group (Hrsg.) (2000a), S. 169 ff.; The Company Law Review Steering Group (Hrsg.) (2000b), S. 127 f.

346 Vgl. The Company Law Review Steering Group (Hrsg.) (2000a), S. 169 f.; The Company Law Review Steering Group (Hrsg.) (2000b), S. 257; The Company Law Review Steering Group (Hrsg.) (2001a), S. 175.

rechtlichen Rechnungslegungsnormen auf die Verhängung strafrechtlicher Sanktionsmaßnahmen zu verzichten. Denn es wurde befürchtet, dass sich der ohnehin bereits bestehenden Druck für den privaten *standard setter* „... to turn standards into legalistic texts ... and focus on the detailed drafting of standards at the expense of the intent and wider purpose“[347] zusätzlich erhöhen würde, wenn die Nichtbeachtung der *accounting standards* mit strafrechtlichen Konsequenzen verbunden wäre. Eine derart legalistisch orientierte Normgebung, die zulasten eines flexiblen und effektiven *standard setting* gehen könnte, wurde als nicht erstrebenswert erachtet.[348]

4.1.4.3 Vorgeschlagene Neuorganisation der Normensetzung und -überwachung

Die Neukonzeption der Normierungsverantwortung würde nicht nur den Kompetenzumfang des privatrechtlich organisierten Normierungsregimes (FRC, ASB und FRRP) erheblich erhöhen, sondern durch die gesetzliche Kodifizierung der Verpflichtung zur Einhaltung der *accounting standards* auch dessen Autorität wesentlich steigern. Gleichzeitig würde sich durch die geplante Neuordnung der gesellschaftsrechtlichen Rechnungslegungsgrundlagen eine im Vergleich zum Status quo wesentlich stärkere Verquickung von Gesetz und privater Normgebung ergeben. Um den hiermit verbundenen erhöhten Anforderungen gerecht zu werden, regte die *Company Law Review Steering Group* in ihren 2001 vorgelegten Abschlussempfehlungen eine Umorganisation der bestehenden privatrechtlichen Normensetzung und -überwachung an,[349] die bei der Regierung jedoch nur teilweise Zustimmung fand.[350] Basierend auf den Empfehlungen der *Company Law Review Steering Group* wurde von der Regierung in dem im Juli 2002 veröffentlichten *white paper* folgende Neuorganisation vorgeschlagen (Abb. 31).

---

347 The Company Law Review Steering Group (Hrsg.) (2000a), S. 169 f. Siehe zu diesen Bedenken auch Institute of Chartered Accountants in England and Wales (Hrsg.) (1988), S. 23.

348 Vgl. The Company Law Review Steering Group (Hrsg.) (2000a), S. 169 f.

349 Vgl. The Company Law Review Steering Group (Hrsg.) (2000b) S. 268 i. V. m. The Company Law Review Steering Group (Hrsg.) (2001a) S. 98 ff.

350 Vgl. Secretary of State for Trade and Industry (Hrsg.) (2002a), S. 44 ff. Parallel zur Umorganisation der privatrechtlichen Normensetzung und -überwachung ist eine Neuregulierung der berufsständischen Selbstverwaltung geplant (vgl. Fn. 273 sowie die dort angeführte Literatur). Auf die diesbezüglichen Vorschläge wird in den obigen Ausführungen allerdings nicht näher eingegangen, da der Schwerpunkt der vorliegenden Arbeit primär auf der Analyse der Normierung und Differenzierung der Abschlusserstellung und weniger auf der Regulierung der Abschlussprüfung liegt.

■ **Abb. 31:** Vorschlag des *Secretary of State for Trade and Industry* vom Juli 2002 zur Neuorganisation des *standard setting* in Großbritannien

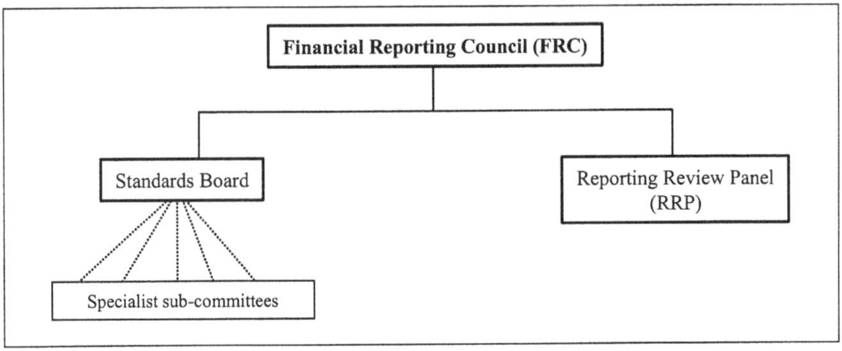

Wie bisher soll der Financial Reporting Council (FRC) als Dachorgan des privatrechtlichen Normierungsapparates fungieren und Verantwortung für das insgesamte Funktionieren des Normierungsregimes tragen. Eine Ablösung des FRC durch eine sog. „*Company Law and Reporting Commission*" (CLRC) – wie von der *Company Law Review Steering Group* empfohlen wurde[351] –, die neben der privatrechtlichen Normengebung und -überwachung grundsätzlich auch Beratungsfunktion hinsichtlich der Überarbeitung des *company law* besitzen und dem *Secretary of State for Trade and Industry* als Expertengremium in Sachen *company law*, Corporate Governance und Unternehmensberichterstattung als Informations-, Kommunikations- und Dialogorgan ständig beratend zur Seite stehen sollte,[352] fand hingegen die Zustimmung der Regierung nicht. Vielmehr soll die Aktualisierung der gesetzlichen Anforderungen nach der Auffassung der Regierung auch weiterhin in der alleinigen Zuständigkeit des Gesetzgebers bleiben. Denn zum einen würde bereits die geplante Auslagerung wesentlicher Normsetzungsbefugnisse auf den privaten *standard setter* eine flexible Anpassung an aktuelle Erfordernisse gewährleisten und zum anderen sei Vorsicht geboten, spezifische Normierungsstrukturen gesetzlich zu verankern, die eines Tages selbst inflexibel und veraltet sein könnten.[353]

---

351 Für Details siehe The Company Law Review Steering Group (Hrsg.) (2000b), S. 267 ff. i. V. m. The Company Law Review Steering Group (Hrsg.) (2001a), S. 95 ff.

352 Zur Erfüllung seiner Aufgaben sollte das CLRC – so der Vorschlag der *Company Law Review Steering Group* – außerdem befugt sein, verbindliche Richtlinien zu generellen Fragen des *company law*, der Corporate Governance sowie der Unternehmensberichterstattung zu verabschieden; vgl. The Company Law Review Steering Group (Hrsg.) (2001a), S. 98 f.

353 Vgl. Secretary of State for Trade and Industry (Hrsg.) (2002a), S. 48 f.

Die Ausstattung des privaten *standard setter* mit der Autorität zur Entwicklung und Verlautbarung gesetzlich verpflichtend anzuwendender detaillierter Normen zur Unternehmensrechnung und -publizität wurde dagegen auch in dem *white paper* der Regierung vom Juli 2002 befürwortet.[354] Dem Nachfolgegremium des ASB sollte neben der Erarbeitung materieller Rechnungslegungsvorschriften (einschließlich der Implementierung der Anforderungen der Vierten und Siebenten EG-Richtlinie) insbesondere auch die Entwicklung und Verabschiedung von Normen zur Berichterstattung über qualitative, nicht finanzielle Rechnungslegungsinformationen sowie die Aktualisierung und Normierung des *combined code* (d. h. des britischen Corporate Governance Kodex) übertragen werden.[355] Zur Wahrung des öffentlichen Informationsinteresses bliebe es dem *Secretary of State for Trade and Industry* allerdings stets vorbehalten, über die Normen des privaten *standard setter* hinausgehende Informationspflichten für die Unternehmen zu definieren und gesetzlich zu verankern.[356] Dieser im Vergleich zum ASB erweiterte Aufgaben- und Kompetenzbereich des *standard setting*-Gremiums sollte auch in dessen Bezeichnung – vorgeschlagen wurde der Name *Standards Board* – zum Ausdruck kommen. In Anlehnung an die bisherige *standard setting*-Struktur sollte das *Standards Board* die Arbeit des ASB fortführen und als Tochterinstitution des FRC fungieren. Bedingt durch den im Vergleich zum ASB erweiterten Aufgabenbereich des *Standards Board* und der hieraus resultierenden fachlichen Anforderungen empfahl die *Company Law Review Steering Group* zum einen eine Aufstockung der Board-Mitglieder und zum anderen die Einrichtung entsprechender *specialist sub-committees* (Fachausschüsse).[357]

Analog der bestehenden Normierungsstruktur sollte der Dachorganisation auch das Überwachungs- und Enforcement-Gremium untergeordnet sein. Das *Reporting Review Panel* (RRP) sollte diese Aufgabe in Zukunft erfüllen und hierbei das FRRP ablösen. Im Vergleich zum bisherigen Aufgabenspektrum sollte der Kompetenzbereich des Enforcement-Gremiums künftig jedoch nicht mehr nur auf die gesetzlichen Abschlussbestandteile beschränkt, sondern auf sämtliche Berichterstattungsinstrumente ausgedehnt werden.[358]

Um einerseits den besonderen Bedürfnissen der Vielzahl an *private companies* und insbesondere der im Rahmen der Reformmaßnahmen vorgeschlagenen stärkeren Differenzierung zwischen den Anforderungen an die Unternehmensberichterstattung von *public* und *small private companies* Rechnung zu tragen,[359] schlug die *Company Law*

354 Vgl. Secretary of State for Trade and Industry (Hrsg.) (2002a), S. 45.
355 Vgl. The Company Law Review Steering Group (Hrsg.) (2001a), S. 103 ff.
356 Vgl. The Company Law Review Steering Group (Hrsg.) (2001a), S. 106.
357 Vgl. The Company Law Review Steering Group (Hrsg.) (2001a), S. 103.
358 Für weitere Details siehe Gliederungspunkt 4.2.7.4.
359 Vgl. Gliederungspunkt 4.2.1.2.2.

Review Steering Group neben dem *Standards Board* und dem RRP die Einrichtung eines neu zu konzipierenden *Private Companies Committee* vor. Dies sollte als Sprachrohr und Interessenvertreter der *(small) private companies* sowohl dem *Standards Board* als auch dem Dachorgan beratend zur Seite stehen. Eigenständige Normierungs- und Überwachungsbefugnisse sollte das *Private Companies Committee* jedoch nicht erhalten.[360] Eine, wie von der Arbeitsgruppe angeregte, gesetzliche Etablierung eines solchen Komitees wurde von der Regierung allerdings nicht befürwortet. Vielmehr sollte die Beurteilung der Notwendigkeit und Einrichtung eines solchen Gremiums zur Wahrung größtmöglicher Flexibilität allein dem privaten Normierungsregime überlassen bleiben.[361] Überhaupt lehnte *der Secretary of State for Trade and Industry* in dem verfassten *white paper* vom Juli 2002 eine gesetzliche Vorschreibung grundsätzlicher Aspekte zur Organisation und Arbeitsweise der einzelnen Gremien, wie sie von der *Company Law Review Steering Group* gefordert wurde, um der im Vergleich zum Status quo größeren Verantwortung und Autorität des privatrechtlichen Normierungsregimes Rechnung zu tragen, aus Gründen der Flexibilität ab.

Hinsichtlich der Mitgliederauswahl und -ernennung des neuen Normierungsregimes unterbreitete zwar weder die *Company Law Review Steering Group* noch die Regierung einen detaillierten Vorschlag, doch bestand Einigkeit, dass in Anbetracht des künftig weiter gefassten Verantwortungs- und Kompetenzumfangs des privaten Normierungsapparates die nominierten Mitglieder des Dachorgans eine größtmögliche Meinungs- und Interessenvielfalt widerspiegeln sollten.[362] Auch die bisherige Finanzierungsstruktur sollte nach Auffassung des *Secretary of State for Trade and Industry* sowie der *Company Law Review Steering Group* für die neue Organisationsstruktur beibehalten werden. Eine stärkere finanzielle Involvierung des Staates wurde trotz der größeren Verantwortung und des erweiterten Aufgabenspektrums der Gremien nicht befürwortet, da dies zu formalen, institutionalisierten Strukturen führen und Flexibilitätseinbußen bewirken könnte.[363]

Nach Auffassung der *Company Law Review Steering Group* könnte die vorgeschlagene *standard setting*-Struktur auch den aus dem internationalen Harmonisierungsprozess resultierenden Entwicklungen gerecht werden. Denn auch bei der wie von der EU-Verordnung vorgeschriebenen verpflichtenden Anwendung der IAS/IFRS für die Konzernabschlusserstellung kapitalmarktorientierter EU-Unternehmen würde das neu

---

360 Für weitere Details siehe The Company Law Review Steering Group (Hrsg.) (2000b), S. 273 ff. sowie The Company Law Review Steering Group (Hrsg.) (2001a), S. 120.

361 Vgl. Secretary of State for Trade and Industry (Hrsg.) (2002a), S. 49.

362 Vgl. The Company Law Review Steering Group (Hrsg.) (2001a), S. 122 ff.; Secretary of State for Trade and Industry (Hrsg.) (2002a), S. 49.

363 Vgl. The Company Law Review Steering Group (Hrsg.) (2001a), S. 128 f.; Secretary of State for Trade and Industry (Hrsg.) (2002a), S. 49.

zu konzipierende *Standards Board* nicht obsolet. Obschon dann das IASB der verantwortliche *standard setter* für die Entwicklung der von kapitalmarktorientierten Unternehmen anzuwendenden Rechnungslegungsnormen wäre, hätte das *Standards Board* noch immer die Aufgabe, die Aktualisierung des Corporate Governance Kodex zu überwachen sowie Rechnungslegungsverlautbarungen für nicht kapitalmarktorientierte Unternehmen zu entwickeln. Außerdem könnte das *Standards Board* dem IASB als nationale Partnerorganisation beratend und unterstützend zur Seite stehen.[364]

Obwohl die Vorschläge der *Company Law Review* großteils von der Regierung befürwortet und in das im Juli 2002 vorgelegte *white paper* aufgenommen wurden, steht eine entsprechende Gesetzesänderung und Umsetzung der Empfehlungen bislang noch aus.

4.1.5 Einfluss der Besteuerung auf die Praxis der externen Rechnungslegung

Neben den bestehenden gesellschaftsrechtlichen Rechnungslegungspflichten unterliegen sämtliche im Inland ansässigen Unternehmen darüber hinaus im Rahmen der Einkommen- oder Körperschaftsteuer der Verpflichtung zur steuerlichen Gewinnermittlung. Diese basiert neben dem durch die Rechtsprechung geschaffenen *case law* im Wesentlichen auf den Bestimmungen der folgenden kodifizierten Normenquellen:[365]

- *Income and Corporation Taxes Act 1988* (ICTA 1988; Einkommen- und Körperschaftsteuergesestz);
- *Capital Allowances Act 2001* (CAA 2001; durch das die Abschreibung von Vermögenswerten geregelt wird);
- *Taxation of Chargeable Gains Act 1992* (TCGA 1992; gesetzliche Grundlage für die Besteuerung von Veräußerungsgewinnen);
- jährlich verabschiedete *Finance Acts* (Finanzgesetze), die der laufenden Aktualisierung, Modifizierung und Ergänzung der bestehenden Steuergesetze dienen.

Hinsichtlich der Gewinnermittlung von Unternehmen unterscheidet das ICTA formal zwischen Personengesellschaften (*general partnerships*, *limited partnerships*, *limited*

---

364 Vgl. The Company Law Review Steering Group (Hrsg.) (2001a), S. 177 f. i. V. m. Secretary of State for Trade and Industry (Hrsg.) (2002a), S. 44 ff. Siehe zur künftigen, durch die Internationalisierung der Rechnungslegung sich ändernde Rolle des britischen *standard setting*-Gremiums auch Financial Reporting Council (Hrsg.) (2001), S. 13 f. sowie Financial Reporting Council (Hrsg.) (2002a), S. 26 ff.

365 Vgl. Lymer, A./Hancock, D. (2003), chapter 1, S. 14.

liability partnerships) und Einzelunternehmen einerseits sowie *companies* andererseits. Während die Gewinne der Ersteren im Rahmen der *income tax* (Einkommensteuer) der beteiligten Gesellschafter erfasst werden, unterliegen jene von *companies* der *corporation tax* (Körperschaftsteuer). Diese formalrechtliche Trennung hat nicht nur die Anwendung teilweise unterschiedlicher Vorschriften[366] und Steuersätze[367] zur Folge, sondern führt letztlich auch zu einer Aushöhlung der rechtsformneutralen Besteuerung. Dies wird auch durch einschlägige empirische Studien dokumentiert,[368] denen zufolge die Beliebtheit der Rechtsform der *company* vor allem bei Kleinunternehmen u. a. auch auf die hiermit verbundenen vermeintlichen Steuervorteile zurückzuführen ist.

Trotz der im Einzelnen bestehenden Unterschiede in der Besteuerung von Personengesellschaften, Einzelunternehmen und Kapitalgesellschaften sind die Regelungen zur Ermittlung des einkommensteuerpflichtigen Unternehmensgewinns für die genannten Rechtsformen weitgehend identisch.[369] Die Ermittlung des zu versteuernden Einkommens erfolgt in Abhängigkeit der jeweiligen Herkunftsquelle. Hierbei unterscheidet das ICTA in den schedules A, D, E, F[370] insgesamt vier verschiedene Einkunftsarten, die ihrerseits zum Teil wiederum in weitere Einkommenskategorien (sog. „*cases*") unterteilt werden.[371] Im Gegensatz zu Deutschland kennt das britische Steuersystem kein Subsidiaritätsprinzip, sodass auch die im Rahmen der unternehmerischen Tätigkeit erzielten Einkünfte den einzelnen Einkunftskategorien sachgerecht zugeordnet werden müssen.[372] Dies ist insofern von Relevanz, als teilweise für die verschiedenen Einkunftsarten unterschiedliche Gewinnermittlungsregeln zur Anwendung gelangen. Für

366 Diese betreffen vor allem die im Rahmen des Einkommensteuerrechts gewährten persönlichen Freibeträge, die Bestimmungen zur Besteuerung von Veräußerungsgewinnen von Vermögenswerten sowie die divergierenden Vorschriften zur Steuererhebung.

367 Beispielsweise haben kleine Kapitalgesellschaften die Möglichkeit, von ermäßigten Steuersätzen zu profitieren, die sich zwischen 0 % und 19 % bewegen können. Der reguläre Körperschaftsteuersatz beträgt hingegen 30 %; vgl. CCH (Hrsg.) (2002), S. 2050 ff.; Lymer, A./Hancock, D. (2003), chapter 9, S. 19 ff.; Whiting, S. (2002), S. 14 ff. Für die zu versteuernden Unternehmensgewinne von Personengesellschaften und Einzelunternehmen gilt hingegen ein gestaffelter Steuersatz, beginnend mit einer *starting rate* von 10 %, einer *basic rate* von 22 % und einer *higher rate* von 40 %; vgl. CCH (Hrsg.) (2002), S. 1414 ff.; Lymer, A./Hancock, D. (2003), chapter 4, S. 6.

368 Vgl. Freedman, J./Godwin, M. (1994), S. 247 ff.; Hicks, A./Drury, R./Smallcombe, J. (1995), S. 16 f.

369 Vgl. Porcano, T./Tran, A. (1998), S. 438; Roberts, C./Weetman, P./Gordon, P. (2002), S. 393.

370 Die beiden ursprünglich im Income and Corporation Taxes Act 1988 enthaltenen schedules B: Einkünfte aus Forstbesitz und C: Zinszahlungen aus Wertpapieren der öffentlichen Hand wurden zwischenzeitlich wieder aufgehoben; vgl. CCH (Hrsg.) (2002), S. 514.

371 Vgl. section 15 – 20 Income and Corporation Taxes Act 1988.

372 Vgl. für einkommensteuerpflichtige Unternehmen section 2 (1) Income and Corporation Taxes Act 1988 sowie für körperschaftsteuerpflichtige Unternehmen section 9 (3) Income and Corporation Taxes Act 1988.

die Erfassung des Einkommens aus unternehmerischer Tätigkeit sind insbesondere die in der nachstehenden Tab. 26 dargestellten Einkunftsquellen des ICTA 1988 von Bedeutung.[373]

■ **Tab. 26:** Wesentliche Einkunftskategorien des *Income and Corporation Taxes Act 1988* zur Erfassung des Einkommens aus unternehmerischer Tätigkeit

■ Trading profit	
Schedule D, Case I	Gewinne aus der Ausübung eines (Handels-)Gewerbes[374]
■ Non-trading income	
Schedule D, Case III:	Inländische Zinsen, Renten und andere periodische Zahlungen
Schedule D, Case IV:	Zinseinkünfte aus ausländischen Wertpapieren[375]
Schedule D, Case V:	Sonstige ausländische Einkünfte (mit Ausnahme von Einkünften aus unselbstständiger Arbeit)
Schedule D, Case VI:	Sonstige noch nicht im Rahmen des schedule D oder A (oder E)[376] erfassten Gewinne
Schedule A:	Einkünfte aus bebautem oder unbebautem Grundvermögen
Schedule F:	Dividenden und sonstige Ausschüttungen von inländischen Kapitalgesellschaften[377]
■ Chargeable gains/capital gains	Kapitalgewinne

Hinsichtlich der Ermittlung der gewerblichen Gewinneinkünfte trennt der britische Steuergesetzgeber klar zwischen Einkommens- und Kapitalsphäre. Dies hat zur Konsequenz, dass Veräußerungsgewinne nicht unter schedule D, case I erfasst werden, sondern sog. „*chargeable gains*“ bzw. „*capital gains*“ (Kapitalgewinne) darstellen und

373 Vgl. section 15 – 20 Income and Corporation Taxes Act 1988 sowie Lymer, A./Hancock, D. (2003), chapter 4, S. 14 ff. Die in Tab. 26 nicht angeführten *schedules* befassen sich mit folgenden Einkunftsarten: schedule D, case II: Einkünfte aus freien und sonstigen selbstständigen Berufen; schedule E: Einkünfte aus unselbstständiger Tätigkeit; vgl. section 18 bzw. 19 Income and Corporation Taxes Act 1988.

374 Hierunter sind auch Einkünfte aus kommerziell betriebenen Land- und Gartenwirtschaftsbetrieben zu erfassen; vgl. CCH (Hrsg.) (2002), S. 1086.

375 Diese Einkunftsart ist für körperschaftsteuerpflichtige Unternehmen nicht relevant, da die Zinseinkünfte aus ausländischen Wertpapieren unter schedule D, case III zu erfassen sind; vgl. Lymer, A./Hancock, D. (2003), chapter 9, S. 8.

376 Schedule E regelt die Einkünfte aus unselbstständiger Tätigkeit und ist deshalb hinsichtlich der Besteuerung von Unternehmen nicht relevant.

377 Diese Einkunftsart ist ausschließlich für einkommensteuerpflichtige Unternehmen relevant, da körperschaftsteuerpflichtige Unternehmen von der Versteuerung von Dividendenerträgen, die von inländischen Kapitalgesellschaften bezahlt werden, befreit sind; vgl. section 208 Income and Corporation Taxes Act 1988 sowie Göbes, C. (1996), S. 82.

dementsprechend völlig eigenen Besteuerungsvorschriften unterworfen sind.[378] Während Kapitalgewinne von Personengesellschaften und Einzelunternehmen auf der Grundlage des TCGA zu versteuern sind und der *capital gains tax* unterliegen,[379] werden für Kapitalgesellschaften die aus Veräußerungsgeschäften resultierenden *chargeable gains* im Rahmen des ICTA erfasst und daher der *corporation tax* (Körperschaftsteuer) unterworfen.[380] Wenngleich auch für Kapitalgesellschaften die Ermittlung der Kapitalgewinne nach den Prinzipien des TCGA erfolgt,[381] so ergeben sich durch die zusätzliche Anwendung der Vorschriften des ICTA zum Teil doch erhebliche rechtsformspezifische Unterschiede.[382]

Die steuerliche Ermittlung der Einkünfte aus der Ausübung eines (Handels-)Gewerbes, nach schedule D, case I ICTA 1988, die im Gegensatz zum Betriebsvermögensvergleich des deutschen Einkommensteuergesetzes als Ergebnisrechnung dynamisch konzipiert ist,[383] erfolgt in Großbritannien im Vergleich zum deutschen Maßgeblichkeitsprinzip wesentlich stärker losgelöst von der gesellschaftsrechtlichen Rechnungslegung.[384] Diese stärkere Trennung zwischen *accounting profits* und *taxable profits* wird im Wesentlichen mit der unterschiedlichen, zum Teil unvereinbaren Zielsetzung der beiden Gewinnkonzeptionen begründet.[385] Hat die gesellschaftsrechtliche Rechnungslegung zum Zweck der Rechenschaftslegung und Information primär die Aufgabe der Bereitstellung von Daten zur Leistungsbeurteilung des abgelaufenen Geschäftsjahres, der Darstellung der wirtschaftlichen Lage des Unternehmens sowie den voraussichtlichen zukünftigen Entwicklungen,[386] dient die steuerliche Gewinnermittlung[387] neben der Finanzierung des Staatshaushaltes primär der Verfolgung gesellschafts- und wirtschaftspolitischer Zielsetzungen.[388] Dies hat zur Konsequenz,

---

378 Vgl. Göbes, C. (1996), S. 38 ; Gordon, P./Gray, S. (1994), S. 32; Roberts, C./Weetman, P./ Gordon, P. (2002), S. 393 f.

379 Vgl. section 2 Taxation of Capital Gains Act 1992. Siehe außerdem CCH (Hrsg.) (2002), S. 1102.

380 Vgl. section 6 (3) Income and Corporation Taxes Act 1988. Siehe auch CCH (Hrsg.) (2002), S. 2037.

381 Vgl. section 8 Taxation of Capital Gains Act 1992. Siehe auch CCH (Hrsg.) (2002), S. 2037.

382 Für Details siehe beispielsweise Lymer, A./Hancock, D. (2003), chapter 8, S. 1 ff. sowie chapter 9, S. 11 ff.

383 Siehe hinsichtlich der dynamischen Gewinnkonzeption des britischen Steuerrechts Freedman, J. (1993), S. 474; Freedman, J. (1995), S. 437; Göbes, C. (1996), S. 40; Gordon, P./Gray, S. (1994), S. 31.

384 Vgl. Lamb, M. (1996), S. 933; Walton, P. (2000), S. 221 f.

385 Vgl. Freedman, J. (1995), S. 437 f.; Whittington, G. (1995), S. 456.

386 Vgl. Porcano, T./Tran, A. (1998), S. 440. Zu den Funktionen der Rechnungslegung siehe auch Gliederungspunkt 4.2.3.1.2.

387 Vgl. Lymer, A./Hancock, D. (2003), chapter 1, S. 1.

388 Eine unmittelbare Anwendung der *accounting standards* für die steuerliche Gewinnermittlung wird vor allem aufgrund des Investorfokus des ASB sowie der hieraus resultierenden mangelnden Berücksichtigung steuerspezifischer Belange bei der Standardentwicklung abgelehnt; vgl. Freedman, J. (1993), S. 473 ff; Green, S. (1995), S. 451; Whittington, G. (1995), S. 454 ff.

dass die dem Steuerrecht zugrunde liegenden Prinzipien (wie z. B. Steuergerechtigkeit, Neutralität, effiziente Verwaltung etc.) nur zum Teil mit den gesellschaftsrechtlichen Rechnungslegungsgrundsätzen vereinbar sind, bzw. eine andere Gewichtung dieser Prinzipien erfordern.[389] Somit bedingt die aus Gründen der Steuergerechtigkeit notwendige stärkere Betonung des Objektivitätskriteriums im Rahmen der steuerlichen Gewinnermittlung eine Einschränkung subjektiver Entscheidungs- und Ermessensspielräume und führt damit zu einer nur beschränkten Anwendbarkeit der in der gesellschaftsrechtlichen Rechnungslegung zur Vermittlung entscheidungsrelevanter Informationen vorherrschenden wirtschaftlichen Betrachtungsweise (*substance over form*) sowie des Prinzips der periodengerechten Gewinnermittlung (*accrual principle*).[390]

Aufgrund dieser bestehenden Divergenzen hat sich die steuerrechtliche Gewinnermittlung vor allem auch historisch begründet[391] – zum Zeitpunkt der erstmaligen Einführung der Einkommensbesteuerung[392] existierte noch kein allgemein anerkanntes System gesellschaftsrechtlicher Rechnungslegungsprinzipien, auf das die steuerliche Gewinnermittlung hätte aufbauen können, sodass der Steuergesetzgeber gezwungen war, eigene steuerrechtliche Vorschriften zur Einkommensermittlung zu etablieren – weitgehend losgelöst von den gesellschaftsrechtlichen Rechnungslegungsnormen entwickelt. Dennoch hat der Steuergesetzgeber darauf verzichtet, detaillierte Gewinnermittlungsregeln in Form umfassender materieller Ansatz- und Bewertungsnormen in das Einkommen- und Körperschaftsteuergesetz aufzunehmen. Die Präzisierung des steuerlichen Gewinnbegriffs erfolgte deshalb primär durch das im Rahmen der Rechtsprechung geschaffene *case law*. Hierbei etablierte sich der Grundsatz, dass Handelsgewinne für steuerliche Zwecke nach den sog. „*ordinary principles of commercial accountancy*" zu ermitteln sind.[393] Hinsichtlich der Festlegung dieser *ordinary principles of commercial accountancy* und damit der Definition des steuerlichen Gewinnbegriffs griffen die Gerichte regelmäßig auf die gesellschaftsrechtlichen Rechnungslegungsnormen und insbesondere auch auf die *accounting standards* des ASB bzw. des ASC zurück, behielten sich jedoch für jeden Einzelfall eine Überprüfung deren Eignung für die steuerliche Gewinnermittlung vor.[394] Die hieraus resultierende Entscheidungsfreiheit der Finanzgerichte und -verwaltung barg nicht nur ein großes

---

389 Vgl. Freedman, J. (1995), S. 437 f.; Porcano, T./Tran, A. (1998), S. 440; Whittington, G. (1995), S. 452 f.

390 Vgl. Freedman, J. (1995), S. 437 f.; Whittington, G. (1995), S. 452 ff.

391 Vgl. Lamb, M. (1996), S. 933; Walton, P. (2000), S. 221 f.

392 Zur Finanzierung der napoleonischen Kriege führte Großbritannien bereits im Jahr 1799 eine allgemeine Einkommensteuer ein. Diese wurde allerdings nach Beendigung des Krieges im Jahr 1815 ausgesetzt und erst gegen Mitte des 19. Jhd. wieder etabliert; vgl. Porcano, T./Tran, A. (1998), S. 438; Walton, P. (2000), S. 221.

393 Vgl. Freedman, J. (1993), S. 471; Inland Revenue (Hrsg.) (1997), S. 70; Napier, C. (1995), S. 267; Porcano, T./Tran, A. (1998), S. 439.

394 Vgl. Freedman, J. (1995), S. 434; Napier, C. (1995), S. 267; Sigloch, J. (2000), S. 166 ff.

Maß an Rechtsunsicherheit in sich,[395] sondern bewirkte durch die regelmäßige Ablehnung gesellschaftsrechtlicher Rechnungslegungspraktiken die Hervorbringung zahlreicher von den gesellschaftsrechtlichen Bilanzierungs- und Bewertungsnormen abweichenden, steuerspezifischer Rechnungslegungsmethoden.[396]

In der jüngeren Rechtsprechung zeichnete sich hinsichtlich der Beziehung zwischen gesellschaftsrechtlicher Rechnungslegung und Besteuerung jedoch eine gewisse Trendwende ab. Zunehmend zeigte sich bei den zuständigen Steuergerichten eine generelle Bereitschaft zur Anerkennung gesellschaftsrechtlicher Rechnungslegungsnormen für die steuerliche Gewinnermittlung.[397] Demnach wurden die *accounting standards* für die steuerliche Gewinnermittlung vor allem dann akzeptiert, wenn (a) die dort verankerte Bilanzierungs- bzw. Bewertungsmethode tatsächlich für den zur Diskussion stehenden Sachverhalt relevant waren, (b) die angewandte Methode die gesellschaftsrechtlich einzig zulässige Rechnungslegungsmethode war und (c) die Anwendung dieser Methode der Ermittlung des „wahren" Unternehmensgewinns nicht zuwiderlief.[398] Mögliche Gründe für diese zunehmende Bereitschaft zur Anerkennung gesellschaftsrechtlicher Rechnungslegungsnormen einschließlich der *accounting standards* für die Besteuerung könnten u. a. die seit der Autorisierung des ASB gestiegene Professionalität bei der Standardentwicklung, die in zunehmendem Maße ausführlicher und umfassender werdenden *accounting standards* sowie deren Berücksichtigung im *companies act* sein.[399]

Diese sich in der steuerlichen Rechtsprechung herausgebildete Praxis der grundsätzlichen Anerkennung gesellschaftsrechtlicher Rechnungslegungsnormen für die steuerliche Gewinnermittlung führte im *Finance Act 1998* zu einer entsprechenden gesetzlichen Kodifizierung. Seit Beginn des Steuerjahres 1999 gilt, dass „[f]or the purposes of Case I or II of Schedule D the profits of a trade, profession or vocation must be computed on an accounting basis which gives a true and fair view, subject to any adjustment required or authorised by law in computing profits for those purposes."[400] Durch diesen Verweis auf das *true and fair view*-Prinzip erlangen die gesellschaftsrechtlichen Rechnungslegungsmethoden sowie vor allem auch die vom ASB bzw. seinem Vorgängergremium zur Erfüllung des *true and fair view*-Grundsatzes entwickel-

395 Vgl. Lamb, M. (1996), S. 939.

396 Zu den bestehenden Abweichungen zwischen *accounting profits* und *taxable profits* siehe beispielsweise Gordon, P./Gray, S. (1994), S. 32 ff.; Lymer, A./Hancock, D. (2003), chapter 5, S. 6 ff.

397 Vgl. Radcliffe, G. W. (1993), S. 6 ff.; Eberhartinger, E. (1997), S. 283; Freedman, J. (1995), S. 436; Lamb, M. (1996), S. 940 und S. 947; Lamb, M./Nobes, C./Roberts, A. (1998), S. 176.

398 Vgl. Freedman, J. (1993), S. 471.

399 Vgl. Freedman, J. (1995), S. 436.

400 Section 42 (1) Finance Act 1998.

ten *accounting standards* – vorbehaltlich vom Steuerrecht geforderten steuerspezifischen Modifikationen – rechtsformunabhängig, für sämtliche Handelsunternehmen sowie sonstige selbstständige und freie Berufe[401] grundlegende Relevanz für die steuerliche Gewinnermittlung[402] und gehen damit weit über ihren gesellschaftsrechtlichen Anwendungsumfang[403] hinaus. Allerdings impliziert die Beachtung des *true and fair view*-Grundsatzes im steuerlichen Kontext ausschließlich die Anwendung der materiellen Ansatz- und Bewertungsregeln des CA 1985 bzw. der *accounting standards*, die dort geforderten Angabepflichten sind für die steuerliche Gewinnermittlung hingegen irrelevant.[404]

Nichtkapitalgesellschaften – insbesondere Personengesellschaften und Einzelunternehmen – die nach den Bestimmungen des CA 1985 – würden sie in der Rechtsform der *company* geführt – als „klein" zu qualifizieren wären,[405] dürfen ebenso wie kleine Kapitalgesellschaften in ihrer steuerlichen Gewinnermittlung den FRSSE anwenden.[406] Dies hat zur Konsequenz, dass bei Anwendung des FRSSE generell auf die Beachtung der übrigen FRS, SSAP sowie *UITF Abstracts* verzichtet werden kann. Ist jedoch ein spezifischer Sachverhalt im FRSSE nicht geregelt, so sollte zur Berücksichtigung der gegenwärtigen Rechnungslegungspraxis für die steuerliche Gewinnermittlung auch auf diese Verlautbarungen zurückgegriffen werden.[407]

Durch diese mit der Verabschiedung des *Finance Act 1998* nun gesetzlich kodifizierten generellen Anbindung der steuerlichen Gewinnermittlung an die gesellschaftsrechtlichen Bilanzierungs- und Bewertungsmethoden einschließlich der *accounting standards* hat sich deren Relevanz für die Besteuerung erheblich erhöht.[408] Doch trotz

---

401 Einkünfte aus freien und sonstigen selbstständigen Berufen werden in schedule D, case II erfasst. Bis zur Verabschiedung des *Finance Act 1998* erfolgte die steuerliche Gewinnermittlung für diese Berufe im Rahmen einer Einnahmen-Überschuss-Rechnung; vgl. Inland Revenue (Hrsg.) (2000), S. 1 ff.

402 Vgl. Mabey, S. (2001), S. 122.

403 Insbesondere erlangen die gesellschaftsrechtlichen Rechnungslegungsmethoden einschließlich der *accounting standards* auch für gesellschaftsrechtlich nicht zur Rechnungslegung verpflichtete Personengesellschaften und Einzelunternehmen unmittelbare Relevanz für die steuerliche Gewinnermittlung. Zum gesellschaftsrechtlichen Anwendungsumfang der *accounting standards* siehe Gliederungspunkt 4.1.2.2.2.

404 Vgl. section 42 (2) Finance Act 1998; Inland Revenue (Hrsg.) (2000), S. 1; Institute of Chartered Accountants in England and Wales (Hrsg.) (1998), S. 4.

405 Siehe zu den Größenmerkmalen Gliederungspunkt 4.2.1.1.1.

406 Vgl. Inland Revenue (Hrsg.) (1999a), S. 637.

407 Vgl. Inland Revenue (Hrsg.) (1999a), S. 640.

408 Für Details bezüglich der durch das *true and fair view*-Prinzip implizierten Anwendung der *accounting standards* für die steuerliche Gewinnermittlung siehe u. a. die von der Finanzverwaltung herausgegebenen *tax bulletins*; insbesondere Inland Revenue (Hrsg.) (1998), S. 606 ff.; Inland Revenue (Hrsg.) (1999a), S. 636 ff.; Inland Revenue (Hrsg.) (1999b), S. 707 ff. sowie

der hieraus resultierenden Annäherung von gesellschaftsrechtlicher und steuerlicher Rechnungslegung ergibt sich durch die nach wie vor vorhandenen und auch im *Finance Act 1998* explizit hervorgehobenen spezifischen Steuervorschriften keine Vereinheitlichung[409] der beiden Gewinnkonzeptionen. Wesentliche Abweichungen entstehen insbesondere bei der Erfassung von Veräußerungsgewinnen, die bei Einzelunternehmen und Personengesellschaften nur einer teilweisen Besteuerung unterliegen bzw. bei Kapitalgesellschaften einer Inflationsbereinigung zu unterziehen sind.[410] Weitere, im Rahmen einer Mehr-Weniger-Rechnung zu berücksichtigende Unterschiede treten im Bereich der Aufwandserfassung auf. Durch die strikte Trennung zwischen *revenue expenditures* (der Einkommensphäre zuordenbare Aufwendungen) und *capital expenditures* (Investitionsaufwendungen) können Ausgaben im Rahmen der steuerlichen Gewinnermittlung grundsätzlich nur dann angesetzt werden, wenn sie als *revenue expenditure* zu klassifizieren sind. *Capital expenditures* werden hingegen nur in Form sog. „*capital allowances*" (steuerlich abzugsfähige Abschreibungen) berücksichtigt.[411] Da der Fiskus zur Vermeidung potenzieller Ungerechtigkeiten bestrebt ist, den Ansatz von auf subjektiven Schätzungen beruhenden Aufwendungen für die steuerliche Gewinnermittlung so weit als möglich einzuschränken, werden die nach gesellschaftsrechtlichen Grundsätzen ermittelten planmäßigen Abschreibungen für die Berechnung der steuerlichen Bemessungsgrundlage generell nicht anerkannt, sondern sind ggf. durch sog. „*capital allowances*" zu ersetzen.[412] *Capital allowances* stehen jedoch nur für jene Ausgaben zur Verfügung, die im *Capital Allowances Act 2001* explizit aufgeführt sind, so z. B. für Ausgaben für Industriegebäude, Anlagen und Maschinen, Patente, Know-how sowie für Forschung und Entwicklung.[413] Auch bei außerplanmäßigen Abschreibungen ergeben sich erhebliche Divergenzen zwischen der gesellschaftsrechtlichen und steuerlichen Gewinnermittlung. Da der Steuergesetzgeber die antizipative Berücksichtigung von Gewinnen und Verlusten nur eingeschränkt zulässt,[414] sind sämtliche im Anlagevermögen erfassten außerplanmäßigen Abschrei-

---

Institute of Chartered Accountants in England and Wales (Hrsg.) (1998), S. 4 ff. einschließlich Annex C.

409 Auch wenn dies aus Vereinfachungs- und Kostengründen zum Teil als erstrebenswert erachtet wird; vgl. Freedman, J. (1995), S. 439 sowie S. 444.

410 Für Details siehe beispielsweise Lymer, A./Hancock, D. (2003), chapter 8, S. 1 ff. sowie chapter 9, S. 11 ff.

411 Für Details siehe CCH (Hrsg.) (2002), S. 1342 ff.; Whiting, S. (2002), S. 36 ff.

412 Vgl. Nobes, C. (2000a), S. 23; Whiting, S. (2002), S. 37; Whittington, G. (1995), S. 453. Die *capital allowances* können ggf. auch mehr als 100 % der ursprünglichen Ausgaben betragen (so z. B. bei Entwicklungs- und Forschungsaufwendungen). Um steuerliche Anreize zu geben werden kleineren Unternehmen zum Teil höhere *allowances* eingeräumt als Großunternehmen; siehe hierzu beispielsweise die Ausführungen von *Lymer* und *Hancock* zur steuerlichen Abzugsfähigkeit von Forschungs- und Entwicklungskosten; Lymer, A./Hancock, D. (2003), chapter 6, S. 17.

413 Vgl. section 1 Capital Allowances Act 2001.

414 Jedoch hat sich das Steuerrecht bei der steuerlichen Berücksichtigung von Rückstellungen in den letzten Jahren wesentlich an die UK GAAP angenähert hat; vgl. CCH (Hrsg.) (2002), S. 1317.

bungen und Zuschreibungen für Zwecke der steuerlichen Gewinnermittlung grundsätzlich wieder rückgängig zu machen und können steuerlich erst dann geltend gemacht werden, wenn eine entsprechende Realisierung durch Transaktionen am Markt stattgefunden hat.[415] Weitere wesentliche Abweichungen treten im Bereich der steuerlich nicht abzugsfähigen Aufwendungen (z. B. Bewirtungsaufwendungen)[416] auf. Anhand der hier herausgegriffenen wenigen Beispiele wird deutlich, dass in Großbritannien auch nach der Bezugnahme des Steuerrechts auf den *true and fair view*-Grundsatz die gesellschaftsrechtlichen Rechnungslegungsgrundsätze und *accounting standards* in zahlreichen Fällen durch stärker dem Objektivitätskriterium verhaftete, steuerspezifische Sonderregelungen durchbrochen werden. Nichtsdestotrotz stellt die formale Verknüpfung beider Rechenwerke eine Fortführung und Konkretisierung der in der Rechtsprechung geschaffenen Annäherung der steuerlichen Gewinnermittlung an die gesellschaftsrechtliche Rechnungslegung dar.

Insgesamt kann somit festgehalten werden, dass in Großbritannien zwar Interdependenzen zwischen der gesellschaftsrechtlichen und steuerrechtlichen Rechnungslegung bestehen, aufgrund der vielfältigen steuerlichen Sonderregelungen jedoch allenfalls von einer sehr bruchstückhaften „Maßgeblichkeit" der *accounting profits* für die Ermittlung der steuerlichen Bemessungsgrundlage gesprochen werden kann. Im Unterschied zu Deutschland erfolgt in Großbritannien die Entwicklung der gesellschaftsrechtlichen Normen sowie der *accounting standards* ohne Rücksicht auf die hieraus resultierenden steuerlichen Konsequenzen. Dies hat zur Folge, dass die gesellschaftsrechtlichen Normen und Rechnungslegungsstandards nach Auffassung der Finanzverwaltung nur bedingt für die steuerliche Gewinnermittlung geeignet sind und deshalb mithilfe steuerlicher Sonderregelungen in vielen Bereichen durchbrochen werden. Das im britischen Steuergesetz kodifizierte Maßgeblichkeitsprinzip ist deshalb im Vergleich zu Deutschland wesentlich weniger umfassend und mehr als Mittel zur Verbesserung der Rechtssicherheit für bislang steuerlich nicht explizit geregelte Sachverhalte zu interpretieren.

So existiert in Großbritannien auch keine Rückwirkung der steuerlichen Regelungen auf die gesellschaftsrechtliche Rechnungslegung in Form einer kodifizierten umgekehrten Maßgeblichkeit. Ein rückwirkender Einfluss kann deshalb nur indirekt in der praktischen Anwendung erfolgen, wenn von Seiten der Unternehmen versucht wird, die im Rahmen der gesellschaftsrechtlichen Normen zur Verfügung stehenden Wahl-

---

[415] Vgl. Göbes, C. (1996), S. 72 ff. Demgemäß ist der vom ASB verabschiedete FRS 11 *impairment of fixed assets and goodwill*, der die Berücksichtigung außerplanmäßiger Wertminderungen von Vermögenswerten des Anlagevermögens sowie des Goodwill regelt, für die steuerliche Gewinnermittlung nicht relevant; vgl. Institute of Chartered Accountants in England and Wales (Hrsg.) (1998), Annex C.

[416] Vgl. Lymer, A./Hancock, D. (2003), chapter 5, S. 9 f.; Whiting, S. (2002), S. 60 f.

rechte und Ermessensspielräume im Hinblick auf die steuerliche Gewinnermittlung auszunützen, um einerseits ihre Steuerzahlungen zu optimieren und andererseits die mit einer Erstellung zweier getrennter Rechenwerke verbundene Mehrarbeit zu sparen.[417] Allerdings sind die Unternehmen auch diesbezüglich sehr eingeschränkt, da derartige Maßnahmen nur für diejenigen Bereiche in Betracht kommen, in denen die Maßgeblichkeit der gesellschaftsrechtlichen Rechnungslegungsnormen für die steuerliche Gewinnermittlung tatsächlich zum Tragen kommt bzw. es durch die Ausnutzung der im Gesellschaftsrecht bzw. der *accounting standards* gewährten Spielräume möglich ist, die explizit, außerhalb des Maßgeblichkeitsgrundsatzes geregelten Steuersachverhalte im gesellschaftsrechtlichen Abschluss steuerlich adäquat zu berücksichtigen, ohne gegen die gesellschaftsrechtlichen Normen zu verstoßen.

Aufgrund der Fülle der derzeit bestehenden steuerlichen Sondervorschriften ist deshalb auch nicht, wie teilweise befürchtet,[418] zu erwarten, dass steuerliche Kalküle die Entwicklung künftiger *accounting standards* dominieren werden. Denn obschon die bilanzierenden Unternehmen aufgrund der über das *true and fair view*-Prinzip verankerten Relevanz der FRS/SSAP für die Besteuerung ein grundsätzliches Interesse an steuerlich vorteilhaften Regelungen haben, die sie im Rahmen des *due processes* durchzusetzen versuchen könnten, besteht hierfür wenig Spielraum, da der Maßgeblichkeitsgrundsatz bislang wegen zahlreicher steuerlicher Sondernormen wesentlich durchbrochen ist.

Insofern ist auch eine Einflussnahme der steuerlichen Rechtsprechung auf die gesellschaftsrechtlichen Normen sehr begrenzt. Zum einen führt die starke „Durchlöcherung" des Maßgeblichkeitsgrundsatzes dazu, dass nur in wenigen Bereichen überhaupt eine Überschneidung zwischen Steuer- und Gesellschaftsrecht stattfindet und damit als Einflusspotenzial zur Verfügung steht. Zum anderen fallen vor allem jene Sachverhalte, die Auslegungs- und Interpretationsspielräume offen lassen, vielfach nicht unter das Maßgeblichkeitsprinzip, sondern werden im Steuerrecht explizit geregelt. Hinzu kommt, dass die *accounting standards* selbst sehr detailliert und ausführlich sind und demzufolge den Steuergerichten für die wenigen, durch das Maßgeblichkeitsprinzip abgedeckten Bereiche kaum Spielraum für Interpretationen lassen. Eine aus Sicht der

---

417 So versuchen insbesondere kleinere Unternehmen aus ökonomischen Gründen ihre gesellschaftsrechtliche Rechnungslegung so weit als möglich an den steuerlichen Gewinnermittlungsvorschriften zu orientieren, um so die Erstellung eines eigenständigen steuerlichen Abschlusses zu vermeiden; vgl. Walton, P. (2000), S. 222 sowie S. 226 f. Hierbei steht vor allem den nicht gesetzlich zur Rechnungslegung verpflichteten Unternehmen (z. B. Einzelunternehmen sowie Personengesellschaften sofern es sich hierbei nicht um eine LLP oder eine *qualifying partnership* handelt) die Möglichkeit einer rein steuerlichen Rechnungslegung offen, was in der Rechnungslegungspraxis auch häufig in Anspruch genommen wird; L'Anson Banks, R. (1995), S. 589.

418 Vgl. Freedman, J. (1995), S. 438; Whittington, G. (1995), S. 455 f.

gesellschaftsrechtlichen Rechnungslegung als nachteilig zu beurteilende Rückwirkung des Steuerrechts auf die gesellschaftsrechtliche Abschlusserstellung und Standardentwicklung dürfte somit eher als gering eingestuft werden.

4.1.6 Einfluss der *International (Accounting) Financial Reporting Standards* auf die Normierung der externen Rechnungslegung

Obwohl Großbritannien zu den Gründungsmitgliedern des IASC zählte und somit von Anbeginn bei der Entwicklung der *International Accounting Standards* mitwirkte, lassen die gesellschaftsrechtlichen Bestimmungen des CA 1985 derzeit keine befreiende Abschlusserstellung nach von den gesetzlichen Vorschriften sowie den UK GAAP abweichenden Rechnungslegungsnormen zu. Dies ist insofern überraschend, als die Gründung des IASC auf die Initiative des Briten Sir Henry Benson zurückgeht,[419] der britische Berufsstand der *accountants* ständig im IASC vertreten war und auch im jetzigen IASB maßgebend repräsentiert ist. So stellt der britische *standard setter* ein *liaison member* im IASB und mit Sir David Tweedie, dem ehemaligen Vorsitzenden des ASB, auch den IASB-Vorsitzenden. Insofern hatte Großbritannien seit jeher, sei es durch Teilnahme in Arbeitsgruppen oder durch die Übernahme offizieller Funktionen,[420] wesentlichen Einfluss und Mitgestaltungsmöglichkeiten auf die Normierungsarbeit des IASC/IASB. Darüber hinaus kooperierten sowohl das ASC als auch das ASB in zahlreichen Projekten mit dem internationalen *standard setter*,[421] was im Zeitablauf zu einer gegenseitigen Befruchtung und Annäherung führte. Die britischen Rechnungslegungsnormen sind den IAS/IFRS deshalb in vielen Bereichen ähnlich,[422] wenngleich zum Teil auch erhebliche Divergenzen bestehen, die zum einen im Wesentlichen aus den im Rahmen des *Comparability and Improvement Project* des IASC[423] vorgenommenen Wahlrechtseliminierungen resultierten und zum anderen auf den zunehmenden Detaillierungsgrad der IAS/IFRS und FRS zurückzuführen sind.[424] Darüber hinaus unterliegt das ASB den von den EU-Richtlinien beeinflussten gesell-

---

419 Vgl. Haller, A./Walton, P. (2000), S. 28.

420 Während der Existenz des IASC (1973 – 2000) wurde das Amt des IASC-Vorsitzenden zweimal von Angehörigen der britischen *accounting profession* bekleidet und dreimal wurde die Funktion des *secretary general* im IASC von britischen *accountants* wahrgenommen; vgl. Cairns, D./ Nobes, C. (2000), S. 3.

421 Enge Kooperationen zwischen dem ASB und IASC gab es beispielsweise im Bereich der Rückstellungen, was zur Verabschiedung nahezu identischer Standards führte (IAS 37 und FRS 12). Auch bei der Entwicklung des *Statement of Principles* griff das ASB in vielen Bereichen auf das *framework* des IASC zurück; vgl. Cairns, D./Nobes, C. (2000), S. 3.

422 Vgl. Accounting Standards Board (Hrsg.) (1993a), Abschnitt 36; The Company Law Review Steering Group (Hrsg.) (2000a), S. 193.

423 Siehe zum *Comparability and Improvement Project* des IASC beispielsweise Pellens, B. (2001), S. 427 ff.; Raffournier, B. (2000), S. 83.

424 Vgl. Cairns, D./Nobes, C. (2000), S. 2.

schaftsrechtlichen Bestimmungen und ist damit im Gegensatz zum IASC/IASB in seiner Standardentwicklung an die in der Vierten und Siebenten EG-Richtlinie festgelegten Rechnungslegungsgrundsätze und -methoden gebunden.[425]

Mit der gestiegenen Bedeutung des IASB für die Internationalisierung der Unternehmensrechnung, verbunden mit der von der EU nun eingeschlagenen künftigen Rechnungslegungsstrategie, der zufolge die IAS respektive IFRS für alle kapitalmarktorientierten EU-Unternehmen ab 2005 verpflichtend für die Konzernabschlusserstellung gelten werden, hat sich die Relevanz der IAS/IFRS für die Normierung und Praxis der externen Rechnungslegung und Unternehmensberichterstattung in Großbritannien zunehmend erhöht.[426] Denn bis spätestens 2005 werden auch britische kapitalmarktorientierte Gesellschaften ihren konsolidierten Abschluss nach IAS/IFRS erstellen müssen. Dies hat einerseits zur Konsequenz, dass in einigen Bereichen bislang in den FRS/SSAP zur Verfügung stehende Wahlrechte oder zwingend vorgegebene Rechnungslegungsmethoden aufgrund ihrer Unvereinbarkeit mit den IAS/IFRS nicht mehr angewandt werden können und ggf. mehr Informationen offen gelegt werden müssen. Andererseits eröffnen die IAS/IFRS den Unternehmen aber auch neue Wahlrechte und Spielräume, die bislang nach den FRS/SSAP nicht zur Verfügung stehen. Eine auf die Konzernabschlusserstellung kapitalmarktorientierter Unternehmen beschränkte Übernahme der IAS/IFRS hätte somit zur Folge, dass die Vergleichbarkeit der Abschlüsse innerhalb Großbritanniens nur mehr eingeschränkt gewährleistet wäre und die Unternehmen durch die teilweise weniger restriktiven IAS/IFRS in bestimmten Bereichen mehr Flexibilität erhalten würden. In langwierigen Konsultationsprozessen vom ASB durchgesetzte Wahlrechtseliminierungen würden somit, zumindest für Unternehmen, die ihren Abschluss künftig nach den IAS/IFRS erstellen, bedeutungslos.[427]

Zur Analyse der Auswirkungen einer Übernahme der bestehenden IAS/IFRS in das nationale Normengefüge wurde von *Cairns* und *Nobes* im November 2000 ein sog. „*convergence handbook*“ erstellt, das mit der Unterstützung des ASB[428] sowie unter Billigung des IASC vom ICAEW herausgegeben wurde und seitdem regelmäßig aktualisiert wird. In diesem Handbuch werden von den Autoren bestehende Unter-

---

425 Vgl. Cairns, D./Nobes, C. (2000), S. 11. Mit der Anpassung der Vierten und Siebenten EG-Richtlinie an international akzeptierte Rechnungslegungsgrundsätze durch die „*Fair value*-Richtlinie“ (vgl. Richtlinie 2001/65/EG des Europäischen Parlaments und des Rates vom 27. September 2001) sowie die jüngst verabschiedete „Modernisierungsrichtlinie“ (vgl. Richtlinie 2003/51/EG des Europäischen Parlaments und des Rates vom 18. Juni 2003), wird der Spielraum der nationalen Normengeber jedoch für die Übernahme der in den IAS/IFRS verankerten Rechnungslegungsmethoden wesentlich erweitert; vgl. hierzu auch Gliederungspunkt 1.1.

426 Vgl. Cairns, D./Nobes, C. (2000), S. 1.

427 Vgl. Cairns, D./Nobes, C. (2000), S. 7.

428 Das ASB möchte dieses Handbuch quasi als *exposure draft* für künftig durchzuführende Standardänderungen nutzen; vgl. Cairns, D. (2001), S. 92.

schiede zwischen den IAS/IFRS und den UK GAAP einschließlich der anzuwendenden Bestimmungen des CA 1985 identifiziert und unter Berücksichtigung der Zielsetzung eines *high quality reporting*, der internationalen Akzeptanz sowie der Vereinbarkeit mit dem *framework* des IASB bzw. dem SoP mögliche Anpassungsempfehlungen ausgesprochen.[429] Allerdings sind die Untersuchungen aufgrund der besonderen Relevanz einer international vergleichbaren Unternehmensrechnung für die Kapitalmarktteilnehmer auf die Anforderungen an die Berichterstattung großer börsennotierter Unternehmen fokussiert. Unterschiede zwischen den IAS/IFRS und den britischen Rechnungslegungsnormen, die auf besonderen Anforderungen für gemeinnützige Organisationen, staatliche Behörden oder dem speziell für kleinere Unternehmen entwickelten FRSSE beruhen, wurden hingegen bewusst aus dem Konvergenz-Projekt ausgeklammert.[430] Eine Angleichung der beiden Normensysteme in diesen Bereichen hat somit nur nachrangige Priorität. Wenngleich auch bezüglich der Rechnungslegung kleiner Unternehmen eine enge Zusammenarbeit zwischen dem ASB und dem IASB stattfindet.[431]

Grundsätzliche Strategie des ASB ist, sowohl durch Anpassungen der eigenen Normen an die IAS/IFRS als auch durch gemeinsame Projekte mit dem IASB und entsprechende Lobbying-Aktivitäten[432] die bestehenden Divergenzen zwischen IAS/IFRS und UK GAAP zu eliminieren und somit eine Konvergenz der beiden Normensysteme zu erreichen.[433] Das ASB beabsichtigt deshalb in nächster Zeit keine im Alleingang entwickelten UK Rechnungslegungsstandards mehr zu verabschieden, sondern stattdessen so weit als möglich die nationalen Normen an die unter dem Einfluss des ASB und anderen nationalen *standard setting bodies* überarbeiteten IAS/IFRS anzupassen, um somit kapitalmarktorientierten Unternehmen den Übergang auf eine international akzeptierte Rechnungslegung zu erleichtern.[434]

Nachdem die Rechnungslegungsnormen des IASB durch diese Vorgehensweise unmittelbaren Eingang in die FRS des ASB finden, bleibt deren Anwendung allerdings nicht mehr nur auf den Konzernabschluss kapitalmarktorientierter Unternehmen be-

---

429 Vgl. Cairns, D./Nobes, C. (2000), S. 12 ff. Zu den aktuell bestehenden Divergenzen zwischen den FRS/SSAP sowie den IAS/IFRS siehe Cairns, D. (2003).

430 Vgl. Cairns, D./Nobes, C. (2000), S. 5.

431 Vgl. Gliederungspunkt 1.3.

432 Zu den Kontakten des ASB zu anderen nationalen *standard settern* und zum IASB siehe Financial Reporting Council (Hrsg.) (2002a), S. 26 ff.

433 Vgl. Cairns, D. (2001), S. 92; Financial Reporting Council (Hrsg.) (2002a), S. 32. Siehe auch Singleton-Green, B. (2001), S. 24.

434 Vgl. Financial Reporting Council (Hrsg.) (2001), S. 32 sowie Fearnley, S./Hines, T. (2003b), S. 228.

schränkt, sondern erlangt für sämtliche Unternehmen Relevanz, die zur Beachtung der FRS/SSAP verpflichtet sind.[435] Dies hat zur Konsequenz, dass die Normen des IASB sukzessive auch in die Rechnungslegung kleinerer Unternehmen Eingang finden, da auch der FRSSE wiederum auf den FRS/SSAP basiert.[436] Somit hat in Großbritannien bereits jetzt eine Internationalisierung der Rechnungslegung begonnen, die sich – wird an dem bisherigen Konzept des FRSSE festgehalten – mittel- bis langfristig auch auf die Unternehmensrechnung kleinerer Unternehmen auswirken wird. Über die grundsätzliche Relevanz der FRS/SSAP für die Berechnung der *taxable profits* (die allerdings – wie oben erwähnt – durch fiskale Vorschriften stark eingeschränkt ist) erhalten die IAS/IFRS darüber hinaus konzeptionell und potenziell auch Einzug in die steuerliche Gewinnermittlung.

Diese Überlegungen finden sich auch in dem vom *Department of Trade and Industry* (DTI) im August 2002 verabschiedeten Konsultationspapier wieder, in dem die Vor- und Nachteile der einzelnen, in der „IAS-Verordnung" der EU[437] eingeräumten Mitgliedstaatenwahlrechte für Großbritannien diskutiert werden.[438] Dabei zieht das DTI in Abhängigkeit der künftigen Konvergenz von nationalen Rechnungslegungsstandards und IAS/IFRS sowie dem Ausgang des IASB-Projektes zu möglichen Erleichterungen für kleinere, nicht kapitalmarktorientierte Unternehmen[439] in Erwägung, die Anwendung der IAS/IFRS auf lange Sicht unabhängig von der Kapitalmarktorientierung für alle *companies* und zwar sowohl für den Konzernabschluss als auch den Einzelabschluss verpflichtend vorzuschreiben.[440] Die Vorteile einer solchen Strategie „... would be a single regime of accounting standards within the UK, with all that entails in terms of comparability and clarity, as well as equality in terms of enforcement."[441] Ferner wird darüber nachgedacht, die IAS/IFRS im Rahmen der bestehenden „losen" Maßgeblichkeit der gesellschaftsrechtlichen Rechnungslegung für die steuerliche Gewinnermittlung auch als Bemessungsgrundlage für die Unternehmensbesteuerung zuzulassen.[442]

Als temporäre Zwischenlösung kündigte die Regierung an, die Anwendung der IAS/IFRS vorerst sowohl für den Einzelabschluss als auch den Konzernabschluss nicht kapitalmarktorientierter Unternehmen optional zuzulassen. Die in der „IAS-Verordnung" der EU eingeräumten Wahlrechte sollen somit vollständig ausgeschöpft und

435 Siehe zu diesen Unternehmen Gliederungspunkt 4.1.2.2.2.
436 Für Details zur Konzeption des FRSSE siehe Gliederungspunkt 4.2.2.1.2.3 sowie 4.2.2.2.1.
437 Vgl. Gliederungspunkt 1.1.
438 Vgl. Department of Trade and Industry (Hrsg.) (2002).
439 Siehe hierzu Gliederungspunkt 1.1.
440 Vgl. Department of Trade and Industry (Hrsg.) (2002), Abschnitt 4.15 ff.
441 Department of Trade and Industry (Hrsg.) (2002), Abschnitt 4.25.
442 Vgl. Department of Trade and Industry (Hrsg.) (2002), Abschnitt 3.24.

entsprechend an die Unternehmen weitergegeben werden. Somit werden auch nicht kapitalmarktorientierte *companies*, *qualifying partnerships* und *limited liability partnerships* ab 2005 ihren Einzel-/Konzernabschluss anstatt nach nationalen Rechnungslegungsnormen optional nach IAS/IFRS erstellen können und auch kapitalmarktorientierte Unternehmen sollen für den Einzelabschluss eine entsprechende Option zur Anwendung der IAS/IFRS erhalten. Zu einem späteren Zeitpunkt (etwa drei Jahre nach In-Kraft-Treten der entsprechenden Optionen) soll dann in Abhängigkeit der bis dahin erzielten Konvergenz zwischen UK GAAP und IAS/IFRS erneut über eine Ausdehnung der verpflichtenden Anwendung der IAS/IFRS entschieden werden.[443]

4.2 Differenzierung der Abschlusserstellung, -prüfung und -publizität sowie des Enforcement von gesellschaftsrechtlich zur Rechnungslegung verpflichteten Unternehmen

Von den insgesamt ca. 3,7 Mio. aktiv tätigen Unternehmen in Großbritannien sind 96 % mit weniger als 50 Arbeitnehmern als „klein"[444] zu klassifizieren.[445] Diese Kleinunternehmen beschäftigten ca. 29 % aller in der Privatwirtschaft Erwerbstätigen[446] und erwirtschafteten ca. 37 % des insgesamt von britischen Unternehmen im Jahr 2000 erzielten Umsatzes.[447] Obwohl kleinere Unternehmen somit ein erhebliches ökonomisches Potenzial besitzen und aufgrund ihrer zentralen Bedeutung für die britische Wirtschaft seit Ende der 1970er-Jahre zunehmend im Fokus der Wirtschaftspolitik stehen,[448] wurde sehr lange und wird zum Teil auch heute noch die Auffassung vertre-

---

443 Vgl. Department of Trade and Industry (Hrsg.) (2003a).

444 In Ermangelung einer eindeutigen Definition für kleine und mittelgroße Unternehmen sowie einer offiziellen Statistik über die Anzahl der Gesellschaften, die entsprechend der Definition des CA 1985 als klein bzw. mittelgroß zu qualifizieren wären, wurde hilfsweise von der Größenklassifizierung des CA 1985 abgewichen und stattdessen die für statistische Zwecke allgemein übliche Größeneinteilung der Unternehmen nach der Anzahl der Arbeitnehmer gewählt. Demnach sind alle Unternehmen mit 0 – 49 Arbeitnehmern als „klein" und Unternehmen mit 50 – 249 Arbeitnehmern als „mittelgroß" zu qualifizieren. Als „groß" gelten Unternehmen mit 250 und mehr Arbeitnehmern; vgl. die Definitionskriterien des Department of Trade and Industry (Hrsg.) (2001).

445 Vgl. Department of Trade and Industry (Hrsg.) (2000a), Table 1.

446 Bezüglich einer ausführlichen Diskussion zur Schaffung von Arbeitsplätzen durch kleine und mittelgroße Unternehmen siehe Curran, J. (1999), S. 29 ff.; Dale, I./Morgan, A. (2000).

447 In Anlehnung an Department of Trade and Industry (Hrsg.) (2000a). Für eine differenziertere Betrachtungsweise hinsichtlich der Bedeutung kleiner und mittelgroßer Unternehmen für die britische Wirtschaft siehe Cook, J. (1999), S. 5 ff.; Keasey, K./Watson, R. (1993), S. 3 ff.

448 Vgl. Storey, D. (1994), S. 263. Zur Förderung und Unterstützung kleinerer Unternehmen wurden in den letzten Jahren verschiedene wirtschaftspolitische Maßnahmen initiiert, wie z. B. die Einführung von Steuervergünstigungen für kleinere Unternehmen bei erbrechtlichen Vermögensübertragungen; Verabschiedung des *Late Payment of Commercial Debts (Interest) Act 1998*, der

ten, dass das Großunternehmen eine überlegene Form des wirtschaftlichen Handelns repräsentiert und der Status kleinerer Unternehmen deshalb in dem vermeintlich wünschenswerten Streben nach Wachstum und Größe lediglich temporärer Natur sein kann.[449] Auch die Schaffung der Gesellschaftsform der haftungsbeschränkten *company* war historisch betrachtet ursprünglich für kapitalintensive, risikoreiche Unternehmensaktivitäten und deshalb für große, den öffentlichen Kapitalmarkt in Anspruch nehmende Gesellschaften intendiert.[450] Es ist deshalb nur konsequent, dass auch die Vorschriften zur externen Rechnungslegung des CA 1985 sowie die *accounting standards* primär mit Fokus auf große Publikumsaktiengesellschaften entwickelt wurden,[451] obwohl diese nur etwa 1 % aller Kapitalgesellschaften darstellen.[452]

Aus dieser Diskrepanz zwischen Normierungsfokus einerseits und der ökonomischen Bedeutung kleiner Unternehmen andererseits, resultierten in der Vergangenheit häufig Diskussionen über die Eignung der an den Bedürfnissen großer Publikumsgesellschaften orientierten und somit auf einer Trennung von Anteilseigentum und Management basierenden Rechnungslegungsnormen des CA 1985 sowie der *accounting standards* für die Erfordernisse kleiner, häufig als Familienunternehmen[453] geführten *companies*. Neben Zweifeln hinsichtlich des Nutzens einer verstärkt an den Ansprüchen und Rechnungslegungsfunktionen großer Kapitalgesellschaften orientierten Unternehmensrechnung für die Abschlusszwecke kleiner Unternehmen, gaben in der Vergangenheit vor allem auch der durch eine ordnungsgemäße Anwendung der vom Gesetzgeber bzw. *standard setter* vorgegebenen Rechnungslegungs-, Prüfungs- und Publizitätsbestimmungen hervorgerufene finanzielle und zeitliche Aufwand[454] regelmäßig Anlass für Diskussionen und Initiativen hinsichtlich der Differenzierung von Rechnungslegungs-, Prüfungs- und Berichterstattungserfordernissen.

---

kleinen Unternehmen mit weniger als 50 Mitarbeitern die Möglichkeit einräumt, Verzugszinsen auf fällige Handelskredite zu erheben (seit November 2002 steht dieses Recht allen Unternehmen zu); Einführung des *Small Firms Loan Guarantee Scheme* in den 1980er-Jahren, um kleineren Unternehmen, die nicht über die erforderlichen Banksicherheiten für die Inanspruchnahme von Kreditengagements verfügen, die Fremdkapitalaufnahme zu ermöglichen. Außerdem wurde zur Förderung der Bereitstellung von Risikokapital der *Enterprise Investment Scheme* ins Leben gerufen und *Venture Capital Trusts* geschaffen. Siehe zu den Fördermaßnahmen beispielsweise Department of Trade and Industry (Hrsg.) (1995b), Abschnitt 13.11 ff.

449 Vgl. John, B./Healeas, S. (2000), S. 11.

450 Vgl. Hicks, A./Drury, R./Smallcombe, J. (1995), Executive Summary sowie S. 3. Siehe auch die Ausführungen unter Gliederungspunkt 4.1.1.1.2, insbesondere Gliederungspunkt 4.1.1.1.2.5.

451 Vgl. John, B./Healeas, S. (2000), S. 11; Collis, J./Jarvis, R. (2000), S. 1; The Company Law Review Steering Group (Hrsg.) (1999a), S. 56.

452 Siehe hierzu Gliederungspunkt 4.2.1.1.1.

453 Vgl. Gliederungspunkt 4.2.3.1.2.3.

454 Siehe für einen Überblick der diesbezüglichen Kosten Department of Trade and Industry (Hrsg.) (1995a), S. 46 ff.

Da die Regulierung der Unternehmensrechnung der gesellschaftsrechtlich zur Rechnungslegung verpflichteten *registered companies*, *qualifying partnerships* und *limited liability partnerships* sowohl auf den Vorschriften des CA 1985 als auch auf den vom ASB verabschiedeten *accounting standards* basiert, stellen diese beiden Normenquellen den Ausgangspunkt der nachfolgenden Analyse des britischen Konzepts zur Differenzierung der Normierung der Unternehmensberichterstattung dar.

4.2.1 Grundkonzept des *Companies Act 1985* zur Differenzierung der Anforderungen an die externe Unternehmensberichterstattung

Die Diskussion um die Notwendigkeit einer Differenzierung der gesetzlichen Rechnungslegungs-, Prüfungs- und Publizitätsnormen hat in Großbritannien, wie die geschichtliche Entwicklung des Kapitalgesellschaftsrechts dokumentiert, eine lange Tradition.[455] Sie wurde bereits vor der Transformation der EG-Richtlinien geführt, erlangte jedoch im Rahmen deren Umsetzung neuen Aufschwung[456] und besitzt gerade heute aufgrund des gegenwärtigen *company law review* mehr Aktualität denn je.

4.2.1.1 Differenzierungsmerkmale des *Companies Act 1985*

4.2.1.1.1 Status quo

Das bestehende Differenzierungskonzept des CA 1985 wurde maßgebend von der Vierten und Siebenten EG-Richtlinie geprägt.[457] Neben einer branchen- und rechtsformspezifischen Unterscheidung erfolgt die Differenzierung der Anforderungen an die externe Unternehmensberichterstattung deshalb primär auf Basis ökonomischer Größenmerkmale.

In Übereinstimmung mit der Vierten EG-Richtlinie differenziert der britische Gesetzgeber in section 247 CA 1985 grundsätzlich zwischen drei Größenklassen von Kapitalgesellschaften (respektive zur Beachtung der Vorschriften des CA 1985 ver-

---

455 Vgl. Gliederungspunkte 4.1.1.1.2.6, 4.1.1.1.2.9 und 4.1.1.1.2.10. Siehe auch Collis, J./Jarvis, R. (2000), S. 3; Powling, H./Pryde, A/Sharp, I. (2002), S. 1; Institute of Chartered Accountants of Scotland (Hrsg.) (1998), S. 6.

456 Vgl. z. B. die Ausführungen zur Reformierung der Rechnungslegung kleiner und mittelgroßer Kapitalgesellschaften des im Zuge der Transformation der Vierten EG-Richtlinie vom *Secretary of State for Trade* präsentierten Konsultationspapiers; Secretary of State for Trade (Hrsg.) (1979), S. 2 ff. sowie S. 48 ff. Auch nach der Umsetzung der EG-Richtlinie war die Unternehmensberichterstattung kleinerer Unternehmen Gegenstand zahlreicher Studien und Konsultationspapiere des *Department of Trade and Industry*; siehe beispielsweise Department of Trade and Industry (Hrsg.) (1994), (1995a), (1996a), (1996b), (1997).

457 Vgl. Gliederungspunkt 4.1.1.1.2.11.

pflichteten *qualifying partnerships* und *limited liability partnerships*), ohne jedoch die in der EG-Richtlinie vorgegebenen Schwellenwerte vollständig auszuschöpfen (vgl. Tab. 27).[458]

■ **Tab. 27:** Größenklassen für Kapital- bzw. diesen gleichgestellte Personengesellschaften im CA 1985

	Kleine Gesellschaften	Mittelgroße Gesellschaften	Große Gesellschaften
Umsatzerlöse	≤ £ 2,8 Mio. (ca. 4,10 Mio. €)	≤ £ 11,2 Mio. (ca. 16,40 Mio. €)	> £ 11,2 Mio. (ca. 16,40 Mio. €)
Bilanzsumme	≤ £ 1,4 Mio. (ca. 2,05 Mio. €)	≤ £ 5,6 Mio. (ca. 8,20 Mio. €)	> £ 5,6 Mio. (ca. 8,20 Mio. €)
Anzahl der Mitarbeiter	≤ 50	≤ 250	> 250

Anmerkung: Wechselkurs 1 € = £ 0,68280 (Stand: 31. Oktober 2003)

Um sich für eine Größenklasse zu qualifizieren, müssen gemäß section 247 CA 1985 mindestens zwei der oben angegebenen Größenkriterien an zwei aufeinander folgenden Abschlussstichtagen erfüllt sein.[459]

Grundsätzlich nicht zur Inanspruchnahme der für kleine oder mittelgroße Unternehmen zur Verfügung stehenden Erleichterungsvorschriften berechtigt sind jedoch Unternehmen, an deren Unternehmensberichterstattung ein allgemeines öffentliches Interesse besteht. Hierzu zählen gemäß den Bestimmungen des CA 1985:[460]

- *public companies*,[461]

---

458 Die aktuellen Schwellenwerte der Vierten EG-Richlinie für kleine Unternehmen sind: Bilanzsumme ≤ 3.650.000 €; Umsatzerlöse ≤ 7.300.000 €; Anzahl der Beschäftigten ≤ 50. Für mittelgroße Unternehmen gelten folgende Größengrenzen: Bilanzsumme ≤ 14.600.000 €; Umsatzerlöse ≤ 29.200.000 €; Anzahl der Beschäftigten ≤ 250; vgl. Richtlinie 2003/38/EG des Rates vom 13. Mai 2003.

459 Vgl. section 247 CA 1985. Die Ermittlung der Größenmerkmale wird im Gesetz genau spezifiziert; siehe section 247 (4) und (5) CA 1985. Ist ein Unternehmen im laufenden Geschäftsjahr außerhalb der geforderten Größenkriterien, obwohl diese in den beiden unmittelbar vorangegangen Jahren erfüllt waren, ist es dennoch zur Inanspruchnahme der Erleichterungen für kleine bzw. mittelgroße Unternehmen berechtigt. Werden die Kriterien jedoch auch im darauf folgenden Jahr nicht erfüllt, verliert die Gesellschaft den Sonderstatus einer kleinen bzw. mittelgroßen Gesellschaft. Eine erneute Qualifikation erfordert dann wiederum eine Erfüllung der Größenmerkmale an zwei aufeinander folgenden Stichtagen; vgl. hierzu section 247 (2) CA 1985; Powling, H./Pryde, A./Sharp, I. (2002), S. 24 f.

460 Vgl. section 247A CA 1985.

461 Vgl. zur Definition von *public companies* Gliederungspunkt 4.1.1.1.1.

- nach den Bestimmungen des *part 4* des *Financial Services and Markets Act 2000* zur Ausübung speziell regulierter Tätigkeiten (hierzu zählen beispielsweise Investmentgesellschaften) autorisierte Unternehmen,
- im Versicherungsgeschäft tätige Unternehmen sowie
- Konzernunternehmen einer *ineligible group*, d. h. einer nicht berechtigten Konzerngruppe.

  Diese liegt gemäß section 247 A (2) CA 1985 dann vor, wenn dem Konzernverbund

  (a) eine *public company* oder andere juristische Person angehört, die aufgrund ihrer Rechtsform und Satzung berechtigt ist, ihre *shares* (Aktien/Gesellschaftsanteile) oder *debentures* (Schuldtitel)[462] öffentlich zu emittieren oder

  (b) eines der Konzernunternehmen im Versicherungsgeschäft tätig ist oder nach dem *part 4* des *Financial Services and Markets Act 2000* zur Ausübung bestimmter regulierter Geschäftstätigkeiten berechtigt ist.

  Darüber hinaus können Muttergesellschaften nur dann als klein oder mittelgroß klassifiziert werden, wenn auch der Konzernverbund, dem die Muttergesellschaft vorsteht, die Kriterien eines kleinen bzw. mittelgroßen Konzerns erfüllt.[463]

Es zeigt sich, dass der britische Gesetzgeber die Unternehmensberichterstattung nicht allein nach der Erfüllung ökonomischer Größenmerkmale differenziert, sondern diese sowohl um branchenspezifische Attribute als auch – geprägt durch die historisch gewachsene Differenzierung zwischen *public* und *private companies* – um rechtsformspezifische Anforderungskriterien ergänzt. Während die größenabhängigen und mit Einschränkungen auch die branchenspezifischen Differenzierungsmerkmale Ausfluss der EU-rechtlichen Vorgaben sind, handelt es sich sowohl bei der Unterscheidung zwischen *public* und *private company* als auch bei den Ausnahmeregelungen für bestimmte Konzernunternehmen um spezifisch britische Elemente.

Die branchenspezifischen Differenzierungsmerkmale, die zu einer Sonderbehandlung von Versicherungsunternehmen sowie sonstigen, im Finanz- und Investmentgeschäft tätigen Unternehmen führen, beruhen einerseits auf der bedeutenden wirtschaftlichen Funktion dieser Branchen, sind andererseits aber durch die Besonderheiten der Ge-

---

[462] Zum Begriff *debentures* siehe Fn. 37.

[463] Hinsichtlich der Größenkriterien für Konzerne siehe section 249 CA 1985 sowie Gliederungspunkt 4.2.4.1.

schäftstätigkeiten dieser Unternehmen bedingt. Dies kann in Einzelfällen zur sachgerechten Darstellung im Jahres-/Konzernabschluss branchenspezifische, von dem für die übrigen Unternehmen geltenden Normenrahmen abweichende Abbildungsvorschriften erfordern.[464] Banken und Versicherungsunternehmen waren deshalb bereits in sehr frühen Phasen des britischen Gesellschaftsrechts Sonderbestimmungen unterworfen,[465] sodass die im CA 1985 enthaltenen branchenspezifischen Differenzierungsmerkmale nicht allein auf den EU-rechtlichen Einfluss[466] zurückgeführt werden können, sondern auch historische Wurzeln haben.

Die im CA 1985 kodifizierte rechtsformspezifische Differenzierung, die historisch betrachtet bis in das Jahr 1907 zurückreicht,[467] basiert der britische Gesetzgeber allein auf die Unterscheidung zwischen *public* und *private company*. Sie wird zum einen dadurch begründet, dass der *public company* durch die Befugnis zur Kapitalmarktinanspruchnahme ein größerer ökonomischer Einfluss zukommt.[468] Beruht zum anderen aber auch auf der mit einer öffentlichen Kapitalmarktinanspruchnahme in der Regel verbundenen Trennung von Anteilseigentum und Unternehmensmanagement, die aus der Fragmentierung der Eigentumsrechte resultiert und aus agency-theoretischen Aspekten[469] strengere Schutzvorschriften für die Anteilseigner erfordert.[470]

Da die rechtsformspezifische Differenzierung zwischen *public* und *private companies* bereits an der Möglichkeit zur Kapitalmarktinanspruchnahme ansetzt und der tatsächlichen Kapitalaufnahme am öffentlichen Kapitalmarkt vorgelagert ist, spielt die Kapitalmarktorientierung als Differenzierungsmerkmal von Rechnungslegungsanforderungen im britischen Gesellschaftsrecht eine nur untergeordnete Rolle und ist weitgehend auf die spezifischen Vorschriften des Kapitalmarktrechts beschränkt.[471]

---

464 Vgl. zu dieser Argumentation Gliederungspunkt 2.3.1.4.

465 Siehe z. B. die Gliederungspunkte 4.1.1.1.2.4 sowie 4.1.1.1.2.5. Siehe außerdem Taylor, P./ Turley, S. (1986), S. 35.

466 Vgl. Richtlinie 91/674/EWG des Rates vom 19. Dezember 1991 sowie Richtlinie 86/635/EWG des Rates vom 8. Dezember 1986.

467 Vgl. Gliederungspunkt 4.1.1.1.2.6.

468 Erstaunlicherweise hat der britische Gesetzgeber aber die *private company limited by guarantee and not having a share capital* im Gegensatz zu den *public companies* nicht von der Inanspruchnahme der Befreiungsvorschriften ausgenommen, obschon Unternehmen dieser Rechtsform nach section 81 CA 1985 grundsätzlich ebenfalls die Möglichkeit der öffentlichen Ausgabe von Schuldtiteln besitzen. Da dem jedoch vielfach kapitalmarktrechtliche Vorschriften entgegenstehen und die Regelung bislang keine praktischen Probleme aufgeworfen hat, scheint es hierfür keinen Änderungsbedarf zu geben; vgl. die Ausführungen zu Fn. 60 und Fn. 61.

469 Vgl. zu den agency-theoretischen Konflikten zwischen Anteilseignern und Unternehmensmanagement Gliederungspunkt 2.2.1.1 sowie für die darauf basierende Rechtfertigung einer an der Gesellschafterstruktur bzw. der Kapitalmarktorientierung anknüpfenden Rechnungslegungsdifferenzierung die Gliederungspunkte 2.3.1.1.1, 2.3.1.1.2 und 2.3.1.2.

470 Vgl. The Company Law Review Steering Group (Hrsg.) (2001a), S. 25 und S. 84.

471 Zu den kapitalmarktrechtlichen Normierungsgrundlagen siehe Fn. 15.

Auch strukturelle, d. h. unmittelbar an der Unternehmenskomplexität anknüpfende Differenzierungsmerkmale wie z. B. Trennung von Anteilsbesitz und Geschäftsleitung, Anzahl der Anteilseigner etc., finden sich in der derzeitigen Fassung des CA 1985 nicht. Dies ist mitunter durch die Schwierigkeit der Festlegung eindeutiger Definitionskriterien begründet, wie durch die Erfahrungen mit der Definition der *exempt private company* im CA 1947[472] belegt wird.

Besondere Anforderungen stellt der CA 1985 an Konzernunternehmen die einer sog. „*ineligible group*" angehören. Diese Regelung ist eine logische Fortführung der vorstehenden branchen- und rechtsformspezifischen Differenzierung und soll verhindern, dass jene Unternehmen, die grundsätzlich von einer Klassifzierung als „kleine" oder „mittelgroße" Gesellschaft ausgeschlossen sind (*public companies*, Versicherungsgesellschaften sowie sonstige in regulierten Investmentgeschäften tätige Unternehmen) ihre Geschäfte über „kleine" oder „mittelgroße" Tochterunternehmen (oder Mutterunternehmen, wobei dies in der Praxis wohl eher die Ausnahme sein dürfte) abwickeln, um somit indirekt in den Genuss von „kleinen" und „mittelgroßen" Unternehmen zur Verfügung stehenden Sonderregelungen zu gelangen. Zwar würde der hieraus resultierende Vorteil ohnehin nur für die Einzelabschlusserstellung zum Tragen kommen,[473] doch würde eine Einordnung dieser Unternehmen als „kleine" oder „mittelgroße" Gesellschaft der wirtschaftlichen Realität widersprechen und damit zu einer identischen Behandlung ökonomisch völlig unterschiedlich zu beurteilender Sachverhalte führen. Es finden sich deshalb im britischen Kapitalgesellschaftsgesetz schon in sehr frühen Fassungen spezifische Ausnahmeregelungen für *private companies*, die Tochterunternehmen von *public companies* sind.[474] Diese an der Zugehörigkeit zu einem bestimmten Konzernverbund ansetzenden Differenzierungskriterien wurden im Zeitablauf ausgebaut und sachlogisch an die aktuell relevanten rechtsform- und branchenspezifischen Unterscheidungsmerkmale angepasst.

Zusammengefasst ergibt sich im britischen Kapitalgesellschaftsrecht somit eine prinzipiell dreistufig aufgebaute, an die EG-Richtlinien angelehnte, größenabgängige Differenzierung der externen Unternehmensrechnung, die durch branchen- und rechtsformpezifische Elemente – insbesondere die Unterscheidung von *public* und *private*

---

472 Vgl. Gliederungspunkt 4.1.1.1.2.10.

473 Durch die Bestimmungen zum Konzernabschluss wäre ein derartiger Konzern ohnehin als „groß" zu klassifizieren; vgl. Gliederungspunkt 4.2.4.1. Jegliche für „kleine" oder „mittelgroße" Unternehmen bestehenden Erleichterungsvorschriften hätten damit im Rahmen der konsolidierten Abschlusserstellung keine Relevanz mehr.

474 So z. B. auch im CA 1947, wobei der CA 1947 die Ausschlusskriterien noch weiter fasste; vgl. Gliederungspunkt 4.1.1.1.2.9. Siehe außerdem z. B. die für die Verabschiedung des CA 1947 relevante Empfehlung des sog. „*Cohen Report*"; vgl. Board of Trade (Hrsg.) (1945), Abschnitt 52

companies – ergänzt wird. Die in Abb. 32 für *companies* dargestellten Differenzierungsebenen lassen sich beliebig auch auf andere, zur Beachtung der Rechnungslegungsbestimmungen des CA 1985 verpflichtete Rechtsformen übertragen.

■ **Abb. 32:** Differenzierungsebenen des CA 1985

Ebene I:	• *public companies* • aufgrund ökonomischer bzw. branchenspezfischer Merkmale als „groß“ zu qualifizierende *private companies*	
Ebene II:	• als „mittelgroß“ zu qualifizierende *private companies*	„kleine und mittelgroße“ Unternehmen
Ebene III:	• als „klein“ zu qualifizierende *private companies*	

Neben dieser grundsätzlichen größenspezifischen Differenzierung, die um branchen- und rechtsformspezifische Elemente ergänzt wird, gelten darüber hinaus einzelfallbezogene Sonderregelungen für *unlimited companies*, börsennotierte Gesellschaften, sehr kleine Unternehmen sowie sog. „*dormant companies*“, d. h. für Unternehmen, mit nur mehr geringfügiger Geschäftstätigkeit.

Wenngleich keine genauen statistischen Daten darüber vorliegen, wie viele der ca. 840.000 aktiven *companies* nach den Kriterien des CA 1985 als „klein“ oder „mittelgroß“ zu klassifizieren sind, so lässt sich aus Untersuchungen doch ableiten, dass es sich bei der großen Mehrheit der registrierten Kapitalgesellschaften (schätzungsweise ca. 89 %)[475] um „*small*“ *companies* handelt (vgl. Abb. 33).

sowie das zur Umsetzung der Vierten EG-Richtlinie erarbeitete Konsultationspapier; vgl. Secretary of State for Trade (Hrsg.) (1979), S. 1.

475 Statistischen Erhebungen zufolge veröffentlichen ca. 409.000 *registered companies* einen für kleine *companies* zulässigen verkürzten Abschluss; vgl. Department of Trade and Industry (Hrsg.) (2000b), Table F2. Schätzungsweise nehmen die Option zu Erstellung eines verkürzten Abschlusses aber nur ca. 55 % aller berechtigten Unternehmen wahr; vgl. The Company Law Review Steering Group (Hrsg.) (2000a), S. 275. Somit lässt sich hieraus ableiten, dass ca. 89 % der ca. 840.000 *companies* als „klein“ zu qualifizieren sind. Auf ähnliche Schätzungen kommen *Freedman* und *Godwin*; vgl. Freedman, J./Godwin, M. (1993), S. 108.

■ **Abb. 33:** Größenverteilung der *companies*

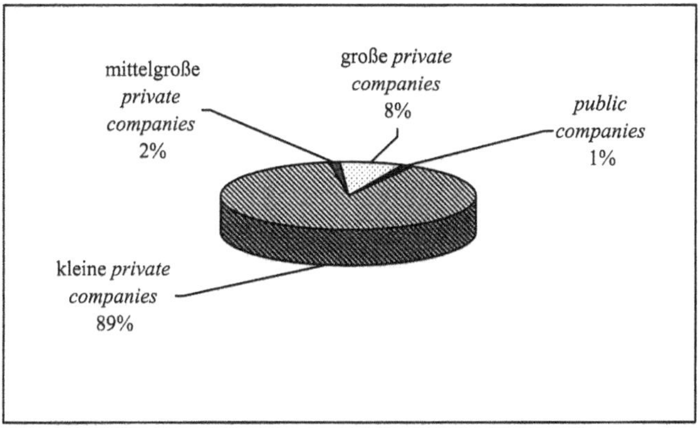

Der Anteil mittelgroßer *companies* liegt dagegen schätzungsweise bei ca. 2 %.[476] Statistischen Erhebungen zufolge liegt die Anzahl der *public companies* bei ca. 12.000, wovon in etwa 2.950 börsennotiert sind: 2.500 Unternehmen sind am *Official List Market* (amtlich notierten Markt) der London Stock Exchange gelistet, ca. 400 Unternehmen notieren am *Alternative Investment Market* (AIM), einem alternativen eigens für kleine, junge wachstumsorientierte Unternehmen eingerichteten Marktsegment, und ca. 50 Unternehmen sind ausschließlich an ausländischen Märkten notiert.[477]

4.2.1.1.2 Angedachte Reformmaßnahmen

Die bestehenden gesetzlichen, auf rechtsform- und branchenspezifischen Attributen und ökonomischen Größenkriterien basierenden Differenzierungsmerkmale sollen nach den im Juni 2001 vorgelegten Abschlussempfehlungen der *Company Law Review Steering Group* grundsätzlich auch weiterhin beibehalten werden.[478] Nachdrücklich bestätigt wurde die grundlegende Differenzierung der Rechnungslegungserfordernisse zwischen *private* und *public companies* denn „... there is a good case for treating companies which have access, or potential access, to the capital markets as of greater pub-

---

476 Vgl. Department of Trade and Industry (Hrsg.) (2000b), Table F2 i. V. m. The Company Law Review Steering Group (Hrsg.) (2000a), S. 275.

477 Vgl. The Company Law Review Steering Group (Hrsg.) (2000b), S. 53.

478 Vgl. The Company Law Review Steering Group (Hrsg.) (2001a), S. 75 ff.

lic policy concern, justifying tighter regulation, because of their greater economic potential and greater agency problems."[479] Eine Anwendung struktureller Differenzierungsmerkmale, wie z. B. die Anzahl der Anteilseigner, wurde dagegen von der *Company Law Review Steering Group* mit der Begründung abgelehnt, dass hiermit die neben den Rechenschaftsinteressen der Gesellschafter bestehenden Informationsbedürfnisse anderer Adressatengruppen nicht ausreichend berücksichtigt würden.[480] Denn die strukturell bedingte Unternehmenskomplexität wäre weder direkter Gradmesser für den ökonomischen Einfluss eines Unternehmens noch für die Anzahl der interessierten Rechnungslegungsadressaten.[481] Schließlich könnte es sich auch bei Unternehmen mit einem zahlenmäßig sehr kleinen, geschlossenen Gesellschafterkreis, in denen alle Anteilseigner gleichzeitig Geschäftsführungsbefugnis besitzen, um ein Unternehmen mit erheblichem ökonomischen Einfluss handeln, dessen Geschäftstätigkeit nicht nur wirtschaftliche Auswirkungen auf die Anteilseigner, sondern auf sämtliche in Interaktion mit dem Unternehmen stehenden Partizipantengruppen hat.[482] Eine Anwendung struktureller, d. h. ausschließlich auf die Informationsbedürfnisse der Anteilseigner fokussierter Differenzierungsmerkmale, würde somit den Informationsansprüchen der übrigen Stakeholder nicht ausreichend Rechnung tragen.[483] Da darüber hinaus in empirischen Studien bestätigt wird, dass Unternehmen, die im Hinblick auf ihre ökonomische Größe als „klein" einzustufen sind, in der Regel auch über einen kleinen Gesellschafterkreis verfügen,[484] scheinen die größenspezifischen Differenzierungsmerkmale des CA 1985 gleichzeitig ein adäquater Indikator für die strukturelle Unternehmenskomplexität zu sein.[485]

Um kleinen Kapitalgesellschaften größtmögliche Erleichterungen zu verschaffen, unterstützt die Regierung in ihrem *white paper* (vom Juli 2002)[486] den Vorschlag der *Company Law Review Steering Group*, die bestehenden Größenkriterien für *small companies* auf die EU-rechtlichen maximal zulässigen Werte anzuheben.[487] Dies entspräche – so die Aussage der Arbeitsgruppe – der gängigen Praxis der EU-Mitglieds-

---

479 The Company Law Review Steering Group (Hrsg.) (2000b), S. 29.

480 Vgl. The Company Law Review Steering Group (Hrsg.) (2001a), S. 75 f.

481 Vgl. The Company Law Review Steering Group (Hrsg.) (2000a), S. 270 f.

482 Vgl. The Company Law Review Steering Group (Hrsg.) (2000a), S. 270. Diese Argumentation würde jedoch auch eine Regulierung der Rechnungslegung großer Einzelunternehmen und Personengesellschaften rechtfertigen.

483 Vgl. The Company Law Review Steering Group (Hrsg.) (2001a), S. 75.

484 Vgl. The Company Law Review Steering Group (Hrsg.) (2000a), S. 270. Siehe auch Gliederungspunkt 4.2.3.1.2.3.

485 Vgl. The Company Law Review Steering Group (Hrsg.) (2001a), S. 75 f.

486 Vgl. Secretary of State for Trade and Industry (Hrsg.) (2002a), S. 36.

487 Eine Anhebung der Größenkriterien für kleine und mittelgroße Unternehmen wurde zeitgleich mit dem *company law review* auch vom *Department of Trade and Industry* geprüft; vgl. Department of Trade and Industry (Hrsg.) (1999a).

länder[488] und führe damit zu einheitlichen Wettbewerbsbedingungen. Darüber hinaus betrachtet die Arbeitsgruppe die in der Vierten EG-Richtlinie vorgegebenen Größenkriterien als adäquaten Gradmesser für den ökonomischen Einfluss eines Unternehmens. Werden die von der EU vorgegebenen Maximalwerte überschritten, so muss ein erheblicher ökonomischer Einfluss konstatiert werden, was zur Folge hat, dass Unternehmen, die diese Schwellenwerte überschreiten, strengere Unternehmensberichterstattungspflichten erfüllen müssen als Unternehmen, die unter den vorgegebenen Größenkriterien liegen.[489] Bei einer Anhebung der Schwellenwerte auf die Maximalwerte der Vierten EG-Richtlinie[490] würden sich künftig folgende Werte für die Qualifizierung als *small company* ergeben:[491]

- Umsatzerlöse ≤ £ 4,8 Mio. (ca. 7,03 Mio. €)
- Bilanzsumme ≤ £ 2,4 Mio. (ca. 3,51 Mio. €)
- Anzahl der Mitarbeiter ≤ 50

Mit der Anhebung der Größenkriterien soll nach der Empfehlung der *Company Law Review Steering Group* gleichzeitig die Kategorie der *medium-sized company* abgeschafft werden, da sich das bestehende Rechnungslegungsregime für diese Unternehmenskategorie kaum von dem für große Kapitalgesellschaften unterscheidet. Auch diese Empfehlung fand die grundsätzliche Unterstützung der Regierung.[492]

Dafür soll das Kriterium der Börsennotierung vor allem im Hinblick auf eine Differenzierung der Publizitätspflichten künftig stärkeres Gewicht erlangen,[493] um die Kapitalmarktteilnehmer mit möglichst aktuellen Informationen zu versorgen. Folglich würde sich somit in Zukunft im Wesentlichen eine nur mehr zweistufig aufgebaute, auf ökonomischen Größenkriterien, ergänzt um rechtsform- und branchenspezifischen Elemente, basierende Differenzierungskonzeption ergeben, die einzelfallbezogen – wie

488 Siehe für einen Überblick über die Größenklasseneinteilung verschiedener EU-Mitgliedsländer Department of Trade and Industry (Hrsg.) (1999a), S. 7.

489 Vgl. The Company Law Review Steering Group (Hrsg.) (2001a), S. 75 f.

490 Die Größengrenzen der Vierten EG-Richtlinie wurden zwischenzeitlich angehoben. Demnach gelten für kleine Unternehmen nur folgende Schwellenwerte: Bilanzsumme ≤ 3,65 Mio. €; Umsatzerlöse ≤ 7,30 Mio. €; Anzahl der Beschäftigten ≤ 50; vgl. Richtlinie 2003/38/EG des Rates vom 13. Mai 2003.

491 Vgl. The Company Law Review Steering Group (Hrsg.) (2001a), S. 76. Die jüngsten Anhebungen der Schwellenwerte der Vierten EG-Richtlinie wurde bei der Festlegung der Größengrenzen noch nicht berücksichtigt. Für die Umrechnung in Euro wurde ein Wechselkurs von 1 € = £ 0,68280 (Stand: 31. Oktober 2003) zugrunde gelegt.

492 Vgl. Secretary of State for Trade and Industry (Hrsg.) (2002a), S. 43. Zu den derzeit bestehenden Erleichterungen für mittelgroße Unternehmen siehe Gliederungspunkt 4.2.3.2.

493 Vgl. Gliederungspunkt 4.2.6.2.

jetzt auch schon – um weitere Attribute wie z. B. das Kriterium der Börsennotierung ergänzt wird.

4.2.1.2 Differenzierungsstrategie des Gesetzgebers

4.2.1.2.1 Status quo

Die Struktur des CA 1985 ist dadurch gekennzeichnet, dass es – geprägt durch seine Entwicklungsgeschichte – auf große, im öffentlichen Anteilsbesitz stehende *public companies* mit einer Trennung von Management und Anteilseigentum fokussiert ist[494] und dementsprechend auch die Vorschriften zur externen Unternehmensberichterstattung auf die Bedürfnisse dieser Gesellschaftsformen zugeschnitten sind. Diese als Basisregelungen für alle Unternehmen gleichermaßen gültigen Normen wurden allerdings primär aus Kosten-Nutzen-Überlegungen heraus im Zeitablauf für als „klein" und „mittelgroß" geltende Unternehmen immer wieder modifiziert und mit Ausnahmebestimmungen versehen.[495] Diese typische auf einem *top-down approach*[496] basierende Modifizierungsstrategie führte zu einer Zerfaserung des Gesetzes und hatte zur Konsequenz, dass die nur für spezifische Unternehmen gültigen Rechtsnormen verstreut an verschiedenen Gesetzesstellen wiederzufinden waren. Hervorgerufen durch die fallweise getroffenen Ausnahmeregelungen wurde das Gesetz nicht nur unübersichtlich, sondern erforderte für eine adäquate Anwendung eine tief greifende Kenntnis des gesamten Regelwerkes, was insbesondere kleineren und mittelgroßen Gesellschaften Schwierigkeiten bereitete.[497] Außerdem setzte eine Inanspruchnahme der zur Verfügung stehenden Erleichterungsvorschriften eine explizite Entscheidung der Rechnungslegungsersteller für deren Anwendung voraus, da prinzipielle Basisnorm die für große *public companies* konzipierten Regelungen waren.[498]

Aufgrund dieser Probleme initiierte das *Department of Trade and Industry* im Jahr 1995 ein Projekt zur Restrukturierung der Rechnungslegungsvorschriften für *small companies*,[499] das schließlich im Jahr 1997 in die Einführung eines eigenen, für diese

---

494 Vgl. Gliederungspunkt 4.2.

495 Vgl. The Company Law Review Steering Group (Hrsg.) (1999a), S. 56 f.; für eine ausführlichere Darstellung der im Zeitablauf eingeführten Erleichterungsvorschriften siehe Powling, H./Pryde, A./Sharp, I. (2002), S. 13 ff.

496 Vgl. zum Begriff des „*top-down approach*" Gliederungspunkt 2.3.3.1.

497 Vgl. Department of Trade and Industry (Hrsg.) (1998a), S. 7; The Company Law Review Steering Group (Hrsg.) (1999a), S. 57; The Company Law Review Steering Group (Hrsg.) (2000a), S. 222.

498 Vgl. The Company Law Review Steering Group (Hrsg.) (2000a), S. 222.

499 Siehe Department of Trade and Industry (Hrsg.) (1995a), S. 16.

Unternehmen konzipierten *schedule 8* mündete,[500] in dem die für diese Gesellschaften relevanten Rechnungslegungsnormen, zusammengefasst wurden.[501] Obwohl kleine Gesellschaften in diesem *schedule* nun konzentriert die für sie erforderlichen Bestimmungen vorfinden, muss jedoch nach wie vor einzelfallbezogen auf in anderen *schedules* enthaltene Vorschriften zurückgegriffen werden.

4.2.1.2.2 Angedachte Reformmaßnahmen

Aufgrund der bestehenden Diskrepanz zwischen dem Normierungsfokus des CA 1985 auf große *public companies* und der ökonomischen Realität, die eine Dominanz der (*small*) *private company* in der britischen Unternehmenslandschaft zeigt, regte die mit der Reformierung des *company law* befasste *Company Law Review Steering Group* in ihrem 2001 fertig gestellten Abschlussbericht eine völlige Neukonzeption des CA 1985 an. Bei der Mehrheit der registrierten Kapitalgesellschaften handle es sich – so die Argumentation der Arbeitsgruppe – um *small private companies*, die durch die bestehende Gesetzessystematik mit einer Orientierung an den Belangen großer *public companies* vielfach mit einem unangemessenen Aufwand für die Befolgung der gesetzlichen Vorgaben belastet werden. Außerdem würden aus dem Gesetzesaufbau Anwendungsschwierigkeiten für diese Unternehmen resultieren. Zur Gewährleistung einer an den Bedürfnissen der Unternehmenspraxis orientierten Gesetzesstruktur soll deshalb – so der Vorschlag der Arbeitsgruppe, der auch in dem *white paper* der Regierung unterstützt wird[502] – nicht mehr die *public company* mit einer Trennung von Anteilseigentum und Management im Mittelpunkt stehen, sondern die *private company* – und im Bereich der Unternehmensrechnung soll speziell die *small private company* – zum grundsätzlichen Maßstab für die Normensetzung werden.[503] Mithilfe dieses sog. „*think small first*"-Ansatzes, nachdem quasi als Basis mit der Normierung der *small private company* begonnen wird, um dann schrittweise darauf aufbauende zusätzliche Anforderungen für größere Gesellschaften zu formulieren,[504] sollen die besonderen Bedürfnisse der Vielzahl an (*small*) *private companies* in Zukunft besser berücksichtigt werden. Dieses Vorgehen würde konzeptionell eher einem *bottom-up approach* entsprechen.[505]

---

500 Die Umsetzung erfolgte durch die Companies Act 1985 (Accounts of Small and Medium-Sized Companies and Minor Accounting Amendments) Regulations 1997, SI 1997/220.

501 Vgl. Powling, H./Pryde, A./Sharp, I. (2002), S. 16 f. sowie Department of Trade and Industry (Hrsg.) (1996a), S. 1 und 21 ff.

502 Vgl. Secretary of State for Trade and Industry (Hrsg.) (2002a), S. 8.

503 Siehe hierzu The Company Law Review Steering Group (Hrsg.) (2001a), S. 23 ff.

504 Vgl. The Company Law Review Steering Group (Hrsg.) (2000a), S. 220 ff.

505 Vgl. zum *bottom-up*-Ansatz Gliederungspunkt 2.3.3.1.

4.2.2 Grundlegendes Differenzierungskonzept der *accounting standards*

Die Diskussion um eine Differenzierung der *accounting standards* setzte erst mit deren zunehmender Komplexität und wachsendem Detaillierungsgrad in den 1980er-Jahren ein.[506] Während die *accounting standards* anfänglich lediglich dazu dienten, die grundlegenden Rechnungslegungsprinzipien und gegenwärtige kaufmännische Übung zu normieren, kam den Rechnungslegungsstandards im Zeitablauf zunehmend mehr die Funktion des Investorenschutzes durch die Einschränkung des *creative accounting* zu. Dies hatte zur Konsequenz, dass die verstärkt mit Blick auf die Investoren großer *public companies* entwickelten Rechnungslegungsnormen immer komplexer und dadurch in ihrer Anwendung insbesondere für kleinere Unternehmen zunehmend aufwendiger und kostenintensiver wurden.[507] Breiter Konsens herrschte deshalb darüber, dass die Beachtung der *accounting standards* „... imposes a disproportionate burden on small companies."[508] Doch obwohl sich der *accountant*-Berufsstand sowie die jeweiligen *standard setting*-Gremien aufgrund dieser Problematik seit etwa Mitte der 1980er-Jahren aktiv mit der „Big GAAP/Little GAAP"-Debatte – das heißt der Diskussion um eine Differenzierung der *Generally Accepted Accounting Principles* entsprechend der Unternehmensgröße in GAAP für große und GAAP für kleine Unternehmen[509] – auseinander setzten, bestand bis zur Verabschiedung des FRSSE im Jahr 1997 eine allgemein ablehnende Haltung hinsichtlich der Entwicklung eines differenzierenden GAAP-Systems.[510] Dies war vor allem dadurch begründet, dass die Notwendigkeit differenzierender Rechnungslegungsnormen in den in Auftrag gegebenen Untersuchungen nur partiell widergespiegelt wurde und die hiermit verbundenen Nutzeneinbußen in Anbetracht fehlender empirischer Untersuchungen zu den Adressaten von Abschlüssen kleinerer Unternehmen schwierig einzuschätzen waren.[511] Die Definition adäquater Differenzierungskriterien sowie die Vereinbarkeit differenzierender Anforderungsmerkmale mit dem *true and fair view*-Prinzip erwiesen sich als wesentliche Knackpunkte in der Diskussion um die Schaffung eines differenzierenden Rechnungslegungssystems.[512] Vor dem Hintergrund dieser Schwierigkeiten stellte die Entwicklung und Verabschiedung des *Financial Reporting Standard for Smaller Entities* (FRSSE) durch das ASB im November 1997 einen maßgeblichen Durchbruch in der

---

506 Vgl. Barker, P./Noonan, C. (1996b), S. 25; Stacy, G. (1985), S. 12; Consultative Committee of Accountancy Bodies (Hrsg.) (1994), Abschnitt 5.4.

507 Vgl. Rutteman, P. (1996), S. 186; ähnlich Howell, M. (1996), S. 42; Hunt, J. (1995), S. 23; Stacy, G. (1985), S. 12; Wild, K./Carter, C./Ross, T. (1995), S. 80.

508 Collis, J./Jarvis, R. (2000), S. 2.

509 Zu den Begriffen Big GAAP bzw. Little GAAP siehe allgemein Hussey, R. (1999), S. 51 und 222. Im Rahmen dieser Arbeit wird der Begriff Little GAAP als Synonym für den FRSSE verwendet. Die FRS, SSAP und *UITF Abstracts* werden als Big GAAP bezeichnet.

510 Vgl. Davies, M./Paterson, R./Wilson, A. (1999), S. 34; John, B./Healeas, S. (2000), S. 20.

511 Siehe hierzu die Ausführungen unter Gliederungspunkt 4.2.2.1.

512 Vgl. die Gliederungspunkte 4.2.2.1.1 und 4.2.2.3.

Big GAAP/Little GAAP-Debatte dar und markiert den Beginn eines umfassenden, größenbezogenen Konzeptes zur Differenzierung der *accounting standards.*

4.2.2.1 Historischer Rückblick auf die Differenzierungsinitiativen der privaten *standard setting bodies*

4.2.2.1.1 Differenzierungsinitiativen des *Accounting Standards Committee*

Bereits das Vorgängergremium des ASB, das *Accounting Standards Committee* (ASC), hatte sich intensiv mit der Problematik der Anwendung der mit Fokus auf große Unternehmen entwickelten *accounting standards* und der hieraus entstehenden Kosten für die Rechnungslegenden auseinander gesetzt. In seinem 1983 verabschiedeten Bericht „*Review of the Standard-Setting Process*" erklärte das ASC, dass die künftig entwickelten *accounting standards* gleichermaßen von allen Unternehmen anzuwenden wären, deren Abschluss den Anforderungen eines *true and fair view* gerecht werden sollte. Gleichzeitig bekannte das ASC jedoch, dass unter Berücksichtigung von Kosten-Nutzen-Gesichtspunkten in Einzelfällen Ausnahmen von der generellen Anwendbarkeit der *accounting standards* begründet werden könnten.[513]

Um eine universelle Anwendbarkeit der *accounting standards* besser beurteilen zu können, gab das ASC 1983 eine Studie zur Unternehmensberichterstattung kleiner Unternehmen in Auftrag, die vom *Research Board* des ICAEW durchgeführt und deren Ergebnis 1985 unter dem Titel „*Small Company Financial Reporting*" dokumentiert und veröffentlicht wurde.[514] Wesentlicher Inhalt des Forschungsprojektes war neben der Ermittlung der primären Abschlusszwecke auch die Überprüfung der ordnungsgemäßen Anwendung der *accounting standards* durch kleine Unternehmen, sowie die hiermit verbundenen Kosten.[515] Zur Beantwortung der aufgeworfenen Fragen wurden sowohl 50 Manager kleiner Kapitalgesellschaften[516] als auch 50 mit der Rechnungslegung von kleinen Kapitalgesellschaften befasste *accountants* interviewt. Aus den Interviewergebnissen ging deutlich hervor, dass das Management als Hauptnutzer

---

513 Vgl. Accounting Standards Committee (Hrsg.) (1983a), Abschnitt 3.5 ff.

514 Vgl. Carsberg, B./Page, M./Sindall, A./Waring, D. (1985).

515 Vgl. Carsberg, B./Page, M./Sindall, A./Waring, D. (1985), S. 2 f.

516 Die Interviews wurden entweder direkt mit dem Geschäftsführer selbst oder aber mit dem Leiter der Rechnungslegungsabteilung geführt, falls diese beiden Funktionen voneinander getrennt waren; vgl. Carsberg, B./Page, M./Sindall, A./Waring, D. (1985), S. 4. Bezüglich der verwendeten Abgrenzungsmerkmale wurde vereinfachend auf die Anzahl der Mitarbeiter (≤ 150) zurückgegriffen. Eine Detailanalyse zeigte jedoch, dass keines der Unternehmen in dem betrachteten Sample mehr als £ 5,75 Mio. Umsatzerlöse und mehr als £ 2,8 Mio. Bilanzsumme hatte (die damaligen Größengrenzen des CA 1981 für mittelgroße Unternehmen). Siehe auch Anhang I zu dieser Arbeit.

der generierten Abschlussinformationen betrachtet wurde,[517] obgleich von den befragten Managern zugleich betont wurde, dass neben den Jahresabschlussinformationen eine Reihe weiterer, häufig wesentlich wichtigerer Informationsquellen für Managemententscheidungen zur Verfügung stehen würden. Als weitere, sekundäre Nutzer wurden vor allem Banken (und andere Gläubiger) sowie die Steuerbehörden genannt.[518]

Trotz des in der Studie deutlich gewordenen untergeordneten Nutzens der generierten Abschlussinformationen für unternehmensexterne Adressaten lehnten die Autoren (*Carsberg* et al.) in ihren Empfehlungen eine gänzliche Befreiung bestimmter Gesellschaften von der Befolgung der *accounting standards* ebenso ab, wie die Schaffung eigener Rechnungslegungsstandards für kleine *private companies.* Begründet wurde diese ablehnende Haltung gegenüber einem differenzierten Rechnungslegungssystem vor allem damit, dass die Interviewergebnisse keine Anhaltspunkte dafür lieferten, dass „... the burden imposed by accounting standards is so great that it is a matter of profound disquiet among either managers or accountants."[519] Darüber hinaus sahen die Autoren sowohl für das Unternehmensmanagement als auch für die externen Nutzer große Vorteile in einheitlichen, von einem *standard setting body* vorgegebenen Rechnungslegungsnormen. Zum einen könnten die verlautbarten *accounting standards* dem Unternehmensmanagement eine wichtige Hilfestellung geben, denn vielfach verfüge die Unternehmensleitung nicht über das notwendige Fachwissen, das erforderlich wäre, um bei einer fehlenden Regulierung und freien Wahl der anzuwendenden Rechnungslegungsnormen die für das Unternehmen effektivste Lösung auszuwählen. Zum anderen hätte nach der Auffassung der Autoren eine generelle Rechnungslegungsregulierung gegenüber einzelvertraglichen Rechnungslegungsvereinbarungen, die insbesondere starken externen Verhandlungspartnern wie beispielsweise Banken zur Verfügung stehen würden, den Vorteil, dass sie für die beteiligten Parteien nicht nur weniger zeit- und kostenintensiv wäre, sondern darüber hinaus gegenüber sämtlichen externen Adressaten, also auch solchen mit schlechter Verhandlungsposition, Schutzwirkung entfalten würde. Hiervon könnten letztendlich auch die Unternehmen selbst profitieren, denn durch die Verfügbarkeit einheitlicher und vergleichbarer Abschlussinformationen könnten nicht nur Einblicke in die finanziellen Verhältnisse von Kunden und Lieferanten gewonnen, sondern auch Konkurrenzunternehmen analysiert werden. Hiervon würden in der Unternehmenspraxis insbesondere auch kleinere Kapitalgesellschaften häufig Gebrauch machen.[520]

---

517 Dies wurde bereits in einer vorangegangenen empirischen Untersuchung von *Page* festgestellt; vgl. Page, M. (1984), S. 275.

518 Vgl. Carsberg, B./Page, M./Sindall, A./Waring, I. (1985), S. 88 f.

519 Carsberg, B./Page, M./Sindall, A./Waring, I. (1985), S. 92.

520 Vgl. Carsberg, B./Page, M./Sindall, A./Waring, I. (1985), S. 91.

In ihren Empfehlungen ließen sich die Autoren vor allem von dem universell, für alle *companies*[521] gültigen *true and fair view*-Prinzip sowie der hiermit im Zweifelsfall verbundenen Forderung nach einer einheitlichen Rechnungslegung leiten. Schließlich lehnten *Carsberg* et al. eine umfassende Differenzierung der Rechnungslegungsanforderungen auch aufgrund der hieraus resultierenden Bilanzierungsvielfalt ab. Gerade die Erfahrungen der 1960er-Jahre dokumentierten einen großen öffentlichen Vertrauensverlust in die Zuverlässigkeit von Abschlussinformationen, der mitunter durch die Vielzahl der zur Verfügung stehenden Rechnungslegungsmethoden und deren uneinheitliche Anwendung in der Rechnungslegungspraxis bedingt wurde. Wenngleich sich die damalige Kritik – die schließlich Auslöser für die Gründung des ASC im Jahr 1970 war[522] – primär auf die Rechnungslegung großer *public companies* bezog, so wurde doch befürchtet, dass eine Deregulierung der Unternehmensrechnung kleiner Unternehmen sowie der hiermit einhergehenden zunehmenden Bilanzierungsvielfalt ebenfalls einen Glaubwürdigkeitsverlust hinsichtlich der von *small companies* bereitgestellten Abschlussinformationen bewirken könnte.[523]

Anstatt einer generellen Rechnungslegungsdifferenzierung forderten die Autoren deshalb einzelfallbezogene Befreiungsregelungen. Über die bestehende Rechnungslegungspraxis hinausgehende, mit sehr komplexen Fragestellungen befasste *accounting standards* sollten demnach einer speziellen Kosten-Nutzen-Analyse für kleine Unternehmen unterzogen werden und bei einem entsprechenden Missverhältnis für kleine Kapitalgesellschaften nicht verpflichtend zur Anwendung kommen. Das Erfordernis derartiger Kosten-Nutzen-Abwägungen müsste nach Meinung der Autoren für jeden künftigen Rechnungslegungsstandard gründlich geprüft und im Rahmen des zu veröffentlichenden *exposure draft* begründet werden.[524]

Anlässlich der von *Carsberg* et al. ausgesprochenen Empfehlungen beauftragte das ASC im Oktober 1986 erneut eine Arbeitsgruppe mit der Untersuchung der Anwendbarkeit der *accounting standards* für *small companies*, die diesmal jedoch unmittelbar vom ASC eingesetzt wurde. Da die Untersuchungen die Ergebnisse von *Carsberg* et al. bestätigten, kam das ASC in seinem hierzu veröffentlichten *Technical Release 690* (TR 690) zu dem Schluss, dass „... there is no evidence to suggest that, in general, small companies find compliance with accounting standards unduly burdensome,

---

521 Die damaligen Rechnungslegungsvorschriften des CA 1981 bezogen sich lediglich auf *companies* und wurden erst mit den Partnerships and Unlimited Companies (Accounts) Regulations 1993, SI 1993/1820 im Jahr 1993 auf *qualifying partnerships* und mit den Limited Liability Partnerships Regulations 2001, SI 2001/1090 im Jahr 2001 auf *limited liability partnerships* übertragen.

522 Zur Entstehungsgeschichte des *Accounting Standards Committee* siehe beispielsweise Taylor, P./Turley, S. (1986), S. 48 ff.; Walton, P. (2000), S. 216.

523 Vgl. Carsberg, B./Page, M./Sindall, A./Waring, I. (1985), S. 91.

524 Vgl. Carsberg, B./Page, M./Sindall, A./Waring, I. (1985), S. 93 f.

given that they have to prepare financial statements that give a true and fair view."[525] Vielmehr dienten die Rechnungslegungsnormen kleineren Unternehmen als grundlegende und hilfreiche Leitlinien zur Lösung spezifischer Rechnungslegungsprobleme im Rahmen ihrer Abschlusserstellung für die andernfalls anderweitige Anleitungen erforderlich wären.[526] Unter Umständen würde ein differenzierendes Rechnungslegungssystem somit bei den verantwortlichen *accountants* eher Verwirrung stiften als Erleichterung bringen. Bei den Abschlussnutzern könnte eine Differenzierung der anzuwendenden Rechnungslegungsnormen nicht nur zu Informationseinbußen führen, sondern auch zu Zweifeln hinsichtlich der Erfüllung des *true and fair view* mit sich bringen. Die hieraus resultierenden Vertrauensverluste in die Qualität der Rechnungslegung kleinerer Unternehmen könnten sich im Einzelfall nachteilig auf die Kapitalaufnahme auswirken und ggf. ungünstigere Konditionen zur Folge haben.[527]

Obwohl das ASC somit eine generelle Differenzierung der *accounting standards* ablehnte, war sich der *standard setter* bewusst, dass das Kosten-Nutzen-Verhältnis von Rechnungslegungsinformationen für kleinere Unternehmen nicht dem für große, börsennotierte Unternehmen entsprach.[528] Um dieses Missverhältnis durch immer komplexer werdende Rechnungslegungsstandards nicht noch weiter zu verstärken und die Weiterentwicklung der Normierung der Rechnungslegung öffentlich rechenschaftslegungspflichtiger Unternehmen nicht durch eine universelle Gültigkeit der *accounting standards* zu blockieren, sollte bei der Entwicklung künftiger Rechnungslegungsstandards das Erfordernis von Befreiungsregelungen für kleinere Unternehmen geprüft werden.[529] Zu diesem Zweck verabschiedete das ASC im Juli 1988 einen weiteren *Technical Release* (TR 706), in dem eine einheitliche Basis für künftige Differenzierungen geschaffen werden sollte. Hierin bestätigte das ASC seine Auffassung, dass insbesondere aus Kosten- und Wettbewerbsgesichtspunkten in Ausnahmefällen eine Befreiung kleinerer Unternehmen von spezifischen – in der Regel die Angabepflichten betreffenden[530] – Vorschriften der *accounting standards* gerechtfertigt sein könnte. Aufgrund der aus derartigen Befreiungsregelungen ggf. resultierenden Informationsbeeinträchtigungen, sollten jegliche Erleichterungsvorschriften jedoch von sog. „*publicly*

---

525 Accounting Standards Committee (Hrsg.) (1988a), Abschnitt 5.

526 Vgl. Accounting Standards Committee (Hrsg.) (1988b), S. 173.

527 Vgl. Accounting Standards Committee (Hrsg.) (1988a), Abschnitt 11 ff.

528 Vgl. Accounting Standards Committee (Hrsg.) (1988a), Abschnitt 10.

529 Eine Befreiung wäre nach Auffassung des ASC beispielsweise aus Praktikabilitätsüberlegungen zu rechtfertigen (wie z. B. bei der Bilanzierung zu Marktwerten) oder könnte aufgrund mangelnder Relevanz bestimmter Rechnungslegungsinformationen (z. B. Berechnung und Angabe der *earnings per share*) vorgenommen werden; vgl. Accounting Standards Committee (Hrsg.) (1988a), Abschnitt 17.

530 Abweichende Ansatz- und Bewertungsregeln wurden wegen der Allgemeingültigkeit des *true and fair view*-Prinzips generell abgelehnt und nur in sehr seltenen Ausnahmefällen als adäquat betrachtet; vgl. Accounting Standards Committee (Hrsg.) (1988c), Abschnitt 2.1.

accountable entities", d. h. von Unternehmen, für die eine allgemeine öffentliche Rechenschaftspflicht zu unterstellen war, nicht in Anspruch genommen werden können. Als „*publicly accountable*" klassifizierte das ASC hierbei alle Unternehmen, die entweder aufgrund gesetzlicher Bestimmungen oder anderweitiger Vorschriften bzw. Verordnungen zur Publizierung ihres Abschlusses verpflichtet waren oder denen aufgrund ihrer Größe oder ökonomischen Bedeutung besondere Verantwortung zukam.

Zur Operationalisierung dieser Ausschlusskriterien stützte sich das ASC auf rechtsformspezifische Merkmale und ergänzte diese um größenabhängige Attribute als Surrogat für das Vorliegen einer öffentlichen Rechenschaftspflicht. Bei der Auswahl der größenbezogenen Ausschlusskriterien lehnte sich das ASC an die größenspezifischen Definitionsmerkmale des CA 1985 an, um einerseits eine einfache Anwendbarkeit zu gewährleisten und andererseits die laufende Anpassung der Größengrenzen an aktuelle Gegebenheiten sicherzustellen. Unter Zugrundelegung der oben angeführten Attribute wurden letztlich folgende Gesellschaften von einer Inanspruchnahme etwaiger Befreiungsregelungen ausgenommen:[531]

- *public companies*,
- Muttergesellschaften mit Tochterunternehmen in der Rechtsform von *public companies* sowie
- sehr große, zu einer dem *true and fair view*-Prinzip entsprechenden Rechnungslegung verpflichtete Gesellschaften, die das Zehnfache der in section 247 des CA 1985 festgelegten Größenkriterien für *medium-sized companies*[532] überschritten.

Während somit durch die Option zur öffentlichen Kapitalmarktinanspruchnahme *public companies* sowie Mutterunternehmen, deren Konzernverbund Tochterunternehmen in der Rechtsform der *public company* angehörten, unabhängig von ihrer Größe als allgemein öffentlich rechenschaftspflichtig erachtet wurden, galt dies für *private companies* nur insofern, als diese das Zehnfache der Größenkriterien des CA 1985 (section 247) für mittelgroße Kapitalgesellschaften überschritten. Dies hatte zur Konsequenz, dass selbst relativ große *private companies* in den Genuss etwaiger Erleichterungsvorschriften kommen konnten. In der Praxis basierte das ASC allerdings nur in zwei Fällen[533] – im SSAP 13 *accounting for research and development*[534] sowie im

---

531 Vgl. Accounting Standards Committee (Hrsg.) (1988c), Abschnitt 5.2.

532 Die Größenkriterien des CA 1985 für *medium sized companies* beliefen sich zum damaligen Zeitpunkt auf: Umsatzerlöse ≤ £ 8 Mio.; Bilanzsumme ≤ £ 3,9 Mio.; Anzahl der Mitarbeiter ≤ 250; vgl. Powling, H./Pryde, A./Sharp, I. (2002), S. 5.

533 Siehe hierzu auch Consultative Committee of Accountancy Bodies (Hrsg.) (1994), Appendix E.

534 Vgl. Accounting Standards Committee (Hrsg.) (1989), SSAP 13.22.

SSAP 25 *segmental reporting*[535] – eine Differenzierung auf die oben genannten, im TR 706 festgelegten Differenzierungsmerkmale.[536] Die gewährten Erleichterungen – die in den beiden noch immer gültigen Standards auch heute noch Anwendung finden[537] – erstrecken sich jedoch ausschließlich auf die Befreiung von bestimmten Informationsangaben.

4.2.2.1.2 Entwicklung des *Financial Reporting Standard for Smaller Entities* durch das *Accounting Standards Board*

In den 1990er-Jahren gewann die Forderung nach einer Reduzierung der Rechnungslegungsanforderungen an kleinere Unternehmen weiter an Bedeutung und das zwischenzeitlich als Nachfolgegremium des ASC eingesetzte ASB griff die Thematik erneut auf.

4.2.2.1.2.1 Konsultationsdokument „*Exemptions from Standards on Grounds of Size or Public Interest*"

Da das ASB bestrebt war, die vom ASC begonnene einzelfallbezogene Befreiung bestimmter Unternehmen von der Anwendung spezifischer *accounting standards* bzw. Teilen davon fortzuführen, suchte das ASB wie bereits sein Vorgängergremium die Zusammenarbeit mit dem *accountant*-Berufsstand. Dieses mal erging die Anfrage an die Dachorganisation der *accounting*-Profession, das *Consultative Committee of Accountancy Bodies*, welches schließlich im Jahr 1993 zur Untersuchung der Anwendbarkeit und Relevanz der *accounting standards* für kleinere, insbesondere eigentümergeführte Gesellschaften sowie zur Erarbeitung geeigneter Differenzierungskriterien eine eigene *working party* einsetzte.[538] Ihre vorläufigen Ergebnisse veröffentlichte die Arbeitsgruppe, deren insgesamt acht Mitglieder aus den unterschiedlichsten

---

535 Vgl. Accounting Standards Committee (Hrsg.) (1990), SSAP 25.4.

536 In beiden, auch heute noch gültigen Rechnungslegungsstandards werden jedoch neben den im TR 706 angeführten Unternehmen noch weitere Gesellschaften, wie z. B. Banken und Versicherungsunternehmen, von den in den *standards* gewährten *disclosure*-Erleichterungen ausgeschlossen; vgl. Accounting Standards Committee (Hrsg.) (1989), SSAP 13.22 sowie Accounting Standards Committee (Hrsg.) (1990), SSAP 25.4. Siehe außerdem Gliederungspunkt 4.2.3.2.

537 Allerdings sind diese Erleichterungen heute nur mehr für jene kleinen Unternehmen relevant, die ihren Abschluss nicht nach dem FRSSE erstellen.

538 Vgl. Consultative Committee of Accountancy Bodies (Hrsg.) (1994), Preface i. V. m. Powling, H./Pryde, A./Sharp, I. (2002), S. 5 f.

Berufsfeldern stammten,[539] im November 1994 in dem Konsultationsdokument „*Exemptions From Standards on Grounds of Size or Public Interest*".[540]

Unter Berücksichtigung der Anforderungen des CA 1985, der Bedürfnisse der Abschlussnutzer sowie einer Kosten-Nutzen-Betrachtung kamen die Arbeitsgruppenmitglieder zu dem Schluss, „... that the current form of financial reporting ... may not best serve the needs of some users."[541] Aus diesem Grund empfahl die Arbeitsgruppe kleine Unternehmen, die die Definitionskriterien des CA 1985 für *small companies* erfüllten,[542] nicht mehr wie bisher einzelfallorientiert von der verpflichtenden Einhaltung spezifischer Rechnungslegungsvorschriften auszunehmen,[543] sondern stattdessen, abgesehen von nur mehr wenigen zentralen Rechnungslegungsstandards, grundsätzlich von der Anwendung der *accounting standards* zu befreien.[544] Gemäß diesem *bottom-up approach* sollten für *small companies* nur noch folgende *core standards* verpflichtend sein:[545]

- SSAP 4 *accounting for government grants*
- SSAP 9 *stocks and long-term contracts*

---

539 Vgl. Consultative Committee of Accountancy Bodies (Hrsg.) (1994), Appendix A; Wild, K. (1994), S. 11.

540 Vgl. Consultative Committee of Accountancy Bodies (Hrsg.) (1994). Obwohl die Arbeitsgruppe im Auftrag des ASB aktiv wurde, spiegelt das Konsultationspapier lediglich die Meinung der Mitglieder der Arbeitsgruppe wider und stellt keine offizielle Stellungnahme des ASB oder des CCAB dar.

541 Consultative Committee of Accountancy Bodies (Hrsg.) (1994), Abschnitt 4.4.

542 Ähnlich zu den heutigen Bestimmungen des CA 1985 (vgl. Gliederungspunkt 4.2.1.1.1) galt eine Gesellschaft damals dann als „*small*", wenn an zwei aufeinander folgenden Geschäftsjahren mindestens zwei der nachfolgenden Größenkriterien erfüllt waren: Umsatzerlöse ≤ £ 2,8 Mio.; Bilanzsumme ≤ £ 1,4 Mio.; Anzahl der Mitarbeiter ≤ 50. Darüber hinaus schloss der CA 1985 auch damals schon bestimmte Unternehmen, für die ein öffentliches Interesse vermutet wurde, von einer Qualifizierung als *small company* aus. Hierzu zählten nach den damaligen Bestimmungen beispielsweise *public companies*, Konzernunternehmen, denen ein Tochterunternehmen in der Rechtsform der *public company* angehörte, sowie Banken, Versicherungsunternehmen und andere nach dem *Financial Services Act 1986* autorisierte Personen; vgl. Department of Trade and Industry (Hrsg.) (1995a), S. 45.

543 Die einzelfallorientierten Erleichterungsvorschriften wurden vielfach als wenig systematisch und nutzenorientiert betrachtet. Beispielsweise befreite das ASB kleinere Unternehmen von der verpflichteten Erstellung eines *cash flow statement*, während andere, relative komplizierte und teilweise für kleinere Unternehmen als wenig relevant erachtete *accounting standards* wie z. B. FRS 3 *reporting financial performance* oder FRS 4 *capital instruments* keinerlei Ausnahmeregelungen für kleine Unternehmen vorsahen; vgl. Gee, P./Hare, S. (1993), S. 82; Institute of Chartered Accountants of Scotland (Hrsg.) (1998), S. 6.

544 Vgl. Consultative Committee of Accountancy Bodies (Hrsg.) (1994), Abschnitt 10.3 f.; Wild, K. (1994), S. 11; Wild, K./Carter, C./Ross, T. (1995), S. 80.

545 Vgl. Consultative Committee of Accountancy Bodies (Hrsg.) (1994), Abschnitt 10.4. Die übrigen *accounting standards* sollten von kleinen Unternehmen jedoch auch weiterhin optional angewendet werden können; vgl. Consultative Committee of Accountancy Bodies (Hrsg.) (1994), Abschnitt 9.5.

- SSAP 13 *accounting for research and development*
- SSAP 17 *accounting for post balance sheet events*
- SSAP 18 *accounting for contingencies*
- UITF 7 *true and fair view override disclosures*

Ihre Empfehlung basierte die Arbeitsgruppe primär auf Kosten-Nutzen-Überlegungen. So kamen die Mitglieder bei ihren Recherchen zu dem Ergebnis, dass in Anbetracht des bei vielen Nutzern[546] nur rudimentär vorhandenen Rechnungslegungs-Know-how die Anwendung der zwischenzeitlich relativ komplex gewordenen *accounting standards* eher zu einer Beeinträchtigung der Verständlichkeit von Abschlussinformationen als zu deren Verbesserung beitragen würde.[547] Gleichzeitig zeigte sich jedoch, dass die Befolgung der *standards* insbesondere für kleinere Unternehmen mit ganz erheblichem Aufwand hinsichtlich der Anwendung und Überprüfung der Relevanz der einschlägigen Normen verbunden war. Denn während sich die Rechnungslegungsstandards ursprünglich primär darauf beschränkten, den gegenwärtigen Stand der guten kaufmännischen Praxis schriftlich zu fixieren, wurden die Normen im Zeitablauf stetig umfassender und detaillierter, was dazu führte, dass die aus der Abschlusserstellung resultierenden Kosten stetig stiegen. Dies hatte nach Ansicht der Arbeitsgruppe zur Konsequenz, dass „... the additional costs of compliance with accounting standards for less complex entities outweighs the resulting benefits“[548]. Eine differenzierte Abbildung des Unternehmensgeschehens in den Abschlussinstrumenten wäre demnach, so die Schlussfolgerung der Arbeitsgruppe, für weniger komplexe Unternehmen gerechtfertigt.[549] Dies würde, entsprechend der Argumentation der *working party*, auch in keinem Widerspruch zu einem allgemein gültigen *true and fair view*-Prinzip stehen, sondern vielmehr bedeuten, dass die Vermittlung eines *true and fair view* auf unterschiedliche Weise erfolgen könnte.[550]

Bei der Suche nach adäquaten Kriterien zur Unterscheidung der Anforderungen an die Unternehmensberichterstattung ließen sich die Arbeitsgruppenmitglieder vor allem

---

546 Als primäre Nutzer der Abschlussinformationen von kleinen Unternehmen wurden das eigene Management, die Gesellschafter, die Arbeitnehmer, die Steuerbehörden sowie Banken und Lieferanten identifiziert; vgl. Consultative Committee of Accountancy Bodies (Hrsg.) (1994), Abschnitt 3.10.

547 Vgl. Consultative Committee of Accountancy Bodies (Hrsg.) (1994), Abschnitt 4.4 sowie 6.6.

548 Consultative Committee of Accountancy Bodies (Hrsg.) (1994), Abschnitt 5.4.

549 Vgl. Consultative Committee of Accountancy Bodies (Hrsg.) (1994), Abschnitt 6.6.

550 Vgl. Consultative Committee of Accountancy Bodies (Hrsg.) (1994), Abschnitt 6.5 f.; anderer Auffassung beispielsweise Boreham, B./Heady, D. (1983), S. 11 f. Siehe zu der Diskussion hinsichtlich der Vereinbarkeit differenzierender Bilanzierungs- und Bewertungsnormen mit dem *true and fair view*-Prinzip auch Gliederungspunkt 4.2.2.3 sowie Carsberg, B./Page, M./Sindall, A./ Waring, I. (1985), S. 16 f. und S. 83; Davison, I. (1982), S. 5; Fisher, L. (1994), S. 23.

von pragmatischen Gesichtspunkten leiten. Deshalb wurde die Trennung von Anteilseigentum und Unternehmensführung als Differenzierungskriterium trotz seiner Vorzüge als potenzieller Indikator für das Vorhandensein eines öffentlichen Interesses an Rechnungslegungsinformationen aufgrund der hiermit verbundenen Schwierigkeit einer eindeutigen, objektiven und zugleich einfach verständlichen Abgrenzung abgelehnt.[551] Stattdessen entschied sich die *working party* für eine größenabhängige Rechnungslegungsdifferenzierung, die nach Meinung der Arbeitsgruppenmitglieder zwar arbiträr,[552] doch dafür einfach, eindeutig und klar verständlich wäre. Diesem Kompromiss lag die Auffassung eines graduellen Entwicklungsprozesses zugrunde, nach dem Unternehmen in der Regel erst allmählich einem Rechnungslegungsregime entwachsen und damit Rechnungslegungs- und Berichterstattungsmethoden nicht abrupt, sondern sukzessiv ihre Relevanz verlieren würden. Demnach wäre eine trennscharfe Abgrenzung ohnehin nicht möglich und schließlich jegliches Unterscheidungskriterium mit einer gewissen Willkür behaftet. Umso bedeutsamer war deshalb die Eindeutigkeit und einfache Handhabung der Abgrenzungskriterien in der Rechnungslegungspraxis. Aus diesem Grund favorisierte die *working party* die unmittelbare Anknüpfung der unternehmensspezifischen Befreiungen an die Erfüllung der im CA 1985 enthaltenen Definitionskriterien für „*small companies*".[553]

Eine Befreiung kleiner Unternehmen von der Einhaltung eines Großteils der *accounting standards* hielt die Arbeitsgruppe vor allem deshalb für möglich, da mit der Transformation der Vierten und Siebenten EG-Richtlinie viele der wesentlichen Rechnungslegungsprinzipien und Ausweisvorschriften nun bereits im CA 1985 verankert waren, deren Einhaltung nach der Meinung der Mitglieder der *working party* vor allem bei kleinen Unternehmen in den meisten Fällen den Anforderungen einer nützlichen Unternehmensberichterstattung genügen würde.[554] Die zwangsläufig subjektive und damit kompromissorientierte Auswahl der *accounting standards*, die zusätzlich neben den gesetzlichen Vorschriften des CA 1985 auch für *small companies* Gültigkeit besitzen sollten, wurde auf Basis deren Nützlichkeit sowohl für die Abschluss erstellenden Unternehmen als auch für die Abschlussnutzer getroffen.[555] Alle weiteren, in Zukunft entwickelten *accounting standards* sollten für *small companies* grundsätzlich keine Verpflichtungswirkung entfalten und nur dann in den für alle Unternehmen obliga-

---

551 Hierbei ließ sich die Arbeitsgruppe auch von den im CA 1947 bzw. CA 1948 mit der „*exempt private company*" gemachten Erfahrungen leiten; vgl. Gliederungspunkt 4.1.1.1.2.10.

552 Siehe zu diesem Einwand auch Carsberg, B./Page, M./Sindall, A./Waring, I. (1985), S. 16; King, H. (1997a), S. 69; Wilson, A. (1995), S. 93.

553 Vgl. Consultative Committee of Accountancy Bodies (Hrsg.) (1994), Abschnitt 7.1 ff.

554 Vgl. Consultative Committee of Accountancy Bodies (Hrsg.) (1994), Abschnitt 9.2; Wild, K./ Carter, C./Ross, T. (1995), S. 80.

555 Vgl. Consultative Committee of Accountancy Bodies (Hrsg.) (1994), Abschnitt 10.2.

torisch anzuwendenden Katalog der *core standards* einbezogen werden, wenn deren Beachtung nach gründlicher Prüfung[556] als nützlich erachtet würde.

Der in dem Konsultationsdokument „*Exemptions from Standards on Grounds of Size or Public Interest*" dargelegte, revolutionäre Reformvorschlag zur Befreiung von *small companies* von der Anwendung eines Großteils der *accounting standards* entfaltete große Öffentlichkeitswirkung.[557] Allerdings fanden die ausgesprochenen Empfehlungen bei den interessierten Parteien nur teilweise Befürwortung.[558] Obwohl die Initiative zur Reformierung der Rechnungslegungsnormierung kleinerer Unternehmen grundlegende Akzeptanz fand und die bis dato in den Rechnungslegungsstandards enthaltenen, vereinzelten und wenig systematischen Erleichterungsvorschriften allgemein als unbefriedigend empfunden wurden, stieß der Vorschlag der *working party* zur Entbindung kleinerer Unternehmen von der Beachtung spezifischer *accounting standards* auf keine allgemeine Zustimmung.[559] Heftige Kritik löste u. a. die Befreiung von zahlreichen, den *measurement*-Bereich betreffenden Rechnungslegungsnormen und der hieraus resultierende Ermessensspielraum bei der Gewinnermittlung aus. Es wurde als inakzeptabel erachtet, dass ein Unternehmen allein in Abhängigkeit davon, ob es sich für eine Inanspruchnahme der Befreiungsregelungen für kleinere Unternehmen qualifiziert oder nicht, einen völlig unterschiedlichen Jahresüberschuss ausweisen könnte. Um eine Überforderung der Rechnungslegenden und die Verbreitung inakzeptabler Rechnungslegungspraktiken zu vermeiden, würden gerade kleinere Unternehmen sowie deren Abschlussprüfer konkrete Anleitung im Hinblick darauf benötigen, welche Rechnungslegungsmethoden für die Abschlusserstellung zur Erfüllung des *true and fair view*-Grundsatzes zulässig bzw. gefordert wären und unter welchen Umständen eine Einschränkung des Bestätigungsvermerkes erfolgen müsste. Eine alleinige Befreiung von den *accounting standards* ohne die zur Verfügung Stellung weiterer Verhaltensvorgaben würde deshalb keine adäquate Lösung darstellen.[560]

Schließlich bestanden auch Bedenken hinsichtlich der Eignung einer derartig rudimentär regulierten gesellschaftsrechtlichen Rechnungslegung für die steuerliche Ge-

---

556 Für eine ausführliche Diskussion der zu berücksichtigenden Beurteilungskriterien vgl. Consultative Committee of Accountancy Bodies (Hrsg.) (1994), Abschnitt 9.4.

557 Vgl. Accounting Standards Board (Hrsg.) (1996a), Appendix V, Abschnitt 5.

558 Vgl. Consultative Committee of Accountancy Bodies (Hrsg.) (1995), Abschnitt 2.1 ff.; Hunt, J. (1995), S. 19 und S. 23; Powling, H./Pryde, A./Sharp, I. (2002), S. 7 f.; Rutteman, P. (1996), S. 187; Wild, K. (1995), S. 10. Bedenken wurden vor allem von den größeren Wirtschaftsprüfungsgesellschaften sowie den *accounting*-Berufsorganisationen geäußert; vgl. Rutteman, P. (1996), S. 187; Wild, K. (1995), S. 10.

559 Vgl. Consultative Committee of Accountancy Bodies (Hrsg.) (1995), Abschnitt 2.2.

560 Vgl. Consultative Committee of Accountancy Bodies (Hrsg.) (1995), Abschnitt 2.6; Rutteman, P. (1996), S. 187.

winnermittlung und der hiermit ggf. verbundenen Konkretisierung detaillierterer Rechnungslegungsvorschriften durch die Steuerbehörden.[561] Unter diesen Gegebenheiten wäre dann mit höherem Aufwand für die Befolgung der steuerlichen Gewinnermittlungsvorschriften und deshalb mit nur geringen Kostenersparnissen zu rechnen.[562]

Keine einhellige Befürwortung fand außerdem die von der *working group* empfohlene größenabhängige Rechnungslegungsdifferenzierung.[563] Aufgrund des agency-theoretisch begründeten Einflusses der Separierung von Anteilseigentum und Management auf den Kreis der primären Rechnungsadressaten und damit die Zwecksetzung der Abschlusserstellung[564] wurde und wird zum Teil auch heute noch die Eigentümerstruktur vielfach als geeigneteres Differenzierungsmerkmal erachtet.[565]

4.2.2.1.2.2 Empfehlung „*Designed to Fit – a Financial Reporting Standard for Smaller Entities*"

Unter Berücksichtigung der eingegangenen Stellungnahmen sowie der in dem vom *Department of Trade and Industry* etwa zeitgleich veröffentlichten Konsultationspapier „*Accounting Simplifications*" diskutierten Erleichterungen zur Vereinfachung des CA 1985 für *small companies*,[566] erarbeitete die Arbeitsgruppe des CCAB einen erneuten Vorschlag zur Anpassung der *accounting standards* an die Bedürfnisse kleinerer Unternehmen, den sie im Dezember 1995 unter dem Titel „*Designed to Fit – a Financial Reporting Standard for Smaller Entities*" bekannt gab. Inspiriert durch den damalig bestehenden Vorschlag des *Department of Trade and Industry*, die Rechnungslegungsvorschriften des CA 1985 so umzustrukturieren, dass die für *small companies* gültigen gesetzlichen Bilanzierungs-, Bewertungs- und Ausweisnormen in

---

561 Vgl. Fisher, L. (1994), S. 23. Bedenken gegen den vorgelegten Reformvorschlag wurden aus diesem Grund auch von der irischen Steuerbehörde geäußert; vgl. Barker, P./Noonan, C. (1996a), S. 6.

562 Vgl. Consultative Committee of Accountancy Bodies (Hrsg.) (1994), Abschnitt 9.7. Die Arbeitsgruppe sah hierin jedoch keine Gefahr, da zum einen wesentliche Rechnungslegungsprinzipien und -methoden bereits im CA 1985 kodifiziert und damit von *companies* verpflichtend zu beachten waren. Zum anderen wäre nach der Auffassung der Arbeitsgruppe auch durch den für die Abschlusserstellung verantwortlichen *accountant* eine adäquate Rechnungslegung sichergestellt, denn aus berufsrechtlichen Gründen, würde jeder qualifizierte *accountant* bestrebt sein, nicht mit irreführenden Bilanzierungs- und Bewertungspraktiken in Verbindung gebracht zu werden; vgl. Consultative Committee of Accountancy Bodies (Hrsg.) (1994), Abschnitt 9.7.

563 Vgl. Consultative Committee of Accountancy Bodies (Hrsg.) (1995), Abschnitt 2.3 ff. Siehe bezüglich kritischer Äußerungen beispielsweise Holgate, P./Smith, K. (1995), S. 93; Wilson, A. (1995), S. 93.

564 Siehe hierzu Gliederungspunkt 2.2.1.1 sowie 2.3.1.1.1.

565 Vgl. Jackson, E. (1997), S. 75; John, B./Healeas, S. (2000), S. 24; Rutteman, P. (1996), S. 187; Wilson, A. (1995), S. 93.

566 Siehe hierzu Department of Trade and Industry (Hrsg.) (1995a).

einem eigenen *schedule* zusammengefasst werden sollten,[567] schlug auch die Arbeitsgruppe des CCAB die Entwicklung eines eigenen *financial reporting standard for smaller entities* (FRSSE) vor. Dieser sollte aus den *accounting standards* abgeleitet werden und sämtliche für die Belange kleinerer Unternehmen grundsätzlich relevanten Regelungen beinhalten.

Der Vorteil eines eigenständigen Rechnungslegungsstandards für kleinere Unternehmen lag nach Meinung der Arbeitsgruppe nicht nur darin, dass die Anwendung der Rechnungslegungsnormen für die Abschluss erstellenden Unternehmen vereinfacht würde, da für eine ordnungsgemäße Rechnungslegung nicht mehr die Kenntnis aller Rechnungslegungsstandards erforderlich wäre. Vielmehr würde sich hierdurch auch die Möglichkeit eröffnen, im Rahmen der Normenentwicklung die allgemeinen Bedürfnisse kleinerer Unternehmen und deren Abschlussnutzer fokussierter berücksichtigen zu können.[568] Denn anstatt der bisher praktizierten Vorgehensweise, ausgehend von den an den Bedürfnissen großer *public companies* ausgerichteten *accounting standards* nur mehr einzelfallorientierte Ausnahmen und Vereinfachungen zu diskutieren und sich hierbei wiederum auf Extremfälle anstatt der großen Allgemeinheit kleinerer Unternehmen zu konzentrieren, könnte ein eigener FRSSE unmittelbar an den Belangen kleinerer Unternehmen und deren grundsätzlichen Bedürfnissen ansetzen und damit mit stärkerem Nutzerfokus entwickelt werden.[569]

Zur Konkretisierung seiner Empfehlungen und Demonstration der Nützlichkeit eines solchen *standards* für sämtliche mit der Rechnungslegung kleinerer Unternehmen befassten Interessengruppen veröffentlichte die Arbeitsgruppe einen *draft*-FRSSE und forderte die interessierten Parteien erneut zu entsprechenden Stellungnahmen auf.[570] Nachdem der Vorschlag den eingegangenen Stellungnahmen zufolge auf eine breite Akzeptanz stieß, übergab die *working party* das Projekt an den zuständigen *standard setter*, das ASB, mit der Empfehlung, die Entwicklung eines eigenen Rechnungslegungsstandards für *smaller entities* fortzusetzen.[571]

---

567 Vgl. Department of Trade and Industry (Hrsg.) (1995a), S. 10. Zum Entstehungshintergrund siehe Gliederungspunkt 4.2.1.2.1.

568 Vgl. Consultative Committee on Accountancy Bodies (Hrsg.) (1995), Abschnitt 3.1 ff.

569 Vgl. Consultative Committee on Accountancy Bodies (Hrsg.) (1995), Abschnitt 3.2 f.; Powling, H./Pryde, A./Sharp, I. (2002), S. 8.

570 Siehe Consultative Committee on Accountancy Bodies (Hrsg.) (1995), S. 9 – 44.

571 Vgl. Accounting Standards Board (Hrsg.) (1996a), Appendix V, Abschnitt 7; Powling, H./Pryde, A./Sharp, I. (2002), S. 9.

4.2.2.1.2.3 *Financial Reporting Standard for Smaller Entities*

Das ASB veröffentlichte im Dezember 1996 einen auf dem Vorschlag der Arbeitsgruppe des CCAB basierenden *exposure draft* für einen FRSSE[572] und verabschiedete nach Abschluss des Konsultationsprozesses im Jahr 1997 den endgültigen *standard.*[573] Dieser besitzt auch heute noch Gültigkeit, wurde jedoch zwischenzeitlich mehrfach überarbeitet und aktualisiert.

Bei dem FRSSE handelt es sich im Prinzip um eine simplifizierte, an den Bedürfnissen kleinerer Unternehmen und deren Abschlussnutzer orientierte Zusammenfassung bestehender *accounting standards* (SSAP, FRS) und *UITF Abstracts.* Er stellt damit einen eigenständigen, kurz gefassten Rechnungslegungsstandard für *smaller entities* dar,[574] deren Abschluss dem *true and fair view*-Grundsatz[575] entsprechen soll. Der FRSSE gliedert sich in vier große Teile. Teil A – Objective: erläutert die Zielsetzung des FRSSE, Teil B – Statement of Standard Accounting Practice: enthält die anzuwendenden Rechnungslegungsgrundsätze und zu gewährenden Informationsangaben, Teil C – Definitions: erklärt die dem *Statement of Standard Accounting Practice* zugrunde liegenden Definitionen und Teil D – Voluntary Disclosures: beinhaltet Empfehlungen zu freiwilligen Informationsangaben. Darüber hinaus schließt sich ein umfangreicher Anhang an, in dem u. a. die Entwicklung des FRSSE beschrieben wird, zentrale Abweichungen zwischen dem FRSSE und den FRS, SSAP und *UITF Abstracts* dargestellt und illustrierende Beispiele zur Anwendung des FRSSE gegeben werden. Zur Gewährleistung eines konsistenten Rechnungslegungssystems sind die Definitionen und Rechnungslegungsmethoden des FRSSE in Einklang mit den gesetzlichen Vorschriften des CA 1985 und entsprechen im Allgemeinen, wenngleich zum Teil in vereinfachter Form, den Anforderungen der SSAP, FRS und *UITF Abstracts*, d. h. den vom ASB üblicherweise zur Erfüllung des *true and fair view*-Grundsatzes verpflichtend vorgeschriebenen Big GAAP. Im Vergleich zu den in den SSAP, FRS und *UITF Abstracts* enthaltenen Angabepflichten sind die Anforderungen des FRSSE hinsichtlich der in den Abschluss aufzunehmenden Informationen allerdings erheblich reduziert.[576]

---

572 Vgl. Accounting Standards Board (Hrsg.) (1996a).

573 Vgl. Accounting Standards Board (Hrsg.) (1997a).

574 Vgl. Chopping, D./Carroll, R./Moore, S./Skerratt, L. (2001), S. 736 f; Davies, M./Paterson, R./ Wilson, A. (1999), S. 36. Der aktuell gültige FRSSE vom Dezember 2001 umfasst ohne Anhang weniger als 80 Seiten; siehe Accounting Standards Board (Hrsg.) (2001a).

575 Vgl. Accounting Standards Board (Hrsg.) (2001a), Status of the FRSSE, Scope.

576 Vgl. Accounting Standards Board (Hrsg.) (2001a), Status of the FRSSE, General. Zu den *disclosure*-Erleichterungen des FRSSE siehe Gliederungspunkt 4.2.3.1.4.1.4.2.

Um kleineren Unternehmen größtmögliche Flexibilität und die Möglichkeit einer nutzerorientierten Unternehmensberichterstattung zu gewährleisten,[577] haben zur Anwendung des FRSSE berechtigte Unternehmen[578] grundsätzlich die Wahlmöglichkeit zwischen einer Abschlusserstellung auf Basis des FRSSE oder der Beachtung sämtlicher übrigen *accounting standards* (SSAP, FRS) und *UITF Abstracts*.[579] Eine nur einzelfallorientierte Anwendung spezifischer Regelungen des FRSSE unter sonstiger Beachtung der FRS, SSAP und *UITF Abstracts* ist prinzipiell nicht erlaubt. Allerdings wird es als zulässig erachtet, unter Berufung auf den *true and fair view*-Grundsatz in spezifischen Sachverhalten vom FRSSE abzuweichen und stattdessen die relevanten Vorschriften der Big GAAP zu befolgen. Voraussetzung ist jedoch, dass das Vorgehen begründet werden kann und der Sachverhalt entsprechend angegeben wird.[580]

Bei einer Entscheidung für die Anwendung des FRSSE ist das rechnungslegende Unternehmen mit Ausnahme der Konzernabschlusserstellung – hierbei sind neben dem FRSSE spezifische weitere FRS zu befolgen[581] – grundsätzlich von der Beachtung der FRS, SSAP und *UITF Abstracts* befreit. Nur wenn ein spezifischer Sachverhalt im FRSSE nicht geregelt ist, sind die übrigen *accounting standards* und *UITF Abstracts* zu berücksichtigen. Zwar entfalten diese keine unmittelbare Verpflichtungswirkung, spiegeln jedoch die allgemein akzeptierte Rechnungslegungspraxis wider, die in Ermangelung spezieller Vorschriften im FRSSE auch für kleinere Unternehmen stets grundsätzlicher Maßstab für eine ordnungsgemäße Rechnungslegung ist.[582] Somit stehen den Rechnungslegenden auch für die Behandlung von nicht im FRSSE berücksichtigten Sachverhalten entsprechende Anwendungshinweise zur Verfügung, ohne unmittelbar zu der in der Regel kostenintensiven Einhaltung der Big GAAP verpflichtet zu werden. Gleichzeitig wird eine divergierende Behandlungsweise von Sachverhalten zwischen großen und kleinen Unternehmen grundsätzlich unter-

577 Siehe zu dieser Argumentation Accounting Standards Board (Hrsg.) (2001b), Abschnitt 2.23 f.

578 Siehe hierzu den nachfolgenden Gliederungspunkt 4.2.2.2.1.

579 Vgl. Accounting Standards Board (Hrsg.) (2001a), Status of the FRSSE, Scope.

580 Eine solche Vorgehensweise wird insbesondere für die Behandlung eines Goodwill als zulässig erachtet, der nach dem FRSSE über eine maximale Nutzungsdauer von 20 Jahren abzuschreiben ist, wohingegen nach FRS 10 in Ausnahmefällen auch eine längere Nutzungsdauer zugrunde gelegt werden kann; vgl. für Details Gliederungspunkt 4.2.3.1.5.

581 Für weitere Details siehe Gliederungspunkt 4.2.4.3.

582 Vgl. Accounting Standards Board (Hrsg.) (2001a), Status of the FRSSE, General sowie Appendix I, Abschnitt 9 (iv) und Appendix IV, Abschnitt 27. Der Verweis auf die Beachtung der übrigen *accounting standards* und *UITF Abstracts* im Falle eines nicht im FRSSE geregelten Sachverhaltes als Maßstab für die übliche kaufmännische Praxis wird teilweise als zu schwach erachtet; vgl. Rutteman, P. (1996), S. 188.

bunden, wodurch eine konsistente Rechnungslegung sichergestellt werden soll.[583] Muss jedoch in der Rechnungslegungspraxis häufig auf die Big GAAP zurückgegriffen werden, weil bestimmte Sachverhalte nicht im FRSSE geregelt sind, dann wird hierdurch die ursprüngliche Intention des FRSSE, nämlich die Reduzierung der Rechnungslegungsanforderungen für kleine Unternehmen, unterlaufen.[584]

Zur Gewährleistung einer ständigen Fort- und Weiterentwicklung des FRSSE und der Berücksichtigung von Neuerungen und Änderungen in den SSAP, FRS und *UITF Abstracts* wird dieser in regelmäßigen Abständen überarbeitet[585] und mit zeitlichen Verzögerungen an die Big GAAP angepasst.[586] Derartige Überarbeitungsprozesse, die sofern notwendig in einem jährlichen Turnus vorgenommen werden, fanden bereits im Jahr 1998,[587] 1999[588] und 2001[589] statt. Die Überprüfung neuer Regelungen in den *accounting standards* und *UITF Abstracts* hinsichtlich ihrer Relevanz für die Rechnungslegung kleinerer Unternehmen erfolgt durch das *Committee on Accounting for Smaller Entities* (CASE), das ausschließlich mit den Rechnungslegungsbelangen *smaller entities* befasst ist und dem ASB diesbezüglich beratend zur Seite steht.[590]

Zusätzlich zu dieser periodischen Überarbeitung und Anpassung des FRSSE an die aktuelle Rechnungslegungspraxis wurde in der von der *working party* ausgearbeiteten Empfehlung „*Designed to Fit a Financial Reporting Standard for Smaller Entities*“[591] vorgeschlagen, den FRSSE nach zwei Jahren unter Berücksichtigung der bis dahin gesammelten Erfahrungen und Forschungsergebnisse einer erneuten Zweckmäßig-

---

583 Vgl. Powling, H./Pryde, A./Sharp, I. (2002), S. 48 f.

584 Vgl. Powling, H./Pryde, A./Sharp, I. (2002), S. 49 f.

585 Vgl. Accounting Standards Board (Hrsg.) (1996a), Preface i. V. m. Consultative Committee of Accountancy Bodies (Hrsg.) (1995), S. 49; Davies, M./Paterson, R./Wilson, A. (1999), S. 40.

586 Aufgrund des eigenständigen Status des FRSSE kann die Verabschiedung neuer bzw. eine Änderung bestehender FRS, SSAP oder *UITF Abstracts* zu zeitlichen Verzögerungen in der Anpassung des FRSSE und somit bei dessen Anwendung zu einer von den Big GAAP vorübergehend abweichenden Behandlungsweise eines Sachverhaltes führen; vgl. Morley, J. (2001), S. 104.

587 Eingearbeitet wurden die in den zwischenzeitlich verabschiedeten FRS 9 – 11 sowie *UITF Abstracts* 18 – 22 enthaltenen Rechnungsaspekte, sofern sie für kleinere Unternehmen als relevant erachtet wurden; vgl. Accounting Standards Board (Hrsg.) (1998c) sowie Accounting Standards Board (Hrsg.) (1998g).

588 Eingearbeitet wurden die für kleinere Unternehmen relevanten Rechnungslegungsaspekte der FRS 12 – 15; vgl. Accounting Standards Board (Hrsg.) (1999b) sowie Accounting Standards Board (Hrsg.) (1999d).

589 Der FRSSE wurde an die durch FRS 16 – 19 sowie *UITF Abstracts* 23 – 30 und 17 eingeführten Änderungen angepasst; vgl. Accounting Standards Board (Hrsg.) (2001c) sowie Accounting Standards Board (Hrsg.) (2001a).

590 Vgl. Powling, H./Pryde, A./Sharp, I. (2002), S. 12. Siehe außerdem Gliederungspunkt 4.1.2.2.

591 Vgl. Gliederungspunkt 4.2.2.1.2.2.

keits- und Nützlichkeitsüberprüfung zu unterziehen.[592] Aufgrund der bei der erstmaligen Verabschiedung des FRSSE im Jahr 1997 bestehenden divergierenden Auffassungen hinsichtlich der Nützlichkeit eines differenzierenden Rechnungslegungsregimes hat das ASB, der Empfehlung der *working party* folgend, im Februar 2001 ein *discussion paper* veröffentlicht,[593] indem betroffene und interessierte Parteien dazu aufgefordert wurden, zu der grundlegenden Konzeption des FRSSE Stellung zu beziehen.

Konkret setzte sich das ASB in dem Diskussionspapier mit

- dem Fortbestand eines differenzierenden Rechnungslegungsregimes für kleinere Unternehmen sowie den zugrunde zu legenden Differenzierungskriterien,
- der Eignung eines einzelnen Rechnungslegungsstandards für die Bedürfnisse der unterschiedlichen Kategorien an kleineren Unternehmen,
- dem Überarbeitungsturnus des FRSSE,
- den in dem FRSSE zu berücksichtigenden Instrumenten der Unternehmensberichterstattung,
- den Kriterien zur Determinierung von Erleichterungs- und Befreiungsregelungen,
- der inhaltlichen Struktur, Aufmachung, Anwenderfreundlichkeit und Verständlichkeit des FRSSE

auseinander.[594]

Bis zur Fertigstellung der vorliegenden Arbeit lag noch keine offizielle Stellungnahme des ASB zur Zukunft des FRSSE vor. Der *standard setter* weist jedoch auf seiner Website darauf hin, dass eine Überarbeitung des FRSSE sowohl vom Ausgang des *company law review* als auch von den Ergebnissen des IASB-Projektes zur Rechnungslegung kleinerer Unternehmen[595] abhängen wird.[596]

4.2.2.2 Differenzierungsmerkmale der *accounting standards*

Neben der zentralen Unterscheidung zwischen jenen Unternehmen, die zur Inanspruchnahme des FRSSE berechtigt sind, und jenen Unternehmen, für die eine verpflichtende Beachtung der übrigen *accounting standards* und *UITF Abstracts* besteht,

---

592 Vgl. The Consultative Committee of Accountancy Bodies (Hrsg.) (1995), Abschnitt 7.4.
593 Vgl. Accounting Standards Board (Hrsg.) (2001b).
594 Vgl. Accounting Standards Board (Hrsg.) (2001b), S. 2.
595 Vgl. Gliederungspunkt 1.1.
596 Vgl. http://www.asb.org.uk.

finden sich in den Verlautbarungen des ASB bzw. in den noch gültigen Rechnungslegungsstandards des ASC eine Reihe weiterer, einzelfallorientierter Differenzierungen.

4.2.2.2.1 Differenzierungsmerkmale des *Financial Reporting Standard for Smaller Entities*

Trotz der im Konsultationsprozess zum Teil geäußerten Kritik an größenabhängigen Differenzierungskriterien, hat das ASB aus Vereinfachungs- und Zweckmäßigkeitsgründen auch in der endgültigen Fassung des FRSSE an diesen festgehalten.[597] Wesentliche Intention des ASB zur Anknüpfung des FRSSE an die im CA 1985 gesetzlich definierten Größenkriterien war die Schaffung eines eigenständigen Rechnungslegungsregimes für *small companies*, das sich im Wesentlichen nur mehr auf die gesetzlichen Rechnungslegungsanforderungen des schedule 8 CA 1985 und den Vorschriften des FRSSE reduzieren sollte.[598] Durch die hierbei erlangte Komplexitätsreduktion sollte die Anwenderfreundlichkeit und Verständlichkeit des Rechnungslegungssystems für Rechnungslegende und Abschlussnutzer erheblich erhöht werden.

Zu einer Anwendung des FRSSE berechtigt sind:

- nach den Vorschriften des CA 1985 als „klein" zu klassifizierende *companies* und Konzerne sowie
- all jene Unternehmen,[599] die als solche zu qualifizieren wären, wenn sie in der Rechtsform der *company* errichtet worden wären.

In analoger Anwendung der Vorschriften des CA 1985[600] kann der FRSSE demnach von Unternehmen bzw. Konzernen nur dann in Anspruch genommen werden, wenn zwei oder mehr der nachfolgenden in Tab. 28 dargestellten Größenkriterien an zwei aufeinander folgenden Geschäftsjahren erfüllt werden:

---

597 Vgl. Jackson, E. (1997), S. 75.

598 Vgl. Accounting Standards Board (Hrsg.) (1996a), Appendix V, Abschnitt 8.

599 Wie bereits erläutert wurde, gelten die *accounting standards* rechtsformunabhängig für alle Unternehmen, deren Abschluss dem *true and fair view*-Prinzip entsprechen soll; vgl. Gliederungspunkt 4.1.2.2.2.

600 Vgl. Gliederungspunkt 4.2.1.1.1.

■ **Tab. 28:** Größenkriterien des FRSSE für kleine Unternehmen bzw. kleine Konzerne

	Kleine Unternehmen	Kleine Konzerne	
		Netto-Methode	Brutto-Methode
Umsatzerlöse	≤ £ 2,8 Mio. (ca. 4,10 Mio. €)	≤ £ 2,8 Mio. (ca. 4,10 Mio. €)	≤ £ 3,36 Mio. (ca. 4,92 Mio. €)
Bilanzsumme	≤ £ 1,4 Mio. (ca. 2,05 Mio. €)	≤ £ 1,4 Mio. (ca. 2,05 Mio. €)	≤ £ 1,68 Mio. (ca. 2,46 Mio. €)
Anzahl der Mitarbeiter	≤ 50	≤ 50	≤ 50

Anmerkung: Wechselkurs 1 € = £ 0,68280 (Stand: 31. Oktober 2003)

Wegen den Einschränkungen des CA 1985 sowie des FRSSE sind jedoch unabhängig von der Erfüllung der oben genannten Größenmerkmale folgende Unternehmen nicht zur Anwendung des FRSSE berechtigt:

(a) *public companies*,

(b) Bausparkassen,[601] im Versicherungsgeschäft tätige Unternehmen,

(c) nach den Bestimmungen des *part 4* des *Financial Services and Markets Act 2000* zur Ausübung speziell regulierter Tätigkeiten (hierzu zählen beispielsweise Investmentgesellschaften) autorisierte Unternehmen und

(d) Konzernunternehmen deren Konzernverbund ein Unternehmen angehört, das unter eine der obigen Kategorien (a) – (c) fällt.

Darüber hinaus sind Mutterunternehmen nur dann zur Inanspruchnahme des FRSSE berechtigt, wenn auch der von ihnen beherrschte bzw. geleitete Konzern als „klein“ zu qualifizieren ist.[602]

Mit der unmittelbaren Anbindung der Anwendungsvoraussetzungen des FRSSE an die Definitionskriterien des CA 1985 für „*small companies*“ und „*small groups*“ dominieren somit auch in den *accounting standards* größenabhängige Differenzierungsmerkmale, die zur Berücksichtigung des bestehenden „*public interest*“ an Rechnungslegungsinformationen um rechtsform- und branchenspezifische Attribute ergänzt werden. Zusammengefasst ergibt sich somit in den *accounting standards* – analog der

601 Neben den gesetzlich im CA 1985 von der Definition als „*small company*“ explizit ausgeschlossenen Unternehmen nimmt das ASB aufgrund eines unterstellten öffentlichen Interesses auch *building societies* (Bausparkassen) von der Anwendung des FRSSE aus. Dieser explizite Ausschluss der Bausparkassen von der Anwendung des FRSSE ist notwendig, da diese nicht unter den Anwendungsbereich des CA 1985 fallen und deshalb durch einen Verweis des FRSSE auf den CA 1985 nicht erfasst werden; vgl. Powling, H./Pryde, A./Sharp, I. (2002), S. 10.

602 Siehe zur Konzernabschlusserstellung speziell Gliederungspunkt 4.2.4.1.

im Reformprozess zum Kapitalgesellschaftsrecht vorgeschlagenen künftigen Differenzierungskonzeption[603] – eine prinzipiell zweistufig aufgebaute Differenzierungsstruktur.

4.2.2.2.2 Sonstige in den *accounting standards* enthaltene Differenzierungskriterien

Neben der auf einer Inanspruchnahme des FRSSE basierenden Differenzierung, finden sich in den SSAP und FRS einzelfallorientiert noch weitere Unterscheidungen der Rechnungslegungsanforderungen. Auch diese basieren auf den größenspezifischen Definitionskriterien des CA 1985[604] oder stellen branchenbezogene Sondervorschriften[605] dar. Darüber hinaus hat das *Consultative Committee of Accountancy Bodies*[606] für *limited liability partnerships*[607] ein eigenes *Statement of Recommended Practice* (SORP)[608] erarbeitet, um den besonderen Belangen dieser jüngst geschaffenen Rechtsform Rechnung zu tragen. Das SORP enthält unter Berücksichtigung der rechtsformbezogenen Eigenheiten der *limited liability partnership* spezielle Empfehlungen zur Anwendung der FRS, SSAP und *UITF Abstracts* für Unternehmen dieser Rechtsform.[609]

Differenzierungen auf Basis der Börsennotierung von Unternehmen bestehen in den *accounting standards* hinsichtlich der Verpflichtung zur Veröffentlichung der *earnings*

603 Vgl. Gliederungspunkt 4.2.1.1.2.

604 Beispielsweise sind Unternehmen, die keine *public company*, Bank oder Versicherung sind (bzw. zu ihren Tochtergesellschaften zählen) und das Zehnfache der in section 247 CA 1985 definierten Größenkriterien für mittelgroße Gesellschaften nicht überschreiten, sowohl von der Angabe und Analyse der erfolgswirksam in der GuV-Rechnung berücksichtigten Forschungs- und Entwicklungskosten als auch der Angabe bestimmter Segmentinformationen ausgenommen; vgl. Accounting Standards Committee (Hrsg.) (1989), SSAP 13.22 sowie Accounting Standards Committee (Hrsg.) (1990), SSAP 25.4. Siehe zum Entstehungshintergrund dieser Befreiungen Gliederungspunkt 4.2.2.1.1. Darüber hinaus sind Unternehmen, die die Definitionsanforderungen des CA 1985 für *small companies* erfüllen, von der Veröffentlichung eines *cash flow statement* ausgenommen; vgl. Accounting Standards Board (Hrsg.) (1996b), FRS 1.5.

605 Beispielsweise sind spezifische Lebensversicherungsgesellschaften, Pensionsfonds und bestimmte Investmentfonds von der Veröffentlichung einer Cash Flow-Rechnung befreit; vgl. Accounting Standards Board (Hrsg.) (1996b), FRS 1.5. Außerdem gibt es hinsichtlich der erfolgswirksamen Behandlung von Marktwertänderungen bei *investment properties* (zur Finanzanlage gehaltene Vermögenswerte) Sondervorschriften für Versicherungsunternehmen bzw. Konzerngruppen mit Versicherungsunternehmen sowie Pensionsfonds; vgl. Accounting Standards Board (Hrsg.) (1994b), SSAP 19.14.

606 Hierbei handelt es sich um die Dachorganisation der Berufsvereinigungen des *accountant*-Berufsstandes; vgl. Fn. 260.

607 Vgl. allgemein zu dieser Rechtsform Gliederungspunkt 4.1.1.3.4.

608 Vgl. allgemein zur Verbindlichkeit von SORP Gliederungspunkt 4.1.2.2.1.

609 Vgl. Consultative Committee of Accountancy Bodies (Hrsg.) (2002) siehe hierzu auch King, H. (2002), S. 102 f.

per share,[610] da diese Kennziffer vor allem von Kapitalmarktteilnehmern für Anlageentscheidungen genutzt wird und deshalb insbesondere für diese Zielgruppe erheblichen Informationswert besitzt, sowie bei den Angaben zu Derivaten und anderen Finanzinstrumenten. Nachdem eine Berichterstattung über die mit originären und derivativen Finanzinstrumenten verbundenen Risiken vor allem für Unternehmen, deren Wertpapiere am Kapitalmarkt gelistet oder öffentlich gehandelt werden sowie für Banken und ähnliche Finanzinstitutionen von zentraler Bedeutung ist, wurden die Berichtspflichten des FRS 13 (*derivatives and other financial instruments*) aus pragmatischen Gründen zunächst ausschließlich für diese Unternehmen verpflichtend normiert. Prinzipiell sieht das ASB in diesem Fall allerdings keine Veranlassung für eine kapitalmarkt- und branchenspezifische Differenzierung, weshalb die zunächst im FRS 13 aus Praktikabilitätsgründen beschrittene Differenzierung im Zeitablauf aufgeweicht und die dort verankerten Angabepflichten auch auf andere Unternehmen ausgedehnt werden sollen.[611]

Wie für das angelsächsische Rechnungslegungssystem üblich, finden sich in den *accounting standards* in materiellen Rechnungslegungsfragen grundsätzlich keine Unterscheidung zwischen der Erstellung von Einzel- und Konzernabschlüssen.[612] Bedingt durch entsprechende Kosten-Nutzen-Überlegungen können Mutterunternehmen in Einzelfällen jedoch in ihrem Einzelabschluss auf bestimmte Angaben verzichten, wenn der Einzelabschluss gleichzeitig mit dem dazugehörigen Konzernabschluss publiziert wird.[613] Außerdem bestehen in einzelnen Rechnungslegungsstandards bei Erfüllung spezifischer Voraussetzungen *disclosure*-Erleichterungen für Tochterunternehmen, wenn das Mutterunternehmen in ihrem Abschluss die entsprechenden Informationen gewährt[614] bzw. der entsprechende Konzernabschluss öffentlich zugänglich ist.[615]

---

610 Vgl. Accounting Standards Board (Hrsg.) (1998b), FRS 14.3.

611 Vgl. Accounting Standards Board (Hrsg.) (1998a), Appendix VII, Abschnitt 10 ff. Siehe hierzu auch Gliederungspunkt 4.2.3.1.5.

612 Ausnahmen diesbezüglich bestehen jedoch in konzeptionell begründeten Sachverhalten wie z. B. bei der Fremdwährungsumrechnung. Siehe beispielsweise Accounting Standards Committee (Hrsg.) (1983b), speziell SSAP 20.45 ff.

613 Vgl. z. B. Accounting Standards Board (Hrsg.) (1995), FRS 8.3 sowie Accounting Standards Board (Hrsg.) (1998b), FRS 14.4.

614 Z. B. sind Tochterunternehmen, sofern sie weder in der Rechtsform der *public company* geführt werden noch eine Bank oder ein Versicherungsunternehmen sind, in ihrem Einzelabschluss von der Angabe bestimmter Segmentinformationen befreit, wenn das Mutterunternehmen entsprechende Segmentinformationen in Einklang mit den Bestimmungen des SSAP 25 (*segmental reporting*) gewährt; vgl. Accounting Standards Committee (Hrsg.) (1990), SSAP 25.4.

615 Tochterunternehmen, deren Anteile zu mindestens 90 % im Konzernverbund gehalten werden, sind in ihrem Einzelabschluss sowohl von der Erstellung einer Cash Flow-Rechnung als auch von Angaben über Beziehungen zu nahe stehenden Unternehmen und Personen ausgenommen, wenn der Konzernabschluss des entsprechenden Mutterunternehmens öffentlich verfügbar ist; vgl. Accounting Standards Board (Hrsg.) (1995), FRS 8.3 und Accounting Standards Board (Hrsg.) (1996b), FRS 1.5.

4.2.2.3 Differenzierungsstrategie des *Accounting Standards Board*

In Analogie zu den gesetzlichen Rechnungslegungsvorschriften des CA 1985 sind auch die *accounting standards* mit primärem Fokus auf große, börsengelistete Unternehmen mit einer Separierung von Anteilseigentum und Managementfunktion entstanden.[616] Nachdem die *accounting standards* stetig komplexer und deren Anwendung hierdurch insbesondere für kleinere Unternehmen zunehmend aufwendiger wurde, führten das ASC sowie später das ASB einzelfallbezogene Erleichterungen ein. Erst mit der Verabschiedung des *finanical reporting standard for smaller entities* im Jahr 1997 wurde eine umfassendere Differenzierung der Rechnungslegungsnormen kleinerer Unternehmen vorgenommen. Allerdings war das ASB hinsichtlich der inhaltlichen Ausgestaltung des FRSSE grundsätzlich an den für alle *companies* gleichermaßen gesetzlich gültigen *true and fair view*-Grundsatz gebunden. Die Herausforderung lag somit darin, einen von den übrigen *accounting standards* abweichenden Rechnungslegungsstandard speziell für die Bedürfnisse kleinerer Unternehmen sowie deren Adressaten zu schaffen, dessen Anwendung gleichzeitig dem allgemein gültigen *true and fair view*-Prinzip genügte. Trotz des hieraus scheinbar resultierenden Widerspruchs zwischen einer differenzierenden Rechnungslegung einerseits und der Erfüllung des allgemein gültigen *true and fair view*-Prinzips andererseits,[617] ist der juristischen Fachmeinung zufolge eine divergierende Behandlungsweise kleinerer Unternehmen konzeptionell durchaus möglich, wenn hierfür sachliche Gründe angeführt werden können. Beispielsweise können divergierende Behandlungen:[618]

- in der unterschiedlichen Natur von Unternehmen begründet sein,
- durch einen unterschiedlichen Nutzerkreis gerechtfertigt werden, insbesondere dann, wenn sich die Differenzierung auf Angabepflichten beschränkt, oder
- aus zeitlichen Anpassungsverzögerungen des FRSSE an die Big GAAP resultieren.

Die Relevanz der in den FRS, SSAP und *UITF Abstracts* enthaltenen Rechnungslegungsmethoden und Angabepflichten für eine *true and fair view*-konforme Rechnungslegung kleiner Unternehmen wird deshalb vom ASB sehr sorgfältig geprüft und

---

616 Vgl. Gliederungspunkt 4.2.

617 Vgl. Davies, M./Paterson, R./Wilson, A. (1999), S. 37. Die Allgemeingültigkeit des *true and fair view*-Gebotes für alle unter den CA 1985 fallenden *companies* wurde bis zur Verabschiedung des FRSSE als wesentliches Hindernis für ein differenzierendes Rechnungslegungslegungsregime gesehen; vgl. Collis, J./Dugdale, D./Jarvis, R. (2001); S. 170 f.; Consultative Committee of Accountancy Bodies (Hrsg.) (1994), Abschnitt 1.4; Fisher, L. (1994), S. 23; Walton, P./Harvey, D. (1996), S. 16; Hussey, R. (1999), S. 222.

618 Vgl. Accounting Standards Board (Hrsg.) (1999b), Appendix I, Abschnitt 8 f.

anhand eines umfangreichen Anforderungskatalogs entschieden. Relevant sind hierbei vor allem die folgenden in Tab. 29 aufgeführten Beurteilungskriterien.[619]

■ **Tab. 29:** Beurteilungskriterien für die Entscheidung über in den FRSSE aufzunehmende Vereinfachungen und Erleichterungen

- Wird die betrachtete Rechnungslegungsnorm als generell anzuwendende Rechnungslegungsmethode und als Bestandteil der für alle Unternehmen relevanten allgemein akzeptierten Rechnungslegungspraxis betrachtet?
- Führt die Anwendung der betreffenden Rechnungslegungsnorm zu einer für den Eigentümer oder Manager des Unternehmens verständlichen Abbildung eines bestimmten Sachverhalts?
- Werden die Informationsbedürfnisse und berechtigten Informationsanforderungen der Abschlussnutzer kleinerer Unternehmen durch die betrachtete Rechnungslegungsnorm erfüllt?
- Führt die betrachtete Rechnungslegungsnorm zu relevanten und verständlichen Angaben für diese Abschlussnutzer? Wenn die zu gewährenden Angaben speziell auf eine bestimmte Nutzergruppe zielen, sind die Angaben auch dann für diese Gruppe erhältlich, wenn nur *abbreviated accounts*, d. h. ein verkürzter Abschluss, zur Verfügung steht?
- Gehen die Regelungen eines betrachteten Rechnungslegungsstandards wesentlich über die gesetzlichen Anforderungen hinaus?
- Entspricht die in einem Rechnungslegungsstandard vorgeschriebene Rechnungslegungsmethode der von den Steuerbehörden für die steuerliche Gewinnermittlung angewandten bzw. erwarteten Behandlungsweise?
- Stellt der betreffende Rechnungslegungsstandard bzw. eine spezifische Methode die mit dem geringsten Aufwand verbundene Behandlungsweise dar, um eine beabsichtigte Abbildung bzw. Information über einen spezifischen Sachverhalt für ein Unternehmen mit geringer Komplexität zu erreichen?
- Beinhaltet der betrachtete Rechnungslegungsstandard Anleitungshinweise, die für Transaktionen kleinerer Unternehmen von weitgehender Relevanz sind, und sind diese Hinweise in einer für solche Unternehmen verständlichen Sprache?
- Sind die in einem Rechnungslegungsstandard vorgeschriebenen Bewertungsmethoden für kleine Unternehmen hinreichend praktikabel?

Eine Befreiung kleinerer Unternehmen von der Beachtung eines betrachteten Rechnungslegungsstandards bzw. einer spezifischen Anforderung sowie die Normierung einer von den Big GAAP abweichenden Rechnungslegungsmethode im FRSSE wird nur dann befürwortet, wenn die Mehrzahl der obigen Fragen zu verneinen ist. Somit ist der Spielraum des ASB für Befreiungs- und Erleichterungsvorschriften für kleine Unternehmen wesentlich eingeschränkt und die Billigung einer von den Big GAAP grundlegend verschiedenen Bilanzierungs- und Bewertungsmethode nur bei Vorliegen sachlicher Gründe zu rechtfertigen. Darüber hinaus gilt es zu Bedenken, dass abweichende Rechnungslegungsmethoden für kleinere Unternehmen gleichzeitig auch

619 Vgl. Accounting Standards Board (Hrsg.) (2001a), Status of the FRSSE, Criteria.

Inkonsistenzen zwischen dem FRSSE und den übrigen *accounting standards* und *UITF Abstracts* fördern und dadurch leichter zu Missinterpretationen bei den Abschlussnutzern führen können.[620] Aus diesen Gründen ist der FRSSE basierend auf einer dem *top-down approach* folgenden Modifizierungsstrategie[621] eng an die in den SSAP, FRS und *UITF Abstracts* enthaltenen materiellen Rechnungslegungsmethoden angelehnt und enthält keine wesentlichen Abweichungen von diesen.[622] Somit handelt es sich auch beim FRSSE um keinen von den Big GAAP losgelösten, eigens für die Bedürfnisse kleiner Unternehmen entwickelten Rechnungslegungsstandard, sondern vielmehr um ein auf den Big GAAP basierendes Kondensat an für kleine Unternehmen als relevant erachteten Rechnungslegungsnormen.[623]

Obschon diese auf Konsistenz zielende Modifizierungsstrategie des ASB Verunsicherungen und Missinterpretationen bei den Rechnungslegungsadressaten und Abschlusserstellern zu vermeiden versucht, birgt sie den Nachteil, dass die Interessen der Adressaten und die Bedürfnisse kleiner Unternehmen nur insofern berücksichtigt werden können, als die hieraus resultierenden Rechnungslegungsanforderungen im Grundsatz nicht mit den Big GAAP konfligieren.[624] Aufgrund der hieraus resultierenden Beeinträchtigung der Nutzerorientierung des FRSSE überprüft das ASB derzeit inwiefern diese Strategie auch in Zukunft beibehalten werden soll.[625]

4.2.3 Größenbezogene Differenzierung der Jahresabschlusserstellung

Für eine Analyse der Differenzierung der inhaltlichen Ausgestaltung der Jahresabschlusserstellung kleiner und mittelgroßer Unternehmen sind grundsätzlich jeweils zwei Ebenen zu unterscheiden: (a) Erleichterungen, die im Rahmen des CA 1985 gewährt werden, und (b) Erleichterungen, die in den *accounting standards* zur Verfügung stehen. Während der CA 1985 in Anlehnung an die Vierte EG-Richtlinie grundsätzlich zwischen kleinen und mittelgroßen Unternehmen unterscheidet, differenzieren die *accounting standards* nur zwischen großen und kleinen Unternehmen. Zwar ge-

---

620 Vgl. Accounting Standards Board (Hrsg.) (2001b), Abschnitt 2.8; Murphy, R./Page, M. (1998), S. 64. Siehe zur Problematik divergierender materieller Rechnungslegungsnormen Gliederungspunkt 2.3.3.1 sowie Consultative Committee of Accountancy Bodies (Hrsg.) (1995), Abschnitt 5.2 ff.

621 Vgl. zum Begriff der Modifizierungsstrategie Gliederungspunkt 2.3.3.1.

622 Vgl. Accounting Standards Board (Hrsg.) (2001b), Abschnitt 6.1 ff.; Davies, M./Paterson, R./Wilson, A. (1999), S. 38. Siehe auch Gliederungspunkte 4.2.3.1.3, 4.2.3.1.4 sowie 4.2.3.1.5.

623 Vgl. Accounting Standards Board (Hrsg.) (2001b), Abschnitt 6.1; Davies, M./Paterson, R./Wilson, A. (1999), S. 38; Paterson, R. (2001), S. 96.

624 Vgl. zu dieser Kritik auch Murphy, R./Page, M. (1998), S. 64 sowie Collis, J./Jarvis, R. (2000), S. 6 f.

625 Vgl. Accounting Standards Board (Hrsg.) (2001b), chapter 6.

währen die *accounting standards* über diese grundsätzliche Differenzierung hinaus einzelfallorientiert größenspezifische Erleichterungen für weniger große Unternehmen,[626] doch stimmen die dort verwendeten Kriterien nicht mit jenen des CA 1985 überein.

Die im CA 1985 für kleine und mittelgroße *companies* kodifizierten größenspezifischen Erleichterungen gelten grundsätzlich auch für die ebenfalls gesellschaftsrechtlich zur Rechnungslegung verpflichteten *qualifying partnerships* (Kapitalgesellschaften & Co.)[627] und *limited liability partnerships.*[628] Dennoch ergeben sich im Vergleich zu *companies* vor allem für *limited liability partnerships*[629] und in geringerem Ausmaß auch für *qualifying partnerships*[630] eine Reihe von überwiegend rechtsformspezifisch bedingten Besonderheiten, deren systematische Aufarbeitung für die Zwecksetzung dieser Arbeit nicht als zielführend erachtet wird. Da die Rechtsform der *limited liability partnership* aufgrund ihres kurzen Bestehens darüber hinaus bislang kaum verbreitet ist und auch *qualifying partnerships* in Großbritannien eine sehr untergeordnete Bedeutung zukommt,[631] konzentrieren sich die weiteren Ausführungen in Bezug auf die gesetzlichen Rechnungslegungsanforderungen des CA 1985 primär auf *companies.* Auf die für *limited liability* sowie *qualifying partnerships* bestehenden spezifischen Sondervorschriften wird hingegen nur insofern eingegangen, als dies für die Zielsetzung der Arbeit notwendig ist.

Da die Intention des vorliegenden Kapitels vor allem darin besteht, ein grundlegendes Verständnis für die in Großbritannien umgesetzte Differenzierungskonzeption zu erarbeiten, um daraus Ideen und Ansatzpunkte für einen möglichen Differenzierungsvorschlag für Deutschland zu gewinnen, erhebt die folgende Analyse des britischen Differenzierungskonzeptes nicht den Anspruch der Vollständigkeit. Stattdessen sollen nur die wesentlichen Differenzierungsaspekte herausgearbeitet werden. Aufgrund der Fülle der im Einzelfall vorhandenen Befreiungs-, Ausnahme- und Sonderregelungen konzentrieren sich die weiteren Ausführungen zur Differenzierung der inhaltlichen Ausgestaltung des Jahresabschlusses deshalb auf zentrale Vereinfachungen, die nach

---

[626] Vgl. Gliederungspunkt 4.2.2.2.2.

[627] Vgl. reg. 4 Partnerships and Unlimited Companies (Accounts) Regulations 1993, SI 1993/1820. Siehe zur Definition und Rechnungslegungspflicht von *qualifying partnerships* die Gliederungspunkte 4.1.1.3.1 und 4.1.1.3.2.

[628] Vgl. reg. 3 sowie schedule 1 zu den Limited Liability Partnerships Regulations 2001, SI 2001/1090 sowie Gale, S. (2001), S. 11 ff. Siehe allgemein zur Rechtsform der *limited liability partnership* Gliederungspunkt 4.1.1.3.4.

[629] Für Details siehe schedule 1 zu den Limited Liability Partnerships Regulations 2001, SI 2001/1090.

[630] Siehe schedule zu den Partnerships and Unlimited Companies (Accounts) Regulations 1993, SI 1993/1820.

[631] Vgl. Fn. 246.

den Vorschriften des CA 1985 als klein/mittelgroß zu qualifizierenden *companies* (sowie ggf. *limited liability partnerships* und *qualifying partnerships*) bzw. den nach dem FRSSE als klein zu klassifizierenden Unternehmen gewährt werden. Eine ins Detail gehende Beschreibung der Anforderungen an die Unternehmensberichterstattung kleiner bzw. mittelgroßer Unternehmen sowie ein umfassender Vergleich mit dem für große Gesellschaften geltenden Unternehmensberichterstattungsregime ist für die Zwecksetzung dieser Arbeit nicht notwendig. Auch auf branchenspezifische Sonderregelungen wird nicht weiter eingegangen.

Da sich die Erleichterungen, die mittelgroßen Unternehmen im CA 1985 und in den *accounting standards* zur Verfügung stehen, auf sehr wenige, ausgewählte Bereiche beschränken, wird die Kategorie der mittelgroßen Unternehmen im Hinblick auf die inhaltliche Ausgestaltung des Jahresabschlusses im Rahmen dieser Arbeit nur sehr kurz betrachtet und quasi als Exkurs einer ausführlichen Analyse der für kleine Unternehmen zur Verfügung stehenden Erleichterungen hinten angestellt.

4.2.3.1 Erleichterungen für kleine Unternehmen

In den folgenden Abschnitten werden die für kleine Unternehmen grundsätzlich relevanten Normierungsgrundlagen – dies sind zum einen der CA 1985 und zum anderen der FRSSE – im Hinblick auf wesentliche, gegenüber großen Unternehmen zur Verfügung stehenden Erleichterungen in der inhaltlichen Ausgestaltung des Jahresabschlusses herausgearbeitet. Die den kleineren Unternehmen im Rahmen der Big GAAP, d. h. der FRS, SSAP und *UITF Abstracts* eingeräumten einzelfallorientierten Erleichterungen[632] werden aufgrund ihres rudimentären Charakters und der hieraus resultierenden Irrelevanz für die Zielsetzung dieser Arbeit nicht näher betrachtet, sodass sich die folgenden Analysen ausschließlich auf die gesetzlichen Vorschriften und die im Rahmen des FRSSE zur Verfügung stehenden Vereinfachungen konzentrieren.

4.2.3.1.1 Normierungsgrundlagen

Analysiert man die grundsätzliche Relevanz der gesetzlichen Rechnungslegungsnormen des CA 1985 sowie des FRSSE für die Unternehmensberichterstattung kleiner Unternehmen, so fällt auf, dass unabhängig davon, ob es sich um gesellschaftsrechtlich zur Beachtung der Vorschriften des CA 1985 verpflichtete oder um freiwillig nach dem FRSSE Bericht erstattende kleine Unternehmen handelt, beide Normierungs-

---

[632] Vgl. hierzu die Ausführungen unter Gliederungspunkt 4.2.2.2.2.

grundlagen zu beachten sind. Denn einerseits sind jene kleinen Unternehmen, die per Gesetz oder Verordnung unmittelbar den gesetzlichen Rechnungslegungsanforderungen des CA 1985 unterliegen, aufgrund der dort kodifizierten Verpflichtung zur Erfüllung des *true and fair view*-Prinzips, analog ihren großen Kontrahenten grundsätzlich zur Beachtung der SSAP, FRS und *UITF Abstracts* bzw. bei kleinen Unternehmen wahlweise zur Berücksichtigung des FRSSE verpflichtet.[633] Andererseits ergibt sich umgekehrt auch für freiwillig oder aufgrund sonstiger Vereinbarungen nach dem *true and fair view*-Prinzip Bericht erstattende kleine Unternehmen, die sich für die Inanspruchnahme des FRSSE entschieden haben, die Pflicht zur Berücksichtigung der gesetzlichen Rechnungslegungsnormen des CA 1985. Denn im Gegensatz zu den übrigen *accounting standards*, die prinzipiell als eigenständiges, von den gesetzlichen Rechnungslegungsanforderungen des CA 1985 losgelöstes Regelwerk konzipiert sind,[634] bestimmt der FRSSE explizit, dass auch solche Unternehmen, die nicht in der Rechtsform der *company* firmieren „... should have regard to the accounting principles, presentation and disclosure requirements in **companies legislation** ... that, taking into account the FRSSE, are necessary to present a true and fair view."[635] Dies hat zur Konsequenz, dass die gesetzlichen Rechnungslegungsnormen des CA 1985 grundsätzlich auch für all jene kleinen Unternehmen Relevanz erlangen, die zwar nicht gesellschaftsrechtlich zur Beachtung der Rechnungslegungsbestimmungen des CA 1985 gezwungen sind, sich aber freiwillig oder aufgrund sonstiger Vereinbarungen (z. B. in Kreditverträgen oder im Gesellschaftsvertrag) zur Beachtung des FRSSE und damit zu einer dem *true and fair view*-Prinzip entsprechenden Rechnungslegung verpflichten.[636] Durch diesen Verweis des FRSSE auf die gesetzlichen Rechnungslegungsnormen war es dem *standard setter* möglich, den FRSSE kurz und knapp zu halten, da bei Vorhandensein entsprechender gesetzlicher Regelungen im CA 1985 eine erneute Normierung im Rahmen des FRSSE nicht erforderlich war.

Es ergibt sich somit bei einer Inanspruchnahme des FRSSE im Gegensatz zu einer freiwilligen Anwendung der übrigen *accounting standards* (siehe hierzu die Abb. 30 zu den grundsätzlichen Normierungsgrundlagen der externen Rechnungslegung in Kapitel 4.1.3) eine gegenseitige Verflechtung von Gesetz und FRSSE (siehe Abb. 34), die dazu führt, dass grundsätzlich keine Divergenzen in der inhaltlichen Ausgestaltung des Jahresabschlusses von gesellschaftsrechtlich zur Rechnungslegung verpflichteten klei-

---

633 Siehe hierzu die Gliederungspunkte 4.1.2.2.2. und 4.2.2.1.2.3. Eine einzelfallorientierte Anwendung nur spezifischer Regelungen des FRSSE ist generell nicht zulässig und kann nur mit der Erfüllung des *true and fair view*-Grundsatzes gerechtfertigt werden; vgl. Gliederungspunkt 4.2.2.1.2.3.

634 Vgl. Gliederungspunkt 4.1.3.

635 Accounting Standards Board (Hrsg.) (2001a), B – Statement of Standard Accounting Practice, Abschnitt 1.1 (b).

636 Vgl. Powling, H./Pryde, A./Sharp, I. (2002), S. 46.

nen Unternehmen einerseits und freiwillig nach dem FRSSE rechnungslegenden kleinen Unternehmen andererseits existieren.[637]

■ **Abb. 34:** Normierungsgrundlagen der inhaltlichen Ausgestaltung der Unternehmensberichterstattung kleiner Unternehmen

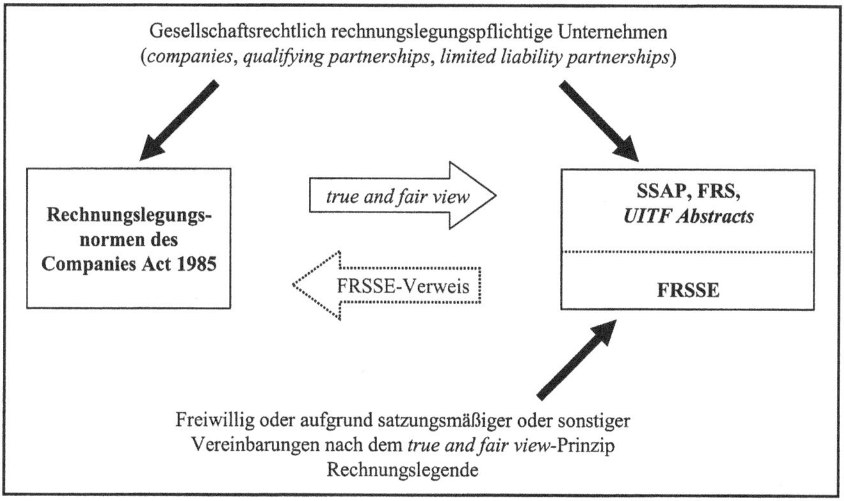

Hinsichtlich der von kleinen Unternehmen zu beachtenden Rechnungslegungsvorschriften finden sich mit dem FRSSE nicht nur im Rahmen der *accounting standards* spezielle Normen für kleine Unternehmen, sondern auch im CA 1985. Die Sonderregelungen des CA 1985 sind für kleine Unternehmen in section 246 CA 1985 kodifiziert. Während große Unternehmen hinsichtlich der Einzelabschlusserstellung an die im schedule 4 CA 1985 verankerten formellen und materiellen Rechnungslegungsanforderungen gebunden und zur Beachtung der Big GAAP (FRS, SSAP und *UITF Abstracts*) verpflichtet sind, können kleine Unternehmen ihre Abschlusserstellung nach den weniger strengen Anforderungen des schedule 8 CA 1985 sowie des FRSSE vornehmen.[638] Dabei existiert keine strikte Trennung zwischen den gesetzlichen Anforde-

[637] Unterschiede ergeben sich jedoch im Bereich der Lageberichterstattung; vgl. Gliederungspunkt 4.2.3.1.4.2.

[638] Siehe zu Struktur und Inhalt der Rechnungslegungsvorschriften des CA 1985 Gliederungspunkt 4.1.1.1. Unternehmen, die zur Anwendung der Regelungen des schedule 8 CA 1985 berechtigt sind, haben grundsätzlich das Wahlrecht, diese nur partiell zu befolgen und im Übrigen auf die Bestimmungen des schedule 4 CA 1985 zurückzugreifen; vgl. section 246 (2) CA 1985.

rungen und den in den *accounting standards* bzw. im Rahmen des FRSSE geregelten Rechnungslegungserfordernissen. Denn sowohl die *accounting standards* (einschließlich des FRSSE) als auch die beiden schedules 4 und 8 des CA 1985 regeln die allgemein anzuwendenden Basisgrundsätze der Rechnungslegung, spezifizieren konkrete Bilanzierungs-, Bewertungs- und Ausweisvorschriften und definieren die Informationsinhalte der *notes* (Anhang). Ferner finden sich in den schedules 4 und 8 CA 1985, bedingt durch die Transformation der Vierten EG-Richtlinie, detaillierte Gliederungsvorgaben für die Bilanz und GuV-Rechnung. Ergänzt werden die gesetzlichen Informationspflichten des schedule 4 bzw. 8 darüber hinaus durch die beiden schedules 5 und 6, die sich mit den Anhangangaben zu nahe stehenden Unternehmen bzw. Personen und Informationen zu Vergütungen und anderen Vorteilen der Leitungs- und Aufsichtsorgane befassen. Besondere Berichterstattungspflichten hinsichtlich der Vergütung der *company directors* ergeben sich für börsennotierte Unternehmen, die zusätzlich die Informationspflichten des schedule 7A zur Erstellung eines *directors' remuneration report* beachten müssen. Die Informationsinhalte des *directors' report* (Lagebericht) werden in schedule 7 CA 1985 geregelt. Während der schedule 7A ausschließlich von börsennotierten Unternehmen beachtet werden muss, sind die schedules 5, 6 und 7 grundsätzlich auch für kleine Unternehmen relevant, müssen von diesen nach section 246 CA 1985 aber nur zum Teil angewendet werden (siehe Tab. 30).

■ **Tab. 30:** Differenzierung der Normierungsgrundlagen

	Große (mittelgroße) Unternehmen	Kleine Unternehmen
CA 1985		Sondervorschriften: section 246 (1) – (4) CA 1985:
▪ Materielle und formelle Rechnungslegungsanforderungen an Bilanz, GuV-Rechnung und Anhang	**schedule 4**	**schedule 8**
▪ Ergänzende Anhangangaben	schedule 5 und 6	Nur teilweise Anwendung von schedule 5 und 6
▪ Informationsinhalte des Lageberichts	schedule 7	Nur teilweise Anwendung von schedule 7
▪ Informationsinhalte des *directors' remuneration report* (nur für börsennotierte Gesellschaften)	schedule 7A	
Accounting standards	**FRS, SSAP, *UITF Abstracts***	**FRSSE**

Welche zentralen Unterschiede sich aus diesen divergierenden Normierungsgrundlagen und der maximalen Ausschöpfung der für kleine Unternehmen verfügbaren Erleichterungen für die inhaltliche Ausgestaltung des Jahresabschlusses von kleinen und großen Unternehmen ergeben und inwiefern hieraus eine Differenzierung der Jahresabschlusserstellung von kleinen und großen Unternehmen im Hinblick auf

- konzeptionelle Aspekte (Zielsetzung und Adressaten der Rechnungslegung; anzuwendende Basisrechnungslegungsgrundsätze),
- zu erstellenden Rechnungslegungsinstrumente,
- Bilanzansatz (*recognition*),
- Bewertung (*measurement*),
- Ausweis und Informationsangaben (*disclosure*)

resultiert, ist Gegenstand der nachfolgenden Ausführungen. Um die bestehenden Erleichterungen, die kleinen Unternehmen zur Verfügung stehen, zu beleuchten, wird in der weiteren Untersuchung stets von der vollständigen Ausschöpfung der vorhandenen gesetzlichen Befreiungen sowie einer Anwendung des FRSSE ausgegangen. Von den in Tab. 31 dargestellten Vergünstigungswahlrechten wird somit sowohl eine Inanspruchnahme der gesetzlichen Erleichterungsvorschriften als auch eine Anwendung der im Vergleich zu den Big GAAP weniger strikten Normen des FRSSE unterstellt. Von den kleinen Unternehmen zur Verfügung stehenden Erleichterungsoptionen wird somit für die weiteren Untersuchungen nur mehr die in der Tab. 31 markierte Kombination betrachtet.

■ **Tab. 31:** Erleichterungsoptionen kleiner Unternehmen

		Anwendung des FRSSE	
		ja	nein
Inanspruchnahme der gesetzlichen Erleichterungen	ja	X	
	nein		

4.2.3.1.2 Zielsetzung der Jahresabschlusserstellung

Da eine Differenzierung der Unternehmensrechnung u. a. dadurch begründet werden kann, dass das für große Unternehmen geltende Rechnungslegungsregime den Abschlussadressaten kleiner Unternehmen keinen entsprechenden Nutzen stiftet,[639] wird in den nachfolgenden Gliederungspunkten zunächst untersucht, ob in Großbritannien in den zugrunde liegenden Normierungsgrundlagen eine Unterscheidung zwischen den Zielsetzungen und Adressaten der Unternehmensberichterstattung großer und kleiner Unternehmen[640] erfolgt und damit Anhaltspunkte für eine nutzerorientierte Differenzierung der Unternehmensberichterstattung bestehen.

4.2.3.1.2.1 Informationsfunktion

In Einklang mit der angelsächsischen Rechnungslegungskonzeption liegt die alleinige Zielsetzung der Abschlusserstellung gemäß dem *statement of principles* (SoP) des ASB darin, einem breiten Adressatenkreis entscheidungsnützliche Informationen zur finanziellen Leistungsfähigkeit und wirtschaftlichen Situation des Unternehmens zur Verfügung zu stellen. Die bereitgestellten Informationen sollen den Nutzern als Basis für wirtschaftliche Entscheidungen dienen und den Eigenkapitalgebern eine Beurteilung der Erfüllung der *stewardship*-Verantwortung des Managements ermöglichen.[641] Diese im *framework* des ASB formulierte Zielsetzung bezieht sich auf (*general purpose*) *financial statements*,[642] und ist somit sowohl für die Jahres- als auch die Konzernabschlusserstellung relevant und schließt darüber hinaus sämtliche *financial statements* mit ein, die mit dem Jahres- bzw. Konzernabschluss konsistent sind, wie z. B. Abschlüsse in *interim reports* (Zwischenberichte), *preliminary announcements* (Gewinnankündigungen) und *summary financial statements* (zusammengefasste Abschlüsse).[643]

---

639 Vgl. Gliederungspunkt 2.3.

640 Siehe zu einer nutzenorientierten Betrachtung einer größenbezogenen Differenzierung Gliederungspunkt 2.3.1.3.

641 Vgl. Accounting Standards Board (Hrsg.) (1999a), chapter 1.

642 *Special purpose financial reports*, d. h. Unternehmensberichte, die auf Verlangen eines bestimmten Nutzers und gemäß dessen Anforderungen erstellt werden (wie z. B. *tax returns* (Steuererklärungen) oder spezielle Berichtsinstrumente für Banken etc.), werden explizit vom Anwendungsbereich des *statement of principles* (dem *framework* des ASB) ausgeklammert; siehe Accounting Standards Board (Hrsg.) (1999a), Introduction, Abschnitt 1 ff.

643 Andere Berichtsinstrumente, sog. „*general purpose financial reports*", d. h. sämtliche die externe Unternehmensberichterstattung betreffenden Formen der Informationsvermittlung für externe Unternehmensinteressenten, die direkt oder indirekt mit dem Rechnungslegungssystem verbunden sind, werden in dem SoP nur insofern berücksichtigt, als der Anspruch vermittelt wird, dass die dort zur Verfügung gestellten Informationen mit jenen des Jahres- bzw. Konzernabschlusses konsistent sind. Zu dem Begriff der *general purpose financial reports* und seine Abgrenzung zu den

Da das SoP größenunabhängig gültig ist,[644] hat die Zielsetzung der Informationsvermittlung grundsätzlich auch für kleine Unternehmen Relevanz und wird auch im FRSSE selbst nochmals explizit hervorgehoben. Demnach besteht die Zwecksetzung des FRSSE darin, „... to ensure that reporting entities falling within its scope provide in their financial statements information about the financial position, performance and financial adaptability of the entity that is useful to users in assessing the stewardship of management and for making economic decisions ...“[645] Damit gilt die Informationsfunktion als primäre Zielsetzung der externen Unternehmensberichterstattung nach den *accounting standards* gleichermaßen für kleine und große Unternehmen.

Allerdings wird im FRSSE hervorgehoben, dass die Gewichtung und damit auch die Anforderungen der Nutzer an die beiden genannten Informationsziele – Rechenschaftslegung des Managements gegenüber den Eigenkapitalgebern versus Information als Instrument für wirtschaftliche Entscheidungen – bei kleineren Unternehmen nicht der der übrigen Unternehmen entspricht.[646] Obschon das ASB diese Aussage nicht näher kommentiert, muss diese wohl dahingehend interpretiert werden, dass der *stewardship*-Funktion der externen Rechnungslegung in kleineren Unternehmen in der Regel eine geringere Bedeutung zukommt, da eine Trennung von Anteilseigentum und Unternehmensführung häufig nicht stattfindet.[647]

Auch im CA 1985 kommt die Informationsorientierung als primäre Zwecksetzung der gesetzlichen Unternehmensberichterstattung für alle zur Beachtung der Rechnungslegungsvorschriften des CA 1985 verpflichteten Unternehmen zum Ausdruck. Obwohl der Gesetzgeber diese Zielsetzung nicht explizit formuliert, so wird doch durch die größenunabhängig für alle Unternehmen geltende Forderung nach der Vermittlung eines *true and fair view* der Unternehmenssituation und -leistung[648] die Informationsfunktion der Jahres- und Konzernabschlusserstellung deutlich.[649]

(general purpose) financial statements siehe Accounting Standards Board (Hrsg.) (1999a), Introduction, Abschnitt 6 ff.

644 Vgl. Accounting Standards Board (Hrsg.) (1999a), Introduction, Abschnitt 9. Obwohl das SoP grundsätzlich für die Bedürfnisse großer Unternehmen entwickelt wurde, erachtet das ASB die in dem SoP enthaltenen Grundsätze generell für alle Unternehmen als relevant; vgl. Accounting Standards Board (Hrsg.) (1999a), Appendix III, Abschnitt 8.

645 Accounting Standards Board (Hrsg.) (2001a), A – Objective.

646 Vgl. Accounting Standards Board (Hrsg.) (2001a), A – Objective.

647 Vgl. hierzu Gliederungspunkt 4.2.3.1.2.3.

648 Vgl. section 226 (2) CA 1985 sowie section 227 (3) CA 1985.

649 Ähnlich Hommelhoff, P. (1998), S. 388; Walton, P. (2000), S. 224.

4.2.3.1.2.2 Ausschüttungsbemessungsfunktion

4.2.3.1.2.2.1 Status quo

Trotz der geschilderten Dominanz der Informationsfunktion der Abschlusserstellung bildet der gesetzliche Jahresabschluss von *companies*, unabhängig von der Zugehörigkeit zu einer bestimmten Größenklasse, auch in Großbritannien die Ausgangsgrundlage für die Bemessung der Ausschüttungen an die Anteilseiger, deren Höhe – unter Beachtung der gesetzlichen Ausschüttungsbestimmungen[650] – der Hauptversammlung von der Unternehmensleitung vorgeschlagen wird.[651] Den Bestimmungen des deutschen AktG vergleichbare Regelungen hinsichtlich der Pflichtdotierung einer gesetzlichen Rücklage oder der Beschränkung des Zuführungsbetrages in die anderen Gewinnrücklagen finden sich im CA 1985 nicht, sodass die *company directors* diesbezüglich keinen Beschränkungen bei der Bemessung der Dividendenhöhe unterliegen. Allerdings bestimmt der CA 1985 zur Erhaltung des Gesellschaftskapitals sowie zum Schutz der Unternehmensgläubiger, dass „[a] company shall not make a distribution except out of profits available for the purpose.“[652] Welche Gewinne als ausschüttbar gelten wird in section 263 (3) CA 1985 weiter konkretisiert. Dort heisst es, dass „... a company's profits available for distribution are its accumulated, realised profits, so far as not previously utilised by distribution or capitalisation, less its accumulated, realised losses, so far as not previously written off in a reduction or reorganisation of capital duly made“.[653] Zur Erhaltung des Gesellschaftskapitals ist der ausschüttungsfähige Gewinn demnach anhand einer periodisch fortzuführenden Ausschüttungsrechnung zu ermitteln, in der die kumulierten und noch nicht für Ausschüttungszwecke verwendeten *realised profits* den kumulierten *realised losses* gegenübergestellt werden (vgl. Abb. 35). Veränderungen der kumulierten *realised profits* bzw. *realised losses*, die durch eine Erhöhung bzw. Herabsetzung des Gesellschaftskapitals verursacht wer-

---

650 Die Bestimmungen über die Ausschüttung von Dividenden wurden in Großbritannien mit der Umsetzung der Zweiten EG-Richtlinie im CA 1980 umfassend geändert. Zwar bestanden auch vor der Transformation der EU-Bestimmungen rudimentäre Regelungen zur Beschränkung von Dividendenausschüttungen an die Aktionäre, doch handelte es sich hierbei fast ausschließlich um *case law*-Regelungen; vgl. Davies, P. (1997), S. 281 f.; Triebel, V./Hodgson, S./Kellenter, W./ Müller, G. (1995), S. 241.

651 Einen festen Dividendenanspruch bei Erfüllen der gesetzlichen Ausschüttungsbestimmungen besitzen die Anteilseigner in der Regel nicht, es sei denn, in der Unternehmenssatzung ist die Zahlung eines festen Dividendenbetrages vereinbart; vgl. Farrar, J./Hannigan, B. (1998), S. 211.

652 Section 263 (1) CA 1985. Welche Vorgänge in diesem Kontext als „*distribution*“ zu klassifizieren sind, wird in section 263 (1) CA 1985 ebenfalls konkretisiert. Siehe hierzu auch die Diskussionen der *Company Law Review Steering Group*; The Company Law Review Steering Group (Hrsg.) (1999c), S. 50 f.; The Company Law Review Steering Group (Hrsg.) (2000c), S. 9 ff.

653 Section 263 (3) CA 1985.

den oder auf Kapitalumwandlungen zurückzuführen sind, müssen entsprechend berücksichtigt werden.[654]

■ **Abb. 35:** Ermittlung des ausschüttungsfähigen Gewinns

	Kumulierte, noch nicht für Ausschüttungen verwendete *realised profits*
./.	Kumulierte *realised losses*
=	**Ausschüttungsfähiger Gewinn**

Hinsichtlich der weiteren Konkretisierung der *realised profits* bzw. *losses*[655] verweist der Gesetzgeber zunächst auf die Rechnungslegungsbestimmungen des CA 1985.[656] Allerdings findet sich auch dort keine exakte Definition. Stattdessen erklärt der Gesetzgeber dass, „[r]eferences ... to „realised profits" and „realised losses" ... are to such profits or losses ... as fall to be treated as realised in accordance with principles generally accepted ...".[657] Neben den gesetzlichen Rechnungslegungsbestimmungen erhalten somit auch die *generally accepted accounting principles* für die Ermittlung der realisierten, ausschüttungsfähigen Erfolgsbeiträge grundsätzliche Relevanz.

Ausgangsgrundlage für die Ermittlung des ausschüttbaren Dividendenbetrages ist somit zunächst der nach den Vorschriften des CA 1985 und unter Berücksichtigung der *accounting standards* erstellte, dem *true and fair view*-Prinzip entsprechende gesetzliche Jahresabschluss.[658] Da dieser jedoch in Großbritannien primär Informationsfunktion besitzt, sind auch die Gewinnermittlungsvorschriften vorrangig an dieser

---

654 Siehe diesbezüglich auch section 280 CA 1985.

655 *Profits* bzw. *losses* beinhalten, sofern durch entsprechende Gesetzesvorschriften nichts anderes bestimmt wird, sowohl betriebliche als auch außerbetriebliche Erfolgskomponenten, d. h. sowohl *revenues* als auch *capital gains* und *capital losses*; vgl. section 280 CA 1985.

656 Vgl. section 742 CA 1985. Hier wird jedoch hinsichtlich des anzuwendenden Realisationsbegriffs unmittelbar auf section 262 (3) CA 1985 verwiesen.

657 Section 262 (3) CA 1985.

658 Vgl. section 270 (3) CA 1985. Obwohl der CA 1985 in diesem Kontext den Begriff der *annual accounts* verwendet, der nach section 262 (1) CA 1985 sowohl für den Einzel- als auch den Konzernabschluss steht, ist für die Ausschüttungsbemessung grundsätzlich der Einzelabschluss heranzuziehen, da ein Mutterunternehmen nur die von ihm erwirtschafteten Gewinne ausschütten kann und nicht die des Konzerns; siehe hierzu KPMG (Hrsg.) (1998a), S. 239. In Ausnahmefällen können darüber hinaus auch *interim accounts* (Zwischenabschlüsse) bzw. *initial accounts* (Gründungsbilanzen) für eine Ausschüttungsbestimmung herangezogen werden; vgl. section 270 (4) CA 1985. In diesen Fällen sind die weiteren Sonderbestimmungen der section 272 CA 1985 sowie section 273 CA 1985 zu beachten.

Zielsetzung und nicht an der Erhaltung eines Mindesthaftungskapitals orientiert.[659] Dies hat zur Konsequenz, dass die unter Berücksichtigung der *accounting standards* ermittelten *accounting profits* entsprechend zu modifizieren sind, um die *realised profits* und *realised losses* zu erhalten.

Einige Korrekturen werden dabei unmittelbar vom CA 1985 vorgegeben.[660] So sind nach den Ausschüttungsbemessungsvorschriften des CA 1985 beispielsweise bei der Bestimmung des Ausschüttungsbetrages aktivierte *development costs* (Entwicklungskosten) grundsätzlich als *realised losses* zu erfassen.[661] Auch Wertberichtigungen aufgrund planmäßiger oder außerplanmäßiger Wertminderungen von Vermögenswerten sind generell als *realised losses* zu behandeln.[662]

Weitere Hinweise zur Bestimmung des für Ausschüttungszwecke realisierten Erfolgs liefert auch die vom *Institute of Chartered Accountants in England and Wales* in Zusammenarbeit mit dem *Institute of Chartered Accountants of Scotland* erarbeitete „*Guidance on the Determination of Realised Profits and Losses in the Context of Distributions under the Companies Act 1985*".[663] Die dort enthaltenen Richtlinien entfalten allerdings keine Rechtsverbindlichkeit, da die rechtsgültige Auslegung der Bestimmungen des CA 1985 allein den Gerichten vorbehalten ist. Dies hat zur Konsequenz, dass die Ermittlung des ausschüttungsfähigen Erfolgs in Großbritannien mit gewisser Rechtsunsicherheit behaftet ist,[664] was sich auch in den zum Teil widersprüchlichen Literaturmeinungen zu den als ausschüttbar geltenden Erfolgsbeiträgen widerspiegelt.[665] Dies ist u. a. auch dadurch bedingt, dass die in den *accounting standards* verankerte Interpretation des Realisationsprinzips der *accountancy profession* zum Teil von dem im CA 1985 normierten, auf der Vierten EG-Richtlinie basierenden

---

659 Vgl. Institute of Chartered Accountants in England and Wales (Hrsg.) (1999), S. 2.

660 Vgl. section 269 und 275 CA 1985.

661 Von der Behandlung aktivierter Entwicklungskosten als *realised losses* kann in begründeten Ausnahmefällen jedoch abgewichen werden; vgl. section 269 (2) CA 1985.

662 Sondervorschriften existieren für Abschreibungen auf neu bewertete Vermögenswerte. Für weitere Details siehe section 275 CA 1985.

663 Vgl. Institute of Chartered Accountants in England and Wales/Institute of Chartered Accountants of Scotland (Hrsg.) (2003). Diese Richtlinie wurde im Rahmen eines mehrjährigen Konsultationsprozesses erarbeitet (vgl. Institute of Chartered Accountants in England and Wales (Hrsg.) (1999) sowie (2000)) und ergänzt die ursprünglichen Empfehlungen des ICAEW aus dem Jahr 1982 (vgl. Institute of Chartered Accountants in England and Wales (Hrsg.) (1982)) zur Ermittlung der „*realised profits*".

664 Vgl. beispielsweise die Ausführungen von McGee, A./Mumford, M. (1988), S. 7 ff. und S. 13 ff. zur Ermittlung des ausschüttbaren Dividendenbetrages. Siehe auch die Empfehlungen des ICAEW/ICAS zur Bestimmung der „*realised profits*"; vgl. Institute of Chartered Accountants in England and Wales/Institute of Chartered Accountants of Scotland (Hrsg.) (2003).

665 Vgl. Leuz, C./Deller, D./Stubenrath, M. (1998), S. 118 f.

und in Gerichtsprozessen von Juristen konkretisierten Realisationsverständnis abweicht.[666]

Neben den genannten Ausschüttungsregelungen, die für *private* und *public companies* gleichermaßen gelten und unabhängig von der Unternehmensgröße anzuwenden sind, enthält der CA 1985, abgesehen von Sondervorschriften für Versicherungsunternehmen und Investmentgesellschaften,[667] bedingt durch die Transformation der Zweiten EG-Richtlinie, darüber hinaus zusätzliche Ausschüttungsrestriktionen für *public companies*.[668] Diese dürfen Ausschüttungen nur dann vornehmen, wenn das Nettoaktivvermögen (a) den Betrag des eingeforderten Grundkapitals zuzüglich der nicht ausschüttbaren Rücklagen übersteigt[669] und (b) durch die Ausschüttung nicht unter diesen Mindestbetrag sinkt.[670]

4.2.3.1.2.2.2 Angedachte Reformmaßnahmen

Um den bestehenden Rechtsunsicherheiten im Zusammenhang mit der Ermittlung der *realised profits* zu begegnen, schlug die *Company Law Review Steering Group* in ihrem Abschlussbericht vom Juni 2001 vor,[671] die bestehenden, in part VIII „*Distribution of Profits and Assets*“ des CA 1985 enthaltenen Rechnungslegungsvorschriften zur Ermittlung des realisierten Erfolgs aus dem Gesetz zu eliminieren und stattdessen die weitere Auslegung und Konkretisierung der *realised profits/losses* dem neu zu

---

666 Siehe zu diesem Konflikt Accounting Standards Board (Hrsg.) (1999a), Appendix I, Abschnitt 7 f. Vgl. außerdem zu der konfligierenden juristischen Betrachtungsweise mit jener der *accountancy profession*; The Company Law Review Steering Group (Hrsg.) (1999a), S. 86.

667 Vgl. section 265 CA 1985 respektive section 268 CA 1985.

668 Die Zweite EG-Richtlinie, die sog. „Kapitalschutzrichtlinie“, bezieht sich nach Artikel 1 in Großbritannien ausschließlich auf *public companies limited by shares* und *public companies limited by guarantee* (vgl. Zweite Richtlinie 77/91/EWG des Rates vom 13. Dezember 1976), wobei Letztere mittlerweile nicht mehr exisitiert (vgl. Gliederungspunkt 4.1.1.1.1).

669 Zu den nicht ausschüttbaren Rücklagen zählen hierbei: (a) der *share premium account* (vergleichbar der in Deutschland zu bildenden Kapitalrücklage handelt es sich hierbei um eine Rücklage für das Agio von Aktien), (b) die *capital redemption reserve* (Reservefonds zur Tilgung von Vorzugsaktien), (c) der Betrag, um den die kumulierten *unrealised profits* (korrigiert um die Beträge, die bereits in eine nicht ausschüttbare Rücklage eingestellt wurden) die kumulierten *unrealised losses* (insofern diese nicht durch etwaige Kapitalherabsetzungen oder -umwandlungen reduziert wurden) übersteigen, und (d) jegliche anderen Rücklagen, die aufgrund gesetzlicher oder satzungsmäßiger Bestimmungen nicht ausgeschüttet werden dürfen; vgl. section 264 (3) CA 1985.

670 Vgl. section 264 (1) CA 1985.

671 Vgl. zum *company law review* Gliederungspunkt 4.

konstituierenden *Standards Board* zu übertragen.[672] Außerdem wurde auch über eine Deregulierung der Ausschüttungsbemessung von *private companies* nachgedacht, um diese von der Anwendung der sehr komplexen Ausschüttungsregelungen zu befreien.[673] Letzteres wurde jedoch in Anbetracht der Übertragung der Ausformung der Bestimmungen zur Ermittlung der *realised profits/losses* auf den privaten *standard setter* und der mit der Konkretisierung der gesetzlichen Ausschüttungsbemessungsnormen angestrebten Komplexitätsreduktion im Rahmen des Konsultationsprozesses wieder fallen gelassen.[674]

4.2.3.1.2.3 Zielträger der Abschlusserstellung

Über die Zielträger der Abschlusserstellung gibt der CA 1985 wenig Aufschluss, denn in Ermangelung einer expliziten Definition zu den Abschlusszwecken finden sich auch keine ausdrücklichen Aussagen zu den Rechnungslegungsadressaten. Basierend auf dem britischen Unternehmensverständnis, nachdem „[c]ompanies are formed and managed for the benefit of *shareholders* ...“[675], stehen allerdings die Interessen der Eigenkapitalgeber im Zentrum der gesetzlichen Reglungen des CA 1985. Wie die Entwicklungsgeschichte des CA 1985 zeigt, fanden im Zeitablauf jedoch neben den Shareholderinteressen auch die Informationsbedürfnisse anderer Stakeholdergruppen nach und nach Berücksichtigung.[676] Die Rechnungslegungs- und Publizitätsbestimmungen des CA 1985 sind deshalb nicht ausschließlich auf die Bedürfnisse der Eigenkapitalgeber fokussiert, sondern dienen auch dazu, die Interessen der übrigen Unternehmenspartizipanten sowie der Öffentlichkeit zu sichern.[677] Dies wird auch an einzelnen Informations- und Erläuterungspflichten des CA 1985, die Elemente einer Sozialberichterstattung aufweisen, deutlich.[678] So kann grundsätzlich auf einen sehr weit

---

672 Vgl. The Company Law Review Steering Group (Hrsg.) (2001a), S. 219. Siehe auch The Company Law Review Steering Group (Hrsg.) (2000b), S. 153. Zur Neukonzeption des *standard setting regime* siehe Gliederungspunkt 4.1.4.3.

673 Da *private companies* nicht unter den Anwendungsbereich der Zweiten EG-Richtlinie fallen, würde dies auch den EU-rechtlichen Vorgaben nicht widersprechen.

674 Vgl. The Company Law Review Steering Group (Hrsg.) (2000c), S. 18.

675 The Company Law Review Steering Group (Hrsg.) (1999a), S. 34. Siehe zur Dominanz der Shareholder Value-Orientierung im britischen Unternehmensverständnis sowie deren historischem Hintergrund auch Gamble, A./Kelly, G. (2001), S. 110 ff.

676 Vgl. Gliederungspunkt 4.1.1.1.2.10.

677 Vgl. The Company Law Review Steering Group (Hrsg.) (1999a), S. 34; The Company Law Review Steering Group (Hrsg.) (2000a), S. 152.

678 Siehe hierzu z. B. die in den *directors' report* (Lagebericht) aufzunehmenden Informationen bezüglich der Beschäftigung behinderter Arbeitnehmer (dies gilt jedoch nur für Unternehmen mit mehr als 250 Arbeitnehmern) oder den während des abgelaufenen Geschäftsjahres veranlassten Zuwendungen für politische oder wohltätige Zwecke; vgl. schedule 7, para. 3 – 5 und para. 9 CA 1985. Ferner schlägt die *Company Law Review Steering Group* für Unternehmen mit erhebli-

gefassten gesetzlichen Zielträgerkreis geschlossen werden, der neben den Anteilseignern auch andere an dem Unternehmen beteiligte Personen und Personengruppen sowie die allgemeine Öffentlichkeit umfasst.[679] Der primäre Fokus des CA 1985 ist jedoch auf den Schutz der Interessen der Eigentümer gerichtet.

Im Gegensatz zum Gesetzgeber nimmt das ASB in seinem SoP explizit Stellung zu den Adressaten von Rechnungslegungsinformationen und betont, dass die zur Verfügung gestellten Rechnungslegungsdaten für einen breiten Kreis an Rechnungslegungsadressaten nützlich sein sollen.[680] Da angesichts der vorhandenen Vielfalt der Informationsinteressen jedoch nicht alle Informationsbedürfnisse erfüllt werden können, grenzt das ASB die Zielgruppe der externen Rechnungslegung auf die Investoren ein und unterstellt (analog zum IASB und FASB in deren *conceptual frameworks*),[681] dass Abschlüsse, die die Informationsansprüche gegenwärtiger und potenzieller Investoren, der sog. „Risikokapitalgeber", erfüllen und deren Bedürfnisse hinsichtlich Rechnungslegungsdaten zur Vermögens-, Finanz- und Ertragslage befriedigen, grundsätzlich auch den Informationsanforderungen der übrigen Adressaten genügen.[682] In dieser Ausrichtung der externen Unternehmensrechnung auf die Informationsansprüche der Eigenkapitalgeber, die zum Maßstab für die Abschlusserstellung werden, wird die Fokussierung des SoP auf große Publikumsgesellschaften, für die der Kapitalmarkt die zentrale Finanzierungsquelle darstellt, deutlich. Denn durch den in Publikumsgesellschaften besonders ausgeprägten Principal-Agent-Konflikt zwischen

---

cher ökonomischer Macht künftig die Erstellung eines verpflichtenden *Operating and Financial Review* (OFR) vor. In diesen sollen auch Informationen zu Umweltaspekten sowie sozialen und ethischen Fragestellungen aufgenommen werden; vgl. Gliederungspunkt 4.2.3.1.4.3.1. Auch hierin zeigt sich die soziale Verantwortung, die Unternehmen gegenüber der allgemeinen Öffentlichkeit zukommt. Allerdings wird durch die angedachte Differenzierung hinsichtlich der Verpflichtung zur Erstellung eines OFR sowie die Beschränkung der Informationspflichten zur Beschäftigung behinderter Personen auf Gesellschaften mit mehr als 250 Arbeitnehmern auch deutlich, dass die Ansprüche an große Unternehmen hinsichtlich der Übernahme sozialer Verantwortung wesentlich höher sind als die Anforderungen, die an kleinere Gesellschaften gestellt werden. Siehe zur Rechtfertigung einer größenabhängigen Differenzierung der gesamtgesellschaftlichen Publizitätspflichten auch Accounting Standards Steering Committee (Hrsg.) (1975), S. 30.

679 Vgl. The Company Law Review Steering Group (Hrsg.) (2000a), S. 152 f.; ähnlich Farrar, J./ Hannigan, B. (1998), S. 464.

680 Explizit genannt werden *present and potential investors* (gegenwärtige und potenzielle Eigenkapitalgeber), *lenders* (Kreditgeber), *suppliers and other trade creditors* (Zulieferanten und andere Handelskreditgeber), *employees* (Arbeitnehmer), *customers* (Kunden), *governments and their agencies* (Regierung und staatliche Behörden) sowie *the public* (die allgemeine Öffentlichkeit); vgl. Accounting Standards Board (Hrsg.) (1999a), Abschnitt 1.3.

681 Vgl. Financial Accounting Standards Board (Hrsg.) (1978), SFAC 1.30 – 1.32; International Accounting Standards Board (Hrsg.) (2001), F 10.

682 Vgl. Accounting Standards Board (Hrsg.) (1999a), Abschnitt 1.3 ff. sowie Institute of Chartered Accountants of Scotland (Hrsg.) (1998), Abschnitt 3.4.

Eigentümern und Unternehmensleitung kommt der Rechenschaftslegung des Managements über den ordnungsgemäßen, effizienten und Gewinn bringenden Einsatz der zur Verfügung gestellten Ressourcen gegenüber den Eigentümern sowie die Bereitstellung entscheidungsrelevanter Informationen zentrale Bedeutung zu.[683]

Obschon das SoP unabhängig von der Unternehmensgröße Gültigkeit besitzt,[684] räumt das ASB ein, dass bei kleineren Unternehmen im Vergleich zu großen Gesellschaften der Kreis der Rechnungslegungsinteressenten und damit auch die Abschlusszwecke in der Regel weniger vielfältig sind.[685] Dementsprechend bestimmt der FRSSE dass, „... the balance between users' needs in respect of stewardship and economic decision-making for smaller entities is different from that for other reporting entities."[686] Damit sind die beiden Informationsaufgaben – Rechenschaftslegung des Managements gegenüber den Eigenkapitalgebern versus Information als Basis für wirtschaftliche Entscheidungen – und die diesbezüglichen Informationsansprüche der Abschlussnutzer in kleinen Unternehmen im Vergleich zu großen Unternehmen hinsichtlich ihrer Bedeutung unterschiedlich zu gewichten. Wenngleich das ASB hierfür keine Erklärung gibt, so scheint diese Annahme auf den in der Regel bestehenden Divergenzen in der Eigentümerstruktur von großen und kleinen Unternehmen zu basieren. Denn wie in empirischen Untersuchungen bestätigt werden konnte, handelt es sich bei einem Großteil der kleineren Unternehmen in Großbritannien um eigentümergeführte bzw. im Familienbesitz befindliche Unternehmen, die keine oder nur wenige externe, nicht in das Tagesgeschäft involvierte Gesellschafter besitzen.[687] Dies wird auch durch die jüngsten Untersuchungen der *Company Law Review Steering Group* unterstützt, die zeigen, dass ca. 70 % aller *companies* nur ein oder zwei Gesellschafter besitzen und bei 90 % der untersuchten Kapitalgesellschaften die Anzahl der Anteilseigner unter

---

683 Siehe zur besonderen Ausprägung des Principal-Agent-Konflikts in Publikumsgesellschaften auch Gliederungspunkt 2.3.1.2.

684 Vgl. Gliederungspunkt 4.2.3.1.2.1. Im FRSSE selbst gibt das ASB keine Auskunft zu den Abschlussadressaten von *smaller entities*.

685 Vgl. Accounting Standards Board (Hrsg.) (1999a), Appendix III, Abschnitt 8. Dies wird auch durch empirische Untersuchungen bestätigt, die jedoch kein einheitliches Bild über die Abschlussnutzer kleinerer Unternehmen geben; vgl. Kapitel 2 Fn. 203. Das *Institute of Chartered Accountants of Scotland* geht hingegen auch bei kleinen Unternehmen von einem breit gefächerten Kreis an Nutzern von Rechnungslegungsinformationen aus und identifiziert insgesamt über 20 verschiedene Adressatengruppen; vgl. Institute of Chartered Accountants of Scotland (Hrsg.) (1998), S. 11 ff. und insbesondere Tabelle 3.1.

686 Accounting Standards Board (Hrsg.) (2001a), A – Objective.

687 Vgl. Committee of Inquiry on Small Firms (Hrsg.) (1971), S. 6; Carsberg, B./Page, M./Sindall, A./Waring, I. (1985), S. 56; Collis, J./Jarvis, R. (2000), S. 31; Hicks, A./Drury, R./Smallcombe, J. (1995), S. 13; Page, M. (1984), S. 274; Poutziouris, P./Chittenden, F./Michaelas, N. (1998), S. 11 f.; Poutziouris, P./Chittenden, F./Michaelas (1999), S. 13.

fünf liegt.[688] Somit kommt in kleinen *companies* aufgrund der vielfach fehlenden Separierung von rechtlichem Anteilseigentum und Unternehmensmanagement der *stewardship*-Funktion der Rechnungslegung und damit den externen Gesellschaftern als Rechnungslegungsadressat im Vergleich zu großen Publikumsgesellschaften nur untergeordnete praktische Bedeutung zu.[689]

Ferner hebt das ASB hervor, dass „... in principle a separate reporting regime for smaller entities ... is not inconsistent with the Board's Statement of Principles“[690], denn „[the] objective of financial statements is to provide users with information that is relevant, reliable, comparable and understandable; however, the information that is most useful may be different for different users".[691] Dabei betont das ASB in seinem Diskussionspapier zur Überarbeitung des Reporting Regimes für kleine Unternehmen die Notwendigkeit der Entscheidungsrelevanz und Verständlichkeit des Abschlusses für die Rechnungslegungsadressaten und stellt fest: „[if] FRSSE users have different needs from professional investors, and require a different level of complexity, FRSSE financial statements should take this into account.“[692] Eine Differenzierung der externen Rechnungslegung zwischen großen und kleinen Unternehmen konfligiert damit grundsätzlich nicht mit dem *framework* des ASB, sondern kann sowohl unter dem Aspekt der *relevance* als auch der *understandability* gerechtfertigt werden. Denn zeigt sich, dass die Entscheidungsmodelle der Adressaten von großen und kleinen Unternehmen divergieren und diese deshalb unterschiedliche Informationen benötigen, so kann zur Erfüllung der Anforderung der Entscheidungsrelevanz (*relevance*) eine Differenzierung der Rechnungslegungsnormen und Informationsanforderungen nach dem SoP des ASB geboten sein. Ebenso fordert das Charakteristikum der Nützlichkeit von Rechnungslegungsinformationen, dass diese von den Adressaten auch verstanden wer-

---

688 Vgl. The Company Law Review Steering Group (Hrsg.) (2000a), S. 221. Bedingt durch die untergeordnete Bedeutung der Eigenkapitalfinanzierung durch externe Gesellschafter stellen Banken für viele kleinere Unternehmen in Großbritannien deshalb die wesentliche Finanzierungsquelle dar. Insgesamt stammen etwa 50 % der kleinen Unternehmen von externen Kapitalgebern insgesamt zur Verfügung gestellten Mittel in Großbritannien von Banken; vgl. Bank of England (Hrsg.) (1999), S. 20. Siehe zur Dominanz der Fremdkapitalfinanzierung in kleineren Unternehmen auch Collis, J./Dugdale, D./Jarvis, R. (2001), S. 181 f.; Dugdale, D./Hussey, J./Jarvis, R. (1997), S. 32; Hughes, A. (1997), S. 158; Keasey, K./Watson, R. (1993), S. 151. Siehe für einen Vergleich der Kapitalstrukturen von großen und kleinen Unternehmen beispielsweise Cosh, A./ Hughes, A. (1994), S. 33 ff. bzw. für die Untersuchung der Abhängigkeit der Kapitalstruktur vom Zugang zum Eigenkapitalmarkt Chittenden, F./Hall, G./Hutchinson, P. (1996), S. 59 ff. Für eine Gegenüberstellung der Bedeutung verschiedener Finanzierungsquellen für *private companies* im Vergleich zu *public companies* siehe außerdem Poutziouris, P./Chittenden, F./ Michaelas, N. (1999), S. 14.

689 Vgl. Collis, J./Jarvis, R. (2000), S. X; Davies, M./Paterson, R./Wilson, A. (1999), S. 42.

690 Accounting Standards Board (Hrsg.) (2001b), Abschnitt 2.8.

691 Accounting Standards Board (Hrsg.) (2001b), Abschnitt 2.3.

692 Accounting Standards Board (Hrsg.) (2001b), Abschnitt 2.6.

den, was jedoch wiederum von den persönlichen Fähigkeiten und Rechnungslegungskenntnissen der Informationsempfänger beeinflusst wird.[693] Ist davon auszugehen, dass das Verständnis der Adressaten in Bezug auf die gewährten Rechnungslegungsinformationen in Abhängigkeit der Unternehmensgröße divergiert und durch einheitliche Rechnungslegungsstandards die Nützlichkeit der bereitgestellten Daten für die zu treffenden Entscheidungen beeinträchtigt wird, so kann auch auf Basis des Anforderungsmerkmals der *understandability* eine Differenzierung der Rechnungslegungsanforderungen erforderlich sein. Außerdem sind nach dem SoP des ASB bei der Standardisierungsarbeit auch *cost/benefit considerations* anzustellen.[694] Damit kann eine Differenzierung auch unter dem Aspekt größenabhängig divergierender Kosten-Nutzen-Verhältnisse, z. B. aufgrund der unterschiedlichen Größe des Adressatenkreises[695] oder ungleicher relativer Kostenbelastungen,[696] begründet werden.

Wie die Ausführungen verdeutlichen, bietet das SoP des ASB mehrfach Ansatzpunkte für eine nutzenorientierte Unterscheidung der Rechnungslegungsanforderungen zwischen großen und kleinen Unternehmen. Im Rahmen des FRSSE beschränkt sich der *standard setter* bislang jedoch aufgrund fehlender umfassender empirischer Forschungsergebnisse zu den Anforderungen der Nutzer von Abschlussinformationen kleinerer Unternehmen,[697] die auf die Notwendigkeit grundsätzlich divergierender Abbildungsregeln schließen lassen, lediglich darauf, auf eine unterschiedliche Gewichtung der *stewardship*-Funktion der Unternehmensrechnung in kleineren Unternehmen hinzuweisen.

4.2.3.1.3 Basisgrundsätze der Rechnungslegung

Bedingt durch die Anforderungen der Vierten EG-Richtlinie enthält der CA 1985 keine größenspezifische Differenzierung hinsichtlich der bei der Abschlusserstellung zu berücksichtigenden Basisgrundsätze der Rechnungslegung. Deshalb ist größenun-

---

693 Vgl. Accounting Standards Board (Hrsg.) (1999a), Abschnitt 3.26 ff.

694 Vgl. Accounting Standards Board (Hrsg.) (1999a), Introduction, Abschnitt 14.

695 Siehe hierzu auch Gliederungspunkt 2.3.1.3.

696 Vgl. Gliederungspunkt 2.3.2.

697 Vgl. Consultative Committee of Accountancy Bodies (Hrsg.) (1994), S. 5. Die meisten empirischen Studien zu den Nutzergruppen von Rechnungslegungsinformationen beziehen sich auf große Unternehmen. So beispielsweise auch Accounting Standards Steering Committee (Hrsg.) (1975); McMonnies, P. (1988); Solomons, D. (1989). Zwar beschränken sich die angeführten Studien nicht explizit auf große börsennotierte Unternehmen, weisen jedoch hinsichtlich der behandelten Themen einen starken Bezug zu großen, kapitalmarktorientierten Gesellschaften auf. Explizit mit den Zielträgern kleinerer Unternehmen befassen sich hingegen Carsberg, B./Page, M./Sindall, A./Waring, I. (1985); Collis, J./Jarvis, R. (2000); Dugdale, D./Hussey, J./Jarvis, R.

abhängig für sämtliche zur Anwendung der Rechnungslegungsnormen des CA 1985 verpflichteten Unternehmen eine dem übergeordneten *true and fair view*-Prinzip entsprechende Abschlusserstellung obligatorisch.[698] Auch die im schedule 8 CA 1985 angeführten, für kleine Unternehmen relevanten *accounting principles* – dies sind das Prinzip der Unternehmensfortführung, das Stetigkeitsprinzip, der Grundsatz der Vorsicht, das Realisationsprinzip, das Imparitätsprinzip, das Prinzip der periodengerechten Erfolgsermittlung sowie der Grundsatz der Einzelbewertung – sind mit jenen in schedule 4 CA 1985[699] identisch und gelten demnach größenunabhängig für sämtliche zur Anwendung der Rechnungslegungsnormen des CA 1985 verpflichteten Unternehmen.[700]

Auch bei einem Vergleich des FRSSE mit den übrigen *accounting standards* ergeben sich in der praktischen Anwendung keine wesentlichen größenspezifischen Unterschiede hinsichtlich der zu berücksichtigenden Basisrechnungslegungsgrundsätze. Die nach FRS 18 bei Auswahl der anzuwendenden *accounting policies* (Bilanzierungs-, Bewertungs- und Ausweismethoden)[701] zwingend zu beachtenden Prinzipien des *going concern* der *realisation* (Realisationsprinzip) sowie der *accruals*-Grundsatz (Prinzip der periodengerechten Erfolgsermittlung) sind auch im schedule 8 des CA 1985 verankert[702] und erlangen durch Verweis des FRSSE auf den CA 1985 für alle nach dem FRSSE rechnungslegenden Unternehmen Relevanz. Hinsichtlich der Anwendung dieser Basisprinzipien der Rechnungslegung ergeben sich somit auch in den *accounting standards* keine größenspezifischen Unterschiede zwischen großen und

(1997); Pratten, C. (1998); Templeman, J./Wootton, C. (1987). Siehe für einen Literaturüberblick auch Jarvis, R. (1996), S. 12.

698 Vgl. section 226 (2) sowie section 227 (2) CA 1985.

699 Schedule 4 CA 1985 ist grundsätzlich für alle großen (und mittelgroßen) und schedule 8 CA 1985 für alle kleinen, zur Beachtung der Rechnungslegungsnormen des CA 1985 verpflichteten Unternehmen relevant; vgl. Gliederungspunkt 4.2.3.1.1.

700 Vgl. schedule 4, part II, Abschnitt A sowie schedule 8, part II, Abschnitt A CA 1985.

701 Unter dem Begriff der *accounting policies* versteht das ASB alle von einem Unternehmen angewandten Prinzipien, Rechnungslegungsgrundlagen, Konventionen, Normen und Praktiken, anhand derer die Abbildung von Ereignissen im Abschluss hinsichtlich des Ansatzes, der anzuwendenden Bewertungsgrundlagen und des Ausweises von Vermögenswerten, Schulden, Gewinnen, Verlusten und sonstigen Eigenkapitalveränderungen spezifiziert wird; vgl. Accounting Standards Board (Hrsg.) (2000a), FRS 18.4.

702 Vgl. schedule 8, para. 10 ff. CA 1985. Zwar können sich durch eine unterschiedliche Interpretation dieser Grundsätze im CA 1985 im Vergleich zum FRS 18 (vgl. beispielsweise die Ausführungen zum Realisationsprinzip) durchaus Divergenzen ergeben, doch übergeordneter Maßstab für die Anwendung und Auslegung der genannten Rechnungslegungsgrundsätze bleibt für beide Normengrundlagen das *true and fair view*-Prinzip; vgl. diesbezüglich section 226 (5) CA 1985 bzw. section 227 (6) CA 1985 sowie Accounting Standards Board (Hrsg.) (2000a), FRS 18.15.

kleinen Unternehmen, vielmehr sind diese Prinzipen von allen Rechnungslegenden gleichermaßen zu berücksichtigen, deren Abschluss dem *true and fair view*-Prinzip entsprechen soll.

Um eine wahrheitsgetreue Abbildung des Unternehmensgeschehens zu gewährleisten, bestimmt der FRSSE, dass „... regard should be had to the substance of any arrangement or transaction ... into which the entity has entered.“[703] Damit gilt das Prinzip der *substance over form*, das für große Unternehmen aufgrund deren im Vergleich zu kleinen Unternehmen in der Regel wesentlich komplexerer Geschäftsaktivitäten zwar viel detaillierter und umfassender im FRS 5 erläutert wird,[704] im Grundsatz auch für kleine Unternehmen, sodass sich auch diesbezüglich im Wesentlichen keine größenspezifischen Divergenzen ergeben. Dies gilt auch für die Notwendigkeit zur Überprüfung der *going concern*-Annahme sowie die damit verbundenen Angabepflichten. Auch in diesem Fall existieren nur marginale Unterschiede zwischen den Regelungen des FRSSE und jenen des FRS 18.[705]

Trotz der Verankerung des *true and fair view*-Grundsatzes im CA 1985 wird die Verpflichtung, dass „... financial statements should present a true and fair view of the results for the period and of the state of affairs at the end of the period“[706] aufgrund der zentralen Bedeutung des *true and fair view*-Konzeptes für die Unternehmensberichterstattung im FRSSE nochmals explizit hervorgehoben. Obwohl es in den Big GAAP keine identische Regelung gibt, resultieren hieraus keine materiellen Unterschiede, denn der Grundsatz des *true and fair view* ist den *accounting standards* inhärent, da sie letztendlich zu dessen Konkretisierung entwickelt werden.[707] Damit hat die Verankerung des *true and fair view*-Grundsatzes im FRSSE wohl eher klarstellende Funktion. Die Vorrangstellung des *true and fair view* gegenüber jeglichen anderen Regelungen wird nicht nur im CA 1985, sondern auch im FRSSE sowie in den übrigen *accounting standards* betont und hat somit ebenfalls für große und kleine Unternehmen gleichermaßen Gültigkeit. Auch die in diesem Zusammenhang bestehende Pflicht zur Gewährung zusätzlicher Angaben bzw. Erläuterungen, falls dies für eine wahrheitsgetreue Darstellung erforderlich ist oder wenn zur Erfüllung des *true and fair*

---

703 Accounting Standards Board (Hrsg.) (2001a), B – Statement of Standard Accounting Practice, Abschnitt 2.1.

704 Vgl. Accounting Standards Board (Hrsg.) (1994b). Siehe zur Begründung der Eliminierung des umfangreichen Erläuterungsteils Accounting Standards Board (Hrsg.) (2001a), Appendix IV, Abschnitt 15.

705 Vgl. Accounting Standards Board (Hrsg.) (2000a), FRS 18.61 sowie Accounting Standards Board (Hrsg.) (2001a), B – Statement of Standard Accounting Practice, Abschnitt 2.6.

706 Accounting Standards Board (Hrsg.) (2001a), B – Statement of Standard Accounting Practice, Abschnitt 2.1.

707 Vgl. Gliederungspunkt 4.1.2.2.2.

view-Grundsatzes von spezifischen Normen abgewichen werden musste, ist für große und kleine Unternehmen identisch.[708]

Ebenfalls keinerlei Unterschiede zwischen großen und kleinen Unternehmen ergeben sich hinsichtlich der für die Unternehmensberichterstattung maßgebenden *qualitative characteristics of financial information*[709] – hierzu zählen die Grundsätze der *relevance* (Relevanz), *reliability* (Verlässlichkeit), *comparability* (Vergleichbarkeit) und *understandability* (Verständlichkeit) sowie die daraus abzuleitenden Untermerkmale und das einschränkende Merkmal der *materiality* (Grundsatz der Wesentlichkeit) –, da diese im SoP geregelt werden und aufgrund dessen größenunabhängiger Gültigkeit für sämtliche Unternehmen gleichermaßen Relevanz haben.

Keine wesentlichen Divergenzen zwischen den Anforderungen an große und kleine Unternehmen ergeben sich darüber hinaus hinsichtlich der sonstigen Vorschriften zur Auswahl der *accounting policies* und Schätzmethoden. Obschon die Regelungen des FRS 18 nicht immer wortgleich übernommen wurden, resultieren hieraus doch kaum maßgebliche materielle Unterschiede. Sowohl nach den Bestimmungen des FRS 18 als auch nach dem FRSSE dürfen die angewandten Grundsätze und Methoden nicht im Widerspruch zu den Bestimmungen der *accounting standards* und *UITF Abstracts* (bzw. bei kleinen Unternehmen zu den Bestimmungen des FRSSE) sowie den Regelungen des CA 1985 stehen und sind so zu wählen, dass durch den Abschluss ein *true and fair view* der wirtschaftlichen Unternehmenssituation vermittelt wird.[710] Hierbei sind die an die Unternehmensberichterstattung zu stellenden *qualitative characteristics* zu beachten.[711] Die Informations- und Erläuterungspflichten im Zusammenhang mit den angewandten *accounting policies* sowie diesbezüglichen Änderungen unterscheiden sich ebenfalls kaum zwischen großen und kleinen Unternehmen.[712] Nicht in den FRSSE übernommen wurde dagegen ein Großteil der umfangreichen

---

[708] Vgl. hinsichtlich der gesetzlichen Regelungen section 226 (4) und (5) CA 1985 sowie section 227 (4) und (5) CA 1985. Zu den diesbezüglichen Bestimmungen der *accounting standards* siehe Accounting Standards Board (Hrsg.) (2000a), FRS 18.15 f. und FRS 18.62 sowie Accounting Standards Board (Hrsg.) (2001a), B – Statement of Standard Accounting Practice, Abschnitt 2.2 und 2.9.

[709] Vgl. Accounting Standards Board (Hrsg.) (1999a), chapter 3.

[710] Vgl. Accounting Standards Board (Hrsg.) (2000a), FRS 18.14 ff. und FRS 18.50 ff. i. V. m. Accounting Standards Board (Hrsg.) (2001a), B – Statement of Standard Accounting Practice, Abschnitt 2.4.

[711] Vgl. Accounting Standards Board (Hrsg.) (2000a), FRS 18.30 f. und Accounting Standards Board (Hrsg.) (2001a), B – Statement of Standard Accounting Practice, Abschnitt 2.4.

[712] Vgl. hinsichtlich der Regelungen der *accounting standards* Accounting Standards Board (Hrsg.) (2000a), FRS 18.55 sowie Accounting Standards Board (Hrsg.) (2001a), B – Statement of Standard Accounting Practice, Abschnitt 2.7 f. sowie bezüglich der gesetzlichen Bestimmungen schedule 4, para. 36 CA 1985 sowie schedule 8, para. 36 CA 1985.

Anwendungshinweise und Erläuterungen des FRS 18 zur Auswahl der *accounting policies*, sodass der FRSSE diesbezüglich nur die wesentlichen Grundprinzipien wiedergibt.

Werden die gesetzlichen Erleichterungen des CA 1985 für kleine Unternehmen in Anspruch genommen, so ist dies im Rahmen des Jahresabschlusses explizit zu dokumentieren.[713] Die gleiche Pflicht ergibt sich, wenn der Abschluss unter Inanspruchnahme des FRSSE erstellt wurde; auch hierauf muss, zwar nicht von Gesetzes wegen, aber nach den Vorschriften des FRSSE, explizit hingewiesen werden.[714]

Für große Unternehmen, die zur Beachtung der Regelungen des CA 1985 verpflichtet sind, besteht darüber hinaus nach den Vorschriften des CA 1985 die Notwendigkeit, im Abschluss anzugeben, ob die *accounting standards* bei der Abschlusserstellung beachtet wurden, bzw. falls von diesen in wesentlichen Punkten abgewichen wurde, ist dies zu erläutern und die Gründe hierfür sind zu benennen.[715] Diese gesetzliche Angabepflicht, die erst im Jahr 1989 auf die Empfehlung des *Dearing Committee* zur Stärkung der Autorität der *accounting standards* eingeführt wurde,[716] gilt jedoch mit Ausnahme von *qualifying partnerships*, die generell von dieser Informationsangabe befreit sind,[717] wie bereits angemerkt wurde, nur für große Unternehmen. Kleine und mittelgroße *companies* und *limited liability partnerships* sowie sonstige Unternehmen, die ihren Abschluss nach dem FRSSE erstellen und deshalb grundsätzlich auch zur Beachtung der Vorschriften des CA 1985 verpflichtet sind,[718] müssen diese Angabe nicht machen.[719] Dabei ist es irrelevant, ob kleine Unternehmen die Erleichterungen des schedule 8 CA 1985 in Anspruch nehmen oder nicht.[720]

---

713 Vgl. section 246 (8) CA 1985.

714 Vgl. Accounting Standards Board (Hrsg.) (2001a), B – Statement of Standard Accounting Practice, Abschnitt 2.3.

715 Vgl. schedule 4, para. 36A CA 1985.

716 Vgl. Institute of Chartered Accountants in England and Wales (Hrsg.) (1988), S. 23. Zum *Dearing Committee* siehe Gliederungspunkt 4.1.2.

717 Vgl. schedule zu den Partnerships and Unlimited Companies (Accounts) Regulations 1993, SI 1993/1820. Zur Unternehmensform der *qualifying partnership* siehe Gliederungspunkte 4.1.1.3.1 und 4.1.1.3.2. Eine Untersuchung der Erleichterungen für *qualifying partnerships* zeigt, dass der Gesetzgeber für diese Unternehmensform im Wesentlichen nur die Mindestanforderungen der Vierten und Siebenten EG-Richtlinie umgesetzt hat. Dies ist wahrscheinlich auf die geringe praktische Relevanz dieser Rechtsform zurückzuführen (vgl. Fn. 246). Nur so lassen sich die vielfach sachlich nicht begründbaren Divergenzen zwischen den für *companies* und *limited liability partnerships* geltenden Normen einerseits und den für *qualifying partnerships* relevanten Vorschriften andererseits erklären.

718 Vgl. Gliederungspunkt 4.2.3.1.1.

719 Vgl. schedule 8 CA 1985 sowie section 246A (2) CA 1985; siehe außerdem für *limited liability partnerships* schedule 1 zu den Limited Liability Partnerships Regulations 2001, SI 2001/1090.

720 Vgl. Powling, H./Pryde, A./Sharp, I. (2002), S. 30.

Wenngleich die Vermittlung eines *true and fair view* grundsätzlich von allen Unternehmen die Beachtung der *accounting standards* erfordert, so wird den *accounting standards* durch die explizite gesetzliche Verpflichtung zur Angabe über deren Beachtung/Nichtbeachtung im Abschluss großer Unternehmen doch eine stärkere gesetzliche Autorität eingeräumt. Die Anwendung der *accounting standards* sowie die Überwachung ihrer Einhaltung werden damit gefördert.[721] Inwiefern sich durch die zusätzliche Informationspflicht für große Unternehmen inhaltliche Divergenzen zwischen der Unternehmensberichterstattung großer Gesellschaften und jener kleiner und mittelgroßer Unternehmen ergeben, ist jedoch fragwürdig, denn grundsätzlich müssen auch jene Unternehmen, für die die gesetzliche Angabepflicht nicht gilt, Abweichungen von den *accounting standards* angeben und begründen, allerdings resultiert dieses Erfordernis nicht aus dem Gesetz, sondern aus den *accounting standards* (FRS, FRSSE) selbst.[722]

Zusammenfassend kann festgehalten werden, dass hinsichtlich der zu beachtenden Basisgrundsätze der Rechnungslegung sowie der hiermit verbundenen Informationspflichten bezüglich der angewandten *accounting policies* weder im CA 1985 noch in den *accounting standards* wesentliche materielle Unterschiede zwischen kleinen und großen Unternehmen bestehen. Dies kann einerseits dadurch erklärt werden, dass es sich bei den grundlegenden Rechnungslegungsprinzipien um sehr allgemein anerkannte und akzeptierte Grundsätze und damit die Grundfesten jeder dem *true and fair view*-Prinzip entsprechenden Rechnungslegung handelt. Insofern ist es auch nicht überraschend, dass die Vierte EG-Richtlinie diesbezüglich keinen Differenzierungsspielraum gewährt und somit den Mitgliedstaaten jegliche Option für eine größenabhängige Unterscheidung der Basisprinzipien der Rechnungslegung nimmt. Andererseits ist die Konzeption des FRSSE gerade darauf gerichtet, in Grundsatzfragen eine mit den übrigen *accounting standards* übereinstimmende und konsistente Behandlungsweise von Sachverhalten zu gewährleisten.[723] Denn „[d]espite the scarcity of recent detailed research about the needs of these user groups, it seems likely that the broad principles adopted by the ASB as regards the requirements of users would also apply to small company accounts.“[724] Die Vereinfachungen des FRSSE beschränken sich deshalb hinsichtlich der Vorschriften zu den *accounting principles* und *policies* vor allem auf sprachliche Vereinfachungen und die Eliminierung umfangreicher Erläuterungen.

---

721 Vgl. Institute of Chartered Accountants in England and Wales (Hrsg.) (1988), S. 23.

722 Siehe Accounting Standards Board (Hrsg.) (2000a), FRS 18.15 f. und FRS 18.62 sowie Accounting Standards Board (Hrsg.) (2001a), B – Statement of Standard Accounting Practice, Abschnitt 2.2 f. und 2.9.

723 Vgl. Accounting Standards Board (Hrsg.) (2001a), Status of the FRSSE, S. 4.

724 Consultative Committee of Accountancy Bodies (Hrsg.) (1994), S. 5.

4.2.3.1.4 Instrumente der Rechnungslegung

Da der CA 1985 seit der Umsetzung der Vierten EG-Richtlinie sowohl bei kleinen als auch bei mittelgroßen Unternehmen hinsichtlich der zu erstellenden Abschlussinstrumente, der erforderlichen Informationsangaben sowie der diesbezüglich eingeräumten Erleichterungen und Befreiungen zwischen jenem Abschluss unterscheidet, der den Anteilseignern vorzulegen ist (interne Publizität) und jenem, der beim Unternehmensregister hinterlegt werden muss (externe Publizität),[725] stehen kleinen Unternehmen in Abhängigkeit von der Inanspruchnahme der eingeräumten Erleichterungen und Befreiungen eine Reihe von Wahlmöglichkeiten zur Verfügung.

So räumt der CA 1985 kleinen Unternehmen die Option ein, anstatt eines vollständigen Abschlusses (*full accounts*) unter Inanspruchnahme diverser, in section 246 (1) – (4) CA 1985 kodifizierter Erleichterungs- und Befreiungsregelungen einen vereinfachten Abschluss – hierfür verwendet der britische Gesetzgeber keinen eigenen Terminus, in der Literatur werden diese Abschlüsse jedoch häufig auch als *simplified accounts* bezeichnet[726] – zu erstellen. Diese *full* oder *simplified accounts* dienen gleichzeitig auch als Informationsbasis für die Anteilseigner und *debentures holder* (Inhaber von Schuldtiteln). Für die Hinterlegung beim Unternehmensregister ergeben sich darüber hinaus weitere Optionen (vgl. Tab. 32). Zum einen können dort ebenfalls *full accounts* oder *simplified accounts* offen gelegt werden. Zum anderen besteht aber auch die Möglichkeit, weitere Publizitätserleichterungen (section 246 (5) CA 1985) in Anspruch zu nehmen und nur einen verkürzten Abschluss, sog. „*abbreviated accounts*" zu veröffentlichen, wobei Letztere der Anforderung des *true and fair view*-Grundsatzes nicht gerecht werden[727] und deshalb auch den Ansprüchen des FRSSE nicht genügen.

■ **Tab. 32:** Abschlusserstellungsoptionen des CA 1985 für kleine Unternehmen

	Vollständiger Abschluss (*full accounts*)	Vereinfachter Abschluss (*simplified accounts*)	Verkürzter Abschluss (*abbreviated accounts*)
Für die Anteilseigner/ *debentures holder* zu erstellender Abschluss	X	X	
Beim Unternehmensregister zu hinterlegender Abschluss	X	X	X

[725] Vgl. The Company Law Review Steering Group (Hrsg.) (1999a), S. 119 f.; Nobes, C. /Parker, R. (1984), S. 87 f.; Secretary of State for Trade (Hrsg.) (1979), S. 2. Siehe auch die Ausführungen unter Gliederungspunkt 4.2.6.

[726] Vgl. The Company Law Review Steering Group (Hrsg.) (2000a), S. 282.

[727] Vgl. KPMG (Hrsg.) (1998a), S. 159.

Die nachfolgenden Gliederungspunkte beschäftigen sich ausschließlich mit den Anforderungen an den für interne Publizitätszwecke zu erstellenden Abschluss, d. h. jenem Abschluss, den gesellschaftsrechtlich zur Beachtung der Rechnungslegungsnormen des CA 1985 verpflichtete kleine Unternehmen für ihre Anteilseigner und ggf. *debentures holder* aufstellen müssen bzw. der von nach dem FRSSE rechnungslegenden kleinen Unternehmen zu erstellen ist. Dabei soll insbesondere herausgearbeitet werden, welche größenspezifischen Erleichterungen kleinen Unternehmen im Rahmen der Erstellung eines vereinfachten Abschlusses, d. h. von sog. *„simplified accounts"* im Vergleich zu den von großen Unternehmen grundsätzlich aufzustellenden *full accounts* zur Verfügung stehen. Für weitere Ausführungen zu den bestehenden Publizitätserleichterungen hinsichtlich des beim Unternehmensregister zu hinterlegenden Abschlusses siehe Gliederungspunkt 4.2.6.

4.2.3.1.4.1 Bestandteile des Jahresabschlusses

Nach den Vorschriften des CA 1985 müssen die *individual accounts* (der Einzelabschluss) unabhängig von der Unternehmensgröße bestehen aus:[728]

- *balance sheet* (Bilanz),
- *profit and loss account* (GuV-Rechnung) sowie
- diese beiden Bestandteile ergänzende *notes to the accounts* (Anhang).

D. h. unabhängig davon, ob von kleinen Unternehmen *full* oder *simplified accounts* erstellt werden, müssen diese stets die oben genannten Abschlussinstrumente beinhalten.

Nach den *accounting standards* sind die gesetzlichen Abschlussbestandteile darüber hinaus

- um ein *statement of total recognised gains and losses*[729] (eine umfassende Rechnung zum erzielten Unternehmenserfolg, die neben dem in der GuV-Rechnung ausgewiesenen, realisierten Periodenergebnis auch die (Perioden)ergebnisneutral erfassten positiven und negativen Erfolgsbeiträge aufzeigt) sowie
- ein *cash flow statement*[730] (Cash Flow-Rechnung)

---

[728] Vgl. section 226 (1) und (3) CA 1985 sowie KPMG (Hrsg.) (1998a), S. 6.
[729] Vgl. Accounting Standards Board (Hrsg.) (1999e), FRS 3.27.
[730] Vgl. Accounting Standards Board (Hrsg.) (1996b), FRS 1.4.

zu erweitern.[731] Dies gilt allerdings nicht für kleine Unternehmen. Diese müssen zwar nach dem FRSSE ebenfalls ein *statement of total recognised gains and losses* erstellen,[732] sind aber von der Ergänzung des Jahresabschlusses um ein *cash flow statement* befreit.[733] Im Gegensatz zu den Big GAAP wird die Bereitstellung von Cash Flow-Informationen im FRSSE lediglich empfohlen.[734]

Nach section 234 CA 1985 ist der Jahresabschluss außerdem um einen Lagebericht und bei börsennotierten Unternehmen nach section 234B CA 1985 darüber hinaus um einen *directors' remuneration report*, d. h. einen Bericht über die Vergütungen von Leitungs- und Aufsichtsorganen, zu ergänzen.[735] Während ein Lagebericht in Abwei-

---

731 Zusätzliche Informationspflichten gelten nach kapitalmarktrechtlichen Normen darüber hinaus für börsennotierte Unternehmen. Diese müssen neben den angeführten Instrumenten ihren Abschluss um weitere Bestandteile ergänzen. So fordern beispielsweise die *listing rules* der *Financial Service Authority* die verpflichtende Ergänzung des Jahres- bzw. Konzernabschlusses um Angaben zur Corporate Governance sowie zur Vergütung der *directors*; vgl. Financial Services Authority (Hrsg.) (2002), 12.43A. Weniger strikte Anforderungen gelten für am *Alternativ Investment Market* (AIM) notierte Unternehmen; vgl. London Stock Exchange (Hrsg.) (2002a), part one. Auf die kapitalmarktrechtlichen Informationspflichten wird im Rahmen dieser Arbeit nicht explizit eingegangen. Für diesbezügliche Details siehe z. B. Richards, C. (2001), S. 139 ff.; Federspieler, C. (1999), S. 114 f. Siehe außerdem für am Hauptmarkt der London Stock Exchange gelistete Unternehmen die Regelungen der *Financial Services Authority* sowie der *London Stock Exchange*; Financial Services Authority (Hrsg.) (2002), chapter 12 i. V. m. London Stock Exchange (Hrsg.) (2002b), S. 2-4. Für am AIM notierte Unternehmen siehe London Stock Exchange (Hrsg.) (2002a), part one.

732 Vgl. Accounting Standards Board (Hrsg.) (2001a), B – Statement of Standard Accounting Practice, Abschnitt 4.1.

733 Dies gilt selbst dann, falls von der Inanspruchnahme des FRSSE nicht Gebrauch gemacht wird, da auch FRS 1 kleine Unternehmen explizit von der Verpflichtung zur Erstellung einer Cash Flow-Rechnung befreit; vgl. Gliederungspunkt 4.2.3.1.4.1.3. Ebenfalls von der Pflicht zur Erstellung eines *cash flow statement* ausgenommen sind Lebensversicherungsgesellschaften auf Gegenseitigkeit, Pensionsfonds sowie Tochterunternehmen, deren Stimmrechte nahezu vollständig im Konzernverbund kontrolliert werden, vorausgesetzt jedoch, dass der zugehörige Konzernabschluss öffentlich verfügbar ist.

734 Vgl. Accounting Standards Board (Hrsg.) (2001a), D – Voluntary Disclosures.

735 Die gesetzliche Pflicht zur Erstellung eines *directors' remuneration report* wurde erst im Jahr 2002 in den CA 1985 eingeführt. Bis zu diesem Zeitpunkt war die Erstellung eines *directors' remuneration report* ausschließlich in den kapitalmarktrechtlichen Normen geregelt. Da deren Anwendung jedoch nur auf in Großbritannien gelistete Gesellschaften beschränkt war, hat die gesetzliche Regelung nun den Vorteil, dass sie für sämtliche börsennotierten Unternehmen greift, die unter den Anwendungsbereich des CA 1985 fallen. Somit erlangt die Pflicht zur Erstellung eines *directors' remuneration report* auch für jene britischen Unternehmen Relevanz, deren Wertpapiere ausschließlich an internationalen Börsen notiert werden. Die Berichtsinhalte des *directors' remuneration report* sind in schedule 7A CA 1985 geregelt und umfassen u. a. eine Stellungnahme zur Entlohnungspolitik von Leitungs- und Aufsichtsorganen, eine graphische Darstellung, die die Entwicklung der vom Unternehmen erwirtschafteten Aktienrenditen für die zurückliegenden fünf Jahre im Vergleich zu einem geeigneten Index (z. B. FTSE 100) zeigt, Informationen zu den Arbeitsverträgen der *directors*, Detailinformationen zu den von Leitungs- und Aufsichtsorganen bezogenen Vergütungen, Aktienoptionsplänen, Anreizsystemen, Pensions-

chung zum deutschen HGB[736] in Großbritannien auch von kleinen Unternehmen zu erstellen ist, betrifft die Pflicht zur Erstellung eines *directors' remuneration report* ausschließlich börsengelistete Gesellschaften, die per Definition nach den Vorschriften des CA 1985[737] unabhängig von ihrer ökonomischen Unternehmensgröße grundsätzlich nicht als klein zu klassifizieren sind. In Großbritannien muss demnach der Jahresabschluss kleiner Unternehmen bestehen aus: Bilanz, GuV-Rechnung, *statement of total recognised gains and losses* und Anhang. Dieser muss durch einen Lagebericht ergänzt werden.

4.2.3.1.4.1.1 Bilanz und GuV-Rechnung

Für die Bilanz und GuV-Rechnung hat der britische Gesetzgeber sämtliche in der Vierten EG-Richtlinie enthaltenen Darstellungswahlrechte übernommen. Unabhängig davon, ob es sich um ein kleines oder großes Unternehmen handelt, kann sowohl die Bilanz als auch die GuV-Rechnung wahlweise in Konto- oder Staffelform erstellt werden[738] und die Gliederung der GuV-Rechnung nach dem Gesamt- oder Umsatzkostenverfahren erfolgen.[739] Da der FRSSE hinsichtlich der Gliederungsformate von Bilanz- und GuV-Rechnung explizit auf die Bestimmungen des CA 1985 verweist, sind auch jene Rechtsformen, die grundsätzlich nicht unter die Rechnungslegungsbestimmungen des CA 1985 fallen, prinzipiell – ggf. unter Berücksichtigung rechtsformspezifischer Modifikationen – zur Beachtung der gesetzlichen Gliederungsvorgaben für kleine Unternehmen verpflichtet.[740]

Obwohl Großbritannien in Einklang mit der Vierten EG-Richtlinie[741] kleinen Unternehmen die Möglichkeit zur Erstellung eines vereinfachten Abschlusses gibt, hat der britische Gesetzgeber bezüglich der Bilanz die zur Verfügung stehenden Gliederungs-

---

plänen etc. Durch mehr Transparenz im Hinblick auf die erbrachte Leistung und bezogene Gegenleistung erweitert der *directors' remuneration report* die Rechenschaftslegung des Managements und trägt zur Stärkung der Position der Aktionäre bei.

736 Vgl. Gliederungspunkt 3.2.2.1.1.

737 *Public companies* sind nach den Bestimmungen des CA 1985 grundsätzlich als „groß" zu klassifizieren; vgl. zu den Größenklassen und Klassifikationsmerkmalen des CA 1985 Gliederungspunkt 4.2.1.1.1.

738 Für *limited liability partnerships* hat der britische Gesetzgeber die Wahlmöglichkeit zur Erstellung der GuV-Rechnung in Kontoform nicht übernommen; vgl. schedule 1 zu den Limited Liability Partnerships Regulations 2001, SI 2001/1090. Dies kann evtl. darauf zurückgeführt werden, dass die Kontoform für die Erstellung der GuV-Rechnung in Großbritannien kaum verbreitet ist; vgl. Walton, P. (2000), S. 232.

739 Vgl. schedule 8, part I, Abschnitt B CA 1985 und schedule 4, part I, Abschnitt B CA 1985.

740 Vgl. Accounting Standards Board (Hrsg.) (2001a), B – Statement of Standard Accounting Practice, Abschnitt 1.1 (b) sowie Powling, H./Pryde, A./Sharp, I. (2002), S. 46.

741 Vgl. Vierte Richtlinie 78/660/EWG des Rates vom 25. Juli 1978, Artikel 11.

vereinfachungen nur zum Teil ausgeschöpft. Die von kleinen Unternehmen geforderte Mindestbilanzgliederung geht deshalb weit über die in Artikel 11 der Vierten EG-Richtlinie geforderten Minimalanforderungen hinaus.[742]

Hinsichtlich der Gliederung der GuV-Rechnung nimmt der britische Gesetzgeber trotz der nach der Vierten EG-Richtlinie grundsätzlich möglichen größenspezifischen Differenzierung[743] keine Unterscheidung zwischen kleinen, mittelgroßen und großen Unternehmen vor. Dies hat zur Konsequenz, dass die Anforderungen an die Untergliederung der GuV-Rechnung für alle Größenklassen gleich sind[744] und den in der Vierten EG-Richtlinie für große Unternehmen vorgegebenen Gliederungsformaten[745] entsprechen.[746] Damit unterliegen kleine Unternehmen in Großbritannien im Vergleich zu den in der Vierten EG-Richtlinie zur Verfügung stehenden größenspezifischen Erleichterungen relativ strengen Gliederungsvorgaben für Bilanz und GuV-Rechnung. Diese nur rudimentäre Weitergabe der EU-rechtlichen Erleichterungen wird dadurch begründet, dass die vor der Umsetzung der Vierten EG-Richtlinie bestehenden Mindestanforderungen an die Abschlusserstellung beibehalten werden sollten, um einerseits die andernfalls erforderliche Erstellung eines weiteren Abschlusses für steuerliche Zwecke zu vermeiden[747] und andererseits eine im Vergleich zum damaligen Status quo mindere Informationsversorgung der Investoren zu verhindern.[748] Zum Schutz der Geheimhaltungs- und Wettbewerbsinteressen kleiner Unternehmen räumt der britische Gesetzgeber diesen jedoch die Möglichkeit ein, beim Unternehmensregister eine wesentlich verkürztere Version des erstellten Abschlusses, sog. „*abbreviated accounts*" zu hinterlegen.[749]

---

742 Vgl. schedule 8, part I, Abschnitt B CA 1985. Für *limited liability partnerships* sowie *qualifying partnerships* sind die für *companies* geltenden Bilanzgliederungsformate rechtsformspezifisch zu modifizieren; vgl. schedule zu den Partnerships and Unlimited Companies (Accounts) Regulations 1993, SI 1993/1820 sowie schedule 1 zu den Limited Liability Partnerships Regulations 2001, SI 2001/1090.

743 Vgl. Vierte Richtlinie 78/660/EWG des Rates vom 25. Juli 1978, Artikel 27.

744 Vgl. schedule 4, part I, Abschnitt B CA 1985 und schedule 8, part I, Abschnitt B CA 1985. Branchenspezifische Sondervorschriften bestehen jedoch für Banken und Versicherungsunternehmen; siehe schedule 9 und 9A CA 1985.

745 Siehe Vierte Richtlinie 78/660/EWG des Rates vom 25. Juli 1978, Artikel 23 bis 26.

746 Für *limited liability partnerships* sowie *qualifying partnerships* sind die für *companies* relevanten Gliederungsvorgaben des CA 1985 entsprechend rechtsformspezifisch anzupassen; siehe für Details auch schedule zu den Partnerships and Unlimited Companies (Accounts) Regulations 1993, SI 1993/1820 sowie schedule 1 zu den Limited Liability Partnerships Regulations 2001, SI 2001/1090.

747 Zur steuerlichen Gewinnermittlung siehe Gliederungspunkt 4.1.5.

748 Vgl. Secretary of State for Trade (Hrsg.) (1979), S. 2 und S. 49 f.

749 Siehe zur diesbezüglichen Argumentation Secretary of State for Trade (Hrsg.) (1979), S. 3. Für weitere Details bezüglich der publizitätspflichtigen Informationen siehe Gliederungspunkt 4.2.6.

Die Struktur der GuV-Rechnung ist zum einen durch die gesetzlichen, größenunabhängig geltenden Gliederungsvorgaben des CA 1985 festgelegt, nach denen zwischen dem Ergebnis der gewöhnlichen Geschäftstätigkeit (dies setzt sich aus dem Betriebs- und dem Finanzergebnis zusammen)[750] und dem außerordentlichen Ergebnis zu trennen ist. Darüber hinaus wird das Erfolgsspaltungskonzept der GuV-Rechnung aber vor allem durch den FRS 3 determiniert, der zum Ziel hat, insbesondere Finanzanalysten durch eine detaillierte Darstellung der Erfolgssituation eines Unternehmens eine differenzierte Ergebnisanalyse zu ermöglichen.[751] Aufgrund der im Vergleich zu großen Unternehmen meist weniger komplexen Geschäftsaktivitäten kleiner Unternehmen, ist eine derart detaillierte Ergebnisdarstellung für diese in der Regel nicht erforderlich, weshalb die Regelungen des FRS 3 nur in den wesentlichen Grundzügen in den FRSSE übernommen wurden. Somit sind kleine Unternehmen z. B. nicht dazu verpflichtet, hinsichtlich der Ermittlung des betrieblichen Ergebnisses zwischen jenen Erfolgsbeiträgen zu unterscheiden, die aus *continuing* und solchen die aus *discontinued operations* resultieren, wie das im FRS 3 von großen Unternehmen gefordert wird.[752] Die im FRS 3 vollzogene Trennung zwischen *exceptional* und *extraordinary items*, die ursächlich zur Beschränkung der bilanzpolitischen Interpretationsspielräume eingeführt wurde,[753] übernahm das ASB dagegen auch für kleine Unternehmen in den FRSSE,[754] um Inkonsistenzen hinsichtlich der definierten Erfolgsmaßstäbe zwischen großen und kleinen Unternehmen zu vermeiden. Als *extraordinary items* (außerordentliche Ergebniskomponenten) gelten somit sowohl nach FRS 3 als auch nach dem FRSSE nur solche Aufwendungen und Erträge, die ein hohes Maß an Abnormität aufweisen und von denen nicht erwartet wird, dass sie sich wiederholen.[755] Derartige Erfolgskomponenten sind sowohl von kleinen als auch von großen Unternehmen außerhalb des Ergebnisses der gewöhnlichen Geschäftstätigkeit zu erfassen und getrennt auszuweisen.[756] Nicht als außerordentlich zu klassifizieren sind dagegen *exceptional items* (ungewöhnliche Ergebniskomponenten), die zwar ihrer Höhe bzw. Häufigkeit nach ungewöhnlich sind, aber doch grundsätzlich mit der Geschäftstätigkeit in Verbindung stehen. Sie müssen sowohl nach den Regelungen des FRS 3 als auch dem FRSSE im Rahmen der Ermittlung des Ergebnisses der gewöhnlichen Geschäfts-

---

[750] Das Betriebs- und Finanzergebnis ergibt sich aus der sachlogischen Gliederungsabfolge; ein expliziter Ausweis dieser beiden Ergebnisse in Form von Zwischensummen ist jedoch nicht erforderlich; vgl. die Gliederungsvorgaben des schedule 8 CA 1985.

[751] Vgl. Walton, P. (2000), S. 232; ähnlich Richards, C. (2001), S. 225.

[752] Vgl. Accounting Standards Board (Hrsg.) (2001a), Appendix V, S. 128.

[753] Vgl. Walton, P. (2000), S. 232.

[754] Vgl. Accounting Standards Board (Hrsg.) (2001a), B – Statement of Standard Accounting Practice, Abschnitt 3.2. f. und Abschnitt 3.5.

[755] Vgl. Accounting Standards Board (Hrsg.) (2001a), C – Definitions sowie Accounting Standards Board (Hrsg.) (1999e), FRS 3.6.

[756] Vgl. Accounting Standards Board (Hrsg.) (2001a), B – Statement of Standard Accounting Practice, Abschnitt 3.5 und Accounting Standards Board (Hrsg.) (1999e), FRS 3.22.

tätigkeit erfasst und falls für die Erfüllung des *true and fair view*-Grundsatzes erforderlich, entweder separat in der GuV-Rechnung oder im Anhang angegeben werden. Da Informationen zur Nachhaltigkeit der ausgewiesenen Ergebnisbeiträge unabhängig von der Unternehmensgröße für sämtliche Abschlussadressaten eine gewisse Entscheidungsrelevanz besitzen, sind analog den Bestimmungen des FRS 3 auch kleine Unternehmen dazu verpflichtet (a) Gewinne bzw. Verluste aus dem Verkauf oder der Beendigung einer Geschäftstätigkeit, (b) Aufwendungen für Reorganisations- bzw. Restrukturierungsmaßnahmen, die einen wesentlichen Einfluss auf Art und Fokus der Geschäftsaktivitäten des Unternehmens haben, und (c) Gewinne oder Verluste aus der Veräußerung von Vermögenswerten sowie jegliche in diesem Kontext gebildeten Rückstellungen als *exceptional items* separat in der GuV-Rechnung allerdings außerhalb des Betriebsergebnisses auszuweisen.[757] Im Gegensatz zu den Big GAAP wurde die Notwendigkeit zur Angabe der hieraus resultierenden Steuerwirkungen für kleine Unternehmen allerdings nicht in den FRSSE aufgenommen.[758]

Weitere Divergenzen ergeben sich darüber hinaus für die Verpflichtung zur Angabe des Ergebnisses je Aktie. Während Unternehmen, deren Aktien bzw. potenziellen Aktien an einem in- oder ausländischen Kapitalmarkt öffentlich gehandelt werden oder die sich im Prozess der Ausgabe derartiger Wertpapiere befinden, nach FRS 14 dazu verpflichtet sind, über die *earnings per share* im Rahmen der GuV-Rechnung zu informieren,[759] besteht eine solche Verpflichtung für nicht börsennotierte Unternehmen und damit insbesondere auch für nach dem CA 1985 als klein zu klassifizierende Unternehmen[760] weder nach den Big GAAP[761] noch nach dem FRSSE.

4.2.3.1.4.1.2 *Statement of total recognised gains and losses*

Zwecksetzung des *statement of total recognised gains and losses* ist es, einen detaillierten Einblick in die erbrachte Leistung der vergangenen Periode zu geben, um den Abschlussnutzern eine differenzierte Beurteilung des Periodenerfolges zu ermöglichen und hieraus abzuleitende Schlussfolgerungen bezüglich möglicher Zukunftserfolge zu erleichtern.[762] Im *statement of total recognised gains and losses* werden

---

757 Vgl. Accounting Standards Board (Hrsg.) (2001a), B – Statement of Standard Accounting Practice, Abschnitt 3.2 f. und Accounting Standards Board (Hrsg.) (1999e), FRS 3.19 f.

758 Vgl. Accounting Standards Board (Hrsg.) (1999e), FRS 3.23 f. und Accounting Standards Board (Hrsg.) (2001a), Appendix VI, S. 174.

759 Vgl. Accounting Standards Board (Hrsg.) (1998b), FRS 14.3 i. V. m. FRS 14.69.

760 Nach den Vorschriften des CA 1985 sind *public companies* stets als „groß“ zu klassifizieren, vgl. Gliederungspunkt 4.2.1.1.1.

761 Siehe hierzu auch Gliederungspunkt 4.2.2.2.2.

762 Vgl. Accounting Standards Board (Hrsg.) (1999e), FRS 3.35.

deshalb neben den im Rahmen des GuV-Ergebnisses erfassten Erfolgskomponenten sämtliche in der Rechnungslegungsperiode erwirtschafteten, jedoch noch nicht als realisiert geltenden und deshalb nicht erfolgswirksam in der GuV-Rechnung berücksichtigten Erfolgsbestandteile (wie z. B. aus der Neubewertung von Vermögenswerten oder aus Wechselkursänderungen ausländischer Finanzanlagen resultierende Erfolgsbeiträge) aufgezeigt.[763] Die *total recognised gains and losses* stellen somit im Vergleich zu dem in der GuV-Rechnung ausgewiesenen Jahresüberschuss ein wesentlich umfassenderes Performancekonzept dar, das insbesondere in Unternehmen mit komplexen Geschäftsaktivitäten durch die Vermittlung des den Eigenkapitalgebern insgesamt zuzuordnenden Erfolges Entscheidungsrelevanz erlangt. Obwohl in kleinen Unternehmen nicht erfolgswirksam in der GuV-Rechnung zu erfassenden Erfolgsbeiträgen häufig eine wesentlich geringere Bedeutung beizumessen ist als in Unternehmen mit hoher Geschäftskomplexität,[764] sind auch kleine Unternehmen nach den Vorschriften des FRSSE zur Erstellung eines *statement of total recognised gains and losses* verpflichtet. Allerdings kann auf die Aufstellung eines *statement of total recognised gains and losses* verzichtet werden, falls die *recognised gains and losses* ausschließlich aus den in der GuV-Rechnung erfassten, realisierten Erfolgsbeiträgen bestehen.[765] Diese Befreiung gilt nach FRS 3 auch für große Unternehmen,[766] doch muss nach den Big GAAP dieser Umstand im Anschluss an die GuV-Rechnung explizit bekannt gemacht werden.[767] Eine solche Hinweispflicht bei Erfüllung der Befreiungsvoraussetzungen besteht nach dem FRSSE für kleine Unternehmen nicht.[768] Ebenfalls nicht verpflichtend ist für kleine Unternehmen die in FRS 3.30 geforderte Angabe von Vorjahresbeträgen für das *statement of total recognised gains and losses*.[769]

In Anbetracht der vermuteten geringen Relevanz nicht erfolgswirksamer Erfolgsbeiträge im Rahmen der Geschäftstätigkeit kleiner Unternehmen, liegt es nahe anzunehmen, dass die aus dem FRS 3 in den FRSSE übernommene Verpflichtung kleiner Unternehmen zur Erstellung eines *statement of total recognised gains and losses* strategi-

---

763 Vgl. Accounting Standards Board (Hrsg.) (1999e), FRS 3.36.

764 Vgl. Powling, H./Pryde, A./Sharp, I. (2002), S. 53.

765 Vgl. Accounting Standards Board (Hrsg.) (2001a), B – Statement of Standard Accounting Practice, Abschnitt 4.1.

766 Vgl. Accounting Standards Board (Hrsg.) (1999e), FRS 3.57.

767 Vgl. Accounting Standards Board (Hrsg.) (1999e), FRS 3.57

768 Vgl. Powling, H./Pryde, A./Sharp, I. (2002), S. 53.

769 Vgl. Accounting Standards Board (Hrsg.) (2001a), Appendix VI, S. 174. Obwohl sich die Regelung des FRS 3 zur Angabe von Vorjahresbeträgen grundsätzlich auf sämtliche Abschlussinstrumente bezieht, hat deren Nichtübernahme in den FRSSE nur auf die Darstellung des *statement of recognised gains and losses* unmittelbaren Einfluss, da für Bilanz und GuV-Rechnung die Angabe von Vorjahreszahlen auch nach den Bestimmungen des CA 1985 verpflichtend ist; vgl. schedule 8, para. 4 CA 1985.

sche Hintergründe hatte.[770] Denn gemeinsam mit dem IASB arbeitet das ASB derzeit an einem Vorschlag, die GuV-Rechnung und das *statement of total recognised gains and losses* durch ein einziges *performance statement* zu ersetzen.[771] Soll eine zwischen kleinen und großen Unternehmen konsistente Rechnungslegung gewährleistet werden, so muss auch Erfolgsmessung, -ausweis und -aufgliederung grundsätzlich nach einheitlichen Konzepten erfolgen. Es ist deshalb zu erwarten, dass bei einer Verschmelzung von GuV-Rechnung und *statement of total recognised gains and losses* zu einem neuen *performance statement* auch kleine Unternehmen zu dessen Erstellung verpflichtet werden. Dies ist auf Basis der derzeit bestehenden Normen sicherlich einfacher durchzusetzen, als wenn kleine Unternehmen zunächst von der Erstellung eines *statement of total recognised gains and losses* befreit gewesen wären.[772]

Im Gegensatz zu den Big GAAP besteht nach dem FRSSE für kleine Unternehmen allerdings keine Verpflichtung zur Durchführung einer *reconciliation of movements in shareholders' funds*, d. h. einer Überleitung des Anfangsbestandes des Eigenkapitals auf den Periodenendbestand.[773] Eine solche Überleitung dient primär der Rechenschaftslegung des Managements gegenüber den externen Gesellschaftern, denen jedoch bei kleinen Unternehmen i. d. R. nur untergeordnete Bedeutung zukommt.[774]

4.2.3.1.4.1.3 Cash Flow-Rechnung

Im Gegensatz zu großen Unternehmen ist die Erstellung einer Cash Flow-Rechnung für kleine Unternehmen nicht verpflichtend, sondern wird im FRSSE lediglich empfohlen. Dies ist deshalb überraschend, da insbesondere in kleinen Unternehmen der Liquiditätskontrolle besondere Bedeutung zukommt[775] und Cash Flow-Informationen sowohl für das eigene Unternehmensmanagement[776] als auch für externe Abschlussadressaten vielfach eine wichtige Analysebasis darstellen.[777] In der von der Arbeitsgruppe des CCAB im Jahr 1995 unter dem Titel „*Designed to Fit – a Financial*

---

770 Vgl. Powling, H./Pryde, A./Sharp, I. (2002), S. 54.

771 Vgl. Financial Reporting Council (Hrsg.) (2002a), S. 47 f.; International Accounting Standards Board (Hrsg.) (2002), S. 12 f.

772 Diese Erkenntnis zeigt sich deutlich beim *cash flow statement*, für das eine verpflichtende Erstellung für kleine Unternehmen nach der im FRS 1 zunächst zugestandenen Befreiung politisch nur mehr schwierig durchsetzbar ist; siehe hierzu nachfolgenden Gliederungspunkt 4.2.3.1.4.1.3.

773 Vgl. Accounting Standards Board (Hrsg.) (2001a), Appendix VI, S. 174.

774 Vgl. Gliederungspunkt 4.2.3.1.2.3.

775 Vgl. beispielsweise Barker, P./Noonan, C. (1996a), S. 16; Collis, J./Jarvis, R. (2000), S. 60.

776 Empirische Untersuchungen zeigen, dass Cash Flow-Informationen in kleinen Unternehmen neben den *management accounts* zu den wichtigsten Informationsquellen des Managements zählen; vgl. Collis, J./Jarvis, R. (2000), S. 60 ff.

777 Vgl. Institute of Chartered Accountants of Scotland (1998), S. 9 und S. 14 f. sowie Tabelle 3.2.

Reporting Standard for Smaller Entities" ursprünglich veröffentlichten Empfehlung für einen FRSSE[778] war deshalb die verpflichtende Erstellung eines *cash flow statement* auch für kleine Unternehmen vorgesehen.[779] Obwohl diese Empfehlung vielfach Zustimmung fand, sprach sich die Mehrheit der Konsultationsteilnehmer doch gegen eine solche Verpflichtung aus.[780] Die ablehnende Haltung wurde zum einen damit begründet, dass eine Cash Flow-Rechnung den Abschlussadressaten insbesondere bei Unternehmen, deren Geschäftsaktivitäten geringe Komplexität aufweisen, kaum einen über GuV-Rechnung und Bilanz hinausgehenden Informationsnutzen stiften würde. Zum anderen wurde die Entscheidungsrelevanz der bereitgestellten Cash Flow-Informationen angezweifelt, da kleine Unternehmen ihren Abschluss häufig erst Monate nach dem Bilanzstichtag offen legen würden.[781] Nach der Auffassung zahlreicher Konsultationsteilnehmer würde auch das Unternehmensmanagement kaum von einer solchen Verpflichtung profitieren, da dies in der Regel bereits heute über informelle Cash Flow-Informationen verfügen würde und sich über die Notwendigkeit eines effektiven *cash management* bewusst wäre.[782] Angesichts der vorgebrachten Bedenken und vor dem Hintergrund, dass kleine Unternehmen bereits in dem 1991 verabschiedeten FRS 1 von der Erstellung einer Cash Flow-Rechnung ausgenommen waren und auch bei der Überarbeitung des Standards im Jahr 1996 keine Mehrheit für die Abschaffung dieser Befreiungsregel gefunden werden konnte,[783] war es dem ASB schließlich politisch nicht mehr möglich, für kleine Unternehmen die verpflichtende Bereitstellung von Cash Flow-Informationen bei der Entwicklung des FRSSE durchzusetzen.[784] Nichtsdestotrotz wurde die Bedeutsamkeit und Nützlichkeit einer Cash Flow-Rechnung für die Abschlussadressaten erkannt, sodass die in dem FRSSE enthaltene Empfehlung zur freiwilligen Erstellung eines *cash flow statement* als Kompromisslösung interpretiert werden kann.

Um die Vergleichbarkeit der von kleinen Unternehmen freiwillig bereitgestellten Cash Flow-Informationen mit jenen anderer Unternehmen zu gewährleisten und eine konsistente Vorgehensweise sicher zu stellen, enthält der FRSSE konkrete Hinweise be-

---

778 Vgl. Gliederungspunkt 4.2.2.1.2.2.

779 Vgl. Consultative Committee on Accountancy Bodies (Hrsg.) (1995), S. 30.

780 Vgl. Accounting Standards Board (Hrsg.) (2001a), Appendix IV, Abschnitt 10.

781 Vgl. Accounting Standards Board (Hrsg.) (1996a), Preface, S. 7; Barker, P./Noonan, C. (1996a), S. 30; King, H. (1997a), S. 69.

782 Vgl. Accounting Standards Board (Hrsg.) (1996a), Preface, S. 7.

783 So waren nach dem CA 1985 als „klein" zu klassifizierende *companies* von Anbeginn von der Anwendung des 1991 verabschiedeten FRS 1, der die verpflichtende Erstellung eines *cash flow statement* regelt, ausgenommen; vgl. Powling, H./Pryde, A./Sharp, I. (2002), S. 83. Dies wurde auch nach der Überarbeitung des FRS 1 im Jahr 1996 beibehalten, sodass kleine Unternehmen selbst dann von der Aufstellung einer Cash Flow-Rechnung befreit sind, wenn sie den FRSSE nicht in Anspruch nehmen; vgl. Accounting Standards Board (Hrsg.) (1996b), FRS 1.5.

784 Vgl. Accounting Standards Board (Hrsg.) (2001a), Appendix IV, Abschnitt 10.

züglich der inhaltlichen Ausgestaltung eines solchen freiwilligen *cash flow statement*. Hierbei ergeben sich zum Teil ganz wesentliche Divergenzen zu der im FRS 1 für große Unternehmen normierten Cash Flow-Rechnung. Das im FRS 1 enthaltene Wahlrecht zur Ermittlung des *cash flow from operating activities* (Cash Flow aus operativer Geschäftstätigkeit) nach der direkten oder indirekten Methode[785] wurde zur Förderung der zwischenbetrieblichen Vergleichbarkeit für den FRSSE nicht übernommen. Stattdessen empfiehlt das ASB kleinen Unternehmen die Anwendung der indirekten Methode, da diese von den Abschlussnutzern in der Regel besser verstanden wird und vergleichsweise kostengünstiger zu erstellen ist.[786] Entgegen der im FRS 1 geforderten, detaillierten Aufspaltung der ermittelten Cash Flows in insgesamt neun Kategorien[787] empfiehlt das ASB in dem FRSSE kleinen Unternehmen eine in nur drei Teile gegliederte Cash Flow-Rechnung, nach folgendem Aufbau (vgl. Abb. 36):[788]

■ **Abb. 36:** Vereinfachte Cash Flow-Rechnung für kleine Unternehmen

Cash generated from operations
Cash from other sources
Application of cash
Cash generated/utilised in the period

Keine Unterschiede zwischen dem FRSSE und dem FRS 1 ergeben sich hinsichtlich der Fondsabgrenzung, die sich jeweils auf die *cash*-Positionen (Zahlungsmittel) beschränkt.[789] Zur Verbesserung der Verständlichkeit der bereitgestellten Cash Flow-Informationen für die Abschlussnutzer empfiehlt das ASB kleinen Unternehmen aber eine Überleitung der im *cash flow statement* ermittelten Zahlungsstromänderungen auf die jeweiligen Bilanzposten.[790] Eine vergleichbare Regelung existiert im FRS 1 nicht. Stattdessen muss nach FRS 1 – nicht aber nach der Empfehlung des FRSSE – eine Überleitung der in der Cash Flow-Rechnung gezeigten Zahlungsstromänderung auf die Veränderung der Nettoverschuldung erfolgen.[791] Hinsichtlich der Angaben zu we-

785 Vgl. Accounting Standards Board (Hrsg.) (1996b), FRS 1.58.
786 Vgl. Accounting Standards Board (Hrsg.) (2001a), Appendix IV, Abschnitt 11.
787 Vgl. Accounting Standards Board (Hrsg.) (1996b), FRS 1.7.
788 Vgl. Accounting Standards Board (Hrsg.) (2001a), D – Voluntary Disclosures sowie das in Appendix III angeführte Illustrationsbeispiel.
789 Allerdings ergeben sich marginale Unterschiede zwischen der *cash*-Definition des FRS 1 und der des FRSSE, die aus Vereinfachungsgründen etwas weniger komplex formuliert wurde; vgl. Accounting Standards Board (Hrsg.) (1996b), FRS 1.2 sowie Accounting Standards Board (Hrsg.) (2001a), D – Voluntary Disclosures.
790 Vgl. Accounting Standards Board (Hrsg.) (2001a), D – Voluntary Disclosures.
791 Vgl. Accounting Standards Board (Hrsg.) (1996b), FRS 1.33.

sentlichen nicht zahlungswirksamen Transaktionen ergeben sich keine Unterschiede zwischen den Verpflichtungen des FRS 1 und der für kleine Unternehmen relevanten Empfehlung des FRSSE.[792] Die umfangreichen im FRS 1 enthaltenen Anwendungshinweise und Erläuterungen wurden in den FRSSE allerdings nicht übernommen.

4.2.3.1.4.1.4 Anhang

Bedingt durch die Vierte EG-Richtlinie zählt der Anhang auch in Großbritannien zu den gesetzlichen Pflichtbestandteilen des Jahresabschlusses und ist deshalb größenunabhängig von allen gesellschaftsrechtlich zur Rechnungslegung verpflichteten Unternehmen zu erstellen. Da nach dem FRSSE auch für jene Unternehmen, die keiner gesellschaftsrechtlichen Unternehmensberichterstattungspflicht unterliegen, die Berücksichtigung der gesetzlichen Vorschriften nötig ist,[793] sind die den Anhang betreffenden Normen des CA 1985 grundsätzlich rechtsformunabhängig von allen kleinen Unternehmen zu befolgen, die den FRSSE anwenden, sofern dies für die Vermittlung eines *true and fair view* erforderlich ist.

4.2.3.1.4.1.4.1 Reduzierte gesetzliche Angabepflichten für kleine Unternehmen

Obschon Artikel 44 der Vierten EG-Richtlinie die Möglichkeit einräumt, kleinen Unternehmen die Aufstellung eines verkürzten Anhangs zu gestatten,[794] wurden die in der EG-Richtlinie zur Verfügung stehenden Erleichterungen vom britischen Gesetzgeber nur zum Teil ausgeschöpft. So sind beispielsweise trotz bestehender Befreiungsmöglichkeiten der Vierten EG-Richtlinie[795] nach dem CA 1985 auch kleine Unternehmen zur Erstellung eines Anlagespiegels,[796] zur Erläuterung der außerordentlichen Aufwendungen und Erträge[797] und zur Angabe nicht in der Bilanz erfasster Eventualverbindlichkeiten[798] verpflichtet, da diese Informationen insbesondere für die Kapitalgeber als nützlich erachtet werden.[799] Selbst eine Aufgliederung der Umsatzerlöse in Form einer Segmentberichterstattung ist für kleine Unternehmen verpflichtend. Allerdings beschränkt sich diese auf die Angabe des auf ausländischen Märkten erzielten Umsatzanteils. Eine differenziertere Aufspaltung der Umsatzerlöse nach geographischen Re-

---

792 Vgl. Accounting Standards Board (Hrsg.) (2001a), D – Voluntary Disclosures sowie Accounting Standards Board (Hrsg) (1996b), FRS 1.46.
793 Vgl. Gliederungspunkt 4.2.3.1.1.
794 Vgl. Vierte Richtlinie 78/660/EWG des Rates vom 25. Juli 1978, Artikel 44.
795 Vgl. Vierte Richtlinie 78/660/EWG des Rates vom 25. Juli 1978, Artikel 44 (2).
796 Vgl. schedule 8, para. 40 CA 1985.
797 Vgl. schedule 8, para. 50 (2) CA 1985.
798 Vgl. schedule 8, para. 46 CA 1985.
799 Vgl. zu dieser Argumentation Secretary of State for Trade (Hrsg.) (1979), S. 51.

gionen oder Geschäftsfeldern wird von kleinen Unternehmen hingegen nicht gefordert.[800] Die größenspezifischen Erleichterungen des britischen CA 1985 im Hinblick auf die Anhangerstellung reduzieren sich somit im Wesentlichen auf einzelne Detailinformationen, für die unterstellt wird, dass die Geheimhaltungs- und Wettbewerbsinteressen kleiner Unternehmen sowie die Kosten für die Informationsbereitstellung den hieraus resultierenden Informationsnutzen für die Investoren sowie die übrigen Abschlussadressaten übersteigen. Folgende, in Tab. 33 aufgeführte Anhangangaben können deshalb beispielsweise für kleine Unternehmen unterbleiben.[801]

Ein Großteil der in Tab 33 aufgelisteten Befreiungen basiert auf den in der Vierten EG-Richtlinie vorgesehenen Erleichterungen für kleine Unternehmen. Zum Teil handelt es sich aber auch um Befreiungen von Angabepflichten, die über die Mindestanforderungen der Vierten EG-Richtlinie hinausgehen und somit nicht in deren Regelungsumfang fallen. Hierzu zählen z. B. auch die in schedule 6 des CA 1985 geregelten, erheblich über die Anforderungen der Vierten EG-Richtlinie hinausgehenden Informationspflichten im Zusammenhang mit Vergütungen, Pensionsanwartschaften und anderen Vorteilen der *directors* oder von in dieser Funktion tätigen Dritten.[802] Obwohl der britische Gesetzgeber kleinen Unternehmen zum Schutz deren Privatsphäre diesbezüglich sehr umfangreiche Informationserleichterungen einräumt,[803] werden sie dennoch nicht gänzlich von der Bereitstellung dieser Angaben befreit. Vielmehr wird unterstellt, dass Informationen zur Höhe der Bezüge der *company directors* nicht nur der Rechenschaftslegung gegenüber den Anteilseignern dienen, sondern darüber hinaus auch für Kreditgeber sowie die Einkommenspolitik der Regierung von nutzen sind.[804] Hieran zeigt sich, dass der britische Gesetzgeber auch dem gesetzlichen Jahresabschluss von kleinen Unternehmen eine Rechenschafts- und Informationsfunktion zuschreibt, dieser jedoch in Ermangelung eines mit großen Publikumsgesellschaften vergleichbaren umfangreichen Adressatenkreises eine deutlich geringere Relevanz beimisst[805] und deshalb unter Berücksichtigung von Geheimhaltungs-, Wettbewerbs- und sonstigen Kostenaspekten an die Berichtspflichten kleiner Unternehmen weniger strenge Anforderungen definiert.

---

800 Vgl. schedule 8, para. 49 (1) CA 1985.

801 Siehe section 246 (3) CA 1985 sowie schedule 8 CA 1985.

802 Vgl. schedule 6 CA 1985. i. V. m. Vierte Richtlinie 78/660/EWG des Rates vom 25. Juli 1978, Artikel 43.

803 Siehe hierzu section 246 (3) CA 1985 sowie die nachstehende Tab. 33.

804 Siehe hierzu beispielsweise die Argumentation im *Bolton Report*; Committee of Inquiry on Small Firms (Hrsg.) (1971), S. 303. Ausführlich diskutiert wurde die Angabe von Geschäftsführervergütungen darüber hinaus für börsennotierte Unternehmen im sog. „*Greenbury Report*"; vgl. The Study Group on Directors' Remuneration (Hrsg.) (1995), S. 26 ff.

805 Siehe zu dieser Argumentation auch Secretary of State for Trade and Industry (Hrsg.) (1973), S. 12 sowie The Company Law Review Steering Group (Hrsg.) (2000a), S. 285 f.

Tab. 33: Den Anhang betreffende Erleichterungen des CA 1985 für kleine Unternehmen

Folgende Anhangangaben müssen von kleinen Unternehmen nicht gemacht werden:

- Angabe des Unterschiedsbetrages zwischen Marktwert und Buchwert, falls die Bewertung des Vorratsvermögens unter Anwendung der gewogenen Durchschnittsmethode oder nach der Fifo-, Lifo- oder eines vergleichbaren Verfahrens vorgenommen wurde und diese erheblich von einer Bewertung auf der Grundlage der Wiederbeschaffungskosten abweicht (schedule 4, para. 27 (3) CA 1985);
- spezifische Angaben zu während des Geschäftsjahres ausgegebenen Schuldtiteln (schedule 4, para. 41 CA 1985);
- Detailinformationen hinsichtlich ausgegebener Wandelanleihen und vergleichbarer Rechte, die zum Aktienbezug berechtigen (schedule 4, para. 40 CA 1985);
- Aufschlüsselung des in der Bilanz ausgewiesenen Grundstückswertes nach (lang- und kurzfristig gepachteten) Pachtgrundstücken und solchen die im rechtlichen Unternehmenseigentum stehen (schedule 4, para. 44 CA 1985);
- gesonderte Angabe des Rückstellungsbetrages für latente Steuern (schedule 4, para. 47 CA 1985);
- Detailangaben zu dem in der GuV-Rechnung erfassten Steueraufwand (schedule 4, para. 54 CA 1985);
- Detailinformationen zu Rückzahlungs- und Zinskonditionen von langfristigen Verbindlichkeiten, deren Restlaufzeit mehr als fünf Jahre beträgt (schedule 4, para. 48 (2) und (3) CA 1985);
- Angaben zur Art bereitgestellter Sicherheiten (schedule 4, para. 48 (4) (b) CA 1985);
- getrennte Angabe des Zinsaufwandes für Bank- und Überziehungskredite sowie sonstige Kredite (schedule 4, para. 53 CA 1985);
- Detailinformationen zum Personalbestand sowie eine Aufschlüsselung der Personalkosten nach Löhnen und Gehältern, Sozialaufwendungen und anderen Pensionsaufwendungen (schedule 4, para. 56 CA 1985);
- Detaillierte Aufschlüsselung der Bezüge der *company directors* (schedule 6, para. 1 (1) CA 1985);
- Angabe der Anzahl der *directors*, die ihre Aktienoptionen ausübten und die im Rahmen eines langfristigen Bonussystems Aktien beziehen (schedule 6, para. 1 (2) (b) CA 1985);
- Detailinformationen zu den Bezügen und anderen Vorteilen der höchstbezahltesten *directors* (schedule 6, para. 2 CA 1985);
- Informationen zu den Pensionen und Pensionsanwartschaftsrechten noch aktiver und früherer *directors* (schedule 6, para. 7 CA 1985).

Unabhängig von der Erfüllung spezifischer Größenmerkmale existieren darüber hinaus weiter gehende Befreiungen für *qualifying partnerships* (Kapitalgesellschaften & Co.).[806] Da sich die eingeräumten Informationserleichterungen für *qualifying partner-*

[806] Für Details siehe schedule zu den Partnerships and Unlimited Companies (Accounts) Regulations 1993, SI 1993/1820. Obwohl sich der schedule zu den Partnerships and Unlimited Companies (Accounts) Regulations nicht explizit auf schedule 8 CA 1985 bezieht, stehen die dort angeführten Befreiungen auch kleinen *qualifying partnerships* zu, da kleine Unternehmen nach den Vorschriften des CA 1985 die Möglichkeit besitzen, die Regelungen des schedule 8 nur teilweise anzuwenden und im Übrigen die Vorschriften des schedule 4 zu befolgen; vgl. section 256 (2)

ships nur zum Teil sachlich rechtfertigen lassen,[807] drängt sich die Schlussfolgerung auf, dass der britische Gesetzgeber die gesetzliche Normierung der Unternehmensberichterstattung von *qualifying partnerships* – deren Rechnungslegung bis zur Umsetzung der „GmbH & Co.-Richtlinie" keinerlei gesetzlichen Normierung unterlag, sondern als Privatangelegenheit der beteiligten Gesellschafter betrachtet wurde[808] – aufgrund deren geringer praktischer Relevanz im Wesentlichen auf die Transformation der EU-rechtlichen Mindestvorgaben reduziert hat, ohne die Angabepflichten an die für *companies* geltenden Anforderungen anzupassen. Diese Schlussfolgerung liegt auch deshalb nahe, da für *limited liability partnerships*, die hinsichtlich ihrer Rechtsform ebenfalls als *partnership* zu klassifizieren sind,[809] derart großzügige Befreiungen für die Anhangerstellung nicht existieren.[810]

4.2.3.1.4.1.4.2 *Disclosure*-Erleichterungen des *Financial Reporting Standard for Smaller Entities*

Neben den gesetzlichen Erleichterungen resultiert darüber hinaus auch aus der Anwendung des FRSSE eine im Vergleich zu den Big GAAP wesentliche Reduktion der in den Abschluss aufzunehmenden Pflichtinformationen. Da das ASB bei der Formulierung des FRSSE an den allgemein gültigen *true and fair view*-Grundsatz gebunden ist, bedarf jegliche Abweichung von den Big GAAP einer rationalen Begründung.[811] *Disclosure*-Erleichterungen sind dabei wesentlich einfacher durchzusetzen als wesent-

---

CA 1985. Siehe zur Definition von *qualifying partnerships* Gliederungspunkt 4.1.1.3.1 und 4.1.1.3.2.

807 Beispielsweise können für *qualifying partnerships* Angaben bezüglich an Geschäftsführer bezahlte Abfindungen sowie an Dritte gezahlte Bezüge für die Wahrnehmung von Führungsfunktionen unterbleiben (vgl. schedule zu den Partnerships and Unlimited Companies (Accounts) Regulations 1993, SI 1993/1820). Wenngleich ein Verzicht derartiger Rechenschaftsinformationen sachlich durch die bei *qualifying partnerships* fehlende eigenständige Rechtspersönlichkeit und die hieraus resultierende Verschmelzung von Anteilseigentum und Managementfunktion erklärt werden kann, so gilt dies nicht für die darüber hinaus bestehenden Befreiungen (vgl. schedule zu den Partnerships and Unlimited Companies (Accounts) Regulations 1993, SI 1993/1820) z. B. im Hinblick auf Angaben zur Neubewertung des Anlagevermögens (schedule 4, para. 43 CA 1985) oder zum Anteil börsennotierter Wertpapiere am Gesamtbestand der im Anlage- und Umlaufvermögen ausgewiesenen *investments* (schedule 4, para. 45 CA 1985); da diese Informationen nicht ausschließlich der Rechenschaftslegung des Managements gegenüber den Eigentümern dienen, sondern für sämtliche Rechnungslegungsadressaten Informationsnutzen stiften.

808 Vgl. Gliederungspunkt 4.1.1.3.1.

809 Siehe allgemein zur Rechtsform der *limited liability partnership* Gliederungspunkt 4.1.1.3.4.

810 Bei den Modifikationen der Informationsangaben durch die *Limited Liability Partnerships Regulations* handelt es sich überwiegend um rechtsformspezifisch begründete Anpassungen; vgl. schedule 1 zu den Limited Liability Partnerships Regulations 2001, SI 2001/1090.

811 Abweichungen des FRSSE von den Big GAAP werden deshalb vom ASB anhand eines umfangreichen Kriterienkatalogs geprüft; vgl. hierzu Gliederungspunkt 4.2.2.3.

liche Abweichungen in materiellen Bilanzansatz- und/oder Bewertungsfragen, da diese nicht allein mit divergierenden Kosten gerechtfertigt werden können, sondern darüber hinaus durch Unterschiede in der Natur der Unternehmen und ihren Adressatenkreisen begründet sein müssen.[812] Hinzu kommt, dass im CA 1985 größenabhängige Differenzierungen im Bereich des *disclosure* bereits seit mehreren Jahren praktiziert werden und dadurch als allgemein akzeptiert gelten. Auch den *accounting standards* sind größenspezifische Unterschiede hinsichtlich der Angabepflichten nicht völlig fremd. Denn bereits vor der Einführung des FRSSE wurden in den SSAP und FRS einzelfallorientiert *disclosure*-Erleichterungen für kleine Unternehmen gewährt, wenn dies aus Kosten-Nutzen-Gesichtspunkten begründet war.[813] Außerdem werden größenspezifische Vergünstigungen hinsichtlich der verpflichtend in den Abschluss aufzunehmenden Informationen auch deshalb eher akzeptiert, da sie im Gegensatz zu einer Differenzierung von Bilanzansatz- und/oder Bewertungsnormen keine unmittelbare Auswirkung auf die Höhe des Erfolgsausweises haben.[814] Somit wird die zwischenbetriebliche Vergleichbarkeit von Rechnungslegungsinformationen durch Befreiungen im *disclosure*-Bereich nur bedingt beeinträchtigt und eine Schwächung der Autorität der Big GAAP durch Missinterpretationen und Verunsicherungen der Abschlussnutzer hinsichtlich der zugrunde liegenden Rechnungslegungsgrundlagen – wie dies bei Unterscheidungen im *recognition*- und/oder *measurement*-Bereich unter Umständen der Fall sein kann – vermieden.[815] Durch eine Einschränkung der Angabepflichten kann darüber hinaus ggf. sogar eine Verbesserung des Informationsnutzens für die Abschlussadressaten erreicht werden,[816] da diese im Optimalzustand nicht mehr mit unnötigen Angaben überfordert, sondern nur mehr mit jenen Informationen versorgt werden, die sie für ihre Entscheidungen benötigen. Ein Großteil der Erleichterungen, die kleinen Unternehmen durch die Anwendung des FRSSE gewährt werden, sind deshalb Befreiungen von den in den SSAP, FRS und *UITF Abstracts* geforderten Informationsangaben. Folgende, in Tab. 34 angeführte und nach den Big GAAP erforderliche Angaben sind deshalb beispielsweise für kleine Unternehmen nach dem FRSSE nicht verpflichtend:[817]

---

812 Vgl. Consultative Committee of Accountancy Bodies (Hrsg.) (1995), S. 6.

813 Vgl. Accounting Standards Board (Hrsg.) (2001b), Abschnitt 2.2. Siehe hierzu auch Gliederungspunkt 4.2.2.2.2.

814 Siehe zu dieser Problematik auch die Ausführungen unter Gliederungspunkt 2.3.3.1.

815 Vgl. zu diesen Argumenten Accounting Standards Board (Hrsg.) (2001b), Abschnitt 2.8.

816 Vgl. Consultative Committee of Accountancy Bodies (Hrsg.) (1994), Abschnitt 4.4; Howell, M. (1996), S. 42; Sleigh-Johnson, N. (2001), S. 92.

817 Vgl. Richards, C. (2001), S. 1318. Für einen ausführlichen Überblick über bestehende *disclosure*-Befreiungen siehe außerdem Accounting Standards Board (Hrsg.) (2001a), Appendix VI.

Tab. 34: Wesentliche *Disclosure*-Erleichterungen des FRSSE

Kleine Unternehmen sind befreit von:

- der nach SSAP 13.31 erforderlichen Analyse der in der GuV-Rechnung im Geschäftsjahr erfolgswirksam erfassten Forschungs- und Entwicklungskosten;[818]
- der nach SSAP 20.60 erforderlichen gesonderten Angabe der in der GuV-Rechnung erfolgswirksam erfassten bzw. mit den Rücklagen verrechneten Währungsumrechnungsgewinne und -verluste;
- spezifischen im SSAP 21 im Zusammenhang mit eingegangenen Leasingverhältnissen vom Leasingnehmer geforderten Angaben, wie z. B. die detaillierte Analyse der bilanzierten Leasingverbindlichkeiten bei Finanzierungsleasingverträgen (SSAP 21.52); der Angabe des in der Leasingrate von Finanzierungsleasingverträgen enthaltenen Zinsanteils (SSAP 21.53) etc.;
- den im FRS 11 normierten Angaben zu außerplanmäßigen Wertminderungen von Vermögenswerten des Anlagevermögens und des Goodwill, da die diesbezüglich im CA 1985 enthaltenen *disclosure*-Bestimmungen für kleine Unternehmen als ausreichend erachtet werden[819] bzw. die im FRS 11 festgelegten Informationspflichten vielfach sog. „*anti-abuse measures*", d. h. Maßnahmen zur Verhinderung einer missbräuchlichen Ausnutzung bestehender Ermessens- und Bilanzierungsspielräume darstellen, deren Übernahme für kleine Unternehmen nach Auffassung des ASB nicht notwendig ist;
- den über die Basisinformationen hinausgehenden, sehr umfangreichen Detailangaben des FRS 17 zu den als *defined benefit schemes* zu klassifizierenden Altersversorgungsplänen;
- einem Großteil der in FRS 10 normierten Angaben zu immateriellen Vermögenswerten sowie zum Goodwill, da die bestehenden gesetzlichen Angabepflichten für kleine Unternehmen als ausreichend erachtet werden;[820]
- der Angabe der in SSAP 25 geforderten Segmentinformationen;[821]
- einem Großteil der in FRS 12 enthaltenen Informationen zu *contingent liabilities* und *assets*, d. h. zu Eventualverbindlichkeiten bzw. -vermögenswerten, da auch diesbezüglich die gesetzlichen Angabepflichten für kleine Unternehmen als adäquat betrachtet werden;[822]
- Angabepflichten des FRS 13 zu Derivaten und anderen Finanzinstrumenten: da diese Bestimmungen auch nach FRS 13 nur für börsennotierte Gesellschaften und Unternehmen, deren Wertpapiere öffentlich gehandelt werden, sowie für Banken und ähnliche Institutionen verpflichtend sind,[823] hat das ASB die Angabepflichten des FRS 13 nicht in den FRSSE übernommen, weil zur Anwendung des FRSSE berechtigte Unternehmen i. d. R. nicht in diese Kategorien fallen können;[824] mit denselben Argumenten wurden auch die Bestimmungen des FRS 14 zur Angabe der *earnings per share* nicht in den FRSSE aufgenommen;[825]
- zahlreichen, der im FRS 15 festgelegten *disclosure*-Bestimmungen für *tangible fixed assets* (Sachanlagevermögen), da die diesbezüglich vorhandenen gesetzlichen Angabepflichten nach Auffassung des ASB ausreichend sind.[826]

---

818 Diese Analyse ist jedoch auch nach SSAP 13 nur von „großen" Unternehmen verpflichtend zu erbringen; vgl. Gliederungspunkt 4.2.3.2 bzw. zum Entstehungshintergrund 4.2.2.1.1.

819 Vgl. Accounting Standards Board (Hrsg.) (1998c), Appendix I, Abschnitt 18.

820 Vgl. Accounting Standards Board (Hrsg.) (1998c), Appendix I, Abschnitt 9.

821 Unabhängig von der Anwendung des FRSSE ist eine umfassende Segmentberichterstattung auch nach den Big GAAP nur von „großen" Unternehmen verpflichtend gefordert; vgl. Gliederungspunkt 4.2.3.2. Siehe zum Entstehungshintergrund dieser Befreiung Gliederungspunkt 4.2.2.1.1.

822 Vgl. Accounting Standards Board (Hrsg.) (1999b), S. 25.

823 Vgl. Accounting Standards Board (Hrsg.) (1998a), FRS 13.3 f. sowie FRS 13.82 und FRS 13.120.

824 Vgl. Accounting Standards Board (Hrsg.) (1999b), Appendix I, Abschnitt 18.

825 Vgl. Accounting Standards Board (Hrsg.) (1999b), Appendix I, Abschnitt 19. Siehe zum Anwendungsumfang des FRS 14 Accounting Standards Board (Hrsg.) (1998b), FRS 14.3 ff.

826 Vgl. Accounting Standards Board (Hrsg.) (1999b), Appendix I, Abschnitt 25.

Die umfangreichen Angabepflichten des FRS 8 hinsichtlich *related party disclosures* (Angaben zu nahe stehenden Personen und Unternehmen)[827] wurden hingegen im Wesentlichen auch für kleine Unternehmen als relevant erachtet und deshalb im FRSSE normiert. Trotz der in den Stellungnahmen zur Entwicklung des FRSSE zum Ausdruck gebrachten Uneinigkeit der Konsultationsteilnehmer hinsichtlich der Notwendigkeit von *related party disclosures* bei kleinen Unternehmen und der diesbezüglich ohnehin im CA 1985 bestehenden gesetzlichen Angabepflichten,[828] verlangt das ASB im FRSSE auch von kleinen Unternehmen Informationen bezüglich wesentlicher Transaktionen mit nahe stehenden Unternehmen und Personen. Das ASB begründet seine Entscheidung damit, dass insbesondere bei kleinen Unternehmen Transaktionen mit sog. „*related parties*" üblich und die im Vergleich zu den gesetzlichen Bestimmungen umfassenderen Regelungen des FRS 8 deshalb zum Verständnis der Geschäftsaktivitäten sowie zur Vermittlung eines *true and fair view* insbesondere auch für kleine Unternehmen von Relevanz sind.[829] Um jedoch kleine Unternehmen nicht mit unverhältnismäßig hohen Kosten zu belasten, müssen diese im Gegensatz zu den Big GAAP-Anwendern nach dem FRSSE nur über solche Transaktionen informieren, die für das eigene Unternehmen als *material* also wesentlich zu beurteilen sind,[830] während nach FRS 8 in Abhängigkeit der beteiligten Partei darüber hinaus auch jene Geschäftsaktivitäten angegeben werden müssen, die für die involvierten *related parties* als wesentlich zu kategorisieren sind.[831]

4.2.3.1.4.2 Weitere Rechnungslegungsinstrumente

Da Großbritannien im Gegensatz zu Deutschland[832] nicht von Artikel 46 (3) der Vierten EG-Richtlinie Gebrauch machte und kleine Kapitalgesellschaften von der Aufstellung eines Lageberichtes (*directors' report*) befreit hat, muss dieser grundsätzlich ebenfalls unabhängig von der Zugehörigkeit zu einer bestimmten Größenklasse von allen *companies* als Ergänzung zum Jahresabschluss aufgestellt werden.[833] Analoges gilt für *qualifying partnerships.*[834] Im Unterschied zu *companies* hat der britische

---

827 Bezüglich der genauen Definition des Begriffs *related party* siehe Accounting Standards Board (Hrsg.) (1995), FRS 8, Definitions, Abschnitt 2.5 sowie den Definitionsteil des FRSSE; Accounting Standards Board (Hrsg.) (2001a), C – Definitions.

828 Siehe schedule 6, para.15 ff. CA 1985.

829 Vgl. Accounting Standards Board (Hrsg.) (2001a), Appendix IV, Abschnitt 12 ff.; vgl. zu dieser Argumentation auch Howell, M. (1996), S. 42.

830 Vgl. Accounting Standards Board (Hrsg.) (2001a), B – Statement of Standard Accounting Practice, Abschnitt 15.1. sowie Appendix IV, Abschnitt 14.

831 Vgl. Accounting Standards Board (Hrsg.) (1995), FRS 8.20.

832 Vgl. Gliederungspunkt 3.2.2.1.1.

833 Vgl. section 234 CA 1985.

834 Zur Definition von *qualifying partnerships* siehe Gliederungspunkt 4.1.1.3.1 und 4.1.1.3.2.

Gesetzgeber für große *qualifying partnerships* in Bezug auf den Lagebericht jedoch nur die Mindestanforderungen der Vierten EG-Richtlinie umgesetzt,[835] sodass sich für kleine Kapitalgesellschaften & Co. eine Sondersituation ergibt. Denn neben den Vergünstigungen, die für große *qualifying partnerships* im Vergleich zu großen *companies* bestehen, kommen für kleine *qualifying partnerships* zusätzlich noch die Erleichterungen hinzu, die auch kleinen *companies* zustehen.[836] Dies hat zur Konsequenz, dass sich die Lageberichterstattung kleiner Kapitalgesellschaften & Co. nur mehr auf einige wenige Angaben reduziert.

Ferner wurden *limited liability partnerships*[837] gänzlich von der Pflicht zur Erstellung eines *directors' report* befreit.[838] Auch für andere, nicht gesellschaftsrechtlich zur Beachtung der Vorschriften des CA 1985 verpflichtete Rechtsformen (wie z. B. gewöhnliche *partnerships* und *sole traders*), die ihren Abschluss nach dem FRSSE erstellen, ergibt sich keine Notwendigkeit zur Aufstellung eines Lageberichts, da sich der FRSSE analog den Big GAAP ausschließlich auf den Jahresabschluss, nicht aber auf diesen ergänzende Informationsinstrumente bezieht.[839] Die für den Lagebericht geltenden gesetzlichen Informationspflichten sind für diese Unternehmen deshalb nur insofern relevant, als sie zur Erfüllung des im FRSSE verankerten *true and fair view*-Grundsatzes erforderlich sind.[840] Im FRSSE selbst finden sich, da sein Regelungsumfang auf den Jahresabschluss eingegrenzt ist, keine Vorschriften zum *directors' report*. Die folgenden Ausführungen zur Lageberichterstattung beschränken sich deshalb im Wesentlichen auf *companies*.

Obschon nach dem britischen Kapitalgesellschaftsgesetz auch kleine *companies* zur Erstellung eines *directors' report* verpflichtet sind, kann es sich hierbei um eine im Vergleich zu Großunternehmen verkürzte Version des Lageberichts handeln (*modified directors' report*), da generell zu unterstellen ist, dass „... the public interest does not

---

835 Vgl. schedule zu den Partnerships and Unlimited Companies (Accounts) Regulations 1993, SI 1993/1820.

836 Das ergibt sich unmittelbar aus dem in reg. 4 kodifizierten Verweis der Partnerships and Unlimited Companies (Accounts) Regulations 1993, SI 1993/1820 auf die Vorschriften des Companies Act 1985.

837 Vgl. zur Definition von *limited liability partnerships* Gliederungspunkt 4.1.1.3.4.

838 Vgl. schedule 1 zu den Limited Liability Partnerships Regulations 2001, SI 2001/1090. Das vom CCAB zur Rechnungslegung von *limited liability partnerships* entwickelte SORP (vgl. Gliederungspunkt 4.2.2.2.2) sieht jedoch auch für *limited liability partnerships* die verpflichtende Erstellung eines sog. „*members' report*" vor, indem einige wesentliche, für *companies* im *directors' report* verpflichtend vorgeschriebene Angaben zu machen sind; vgl. Consultative Committee of Accountancy Bodies (Hrsg.) (2002), Abschnitt 22.

839 Vgl. Accounting Standards Board (Hrsg.) (2001b), Abschnitt 5.1.

840 Vgl. Accounting Standards Board (Hrsg.) (2001a), B – Statement of Standard Accounting Practice, Abschnitt 1.1 (b).

require the same amount of disclosure ... from the smaller as from the larger company."[841] Somit können kleine *companies* im Gegensatz zu ihren großen Kontrahenten beispielsweise auf folgende, in Tab. 35 aufgeführte Angaben im Lagebericht verzichten:[842]

■ **Tab. 35:** Den Lagebericht betreffende Erleichterungen des CA 1985 für kleine Kapitalgesellschaften

Kleine Kapitalgesellschaften können auf folgende Angaben verzichten:

(a) wahrheitsgetreue Darstellung des Geschäftsverlaufs sowie der Lage der Gesellschaft (section 234 (1) (a), CA 1985);

(b) Angaben zu Vorgängen von besonderer Bedeutung, die nach Schluss des Geschäftsjahres eingetreten sind (schedule 7, para. 6 (a) CA 1985);

(c) Angaben zur voraussichtlichen Entwicklung des Unternehmens (schedule 7, para. 6 (b) CA 1985);

(d) Angaben zu Forschungs- und Entwicklungsaktivitäten (schedule 7, para. 6 (c) CA 1985);

(e) Angaben zu außerhalb des Vereinigten Königreichs von Großbritannien und Nordirland bestehenden Zweigniederlassungen (schedule 7, para. 6 (d) CA 1985);[843]

(f) Angabe der für das Geschäftsjahr vorgeschlagenen Ausschüttung (section 234 (1) (b) CA 1985);

(g) Angabe des Marktwertes von Vermögenswerten, falls dieser wesentlich von dem in der Bilanz ausgewiesenen Buchwert abweicht (schedule 7, para. 1 (2) CA 1985);

(h) Angaben zu Initiativen hinsichtlich der Einführung, Aufrechterhaltung und Entwicklung von Aktivitäten zur Berücksichtigung der Arbeitnehmerinteressen (schedule 7, para. 11 CA 1985);[844]

(i) Angaben zur Zahlungspolitik bei Lieferantenverbindlichkeiten (schedule 7, para. 12 CA 1985).

Darüber hinaus sind auch dem öffentlichen Interesse zweckdienliche Angaben über die Beschäftigung von behinderten Personen (schedule 7, para. 9 CA 1985) nur für Unternehmen mit einer durchschnittlichen Beschäftigtenzahl von mehr als 250 Mitarbeiter verpflichtend und müssen deshalb auch von kleinen Kapitalgesellschaften nur beachtet werden, sofern sie die genannte Beschäftigtengrenze überschreiten.[845]

Ein Vergleich der *disclosure*-Erleichterungen mit den in der Vierten EG-Richtlinie definierten Lageberichterstattungspflichten macht deutlich, dass kleine *companies* auch nach dem britischen Kapitalgesellschaftsgesetz von sämtlichen dort für große Unternehmen verpflichtend geforderten Angaben (hierbei handelt es sich um die unter

[841] Secretary of State for Trade and Industry (Hrsg.) (1973), S. 12.

[842] Vgl. section 246 (4) CA 1985.

[843] Diese Angabe kann für *unlimited companies* unabhängig von der Zugehörigkeit zu einer bestimmten Größenklasse generell unterbleiben.

[844] Diese Angabe ist auch für mittelgroße oder große Unternehmen nur dann verpflichtend, falls das Unternehmen über mehr als 250 Mitarbeiter verfügt; vgl. schedule 7, para. 11 (1) CA 1985.

[845] Vgl. schedule 7, part III CA 1985.

(a) – (e) angeführten Angaben)[846] befreit sind. Somit verbleiben für kleine Kapitalgesellschaften nach den Bestimmungen des CA 1985 im Wesentlichen nur mehr folgende Pflichtangaben für den *directors' report*:

- Angabe der Namen der *company directors* und der Hauptgeschäftsaktivitäten des Unternehmens sowie diesbezüglich während des Geschäftsjahres aufgetretene Änderungen (section 234 (2) CA 1985);
- Angaben im Hinblick auf die von den *company directors* gehaltenen eigenen Unternehmensanteilen oder Schuldtiteln sowie diesen oder dessen Familienmitgliedern diesbezüglich eingeräumten Bezugsrechten (schedule 7, para. 2 ff. CA 1985); alternativ kann diese Angabe auch im Anhang erfolgen (schedule 7, para. 2 (1) CA 1985);
- Erläuterungspflichten hinsichtlich während des Geschäftsjahres aus dem Unternehmensvermögen für politische oder mildtätige Zwecke getätigte Spenden, falls diese eine bestimmte Größenordnung übersteigen (schedule 7, para. 3 ff. CA 1985);
- Angaben über den Erwerb eigener Aktien (schedule 7, para. 7 f. CA 1985).

Bei den obigen, für kleine *companies* verpflichtend in den Lagebericht aufzunehmenden Informationen handelt es sich zum einen um Angaben, die nach den Bestimmungen der Vierten EG-Richtlinie wenn nicht im Anhang so doch im Lagebericht zwingend zu erbringen sind, wie z. B. Angaben über den Erwerb eigener Aktien,[847] sodass dem britischen Gesetzgeber bei der Richtlinientransformation bezüglich dieser Informationen nur ein Ausweis-, nicht aber ein Befreiungswahlrecht zur Verfügung stand. Zum anderen stellen die angeführten Angaben wesentliche Rechenschaftsinformationen dar, die großteils (mit Ausnahme der Angaben zum Erwerb eigener Anteile) allesamt bereits in sehr frühen Versionen des *Companies Act* verankert und auch damals schon größenunabhängig von allen Kapitalgesellschaften verpflichtend anzugeben waren.[848] Den Informationen zu gezahlten Spendengeldern kommt darüber hinaus auch eine gesamtgesellschaftliche Informationsfunktion zu.[849]

Doch trotz des unterstellten Allgemeininteresses an Informationen zu getätigten Spenden, wurde diese Berichtspflicht nur für *companies* kodifiziert. *Qualifying partnerships* (und auch *limited liability partnerships*, die gänzlich von einer gesetzlich ver-

---

846 Vgl. Vierte Richtlinie 78/660/EWG des Rates vom 25. Juli 1978, Artikel 46.
847 Vgl. Vierte Richtlinie 78/660/EWG des Rates vom 25. Juli 1978, Artikel 46 (3).
848 Bezüglich der Regelungen des CA 1967 zum *directors' report* siehe z. B. Committee of Inquiry on Small Firms (Hrsg.) (1971), S. 316 f.
849 Siehe hierzu The Company Law Review Steering Group (Hrsg.) (2000a), S. 181.

pflichtenden Lageberichterstatttung befreit sind) können hingegen unabhängig von der Zugehörigkeit zu einer bestimmten Größenklasse sowohl auf die Angabe von Informationen zu gezahlten Spendengeldern als auch auf die ebenfalls dem gesamtgesellschaftlichen Interesse dienende Bereitstellung von Informationen zur Beschäftigung behinderter Personen verzichten.[850] Dies deutet darauf hin, dass *qualifying partnerships* und auch *limited liability partnerships* im Vergleich zu *companies* einer geringeren gesamtgesellschaftlichen Rechenschaftspflicht unterliegen.[851]

Da für *qualifying partnerships* darüber hinaus rechtsformbedingt in der Regel auch die Angaben zu von der Unternehmensleitung gehaltenen eigenen Wertpapieren sowie über den Erwerb eigener Aktien entfallen, reduziert sich die Lageberichterstattung für als klein zu klassifizierende *qualifying partnerships* somit nur mehr auf sehr grundlegende Angaben zu den Unternehmensaktivitäten und die namentliche Aufführung der Geschäftsführer.[852] Die Veröffentlichung dieser Angaben wird auch für *limited liability partnerships* in dem von der *Consultative Committee of Accountancy Bodies* entwickelten *Statement of Recommended Practice* empfohlen.[853]

Machen als klein zu klassifizierende *companies* oder *qualifying partnerships* von den Erleichterungen zur Erstellung eines sog. „*modified directors' report*" Gebrauch, so muss dies in Entsprechung der Inanspruchnahme der Regelungen zur Erstellung eines vereinfachten Abschlusses[854] explizit im Jahresabschluss bzw. im *directors' report* angegeben werden.[855]

4.2.3.1.4.3 Angedachte Reformmaßnahmen

Im Rahmen der stattfindenden Neuordnung des Kapitalgesellschaftsgesetzes[856] erarbeitete die *Company Law Review Steering Group* sowohl für kleine als auch für große

---

850 Vgl. schedule zu den Partnerships and Unlimited Companies (Accounts) Regulations 1993, SI 1993/1820 sowie schedule 1 zu den Limited Liability Partnerships Regulations 2001, SI 2001/1090. Auch der von dem *Consultative Committee of Accountancy Bodies* für *limited liability partnerships* empfohlene *members' report* sieht eine Veröffentlichung der genannten Angaben nicht vor; vgl. Consultative Committee of Accountancy Bodies (Hrsg.) (2002), Abschnitt 22.

851 Vgl. hierzu auch Gliederungspunkt 4.2.3.1.4.1.4.1.

852 Vgl. schedule zu den Partnerships and Unlimited Companies (Accounts) Regulations 1993, SI 1993/1820 i. V. m. section 246 (4) CA 1985.

853 Vgl. Consultative Committee of Accountancy Bodies (Hrsg.) (2002), Abschnitt 22. Zum Entstehungshintergrund dieses SORP siehe Gliederungspunkt 4.2.2.2.2.

854 Vgl. Gliederungspunkt 4.2.3.1.3.

855 Vgl. section 246 (8) CA 1985.

856 Vgl. Gliederungspunkt 4.

companies wesentliche Reformvorschläge zur Neustrukturierung des gesetzlichen Jahresabschlusses, die bei Fortführung der bisherigen Rechtssystematik im weiteren Normierungsprozess auch auf den Abschluss von *qualifying partnerships*[857] und *limited liability partnerships*[858] zu übertragen wären.

Durch die Reformmaßnahmen ergeben sich neue größenbezogene Unterschiede. Um diese herausarbeiten zu können, wird nachfolgend sowohl auf die Reformempfehlungen für große als auch für kleine Unternehmen eingegangen.

4.2.3.1.4.3.1 Neustrukturierung des gesetzlichen Jahresabschlusses großer Unternehmen

Nach dem veröffentlichten *white paper* des *Secretary of State for Trade and Industry* vom Juli 2002, das weitgehend auf den Reformempfehlungen der Arbeitsgruppe basiert, soll der gesetzliche Jahres- bzw. Konzernabschluss von als „groß" zu klassifizierenden Unternehmen zur Verbesserung der Informationsqualität für die Rechnungslegungsadressaten künftig aus folgenden Instrumenten bestehen:[859]

- Bilanz,
- *statement of performance* (eine im Vergleich zum *profit and loss account* umfassendere Erfolgsrechnung zur Darlegung der Unternehmensleistung, in die die GuV-Rechnung integriert wird),[860]
- *statement of cash flows* (Cash Flow-Rechnung),
- *notes* (Anhang).

Da der *directors' report* bedingt durch seine unsystematische Fortentwicklung eine Mixtur aus Rechenschaftslegung und dem Allgemeininteresse dienenden Informationen ist[861] und dadurch in seinem Informationsnutzen für die Rechnungslegungsadressaten beschränkt ist, soll dieser gänzlich abgeschafft und durch ein sog. „*supplementary statement*", bzw. für „ökonomisch bedeutende" Unternehmen durch einen

---

857 Vgl. zur Definition von *qualifying partnerships* Gliederungspunkt 4.1.1.3.1 sowie 4.1.1.3.2.

858 Siehe zur Unternehmensform *der limited liability partnership* Gliederungspunkt 4.1.1.3.4.

859 Vgl. The Company Law Review Steering Group (Hrsg.) (2001a), S. 174 sowie Secretary of State for Trade and Industry (Hrsg.) (2002a), S. 34 ff.

860 Bei der Konzeption eines neuen *performance statement* handelt es sich um ein Gemeinschaftsprojekt mit dem IASB; vgl. Gliederungspunkt 4.2.3.1.4.1.2.

861 Neben den für die Beurteilung der wirtschaftlichen Leistungsfähigkeit relevanten Informationen enthält der Lagebericht auch dem gesellschaftspolitischen Interesse dienende Angaben; vgl. The Company Law Review Steering Group (Hrsg.) (1999a), S. 120 f. sowie Gliederungspunkt 4.2.3.1.4.2.

sog. „*operating and financial review*“ (OFR) ersetzt werden.[862] Das *supplementary statement* soll im Wesentlichen die in der Vierten EG-Richtlinie geforderten Mindestinformationen sowie ggf. darüber hinausgehende, dem Allgemeinwohl dienende Angaben enthalten, eine wesentliche Ausweitung der Angabepflichten wurde jedoch aufgrund der hiermit für die Bericht erstattenden Unternehmen verbundenen Kosten abgelehnt.[863] Der OFR hingegen soll vor allem auch der zunehmenden Relevanz immaterieller Vermögenswerte für die Leistungsfähigkeit von Unternehmen Rechnung tragen und sowohl nicht finanzielle als auch zukunftsorientierte Informationen vermitteln, um den Rechnungslegungsadressaten entscheidungsnützliche Daten zur Beurteilung der künftigen Unternehmensperformance zur Verfügung zu stellen. Neben verpflichtenden Berichtselementen wie eine Erläuterung der Geschäftsaktivitäten, der Entwicklung der Geschäftstätigkeit im abgelaufenen Geschäftsjahr sowie künftiger Ereignisse und Faktoren, die einen erheblichen Einfluss auf die künftige Unternehmensleistung ausüben könnten, soll der OFR, sofern dies von der Geschäftsführung für eine effektive Berichterstattung als relevant erachtet wird, auch Informationen zu Corporate Governance Strukturen, zur Beschäftigungspolitik, zu Kunden- und Lieferantenbeziehungen sowie zu ethischen-, umwelt- und sozialpolitischen Aspekten beinhalten.[864]

Aufgrund der auf der einen Seite im Rahmen des Konsultationsprozesses bestätigten großen Entscheidungsrelevanz des OFR für die Rechnungslegungsadressaten und des auf der anderen Seite mit der Erstellung verbundenen finanziellen Aufwands sowie der Beschneidung der Geheimhaltungsinteressen der Rechnungslegenden, gab es im Hinblick auf den zur Erstellung eines OFR verpflichteten Unternehmenskreis umfassende Diskussionen.[865] Da die Aufstellung eines OFR bislang nicht zwingend war, vom ASB, der *Hundred Group of Finance Directors* sowie der *London Stock Exchange* allerdings für börsennotierte und andere Großunternehmen als *best practice* schon bislang nachdrücklich angeregt wurde,[866] knüpfte die *Company Law Review Steering Group* ihren Vorschlag zunächst an diesen Empfehlungen an und forderte die gesetz-

---

[862] Vgl. Secretary of State for Trade and Industry (Hrsg.) (2002a), S. 34.

[863] Vgl. The Company Law Review Steering Group (Hrsg.) (2000a), S. 192 f.

[864] Für weitere Details zum Inhalt des OFR vgl. sowohl The Company Law Review Steering Group (Hrsg.) (2001a), S. 51 f. sowie S. 182 ff. als auch Secretary of State for Trade and Industry (Hrsg.) (2002a), S. 38 f. und Annex D.

[865] Einerseits wurde die Erstellung eines OFR aufgrund des unterstellten hohen Informationsnutzens für die Rechnungslegungsadressaten größenunabhängig für alle *companies* gefordert; vgl. The Company Law Review Steering Group (Hrsg.) (2001a), S. 53; siehe hierzu auch die Untersuchungsergebnisse von Barker, P./Noonan, C. (1996a), S. 29. Andererseits wurde eine allgemeine Verpflichtung zur Erstellung eines OFR aufgrund seiner Neuartigkeit und der hohen, hiermit verbundenen Informationsanforderungen abgelehnt und stattdessen eine gesetzliche Aufstellungspflicht nur für große börsengelistete Publikumsgesellschaften befürwortet; vgl. The Company Law Review Steering Group (Hrsg.) (2001a), S. 53.

[866] Siehe Accounting Standards Board (Hrsg.) (2003), Scope sowie Richards, C. (2001), S. 123 f.

lich verpflichtende Erstellung eines OFR für sämtliche *public companies* sowie große *private companies*, mit einem Jahresumsatz von mehr als £ 500 Millionen. Somit sollte einerseits für Unternehmen, die durch eine Kapitalmarktinanspruchnahme über entsprechende wirtschaftliche Macht verfügten, eine adäquate Rechenschaftslegung und Entscheidungsgrundlage für die Marktteilnehmer sichergestellt und andererseits aber auch unabhängig von einer Kapitalmarktteilnahme für sämtliche, wirtschaftlich einflussreichen Unternehmen eine verantwortungsvolle Unternehmensüberwachung und -kontrolle gewährleistet werden.[867] Aufgrund der massiven Bedenken der Konsultationsteilnehmer im Hinblick auf die hieraus insbesondere für *small public companies* resultierenden unverhältnismäßig hohen Lasten modifizierte die *Company Law Review Steering Group* ihre Empfehlung jedoch im weiteren Verlauf des Konsultationsprozesses und grenzte die Verpflichtung zur Erstellung eines OFR letztendlich auf große *public companies* und sehr große *private companies* ein. Eine Beschränkung der Erstellungspflicht auf ausschließlich börsennotierte Unternehmen wurde jedoch von der Arbeitsgruppe aus zweierlei Gründen abgelehnt. Zum einen unterstellte die *Company Law Review Steering Group* auch für sehr große *private companies* ein erhebliches Wirtschaftspotenzial und dadurch ein öffentliches Interesse an der wirtschaftlichen Performance und künftigen Unternehmensentwicklung und somit die Notwendigkeit zur Aufstellung eines OFR. Zum anderen sollten kleine *public companies*, die sich ggf. in der sehr kritischen Phase eines *going public* befinden, nicht noch mit zusätzlichen Anforderungen belastet werden.[868]

Entgegen der von der Arbeitsgruppe ursprünglich angedachten größenabhängigen Differenzierung der Verpflichtung zur Aufstellung eines OFR auf Basis der erzielten Umsatzerlöse, regte die *Company Law Review Steering Group* in ihrem Abschlussbericht im Sinne einer flexibleren Handhabung die Berücksichtigung mehrerer Kriterien an. Diese Empfehlung fand auch die Unterstützung des *Secretary of State for Trade and Industry*, der in seinem *white paper* vorschlägt, dass die Aufstellung eines OFR künftig für all jene *public* und *private companies* gesetzlich verpflichtend werden soll, die mindestens zwei der nachfolgenden, in Tab. 36 aufgeführten Kriterien erfüllen:[869]

---

867 Vgl. The Company Law Review Steering Group (Hrsg.) (2000a), S. 189.

868 Vgl. The Company Law Review Steering Group (Hrsg.) (2001a), S. 53.

869 Vgl. The Company Law Review Steering Group (Hrsg.) (2001a), S. 53 f. sowie Secretary of State for Trade and Industry (Hrsg.) (2002a), S. 39. Die Kriterien wurden von der *Company Law Review Steering Group* subjektiv festgelegt. Allerdings regte die Arbeitsgruppe an, die Angemessenheit der vorgeschlagenen Schwellenwerte im Hinblick auf die Funktion des OFR sowie den mit der Erfüllung der Informationspflichten verbundenen Kosten für die Unternehmen anhand empirischer Untersuchungen zu überprüfen.

■ **Tab. 36:** Größenkriterien für die im *Company Law Review* vorgeschlagene gesetzliche Verpflichtung zur Erstellung eines OFR

	Public companies	*Private companies*
Umsatzerlöse	> £ 50 Mio. (ca. 73,23 Mio. €)	> £ 500 Mio. (732,29 Mio. €)
Bilanzsumme	> £ 25 Mio. (ca. 36,61 Mio. €)	> £ 250 Mio. (366,14 Mio. €)
Anzahl der Arbeitnehmer	> 500	> 5.000

Anmerkung: Wechselkurs 1 € = £ 0,68280 (Stand: 31. Oktober 2003)

Für *private companies* wurden mangels der Möglichkeit einer öffentlichen Kapitalmarktinanspruchnahme im Vergleich zu *public companies* um ein Vielfaches höhere Schwellenwerte angesetzt. Denn im Gegensatz zu *public companies* gilt es bei *private companies*, die in Ermangelung einer öffentlichen Kapitalmarktinanspruchnahme über einen geschlossenen, in der Regel im Vergleich zu *public companies* wesentlich kleineren Gesellschafterkreis verfügen, nicht die anonymen Marktteilnehmer und deren Rechenschaftsinteresse zu schützen. Stattdessen soll die Verpflichtung zur Erstellung eines OFR primär dem gesamtgesellschaftlichen Interesse dienen[870] und wird demzufolge nur für jene *private companies* verpflichtend gefordert, die aufgrund ihrer Unternehmensgröße beträchtliche wirtschaftliche Bedeutung besitzen und dadurch im Vergleich zu kleinen Unternehmen eine höhere Transparenz gewähren müssen. Allerdings sollen die vorgeschlagenen Schwellenwerte nicht als Fixum gelten, sondern mit der zunehmenden Etablierung des OFR als Berichtsinstrument im Zeitablauf nach unten angepasst werden.[871]

Neben einem OFR bzw. *supplementary statement* ist darüber hinaus auch künftig von börsennotierten Unternehmen zur Rechenschaftslegung gegenüber den Anteilseignern ein sog. „*directors' remuneration report*" zu erstellen.

Obschon zur Wahrung größtmöglicher Flexibilität die konkrete formelle und inhaltliche Ausgestaltung der zu erstellenden Jahresabschluss- und Berichtsinstrumente künftig nicht mehr per Gesetz erfolgen, sondern dem privatrechtlichen *standard setter* übertragen werden soll, schlug der *Secretary of State for Trade and Industry* eine gesetzliche Festlegung der zentralen Berichtsinhalte des OFR und auch des *supplementary statement* vor.[872] Für den OFR wurde dies explizit auch von der *Company Law*

---

870 Siehe The Company Law Review Steering Group (Hrsg.) (2001a), S. 53.

871 Vgl. Secretary of State for Trade and Industry (Hrsg.) (2002a), S. 39.

872 Vgl. Secretary of State for Trade and Industry (Hrsg.) (2002a), S. 35 sowie Secretary of State for Trade and Industry (Hrsg.) (2002b), Draft Clauses 73 ff.

Review Steering Group als notwendig erachtet, um einerseits der großen Bedeutung, die dem Informationsinhalt des OFR für die Rechnungslegungsadressaten beigemessen wird, Rechnung zu tragen, und andererseits eine angemessene und ausgewogene Berichterstattung zu gewährleisten.[873]

4.2.3.1.4.3.2 Neustrukturierung des gesetzlichen Jahresabschlusses kleiner Unternehmen

Im Gegensatz zu großen Unternehmen soll der gesetzliche Jahresabschluss kleiner Kapitalgesellschaften – so die mit dem Vorschlag der *Company Law Review Steering Group* in Einklang stehende Aussage des *Secretary of State for Trade and Industry* – nicht um ein *statement of cash flows* ergänzt werden. Damit würde der gesetzliche Jahresabschluss kleiner Gesellschaften nach dem *white paper* des *Secretary of State for Trade and Industry* wie bisher bestehen aus:[874]

- *profit and loss account* (GuV-Rechnung),[875]
- *balance sheet* (Bilanz) und
- *notes* (Anhang).

Obwohl die konkrete formelle und inhaltliche Ausgestaltung der genannten Abschlussinstrumente künftig auf den privatrechtlichen *standard setter* übertragen und für kleine Unternehmen im Rahmen des FRSSE normiert werden soll,[876] unterbreitete die Arbeitsgruppe in ihrem Konsultationspapier „*Developing the Framework*" unter Berücksichtigung der bisher bestehenden gesetzlichen Regelungen sowie des FRSSE bereits konkrete, vom *standard setter* in Erwägung zu ziehende Reformmaßnahmen, die jedoch in dem von der Regierung vorgelegten *white paper* nicht weiter kommentiert wurden. Wesentliche Änderungen würden sich nach dem Vorschlag der Arbeitsgruppe vor allem für Bilanz und Anhang ergeben. Zum einen handelt es sich bei den angeregten Reformvorschlägen lediglich um eine Neustrukturierung der erforderlichen

---

873 Vgl. The Company Law Review Steering Group (Hrsg.) (2000b), S. 36.

874 Vgl. Secretary of State for Trade and Industry (Hrsg.) (2002a), S. 34 ff.

875 Vor dem Hintergrund der unter Gliederungspunkt 4.2.3.1.4.1.2 angeführten Argumentation erstaunt, dass kleine Unternehmen nach wie vor eine GuV-Rechnung erstellen sollen, während große Unternehmen nach dem Vorschlag des *Secretary of State for Trade and Industry* künftig ein sog. „*statement of performance*" aufstellen müssten. Durch diese Differenzierung würden sich in Zukunft größenabhängig unterschiedliche Performance-Darstellungen ergeben, was jedoch im Widerspruch zu den Bemühungen des ASB steht, das bislang bestrebt war, eine zwischen großen und kleinen Unternehmen konsistente Erfolgsmessung und -darstellung zu gewährleisten.

876 Vgl. The Company Law Review Steering Group (Hrsg.) (2001a), S. 77. Siehe zu der vorgeschlagenen Delegation wesentlicher Normierungsaufgaben auf den privatrechtlichen *standard setter* auch Gliederungspunkt 4.1.4.2.

Angaben, die dazu dienen soll, die Entscheidungsrelevanz und Lesbarkeit des Jahresabschlusses zu erhöhen und Doppelinformationen zu vermeiden. So soll beispielsweise eine Aufgliederung des Anlagevermögens in Sachanlagen und immaterielle Vermögenswerte nicht mehr im Rahmen der Bilanz, sondern nur mehr im Anlagespiegel im Anhang erfolgen und Verbindlichkeiten aus Finanzierungsleasinggeschäften und Ratenkäufen sollen künftig unmittelbar aus der Bilanzgliederung hervorgehen und nicht mehr wie bisher nach den Normen des FRSSE[877] optional im Anhang angegeben werden können.[878] Zum anderen sollen die Informationspflichten kleiner Unternehmen im Vergleich zu den bestehenden gesetzlichen und aus dem FRSSE resultierenden Angaben erheblich verringert und nur mehr auf wesentliche, entscheidungsrelevante Anhangangaben beschränkt werden. Dadurch soll die Verständlichkeit der Anhanginformationen für die Abschlussadressaten erhöht und letztlich durch die Eliminierung – nach Auffassung der Arbeitsgruppe – als wenig relevant erachteter Angaben[879] der Informationsnutzen verbessert werden.[880] Im Gegensatz zu den Umstrukturierungsempfehlungen für die Bilanz soll der bestehende Gliederungsaufbau für die GuV-Rechnung, abgesehen von nur geringfügigen Modifikationen,[881] im Wesentlichen Beibehalten werden.[882] Die verpflichtende Erstellung eines *statement of total recognised gains and losses*, wie bislang im FRSSE gefordert, soll jedoch nach der Empfehlung der Arbeitsgruppe für kleine Unternehmen künftig entfallen.[883]

Auch für kleine Unternehmen soll der *directors' report* künftig durch ein *supplementary statement* ersetzt werden, das jedoch im Gegensatz zu jenem großer Unternehmen wesentlich vereinfacht sein kann.[884] Nach der Auffassung der Company *Law Review Steering Group* soll dieses nur mehr über wesentliche Unternehmensdaten, wie z. B. den Unternehmenssitz, die Namen der *directors* sowie die Hauptgeschäftsaktivitäten

877 Vgl. Accounting Standards Board (Hrsg.) (2001a), B – Statement of Standard Accounting Practice, Abschnitt 6.16 (b).

878 Vgl. The Company Law Review Steering Group (Hrsg.) (2000a), Annex E.

879 Einen Überblick über die nach dem Vorschlag der *Company Law Review Steering Group* zu eliminierenden Informationspflichten gibt der Anhang E des Konsultationspapiers „*Developing the Framework*"; vgl. The Company Law Review Steering Group (Hrsg.) (2000a), Annex E.

880 Siehe hierzu The Company Law Review Steering Group (Hrsg.) (2000a), S. 284 ff.

881 Beispielsweise sollen bei Anwendung des Umsatzkostenverfahrens zur Wahrung der Geheimhaltungsinteressen der Abschluss erstellenden Unternehmen die Posten *cost of sales* (Herstellungskosten der zur Erzielung der Umsatzerlöse erbrachten Leistung), *selling and distribution costs* (Vertriebskosten) und *administrative expenses* (allgemeine Verwaltungskosten) künftig unter dem Posten „*operating costs*" zusammengefasst werden können; vgl. The Company Law Review Steering Group (Hrsg.) (2001a), S. 77 i. V. m. The Company Law Review Steering Group (Hrsg.) (2000a), S. 285 sowie Annex E.

882 Vgl. The Company Law Review Steering Group (Hrsg.) (2000a), S. 285.

883 Vgl. The Company Law Review Steering Group (Hrsg.) (2000a), Annex E.

884 Vgl. Secretary of State for Trade and Industry (Hrsg.) (2002a), S. 43.

des Unternehmens einschließlich im Geschäftsjahr diesbezüglich eingetretener Veränderungen, informieren. Das *white paper* des *Secretary of State for Trade and Industry* enthält hierüber keine näheren Auskünfte, bestimmt jedoch, dass die Festlegung der Berichtsinhalte auch künftig allein in der Kompetenz des Gesetzgebers liegen soll.[885]

Im Anhang II der vorliegenden Arbeit ist der beispielhafte Entwurf der *Company Law Review Steering Group* bezüglich eines Standardformats für den Abschluss kleiner Gesellschaften wiedergegeben.[886] Ein Vergleich des dargestellten Standardformats mit den bestehenden gesetzlichen und im Rahmen des FRSSE normierten Anforderungen an den Abschluss kleiner Unternehmen verdeutlicht, dass die Angabepflichten kleiner Unternehmen zum Teil erheblich reduziert wurden. Somit vermittelt der unter Inanspruchnahme der momentan für kleine Unternehmen bestehenden Befreiungsvorschriften erstellte vereinfachte Abschluss sowie der *modified directors' report* insgesamt mehr Informationen, als das von der *Company Law Review Steering Group* für kleine Unternehmen künftig vorgeschlagene Standardformat. Folgende nach dem Kapitalgesellschaftsgesetz oder dem FRSSE für kleine Unternehmen bislang verpflichtende Angaben würden somit beispielsweise künftig entfallen:[887]

- Angabe des auf ausländischen Märkten erzielten Umsatzanteils (schedule 8, para. 49 CA 1985);
- Detailinformationen zu den im Jahresabschluss erfassten latenten Steuern (FRSSE Abschnitt 9.1A und 9.9 ff.);
- Angabe der an den Abschlussprüfer bezahlten Prüfungshonorare (section 390A (3) CA 1985);
- Detailinformationen zum ausgegebenen Anteilskapital (schedule 8, para. 38 f. CA 1985);
- Angabe des Betrages der langfristigen Verbindlichkeiten mit einer Restlaufzeit von mehr als fünf Jahren (schedule 8, para. 44 CA 1985).

---

885 Vgl. Secretary of State for Trade and Industry (Hrsg.) (2002a), S. 35.

886 Die Empfehlungen der *Company Law Review Steering Group* stehen zwar nicht vollständig im Einklang mit der Vierten EG-Richtlinie, da dort verpflichtend geforderte Angaben, nach dem Vorschlag der Arbeitsgruppe nicht mehr angegeben werden müssten, doch ging die *Company Law Review Steering Group* davon aus, dass diesbezügliche Änderungen des EU-Rechts ggf. beim Europäischen Gesetzgeber durchgesetzt werden könnten.

887 Für einen umfassenden Überblick über die vorgeschlagenen Erleichterungen siehe die im Anhang zu dem Konsultationsdokument „*Developing the Framework*" angeführte Auflistung zu den im Vergleich zum Status quo künftig nicht mehr bestehenden Informationspflichten kleiner Unternehmen; vgl. The Company Law Review Steering Group (Hrsg.) (2000a), Annex E.

Ihre Überlegungen zu den vorgeschlagenen Reformmaßnahmen und Befreiungsempfehlungen basierte die *Comany Law Review Steering Group* auf verschiedene Kriterien. Zum einen war die Arbeitsgruppe bestrebt, die Normierung der Anforderungen an die Unternehmensberichterstattung kleiner Unternehmen nicht in einem *top-down approach* zu erarbeiten, sondern unabhängig von den für große Unternehmen geltenden Erfordernissen zu definieren, um den spezifischen Bedürfnissen kleiner Unternehmen und deren Rechnungslegungsadressaten besser Rechnung zu tragen.[888] Zum anderen war es die Zielsetzung, kleine Unternehmen von „unnötigen" Angabepflichten zu befreien,[889] ohne aber eine adäquate Versorgung der Rechnungslegungsadressaten mit relevanten Informationen zu gefährden. Einerseits sollte also ein ausreichendes Informationsniveau sichergestellt werden, um innerbetriebliche Entscheidungen zu unterstützen und berechtigten Interessenten die für ihre Entscheidungen erforderlichen Informationen zur Verfügung zu stellen. Andererseits galt es, „überflüssige" gesetzliche Anforderungen zu eliminieren, wenn zu erwarten war, dass Marktkräfte oder unternehmerisches Eigeninteresse zu vergleichbaren Ergebnissen führen würden. Kosten-Nutzen-Aspekte spielten hierbei eine zentrale Rolle. Denn nach Auffassung der Arbeitsgruppe stehen insbesondere bei kleinen Unternehmen den mit einer gesetzlichen Kodifizierung von Berichterstattungserfordernissen in der Regel für das Management und die Unternehmenseigner verbundenen hohen Kosten für die Erfüllung dieser Anforderungen oftmals nur geringe im öffentlichen Interesse erzielte Informationsvorteile gegenüber.[890] Da künftig nach der Empfehlung der *Company Law Review Steering Group* – die auch vom *Secretary of State for Trade and Industry* gebilligt wurde – keine Unterscheidung mehr zwischen den für die Investoren (Anteilseigner und Inhaber von Gläubigerpapieren) zu erstellenden und jenen beim Unternehmensregister einzureichenden Abschlussinstrumenten vorgenommen,[891] sondern eine Versorgung sämtlicher Adressaten mit denselben Rechnungslegungsinformationen sichergestellt werden soll, galt es diesbezüglich sorgfältig zwischen den Geheimhaltungsinteressen der Abschlussersteller und den Informationsbedürfnissen der Rechnungslegungsadressaten abzuwägen. Hierbei spielte auch die Brauchbarkeit der empfohlenen Abschlussinformationen für die Steuerermittlung eine zentrale Rolle, denn „[t]he production of one set of accounts for reporting purposes and another for tax purposes is, clearly, a potential burden for the small company."[892] Insofern war die Arbeitsgruppe bestrebt, zur Vermeidung der Erstellung eines eigenen Abschlusses für die steuerliche Gewinnermittlung auch die Informationsinteressen der Steuerbehörden

---

888 Vgl. The Company Law Review Steering Group (Hrsg.) (2000a), S. 269.

889 Vgl. The Company Law Review Steering Group (Hrsg.) (2000a), S. 284.

890 Vgl. The Company Law Review Steering Group (Hrsg.) (2000a), S. 269 f.

891 Vgl. The Company Law Review Steering Group (Hrsg.) (2001a), S. 78. Siehe für weitere Details Gliederungspunkt 4.2.6.3.

892 The Company Law Review Steering Group (Hrsg.) (2000a), S. 285.

mit zu berücksichtigen. Somit zeigt sich, dass bei kleinen Unternehmen auch in Großbritannien der Verzahnung von steuerlicher und gesellschaftsrechtlicher Rechnungslegung große Bedeutung zukommt.[893]

4.2.3.1.4.3.3 Reformbedingte Divergenzen zwischen kleinen und großen Unternehmen

Wenngleich mit dem von der *Company Law Review Steering Group* erarbeiteten Vorschlag die Belange kleiner Unternehmen und deren Rechnungslegungsadressaten explizit Berücksichtigung finden sollten, so implizierte diese Vorgehensweise gleichzeitig auch ein stärkeres Auseinanderklaffen der Berichterstattungserfordernisse von großen[894] und kleinen Unternehmen.

Nachstehende Tab. 37 gibt einen Überblick über die auf Basis der Empfehlungen der *Company Law Review Steering Group* unterbreiteten Reformvorschläge des *Secretary of State for Trade and Industry* bezüglich der künftig zu erstellenden gesetzlichen Berichtsinstrumente sowie die hieraus resultierenden größenspezifischen Divergenzen.

■ **Tab. 37:** Größenbezogene Differenzierung der gesetzlichen Berichtsinstrumente nach dem Vorschlag der *Company Law Review Steering Group*

	Status quo	**Vorschlag der *Company Law Review Steering Group***	
	Kleine/mittelgroße/große Unternehmen	Große Unternehmen	Kleine Unternehmen
Bestandteile des gesetzlichen Jahresabschlusses	▪ *balance sheet* ▪ *profit and loss account* ▪ *notes*	▪ *balance sheet* ▪ *statement of performance* ▪ *statement of cash flows* ▪ *notes*	▪ *balance sheet* ▪ *profit and loss account* ▪ *notes*
Ergänzende Berichtsinstrumente	▪ *directors' report* ▪ wenn börsennotiert, zusätzlich *directors' remuneration report*	▪ *supplementary statement* bzw. wenn „ökonomisch bedeutend" OFR ▪ wenn börsennotiert, zusätzlich *directors' remuneration report*	▪ *supplementary statement*

---

[893] Vgl. auch die Ausführungen unter Gliederungspunkt 4.1.5.

[894] Die Größenklasse der „mittelgroßen" Unternehmen soll nach dem Vorschlag der *Company Law Review Steering Group* gänzlich abgeschafft werden; vgl. Gliederungspunkt 4.2.1.1.2.

4.2.3.1.5 Bilanzierungs- und Bewertungsgrundsätze

In Anlehnung an die größenspezifischen Erleichterungsvorschriften der Vierten EG-Richtlinie, die sich hinsichtlich des Rechnungsinhaltes ausschließlich auf den Umfang der zu gewährenden Informationen sowie den Detaillierungsgrad von Bilanz und GuV-Rechnung beschränken,[895] finden sich im CA 1985 keinerlei größenspezifischen Differenzierungen der Bilanzansatz- und Bewertungsgrundsätze. Damit unterliegen nach den Bestimmungen des CA 1985 in Einklang mit der britischen Rechtstradition[896] sämtliche *registered companies* sowie *limited liability partnerships* grundsätzlich rechtsform- und größenunabhängig den gleichen gesetzlichen *recognition* (Bilanzansatz-) und *measurement* (Bewertungs-)Normen.[897]

Unterschiede ergeben sich jedoch für *qualifying partnerships.*[898] Im Gegensatz zu *companies* und auch *limited liability partnerships* gilt z. B. das in schedule 4, para. 3 (2) CA 1985 verankerte explizite Bilanzierungsverbot von Gründungsaufwendungen, Forschungskosten sowie von Aufwendungen für die Ausgabe von Kapitalanteilen und Gläubigerpapieren nicht für *qualifying partnerships.* Auch die Eingrenzung der Aktivierbarkeit von Entwicklungskosten auf das Vorliegen spezifischer Umstände[899] hat der britische Gesetzgeber nicht für *qualifying partnerships* übernommen. Da die Vierte EG-Richtlinie den genannten Regelungen nicht entgegensteht, ist nahe liegend, dass der britische Gesetzgeber für *qualifying partnerships* analog den eingeräumten *disclosure*-Befreiungen[900] auch hinsichtlich Bilanzansatz sowie Bewertung von Vermögenswerten und Schulden nur die Mindestanforderungen der Vierten EG-Richtlinie für *qualifying partnerships* übernommen hat.

Auch im FRSSE beschränken sich die von den Big GAAP abweichenden Bilanzansatz- und Bewertungsnormen auf wenige Ausnahmen. Grund hierfür ist, dass „... significant divergencies of measurement standards between larger and smaller entities would have to be considered very carefully and, if promulgated, must be capable of justification based not only on cost/benefit tests but also recognition of the different

---

895 Vgl. Haller, A./Walton, P. (2000), S. 61.

896 Wie die geschichtliche Entwicklung des Kapitalgesellschaftsrechts zeigt, gab es auch in der Vergangenheit keine rechtsformspezifische Differenzierungen der Rechnungslegungsanforderungen im Hinblick auf Bilanzansatz und Bewertung; siehe zur geschichtlichen Entwicklung des Kapitalgesellschaftsrechts Gliederungspunkt 4.1.1.1.2.

897 Vgl. die für große und mittelgroße Unternehmen geltenden Normen des schedule 4 CA 1985 mit den von kleinen Unternehmen anwendbaren Bestimmungen des schedule 8 CA 1985. Für Banken, Investment und Versicherungsunternehmen gelten allerdings eigene Vorschriften; siehe u. a. schedule 4, part V sowie schedule 9 und 9A CA 1985.

898 Zur Definition von *qualifying partnerships* siehe Gliederungspunkt 4.1.1.3.1 sowie 4.1.1.3.2.

899 Siehe schedule 4, para. 20 CA 1985.

900 Vgl. hierzu auch Gliederungspunkt 4.2.3.1.4.1.4.1 sowie 4.2.3.1.4.2.

nature of the entities and of the users of their financial statements and of what is accepted practice at the point of the proposed divergence."[901] Jegliche Abweichungen des FRSSE von den materiellen Bilanzansatz- und Bewertungsnormen der SSAP, FRS und *UITF Abstracts* werden vom ASB deshalb sorgfältig anhand des seinem Differenzierungskonzept zugrunde liegenden umfangreichen Kriterienkatalogs geprüft.[902] Wenngleich das ASB die Auffassung vertritt, dass eine größenabhängige Differenzierung der Rechnungslegungsanforderungen zwischen großen und kleinen Unternehmen in Einklang mit seinem *framework* steht,[903] so können doch insbesondere Abweichungen im *recognition-* und/oder *measurement*-Bereich leicht zu Missinterpretationen und Verständnisschwierigkeiten bei den Abschlussnutzern führen[904] und letztendlich unter Umständen die Autorität der *accounting standards* beeinträchtigen. Die bislang bestehenden Unterschiede zwischen dem FRSSE und den Big GAAP resultieren deshalb im Wesentlichen aus *disclosure*-Erleichterungen, der Verwendung einer einfachen, leicht verständlichen Sprache sowie dem Weglassen zahlreicher Erläuterungen und Anwendungshinweise, um die Lesbarkeit und Verständlichkeit der Normen sowohl für die Anwender[905] als auch die Adressaten[906] zu verbessern. Trotz der prinzipiellen Konsistenz des FRSSE mit den Big GAAP offenbaren sich bei genauerer Durchsicht jedoch auch einige Abweichungen in den materiellen Ansatz- und Bewertungsnormen. Im Folgenden werden deshalb sowohl ein Überblick über die grundlegenden Bilanzierungs- und Bewertungsgrundsätze des FRSSE gegeben als auch die wesentlichsten Divergenzen zu den Big GAAP dargestellt und erläutert.[907]

---

901 Consultative Committee of Accountancy Bodies (Hrsg.) (1995), Abschnitt 5.4.

902 Vgl. Gliederungspunkt 4.2.2.3.

903 Vgl. Gliederungspunkt 4.2.3.1.2.3.

904 Vgl. Accounting Standards Board (Hrsg.) (2001b), Abschnitt 2.8.

905 Vgl. Howell, M. (1996), S. 42. Arbeiten im Zusammenhang mit der Jahresabschlusserstellung werden von kleineren Unternehmen oftmals an externe *accountants* vergeben; vgl. Carsberg, B./Page, M./Sindall, A./Waring, I. (1985), S. 33; Collis, J./Jarvis, R. (2000), S. 54; Institute of Chartered Accountants in England and Wales (Hrsg.) (1996), S. 5 f; Jackson, E. (1997), S. 75. Dies hat zur Konsequenz, dass es insbesondere Gesellschaftergeschäftsführern von Familienunternehmen häufig an einem entsprechenden Verständnis für das eigene Zahlenwerk fehlt; vgl. Carsberg, B./Page, M./Sindall, A./Waring, I. (1985), S. 83 f.; ähnlich Collis, J./Jarvis, R. (2000), S. 15; Marriott, N./ Marriott, P.(1999), S. 45.

906 Um die Anwenderfreundlichkeit und Verständlichkeit des FRSSE zu verbessern, hat das ASB den Rechnungslegungsstandard außerdem um einen umfangreichen Anhang mit erläuternden Beispielen, praktischen Anwendungshinweisen und Übersichten über die im FRSSE im Vergleich zu den originären SSAP, FRS und *UITF Abstracts* vorgenommenen Modifikationen sowie ein mehrseitiges Glossar mit relevanten Definitionen ergänzt; siehe Accounting Standards Board (Hrsg.) (2001a), Appendix III und V sowie C – Definitions.

907 Für einen vollständigen Überblick über die Abweichungen des FRSSE von den Big GAAP siehe Accounting Standards Board (Hrsg.) (2001a), Appendix V und VI.

Immaterielle Vermögenswerte und Goodwill
Die Bestimmungen des SSAP 13 zur bilanziellen Erfassung von Forschungs- und Entwicklungskosten wurden abgesehen von wenigen *disclosure*-Erleichterungen nahezu vollständig in den FRSSE übernommen. So besteht sowohl nach SSAP 13 als auch nach dem FRSSE für Entwicklungskosten, sofern bestimmte Voraussetzungen erfüllt sind, ein Aktivierungswahlrecht, ansonsten sind sie wie Forschungskosten grundsätzlich als Aufwand der Periode zu erfassen.[908] Auch die Vorschriften des FRSSE zur Bilanzierung und Bewertung sonstiger immaterieller Vermögenswerte sowie des Goodwill basieren auf den generellen Basisprinzipien der Big GAAP (FRS 10) und sind mit diesen konsistent. Demnach besteht sowohl für den derivativen Goodwill als auch für entgeltlich erworbene immaterielle Vermögenswerte ein Aktivierungsgebot und die generelle Pflicht diese über maximal 20 Jahre abzuschreiben. Ein im Rahmen eines Unternehmenserwerbs entstandener negativer Goodwill ist auch im Einzelabschluss anzusetzen und in den Folgeperioden bis zur Höhe des beizulegenden Wertes des erworbenen nicht monetären Vermögens planmäßig über dessen Nutzungsdauer erfolgswirksam aufzulösen. Der Teilbetrag des negativen Goodwill, der den Wert des nicht monetären Vermögens übersteigt, muss über jene Perioden erfolgswirksam verteilt werden, in denen er dem Unternehmen wirtschaftlichen Nutzen bringt.[909] Trotz dieser grundlegenden Übereinstimmung des FRSSE mit den Normen des FRS 10 werden auch einige ganz zentrale Unterschiede offensichtlich. Diese betreffen die Aktivierung selbst erstellter immaterieller Vermögenswerte, die Zulässigkeit des Ansatzes längerer oder unbegrenzter Nutzungsdauern sowie die Neubewertung immateriellen Vermögens und des Goodwill.

Im Gegensatz zu den Bestimmungen des FRS 10, der in Ausnahmefällen die Aktivierung selbst geschaffener immaterieller Werte erlaubt, wenn diese über einen verlässlichen Marktwert verfügen, ist dies nach dem FRSSE explizit verboten.[910] Obschon kleine Unternehmen, die ihren Abschluss nach dem FRSSE aufstellen, theoretisch im Vergleich zu den Big GAAP-Anwendern somit über einen geringeren Bilanzierungsspielraum verfügen, hielt das ASB diese Einschränkung für gerechtfertigt, da nach seiner Auffassung in der Unternehmenspraxis nur sehr wenige selbst erstellte immaterielle Vermögenswerte tatsächlich über einen verlässlich ermittelbaren Marktwert verfügen und damit unter das Aktivierungswahlrecht des FRS 10 fallen. Mangels entsprechender Praxisrelevanz hat das ASB deshalb zugunsten eines kompakten, einfach an-

---

908 Vgl. Accounting Standards Board (Hrsg.) (2001a), B – Statement of Standard Accounting Practice, Abschnitt 5.1 ff. sowie Accounting Standards Committee (Hrsg.) (1989), SSAP 13.23 ff.

909 Vgl. Accounting Standards Board (Hrsg.) (2001a), B – Statement of Standard Accounting Practice, Abschnitt 5.9 ff. sowie Accounting Standards Board (Hrsg.) (1997b), FRS 10.7 ff.

910 Vgl. Accounting Standards Board (Hrsg.) (2001a), B – Statement of Standard Accounting Practice, Abschnitt 5.9 sowie Accounting Standards Board (Hrsg.) (1997b), FRS 10.14.

wendbaren *standard* auf eine Übernahme dieser im FRS 10 enthaltenen Ausnahmeregel in den FRSSE verzichtet und stattdessen mit der Normierung eines generellen Aktivierungsverbotes für selbst erstellte immaterielle Vermögenswerte die üblicherweise zur Anwendung kommende Bilanzierungspraxis allgemein verpflichtend normiert.[911] Diese Vorgehensweise des ASB, den FRSSE auf die wesentlichen Grundprinzipien der Big GAAP zu beschränken und durch den Verzicht auf eine Übernahme der in den FRS, SSAP und *UITF Abstracts* normierten Ausnahmeregelungen einen auf wenigen Seiten zusammengefassten, einfach zu handhabenden Rechnungslegungsstandard zu erlangen, der dem Großteil aller Anwendungsfälle gerecht wird, setzt sich auch im Bereich des *measurement* immaterieller Vermögenswerte sowie des Goodwill fort.

Demnach sind nach den Vorschriften des FRSSE aktivierte *intangible assets* (immaterielle Vermögenswerte) sowie ein Goodwill verpflichtend über maximal 20 Jahre planmäßig – in der Regel linear – abzuschreiben,[912] wohingegen FRS 10 im Gegensatz zum FRSSE die lineare Abschreibungsmethode nicht explizit empfiehlt und in Ausnahmefällen auch eine über 20 Jahre hinausgehende oder unbegrenzte wirtschaftliche Nutzungsdauer zulässt.[913] Die aus der Nutzungsdauerbeschränkung resultierende theoretische Einschränkung des Ermessensspielraums kleiner Unternehmen hat nach Auffassung des ASB allerdings nicht nur geringfügige praktische Relevanz,[914] sondern eröffnete darüber hinaus zahlreiche Möglichkeiten für Vereinfachungen. Zum einen war es dem ASB möglich, durch die grundsätzliche Nutzungsdauerbeschränkung auf maximal 20 Jahre im FRSSE auf eine Spezifizierung jener Indikatoren, die auf eine längere oder unbegrenzte Nutzungsdauer schließen lassen,[915] zu verzichten und somit eine einfache Anwendbarkeit und Verständlichkeit des Rechnungslegungsstandards zu fördern. Zum anderen hatte die Nutzungsdauerbegrenzung aber auch den Vorteil, dass ohne die grundsätzliche Gefährdung einer zwischen Big GAAP und FRSSE konsistenten Rechnungslegung die Komplexität der anzuwendenden Bewertungsgrundsätze erheblich reduziert werden konnte. Denn während nach FRS 10 für immaterielle Vermögenswerte sowie den Goodwill, sofern eine über 20 Jahre hinausgehende oder unbegrenzte Nutzungsdauer unterstellt wird, neben etwaigen planmäßigen Abschreibungen – diese sind allerdings nur bei begrenzter Nutzungsdauer vorzunehmen – jähr-

---

911 Vgl. Accounting Standards Board (Hrsg.) (1998c), Appendix I, Abschnitt 11.
912 Vgl. Accounting Standards Board (Hrsg.) (2001a), B – Statement of Standard Accounting Practice, Abschnitt 5.11.
913 Für Details siehe Accounting Standards Board (Hrsg.) (1997b), FRS 10.15 ff. Allerdings dürfte nichts dagegen sprechen, wenn kleinere Unternehmen auf Basis des *true and fair view*-Grundsatzes eine Nutzungsdauer von mehr als 20 Jahren ansetzen, vorausgesetzt dieser Umstand kann begründet werden und wird in Einklang mit dem FRSSE entsprechend angegeben; vgl. Bryant, R. (2000), S. 12.; Powling, H./Pryde, A./Sharp, I. (2002), S. 57.
914 Vgl. Accounting Standards Board (Hrsg.) (1998c), Appendix I, Abschnitt 10.
915 Siehe hierzu insbesondere Accounting Standards Board (Hrsg.) (1997b), FRS 10.19 ff.

liche *impairment reviews* (Niederstwerttests) durchzuführen sind, ist dies für immaterielle Vermögenswerte bzw. einen Goodwill mit einer maximalen Nutzungsdauer von 20 Jahren nicht erforderlich.[916] Dementsprechend konnte durch die Eingrenzung der maximalen Nutzungsdauer von immateriellen Vermögenswerten sowie des Goodwill auf 20 Jahre im FRSSE auf eine Kodifizierung der im FRS 10 im Zusammenhang mit etwaig geforderten Niederstwerttests verbundenen, zum Teil sehr aufwendigen und komplexen Rechnungslegungsanforderungen verzichtet und die diesbezüglichen Normen des FRSSE auf verpflichtend vorzunehmende planmäßige (in der Regel lineare) Abschreibungen reduziert werden.[917]

Ähnlich argumentiert das ASB auch bezüglich des im FRSSE festgesetzten Verbots einer Neubewertung immaterieller Vermögenswerte. Obschon FRS 10 grundsätzlich eine Neubewertung immaterieller Vermögenswerte, die über einen zuverlässig ermittelbaren Marktwert verfügen, zulässt,[918] sieht das ASB in dem im FRSSE festgelegten Verbot in der Unternehmenspraxis kaum eine Beeinträchtigung des Bilanzierungsspielraums kleiner Unternehmen, da nur sehr wenige immaterielle Werte entsprechende Marktwerte besitzen und diese bei Bedarf ggf. auch in Form von Anhangangaben kommuniziert werden können. Eine Beschränkung des FRSSE auf die grundlegenden in der Praxis zur Anwendung kommenden Bewertungsprinzipien besitzt nach Ansicht des *standard setter* vielmehr den Vorteil, dass der FRSSE im Vergleich zu den Big GAAP bezüglich umfangreicher – lediglich Ausnahmefälle betreffender – Normen entschlackt und somit in seiner Komplexität zugunsten einer Verbesserung der Verständlichkeit und praktischen Anwendbarkeit erheblich reduziert werden kann.[919]

Neben den genannten Vereinfachungen verzichtete das ASB darüber hinaus im FRSSE auf zahlreiche weitere im FRS 10 verankerte spezifische Restriktionen. Es existiert z. B. weder ein expliziter Hinweis, dass im Rahmen von Akquisitionen erworbene immaterielle Vermögenswerte nur insofern mit ihren Zeitwerten angesetzt werden dürfen, als hieraus kein negativer Goodwill resultiert,[920] noch ein ausdrückliches Verbot,[921] einen derivativen Goodwill in positive und negative Bestandteile aufzusplitten. Diese Regelungen dienen nach Auffassung des ASB primär der Verhinderung einer missbräuchlichen, bilanzpolitisch motivierten Anwendung der konzipierten Bewertungsnormen und sind für kleine Unternehmen vielfach nicht erforderlich,[922] da diese

916 Vgl. hierzu Accounting Standards Board (Hrsg.) (1997b), FRS 10.34 ff.
917 Vgl. Accounting Standards Board (Hrsg.) (1998c), Appendix I, Abschnitt 7 ff.; vgl. zu dieser Argumentation auch King, H. (1999), S. 72.
918 Vgl. Accounting Standards Board (Hrsg.) (1997b), FRS 10.43 ff.
919 Vgl. Accounting Standards Board (Hrsg.) (1998c), Appendix I, Abschnitt 11.
920 Vgl. Accounting Standards Board (Hrsg.) (1997b), FRS 10.10.
921 Vgl. Accounting Standards Board (Hrsg.) (1997b), FRS 10.51.
922 Vgl. Accounting Standards Board (Hrsg.) (1998c), Appendix I, Abschnitt 9.

üblicherweise weder über die Ressourcen noch die notwendige Flexibilität und den erforderlichen Anreiz für bilanzpolitisch motivierte Manipulationen verfügen.[923]

Sachanlagevermögen

Nicht nur bei *intangible assets*, sondern auch bei der Bewertung von *tangible fixed assets* (Sachanlagevermögen) zeigt eine Gegenüberstellung der Regelungen der Big GAAP mit den Normen des FRSSE, dass Letztere sich auf die grundlegenden Bewertungsprinzipien der Ersteren beschränken. In Einklang mit FRS 15 ist das Sachanlagevermögen nach dem FRSSE mit seinen historischen Anschaffungs- bzw. Herstellungskosten zu aktivieren[924] und – mit Ausnahme nicht abnutzbarer Grundstücke sowie *investment properties* (als Finanzinvestition gehaltene Immobilien)[925] – über seine Nutzungsdauer abzuschreiben. Allerdings ist auch eine Neubewertung des Sachanlagevermögens grundsätzlich zulässig, die aber nicht nur für einzelne Vermögenswerte vorgenommen werden darf, sondern stets für komplette Vermögensgruppen durchgeführt werden muss.[926] Neben dem Verzicht auf eine Berücksichtigung sehr spezifischer Einzelsachverhalte[927] ergeben sich analog zu den Vereinfachungen bei immateriellen Vermögenswerten, vor allem im Bereich der Neubewertung sowie der Erfordernis von Niederstwerttests, wesentliche Divergenzen zwischen Big GAAP und FRSSE. Obwohl sowohl der FRSSE als auch FRS 15 eine Neubewertung des Sachanlagevermögens erlauben – diese ist jedoch grundsätzlich ergebnisneutral durchzuführen –, wurden für den FRSSE die anzuwendenden Bewertungskonzepte wesentlich vereinfacht. Demzufolge ist für eine Neubewertung von *tangible fixed assets* nach dem FRSSE grundsätzlich der Marktwert der neu zu bewertenden Vermögensklasse als Bewertungsmaßstab heranzuziehen,[928] während nach FRS 15 hinsichtlich des anzuwendenden Bewertungskonzepts zwischen *properties* (Immobi-

---

923 Vgl. zu dieser Argumentation Consultative Committee of Accountancy Bodies (Hrsg.) (1995), Abschnitt 5.6; ähnlich Howell, M. (1996), S. 42. Die Auffassung des CCAB wird jedoch nicht ungeteilt akzeptiert; vgl. Rutteman, P. (1996), S. 188.

924 Aktivierbar sind nur die direkt zurechenbaren Kosten sowie Finanzierungskosten; vgl. Accounting Standards Board (Hrsg.) (2001a), B – Statement of Standard Accounting Practice, Abschnitt 5.18 f. sowie Accounting Standards Board (Hrsg.) (1999c), FRS 15.6 ff.

925 *Investment properties* sind sowohl im FRSSE als auch in den Big GAAP gesondert geregelt. Sie unterliegen nach dem FRSSE in Übereinstimmung mit SSAP 19 keiner Abschreibung und sind stattdessen mit dem aktuellen Marktwert zu bewerten. Allerdings sind die Marktwertänderungen stets ergebnisneutral zu erfassen, es sei denn, es handelt sich um dauerhafte Wertminderungen; vgl. Accounting Standards Board (Hrsg.) (2001a), B – Statement of Standard Accounting Practice, Abschnitt 5.37 ff. sowie Accounting Standards Board (Hrsg.) (1994b), SSAP 19.10 ff.

926 Vgl. Accounting Standards Board (Hrsg.) (1999c), FRS 15.42 sowie Accounting Standards Board (Hrsg.) (2001a), B – Statement of Standard Accounting Practice, Abschnitt 5.21.

927 Beispielsweise wurden spezifische Einzelvorschriften und die umfangreichen Anwendungshinweise des FRS 15 zu den Anschaffungsnebenkosten nicht in den FRSSE übernommen.

928 Vgl. Accounting Standards Board (Hrsg.) (2001a), B – Statement of Standard Accounting Practice, Abschnitt 5.21.

lien)[929] und *other tangible fixed assests* (sonstiges Sachanlagevermögen)[930] zu differenzieren ist. Durch die gleichförmige Behandlung von Immobilien- und sonstigem Sachanlagevermögen konnte im FRSSE auf die Übernahme zahlreicher Einzelvorschriften zur Kategorisierung des Immobilienvermögens sowie zu deren Wertbestimmung verzichtet und durch die undifferenzierte Verwendung des Marktwertes als grundsätzlich heranzuziehende Wertgröße die Neubewertung wesentlich vereinfacht werden.[931] Doch nicht nur die Neubewertung an sich, sondern auch die Behandlung von Neubewertungsverlusten, d. h. insbesondere die Abgrenzung von ergebnisneutral zu erfassenden Marktwertschwankungen von in der GuV-Rechnung ergebniswirksam zu berücksichtigenden nachhaltigen Wertminderungen, wurde im FRSSE im Vergleich zu den komplexen Regelungen des FRS 15 wesentlich vereinfacht.[932] Darüber hinaus findet sich im FRSSE im Gegensatz zu den Regelungen des FRS 15[933] keine Verpflichtung zur Durchführung jährlicher Niederstwertprüfungen für Vermögenswerte des Sachanlagevermögens, die entweder aus Wesentlichkeitsgründen keiner planmäßigen Abschreibung unterliegen[934] oder deren Restnutzungsdauer 50 Jahre übersteigt.[935]

Niederstwertprüfungen

Bereits an den erläuterten Divergenzen hinsichtlich der Bewertung von materiellen und immateriellen Vermögenswerten wird deutlich, dass das ASB kleinen Unternehmen jährliche *impairment reviews* aufgrund des hiermit verbundenen Bewertungsaufwands nicht zumuten möchte. Doch ergibt sich nach den Big GAAP die Notwendigkeit zur Durchführung von Niederstwerttests nicht nur bei unbegrenzten oder besonders langen Nutzungsdauern materieller und immaterieller Vermögenswerte einschließlich des Goodwill, sondern immer auch dann, wenn Indikatoren auf nachhaltige Wertminderungen hindeuten.[936] Zur Gewährleistung der Werthaltigkeit der ausgewiesenen Beträge sind demzufolge auch für immaterielle Vermögenswerte und den

---

929 Diese sind mit Ausnahme von *investment properties* – deren Bewertung nicht im FRS 15, sondern in SSAP 19 geregelt ist (siehe Fn. 925) – in Abhängigkeit ihrer alternativen Verwertungsmöglichkeiten und Zweckbindung entweder auf der Grundlage des *existing use value* (zweckgebundener Nutzwert), der *depreciated replacement cost* (Wiederbeschaffungskosten) oder des *open market value* (Marktwert) anzusetzen; vgl. Accounting Standards Board (Hrsg.) (1999c), FRS 15.53 ff. sowie Appendix I; siehe auch Richards, C. (2001), S. 483 ff.

930 Dies ist mit dem *market value* (Marktwert) zu bewerten; vgl. Accounting Standards Board (Hrsg.) (1999c), FRS 15.59.

931 Vgl. Accounting Standards Board (Hrsg.) (1999b), Appendix I, Abschnitt 25.

932 Siehe hierfür Accounting Standards Board (Hrsg.) (2001a), B – Statement of Standard Accounting Practice, Abschnitt 5.23 sowie Accounting Standards Board (Hrsg.) (1999c), FRS 15.65 ff.

933 Vgl. Accounting Standards Board (Hrsg.) (1999c), FRS 15.89 ff.

934 Lediglich nicht abschreibbares Grundvermögen ist hiervon nach FRS 15 ausgenommen; vgl. Accounting Standards Board (Hrsg.) (1999c), FRS 15.89.

935 Vgl. Accounting Standards Board (Hrsg.) (2001a), Appendix VI.

936 Vgl. Accounting Standards Board (Hrsg.) (1999c), FRS 15.33 sowie Accounting Standards Board (Hrsg.) (1997b), FRS 10.34 ff.

Goodwill mit einer begrenzten maximalen Nutzungsdauer von 20 Jahren bzw. für materielle Vermögenswerte mit einer Restnutzungsdauer von bis zu 50 Jahren *impairment reviews* erforderlich und zur Sicherstellung eines *true and fair view* der ausgewiesenen Wertansätze auch nach dem FRSSE verpflichtend durchzuführen. Allerdings ist in diesem Fall sowohl nach den Big GAAP als auch nach dem FRSSE ein Niederstwerttest nicht automatisch jährlich durchzuführen, sondern nur dann vorzunehmen, wenn entsprechende Anhaltspunkte für eine nachhaltige Wertminderung vorliegen.[937] Die grundsätzliche Vorgehensweise zur Durchführung von *impairment reviews* für Vermögenswerte des Anlagevermögens einschließlich des Goodwill sowie die Ermittlung etwaiger *impairment losses* (Wertminderungen) ist im Rahmen der Big GAAP in FRS 11 geregelt.[938] Da dieser jedoch eine Fülle an komplexen Detailvorschriften und -anforderungen enthält, wurden in den FRSSE wiederum nur die wesentlichen Basisgrundsätze des FRS 11 übertragen. Demnach ist eine außerplanmäßige Abschreibung nach dem FRSSE in Einklang mit FRS 11 dann vorzunehmen, wenn der Buchwert des betroffenen Vermögenswertes über dessen *recoverable amount* liegt, wobei hierunter der höhere Betrag aus dem Vergleich zwischen seinem *net realisable value* (Nettoveräußerungspreis abzüglich noch anfallender Veräußerungskosten) und seinem *value in use* (Nutzwert) verstanden wird.[939] Allerdings fehlen im Vergleich zu den Normen des FRS 11 im FRSSE zum einen die im FRS 11 enthaltenen ausführlichen Regelungen und Anwendungshinweise zu den Auslösungstatbeständen eines *impairment review*[940] und zum anderen sämtliche Vorschriften zur Konkretisierung des für die Berechnung eines etwaigen *impairment loss* erforderlichen *value in use* sowie diesbezügliche Anforderungen an die Bildung sog. „*cash generating units*"[941] einschließlich der Regelungen hinsichtlich der Zuordnung eines festgestellten Verlustes auf die einzelnen, in dieser „Nutzungseinheit" enthaltenen Vermögenswerte. Den Verzicht auf die Übernahme dieser Normen in den FRSSE begründet das ASB damit, dass die im FRS 11 enthaltenen, detaillierten Formalkriterien zu den Indikatoren für die Durchführung eines Niederstwerttests sowie für die Ermittlung des *value in use* den Anforderungen kleiner Unternehmen nicht entsprechen würden. Durch das Fehlen detaillierter Vorgaben zur Ermittlung des *value in use* soll kleinen Unternehmen viel-

---

937 Nach FRS 10, nicht aber nach dem FRSSE, ist darüber hinaus für immaterielle Werte und den Goodwill grundsätzlich am Ende des ersten vollen Wirtschaftsjahres ebenfalls ein Niederstwerttest durchzuführen; vgl. Accounting Standards Board (Hrsg.) (1997b), FRS 10.34.

938 Vgl. Accounting Standards Board (Hrsg.) (1998d).

939 Vgl. Accounting Standards Board (Hrsg.) (1998d), FRS 11.14 sowie Accounting Standards Board (Hrsg.) (2001a), B – Statement of Standard Accounting Practice, Abschnitt 5.33 i. V. m. C – Definitions.

940 Siehe hierfür Accounting Standards Board (Hrsg.) (1998d), FRS 11.8 ff.

941 Hierbei handelt es sich nach FRS 11 um möglichst kleine, aus mehreren Vermögenswerten bestehende Nutzungseinheiten, die weitgehend autonom, d. h. von anderen Vermögenswerten oder -gruppen größtenteils unabhängig, Cash Flows generieren; vgl. Accounting Standards Board (Hrsg.) (1998d), FRS 11.27 ff.

mehr die Flexibilität zur Anwendung im Vergleich zu den Big GAAP weniger komplizierter Kalkulationsverfahren eröffnet und vor dem Hintergrund einer in kleinen Unternehmen häufig nicht verfügbaren detaillierten Planungsrechnung sowie der Tatsache, dass bei kleinen Unternehmen in vielen Fällen das Gesamtunternehmen die kleinstmögliche *cash generating unit* darstellt, eine kosteneffizientere Bewertung ermöglicht werden.[942] Weitere Regelungen des FRS 11 wurden auch deshalb nicht in den FRSSE übernommen, weil sie sog. „*anti-abuse measures*" darstellen,[943] also ausschließlich zur Einschränkung von Ermessens- und bilanzpolitischen Spielräume konzipiert wurden.[944]

Außerplanmäßige Wertminderungen sind sowohl nach FRS 11 als auch nach dem FRSSE grundsätzlich ergebniswirksam in der GuV-Rechnung zu erfassen. Stellt die Wertminderung allerdings eine Rückgängigmachung vormals ergebnisneutral erfasster Neubewertungsgewinne dar, dann ist auch die Abschreibung ergebnisneutral zu behandeln. Tritt nach erfolgter außerplanmäßiger Wertminderung in den nachfolgenden Perioden eine Werterholung des *recoverable amount* ein, so ist eine ergebniswirksame Zuschreibung bis maximal zu den fortgeführten Anschaffungs- bzw. Herstellungskosten verpflichtend vorzunehmen. Darüber hinaus sind für den Goodwill bzw. immaterielle Vermögenswerte Wertzuschreibungen nur dann durchzuführen, wenn diese durch externe Ereignisse verursacht sind, deren Eintritt nicht vorhersehbar war.[945]

Vorräte

Vorräte sind nach dem FRSSE in Übereinstimmung mit SSAP 9 mit ihren Anschaffungs- oder Herstellungskosten bzw. bei Wertminderungen zum niedrigeren realisierbaren Nettoveräußerungserlös (*net realisable value*) – dieser berechnet sich aus dem aktuellen oder geschätzten Verkaufspreis abzüglich voraussichtlich noch anfallender Fertigstellungs- und Vertriebskosten[946] – zu bilanzieren.[947] Als Anschaffungs- bzw.

---

942 Vgl. Accounting Standards Board (Hrsg.) (1998c), Appendix I, Abschnitt 18 sowie King, H. (1999), S. 72.

943 Z. B. besteht nach FRS 11 bei Ansatz des *value in use,* der auf der Grundlage der zukünftig aus dem Vermögenswert bzw. der *cash generating unit* zu erwartenden Cash Flows ermittelt wird, die Notwendigkeit, über eine Zeitdauer von fünf Jahren die tatsächlich generierten Cash Flows den ursprünglichen Schätzungen gegenüberzustellen und ggf. bei wesentlichen Abweichungen die vorgenommene Wertminderung zu korrigieren; vgl. Accounting Standards Board (Hrsg.) (1998d), FRS 11.54.

944 Vgl. Accounting Standards Board (Hrsg.) (1998c), Appendix I, Abschnitt 18.

945 Vgl. Accounting Standards Board (Hrsg.) (2001a), B – Statement of Standard Accounting Practice, Abschnitt 5.34 ff. und Accounting Standards Board (Hrsg.) (1998d), FRS 11.56 ff.

946 Vgl. Accounting Standards Board (Hrsg.) (2001a), C – Definitions sowie Accounting Standards Committee (Hrsg.) (1988d), SSAP 9.21.

947 Vgl. Accounting Standards Board (Hrsg.) (2001a), B – Statement of Standard Accounting Practice, Abschnitt 8.1 sowie Accounting Standards Committee (Hrsg.) (1988d), SSAP 9.26.

Herstellungskosten definiert der FRSSE in Einklang mit SSAP 9 jene Ausgaben, die im Rahmen des normalen Geschäftsgeschehens notwendig sind, um den Vermögenswert in seinen jetzigen Zustand zu versetzen und ihn an seinen gegenwärtigen Einsatzort zu transportieren. Dementsprechend umfassen die Herstellungskosten neben den Einzelkosten auch Material- und Fertigungsgemeinkosten sowie sonstige, dem Produkt zurechenbare Gemeinkosten, sofern diese in Verbindung mit der Herstellung seiner Einsatzbereitschaft und Funktionsfähigkeit anfallen.[948] Bei langfristigen Fertigungsaufträgen können darüber hinaus auch zurechenbare Fremdkapitalkosten in die Anschaffungs- bzw. Herstellungskosten mit einbezogen werden.[949] Kann der Erfolg eines langfristigen Fertigungsauftrages zuverlässig ermittelt werden, so ist nach SSAP 9 und dem FRSSE eine Teilgewinnrealisierung entsprechend dem Fertigungsfortschritt vorzunehmen.[950] Für gleichartige Vermögenswerte des Vorratsvermögens ist sowohl nach dem FRSSE als auch nach SSAP 9 die Anwendung von Bewertungsvereinfachungsverfahren zulässig, wobei die Lifo-Methode grundsätzlich nicht als geeignet angesehen wird, die tatsächlich angefallenen Kosten zutreffend wiederzugeben.[951] Im Unterschied zu anderen Rechnungslegungsstandards hat das ASB für die Bewertung des Vorratvermögens auch die im Anhang 1 des SSAP 9 enthaltenen praktischen Anwendungshinweise in den Anhang des FRSSE aufgenommen.[952] Für die Bilanzierung und Bewertung von Vorräten und langfristigen Fertigungsaufträgen ergeben sich somit keine wesentlichen Unterschiede zwischen dem FRSSE und SSAP 9.

Kommissionsware und Factoring

Doch nicht nur für die bilanzielle Erfassung des Vorratsvermögens, sondern auch für die Bilanzierung und Bewertung von *consignment stock* (Kommissionsgeschäften) und *debt factoring* (Forderungsverkäufen) enthält der FRSSE die wesentlichen, wenngleich zum Teil erheblich zusammengefassten Grundsätze des FRS 5, da diese Geschäfte vielfach für kleine Unternehmen große praktische Bedeutung besitzen.[953]

---

948 Vgl. Accounting Standards Board (Hrsg.) (2001a), C – Definitions sowie Accounting Standards Committee (Hrsg.) (1988d), SSAP 9.17 ff.

949 Vgl. Accounting Standards Board (Hrsg.) (2001a), Appendix III, Abschnitt 21 sowie Accounting Standards Committee (Hrsg.) (1988d), SSAP 9, Appendix 1, Abschnitt 21.

950 Vgl. Accounting Standards Board (Hrsg.) (2001a), B – Statement of Standard Accounting Practice, Abschnitt 8.2 f. sowie Accounting Standards Committee (Hrsg.) (1988d), SSAP 9.28 f.

951 Vgl. Accounting Standards Board (Hrsg.) (2001a), Appendix III, Abschnitt 11 ff. sowie Accounting Standards Committee (Hrsg.) (1988d), SSAP 9, Appendix 1, Abschnitt 11 ff.

952 Vgl. Accounting Standards Board (Hrsg.) (2001a), Appendix III.

953 Vgl. Accounting Standards Board (Hrsg.) (2001a), B – Statement of Standard Accounting Practice, Abschnitt 8.5, 8.6 ff. sowie Appendix III i. V. m. Accounting Standards Board (Hrsg.) (1998h), FRS 5, Application notes, Abschnitt A1 ff. sowie C1 ff.

Latente Steuern

Auch hinsichtlich der Bilanzierung und Bewertung von *deferred taxes* (latenten Steuern) ist der FRSSE grundsätzlich konsistent mit den Vorschriften des FRS 19. So sind nach dem FRSSE in Übereinstimmung mit FRS 19 latente Steuern grundsätzlich für *timing differences* zu bilden, wobei für Neubewertungsgewinne bzw. -verluste latente Steuern nur dann anzusetzen sind, wenn zum Bilanzstichtag eine bindende Verpflichtung besteht, den neu bewerteten Vermögenswert zu veräußern. Keine latenten Steuern sind für aufgedeckte stille Reserven zu bilden, die auf ein Ersatzwirtschaftsgut übertragen werden, und deshalb erst bei dessen Veräußerung der Besteuerung unterliegen.[954] Im Unterschied zu FRS 19 sind nach dem FRSSE allerdings auch auf im Rahmen eines *marking to market* ergebniswirksam berücksichtigte Erfolgsbeiträge keine latenten Steuern zu erfassen. Die Regelung des FRSSE scheint darin begründet zu sein, dass die ergebniswirksame Neubewertung, die üblicherweise vor allem Finanzinstrumente betrifft, nach den gesetzlichen Bestimmungen des CA 1985 bislang nicht zulässig[955] und auch in den *accounting standards* nicht explizit geregelt ist. Damit kann eine ergebniswirksame Neubewertung ausschließlich durch die Erfüllung des *true and fair view*-Grundsatzes gerechtfertigt werden. Dies hat zur Folge, dass eine ergebniswirksame Marktbewertung, z. B. von Finanzinstrumenten, in Großbritannien bislang sehr wenig verbreitet und im Wesentlichen nur von solchen Unternehmen angewandt wird, die selbst aktiv mit Finanzinstrumenten handeln.[956] Aufgrund der geringen Praxisrelevanz und der Tatsache, dass Versicherungen sowie nach dem *Financial Services and Market Act 2000* autorisierte Unternehmen, die üblicherweise aktiv in den Handel von Wertpapieren involviert sind, nicht zur Inanspruchnahme des FRSSE berechtigt sind, bestand für das ASB deshalb wohl kein Anlass, im Hinblick auf das grundsätzliche Verbot zur Erfassung von latenten Steuern auf Neubewertungen eine explizite Ausnahmeregelung für ergebniswirksam erfasste Neubewertungsgewinne und -verluste in den FRSSE einzuführen. Sowohl nach FRS 19 als auch nach dem FRSSE sind aktive latente Steuern allerdings nur dann anzusetzen, wenn die Realisierung künftiger Steuervorteile wahrscheinlich ist.[957]

Die Bewertung der aktiven und passiven latenten Steuern hat nach dem FRSSE in Übereinstimmung mit FRS 19 unter Anwendung des zum Zeitpunkt der Realisierung der Steueransprüche und -schulden voraussichtlich gültigen Durchschnittssteuersatzes

---

954 Vgl. Accounting Standards Board (Hrsg.) (2001a), B – Statement of Standard Accounting Practice, Abschnitt 9.3 sowie Accounting Standards Board (Hrsg.) (2000b), FRS 19.7 ff.

955 Vgl. schedule 4, para. 31 i. V. m. para. 34 CA 1985 bzw. schedule 8, para. 31 i. V. m. para. 34 CA 1985.

956 Vgl. KPMG (Hrsg.) (2000a), S. 28 f.; PricewaterhouseCoopers (Hrsg.) (1999), S. 5062 ff.

957 Vgl. Accounting Standards Board (Hrsg.) (2001a), B – Statement of Standard Accounting Practice, Abschnitt 9.4 sowie Accounting Standards Board (Hrsg.) (2000b), FRS 19.23.

zu erfolgen.[958] Eine Diskontierung der erfassten latenten Steueransprüche und -schulden ist weder nach FRS 19 noch nach dem FRSSE erforderlich. Für den Fall, dass eine Diskontierung vorgenommen wird, enthält der FRS 19 allerdings sehr ausführliche Anwendungshinweise, die nicht in den FRSSE übernommen wurden, da das ASB davon ausgeht, dass kleine Unternehmen von einer Diskontierung kaum Gebrauch machen werden.[959] Darüber hinaus sind latente Steueraufwendungen und -erträge sowohl nach FRS 19 als auch nach dem FRSSE grundsätzlich ergebniswirksam in der GuV-Rechnung zu erfassen, es sei denn, sie entfallen auf Gewinne bzw. Verluste, die direkt im *statement of total recognised gains and losses* berücksichtigt wurden. In diesem Fall sind auch die zugehörigen latenten Steuern ausschließlich im *statement of total recognised gains and losses* zu erfassen.[960]

Weitere Vereinfachungen des FRSSE bestehen darin, dass die Vorschriften des FRS 19 zum Ausweis latenter Steuern in der Bilanz und GuV-Rechnung sowie die konkreten Anforderungen hinsichtlich anzugebender Detailinformationen weggelassen wurden. Die Informationsangaben- und Ausweisanforderungen des FRSSE sind deshalb im Vergleich zum FRS 19 wesentlich allgemeiner formuliert, wodurch kleinen Unternehmen im Vergleich zu den Big GAAP-Anwendern eine wesentlich flexiblere und damit auch Kosten sparende Informations- und Darstellungspolitik ermöglicht wird.

Finanzinstrumente

Obwohl zwei *accounting standards* mit der Abbildung von im Abschluss zu erfassenden Finanzinstrumenten befasst sind – FRS 4 regelt die Kategorisierung und Behandlung von Instrumenten zur Unternehmensfinanzierung (Eigenkapital- und Fremdkapitalinstrumente) und FRS 13 normiert die im Zusammenhang mit Finanzinstrumenten zu gewährenden Angaben – existiert bislang kein umfassender Rechnungslegungsstandard zu deren Bewertung.[961] Während die *disclosure*-Anforderungen des FRS 13

958 Vgl. Accounting Standards Board (Hrsg.) (2001a), B – Statement of Standard Accounting Practice, Abschnitt 9.7 sowie Accounting Standards Board (Hrsg.) (2000b), FRS 19.37.

959 Vgl. Accounting Standards Board (Hrsg.) (2001c), Appendix I, Abschnitt 39.

960 Vgl. Accounting Standards Board (Hrsg.) (2001a), B – Statement of Standard Accounting Practice, Abschnitt 9.1 sowie Accounting Standards Board (Hrsg.) (2000b), FRS 19.34 f.

961 Bereits im Juli 1996 hat das ASB deshalb ein umfassendes Diskussionspapier zu „*Derivatives and other financial instruments*“ veröffentlicht. Dies mündete zunächst 1998 in die Verabschiedung des FRS 13, der allerdings ausschließlich Angabepflichten zu Finanzderivaten und anderen Finanzinstrumenten regelt. Die Umsetzung der in dem Diskussionspapier erarbeiteten Vorschläge zur Bilanzierung und Bewertung von Finanzinstrumenten in einem eigenständigen Rechnungslegungsstandard steht bislang jedoch noch aus. Siehe hierzu beispielsweise Davies, M./Paterson, R./Wilson, A. (1999), S. 1013 f. Die Bilanzierung und Bewertung von Finanzinstrumenten basiert somit bislang im Wesentlichen ausschließlich auf den Normen des CA 1985; vgl. hierzu PricewaterhouseCoopers (Hrsg.) (1999), S. 16001.

aufgrund ihres in den Big GAAP beschränkten Anwendungsumfangs[962] nicht in den FRSSE übernommen wurden, sind die grundlegenden Bestimmungen des FRS 4 auch für kleine Unternehmen relevant. In Übereinstimmung mit FRS 4 sind nach dem FRSSE mit Ausnahme von Aktien sämtliche Finanzinstrumente, die eine Verpflichtung zur Transferierung ökonomischen Nutzens beinhalten, als Fremdkapital zu klassifizieren, und dementsprechend alle übrigen Finanzinstrumente, für die eine derartige Verpflichtung fehlt, sowie alle Aktien grundsätzlich im Rahmen des Eigenkapitals auszuweisen.

Schulden sind sowohl nach den Vorschriften des FRSSE als auch nach FRS 4 bei ihrer Entstehung grundsätzlich zum *fair value* des erlangten Wertes anzusetzen und in den Folgeperioden zu ihren fortgeführten Ausgangswerten zu bewerten. Hierbei ist der Buchwert der Schuld um etwaige, der Periode zuzurechnende *finance costs*[963] – diese sind auf Basis eines festen Prozentsatzes auf den Buchwert periodengerecht über die Laufzeit zu verteilen – zu erhöhen und um während der Periode im Hinblick auf die bestehende Schuld geleistete Zahlungen – diese umfassen sowohl geleistete Tilgungs- als auch Zinszahlungen etc. – zu verringern.[964] Divergenzen zwischen dem FRS 4 und

962 FRS 13 ist nur von börsennotierten Unternehmen sowie von Banken und ähnliche Finanzinstitutionen verpflichtend anzuwenden. Versicherungsunternehmen sind von der Anwendung des FRS 13 ausgenommen, da die dort geforderten Angaben nicht auf die Spezifika des Versicherungsgeschäftes zugeschnitten sind. Grund für die Einschränkung der verpflichtenden Anwendung des FRS 13 war, dass für börsennotierte Unternehmen sowie Banken und ähnliche Finanzinstitutionen der Handlungsbedarf als am dringlichsten erachtet wurde. Da die Anwendung des FRS 13 sehr komplex ist, wurde eine verpflichtende Befolgung von FRS 13 nur für die genannten Unternehmen normiert, wenngleich das ASB auch für andere Unternehmen eine Berichterstattung über das mit Finanzinstrumenten verbundene Risiko für sinnvoll hält; vgl. Accounting Standards Board (Hrsg.) (1998a), FRS 13, Appendix VII, Abschnitt 10 ff.; siehe auch Gliederungspunkt 4.2.2.2.2.

963 Diese sind allgemein definiert als Differenz zwischen der erhaltenen Nettozahlung und der Gesamtsumme der mit der Kapitalaufnahme verbundenen Zahlungen; vgl. Accounting Standards Board (Hrsg.) (2001a), D – Definitions sowie Accounting Standards Board (Hrsg.) (1993b), FRS 4.8.

964 Vgl. Accounting Standards Board (Hrsg.) (2001a), B – Statement of Standard Accounting Practice, Abschnitt 12.2 f. sowie Accounting Standards Board (Hrsg.) (1993b), FRS 4.27 ff. Marginale Unterschiede zwischen den Bestimmungen des FRS 4 und dem FRSSE ergeben sich allerdings im Hinblick auf die Definition der über die Laufzeit zu verteilenden *finance costs*. Während der FRSSE sog. „*arrangement fees*" (Begebungskosten), d. h. etwaige Kosten, die für die Ausgabe eines bestimmten Fremdkapitalinstruments anfallen, explizit von der Definition der *finance costs* ausklammert, sind diese nach FRS 4 grundsätzlich als solche zu behandeln (vgl. Accounting Standards Board (Hrsg.) (2001a), C – Definitions). Dies hat zur Konsequenz, dass *arrangement fees* nach FRS 4 (diese werden dort allerdings nicht als *arrangement fees* sondern als *issue costs* bezeichnet; vgl. Accounting Standards Board (Hrsg.) (1993b), FRS 4.10) grundsätzlich ebenfalls über die Laufzeit verteilt werden müssen, während nach dem FRSSE diese Vorgehensweise nur dann erforderlich ist, wenn die *arrangement fees* im Vergleich zu den übrigen *finance costs* als wesentlich zu beurteilen sind; vgl. Accounting Standards Board (Hrsg.) (2001a), B – Statement of Standard Accounting Practice, Abschnitt 12.4. Dadurch soll kleinen

dem FRSSE resultieren jedoch insbesondere daraus, dass die zum Teil sehr umfangreichen Normen des FRS 4 zu komplexeren Finanzinstrumenten wie Wandelschuldverschreibungen usw. gänzlich aus dem FRSSE ausgeklammert wurden, was auf die geringe Relevanz dieser Finanzierungsformen für kleine Unternehmen zurückgeführt werden kann.[965]

Rückstellungen und Eventualverbindlichkeiten

Die Vorschriften des FRSSE zu *provisions* (Rückstellungen) und *contingent liabilities* (Eventualverbindlichkeiten) basieren auf den grundlegenden Prinzipien des FRS 12 und sind mit diesen konform. Danach besteht ein grundsätzliches Bilanzierungsverbot für *contingent liabilities.* Rückstellungen sind nur dann zu bilden, wenn aufgrund vergangener Ereignisse gegenwärtige Verpflichtungen bestehen, deren Begleichung wahrscheinlich zu einem Abfluss wirtschaftlicher Vorteile führen wird und die hinsichtlich ihrer Höhe zuverlässig ermittelt werden können.[966] Sind die Auswirkungen des Zeitwertes des Geldes für die Bemessung der Rückstellungshöhe – diese ist grundsätzlich mit dem bestmöglichen Schätzwert der bestehenden Verpflichtung anzusetzen – als wesentlich zu beurteilen, so ist für ihre Bewertung der entsprechende Barwert heranzuziehen.[967] In Übereinstimmung mit den Big GAAP erfordert somit prinzipiell auch der FRSSE zur Erfüllung des *true and fair view*-Grundsatzes die Diskontierung von Rückstellungen, sofern die hieraus resultierenden Auswirkungen wesentlich sind.[968] Um allerdings kleinen Unternehmen die Diskontierung zu erleichtern und im Vergleich zu Big GAAP-Anwendern etwas mehr Flexibilität hinsichtlich der anzuwendenden Diskontierungsmethoden zu gewähren, wurden die detaillierten Vorschriften des FRS 12 hinsichtlich der Ermittlung des Diskontierungszinssatzes nicht in den FRSSE übernommen. Ebenso weggelassen wurden im FRSSE neben spezifischen

---

Unternehmen die Möglichkeit gegeben werden, *arrangement fees*, sofern diese nicht als wesentlich zu beurteilen sind, als laufende Kosten der Periode zu erfassen und die eingegangene Schuld entsprechend zum Rückzahlungsbetrag anzusetzen. Hierdurch soll die Verständlichkeit der Abschlussinformationen für die Nutzer verbessert werden; vgl. zu dieser Argumentation sowie die vielfach als irreführend empfundene Behandlung der *arrangement fees* nach FRS 4 Powling, H./Pryde/Sharp, I. (2002), S. 77 f.

965 Vgl. King, H. (1997b), S. 70.

966 Vgl. Accounting Standards Board (Hrsg.) (2001a), B – Statement of Standard Accounting Practice, Abschnitt 11.2 sowie Accounting Standards Board (Hrsg.) (1998e), FRS 12.14 ff. und FRS 12.27.

967 Vgl. Accounting Standards Board (Hrsg.) (2001a), B – Statement of Standard Accounting Practice, Abschnitt 11.2 sowie Accounting Standards Board (Hrsg.) (1998e), FRS 12.45.

968 Die in dem ursprünglichen *exposure draft* zunächst vorgesehene Beschränkung der Diskontierungserfordernis für kleine Unternehmen auf jene Fälle, in denen der aus einer Diskontierung resultierende Einfluss auf die Rückstellungshöhe als *particularly significant*, d. h. als besonders wesentlich zu beurteilen ist (vgl. Accounting Standards Board (Hrsg.) (1999b), Appendix I, Abschnitt 11 ff.), wurde im Rahmen des Konsultationsprozesses zugunsten einer einheitlichen Vorgehensweise von Big GAAP und FRSSE abgelehnt.

Einzelvorschriften die Normen und umfangreichen Erläuterungen des FRS 12 zur Konkretisierung rückstellungsbedingender Sachverhalte sowie zur Berücksichtigung von sonstigen Risiken, Unsicherheiten und zukünftigen Ereignissen im Rahmen der Rückstellungsbewertung.[969]

Altersversorgungsverpflichtungen

Die Normen des FRSSE zur Abbildung von Pensions- und sonstigen Altersversorgungsverpflichtungen gegenüber Arbeitnehmern im Jahresabschluss basieren auf jenen des FRS 17 (bzw. dessen Vorgängerstandard SSAP 24) und sind mit diesen in Einklang. Obwohl die Anwendung der Regelungen des FRS 17 bzw. der hierauf basierenden Normen des FRSSE erst für nach 2005 beginnende Geschäftsjahre verpflichtend ist – um Unternehmen, die ab 2005 ihren Abschluss nach IAS/IFRS erstellen müssen, eine zweimalige Umstellung ihrer Berichterstattung zu ersparen, hat das ASB die Anwendung des FRS 17 verzögert[970] – wird im Folgenden ausschließlich auf die Regelungen des FRS 17 bzw. auf die hierauf aufbauenden FRSSE-Normen eingegangen, da diese die künftige Vorgehensweise zur Erfassung von Altersversorgungsverpflichtungen im Jahresabschluss widerspiegeln.

Da die Zielsetzung darin besteht, die Verpflichtungen, die einem Unternehmen im Zusammenhang mit der Gewährung von Altersversorgungszusagen entstehen, periodengerecht zu erfassen, muss für die Bilanzierung und Bewertung solcher Zusagen grundsätzlich zwischen leistungsorientierten (*defined benefit plans*) und beitragsorientierten Altersversorgungszusagen (*defined contribution plans*) unterschieden werden. Denn während sich die Verpflichtung des Arbeitgebers bei *defined contribution plans* auf die Zahlung vereinbarter Beitragsleistungen an einen externen Pensionsfonds beschränkt, sind *defined benefit plans* so konzipiert, dass dem Arbeitnehmer von Seiten des Unternehmens eine bestimmte Versorgungsleistung zugesagt wird und dementsprechend der Arbeitgeber dem anspruchsberechtigten Arbeitnehmer für die spätere Zahlung der getroffenen Zusagen verpflichtet ist.

Die finanzielle Abbildung von *defined contribution plans* im Jahresabschluss gestaltet sich somit relativ einfach, da sich der im laufenden Geschäftsjahr zu erfassende Versorgungsaufwand unmittelbar aus den in der Rechnungsperiode fälligen Beitragszahlungen ergibt. Dementsprechend sind die Beitragszahlungen nach dem FRSSE in Übereinstimmung mit FRS 17 unmittelbar in der GuV-Rechnung innerhalb des Betriebsergebnisses zu erfassen.[971]

---

[969] Vgl. Accounting Standards Board (Hrsg.) (2001a), Appendix VI.

[970] Vgl. Financial Reporting Council (Hrsg.) (2002a), S. 33.

[971] Vgl. Accounting Standards Board (Hrsg.) (2001a), B – Statement of Standard Accounting Practice, Abschnitt 10.1 sowie Accounting Standards Board (Hrsg.) (2000c), FRS 17.7.

Die Ermittlung des Periodenaufwands für *defined benefit plans* ist dagegen wesentlich komplexer. Aus diesem Grund hat das ASB die diesbezüglichen Regelungen des FRS 17 nur hinsichtlich der wesentlichen Basisprinzipien in den FRSSE übernommen, wobei die betreffenden Regelungen aufgrund ihrer geringen praktischen Relevanz[972] nicht im *Statement of Standard Accounting Practice*[973] selbst, sondern nur im Anhang zum FRSSE zu finden sind. Obwohl in Übereinstimmung mit FRS 17 auch nach dem FRSSE leistungsorientierte Altersversorgungsverpflichtungen zwingend nach der *projected unit method* (spezielles Anwartschaftsansammlungsverfahren) zu bewerten sind,[974] resultieren wesentliche Unterschiede zwischen FRS 17 und dem FRSSE vor allem daraus, dass sehr stark ins Detail gehende, spezifische Bilanzierungs- und Bewertungsanforderungen aus dem FRSSE ausgeklammert wurden. Hierdurch konnte auch auf die zugehörigen, für kleine Unternehmen oftmals unnötig detaillierten Anwendungshinweise verzichtet werden.[975] Beispielsweise enthält der FRSSE im Gegensatz zu FRS 17 weder konkrete Vorgaben zur Periodisierung der Leistungszusagen noch die explizite Pflicht zur Anwendung versicherungsmathematischer Methoden für die Berücksichtigung künftiger Ereignisse. Auch für die bilanzielle Erfassung etwaiger Versorgungsüberschüsse, die sich dadurch ergeben können, dass der beizulegende Wert der mit der Versorgungszusage erworbenen Vermögenswerte den Barwert der Altersversorgungsverpflichtung übersteigt, enthält der FRSSE im Unterschied zu FRS 17 keine detaillierten Anforderungen.[976] Obwohl auch nach dem FRSSE die mit der Versorgungszusage verbundenen Erfolgskomponenten getrennt auszuweisen und in Abhängigkeit ihrer Klassifizierung als *interest cost* (Zinsaufwendungen), *actuarial gains and losses* (Gewinne und Verluste aus Änderungen der zugrunde liegenden versicherungsmathematischen Annahmen), *expected return on assets* (erwartete Erfolgsbeiträge aus den erworbenen Vermögenswerten), *past service costs* (nachzuverrechnender Dienstzeitaufwand) bzw. *gains and losses on settlements and curtailments* (Gewinne und Verluste aus Anpassungen infolge von Plankürzungen oder Abgeltungen von Altersversorgungsverpflichtungen) entweder in der GuV-Rechnung oder im *statement of total recognised gains and losses*[977] zu erfassen sind, bleiben die Angaben zu deren Ermittlung und Behandlung hinsichtlich ihres Detaillierungsgrades weit hinter jenen des FRS 17 zurück.

---

972 Empirischen Untersuchungen zufolge verfügen nur sehr wenige kleine Unternehmen über *defined benefit schemes*; vgl. Accounting Standards Board (Hrsg.) (2001c), Appendix I, Abschnitt 20.

973 Siehe zum inhaltlichen Aufbau des FRSSE Gliederungspunkt 4.2.2.1.2.3.

974 Vgl. Accounting Standards Board (Hrsg.) (2001a), Appendix II, Abschnitt 2 (b) sowie Accounting Standards Board (Hrsg.) (2000c), FRS 17.20.

975 Vgl. Accounting Standards Board (Hrsg.) (2001c), Appendix I, Abschnitt 19.

976 Vgl. Accounting Standards Board (Hrsg.) (2001c), Appendix I, Abschnitt 19.

977 Abgesehen von den *actuarial gains and losses*, die direkt im *statement of total recognised gains and losses* zu erfassen sind, sind alle übrigen Erfolgskomponenten grundsätzlich als Perioden-

Leasing
Da dem Leasing von Vermögenswerten insbesondere in kleinen Unternehmen oftmals große Bedeutung zukommt, finden sich im FRSSE auch die grundlegenden Vorschriften des SSAP 21 zur Bilanzierung von Leasinggegenständen wieder. Entsprechend der Vorgehensweise des SSAP 21 ist nach dem FRSSE zwischen *finance lease* (Finanzierungsleasing) und *operating lease* (Operatingleasing) zu differenzieren. Dabei sind nach dem FRSSE in Übereinstimmung mit SSAP 21 all jene Leasingverhältnisse als Operatingleasing zu qualifizieren, die die Voraussetzungen eines Finanzierungsleasings nicht erfüllen.[978] Finanzierungsleasingverhältnisse sind nach dem FRSSE analog zu den Vorschriften des SSAP 21 dadurch gekennzeichnet, dass alle mit dem Besitz des Leasinggegenstandes verbundenen Risiken und Chancen im Wesentlichen auf den Leasingnehmer übertragen werden. Dies ist nach dem FRSSE in Anlehnung an SSAP 21 normalerweise dann gegeben, wenn der Barwert der *minimum lease payments*, d. h. der Mindestzahlungen aus dem Leasingvertrag, zum Zeitpunkt des Leasingbeginns im Wesentlichen (zu 90 % oder mehr) dem beizulegenden Wert des Leasinggegenstandes entspricht.[979]

Bilanzierung eines Finanzierungsleasings beim Leasingnehmer
Liegt ein Finanzierungsleasing vor, dann muss der Leasingnehmer gemäß dem *substance over form*-Grundsatz den Leasinggegenstand aktivieren und darüber hinaus in gleicher Höhe eine Verbindlichkeit bilanzieren. Dabei entspricht der Wertansatz nach dem FRSSE im Unterschied zu SSAP 21 – der grundsätzlich eine Bewertung zum Barwert der Mindestzahlungen aus dem Leasingvertrag vorsieht[980] – aus Vereinfachungsgründen üblicherweise dem beizulegenden Wert des geleasten Vermögenswertes. Nur wenn dieser keine adäquate Schätzung für die verursachten Leasingkosten darstellt, dann ist nach dem FRSSE auf andere Verfahren zurückzugreifen, wobei sich der ermittelte Wertansatz letztendlich an den Barwert der Mindestzahlungen aus dem Leasingvertrag annähern sollte. Die Abschreibung des geleasten Vermögenswertes erfolgt nach dem FRSSE in Entsprechung zu SSAP 21 über die Leasingdauer oder die gewöhnliche Nutzungsdauer des Vermögenswertes, falls diese kürzer ist.[981] Die vom Leasingnehmer bezahlten Leasingraten sind in einen die Leasingverbindlichkeit vermindernden Tilgungs- und einen ergebniswirksamen Zinsanteil aufzuspalten, wobei

aufwand in die GuV-Rechnung aufzunehmen; vgl. Accounting Standards Board (Hrsg.) (2001a), Appendix II, Abschnitt 2 (i) sowie Accounting Standards Board (Hrsg.) (2000c), FRS 17.50 ff.

978 Vgl. Accounting Standards Board (Hrsg.) (2001a), C – Definitions sowie Accounting Standards Board (Hrsg.) (1997d), SSAP 21.15.

979 Vgl. Accounting Standards Board (Hrsg.) (2001a), C – Definitions sowie Accounting Standards Board (Hrsg.) (1997d), SSAP 21.15.

980 Vgl. Accounting Standards Board (Hrsg.) (1997d), SSAP 21.32.

981 Vgl. Accounting Standards Board (Hrsg.) (2001a), B – Statement of Standard Accounting Practice, Abschnitt 6.7 und Accounting Standards Board (Hrsg.) (1997d), SSAP 21.36.

die Zinsen so auf die Laufzeit zu verteilen sind, dass sich ein gleich bleibender Jahreszinssatz für den verbleibenden Saldo der Verbindlichkeit ergibt. Gegebenenfalls können für die Verteilung der Zinsen auch Näherungsverfahren angewandt werden. Da eine exakte Zinsverteilung insbesondere bei kleinen Unternehmen, die im Umgang mit komplexen Rechenverfahren eventuell weniger vertraut sind, mit einem nicht unerheblichen Rechenaufwand verbunden sein dürfte, wird im FRSSE im Gegensatz zu SSAP 21 explizit auf die Möglichkeit einer linearen Verteilung hingewiesen.[982]

Bilanzierung eines Finanzierungsleasings beim Leasinggeber
Da der Leasinggeber beim Finanzierungsleasing nicht als wirtschaftlicher Eigentümer des Leasinggegenstandes gilt, bilanziert dieser sowohl nach dem FRSSE als auch nach SSAP 21 nur eine Forderung in Höhe der getätigten Nettoinvestition. Analog zum Leasingnehmer sind auch beim Leasinggeber die erhaltenen Leasingraten sowohl nach SSAP 21 als auch nach dem FRSSE in einen Ertrags- und einen Tilgungsanteil aufzuspalten, wobei die erfolgswirksam zu erfassenden Leasingerträge grundsätzlich so zu berücksichtigen sind, dass eine konstante Verzinsung der jeweiligen Restforderung resultiert.[983]

Bilanzierung von Operatingleasingverhältnissen
Im Gegensatz zum Finanzierungsleasing sind Operatingleasingverhältnisse wie Mietverhältnisse zu behandeln. Dementsprechend ist der Leasinggegenstand nach dem FRSSE in Übereinstimmung mit SSAP 21 beim Leasinggeber zu bilanzieren und nach den üblichen Bewertungsnormen über die gewöhnliche Nutzungsdauer abzuschreiben. Die Erlöse aus den Leasingraten sind sowohl nach SSAP 21 als auch nach dem FRSSE grundsätzlich linear über die Laufzeit zu vereinnahmen, es sei denn, der Nutzenverlauf wird durch ein anderes Periodisierungsverfahren zutreffender wiedergegeben. Der Leasingnehmer hat die Leasingraten als Periodenaufwand zu erfassen, wobei auch hier grundsätzlich eine lineare Verteilung zugrunde zu legen ist.[984]

Wenngleich – abgesehen von geringfügigen Abweichungen – die Vorschriften des FRSSE zur Bilanzierung und Bewertung von Leasingverträgen mit jenen des SSAP 21 übereinstimmen, so fehlen im FRSSE neben spezifischen Detailvorschriften (wie z. B. die Behandlung von erhaltenen steuerfreien Zuschüssen beim Leasinggeber) und

---

982 Vgl. Accounting Standards Board (Hrsg.) (2001a), B – Statement of Standard Accounting Practice, Abschnitt 6.4.

983 Vgl. Accounting Standards Board (Hrsg.) (2001a), B – Statement of Standard Accounting Practice, Abschnitt 6.8 f. sowie Accounting Standards Board (Hrsg.) (1997d), SSAP 21.38 f.

984 Vgl. Accounting Standards Board (Hrsg.) (2001a), B – Statement of Standard Accounting Practice, Abschnitt 6.5 und 6.10 f. sowie Accounting Standards Board (Hrsg.) (1997d), SSAP 21.37 und SSAP 21.43.

verschiedenen Informationsangaben vor allem die Anwendungshinweise sowie der umfangreiche Erläuterungsteil des SSAP 21.

4.2.3.1.6 Zusammenfassung der in Bezug auf die Jahresabschlusserstellung bestehenden Erleichterungen für kleine Unternehmen

Das gesetzliche Differenzierungskonzept des CA 1985 basiert im Wesentlichen auf der Vierten EG-Richtlinie. Allerdings hat der britische Gesetzgeber die in der Vierten EG-Richtlinie vorgesehenen Erleichterungen für kleine Unternehmen nur zum Teil weitergegeben. Zum einen schränkt der CA 1985 die Inanspruchnahme der kleinen Unternehmen zur Verfügung stehenden Vergünstigungen entgegen den Mindestvorgaben der Vierten EG-Richtlinie ausschließlich auf *private companies* ein und zum anderen umfassen die gewährten Angabe- und Ausweiserleichterungen nur einen kleinen Teil, der nach der Vierten EG-Richtlinie maximal möglichen Entlastungen. Begründet wurde diese restriktive Weitergabe der EU-rechtlichen Erleichterungen damit, dass bis zur Transformation der EG-Richtlinien für *companies* im Wesentlichen keine Unterscheidung der Informationsanforderungen existierte und mit der Umsetzung der EU-rechtlichen Vorgaben keine Schlechterstellung der Gesellschafter und Inhaber von Schuldtiteln erfolgen sollte. Bedenken bestanden darüber hinaus hinsichtlich der Brauchbarkeit des für kleine Unternehmen in der Vierten EG-Richtlinie vorgesehenen verkürzten Abschlusses für die Steuerbemessung sowie für die Entscheidungen wesentlicher Kreditgeber.[985]

Auch das Differenzierungskonzept des ASB knüpft an die gesetzlichen Differenzierungskriterien an, ist jedoch im Gegensatz zum CA 1985 nur zweistufig, mit einer Trennung zwischen großen und kleinen Unternehmen, aufgebaut. Die Anwendungsvoraussetzungen des FRSSE, der von kleinen Unternehmen anstelle der Big GAAP angewendet werden kann, basieren auf der gesetzlichen Definition des CA 1985 für *small companies*. In der Rechnungslegungspraxis nehmen Umfragen zufolge zwischen 50 und 60 % der zur Anwendung des FRSSE berechtigten Unternehmen dessen Erleichterungen in Anspruch.[986]

Um eine zwischen großen und kleinen Unternehmen grundsätzlich konsistente Unternehmensrechnung sicherzustellen, wurden die Normen des FRSSE unter Anwendung einer dem *top-down apporach* folgenden Modifizierungsstrategie entwickelt. Dabei konnten die Vorschriften des FRSSE auf die relevanten Grundprinzipien der FRS,

---

985 Vgl. Secretary of State for Trade (Hrsg.) (1979), S. 2 sowie S. 49 ff.

986 Vgl. Collis, J./Jarvis, R. (2002), S. 11; Institute of Chartered Accountants of Scotland (Hrsg.) (2002), S. 4; Sleigh-Johnson, N. (2001), S. 92.

SSAP und *UITF Abstracts* beschränkt werden, da der FRSSE zum einen sämtliche Unternehmen, die den FRSSE anwenden, zur Beachtung der gesetzlichen Normen des CA 1985 verpflichtet und zum anderen bei etwaigen Regelungslücken auf die entsprechenden Regelungen der Big GAAP verweist. Somit war es möglich, im FRSSE auf die umfangreichen Anwendungshinweise der Big GAAP sowie die Übernahme jener Normen (Einzelregelungen oder komplette FRS, SSAP und *UITF Abstracts*),[987] die nur sehr spezifische Sachverhalte betreffen und geringe Relevanz für die üblichen Transaktionen kleiner Unternehmen besitzen, zu verzichten. Der Verweis des FRSSE auf die Vorschriften des CA 1985 sowie die Big GAAP hat den Vorteil, dass die Rechnungslegenden bei Bedarf auf die Anwendungshinweise sowie die Normen der FRS, SSAP und *UITF Abstracts* zurückgreifen können, ohne dass der FRSSE hierdurch unnötig aufgebläht werden musste. Der Regelungsinhalt des FRSSE bleibt damit überschaubar, was seine Handhabung und Anwendbarkeit verbessert. Darüber hinaus erlaubt der FRSSE die Verwendung im Vergleich zu den Big GAAP teilweise weniger komplizierter Kalkulations- bzw. Bewertungsmethoden, wodurch sowohl eine kosteneffiziente Anwendung der relevanten Rechnungslegungsnormen als auch eine Erhöhung der Verständlichkeit der Abschlussinformationen für die Rechnungslegungsadressaten erreicht werden soll.

Komplexitätsreduktionen konnten außerdem auch bei jenen Regelungen erfolgen, die ausschließlich der Einschränkung bilanzpolitischer Spielräume dienen, da die Protagonisten des FRSSE für kleinere Unternehmen i. d. R. weder die Verfügbarkeit der erforderlichen Ressourcen noch die notwendige Flexibilität und den nötigen Anreiz für bilanzpolitisch motivierte Manipulationen unterstellen.[988] Während der FRSSE nur in vereinzelten Fällen – z. B. durch die Verwendung einfacherer Kalkulationsverfahren, den Verzicht auf Ausnahmeregelungen oder Vorschriften, die ausschließlich der Begrenzung bilanzpolitischer Spielräume dienen – von den materiellen Ansatz- und/oder Bewertungsnormen der Big GAAP abweicht, beruht ein Großteil der Erleichterungen des FRSSE auf einer Reduzierung der Angabepflichten. Denn aufgrund der in kleinen Unternehmen vielfach fehlenden Trennung von Anteilseigentum und Managementfunktion kommt der Rechenschaftslegung der Unternehmensleitung gegenüber den Gesellschaftern vielfach nur eine untergeordnete Relevanz zu, sodass aus Kosten-Nutzen-Aspekten eine Einschränkung von primär der Rechenschaftslegung gegenüber den Eignern dienenden Informationen gerechtfertigt werden konnte. Außerdem wurde

---

987 Nicht im FRSSE enthalten sind beispielsweise die Normen des SSAP 25 (*segmental reporting*), FRS 13 (*derivatives and other financial instruments: disclosures*), FRS 14 (*earnings per share*) sowie zahlreiche *UITF Abstracts*; für einen ausführlichen Überblick siehe Accounting Standards Board (Hrsg.) (2001a), Appendix VI.

988 Vgl. Consultative Committee of Accountancy Bodies (Hrsg.) (1995), Abschnitt 5.6 sowie z. B. Accounting Standards Board (Hrsg.) (1998c), Appendix I, Abschnitt 18. Diese Auffassung des CCAB wird jedoch nicht ungeteilt akzeptiert; kritisch z. B. Rutteman, P. (1996), S. 188.

versucht, durch die Reduzierung der Abschlussinformationen auf wesentliche Aspekte auch die Verständlichkeit des Abschlusses für die Rechnungslegungsadressaten zu verbessern. Inwiefern die Anwendung des FRSSE jedoch tatsächlich zu einer Kosteneinsparung für die Abschluss erstellenden Unternehmen führt, ist umstritten.[989]

4.2.3.2 Erleichterungen für mittelgroße Unternehmen

Im Gegensatz zu kleinen Unternehmen gewährt der CA 1985 mittelgroßen Unternehmen hinsichtlich der für die Aktionäre bzw. *debentures holder* (Inhaber von Schuldtiteln)[990] zu erstellenden Abschlüsse nur eine Erleichterung. Diese besteht nach section 247A (2) CA 1985 darin, dass mittelgroße Unternehmen im Gegensatz zu großen Gesellschaften in ihrem Anhang nicht explizit angeben müssen, ob die *accounting standards* eingehalten wurden bzw. inwiefern von diesen abgewichen wurde.[991] Nichtsdestotrotz sind die *accounting standards* grundsätzlich auch von mittelgroßen Unternehmen zu beachten, um dem *true and fair view*-Prinzip zu genügen. Muss in Ausnahmefällen von spezifischen Regelungen der *accounting standards* zur Erfüllung des *true and fair view*-Grundsatzes abgewichen werden, so ist dies auch nach FRS 18 explizit anzugeben und zu erläutern.[992] Es ergibt sich somit bei einer Abweichung von den *accounting standards* auch für mittelgroße Unternehmen eine entsprechende Angabe- und Erläuterungspflicht, die zwar nicht aus dem CA 1985 resultiert, aber in den *accounting standards* normiert ist. Die zur Stärkung der Autorität der *accounting standards* in den CA 1985 eingeführte Angabepflicht für große Unternehmen und die hieraus resultierenden größenspezifischen Divergenzen zwischen der Rechnungslegung großer und mittelgroßer Unternehmen dürften sich durch die geforderten An-

---

989 Vgl. Jarvis, R./Collis, J. (2003), S. 9 f. Die hohe Anwendungsquote (50 – 60 %) spricht grundsätzlich für die Nützlichkeit des FRSSE für die Rechnungslegenden. Anlass zu Zweifeln geben dagegen die empirischen Untersuchungen von Fearnley, S./Hines, T. (2003a) sowie vom Institute of Chartered Accountants of Scotland (Hrsg.) (2002). Erstere befragten betroffene *accountants* bezüglich ihrer Einschätzung zur Nützlichkeit des FRSSE für die Abschluss erstellenden Unternehmen und kamen zu dem Ergebnis, dass diese eine Kosteneinsparung bei Anwendung des FRSSE als eher gering einstuften; vgl. Fearnley, S./Hines, T. (2003a), S. 25. Das *Institute of Chartered Accountants of Scotland* untersuchte dagegen Jahresabschlüsse kleiner Unternehmen, die ihren Abschluss nicht nach dem FRSSE sondern nach den Big GAAP erstellten, und prüfte, inwiefern sich durch die Anwendung des FRSSE *disclosure*-Erleichterungen ergeben hätten. Es kam hierbei zu dem Ergebnis, dass sich bei der Anwendung des FRSSE bei den betroffenen Fällen kaum zusätzliche Erleichterungen hinsichtlich der zu gewährenden Informationen und damit Kosteneinsparungen ergeben hätten; vgl. Institute of Chartered Accountants of Scotland (Hrsg.) (2002), S. 9. Beide Untersuchungen sind jedoch mit dem Mangel behaftet, dass es sich aufgrund des geringen Stichprobenumfangs um keine repräsentativen Erhebungen handelt.

990 Zum Begriff „*debenture*“ siehe Fn. 37.

991 Vgl. section 246A (2) CA 1985.

992 Siehe Accounting Standards Board (Hrsg.) (2000a), FRS 18.15 f. und FRS 18.62.

gabepflichten in den *accounting standards* somit relativieren.[993] Die in der Vierten EG-Richtlinie eingeräumten GuV-Gliederungsvereinfachungen für mittelgroße Unternehmen[994] hat der britische Gesetzgeber hinsichtlich des für die Investoren und Inhaber von Schuldtiteln zu erstellenden Abschlusses zum Schutz deren Informationsinteressen nicht in das nationale Recht übernommen. Beim Unternehmensregister können mittelgroße Unternehmen jedoch auch in Großbritannien nur eine verkürzte GuV-Rechnung hinterlegen.[995]

Wie bereits erläutert wurde, existiert im Rahmen der *accounting standards* kein umfassendes Differenzierungskonzept für mittelgroße Unternehmen. Vielmehr sind in vereinzelten *standards* größenspezifische Erleichterungen definiert.[996] Somit sind beispielsweise Unternehmen, die keine *public company*, Bank oder Versicherung sind – sowie Mutterunternehmen, die keine der genannten Unternehmen zu ihren Tochtergesellschaften zählen – sowohl von der Angabe und Analyse der erfolgswirksam in der GuV-Rechnung berücksichtigten Forschungs- und Entwicklungskosten als auch der Angabe bestimmter Segmentinformationen ausgenommen, wenn sie das Zehnfache der in section 247 CA 1985 definierten Größenkriterien für mittelgroße Gesellschaften nicht überschreiten.[997] Es zeigt sich, dass auch der private *standard setter* – die genannten Regelungen gehen noch auf das *Accounting Standards Committee*, das Vorgängergremium des *Accounting Standards Board* zurück[998] – auf die Größenkriterien des CA 1985 für mittelgroße Unternehmen zurückgreift, die Schwellenwerte jedoch letztlich wesentlich großzügiger definiert, sodass neben den nach dem CA 1985 als mittelgroß zu qualifizierenden Unternehmen eine Vielzahl weiterer, wesentlich größerer Unternehmen in den Genuss der Befreiungen der *accounting standards* gelangen. Analog zu den gesetzlichen Erleichterungen beziehen sich die in den *accounting standards* vereinzelt enthaltenen größenspezifischen Befreiungen ausschließlich auf Angabepflichten; größenspezifische Differenzierungen im Bereich des Bilanzansatzes sowie der Bewertung existieren im Rahmen der Big GAAP grundsätzlich nicht.

Aufgrund des geringen Umfangs der im CA 1985 und den *accounting standards* enthaltenen Erleichterungen für mittelgroße Unternehmen wird im Rahmen des bestehenden Reformprozesses zum Kapitalgesellschaftsrecht sogar über eine Abschaffung der Größenklasse der mittelgroßen Unternehmen nachgedacht.[999]

---

[993] Siehe hierzu auch die Ausführungen zu kleinen Unternehmen unter Gliederungspunkt 4.2.3.1.3.
[994] Vgl. Vierte Richtlinie 78/660/EWG des Rates vom 25. Juli 1978, Artikel 27.
[995] Für weitere Details siehe Gliederungspunkt 4.2.6.2.
[996] Vgl. Gliederungspunkt 4.2.2.2.2.
[997] Vgl. Accounting Standards Committee (Hrsg.) (1989), SSAP 13.22 sowie Accounting Standards Committee (Hrsg.) (1990), SSAP 25.4.
[998] Zum Entstehungshintergrund dieser Befreiungsvorschriften siehe Gliederungspunkt 4.2.2.1.1.
[999] Siehe hierfür Gliederungspunkt 4.2.1.1.2.

4.2.4 Größenbezogene Differenzierung der Konzernabschlusserstellung

4.2.4.1 Konzernabschlusserstellungspflicht – Status quo

Entsprechend den Vorschriften zum Einzelabschluss und der dort angewendeten Systematik sind in Großbritannien ausschließlich *parent undertakings* (Mutterunternehmen) in der Rechtsform der Kapitalgesellschaft,[1000] der *limited liability partnership*[1001] sowie Personengesellschaften ohne persönlich haftende natürliche Person als Gesellschafter (sog. *„qualifying partnerships"*)[1002] zur Konzernrechnungslegung verpflichtet. Während vor der Transformation der Siebenten EG-Richtlinie in das britische Recht ein Mutter-Tochter-Verhältnis als Auslösungstatbestand für die Konzernrechnungspflicht lediglich „de jure" begründet werden konnte,[1003] wurde mit der Verabschiedung des CA 1989, das primär der Umsetzung der Siebenten und Achten EG-Richtlinie diente,[1004] die Konzernrechnungslegungspflicht auch auf jene Mutter-Tochter-Beziehungen ausgedehnt, die auf einer „de facto"-Kontrolle basieren.[1005] Der britische Gesetzgeber bestätigte damit, dass in der Rechnungslegung für die Beurteilung eines Sachverhalts nicht dessen rechtliche Gestaltung, sondern die erzielte ökonomische Wirkung maßgeblich ist (*substance over form*) und setzte der lange Zeit kritisierten Praxis des *off-balance sheet financing*, d. h. der Auslagerung von Vermögenswerten und Schulden auf „de facto"-kontrollierte, jedoch bis dato nicht konsolidierungspflichtige Gesellschaften, ein Ende,[1006] um den Informationsnutzen des Konzernabschlusses zu verbessern. „De jure" ist eine Gesellschaft nach der aktuellen Definition des CA 1985 dann als Mutterunternehmen eines anderen Unternehmens zu qualifizieren, wenn es die Mehrheit der Stimmrechte an der anderen Gesellschaft hält oder als Gesellschafter berechtigt ist, die Mehrheit der Mitglieder des *board of directors* (Aufsichts- und Leitungsorgan) des anderen Unternehmens zu ernennen bzw. abzuberufen oder durch vertragliche oder satzungsmäßige Vereinbarungen die Möglichkeit hat, einen beherrschenden Einfluss auf das andere Unternehmen auszuüben oder in seiner Stellung als Gesellschafter aufgrund vertraglich getroffener Vereinbarungen mit den übrigen Anteilseignern die Mehrheit der Stimmrechte an dem beteiligten Unternehmen kontrollieren kann.[1007] Ein „de facto" Beherrschungsverhältnis ist indessen gegeben, wenn eine Gesellschaft ein *participating interest*, d. h. eine Betei-

---

[1000] Vgl. section 227 CA 1985.

[1001] Vgl. reg. 3 Limited Liability Partnerships Regulations 2001, SI 2001/1090; siehe auch Gale, S. (2001), S. 11.

[1002] Vgl. reg. 4 Partnerships and Unlimited Companies (Accounts) Regulations 1993, SI 1993/1820.

[1003] Vgl. Herrmann, M. (1991), S. 378 f.

[1004] Vgl. Gliederungspunkt 4.1.1.1.2.11.

[1005] Vgl. section 258 CA 1985; Farrar, J./Hannigan, B. (1998), S. 472; Walton, P. (2000), S. 245.

[1006] Vgl. Farrar, J./Hannigan, B. (1998), S. 472.

[1007] Vgl. section 258 (2) (a) – (d) CA 1985.

ligung[1008] an einem anderen Unternehmen hält und entweder tatsächlich beherrschenden Einfluss auf das beteiligte Unternehmen ausübt oder eine einheitliche Leitung vorliegt.[1009]

Aus Wirtschaftlichkeitsaspekten sowie der Fragwürdigkeit hinsichtlich des Informationsgehalts von Teilkonzernabschlüssen können Mutterunternehmen, die in einen übergeordneten Unternehmensverbund eingegliedert sind, von der Erstellung eines Teilkonzernabschlusses befreit werden. Voraussetzung für die Inanspruchnahme der Befreiungsvorschrift ist jedoch,[1010] dass das Unternehmen zu 100 % oder zu mehr als 50 % im Besitz des übergeordneten Mutterunternehmens steht und im letzteren Fall darüber hinaus kein wesentlicher Teil der verbleibenden Minderheitsgesellschafter (Anteilseigner, denen 50 % des verbleibenden Aktienkapitals oder 5 % des gesamten Aktienkapitals der zu befreienden Gesellschaft gehören) dem beabsichtigten Verzicht auf die Erstellung eines Teilkonzernabschlusses widersprochen hat.[1011] Darüber hinaus ist eine solche Befreiung nur möglich, wenn das übergeordnete Mutterunternehmen nach dem Recht eines EU-Mitgliedsstaates gegründet und der entsprechende Konzernabschluss nach den Vorschriften der Siebenten EG-Richtlinie erstellt wurde. Sowohl die Inanspruchnahme der Befreiungsvorschrift als auch Informationen zur übergeordneten Muttergesellschaft müssen im Anhang des Einzelabschlusses des befreiten Unternehmens angegeben werden. Um den Informationsbedürfnissen der Marktteilnehmer auf anonymen Kapitalmärkten gerecht zu werden, kann die beschriebene Befreiungsregelung von Muttergesellschaften, deren Wertpapiere an einer EU-Börse notiert werden, nicht genutzt werden, sodass diese in jedem Fall zur Erstellung eines Teilkonzernabschlusses verpflichtet sind.[1012]

Um Nutzen und Kosten von Rechnungslegungspflichten im Gleichgewicht zu halten, werden kleine und mittelgroße Konzerne in Einklang mit den Bestimmungen der Siebenten EG-Richtlinie[1013] von der Pflicht zur Erstellung eines konsolidierten Abschlusses befreit.[1014] Ein Unternehmensverbund gilt gemäß section 249 CA 1985 dann

---

1008 Nach section 260 CA 1985 liegt ein *participating interest* an einem anderen Unternehmen dann vor, wenn die Anteile an diesem Unternehmen langfristig gehalten werden und bestimmt sind, dem eigenen Geschäftsbetrieb zu dienen. Bei einem Aktienanteilsbesitz von 20 % oder mehr besteht die widerlegbare Vermutung einer Beteiligung; vgl. section 260 (2) CA 1985.

1009 Vgl. section 258 (4) CA 1985.

1010 Vgl. zu den nachfolgend angeführten Befreiungskriterien section 228 CA 1985.

1011 Ein derartiger Widerspruch muss spätestens sechs Monate nach Ablauf des vorangegangenen Konzerngeschäftsjahres vorliegen; vgl. section 228 (1) CA 1985.

1012 Vgl. section 228 (3) CA 1985.

1013 Vgl. Siebente Richtlinie 83/349/EWG des Rates vom 13. Juni 1983, Artikel 6.

1014 Vgl. section 248 (1) CA 1985.

als klein bzw. mittelgroß, wenn zwei oder mehr der nachfolgenden Größenkriterien (vgl. Tab. 38) an zwei aufeinander folgenden Geschäftsjahren erfüllt werden.

■ **Tab. 38:** Größenkriterien für kleine und mittelgroße Konzerne

	Kleine Konzerne		Mittelgroße Konzerne	
	Netto-Methode	Brutto-Methode	Netto-Methode	Brutto-Methode
Umsatzerlöse	≤ £ 2,8 Mio. (ca. 4,10 Mio. €)	≤ £ 3,36 Mio. (ca. 4,92 Mio. €)	≤ £ 11,2 Mio. (ca. 16,40 Mio. €)	≤ £ 13,44 Mio. (ca. 19,68 Mio. €)
Bilanzsumme	≤ £ 1,4 Mio. (ca. 2,05 Mio. €)	≤ £ 1,68 Mio. (ca. 2,46 Mio. €)	≤ £ 5,6 Mio. (ca. 8,20 Mio. €)	≤ £ 6,72 Mio. (ca. 9,84 Mio. €)
Anzahl der Mitarbeiter	≤ 50	≤ 50	≤ 250	≤ 250

Anmerkung: Wechselkurs 1 € = £ 0,68280 (Stand: 31. Oktober 2003)

Nicht in Anspruch genommen werden kann diese größenabhängige Befreiung von *ineligible groups*, d. h. von Konzerngruppen, deren Konsolidierungskreis[1015]

- entweder eine *public* (*limited*) *company* oder eine andere juristische Person umfasst, die entsprechend ihrer Rechtsform und Satzung berechtigt ist, ihre *shares* (Gesellschaftsanteile) oder *debentures* (Schuldverschreibungen etc.) öffentlich zu emittieren, oder
- ein in der Versicherungsbranche tätiges oder ein zur Ausübung einer nach *part 4* des *Financial Services and Markets Act 2000* regulierten Tätigkeit befugtes Unternehmen (Investmentgesellschaften etc.) angehört.[1016]

Während die branchenabhängige Einschränkung aus der besonderen Natur des Finanz- bzw. Versicherungsgeschäfts und des damit verbundenen öffentlichen Interesses resultiert, stehen bei der ersten Eingrenzung vor allem die Informationsbedürfnisse der Kapitalgeber im Vordergrund. Denn durch die Möglichkeit, Wertpapiere öffentlich zu offerieren und damit einen großen Investorenkreis in Anspruch zu nehmen, entsteht die Forderung nach einem Schutz der Informationsinteressen aktueller und potenzieller

---

1015 Relevant für die Beurteilung der Möglichkeit einer größenabhängigen Befreiung ist immer der (Teil-)Konzern, des die Befreiung in Betracht ziehenden Mutterunternehmens. Konzernunternehmen die zwar zum Konsolidierungskreis eines übergeordneten Konzernabschlusses zählen, nicht jedoch in den konsolidierten Abschluss des für die Befreiung in Frage kommenden Mutterunternehmens einbezogen werden, sind für die Beurteilung der Erfüllung der Befreiungsvoraussetzungen irrelevant; vgl. KPMG (Hrsg.) (1998a), S. 167 f.; Powling, H./Pryde, A./Sharp, I. (2002), S. 27.

1016 Vgl. section 248 CA 1985.

Kapitalgeber und damit nach einer Konzernrechnungslegungspflicht, der auch kleine und mittelgroße Konzerngruppen nachkommen müssen. Der mit der Konzernabschlusserstellung verbundene Aufwand wird in diesem Fall durch die Vorteile eines öffentlichen Kapitalmarktzugangs relativiert.

4.2.4.2 Angedachte Reformen zur Konzernabschlusserstellungspflicht

In Einklang mit den für den Einzelabschluss vorgeschlagenen Reformmaßnahmen empfiehlt die *Company Law Review Steering Group* in ihrem Abschlussbericht[1017] die Abschaffung der Sondervorschriften für *medium-sized groups* und damit die Aufhebung der Befreiung mittelgroßer Konzerne von einer Konzernabschlusserstellung. Die Arbeitsgruppe begründet ihre Empfehlung damit, dass eine Beibehaltung der Sonderregelungen für mittelgroße Konzerne in Anbetracht der empfohlenen Abschaffung der Größenkategorie der „*medium-sized company*"[1018] und der hieraus resultierenden Vereinheitlichung der Einzelabschlusserstellung von großen und mittelgroßen Unternehmen nicht nur die Gesetzeskomplexität erheblich erhöhen würde, sondern auch sachlich kaum gerechtfertigt werden könnte.[1019] Die Regierung hat in ihrem *white paper* vom Juli 2002 diesbezüglich noch keine endgültige Position eingenommen, sondern interessierte Kreise zu entsprechenden Stellungnahmen aufgefordert.[1020]

Die Befreiung kleiner Konzerne von einer Konzernabschlusserstellung soll dagegen auch weiterhin beibehalten und die Größenkriterien entsprechend der Empfehlungen für den Einzelabschlusses angehoben werden. Somit würden sich in Zukunft folgende, in Tab. 39 dargestellte Größengrenzen für *small groups* ergeben:[1021]

■ **Tab. 39:** Angedachte Größengrenzen für kleine Konzerne

	Kleine Konzerne	
	Netto-Methode	Brutto-Methode
Umsatzerlöse	≤ £ 4,8 Mio. (ca. 7,03 Mio. €)	≤ £ 5,76 Mio. (ca.8,44 Mio. €)
Bilanzsumme	≤ £ 2,4 Mio. (ca. 3,51 Mio. €)	≤ £ 2,88 Mio. (ca. 4,22 Mio. €)
Anzahl der Mitarbeiter	≤ 50	≤ 50

Anmerkung: Wechselkurs 1 € = £ 0,68280 (Stand: 31. Oktober 2003)

1017 Vgl. zum *company law review*-Prozess Gliederungspunkt 4.
1018 Vgl. Gliederungspunkt 4.2.1.1.2.
1019 Vgl. The Company Law Review Steering Group (Hrsg.) (2001a), S. 77.
1020 Vgl. Secretary of State for Trade and Industry (Hrsg.) (2002a), S. 37 f.
1021 Vgl. The Company Law Review Steering Group (Hrsg.) (2001a), S. 76.

Eine Änderung der Ausschlusskriterien für *ineligible groups* sowie deren Definition ist nicht vorgesehen, was zur Folge hat, dass auch weiterhin bei Erfüllung der Größenkriterien für *small groups* eine Konzernabschlussbefreiung nur dann möglich ist, wenn dem Konzern keine *public company* bzw. ein sonstiges zur öffentlichen Emittierung von Wertpapieren berechtigtes Unternehmen und kein im Finanzinvestment- oder Versicherungssektor tätiges Unternehmen angehört.

Die ebenfalls im Rahmen des *company law review* aus Wirtschaftlichkeits- und Nutzenüberlegungen diskutierte Befreiung von im vollständigen Anteilsbesitz eines Mutterunternehmens stehenden Tochtergesellschaften von der Erstellung eines Einzelabschlusses, unter der Voraussetzung, dass deren Verpflichtungen durch entsprechende Garantieübernahmen des Mutterunternehmens abgesichert werden, wurde aufgrund des hierdurch befürchteten Informationsverlustes für die Rechnungslegungsadressaten hingegen nicht in eine entsprechende Empfehlung umgesetzt. Auch eine größenabhängige Einzelabschlussbefreiung kleiner Konzernunternehmen fand nicht die gewünschte Zustimmung, da befürchtet wurde, die hiermit verbundene Gesetzeskomplexität würde in keinem sinnvollen Verhältnis zu dem hieraus resultierenden Nutzen stehen.[1022] Beide Vorschläge fanden deshalb keinen Niederschlag in den Abschlussempfehlungen der *Company Law Review Steering Group*.

Somit bleiben Konzernunternehmen auch weiterhin trotz ihres Einbezugs in einen Konzernabschluss grundsätzlich zur Einzelabschlusserstellung verpflichtet. Geringfügige Erleichterungen im Hinblick auf die Einzelabschlusserstellung enthält der CA 1985 allerdings bereits schon jetzt für konzernrechnungslegungspflichtige Mutterunternehmen. Stellen konzernrechnungslegungspflichtige Mutterunternehmen einen Konzernabschluss auf, so können sie in ihrem Einzelabschluss auf eine Offenlegung der GuV-Rechnung verzichten, wenn der erzielte Jahresüberschuss/-fehlbetrag entsprechend im Anhang angegeben wird.[1023]

4.2.4.3 Inhaltliche Ausgestaltung des Konzernabschlusses

Da sowohl dem Einzel- als auch dem Konzernabschluss die Primäraufgabe der Informationsvermittlung zukommt, existiert in Großbritannien keine Differenzierung zwischen Konzern- und Einzelabschluss. Demnach gelten sowohl nach dem CA 1985 als auch nach den *accounting standards* für den Konzernabschluss grundsätzlich die-

---

[1022] Vgl. The Company Law Review Steering Group (Hrsg.) (2001a), S. 179 f. sowie The Company Law Review Steering Group (Hrsg.) (2000b), S. 177 ff.

[1023] Vgl. section 230 CA 1985 sowie für weitere Erläuterungen KPMG (Hrsg.) (1998a), S. 6; Richards, C. (2001), S. 822.

selben Ansatz-, Bewertungs- und Ausweisnormen wie für den Einzelabschluss. Jedoch kann – wie in Deutschland – im konsolidierten Abschluss von der im Einzelabschluss des Mutterunternehmens angewandten Bilanz- und Ausweispolitik abgewichen werden.[1024]

Erstellt ein nach den Größenkriterien der section 247 CA 1985 als klein zu klassifizierendes Mutterunternehmen, das aufgrund der Erfüllung der Befreiungsvoraussetzungen der section 248 CA 1985 von einer verpflichtenden Konzernabschlusserstellung befreit ist, freiwillig einen Konzernabschluss, so stehen dem Unternehmen diesbezüglich grundsätzlich dieselben gesetzlichen Erleichterungen zur Verfügung wie für den Einzelabschluss, allerdings sind die Finanzanlagen in der Bilanz detaillierter auszuweisen als für den Einzelabschluss kleiner Gesellschaften verpflichtend gefordert.[1025] Auch die Normen des FRSSE können für den freiwilligen Konzernabschluss prinzipiell angewendet werden.[1026] Da der FRSSE aufgrund der bestehenden gesetzlichen Konzernabschlussbefreiung von Mutterunternehmen kleiner Konzerne jedoch keine speziellen, auf den Konzernabschluss bezogenen Konzernrechnungslegungsnormen enthält, sondern stattdessen auf die diesbezüglichen FRS verweist,[1027] müssen kleine Unternehmen für den Fall der freiwilligen Konzernabschlusserstellung zusätzlich die spezifischen Konzernrechnungslegungsnormen der Big GAAP beachten. Dies hat zur Konsequenz, dass für die Aufstellung eines Konzernabschlusses neben dem FRSSE folgende Rechnungslegungsstandards zu berücksichtigen sind:[1028]

- FRS 2 *accounting for subsidiary undertakings*
- FRS 6 *acquisitions and mergers*
- FRS 7 *fair values in acquisition accounting*

Darüber hinaus verpflichtet der FRSSE kleine Unternehmen für die Konzernabschlusserstellung zusätzlich zur Befolgung der den Konzernabschluss betreffenden Vorschriften des FRS 5 (*reflecting the substance of transactions*) und FRS 9 (*associates and joint ventures*) sowie in Bezug auf die Behandlung eines im Rahmen der Konsolidierung entstandenen Goodwills zur Beachtung sowohl der diesbezüglichen Vorschriften des FRS 10 (*goodwill and intangible assets*) als auch des FRS 11

1024 Vgl. schedule 4A, para. 1 ff. CA 1985; Walton, P. (2000), S. 245.

1025 Vgl. section 248A CA 1985 sowie PricewaterhouseCoopers (Hrsg.) (1999), S. 36046.

1026 Vgl. Mayes, R. (2002), S. 87.

1027 Vgl. Accounting Standards Board (Hrsg.) (2001a), B – Statement of Standard Accounting Practice, Abschnitt 16.1. Siehe hierzu auch Chopping, D./Carroll, R./Moore, S./Skerratt, L. (2001), S. 676.

1028 Vgl. Accounting Standards Board (Hrsg.) (2001a), B – Statement of Standard Accounting Practice, Abschnitt 16.1.

(*impairment of fixed assets and goodwill*).[1029] Ein bei der Konsolidierung auftretender Goodwill ist somit im Gegensatz zur Einzelabschlusserstellung nicht nach den vereinfachten Normen des FRSSE zu behandeln, sondern nach den Big GAAP zu bilanzieren und zu bewerten. Die Fremdwährungsumrechnung von Abschlüssen ausländischer Tochterunternehmen ist dagegen direkt im FRSSE geregelt. Demnach sind in Abhängigkeit der Selbstständigkeit des betrachteten Tochterunternehmens in Übereinstimmung mit SSAP 20 entweder die Zeitbezugsmethode (für Unternehmen die als verlängerter Arm des Mutterunternehmens fungieren) oder die Stichtagskursmethode (für relativ autonome Tochterunternehmen) anzuwenden.[1030]

Insgesamt bleibt festzuhalten, dass es dem ASB für die Konzernabschlusserstellung durch die Verweisung des FRSSE auf die entsprechenden Vorschriften der Big GAAP einerseits möglich war, auf die Verabschiedung simplifizierter Konzernrechnungslegungsnormen zu verzichten und damit in Anbetracht der gesetzlichen Befreiung kleiner Konzerne von einer Konzernabschlusserstellungspflicht sowie der hieraus resultierenden geringen Praxisrelevanz der Konzernabschlusserstellung durch kleine Mutterunternehmen eine unnötige Aufblähung des FRSSE zu vermeiden.[1031] Andererseits können jedoch durch die bestehende unmittelbare Verquickung von Big GAAP und FRSSE in der Rechnungslegungspraxis erhebliche Anwendungsprobleme auftreten.[1032]

4.2.5 Größenbezogene Differenzierung der gesetzlichen Prüfungspflicht

Die Diskussion um eine Differenzierung der gesetzlichen Abschlussprüfungspflicht von *companies* wurde in den vergangenen Jahren immer wieder aufgegriffen und stand auch in dem 1998 initiierten *company law review* erneut auf dem Prüfstand.

4.2.5.1 Geschichtlicher Rückblick

Nach der Wiedereinführung der gesetzlichen Jahresabschlussprüfung im Jahr 1900 für sämtliche *companies* galt diese bis in die 1990er-Jahre größenunabhängig für alle rechnungslegungspflichtigen Kapitalgesellschaften.[1033] Obschon im Zuge der Über-

---

1029 Vgl. Accounting Standards Board (Hrsg.) (2001a), B – Statement of Standard Accounting Practice, Abschnitt 16.1.

1030 Vgl. Accounting Standards Board (Hrsg.) (2001a), B – Statement of Standard Accounting Practice, Abschnitt 13.6 ff. sowie Accounting Standards Committee (Hrsg.) (1983b), SSAP 20.52 ff.

1031 Vgl. zu dieser Argumentation Accounting Standards Board (Hrsg.) (1998c), Appendix I, Abschnitt 12.

1032 Vgl. Powling, H./Pryde, A./Sharp, I. (2002), S. 83.

1033 Unterscheidungen wurden zum Teil hinsichtlich der vom Abschlussprüfer zu erfüllenden fachlichen Voraussetzungen gemacht. So knüpfte beispielsweise der CA 1947 an die Abschlussprüfer

nahme der Vierten EG-Richtlinie, die eine Befreiung kleiner Kapitalgesellschaften von einer Abschlussprüfung ermöglicht,[1034] eine Differenzierung der Prüfungspflicht diskutiert wurde,[1035] ergriff der britische Gesetzgeber zunächst keine Maßnahmen.[1036] Erst als infolge der Transformation der Achten EG-Richtlinie mit der Verabschiedung des CA 1989[1037] die Qualifikationsanforderungen, Zulassungsbestimmungen und Überwachungsmaßnahmen für die zur Durchführung von Abschlussprüfungen befugten Wirtschaftsprüfer zunehmend verschärft wurden[1038] und die Abschlussprüfungskosten aufgrund der strikteren Anforderungen erheblich anstiegen, wurde die Diskussion um eine Prüfungsbefreiung kleiner Kapitalgesellschaften erneut aufgegriffen.[1039] Diese mündete schließlich im Jahr 1994 in eine größenspezifische Differenzierung der Prüfungspflichten von *companies*,[1040] die durch die *Partnerships and Unlimited Companies (Accounts) Regulations* auch auf *qualifying partnerships* übertragen wurde.[1041]

Um kleinere Unternehmen von den mit einer gesetzlichen Abschlussprüfung verbundenen Aufwendungen zu entlasten, sah die verwirklichte Differenzierungskonzeption für sehr kleine Unternehmen eine gänzliche Befreiung von der Durchführung einer gesetzlichen Abschlussprüfung und für etwas größere Unternehmen die Möglichkeit

---

sog. „*exempt private companies*" weniger strenge Qualifikationsanforderungen als an die Abschlüssprüfer der übrigen *companies*. Diese Differenzierung in Bezug auf die fachlichen Qualifikationsanforderungen der prüfungsberechtigten Abschlussprüfer wurde allerdings im CA 1967 wieder abgeschafft. Siehe für Details die Gliederungspunkte 4.1.1.1.2.9 und 4.1.1.2.10

1034 Vgl. Vierte Richtlinie 78/660/EWG des Rates vom 25. Juli 1978, Artikel 51.

1035 Vgl. hierzu das vom *Secretary of State for Trade* verabschiedete Konsultationspapier; Secretary of State for Trade (Hrsg.) (1979), S. 3 f.; siehe auch Page, M. (1991), S. 213 f.

1036 Vgl. Department of Trade and Industry (Hrsg.) (1999b), S. 4; Fearnley, S./Hines, T./McBride, K./Brandt, R. (2000b), S. 301; The Company Law Review Steering Group (Hrsg.) (2000a), S. 275. Siehe auch den 1985 veröffentlichten Bericht des *Department of Trade and Industry* zu den aus administrativen und gesetzlichen Anforderungen resultierenden Lasten für Unternehmen, in dem zur Entlastung kleinerer Unternehmen eine Abschaffung der Prüfungspflicht für eigentümergeführte kleine Gesellschaften explizit gefordert wurde; Department of Trade and Industry (Hrsg.) (1985), S. 7.

1037 Die Umsetzung der Achten EG-Richtlinie erfolgte durch die Verabschiedung des CA 1989, in dem auch heute noch die Zulassungs- und Qualifikationsanforderungen an Abschlussprüfer sowie die Regelungen zur Berufsaufsicht definiert sind; vgl. part II CA 1989.

1038 Zum Teil gehen die Normen des CA 1989 vor allem hinsichtlich der Überwachung des Abschlussprüfers wesentlich über die Anforderungen der Achten EG-Richtlinie hinaus; vgl. Fearnley, S./Hines, T./McBride, K./Brandt, R. (2000b), S. 301.

1039 Vgl. Fearnley, S./Hines, T./McBride, K./Brandt, R. (2000b), S. 301 f.; Freedman, J./Godwin, M. (1993), S. 106; The Company Law Review Steering Group (Hrsg.) (2000a), S. 275.

1040 Vgl. Fearnley, S./Hines, T./McBride, K./Brandt, R. (2000b), S. 301 f.; Rogerson, P. (1994), S. 5.

1041 *Qualifying partnerships* unterliegen seit der Umsetzung der „GmbH & Co.-Richtlinie" der EU durch die Verabschiedung der *Partnerships and Unlimited Companies (Accounts) Regulations* im Jahr 1993 denselben Prüfungspflichten wie *companies*; vgl. reg. 4 Partnerships and Unlimited Companies (Accounts) Regulations 1993, SI 1993/1820. Siehe allgemein zu *qualifying partnerships* Gliederungspunkt 4.1.1.3.1 und 4.1.1.3.2.

zur Veröffentlichung eines vereinfachten, sog. „*audit exemption report*“ (AER) anstelle eines üblichen Prüfungsberichtes vor.[1042] Die Inanspruchnahme der gesetzlichen Prüfungserleichterungen knüpfte der Gesetzgeber hierbei an die folgenden, in Tab. 40 dargestellten Kriterien:[1043]

■ **Tab. 40:** Im Jahr 1994 eingeführte Anforderungen zur Inanspruchnahme gesetzlicher Prüfungserleichterungen

	Vollständige Befreiung von der Abschlussprüfung	**Möglichkeit zur Veröffentlichung eines *audit exemption report***
Voraussetzungen:	Erfüllung der Qualifikationskriterien des CA 1985 für *small companies*	
Umsatzerlöse	≤ £ 90.000	≥ £ 90.000 aber ≤ £ 350.000
Bilanzsumme	≤ £ 1.400.000	≤ £ 1.400.000
	Nicht zur Inanspruchnahme der Befreiungsvorschriften berechtigt waren jedoch: ▪ *public companies* ▪ Unternehmen bestimmter regulierter Branchen (z. B. Banken- und Versicherungsunternehmen)[1044] ▪ Konzernunternehmen (Für *charities* (gemeinnützige Unternehmen) galten gesonderte Schwellenwerte)	

Um die Interessen insbesondere von Minderheitsaktionären zu schützen, wurde diesen die Möglichkeit eingeräumt, der Inanspruchnahme der gesetzlichen Prüfungserleichterungen zu widersprechen und die Durchführung einer vollständigen Abschlussprüfung durchzusetzen. Voraussetzung war allerdings, dass die widersprechenden Aktionäre insgesamt mindestens 10 % des ausgegebenen Nennkapitals auf sich vereinigten.[1045]

[1042] Vgl. The Company Law Review Steering Group (Hrsg.) (2000a), S. 276.

[1043] Vgl. The Auditing Practices Board (Hrsg.) (1994), Appendix I; Hurst, K. (1994), S. 107; Mainwaring, M./Hayward, S. (1998), S. 1 f.

[1044] Aufgrund eines vermuteten größeren öffentlichen Interesses an Abschlussinformationen von Versicherungsunternehmen und Banken wurde die größenabhängige Prüfungsbefreiung der Vierten EG-Richtlinie in die nachfolgend zur Regulierung von Versicherungsunternehmen, Banken und anderen Finanzinstituten verabschiedeten EG-Richtlinien nicht übernommen; vgl. Richtlinie 91/674/EWG des Rates vom 19. Dezember 1991, Artikel 1 sowie Richtlinie 86/635/EWG des Rates vom 8. Dezember 1986, Artikel 1. Eine Befreiung von Unternehmen der Versicherungs- und Bankenbranche war deshalb schon aufgrund bestehender EU-rechtlicher Bestimmungen nicht möglich.

[1045] Vgl. Department of Trade and Industry (Hrsg.) (1997), S. 1; Hurst, K. (1994), S. 107; The Company Law Review Steering Group (Hrsg.) (2000a), S. 276.

Der *audit exemption report* war nicht zwingend von einem registrierten Wirtschaftsprüfer zu erstellen, allerdings musste der beauftragte *accountant* über geeignete Qualifikationen verfügen und entweder Mitglied einer der Berufsvereinigungen der *chartered accountants* (ICAEW, ICAS, ICAI), der *Association of Chartered Certified Accountants* (ACCA) oder der *Association of Authorised Public Accountants* sein.[1046] Die wesentliche Vereinfachung des *audit exemption report* bestand darin, dass der autorisierte Abschlussprüfer sein Urteil bezüglich der Übereinstimmung des Jahresabschlusses mit den gesetzlichen Bestimmungen allein auf Grundlage der Buchführungsunterlagen des Unternehmens treffen konnte.[1047] Die Einholung zusätzlicher Informationen wie z. B. Kontobestätigungen etc. war nicht erforderlich.[1048]

Der *audit exemption report* und die Differenzierung der Qualifikationsanforderungen der prüfungsbefugten Personen wurde jedoch im Zuge weiterer Deregulierungsmaßnahmen im Jahr 1997 wieder abgeschafft und stattdessen die Grenze für die Umsatzerlöse für eine vollständige Prüfungsbefreiung auf £ 350.000 angehoben.[1049] Hierdurch sollten zum einen die gesetzlichen Bestimmungen vereinfacht und zum anderen einem größeren Kreis an Unternehmen eine kostenaufwendige Abschlussprüfung erspart werden.[1050] Auch die sehr restriktiven Ausschlusskriterien für Konzernunternehmen wurden aufgeweicht, sodass nun auch Unternehmen, die in einen Konzernverbund integriert waren (Mutter- bzw. Tochterunternehmen), ansonsten aber alle übrigen Befreiungsanforderungen erfüllten, in den Genuss einer Abschlussprüfungsbefreiung gelangen konnten. Voraussetzung war allerdings, dass auch die konsolidierten Umsatzerlöse sowie die Konzernbilanzsumme die für den Einzelabschluss geltenden Größenkriterien zur Prüfungsbefreiung nicht überstiegen.[1051] Zuletzt wurden die Schwellenwerte zur Abschlussprüfungsbefreiung im Jahr 2000 angehoben, sodass sich die heutige Rechtslage wie im folgenden Abschnitt darstellt.

1046 Vgl. Hurst, K. (1994), S. 107. Später wurden auch noch Mitglieder anderer Berufsvereinigungen zur Erstellung eines *audit exempt reports* autorisiert; vgl. Department of Trade and Industry (Hrsg.) (1997), S. 3. Zu den *accountant*-Berufsvereinigungen siehe Fn. 260.

1047 Vgl. The Auditing Practices Board (Hrsg.) (1994), Appendix I. Für weitere Details zur Durchführung einer mit der Erstellung eines *audit exemption report* verbundenen Abschlussprüfung siehe beispielsweise The Auditing Practices Board (Hrsg.) (1994); Hurst, K. (1994), S. 107 f.

1048 Vgl. Hurst, K. (1994), S. 108; Seow, J.-L. (2001), S. 65.

1049 Vgl. Fearnley, S./Hines, T./McBride, K./Brandt, R. (2000b), S. 302. Lediglich für kleine gemeinnützige Unternehmen wurde die Möglichkeit zur Erstellung eines AER beibehalten.

1050 Vgl. Department of Trade and Industry (Hrsg.) (1997), S. 1.

1051 Die übrigen Anforderungen an eine Prüfungsbefreiung (Qualifizierung als *small company*, Bilanzsumme ≤ £ 1.400.000) sowie der Ausschluss von *public companies*, Bank- und Versicherungsgesellschaften sowie sonstigen regulierten Unternehmen wurden beibehalten. Für Details siehe Mainwaring, M./Hayward, S. (1998), S. 1 f.

4.2.5.2 Status quo

Grundsätzlich besteht für zur Beachtung der Unternehmensberichterstattungsnormen des CA 1985/1989 verpflichtete Unternehmen – dies sind *registered companies*,[1052] *limited liability partnerships*[1053] und *qualifying partnerships*[1054] – eine generelle Abschlussprüfungspflicht.[1055] Dabei ist die gesetzliche Abschlussprüfung rechtsformunabhängig stets von einem sog. „*registerd auditor*" vorzunehmen.[1056] Dies bedeutet, dass der Prüfer Mitglied eines vom *Secretary of State for Trade and Industry* anerkannten sog. „*recognised supervisory body*" (RSB) sein muss – dies sind zurzeit das *Institute of Chartered Accountants in England and Wales* (ICAEW), das *Institute of Chartered Accountants of Scotland* (ICAS), das *Institute of Chartered Accountants in Ireland* (ICAI), die *Association of Authorised Public Accountants* (AAPA) und die *Association of Chartered Certified Accountants* (ACCA)[1057] – und nach den Vorschriften des RSB auch explizit die Zulassungsanforderungen zur Durchführung gesetzlicher Abschlussprüfungen erfüllt.[1058] Während der CA 1989 den gesetzlichen Rahmen für

---

1052 Vgl. section 235 CA 1985.

1053 Auch die jüngst eingeführte Rechtsform der *limited liability partnership* ist grundsätzlich zur Durchführung einer Abschlussprüfung verpflichtet; vgl. reg. 3 Limited Liability Partnerships Regulations 2001, SI 2001/1090; siehe auch Gale, S. (2001), S. 16.

1054 Vgl. reg. 4 Partnerships and Unlimited Companies (Accounts) Regulations 1993, SI 1993/1820.

1055 Für Unternehmen bestimmter Geschäftszweige, wie z. B. im Versicherungsgeschäft tätige Unternehmen, Finanzinstitutionen, Pensionsfonds, gemeinnützige Unternehmen etc., gelten allerdings meist in eigenständigen Gesetzen oder spezifischen Regelungen verankerte Sondervorschriften, sodass sich für diese Unternehmen eine Prüfungspflicht auch dann ergeben kann, wenn sie nicht als *company*, *qualifying partnership* oder *limited liability partnership* geführt werden; siehe hierzu Fearnley, S./Hines, T./McBride, K./Brandt, R. (2000b), S. 302 f.

1056 Siehe zu den gesetzlichen Anforderungen allgemein part II CA 1989; siehe für *qualifying partnerships* den schedule zu den Partnerships and Unlimited Companies (Accounts) Regulations 1993, SI 1993/1820; für *limited liability partnerships* siehe Limited Liability Partnerships Regulations 2001, SI 2001/1090, schedule 2, Modifikationen zu section 384 CA 1985. Sonderregelungen bestehen für kleine gemeinnützige Unternehmen. Diese haben nach wie vor die Möglichkeit anstelle eines vollständigen Prüfungsberichts einen *audit exemption report* zu veröffentlichen (vgl. Fn. 1069) dessen Erstellung nicht notwendigerweise durch einen registrierten Wirtschaftsprüfer erfolgen muss; siehe hierzu section 249D CA 1985.

1057 Vgl. The Company Law Review Steering Group (Hrsg.) (2000b), S. 287; Department of Trade and Industry (Hrsg.) (2003b), S. 12. Die Zulassungsanforderungen, die an *recognised supervisory bodies* gestellt werden – hierzu gehört u. a., dass diese über effektive Strukturen verfügen, die zum einen sicherstellen, dass ein Prüfer ausreichend qualifiziert ist und Regeln unterliegt, die seine Integrität und Unabhängigkeit sicherstellen, und zum anderen eine effektive Überwachung gewährleisten –, sind im schedule 11 CA 1989 geregelt. Um den gesetzlichen Vorgaben als RSB gerecht zu werden, sind die einzelnen Berufsverbände in eine feste Organisationsstruktur eingebunden, die erst im Jahr 2000 tief greifend reformiert wurde; vgl. Department of Trade and Industry (Hrsg.) (1998d), Tz. 23 ff.; Mayes, R. (2002), Table 1.7; The Company Law Review Steering Group (Hrsg.) (2000b), S. 288 ff. Allerdings liegen zwischenzeitlich schon wieder neue Reformvorschläge zur Umstrukturierung der berufsständischen Selbstverwaltung und Berufsaufsicht vor; vgl. Fn. 273.

1058 Vgl. section 25 CA 1989.

die Zulassung und Aufsicht der zur Durchführung von gesetzlichen Abschlussprüfungen befugten Wirtschaftsprüfer definiert, erfolgt die konkrete Ausformung der Zulassungsbedingungen sowie die Überwachung deren Einhaltung unter Berücksichtigung der gesetzlichen Vorgaben und in Abstimmung mit staatlichen Stellen durch den *accountant*-Berufsstand selbst.[1059] Allerdings existiert darüber hinaus ein umfassendes, vom *accountant*-Berufsstand weitgehend unabhängiges Überwachungsgefüge.[1060]

Aufgabe des Abschlussprüfers ist es, für die Gesellschafter[1061] einen *auditors' report* (Bestätigungsbericht)[1062] anzufertigen, in dem er feststellt, ob nach seiner Beurteilung der Jahres- bzw. Konzernabschluss „... [has] been properly prepared in accordance with this Act, and in particular whether a true an fair view is given ..."[1063] Darüber hinaus hat er auch darauf einzugehen, ob die im *directors' report* gegebenen Informationen mit dem Jahres- bzw. Konzernabschluss in Einklang stehen. Für den von börsennotierten Unternehmen zu erstellenden *directors' remuneration report* besteht hingegen nur für bestimmte Teile eine Prüfungspflicht.[1064]

Bei der Durchführung der Abschlussprüfung ist der Prüfer neben den gesetzlichen Vorschriften auch zur Beachtung der von den *accountant*-Organisationen entwickelten

---

1059 Vgl. Quick, R./Nieman, L. (2001), S. 323; The Company Law Review Steering Group (Hrsg.) (2000b), S. 287 ff.,

1060 Zur Regulierung der berufsständischen Selbstverwaltung siehe Fearnley, S./Hines, T. (2003b), S. 2224 f.; Accountancy Foundation (Hrsg.) (2001). Als Folge von Finanzskandalen ist derzeit eine völlige Neuorganisation der Regulierung der berufsstädischen Selbstverwaltung und externen Qualitätskontrolle geplant; siehe Fn. 273 sowie die dort angeführte Literatur.

1061 Im Fall einer *limited partnership*, die als *qualifying partnership* zu qualifizieren ist, ist der *auditors' report* für die *general partners*, d. h. die Komplementäre zu erstellen; vgl. reg. 4 i. V. m. reg. 2 (2) Partnerships and Unlimited Companies (Accounts) Regulations 1993, SI 1993/1820. Siehe für *companies* section 235 CA 1985 und für *limited liability partnerships* schedule 1 zu den Limited Liability Partnerships Regulations 2001, SI 2001/1090.

1062 Der in section 235 CA 1985 definierte *auditors' report* ist hinsichtlich seines inhaltlichen Umfangs nicht mit dem in Deutschland nach § 321 HGB zu erstellenden Prüfungsbericht zu vergleichen, sondern gleicht stattdessen eher dem Bestätigungsvermerk. Aufgrund dieser Divergenzen wird der englische Begriff *auditors' report* in der vorliegenden Arbeit nicht mit Prüfungsbericht, sondern mit Bestätigungsbericht übersetzt, um den dem Bestätigungsvermerk ähnlichen Charakter des *auditors' report* zu unterstreichen. Für Details zum Inhalt des *auditors' report* sowie die verschiedenen Testatformen siehe Auditing Practices Board (Hrsg.) (1993) i. V. m. Auditing Practices Board (Hrsg.) (2001); siehe außerdem z. B. auch Richards, C. (2001), S. 1369 ff.

1063 Section 235 (2) CA 1985. Der von der *Company Law Review Steering Group* vorgeschlagene künftig für „ökonomisch bedeutende" Unternehmen verpflichtend zu erstellende *Operating and Financial Review* (siehe hierzu Gliederungspunkt 4.2.3.1.4.3.1) soll jedoch aufgrund seines spezifischen Charakters keiner üblichen Prüfung, sondern einem *review*, d. h. einer schwächeren Prüfungsform unterzogen werden; vgl. für mehr Details The Company Law Review Steering Group (Hrsg.) (2001a), S. 189 ff.

1064 Vgl. section 235 (4) und (5) CA 1985.

Prüfungsgrundsätze sowie der Verlautbarungen des *Auditing Practices Board*[1065] verpflichtet,[1066] die prinzipiell größenunabhängig gültig und somit auch für die Prüfung kleiner Unternehmen anzuwenden sind. Ein dem FRSSE vergleichbarer eigener Prüfungsstandard für die Prüfung kleinerer Unternehmen existiert nicht.[1067]

Von der generellen Abschlussprüfungspflicht des zur Beachtung der Rechnungslegungsvorschriften des CA 1985 verpflichteten Unternehmen ausgenommen sind jedoch sehr kleine Unternehmen,[1068]

- die die für *small companies* geltenden Größenkriterien des CA 1985 erfüllen,
- deren Umsatzerlöse £ 1.000.000[1069] nicht übersteigen und
- deren Bilanzsumme unter £ 1.400.000 liegt.

Nicht zur Inanspruchnahme der Prüfungsbefreiung berechtigt sind allerdings:[1070]

- *public companies*,
- Versicherungsunternehmen,
- nach dem *part 4* des *Financial Services and Markets Act 2000* zur Durchführung regulierter Geschäftstätigkeiten autorisierte Unternehmen,

---

1065 Das *Auditing Practices Board* (APB) ist privatrechtlich organisiert und in Großbritannien das Hauptgremium für die Verlautbarung von Prüfungsnormen; vgl. Chidgey, P./Stone, S./Hayward, S. (2001), S. 5. Im Zuge jüngster Umstrukturierungen ist geplant, dass das APB künftig als Untergremium des FRC fungieren soll; vgl. Fn. 273.

1066 Eine Voraussetzung für die Qualifizierung als RSB ist, dass die Anwendung entsprechender Prüfungsnormen durch den Abschlussprüfer sichergestellt werden kann; vgl. schedule 11, para. 7 CA 1989. Siehe zu den verschiedenen, vom *accountant*-Berufsstand verabschiedeten Prüfungsnormen sowie deren Autorität Chidgey, P./Stone, S./Hayward, S. (2001), S. 3 ff.

1067 Vgl. Auditing Practices Board (Hrsg.) (1997a), S. 2. Eine größenabhängige Differenzierung der anzuwendenden Prüfungsstandards wurde vom *Auditing Practices Board* abgelehnt, da auch im CA 1985 hinsichtlich des zur erstellenden Bestätigungsberichtes prüfungspflichtiger Unternehmen keine größenabhängige Unterscheidung vorgenommen wird; siehe hiezu Auditing Practices Board (Hrsg.) (1996) sowie o. V. (1996), S. ii. Um jedoch den Besonderheiten der Prüfung eines FRSSE-Abschlusses Rechnung zu tragen, hat das *Auditing Practices Board* im Jahr 1997 den Bulletin 1997/3 „*The FRSSE: Guidance for auditors*" herausgegeben; vgl. Auditing Practices Board (Hrsg.) (1997b).

1068 Sondervorschriften gelten darüber hinaus für sog. „*dormant companies*", d. h. für nicht mehr aktive Unternehmen; zur genauen Definition von *dormant companies* sowie diese betreffende Prüfungspflichten siehe section 249AA CA 1985.

1069 Für gemeinnützige Unternehmen gelten eigene Schwellenwerte, wobei eine gänzliche Prüfungsbefreiung nur für Gesellschaften gilt, deren Bruttoeinnahmen £ 90.000 nicht übersteigen. Gemeinnützige Unternehmen, deren Bruttoeinnahmen zwischen £ 90.000 und £ 250.000 liegen, haben dagegen – vergleichbar dem vormals für alle Unternehmen geltenden Differenzierungskonzept – die Möglichkeit, anstelle eines vollständigen Prüfungsberichtes, einen sog. „*audit exemption report*" zu veröffentlichen; vgl. section 249A (2) i. V. m. section 249C CA 1985.

1070 Vgl. section 249B CA 1985.

- im Sinne der section 39 des *Financial Services and Markets Act 2000* ernannte Repräsentanten,
- Gewerkschaften oder Arbeitnehmervereinigungen sowie
- Mutter- bzw. Tochterunternehmen,[1071] es sei denn, der Konzern, dem das Unternehmen angehört, erfüllt kumulativ folgende Voraussetzungen:
  - der Konzern ist nach den Bestimmungen des CA 1985 als kleiner Konzern zu qualifizieren,
  - es handelt sich um keine nach section 248 (2) CA 1985 definierte *ineligible group*,[1072]
  - die Konzernumsatzerlöse betragen nicht mehr als £ 1.000.000 (Netto-Methode) bzw. £ 1.200.000 (Brutto-Methode) und
  - die Konzernbilanzsumme ist nicht höher als £ 1.400.000 (Netto-Methode) bzw. £ 1.680.0000 (Brutto-Methode).

Auch die Möglichkeit zur Erzwingung einer Abschlussprüfung trotz Erfüllung der genannten Befreiungsvoraussetzungen durch die Aktionäre – wenn diese insgesamt mindestens 10 % des Aktienkapitals besitzen – ist unverändert zu der im Jahr 1994 eingeführten Regelung zum Schutz der Interessen von Minderheitsaktionären auch im aktuellen Gesetzestext enthalten.[1073]

Soll von der Prüfungsbefreiung Gebrauch gemacht werden, so ist der Bilanz eine besondere Erklärung der *directors* beizufügen, in der bestätigt wird, dass das Unternehmen zur Inanspruchnahme der Befreiung berechtigt ist, kein Widerspruch von Seiten der Aktionäre gegen die Befreiung vorliegt, das Unternehmen darüber hinaus seiner gesetzlichen Buchführungspflicht nachkommt und einen Abschluss erstellt, der einen *true and fair view* des Ergebnisses sowie der wirtschaftlichen Situation des Unternehmens wiedergibt und auch den übrigen Anforderungen des CA 1985 entspricht.[1074]

Zusammenfassend kann damit festgehalten werden, dass aufbauend auf der nach selbstständiger Rechtsfähigkeit und Haftung differenzierten Rechnungslegungspflicht zunächst grundsätzlich für sämtliche gesellschaftsrechtlich rechnungslegungspflichtigen Unternehmen eine Pflicht zur Prüfung ihres Jahres-/Konzernabschlusses besteht,

---

[1071] Ausnahmen gelten für Konzernunternehmen mit geringfügiger Geschäftstätigkeit; vgl. section 249B (1A) CA 1985.
[1072] Zur Definition von *ineligible groups* siehe Gliederungspunkt 4.2.4.1.
[1073] Vgl. section 249B (2) CA 1985.
[1074] Vgl. section 249B (4) CA 1985.

um einerseits das aus der Trennung von Anteilseigentum und Management resultierende Bedürfnis der Eigentümer nach verlässlichen Abschlussinformationen zur Überprüfung des Managements zu befriedigen und andererseits aber auch, um dem durch die Haftungsbegrenzung der Anteilseigner gerechtfertigten Interessen der übrigen Stakeholder an vertrauenswürdigen Rechnungslegungsinformationen nachzukommen.[1075]

Zur Gewährleistung eines ausgewogenen Kosten-Nutzen-Verhältnisses[1076] räumt der britische Gesetzgeber in Anlehnung an die nach ökonomischen Größenkriterien differenzierte inhaltliche Ausgestaltung der Rechnungslegung sehr kleinen Unternehmen die Möglichkeit ein, auf die Durchführung einer Abschlussprüfung zu verzichten. Diese grundsätzlich größenspezifische Differenzierung der Abschlussprüfungspflicht wird darüber hinaus um rechtsform-, branchen- und tätigkeitsspezifische Attribute ergänzt, um eine Prüfungsbefreiung jener Unternehmen zu verhindern, an deren Abschlussinformationen aufgrund deren Möglichkeit zur öffentlichen Kapitalmarktinanspruchnahme, Branchenzugehörigkeit oder Tätigkeit ein allgemeines öffentliches Interesse besteht. Im Gegensatz hierzu zielt die restriktive Befreiung von Mutter- und Tochtergesellschaften primär auf die Verhinderung missbräuchlicher Konzerngestaltungsmaßnahmen und somit auf die Eindämmung der innerhalb eines Konzernverbundes generell bestehenden Gestaltungsspielräume zur Umgehung von Prüfungspflichten ab.[1077] Zur Sicherstellung eines einheitlichen Qualitätsstandards ist die Abschlussprüfung, im Unterschied zu Deutschland,[1078] rechtsform- und größenunabhängig, stets von einem *registered auditor* vorzunehmen, sodass mit Ausnahme von gemeinnützigen Gesellschaften[1079] weder eine Unterscheidung der Zulassungsanforderung des zur Prüfung befugten Personenkreises noch eine Differenzierung der anzuwendenden Prüfungsgrundsätze oder der Berichterstattung des Abschlussprüfers über die Prüfung erfolgt.

1075 Vgl. zu dieser Argumentation beispielsweise Fearnley, S./Hines, T./McBride, K./Brandt, R. (2000b), S. 301.

1076 Auch die jüngste Diskussion um die Anhebung der Schwellenwerte für eine Prüfungsbefreiung wurde von Nutzen-Kosten-Betrachtungen dominiert; vgl. Department of Trade and Industry (Hrsg.) (1999b), S. 2.

1077 Vgl. zu dieser Argumentation The Company Law Review Steering Group (Hrsg.) (2000a), S. 280 sowie Department of Trade and Industry (Hrsg.) (1999b), S. 14.

1078 Vgl. Tab. 14.

1079 Siehe Fn. 1056.

4.2.5.3 Angedachte Reformmaßnahmen

Auch in dem im Auftrag der Regierung 1998 initiierten *company law review*-Prozess[1080] stand die Differenzierung der Prüfungspflicht von rechnungslegungspflichtigen Unternehmen erneut auf dem Prüfstand. Unter Beibehaltung der bestehenden Differenzierungskriterien diskutierte die *Company Law Review Steering Group* in ihrem Konsultationspapier – in Anlehnung an das Differenzierungskonzept von 1994 – eine dreistufig aufgebaute Differenzierung der Prüfungspflicht für unter die Rechnungslegungsbestimmungen des CA 1985 fallende Unternehmen. Vorgesehen war, basierend auf der bestehenden größenabhängigen Differenzierung, sehr kleine Unternehmen, sog. „*micro companies*", gänzlich von einer Abschlussprüfung zu befreien und jenen kleinen Unternehmen, die die Größenkriterien der „*micro company*" nicht erfüllen, die Möglichkeit eines *independent professional review* (IPR) anstelle einer für alle übrigen Unternehmen geltenden vollständigen Abschlussprüfung zu geben.[1081] Die übrigen Regelungen betreffend Konzernunternehmen, *public companies* und Unternehmen bestimmter Geschäftszweige bzw. Tätigkeitsbereiche sowie das Widerspruchsrecht für Minderheitsaktionäre sollten hingegen unter entsprechender Anpassung der Schwellenwerte für Konzernunternehmen an die für den Einzelabschluss geltenden Größenkriterien unverändert beibehalten werden.[1082] Somit hätte sich nach dem Vorschlag der *Company Law Review Steering Group* folgendes, in Abb. 37 dargestelltes Differenzierungskonzept ergeben.

1080 Vgl. hierzu Gliederungspunkt 4.

1081 Vgl. The Company Law Review Steering Group (Hrsg.) (2000a), S. 278. Die Einführung eines sog. „*review*" für kleinere Unternehmen wurde in Großbritannien schon bei der Umsetzung der Vierten EG-Richtlinie diskutiert; vgl. Secretary of State for Trade (Hrsg.) (1979), S. 4.

1082 Vgl. The Company Law Review Steering Group (Hrsg.) (2000a), S. 276 und S. 280.

■ **Abb. 37:** Von der *Company Law Review Steering Group* diskutiertes Konzept zur Differenzierung der Prüfungspflicht

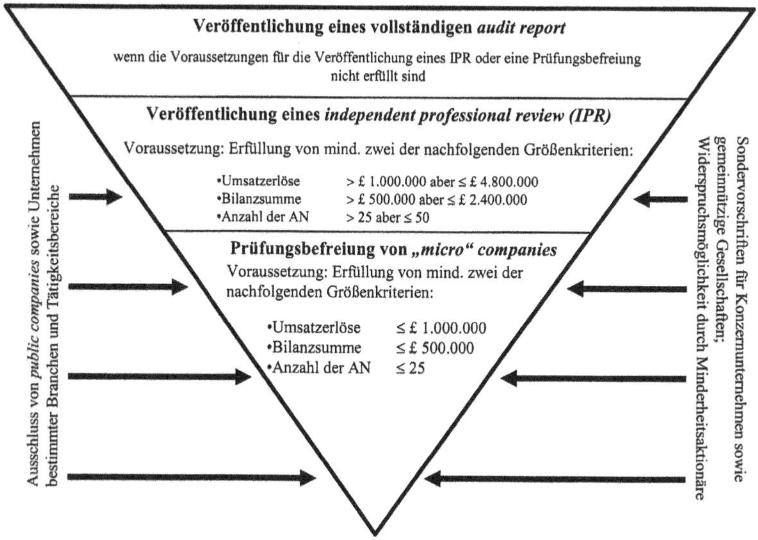

Mit dieser Dreiteilung bezweckte die *Company Law Review Steering Group* eine ausgewogene Berücksichtigung sowohl der mit einer Prüfungspflicht verbundenen Kosten als auch des aus einer Abschlussprüfung resultierenden Nutzens und legte seiner Empfehlung die Annahme zugrunde, dass das mit einer Abschlussprüfung verbundene Kosten-Nutzen-Verhältnis[1083] unmittelbar von der jeweiligen Unternehmensgröße beeinflusst wird.[1084]

Für sehr kleine Unternehmen, die von der Arbeitsgruppe als „*micro company*" definiert wurden, würden – so die Auffassung der *Company Law Review Steering Group* – die mit der gesetzlichen Abschlussprüfungspflicht verbundenen Kosten[1085] den hieraus

1083 Vgl. zu den Kosten und Nutzen einer Abschlussprüfung Gliederungspunkt 2.3.3.2.
1084 Vgl. The Company Law Review Steering Group (Hrsg.) (2000a), S. 281.
1085 Da in kleineren Unternehmen der Abschlussprüfer üblicherweise neben der eigentlichen Prüfungstätigkeit gleichzeitig noch andere Aufgaben wahrnimmt (z. B. Erstellung des Jahresabschlusses, Vorbereitung des steuerlichen Abschlusses, Beratungsaufgaben etc.) gibt es derzeit keine exakten Schätzungen hinsichtlich der Prüfungskosten von kleinen Unternehmen. Als Näherungswert nennt das *Department of Trade and Industry* für Unternehmen mit etwa £ 1.000.000

resultierenden Nutzen für die Rechnungslegungsadressaten übersteigen.[1086] Für die Festlegung der Schwellenwerte hatte die Arbeitsgruppe hierbei idealtypischerweise *owner-managed companies* im Fokus, bei denen sämtliche Anteilseigner zugleich in das Management involviert sind. Da ein aus der Trennung von Anteilseigentum und Management resultierender Principal-Agent-Konflikt hier nicht auftritt,[1087] wäre zur Erfüllung der *stewardship*-Funktion des Managements – so die Argumentation der Arbeitsgruppe – eine gesetzliche Prüfungspflicht nicht erforderlich.[1088] Außerdem unterstellte die *Company Law Review Steering Group* für *„micro companies“* ein geringes Gesamtvolumen an Forderungen sowie Krediten und damit eine geringe Relevanz von Gläubigern und Kreditnehmern als potenzielle Adressaten geprüfter Abschlussinformationen.[1089] Da Banken sich ohnehin üblicherweise über die Bestellung entsprechender – bei dieser Unternehmensgröße vorwiegend aus dem Privatvermögen des Eigner-Managers stammender – Kreditsicherheiten absichern würden,[1090] sah die *Company Law Review Steering Group* trotz einer etwaigen rechtsformbedingten Limitierung der Haftung auf das Unternehmensvermögen auch aus Gläubigerschutzgesichtspunkten keine Notwendigkeit zur Bereitstellung geprüfter Abschlussinformationen.[1091] Darüber hinaus wären Kreditgeber und vor allem Kreditratingagenturen – so die Argumentation vieler Gegner einer gesetzlichen Prüfungspflicht für kleine Unternehmen –, sofern vergangenheitsorientierte Abschlussinformationen für

---

Umsatzerlösen ca. £ 5.000 bzw. 5 % des Umsatzes; vgl. Department of Trade and Industry (Hrsg.) (1999b), S. 10. Dies wird jedoch vor allem vom *accountant*-Berufsstand als zu hoch angesehen; vgl. o. V. (2000), S. 2. Die *Company Law Review Steering Group* schätzt die reinen Prüfungskosten auf ca. 0,15 % des Umsatzes; vgl. The Company Law Review Steering Group (Hrsg.) (2000a), S. 287.

1086 Vgl. The Company Law Review Steering Group (Hrsg.) (2000a), S. 286 f.

1087 Siehe hierzu Gliederungspunkt 2.2.1.1 sowie Gliederungspunkt 2.3.1.1.1.

1088 Vgl. The Company Law Review Steering Group (Hrsg.) (2000a), S. 278. Siehe zu dieser Argumentation außerdem Department of Trade and Industry (Hrsg.) (1999b), S. 8; Fearnley, S./Hines, T./McBride, K./Brandt, R. (2000b), S. 301; Freedman, J./Godwin, M. (1993), S. 111; Freedman, J./Godwin, M. (1994), S. 250 f.; Marriott, P./Marriott, N. (1997), S. 33; Rutteman, P. (1985), S. 12.

1089 Dies wird in der empirischen Erhebung von *Freedman* und *Godwin* bestätigt, die sich mit der Untersuchung sehr kleiner Unternehmen beschäftigen; vgl. Freedman, J./Godwin, M. (1993), S. 115. Gleichzeitig dokumentieren empirische Untersuchungen aber auch, dass für jene Manager, die sich selbst ein Bild über die finanzielle Situation ihrer Handelspartner machen möchten, geprüfte Abschlussinformationen von großer Bedeutung sind; vgl. Pratten, C. (1998), S. 31 ff. sowie S. 39 ff.

1090 Vgl. zu der Bedeutung von Kreditsicherheiten bei Krediten an kleinere Unternehmen beispielsweise Berry, A./Faulkner, S./Hughes, M./Jarvis, R. (1993b), S. 143 ff.; Keasey, K./Watson, R. (1993), S. 151. Zur Verbreiterung der Haftungsbasis werden bei *limited liability companies* vielfach auch persönliche Bürgschaften der geschäftsführenden Gesellschafter als Kreditsicherheit gefordert; vgl. Cook, J. (1999), S. 19; Fleischer, H. (2000), S. 1018; Hicks, A./Drury, R./Smallcombe, J. (1995), S. 18; Keasey, K./Watson, R. (1993), S. 151.

1091 Vgl. The Company Law Review Steering Group (Hrsg.) (2000a), S. 278. Siehe zur dieser Argumentation auch Freedman, J./Godwin, M. (1993), S. 114 f.; Rutteman, P. (1985), S. 12.

sie überhaupt von Bedeutung sind, Kraft ihrer ökonomischen Macht ohnehin in der Lage, mithilfe von Vertragsvereinbarungen Pflichtprüfungen durchzusetzen.[1092] Weiterhin ging die *Company Law Review Steering Group* davon aus, dass auch die Anzahl der Mitarbeiter in „*micro companies*" idealtypischerweise unter zehn Arbeitnehmern liegen und mangels entsprechendem „*in-house*"-Expertise in Sachen Rechnungslegung auf professionelle externe *accountants* zurückgegriffen würde.[1093] Dies hätte zur Folge, so die Argumente der Arbeitsgruppe, dass zum einen auch den Arbeitnehmern als potenzielle Adressaten geprüfter Abschlussdaten nur eine untergeordnete Bedeutung zukäme und zum anderen durch die Delegation der Abschlusserstellung an externe *accountants* trotz fehlender Pflichtprüfung ein gewisser Qualitätsstandard für die generierten Abschlussinformationen sichergestellt werden könnte.[1094] Da Abschlussprüfungen neben der Gewährleistung zuverlässiger Rechnungslegungsinformationen für die Rechnungslegungsadressaten auch dazu beitragen, Veruntreuungen und betrügerische Maßnahmen der Mitarbeiter aufzudecken bzw. Abschreckungswirkung entfalten,[1095] das Betrugs- bzw. Veruntreuungsrisiko jedoch umso höher eingeschätzt wird, je mehr Arbeitnehmer ein Unternehmen beschäftigt,[1096] wurde auch diese Aufgabe in sehr kleinen Unternehmen als vernachlässigbar erachtet.

Im Gegensatz zu sog. „*micro companies*" schrieb die *Company Law Review Steering Group* jenen Unternehmen, die zwar nach den Vorschriften des CA 1985 als klein zu klassifizieren, jedoch nicht mehr als „*micro company*" einzuordnen waren, völlig andere Charakteristika zu. Diese Unternehmen beschäftigten nach der Auffassung der Arbeitsgruppe, insbesondere wenn sie im Dienstleistungssektor tätig wären, ggf. mehr als 50 Arbeitnehmer, würden in der Regel wenige externe Aktionäre besitzen und verfügten wahrscheinlich über wesentliche Kreditoren- und Debitorenbestände. Bankkredite würden in diesen Unternehmen üblicherweise durch die Bestellung von Unternehmenssicherheiten abgesichert werden.[1097] Außerdem unterstellte die Arbeits-

---

1092 Vgl. hierzu Marriott, P./Marriott, N. (1997), S. 33; Rutteman, P. (1985), S. 12. Dies wird in empirischen Umfragen nicht vollständig bestätigt. Insbesondere Lieferanten, die in keiner dauerhaften Handelsverbindung stehen, sehen vor allem aufgrund der mit einer Abschlussprüfung verbundenen zeitlichen Verzögerung der Geschäftsabwicklung Probleme, eine solche durchzusetzen; vgl. Pratten, C. (1998), S. 40.

1093 Vgl. The Company Law Review Steering Group (Hrsg.) (2000a), S. 278.

1094 Vgl. hierzu auch Marriott, P./Marriott, N. (1997), S. 34.

1095 Vgl. zu dieser Auffassung Department of Trade and Industry (Hrsg.) (1999b), S. 9.

1096 Vgl. Marriott, P./Marriott, N. (1997), S. 34.

1097 Die Kreditpraxis zeigt außerdem, dass Banken aufgrund des zwischen Gläubigern und Eigentümern bestehenden Eigner-Gläubiger-Konflikts (vgl. Gliederungspunkt 2.2.1.2) in Großbritannien üblicherweise sog. „*covenants*", d. h. rechnungslegungsbasierte Kreditvertragsklauseln vereinbaren, um ein für die Bank nachteiliges Verhalten des Darlehensnehmers zu verhindern. Derartige Klauseln sind vor allem in Ländern mit angelsächsischer/anglo-amerikanischer Rechgruppe für diese Unternehmen interne Rechnungslegungsexpertise. Zum Teil könnten diese Unternehmen, so die Auffassung der *Company Law Review Steering Group*, auf regionaler Ebene sogar erhebliches ökonomisches Einflusspotenzial besitzen.[1098] Wenngleich auch für diese Gruppe von Unternehmen die Kosten einer vollständigen Abschlussprüfung den hieraus resultierenden Nutzen für die Adressaten nach Auffassung der Arbeitsgruppe übersteigen würden, so stellte sich das Kosten-Nutzen-Verhältnis doch erheblich anders dar als für die beschriebenen „*micro companies*". Aus diesem Grund empfahl die *Company Law Review Steering Group* für diese Klasse der kleinen Unternehmen zwar keine vollständige Abschlussprüfung, aber doch eine vereinfachte, kostengünstigere Prüfungsform, einen sog. „*independent professional review*" (IPR), um den Rechnungslegungsadressaten eine gewisse Form der Bestätigung der vorliegenden Abschlussinformationen zu geben.[1099]

Die von der *Company Law Review Streering Group* gewählten Größenkriterien zur Aufspaltung der kleinen Unternehmen in die Gruppe der „*micro companies*" einerseits und den übrigen, nicht als „*micro company*" zu qualifizierenden kleinen Unternehmen andererseits sollten hierbei als Substitut und simplifizierter Indikator für die oben beschriebenen, den Unternehmen dieser beiden Gruppen idealtypischerweise zuordenbaren Unternehmenscharakteristika dienen. Das Zurückgreifen auf bekannte Größenkriterien hätte nach Auffassung der Arbeitsgruppe den Vorteil, dass deren Anwendung der Rechnungslegungspraxis prinzipiell vertraut ist und damit eine einfach anwendbare Differenzierung sichergestellt werden könnte, wenngleich die Auswahl der Kriterien selbst sowie die Definition der Schwellenwerte aufgrund der hiermit verbundenen Subjektivität stets als willkürlich gelten müssten.[1100]

Um die Kosten des IPR in einem ausgewogenen Verhältnis zu dem mit seiner Erstellung verbundenen Nutzen für die Abschlussadressaten zu gewährleisten, sollte dieser „„... enable the reviewer to state that, on the basis of certain limited procedures, nothing

---

nungslegungsphilosophie üblich, da die Normierung der externen Rechnungslegung primär auf den Schutz der Investoren und weniger auf die Gläubigerinteressen fokussiert ist; vgl. Berry, A./ Faulkner, S./Hughes, M./Jarvis, R. (1993a), S. 16 f. Hinzu kommt, dass das britische Kapitalgesellschaftsrecht für *private companies* im Gegensatz zum deutschen GmbHG kein gesetzliches Mindestkapital vorschreibt, das den Gläubigern als Haftungsmasse dient (vgl. Gliederungspunkt 4.1.1.1.1). Folglich sind die Gläubiger gezwungen, ihre Bedürfnisse durch privatrechtliche Vereinbarungen sog. „*covenants*" selbst zu schützen. Empirische Untersuchungen dokumentieren jedoch, dass die Vereinbarung direkter Ausschüttungsrestriktionen in Großbritannien aufgrund der gesellschaftsrechtlich bestehenden Ausschüttungsbeschränkungen (vgl. Gliederungspunkt 4.2.31.2.2.1) wenig verbreitet ist; vgl. Day, J./Taylor, P. (1996), S. 202, Fn. 5; Leuz, C./Deller, D./Stubenrath, M. (1998), S. 119.

1098 Vgl. The Company Law Review Steering Group (Hrsg.) (2000a), S. 278.

1099 Vgl. The Company Law Review Steering Group (Hrsg.) (2000a), S. 281.

1100 Vgl. The Company Law Review Steering Group (Hrsg.) (2000a), S. 279 sowie 281.

has come to his attention that causes him to believe that the accounts are not in accordance with the relevant financial reporting framework."[1101] Im Vergleich zu dem 1997 abgeschafften AER, der nach Auffassung der *Company Law Review Steering Group* die Qualität und Wahrheitstreue der Abschlussinformationen nicht ausreichend sicherstellen konnte,[1102] sollte für den IPR zwar ebenfalls das Einholen unterstützender Informationen beschränkt, das Ausmaß der Prüfungshandlungen jedoch umfangreicher gestaltet werden.[1103] Doch nicht nur in der Limitierung der Einholung bestätigender Informationen, sondern auch in einer Reduzierung der Anforderungen an den für die Durchführung eines IPR befugten Personenkreis sah die Arbeitsgruppe Kosteneinsparungspotenziale. Demnach sollten der IPR sowie die zu seiner Durchführung berechtigten Personen zwar prinzipiell in den gleichen gesetzlichen Rahmen eingebunden werden wie die Abschlussprüfung, gleichzeitig aber wesentlich weniger strikten Zulassungsbedingungen und Überwachungsanforderungen unterliegen. Demnach müsste es sich bei dem zum *review* berechtigten Personenkreis nach Ansicht der *Company Law Review Steering Group* nicht zwingend um registrierte Wirtschaftsprüfer handeln. Vorstellbar wäre vielmehr, dass sich auch Praktiker als IPR *practicioners* registrieren ließen.[1104] Ebenfalls diskutiert wurde für den IPR die Schaffung einer eigenständigen, von dem für die Abschlussprüfung bestehenden gesetzlichen Rahmen losgelösten Selbstregulierungsstruktur durch den *accountant*-Berufsstand. Diese Alternative wurde jedoch von der *Company Law Review Steering Group* sowie der Mehrheit der Konsultationsteilnehmer primär aus Vereinfachungs- und Effizienzgründen abgelehnt.[1105]

Da zum Abschluss des *company law review*-Prozesses keine genauen Erkenntnisse bezüglich der geschätzten Kosten eines *independent professional review* für kleine Unternehmen vorlagen und das diskutierte Differenzierungskonzept der Arbeitsgruppe auch bei den Konsultationsteilnehmern keine eindeutige Zustimmung fand – Bedenken wurden zum einen bezüglich der mit einem IPR verbundenen Kostenersparnis und zum anderen hinsichtlich einer bei den Abschlussnutzern ggf. entstehenden Erwartungslücke geäußert – war es der *Company Law Review Steering Group* nicht möglich, eine eindeutige Empfehlung hinsichtlich der Einführung eines IPR auszusprechen. Stattdessen forderte die Arbeitsgruppe das *Department of Trade and Industry* auf, bei

---

1101 The Company Law Review Steering Group (Hrsg.) (2001a), S. 81.

1102 Vgl. The Company Law Review Steering Group (Hrsg.) (2000a), S. 287. Siehe hierzu auch Seow, J.-L. (2001), S. 65.

1103 Vgl. The Company Law Review Steering Group (Hrsg.) (2000a), S. 287. Im Mai 2000 hat das *Auditing Practices Board* zur Veranschaulichung des IPR ein Diskussionspapier verabschiedet, das die an einen IPR zu stellenden Anforderungen verdeutlicht; vgl. Auditing Practices Board (Hrsg.) (2000).

1104 Vgl. The Company Law Review Steering Group (Hrsg.) (2001a), S. 82 f.

1105 Vgl. The Company Law Review Steering Group (Hrsg.) (2001a), S. 83.

Vorliegen umfassenderer Informationen zum IPR, die vor allem aus den vom *Auditing Practices Board* initiierten Feldstudien gewonnen werden sollten, eine Grundsatzentscheidung hinsichtlich der Notwendigkeit eines IPR zu treffen. In jedem Falle sollten aber – so der Vorschlag der *Company Law Review Steering Group* – Prüfungserleichterungen für alle nach dem CA 1985 als klein zu klassifizierenden Unternehmen[1106] geschaffen werden, sei es in Form einer gänzlichen Prüfungsbefreiung oder in Form eines IPR.[1107]

Obwohl eine weitere Deregulierung der Abschlussprüfung für kleinere Unternehmen in Einklang mit der gegenwärtigen EU-Praxis stehen würde[1108] und eine Anhebung der Größenkriterien für etwaige Prüfungserleichterungen zur Folge hätte, dass zusätzlich zu den ca. 600.000 bereits nach den jetzigen Kriterien von der Abschlussprüfung befreiten *companies* weitere 100.000[1109] in den Genuss einer Prüfungserleichterung gelangen könnten,[1110] lehnte die Regierung in ihrem hierzu veröffentlichten *white paper* vom Juli 2002 angesichts der jüngsten, spektakulären Unternehmenszusammenbrüche

1106 Auch die diesbezüglichen Kriterien sollen nach der Empfehlung der *Company Law Review Steering Group* angehoben und an die Maximalwerte der Vierten EG-Richtlinie angepasst werden; vgl. Gliederungspunkt 4.2.1.1.2.

1107 Vgl. The Company Law Review Steering Group (Hrsg.) (2001a), S. 80 ff.

1108 Siehe für einen Überblick zu den in anderen EU-Mitgliedsländern geltenden Schwellenwerten für eine Prüfungsbefreiung Department of Trade and Industry (Hrsg.) (1999b), Table 2.

1109 Vgl. Department of Trade and Industry (Hrsg.) (1999b), S. 5 f. Daten zu *qualifying partnerships* oder *limited liability parternerships* liegen nicht vor, diese machen aber insgesamt nur einen sehr kleinen Anteil der gesamten Unternehmen aus; vgl. Gliederungspunkt 4.1.1.4.

1110 Allerdings wäre nicht davon auszugehen, dass alle von einem vollständigen *audit* befreiten Unternehmen hiervon auch Gebrauch machen würden. Erfahrungen der Vergangenheit sowie aktuelle Umfragen zeigen, dass nur etwa 50 % der zur Inanspruchnahme einer Prüfungsbefreiung berechtigten Unternehmen diese Option wahrnehmen; vgl. Department of Trade and Industry (Hrsg.) (1999b), S. 6. Siehe hierzu auch die Untersuchungen von Collis, J./Jarvis, R. (2000), S. 51 f. Dies hängt zum einen damit zusammen, dass insbesondere Banken üblicherweise auf die Vorlage geprüfter Abschlüsse bestehen; vgl. zur Bedeutung geprüfter Abschlussinformationen für Kreditvergabeentscheidungen Berry, A./Citron, D./Jarvis, R. (1987), S. 20; Berry, A./Faulkner, S./Hughes, M./Jarvis, R. (1993b), S. 136; Chisnall, P. (1994), S. 76; Jarvis, R. (1996), S. 16; Langard, P. (2000); Rogerson, P. (1994), S. 5. Die Einreichung des geprüften Abschlusses wird deshalb vielfach im Rahmen von Kredit-*covenants* vereinbart; vgl. Citron, D. (1992), S. 10 f.; Bagshaw, K. (2000), S. 84). Zum anderen entscheiden sich viele Unternehmen aber auch deshalb für eine freiwillige Abschlussprüfung, weil bei Verzicht auf die Vorlage geprüfter Abschlussinformationen verstärkte Nachforschungen von den Steuerbehörden befürchtet werden; vgl. hierzu Bagshaw, K. (2000), S. 84; Cutter, A./Marriott, N. (1997), S. 47; Freedman, J./Godwin, M. (1993), S. 116 f.; Langard, P. (1999), S. 27. Darüber hinaus hat der geprüfte Abschluss in kleineren Unternehmen, wie empirische Untersuchungen zeigen, vielfach auch für das eigene Unternehmensmanagement Bestätigungscharakter; vgl. Collis, J./Jarvis, R. (2000), S. 51; Humphrey, C./Turley, S. (1986), S. 34. Empirischen Untersuchungen zufolge wird der Nutzen eines *audit* für das eigene Unternehmensmanagement deshalb von sehr kleinen Unternehmen höher eingeschätzt als von größeren Unternehmen; vgl. Collis, J./Jarvis, R. (2002), S. 10.

eine weitere Deregulierung der Abschlussprüfung für kleinere Unternehmen vorläufig ab.[1111]

4.2.6 Differenzierung der gesetzlichen Publizitätspflicht

Die Pflicht zur Publizierung der erstellten Abschlussinformationen reicht in Großbritannien bis in das Jahr 1844 zurück. Es war das *Joint Stock Companies Act 1844* das für *companies* die Verpflichtung zur Hinterlegung der *annual accounts* sowie des Prüfungsberichts des Wirtschaftsprüfers beim Unternehmensregister einführte. Im Zuge des Normierungsliberalismus wurde diese Pflicht im Jahr 1856 allerdings abgeschafft und eine allgemeine Registerpublizität erst im Jahr 1907 wieder neu eingeführt, wobei diese nur für *public companies* verpflichtend war. *Private companies* waren hingegen mangels einer Kapitalmarktinanspruchnahme nach dem *Companies Act 1907* von der Offenlegung ihres Abschlusses beim Unternehmensregister befreit. Die hinsichtlich ihrer Publizitätspflichten privilegierte Behandlung von *private companies* wurde im nachfolgend verabschiedeten *Companies Act 1947* zum Schutz der Gläubigerinteressen nur mehr auf *exempt private companies*[1112] eingeschränkt und im Jahr 1967 letztendlich völlig abgeschafft.[1113]

Die im heutigen *Companies Act 1985* kodifizierten Regelungen zur Abschlusspublizität von Kapitalgesellschaften sowie deren Differenzierung sind im Wesentlichen durch die Vorgaben der Vierten EG-Richtlinie determiniert. Bedingt durch das dort verankerte Differenzierungskonzept, das kleinen und mittelgroßen Gesellschaften die Möglichkeit gibt, zwischen dem für die Gesellschafter zu erstellenden und dem beim Unternehmensregister zu hinterlegenden Abschluss zu unterscheiden, ist auch für die Analyse der gesellschaftsrechtlichen Publizitätspflichten[1114] in Großbritannien zwi-

---

[1111] Vgl. Secretary of State for Trade and Industry (Hrsg.) (2002a), S. 36 f. Im Sommer 2003 wurde jedoch die Thematik der Anhebung der Schwellenwerte für eine Prüfungsbefreiung vom *Department of Trade and Industry* im Rahmen eines Konsultationsdokumentes erneut aufgegriffen; vgl. Department of Trade and Industry (Hrsg.) (2003d).

[1112] Siehe Gliederungspunkt 4.1.1.1.2.9.

[1113] Vgl. Gliederungspunkt 4.1.1.1.2.10. Für einen ausführlicheren Überblick zur geschichtlichen Entwicklung der Publizitätspflichten von *companies* siehe die Ausführungen zu Gliederungspunkt 4.1.1.1.2.

[1114] Die kapitalmarktrechtlichen Publizitätspflichten für börsennotierte Unternehmen, deren Zwecksetzung der Schutz der Investoreninteressen ist (vgl. The Company Law Review Steering Group (Hrsg.) (2000b), S. 232), gehen teilweise weit über die gesellschaftsrechtlichen Veröffentlichungsanforderungen hinaus, sind jedoch in starkem Maße auch davon abhängig, in welchem Marktsegment die betreffenden Wertpapiere notieren. Die strengsten Publizitätsanforderungen ergeben sich für Unternehmen, deren Wertpapiere in der *official list* der London Stock Exchange notieren. Sie sind zusätzlich zur Jahresabschlusspublizität zu einer Zwischenberichterstattung verpflichtet und müssen darüber hinaus unverzüglich nach Genehmigung durch das *board of*

schen jenen Rechnungslegungsinformationen zu trennen, die den Gesellschaftern (und *debentures holder*, d. h. den Inhabern von Schuldtiteln, sowie sonstigen zur Teilnahme an der Hauptversammlung berechtigten Personen) zur Verfügung gestellt werden, und jenen Rechnungslegungsinformationen, die beim *companies house*, d. h. dem Unternehmensregister, hinterlegt und damit öffentlich publiziert werden müssen (Abb. 38).

■ **Abb. 38:** Gespaltene Publizitätspflichten

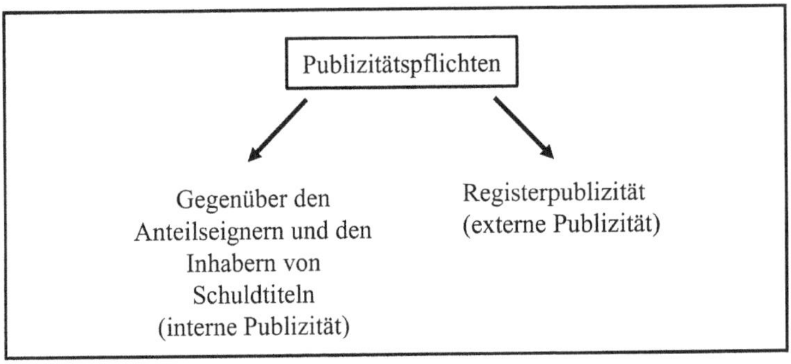

directors und Billigung durch den Wirtschaftsprüfer, spätestens jedoch innerhalb von 120 Tagen nach Abschluss der betreffenden Periode, zur Gewährleistung einer zeitnahen Informationsversorgung ein sog. „*preliminary statement of annual results and dividends*" offen legen. Neben Informationen zu geplanten Dividenden- bzw. Zinszahlungen muss das *preliminary statement of annual results and dividends* grundsätzlich die gleichen Informationen beinhalten wie der unterjährig zu veröffentlichende Zwischenbericht; vgl. Financial Services Authority (Hrsg.) (2002), 12.40 ff. Im Gegensatz zu Unternehmen, die in der *official list* notieren, ist die Erstellung eines *preliminary statement of annual results and dividends* für Unternehmen des AIM nicht verpflichtend. Für weitere Details zu den kapitalmarktrechtlichen Publizitätsanforderungen, die aufgrund der Zielsetzung dieser Arbeit nicht weiter vertieft werden, siehe Financial Services Authority (Hrsg.) (2002), chapter 12 sowie für am AIM notierte Unternehmen London Stock Exchange (Hrsg.) (2002a), part one. Siehe außerdem die *statements* des ASB zu *interim reports* und *preliminary announcements*; vgl. Accounting Standards Board (Hrsg.) (1997c) sowie Accounting Standards Board (Hrsg.) (1998f). Die Offenlegung kapitalmarktspezifischer Informationen erfolgt grundsätzlich nicht durch das Unternehmensregister, sondern durch die *Company Announcements Office* der *London Stock Exchange*.

4.2.6.1 Offenlegungspflichten gegenüber den Anteilseignern und den Inhabern von Schuldtiteln

Zur Rechenschaftslegung des Managements über die ihm anvertrauten Ressourcen sind die Gesellschafter und Schuldtitelinhaber von *companies*[1115] sowie *limited liability partnerships*[1116] unabhängig von der Unternehmensgröße und Rechtsformgestaltung stets mit *full accounts*, d. h. mit einem vollständigen Abschluss, bzw. bei kleinen Unternehmen zumindest mit *simplified accounts*, d. h. mit einem unter Inanspruchnahme der inhaltlichen Erleichterungen der section 246 (1) – (4) CA 1985 sowie des FRSSE aufgestellten vereinfachten Abschluss,[1117] zu versorgen.[1118] Dieser ist bei *companies* um einen *directors' report*[1119] sowie von börsennotierten Unternehmen darüber hinaus um einen *directors' remuneration report* und von sämtlichen prüfungspflichtigen Unternehmen außerdem um den Bestätigungsbericht des Wirtschaftsprüfers zu ergänzen. *Qualifying partnerships*[1120] sind zwar nach den *Partnerships and Unlimited Companies (Accounts) Regulations 1993* in Übereinstimmung mit der „GmbH & Co.-Richtlinie" – ggf. unter Inanspruchnahme zusätzlicher Erleichterungen – ebenfalls zur Erstellung von *full accounts* bzw. *simplified accounts* (falls es sich um kleine *qualifying partnerships* handelt) verpflichtet. Auf die Kodifizierung einer zu *companies* und *limited liability partnerships* vergleichbaren Pflicht zur Versorgung der Gesellschafter und Schuldtitelinhaber mit den betreffenden Abschlussunterlagen einschließlich des Lageberichts sowie des Bestätigungsberichts des Abschlussprüfers hat der britische Gesetzgeber jedoch verzichtet. Allerdings verfügen die Gesellschafter auf der Grundlage des *Partnership Act 1890* bzw. des *Limited Partnerships Act 1907* ohnehin über ein allgemeines Recht zur Einsichtnahme und Überprüfung der Geschäftsbücher der Unternehmung,[1121] sodass deren Informationsinteressen hierdurch nicht beeinträchtigt werden. *Debenture holder* von *qualifying partnerships* sind allerdings auf den beim *companies house* hinterlegten Abschluss angewiesen und genießen somit im Gegensatz zu den Schuldtitelinhabern von *companies* oder *limited liability partnerships* keinen besonderen Schutz.

1115 Vgl. section 238 CA 1985.

1116 Vgl. reg. 3 sowie schedule 1 zu den Limited Liability Partnerships Regulations 2001, SI 2001/1090. Siehe allgemein zur Rechtsform der *limited liability partnership* Gliederungspunkt 4.1.1.3.4.

1117 Zum Begriff der *simplified accounts* siehe auch Gliederungspunkt 4.2.3.1.4.

1118 Mutterunternehmen, die einen Konzernabschluss aufstellen, können jedoch in ihrem Einzelabschluss auf die Offenlegung einer GuV-Rechnung verzichten, wenn der im Geschäftsjahr erzielte Jahresüberschuss/-fehlbetrag aus dem Anhang des Einzelabschlusses ersichtlich ist; vgl. Gliederungspunkt 4.2.4.2.

1119 *Limited liability partnerships* sind von der Erstellung eines *directors' report* befreit; vgl. Gliederungspunkt 4.2.3.1.4.2.

1120 Zur Definition vgl. Gliederungspunkt 4.1.1.3.1 sowie 4.1.1.3.2.

1121 Vgl. section 24 (9) Partnership Act 1890 sowie section 6 Limited Partnerships Act 1907.

Da die Zusendung des vollständigen Jahres-/Konzernabschlussses insbesondere bei großen Publikumsgesellschaften mit vielen Anteilseignern mit hohen Publizitätskosten verbunden ist, haben börsennotierte Unternehmen die Möglichkeit, ihren Aktionären und Schuldtitelinhabern – sofern diese nicht ausdrücklich auf die Bereitstellung ungekürzter Berichtsinstrumente sowie einen vollständigen *auditors' report* bestehen – einen vom Wirtschaftsprüfer gebilligten, zusammengefassten Abschluss sowie einen gekürzten Lagebericht und *directors' remuneration report* (sog. „*summary financial statements*") gemeinsam mit einer kurzen Stellungnahme des Wirtschaftsprüfers hinsichtlich seines Prüfungsergebnisses (*statement by the company's auditors*) zuzusenden.[1122] In dem von der *Company Law Review Steering Group* zur Reformierung des Kapitalgesellschaftsrechts 2001 vorgelegten Abschlussbericht wurde angeregt, die Option zur Veröffentlichung von *summary financial statements* (diese sollen künftig ggf. auch um einen *summary operating and financial review* erweitert werden)[1123] in Zukunft sämtlichen *companies* zu gewähren und nicht wie bislang nur auf börsennotierte Unternehmen zu beschränken.[1124] Dieser Vorschlag wird auch von der Regierung in dem im Juli 2002 veröffentlichten *white paper* unterstützt.[1125] In der bisherigen Unternehmenspraxis machen allerdings nur sehr wenige börsennotierte Unternehmen von der Publizierung sog. „*summary financial statements*" Gebrauch, da die Berichterstattung gegenüber den Investoren vielfach als wichtiges Public-Relations-Instrument gesehen wird.[1126]

4.2.6.2 Registerpublizität

Neben der erläuterten, gegenüber den Gesellschaftern und Inhabern von Schuldtiteln bestehenden, primär der Rechenschaftslegung des Managements dienenden Offenlegungspflicht, unterliegen *limited companies, limited liability* sowie *qualifying partnerships* darüber hinaus einer allgemeinen Registerpublizität, d. h. der Pflicht zur Hinterlegung ihres Abschlusses beim *companies house* (Unternehmensregister).[1127] Die

---

1122 Vgl. section 251 CA 1985. Zum Inhalt von *summary financial statements* siehe schedule 1 zu den Companies (Summary Financial Statement) Regulations 1995, SI 1995/2092.

1123 Zum Vorschlag der Company Law Review Steering Group, die Erstellung eines *operating and financial review* für spezifische Unternehmen künftig verpflichtend vorzuschreiben, siehe Gliederungspunkt 4.2.3.1.4.3.1.

1124 Vgl. The Company Law Review Steering Group (Hrsg.) (2001a), S. 194.

1125 Vgl. Secretary of State for Trade and Industry (Hrsg.) (2002a), S. 40.

1126 Vgl. Walton, P. (2000), S. 228.

1127 Neben der Publizität des Jahresabschlusses sowie diesen ergänzende Berichtsinstrumente sind alle *companies*, unabhängig davon, ob sie einer Jahresabschlusspublizität unterliegen, darüber hinaus verpflichtet, jährlich einen sog. „*annual return*" beim Unternehmensregister einzureichen (section 363 CA 1985). Neben allgemeinen Angaben zum Unternehmen (Rechtsform, Adresse, Hauptgeschäftsaktivitäten, Name und Adresse der *directors* etc.), müssen *companies* mit *share*

Pflicht zur Veröffentlichung von Finanzinformationen wird hierbei als Preis für die Haftungsbegrenzung gesehen,[1128] denn „... one of the major purposes of the legislation is to protect the creditors of limited companies and all those who do business with them ....“[1129] Zum Schutz der Interessen der mit haftungslimitierten Unternehmen in Geschäftsbeziehung stehenden Gläubiger sind deshalb sämtliche *limited companies*[1130] sowie *qualifying partnerships*[1131] und *limited liability partnerships*[1132] über die Rechenschaftslegung gegenüber den Investoren (Gesellschafter und Schuldtitelinhaber) hinaus zur Hinterlegung ihrer Abschlüsse beim Unternehmensregister verpflichtet.

Einen Sonderstatus hat die *unlimited company*, da sie zum einen nicht in den Anwendungsbereich der EG-Richtlinien fällt und somit losgelöst von den europäischen Vorgaben geregelt werden kann, und zum anderen weil durch die persönliche Haftung der Anteilseigner große Ähnlichkeit zur *general partnership* besteht und zumindest aus Haftungsgesichtspunkten in Analogie zum Recht der Personengesellschaften nach dem britischen Rechtsverständnis das Vorliegen eines allgemeinen öffentlichen Interesses verneint werden muss.[1133] Wegen ihrer unbegrenzten Haftung unterliegen *unlimited companies* deshalb keiner Registerpublizitätspflicht, vorausgesetzt, die Haftung der Gesellschafter wird nicht durch spezifische Unternehmensstrukturen[1134] oder Konzernverflechtungen[1135] umgangen. Nicht zur Inanspruchnahme der Publizitätsbefreiung berechtigt sind darüber hinaus *unlimited companies*, die in der Banken- oder Versicherungsbranche tätig sind, sowie Mutterunternehmen von Konzernverbünden, denen eine Bank oder Versicherungsgesellschaft angehört,[1136] da für Finanzinformationen von Unternehmen dieser Branchen aufgrund ihrer spezifischen wirtschaftlichen Bedeutung ein allgemeines öffentliches Interesse unterstellt wird.

---

capital in ihrem *annual return* darüber hinaus Informationen zum Eigenkapital (Einzelheiten über Zahl, Gattung und Nominalwert der ausgegebenen Aktien usw.) sowie ausgegebenen Schuldverschreibungen geben sowie ein aktuelles Aktionärsverzeichnis liefern; vgl. section 364A CA 1985; Fleischer, H. (2000), 1019; Davies, P. (1997), S. 507 ff.

1128 Vgl. Department of Trade and Industry (Hrsg.) (1995a), S. 11 f.; Farrar, J./Hannigan, B. (1998), S. 465; Page, M. (1982), S. 220; The Company Law Review Steering Group (Hrsg.) (2000a), S. 272.

1129 Committee of Inquiry on Small Firms (Hrsg.) (1971), S. 305.

1130 Vgl. section 242 CA 1985.

1131 Vgl. reg. 5 Partnerships and Unlimited Companies (Accounts) Regulations 1993, SI 1993/1820.

1132 Vgl. reg. 3 sowie schedule 1 zu den Limited Liability Partnerships Regulations 2001, SI 2001/1090.

1133 Vgl. Board of Trade (Hrsg.) (1962), S. 22. Siehe zur Gesellschaftsform der *unlimited company* allgemein Gliederungspunkt 4.1.1.1.1.

1134 Z. B. sind (*qualifying*) *unlimited companies*, deren sämtliche Anteilseigner haftungsbeschränkte Kapitalgesellschaften sind, aufgrund der hieraus resultierenden Haftungslimitierung explizit von der Publizitätsbefreiung des CA 1985 ausgenommen; vgl. section 254 (3b) CA 1985 i. V. m. reg. 9 Partnerships and Unlimited Companies (Accounts) Regulations 1993, SI 1993/1820.

1135 Vgl. section 254 (2) CA 1985.

1136 Vgl. section 254 (3a) CA 1985.

Zu hinterlegen sind beim Unternehmensregister grundsätzlich:

- der Jahres-, und sofern vorhanden, der Konzernabschluss,[1137]
- der Lagebericht (dies gilt jedoch nicht für *limited liability partnerships*),[1138]
- der *directiors' remuneration report* (sofern es sich um ein börsennotiertes Unternehmen handelt) sowie
- der Bestätigungsbericht des Wirtschaftsprüfers (sofern das Unternehmen zur Abschlussprüfung verpflichtet ist).[1139]

Die Veröffentlichung des Abschlusses von *qualifying partnerships* erfolgt grundsätzlich über die beteiligten Gesellschaften, die ihrem eigenen Abschluss eine Kopie des Abschlusses der *qualifying partnership* beilegen und beides beim *companies house* einreichen.[1140]

Bezüglich der Registerpublizität räumt der Gesetzgeber kleinen und mittelgroßen Unternehmen zum Schutz ihrer Wettbewerbs- und Geheimhaltungsinteressen[1141] die Möglichkeit ein, anstelle des für die Anteilseigner und Inhaber von Schuldtitel erstellten Abschlusses beim Unternehmensregister nur einen verkürzten Einzelabschluss,[1142] sog. „*abbreviated accounts*",[1143] zu hinterlegen und damit bestimmte Informationen gegenüber den allgemeinen Rechnungslegungsadressaten geheim zu halten.

1137 Der Einzelabschluss soll nach section 240 (2) CA 1985 stets gemeinsam mit dem zugehörigen Konzernabschluss veröffentlicht werden. Jedoch können Mutterunternehmen – vorausgesetzt, sie kommen ihrer Konzernabschlusspflicht nach – auf die Veröffentlichung einer GuV-Rechnung im Einzelabschluss verzichten, wenn der im Geschäftsjahr erzielte Jahresüberschuss/-fehlbetrag aus dem Anhang des Einzelabschlusses ersichtlich ist; vgl. Gliederungspunkt 4.2.4.2.

1138 *Limited liability partnerships* sind von der Aufstellung und damit auch von der Publizität eines Lageberichts befreit; siehe Limited Liability Partnerships Regulations 2001, SI 2001/1090, schedule 1, Modifikationen zu section 242 CA 1985. Siehe auch Gliederungspunkt 4.2.3.1.4.2.

1139 Vgl. section 242 (1) CA 1985.

1140 Vgl. reg. 5 Partnerships and Unlimited Companies (Accounts) Regulations 1993, SI 1993/1820. Ausnahmeregelungen bestehen für *qualifying partnerships*, deren Gesellschafter nicht im Vereinigten Königreich von Großbritannien und Nordirland ansässig sind; siehe hierzu reg. 6 Partnerships and Unlimited Companies (Accounts) Regulations 1993, SI 1993/1820.

1141 Vgl. zu dieser Argumentation Board of Trade (Hrsg.) (1962), S. 20 f. sowie Committee of Inquiry on Small Firms (Hrsg.) (1971), S. 305 ff. Siehe außerdem Gliederungspunkt 2.3.3.3.

1142 Die Möglichkeit zur Veröffentlichung von *abbreviated accounts* existiert nur für den Einzelabschluss, da eine Konzernabschlusserstellungspflicht ohnehin nur für große Konzerne besteht; vgl. Gliederungspunkt 4.2.4.1. Siehe hierzu auch das zu dieser Diskussion veröffentlichte Konsultationspapier des *Department of Trade and Industry*; Department of Trade and Industry (Hrsg.) (1996a), S. 6.

1143 Die ursprünglich im CA 1985 normierte Bezeichnung für *abbreviated accounts* war *modified accounts*. Dies wurde jedoch mit der Verabschiedung des CA 1989 geändert; vgl. hierzu PricewaterhouseCoopers (Hrsg.) (1999), S. 36004.

Da bei kleineren, häufig als Einproduktunternehmen geführten Gesellschaften im Gegensatz zu großen diversifizierten Unternehmen die Preis- und Kostenstruktur bei Bekanntgabe der GuV-Rechnung für die Konkurrenz vielfach einfach nachvollziehbar ist,[1144] können nach den Größenkriterien des CA 1985 als mittelgroß zu klassifizierende Unternehmen auf die Veröffentlichung einer vollständigen GuV-Rechnung verzichten. Stattdessen müssen die *abbreviated accounts* von mittelgroßen Unternehmen nur bestehen aus: einer Bilanz, einer verkürzten GuV-Rechnung, in der der Rohertrag/-aufwand bzw. das Rohergebnis nicht aufgeschlüsselt ausgewiesen werden, sowie den *notes* zu den *accounts*, wobei diese eine segmentierte Angabe der Umsatzerlöse nicht beinhalten müssen.[1145] Zu ergänzen sind die offen zu legenden *abbreviated accounts* darüber hinaus um den *directors' report* sowie den Bestätigungsbericht des Wirtschaftsprüfers. Es zeigt sich, dass der britische Gesetzgeber die Ausgestaltung der *abbreviated accounts* von mittelgroßen Unternehmen an die in der Vierten EG-Richtlinie definierten Minimalanforderungen für den von mittelgroßen Unternehmen zu erstellenden Abschluss anknüpft,[1146] die in der Richtlinie vorgesehenen, darüber hinausgehenden Publizitätserleichterungen für mittelgroße Unternehmen jedoch zur Sicherung der Informationsinteressen der Rechnungslegungsadressaten nicht umgesetzt hat.[1147] Diese restriktive Umsetzung der bestehenden EU-rechtlichen Erleichterungen könnte darauf zurückzuführen sein, dass eine dreigeteilte Differenzierung der Publizitätsanforderungen der britischen Rechtstradition bis zur Umsetzung der Vierten EG-Richtlinie völlig fremd war und bis dahin, falls überhaupt eine Unterscheidung vorgenommen wurde, im Wesentlichen immer nur zwischen zwei Unternehmenskategorien differenziert wurde.[1148]

Im Gegensatz zu mittelgroßen Gesellschaften hat der britische Gesetzgeber für kleine Unternehmen – deren Geheimhaltungs- und Wettbewerbsinteressen bedingt durch die kleine Unternehmensgröße als besonders ausgeprägt erachtet werden[1149] – die in der Vierten EG-Richtlinie zur Verfügung stehenden Veröffentlichungserleichterungen fast vollständig ausgeschöpft. Somit haben nach dem CA 1985 als klein zu qualifizierende Unternehmen bei der Publizierung von *abbreviated accounts* die Möglichkeit, auf die

---

1144 Siehe hierzu z. B. Committee of Inquiry on Small Firms (Hrsg.) (1971), S. 307 ; Page, M. (1982), S. 220.

1145 Vgl. section 246A (3) CA 1985.

1146 Vgl. Vierte Richtlinie 78/660/EWG des Rates vom 25. Juli 1978, Artikel 27 und 45.

1147 Siehe zu den Offenlegungserleichterungen der Vierten EG-Richtlinie für mittelgroße Unternehmen Vierte Richtlinie 78/660/EWG des Rates vom 25. Juli 1978, Artikel 47 (3).

1148 Siehe zur geschichtlichen Entwicklung der Differenzierung der Unternehmensberichterstattung in Großbritannien Gliederungspunkt 4.1.1.1.2.

1149 Siehe zum besonderen Schutzbedürfnis kleiner Unternehmen Board of Trade (Hrsg.) (1945), S. 27; Committee of Inquiry on Small Firms (Hrsg.) (1971), S. 306 ff. Siehe auch Gliederungspunkt 2.3.2.

Offenlegung einer GuV-Rechnung sowie eines Lageberichts gänzlich zu verzichten[1150] und auch Bilanz und Anhang können in einer wesentlich verkürzteren Form offen gelegt werden,[1151] die nur die Mindestanforderungen der Vierten EG-Richtlinie an die von kleinen Unternehmen zu publizierenden Abschlussinformationen erfüllen muss.[1152] Allerdings fordert der britische Gesetzgeber entgegen den EU-rechtlichen Bestimmungen auch für den verkürzten Anhang die zwingende Veröffentlichung eines Anlagespiegels.[1153] Aufgrund des reduzierten Aussagegehalts erfüllen *abbreviated accounts* den *true and fair view*-Grundsatz nach herrschender Meinung nicht.[1154]

Machen kleine Unternehmen von den maximal verfügbaren Publizitätserleichterungen und der Veröffentlichung eines verkürzten Abschlusses keinen Gebrauch, so bleibt noch die Wahl zwischen: (a) Hinterlegung eines vollständigen Abschlusses, der inhaltlich den für große Unternehmen geltenden Anforderungen genügt (*full accounts*) und (b) Veröffentlichung eines vereinfachten Abschlusses, der unter Inanspruchnahme der in section 246 (1) – (4) CA 1985 sowie den im FRSSE eingeräumten, inhaltlichen größenspezifischen Erleichterungen erstellt wurde (*simplified accounts*).[1155] Unabhängig von der Wahl der zur Verfügung stehenden Publizitätsoptionen sind kleine Unternehmen jedoch stets von der Publizität etwaiger Angaben zu den Geschäftsjahren von Tochtergesellschaften, zu eigenen Aktien, die von Tochterunternehmen gehalten werden, sowie zu den an den Wirtschaftsprüfer für seine Prüfungstätigkeit gezahlten Prüfungsgeldern befreit. Auch die Vergütungen der *company directors* müssen in dem beim Unternehmensregister zu hinterlegenden Abschluss von kleinen Unternehmen nicht offen gelegt werden.[1156] Hierdurch soll die Privatsphäre der Gesellschafter kleiner Unternehmen geschützt und etwaige negative Auswirkungen einer Bekanntgabe der Geschäftsführergehälter auf die Arbeitgeber-Arbeitnehmer-Beziehungen verhindert werden.[1157]

Bei Veröffentlichung von *simplified* oder *abbreviated accounts* – *abbreviated accounts* veröffentlichen schätzungsweise etwa nur 55 % aller berechtigten kleinen und mittelgroßen Unternehmen[1158] – muss sowohl bei kleinen als auch bei mittel-

[1150] Vgl. section 246 (5) CA 1985.
[1151] Vgl. section 246 (5) CA 1985 i. V. m. schedule 8A CA 1984.
[1152] Vgl. Vierte Richtlinie 78/660/EWG des Rates vom 25. Juli 1978, Artikel 47 (2).
[1153] Vgl. section 246 (5) i. V. m. schedule 8A CA 1985.
[1154] Vgl. KPMG (1998a), S. 159
[1155] Siehe hierzu auch Tab. 41 sowie Tab. 32.
[1156] Vgl. section 246 (6) CA 1985.
[1157] Siehe zu dieser Argumentation Committee of Inquiry on Small Firms (Hrsg.) (1971), S. 306.
[1158] Vgl. The Company Law Review Steering Group (Hrsg.) (2000a), S. 282 f.; siehe auch Jarvis, R. (1996), S. 14. Etwas niedriger (auf ca. 44 %) wird der Anteil der veröffentlichten *abbreviated accounts* dagegen von *Mayes* geschätzt; vgl. Mayes, R. (2002), S. 79.

großen Unternehmen im Rahmen der veröffentlichten Bilanz ausdrücklich darauf hingewiesen werden, dass der vorliegende Abschluss unter Anwendung der besonderen Vorschriften des CA 1985 für kleine bzw. mittelgroße Unternehmen erstellt wurde.[1159] Prüfungspflichtige kleine und mittelgroße Unternehmen, die *abbreviated accounts* publizieren, können darüber hinaus auch auf die Veröffentlichung des Bestätigungsberichtes des Wirtschaftsprüfers verzichten und stattdessen einen *special auditors' report* beim Unternehmensregister hinterlegen.[1160] Darin muss der verantwortliche Wirtschaftsprüfer bestätigen, dass das Unternehmen zum einen zur Publizierung eines verkürzten Abschlusses berechtigt ist und zum anderen die vorliegenden *abbreviated accounts* in Einklang mit den betreffenden gesetzlichen Bestimmungen sind.[1161]

Hinsichtlich der Fristen, die für die Einreichung des Abschlusses beim *companies house* zu beachten sind, gelten rechtsformabhängig unterschiedliche Vorgaben. Während *private companies* dazu verpflichtet sind, ihren Abschluss zuzüglich ggf. Lagebericht und *auditors' report* innerhalb von zehn Monaten nach Abschluss der relevanten *accounting reference period*[1162] beim Unternehmensregister zu hinterlegen, wird *public companies* eine nur siebenmonatige Frist eingeräumt.[1163] Für *qualifying partnerships*[1164] sowie *limited liability partnerships*[1165] gilt für die Hinterlegung des Abschlusses einschließlich diesen ergänzende Dokumente beim Unternehmensregister grundsätzlich ebenfalls eine Frist von zehn Monaten nach Abschluss des betreffenden Geschäftsjahres.

1159 Vgl. section 246 (8) sowie 246A (4) CA 1985.

1160 Vgl. section 247B (2) CA 1985. Dies gilt jedoch nicht, wenn der Prüfungsvermerk eingeschränkt wurde oder der Wirtschaftsprüfer sonstige Bedenken hinsichtlich der Ordnungsmäßigkeit der Buchführung oder der Abschlusserstellung in seinem Bestätigungsbericht geäußert bzw. darauf hingewiesen hat, dass ihm die für die ordnungsgemäße Prüfungsdurchführung erforderlichen Informationen nicht vollständig vorlagen. In diesem Fall ist der *special auditors' report* um den Bestätigungsbericht des Wirtschaftsprüfers bzw. Teilen hieraus zu erweitern und ggf. um zusätzliche Informationen zu ergänzen; vgl. section 247B (3) CA 1985. Siehe hierzu auch Walters, D./Dunn, J. (2000), S. 13/45.

1161 Vgl. section 247B CA 1985.

1162 Die *accounting reference period* präzisiert das Geschäftsjahr eines Unternehmens. Zur Ermittlung der *accounting reference period* siehe Companies House (Hrsg.) (2001), S. 1 ff.

1163 Vgl. section 244 CA 1985. Die *listing rules* der *Financial Services Autority* fordern dagegen für in der *official list* notierte Unternehmen eine Veröffentlichung ihres Abschlusses bereits innerhalb von sechs Monaten; vgl. Financial Services Authority (Hrsg.) (2002), Abschnitt 12.42.

1164 Vgl. reg. 4 und 5 Partnerships and Unlimited Companies (Accounts) Regulations 1993, SI 1993/1820.

1165 Vgl. Limited Liability Partnerships Regulations 2001, SI 2001/1090, schedule 1, Modifikationen zu section 244 CA 1985.

Um die Nützlichkeit der publizierten Abschlussinformationen für die Rechnungslegungsadressaten zu erhöhen, hat die Regierung in ihrem *white paper* vom Juli 2002 in Einklang mit dem Vorschlag der *Company Law Review Steering Group* zur Gewährleistung einer zeitnahen Berichterstattung eine wesentliche Verkürzung der Einreichfristen vorgesehen.[1166] Für *private companies* soll demnach in Zukunft die Hinterlegungsfrist auf sieben Monate und für *public companies* auf sechs Monate verkürzt werden. Börsennotierte Unternehmen sollen darüber hinaus ihren Abschluss bereits nach 120 Tagen zusätzlich elektronisch verfügbar machen.[1167]

4.2.6.3 Zusammenfassung zur Differenzierung der Unternehmenspublizität

Die nachstehende Tab. 41 gibt noch einmal einen zusammenfassenden Überblick über die derzeit bestehenden größenspezifischen Publizitätsoptionen von *companies.*

1166 Insbesondere die langen Fristen für *private companies* gaben in der Vergangenheit Anlass zur Kritisierung der Nützlichkeit der bereitgestellten Abschlussinformationen; vgl. beispielsweise Fearnley, S./Hines, T./McBride, K./Brandt, R. (2000b), S. 301; Page, M. (1982), S. 221; Rutteman, P. (1985), S. 12.

1167 Für weitere Details siehe The Company Law Review Steering Group (Hrsg.) (2001a), S. 78 sowie S. 195 ff. sowie Secretary of State for Trade and Industry (Hrsg.) (2002a), S. 41 f.

■ Tab. 41: Größenabhängige Publizitätsoptionen von *companies*

		Unternehmen nach Größenklasse			
		Als klein zu klassifizierende *limited companies*	**Als mittelgroß zu klassifizierende *limited companies***	**Als groß zu klassifizierende *limited companies***	***Unlimited companies***
Publizitätsoptionen	Für Gesellschafter und *debentures holder* zu erstellenden Abschlussunterlagen	▪ *full accounts,*[1] *directors' report, auditors' report* (sofern prüfungspflichtig) oder ▪ *simplified accounts,*[2] verkürzter *directors' report, auditors' report* (sofern prüfungspflichtig)	▪ *full accounts,*[4] *directors' report, auditors' report*	▪ *full accounts, directors' report, directors' remuneration report* (*wenn börsennotiert*), *auditors' report* oder ▪ wenn börsennotiert:[6] *summary financial statements, summary directors' report, summary directors' remuneration report, statement by the company's auditors*	▪ *full accounts,*[4] *directors' report, auditors' report* bzw., wenn das Unternehmen als klein zu klassifizieren ist ▪ *simplified accounts,*[2] verkürzter *directors' report, auditors' report* (sofern prüfungspflichtig)
	Feim *companies house* einzureichende Abschlussunterlagen	▪ *full accounts,*[1] *directors' report, auditors' report* (sofern prüfungspflichtig) oder ▪ *simplified accounts,*[2] *directors' report, auditors' report* (sofern prüfungspflichtig) oder ▪ *abbreviated accounts,*[3] *special auditors' report* (sofern prüfungspflichtig)	▪ *full accounts,*[4] *directors' report, auditors' report* oder ▪ *abbreviated accounts,*[5] *directors' report special auditors' report*	▪ *full accounts, directors' report, directors' remuneration report, auditors' report*	▪ ----

[1] Unter *full accounts* sind *accounts* zu verstehen, die die im CA 1985 verankerten Anforderungen für große Unternehmen erfüllen.

[2] Unter *simplified accounts* sind *accounts* zu verstehen, die unter Inanspruchnahme der größenspezifischen Erleichterungen des CA 1985 section 246 (1) – (4) sowie ggf. des FRSSE erstellt wurden.

[3] *Abbreviated accounts* müssen bei kleinen Unternehmen nur bestehen aus: verkürzter Bilanz und verkürztem Anhang.

[4] Im Gegensatz zu großen Unternehmen können mittelgroße Gesellschaften im Anhang jedoch auf die im CA 1985 geforderte Angabe hinsichtlich der Einhaltung der *accounting standards* verzichten.

[5] *Abbreviated accounts* müssen bei mittelgroßen Unternehmen nur aus einer Bilanz, einer verkürzten GuV-Rechnung (ohne Angabe der Umsatzerlöse, da eine Aufschlüsselung des Roherfolgs nicht vorzunehmen ist) und einem Anhang (dieser muss allerdings im Vergleich zu großen Unternehmen keine Angabe zur Einhaltung der *accounting standards* und keine Segmentierung der Umsatzerlöse enthalten) bestehen.

[6] Auf Verlangen ist den Aktionären und *debentures holder* jedoch ein ungekürzter Abschluss zuzüglich *directors' report* und Bestätigungsbericht des Wirtschaftsprüfers zuzusenden.

Nach herrschender Literaturmeinung ist der Informationsnutzen der öffentlich publizierten *abbreviated accounts* für die Rechnungslegungsadressaten als sehr gering einzustufen.[1168] Dies wurde auch im Rahmen des *company law review* von den beteiligten Konsultationsteilnehmern bestätigt.[1169] Nach der Auffassung der *Company Law Review Steering Group* überwiegen deshalb die mit der Veröffentlichung von *abbreviated accounts* verbundenen Informationsnachteile für die Abschlussinteressenten sowie die für ihre Erstellung erforderlichen zusätzlichen Kosten[1170] die hiermit u. U. erzielbaren Geheimhaltungsvorteile für die Unternehmen. Aus diesem Grund soll für kleine Unternehmen – die Größenklasse der mittelgroßen Unternehmen soll nach dem Vorschlag der *Company Law Review Steering Group* gänzlich aufgehoben werden[1171] – die Möglichkeit zur Hinterlegung von *abbreviated accounts* beim Unternehmensregister nach dem *white paper* der Regierung in Übereinstimmung mit der Empfehlung der *Company law Review Steering Group*, künftig abgeschafft werden.[1172] Stattdessen sollen in Zukunft alle Rechnungslegungsadressaten unabhängig von ihrem Status die gleichen Abschlussinformationen erhalten. Die von der Arbeitsgruppe unter Berücksichtigung der speziellen Bedürfnisse kleiner Unternehmen erarbeiteten Reformmaßnahmen hinsichtlich der inhaltlichen Ausgestaltung des Jahresabschlusses von *small companies*[1173] sollen hierbei dazu beitragen, dass künftig auch von Seiten der Unternehmen keine Notwendigkeit und Veranlassung mehr für die Publizierung reduzierter Abschlussinformationen beim Unternehmensregister gesehen wird.[1174]

4.2.7 Differenzierung des Enforcement

Das Enforcement, d. h. die Überwachung und Durchsetzung der ordnungsmäßigen Anwendung der im CA 1985 festgelegten Anforderungen an die gesellschaftsrecht-

---

1168 Vgl. z. B. Fearnley, S./Hines, T./McBride, K./Brandt, R. (2000b), S. 301; Page, M. (1982), S. 220; Rutteman, P. (1985), S. 12.

1169 Vgl. The Company Law Review Steering Group (Hrsg.) (1999a), S. 120; The Company Law Review Steering Group (Hrsg.) (2000a), S. 283.

1170 Da für die Gesellschafter und ggf. *debentures holder* ohnehin ein vollständiger bzw. vereinfachter Abschluss erstellt werden muss, ist die zusätzliche Aufstellung von *abbreviated accounts* mit extra Kosten verbunden; siehe bezüglich der Erstellungskosten von verkürzten Abschlüssen beispielsweise Department of Trade and Industry (Hrsg.) (1995a), S. 50.

1171 Siehe hierzu Gliederungspunkt 4.2.1.1.2.

1172 Vgl. Secretary of State for Trade and Industry (Hrsg.) (2002a), S. 37 i. V. m. The Company Law Review Steering Group (Hrsg.) (2001a), S. 78.

1173 Vgl. hierzu Gliederungspunkt 4.2.3.1.4.3.2 sowie Anhang II dieser Arbeit.

1174 Vgl. The Company Law Review Steering Group (Hrsg.) (2000a), S. 283. Beispielsweise handelt es sich bei dem von der Arbeitsgruppe vorgeschlagenen Gliederungsformat für die GuV-Rechnung im Vergleich zu den bestehenden Gliederungsvorgaben um eine wesentlich komprimiertere Version; vgl. Anhang II.

liche Unternehmensberichterstattung[1175] einschließlich der diesbezüglich zur Vermittlung eines *true and fair view* anzuwendenden *accounting standards*[1176] obliegt in Großbritannien dem *Secretary of State for Trade and Industry* (Wirtschaftsminister),[1177] der diese Funktion jedoch teilweise auf das *Financial Reporting Review Panel* (FRRP) übertragen hat.[1178]

Obwohl das FRRP durch seine gesetzliche Autorisierung grundsätzlich für die Überwachung der Unternehmensberichterstattung von *registered companies* Zuständigkeit erlangt, beschränkt sich die Aufsicht des FRRP gemäß einer zwischen ihm und dem *Secretary of State for Trade and Industry* getroffenen Vereinbarung ausschließlich auf *public limited companies* sowie nach den Vorschriften des CA 1985 als groß zu qualifizierende *private companies.*[1179] Die Kontrolle der Unternehmensberichterstattung von kleinen und mittelgroßen *private companies*[1180] und *limited liability partnerships*[1181] liegt dagegen beim *Secretary of State for Trade and Industry* respektive dem *Department of Trade and Industry*, d. h. dem Wirtschaftsministerium (bzw. in der praktischen Umsetzung beim *companies house,*[1182] d. h. dem Unternehmensregister).[1183] Für *qualifying partnerships*[1184] hat der britische Gesetzgeber das Enforcement dagegen nicht explizit geregelt. Da der Jahres- bzw. Konzernabschluss von *qualifying partnerships* jedoch quasi als Anhang zu den Abschlüssen der beteiligten Gesellschaften – sofern diese in Großbritannien ansässig sind – beim Unternehmensregister eingereicht wird, müsste für die Abschlüsse von *qualifying partnerships*

1175 Die Überwachung von kapitalmarktspezifischen Berichtserfordernissen, wie z. B. der *interim reports* (Zwischenberichte) und *preliminary announcements* (Gewinnankündigungen) etc., fallen unter den Zuständigkeitsbereich der *Financial Services Authority* respektive der *UK Listing Authority* (UKLA); vgl. Fédération des Experts Comptables Européens (Hrsg.) (2001a), S. 60 f.

1176 Durch die inhaltliche Verknüpfung der gesetzlichen Anforderungen mit den *accounting standards* (vgl. Gliederungspunkt 4.1.2.2.2) erstreckt sich das Enforcement der gesellschaftsrechtlichen Rechnungslegungspublizität nicht ausschließlich auf die Einhaltung der gesetzlichen Anforderungen, sondern auch auf die FRS, SSAP und *UITF Abstracts.*

1177 Vgl. section 245B CA 1985. Für Details zu den neben section 245B CA 1985 im CA 1985 und CA 1989 verankerten Kontroll- und Durchsetzungsbefugnissen des *Secretary of State for Trade and Industry* siehe Department of Trade and Industry (Hrsg.) (1999d).

1178 Vgl. zum FRRP auch Gliederungspunkt 4.1.2.3.

1179 Vgl. Financial Reporting Review Panel (Hrsg.) (2000), S. 1 f.

1180 Vgl. Financial Reporting Review Panel (Hrsg.) (2000), S. 1 f.

1181 Vgl. schedule 1 zu den Limited Liability Partnerships Regulations 2001, SI 2001/1090. Siehe allgemein zu dieser Gesellschaftsform Gliederungspunkt 4.1.1.3.4.

1182 Vgl. The Company Law Review Steering Group (Hrsg.) (2000b), S. 261.

1183 Vgl. Richards, C. (2001), S. 11; Tielmann, S. (2001a), S. 1627. Ausländische Unternehmen, die zwar in Großbritannien notiert sind, jedoch nicht unter die Vorschriften des CA fallen, sind weder im Zuständigkeitsbereich des FRRP noch des *Department of Trade and Industry*, sondern unterliegen ausschließlich den kapitalmarktrechtlichen Überwachungsinstanzen. Zu den kapitalmarktspezifischen Aufsichtsinstanzen siehe Fn. 1175.

1184 Siehe zur Definition von *qualifying partnerships* Gliederungspunkt 4.1.1.3.1 sowie 4.1.1.3.2.

dasselbe Enforcement-Prozedere greifen, wie für die Abschlüsse der jeweils beteiligten Unternehmen.

Der Überwachungsauftrag des FRRP erstreckt sich ausschließlich auf die gesetzlichen Abschlussbestandteile der *annual accounts* – dies sind *balance sheet* (Bilanz), *profit and loss account* (GuV-Rechnung) sowie *notes to the accounts* (Anhang) – einschließlich der in den *accounting standards* verpflichtend vorgeschriebenen Abschlussinstrumente,[1185] wie z. B. das *cash flow statement* und das *statement of total recognised gains and losses*. Die Kontrollverantwortung für jene gesellschaftsrechtlich normierten Berichtsinstrumente, die weder nach den *accounting standards* noch den gesetzlichen Vorschriften zu den Bestandteilen der *annual accounts* zählen, wie z. B. der *directors' report* (Lagebericht), *directors' remuneration report* und *summary financial statements* (zusammengefasste Inhalte von Abschlussinstrumenten) bleibt dagegen ebenfalls beim *Secretary of State for Trade and Industry*.[1186]

Obwohl sowohl das FRRP als auch der *Secretary of State for Trade and Industry* neben der Überwachung der Einhaltung der gesetzlichen Rechnungslegungsanforderungen einschließlich der anzuwendenden *accounting standards* auch mit deren Durchsetzung beauftragt sind, haben beide weder die Befugnis eine Änderung des betreffenden Abschlusses zu erzwingen noch strafrechtliche Sanktionsmaßnahmen auszusprechen oder Bußgelder zu erheben. Die Verhängung von Strafmaßnahmen und Bußgeldern, die nach dem CA 1985 bei vorsätzlicher oder fahrlässiger Missachtung der gesetzlichen Unternehmensberichterstattungsvorschriften gegen die betreffenden Mitglieder der Leitungs- und Aufsichtsorgane erhoben werden können,[1187] liegt allein im Verantwortungsbereich der Gerichte.[1188] Während somit die Entwicklung von Rechnungslegungsnormen primär durch den *accountant*-Berufsstand erfolgt, obliegt die Durchsetzung der ordnungsgemäßen Normanwendung letztendlich Juristen. Da die überwiegende Mehrheit der aufgedeckten Normverstöße vor allem aus materiellen Gründen außergerichtlich geregelt wird,[1189] hält sich der aus der Interpretation der

---

1185 Die Aufstellung der in den *accounting standards* normierten Pflichtbestandteile wird für die Vermittlung eines *true and fair view* nach herrschender Auffassung als erforderlich erachtet.

1186 Vgl. Financial Reporting Review Panel (Hrsg.) (2000), S. 1.

1187 Vgl. section 233, 234A, 234B CA 1985. Die für *companies* kodifizierten Straf- und Bußgeldvorschriften wurden mit den *Limited Liability Partnerships Regulations 2001* auch auf *limited liability partnerships* übertragen; vgl. schedule 1 zu den Limited Liability Partnerships Regulations 2001, SI 2001/1090. Zu den Straf- und Bußgeldmaßnahmen gegen die Mitglieder der Leitungs- und Aufsichtsorgane von *qualifying partnerships* siehe reg. 8 Partnerships and Unlimited Companies (Accounts) Regulations 1993, SI 1993/1820.

1188 Vgl. Böckem, H. (2000a), S. 1187; Freedman, J./Power, M. (1992), S. 7.

1189 Beispielsweise hat das FRRP seit seiner Gründung noch in keinem einzigen Fall eine gerichtliche Verfügung beantragt; siehe hierzu auch Fn.1199.

Rechnungslegungsnormen resultierende Einfluss des Juristenberufsstandes auf die Normierung der Rechnungslegung allerdings in Grenzen.[1190]

Ferner ist das Unternehmensregister, ähnlich wie in Deutschland das Handelsregister, autorisiert, bei nicht fristgerechter Offenlegung der publizitätspflichtigen Unterlagen eine Geldstrafe zu erheben. Die Höhe dieser sog. „*late filing penalties*" ist rechtsformspezifisch unterschiedlich geregelt und ist nach der Länge der Fristüberschreitung gestaffelt. Wegen des größeren öffentlichen Interesses an den Abschlussinformationen von *public companies* gelten für Unternehmen dieser Rechtsform bei Verletzung von Offenlegungspflichten grundsätzlich höhere Geldstrafen als für *private companies* oder *limited liability partnerships.*[1191]

4.2.7.1 Enforcement durch den *Secretary of State for Trade and Industry*

Wie bereits erläutert wurde, umfasst der Enforcement-Auftrag des *Secretary of State for Trade and Industry* die Überwachung sowohl der im CA 1985 normierten Rechnungslegungsanforderungen an kleine und mittelgroße *private companies, limited liability partnerships* und ggf. *qualifying partnerships* als auch der nicht zu den gesellschaftsrechtlichen Abschlussbestandteilen zählenden Berichtsinstrumente von *public companies* und großen *private companies.* Aufgrund der großen Anzahl kleiner und mittelgroßer *companies* in Großbritannien fällt ein Großteil der zu beaufsichtigenden Unternehmen (schätzungsweise ca. über 90 % der *companies*) somit in die ausschließliche Enforcement-Verantwortung des *Secretary of State for Trade and Industry.*[1192] Bedingt durch die Vielzahl der zu überwachenden Gesellschaften sowie unter der Annahme einer grundsätzlich normkonformen Rechnungslegung der unternehmensberichterstattungspflichtigen Unternehmen verfolgt das Wirtschaftsministerium allerdings keine proaktive Kontrollpolitik. Zwar überwacht das *companies house* für jedes zur Registerpublizität verpflichtete Unternehmen die Vollständigkeit und fristgerechte Einreichung der Rechnungslegungsunterlagen, eine Überprüfung deren materieller Ordnungsmäßigkeit wird jedoch nicht durchgeführt. Hierzu wären die Mitarbeiter des *companies house* auch nicht in der Lage, da es sich hierbei in der Regel um keine *accountants* handelt. Bei konkreten Anfragen oder Hinweisen zu vermeintlichen Verstößen gegen die Rechnungslegungs- und Berichterstattungsnormen des CA 1985 bedient sich das Unternehmensregister deshalb externen *accoun-*

[1190] Darüber hinaus gewähren die sehr detaillierten *accounting standards* wesentlich weniger Auslegungsspielräume und beschränken auch so den Einfluss von Juristen auf die Normierung der externen Unternehmensrechnung.

[1191] Vgl. section 242A CA 1985. Für *limited liability partnerships* siehe schedule 1 zu den Limited Liability Partnerships Regulations 2001, SI 2001/1090.

[1192] Siehe zur Verteilung der *companies* nach Größenklassen Gliederungspunkt 4.2.1.1.1.

tants. Erweisen sich die Vorwürfe als gerechtfertigt, setzt sich das *companies house* mit dem betroffenen Unternehmensmanagement in Verbindung. Erfolgt daraufhin von Seiten der verantwortlichen Unternehmensvertreter keine zufrieden stellende Erläuterung oder eine entsprechende Berichtigung der bemängelten Berichtsinstrumente, so kann der *Secretary of State for Trade and Industry* nach Ablauf einer bestimmten Frist (mind. ein Monat) als letzte Möglichkeit die Korrektur der betreffenden *annual accounts*, des *directors' report, directors' remuneration report* oder der *summary financial statements* durch eine gerichtliche Verfügung anordnen.[1193]

4.2.7.2 Enforcement durch das *Financial Reporting Review Panel*

Analog der Überwachungsstrategie des *Secretary of State for Trade and Industry* ist auch die Kontrollpolitik des FRRP grundsätzlich auf Kooperationsbereitschaft und Konsens ausgerichtet und basiert auf der Vorstellung eines prinzipiell normkonformen Verhaltens der rechnungslegenden Unternehmen. Aus diesem Grund sowie wegen Wirtschaftlichkeits- und Kostenaspekten verfolgt deshalb auch das FRRP, trotz seines im Vergleich zum *Secretary of State for Trade and Industry* wesentlich überschaubareren Kreises an zu überwachenden Unternehmen, eine rein reaktive Kontrollpolitik. Demnach wird ein Untersuchungsverfahren nur dann in Gang gesetzt, wenn konkrete Anhaltspunkte bzw. Hinweise zu Rechtsverstößen an das Panel herangetragen werden.[1194] Somit wird das Panel einerseits in den Fällen aktiv, in denen – z. B. von Seiten der Unternehmenspraxis, betroffener Einzelpersonen oder von Regulierungsbehörden – vermeintliche Verstöße gegen bestehende Rechnungslegungsanforderungen direkt mitgeteilt werden. Andererseits wird ein Kontrollprozess durch das FRRP aber auch selbst initiiert, wenn es aufgrund von z. B. Testateinschränkungen durch den Wirtschaftsprüfer, Meldungen von Seiten der Finanzpresse oder Angaben zur Nichtbefolgung der *accounting standards* sowie börsenrechtlicher Rechnungslegungsanforderungen in den Geschäftsberichten der Unternehmen Hinweise auf ein mögliches Fehlverhalten erhält.[1195] Nach Prüfung der entsprechenden Relevanz eines vorliegenden Sachverhaltes erfolgt dessen weitere Untersuchung und Bearbeitung im Rahmen einer fallweise gebildeten, aus den FRRP-Mitgliedern individuell zusammengesetzten Expertengruppe.[1196]

[1193] Vgl. Farrar, J./Hannigan, B. (1998), S. 478; Richards, C. (2001), S. 10.

[1194] Vgl. Böckem, H. (2000b), S. 77 ff.; McBarnet, D./Whelan, C. (1999a), S. 105.

[1195] Vgl. Brandt, R./Fearnley, S./Hines, T./Beattie, V. (1997), S. 29 f.; Peasnell, K./Pope, P./Young, S. (2000), S. 5. Eine direkte Zusammenarbeit zwischen der *London Stock Exchange* und dem FRRP mit unmittelbarer Information des FRRP über Testateinschränkungen börsennotierter Unternehmen, wie sie in der Anfangsphase der Arbeit des FRRP praktiziert wurde, existiert zwischenzeitlich nicht mehr; vgl. Fearnley, S./Hines, T./McBride, K./Brandt, R. (2000c), S. 24.

[1196] Vgl. Financial Reporting Review Panel (Hrsg.) (2000), S. 5; Jupe, R. (1999a), S. 325.

Hierbei versucht das FRRP durch Diskussionen mit dem verantwortlichen Unternehmensmanagement konsensbasierte *remedial actions*, d. h. Abhilfemaßnahmen zur Berichtigung des aufgetretenen Verstoßes, zu erarbeiten.[1197] Erklären sich die zuständigen Unternehmensvertreter zu entsprechenden Berichtigungen bereit und gestehen somit ihr Fehlverhalten ein, dann veröffentlicht das FRRP zur Information der Öffentlichkeit eine sog. „*press notice*", die neben Angaben zum betroffenen Unternehmen sowie dem zugrunde liegenden Rechnungslegungsverstoß auch eine Darlegung der erforderlichen Korrekturmaßnahmen enthält.[1198] Kann das FRRP hinsichtlich des vorliegenden Verstoßes allerdings keine Einigung mit der verantwortlichen Unternehmensleitung erzielen, dann hat es auch die Befugnis, als letzte Maßnahme eine gerichtliche Verfügung zur Durchführung der geforderten Abschlusskorrekturen zu beantragen.[1199]

4.2.7.3 Effektivität des britischen Enforcement

Wenngleich der formelle Ablauf des Enforcement-Prozesses des FRRP jenem des *Secretary of State for Trade and Industry* bzw. des *Departement of Trade and Industry* sehr ähnlich ist, so sind doch auch einige zentrale Unterschiede festzustellen. Zum einen handelt es sich beim FRRP um eine eigens für die Überwachung und Durchsetzung von gesellschaftsrechtlichen Berichterstattungspflichten eingerichtete und entsprechend mit Experten besetzte Instanz, die im Gegensatz zum *Department of Trade and Industry* ausschließlich mit dem Enforcement von Rechnungslegungserfordernissen befasst ist. Zum anderen ist das FRRP im Vergleich zum *Department of Trade and Industry* für die Überwachung eines sehr überschaubaren Unternehmenskreises

---

1197 Die Berichtigungsmaßnahmen müssen nicht zwangsläufig eine Korrektur des aktuellen Abschlusses bedeuten, sondern können in Abhängigkeit vom vorliegenden Verstoß (zu den entscheidungsbeeinflussenden Kriterien siehe Financial Reporting Review Panel (Hrsg.) (2000), S. 7) z. B. durch die Veröffentlichung zusätzlicher Angaben oder einer Korrektur des nächsten zu erstellenden Zwischenberichts erfolgen; vgl. Fearnley, S./Hines, T./McBride, K./Brandt, R. (2000c), S. 27; Hines, T./McBride, K./Fearnley, S./Brandt, R. (2001), S. 56; Jupe, R. (1999a), S. 328. Für Details zur Arbeitsweise des FRRP siehe beispielsweise Haller, A./Eierle, B./Evans, E. (2001), S. 1674 f.; Tielman, S. (2001b), S. 205 ff. sowie die *operating procedures* des FRRP Financial Reporting Review Panel (Hrsg.) (2000).

1198 Vgl. Financial Reporting Review Panel (Hrsg.) (2000), S. 8; Jupe, R. (1999b), S. 32 f. Die *press notices* des FRRP sind auch auf dessen Website verfügbar; siehe hierzu http://www.frrp.org.uk.

1199 Dieses in section 245B CA 1985 gesetzlich kodifizierte, dem *Secretary of State for Trade and Industry* zustehende Antragsrecht wurde unter Inanspruchnahme der Vorschrift in section 245C CA 1985 auf das FRRP übertragen. Trotz wiederholter Androhungen hat das FRRP in seiner Amtszeit von dieser Maßnahme noch kein einziges Mal Gebrauch gemacht. Als mögliche Ursache hierfür wird das Kostenbewusstsein des FRRP angeführt. Durch außergerichtliche Einigungen kann das Panel die meist hohen Kosten gerichtlicher Auseinandersetzungen vermeiden; vgl. Fearnley, S./Hines, T./McBride, K./Brandt, R. (2000c), S. 29; McBarnet, D./Whelan, C. (1999b), S. 83.

verantwortlich und kann sich dadurch sowohl mit dem Aufspüren potenzieller Untersuchungsfälle als auch der Überprüfung vermeintlicher Verstöße intensiver auseinander setzen. Ein weiterer wesentlicher Unterschied zwischen der Enforcement-Strategie des FRRP und des *Secretary of State for Trade and Industry* liegt in der jeweils verfolgten Informationspolitik. Während das FRRP durch die Herausgabe von *press notices* die Öffentlichkeit über bestehende Normverstöße informiert und somit sowohl Abschreckungswirkung als auch auf nicht unmittelbar betroffene Unternehmen eine verhaltensbeeinflussende, d. h. „normative" Wirkung entfalten kann,[1200] werden die vom *Secretary of State for Trade and Industry* aufgedeckten Ordnungswidrigkeiten unter der Annahme eines fehlenden allgemeinen Interesses in der Regel nicht öffentlich bekannt gegeben.[1201] Im Gegensatz zum FRRP liegen deshalb für die vom *Secretary of State for Trade and Industry* behandelten Untersuchungs- und Durchsetzungsfälle keine Daten vor.

Seit seiner Gründung im Jahr 1991 gingen dem FRRP bis Dezember 2002 insgesamt 488 Hinweise zu vermeintlichen Verstößen zu,[1202] wobei nur in 65 Angelegenheiten die Bekanntgabe des Verstoßes durch die Veröffentlichung einer *press notice* vorgenommen wurde.[1203] Die übrigen Fälle wurden von dem Panel entweder als nicht relevant beurteilt und deshalb keinen weiteren Überprüfungen unterzogen, oder das Unternehmensmanagement war in der Lage, das FRRP von seinem normkonformen Vorgehen zu überzeugen.[1204] Wie eine Analyse der vom FRRP publizierten *press notices* zeigt, handelte es sich bei fast allen Unternehmen, die Gegenstand einer *press notice* wurden, um börsennotierte *public limited companies.*[1205] Dies ist insofern wenig überraschend, als dass davon auszugehen ist, dass die publizierten Abschlussinformationen börsennotierter Publikumsgesellschaften im Vergleich zu nicht notierten Unternehmen in der Regel einer wesentlich stärkeren Überwachung durch einen größeren Kreis an externen Unternehmenspartizipanten und vor allem auch der kritischen Beobachtung

---

1200 Für eine kritische Diskussion hinsichtlich der Effektivität der Arbeit des FRRP im Hinblick auf das Publizitätsverhalten von Unternehmen siehe Böckem, H. (2000b), S. 80 ff.; Haller, A./Eierle, B./Evans, E. (2001), S. 1676 ff.

1201 Ausnahmen bestehen jedoch bei Untersuchungen, für die vermutet wird, dass sie von besonderem öffentlichen Interesse sind; siehe ausführlich zu den Kontroll- und Durchsetzungsbefugnissen des *Secretary of State for Trade and Industry* bei vermuteten Verstößen gegen Vorschriften des CA 1985 und CA 1989 Department of Trade and Industry (Hrsg.) (1999d).

1202 Im Vergleich zu der Zeit unmittelbar nach seiner Gründung hat sich die Anzahl der vom FRRP zu bearbeitenden Untersuchungsfälle in den vergangenen Jahren erheblich reduziert; vgl. McBarnet, D./Whelan, C. (1999a), S. 105. Das FRRP interpretiert diesen Rückgang als Indiz für die zunehmende Befolgung der gesetzlichen Anforderungen durch die Unternehmenspraxis; vgl. Fearnley, S./Hines, T./McBride, K./Brandt, R. (2000c), S. 17.

1203 In der Mehrzahl der Untersuchungsfälle wurden ausschließlich Ausweis- und/oder Informationspflichten missachtet; vgl. Haller, A./Eierle, B./Evans, E. (2001), S. 1675.

1204 Vgl. Haller, A./Eierle, B./Evans, E. (2001), S. 1675.

1205 Vgl. Fearnley, S./Hines, T./McBride, K./Brandt, R. (2000c), S. 19.

der Finanzanalysten unterliegen.[1206] Somit dürften sich auch die kleine und mittelgroße Unternehmen betreffenden Untersuchungsfälle des *Secretary of State for Trade and Industry* trotz der großen Anzahl dieser Unternehmen in Grenzen halten. Denn zum einen verfügen insbesondere kleine Unternehmen meist über einen sehr begrenzten Kreis an externen Rechnungslegungsadressaten und damit potenziellen Überwachungsträgern und zum anderen wird die Überprüfung der Unternehmensberichterstattung kleiner Unternehmen oftmals auch noch dadurch erschwert, dass diese nur einen verkürzten Abschluss erstellen. Es ist deshalb anzunehmen, dass dem FRRP trotz der kleineren Grundgesamtheit an zu überwachenden Unternehmen mehr Hinweise zu potenziellen Rechnungslegungsverstößen zugehen als dem *Secretary of State for Trade and Industry*, wodurch die Effektivität der Enforcement-Arbeit des Wirtschaftsministeriums jedoch erheblich leiden würde. Ein mangelhaftes Enforcement für kleine Unternehmen wird zum Teil auch durch empirische Untersuchungen bestätigt, die aufgrund festgestellter Normverstöße zu der Schlussfolgerung gelangen, dass „... the legal reporting requirements of small companies ... have tended not to be rigorously enforced.“[1207] Es scheint somit, dass – mitunter bedingt durch die rein reaktive Kontrollpolitik des *Secretary of State for Trade and Industry* – die der Aufsicht des FRRP unterliegenden *public* und ggf. auch großen *private companies* – u. a. aufgrund einer intensiveren Überwachung durch externe Adressaten – einem strengeren Enforcement unterliegen als mittelgroße und vor allem kleine Unternehmen.

4.2.7.4 Angedachte Reformmaßnahmen

Im Zuge der im *company law review* diskutierten Neustrukturierung des privatrechtlich organisierten *standard setting*[1208] wird in dem im Juli 2002 veröffentlichten *white paper* der Regierung in Übereinstimmung mit der Empfehlung der *Company Law Review Steering Group* auch eine Reformierung des Enforcement empfohlen. Danach soll ein neu zu gründendes *Reporting Review Panel* (RRP) künftig die Arbeit des FRRP übernehmen und dieses ablösen. Analog der bestehenden Normierungsstruktur soll das Überwachungs- und Enforcement-Gremium unter einer übergeordneten Dachorganisation tätig werden. Die Aufgabe des RRP soll auch weiterhin das Enforcement der Abschlussberichterstattung von *public* und *large private companies* sein, während die Überwachung von *small private companies* – die Klasse der mittelgroßen Unter-

---

1206 Vgl. Berry, A./Faulkner, S./Hughes, M./Jarvis, R. (1993a), S. 6; Keasey, K./Watson, R. (1988), S. 48. Siehe hierzu auch Gliederungspunkt 2.3.1.2.

1207 Keasey, K./Watson, R. (1988), S. 48. Diese Ergebnisse werden auch durch die Untersuchungen von *Carsberg et. al.* bestätigt; vgl. Carsberg, B./Page, M./Sindall, A./Waring, I. (1985), S. 94; auch das *Institute of Chartered Accountants of Scotland* kommt zu dieser Schlussfolgerung; vgl. Institute of Chartered Accountants of Scotland (Hrsg.) (1998), S. 9.

1208 Vgl. Gliederungspunkt 4.1.4.3.

nehmen soll künftig entfallen[1209] – wie gehabt durch den *Secretary of State for Trade and Industry* und in der praktischen Durchführung durch das *companies house* erfolgen sollte.[1210]

Neben den gesetzlichen Abschlussbestandteilen wird diskutiert, künftig beispielsweise auch *summary financial statements*, den *Operating and Financial Review* (OFR) sowie *supplemantary statements* der Enforcement-Verantwortung des RRP zu übertragen.[1211] Nachdem der konsolidierte Abschluss börsennotierter Unternehmen künftig nach IAS/IFRS zu erstellen ist, soll das RRP auch für das Enforcement dieser Abschlüsse zuständig sein. Nach der Empfehlung der *Company Law Review Steering Group* würde das RRP – wie auch schon das FRRP – selbst nicht die Befugnis besitzen, eine Änderung des Abschlusses zu bewirken. Dies soll auch weiterhin den Gerichten vorbehalten bleiben.[1212]

Da nach dem Vorschlag der *Company Law Review Steering Group* geplant ist, die *accounting standards* mit einer wesentlich stärkeren gesetzlichen Autorität auszustatten als bisher, empfiehlt die Arbeitsgruppe, zur Vermeidung einer zu sehr legalistischen Normentwicklung, bei einer Missachtung der relevanten *accounting standards* auf die Verhängung strafrechtlicher Sanktionsmaßnahmen zu verzichten. Stattdessen sollen derartige Zuwiderhandlungen ausschließlich dem administrativen Enforcement des FRRP bzw. des *Secretary of State for Trade and Industry* unterliegen.[1213] Darüber hinaus wird angedacht, die *company directors* zur Gewährleistung einer transparenten Berichterstattung und der Förderung eines normkonformen Verhaltens dazu zu verpflichten, im laufenden Jahres-/Konzernabschluss über etwaige, aufgrund von Verstößen gegen den CA 1985 während des Geschäftsjahres verhängte, strafrechtliche Sank-

---

[1209] Vgl. Gliederungspunkt 4.2.1.1.2.

[1210] Vgl. Secretary of State for Trade and Industry (Hrsg.) (2002a), S. 47 i. V. m. The Company Law Review Steering Group (Hrsg.) (2001a), S. 121.

[1211] Vgl. Secretary of State for Trade and Industry (Hrsg.) (2002a), S. 47.

[1212] Die Einrichtung eines *specialist tribunal*, d. h. eines mit Experten besetzten Fachgerichts für Rechnungslegungsfragen als letzte Durchsetzungsinstanz, wie zunächst zur Gewährleistung eines effizienten und schnellen Enforcement vorgeschlagen wurde, ließ die *Company Law Review Steering Group* in ihrem *Final Report* wieder fallen. Es wurde befürchtet, dass ein *specialist tribunal* weniger Abschreckungswirkung entfalten würde und Unternehmen deshalb eher bereit wären, ihre Interessen vor dem Gericht durchzusetzen. Dies hätte ggf. zur Konsequenz, dass das RRP zur Durchsetzung seiner Entscheidungen häufiger auf die gerichtliche Instanz zurückgreifen müsste, als dies bisher beim FRRP der Fall war. Siehe für den ursprünglichen Vorschlag The Company Law Review Steering Group (Hrsg.) (2000b), S. 277 f. sowie für die Argumente gegen ein solches *specialist tribunal* The Company Law Review Steering Group (Hrsg.) (2001a), S. 121 f.

[1213] Beispielsweise verhängt das *companies house* für nicht fristgerecht eingereichte Abschlüsse sog. „*late filing penalties*"; vgl. The Company Law Review Steering Group (Hrsg.) (2001a), S. 310 f. sowie S. 175.

tionsmaßnahmen zu berichten.[1214] Diese Empfehlungen der Arbeitsgruppe wurden auch in dem vorgelegten *white paper* unterstützt.[1215]

Außerdem eruiert das FRRP derzeit verschiedene Möglichkeiten zur Implementierung pro-aktiver Kontrollelemente.[1216] Diese Initiative geht auf eine Empfehlung der „*Co-ordinating Group on Audit and Accounting Issues*" (CGAA) zurück,[1217] die von der britischen Regierung beauftragt wurde, die nach spektakulären Unternehmenszusammenbrüchen in den USA international diskutierten und initiierten Reformmaßnahmen für Großbritannien zu koordinieren.

Außerdem steht das FRRP in engem Kontakt mit der Wertpapieraufsichtsbehörde (*UK Listing Authority*), die als Mitglied des *Committee of European Securities Regulators* (CESR)[1218] an der Entwicklung eines europaweit konsistenten Enforcement-Konzeptes arbeitet.[1219] Nachdem die Europäische Kommission diese Aufgabe wegen der Dringlichkeit eines effektiven Enforcement für kapitalmarktorientierte Unternehmen an das CESR delegiert hat, ist es die *UK Listing Authority*, die sich über CESR mit der Etablierung eines europäischen Enforcement auseinander setzt, und nicht das FRRP. Somit bleibt abzuwarten, ob in Zukunft nicht vielleicht auch die britische Wertpapieraufsichtsbehörde stärker in das Enforcement integriert wird.[1220]

4.3 Thesenartige Zusammenfassung und wesentliche Charakteristika des britischen Differenzierungskonzeptes

Die zentralen Erkenntnisse der Analyse der Differenzierung der Normierung der externen Unternehmensberichterstattung in Großbritannien lassen sich in folgenden Kernaussagen thesenartig zusammenfassen:

1214 Vgl. The Company Law Review Steering Group (Hrsg.) (2001a), S. 313 ff.

1215 Vgl. Secretary of State for Trade and Industry (Hrsg.) (2002a), S. 40 f.

1216 Vgl. Financial Reporting Council (Hrsg.) (2002a), S. 61 f.; Financial Reporting Council (Hrsg.) (2002b); Financial Reporting Council (Hrsg.) (2003).

1217 Vgl. Co-ordinating Group on Audit and Accounting Issues (Hrsg.) (2003), S. 57 ff.

1218 Vgl. Gliederungspunkt 2.3.3.2.4.

1219 Vgl. Financial Reporting Council (Hrsg.) (2002a), S. 60; Co-ordinating Group on Audit and Accounting Issues (Hrsg.) (2003), S. 59.

1220 Bislang beschränkt sich das Enforcement der *UK Listing Authority* ausschließlich auf die über die gesetzlichen Unternehmensberichterstattungserfordernisse hinausgehenden kapitalmarktrechtlichen Berichtspflichten; vgl. Fn. 1175.

[1]: Die geschichtliche Entwicklung des britischen *Companies Act* dokumentiert die zentrale Bedeutung der rechtsformbezogenen Differenzierung der externen Unternehmensberichterstattung.

Aus differenzierungstheoretischer Sicht ist die Einführung des *Companies Act 1907*[1221] als Meilenstein der britischen Unternehmensberichterstattung zu werten. Die erstmalige Unterscheidung zwischen *public* und *private companies* im Hinblick auf die geforderten Publizitätspflichten war Ausgangspunkt der rechtsformbezogenen Differenzierung, die fortan das britische Differenzierungskonzept prägte.

[2]: Neben den im CA 1985 kodifizierten Vorschriften stellt die privatrechtlich organisierte Normengebung die zweite wesentliche Säule der Normierung der externen Unternehmensberichterstattung dar.

Die Rechtsphilosophie des *common law* hatte zur Konsequenz, dass sich bis zur Transformation der Vierten und Siebenten EG-Richtlinie die gesetzlichen Vorschriften zur materiellen Ausgestaltung der Abschlusserstellung auf die Regelung grundlegender Anforderungen, insbesondere die Vermittlung eines *true and fair view*, beschränkten. Die konkrete inhaltliche Ausfüllung des gesetzlichen Rahmens war hingegen von jeher dem *accountant*-Berufsstand bzw. privaten Normierungsgremien überlassen. Die mit der Transformation der EG-Richtlinien notwendige Kodifizierung detaillierter materieller Rechnungslegungsnormen wurde als Bruch der bewährten Rechtstradition empfunden und bis heute nicht vollständig akzeptiert.[1222] Die *Company Law Review Steering Group* empfiehlt deshalb in ihrem in 2001 vorgelegten Abschlussbericht im Kapitalgesellschaftsgesetz nur mehr zentrale Regelungen – wie die Verpflichtung zur Jahres- und Konzernabschlusserstellung, das Erfordernis zur Vermittlung eines *true and fair view* sowie die Vorschriften zu den Prüfungs- und Publizitätspflichten – zu verankern. Die materielle Konkretisierung der gesetzlichen Vorschriften soll hingegen zur Wahrung größtmöglicher Flexibilität allein dem privaten *standard setter* überlassen werden.[1223]

[1221] Vgl. Gliederungspunkt 4.1.1.1.2.6.

[1222] Vgl. Gliederungspunkt 4.1.1.1.2.11.

[1223] Vgl. Gliederungspunkt 4.1.4.2.

[3]: Die gesetzliche Pflicht zur Jahresabschlusserstellung ist rechtsformspezifisch differenziert.

Die Pflicht zur externen Unternehmensberichterstattung ist nur für Kapitalgesellschaften (*registered companies*) sowie haftungsbeschränkte Personengesellschaften (*qualifying partnerships, limited liability partnerships*) gesetzlich normiert. Die externe Unternehmensrechnung von Einzelunternehmen (*sole traders*) und Personengesellschaften mit unbeschränkt haftenden natürlichen Personen als Gesellschafter (*general partnerships, limited partnerships*) unterliegt dagegen keinen gesetzlichen und von privaten Gremien entwickelten, verbindlichen Vorgaben und bleibt somit allein der Privatautonomie der beteiligten Unternehmenspartizipanten überlassen.[1224] In der Unternehmenspraxis besitzen diese Unternehmen häufig nur eine steuerliche Rechnungslegung.

[4]: Die Normierung der externen Unternehmensrechnung von gesellschaftsrechtlich zur Rechnungslegung verpflichteten Unternehmen erfolgt sowohl durch die Vorschriften des CA 1985 als auch durch die *accounting standards.*

Die gesellschaftsrechtliche Normierung der externen Unternehmensrechnung von *registered companies*, *qualifying partnerships* und *limited liability partnerships* erfolgt sowohl durch die verpflichtenden Vorschriften des *Companies Act 1985* als auch durch die von dem privaten *standard setter* – hiermit ist seit 1990 das *Accounting Standards Board* (ASB) beauftragt – verabschiedeten *accounting standards*, die durch die im Gesetz verankerte Notwendigkeit zur Erfüllung eines *true and fair view* ebenfalls Verpflichtungswirkung entfalten. Bedingt durch die Vierte EG-Richtlinie enthält der *Companies Act 1985* neben allgemeinen Rechnungslegungsgrundsätzen nun auch konkrete Ansatz-, Bewertungs- und Ausweisvorschriften, wodurch sich zum Teil erhebliche Überschneidungen mit den detaillierten Bestimmungen der *accounting standards* ergeben.[1225]

[5]: Die primäre Zwecksetzung der gesetzlichen Jahresabschlusserstellung ist die Vermittlung eines *true and fair view* der Unternehmenssituation.

Die Vermittlung eines *true and fair view*, d. h. die Gewährung realitätsgetreuer Informationen über die Unternehmenssituation, ist die alles dominierende Zielsetzung der gesellschaftsrechtlichen Rechnungslegung. Die Ermittlung des ausschüttbaren Betrages erfolgt für *companies* aufgrund der Informationsorien-

---

[1224] Vgl. Gliederungspunkt 4.1.1.4.
[1225] Vgl. Gliederungspunkt 4.1.3.

tierung der gesellschaftsrechtlichen Rechnungslegung nicht im Rahmen der bilanziellen Gewinnermittlung, sondern anhand einer periodisch fortzuschreibenden Ausschüttungsrechnung.[1226]

Obwohl auch die steuerliche Gewinnermittlung ebenfalls auf dem *true and fair view*-Prinzip basiert und die gesetzlichen Vorschriften sowie die *accounting standards* somit auch für die Steuerbemessung grundsätzlich maßgeblich sind, hat der Steuergesetzgeber diese Maßgeblichkeit in zahlreichen Fällen durch die Verabschiedung eigener Steuervorschriften durchbrochen. Im Gegensatz zur deutschen Rechtstradition existiert in Großbritannien somit nur eine sehr bruchstückhafte Maßgeblichkeit der gesellschaftsrechtlichen Rechnungslegung für die steuerliche Gewinnermittlung.[1227]

[6]: Die gesetzliche Unterscheidung der inhaltlichen Ausgestaltung des Jahresabschlusses erfolgt primär auf Basis ökonomischer Größenkriterien, die um rechtsform- und branchenspezifische Merkmale ergänzt werden.

Hinsichtlich der inhaltlichen Ausgestaltung des zu erstellenden Jahresabschlusses differenziert der britische Gesetzgeber in Anlehnung an die Vierte EG-Richtlinie zwischen kleinen, mittelgroßen und großen Unternehmen, ergänzt die dort verankerten ökonomischen Größenkriterien jedoch bedingt durch die historisch geprägte Trennung zwischen *public* und *private companies*[1228] um rechtsformspezifische Merkmale.[1229] Sowohl EU-rechtlich begründet als auch traditionell beeinflusst bestehen darüber hinaus Sonderregelungen für bestimmte Branchen, wie z. B. Finanz-/Investmentgesellschaften und Versicherungen.

[7]: Mit dem *Financial Reporting Standard for Smaller Entities* (FRSSE) verfügt Großbritannien über einen eigenständigen Rechnungslegungsstandard für kleine, nach dem *true and fair view*-Prinzip bilanzierende Unternehmen, der jedoch auf den für große Unternehmen relevanten Ansatz-, Bewertungs- und Offenlegungsnormen basiert.

Für die Rechnungslegung kleiner Unternehmen, die die ökonomischen Größenmerkmale des *Companies Act 1985* für *„small companies"* sowie bestimmte rechtsform- und branchenspezifische Voraussetzungen erfüllen, hat das *Accoun-*

1226 Siehe Gliederungspunkt 4.2.3.1.2.2.1.
1227 Vgl. Gliederungspunkt 4.1.5.
1228 Siehe zum Entstehungshintergrund dieser Unterscheidung Gliederungspunkt 4.1.1.1.2.6.
1229 Vgl. Gliederungspunkt 4.2.1.1.1.

ting Standards Board einen eigenen Rechnungslegungsstandard, den sog. „*Financial Reporting Standard for Smaller Entities*" (FRSSE) entwickelt.[1230] Die zur Anwendung des FRSSE berechtigten Unternehmen haben somit die Wahlmöglichkeit, ihren Abchluss anstatt nach den für große Untenehmen geltenden *accounting standards* (Big GAAP) nach den Normen des FRSSE aufzustellen.[1231] Für nach dem *Companies Act 1985* als mittelgroß zu klassifizierende Unternehmen sehen die *accounting standards*, abgesehen von einzelfallorientierten Ausnahmen, kein eigenständiges Rechnungslegungsregime vor.[1232]

Obwohl der FRSSE die Bedürfnisse kleinerer Unternehmen berücksichtigt, basiert er auf den für große Unternehmen relevanten Ansatz-, Bewertungs- und Offenlegungsnormen (*top-down approach* orientierte Modifizierungsstrategie),[1233] um eine zwischen großen und kleinen Unternehmen grundsätzlich konsistente Rechnungslegung zu gewährleisten.[1234] Lediglich im Bereich des *disclosure* gewährt der FRSSE – meist begründet durch ein für kleine Unternehmen subjektiv anders zu gewichtendes Kosten-Nutzen-Verhältnis – großzügige Erleichterungen.[1235]

[8]: Die gesetzliche Verpflichtung zur Konzernabschlusserstellung ist rechtsform-, branchen- und größenspezifisch differenziert.

Entsprechend den Vorschriften zum Einzelabschluss und der dort angewendeten Systematik sind in Großbritannien ausschließlich Mutterunternehmen in der Rechtsform der Kapitalgesellschaft, der *limited liability partnership* sowie Personengesellschaften ohne persönlich haftende natürliche Person als Gesellschafter (sog. „*qualifying partnerships*") zur Konzernrechnungslegung verpflichtet. Aus Kosten-Nutzen-Abwägungen werden auf Basis ökonomischer Größenkriterien sowie rechtsform- und branchenspezifischer Merkmale als klein und mittelgroß zu qualifizierende Konzerne jedoch in Einklang mit den Bestimmungen der Siebenten EG-Richtlinie von der Pflicht zur Erstellung eines konsolidierten Abschlusses befreit.[1236] Eine grundsätzliche Unterscheidung der materiellen Rechnungslegungsanforderungen von Einzel- und Konzernabschluss existiert in Großbritannien nicht.[1237]

[1230] Zur Entwicklungsgeschichte des FRSSE siehe 4.2.2.1.2

[1231] Vgl. Gliederungspunkt 4.2.2.1.2.3.

[1232] Vgl. Gliederungspunkt 4.2.3.2.

[1233] Zur Modifizierungsstrategie siehe Gliederungspunkt 2.3.3.1.

[1234] Vgl. Gliederungspunkt 4.2.2.3.

[1235] Vgl. Gliederungspunkt 4.2.3.1.4.1.4.2.

[1236] Vgl. Gliederungspunkt 4.2.4.1.

[1237] Vgl. Gliederungspunkt 4.2.4.3.

[9]: Die gesellschaftsrechtlichen Anforderungen an die Abschlussprüfung und -publizität werden auf Basis von Rechtsform, Branche und ökonomischen Größenkriterien unterschieden.

Grundsätzlich besteht für sämtliche gesellschaftsrechtlich rechnungslegungspflichtigen Unternehmen gleichzeitig auch eine Pflicht zur Durchführung einer Abschlussprüfung. Von dieser Pflicht befreit sind nur jene Unternehmen, die nach den Vorschriften des CA 1985 aufgrund ihrer Größe, Rechtsform und Branchenzugehörigkeit als „klein" zu klassifizieren sind und deren Jahresumsatz unter £ 1.000.000 und deren Bilanzsumme unter £ 1,4 Mio. liegt.[1238]

Neben einer allgemeinen Prüfungspflicht sind darüber hinaus grundsätzlich sämtliche gesellschaftsrechtlich rechnungslegungspflichtigen Unternehmen zur Hinterlegung ihres Jahresabschlusses beim Unternehmensregister verpflichtet. Hiervon ausgenommen sind aufgrund ihrer unbeschränkten Haftung ausschließlich *unlimited companies.* Publizitätserleichterungen im Hinblick auf Umfang und Detaillierungsgrad der offen zu legenden Abschlussbestandteile sowie der sonstigen Informationsinstrumente bestehen außerdem für nach dem *Companies Act 1985* als „klein" oder „mittelgroß" zu qualifizierende Unternehmen. Hierbei differenziert der britische Gesetzgeber jedoch grundsätzlich zwischen der nach innen gerichteten Publizität gegenüber den Anteilseignern und Inhabern von Schuldtiteln und der nach außengerichteten Publizität durch Hinterlegung der Abschlussinformationen beim Unternehmensregister.[1239]

[10]: Die Überwachung und Durchsetzung der gesetzlichen Anforderungen an die externe Unternehmensberichterstattung erfolgen durch das *Financial Reporting Review Panel* sowie den *Secretary of State for Trade and Industry,* differenziert nach Rechtsform, Branche und Unternehmensgröße.

Die Überwachung und Durchsetzung der gesetzlichen Rechnungslegungsanforderungen erfolgt in Großbritannien für *public companies* und große *private companies* durch das privatrechtlich organisierte *Financial Reporting Review Panel.* Die externe Unternehmensberichterstattung von aufgrund ihrer Größe und Branchenzugehörigkeit als klein und mittelgroß zu qualifizierenden *private companies* und *limited liability partnerships* unterliegt dagegen der Überwachung durch den *Secretary of State for Trade and Industry* (Wirtschaftsminister). Beide Enforcement-Instanzen besitzen jedoch keine straf-

[1238] Vgl. Gliederungspunkt 4.2.5.2.
[1239] Vgl. Gliederungspunkt 4.2.6.

rechtlichen Sanktionsmöglichkeiten zur Durchsetzung der von ihnen entdeckten Rechnungslegungsverstöße. Dies bleibt allein den Gerichten vorbehalten.

Tab. 42 fasst die Kernelemente des britischen Differenzierungskonzeptes noch einmal übersichtlich zusammen.

■ **Tab. 42:** Synoptische Darstellung des britischen Differenzierungskonzepts

Dimensionen	**Britisches Differenzierungskonzept**
Abschlusserstellung	
▪ Pflicht zur Jahres-/ Konzernabschlusserstellung	▪ Eine gesetzliche Pflicht zur Jahresabschlusserstellung besteht grundsätzlich nur für: *registered companies* *limited liability partnerships* *qualifying partnerships* Keine gesetzliche Pflicht zur Jahresabschlusserstellung besteht für: *sole traders* *limited parternerships* *general partnerships* ▪ Eine gesetzliche Pflicht zur Erstellung eines Konzernabschlusses besteht nur für Konzerne, die aufgrund ihrer ökonomischen Größe, Rechtsform- oder Branchenzugehörigkeit als „groß“ zu klassifizieren sind. ⇨ Die Pflicht zur Jahresabschlusserstellung wird rechtsformbezogen differenziert; relevante Kriterien sind: selbstständige Rechtsfähigkeit bzw. Haftung. Die Differenzierung der Konzernrechnungslegungspflicht erfolgt nach ökonomischen Größenmerkmalen, Rechtsform und Branche.
▪ Rechnungslegungsgrundsätze, zu erstellende Abschlussinstrumente, Informationspflichten etc.	▪ *Companies Act 1985*: Im CA 1985 wird grundsätzlich keine Differenzierung der Ansatz- und Bewertungsnormen sowie der zu erstellenden Abschlussinstrumente vorgenommen. Die Differenzierung der Informationspflichten erfolgt in Anlehnung an die ökonomischen Größenmerkmalen der Vierten EG-Richtlinie, diese Merkmale werden jedoch um rechtsform- und branchenspezifische Elemente ergänzt. *Accounting standards*: Es existiert ein eigener Rechnungslegungsstandard für *smaller entities*, der jedoch auf den Big GAAP basiert. Differenziert werden primär Angabe- und Erläuterungspflichten, zum Teil enthält der FRSSE aber auch von den Big GAAP abweichende Ansatz- und Bewertungsnormen. Ferner besteht nach dem FRSSE keine Pflicht zur Erstellung eines *cash flow statement*. Das Differenzierungskonzept des privaten *standard setter* knüpft an die Differenzierungskriterien des *Companies Act 1985* an. ⇨ Die Differenzierung der inhaltlichen Ausgestaltung der externen Unternehmensberichterstattung (primär der Informationspflichten) der zur externen Rechnungslegung verpflichteten Unternehmen erfolgt in Gesetz und den *accounting standards* nach ökonomischen Größenkriterien, die um rechtsform- (Trennung zwischen *private* und *public companies*) und branchenspezifische Merkmale ergänzt werden. Um eine grundsätzlich konsistente Rechnungslegung zwischen großen und kleinen Unternehmen zu gewährleisten, basieren die Vorschriften des FRSSE auf den Big GAAP, die im Sinne einer dem *top-down approach* entsprechenden Modifizierungsstrategie für die Bedürfnisse kleinerer Unternehmen modifiziert wurden.

Prüfung	▪ Grundsätzliche besteht für alle rechnungslegungspflichtigen Rechtsformen (d. h. *registered companies, limited liability partnerships* und *qualifying partnerships*) eine Pflicht zur Abschlussprüfung. ▪ Aus Kosten-Nutzen-Gründen werden jedoch sehr kleine Unternehmen von einer Prüfungspflicht befreit. ⇨ Die Differenzierung der Prüfungspflicht der zur externen Rechnungslegung verpflichteten Unternehmen erfolgt nach ökonomischen Größenmerkmalen, die um rechtsformbezogene Kriterien (Unterscheidung zwischen *public* und *private company*) und branchenspezifische Elemente ergänzt werden.
Offenlegung	▪ Grundsätzlich besteht für alle rechnungslegungspflichtigen Untenehmen, deren Gesellschafter nur begrenzt haften (*limited companies, qualifying partnerships, limited liability partnerships*) die Pflicht zur Hinterlegung des Jahres-/Konzernabschlusses beim Unternehmensregister; *unlimited companies* sind von dieser Registerpublizität befreit. ▪ Publizitätserleichterungen bestehen darüber hinaus in Anlehnung an die Vierte EG-Richtlinie für kleine und mittelgroße Unternehmen. ⇨ Die Differenzierung der Publizitätspflichten der gesetzlich zur externen Unternehmensberichterstattung verpflichteten Unternehmen erfolgt zum einen nach Haftung und zum anderen nach ökonomischen Größenmerkmalen, ergänzt um rechtsformbezogene (Unterscheidung zwischen *public* und *private companies*) und branchenspezifische Attribute.
Enforcement	▪ Die Überwachung und Durchsetzung der Normen zur externen Unternehmenspublizität erfolgen: - für *public companies* sowie große *private companies* durch das *Financial Reporting Review Panel*, - für die übrigen zur externen Unternehmensberichterstattung verpflichteten Unternehmen durch den *Secretary of State for Trade and Industry*. ⇨ Das Enforcement wird nach Rechtsform und ökonomischen Größenkriterien (ergänzt um branchenbezogene Merkmale) differenziert.

Analog zur Differenzierung der externen Unternehmensberichterstattung in Deutschland[1240] nimmt auch der britische Gesetzgeber eine Differenzierung in allen, der in Abb. 39 dargestellten Bereiche (Abschlusserstellung, Prüfung, Publizität und Enforcement) vor. Als zentrale Differenzierungsmerkmale haben sich im britischen Differenzierungskonzept die Kriterien

- Haftung bzw. selbstständige Rechtsfähigkeit,
- Unternehmensgröße,
- Branche und
- die Unterscheidung zwischen *public* und *private company* (d. h. die Trennung zwischen jenen Unternehmen, denen es erlaubt ist, den öffentlichen Kapitalmarkt in Anspruch zu nehmen, und jenen Unternehmen, denen eine öffentliche Offerierung ihrer Wertpapiere rechtsformbedingt untersagt ist)

[1240] Vgl. Abb. 26.

herausgebildet (die unterschiedliche Gewichtung der Kriterien wird in Abb. 39 durch die Anzahl der schraffierten Rechtecke symbolisiert).

■ **Abb. 39:** Differenzierungsmatrix – Status quo in Großbritannien

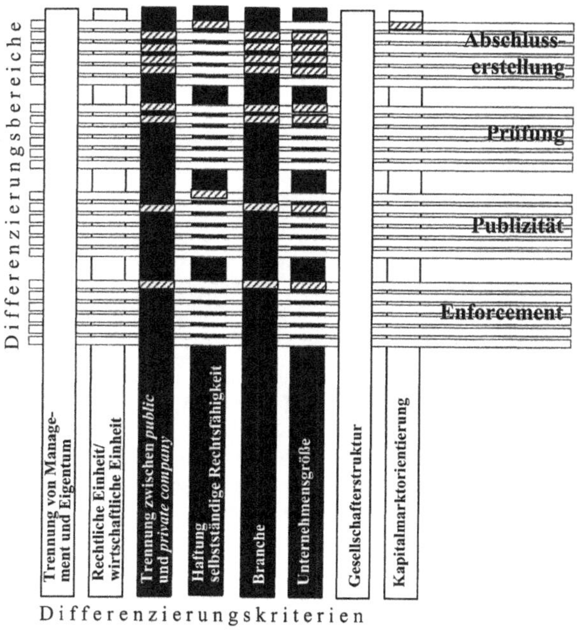

5 Schlussfolgerungen zur künftigen Differenzierung der Abschlusserstellung nicht kapitalmarktorientierter Unternehmen in Deutschland

Die „IAS-Verordnung" der EU schreibt für aus einem EU-Mitgliedstaat stammende kapitalmarktorientierte Mutterunternehmen, die einen organisierten Kapitalmarkt innerhalb der EU in Anspruch nehmen, ab 2005 für den Konzernabschluss grundsätzlich eine verpflichtende Anwendung der IAS/IFRS vor.[1] Hieraus resultiert auch für die deutsche Rechnungslegungssystematik die Frage, welche Differenzierungsstrategie im Hinblick auf die Erstellung von Konzern- und Einzelabschluss künftig eingeschlagen werden soll, um ein international wettbewerbsfähiges, auf die neuen Herausforderungen und Ansprüche abgestimmtes Regelwerk zu etablieren.[2] Unter Berücksichtigung der aus der normativen Analyse der geschichtlichen Entwicklung und dem Status quo der Differenzierungskonzeptionen in Deutschland und in Großbritannien in den vorigen zwei Kapiteln gewonnenen Erkenntnissen sollen nun abschließend auf Basis der im Gliederungspunkt 2.3 erläuterten Determinanten für die Differenzierung der Rechnungslegung – nämlich gestifteter Nutzen und verursachte Kosten – wesentliche Charakteristika eines in Deutschland potenziell zu etablierenden Normierungssystems der Rechnungslegung nicht kapitalmarktorientierter Unternehmen skizziert werden.

---

1 Siehe hierzu Gliederungspunkt 1.1 der vorliegenden Arbeit.

2 Konkrete Vorschläge zur Umsetzung der in der „IAS-Verordnung" der EU enthaltenen Mitgliedstaatenwahlrechte und künftigen Differenzierung der externen Unternehmensrechnung in Deutschland wurden bereits von der Bundesregierung (vgl. Bundesministerium der Finanzen (Hrsg.) (2003)) sowie von folgenden Institutionen unterbreitet:
- Arbeitskreis „Externe Unternehmensrechnung" der Schmalenbach-Gesellschaft für Betriebswirtschaft (vgl. Arbeitskreis „Externe Unternehmensrechnung" der Schmalenbach-Gesellschaft (Hrsg.) (2003), S. 1585 ff.);
- Institut der Wirtschaftsprüfer (vgl. Institut der Wirtschaftsprüfer (Hrsg.) (2002b), S. 485 ff.);
- Deutsches Rechnungslegungs Standards Committee (vgl. Deutsches Rechnungslegungs Standards Committee e. V. (Hrsg.) (2002), S. 1 ff.);
- Arbeitskreis Bilanzrecht der Hochschullehrer Rechtswissenschaft (vgl. Arbeitskreis Bilanzrecht der Hochschullehrer Rechtswissenschaft (Hrsg.) (2002), S. 2372 ff.).

Ferner wurden auch von einzelnen Personen entsprechende Vorschläge erarbeitet. So z. B. von Herzig, N./Bär, M. (2003), S. 1 ff.; Kahle, H. (2003), S. 262 ff.; Kirsch, H.-J. (2003), S. 275 ff.; Pellens, B./Gassen, J. (2001), S. 137 ff.; Prinz, U. (2003), S. 1363 f.; Zeitler, F.-C. (2003), S. 1529 ff.

5.1 Rechnungslegung im Konzernabschluss – nutzenorientierte Betrachtung

Neben der verpflichtenden Anwendung der IAS/IFRS für den Konzernabschluss kapitalmarktorientierter Mutterunternehmen ab 2005 haben die EU-Mitgliedstaaten ein Wahlrecht, die Anwendung der IAS/IFRS auch für die Konzernabschlusserstellung nicht kapitalmarktorientierter Unternehmen zuzulassen oder zwingend vorzuschreiben. Ferner hat der deutsche Gesetzgeber die Option, das nationale Bilanzrecht im Rahmen der Spielräume der Vierten und Siebenten EG-Richtlinie – die durch die „Modernisierungsrichtlinie" der EU[3] für international anerkannte Rechnungslegungsmethoden geöffnet wurden – anzupassen. Somit ergeben sich hinsichtlich der Konzernrechnungslegung nicht kapitalmarktorientierter Unternehmen für den Gesetzgeber die folgenden, in Tab. 43 dargestellten Handlungsalternativen.

■ **Tab. 43:** Optionen zur künftigen Normierung der Konzernrechnungslegung nicht kapitalmarktorientierter Unternehmen

	Konzernabschluss
Nicht kapitalmarktorientierte Unternehmen	Optionen: (1) Verbot der Anwendung der IAS/IFRS (Beibehaltung der bestehenden HGB-Vorschriften für die Konzernabschlusserstellung nicht kapitalmarktorientierter Unternehmen) (2) Partielle Anpassung der nationalen Rechnungslegungsvorschriften im Rahmen der Spielräume der EG-Richtlinien an internationale Rechungslegungsnormen (3) Unternehmenswahlrecht zur Anwendung der IAS/IFRS (4) Pflicht zur Anwendung der IAS/IFRS

Von den in Tab. 43 dargestellten Optionen bedingen die Handlungsalternativen (1) – (3) ein Nebeneinander grundlegend verschiedener Rechnungslegungssysteme in Bezug auf die Konzernrechnungslegung von kapitalmarktorientierten und nicht kapitalmarktorientierten Konzernen, was zwangsläufig die Vergleichbarkeit von Konzernabschlussinformationen wesentlich beeinträchtigt.[4] Hierdurch erhöhen sich nicht nur die

---

[3] Vgl. Richtlinie 2003/51/EG des Europäischen Parlaments und des Rates vom 18. Juni 2003.

[4] Vgl. Ballwieser, W. (1999), S. 438 f.; Hommelhoff, P. (1998), S. 392. Option (1), d. h. ein Verbot zur Anwendung der IAS/IFRS, ist auch deshalb abzulehnen, weil es nicht kapitalmarktorientierte gegenüber kapitalmarktorientierten Konzernen diskriminieren würde. Denn bei einem Wunsch zur Anwendung internationaler Rechnungslegungsstandards bliebe nicht kapitalmarktorientierten

Unsicherheiten bei der Unternehmensanalyse und damit die Transaktionskosten für die Marktteilnehmer, sondern letztlich auch die Kapitalkosten für die Unternehmen.[5] Dass eine solche Parallelität unterschiedlicher Rechnungslegungssysteme auch in der Vergangenheit nicht als sinnvoll erachtet wurde, zeigt außerdem ein Blick sowohl auf die britische als auch deutsche Geschichte der Differenzierung der Rechnungslegung.[6] Um eine Vergleichbarkeit der Abschlussinformationen zwischen kapitalmarktorientierten und nicht kapitalmarktorientierten Konzernen zu gewährleisten, wäre es deshalb sinnvoll, die Anwendung der IFRS/IAS unabhängig von der Kapitalmarktorientierung für alle Konzernabschlüsse verpflichtend zu fordern.[7] Nur wenn alle konzernrechnungslegungspflichtigen Unternehmen dieselben Abbildungsregeln anwenden, ist gewährleistet, dass identische Sachverhalte nach den gleichen Grundsätzen dargestellt werden und die unternehmerische Leistung nach denselben Regeln gemessen wird. Denn „[w]eshalb sollte ein Vermögensgegenstand oder eine Verbindlichkeit im Konzernabschluss jeweils anders behandelt werden, je nachdem, ob das Mutter- oder Tochterunternehmen des Konzerns an der Börse notiert wird oder nicht?“[8] Einheitliche Abbildungsvorschriften können eine Mindestvergleichbarkeit von Abschlussinformationen gewährleisten, welche die Grundvoraussetzung für die Erfüllung der Informationsfunktion ist.[9] Ferner tragen uniforme Rechnungslegungsstandards dazu bei, die Reali-

---

Unternehmen nur mehr die Option zwei Abschlüsse bzw. einen dualen Konzernabschluss zu erstellen. Dies wurde jedoch für kapitalmarktorientierte Konzerne vom deutschen Gesetzgeber mit den Argumenten der zusätzlichen Kostenbelastung und der Verwirrung der Adressaten abgelehnt; vgl. Gliederungspunkt 3.1.16.1.1. In ihrem Maßnahmenkatalog zur Stärkung des Anlegerschutzes und des Vertrauens in die Aktienmärkte vom 25.02.2003 plant die Bundesregierung deshalb für nicht kapitalmarktorientierte Unternehmen die Anwendung der IAS/IFRS im Konzernabschluss als Wahlrecht zuzulassen; vgl. Bundesministerium der Finanzen (Hrsg.) (2003); o. V. (2003a), S. 223. Die Handlungsalternative (2) führt neben der Beeinträchtigung der Vergleichbarkeit der Abschlussinformationen zu einer Vermengung von kontinentaleuropäisch und angelsächsisch/anglo-amerikanisch geprägten Rechnungslegungsgrundsätzen, was die Gefahr von Inkonsistenzen innerhalb der Regelungen und divergierenden Interpretationen bei Anwendern und Adressaten in sich birgt. Außerdem müssten Änderungen in den IFRS in Zukunft ständig in nationales Recht transformiert werden, um den Konvergenzprozess zwischen nationalen und internationalen Normen aufrecht zu erhalten, was großen Normierungsaufwand bedingt (siehe auch Gliederungspunkt 5.4).

5 Vgl. Böcking, H.-J. (2001), S. 1438; Ordelheide, D. (1998b), S. 21.

6 Ein Nebeneinander von zwei grundsätzlich verschiedenen Rechnungslegungssystemen besteht in Deutschland erst seit der Einführung des § 292 a HGB. Diese erfolgte jedoch explizit nur als „Übergangslösung“ was nicht zuletzt durch die Befristung des § 292 a HGB auf das Jahr 2004 zum Ausdruck kommt vgl. Gliederungspunkt 3.1.16.1.1.

7 Eine solche Forderung erheben der Arbeitskreis „Externe Unternehmensrechnung“ der Schmalenbach-Gesellschaft (vgl. Arbeitskreis „Externe Unternehmensrechnung“ der Schmalenbach-Gesellschaft (Hrsg.) (2001), S. 160 f.) sowie das Institut der Wirtschaftsprüfer (vgl. Institut der Wirtschaftsprüfer (Hrsg.) (2002b), S. 487).

8 Busse von Colbe, W. (2002a), S. 169.

9 Anderer Ansicht *Watrin*, der einheitliche Rechnungslegungsstandards in Anbetracht möglicher unterschiedlicher Präferenzen der Abschlussnutzer ablehnt und sich stattdessen für ein Wahlrecht

sierung von Netzwerkeffekten[10] zu ermöglichen, d. h. neben der Sicherstellung der Vergleichbarkeit von Abschlussinformationen wird die Aneignung von Expertenwissen erleichtert und damit die Verständlichkeit der Abschlussdaten für die Adressaten verbessert. Dies gilt nicht nur auf nationaler, sondern auch auf internationaler Ebene.

Auch nicht kapitalmarktorientierte Konzerne sind mit zunehmender Tendenz grenzüberschreitend aktiv[11] und benötigen deshalb international vergleichbare und verständliche Abschlussdaten.[12] Denn das Bedürfnis zur Anwendung internationaler Rechnungslegungsstandards ergibt sich nicht allein aus der Inanspruchnahme von anonymen Kapitalmärkten.[13] Sie ist auch erforderlich, um ausländischen Kooperationspartnern nach vertrauten Regeln erstellte Abschlüsse zur Verfügung zu stellen[14] oder, um ein Benchmarking mit internationalen Konkurrenten vorzunehmen.[15] Nicht kapitalmarktorientierte Unternehmen können deshalb gleichermaßen von der Anwendung international vergleichbarer Rechnungslegungsstandards profitieren, da sie als gemeinsame internationale Sprache die Verständlichkeit der Abschlussinformationen für ausländische Nutzer erhöhen und zur Reduzierung von Unsicherheiten und damit zum Abbau von Kooperationskonflikten beitragen. Schließlich ist die Vergleichbarkeit von Abschlussinformationen zur Förderung des grenzüberschreitenden Wirtschaftsverkehrs und zur Egalisierung der Mindestanforderungen im Wettbewerb auch das Grundanliegen der EG-Bilanzrichtlinien[16] und wird auch in der „IAS-Verordnung" der EU erneut bestätigt, wonach das Finalziel darin besteht, letztlich zu weltweit einheitlichen Rechnungslegungsstandards zu gelangen.[17] Diese Forderung schließt auch die Rechnungslegung jener Konzerne mit ein, die den Kapitalmarkt nicht in An-

---

zur Anwendung der IAS/IFRS für nicht kapitalmarktorientierte Unternehmen ausspricht; vgl. Watrin, C. (2001b), S. 935 f.

10 Vgl. Gliederungspunkt 2.2.2.2.

11 Empirische Untersuchungen in Deutschland belegen, dass auch mittelständische Unternehmen in hohem Maße international tätig sind und vielfach über ausländische Tochtergesellschaften verfügen; vgl. Bassen, A./Behnam, M./Gilbert, D. (2001), S. 413 ff.

12 Empirischen Befragungen zufolge, vertreten auch mittelständische Unternehmen die Auffassung, dass die Anwendung der IAS/IFRS wegen der dadurch erzielten internationalen Vergleichbarkeit zu begrüßen ist; vgl. Mandler, U. (2003a), S. 145.

13 Vgl. Baetge, J./Beermann, T. (1999), S. 341; Busse von Colbe, W. (2002a), S. 168; Niehues, M. (2001), S. 1219 f.; Remme, W./Theile, C. (1998), S. 912 sowie die von der Österreichischen Regierung erarbeitete Regierungsvorlage zum Bundesgesetz über Änderungen des Handelsgesetzbuchs, des Bankwesengesetzes, des Wertpapieraufsichtsgesetzes und des Versicherungsgesetzes betreffend die Anwendung international anerkannter Rechnungslegungsgrundsätze bei Konzernabschlüssen – Konzernabschlussgesetz (KonzaG) vom 29. Januar 1999.

14 Vgl. Lutz, S./Eidel, U. (2000), S. 27.

15 Vgl. Fröhlich, C. (2002), S. 1184.

16 Siehe Gliederungspunkt 3.1.14.1.

17 Vgl. Verordnung (EG) Nr. 1606/2002 des Europäischen Parlaments und des Rates vom 19. Juli 2002, Begründung, Abschnitt (2).

spruch nehmen.[18] Denn auch für die Abschlussnutzer nicht kapitalmarktorientierter Konzerne sind im Sinne eines „*level playing field*" einheitliche, international vergleichbare Abschlussinformationen zu fordern.

Einem nach IAS/IFRS erstellten Abschluss wird aufgrund seiner Ausrichtung am Primat der Entscheidungsnützlichkeit[19] generell ein höherer Informationswert für die Investoren beigemessen.[20] Hierfür werden folgende Gründe angeführt: Erstens sind die IAS/IFRS im Vergleich zu den Rechnungslegungsnormen des HGB durch einen höheren Grad der Bestimmtheit gekennzeichnet,[21] da sie weniger explizite Ansatz- und Bewertungswahlrechte sowie detailliertere Rechnungslegungsgrundsätze und Definitionen beinhalten. Zweitens führen die IAS/IFRS, durch den geringeren Einfluss des Vorsichtsprinzips, grundsätzlich zu einer insgesamt realistischeren Darstellung der Unternehmenssituation und erlauben dadurch eine präzisere Abschätzung des erwarteten Unternehmenswertes,[22] und drittens bestehen nach IAS/IFRS weiter gehende Informationspflichten als nach HGB.[23] Wird der Wertung gefolgt, dass IAS/IFRS-Abschlüsse tendenziell einen höheren Informationswert für die Investoren besitzen als ein herkömmlicher HGB-Abschluss,[24] und wird gemäß der angelsächsischen/angloamerikanischen Rechnungslegungsauffassung unterstellt, dass jene Informationen, die den Risikokapitalgebern Nutzen stiften, auch den Bedürfnissen der übrigen Stakeholder dienen,[25] dann ist konsequenterweise anzunehmen, dass sich mit der Erstellung eines Konzernabschlusses nach IAS/IFRS der Informationsnutzen für alle Stakeholder erhöht. Dies gilt grundsätzlich unabhängig von der Kapitalmarktinanspruchnahme des

---

18 Die Beschränkung der Vierten und Siebenten EG-Richtlinie auf Unternehmen in der Rechtsform der Kapitalgesellschaft bzw. Kapitalgesellschaften & Co. erfolgte primär aus Praktikabilitätsüberlegungen und den großen Divergenzen im Recht der übrigen Unternehmensformen; vgl. Fischer, L. (1970), S. 506. Der Vertrag zur Gründung der Europäischen Wirtschaftsgemeinschaft (EWGV) ist grundsätzlich nicht auf Kapitalgesellschaften beschränkt; vgl. Gliederungspunkt 3.1.14.1.

19 Vgl. International Accounting Standards Board (Hrsg.) (2001), F 12.

20 Vgl. Entwurf eines KapAEG (1997), Begründung zu § 292a HGB-E; Busse von Colbe, W. (2001), S. 204; Budde, W. (1997), S. 119; Institut der Wirtschaftsprüfer (Hrsg.) (2003), S. 2; Zabel, M. (2002), S. 920. Kritisch zu dieser Wertung jedoch Euler, R. (2002), S. 879 f.; Kahle, H. (2003), S. 264 ff.

21 Vgl. Eichhorn, K. (2001), S. 224; Ordelheide, D. (2000), S. 522 f. Allerdings enthalten die IAS/IFRS eine Reihe an impliziten Wahlrechten und Ermessensspielräumen.

22 Vgl. Ordelheide, D. (2000), S. 524 f.; ähnlich Marten, K.-U./Schlereth, D./Crampton, A./Köhler, A. (2002), S. 2007 ff.

23 Vgl. Böcking, H.-J. (2001), S. 1438.

24 Auch empirischen Umfragen zufolge wird IAS/IFRS-Abschlüssen ein höherer Informationsnutzen für die Eigenkapitalgeber zugesprochen; vgl. Marten, K.-U./Schlereth, D./Crampton, A./Köhler, A. (2002), S. 2008.

25 Vgl. z. B. das *Statement of Principles* des ASB (Accounting Standards Board (Hrsg.) (1999a), Abschnitt 1.3 ff.), das *framework* des IASB (International Accounting Standards Board (Hrsg.)

jeweiligen Unternehmens. Auch wenn die IAS/IFRS mit Fokus auf kapitalmarktorientierte Unternehmen entwickelt werden, kann hieraus nicht – wie regelmäßig geschehen[26] – abgeleitet werden, dass sie für die Stakeholder nicht kapitalmarktorientierter Unternehmen und Konzerne keine geeignete Entscheidungs- und Informationsgrundlage liefern.[27] Denn obschon die Entscheidungssituationen, -modelle und Rechnungslegungskenntnisse zwischen Nutzern kapitalmarktorientierter und nicht kapitalmarktorientierter Konzerne divergieren können, lässt sich hieraus nicht generell ein Bedarf an alternativen Regeln zur Messung der Unternehmensleistung ableiten.[28] Hierfür fehlt bislang sowohl die theoretische[29] als auch empirische Fundierung.[30] Auch die Analyse des britischen Differenzierungskonzeptes zeigt, dass die vom ASB entwickelten *accounting standards*, die den IAS/IFRS in vielen Bereichen ähnlich sind, von allen konzernrechnungslegungspflichtigen Konzernen gleichermaßen anzuwenden sind[31] und somit keine Differenzierung vorgenommen wird.

Die im Zuge der Umsetzung der neuen Eigenkapitalvorschriften des Basler Ausschusses für Bankenaufsicht (Basel II)[32] diskutierte Vorteilhaftigkeit einer Bilanzierung nach international anerkannten Rechnungslegungsgrundsätzen[33] unterstützt die These, dass nicht nur Eigenkapitalgeber, sondern auch Gläubiger im Sinne eines informationsbezogenen Gläubigerschutzes von einer Anwendung der IAS/IFRS profitieren könnten.[34] Entsprechend kommt auch die *Regierungskommission Corporate Gover-*

(2001), F 10) sowie das *framework* des FASB (Financial Accounting Standards Board (Hrsg.) (1978), SFAC 1.30).

26 Vgl. z. B. Hüttche, T. (2002), S. 1806.

27 Ähnlich Peemöller, V./Spanier, G./Weller, H. (2002), S. 1802.

28 Vgl. Murray, D./Johnson, R. (1983), S. 5 ff.

29 Eine theoretische Ableitung von Rechnungslegungsregeln, die von allen Nutzern favorisiert werden, setzt grundsätzlich homogene Adressatenpräferenzen voraus, die in der Realität jedoch in der Regel weder bei den Adressaten kapitalmarktorientierter noch nicht kapitalmarktorientierter Unternehmen gegeben sind.

30 Zwar liegt die Auffassung nahe, dass die Opportunitätskosten einer Standardisierung von Rechnungslegungsnormen umso geringer ausfallen, je homogener die Adressatenpräferenzen sind (vgl. Pellens, B./Gassen, N. (2001), S. 138 f.), doch konnte im Rahmen empirischer Untersuchungen bislang nicht eindeutig bestätigt werden, dass sich die Präferenzen der Adressaten kapitalmarktorientierter Unternehmen im Hinblick auf die für die Abbildung von Geschäftsvorfällen anzuwendenden materiellen Rechnungslegungsnormen grundsätzlich von jenen nicht kapitalmarktorientierter Unternehmen unterscheiden. Siehe hierzu auch die Ausführungen unter Gliederungspunkt 2.3.3.1.

31 Vgl. Gliederungspunkt 4.2.4.3.

32 Vgl. Basler Ausschuss für Bankenaufsicht (Hrsg.) (2003).

33 Vgl. z. B. Deutscher Standardisierungsrat (Hrsg.) (2001), Begründung A. Allgemeiner Teil; siehe auch Gliederungspunkt 3.1.16.4.; Marten, K.-U./Schlereth, D./Crampton, A./Köhler, A. (2002), S. 2010.

34 Vgl. Böcking, H.-J. (2001), S. 1439; derselbe (2002), S. 926. Ähnlich Sprissler, W. (2001), S. 85 ff.; Steck, D. (2002), S. 492. Zwar erfolgt die Kreditvergabe selbst an die rechtliche Unter-

nance zu dem Schluss, dass „ … Kreditinstitute künftig von mittelständischen Unternehmen eine Rechnungslegung nach IAS häufig auch dann verlangen, wenn nach der gesetzlichen Regelung ausschließlich eine Rechnungslegung nach HGB vorgesehen ist.“[35]

Ferner wird den IAS/IFRS aufgrund ihrer stringenten Ausrichtung am Grundsatz der *decision usefulness* im Vergleich zum herkömmlichen Abschluss nach HGB im Allgemeinen eine bessere Eignung für unternehmensinterne Steuerungs- und Kontrollzwecke attestiert.[36] Somit würde auch die Unternehmensleitung von einer Konzernabschlusserstellung nach IAS/IFRS profitieren. Zum einen könnte in jenen Konzernen, in denen nur rudimentäre interne Steuerungssysteme vorhanden sind, die auf Basis der IAS/IFRS generierte Datengrundlage die Unternehmensführung und -steuerung und damit die – auch für nicht kapitalmarktorientierte Unternehmen wichtige – Selbstinformation der Konzernleitung verbessern. Zum anderen würde eine Anwendung der IAS/IFRS die Möglichkeit der Konvergenz von internem und externem Rechnungswesen und damit die Konzernsteuerung nach einheitlichen Informationen eröffnen. Dies hätte nicht nur die spürbare Verbesserung der Verständlichkeit der Steuerungsgrößen für das eigene Management zur Folge, sondern langfristig betrachtet ließen sich hierdurch auch wesentliche Kosteneinsparungspotenziale erschließen, die zwangsläufig bei international aufgestellten Konzernen deutlich größer wären als bei national strukturierten Konzernverbunden.

Aus Nutzerperspektive sprechen somit zahlreiche Argumente dafür, eine Konzernabschlusserstellung nach IAS/IFRS von allen zur Konzernrechnungslegung verpflichteten Unternehmen – unabhängig von ihrer Kapitalmarktorientierung – zu fordern. In diesem Sinne sind auch die jüngsten Initiativen des deutschen Gesetzgebers zur Anpassung des nationalen Konzernrechts an internationale Rechnungslegungsnormen zu interpretieren, mit denen schon heute – insbesondere durch die an angelsächsischen/anglo-amerikanischen Rechnungslegungsprinzipien orientierten Rechnungslegungsstandards des Deutschen Standardisierungsrates – internationale Rechnungslegungsgrundsätze Eingang in das nationale Konzernrecht finden und damit für sämtliche Konzernabschlüsse Relevanz erlangen.[37]

---

nehmenseinheit, jedoch ist für die Bonitätsbeurteilung von Mutterunternehmen neben dem Einzelabschluss in der Regel auch der zugehörige Konzernabschluss relevant.

35 Baums, T. (Hrsg.) (2001), Tz. 268.

36 Vgl. die Ausführungen unter Gliederungspunkt 2.1 sowie die dort angegebene Literatur. Diese Auffassung wird auch durch empirische Befragungen bestätigt; vgl. Marten, K.-U./Schlereth, D./Crampton, A./Köhler, A. (2002), S. 2011.

37 Vgl. Gliederungspunkte 3.1.16.2, 3.1.16.4 und 3.3.

5.2 Rechnungslegung im Einzelabschluss – nutzenorientierte Betrachtung

Auch für den Einzelabschluss stehen dem Gesetzgeber verschiedene Alternativen zur Integration international anerkannter Rechnungslegungsgrundsätze in das nationale Recht zur Verfügung (vgl. Tab. 44).

■ **Tab. 44:** Optionen zur künftigen Normierung der Einzelabschlusserstellung nicht kapitalmarktorientierter Unternehmen

	Einzelabschluss
Nicht kapitalmarktorientierte Unternehmen	Optionen: (1) Verbot der Anwendung der IAS/IFRS (Beibehaltung der bestehenden HGB-Vorschriften für die Jahresabschlusserstellung nicht kapitalmarktorientierter Unternehmen) (2) Partielle Anpassung der nationalen Rechnungslegungsvorschriften im Rahmen der Spielräume der Vierten EG-Richtlinie an internationale Rechnungslegungsnormen (3) Unternehmenswahlrecht zur Anwendung der IAS/IFRS (4) Pflicht zur Anwendung der IAS/IFRS

Für eine Übernahme der IAS/IFRS in den Einzelabschluss spricht dessen Informationsfunktion, die schon im ADHGB 1861 verankert war und bis heute zentrale Zwecksetzung des handelsrechtlichen Jahresabschlusses geblieben ist.[38] Damit lassen sich die unter Gliederungspunkt 5.1 für den Konzernabschluss angeführten Argumente grundsätzlich auch auf den Einzelabschluss übertragen. Wird einer Unternehmensberichterstattung nach IAS/IFRS ein höherer Informationsnutzen für die Rechnungslegungsadressaten zugeschrieben, dann erweist sich deren Anwendung auch für die Erfüllung der Informationsfunktion des Einzelabschlusses als vorteilhaft. Dies gilt für die Selbstinformation des Managements, die ursprünglicher Anlass für die Normierung einer gesetzlichen Rechnungslegungspflicht für alle Kaufleute in Deutschland war,[39] und für Einzelkaufleute und Personengesellschaften auch heute noch den Hauptzweck der gesetzlichen Jahresabschlusserstellung darstellt, ebenso wie für die Befriedigung der Informationsanforderungen der externen Rechnungslegungsadressaten. So können

---

38 Ähnlich Arbeitskreis „Externe Unternehmensrechnung" der Schmalenbach-Gesellschaft (Hrsg.) (2001), S. 161. Auch nach der Vierten EG-Richtlinie wird dem Jahresabschluss eine Informationsfunktion zugeschrieben, die in dem *true and fair view*-Prinzip ihren Ausdruck findet, vgl. Herzig, N. (2001), S. 155.

39 Vgl. Gliederungspunkt 3.1.1.

insbesondere auch nicht kapitalmarktorientierte Unternehmen, für die die Fremdfinanzierung große Bedeutung hat,[40] im Hinblick auf Basel II von einer Anwendung der IAS/IFRS profitieren.[41] Außerdem sind auch nicht konzernrechnungslegungspflichtige Unternehmen zunehmend grenzüberschreitend tätig und benötigen international vergleichbare und für ihre ausländischen Geschäftspartner verständliche Abschlussinformationen.[42] Vor diesem Hintergrund würde ein Verbot zur Anwendung der IAS/IFRS für den Einzelabschluss zu einer Diskriminierung der Abschlussadressaten jener Unternehmen führen, die nicht zur Konzernabschlusserstellung verpflichtet sind, und deshalb nicht mit nach internationalen Grundsätzen erstellten, informativeren Abschlussinformationen dienen können. Wollten in einem solchen Fall nicht konzernrechnungslegungspflichtige Unternehmen den Adressatenbedürfnissen gerecht werden und ihren Einzelabschluss nach IAS/IFRS aufstellen, dann bliebe selbst kapitalmarktorientierten, konzernfreien Unternehmen nur die Möglichkeit, neben dem HGB-Einzelabschluss freiwillig einen parallelen Abschluss nach IAS/IFRS zu erstellen. Dies wäre jedoch nicht nur mit zusätzlichen Kosten verbunden,[43] sondern führte darüber hinaus bei divergierendem Ergebnisausweis zu Vertrauenseinbußen und Verwirrungen bei den Abschlussadressaten.[44]

Ein Verbot der Anwendung der IAS/IFRS für den Einzelabschluss bei gleichzeitigem Gebot für den Konzernabschluss hätte zur Folge, dass für Konzern- und Einzelabschluss unterschiedliche Bilanzierungsnormen anzuwenden wären. Hiergegen sprechen jedoch einige Gründe. Denn nur wenn der Konzernabschluss, der sich unmittelbar aus der Zusammenfassung der Einzelabschlüsse der Konzernunternehmen ergibt, nach den gleichen Rechnungslegungsgrundsätzen erstellt und die Geschäftsabläufe

---

40 Statistische Erhebungen der Deutschen Bundesbank aus dem Jahr 1998 dokumentieren, dass die Eigenkapitalquote nicht kapitalmarktorientierter, kleiner und mittelgroßer Unternehmen in Deutschland im Durchschnitt weniger als 15 % beträgt; vgl. Günterberg, B./Wolter, H.-J. (2002b). Zur Bedeutung der Kreditfinanzierung für kleine und mittelgroße Unternehmen und der Auswirkungen von Basel II auf die Kreditvergabeentscheidungen von Banken siehe Kokalj, L./ Pfaffenholz, G. (2001), S. 81 ff.

41 Dies ergeben auch empirische Umfragen, denen zufolge zentrale Vorteile einer IAS/IFRS-Bilanzierung darin gesehen werden, dass sie zur Stärkung der eigenen Position gegenüber Banken beiträgt sowie zur Senkung der Fremdkapitalkosten führen kann; vgl. Marten, K.-U./Schlereth, D./Crampton, A./Köhler, A. (2002), S. 2010. Anderer Ansicht dagegen *Küffner* und *Hock*, die davon ausgehen, dass sich bei einer Anwendung vornehmlich am Aktionärsschutz ausgerichteter internationaler Rechnungslegungsgrundsätze die Fremdkapitalaufnahme mittelständischer Unternehmen erschweren wird; vgl. Küffner, P./Hock, B. (1998), S. 62.

42 Vgl. Hahn, K. (2001), S. 1268. Zur Internationalisierung kleiner und mittelgroßer Unternehmen siehe insbesondere Bassen, A./Behnam, M./Gilbert, D. (2001), S. 413 ff.; Donckels, R. (2002), S. 107 ff.; Hieke, H. (2000), S. 46 ff.

43 So auch Herzig, N./Bär, M. (2003), S. 2 f.

44 Dies zumindest auf der Ebene des Konzernabschlusses kapitalmarktorientierter Konzerne zu vermeiden, war das Grundanliegen des Gesetzgebers bei der Verabschiedung des KapAEG und mitverantwortlich für die Einführung des § 292 a HGB; vgl. Gliederungspunkt 3.1.16.1.

nach den gleichen Regeln abgebildet werden wie die zugrunde liegenden Einzelabschlüsse, kann der Konzernabschluss die ihm ursprünglich zugedachte Ergänzungs- und Kompensationsaufgabe[45] erfüllen und die Informationsdefizite und Manipulationsmöglichkeiten ausgleichen, die sich für den Einzelabschluss aus der Konzernverflechtung ergeben.[46] Erst die gemeinsame Analyse von Konzern- und Einzelabschluss gewährt den Adressaten einen ausreichenden Einblick in die Vermögens-, Finanz- und Ertragslage eines Konzernunternehmens.[47] Eine solche ist ohne aufwendige Aufbereitungsmaßnahmen jedoch nur dann möglich, wenn beide Abschlüsse nach denselben Regeln erstellt wurden.[48] Folgerichtig fordert deshalb auch die Siebente EG-Richtlinie, dass der Konzernabschluss grundsätzlich nach den für den Jahresabschluss geltenden Rechnungslegungsnormen aufzustellen ist und ebenso wie der Einzelabschluss einen *true and fair view* zu vermitteln hat.[49] Darüber hinaus sprechen auch Wirtschaftlichkeitsgründe für die Vereinheitlichung der Rechnungslegungsnormen von Konzern- und Einzelabschluss.[50] Werden Konzern- und Einzelabschluss auf Basis der IAS/IFRS erstellt, erübrigen sich die andernfalls erforderlichen kostenintensiven Überleitungen von einem HGB-Einzelabschluss auf eine IAS/IFRS-Handelsbilanz II. So fordert auch die EU-Kommission in ihrem Strategiepapier, „... die Mitgliedstaaten [sollten] soweit wie möglich die Anwendung der IAS bei der Aufstellung von Einzelabschlüssen fördern bzw. sogar so weit gehen, sie vorzuschreiben. Dies würde zukünftig die Aufstellung konsolidierter Abschlüsse erleichtern."[51]

Einer Spaltung der Rechnungslegungsvorschriften zwischen Jahresabschluss einerseits und Konzernabschluss andererseits fehlt schließlich auch die konzeptionelle Rechtfertigung.[52] Wenn beide Abschlüsse die Zielsetzung haben, die Leistung des Unternehmens bzw. Konzerns zu messen, dann müssen identische Geschäftsvorfälle auch nach denselben Regeln erfasst werden.[53] Divergierende Abbildungsregeln stiften nicht nur

---

45 Vgl. Baetge, J./Kirsch, H.-J./Thiele, S. (2002b), S. 34 ff. sowie S. 38; siehe zum geschichtlichen Hintergrund der Einführung einer Konzernrechnungslegungspflicht in Deutschland Gliederungspunkt 3.1.11.

46 Vgl. Grund, M. (1996b), S. 1295; Herzig, N./Dautzenberg, N. (1998), S. 33; Kleindiek, D. (2000), S. 6. Schulze-Osterloh, J. (1998), S. 309.

47 Vgl. Busse von Colbe, W./Ordelheide, D. (1993), S. 21.

48 Vgl. Budde, W. (1997), S. 116 f.

49 Vgl. Siebente Richtlinie 83/349/EWG des Rates vom 13. Juni 1983, Artikel 16 (3) und Artikel 29. Siehe zur Einheit von Konzern- und Einzelabschluss nach den EG-Richtlinien auch Budde, W./Steuber, E. (2000), S. 971 f.

50 Vgl. Busse von Colbe, W. (2002a), S. 168; Hahn, K. (2001), S. 1268; Kahle, H. (2003), S. 272; Knorr, L. (2001), S. 300.

51 Mitteilung der Kommission an den Rat und das Europäische Parlament KOM (2000) 359 endgültig vom 13. Juni 2000, Tz. 17.

52 Vgl. Zitzelsberger, S. (1998b), S. 805.

53 So auch Busse von Colbe, W. (2002a), S. 167 f.

Verwirrung bei den Rechnungslegungsadressaten,[54] sondern beeinträchtigen auch die inhaltliche Vergleichbarkeit von Abschlussinformationen zwischen konzernverbundenen Gesellschaften und konzernfreien Unternehmen.

Unter Informationsaspekten sowie aus Gründen der Rechtseinheitlichkeit wäre deshalb eine Übernahme der IAS/IFRS auch für den Einzelabschluss zu begrüßen, und zwar unabhängig davon, ob ein Unternehmen den Kapitalmarkt in Anspruch nimmt oder nicht. Denn nur einheitliche Abbildungsregeln für Konzern- und Einzelabschluss können Diskriminierungen und Wettbewerbsverzerrungen zwischen Unternehmen verhindern und gewährleisten, dass identische Geschäftsabläufe nach gleichen Regeln erfasst werden. Dies ist Grundvoraussetzung dafür, dass Konzern- und Einzelabschluss die ihnen zugedachte Informationsfunktion adäquat erfüllen können. Ferner tragen uniforme Abbildungsregeln für Konzern- und Einzelabschluss für alle Unternehmen zur Realisierung von Netzwerkeffekten bei,[55] indem zum einen die durchgängige Vergleichbarkeit der bereitgestellten Abschlussinformationen zwischen kapitalmarktorientierten und nicht kapitalmarktorientierten Unternehmen einerseits sowie zwischen Konzernen und konzernfreien Unternehmen andererseits sichergestellt wird und zum anderen der Aufbau von Fachwissen und damit die Verständlichkeit der Abschlussinformationen für die Rechnungslegungsadressaten gefördert wird.

Eine Gleichbehandlung von Konzern- und Einzelabschluss entspricht darüber hinaus der an der wirtschaftlichen Betrachtungsweise orientierten angelsächsischen/angloamerikanischen Rechnungslegungsauffassung[56] und damit auch dem Rechnungslegungskonzept des IASB. In Deutschland stand dagegen traditionell, geprägt von einer *legal entity*-Fokussierung, der Abschluss der rechtlichen Einheit als Rechnungslegungsinstrument im Vordergrund. Erst mit dem Bilanzrichtlinien-Gesetz von 1985 hat sich der Konzernabschluss von den Abschlüssen der Einzelunternehmen emanzipiert[57] und seitdem sukzessive an Bedeutung gewonnen.[58] Auch im Rahmen der jüngsten Initiativen zur Modernisierung des nationalen Bilanzrechts steht primär der Konzernabschluss im Normierungsfokus, was auch dadurch deutlich wird, dass die Verlautbarungen des DRSC ausschließlich auf den Konzernabschluss beschränkt sind.[59] Die stark gewachsene Bedeutung des Konzernabschlusses zeigt sich in der Unternehmenspraxis auch an der Tatsache, dass dieser mittlerweile faktisch den Einzelabschluss sogar im Hinblick auf die Bemessung der Ausschüttungsansprüche der

54 Vgl. Ballwieser, W. (2001c), S. 163.
55 Siehe zu Netzwerkeffekten im Bereich der externen Rechnungslegung Gliederungspunkt 2.2.2.2.
56 Vgl. für Großbritannien Gliederungspunkt 4.2.4.3.
57 Vgl. Gliederungspunkt 3.1.14.6.1.
58 Vgl. Gliederungspunkt 3.3.
59 Vgl. Gliederungspunkt 3.1.16.2.

Aktionäre funktional weitgehend ersetzt hat.[60] Es deutet sich somit in Deutschland eine zunehmende Hinwendung zum Konzernabschluss und damit ein Wandel von einer *legal entity*-Fokussierung zu einer *economic entitiy*-Betrachtungsweise an. Diese steht jedoch mit einer Spaltung von Konzern- und Einzelabschluss nicht in Einklang. Denn bei Unternehmen, die nicht im Konzernverbund organisiert sind, ist die Rechtseinheit identisch mit der wirtschaftlichen Einheit. Folglich stellt bei konzernfreien Unternehmen gemäß dem *economic entitiy*-Konzept der Jahresabschluss der rechtlichen Unternehmenseinheit den für die Information der Unternehmensbeteiligten maßgebenden Abschluss dar.

Die Trennung zwischen Konzern- und Einzelabschluss wird in Deutschland bisher damit begründet, dass der Einzelabschluss im Gegensatz zum Konzernabschluss neben der Informationsaufgabe auch eine Ausschüttungs- und Steuerbemessungsfunktion hat. Den IAS/IFRS wird für die Erfüllung dieser Aufgaben des Jahresabschlusses jedoch nur bedingte Eignung zugesprochen.[61] Da die IAS/IFRS an dem Grundsatz der *decision usefulness* ausgerichtet sind, bieten sie im Vergleich zu den HGB-Normen einerseits weitreichendere Aktivierungsmöglichkeiten, schränken andererseits jedoch das Passivierungspotential ein. Bei Ausschüttung eines nach IAS/IFRS ermittelten Ergebnisses besteht daher die Gefahr, dass eine nominale Kapitalerhaltung nicht mehr sichergestellt ist.[62] Der Gläubigerschutz durch Kapitalerhaltung ist für Aktiengesellschaften explizit in der Zweiten EG-Richtlinie geregelt. Diese bestimmt: „Der Betrag einer Ausschüttung an die Aktionäre darf den Betrag des Ergebnisses des letzten abgeschlossenen Geschäftsjahres, zuzüglich des Gewinnvortrags und der Entnahmen aus hierfür verfügbaren Rücklagen, jedoch vermindert um die Verluste aus früheren Geschäftsjahren sowie um die Beträge, die nach Gesetz oder Satzung in Rücklagen eingestellt worden sind, nicht überschreiten."[63] Hierdurch soll sichergestellt werden, dass den Gläubigern für die Befriedigung ihrer Ansprüche ein Mindesthaftungskapital in Höhe der Einlagen der Gesellschafter erhalten bleibt. Ein solcher institutioneller Gläubigerschutz durch Kapitalbindung ist jedoch nur dann gewährleistet, wenn die der Ergebnisermittlung zugrunde liegenden Rechnungslegungsnormen so konzipiert sind, dass nur solche Nettovermögensmehrungen als an die Eigentümer ausschüttbares Ergebnis ausgewiesen werden, die als „ausreichend sicher" anzusehen sind. Die Kon-

---

60 Vgl. hierzu die aktuelle empirische Studie von Pellens, B./Gassen, J./Marc, R. (2003), S. 309 ff.

61 Vgl. Gliederungspunkt 3.1.16.1.1. Die Bundesregierung plant deshalb für Ausschüttungs- und Besteuerungszwecke auch weiterhin von allen Unternehmen einen Jahresabschluss nach HGB zu fordern. Allerdings soll es den Unternehmen zusätzlich möglich sein, für Informationszwecke einen IAS/IFRS Einzelabschluss zu erstellen und offen zu legen. D. h. die Erfüllung der gesetzlichen Publizitätspflichten kann künftig anhand eines IAS/IFRS-Einzelabschlusses erfolgen; vgl. Ernst, C. (2003a), S. 1489.

62 Vgl. Gliederungspunkt 3.1.16.1.1.

63 Zweite Richtlinie 77/91/EWG des Rates vom 13. Dezember 1976, Artikel 15 (1c).

kretisierung der Ermittlung ausschüttbarer Ergebnisse erfolgt in Deutschland über das Realisationsprinzip – das unter Einfluss des dominanten Vorsichtsprinzips – jene Nettovermögensmehrungen als ausschüttbar definiert, die über den Markt durch Verkaufstransaktionen vereinnahmt wurden. Denn werden Gewinne verteilt, die nicht über Markttransaktionen realisiert wurden, so wird der Kapitalschutz unterlaufen. Im Insolvenzfall besteht dann für die Gläubiger die Gefahr, dass das in den Vermögenswerten gebundene Haftungskapital nicht wiedererlangt werden kann, wenn sich die ausgewiesenen Vermögenswerte im Rahmen einer Liquidation nicht als werthaltig herausstellen.

Da die Zweite EG-Richtlinie keine eigenständigen Vorschriften für die Berechnung des ausschüttungsfähigen Ergebnisses enthält, wäre bei einer vollständigen Übernahme der IAS/IFRS in den Einzelabschluss ein Schutz des Haftungskapitals für die Gläubiger nicht mehr gewährleistet. Soll deshalb neben einem auf die Bereitstellung entscheidungsrelevanter Informationen basierenden informationellen Gläubigerschutz, im Einklang mit der bisherigen Rechtstradition,[64] durch die Festlegung von Ausschüttungsregelungen an einem institutionellen Gläubigerschutz im Sinne der Zweiten EG-Richtlinie festgehalten werden,[65] so bietet sich hierfür eine nach britischem Vorbild erstellte Zahlungsbemessungsrechnung an,[66] mit deren Hilfe ergänzend zur üblichen Erfolgsermittlung der ausschüttbare Gewinn ermittelt wird.[67]

---

64 Zur geschichtlichen Entwicklung des bilanziellen Gläubigerschutzes in Deutschland siehe Gliederungspunkt 3.1. Kritisch bezüglich der Wirksamkeit bilanzieller Ausschüttungsrestriktionen Ewert, R. (1986), S. 293 ff. und S. 386; Kahle, H. (2002b), S. 698; Kübler, F. (1995a), S. 361 ff.; derselbe (1995b), S. 550; Niehues, M. (2001), S. 1214 ff.; Schreiber, U. (1999), S. 881 ff.; Wagenhofer, A./Ewert, R. (2003), S. 176 ff. Gegen eine Einschränkung des Kapitalschutzes sind der Arbeitskreis Bilanzrecht der Hochschullehrer Rechtswissenschaft (Hrsg.) (2002), S. 2375 f. sowie Schön, W. (2000), S. 725 ff. Gegen privatautonome Lösungen anstelle eines institutionellen Gläubigerschutzes werden insbesondere folgende Gründe vorgebracht. Zum einen können einzelvertragliche Vereinbarungen höhere Transaktionskosten verursachen und sind nur für jene Vertragspartner eine Alternative, die über eine entsprechende Verhandlungsposition verfügen (vgl. hierzu auch Gliederungspunkt 2.2.2.3). Zum anderen besteht für die kreditsuchenden Unternehmen die Gefahr, dass die Vereinbarungen zu sich kumulierenden Auflagen führen, die nicht nur widersprüchliche Regelungen beinhalten, sondern darüber hinaus den Handlungsspielraum des Unternehmens spürbar einengen können; vgl. Schön, W. (2000), S. 727; ähnlich Kahle, H. (2003), S. 270; Schildbach, T. (2002), S. 272.

65 Die von der Europäischen Kommission eingesetzte „*High Level Group of Company Law Experts*" regt dagegen in ihrem 2002 vorgelegten Abschlussbericht an, die Zweite EG-Richtlinie zu überarbeiten und die Einführung eines Solvenztests als alternatives Gläubigerschutzkonzept zu prüfen; vgl. The High Level Group of Company Law Experts (Hrsg.) (2002), S.90 f. Die Einführung eines Solvenztests wird auch von der *Fédération des Experts Comptables Européens* favorisiert; vgl. Fédération des Experts Comptables Européens (Hrsg.) (2001b), S. 9 f.

66 Vgl. Gliederungspunkt 4.2.3.1.2.2.

67 Dies schlagen auch vor: Busse von Colbe, W. (1995), S. 386; Fischer, W.-W. (2001), S. 99 f.; Hommelhoff, P. (1998), S. 400 f.; Schön, W. (1997), S. 158 f.; Pellens, B./Gassen, J. (2001), S. 140; ähnlich Krumnow, J. (1994), S. 694; Ordelheide, D. (1998b), S. 31.

Möglich wäre beispielsweise, die vom IASB im Rahmen seines „*performance reporting*"-Projektes[68] vorgeschlagene Matrixdarstellung eines „*statement of comprehensive income*" um eine weitere Spalte zu ergänzen, in der die ausschüttungsfähigen Ergebnisbestandteile, das *distributable income*, gezeigt werden. Sinnvoll wäre dabei, entgegen dem Vorschlag des IASB, die Summenspalte nicht als Anfangsspalte zu zeigen, sondern an die dritte Stelle zu setzen, um zu verdeutlichen, dass sich die Gesamtsumme aus dem „*income before remeasurements*" zuzüglich den „*remeasurements*" ergibt, das ausschüttbare Ergebnis hingegen eine separate Teilkomponente des Gesamterfolgs darstellt (vgl. Abb. 40).

■ **Abb. 40:** Um Zahlungsbemessungsrechnung erweitertes *statement of comprehensive income*

	Income before remeasurements	Remeasurements	Total	Distributable income
Business				
Financing				
Tax				
Comprehensive Income				

Für Ausschüttungszwecke würde es genügen, das entziehbare Ergebnis nur in Summe auszuweisen. Im Sinne einer verbesserten Information für die Adressaten wäre allerdings eine gesonderte Angabe des ausschüttbaren Betrages für die in der Rechnung ausgewiesenen jeweiligen Ergebniskategorien zu begrüßen. Darüber hinaus müsste der ausschüttungsfähige Erfolg, sofern er nicht für Ausschüttungszwecke verwendet, sondern in die Gewinnrücklagen eingestellt wird, jährlich fortgeschrieben werden. Der kumulierte ausschüttungsfähige Teil der Gewinnrücklagen müsste dann konsequenterweise entweder direkt in der Bilanz – als gesonderter Posten unterhalb den Gewinnrücklagen oder als „davon Vermerk" – gezeigt oder aber im Anhang angegeben werden, um der Informationsfunktion des Abschlusses zu entsprechen.

Welche der nach IAS/IFRS ermittelten Eigenkapitalveränderungen als ausschüttungsfähig zu klassifizieren sind, müsste bei dieser Konzeption vom Gesetzgeber und/oder aus Praktikabilitätsgründen unmittelbar vom Bundesjustizministerium definiert wer-

[68] Siehe hierzu die Website des IASB http://www.iasb.org.uk sowie o. V. (2003b), S. 11 f.

den.[69] Bei Einbindung des Finanzministeriums in die Bestimmung der Regelungen zur Ermittlung eines ausschüttungsfähigen Gewinns könnte auf diese Art und Weise sogar (idealtypischerweise) erreicht werden, dass das als ausschüttungsfähig definierte Ergebnis gleichzeitig auch als Steuerbemessungsgrundlage fungieren könnte.[70] Eine Zweckkomplementarität von Ausschüttungsbemessung und steuerlicher Gewinnermittlung kann grundsätzlich unterstellt werden.[71] Als beratende Instanz könnte dem Gesetzgeber bzw. dem Bundesjustizministerium das DRSC mit fachlicher Expertise zur Seite stehen.[72] Dies wäre deshalb empfehlenswert, weil letztendlich die einzelnen IAS/IFRS im Hinblick auf die hiervon ausgehenden Eigenkapitalveränderungen durchforstet werden müssten, um dann festzulegen, inwiefern diese für die Berechnung des ausschüttungsfähigen Ergebnisses zu berücksichtigen wären. Außerdem könnte das DRSC als IASB-*liaison member* entsprechenden Einfluss auf die Standardentwicklung des IASB nehmen und darauf hinwirken, dass die mit einer solchen Zahlungsbemessungsrechnung in Zusammenhang stehenden nationalen Interessen (z. B. Erweiterung und Modifizierung des *statement of comprehensive income* im Sinne der vorgeschlagenen Zahlungsbemessungskonzeption) in den IAS/IFRS entsprechend Berücksichtigung finden.

Die Vorteile einer solchen, auf den IAS/IFRS basierenden Zahlungsbemessungsrechnung, die für Ausschüttungs- und Steuerbemessungszwecke gleichermaßen verwendet werden könnte, liegen vor allem darin, dass einerseits die IAS/IFRS uneingeschränkt

---

69 Aufgrund des steten Änderungs- und Verbesserungsprozesses der IAS/IFRS hätte eine konkrete Verankerung der Regelungen zur Bestimmung des ausschüttbaren Gewinns im Gesetz großen und ständig wiederkehrenden gesetzgeberischen Aufwand zur Folge, der nicht zuletzt eine zeitnah an die Verabschiedung des IFRS angehängte Normensetzung als unpraktikabel erscheinen lässt. Hierfür dürften sich folglich Erlasse des Bundesjustizministeriums, die möglicherweise in Kooperation mit dem DRSC erarbeitet werden könnten, als sinnvoller erweisen.

70 Eine unmittelbare Anknüpfung der steuerlichen Gewinnermittlung an die IAS/IFRS wird primär aus verfassungsrechtlichen Bedenken abgelehnt; vgl. Euler, R. (2000), S. 197 f.; Kahle, H. (2002c), S. 186 f.; Herzig, N. (2000), S. 115; Herzig, N./Bär, M. (2003), S. 4; Zeitler, F.-C. (2003), S. 1532. Wenngleich sich hieraus grundsätzlich Ansatzpunkte für ein Harmonisierung der Unternehmensbesteuerung innerhalb der EU ergeben könnten; vgl. Herzig, N./Bär, M. (2003), S. 5; Schreiber, U. (1997), S. 509. Zu den Auswirkungen einer Anwendung der IAS/IFRS im Hinblick auf die Steuerbelastung der Unternehmen siehe Oestreicher, A./Spengel, C. (1999a), S. 193 ff.; dieselben (1999b), S. 595 ff.; dieselben (2001), S. 894 ff.

71 Vgl. Schön, W. (2001), S. 70. Theoretisch lässt sich eine Zweckidentität von Ausschüttungs- und Steuerbilanz jedoch nicht begründen, da eine Präzisierung des der steuerlichen Gewinnermittlung zugrunde liegenden Leistungsfähigkeitsprinzips subjektive Wertungen voraussetzt; vgl. Kahle, H. (2002c), S. 184 f.

72 Die vollständige Übertragung der Kompetenz zur Definition des im Sinne der Kapitalerhaltung entziehbaren Ergebnisses auf den privaten *standard setter,* wie in Großbritannien angedacht (vgl. Gliederungspunkt 4.2.3.1.2.2.2), empfiehlt sich für Deutschland aus verfassungsrechtlichen Gründen nicht, da insbesondere die Vorschriften der steuerlichen Gewinnermittlung der rechtlichen Legitimierung bedürfen; vgl. hierzu Herzig, N./Bär, M. (2003), S. 3; Kahle, H. (2002c), S. 187.

Anwendung und andererseits gleichzeitig nationale Besonderheiten hinsichtlich der Zahlungsbemessungsfunktion Berücksichtigung finden könnten. So wäre es möglich, an den tradierten Prinzipien eines institutionellen Gläubigerschutzes sowie dem Prinzip der Maßgeblichkeit festzuhalten, ohne jedoch die Basisfunktion des Einzelabschlusses – nämlich die Vermittlung entscheidungsrelevanter Informationen[73] – und die internationale Vergleichbarkeit der erstellten Abschlüsse einzuschränken.[74]

Durch die Definition eines sowohl für Ausschüttungs- als auch Steuerbemessungszwecke adäquaten „Ergebnisbegriffs" wäre der Fiskus grundsätzlich mit den residualgewinnanspruchsberechtigten Koalitionsteilnehmern gleichgestellt.[75] Außerdem wäre durch die Einbeziehung von Justiz- und Finanzministerium in die Entscheidung über die Definition der ausschüttbaren Nettovermögensänderungen auch – zumindest idealtypischerweise – eine gewisse Konditionierung des Steuergesetzgebers im Hinblick auf „eigenständige" steuerliche Ergebnisdefinitionen gegeben.[76] Dem sich in der jüngsten Steuergesetzgebung abzeichnenden Trend einer zunehmenden Loslösung der steuerlichen Gewinnermittlung von der gesellschaftsrechtlichen Rechnungslegung[77] könnte somit Einhalt geboten werden. Zwar bliebe es dem Steuergesetzgeber auch weiterhin überlassen, das für die Steuerbemessung grundsätzlich relevante entziehbare Ergebnis durch eigene steuerliche Vorschriften weiter zu modifizieren, doch sollte dies aus Wirtschaftlichkeitsaspekten vermieden oder zumindest auf sehr wenige, steuersystematisch (und nicht budgetbedingt) begründete Ausnahmefälle beschränkt werden. Denn für die rechnungslegenden Unternehmen würde die Berücksichtigung steuerspezifischer Sondervorschriften die Erstellung einer zusätzlichen Mehr-Weniger-Rechnung erfordern, was mit weiteren Kosten verbunden wäre.

---

73 Auch die geschichtliche Entwicklung der Unternehmensberichterstattung in Deutschland weist auf die zunehmende Bedeutung der Informationsfunktion der externen Unternehmensberichterstattung hin; vgl. Gliederungspunkt 3.3.

74 Die Vorteilhaftigkeit eines die Informationsfunktion des Jahresabschlusses nicht einschränkenden Kapitalschutzkonzeptes wird auch von der *Fédération des Experts Comptables Européens* hervorgehoben; vgl. Fédération des Experts Comptables Européens (Hrsg.) (2001b), S. 10. Schon im Rahmen der Aktienrechtsreform 1965 wurde von *Kronstein* und *Claussen* das Prinzip der „gläsernen, aber verschlossenen Taschen" entwickelt, nachdem die Aktionäre keinen vollen Zugriff auf den erwirtschafteten Gewinn haben sollten; vgl. Gliederungspunkt 3.1.11.

75 Die Gleichstellung des Fiskus als „stiller Teilhaber" mit den Anteilseignern wird als wesentlicher Vorzug des Maßgeblichkeitsgrundsatzes gesehen und stellte bisher auch eine seiner wesentlichen Begründungen dar; vgl. Eichhorn, K. (2001), S. 30 f.; Herzig, N.(2002), Tz. 2; Löhr, D. (2003), S. 643; Schön, W. (1995), S. 377.

76 Einer Verschärfung der Unternehmensbesteuerung, wie sie bezüglich einer Aufhebung des Maßgeblichkeitsgrundsatzes vielfach befürchtet wird (vgl. hierzu z. B. die Ausführungen von Ballwieser, W. (1990), S. 493; Busse von Colbe, W. (2001), S. 204; Crezelius, G. (1994), S. 691; Gassner, W. (1998), S. 353; Prinz, U. (2003), S. 1363), könnte somit entgegengewirkt werden.

77 Vgl. Gliederungspunkt 3.1.17.

Der Wirtschaftlichkeit würde mit dem vorgeschlagenen Modell darüber hinaus auch dadurch Rechnung getragen, dass die Zahlungsbemessungsrechnung an die IAS/IFRS anknüpft und Modifikationen nur insofern erforderlich wären, wie diese in Konflikt mit dem Kapitalschutz und der Steuerbemessungsfunktion stehen.[78] Die Erstellung von drei grundsätzlich verschiedenen Rechenwerken – IAS/IFRS-Abschluss für die Information der Unternehmensbeteiligten, HGB-Abschluss für die Bemessung der Ausschüttungsansprüche der Anteilseigner, Steuerbilanz für die steuerliche Gewinnermittlung – könnte somit umgangen werden.[79] Durch die im Vergleich zum Status quo stärkere Entkoppelung von steuerlicher sowie gesellschaftsrechtlicher Zahlungsbemessung und gesellschaftsrechtlicher Rechnungslegung als Informationsinstrument wäre gleichzeitig die Gefahr eines rückwirkenden negativen Effektes der steuerlichen Gewinnermittlung auf die Informationsqualität des Einzelabschlusses (sog. „indirekte" umgekehrte Maßgeblichkeit) z. B. durch die steuerliche Rechtsprechung oder aufgrund der Ausrichtung der Bilanzpolitik der Abschluss erstellenden Unternehmen an steuerlichen Kalkülen, wie sie in Vergangenheit in Deutschland beobachtet werden konnte,[80] sehr eingeschränkt.[81] Die direkte umgekehrte Maßgeblichkeit könnte dagegen im Sinne einer Gleichstellung von Fiskus und Anteilseigner und einer wesentlichen Arbeitserleichterung für die rechnungslegenden Unternehmen beibehalten werden. Die hieraus resultierenden Ergebnisminderungen würden nur die Zahlungsbemessungsrechnung tangieren und damit den Informationsnutzen der Abschlussinformationen für die Adressaten nicht beeinträchtigen.

Die Erweiterung der Erfolgs- um eine Zahlungsbemessungsrechnung würde auch nicht mit der Aussage des IASB konfligieren, dass die IAS/IFRS ausschließlich für Informationsaufgaben und nicht für Steuerermittlungszwecke konzipiert sind.[82] Im Gegen-

---

78 Kritisch hierzu jedoch *Arbeitskreis Bilanzrecht der Hochschullehrer Rechtswissenschaft*, der davon ausgeht, dass eine fortlaufend zu führende Zahlungsbemessungsrechnung etwa mit dem gleichen Aufwand verbunden ist, wie ein parallel aufgestellter HGB-Abschluss; vgl. Arbeitskreis Bilanzrecht der Hochschullehrer Rechtswissenschaft (Hrsg.) (2002), S. 2376; ähnlich kritisch Kahle, H. (2003), S. 271; Löhr, D. (2003), S. 649; Pellens, B./Gassen, J. (2001), S. 140. Für eine Analyse der Eignung der IAS/IFRS für Zahlungsbemessungszwecke siehe Streim, H./Esser, M. (2003a), S. 736 ff.; dieselben (2003b), S. 781 ff.

79 So zeigen die Entwicklungen in Großbritannien, dass auch dort eine völlige Trennung von gesellschaftsrechtlicher und steuerlicher Gewinnermittlung, wie vielfach für Deutschland gefordert wird (vgl. z. B. Broer, F. (2001), S. 413; Fülbier, R./Gassen, J. (1999), S. 1513; Weber-Grellet, H. (2002), S. 706), nicht gegeben ist, sondern gerade in jüngster Vergangenheit wieder eine stärkere Annäherung der steuerlichen Gewinnermittlung an die gesellschaftsrechtliche Rechnungslegung stattfindet; vgl. Gliederungspunkt 4.1.5.

80 Vgl. Gliederungspunkt 3.1.6.

81 Dies bestätigen auch die Erfahrungen in Großbritannien, wo seit 1999 eine lockere Maßgeblichkeit besteht; vgl. Gliederungspunkt 4.1.5.

82 Vgl. International Accounting Standards Board (Hrsg.) (2001), F 6.

teil, durch die Erweiterung des *statement of comprehensive income* um das *distributable income* könnte der Informationswert der Erfolgsrechnung sogar erhöht werden, da es sich bei dem ausschüttungsfähigen Ergebnis letztlich um ein weiteres Leistungsmaß handelt, dessen Berechnung und Ausweis sowohl für die Anteilseigner als auch die übrigen Unternehmensbeteiligten Informationsnutzen stiftet.

Sonstige gesellschaftsrechtliche Konsequenzen (wie z. B. das Feststellen einer Überschuldung oder Einleitung des Insolvenzverfahrens nach § 92 (2) und (3) AktG und § 64 GmbHG) könnten an den nach IAS/IFRS erstellten Einzelabschluss anknüpfen. Da bei der Überschuldungsmessung liquidations- und marktnahe Werte relevant sind, dürfte die stärker an Zeitwerten orientierte Bewertungskonzeption des IASB hierfür – soweit eine hinreichende Objektivierbarkeit der Zeitwertermittlung gegeben ist – grundsätzlich besser geeignet sein, als der bislang diesbezüglich relevante HGB-Jahresabschluss.

5.3 Notwendigkeit einer Differenzierung – kostenorientierte Betrachtung

Werden die IAS/IFRS sowohl für den Konzern- als auch den Einzelabschluss angewandt, so ist zu prüfen, inwiefern hierbei aufgrund von Kosten-Nutzen-Überlegungen eine Abstufung der Unternehmensberichterstattungserfordernisse erforderlich ist. Zwar ist – wie gezeigt wurde – zu erwarten, dass sich mit der Anwendung der IAS/IFRS sowohl im Konzern- als auch im Einzelabschluss der Informationsnutzen für die Rechnungslegungsadressaten (einschließlich dem eigenen Management) im Vergleich zu einem herkömmlichen HGB-Abschluss erhöhen wird, was sich für die Unternehmen in der Regel auch in einer verbesserten Wettbewerbsposition sowie günstigeren Vertragskonditionen auf Güter-, Dienstleistungs- und Kapitalmärkten niederschlagen dürfte.[83] Dennoch besteht die Befürchtung, dass die hieraus resultierenden Nutzeneffekte durch die zusätzlichen Kosten, die bei einer Erstellung eines IAS/IFRS-Abschlusses erwartet werden,[84] überkompensiert wer-

---

83 Empirisch konnte eine Senkung der Kapitalkosten bei Anwendung der IAS/IFRS bislang jedoch nicht eindeutig belegt werden; vgl. Ballwieser, W. (2001a), S. 646; Ewert, R. (1999), S. 43 ff.

84 Hierzu zählen z. B. die zeitlichen und finanziellen Aufwendungen für die Beschaffung, Verarbeitung und Aufbereitung der erforderlichen Informationen; Kosten für die Schulung der Mitarbeiter, Wettbewerbsnachteile durch die nach IAS/IFRS im Vergleich zum HGB umfangreicheren Informationspflichten, die mit einer Standardisierung verbundenen Opportunitätskosten usw. Bei einer Standardisierung auf hohem Niveau, wie dies bei einer Anwendung der IAS/IFRS grundsätzlich der Fall wäre, dürften die hieraus resultierenden Opportunitätskosten jedoch relativ ge-

den.[85] Vor dem Hintergrund einer Kosten-Nutzen-Abwägung, die jedoch nur subjektiv erfolgen kann,[86] erscheint es somit sinnvoll, über eine Differenzierung der Anwendung der IAS/IFRS in Deutschland nachzudenken und mögliche Differenzierungskriterien zu erörtern.

Obwohl bei Anwendung der IAS/IFRS die zur Verfügung stehenden Differenzierungsoptionen in starkem Maße vom Ausgang des derzeitigen IASB-Projektes zur Rechnungslegung nicht kapitalmarktorientierter Unternehmen[87] abhängen werden und der nationale Gesetzgeber darüber hinaus an die Vorgaben der Vierten und Siebenten EG-Richtlinie gebunden ist, soll im folgenden skizziert werden, wie für Deutschland unter Berücksichtigung der aus der historischen Analyse der deutschen und britischen Differenzierungskonzeptionen gewonnenen Erkenntnisse eine Differenzierung der Jahres-/Konzernabschlusserstellung sinnvoll gestaltet werden könnte.[88]

Differenzierung der Konzernabschlusserstellung

Im Hinblick auf den Konzernabschluss würde sich in Entsprechung zu dem in Großbritannien bestehenden Differenzierungskonzept[89] unter Kosten-Nutzen-Gesichtspunkten eine Differenzierung der Pflicht zur Konzernabschlusserstellung anbieten, nicht jedoch eine Unterscheidung der anzuwendenden Rechnungslegungsnormen. Würde eine Konzernabschlusserstellungspflicht nur für gesamtwirtschaftlich bedeutsame Unternehmen gefordert, so wäre unter Kosten-Nutzen-Aspekten für alle dann konzernrechnungslegungspflichtigen Mutterunternehmen im Konzernabschluss eine vollumfängliche Anwendung der IAS/IFRS zumut- und damit auch durchsetzbar.[90] Dies zeigt das britische Differenzierungsmodell: Danach gelten für alle konzernrechnungslegungspflichtigen Mutterunternehmen für den Konzernabschluss grundsätzlich iden-

---

ring sein. Siehe zu den mit der Erfüllung von Unternehmensberichterstattungspflichten verbundenen Kostenkategorien auch Gliederungspunkt 2.3.2.

85 So z. B. Buchholz, R. (2002), S. 1281; Ernst, C. (2001), S. 1444; Kahle, H. (2003), S. 273 f.; Kirsch, H.-J. (2003), S. 276 und S. 277; Schildbach, T. (2002), S. 272; Zabel, M. (2002), S. 920 f.

86 Vgl. Gliederungspunkt 2.3.5.

87 Siehe hierzu Gliederungspunkt 1.1.

88 Branchenspezifische Differenzierungsaspekte werden jedoch aus der Betrachtung ausgeklammert.

89 Vgl. Gliederungspunkt 4.2.4.

90 Die Anwendung der IAS/IFRS für alle konzernrechnungslegungspflichtigen Mutterunternehmen wird auch gefordert vom Arbeitskreis „Externe Unternehmensrechnung" der Schmalenbach-Gesellschaft für Betriebswirtschaft (vgl. Arbeitskreis „Externe Unternehmensrechnung" der Schmalenbach-Gesellschaft (Hrsg.) (2003), S. 1585); vom Deutschen Standardisierungsrat (vgl. Deutscher Standardisierungsrat (Hrsg.) (2002), S. 2) sowie vom Institut der Wirtschaftsprüfer (vgl. Institut der Wirtschaftsprüfer (Hrsg.) (2002b), S. 486 f.). Die Bundesregierung plant dagegen nicht kapitalmarktorientierten Unternehmen zunächst ein Unternehmenswahlrecht zur Anwendung der IAS/IFRS für die Konzernabschlusserstellung einzuräumen. Jedoch wird in Regierungskreisen darüber nachgedacht, mittelfristig auch nicht kapitalmarktaktive Konzerne zu einer Konzernabschlusserstellung nach IAS/IFRS zu verpflichten; vgl. Ernst, C. (2003a), S. 1488.

tische Rechnungslegungsgrundsätze und Informationspflichten. Dies wäre auch für Deutschland eine unter Kosten-Nutzen-Überlegungen sinnvolle Lösung.

Differenzierung der Jahresabschlusserstellung
In Bezug auf die Jahresabschlusserstellung sollte der deutschen Rechtstradition folgend an der seit dem ADHGB 1861 bestehenden Pflicht zur Erstellung eines Jahresabschlusses für alle Vollkaufleute festgehalten werden,[91] um eine adäquate Selbstinformation des Kaufmanns zu gewährleisten. Eine vollumfängliche Anwendung der IAS/IFRS für den Jahresabschluss und dessen Ergänzung um eine Zahlungsbemessungsrechnung scheint allerdings unter Kosten-Nutzen-Gesichtspunkten nicht für alle Unternehmen praktikabel.[92] Dies zeigen auch die Erfahrungen in Großbritannien, wo seit 1997 mit dem *Financial Reporting Standard for Smaller Entities* für kleinere Unternehmen, anstelle der von großen Unternehmen anzuwendenden Big GAAP, vereinfachte Rechnungslegungsgrundsätze gelten.[93] Um eine Anwendung der IAS/IFRS für „kleinere" nicht kapitalmarktorientierte Unternehmen[94] zu erleichtern, wäre es deshalb sinnvoll, wenn das IASB in Anlehnung an den in Großbritannien für kleinere Unternehmen verfügbaren FRSSE einen auf den IAS/IFRS basierenden *International Financial Reporting Standard for Smaller Entites* (IFRSSE) konzipieren würde, der anstelle der vollumfänglichen IAS/IFRS angewandt werden könnte. Die Entwicklung eines solchen IFRSSE müsste unmittelbar durch das IASB erfolgen, da nach der „IAS-Verordnung" der EU nur eine vollständige Übernahme der IAS/IFRS möglich ist. Denkbar wäre zwar auch, dass das nationale Handelsrecht an die IAS/IFRS angepasst wird und im Rahmen der nationalen Gesetzgebung Erleichterungen für nicht kapitalmarktorientierte Unternehmen eingeräumt werden. Dieses Vorhaben wäre jedoch zum einen im Hinblick auf Kapitalgesellschaften und „& Co."-Gesellschaften an die Vorgaben der EG-Richtlinien gebunden, und zum anderen würde es sich bei einem nach diesen nationalen Vorschriften erstellten Abschluss nicht mehr um einen IAS/IFRS-Abschluss handeln. Die Konsequenz wäre ein Zweiklassensystem, das sich im Sinne des verfolgten Harmonisierungsgedankens als nicht zielführend erweisen würde, da insbesondere eine internationale Vergleichbarkeit zwischen „großen" und „kleinen" Unternehmen nicht mehr gewährleistet wäre.

Eine Vereinfachung der Anwendung der IAS/IFRS könnte zum einen dadurch erzielt werden, dass in dem IFRSSE – analog dem Konzept des britischen FRSSE – nur jene Inhalte der IAS/IFRS zusammengefasst dargestellt werden, die für die Transaktionen

---

91 Zum ADHGB 1861 siehe Gliederungspunkt 3.1.1.
92 Vgl. Ernst, C. (2003a), S. 1489. Hierauf deuten auch empirische Untersuchungen hin, die zeigen, dass nicht kapitalmarktorientierte Unternehmen eine verpflichtenden Anwendung der IAS/IFRS im Einzelabschluss eher ablehnen; vgl. Mandler, U. (2003b), S. 584.
93 Siehe hierzu Gliederungspunkt 4.2.2.1.2.3. sowie 4.2.2.2.1.
94 Für eine genauere Abgrenzung siehe die Ausführungen weiter unten.

„kleinerer", nicht kapitalmarktorientierter Unternehmen üblicherweise relevant sind. Eine tief gehende Kenntnis der vollumfänglichen IAS/IFRS-Normen wäre somit für die meisten „kleinen" Unternehmen nicht erforderlich.[95] Gleichzeitig könnte bezüglich jener Geschäftsvorfälle, die nicht im IFRSSE enthalten wären, da sie für „kleinere" Unternehmen als eher unüblich betrachtet werden – entsprechend der Vorgehensweise des britischen FRSSE – auf die relevanten IAS/IFRS verwiesen werden, nicht als unmittelbar verpflichtend anzuwendende *standards*, sondern als Maßstab der *best practice.* Hierdurch wäre einerseits gewährleistet, dass auch für jene Transaktionen, die nicht im IFRSSE erfasst wären, entsprechende Regelungen und Anwendungshinweise zur Verfügung stünden, andererseits jedoch der IFRSSE nicht unnötig aufgebläht und dadurch unverständlich und unübersichtlich würde.[96] Zum anderen könnten in Entsprechung zum FRSSE, gemäß einer am *top-down approach* orientierten Modifizierungsstrategie,[97] umfassende Erleichterungen im *disclosure*-Bereich erfolgen.[98] Jedoch wäre zu prüfen, ob nicht für kleine Unternehmen gleichzeitig in den IAS/IFRS nicht enthaltene Zusatzinformationen gefordert werden müssten, um den ggf. vorhandenen spezifischen Anforderungen der Rechnungslegungsadressaten kleinerer Unternehmen fokussierter Rechnung zu tragen.

Bei dieser größenspezifischen Differenzierung des Umfangs der Anwendung der Inhalte der IAS/IFRS sollte aus konzeptionellen Gründen allerdings sichergestellt sein, dass keine grundlegende Differenzierung der Ansatz- und Bewertungsnormen erfolgt.[99] Besteht der primäre Zweck der Jahresabschlusserstellung darin, realitätsgetreue Informationen über die Unternehmensleistung zu vermitteln, so muss diese nach dem Gebot der Wahrheitstreue unabhängig von unternehmensspezifischen Merkmalen nach einheitlichen Maßstäben gemessen werden.[100] Ferner ist eine Realisierung von Netzwerkeffekten[101] (wie z. B. eine nationale und internationale Vergleichbarkeit von

---

95 Siehe zu dieser bei der Entwicklung des britischen FRSSE relevanten Argumentation Gliederungspunkt 4.2.2.1.2.2.

96 Siehe zu dieser, dem britischen FRSSE zugrunde liegenden Konzeption Gliederungspunkt 4.2.2.1.2.3.

97 Siehe für nähere Erläuterungen Gliederungspunkt 2.3.3.1.

98 Siehe zu den *disclosure*-Erleichterungen des FRSSE 4.2.3.1.4.1.4.2.

99 Je mehr das IASB jedoch den Ansatz nicht über den Markt objektivierbarer Zeitwerte erfordert, umso höher wird die mit einer Anwendung der IAS/IFRS verbundene Kostenbelastung für die Unternehmen. Folglich könnte bei einem weiterhin zunehmenden Stellenwert der *fair value*-Bewertung die Forderung nach grundsätzlich uniformen Ansatz- und Bewertungsregeln für alle Unternehmen aus Gründen der Kosten-Nutzen-Abwägung in Zukunft ggf. nicht mehr zu rechtfertigen sein.

100 Ähnlich Leffson, U. (1987), S. 152, der mit dieser Begründung eine rechtsformbezogene Differenzierung von Grundsätzen ordnungsmäßiger Buchführung ablehnt. Auch in der Vierten EG-Richtlinie findet keine Differenzierung von Ansatz- und Bewertungsnormen zwischen verschiedenen Unternehmenskategorien statt.

101 Siehe für weitere Erläuterungen von Netzwerkeffekten Gliederungspunkt 2.2.2.2.

Abschlussinformationen, Aufbau von Expertenwissen und Gewährleistung der Verständlichkeit der vermittelten Abschlussdaten) nur dann möglich, wenn innerhalb eines Rechnungslegungssystems keine Differenzierung materieller Rechnungslegungsnormen stattfindet.[102] Insbesondere wird durch eine einheitliche Abbildung identischer Geschäftsvorfälle eine Irreführung der Abschlussadressaten durch unterschiedlich konzipierte Jahresabschlüsse vermieden.[103] Die mit einer Anwendung der IAS/IFRS angestrebte Verbesserung der Wettbewerbsposition und Reduktion von Kapital- und sonstigen Vertragskosten ist deshalb nur dann sichergestellt, wenn der Informationsnutzen für die Adressaten durch die Anwendung einheitlicher Ansatz- und Bewertungsnormen gegeben ist.[104] Denn "[u]sers are ill-served by information that is ambiguous or confusing or that they are not equipped to assess. They are certainly ill-served if preparers abandon high-quality standards of financial reporting and adopt alternatives that lack the comprehensive approach, transparency, and comparability provided by IFRSs..."[105] Um eine zwischen großen und kleinen Unternehmen konsistente Darstellung von Geschäftsvorfällen zu gewährleisten, hat auch das ASB im FRSSE bislang davon Abstand genommen, eine grundlegende Differenzierung materieller Rechnungslegungsgrundsätze vorzunehmen.[106] Schließlich erfordert auch das Prinzip der Gleichmäßigkeit der Besteuerung, dass der – auf dem nach IAS/IFRS erstellten Jahresabschluss basierenden – Zahlungsbemessungsrechnung für alle Unternehmen eine uniforme Ergebnisermittlung zugrunde liegt. Vereinfachungen und Erleichterungen sollten deshalb im Bereich der Jahresabschlusserstellung im Wesentlichen auf die Einschränkung von Informationspflichten beschränkt bleiben und ggf. durch weitere Entlastungen im Bereich der Prüfung, Publizität sowie des Enforcement ergänzt werden. Für Kapitalgesellschaften sowie Kapitalgesellschaften & Co. wären hierbei jedoch die Anforderungen der Vierten EG-Richtlinie zu beachten.

Auswahl von Differenzierungskriterien

Neben der Frage welche (Teil-)Bereiche differenziert werden sollen, ist zu klären, welche Unternehmens- und Konzernkategorien in den „Genuss“ der Erleichterungs- und Befreiungsvorschriften gelangen sollen.

---

102 Siehe auch Gliederungspunkt 2.3.3.1.

103 Siehe zu dieser Argumentation Chmielewicz, K. (1981), S. 18.

104 Auch das IASB befürchtet eine Erhöhung der Kapital- und Vertragskosten für die Unternehmen, wenn eine Differenzierung der Ansatz- und Bewertungsnormen vorgenommen wird, und steht deshalb einer Unterscheidung materieller Rechnungslegungsnormen grundsätzlich ablehnend gegenüber; vgl. Fleming, C. (2003).

105 Fleming, C. (2002), S. 16.

106 Ausführlich hierzu Gliederungspunkt 4.2.3.1.5

Die geschichtliche Entwicklung des Differenzierungsprofils in Deutschland verdeutlicht, dass traditionell vor allem die Rechtsform und die Unternehmensgröße ergänzt um das Kriterium der Kapitalmarktorientierung die Unterscheidung von Rechnungslegungsanforderungen prägten.[107] Auch in der in Großbritannien umgesetzten Differenzierungskonzeption steht eine rechtsform- und größenbezogene Staffelung von Unternehmensberichterstattungserfordernissen im Vordergrund.[108]

Während die Rechtsform in Großbritannien auch heute noch ein zentrales Kriterium für die Differenzierung von Rechnungslegungsanforderungen darstellt, zeigt die Entwicklungsgeschichte in Deutschland einen sukzessiven Abbau rechtsformspezifischer Divergenzen. Zwar bestehen auch heute noch rechtsformbezogene Unterscheidungen der Rechnungslegungs-, Prüfungs- und Publizitätspflichten, doch verliert hierzulande das Kriterium der Rechtsform, bedingt durch die flexible Ausgestaltung der Unternehmensformen, über die Zeit betrachtet zunehmend an Bedeutung.[109] Die bestehende rechtsformbezogene Differenzierung von Anforderungen an die externe Unternehmensberichterstattung sollte deshalb aufgegeben werden. Hierfür sprechen insbesondere folgende Gründe:

Einerseits greift das der Differenzierung der Rechnungslegung zugrunde liegende Kriterium der „Haftung" zu kurz und stellt häufig keine sachliche Rechtfertigung für eine unterschiedliche Behandlung dar, weil auch in Personenunternehmen das den Gläubigern zur Verfügung stehende Haftungsvermögen faktisch auf das vorhandene Privatvermögen beschränkt ist.[110] Außerdem bietet das sehr niedrig gewählte Stammkapital der Gesellschaft mit beschränkter Haftung den Gläubigern vielfach ebenfalls kein ausreichendes Haftungspolster, weshalb es in der Kreditbranche üblich ist, auch bei Kapitalgesellschaften von Gesellschaftergeschäftsführern selbstschuldnerische Bürgschaften einzufordern. Die auf das Gesellschaftsvermögen begrenzte Haftung wird somit durch individuelle Vertragsvereinbarungen aufgehoben. Die Folge ist, dass Haftungsunterschiede zur Einzelunternehmung und Personengesellschaft in der Unternehmenspraxis verwischen.[111] Andererseits fehlt einer rechtsformbezogenen Differenzierung vielfach auch die Rechtfertigung im Hinblick auf die Gesellschafterstruktur

---

107 Vgl. zur geschichtlichen Entwicklung der Differenzierung der Unternehmensberichterstattung in Deutschland die Ausführungen zu Gliederungspunkt 3.

108 Siehe zu den Differenzierungsmerkmalen des britischen *Companies Act 1985* Gliederungspunkt 4.2.1.1 sowie zu den in den *accounting standards* enthaltenen Differenzierungskriterien Gliederungspunkt 4.2.2.2.1 und 4.2.2.2.2.

109 Vgl. zu dieser Schlussfolgerung auch Gliederungspunkt 3.3.

110 Vgl. Busse von Colbe, W. (1985a), S. 195; Caemmerer, E. v. (1962), S. 172; Castan, E. (1968), S. 516; Rittner, F. (1970), S. 148 f.

111 Vgl. Fischer, L. (1970), S. 505.

und den sich hieraus begründenden Gesellschafterschutz.[112] So besteht auch bei Personengesellschaften oftmals nur eine Teilpersonalunion zwischen Geschäftsführern und Eigentümern,[113] und die Publikums-Kommanditgesellschaft ist in der Praxis ebenso zu finden wie die Publikums-GmbH. „Die mit den Bilanzierungsgepflogenheiten der Gesellschaft nicht vertrauten Gesellschafter einer Personengesellschaft laufen [deshalb] in gleicher Weise Gefahr wie die einer Kapitalgesellschaft, von der Geschäftsleitung übervorteilt zu werden und sind daher in gleicher Weise auf getreue Rechenschaftslegung angewiesen."[114] Die wirtschaftlichen Strukturen von juristisch unterschiedlichen Rechtsformen gleichen sich somit an.[115] Konsequenz ist, dass rechtsformbezogene Differenzierungen zu einem Regelungsgefälle führen, das sachlich vielfach nicht zu rechtfertigen ist. Folgerichtig zeichnet sich in der Entwicklungsgeschichte in Deutschland deshalb ein Wandel von einer *legal entitity*-Betrachtungsweise hin zu einem *economic entity*-Konzept ab.[116] Aus vorgenannten Gründen und unter Fortsetzung des eingeschlagenen Entwicklungstrends würde sich somit für die Zukunft eine völlige Aufhebung der rechtsformbezogenen Differenzierung anbieten.

Stattdessen sollte in Einklang mit der dem HGB zugrunde liegenden stakeholderorientierten Betrachtungsweise[117] eine Differenzierung nur mehr nach der Unternehmensgröße sowie nach der Kapitalmarktorientierung erfolgen. Beide Merkmale haben sich auch in der Entwicklungsgeschichte in Deutschland bewährt und zu dominanten Differenzierungsmerkmalen herausgebildet.[118] Für eine größenbezogene Differenzierung spricht nicht nur deren konsequente Ausrichtung am Stakeholderansatz, sondern auch die Indikatorfunktion für sowohl quantitative (z. B. zahlenmäßiger Umfang des Adressatenkreises) als auch qualitative Unternehmensmerkmale (z. B. Heterogenität des Adressatenkreises, Komplexität der Geschäftstransaktionen, gesamtwirtschaftliche Bedeutung eines Unternehmens).[119] Ferner wurde eine an der „Unternehmensgröße"

112 Siehe zum Gesellschafterschutz als auslösendes Element einer rechtsformbezogenen Differenzierung Gliederungspunkte 2.3.1.1.1 und 2.3.1.1.2.

113 Vgl. Egner , H. (1974), S. 25.

114 Busse von Colbe, W. (1985a), S. 195.

115 Vgl. Fischer, L. (1970), S. 503.

116 Vgl. Gliederungspunkt 3.3.

117 Vgl. Gliederungspunkt 2.1.

118 Vgl. Gliederungspunkt 3.3.

119 Zu den Argumenten, die für eine Differenzierung nach der „Unternehmensgröße" sprechen siehe Gliederungspunkt 2.3.1.5. Auch der Arbeitskreis „Externe Unternehmensrechnung" der Schmalenbach-Gesellschaft für Betriebswirtschaft spricht sich für eine größenbezogene Differenzierung von Rechnungslegungsanforderungen aus; vgl. Arbeitskreis „Externe Unternehmensrechnung" der Schmalenbach-Gesellschaft für Betriebswirtschaft (Hrsg.) (2003), S. 1587. Das IASB präferiert dagegen in seinen bisherigen Überlegungen qualitative Definitionskriterien für die Charakterisierung kleiner Unternehmen und diskutiert eine negative Abgrenzung wie z. B. „Entities with users who do not have a *right* of preferential access are *not* SMEs"; Fleming, C. (2003); siehe auch Haller, A. (2003), S. 9.

anknüpfende Unterscheidung von Berichterstattungserfordernissen als Surrogat für die gesamtwirtschaftliche Bedeutung eines Unternehmens auch in dem jüngst in Großbritannien durchgeführten *Company Law Review* bestätigt.[120] Um zu gewährleisten, dass Unternehmen, die den Kapitalmarkt als Finanzierungsquelle in Anspruch nehmen, zum Schutz der anonymen Kapitalmarktteilnehmer nicht in den Genuss größenbezogener Befreiungen gelangen können, sollte das Konzept der größenbezogenen Differenzierung, analog der derzeitigen Regelung des § 267 HGB, um das Kriterium der Kapitalmarktorientierung ergänzt werden.[121] So wäre sichergestellt, dass kapitalmarktorientierte Unternehmen bezüglich ihrer externen Unternehmensberichterstattung stets den höchsten Qualitätsanforderungen unterliegen.

Bei der Wahl der konkreten Größenmerkmale könnte auf die in Deutschland zur Differenzierung der Rechnungslegung bewährten Kriterien „Bilanzsumme", „Umsatzerlöse" und „Anzahl der Mitarbeiter" zurückgegriffen werden. Wie die Analyse der Entwicklung des PublG zeigt, wird die Bilanzsumme als Maßgröße für das in einem Unternehmen gebundene Kapital gewertet, die Umsatzerlöse als Indikator für die von dem Unternehmen erzielte Marktleistung betrachtet und die Zahl der Beschäftigten als Ausdruck für die menschliche Arbeitsleistung sowie die sozialpolitische Bedeutung eines Unternehmens verstanden.[122] Zu überlegen wäre jedoch, ob nicht anstelle der „Umsatzerlöse" – wie bereits im Rahmen des PublG in Erwägung gezogen[123] – auf die „Wertschöpfung" als umfassenderes Leistungsmaß zurückgegriffen werden sollte.[124] Eine Messung der betrieblichen Leistung anhand der Bruttowertschöpfung – definiert als Produktionswert (Umsatzerlöse zuzüglich Bestandsmehrungen an fertigen und unfertigen Erzeugnissen und aktivierten Eigenleistungen) abzüglich Vorleistungen (wertmäßiger Verbrauch von bezogenen Vorprodukten und Dienstleistungen)[125] – hätte gegenüber den Umsatzerlösen insbesondere folgende Vorteile:[126]

(a) Es werden sowohl die Produktionstiefe als auch die Produktionsbreite berücksichtigt.

(b) Umfangreiche Vorleistungen, die über den Verkaufspreis an den Markt weitergegeben werden, wirken nicht leistungssteigernd. Dies hat zur Konsequenz, dass Unternehmen mit hohen Vorleistungen, wie z. B. materialintensive Be-

---

120 Vgl. Gliederungspunkt 4.2.1.1.2.

121 Zur Rechtfertigung einer kapitalmarktorientierten Differenzierung der externen Unternehmensberichterstattung siehe auch Gliederungspunkt 2.3.1.2.

122 Vgl. Gliederungspunkt 3.1.12.2.1.

123 Vgl. Gliederungspunkt 3.1.12.2.1.

124 Zur Überlegenheit der Wertschöpfung als Größenmaßstab gegenüber dem Kriterium der Umsatzerlöse siehe auch Busse von Colbe, W. (1964), S. 57; Fischer, L. (1968), S. 566; Haller, A. (1997a), S. 323 ff.; Küting, K. (1978), S. 152 ff.; derselbe (1980), S. 54 ff.

125 Für eine differenziertere Berechnung unterschiedlicher Wertschöpfungsgrößen siehe Haller, A. (1997a), S. 491 ff.

126 Vgl. m. w. N. Haller, A. (1997a), S. 324 f.

triebe, nicht zwangsläufig leistungsstärker eingestuft werden, als Unternehmen mit niedrigen Vorleistungen.

(c) Preissteigerungen der Vorleistungen führen nicht zu einer künstlichen Aufblähung der betrieblichen Leistung.

Trotz der konzeptionellen Vorteilhaftigkeit des Größenmerkmals „Wertschöpfung" als Differenzierungskriterium im Rahmen der Unternehmensberichterstattung wurde in der Vergangenheit – primär aus Praktikabilitätsüberlegungen – von seiner Anwendung abgesehen.[127] Dies ist bedauerlich, da die konzeptionellen Vorteile der Bruttowertschöpfung die etwas geringere Praktikabilität im Hinblick auf ihre Ermittlung überwiegen dürften.[128]

Um eine international möglichst einheitliche Anwendung des IFRSSE zu erreichen, wäre es sinnvoll, wenn die Differenzierungsmerkmale unmittelbar durch das IASB festgelegt werden würden. Dann bestünde auch die Möglichkeit, die Bruttowertschöpfung als Zwischensumme in das neu zu konzipierende *statement of comprehensive income* einzuführen, um die Anwendung dieses Kriteriums zu erleichtern und dessen Inhalt zu standardisieren. Durch die Bestimmung der genannten Differenzierungskriterien – Bilanzsumme, Wertschöpfung, Anzahl der Arbeitnehmer – durch das IASB im Rahmen des IFRSSE wären diese Bestandteil der IAS/IFRS und könnten somit im Rahmen des *endorsement*-Prozesses direkt in EU-Recht übernommen werden. Zur Herstellung einer Homogenität mit den Bestimmungen der Vierten und Siebenten EG-Richtlinie, nicht nur im Hinblick auf die Differenzierung der Jahres- und Konzernabschlusserstellung, sondern im Sinne einer einheitlichen Differenzierungskonzeption auch für eine Determinierung der Prüfungs- und Publizitätspflichten sowie des Enforcement, wäre eine entsprechende Anpassung der einschlägigen EG-Richtlinien erforderlich.[129]

Die bisherige Systematik, nach der für die Einordnung in eine Größenklasse mindestens zwei der Kriterien an zwei aufeinander folgenden Abschlussstichtagen erfüllt sein müssen, sollte für die Zukunft beibehalten werden. Hierdurch würde zum einen eine gewisse Kontinuität sichergestellt und verhindert werden, dass Unternehmen bei Über-

---

127 Vgl. Gliederungspunkt 3.1.12.2.1.

128 Auch international wird die Wertschöpfung als adäquatester Maßstab zur Messung der Unternehmensgröße betrachtet und ist dem Kriterium der Umsatzerlöse deutlich überlegen; vgl. m. w. N. Haller, A. (1997a), S. 324. So greift auch die Monopolkommission auf die Wertschöpfung als Größenmaß zurück; vgl. Haller, A. (1997a), S. 326.

129 Dies würde durchaus in den gegenwärtigen Trend der EU-Kommission passen, die bereits durch die Richtlinie 2001/65/EG des Europäischen Parlaments und des Rates vom 27. September 2001 („*Fair value*-Richtlinie") sowie die Richtlinie 2003/51/EG des Europäischen Parlaments und des

schreiten eines Kriteriums an einem Abschlussstichtag sofort aus einer Größenklasse herausfallen. Zum anderen gewährleistet die kumulative Berücksichtigung zweier Größenmerkmale, dass kapital- und beschäftigungsintensive Unternehmen ebenso erfasst werden wie Unternehmen mit hohem Leistungswert und einseitigem Produktionsfaktoreinsatz.[130] Die Aussagefähigkeit wird somit durch eine Kriterienkombination erhöht, da die einzelnen Merkmale jeweils nur „... Teilphänomene des produktionellen Potentials sind.“[131]

Wie die Analyse der Entwicklung der Größenkriterien des PublG sowie des Bilanzrichtlinien-Gesetzes zeigt, handelt es sich bei den gegenwärtigen Größengrenzen, aufgrund der Schwierigkeit einer Operationalisierbarkeit der gesamtwirtschaftlichen Bedeutung eines Unternehmens, um politische Kompromisslösungen.[132] Deshalb soll auch an dieser Stelle von der Empfehlung konkreter Schwellenwerte abgesehen werden. Um zu gewährleisten, dass der aus einer vollumfänglichen Anwendung der IAS/IFRS im Jahres- bzw. Konzernabschluss resultierende Nutzen die hiermit verbundenen Kosten übersteigt, wäre es jedoch sinnvoll, dass die Schwellenwerte entsprechend hoch angesetzt würden. Um einerseits den international bestehenden Unterschieden in den sozioökonomischen Rahmenbedingungen Rechnung zu tragen und andererseits aber zumindest europaweit eine einheitliche Anwendung zu gewährleisten, würde es sich anbieten, dass für die Europäische Union der Europäische Gesetzgeber maximale Größengrenzen vorgibt, innerhalb derer die Mitgliedstaaten dann unter Berücksichtigung landesspezifischer Besonderheiten eigene Schwellenwerte definieren könnten.

5.4 Zusammenfassung des vorgeschlagenen Differenzierungskonzeptes

Unter der Voraussetzung, dass das IASB für kleinere, nicht kapitalmarktorientierte Unternehmen einen hinsichtlich Anwendung und Informationspflichten vereinfachten IFRSSE entwickelt, wird im Sinne der Rechtseinheitlichkeit und -klarheit sowohl für den Konzern- als auch den Jahresabschluss für alle Unternehmen eine IAS/IFRS-basierte Rechnungslegung empfohlen. Denn nur eine Rechnungslegung, die unabhängig von Unternehmensgröße und Kapitalmarktinanspruchnahme grundsätzlich

---

Rates vom 18. Juni 2003 („Modernisierungsrichtlinie“) eine Anpassung der Vierten und Siebenten EG-Richtlinie an die IAS/IFRS vorgenommen hat.

130 So auch die Argumentation im Entwurf des PublG; vgl. Gliederungspunkt 3.1.12.2.1.

131 Zimmermann, K. (1960b), S. 220.

132 Vgl. zum PublG Gliederungspunkt 3.1.12.2.1 sowie zur Entwicklung der Größengrenzen der Vierten EG-Richtlinie Gliederungspunkt 3.1.14.2.4.

einheitlichen materiellen Rechnungslegungsgrundsätzen folgt, und nicht zwischen Jahres- und Konzernabschluss differenziert, gewährleistet eine in sich geschlossene Rechnungslegungskonzeption, die nicht nur zur Vergleichbarkeit der Rechnungslegungsinformationen beiträgt und damit den Informationsnutzen für die Rechnungslegungsadressaten erhöht, sondern kleineren, nicht kapitalmarktorientierten Unternehmen darüber hinaus mit fortschreitendem Wachstum einen sukzessiven Übergang zur Kapitalmarktorientierung ohne Umstellung auf ein völlig neues Rechnungslegungssystem ermöglicht.

Die Anwendung des IFRSSE sollte optional allen nicht kapitalmarktorientierte Unternehmen zur Verfügung stehen, die anhand der Kriterien „Bilanzsumme", „Wertschöpfung" und „Arbeitnehmerzahl" als „klein" zu charakterisieren sind. Die in ihm beinhalteten Erleichterungen sollten sich primär auf den Umfang der Informationsgewährung beziehen. Grundlegend divergierende Ansatz- und Bewertungsgrundsätze und -regeln sind hingegen zu vermeiden. Anhand der Größenkriterien als „klein" zu qualifizierende nicht kapitalmarktorientierte Unternehmen sollten von der Verpflichtung zur Erstellung eines Konzernabschlusses befreit werden. Erleichterungen sollten für solche Unternehmen – wie teilweise bereits praktiziert – auch im Bereich der Abschlussprüfung, -publizität und des Enforcement gewährt werden.

Ein solches konsistentes System der vollständigen oder nach bestimmten Parametern differenzierten, grundsätzlich einheitlichen Anwendung der IAS/IFRS im Wesentlichen für alle Typen von wirtschaftlichen Einheiten entspricht auch dem von der EU-Kommission zum Ausdruck gebrachten Fernziel „... letztlich zu einem einheitlichen Regelwerk weltweiter Rechnungslegungsstandards zu gelangen."[133]

Die nebenstehende Tab. 45 fasst das vorgeschlagene Differenzierungskonzept nochmals systematisch zusammen.

[133] Verordnung (EG) Nr. 1606/2002 des Europäischen Parlaments und des Rates vom 19. Juli 2002, Begründung, Abschnitt (2).

■ **Tab. 45:** Vorgeschlagenes Differenzierungskonzept

	Erleichterungen
Große Unternehmen und Konzerne Unternehmen/Konzerne, die aufgrund ihrer ▪ ökonomischen Größe (Bilanzsumme, Wertschöpfung, Anzahl der Arbeitnehmer) oder ▪ ihrer Kapitalmarktorientierung als „groß" zu klassifizieren sind	Keine Erleichterungen im Hinblick auf die Konzern- und Einzelabschlusserstellung ⇨ ▪ Vollumfängliche Anwendung der IAS/IFRS sowohl im Konzern- als auch im Jahresabschluss ▪ keine Erleichterungen in Bezug auf Abschlussprüfung, -publizität und Enforcement
Kleine Unternehmen und Konzerne Unternehmen/Konzerne, die aufgrund ihrer ▪ ökonomischen Größe (Bilanzsumme, Wertschöpfung, Anzahl der Arbeitnehmer) und ▪ ihrer fehlenden Kapitalmarktorientierung als „klein" zu klassifizieren sind	▪ Befreiung von der Pflicht zur Erstellung eines Konzernabschlusses ▪ Option[134] zur Anwendung des IFRSSE für den Jahresabschluss ▪ Erleichterungen bzw. Befreiungen im Bereich der Jahresabschlussprüfung und -publizität sowie im Bereich des Enforcement

Um kostenaufwendige und mit zeitlichen Verzögerungen verbundene Transformationen der IAS/IFRS sowie des IFRSSE in das nationale Recht zu vermeiden, wäre der deutsche Gesetzgeber bei Realisierung der hier entwickelten Differenzierungslösung gut beraten, in Zukunft nur noch die Pflicht zur Erstellung des Jahres- und Konzernabschlusses, Prüfungs- und Publizitätspflichten, Sanktionsvorschriften sowie weiter gehende Enforcement-Maßnahmen im HGB detailliert zu regeln und bezüglich der konkreten Ausgestaltung des Jahres-/Konzernabschlusses unmittelbar auf die IAS/IFRS (einschließlich den IFRSSE für kleine nicht kapitalmarktorientierte Unternehmen) zu verweisen. Aus verfassungsrechtlichen Gründen[135] würde ein solcher dynamischer Verweis unbedingt voraussetzen, dass die IAS/IFRS sowie der IFRSSE im Rahmen eines offiziellen Anerkennungs- und damit auch Normkontrollverfahrens (*endorsement*) von der EU-Kommission rechtsverbindlich angenommen und ent-

134 Die Anwendung des IFRSSE sollte den Unternehmen im Rahmen eines Unternehmenswahlrechts ermöglicht werden. Ein Verbot zur Beachtung der vollumfänglichen IAS/IFRS ist abzulehnen, da dies zu Wettbewerbsverzerrungen führen könnte.

135 Fremdverweisungen auf Normen, auf deren Zustandekommen und Inhalt der Gesetzgeber keinen Einfluss hat, laufen grundsätzlich Gefahr, mit dem Grundgesetz nicht in Einklang zu stehen. Denn dieses gebietet, dass in Deutschland alle Staatsgewalt vom deutschen Volke ausgehen muss (vgl. Artikel 20 Abs. 2 Satz 1 Grundgesetz); siehe hierzu Grund, M. (1996a), S. 1974; Heintzen, M. (2001), S. 150 ff.; Zeitler, F.-C. (2003), S. 1532 f.

sprechend bekannt gemacht werden.[136] Wie in Gliederungspunkt 5.2. ausgeführt, müsste der deutsche Gesetzgeber bei Umsetzung des Differenzierungsvorschlages auch noch die Regelungen zur Ermittlung eines ausschüttungsfähigen und (idealtypischerweise) auch besteuerbaren Ergebnisses festlegen, wobei dieser sich hierbei auch auf generelle Regelungen (z. B. keine Ausschüttbarkeit von Nettovermögensmehrungen, die aus Bewertungen von Aktiva resultieren, die über historische Anschaffungs- oder Herstellungskosten hinausgehen) beschränken und zur Erreichung einer zeitnahen Umsetzung Detailregelungen dem Justiz- und Finanzministerium überlassen könnte.

136 Vgl. Oestreicher, A./Spengel, C. (2001), S. 891 f. Siehe zum *endorsement* auch Gliederungspunkt 1.1.

Anhangsverzeichnis

Übersicht über in wesentlichen empirischen Untersuchungen zu „kleineren" Unternehmen bzw. in Statistiken verwendete Abgrenzungsmerkmale und -werte:

Studie/Statistik	Untersuchungsgegenstand	Verwendete Definitions-/ Abgrenzungsmerkmale
Abdel-khalik, R. (1983)	Studie über den Nutzen von Abschlussinformationen von *private companies* in den USA	Bilanzsumme ≤ $ 40 Mio. Umsatzerlöse ≤ $ 50 Mio. Anzahl der Arbeitnehmer ≤ 400 Anzahl der Gesellschafter ≤ 50 (Untersucht wurden ausschließlich *private companies*)
Accounting Standards Board (Hrsg.) (2001c)	Studie über die Häufigkeit von *defined benefit schemes* in kleineren Unternehmen	Definitionsmerkmale des FRSSE (CA 1985) für kleine Unternehmen (Untersucht wurden zur Inanspruchnahme des FRSSE berechtigte Unternehmen)
Barker, P./Noonan, C. (1996a)	Untersuchung zu Kosten und Nutzen von Abschlussinformationen kleinerer Unternehmen in Irland	Keine genaue Spezifizierung der Abgrenzungsmerkmale (Untersucht wurden ausschließlich *companies)*
Canadian Institute of Chartered Accountants (Hrsg.) (1999)	Untersuchung zu Kosten und Nutzen von Abschlussinformationen kleinerer Unternehmen in Kanada	Um den Fokus der Studie nicht von vornherein zu limitieren, wurden keine Abgrenzungsmerkmale vorgegeben
Carsberg, B./Page, M./Sindall, A./ Waring, I. (1985)	Untersuchung zu Kosten und Nutzen von Abschlussinformationen kleinerer Unternehmen in Großbritannien	Als Vorauswahlkriterium wurden nur Unternehmen mit max. 150 Mitarbeitern untersucht; in dem endgültigen Sample hatte keines der Unternehmen Umsatzerlöse von mehr als £ 5.75 Mio. bzw. eine Bilanzsumme über £ 2,8 Mio. (den damaligen Größengrenzen des CA 1981 für mittelgroße Unternehmen) (Untersucht wurden ausschließlich *companies)*
Collis, J./Dugdale, D./Jarvis, R. (2001)	Untersuchung zu den Nutzern der externen Rechnungslegung von kleineren Unternehmen	Umsatzerlöse zwischen £ 1 Mio. und £ 11,2 Mio. (Untersucht wurden ausschließlich *private companies*)
Collis, J./Jarvis, R. (2000)	Studie über den Nutzen von Abschlussinformationen und Abschlussprüfungen für das Management in kleineren Unternehmen in Großbritannien	Definitionskriterien und maximale Schwellenwerte der Vierten EG-Richtlinie für kleine Unternehmen zum Zeitpunkt der Datensammlung (Jahr 1999) (Untersucht wurden ausschließlich *private companies)*
Collis, J./Jarvis, R. (2002)	Untersuchung über die Inanspruchnahme bestehender Erleichterungen von kleineren Unternehmen in Großbritannien	Definitionskriterien und maximale Schwellenwerte der Vierten EG-Richtlinie für kleine Unternehmen zum Zeitpunkt der Datensammlung (Jahr 1999) (Untersucht wurden ausschließlich *private companies)*

Committee on Inquiry on Small Firms (Hrsg.) (1971)	Umfassende Untersuchung zur ökonomischen Stellung, den Charakteristika und der Kostenbelastung kleinerer Unternehmen aus der Befolgung von Rechnungslegungserfordernissen in Großbritannien	Für die Untersuchung wurden branchenspezifisch verschiedene Abgrenzungsmerkmale, insbesondere jedoch entweder die Anzahl der Arbeitnehmer oder die Höhe der Umsatzerlöse verwendet; die Schwellenwerte wurden ebenfalls branchenspezifisch unterschiedlich definiert (so wurden z. B. Unternehmen des produzierenden Gewerbes als „klein" definiert, wenn die Anzahl der Arbeitnehmer weniger als 200 betrug; Unternehmen, die im Großhandel tätig waren, wurden dagegen dann als „klein" definiert, wenn die Umsatzerlöse nicht mehr als £ 200.000 betrugen) (Untersucht wurden sowohl *companies* als auch *partnerships* und *sole traders*)
Department of Trade and Industry (Hrsg.) (2000b)	Statistik zu kleinen und mittelgroßen Unternehmen in Großbritannien	Abgrenzungsmerkmal ist die Anzahl der Arbeitnehmer; für Auswertungszwecke wurden im Rahmen dieser Arbeit folgende Schwellenwerte definiert Klein: Anzahl der Arbeitnehmer < 50 Mittelgroß: Anzahl der Arbeitnehmer 50 – 249 Groß: Anzahl der Arbeitnehmer ≥ 250 (In der Statistik sind sowohl *companies* als auch *partnerships* und *sole proprietorships* erfasst)
Dugdale, D./Hussey, J./Jarvis, R. (1998)	Untersuchung zu Kosten und Nutzen von Abschlussinformationen kleiner und mittelgroßer Unternehmen in Großbritannien	Als „klein" wurden solche Unternehmen definiert, deren Umsatzerlöse nicht mehr als £ 2,8 Mio. betrugen; als „mittelgroß" wurden Unternehmen mit Umsatzerlösen zwischen £ 2,8 Mio. und £ 11,2 Mio. definiert (Untersucht wurden ausschließlich *companies*)
Financial Accounting Standards Board (Hrsg.) (1981)	Befragung von Abschlussnutzern, Prüfern und Managern zu den Anforderungen an die externe Unternehmensberichterstattung von *private* und *small public companies*	Untersucht wurden *private companies*, d. h. Unternehmen, deren Anteile nicht öffentlich notieren sowie kleine *public companies* (d. h. Unternehmen, die zwar klein sind, aber Wertpapiere ausgegeben haben, die öffentlich gehandelt werden) Als „klein" ist nach der Studie des FASB ein Unternehmen dann einzustufen, wenn es Umsatzerlöse von ≤ $ 5 Mio. hat; darüber hinaus handelt es sich bei kleinen Unternehmen üblicherweise um: (a) eigentümergeführte Gesellschaften, mit (b) wenigen Gesellschaftern, die abgesehen von bestimmten Familienmitgliedern (c) üblicherweise in die Geschäftstätigkeit involviert sind; darüber hinaus finden (d) Gesellschafterwechsel nur sehr selten statt und das Unternehmen verfügt über (e) eine einfache Kapitalstruktur

Freedman, J./ Godwin, M. (1993)	Untersuchung zu Kosten und Nutzen von Abschlussprüfungen für kleine Unternehmen in Großbritannien	Untersucht wurden *companies, sole traders* und *partnerships*; weitere Abgrenzungsmerkmale wurden nicht definiert, allerdings hatten von den untersuchten *companies* 79% Umsatzerlöse von ≤ £ 1 Mio. 52 % weniger als 6 Arbeitnehmer und 86 % keine externe Gesellschafter
Freedman, J./ Godwin, M. (1994)	Studie zur Angemessenheit der Rechtsform der *company* für sehr kleine Unternehmen	Untersucht wurden *companies, sole traders* und *partnerships*; weitere Abgrenzungsmerkmale wurden nicht definiert, allerdings hatten von den untersuchten *companies* 79% Umsatzerlöse von ≤ £ 1 Mio. 54 % weniger als 6 Arbeitnehmer und 84 % keine externe Gesellschafter
Hicks, A./Drury, R./ Smallcombe, J. (1995)	Untersuchung zur Rechtsformwahl kleinerer Unternehmen in Großbritannien	Größenmerkmale des CA 1985 für kleine Unternehmen (Untersucht wurden *sole traders, partnerships* und *companies*, die die Größenkriterien des CA 1985 erfüllten.)
Holmes, S./Nicholls, D. (1989)	Untersuchung zu den Charakteristika kleinerer Unternehmen in Australien, die für interne Managementzwecke über die gesetzlich geforderten Abschlussinformationen hinaus auf zusätzliche Rechnungslegungsinformationen zurückgreifen	Keine genaue Spezifizierung der Abgrenzungsmerkmale
Humphrey, C./ Turley, S. (1986), S. 34	Untersuchung zur Abschlussprüfung kleiner Unternehmen in Großbritannien	Größenmerkmale des CA 1985 für kleine Unternehmen (Untersucht wurden ausschließlich *private companies*)
Keasey, K./Short, H. (1990), S. 310	Untersuchung zu der Kostenbelastung kleinerer Unternehmen durch die Befolgung von Rechnungslegungsvorschriften in Großbritannien	Keine Angaben zu den Abgrenzungsmerkmalen (Untersucht wurden ausschließlich *companies*)
Keasey, K./Watson, R. (1988)	Studie über den Zusammenhang zwischen Insolvenzanfälligkeit und der Verletzung von Publizitätspflichten kleiner Kapitalgesellschaften in Großbritannien	Unabhängige Unternehmen mit Umsatzerlösen ≤ £ 0,25 Mio. (Untersucht wurden ausschließlich *companies*)
McCahey, J./Ramsay, A. (1989)	Studie zu den Nutzern von Abschlussinformationen kleinerer Unternehmen in Australien	Untersucht wurden *privately-owned companies*

Nair, R./Rittenberg, L. (1983)	Untersuchung zur Kostenbelastung kleinerer Unternehmen durch die Befolgung von Rechnungslegungs-anforderungen in den USA	Untersucht wurden *privately held businesses* (d. h. Unternehmen mit einem geschlossenen Gesellschafterkreis; die durchschnittliche Mitarbeiteranzahl der einbezogenen Unternehmen betrug 226 Arbeitnehmer)
Page, M. (1984)	Untersuchung zu den Charakteristika kleinerer Unternehmen in Großbritannien und zum Nutzen von Abschlussinformationen und Abschlussprüfungen für diese Unternehmen	Untersucht wurden ausschließlich aktive, unabhängige *companies*; der Autor unterstellt, dass ein Großteil dieser Unternehmen entsprechend den damaligen Definitionsmerkmalen des CA als „klein" zu klassifizieren ist
Page, M. (1991)	Studie zur Prüfungspflicht kleinerer Unternehmen in Großbritannien	Die in der Studie zitierten Forschungsergebnisse beziehen sich auf die 1984 durchgeführte Untersuchung von Page [Page, M. (1984)]
Paoloni, M./Demartini, P. (1997)	Untersuchung zu den Nutzern von Abschlussinformationen kleinerer Unternehmen in Italien	Unternehmen mit maximal 100 Arbeitnehmern (Untersucht wurden Einzelunternehmen, Personengesellschaften und Kapitalgesellschaften)
Paoloni, M./Demartini, P./Moneva, J./Cuellar, B. (2000)	Untersuchung zu Kosten und Nutzen von Abschlussinformationen kleinerer Unternehmen in Italien und Spanien	Analyse zu Italien: Unternehmen mit maximal 100 Arbeitnehmern Analyse zu Spanien: Unternehmen mit maximal 250 Arbeitnehmern (Untersucht wurden jeweils Einzelunternehmen, Personengesellschaften und Kapitalgesellschaften)
Poutziouris, P./ Chittenden, F./Michaelas, N. (1998)	Untersuchung zur Finanzierungsstruktur kleinerer Unternehmen in Großbritannien	Untersucht wurden *private companies* mit weniger als 200 Arbeitnehmern
Poutziouris, P./ Chittenden, F./ Michaelas, N. (1999)	Untersuchung zu den Finanzierungsstrukturen und -strategien kleinerer Unternehmen in Großbritannien	Untersucht wurden *private companies* und börsennotierte *public companies* mit weniger als 250 Arbeitnehmern
Pratten, C. (1998)	In Großbritannien durchgeführte Studie zum Nutzen von geprüften Abschlussinformationen für die Rechnungslegungsadressaten kleinerer Unternehmen	Die Abgrenzungsmerkmale werden nicht explizit erwähnt, die Studie bezieht sich jedoch auf die Größenmerkmale des CA 1985 für kleine Unternehmen sowie auf kleine, prüfungsbefreite Unternehmen (Untersucht wurden nur *companies*)
Templeman, J./ Wootton, C. (1987)	Untersuchung zu den Informationsbedürfnissen des Managements kleinerer Unternehmen in Großbritannien	Untersucht wurden Unternehmen mit maximal £ 1 Mio. Umsatzerlösen und maximal 26 vollbeschäftigten Arbeitnehmern (Untersucht wurden sowohl *sole traders* als auch *partnerships* und *limited companies*)

Vorschlag der *Company Law Review Steering Group* zur künftigen Ausgestaltung des Jahresabschlusses kleiner Unternehmen

(Quelle: The Company Law Review Steering Group (Hrsg.) (2000a), Annex E)

SMALL LIMITED
REPORT AND ACCOUNTS
YEAR ENDED 31 DECEMBER 2002

Company Standing Data and Other Disclosures (entspricht dem vorgeschlagenen *supplementary statement*)

Directors:

Secretary:

Registered office:

Principal activity and significant changes:

Other Disclosures:

SMALL LIMITED
PROFIT AND LOSS ACCOUNT
For the year ended 31 December 2002

	2002 **£**	**2001** **£**
Turnover		
Operating costs		
Operating income		
Operating profit		
Interest receivable		
Interest payable		
Profit on ordinary activities before taxation		
Tax on profit on ordinary activities		
Profit on ordinary activities after taxation		
Dividends		
Retained profit for the financial year		
Retained profits brought forward		
Retained profits carried forward		

SMALL LIMITED

BALANCE SHEET AS AT 31 DECEMBER 2002

	Notes	2002 £	2001 £
Fixed assets	3		
Investments	4		
Current assets			
Stocks			
Accounts receivable			
Other debtors			
Cash at bank and in hand			
Creditors: Due within one year			
Bank loans and overdrafts			
Finance leases and hire purchase creditors			
Accounts payable			
Taxation and social security			
Other creditors			
Net current assets/(liabilities)			
Total assets less current liabilities			
Creditors: Due after more than one year			
Bank loans	5		
Finance leases and hire purchase creditors			
Other creditors			
Net assets/(liabilities)			
Capital and reserves			
Called up share capital			
Profit and loss account			
Other reserves	6		

These accounts have been prepared under the historical cost convention, taking advantage of all exemptions available to small companies under the Companies Act 2002 and the Financial Reporting Standard for Smaller Entities.

The directors acknowledge their responsibilities under the Companies Act 2002 for maintaining accounting records and preparing accounts which give a true and fair view of the results for the period and the position at the balance sheet date and confirm that the company is entitled to take advantage of these exemptions.

Approved on behalf of the Board by:

.... Date ....

SMALL LIMITED

NOTES TO THE ACCOUNTS

For the year ended 31 December 2002

1. Accounting policies

The company has used the applicable accounting policies which are required by the Companies Act 2002 and the Financial Reporting Standard for Smaller Entities in dealing with items which are considered material in relation to the accounts.

The accounting bases adopted by the company are as follows:

Depreciation and amortisation

Depreciation and amortisation is provided on all fixed assets except freehold land at rates calculated to write off the cost less estimated residual value of each asset over its expected useful life, as follows:

Goodwill	–	Amortised over 20 years
Freehold buildings	–	Depreciated over 50 years
Fixture and fittings	–	25% per annum
Motor vehicles	–	25% per annum

Foreign currencies

Assets and liabilities denominated in foreign currencies are translated at the rate of exchange ruling at the balance sheet date.

Transactions in foreign currencies are recorded at the rate ruling at the date of the transaction

2. Prior Period Adjustments

Give effect on the results for the preceding period of any prior period adjustments. Where the prior period adjustment arises from a change in accounting policy, also give the effect on the current periods results.

3. Fixed Assets

	Intangible assets	Land & buildings	Motor vehicles	Other tangible assets	Total
	£	£	£	£	£
Cost:					
At 1 January 2001					
Additions					
Disposals					
At 31 December 2002					
Depreciation and amortisation:					
At 1 January 2001					
Charge for the year					
Disposals					
At 31 December 2002					
Net book value:					
At 31 December 2002					
At 31 December 2001					

4. Investments

Give nature of investment(s) (listed/shares in group undertakings/loans to group undertakings/other) and cost or valuation, together with details of method of valuation, if applicable.

Also give "significant shareholding" information required by Schedule 5.

5. Secured Creditors

Give value of any liabilities within creditors (due within or after one year) in respect of which security has been given.

6. Other Reserves

	Name of reserve
	£
Balance at 1 January 2001	
Transfer to/from reserve	
Balance at 31 December 2002	

7. Contingent Liabilities

Give nature of contingency, uncertainties expected to affect outcome, amount (or a prudent estimate) of financial effect before tax, tax implications and details of any security given in respect of the liability.

8. Post Balance Sheet Events

In respect of material non-adjusting events only, give nature of event, estimate of financial effect before tax and tax implications.

9. Related Party Disclosures

Material balances and transactions with related parties arising during the year were as follows:

	2002	2001
	£	£
Balances with related parties		
Debtor balances		

Include all details required in respect of directors' loans, quasi loans and credit transactions.

Creditor balances		

Transactions with related parties

Nature of relationships

Directors' shareholdings (and ultimate control if different).

10. Directors' emoluments

Give the aggregate amount of the directors' emoluments.

11. Details of company's interests in its own shares

Literaturverzeichnis

I. Monographien, Beiträge in Handbüchern und anderen Sammelwerken, Artikel in Periodika, dokumentierte Wortbeiträge in Diskussionen und öffentlichen Anhörungen

Abdel-khalik, R. (1983): Financial Reporting by Private Companies: Analysis and Diagnosis, Stamford, Connecticut, August 1983.

Accountancy Foundation (Hrsg.) (2001): Independent Regulation of the Accountancy Profession – A Brief Outline of the New System, London 2001.

Accounting Standards Board (Hrsg.) (1993a): Foreword to Accounting Standards, London 1993.

Accounting Standards Board (Hrsg.) (1993b): FRS 4: Capital Instruments (issued December 1993), London 1993.

Accounting Standards Board (Hrsg.) (1994a): Foreword to UITF Abstracts, London 1994.

Accounting Standards Board (Hrsg.) (1994b): SSAP 19: Accounting for Investment Properties (issued November 1981, amended October 1992 and July 1994), London 1994.

Accounting Standards Board (Hrsg.) (1994c): Policy for the development of Statements of Recommended Practice (SORPs) (issued October 1990, revised June 1994), London 1994.

Accounting Standards Board (Hrsg.) (1995): FRS 8: Related Party Disclosures (issued October 1995), London 1995.

Accounting Standards Board (Hrsg.) (1996a): Exposure Draft: Financial Reporting Standard for Smaller Entities, London 1996.

Accounting Standards Board (Hrsg.) (1996b): FRS 1: Cash Flow Statements (revised 1996), London 1996.

Accounting Standards Board (Hrsg.) (1997a): Financial Reporting Standard for Smaller Entities, London 1997.

Accounting Standards Board (Hrsg.) (1997b): FRS 10: Goodwill and Intangible Assets (issued December 1997), London 1997.

Accounting Standards Board (Hrsg.) (1997c): Interim Reports: Statement by the Accounting Standards Board (issued September 1997), London 1997.

Accounting Standards Board (Hrsg.) (1997d): SSAP 21: Accounting for Leases and Hire Purchase Contracts (issued August 1984, amended February 1997), London 1997.

Accounting Standards Board (Hrsg.) (1998a): FRS 13: Derivatives and Other Financial Instruments: Disclosures (issued September 1998), London 1998.

Accounting Standards Board (Hrsg.) (1998b): FRS 14: Earnings per share (issued October 1998), London 1998.

Accounting Standards Board (Hrsg.) (1998c): Exposure Draft: Amendment to Financial Reporting Standard for Smaller Entities, London 1998.

Accounting Standards Board (Hrsg.) (1998d): FRS 11: Impairment of Fixed Assets and Goodwill (issued July 1998), London 1998.

Accounting Standards Board (Hrsg.) (1998e): FRS 12: Provisions, Contingent Liabilities and Contingent Assets (issued September 1998), London 1998.

Accounting Standards Board (Hrsg.) (1998f): Preliminary Announcements: Statement by the Accounting Standards Board (issued July 1998), London 1998.

Accounting Standards Board (Hrsg.) (1998g): Financial Reporting Standard for Smaller Entities (effective March 1999), London 1998.

Accounting Standards Board (Hrsg.) (1998h): FRS 5: Reporting the Substance of Transactions (issued April 1994, amended December 1994 and September 1998), London 1998.

Accounting Standards Board (Hrsg.) (1999a): Statement of Principles for Financial Reporting, London 1999.

Accounting Standards Board (Hrsg.) (1999b): Exposure Draft: Amendment to Financial Reporting Standard for Smaller Entities, London 1999.

Accounting Standards Board (Hrsg.) (1999c): FRS 15: Tangible Fixed Assets (issued February 1999), London 1999.

Accounting Standards Board (Hrsg.) (1999d): Financial Reporting Standard for Smaller Entities (effective March 2000), London 1999.

Accounting Standards Board (Hrsg.) (1999e): FRS 3: Reporting Financial Performance (issued October 1992, amended June 1993 and June 1999), London 1999.

Accounting Standards Board (Hrsg.) (2000a): FRS 18: Accounting Policies (issued December 2000), London 2000.

Accounting Standards Board (Hrsg.) (2000b): FRS 19: Deferred Tax (issued December 2000), London 2000.

Accounting Standards Board (Hrsg.) (2000c): FRS 17: Retirement Benefits (issued November 2000), London 2000.

Accounting Standards Board (Hrsg.) (2001a): Financial Reporting Standard for Smaller Entities (effective June 2002), London 2001.

Accounting Standards Board (Hrsg.) (2001b): Review of the Financial Reporting Standard for Smaller Entities (FRSSE), London 2001.

Accounting Standards Board (Hrsg.) (2001c): Exposure Draft: Amendment to Financial Reporting Standard for Smaller Entities, London 2001.

Accounting Standards Board (Hrsg.) (2003): Statement by the Accounting Standards Board: Operating and Financial Review (issued July 1993, revised January 2003), London 2003.

Accounting Standards Committee (Hrsg.) (1983a): Review of the Standard Setting Process, London 1983.

Accounting Standards Committee (Hrsg.) (1983b): SSAP 20: Foreign Currency Translation (issued April 1983), London 1983.

Accounting Standards Committee (Hrsg.) (1988a): TR 690: Statement by the Accounting Standards Committee on the Application of Accounting Standards to Small Companies, London 1988.

Accounting Standards Committee (Hrsg.) (1988b): Accounting Standards Help Small Companies, ASC Report No. 3, June 1988, in: Accountancy, June 1988, S. 173.

Accounting Standards Committee (Hrsg.) (1988c): TR 706: Statement by the Accounting Standards Committee on the Definition of 'Small Company' for the Purpose of Applying Accounting Standards, London 1988.

Accounting Standards Committee (Hrsg.) (1988d): SSAP 9: Stocks and Long-Term Contracts (issued May 1975, Part 6 added August 1980, revised September 1988), London 1988.

Accounting Standards Committee (Hrsg.) (1989): SSAP 13: Accounting for Research and Development (issued December 1977, revised January 1989), London 1989.

Accounting Standards Committee (Hrsg.) (1990): SSAP 25: Segmental Reporting (issued June 1990), London 1990.

Accounting Standards Steering Committee (Hrsg.) (1975): The Corporate Report, London 1975.

Achleitner, A.-K. (1995): Die Normierung der Rechnungslegung, Winterthur 1995.

Akerlof, G. (1970): The Market for "Lemons". Quality Uncertainty and the Market Mechanism, in: Quarterly Journal of Economics 1970, S. 488 – 500.

Alderman, W./Guy, D./Meals, D. (1982): Other Comprehensive Bases of Accounting: Alternatives to GAAP?, in: The Journal of Accountancy, August 1982, S. 52 – 62.

Alexander, D./Archer, S. (2000): On the Myth of "Anglo-Saxon" Financial Accounting, in: The International Journal of Accounting 2000, S. 539 – 557.

Alsheimer, H. (1974): Einhundert Jahre Prinzip der Maßgeblichkeit der Handelsbilanz für die Steuerbilanz, in: Zeitschrift für Betriebswirtschaft 1974, S. 841 – 848.

Alvarez, M. (2002): Segmentberichterstattung nach DRS 3, in: Der Betrieb 2002, S. 2057 – 2063.

American Accounting Association (Hrsg.) (2000): Statement on Accounting Theory and Theory Acceptance, ohne Ortsangabe 2000.

American Institute of Certified Public Accountants (Hrsg.) (1976): Report of the Committee on Generally Accepted Accounting Principles for Smaller and/or Closely Held Businesses, in: The Journal of Accountancy, October 1976, S. 116 – 120.

American Institute of Certified Public Accountants (Hrsg.) (1983): Report of the Special Committee on Accounting Standards Overload, New York 1983.

American Institute of Certified Public Accountants (Hrsg.) (1994): Improving Business Reporting – A Customer Focus, New York 1994.

Ang, J. (1991): Small Business Uniqueness and the Theory of Financial Management, in: The Journal of Small Business Finance 1991, S. 1 – 13.

Apelt, B. (1991): Die Publizität der GmbH, Berlin 1991.

Arbeitsgemeinschaft der Schutzvereinigungen für Wertpapierbesitz (Hrsg.) (1952): Denkschrift zur Reform des Aktienrechts, Düsseldorf 1952.

Arbeitsgemeinschaft selbständiger Unternehmer e. V. (Hrsg.) (1981): Prüfungs- und Publizitätspflicht nach dem Entwurf für ein Bilanzrichtlinie-Gesetz: Stellungnahme der Arbeitsgemeinschaft Selbständiger Unternehmer e. V., in: Betriebs-Berater 1981, S. 1989 – 1991.

Arbeitskreis Bilanzrecht der Hochschullehrer Rechtswissenschaft (Hrsg.) (2002): Zur Fortentwicklung des deutschen Bilanzrechts, in: Betriebs-Berater 2002, S. 2372 – 2381.

Arbeitskreis „Externe Unternehmensrechnung" der Schmalenbach-Gesellschaft (Hrsg.) (1995): German Accounting Principles: An Institutionalized Framework, in: Accounting Horizons 1995, Vol. 9, No. 3, S. 92 – 99.

Arbeitskreis „Externe Unternehmensrechnung" der Schmalenbach-Gesellschaft (Hrsg.) (1998): Behandlung „eigener Aktien" nach deutschem Recht und US-GAAP unter besonderer Berücksichtigung der Änderungen des KonTraG, in: Der Betrieb 1998, S. 1673 – 1677.

Arbeitskreis „Externe Unternehmensrechnung" der Schmalenbach-Gesellschaft (Hrsg.) (1999): Interpretation des mit dem Kapitalaufnahmeerleichterungsgesetz (KapAEG) neu in das HGB aufgenommenen § 264 Abs. 3 HGB, in: Der Betrieb 1999, S. 493 – 496.

Arbeitskreis „Externe Unternehmensrechnung" der Schmalenbach-Gesellschaft (Hrsg.) (2001): Die Zukunft der Rechnungslegung aus Sicht von Wissenschaft und Praxis – Fachprogramm des Arbeitskreises Externe Unternehmensrechnung im Rahmen des 54. Deutschen Betriebswirtschafter-Tags, in: Der Betrieb 2001, S. 160 – 161.

Arbeitskreis „Externe Unternehmensrechnung" der Schmalenbach-Gesellschaft (Hrsg.) (2002): Enforcement der Rechnungslegung, in: Der Betrieb 2002, S. 2173 – 2177.

Arbeitskreis „Externe Unternehmensrechnung" der Schmalenbach-Gesellschaft (Hrsg.) (2003): International Financial Reporting Standards im Einzel- und Konzernabschluss unter der Prämisse eines Einheitsabschlusses für unter Anderem steuerliche Zwecke, in: Der Betrieb 2003, S. 1585 – 1588.

Arbeitskreis „Rechnungslegungsvorschriften der EG-Kommission" der Gesellschaft für Finanzwirtschaft in der Unternehmensführung e. V. (GEFIU) (Hrsg.): Stellungnahme zum Vorentwurf eines Gesetzes zur Durchführung der 4. EG-(Bilanz-)Richtlinie zur Koordinierung des Gesellschaftsrechts (Bilanzrichtlinie-Gesetz) vom 5.2.1980, in: Der Betrieb, Beilage Nr. 12/80 zu Heft 24 vom 13. Juni 1980.

Arbeitskreis 4. EG-Richtlinie im Verband der Hochschullehrer für Betriebswirtschaft e. V. (Hrsg.) (1985): Schriftliche Stellungnahme zur Anhörung am 9. Mai 1985, abgedruckt in Anlage 1 zum Stenographischen Protokoll über die 17. Sitzung des Unterausschusses „Bilanzrichtlinie-Gesetz", Bonn 1985, S. 136 – 152.

Arden, M. (1993): Foreword to Accounting Standards, Appendix, Accounting Standards Board – The True and Fair Requirement, Opinion, London 1993.

Arnold, J./Boyle, P./Carey, A./Cooper, M./Wild, K. (1991): The Future Shape of Financial Reports, hrsg. v. Institute of Chartered Accountants in England and Wales und Institute of Chartered Accountants of Scotland, London 1991.

Arntz, K. (1968): Zum Entwurf eines Gesetzes über die Rechnungslegung von Großunternehmen und Konzernen (Publizitätsgesetz), in: GmbH-Rundschau 1968, S. 134 – 138.

Arrow, K. (1985): The Economics of Agency, in: Principals and Agents: The Structure of Business, hrsg. v. Pratt, J./Zeckhauser, R., Boston 1985, S. 37 – 51.

Assmann, H.-D. (1989): Konzeptionelle Grundlagen des Anlegerschutzes, in: Zeitschrift für Bankrecht und Bankwirtschaft, Heft 2, Mai 1989, S. 49 – 63.

Auditing Practices Board (Hrsg.) (1993): Statements of Auditing Standards 600: Auditors' Reports on Financial Statements (issued Mai 1993), London 1993.

Auditing Practices Board (Hrsg.) (1994): Statement of Standards for Reporting Accountants: 'Audit Exemption Reports', London 1994.

Auditing Practices Board (Hrsg.) (1996): The Audit Agenda – Next Steps, London 1996.

Auditing Practices Board (Hrsg.) (1997a): Practice Note 13: The Audit of Small Business, London 1997.

Auditing Practices Board (Hrsg.) (1997b): Bulletin 1997/3: The FRSSE – Guidance for auditors (issued December 1997), London 1997.

Auditing Practices Board (Hrsg.) (2000): The Proposed 'Independent Professional Review' of the Financial Statements of Small Companies, London 2000.

Auditing Practices Board (Hrsg.) (2001): Bulletin 2001/2: Revisions to the Wording of Auditors' Reports on Financial Statements and the Interim Review Report (issued Januar 2001), London 2001.

Baetge, J. (1976): Rechnungslegungszwecke des aktienrechtlichen Jahresabschlusses, in: Bilanzfragen, Festschrift zum 65. Geburtstag von Prof. Dr. Ulrich Leffson, hrsg. v. Baetge, J./Moxter, A./Schneider, D., Düsseldorf 1976, S. 11 – 30.

Baetge, J./Apelt, B. (1992): Publizität kleiner und mittelständischer Kapitalgesellschaften und Harmonisierung der Rechnungslegung, in: Betriebswirtschaftliche Forschung und Praxis 1992, S. 393 – 411.

Baetge, J./Beermann, T. (1999): Die Neubewertung des Sachanlagevermögens nach International Accounting Standards (IAS), in: Steuern und Bilanzen 1999, S. 341 – 348.

Baetge, J./Kirsch, H.-J. (2002): Grundsätze ordnungsmäßiger Buchführung, in: Handbuch der Rechnungslegung, Einzelabschluss, 5. Auflage, hrsg. v. Küting, K./Weber, C.-P., Stuttgart, Loseblattausgabe, Stand: November 2002, Kapitel 4.

Baetge, J./Kirsch, H.-J./Thiele, S. (2002a): Bilanzen, 6. Auflage, Düsseldorf 2002.

Baetge, J./Kirsch, H.-J./Thiele, S. (2002b): Konzernbilanzen, 6. Auflage, Düsseldorf 2002.

Baetge, J./Krumnow, J./Noelle, J. (2001): Das „Deutsche Rechnungslegungs Standards Committee" (DRSC), in: Der Betrieb 2001, S. 769 – 774.

Baetge, J./Schulze, D. (1998): Möglichkeiten der Objektivierung der Lageberichterstattung über „Risiken der künftigen Entwicklung“, in: Der Betrieb 1998, S. 937 – 948.

Bagshaw, K. (2000): Finding the Alternative, in: Accountancy, October 2000, S. 84 – 85.

Ball, I. (1988): Definition of the Reporting Entity, hrsg. v. Australian Accounting Research Foundation, Blackburn 1988.

Ballerstedt, K. (1955): Bericht des Ausschusses I, in: Untersuchungen zur Reform des Unternehmensrechts, Teil I, hrsg. v. der Studienkommission des Deutschen Juristentages, Tübingen 1955, S. 7 – 58.

Ballerstedt, K. (1958): Zur Reform der aktienrechtlichen Erfolgsrechnung, in: Der Betrieb 1958, S. 447 – 452.

Ballerstedt, K. (1965): Bilanzrecht und Unternehmensrechtsform, in: Zeitschrift für Betriebswirtschaft 1965, S. 1 – 12.

Ballwieser, W. (1982): Zur Begründbarkeit informationsorientierter Jahresabschlußverbesserungen, in: Zeitschrift für betriebswirtschaftliche Forschung 1982, S. 772 – 793.

Ballwieser, W. (1985): Ergebnisse der Informationsökonomie zur Informationsfunktion der Rechnungslegung, in: Information und Produktion, Festschrift zum 60. Geburtstag von Prof. Dr. Waldemar Wittmann, hrsg. v. Stöppler, S., Stuttgart 1985, S. 21 – 40.

Ballwieser, W. (1987a): Kapitalmarkt, Managerinteressen und Rolle des Wirtschaftsprüfers, in: Kapitalmarkt und Finanzierung, hrsg. v. Schneider, D., Berlin 1987, S. 351 – 362.

Ballwieser, W. (1987b): Auditing in an Agency Setting, in: Agency Theory, Information and Incentives, hrsg. v. Bamberg, G./Spremann, K., Berlin u. a. 1987, S. 327 – 346.

Ballwieser, W. (1990): Ist das Maßgeblichkeitsprinzip überholt?, in: Betriebswirtschaftliche Forschung und Praxis 1990, S. 477 – 498.

Ballwieser, W. (1996): Zum Nutzen handelsrechtlicher Rechnungslegung, in: Rechnungslegung – Warum und Wie, Festschrift für Hermann Clemm zum 70. Geburtstag, hrsg. v. Ballwieser, W./Moxter, A./Nonnemacher, R., München 1996, S. 1 – 25.

Ballwieser, W. (1997): Grenzen des Vergleichs von Rechnungslegungssystemen – dargestellt anhand von HGB, US-GAAP und IAS, in: Aktien- und Bilanzrecht, Festschrift für Bruno Kropff, hrsg. v. Forster, K.-H./Grunewald, B./Lutter, M./Semler, J., Düsseldorf 1997, S. 373 – 391.

Ballwieser, W. (1999): HGB-Konzernabschlußbefreiung und privates Rechnungslegungsgremium, in: Internationale Rechnungslegung, Festschrift für Professor Claus-Peter Weber zum 60. Geburtstag, hrsg. v. Küting, K./Langenbucher, G., Stuttgart 1999, S. 433 – 449.

Ballwieser, W. (2001a): Konzernrechnungslegung und Wettbewerb, in: Die Betriebswirtschaft 2001, S. 640 – 657.

Ballwieser, W. (2001b): Germany – Individual Accounts, in: Transnational Accounting, hrsg. v. Ordelheide, D./KPMG, 2. Auflage, Bath 2001, S. 1217 – 1351.

Ballwieser, W. (2001c): Anforderungen des Kapitalmarkts an Bilanzansatz- und Bilanzbewertungsregeln, in: Kapitalmarktorientierte Rechnungslegung 2001, S. 160 – 164.

Ballwieser, W. (2002): Rechnungslegung im Umbruch, in: Der Schweizer Treuhänder 2002, S. 295 – 304.

Ballwieser, W./Kuhner, C. (1994): Rechnungslegungsvorschriften und wirtschaftliche Stabilität, Bergisch Gladbach 1994.

Bank of England (Hrsg.) (1999): Finance for Small Firms, A Sixth Report, London 1999.

Barker, P./Noonan, C. (1996a): Small Company Compliance with Accounting Standards, The Irish Situation, Dublin 1996.

Barker, P./Noonan, C. (1996b): The Jigsaw of Pain, in: Certified Accountant, May 1996, S. 25 – 27.

Barth, K. (1953): Die Entwicklung des deutschen Bilanzrechts und der auf ihm beruhenden Bilanzauffassungen, Band I (Handelsrechtlich), Stuttgart, 1953.

Barth, K. (1955): Die Entwicklung des deutschen Bilanzrechts und der auf ihm beruhenden Bilanzauffassungen, Band II (Steuerrecht), Stuttgart 1955.

Barth, K. (1963): Die Grundsätze ordnungsmäßiger Buchführung, betriebswirtschaftlich, handelsrechtlich und steuerlich – ein geschichtlicher Aufriß, in: Zeitschrift für handelswissenschaftliche Forschung 1963, S. 384 – 397.

Barth, K. (1987): Die Publizitäts- und Prüfungspflicht der GmbH & Co.KG nach dem jetzigen Stand der Gesetzgebung, in: Betriebs-Berater 1987, S. 1045 – 1048.

Basler Ausschuss für Bankenaufsicht (Hrsg.) (2003): Die Neue Basler Eigenkapitalvereinbarung, Konsultationspapier, Basel 2003.

Bassen, A./Behnam, M./Gilbert, D. (2001): Internationalisierung des Mittelstands. Ergebnisse einer empirischen Studie zum Internationalisierungsverhalten deutscher mittelständischer Unternehmen, in: Zeitschrift für Betriebswirtschaft 2001, S. 413 – 431.

Baums, T. (Hrsg.) (1982): Entwurf eines allgemeinen Handelsgesetzbuches für Deutschland (1848/49), Heidelberg 1982.

Baums, T. (Hrsg.) (2001): Bericht der Regierungskommission Corporate Governance, Frankfurt am Main 2001.

Beaver, W. (1989): Financial Reporting: An Accounting Revolution, 2. Auflage, Englewood Cliffs, New Jersey 1989.

Beisse, H. (1994): Zum neuen Bild des Bilanzrechtssystems, in: Bilanzrecht und Kapitalmarkt, Festschrift zum 65. Geburtstag von Professor Dr. Dr. h.c. Dr. h.c. Adolf Moxter, hrsg. v. Ballwieser, W./Böcking, H.-J./Drukarczyk, J./Schmidt, R., Düsseldorf 1994, S. 3 – 31.

Berger, A./Lütticke, S. (2003): Kommentierung des § 290 HGB, in: Beck'scher Bilanz-Kommentar, hrsg. v. Berger, A./Ellrott, H./Förschle, G./Hense, B., 5. Auflage, München 2003, S. 1343 – 1364.

Berry, A./Citron, D./Jarvis, R. (1987): The Information Needs of Bankers Dealing with Large and Small Companies: with Particular Reference to Proposed Changes in Legislation, hrsg. v. Chartered Association of Certified Accountants, Certified Research Report 7, London 1987.

Berry, A./Faulkner, S./Hughes, M./Jarvis, R. (1993a): Bank Lending Beyond the Theory, London u. a. 1993.

Berry, A./Faulkner, S./Hughes, M./Jarvis, R. (1993b): Financial Information, The Banker and the Small Business, in: British Accounting Review 1993, S. 131 – 150.

Bez, H. (1936): Bilanzpublizität und Unternehmerinteresse bei der industriellen A.G., Tübingen 1936.

Biener, H. (1972a): Einzelne Fragen zum Publizitätsgesetz, Teil 1, in: Die Wirtschaftsprüfung 1972, S. 1 – 11.

Biener, H. (1972b): Einzelne Fragen zum Publizitätsgesetz, Teil 2, in: Die Wirtschaftsprüfung 1972, S. 85 – 94.

Biener, H. (Bearb.) (1973): Gesetz über die Rechnungslegung von bestimmten Unternehmen und Konzernen (PublG), Düsseldorf 1973.

Biener, H. (1978): Die Rechnungslegung der Gesellschaft mit beschränkter Haftung nach der Bilanzrichtlinie der EG, in: GmbH-Rundschau 1978, S. 197 – 206.

Biener, H. (1979a): Auswirkungen der Vierten Richtlinie der EG auf den Informationsgehalt der Rechnungslegung deutscher Unternehmen, in: Betriebswirtschaftliche Forschung und Praxis 1979, S. 1 – 16.

Biener, H. (1979b): AG – KGaA – GmbH – Konzerne: Rechnungslegung, Prüfung und Publizität nach den Richtlinien der EG, Köln 1979.

Biener, H. (1985a): Zum Stand der Anpassung des deutschen Rechts an die Vierte gesellschaftsrechtliche Richtlinie der EG, in: Der Betrieb, Beilage Nr. 10/1985.

Biener, H. (1985b): Schwerpunkte des Regierungsentwurfs eines Bilanzrichtlinie-Gesetzes, in: Das Neue Bilanzrichtliniengesetz, Arbeitsbericht Nr. 26 des Instituts für Unternehmungsführung und Unternehmensforschung, hrsg. v. Busse von Colbe, W./Chmielewicz, K., Bochum, Mai 1983, S. 4 – 73.

Biener, H. (2000): Private Standardsetzung – Das DRSC: Auftrag und Perspektiven, in: Die Zukunft des deutschen Bilanzrechts, hrsg. v. Kleindiek, D./Oehler, W., Köln 2000, S. 55 – 70.

Birkholz, H. (1966): Das neue Aktienrecht in steuerlicher Sicht, in: Betriebs-Berater 1966, S. 709 – 716.

Bitter, B./Grashoff, D. (2000a): Anwendungsprobleme des Kapitalgesellschaften- und Co-Richtlinie-Gesetzes, in: Der Betrieb 2000, S. 833 – 839.

Bitter, B./Grashoff, D. (2000b): Das Publizitätsgesetz nach Inkrafttreten des KapCo-RiLiG – unterschiedliche Anforderungen an die Rechnungslegung, in: Der Betrieb 2000, S. 2285 – 2288.

Blankart, C./Knieps, G. (1992): Netzökonomik, in: Jahrbuch für Neue Politische Ökonomie, 11. Band, hrsg. v. Boettcher, E./Herder-Dorneich, P./Schenk, K.-E./Schmidtchen, D., Tübingen 1992, S. 73 – 86.

Board of Trade (Hrsg.) (1945): Report of the Committee on Company Law Amendment, (Cohen Report), Cmnd. 6659, London 1945.

Board of Trade (Hrsg.) (1962): Report of the Company Law Committee, (Jenkins Report), Cmnd. 1749, London 1962.

Boczko, T. (1997): The Changing Structure of Accounting Standard Setting in the UK: A Critical Social Analysis, Hull Business School Working Paper No. 97/1, Hull 1997.

Böckem, H. (2000a): Die Durchsetzung von Rechnungslegungsstandards in Deutschland, in: Der Betrieb 2000, S. 1185 – 1191.

Böckem, H. (2000b): Die Durchsetzung von Rechnungslegungsstandards, Frankfurt am Main u. a. 2000.

Böcking, H.-J. (1998): Zum Verhältnis von Rechnungslegung und Kapitalmarkt: Vom „Financial Accounting“ zum „Business Reporting“, in: Rechnungslegung und Steuern international, hrsg. v. Ballwieser, W./Schildbach, T., Zeitschrift für betriebswirtschaftliche Forschung, Sonderheft 40, 1998, S. 17 – 53.

Böcking, H.-J. (1999): Auswirkungen der neuen Rechnungslegungs- und Prüfungsvorschriften auf die Erwartungslücke, in: Reform des Aktienrechts, der Rechnungslegung und Prüfung: KonTraG – KapAEG – EuroEG – StückAG, hrsg. v. Dörner, D./Menold, D./Pfitzer, N., Stuttgart 1999, S. 717 – 743.

Böcking, H.-J. (2001): IAS für Konzern- und Einzelabschluss, in: Die Wirtschaftsprüfung 2001, S. 1433 – 1440.

Böcking, H.-J. (2002): IAS für Konzern- und Einzelabschluss, in: Die Wirtschaftsprüfung 2002, S. 925 – 928.

Böcking, H.-J./Herold, C./Wiederhold, P. (2003): Modernisierung des HGB in Richtung IAS/IFRS, in: Der Konzern 2003, S. 394 – 407.

Böcking, H.-J./Orth, C. (1998a): Kann das "Gesetz zur Kontrolle und Transparenz im Unternehmensbereich (KonTraG)" einen Beitrag zur Verringerung der Erwartungslücke leisten? – Eine Würdigung auf Basis von Rechnungslegung und Kapitalmarkt, in: Die Wirtschaftsprüfung 1998, S. 351 – 364.

Böcking, H.-J./Orth, C. (1998b): Offene Fragen und Systemwidrigkeiten bei den neuen Rechnungslegungs- und Prüfungsvorschriften des KonTraG und des KapAEG, in: Der Betrieb 1998, S. 1873 – 1879.

Böcking, H.-J./Orth, C. (1999): Mehr Kontrolle und Transparenz im Unternehmensbereich durch eine Verbesserung der Qualität der Abschlußprüfung, in: Betriebswirtschaftliche Forschung und Praxis 1999, S. 418 – 436.

Böcking, H.-J./Orth, C. (2000): Risikomanagement und das Testat des Abschlußprüfers, in: Betriebswirtschaftliche Forschung und Praxis 2000, S. 242 – 260.

Boelke, W. (1970): Die Bewertungsvorschriften des Aktiengesetzes 1965 und ihre Geltung für die Unternehmen in anderer Rechtsform, Berlin 1970.

Bömelburg, P. (1999): Kapitalgesellschaften- und Co.-Richtlinien-Gesetz, in: Betrieb und Wirtschaft 1999, S. 841 – 849.

Börner, C./Grichnik, D. (2003): Von der Pecking Order zur strategischen Mittelstandsfinanzierung – Ergebnisse einer Kombinationsstudie, in: Finanz Betrieb 2003, S. 681 – 689.

Bösselmann, K. (1939): Die Entwicklung des deutschen Aktienwesens im 19. Jahrhundert, Berlin 1939.

Boreham, B./Heady, D. (1983): Do We Need Dual Standards?, in: The Accountant, April 1983, S. 11 – 13.

Born, K. (1966): Die Weltwirtschaftskrise als zeitgeschichtlicher Hintergrund der Einführung der Gesetzlichen Pflichtprüfung, in: 75 Jahre Deutsche Treuhand-Gesellschaft 1890-1965, hrsg. v. Muthesius, V., Frankfurt am Main 1966, S. 53 – 97.

Brandl, R. (1987): Zur Begründbarkeit handelsrechtlicher Rechnungslegungsnormen, Frankfurt am Main u. a. 1987.

Brandt, R. (Hrsg.) (2001): Auditing & Reporting, hrsg. v. Institute of Chartered Accountants in England and Wales, London 2001.

Brandt, R./Fearnley, S./Hines, T./Beattie, V. (1997): The Financial Reporting Review Panel: An Analysis of its Activities, in: Financial Reporting Today – Current and Emerging Issues, The 1998 Edition, hrsg. v. Institute of Chartered Accountants in England and Wales, London 1997, S. 27 – 54.

Breidenbach, K. (1997): Normensetzung für die Rechnungslegung, Wiesbaden 1997.

Breidenbach, K. (1999): Aufgaben und Organisation des Deutschen Rechnungslegungs Standards Committee, in: Steuern und Bilanzen 1999, S. 641 – 647.

Brinkmann, J./Reichardt, P. (1971): Konzernrechnungslegung nach dem Gesetz über die Rechnungslegung von bestimmten Unternehmen und Konzernen, in: Der Betrieb 1971, S. 2417 – 2423.

Brinkmann, T./Kübler, F. (1981): Überlegungen zur ökonomischen Analyse von Unternehmensrecht, in: Zeitschrift für die gesamte Staatswissenschaft 1981, S. 681 – 688.

Broer, F. (2001): Maßgeblichkeitsprinzip und Harmonisierung der Rechnungslegung, Baden-Baden 2001.

Brüning, G. (1969): Die Auswahl der Unternehmen bei der Erweiterung der Publizitätspflicht, in: Betriebswirtschaftliche Forschung und Praxis 1969, S. 36 – 46.

Bruns, H.-G. (1999): Harmonisierung des externen und internen Rechnungswesens auf Basis internationaler Bilanzierungsvorschriften, in: Internationale Rechnungslegung, Festschrift für Professor Dr. Claus-Peter Weber zum 60. Geburtstag, hrsg. v. Küting, K./ Langenbucher, G., Stuttgart 1999, S. 585 – 603.

Bruns, H.-G. (2002): International vergleichbare und qualitativ hochwertige deutsche Jahresabschlüsse durch Anwendung der IAS/IFRS, in: Zeitschrift für betriebswirtschaftliche Forschung 2002, S. 173 – 180.

Bryant, R. (2000): Reporting Requirements for the Small Company, in: Accountants' Digest, issue 423, März 2000.

Buchheim, R./Gröner, S. (2003): Anwendungsbereich der IAS-Verordnung an der Schnittstelle zu deutschem und zu EU-Bilanzrecht, in: Betriebs-Berater 2003, S. 953 – 955.

Buchholz, R. (2002): IAS für mittelständische Unternehmen? – Vor und Nachteile neuer Rechnungslegungsvorschriften in Deutschland, in: Deutsches Steuerrecht 2002, S. 1280 – 1284.

Buchner, R. (1997): Wirtschaftliches Prüfungswesen, 2. Auflage, München 1997.

Budde, W. (1985): Stellungnahme in der vom Unterausschuss „Bilanzrichtlinie-Gesetz“ durchgeführten öffentlichen Anhörung vom 9. Mai 1985, in: Stenographisches Protokoll über die 17. Sitzung des Unterausschusses „Bilanzrichtlinie-Gesetz“, Bonn 1985, S. 17/176.

Budde, W. (1997): Konzernrechnungslegung nach IAS und US-GAAP und ihre Rückwirkungen auf den handelsrechtlichen Einzelabschluß, in: Handelsbilanzen und Steuerbilanzen, Festschrift zum 70. Geburtstag von Prof. Dr. h.c. Heinrich Beisse, hrsg. v. Budde, W./Moxter, A./Offerhaus, K., Düsseldorf 1997, S. 105 – 121.

Budde, W./Steuber, E. (1998a): Normsetzungsbefugnis eines deutschen Standard Setting Body, in: Deutsches Steuerrecht 1998, S. 1181 – 1187.

Budde, W./Steuber, E. (1998b): Verfassungsrechtliche Voraussetzungen zur Transformation internationaler Rechnungslegungsgrundsätze, in: Deutsches Steuerrecht 1998, S. 504 – 508.

Budde, W./Steuber, E. (2000): Rückwirkung des Konzernabschlusses auf den Einzelabschluss, in: Betriebs-Berater 2000, S. 971 – 977.

Bundesnotarkammer (Hrsg.) (1982): Stellungnahme zum Entwurf eines Bilanzrichtlinie-Gesetzes (Stand 18. Mai 1981), in: Betriebs-Berater 1982, S. 222 – 225.

Bundessteuerberaterkammer (Hrsg.) (1980): Stellungnahme zum Vorentwurf eines Bilanzrichtlinie-Gesetzes, in: Deutsches Steuerrecht 1980, S. 663 – 668.

Bundesverband der Deutschen Industrie/Bundesverband des privaten Bankgewerbes/Bundesvereinigung der Deutschen Arbeitgeberverbände/Deutscher Industrie- und Handelstag/Gesamtverband der Versicherungswirtschaft (Hrsg.) (1959): Gemeinsame Denkschrift zum Referentenentwurf eines Aktiengesetzes, Köln, Bonn 1959.

Bundesverband des privaten Bankgewerbes e. V. (Hrsg.) (1958): Denkschrift zur Reform des Aktienrechts, Köln 1958.

Buschmeyer, K.-D. (1993): Publizität als Korrelat der Haftungsbeschränkung, Köln 1993.

Busse von Colbe, W. (1964): Die Planung der Betriebsgröße, Wiesbaden 1964.

Busse von Colbe, W. (1985a): Schriftliche Stellungnahme zur Anhörung am 9. Mai 1985, abgedruckt in Anlage 1 zum Stenographischen Protokoll über die 17. Sitzung des Unterausschusses „Bilanzrichtlinie-Gesetz“, Bonn 1985, S. 194 – 201.

Busse von Colbe, W. (1985b): Stellungnahmen in der vom Unterausschuss „Bilanzrichtlinie-Gesetz“ durchgeführten öffentlichen Anhörung vom 9. Mai 1985, in: Stenographisches Protokoll über die 17. Sitzung des Unterausschusses „Bilanzrichtlinie-Gesetz“, Bonn 1985, S. 17/26 – 27; 17/52 – 53; 17/104 – 105.

Busse von Colbe, W. (1985c): Diskussionsbeiträge, in: Das Neue Bilanzrichtliniengesetz, Arbeitsbericht Nr. 26 des Instituts für Unternehmungsführung und Unternehmensforschung, hrsg. v. Busse von Colbe, W./Chmielewicz, K., Bochum 1983, S. 52, 59, 61.

Busse von Colbe, W. (1993): Die Entwicklung des Jahresabschlusses als Informationsinstrument, in: Ökonomische Analyse des Bilanzrechts, hrsg. v. Wagner, F., Zeitschrift für betriebswirtschaftliche Forschung, Sonderheft 32, 1993, S. 11 – 29.

Busse von Colbe, W. (1994): Unternehmenskontrolle durch Rechnungslegung, in: Internationale Unternehmenskontrolle und Unternehmenskultur, hrsg. v. Sandrock, O./Jäger, W., Tübingen 1994, S. 37 – 57.

Busse von Colbe, W. (1995): Zur Anpassung der Rechnungslegung von Kapitalgesellschaften an internationale Normen, in: Betriebswirtschaftliche Forschung und Praxis 1995, S. 373 – 391.

Busse von Colbe, W. (1997): Internationalisierung der deutschen Konzernrechnungslegung als Kür oder Pflicht?, in: Aktien- und Bilanzrecht, Festschrift für Bruno Kropff, hrsg. v. Forster, K.-H./Grunewald, B./Lutter, M./Semler, J., Düsseldorf 1997, S. 417 – 429.

Busse von Colbe, W. (1998): Geprüfte Konzernabschlüsse als Grundlage des Controllings und der externen Überwachung von Konzernen, in: Rechnungswesen als Instrument für Führungsentscheidungen, Festschrift für Professor Dr. Dr. h.c. Adolf G. Coenenberg zum 60. Geburtstag, hrsg. v. Möller, H./Schmidt, F., Stuttgart 1998, S. 133 – 152.

Busse von Colbe, W. (1999a): Der befreiende Konzernabschluß nach international anerkannten Rechnungslegungsgrundsätzen, in: Reform des Aktienrechts, der Rechnungslegung und Prüfung: KonTraG – KapAEG – EuroEG – StückAG, hrsg. v. Dörner, D./Menold, D./Pfitzer, N., Stuttgart 1999, S. 401 – 420.

Busse von Colbe, W. (1999b): Internationalisierung der Konzernrechnungslegung börsennotierter Mutterunternehmen durch das KapAEG und das KonTraG, in: Internationale Rechnungslegung, Festschrift für Professor Dr. Claus-Peter Weber zum 60. Geburtstag, hrsg. v. Küting, K./Langenbucher, G., Stuttgart 1999, S. 463 – 477.

Busse von Colbe, W. (2001): Anpassung der EG-Bilanzrichtlinien an die IAS, in: Kapitalmarktorientierte Rechnungslegung 2001, S. 199 – 205.

Busse von Colbe, W. (2002a): Entwicklungsperspektiven der Rechnungslegung in Deutschland, in: Zeitschrift für betriebswirtschaftliche Forschung 2002, S. 159 – 172.

Busse von Colbe, W. (2002b): Kleine Reform der Konzernrechnungslegung durch das TransPuG, in: Betriebs-Berater 2002, S. 1583 – 1587.

Busse von Colbe, W. (2002c): Vorschlag der EG-Kommission zur Anpassung der Bilanzrichtlinien an die IAS – Abschied von der Harmonisierung?, in: Betriebs-Berater 2002, S. 1530 – 1536.

Busse von Colbe, W. (2002d): Konzernabschluss, in: Handwörterbuch der Rechnungslegung und Prüfung, hrsg. v. Ballwieser, W./Coenenberg, A./v. Wysocki, K. v., 3. Auflage, Stuttgart 2002, Sp. 1344 – 1359.

Busse von Colbe, W./Chmielewicz, K. (1986): Das neue Bilanzrichtlinien-Gesetz, in: Die Betriebswirtschaft 1986, S. 289 – 347.

Busse von Colbe, W./Laßmann, G. (Hrsg.) (1981): Zum Vorentwurf eines Bilanzrichtlinie-Gesetzes gemäß 4. EG-Richtlinie, Stuttgart 1981.

Busse von Colbe, W./Ordelheide, D. (1993): Konzernabschlüsse, 6. Auflage, Wiesbaden 1993.

Caemmerer, E. v. (1962): Publizitätsinteressen der Öffentlichkeit und Gesellschaftsrecht, in: Das Frankfurter Publizitätsgespräch, hrsg. v. Barz, C./Claussen, C./Hauck, M./Hoffmann, D./Hornef, H./Kaufmann, H./Muthesius, V./Rautmann, H.-G./Semler, S. jr., Frankfurt am Main 1962, S. 141 – 182.

Cairns, D. (2001): IAS Convergence Looms for UK, in: Accountancy, February 2001, S. 92.

Cairns, D. (2003): The Implications of IAS/IFRS for UK Companies. An Update to *the Convergence Handbook,* hrsg. v. Institute of Chartered Accountants in England and Wales, London 2003.

Cairns, D./Nobes, C. (2000): The Convergence Handbook. A Comparison Between International Accounting Standards and UK Financial Reporting Requirements, hrsg. v. Institute of Chartered Accountants in England and Wales, London 2000.

Canadian Institute of Chartered Accountants (Hrsg.) (1999): Financial Reporting by Small Business Enterprises, Toronto 1999.

Canadian Institute of Chartered Accountants (Hrsg.) (2002a): CICA Handbook – Accounting, Toronto 2002.

Canadian Institute of Chartered Accountants (Hrsg.) (2002b): Differential Reporting – Background Information and Basis for Conclusions, Toronto 2002.

Carsberg, B./Page, M./Sindall, A./Waring, I. (1985): Small Company Financial Reporting, Englewood Cliffs u. a. 1985.

Castan, E. (1968): Publizitätspflicht für alle Großunternehmen, in: Der Betrieb 1968, S. 515 – 520.

CCH (Hrsg.) (2002): CCH Tax Handbook 2002 – 03, Kingston 2002.

Centrale für GmbH (Hrsg.) (1964): Zur Harmonisierung der Publizitätspflicht der GmbH in der EWG, in: GmbH-Rundschau 1964, S. 23 – 24.

Centrale für GmbH (Hrsg.) (1981): Eingabe der Centrale für GmbH zum neugefaßten Entwurf eines Bilanzrichtlinie-Gesetzes, in: GmbH-Rundschau 1981, S. 225 – 226.

Centrale für GmbH (Hrsg.) (2001): Stellungnahme der Centrale für GmbH Dr. Otto Schmidt vom 17.9.2001 zum Entwurf des DRSC e. V. für ein Gesetz zur Internationalisierung der Rechnungslegung, in: GmbH-Rundschau 2001, S. 916 – 918.

Cheffins, B. (1997): Company Law: Theory, Structure, and Operation, Oxford 1997.

Chidgey, P./Stone, S./Hayward, S. (2001): Implementing GAAS 2001/2002, London 2001.

Chisnall, P. (1994): Banks and the Small Company Audit Reforms, in: Accountancy, December 1994, S. 76 – 77.

Chittenden, F./Hall, G./Hutchinson, P. (1996): Small Firm Growth, Access to Capital Markets and Financial Structure: Review of Issues and an Empirical Investigation, in: Small Businesss Economics 1996, S. 59 – 67.

Chmielewicz, K. (1980): Vereinheitlichung der Rechnungslegung durch ein rechtsformenunabhängiges Rechnungslegungsgesetz, in: Rechnungslegung nach neuem Recht, hrsg. von Bierich, M./Busse von Colbe, W./Laßmann, G./Lutter, M., Zeitschrift für betriebswirtschaftliche Forschung, Sonderheft 10, 1980, (bzw. wegen gleichzeitigem Erscheinen als ZGR Sonderheft, Zeitschrift für Unternehmens- und Gesellschaftsrecht, Sonderheft 2, 1980), S. 15 – 52.

Chmielewicz, K. (1981): Zur Neuordnung der handelsrechtlichen Rechnungslegung, in: Zum Vorentwurf eines Bilanzrichtlinie-Gesetzes gemäß 4. EG-Richlinie, hrsg. v. Busse von Colbe, W./Laßmann, G., im Auftrag der Schmalenbach-Gesellschaft – Deutsche Gesellschaft für Betriebswirtschaft e. V., Stuttgart 1981, S. 7 – 28.

Chmielewicz, K. (1985a): Stellungnahmen in der vom Unterausschuss „Bilanzrichtlinie-Gesetz“ durchgeführten öffentlichen Anhörung vom 9. Mai 1985, in: Stenographisches Protokoll über die 17. Sitzung des Unterausschusses „Bilanzrichtlinie-Gesetz“, Bonn 1985, S. 17/22 – 24; 17/91 – 92; 17/94; 17/101; 17/108 – 109; 17/132 – 133; 17/143 – 144; 17/155; 17/169 – 170; 17/179 – 180; 17/192 – 193.

Chmielewicz, K. (1985b): Diskussionsbeitrag, in: Das Neue Bilanzrichtliniengesetz, Arbeitsbericht Nr. 26 des Instituts für Unternehmungsführung und Unternehmensforschung, hrsg. v. Busse von Colbe, W./Chmielewicz, K., Bochum 1983, S. 50.

Choi, F./Frost, C./Meek, G. (1999): International Accounting, New Jersey u. a. 1999.

Chopping, D./Carroll, R./Moore, S./Skerratt, L. (2001): Applying GAAP 2001/2002, London 2001.

Chua, W. (1986): Radical Developments in Accounting Thought, in: The Accounting Review 1986, S. 601 – 632.

Citron, D. (1992): Accounting Measurement Rules in UK Bank Loan Contracts, London 1992.

Clarke, T. (1998): The Stakeholder Corporation: A Business Philosophy for the Information Age, in: Long Range Planning 1998, S. 182 – 194.

Claussen, C. (1985): Stellungnahmen in der vom Unterausschuss „Bilanzrichtlinie-Gesetz" durchgeführten öffentlichen Anhörung vom 9. Mai 1985, in: Stenographisches Protokoll über die 17. Sitzung des Unterausschusses „Bilanzrichtlinie-Gesetz", Bonn 1985, S. 17/19 – 21; 17/82 – 83; 17/99; 17/135; 17/136 – 137; 17/181.

Claussen, C. (1986): Das Bilanzrichtliniengesetz, in: Die Aktiengesellschaft 1986, S. 145 – 153.

Claussen, C. (1998): Wie ändert das KonTraG das Aktiengesetz?, in: Der Betrieb 1998, S. 177 – 186.

Clemm, H. (1987): Unternehmerische Rechnungslegung – Aufgaben, Möglichkeiten und Grenzen, in: Bilanzrecht und Konzernrecht, Festschrift zum 65. Geburtstag von Reinhard Goerdeler, hrsg. von Havermann, H., Düsseldorf 1987, S. 93 – 112.

Clemm, H./Nonnenmacher, R. (1985): Die Steuerbilanz – ein fragwürdiger Besteuerungsschlüssel, in: Der Bundesfinanzhof und seine Rechtsprechung, Grundfragen – Grundlagen, Festschrift für Hugo von Wallis zum 75. Geburtstag, hrsg. v. Klein, F./Vogel, K., Bonn 1985, S. 227 – 243.

Coenenberg, A. (1969): Unternehmungsexterne Jahresabschlußinformationen, Habilitationsschrift, Köln 1969.

Coenenberg, A. (1995): Einheitlichkeit oder Differenzierung von internem und externem Rechnungswesen: Die Anforderungen der internen Steuerung, in: Der Betrieb 1995, S. 2077 – 2083.

Coenenberg, A. (2003): Jahresabschluss und Jahresabschlussanalyse, 19. Auflage, Stuttgart 2003.

Coenenberg, A./Luckan, E./Sieben, G. (1970): Zu den Rechnungslegungsvorschriften des Referentenentwurfs eines GmbH-Gesetzes, in: GmbH-Rundschau 1970, S. 144 – 149.

Coenenberg, A./Matschke, M./Sieben, G. (Bearb.) (1972): Stellungnahme zu den Rechnungslegungsvorschriften des Vorschlags einer Vierten Richtlinie des Rates der Europäischen Gmeinschaften und des Regierungsentwurfs eines GmbH-Gesetzes, hrsg. v. Centrale für GmbH Dr. Otto Schmidt, Köln 1972.

Collis, J./Dugdale, D./Jarvis, R. (2001): Deregulation of Small Company Financial Reporting in the UK, in: Contemporary Issues in Accounting Regulation, hrsg. v. McLeay, S./Riccaboni, A., Massachusetts 2001, S. 167 – 185.

Collis, J./Jarvis, R. (2000): How Owner-Managers Use Accounts, hrsg. v. Institute of Chartered Accountants in England and Wales, London 2000.

Collis, J./Jarvis, R. (2002): Financial Reporting Reform and Choices Made by Smaller Entities, unveröffentlichtes Manuskript, präsentiert auf der Financial Reporting and Business Communications Conference in Cardiff, Juli 2002.

Committee of European Securities Regulators (Hrsg.) (2001): Charter of the Committee of European Securities Regulators, Paris 2001.

Committee of European Securities Regulators (Hrsg.) (2003a): Standard No. 1 On Financial Information – Enforcement of Standards on Financial Information in Europe, Ref.: CESR/03-073, Paris 12. März 2003.

Committee of European Securities Regulators (Hrsg.) (2003b): CESR Consultation on the Statement of Principles on the Enforcement of Standards of Financial Information – Feedback Statement, Ref.: CESR/03-074, Paris 12. März 2003.

Committee of Inquiry on Small Firms (Hrsg.) (1971): Small Firms – Report of the Committee of Inquiry on Small Firms, (Bolton Report), Cmnd. 4811, London 1971.

Companies House (Hrsg.) (2001): Accounts and Accounting Reference Dates, Cardiff 2001.

Consultative Committee of Accountancy Bodies (Hrsg.) (1994): Exemptions from Standards on Grounds of Size or Public Interest – Consultative Document, London 1994.

Consultative Committee of Accountancy Bodies (Hrsg.) (1995): Designed to Fit – A Financial Reporting Standard for Smaller Entities, London 1995.

Consultative Committee of Accountancy Bodies (Hrsg.) (2002): Statement of Recommended Practice – Accounting by Limited Liability Partnerships, London 2002.

Cook, J. (1999): Small Firms, Im Rahmen des Company Law Review vom ESRC Centre for Business Research der Universität Cambridge erarbeitetes Informationsmaterial, Cambridge 1999.

Cooke, C. (1950): Corporation Trust and Company, Manchester 1950.

Cooke, T./Choudhury, M./Wallace, O. (2001): United Kingdom – Individual Accounts, in: Transnational Accounting, hrsg. v. Ordelheide, D./KPMG, 2. Auflage, Bath 2001, S. 2571 – 2716.

Co-ordinating Group on Audit and Accounting Issues (Hrsg.) (2003): Final Report, URN 03/567, London, Januar 2003.

Cosh, A./Hughes, A. (1994): Size, Financial Structure and Profitability: UK Companies in the 1980s, in: Finance and the Small Firm, hrsg. v. Storey, D., London, New York 1994, S. 18 – 63.

Crezelius, G. (1994): Maßgeblichkeitsgrundsatz in Liquidation?, in: Der Betrieb 1994, S. 689 – 691.

Curran, J. (1999): The Role of The Small Firm in The UK Economy: Hot Stereotypes and Cool Assessments, Milton Keynes 1999.

Cutter, A./Marriott, N. (1997): The Impact of the Small Companies' Audit Exemption: Some New Evidence, in: The Journal of Applied Accounting Research 1997, S. 37 – 68.

Dale, I./Morgan, A. (2000): Job Creation – The Role of New and Small Firms, Sheffield 2000.

D'Arcy, A. (2001): Accounting Classification and the International Harmonisation Debate – An Empirical Investigation, in: Accouting, Organizations and Society 2001, S. 327 – 349.

Davies, M./Paterson, R./Wilson, A. (1999): UK GAAP, 6. Auflage, London 1999.

Davies, P. (1997): Gower's Principles of Modern Company Law, London 1997.

Davies, P. (1998): Legal Capital in Private Companies in Great Britain, in: Die Aktiengesellschaft 1998, S. 346 – 354.

Davison, I. (1982): There must be a Change in the Law, in: The Accountant, November 1982, S. 5 und S. 40.

Day, J./Taylor, P. (1996): Bankers' Perspectives on the Role of Covenants in Debt Contracts, in: Journal of International Banking Law 1996, S. 201 – 205.

Demsetz, H. (1970): The Private Production of Public Goods, in: The Journal of Law and Economics 1970, S. 293 – 306.

Demski, J. (1973): The General Impossibility of Normative Accounting Standards, in: The Accounting Review 1973, S. 718 – 723.

Department of Trade and Industry (Hrsg.) (1973): Company Law Reform, Cmnd. 5391, London 1973.

Department of Trade and Industry (Hrsg.) (1985): Burdens on Businesses, London 1985.

Department of Trade and Industry (Hrsg.) (1994): Company Law Review: The Law Applicable to Private Companies, A Consultative Document, URN 94/529, London 1994.

Department of Trade and Industry (Hrsg.) (1995a): Accounting Simplifications, A Consultative Document, London 1995.

Department of Trade and Industry (Hrsg.) (1995b): Competitiveness – Forging Ahead, White Paper, Cmnd. 2867, London 1995.

Department of Trade and Industry (Hrsg.) (1996a): Accounting Simplifications: Re-arrangements to Companies Act Schedule on Small Company Accounts, A Consultative Document, URN 96/755, London 1996.

Department of Trade and Industry (Hrsg.) (1996b): Small Company Accounts: A Possible Standard Format, AConsultative Document, URN 96/947, London 1996.

Department of Trade and Industry (Hrsg.) (1997): Small Companies Audit Exemption: consultation on Proposed Amendments, A Consultative Document, URN 97/515, London 1997.

Department of Trade and Industry (Hrsg.) (1998a): Modern Company Law for a Competitive Economy, London 1998.

Department of Trade and Industry (Hrsg.) (1998b): Modern Company Law for a Competitive Economy – An International Survey of Companies Law in the Commonwealth, North America, Asia and Europe, London 1998.

Department of Trade and Industry (Hrsg.) (1998c): Limited Liability Partnerships, Draft Bill, A Consultation Document, URN 98/874, London 1998.

Department of Trade and Industry (Hrsg.) (1998d): A Framework of Independent Regulation for the Accountancy Profession, A Consultation Document, London 1998.

Department of Trade and Industry (Hrsg) (1999a): Raising the Threshold Levels for SMEs, A Consultative Document, London 1999.

Department of Trade and Industry (Hrsg.) (1999b): The Statutory Audit Requirement for Smaller Companies, A Consultative Document, London 1999.

Department of Trade and Industry (Hrsg.) (1999c): Limited Liability Draft Regulations, A Consultation Document, URN 99/1025, London 1999.

Department of Trade and Industry (Hrsg.) (1999d): Investigations: How They Work, London 1999.

Department of Trade and Industry (Hrsg.) (2000a): Small and Medium Enterprise (SME) Statistics for the UK 2000, London 2000.

Department of Trade and Industry (Hrsg.) (2000b): Companies in 1999-2000, London 2000.

Department of Trade and Industry (Hrsg.) (2001): Small and Medium Enterprise (SME) Definitions, abrufbar unter: http://www.dti.gov.uk/SME4/define.htm, Stand: 06.12.2001.

Department of Trade and Industry (Hrsg.) (2002): International Accounting Standards, A Consultation Document, URN 02/1158, London 2002.

Department of Trade and Industry (Hrsg.) (2003a): News Release: UK Extends Use of International Accounting Standards, abrufbar unter: http://www.dti.gov.uk/cld/pressnotice170703.pdf, Stand: 17.07.2003.

Department of Trade and Industry (Hrsg.) (2003b): Review of the Regulatory Regime of the Accountancy Profession, Report to the Secretary of State for Trade and Industry, URN 03/589, London 2003.

Department of Trade and Industry (Hrsg.) (2003c): Review of the Regulatory Regime of the Accountancy Profession: Legislative Proposals, A Consultation Document, London 2003.

Department of Trade and Industry (Hrsg.) (2003d): Raising the Thresholds, A Consultation Document, London 2003.

Deutscher Gewerkschaftsbund (Hrsg.) (1985): Schriftliche Stellungnahme zur Anhörung am 23./24. September 1985, abgedruckt in Anlage 1 zum stenographischen Protokoll über die 18. und 19. Sitzung des Unterausschusses „Bilanzrichtlinie-Gesetz“, Bonn 1985, S. 60 – 99.

Deutscher Industrie- und Handelstag/Bundesverband der Deutschen Industrie/Bundesverband des Deutschen Groß- und Außenhandels/Bundesverband Deutscher Banken/Bundesvereinigung der Deutschen Arbeitgeberverbände/Deutscher Hotel- und Gaststättenverband/Gesamtverband der Deutschen Versicherungswirtschaft/Hauptgemeinschaft des Deutschen Einzelhandels/Zentralverband des Deutschen Handwerks/Zentralverband der genossenschaftlichen Großhandels- und Dienstleistungsunternehmen (Hrsg.) (1981): Stellungnahme zum Entwurf eines Bilanzrichtlinie-Gesetzes, in: Betriebs-Berater 1981, S. 1864 – 1877.

Deutscher Industrie- und Handelstag/Bundesverband der Deutschen Industrie/Bundesverband des Deutschen Groß- und Außenhandels/Bundesverband Deutscher Banken/Bundesvereinigung der Deutschen Arbeitgeberverbände/Deutscher Hotel- und Gaststättenverband/Gesamtverband der Deutschen Versicherungswirtschaft/Hauptgemeinschaft des Deutschen Einzelhandels/Zentralverband des Deutschen Handwerks/Zentralverband der genossenschaftlichen Großhandels- und Dienstleistungsunternehmen (Hrsg.) (1984): Stellungnahme der Spitzenverbände zum Bilanzrichtlinie-Gesetz, in: Der Betrieb, Beilage Nr. 7/84, 1984.

Deutscher Industrie und Handelstag/Bundesverband der Deutschen Industrie/ Bundesverband deutscher Banken, Bundesvereinigung der Deutschen Arbeitgeberverbände/Gesamtverband der Versicherungswirtschaft/Hauptgemeinschaft des Deutschen Einzelhandels/Bundesverband des Deutschen Groß- und Außenhandels (Hrsg.) (1969): Gefahr für die GmbH – Stellungnahme zum Referentenentwurf eines neuen GmbH-Gesetzes, Bonn 1969.

Deutscher Standardisierungsrat (Hrsg.) (1999a): Deutscher Rechnungslegungs Standard Nr. 2 (DRS 2): Kapitalflussrechnung, verabschiedet am 29. Oktober 1999, Bekanntmachung durch das Bundesministerium der Justiz am 31. Mai 2000, Berlin 1999.

Deutscher Standardisierungsrat (Hrsg.) (1999b): Deutscher Rechnungslegungs Standard Nr. 3 (DRS 3): Segmentberichterstattung, verabschiedet am 20. Dezember 1999, Bekanntmachung durch das Bundesministerium der Justiz am 31. Mai 2000, Berlin 1999.

Deutscher Standardisierungsrat (Hrsg.) (2000): Deutscher Rechnungslegungs Standard Nr. 1 (DRS 1): Befreiender Konzernabschluss nach § 292 a HGB, verabschiedet am 29. Oktober 1999 und angepasst am 23. Mai 2000, Bekanntmachung durch das Bundesministerium der Justiz am 22. Juli 2000, Berlin 2000.

Deutscher Standardisierungsrat (Hrsg.) (2001): Entwurf eines Gesetzes zur Internationalisierung der Rechnungslegung, abrufbar unter: http://www.standardsetter.de/drsc/docs/drafts/bmj/int_rechnungslegung_entwurf.html, Stand: 29.08.2001.

Deutscher Standardisierungsrat (Hrsg.) (2002): Stellungnahme des DSR zu EU-Dokumenten, abrufbar unter: http://www.standardsetter.de/drsc/docs/comments/own/BMJ_2002-10-20.pdf, Stand: 20.10.2002.

Deutsches Aktieninstitut (Hrsg.) (2002): DAI-Factbook 2002, Frankfurt am Main 2002.

Deutsches Rechnungslegungs Standards Committee e. V. (Hrsg.) (1998): Entstehung, Organisation, Zielsetzung, Berlin 1998.

Diethmayer, S. (1994): Die Vergleichbarkeit von Informationen aus der externen Analyse der Einzelabschlüsse deutscher, französischer und britischer Kapitalgesellschaften, Aachen 1994.

Ditgen, A. (1958): Die Publizität der Gesellschaft vom Standpunkt der kapitalaufnehmenden Industrie, in: Zeitschrift für handelswissenschaftliche Forschung 1958, S. 429 – 441.

Döllerer, G. (1958): Zweck der aktienrechtlichen Publizität, in: Betriebs-Berater 1958, S. 1281 – 1284.

Döllerer, G. (1965): Rechnungslegung nach dem neuen Aktiengesetz und ihre Auswirkungen auf das Steuerrecht, in: Betriebs-Berater 1965, S. 1405 – 1417.

Döllerer, G. (1985): Stellungnahmen in der vom Unterausschuss „Bilanzrichtlinie-Gesetz" durchgeführten öffentlichen Anhörung vom 9. Mai 1985, in: Stenographisches Protokoll über die 17. Sitzung des Unterausschusses „Bilanzrichtlinie-Gesetz", Bonn 1985, S. 17/29 – 32; 17/48 – 49; 17/57 – 59; 17/67; 17/76 – 77; 17/89 – 90; 17/111 – 112; 17/121 – 123; 17/145; 17/149 – 151; 17/182 – 184.

Dörner, D. (2000): Zusammenarbeit von Aufsichtsrat und Wirtschaftsprüfer im Lichte des KonTraG, in: Der Betrieb 2000, S. 101 – 105.

Dörner, D./Bischof, S. (1999): Zweifelsfragen zur Berichterstattung über die Risiken der künftigen Entwicklung im Lagebericht, in: Die Wirtschaftsprüfung 1999, S. 445 – 455.

Dörner, D./Wirth, M. (1998): Die Befreiung von Tochter-Kapitalgesellschaften nach § 264 Abs. 3 HGB i. d. F. des KapAEG hinsichtlich Inhalt, Prüfung und Offenlegung des Jahresabschlusses, in: Der Betrieb 1998, S. 1525 – 1531.

Donckels, R. (2002): Die Internationalisierung von Familien-KMU, in: Internationales Gewerbearchiv, Sonderheft 5, Internationalisierung europäischer Klein- und Mittelunternehmen (INTERSTRATOS), 2002, S. 107 – 123.

Drescher, S. (2002): Zur Zukunft des deutschen Maßgeblichkeitsgrundsatzes, Düsseldorf 2002.

Drukarczyk, J. (1993): Theorie und Politik der Finanzierung, 2. Auflage, Wiesbaden 1993.

Dürrhammer, W. (1970): Unabhängigkeit des Abschlußprüfers im Aktiengesetz und in der Praxis, Düsseldorf 1970.

Dugdale, D./Hussey, J./Jarvis, R. (1997): The Owner-Manager and FRSSE, Can Less Mean More, in: Certified Accountant, November 1997, S. 32 – 33.

Dugdale, D./Hussey, J./Jarvis, R. (1998): The Statutory Accounts of Smaller Companies: A Burden or an Aid to Business?, in: Management Accounting, Februar 1998, S. 50 – 52.

Ebbers, G. (2001): Die deutsche Rechnungslegung im Kontext europäischer und internationaler Reformprozesse, in: Kostenrechnungspraxis 2001, S. 301 – 305.

Eberhartinger, E. (1997): Das Verhältnis zwischen (handels-)bilanziellem und steuerlichem Gewinn in der Rechtsprechung von Großbritannien, in: Internationales Steuerrecht 1997, S. 279 – 285.

Ebert, E. (2002): Private Normsetzung für die Rechnungslegung, Sternenfels 2002.

Ebke, W. (1999): Der Deutsche Standardisierungsrat und das Deutsche Rechnungslegungs Standards Committee: Aussichten für eine professionelle Entwicklung von Rechnungslegungsgrundsätzen, in: Zeitschrift für Wirtschaftsrecht 1999, S. 1193 – 1203.

Eder, K. (1965): Das neue deutsche Aktiengesetz und seine Bedeutung für die GmbH, in: GmbH-Rundschau 1965, S. 147 – 151.

Eder, K. (1968): Gesetzentwurf zur Publizität hat manche Mängel, in: GmbH-Rundschau 1968, S. 209.

Edey, H. (1984): Company Accounting in the Nineteenth and Twentieth Centuries, in: The Evolution of Corporate Financial Reporting, hrsg. v. Lee, T./Parker, R., New York, London 1984, S. 222 – 230.

Edey, H./Panitpakdi, P. (1956): British Company Accounting and the Law 1844 – 1900, in: Studies in the History of Accounting, hrsg. v. Littleton, A./Yamey, B., London 1956, S. 356 – 379.

Edwards, J. (1989): A History of Financial Accounting, London, New York 1989.

Egner, H. (1974): Bilanzen, München 1974.

Eichhorn, K. (2001): Das Maßgeblichkeitsprinzip bei Rechnungslegung nach International Accounting Standards, Lohmar, Köln 2001.

Elmendorff, W. (1967): Harmonisierung der Rechnungslegungsvorschriften in der Europäischen Wirtschaftsgemeinschaft, in: Die Wirtschaftsprüfung 1967, S. 621 – 627.

Elmendorff, W. (1972): Die Rechnungslegungsvorschriften nach dem Vorschlag einer 4. Richtlinie der Kommission der Europäischen Gemeinschaften, in: Die Wirtschaftsprüfung 1972, S. 29 – 39.

Elschen, R. (1991): Shareholder Value und Agency-Theorie – Anreiz- und Kontrollsysteme für Zielsetzungen der Anteilseigner, in: Betriebswirtschaftliche Forschung und Praxis 1991, S. 209 – 220.

Elschen, R. (1995): Managementanreize und steuerpolitische Optimierung, in: Die Betriebswirtschaft 1995, S. 303 – 322.

Emmerich, M. (1999): Ansätze und Perspektiven einer Reform der externen Rechnungslegung in Deutschland, Aachen 1999.

Erdbrügger, A. (2001): Die Auswirkung des Einklangerfordernisses auf die praktische Umsetzbarkeit des § 292a HGB, in: Deutsches Steuerrecht 2001, S. 99 – 104.

Ernst, C. (1998): KonTraG und KapAEG sowie aktuelle Entwicklungen zur Rechnungslegung und Prüfung in der EU, in: Die Wirtschaftsprüfung 1998, S. 1025 – 1035.

Ernst, C. (1999): Die Grundzüge des Referentenentwurfs zum Kapitalgesellschaften & Co.-Richtlinie-Gesetz, in: Deutsches Steuerrecht 1999, S. 903 – 907.

Ernst, C. (2001): Bilanzrecht quo vadis?, in: Die Wirtschaftsprüfung 2001, S. 1440 – 1445.

Ernst, C. (2003a): BB-Gesetzgebungsreport: Auswirkungen des 10-Punkte-Programms „Unternehmensintegrität und Anlegerschutz" auf das Bilanzrecht, in: Betriebs-Berater 2003, S. 1487 – 1491.

Ernst, C. (2003b): Die Einheitlichkeit des Wirtschaftsprüferberufes, in: Die Wirtschaftsprüfung 2003, S. 18 – 25.

Ernst, D. (1999): Internationalisierung kleiner und mittlerer Unternehmen, Wiesbaden 1999.

Ernst, E. (1965): Publizitätspflicht für Einzelunternehmen und Personengesellschaften des Handelsrechts?, in: Der Betrieb 1965, S. 693 – 696.

Ertner, U. (1968): Der Geschäftsbericht als Instrument erweiterter aktienrechtlicher Rechnungslegung, Berlin 1968.

Euler, R. (2000): Steht die Maßgeblichkeit vor einer Renaissance?, in: Die Zukunft des deutschen Bilanzrechts, hrsg. v. Kleindiek, D./Oehler, W., Köln 2000, S. 193 – 199.

Euler, R. (2002): Paradigmenwechsel im handelsrechtlichen Einzelabschluss, in: Betriebs-Berater 2002, S. 875 – 880.

Ewert, R. (1986): Rechnungslegung, Gläubigerschutz und Agency-Probleme, Wiesbaden 1986.

Ewert, R. (1987): The Financial Theory of Agency as a Tool for an Analysis of Problems in External Accounting, in: Agency Theory, Information, and Incentives, hrsg. v. Bamberg, G./Spremann, K. Berlin u. a. 1987, S. 281 – 309.

Ewert, R. (1990): Wirtschaftsprüfung und asymmetrische Information, Berlin u. a. 1990.

Ewert, R. (1999): Rechnungslegung, Globalisierung und Kapitalkosten, in: Kostenrechnungspraxis, Sonderheft 3, 1999, S. 39 – 46.

Fama, E. (1976): Foundations of Finance, New York 1976.

Fama, E. (1980): Agency Problems and the Theory of the Firm, in: Journal of Political Economy, 1980, S. 288 – 307.

Fama, E./Jensen, M. (1983): Separation of Ownership and Control, in: Journal of Law and Economics 1983, S. 301 – 325.

Fama, E./Laffer, A. (1971): Information and Capital Markets, in: The Journal of Business 1971, S. 289 – 298.

Farrar, J./Hannigan, B. (1998): Farrar's Company Law, 4. Auflage, London u. a. 1998.

Fass, J. (1992): Konzernierung und konsolidierte Rechnungslegung, Frankfurt am Main u. a. 1992.

Fearnley, S./Hines, T. (2003a): The Adoption of International Accounting Standards in the UK: A Review of Attitutes, unveröffentlichtes Manuskript, präsentiert auf der Jahrestagung der European Accounting Association in Seville, April 2003.

Fearnley, S./Hines, T. (2003b): The Regulatory Framework for Financial Reporting and Auditing in the United Kingdom: The Present Position and Impending Changes, in: The International Journal of Accounting 2003, S. 215 – 233.

Fearnley, S./Hines, T./McBride, K./Brandt, R. (2000a): Problems and Politics of Regulatory Fragmentation: The Case of the Financial Reporting Review Panel and the Institute of Chartered Accountants in England and Wales, in: Journal of Financial Regulation and Compliance 2000, S. 16 – 35.

Fearnley, S./Hines, T./McBride, K./Brandt, R. (2000b): Raising the Threshold for Audit Exemption for Small Companies: Some implications for Other Users of Audit Services, in: Journal of Financial Regulation and Compliance 2000, S. 300 – 308.

Fearnley, S./Hines, T./McBride, K./Brandt, R. (2000c): A Peculiarly British Institution, London 2000.

Fearnley, S./Hines, T./McBride, K./Brandt, R. (2001): The Impact of the Financial Reporting Review Panel on the Independence of Auditors in the UK, unveröffentlichtes Manuskript, präsentiert auf der Jahrestagung der European Accounting Association in Athen, April 2001.

Fédération des Experts Comptables Européens (Hrsg.) (1999): Discussion Paper on Financial Reporting Strategy within Europe, Oktober 1999.

Fédération des Experts Comptables Européens (Hrsg.) (2001a): Enforcement Mechanisms in Europe, Brüssel 2001.

Fédération des Experts Comptables Européens (Hrsg.) (2001b): Discussion Paper on Modernisation of the Accounting Directives, Brüssel 2001.

Fédération des Experts Comptables Européens (Hrsg.) (2002): Discussion Paper on Enforcement of IFRS within Europe, Brüssel 2002.

Federmann, R. (2000): Bilanzierung nach Handelsrecht und Steuerrecht, 11. Auflage, Berlin 2000.

Federspieler, C. (1999): Zwischenberichtspublizität in Europa, Frankfurt am Main 1999.

Feine, H. (1929): Die Gesellschaft mit beschränkter Haftung, in: Handbuch des gesamten Handelsrechts, hrsg. v. Ehrenberg, V., Leipzig 1929, Dritter Band, III. Abteilung, S. 1 – 681.

Feldhoff, M. (1992a): Die Regulierung der Rechnungslegung, Frankfurt am Main u. a. 1992.

Feldhoff, M. (1992b): Versagt der Markt für Informationen, in: Zeitschrift für betriebswirtschaftliche Forschung 1992, S. 1012 – 1022.

Fey, G./Knorr, L. (2001): Going International, in: Accountancy, March 2001, S. 100 – 103.

Financial Accounting Standards Board (Hrsg.) (1978): Statement of Financial Accounting Concepts No. 1: Objectives of Financial Reporting by Business Enterprises, Norwalk, Connecticut 1978.

Financial Accounting Standards Board (Hrsg.) (1981): Financial Reporting by Private and Small Public Companies, Invitation to Comment, Stamford, Connecticut 1981.

Financial Accounting Standards Board (Hrsg.) (1983): Financial Reporting by Privately Owned Companies: Summary of Responses to FASB Invitation to Comment, Stamford, Connecticut 1983.

Financial Reporting Council (Hrsg.) (2001): Annual Review 2001, London 2001.

Financial Reporting Council (Hrsg.) (2002a): Annual Review 2002, London 2002.

Financial Reporting Council (Hrsg.) (2002b): Press Notice 68: Financial Reporting Review Panel Group on Proactivity Set up, London, 20. September 2002.

Financial Reporting Council (Hrsg.) (2003): Press Notice 73: A Proactive Regime for Enforcing Accounting Standards, London, 29. Januar 2003.

Financial Reporting Review Panel (Hrsg.) (2000): Operating Procedures; abrufbar unter: http://www.frrp.org.uk, Stand: 12. Juli 2000.

Financial Services Authority (Hrsg.) (2002): The Listing Rules, London 2002.

Fischer, L. (1968): Betriebswirtschaftliche Beurteilung der Ausdehnung der Publizitätspflicht auf alle Großunternehmen, in: Betriebswirtschaftliche Forschung und Praxis 1968, S. 558 – 571.

Fischer, L. (1970): Zur Pflichtprüfung und Publizität der Jahresabschlüsse nach dem Referentenentwurf eines GmbH-Gesetzes, in: Der Betrieb 1970, S. 501 – 506.

Fischer, R. (1916): Die Aktiengesellschaft, in: Handbuch des gesamten Handelsrechts, hrsg. v. Ehrenberg, V., Leipzig, 1916, Dritter Band, I. Abteilung, S. 12 – 419.

Fischer, W.-W. (2001): IAS-Abschlüsse von Einzelunternehmungen, Herne, Berlin 2001.

Fisher, L. (1994): The True and Fair Override, in: Accountancy, December 1994, S. 23.

Fleischer, H. (2000): Gläubigerschutz in der kleinen Kapitalgesellschaft: Deutsche GmbH versus englische Private Limited Company, in: Deutsches Steuerrecht 2000, S. 1015 – 1021.

Fleming, C. (2002): IFRSs and Smaller Entities, in: IASB Insight, January 2002, S. 15 – 16.

Fleming, C. (2003): IASB Standards for SMEs: An Introduction to the IASB Research Project, unveröffentlichter Vortrag, präsentiert auf der Veranstaltung der Association of Chartered Certified Accountants zu dem Thema "Beyond 2005: The Future of Private Company Reporting in Europe", Brüssel, Januar 2003.

Flume, W. (1960): Grundfragen der Aktienrechtsreform, Düsseldorf 1960.

Flume, W. (1962): Diskussionsbeitrag im Rhamen des Frankfurter Publizitätsgespräches vom 13. und 14. April 1962, in: Das Frankfurter Publizitätsgespräch, hrsg. v. Barz, C./Claussen, C./Hauck, M./Hoffmann, D./Hornef, H./Kaufmann, H./Muthesius, V./ Rautmann, H.-G./Semler, S. jr., Frankfurt am Main 1962, S. 183 – 189.

Förschle, G./Deubert, M. (2003): § 264 HGB – E. Erleichterungen für Tochter-Kapitalgesellschaften, in: Beck'scher Bilanz-Kommentar, hrsg. v. Berger, A./Ellrott, H./Förschle, G./ Hense, B., 5. Auflage, München 2003, S. 746 – 759.

Forberg, K. (1958): Die Publizität der Kapitalgesellschaften vom Standpunkt der Banken und der Börsen, in: Zeitschrift für handelswissenschaftliche Forschung 1958, S. 442 – 452.

Forster, K.-H. (1964): Vom Gläubigerschutz zum Aktionärsschutz – der Wandel in den Bewertungsbestimmungen des Aktienrechts, in: Die Wirtschaftsprüfung 1964, S. 422 – 429.

Forster, K.-H. (1966): Neue Pflichten des Abschlußprüfers nach dem Aktiengesetz von 1965, in: Beiträge zum neuen Aktienrecht, hrsg. v. Schneider, K./Forster, K.-H./Goerdeler, R./ Greiffenhagen, H. /Havermann, H., Sonderdruck aus der Zeitschrift „Die Wirtschaftsprüfung", Düsseldorf 1966, S. 5 – 69.

Forster, K.-H. (1972): Ausgewählte Fragen zur Rechnungslegung nach dem Publizitätsgesetz, in: Die Wirtschaftsprüfung 1972, S. 469 – 475.

Forster, K.-H. (1999): Zum Zusammenspiel von Aufsichtsrat und Abschlußprüfer nach dem KonTraG, in: Die Aktiengesellschaft 1999, S. 193 – 198.

Franke, G./Hax, H. (1999): Finanzwirtschaft des Unternehmens und Kapitalmarkt, Berlin u. a. 1999.

Franken, L. (2001): Gläubigerschutz durch Rechnungslegung nach US-GAAP, Frankfurt am Main u. a. 2001.

Frankenberg, P. (1993): Jahresabschlüsse im internationalen Vergleich, Wiesbaden 1993.

Freedman, J. (1993): Ordinary Principles of Commercial Accounting – Clear Guidance or a Mystery Tour?, in: British Tax Review 1993, S. 468 – 478.

Freedman, J. (1995): Defining Taxable Profit in a Changing Accounting Environment, British Tax Review 1995, S. 434 – 444.

Freedman, J./Godwin, M. (1993): The Statutory Audit and the Micro Company – An Empirical Investigation, in: The Journal of Business Law 1993, S. 105 – 130.

Freedman, J./Godwin, M. (1994): Incorporating the Micro Business: Perceptions and Misperceptions, in: Finance and the Small Firm, hrsg. v. Hughes, A./Storey, D., London, New York 1994, S. 232 – 283.

Freedman, J./Power, M. (1992): Law and Accounting: Transition and Transformation, in: Law and Accountancy, hrsg. v. Freedman, J./Power, M., London 1992, S. 1 – 23.

Freidank, C.-C./Paetzmann, K. (2002): Auswahl und Einsatz von Datenmaterial, Analysemethoden sowie externen Beratern zur Vorbereitung von Kreditvergabeentscheidungen, in: Der Betrieb 2002, S. 1785 – 1789.

Fritsch, M./Wein, T./Ewers, H.-J. (2001): Marktversagen und Wirtschaftspolitik, 4. Auflage, München 2001.

Fröhlich, C. (2002): Internationale Konzernabschlüsse für kleine und mittlere Konzerne, in: Steuer- und Wirtschaftskartei 2002, S. 1182 – 1186.

Fülbier, R. (1998): Regulierung der Ad-hoc-Publizität, Wiesbaden 1998.

Fülbier, R./Gassen, J. (1999): Wider die Maßgeblichkeit der International Accounting Standards für die steuerliche Gewinnermittlung, in: Der Betrieb 1999, S. 1511 – 1513.

Funke, R. (1998): Noch einmal: Wer entscheidet im Bilanzrecht, in: Der Betrieb 1998, S. I.

Gale, S. (2001): Limited Liability Partnerships, in: Accountants' Digest, issue 446, Dezember 2001.

Gamble, A./Kelly, G. (2001): Shareholder Value and the Stakeholder Debate in the UK, in: Corporate Governance, April 2001, S. 110 – 117.

Gassner, W. (1998): Der Gewinnbegriff des Steuerrechtes und dessen zukünftige Gestaltung (Teil II), in: Österreichische Zeitschrift für (Recht und) Rechnungswesen 1998, S. 353 – 357.

Gee, P./Hare, S. (1993): Small Company Reporting and the Relevance Gap, in: Accountancy, March 1993, S. 82 – 83.

Geßler, E. (1964): Diskussionsbeitrag, in: Entwicklungstendenzen des Handels- und Steuerrechts, hrsg. v. Institut der Wirtschaftsprüfer in Deutschland e. V., Düsseldorf 1964, S. 46 – 47.

Geßler, E. (1966): Der Bedeutungswandel der Rechnungslegung im Aktienrecht, in: 75 Jahre Deutsche Treuhand-Gesellschaft 1890-1965, hrsg. v. Muthesius, V., Frankfurt am Main 1966, S. 129 – 166.

Geßler, E. (1969): Die Reform des GmbH-Rechts; in: Betriebs-Berater 1969, S. 589 – 595.

Geßler, E. (1971): Grundfragen der GmbH-Reform, in: Betriebs-Berater 1971, S. 665 – 670.

Geßler, E. (1979): Diskussionsbeitrag, in: Betriebswirtschaftliche Forschung und Praxis 1979, S. 81 – 82.

Geßler, E. (1980): Die GmbH in der gesellschaftsrechtlichen Gesetzgebung, in: Pro GmbH, hrsg. v. Schmidt, H., Köln 1980, S. 91 – 114.

Giese, A./Rabenhorst, D./Schindler, J. (2001): Erleichterungen bei der Rechnungslegung, Prüfung und Offenlegung von Konzerngesellschaften, in: Betriebs-Berater 2001, S. 511 – 518.

Glaum, M. (2001): Die Internationalisierung der deutschen Rechnungslegung, in: Kapitalmarktorientierte Rechnungslegung 2001, S. 124 – 134.

Glaum, M./Mandler, U. (1996): Rechnungslegung auf globalen Kapitalmärkten, Wiesbaden 1996.

Godin, R. v./Wilhelmi, H. (1950): Aktiengesetz, 2. Auflage, Berlin 1950.

Goebel, A. (1995): Möglichkeiten und Probleme einer Anwendung der International Accounting Standards, in: Deutsches Steuerrecht 1995, S. 1037 – 1039.

Göbes, C. (1996): Die Unternehmensbesteuerung in Deutschland und Großbritannien vor dem Hintergrund des europäischen Integrationsprozesses, Frankfurt am Main u. a. 1996.

Göllert, K. (1979): Sozialbilanzen, Wiesbaden 1979.

Goerdeler, R. (1962): Die Publizität der Rechenschaftslegung, in: Das Frankfurter Publizitätsgespräch, hrsg. v. Barz, C./Claussen, C./Hauck, M./Hoffmann, D./Hornef, H./Kaufmann, H./Muthesius, V./Rautmann, H.-G./Semler, S. jr., Frankfurt am Main 1962, S. 211 – 233.

Göthel, S. (2001): Europäisches Bilanzrecht im Umbruch, in: Der Betrieb 2001, S. 2057 – 2061.

Gonedes, N./Dopuch, N. (1974): Capital Market Equilibrium, Information Production, and Selecting Accounting Techniques: Theoretical Framework and Review of Empirical Work, in: Studies on Accounting Objectives, Supplement to the Journal of Accounting Research 1974, S. 48 – 129.

Gonedes, N./Dopuch, N./Penman, S. (1976): Disclosure Rules, Information-Production, and Capital Market Equilibrium: The Case of Forecast Disclosure Rules, in: Journal of Accounting Research 1976, S. 89 – 137.

Gordon, P./Gray, S. (1994): United Kingdom Financial Reporting, London, New York 1994.

Graf von Bernstorff, C. (1998): Das Unternehmensrecht in Europa (Teil II), in: Europäisches Wirtschafts- und Steuerrecht 1998, S. 433 – 439.

Grasmann, G. (Bearb.) (1989a): Die gegenwärtige Struktur der zur römisch-germanischen Rechtsfamilie gehörenden Rechtsordnungen, in: Einführung in die großen Rechtssysteme der Gegenwart, auf der Grundlage „Les grands systèmes de droit contemporains", von David, R./Spinosi, C.; bearb. v. Grasmann, G./Klingmüller, E./Müller-Gugenberger, C./Neumayer, H./Stricker, S./Wähler, K./Westen, K./Will, M., München 1989, S. 125 – 154.

Grasmann, G. (Bearb.) (1989b): Rechtsquellen und Kräfte, die in der römisch-germanischen Rechtsfamilie an der Schaffung und Fortentwicklung des Rechts mitwirken, in: Einführung in die großen Rechtssysteme der Gegenwart, auf der Grundlage „Les grands systèmes de droit contemporains", von David, R./Spinosi, C.; bearb. v. Grasmann, G./Klingmüller, E./Müller-Gugenberger, C./Neumayer, H./Stricker, S./Wähler, K./Westen, K./Will, M., München 1989, S. 155 – 220.

Graumann, M. (2002a): Die neue Rechnungslegungsstrategie der EU, in: Betrieb und Rechnungswesen, Nr. 9 vom 3.5.2002, Fach 20, S. 643 – 654.

Graumann, M. (2002b): Auswirkungen des Internationalisierungsprozesses auf Abschlussprüfung und Abschlussprüfer, in: Steuern und Bilanzen 2002, S. 157 – 162.

Graumann, M. (2002c): Meilensteine auf dem Weg zur Internationalisierung der Rechnungslegung, in: Betrieb und Rechnungswesen, Nr. 5 vom 1.3.2002, Fach 20, S. 619 – 626.

Gray, S. (1988): Towards a Theory of Cultural Influence on the Development of Accounting Systems Internationally, in: ABACUS 1988, S. 1 – 15.

Gray, S./Coenenberg, A. (1984): EEC Accounting Harmonisation: Implementation and Impact of the Fourth Directive, Amsterdam u. a. 1984.

Green, S. (1995): Accounting Standards and Tax Law: Complexity, Dynamism and Divergence, in: British Tax Review 1995, S. 445 – 451.

Greiffenhagen, H. (1965): Referat, in: Verhandlungen des Fünfundvierzigsten Deutschen Juristentages – Die handelsrechtliche Publizität außerhalb der Aktiengesellschaft, hrsg. v. der Ständigen Deputation des Deutschen Juristen Tages, Band II (Sitzungsberichte), Teil F, München, Berlin 1965, F 76 – F 84.

Greiffenhagen, H. (1966): Zur Bedeutung aktienrechtlicher Rechnungslegungsvorschriften als Grundsätze ordnungsmäßiger Buchführung für Unternehmungen außerhalb der Aktiengesellschaft, in: Beiträge zum neuen Aktienrecht, hrsg. v. Schneider, K./Forster, K.-H./Goerdeler, R./Greiffenhagen, H./Havermann, H., Sonderdruck aus der Zeitschrift „Die Wirtschaftsprüfung", Düsseldorf 1966, S. 157 – 180.

Greiffenhagen, H. (1968): Zur Problematik der Rechnungslegungspublizität von Großunternehmen und Konzernen außerhalb der aktienrechtlichen Unternehmensform mit der Sicht auf europäische Entwicklungen, in: Die Wirtschaftsprüfung 1968, S. 113 – 123.

Greiffenhagen, H. (1969): Anmerkungen zur Publizität und Rechnungslegung des Referentenentwurfs, in: GmbH-Rundschau 1969, S. 202 – 208.

Großfeld, B. (1968): Aktiengesellschaft, Unternehmenskonzentration und Kleinaktionär, Tübingen 1968.

Großfeld, B. (1986): Bilanzrecht für Juristen – das Bilanzrichtlinien-Gesetz vom 19.12.1985; in: Neue Juristische Wochenschrift 1986, S. 955 – 962.

Großfeld, B./Diekmann, H. (1988): Gemeinsame Grundlagen des europäischen Bilanzrechts, in: Die Wirtschaftsprüfung 1988, S. 419 – 429.

Grossman, S./Stiglitz, J. (1980): On the Impossibility of Informationally Efficient Markets, in: The American Economic Review 1980, S. 393 – 408.

Groupe d'Etudes des Experts Comptables de la C. E. E. (Hrsg.) (1972): Bemerkungen zum Vorschlag einer 4. Richtlinie zur Harmonisierung der Rechnungslegungsvorschriften in der EWG, in: Die Wirtschaftsprüfung 1972, S. 433 – 437.

Grund, M. (1996a): Zum Entwurf eines Gesetzes zur Kapitalaufnahmeerleichterung – Flucht oder Pflicht des Gesetzgebers, in: Zeitschrift für Wirtschaftsrecht und Insolvenzpraxis 1996, S. 1969 – 1977.

Grund, M. (1996b): Internationale Entwicklung und Bilanzrecht – Reform oder Resignation, in: Der Betrieb 1996, S. 1293 – 1296.

Günterberg, B./Wolter, H.-J. (2002a): Unternehmensgrößenstruktur in Deutschland nach Wirtschaftsbereichen und Rechtsformen, in: Unternehmensgrößenstatistik 2001/2002 – Daten und Fakten – hrsg. v. Institut für Mittelstandsforschung Bonn, Bonn 2002, Kapitel 2.

Günterberg, B./Wolter, H.-J. (2002b): Die finanzwirtschaftliche Situation von kleinen und mittleren Unternehmen, in: Unternehmensgrößenstatistik 2001/2002 – Daten und Fakten, hrsg. v. Institut für Mittelstandsforschung Bonn, Bonn, 2002, Kapitel 8.

Güthoff, J. (1998): Gesellschaftsrecht in Großbritannien, 2. Auflage, München u. a. 1998.

Hachenburg, M. (Hrsg.) (1930): Düringer-Hachenburg, Das Handelsgesetzbuch vom 10. Mai 1897, I. Band, Mannheim, Berlin, Leipzig 1930.

Hachmeister, D. (1999): Die gewandelte Rolle des Wirtschaftsprüfers als Partner des Aufsichtsrats nach den Vorschriften des KonTraG, in: Deutsches Steuerrecht 1999, S. 1453 – 1460.

Häger, R. (1993): Das Publizitätsverhalten mittelgroßer Kapitalgesellschaften, Frankfurt am Main u. a. 1993.

Hahn, K. (2001): Deutsche Rechnungslegung im Umbruch, in: Deutsches Steuerrecht 2001, S. 1267 – 1272.

Haller, A. (1992): Der Grundsatz der Maßgeblichkeit der Handels- für die Steuerbilanz, in: Recht der Internationalen Wirtschaft 1992, S. 43 – 48.

Haller, A. (1994): Die Grundlagen der externen Rechnungslegung in den USA, 4. Auflage, Stuttgart 1994.

Haller, A. (1997a): Wertschöpfungsrechnung, Stuttgart 1997.

Haller, A. (1997b): Zur Eignung der US-GAAP für Zwecke des internen Rechnungswesens, in: Controlling 1997, S. 270 – 276.

Haller, A. (2002): Financial Accounting Developments in the European Union: Past Events and Future Prospects, in: The European Accounting Review 2002, S. 153 – 190.

Haller, A. (2003): Beyond 2005: EU Private Companies, in: World Accounting Report, March 2003, S. 9 – 10.

Haller, A./Eierle, B. (1998): Ideenfindung und -verarbeitung zur Entwicklung von Rechnungslegungsstandards beim „Financial Accounting Standards Board", in: Der Betrieb 1998, S. 733 – 739.

Haller, A./Eierle, B./Evans, E. (2001): Das britische Financial Reporting Review Panel – ein Vorbild für ein deutsches Enforcement-Gremium?, in: Betriebs-Berater 2001, S. 1673 – 1680.

Haller, A./Reitbauer, S. (2002): Obligatorische externe Rotation des Abschlussprüfers – Felix Austria?, in: Der Betrieb 2002, S. 2229 – 2235.

Haller, A./Walton, P. (2000): Unternehmenspublizität im Spannungsfeld nationaler Prägung und internationaler Harmonisierung, in: Unternehmenspublizität im Internationalen Wettbewerb, hrsg. v. Haller, A./Raffournier, B./Walton, P., Stuttgart 2000, S. 3 – 72.

Haller, A./Walton, P. (2003): Country Differences and Harmonization, in: International Accounting, 2. Auflage, hrsg. v. Walton, P./Haller, A./Raffournier, B., Padstow, Cornwall 2003, S. 1 – 34.

Hand, J./Lloyd, W./Rogow, R. (1982): Agency Relationships in the Close Corporation, in: Financial Management, Spring 1982, S. 25 – 30.

Hanney, B. (2002): Six of the Best?, in: Accountancy, December 2002, S. 76 – 77.

Hartmann-Wendels, T. (1991): Rechnungslegung der Unternehmen und Kapitalmarkt aus informationsökonomischer Sicht, Heidelberg 1991.

Hartmann-Wendels, T. (1992): Agency-Theorie und Publizitätspflicht nichtbörsennotierter Kapitalgesellschaften, in: Betriebswirtschaftliche Forschung und Praxis 1992, S. 412 – 425.

Hasenack, W. (1965): Gesellschaft mit beschränkter Haftung (II Wirtschaftliche Problematik), in: Handwörterbuch der Sozialwissenschaften, Vierter Band, hrsg. v. Beckerath, E. v./ Bente, H./Brinkmann, C./Gutenberg, E./Haberler, G./Jecht, H.,/Jöhr, W./Lütge, F./ Predöhl, A./Schaeder, R./Schmidt-Rimpler, W./Weber, W./Wiese, L. v., Stuttgart, Tübingen, Göttingen 1965, S. 439 – 448.

Hasenack, W. (1969a): Stellungnahme zum Referentenentwurf eines GmbH-Gesetzes mit besonderer Berücksichtigung der geplanten Vorschriften zur Rechnungslegung, in: Betriebswirtschaftliche Forschung und Praxis 1969, S. 545 – 567.

Hasenack, W. (1969b): Stellungnahme zum Referentenentwurf eines GmbH-Gesetzes mit besonderer Berücksichtigung der geplanten Vorschriften zur Rechnungslegung (Zweiter Teil), in: Betriebswirtschaftliche Forschung und Praxis 1969, S. 609 – 625.

Hattenhauer, H. (Hrsg.) (1996): Allgemeines Landrecht für die preußischen Staaten von 1794, 3. Auflage, Neuwied 1996.

Hauptfachausschuß des Instituts der Wirtschaftsprüfer in Deutschland e. V. (Hrsg.) (1999a): IDW Prüfungsstandard: Grundsätze ordnungsmäßiger Berichterstattung bei Abschlußprüfungen (IDW PS 450) vom 24.6.1999, Düsseldorf 1999.

Hauptfachausschuß des Instituts der Wirtschaftsprüfer in Deutschland e. V. (Hrsg.) (1999b): IDW Prüfungsstandard: Grundsätze für die ordnungsmäßige Erteilung von Bestätigungsvermerken bei Abschlußprüfungen (IDW PS 400) vom 24.6.1999, Düsseldorf 1999.

Haussmann, F. (1928): Vom Aktienwesen und vom Aktienrecht, Mannheim u. a. 1928.

Hax, H. (1988): Rechnungslegungsvorschriften – Notwendige Rahmenbedingungen für den Kapitalmarkt?, in: Unternehmungserfolg: Planung – Ermittlung – Kontrolle, Festschrift für Walther Busse von Colbe zum 60. Geburtstag, hrsg. v. Domsch, M./Eisenführ, F./ Ordelheide, D./Perlitz, M., Wiesbaden 1988, S. 187 – 201.

Hax, K. (1962): Aktienrechtsreform und Publizität der Unternehmungen, in: Schriftenreihe der Friedrich-Ebert Stiftung, Bonn 1962, S. 93 – 113.

Hayn, S. (1997): Internationale Rechnungslegung, Stuttgart 1997.

Healy, P./Palepu, K. (2001): Information Asymmetry, Corporate Disclosure, and the Capital Markets: A Review of the Empirical Disclosure Literature, in: Journal of Accounting and Economics 2001, S. 405 – 440.

Heintges, S. (1997): Bilanzkultur und Bilanzpolitik in den USA und in Deutschland, 2. Auflage, Berlin 1997.

Heintzen, M. (1999): Zur Verfassungsmäßigkeit von § 292a Abs. 2 Nr. 2a) HGB, in: Betriebs-Berater 1999, S. 1050 – 1054.

Heintzen, M. (2001): Verfassungsrechtliche Anforderungen an das Rechnungslegungsrecht für börsennotierte Unternehmen, in: Kapitalmarktorientierte Rechnungslegung 2001, S. 150 – 154.

Helmrich, H. (1985): Anmerkung in der vom Unterausschuss „Bilanzrichtlinie-Gesetz" durchgeführten öffentlichen Anhörung vom 9. Mai 1985, in: Stenographisches Protokoll über die 17. Sitzung des Unterausschusses „Bilanzrichtlinie-Gesetz", Bonn 1985, S. 17/181.

Helmrich, H. (1986): Bilanzrichtlinien-Gesetz – Amtliche Texte und Entwürfe, Begründungen, Stellungnahmen und Protokolle, München 1986.

Helmrich, H. (1988): Gesetzgeberische Grundsatzentscheidungen beim Bilanzrichtlinien-Gesetz, in: Handelsrecht und Steuerrecht, Festschrift für Dr. Dr. h.c. Georg Döllerer, hrsg. v. Knobbe-Keuk, B./Klein, F./Moxter, A., Düsseldorf 1988, S. 219 – 224.

Henderson, J./Quandt, R. (1983): Mikroökonomische Theorie, 5. Auflage, München 1983.

Heni, B. (1999): Transformation der GmbH & Co.-Richtlinie – Neuer Schub für die Konzernrechnungslegung, in: Deutsches Steuerrecht 1999, S. 912 – 916.

Hense, B./Geißler, H. (2003): § 252 HGB – Allgemeine Bewertungsgrundsätze, in: Beck'scher Bilanz-Kommentar, hrsg. v. Berger, A./Ellrott, H./Förschle, G./Hense, B., 5. Auflage, München 2003, S. 386 – 409.

Hense, B./Lawall, L. (2003): § 267 HGB – Umschreibung der Größenklassen, in: Beck'scher Bilanz-Kommentar, hrsg. v. Berger, A./Ellrott, H./Förschle, G./Hense, B., 5. Auflage, München 2003, S. 870 – 880.

Henssler, M./Slota, C. (1999): Der Befreiungstatbestand des § 292 a HGB – Nur eine Zwischenlösung, in: Neue Zeitschrift für Gesellschaftsrecht 1999, S. 1133 – 1143.

Hepp, G./McRae, T. (1982): Accounting Standards Overload: Relief is Needed, in: The Journal of Accountancy, May 1982, S. 52 – 62.

Herrmann, H. (2001): Zur Rechnungslegung der GmbH & Co. KG im Rahmen des KapCoRiLiG, in: Die Wirtschaftsprüfung 2001, S. 271 – 282.

Herrmann, M. (1991): Der Companies Act 1989 in Großbritannien, in: Recht der Internationalen Wirtschaft 1991, S. 378 – 383.

Herzig, N. (2000): Internationalisierung der Rechnungslegung und steuerliche Gewinnermittlung, in: Die Wirtschaftsprüfung 2000, S. 104 – 119.

Herzig, N. (2001): Notwendigkeit und Umsetzungsmöglichkeiten eines gespaltenen Rechnungslegungsrechts (Handels- und Steuerbilanz), in: Kapitalmarktorientierte Rechnungslegung 2001, S. 154 – 159.

Herzig, N. (2002): Maßgeblichkeitsgrundsatz (Verhältnis Handels-/Steuerbilanz), in: Handbuch der Rechnungslegung, Einzelabschluss, 5. Auflage, hrsg. v. Küting, K./Weber, C.-P., Stuttgart, Loseblattausgabe, Stand: November 2002, Kapitel 3.

Herzig, N./Bär, M. (2003): Die Zukunft der steuerlichen Gewinnermittlung im Licht des europäischen Bilanzrechts, in: Der Betrieb 2003, S. 1 – 8.

Herzig, N./Dautzenberg, N. (1998): Auswirkungen der Internationalisierung der Rechnungslegung auf die Steuerbilanz, in: Betriebswirtschaftliche Forschung und Praxis 1998, S. 23 – 37.

Heyd, R. (1982): Ziele und Funktionsfähigkeit von Jahresabschlüssen nach den vorparlamentarischen Regierungsvorlagen für ein Bilanzrichtlinie-Gesetz unter besonderer Berücksichtigung des Interessenschutzes und der Interessengewichtung bei unterschiedlichen Rechtsformen, Frankfurt am Main, Bern 1982.

Heymann, E. (1927): Leitsätze und Begründungen zum Thema: Soll bei einer künftigen Reform des Aktienrechts eine Annäherung an das englisch-amerikanische Recht in grundlegenden Fragen stattfinden?; in: Verhandlungen des Vierunddreißigsten Deutschen Juristentags zu Köln, hrsg. v. dem Schriftführer-Amt der ständigen Deputation, zweiter Band, Berlin, Leipzig 1927, S. 614 – 615 sowie S. 742 – 753.

Hicks, A./Drury, R./Smallcombe, J. (1995): Alternative Company Structures for the Small Business, ACCA Research Report 42, hrsg. v. Chartered Association of Certified Accountants, London 1995.

Hiddleston, J./Whitehill, H./Oberhofer, M. (2001): Die zivil- und steuerrechtliche Stellung der Limited Liability Partnership (LLP) in Großbritannien, in: Internationale Wirtschaftsbriefe, Nr. 15 vom 8.8.2001, Gruppe 3, S. 153 – 160.

Hieke, H. (2000): Mittelstand und Globalisierung, in: Internationales Gewerbearchiv 2000, S. 46 – 60.

Higson, A. (1995): Is Stewardship Merely a Comfort Blanket?, in: Accountancy, November 1995, S. 104.

Hildebrand, G./Mazzella, F. (1983): Financial Reporting by Privately Owned Companies: Practices and Views, in: Highlights of Financial Reporting Issues, hrsg. v. Financial Accounting Standards Board, Stamford, Connecticut, 8. März 1983.

Hines, T./McBride, K./Fearnley, S./Brandt, R. (2001): We're off to see the Wizard – An Evaluation of Directors' and Auditors' Experiences with the Financial Reporting Review Panel, in: Accounting, Auditing and Accountability Journal 2001, S. 53 – 84.

Hoffmann, J. (2003): Das DRSC und die Regulierung der Rechnungslegung, Frankfurt am Main u. a. 2003.

Hoffmann, W.-D. (2000): Eigenkapitalausweis und Ergebnisverteilung bei Personenhandelsgesellschaften nach Maßgabe des KapCoRiLiG, in: Deutsches Steuerrecht 2000, S. 837 – 844.

Hofstätter, P. (1962): Die Öffentlichkeit als Adressat der Publizität, in: Das Frankfurter Publizitätsgespräch, hrsg. v. Barz, C./Claussen, C./Hauck, M./Hoffmann, D./Hornef, H./ Kaufmann, H./Muthesius, V./Rautmann, H.-G./Semler, S. jr., Frankfurt am Main 1962, S. 74 – 87.

Holgate, P./Smith, K. (1995): Big Chance, Little Effort, Lots of Benefits, in: Accountancy, April 1995, S. 93 – 94.

Holmes, S./Nicholls, D. (1989): Modelling the Accounting Information Requirements of Small Businesses, in: Accounting and Business Research 1989, S. 143 – 150.

Hommelhoff, P. (1985): Eigenkontrolle statt Staatskontrolle, in: Hundert Jahre modernes Aktienrecht, hrsg. v. Schubert, W./Hommelhoff, P., Berlin u. a. 1985, S. 53 – 105.

Hommelhoff, P. (1998): Europäisches Bilanzrecht im Aufbruch, in: Rabels Zeitschrift 1998, S. 381 – 404.

Hommelhoff, P. (1999): Konzernspezifische Komplettierungen in der Rechnungslegung von Konzernunternehmen, in: Festschrift für Bernhard Großfeld zum 65. Geburtstag, hrsg. v. Hübner, U./Ebke, W., Heidelberg 1999, S. 443 – 458.

Hommelhoff, P. (2000a): Das Unternehmensrecht vor den Herausforderungen der Globalisierung, in: Deutsches und europäisches Gesellschafts-, Konzern- und Kapitalmarktrecht, Festschrift für Marcus Lutter zum 70. Geburtstag, hrsg. v. Schneider, U./Hommelhoff, P./Schmidt, K./Timm, W./Grunewald, B./Drygala, T., Köln 2000, S. 95 – 106.

Hommelhoff, P. (2000b): Anlegerinformationen im Aktien-, Bilanz- und Kapitalmarktrecht, in: Zeitschrift für Unternehmens- und Gesellschaftsrecht 2000, S. 748 – 775.

Hommelhoff, P. (2001): Für ein spezifisch deutsches Durchsetzungssystem – Schaffung einer Kontrollinstanz zur Sicherstellung der internationalen Wettbewerbsfähigkeit des deutschen Enforcement-Systems, in: Die Wirtschaftsprüfung, Sonderheft Reformbedarf der deutschen Corporate Governance im globalen Wettbewerb, 2001, S. 39 – 50.

Hommelhoff, P./Mattheus, D. (1998): Corporate Governance nach dem KonTraG, in: Die Aktiengesellschaft 1998, S. 249 – 259.

Hommelhoff, P./Schwab, M. (1998): Gesellschaftliche Selbststeuerung im Bilanzrecht – Standard Setting Bodies und staatliche Regulierungsverantwortung nach deutschem Recht, in: Betriebswirtschaftliche Forschung und Praxis 1998, S. 38 – 56.

Hopcroft, T. (1995): Rechnungslegung und Grundsätze der Abschlußprüfung in Großbritannien und Deutschland – ein Vergleich, Düsseldorf 1995.

Hopt, K. (1977): Vom Aktien- und Börsenrecht zum Kapitalmarktrecht?, in: Zeitschrift für das gesamte Handels- und Wirtschaftsrecht 1977, S. 389 – 441.

Hopwood, A./Vieten, H. (1999): The United Kingdom, in: Accounting Regulation in Europe, hrsg. v. McLeay, S., London 1999, S. 336 – 365.

Hornef, H. (1958): Publizitätspflicht nur für die Aktiengesellschaft?, in: Die Wirtschaftsprüfung 1958, S. 253 – 258.

Horváth, P./Arnaout, A. (1997): Internationale Rechnungslegung und Einheit des Rechnungswesens, in: Controlling 1997, S. 254 – 269.

Howell, M. (1996): Proposals for a new Financial Reporting Standard for Smaller Companies, in: Credit and Management, February 1996, S. 42 – 43.

Hüttche, T. (2002): IAS für den Mittelstand: light, little oder gar nicht?, in: Betriebs-Berater 2002, S. 1804 – 1806.

Hütten, C./Lorson, P. (2002): Staatliches versus privates Enforcement, in: Steuern und Bilanzen 2002, S. 122 – 129.

Hughes, A. (1997): Finance for SMEs: A U.K. Perspective, in: Small Business Economics 1997, S. 151 – 166.

Hulle, K. van (1996): Fortentwicklung des Europäischen Bilanzrechts aus Sicht der EU, in: Bilanzrecht unter dem Einfluß internationaler Reformzwänge, hrsg. v. Schruff, L., Düsseldorf 1996, S. 7 – 25.

Hulle, K. van (2001): Anforderungen an ein wirksames Enforcement aus Sicht der EU-Kommission, in: Die Wirtschaftsprüfung, Sonderheft Reformbedarf der deutschen Corporate Governance im globalen Wettbewerb, 2001, S. 30 – 34.

Hulle, K. van (2002): Die europäische Rechnungslegungsstrategie, in: Wirtschaftsprüferkammer-Mitteilungen 2002, S. 178 – 181.

Hulle, K. van (2003): Von den Bilanzrichtlinien zu International Accounting Standards, in: Die Wirtschaftsprüfung 2003, S. 968 – 981.

Humphrey, C./Turley, S. (1986): The Nature of the Audit in Small Companies – An Empirical Investigation, in: Research Supplement to the Accountant's Magazine 1986, S. 25 – 42.

Hunger, M. (1993): Offenlegungspflichten und Handelsregisterpraxis in Großbritannien und Deutschland, Berlin 1993.

Hunt, J. (1995): A Return to Common Sense, in: Accountancy Ireland, June 1995, S. 19 und 23.

Hurst, K. (1993): Smaller Burden for Smaller Companies, in: Accountancy, March 1993, S. 74 – 76.

Hurst, K. (1994): Better The Devil You Know?, in: Accountancy, August 1994, S. 107 – 108.

Hussey, R. (1999): A Dictionary of Accounting, Oxford, New York 1999.

Ihrig, H.-C./Wagner, J. (2002): Die Reform geht weiter: Das Transparenz- und Publizitätsgesetz kommt, in: Betriebs-Berater 2002, S. 789 – 797.

Inland Revenue (Hrsg.) (1997): Tax Law Rewrite, First Exposure Draft – Trading Income of Individuals, London 1997.

Inland Revenue (Hrsg.) (1998): New System for Taxing Professional Businesses: What is Meant by "True and Fair View"?, in: Tax Bulletin, Issue 38, Dezember 1998, S. 606 – 615.

Inland Revenue (Hrsg.) (1999a): Interaction of Tax Law and Accountancy Practice, in: Tax Bulletin, Issue 40, April 1999, S. 636 – 641.

Inland Revenue (Hrsg.) (1999b): Interaction of Tax Law and Accountancy Practice, in: Tax Bulletin, Issue 44, Dezember 1999, S. 707 – 709.

Inland Revenue (Hrsg.) (2000): The "True and Fair View" for Professions and the "Adjustment" on Withdrawal of Cash Basis, Help Sheet IR233, 12/2000.

Institut der Wirtschaftsprüfer (Hrsg.) (1956): Vorschläge zur Aktienrechtsreform, Düsseldorf 1956.

Institut der Wirtschaftsprüfer (Hrsg.) (1979): Stellungnahme des IDW zur Transformation der 4. EG-Richtlinie ins nationale Recht, in: Die Wirtschaftsprüfung 1979, S. 169 – 193.

Institut der Wirtschaftsprüfer (Hrsg.) (1998a): Praktisch relevante Abweichungen zwischen den Rechnungslegungsstandards des IASC und der 4. und 7. EG-Richtlinie, in: Die Wirtschaftsprüfung 1998, S. 183 – 188.

Institut der Wirtschaftsprüfer (Hrsg.) (1998b): Stellungnahme des IDW zu den Vorschlägen für ein Kapitalmarktkonzept (Bericht der Koalitionsarbeitsgruppe „Globale Kapitalmarktpolitik für mehr Beschäftigung"), in: IDW-Fachnachrichten, NR. 3/1998, S. 49 – 50.

Institut der Wirtschaftsprüfer (Hrsg.) (2000): Stellungnahme des IDW zum Fragenkatalog der Regierungskommission „Corporate Governance: Unternehmensführung – Unternehmenskontrolle – Modernisierung des Aktienrechts", in: Die Wirtschaftsprüfung 2000, S. 1027 – 1034.

Institut der Wirtschaftsprüfer (Hrsg.) (2002a): Stellungnahme des IDW zum Entwurf eines Gesetzes zur weiteren Reform des Aktien- und Bilanzrechts, zu Transparenz und Publizität (Transparenz- und Publizitätsgesetz), in: Die Wirtschaftsprüfung 2002, S. 146 – 151.

Institut der Wirtschaftsprüfer (Hrsg.) (2002b): Stellungnahme des IDW zur IAS-Verordnung der EU sowie zum Richtlinienvorschlag zur Änderung der EU-Bilanzrichtlinien, in: IDW-Fachnachrichten, Nr. 9/2002, S. 485 – 494.

Institut der Wirtschaftsprüfer (Hrsg.) (2003): Stellungnahme des IDW zum Maßnahmenkatalog der Bundesregierung vom 25. Februar 2003 zur Stärkung der Unternehmensintegrität und des Anlegerschutzes, Presseinformation 3/03 vom 5. März 2003, S. 1 – 11.

Institute of Chartered Accountants in England and Wales (Hrsg.) (1982): The Determination of Realised Profits and Disclosure of Distributable Profits in the Context of the Companies Act (issued September 1982), London 1982.

Institute of Chartered Accountants in England and Wales (Hrsg.) (1988): The Making of Accounting Standards, Report of the Review Committee Presented to the Consultative Committee of Accountancy Bodies (Dearing Report), London, September 1988.

Institute of Chartered Accountants in England and Wales (Hrsg.) (1996): Information for Members: The Needs of Small and Medium Sized Businesses, London 1996.

Institute of Chartered Accountants in England and Wales (Hrsg.) (1998): Withdrawal of Cash Basis: Guidance Note on a True and Fair View, Tax 30/98, London, November 1998.

Institute of Chartered Accountants in England and Wales (Hrsg.) (1999): Tech 6/99: Distributable Profits, Draft Guidance on the Determination of Realised Profits and Distributable Profits under the Companies Act 1985, issued for comment in July 1999 by the Institute of Chartered Accountants in England and Wales, London 1999.

Institute of Chartered Accountants in England and Wales (Hrsg.) (2000): Tech 25/00: Distributable Profits, Draft Guidance on the Determination of Realised Profits and Distributable Profits under the Companies Act 1985, issued for comment in August 2000 by the Institute of Chartered Accountants in England and Wales, London 2000.

Institute of Chartered Accountants in England and Wales (Hrsg.) (2001): Accounting Standards 2001/2002, London 2001.

Institute of Chartered Accountants in England and Wales/Institute of Chartered Accountants of Scotland (Hrsg.) (2003): Tech 7/03: Guidance on the Determination of Realised Profits and Losses in the Context of Distributions under the Companies Act, London 2003.

Institute of Chartered Accountants of New Zealand (Hrsg.) (1997): Framework for Differential Reporting (issued 02/1994, revised 04/1997), Wellington 1997.

Institute of Chartered Accountants of Scotland (Hrsg.) (1998): Breaking the Code … A Better Reporting Framework for Small Companies, Edinburgh 1998.

Institute of Chartered Accountants of Scotland (Hrsg.) (2002): Investigating the Application of the FRSSE, Edinburgh 2002.

Intergovernmental Working Group of Experts on International Standards of Accounting and Reporting (Hrsg.) (2003): Accounting and Financial Reporting Guidelines for Small and Medium-Sized Enterprises (SMEGA), Genf 2003.

International Accounting Standards Board (Hrsg.) (2001): Framework for the Preparation and Presentation of Financial Statements (approved by the IASC Board in April 1989 for publication in July 1989, and adopted by the IASB in April 2001), London 2001.

International Accounting Standards Board (Hrsg.) (2002): Reporting Performance, in: IASB Insight, January 2002, S. 12 – 13.

International Accounting Standards Committee (Hrsg.) (1994): IAS 30 (reformatted 1994): Disclosure in the Financial Statements of Banks and Similar Financial Institutions, London 1994.

International Accounting Standards Committee (Hrsg.) (2001): IAS 41 (2001): Agriculture, London 1994.

Jackson, E. (1997): The ASB's Failure to Exploit the FRSSE's Potential, in: Accountancy – International Edition, April 1997, S. 75.

Jansen, E. (1999): Publizitätsverweigerung deutscher GmbH und ihre Sanktionen im Lichte des KapCoRiLiG, in: Deutsches Steuerrecht 1999, S. 1490 – 1497.

Jansen, W./Pfitzer, N. (1999): Der Bestätigungsvermerk des Abschlußprüfers nach neuem Recht, in: Reform des Aktienrechts, der Rechnungslegung und Prüfung: KonTraG – KapAEG – EuroEG – StückAG, hrsg. v. Dörner, D./Menold, D./Pfitzer, N., Stuttgart 1999, S. 679 – 702.

Jarvis, R. (1996): Users and Uses of Unlisted Companies' Financial Statements, A Literature Review, hrsg. v. Institute of Chartered Accountants in England and Wales, London 1996.

Jarvis, R./Collis, J. (2003): IFRSs and Differential Reporting: A UK Case Study, unveröffentlichtes Manuskript, präsentiert auf dem "Workshop on Implementing IFRS" des European Institute for Advanced Studies in Management in Brüssel, September 2003.

Jensen, M./Meckling, W. (1976): Theory of the Firm: Managerial Behavior, Agency Costs and Ownership Structure, in: Journal of Financial Economics 1976, S. 305 – 360.

John, B./Healeas, S. (2000): Financial Reporting Standard for Smaller Entities: A Fundamental or Cosmetic Change?, hrsg. v. The Association of Chartered Certified Accountants, Occasional Research Paper No. 30, London 2000.

Jupe, R. (1999a): Enforcing Compliance with Accounting Standards: The role of the Financial Reporting Review Panel in the UK Regulatory Framework, in: Journal of Financial Regulation and Compliance 1999, S. 323 – 330.

Jupe, R. (1999b): Who's afraid of the Review Panel?, in: Accounting and Business, January 1999, S. 32 – 33.

Kahle, H. (2002a): Internationale Rechnungslegung und ihre Auswirkungen auf Handels- und Steuerbilanz, Wiesbaden 2002.

Kahle, H. (2002b): Bilanzieller Gläubigerschutz und internationale Rechnungslegungsstandards, in: Zeitschrift für Betriebswirtschaft 2002, S. 695 – 711.

Kahle, H. (2002c): Maßgeblichkeitsgrundsatz auf Basis der IAS?, in: Die Wirtschaftsprüfung 2002, S. 178 – 188.

Kahle, H. (2003): Zur Zukunft der Rechnungslegung in Deutschland: IAS im Einzel- und Konzernabschluss, in: Die Wirtschaftsprüfung 2003, S. 262 – 275.

Kaiser, J. (1962): Die Wahrnehmung öffentlicher Publizitätsinteressen, in: Das Frankfurter Publizitätsgespräch, hrsg. v. Barz, C./Claussen, C./Hauck, M./Hoffmann, D./Hornef, H./Kaufmann, H./Muthesius, V./Rautmann, H.-G./Semler, S. jr., Frankfurt am Main 1962, S. 88 – 105.

Kalay, A. (1982): Stockholder-Bondholder Conflict and Dividend Constraints, in: Journal of Financial Economics 1982, S. 211 – 233.

Kaminski, H. (1973): Stellungnahme der Groupe d'Etudes des Expertes Comptables de la C. E. E. zum Vorschlag einer 4. Richtlinie zur Harmonisierung der Rechnungslegungsvorschriften in der Europäischen Gemeinschaft, in: Die Wirtschaftsprüfung 1973, S. 229 – 237.

Keasey, K./Short, H. (1990): The Accounting Burdens Facing Small Firms: An Empirical Research Note, in: Accounting and Business Research 1990, S. 307 – 313.

Keasey, K./Watson, R. (1988): The Non-submission of Accounts and Small Company Financial Failure Prediction, in: Accounting and Business Research 1988, S. 47 – 54.

Keasey, K./Watson, R. (1993): Small Firm Management, Oxford 1993.

Keller, B. (2001): Befreiende Konzernabschlüsse und das Publizitätsgesetz nach Umsetzung des KapCoRiLiG, in: Steuern und Bilanzen 2001, S. 212 – 218.

Kenny, S./Larson, R. (1993): Lobbying Behaviour and the Development of International Accounting Standards, in: The European Accounting Review 1993, S. 531 – 554.

Keplin, J. (1970): Der Referentenentwurf eines neuen GmbH-Gesetzes im Urteil der Wirtschaft, in: Betriebs-Berater 1970, S. 93 – 97.

Kessler, H./Strickmann, M. (2002): Facelifting für das auslaufende Konzernbilanzrecht, in: Steuern und Bilanzen 2002, S. 629 – 640.

Kindl, J. (1999): Der Erwerb eigener Aktien nach dem KonTraG, in: Deutsches Steuerrecht 1999, S. 1276 – 1281.

King, H. (1997a): Small Really is Beautiful, and Don't You Forget it, in: Accountancy – International Edition, January 1997, S. 69.

King, H. (1997b): FRSSE Stands out from the Crowd, in: Accountancy – International Edition, December 1997, S. 70.

King, H. (1999): Financial Reporting Standard for Smaller Entities, in: Accountancy – International Edition, January 1999, S. 72.

King, H. (2002): SORP Points, in: Accountancy, July 2002, S. 102 – 103.

Kirchhof, P. (2000): Gesetzgebung und private Regelsetzung als Geltungsgrund für Rechnungslegungspflichten?, in: Zeitschrift für Unternehmens- und Gesellschaftsrecht 2000, S. 681 – 692.

Kirchner, C. (1997): Bilanzrecht und neue Institutionenökonomik: Interdisziplinäre Überlegungen, in: Handelsbilanzen und Steuerbilanzen, Festschrift zum 70. Geburtstag von Prof. Dr. h.c. Heinrich Beisse, hrsg. v. Budde, W./Moxter, A./Offerhaus, K., Düsseldorf 1997, S. 267 – 283.

Kirchner, C. (2002): Publizität, in: Handwörterbuch der Rechnungslegung und Prüfung, hrsg. v. Ballwieser, W./Coenenberg, A./Wysocki, K. v., Stuttgart 2002, Sp. 1938 – 1950.

Kirsch, H. (2003): Änderungen des deutschen Unternehmenssteuerrechts 2003 und deren Auswirkung auf die steuerliche Berichterstattung im IAS-Jahresabschluss, in: Deutsches Steuerrecht 2003, S. 128 – 132.

Kirsch, H.-J. (2003): Zur Frage der Umsetzung der Mitgliedstaatenwahlrechte der EU-Verordnung zur Anwendung der IAS/IFRS, in: Die Wirtschaftsprüfung 2003, S. 275 – 278.

Klausing, F. (1933): Reform des Aktienrechts, Wien 1933.

Kleekämper, H./Kuhlewind, A.-M./Alvarez, M. (2002): Ziele, Organisation, Entwicklung und Bedeutung des IASB, in: Rechnungslegung nach International Accounting Standards (IAS), hrsg. v. Baetge, J./Dörner, D./Kleekämper, H./Wollmert, P./Kirsch, H.-J., 2. Auflage, Stuttgart, Loseblattausgabe, Stand: Januar 2002, Teil A: Grundlagen, Kapitel I.

Klein, G. (1999a): Konvergenz von internem und externem Rechnungswesen auf Basis der International Accounting Standards (IAS), in: Kostenrechnungspraxis, Sonderheft 3, 1999, S. 67 – 77.

Klein, G. (1999b): Unternehmenssteuerung auf Basis der International Accounting Standards, Wiesbaden 1999.

Kleindiek, D. (1998): Geschäftsleitertätigkeit und Geschäftsleitungskontrolle: Treuhänderische Vermögensverwaltung und Rechnungslegung, in: Zeitschrift für Unternehmens- und Gesellschaftsrecht 1998, S. 466 – 489.

Kleindiek, D. (2000): Gestaltungsaufgaben der Bilanzrechtsreform, in: Die Zukunft des deutschen Bilanzrechts, hrsg. v. Kleindiek, D./Oehler, W., Köln 2000, S. 1 – 12.

Knorr, L. (2001): Einheitliche Europäische Rechnungslegung?, in: Datenverarbeitung, Steuer, Wirtschaft, Recht 2001, S. 299 – 301.

Koch, H.-D./Schmidt, R. (1981): Ziele und Instrumente des Anlegerschutzes, in: Betriebswirtschaftliche Forschung und Praxis 1981, S. 231 – 250.

Kölpin, G. (2000): Maßgeblichkeit der Handelsbilanz für die Steuerbilanz, in: Betrieb und Rechnungswesen, Nr. 1 vom 7.1.2000, Fach 13, S. 4261 – 4270.

Kokalj, L./Pfaffenholz, G. (2001): Zukunftsperspektiven der Mittelstandsfinanzierung, in: Jahrbuch zur Mittelstandsforschung 2/2001, hrsg. v. Institut für Mittelstandsforschung Bonn, Wiesbaden 2001, S. 79 – 118.

Kommission Rechnungswesen im Verband der Hochschullehrer für Betriebswirtschaft e. V. (Hrsg.) (1979): Reformvorschläge zur handelsrechtlichen Rechnungslegung, in: Die Betriebswirtschaft 1979, S. 1 – 70.

Kommission Rechnungswesen im Verband der Hochschullehrer für Betriebswirtschaft e. V. (Hrsg.) (1983): Stellungnahme zum Regierungsentwurf eines Bilanzrichtlinie-Gesetzes, in: Die Betriebswirtschaft 1983, S. 5 – 15.

Kormann, B. (1966): Die Bewertungsprobleme des neuen Aktienrechtes, in: Betriebs-Berater 1966, S. 1277 – 1284.

KPMG (Hrsg.) (1998a): The Companies Acts 1985 and 1989, 3. Auflage, Central Milton Keynes 1998.

KPMG (Hrsg.) (1998b): Reformen im Zeichen von Internationalität, Transparenz und Kontrolle, Berlin 1998.

KPMG (Hrsg.) (2000a): Significant Differences in Accounting Principles Between the United Kingdom and Germany – Wesentliche Rechnungslegungsunterschiede zwischen Großbritannien und Deutschland, London, Berlin 2000.

KPMG (Hrsg.) (2000b): Rechnungslegungsvorschriften & Publizität für Kapitalgesellschaften und Kapitalgesellschaften & Co., Berlin 2000.

Krieger, A. (1972): Die Regierungsentwürfe zur GmbH-Reform, in: Betriebs-Berater 1972, S. 717 – 724.

Krieger, A. (1988): Der Grundsatz der Maßgeblichkeit der Handelsbilanz für die steuerrechtliche Gewinnermittlung, in: Handelsrecht und Steuerrecht, Festschrift für Dr. Dr. h.c. Döllerer, hrsg. v. Knobbe-Keuk, B./Klein, F./Moxter, A., Düsseldorf 1988, S. 327 – 347.

Krönert, B. (2001): Grundsätze informationsorientierter Rechnungslegung, Sternenfels 2001.

Kromschröder, B./Lück, W. (1998) (Für den Arbeitskreis „Externe und Interne Überwachung der Unternehmung" der Schmalenbach-Gesellschaft für Betriebswirtschaft e. V.): Grundsätze risikoorientierter Unternehmensüberwachung, in: Zeitschrift Interne Revision 1998, S. 237 – 248.

Kronstein, H. (1964): Die Publizität außerhalb der Aktiengesellschaft, in: Betriebs-Berater 1964, S. 1055 – 1060.

Kronstein, H./Claussen, C. (1960): Publizität und Gewinnverteilung im Neuen Aktienrecht, Frankfurt am Main 1960.

Kropff, B. (1965): Aktiengesetz, Düsseldorf 1965.

Kropff, B. (1997): Der Konzernabschluß – eine Randerscheinung im Gesellschaftsrecht?, in: Festschrift für Carsten Peter Claussen zum 70. Geburtstag, hrsg. v. Martens, K.-P./Westermann, H./Zöllner, W., Köln u. a. 1997, S. 659 – 675.

Krumnow, J. (1994): Die deutsche Rechnungslegung auf dem Weg ins Abseits? in: Bilanzrecht und Kapitalmarkt, Festschrift zum 65. Geburtstag von Professor Dr. Dr. h.c. Dr. h.c. Adolf Moxter, hrsg. v. Ballwieser, W./Böcking, H.-J./ Drukarczyk, J./Schmidt, R., Düsseldorf 1994, S. 679 – 698.

Kruse, H. (1970): Grundsätze ordnungsmäßiger Buchführung, Köln 1970.

Kubin, K. (1998): Der Aktionär als Aktienkunde – Anmerkungen zum Shareholder Value, zur Wiedervereinigung der internen und externen Rechnungslegung und zur globalen Verbesserung der Berichterstattung, in: Rechnungswesen als Instrument für Führungsentscheidungen, Festschrift für Dr. Dr. h.c. Adolf G. Coenenberg zum 60. Geburtstag, hrsg. v. Möller, H./Schmidt, F., Stuttgart 1998, S. 525 – 558.

Kübler, F. (1984): Was leistet die Konzeption der Property Rights für aktuelle rechtspolitische Probleme?, in: Ansprüche, Eigentums- und Verfügungsrechte, hrsg. v. Neumann, M., Berlin 1984, S. 105 – 122.

Kübler, F. (1995a): Vorsichtsprinzip versus Kapitalmarktinformation, in: Rechnungslegung im Wandel, Festschrift für Wolfgang Dieter Budde, hrsg. v. Förschle, G./Kaiser, K./Moxter, A., München 1995, S. 361 – 375.

Kübler, F. (1995b): Institutioneller Gläubigerschutz oder Kapitalmarkttransparenz?, in: Zeitschrift für das gesamte Handels- und Wirtschaftsrecht 1995, S. 550 – 566.

Kübler, F. (1999): Gesellschaftsrecht, Heidelberg 1999.

Küffner, P./Hock, B. (1998): Internationalisierung der Rechnungslegung aus der Sicht mittelständischer Unternehmen, in: Betriebswirtschaftliche Forschung und Praxis 1998, S. 57 – 76.

Kühnberger, M./Schmidt, T. (1999): Auswirkungen der Umkehrmaßgeblichkeit – eine theoretische und empirische Bestandsaufnahme, in: Betriebs-Berater 1999, S. 2602 – 2608.

Kümpel, T. (2002): Vereinheitlichung von internem und externem Rechnungswesen, in: Wirtschaftswissenschaftliches Studium 2002, S. 343 – 345.

Küting, K. (1978): Die Wertschöpfungsgröße – ein Indikator des einzelwirtschaftlichen Wachstumsphänomens, in: Die Unternehmung 1978, S. 137 – 164.

Küting, K. (1980): Unternehmerische Wachstumspolitik, Berlin 1980.

Küting, K. (1993): Europäisches Bilanzrecht und Internationalisierung der Rechnungslegung, in: Betriebs-Berater 1993, S. 30 – 38.

Küting, K. (1994): Zur Problematik internationaler Rechtsangleichung von Bilanzierungsvorschriften, in: Wirtschaftsprüferkammer-Mitteilungen 1994, S. 69 – 76.

Küting, K. (2000): Die Rechnungslegung in Deutschland an der Schwelle zu einem neuen Jahrtausend, in: Deutsches Steuerrecht 2000, S. 38 – 44.

Küting, K./Brakensiek, S. (1999): IASC, FASB und DRSC – ein Kurzportrait dreier Standard Setter, in: Betriebs-Berater, 1999, S. 678 – 682.

Küting, K./Dürr, U./Zwirner, C. (2002): Funktion und Aufgaben des DRSC – weitere Existenz auch nach 2004, in: Bilanz-Controller 2002, S. 197 – 203.

Küting, K./Garnier, S. (2001a): Das Handelsbilanzrecht im Umbruch, in: Betrieb und Rechnungswesen, Nr. 6 vom 16.3.2001, Fach 18, S. 469 – 482.

Küting, K./Garnier, S. (2001b): Das Handelsbilanzrecht im Umbruch, in: Betrieb und Rechnungswesen, Nr. 5 vom 2.3.2001, Fach 18, S. 453 – 468.

Küting, K./Garnier, S. (2001c): Wegweiser durch die Neuerungen des deutschen Bilanz- und Prüfungsrechts seit 1998, in: Steuern und Bilanzen 2001, S. 369 – 372.

Küting, K./Hütten, C. (1997): Die Lageberichterstattung über Risiken der künftigen Entwicklung, in: Die Aktiengesellschaft 1997, S. 250 – 256.

Küting, K./Hütten, C. (1999): Der befreiende Konzernlagebericht nach internationalen Vorschriften, in: Die Wirtschaftsprüfung 1999, S. 12 – 19.

Küting, K./Lorson, P. (1998b): Grundsätze eines Konzernsteuerungskonzepts auf „externer" Basis (Teil I), in: Betriebs-Berater 1998, S. 2251 – 2258.

Küting, K./Lorson, P. (1998b): Grundsätze eines Konzernsteuerungskonzepts auf „externer" Basis (Teil II), in: Betriebs-Berater 1998, S. 2303 – 2309.

Küting, K./Weber, C.-P. (1994): Internationale Bilanzierung: Rechnungslegung in den USA, Japan und Europa, Herne, Berlin 1994.

Küting, K./Wohlgemuth, F. (2002): Internationales Enforcement, in: Zeitschrift für kapitalmarktorientierte Rechnungslegung 2002, S. 265 – 276.

Kuhner, C. (1998): Verfügungsrechte an Unternehmensinformationen, Habilitationsschrift, Ludwig-Maximilians-Universität München, Fakultät für Betriebswirtschaft, München 1998.

Kunze, O. (1965): Referat, in: Verhandlungen des Fünfundvierzigsten Deutschen Juristentages – Die handelsrechtliche Publizität außerhalb der Aktiengesellschaft, hrsg. v. der Ständigen Deputation des Deutschen Juristen Tages, Band II (Sitzungsberichte), Teil F, München, Berlin 1965, F 20 – F 29.

Kußmaul, H./Klein, N. (2001): Überlegungen zum Maßgeblichkeitsprinzip im Kontext jüngerer nationaler sowie internationaler Entwicklungen, in: Deutsches Steuerrecht 2001, S. 546 – 550.

Lamb, M. (1996): The Relationship Between Accounting and Taxation: The United Kingdom, in: The European Accounting Review 1996, S. 933 – 949.

Lamb, M./Nobes, C./Roberts, A. (1998): International Variations in the Connections Between Tax and Financial Reporting, in: Accounting and Business Research 1998, S. 173 – 188.

Langard, P. (1999): A Damaging Grand Gesture, in: Accountancy Age, 24 June 1999, S. 27.

Langard, P. (2000): The Audit Deregulation Myth, abrufbar unter: http://www.acca.org.uk/media/features/fa36.html, Stand: 07.08.2000.

Lange, C. (1989): Jahresabschlußinformationen und Unternehmensbeurteilung, Stuttgart 1989.

Langenbucher, G./Blaum, U. (1995): Ist ein deutsches Rechnungslegungsgremium notwendig?, in: Der Betrieb 1995, S. 2325 – 2335.

Langfield-Smith, I. (1991): The Reporting Entity Concept: Implementation Under the Corporations Law, hrsg. v. Australian Accounting Research Foundation, Caulfield 1991.

L'Anson Banks, R. (1995): Lindley & Banks on Partnership, 17. Auflage, London 1995.

Lauth, B. (2000): Endgültiger Abschied von der Einheitsbilanz?, in: Deutsches Steuerrecht 2000, S. 1365 – 1372.

Le Coutre, W. (1937): Zur unerlässlichen Reform der Verlust- und Gewinnrechnung, in : Die Betriebswirtschaft 1937, S. 1 – 11.

Lee, T. (1984a): A Brief History of Company Audits: 1840 – 1940, in: The Evolution of Corporate Financial Reporting, hrsg. v. Lee, T./Parker, R., New York, London 1984, S. 153 – 163.

Lee, T. (1984b): Company Financial Statements, in: The Evolution of Corporate Financial Reporting, hrsg. v. Lee, T./Parker, R., New York, London 1984, S. 15 – 39.

Leffson, U. (Hrsg.) (1961): Der Jahresabschluß in der Aktienrechtsreform – mit einem Vorschlag zur Änderung des Regierungsentwurfs, in: Der Jahresabschluß in der Aktienrechtsreform, hrsg. v. Leffson, U., Wiesbaden 1961, S. 17 – 84.

Leffson, U. (1987): Die Grundsätze ordnungsmäßiger Buchführung, 7. revidierte und erweiterte Auflage, Düsseldorf 1987.

Leftwich, R. (1980): Market Failure Fallacies and Accounting Information, in: Journal of Accounting and Economics 1980, S. 193 – 211.

Lehmann, J. (1926): Soll bei einer zukünftigen Reform des Aktienrechts eine Annäherung an das englisch-amerikanische Recht in grundlegenden Fragen stattfinden (Gutachten), in: Verhandlungen des Vierunddreißigsten Deutschen Juristentags, hrsg. v. dem Schriftführer-Amt der ständigen Deputation, erster Band, Berlin und Leipzig 1926, S. 258 – 331.

Leible, S. (1998): Bilanzpublizität und Effektivität des Gemeinschaftsrechts, in: Zeitschrift für das gesamte Handels- und Wirtschaftsrecht 1998, S. 594 – 618.

Leuz, C. (1996): Rechnungslegung und Kreditfinanzierung, Frankfurt am Main u. a. 1996.

Leuz, C./Deller, D./Stubenrath, M. (1998): An International Comparison of Accounting-Based Payout Restrictions in the United States, United Kingdom and Germany, in: Accounting and Business Research 1998, S. 111 – 129.

Lev, B. (1988): Toward a Theory of Equitable and Efficient Accounting Policy, in: The Accounting Review 1988, S. 1 – 21.

Liener, G. (1995): Accounting Standards Required of Global Corporations by the International Capital Markets, in: Zeitschrift für Betriebswirtschaft 1995, S. 741 – 751.

Linsell, R. (2001): LLPs at last!, in: Accountancy, February 2001, S. 120 – 121.

List, H.-A. (1998): Die geschichtliche Entwicklung der Rechnungsprüfung im deutschen Aktienrecht bis zum Aktiengesetz von 1937, Tübingen 1998.

Litthauer, F. (Hrsg.) (1898): Handelsgesetzbuch vom 10. Mai 1897 unter Ausschluss des Seerechts. Mit den ergänzenden Vorschriften des Bürgerlichen Gesetzbuchs und Erläuterungen, Berlin 1898.

Littmann, E. (1966): Die aktienrechtlichen Rechnungslegungsvorschriften vom 6. September 1965 in der Sicht des Bilanzsteuerrechts, in: Deutsches Steuerrecht 1966, S. 233 – 241.

Löhr, D. (2003): IAS (IFRS) versus HGB – Ein einzelwirtschaftspolitischer Paradigmenwechsel als Fortschritt?, in: Steuern und Bilanzen 2003, S. 649 – 651.

Lohmann, M. (1951): Die Erfolgsrechnung im Jahresabschluß – ein Beitrag zur Reform der Verlust- und Gewinnrechnung, in: Der Wirtschaftsprüfer, Juni 1951, S. 157 – 160.

London Stock Exchange (Hrsg.) (2002a): AIM Rules for Companies, London, March 2002.

London Stock Exchange (Hrsg.) (2002b): Admission and Disclosure Standards, London, April 2002.

Ludewig, R. (1965): Gelten die neuen aktienrechtlichen Bewertungsvorschriften auch für die Jahresabschlüsse der GmbH?, in: GmbH-Rundschau 1965, S. 192 – 194.

Lutter, M. (1979a): Europäisches Gesellschaftsrecht, in: Zeitschrift für Unternehmens- und Gesellschaftsrecht, Sonderheft 1, 1979.

Lutter, M. (1979b): Rechnungslegung nach künftigem Recht, in: Der Betrieb 1979, S. 1285 – 1295.

Lutter, M. (1996): Europäisches Unternehmensrecht, Berlin, New York 1996.

Lutter, M./Mertens, H.-J./Ulmer, P. (1983): Die GmbH & Co KG und das Bilanzrichtlinie-Gesetz, in: Betriebs-Berater 1983, S. 1737 – 1741.

Luttermann, C. (1999): Bilanzrecht in den USA und internationale Konzernrechnungslegung, Tübingen 1999.

Lutz, S./Eidel, U. (2000): Internationalisierung der Rechnungslegung – Strategien für den mittelständischen Konzern, in: Bilanzbuchhalter und Controller, Heft 2, 2000, S. 25 – 29.

Lymer, A./Hancock, D. (2003): Taxation Policy and Practice, 9. Auflage 2002/2003, Cornwall 2003.

Mabey, S. (2001): Tax and Transparency, in: Accountancy, March 2001, S. 122 – 123.

Magnus, S./Estrin, M. (1967): The Companies Act 1967, London 1967.

Mainwaring, M./Hayward, S. (1998): The Audit of Small Businesses, in: Accountants' Digest, issue 395, September 1998.

Mandler, U. (2003a): IAS/IFRS für mittelständische Unternehmen: Ergebnisse einer Unternehmensbefragung, in: Kapitalmarktorientierte Rechnungslegung 2003, S. 143 – 149.

Mandler, U. (2003b): IAS-Wahlrecht versus Pflichtanwendung – Die IAS im Mittelstand aus empirischer Sicht, in: Steuern und Bilanzen 2003, S. 582 – 586.

Markus, H. (1992): Der Wirtschaftsprüferberuf, in: Wirtschaftsprüferkammer-Mitteilungen 1992, S. 1 – 10.

Marriott, N./Marriott, P. (1999): The Provision of Financial Information to Smaller Companies, hrsg. v. Institute of Chartered Accountants in England and Wales, London 1999.

Marriott, P./Marriott, N. (1997): An Agenda for the Future – Small Company Auditing and Reporting, in: Certified Accountant, April 1997, S. 32 – 34.

Marten, K.-U./Köhler, A. (2002a): Prüfungsmarkt, in: Handwörterbuch der Rechnungslegung und Prüfung, 3. Auflage; hrsg. v. Ballwieser, W./Coenenberg, A./Wysocki, K. v., Stuttgart 2002, Sp. 1831 – 1841.

Marten, K.-U./Köhler, A. (2002b): Erwartungslücke, in: Handwörterbuch der Rechnungslegung und Prüfung, 3. Auflage; hrsg. v. Ballwieser, W./Coenenberg, A./ Wysocki, K. v., Stuttgart 2002, Sp. 703 – 712.

Marten, K.-U./Quick, R./Ruhnke, K. (2003): Wirtschaftsprüfung, 2. Auflage, Stuttgart 2003.

Marten, K.-U./Schlereth, D./Crampton, A./Köhler, A. (2002): Rechnungslegung nach IAS – Nutzeneffekte aus Sicht von Eigenkapitalgebern, in: Betriebs-Berater 2002, S. 2007 – 2012.

Marx, P./Delp, U. (1986): Einbeziehung der GmbH & Co. KG in die Publizitäts- und Prüfungspflicht nach neuem Recht?, in: Der Betrieb 1986, S. 289 – 299.

Mason, C./Harrison, R. (1994): Informal Venture Capital in the UK, in: Finance and the Small Firm, hrsg. v. Hughes, A./Storey, D., London, New York 1993, S. 64 – 111.

Maul, K.-H. (1987): Rechtsformabhängige Differenzierungen der Rechnungslegungsvorschriften für Kapitalgesellschaften nach neuem Bilanzrecht, in: Beiträge zum Bilanzrichtlinien-Gesetz, hrsg. v. Albach, H./Forster, K.-H., Wiesbaden 1987, S. 251 – 272.

Mayes, R. (2002): Preparing Company Accounts 2002/2003, 10. Auflage, London 2002.

McBarnet, D./Whelan, C. (1999a): The Defective Detectives, in: Accountancy, November 1999, S. 105.

McBarnet, D./Whelan, C. (1999b): Creative Accounting and the Cross-Eyed Javelin Thrower, Chichester u. a. 1999.

McCahey, J./Ramsay, A. (1989): Differential Reporting: Nature of the Accounting Standards Overload Problem and a Proposal for its Resolution, hrsg. v. Australian Accounting Research Foundation, Caulfield 1989.

McGee, A./Mumford, M. (1988): The Laws of Distributable Profits, Certified Bulletin No. 24, hrsg. v. Chartered Association of Certified Accountants, London 1988.

McMonnies, P. (1988): Making Corporate Reports Valuable, hrsg. v. Institute of Chartered Accountants of Scotland, Edinburgh 1988.

Meier-Schatz, C. (1989): Wirtschaftsrecht und Unternehmenspublizität, Zürich 1989.

Meisel, B. (1992): Geschichte der deutschen Wirtschaftsprüfer, Köln 1992.

Mellerowicz, K. (1959): Rechnungslegung und Konzernabschluß, in: Beiträge zur Aktienrechtsreform, hrsg. v. Hengeler, H., Heidelberg 1959, S. 197 – 252.

Mensch, G. (1999): Grundlagen der Agency-Theorie, in: Das Wirtschaftsstudium 1999, S. 686 – 688.

Merkt, H. (2001): Unternehmenspublizität, Tübingen 2001.

Mertin, D./Schmidt, S. (2001): Internationale Harmonisierung der Anforderungen an die Abschlussprüfung auf der Grundlage der Verlautbarungen der IFAC, in: Die Wirtschaftsprüfung 2001, S. 317 – 334.

Meyer, C. (2000): Das Kapitalgesellschaften- und Co-Richtlinie-Gesetz, in: Betrieb und Rechnungswesen, Nr. 5 vom 3.3.2000, Fach 15, S. 1183 – 1198.

Mitchel, F./Reid, G./Terry, N. (1995): Post Investment Demand for Accounting Information by Venture Capitalists, in: Accounting and Business Research 1995, S. 186 – 196.

Möllers, T. (1997): Anlegerschutz durch Aktien- und Kapitalmarktrecht, in: Zeitschrift für Unternehmens- und Gesellschaftsrecht 1997, S. 334 – 367.

Monopolkommission (Hrsg.) (2000): Dreizehntes Hauptfachgutachten der Monopolkommission 1998/1999, abgedruckt in: Bundestagsdrucksache 14/4002, Bonn 2000.

Morley, J. (2001): Who Wants a FRSSE?, in: Accountancy, September 2001, S. 104.

Mould, P./Boczko, T. (2002): Financial Reports – A Myth of Neutrality, unveröffentlichtes Manuskript, präsentiert auf der "Financial Reporting and Business Communications Conference" in Cardiff, July 2002.

Moxter, A. (1962): Der Einfluß von Publizitätsvorschriften auf das unternehmerische Verhalten, Köln, Opladen 1962.

Moxter, A. (1975): Publizität, in: Handwörterbuch der Betriebswirtschaftslehre, hrsg. v. Grochla, E./Wittmann, W., Stuttgart 1975, Sp. 3282 – 3288.

Moxter, A. (1983): Der Jahresabschluß im Widerstreit der Interessen, in: Der Jahresabschluß im Widerstreit der Interessen, hrsg. v. Baetge, J., Düsseldorf 1983, S. 11 – 20.

Moxter, A. (1984a): Bilanzlehre, Band I, Wiesbaden 1984.

Moxter, A. (1984b): Das Realisationsprinzip – 1884 und heute, in: Betriebs-Berater 1984, S. 1780 – 1786.

Moxter, A. (1985): Stellungnahmen in der vom Unterausschuss „Bilanzrichtlinie-Gesetz" durchgeführten öffentlichen Anhörung vom 9. Mai 1985, in: Stenographisches Protokoll über die 17. Sitzung des Unterausschusses „Bilanzrichtlinie-Gesetz", Bonn 1985, S. 17/105 – 106; 17/114.

Moxter, A. (1986): Bilanzlehre, Band II, Wiesbaden 1986.

Moxter, A. (1987): Zum Sinn und Zweck des handelsrechtlichen Jahresabschlusses nach neuem Recht, in: Bilanz- und Konzernrecht, Festschrift zum 65. Geburtstag von Dr. Dr. h.c. Reinhard Goerdeler, hrsg. v. Havermann, H., Düsseldorf 1987, S. 361 – 347.

Moxter, A. (1994): Die Helmrich-Konzeption des Bilanzrichtlinien-Gesetzes – Bedeutung und Bedrohung, in: Für Recht und Staat, Festschrift für Herbert Helmrich zum 60. Geburtstag, hrsg. v. Letzgus, K./Hill, H./Klein, H./Kleinert, D./Oschatz, G.-B., De With, H., München 1994, S. 709 – 719.

Moxter, A. (1996): Entziehbarer Gewinn?, in: Rechnungslegung – warum und wie, Festschrift für Hermann Clemm zum 70. Geburtstag, hrsg. v. Ballwieser, W./ Moxter, A./ Nonnemacher, R., München 1996, S. 231 – 241.

Moxter, A. (1998): Deutsches Rechnungslegungs Standards Committee: Aufgaben und Bedeutung, in: Der Betrieb 1998, S. 1425 – 1428.

Moxter, A. (2001): Die Zukunft der Rechnungslegung?, in: Der Betrieb 2001, S. 605 – 607.

Müller, E. (1971): Vorentwurf einer Richtlinie über einheitliche Rechnungslegungsvorschriften in der EWG, in: Die Aktiengesellschaft 1971, S. 11 – 14.

Müller, E. (1972): Einheitliche Rechnungslegungsvorschriften in der EWG, in: Die Aktiengesellschaft 1972, S. 231 – 236.

Müller, E. (1979): Diskussionsbeitrag, in: Betriebswirtschaftliche Forschung und Praxis 1979, S. 82 – 83.

Müller, U. (1982): Märkte, Wettbewerb und Preise, in: Grundriß der Volkswirtschaftslehre, Band 1, hrsg. v. Risch, H./Müller, U./Olten, R./Stegner, G., Baden Baden und Bad Homburg vor der Höhe 1982, S. 285 – 378.

Müller, G./Gernon, H./Meek, G. (1997): Accounting – An International Perspective, Chicago u. a. 1997.

Murphy, R./Page, M. (1998): Small, but Imperfectly Formed, in: Accountancy – International Edition, January 1998, S. 64.

Murray, D./Johnson, R. (1983): Differential GAAP and the FASB's Conceptual Framework, in: Journal of Accounting, Auditing and Finance, Fall 1983, S. 4 – 15.

Muthesius, V. (1962a): Publizität – Für Wen?, in: Zeitschrift für das gesamte Kreditwesen 1962, S. 396 – 397.

Muthesius, V. (1962b): Diskussionsbeitrag im Rahmen des Frankfurter Publizitätsgespräches vom 13. und 14. April 1962, in: Das Frankfurter Publizitätsgespräch, hrsg. v. Barz, C./Claussen, C./Hauck, M./Hoffmann, D./Hornef, H./Kaufmann, H./Muthesius, V./Rautmann, H.-G./Semler, S. jr., Frankfurt am Main 1962, S. 133 – 134.

Nair, R./Rittenberg, L. (1983): Accounting Costs of Privately Held Businesses, in: Journal of Accounting, Auditing and Finance, Spring 1983, S. 234 – 243.

Napier, C. (1995): The History of Financial Reporting in the United Kingdom, in: European Financial Reporting: A History, hrsg. v. Walton, P., London u. a. 1995, S. 259 – 283.

Napier, C./Noke, C. (1992): Accounting and Law: An Historical Overview of an Uneasy Relationship, in: Accounting and the Law, hrsg. v. Bromwich, M./Hopwood, A., Exeter 1992, S. 30 – 54.

Neumayer, H. (Bearb.) (1989): Grundriß der Rechtsvergleichung, in: Einführung in die großen Rechtssysteme der Gegenwart, auf der Grundlage „Les grands systèmes de droit contemporains“, von David, R./Spinosi, C.; bearb. v. Grasmann, G./Klingmüller, E./Müller-Gugenberger, C./Neumayer, H./Stricker, S./Wähler, K./Westen, K./Will, M., München 1989, S. 1 – 78.

Nickel, A. (1935): Der Einfluß wirtschaftlicher Vorgänge auf die Ausgestaltung des deutschen Aktienrechts, Leipzig 1935.

Niedernhuber, G. (1988): Ausschüttungsregelungen für Aktiengesellschaften – eine ökonomische Analyse, Hamburg 1988.

Niehues, K. (2000): Strukturorientierte Unternehmenslehre für Klein- und Mittelbetriebe, in: Der Betrieb 2000, S. 2027 – 2030.

Niehues, M. (2001): EU-Rechnungslegungsstrategie und Gläubigerschutz, in: Die Wirtschaftsprüfung 2001, S. 1209 – 1222.

Niehus, R. (2001): „Auch für Einzelabschlüsse gelten grundsätzliche die IAS“? – Ein Beitrag zu den (möglichen) Grenzen einer „Internationalisierung“ der Rechnungslegung im Einzelabschluss, in: Die Wirtschaftsprüfung 2001, S. 737 – 752.

Niehus, R. (2002): Der EU-Vorschlag für eine „Modernisierung“ der Bilanzrichtlinien, in: Der Betrieb 2002, S. 1385 – 390.

Nobes, C. (1992): International Classification of Financial Reporting, 2. Auflage, London und New York 1992.

Nobes, C. (1993): The True and Fair View Requirement: Impact on and of the Fourth Directive, in: Accounting and Business Research 1993, S. 35 – 48.

Nobes, C. (1998): Towards a General Model of the Reasons for International Differences in Financial Reporting, in: ABACUS 1998, S. 162 – 187.

Nobes, C. (2000a): Causes of International Differences, in: Comparative International Accounting, hrsg. v. Nobes, C./ Parker, R., 6. Auflage, London u. a. 2000, S. 16 – 30.

Nobes, C. (2000b): Harmonization and International Accounting Standards, in: Comparative International Accounting, hrsg. v. Nobes, C./ Parker, R., 6. Auflage, London u. a. 2000, S. 66 – 101.

Nobes, C./Parker, R. (1984): The Fourth Directive and The United Kingdom, in: EEC Accounting Harmonisation: Implementation and Impact of the Fourth Directive, hrsg. v. Gray, S./Coenenberg, A., Amsterdam 1984, S. 81 – 95.

Oestreicher, A./Spengel, C. (1999a): Maßgeblichkeit der International Accounting Standards für die steuerliche Gewinnermittlung, Baden-Baden 1999.

Oestreicher, A./Spengel, C. (1999b): International Accounting Standards, Maßgeblichkeit und Besteuerung, in: Der Betrieb 1999, S. 593 – 600.

Oestreicher, A./Spengel, C. (2001): Anwendung von IAS in der EU – Zukunft des Maßgeblichkeitsprinzips und Steuerbelastung, in: Recht der internationalen Wirtschaftspraxis 2001, S. 889 – 902.

Ordelheide, D. (1993): True and Fair View – A European and a German Perspective, in: The European Accounting Review 1993, S. 81 – 90.

Ordelheide, D. (1996): Internationalisierung der Rechnungslegung deutscher Unternehmen, in: Die Wirtschaftsprüfung 1996, S. 545 – 552.

Ordelheide, D. (1998a): Zur politischen Ökonomie der Rechnungslegung, in: Rechnungslegung und Steuern international, hrsg. v. Ballwieser, W./Schildbach, T., Zeitschrift für Betriebswirtschaftliche Forschung, Sonderheft 40, Düsseldorf 1998, S. 1 – 16.

Ordelheide, D. (1998b): Wettbewerb der Rechnungslegungssysteme IAS, US-GAAP und HGB, in: Controlling und Rechnungswesen im internationalen Wettbewerb, hrsg. v. Börsig, C./Coenenberg, A., Stuttgart 1998, S. 15 – 53.

Ordelheide, D. (2000): Wertpotential und Objektivierung der IAS im Vergleich zu den Bilanzierungsvorschriften des dHGB und des öHGB, in: Fortschritte im Rechnungswesen, hrsg. v. Altenburger, O./Janschek, O./Müller, H., 2. Auflage, Wiesbaden 2000, S. 507 – 532.

Ordelheide, D./Hartle, J. (1986): Rechnungslegung und Gewinnermittlung von Kapitalgesellschaften nach dem Bilanzrichtlinien-Gesetz (I) und (II), in: GmbH-Rundschau 1986, S. 9 – 19 und S. 38 – 42.

Orth, C. (2000): Abschlussprüfung und Corporate Governance, Wiesbaden 2000.

Otte, H.-H. (1990): Harmonisierte Europäische Rechnungslegung, in: Zeitschrift für betriebswirtschaftliche Forschung 1990, S. 505 – 525.

o. V. (1983): Entwurf des Bilanzrichtlinie-Gesetzes von der Bundesregierung erneut beschlossen, in: Der Betrieb 1983, S. 1295.

o. V. (1996): The Audit of Small Businesses, in: Accountancy Ireland, June 1996, S. ii.

o. V. (2000): What the Faculty Members Said ..., in: True & Fair, December/January 1999/2000, S. 2 – 3.

o. V. (2003a): Anpassung der Bilanzregeln an internationale Standards und Enforcement, in: Steuern und Bilanzen 2003, S. 223 – 224.

o. V. (2003b): Performance Reporting: Where Next?, in: World Accounting Report, July 2003, S. 11 – 12.

Page, M. (1982): The Price of Limited Liability – Accountability and Small Companies, in: Management Accountability and Corporate Governance, hrsg. v. Midgley, K., London 1982, S. 213 – 226.

Page, M. (1984): Corporate Financial Reporting and the Small Independent Company, in: Accounting and Business Research 1984, S. 271 – 282.

Page, M. (1991): The Auditor and the Smaller Company, in: Current Issues in Auditing, hrsg. v. Sherer, M./Turley, S., 2. Auflage, London 1991, S. 211 – 223.

Paoloni, M./Demartini, P. (1997): Small Company Financial Reporting: Users and Information Needs, unveröffentlichtes Manuskript, präsentiert auf der Jahrestagung der European Accounting Association in Graz, April 1997.

Paoloni, M./Demartini, P. (1998): Harmonizing Small Business Financial Reporting in Europe: A Missed Opportunity?, unveröffentlichtes Manuskript, präsentiert auf der ersten International Conference on Accounting and Governance in Neapel, Oktober 1998.

Paoloni, M./Demartini, P./Moneva, J./Cuellar, B. (2000): Financial Reporting by SMEs in Italy and Spain, in: Quaderni di Economia Aziendale 2000, No. 5, S. 1 – 32.

Parker, R. (2000): Financial Reporting in the United Kingdom, in: Comparative International Accounting, hrsg. v. Nobes, C./Parker, R., 6. Auflage, London 2000, S. 105 – 129.

Passow, R. (1910): Die Bilanzen der privaten Unternehmungen, Leipzig 1910.

Paterson, R. (2001): Widening the GAAP, in: Accountancy, May 2001, S. 96.

Pausch, A. (1979): Von der Steuerbilanz zur Handelsbilanz – geschichtlich betrachtet, in: Deutsche Steuer-Zeitung 1979, S. 59 – 70.

Peasnell, K./Pope, P./Young, S. (2000): The Characteristics of Firms Subject to Adverse Rulings by the Financial Reporting Review Panel, unveröffentlichtes Arbeitspapier, Lancaster University, August 2000.

Peemöller, V./Spanier, G./Weller, H. (2002): Internationalisierung der externen Rechnungslegung: Auswirkungen auf nicht kapitalmarktorientierte Unternehmen, in: Betriebs-Berater 2002, S. 1799 – 1803.

Pellens, B. (2001): Internationale Rechnungslegung, 4. Auflage, Stuttgart 2001.

Pellens, B./Bonse, A./Gassen, J. (1998): Perspektiven der deutschen Konzernrechnungslegung, in: Der Betrieb 1998, S. 785 – 792.

Pellens, B./Crasselt, N./Rockholtz, C. (1998): Wertorientierte Entlohnungssysteme für Führungskräfte, in: Unternehmenswertorientierte Entlohnungssysteme, hrsg. v. Pellens, B., Stuttgart 1998, S. 1 – 28.

Pellens, B./Fülbier, R. (2000): Differenzierung der Rechnungslegungsregulierung nach Börsenzulassung, in: Zeitschrift für Unternehmens- und Gesellschaftsrecht 2000, S. 572 – 593.

Pellens, B./Gassen, J. (1998): Die Bereitstellung von Rechnungslegungssystemen – Eine Aufgabe des Staates oder des Marktes?, in: Rechnungswesen als Instrument für Führungsentscheidungen, hrsg. v. Möller, H./Schmidt, F., Stuttgart 1998, S. 633 – 650.

Pellens, B./Gassen, J. (2001): EU-Verordnungsentwurf zur IAS-Konzernrechnungslegung, in: Kapitalmarktorientierte Rechnungslegung 2001, S. 137 – 142.

Pellens, B./Gassen, J./Marc, R. (2003): Ausschüttungspolitik börsennotierter Unternehmen in Deutschland, in: Die Betriebswirtschaft 2003, S. 309 – 332.

Pellens, B./Schremper, B. (2000): Theorie und Praxis des Aktienrückkaufs in den USA und in Deutschland, in: Betriebswirtschaftliche Forschung und Praxis 2000, S. 132 – 156.

Perridon, L. (1967): Ansätze und Methodik der Vergleichenden Betriebswirtschaftslehre, in: Zeitschrift für Betriebswirtschaft 1967, S. 677 – 686.

Pettit, R./Singer, R. (1985): Small Business Finance: A Research Agenda, in: Financial Management, Autumn 1985, S. 47 – 60.

Pfaff, D. (1989a): Zur allokativen Begründung von Ausschüttungsregelungen, in: Zeitschrift für betriebswirtschaftliche Forschung 1989, S. 1013 – 1028.

Pfaff, D. (1989b): Gewinnverwendungsregelungen als Instrument zur Lösung von Agency-Problemen, Frankfurt am Main u. a. 1989.

Pfitzer, N./Oser, P./Orth, C. (2002): Zur Reform des Aktienrechts, der Rechnungslegung und Prüfung durch das TransPuG, in: Der Betrieb 2002, S. 157 – 165.

Pinner, A. (1927): Leitsätze und Begründungen zum Thema: Soll bei einer künftigen Reform des Aktienrechts eine Annäherung an das englisch-amerikanische Recht in grundlegenden Fragen stattfinden?; in: Verhandlungen des Vierunddreißigsten Deutschen Juristentags zu Köln, hrsg. v. dem Schriftführer-Amt der ständigen Deputation, zweiter Band, Berlin, Leipzig 1927, S. 611 – 613 sowie S. 615 – 678.

Pohl, K. (1983): Die Entwicklung des ertragsteuerlichen Maßgeblichkeitsprinzips, Köln 1983.

Porcano, T./Tran, A. (1998): Relationship of Tax and Financial Accounting Rules in Anglo-Saxon Countries, in: The International Journal of Accounting 1998, S. 433 – 454.

Post-Pawelleck, G. (1996): Die Geschichte des englischen Bilanzrechts, Aachen 1996.

Poutziouris, P./Chittenden, F./Michaelas, N. (1998): The Financial Affairs of Private Companies, Manchester 1998.

Poutziouris, P./Chittenden, F./Michaelas, N. (1999): The Financial Development of Smaller Private & Public Ltd Companies (SMEs), Manchester 1999.

Powling, H./Pryde, A./Sharp, I. (2002): Financial Statements for Smaller Companies, 4. Auflage, Kingston 2002.

Pratten, C. (1998): The Uses of the Accounts of Small and Medium-Sized Companies and the Effects of the Audit Exemption Regime, hrsg. v. Institute of Chartered Accountants in England and Wales, London 1998.

PricewaterhouseCoopers (Hrsg.) (1999): Student's Manual of Accounting, London 1999.

Priester, H.-J. (1980): Die 4. EG-Richtlinie aus der Sicht der GmbH und der GmbH & Co., in: Rechnungslegung nach neuem Recht, hrsg. von Bierich, M./Busse von Colbe, W./Laßmann, G./Lutter, M., Zeitschrift für betriebswirtschaftliche Forschung, Sonderheft 10, 1980, (bzw. wegen gleichzeitigem Erscheinen als ZGR Sonderheft, Zeitschrift für Unternehmens- und Gesellschaftsrecht, Sonderheft 2, 1980), S. 213 – 249.

Prime, T./Scanlan, G. (1995): The Law of Partnership, London u. a. 1995.

Prinz, U. (2003): Reform der deutschen Rechnungslegung, in: Deutsches Steuerrecht 2003, S. 1359 – 1364.

Prühs, H. (1969): Die Konzernrechnungslegung nach dem Publizitätsgesetz, in: Der Betrieb 1969, S. 1385 – 1391.

Quick, R. (1990): Die Entstehungsgeschichte der aktienrechtlichen Pflichtprüfung in Deutschland, in: Zeitschrift für Unternehmensgeschichte 1990, S. 217 – 236.

Quick, R./Nieman, L. (2001): Das Institute of Chartered Accountants in England and Wales – Berufszugang, Aufgaben, Organisation, in: Zeitschrift für Vergleichende Rechtswissenschaft 2001, S. 322 – 358.

Radcliffe, G. W. (1993): The Relationship Between Tax Law and Accounting Principles: An Unresolved Issue in European Harmonisation, working paper AF/93-2, February 1993.

Raffournier, B. (2000): International Accounting Standards, in: Unternehmenspublizität im internationalen Wettbewerb, hrsg. v. Haller, A./Raffournier, B./Walton, P., Stuttgart 2000, S. 73 – 150.

Ramos, M. (1998): Preparing and Reporting on Cash- and Tax-Basis Financial Statements, hrsg. v. American Institute of Certified Public Accountants, New York 1998.

Rathenau, W. (1922): Vom Aktienwesen, Berlin 1922.

Rehbinder, M. (1966): Gelten die neuen Bewertungsvorschriften des Aktienrechts auch für Unternehmen mit anderer Rechtsform?, in: Neue Juristische Wochenschrift 1966, S. 1549 – 1551.

Remme, W./Theile, C. (1998): Die Auswirkungen von „KonTraG“ und „KapAEG“ auf die GmbH, in: GmbH-Rundschau 1998, S. 909 – 915.

Richards, C. (2001): GAAP 2002, London 2001.

Richter, R./Furubotn, E. (1999): Neue Institutionenökonomik, 2. Auflage, Tübingen 1999.

Ridder-Aab, C.-M. (1980): Die moderne Aktiengesellschaft im Lichte der Theorie der Eigentumsrechte, Frankfurt am Main 1980.

Rieß, A. (1922): Die Erwerbs- und Wirtschaftsgenossenschaft, in: Handbuch des gesamten Handelsrechts, hrsg. v. Ehrenberg, V., Leipzig 1922, Dritter Band, II. Abteilung.

Risse, H. (1966): Ordnungsmäßigkeit der Buchführung und Bilanzwahrheit, in: Betriebs-Berater 1966, S. 789 – 791.

Rittner, F. (1965): Referat, in: Verhandlungen des Fünfundvierzigsten Deutschen Juristentages – Die handelsrechtliche Publizität außerhalb der Aktiengesellschaft, hrsg. v. der Ständigen Deputation des Deutschen Juristen Tages, Band II (Sitzungsberichte), Teil F, München, Berlin 1965, F 7 – F 19.

Rittner, F. (1970): Rechnungslegung und Publizität, in: Probleme der GmbH-Reform, hrsg. v. Centrale für Gesellschaften mbH Dr. Otto Schmidt, Köln 1970, S. 133 – 153.

Rittner, F. (1978): Quantitative Legaldefinitionen im Wirtschaftsrecht, in: Gesetzgebungstheorie, Juristische Logik, Zivil- und Prozeßrecht, Gedächtnisschrift für Jürgen Rüdig, hrsg. v. Klug, U./Ramm, T./Rittner, F./Schmidel, B., Berlin u. a. 1978, S. 74 – 90.

Roberts, C./Weetman, P./Gordon, P. (2002): International Financial Accounting, 2. Auflage, Essex 2002.

Robisch, M./Treisch, C. (1997): Neuere Entwicklungen des Verhältnisses von Handelsbilanz und Steuerbilanz – Anhaltspunkte für eine Tendenzwende?, in: Die Wirtschaftsprüfung 1997, S. 156 – 169.

Rössler, S. (2001): Das Audit Committee als Überwachungsinstrument des Aufsichtsrats, Landsberg am Lech 2001.

Rogerson, P. (1994): Banks to Seek Audits for Exempt Firms, in: The Accountant, December 1994, S. 5.

Ross, S. (1979): The Economics of Information and the Disclosure Regulation Debate, in: Issues in Financial Regulation, hrsg. v. Edwards, F., New York u. a. 1979, S. 177 – 202.

Rost, P. (1991): Der internationale Harmonisierungsprozeß der Rechnungslegung, Frankfurt am Main u. a. 1991.

Rudorff, O. (1898): Handelsgesetzbuch vom 10. Mai 1897 mit Erläuterungen, Stuttgart 1898.

Ruhnke, K. (2003): Nutzen von Abschlussprüfungen: Bezugsrahmen und Einordnung empirischer Studien, in: Zeitschrift für betriebswirtschaftliche Forschung 2003, S. 250 – 280.

Rutherford, B. (1985): The True and Fair View Doctrine: A Search for Explication, in: Journal of Business Finance and Accounting 1985, S. 483 – 494.

Rutteman, P. (1985): Commentary: Abolishing Small Audits: the Pros ..., in: Accountancy, July 1985, S. 13.

Rutteman, P. (1996): Review, in: Accounting Horizons, September 1996, S. 186 – 188.

Saage, G. (1970): Die Reform der Rechnungslegung der GmbH, in: Neue Betriebswirtschaft und betriebswirtschaftliche Datenverarbeitung 1970, S. 1 – 15.

Salgert, M. (2000): Praxishinweise zum Kapitalgesellschaften und Co-Richtlinie-Gesetz (KapCoRiLiG), in: Wirtschaftsprüferkammer-Mitteilungen 2000, S. 86 – 91.

Schäfer, H.-B./Ott, C. (2000): Lehrbuch der ökonomischen Analyse des Zivilrechts, Berlin u. a. 2000.

Scheffler, E. (1999a): Internationale Rechnungslegung und deutsches Bilanzrecht, in: Deutsches Steuerrecht 1999, S. 1285 – 1292.

Scheffler, E. (1999b): Der Deutsche Standardisierungsrat – Struktur, Aufgaben und Kompetenzen, in: Betriebswirtschaftliche Forschung und Praxis 1999, S. 407 – 417.

Scheffler, E. (2001): Neue Entwicklungen auf dem Gebiet der Rechnungslegung, in: Die deutsche Rechnungslegung und Wirtschaftsprüfung im Umbruch, Festschrift für Wilhelm Theodor Strobel zum 70. Geburtstag, hrsg. v. Freidank, C.-C., München 2001, S. 3 – 28.

Scheibe-Lange, I. (1985): Stellungnahmen in der vom Unterausschuss „Bilanzrichtlinie-Gesetz" durchgeführten öffentlichen Anhörung vom 9. Mai 1985, in: Stenographisches Protokoll über die 17. Sitzung des Unterausschusses „Bilanzrichtlinie-Gesetz", Bonn 1985, S. 17/4 – 12; 17/25 – 26; 17/54 – 57; 17/79; 17/95 – 96; 17/102; 17/106 – 107; 17/117 – 118; 17/140; 17/161 – 164; 17/175 – 176; 17/182; 17/186 – 189; 17/194.

Schellein, H. (1990): Neue EG-Vorschläge für Mittelstand und Kapitalgesellschaft & Co., in: Die Wirtschaftsprüfung 1990, S. 529 – 535.

Scherrer, G. (1968): Die Ausweitung der Rechnungslegungspublizität auf alle Großunternehmen, Augsburg 1968.

Schildbach, T. (1975): Analyse des betrieblichen Rechnungswesens aus der Sicht der Unternehmungsbeteiligten, Wiesbaden 1975.

Schildbach, T. (1986): Jahresabschluß und Markt, Berlin u. a. 1986.

Schildbach, T. (1995): Rechnungslegungsideale, Bilanzkulturen, Harmonisierung und internationaler Wettbewerb, in: Betriebs-Berater 1995, S. 2635 – 2644.

Schildbach, T. (1999): Das private Rechnungslegungsgremium gemäß § 342 HGB und die Zukunft der Rechnungslegung in Deutschland, in: Der Betrieb 1999, S. 645 – 652.

Schildbach, T. (2002): IAS als Rechnungslegungsstandards für alle, in: Betriebswirtschaftliche Forschung und Praxis 2002, S. 263 – 278.

Schilling, W. (1962a): Diskussionsbeitrag im Rahmen des Frankfurter Publizitätsgespräches vom 13. und 14. April 1962, in: Das Frankfurter Publizitätsgespräch, hrsg. v. Barz, C./Claussen, C./Hauck, M./Hoffmann, D./Hornef, H./Kaufmann, H./Muthesius, V./Rautmann, H.-G./ Semler, S. jr., Frankfurt am Main 1962, S. 123.

Schilling, W. (1962b): Publizität, Aktienrechtsreform und Unternehmensrecht, in: Der Betrieb 1962, S. 1497 – 1498.

Schindler, J./Rabenhorst, D. (1998a): Auswirkungen des KonTraG auf die Abschlußprüfung (Teil I), in: Betriebs-Berater 1998, S. 1886 – 1893.

Schindler, J./Rabenhorst, D. (1998a): Auswirkungen des KonTraG auf die Abschlußprüfung (Teil II), in: Betriebs-Berater 1998, S. 1939 – 1944.

Schmalenbach, E. (1956): Dynamische Bilanz, 12. Auflage, Köln, Opladen 1956.

Schmidt, F. (1928): Die verkrüppelte Erfolgsrechnung, in: Zeitschrift für betriebswirtschaftliche Forschung 1928, S. 81 – 99.

Schmidt, H. (1960): Unternehmensverfassung und GmbH-Rechts-Reform, in: GmbH-Rundschau 1960, S. 59 – 62.

Schmidt, L. (1994): Maßgeblichkeitsprinzip und Einheitsbilanz, Heidelberg 1994.

Schmidt, M. (2000): Das Konzept einer kapitalmarktorientierten Rechnungslegung, Bielefeld 2000.

Schmidt, R. (1982): Rechnungslegung als Informationsproduktion auf nahezu effizienten Kapitalmärkten, in: Zeitschrift für betriebswirtschaftliche Forschung 1982, S. 728 – 748.

Schmitz, R. (1988): Die Bilanzrichtlinie und ihr Beitrag zur Harmonisierung der Rechnungslegung in den EG-Staaten, in: Harmonisierung der Rechnungslegung in Europa, hrsg. v. Albach, H./Klein, G., Zeitschrift für Betriebswirtschaft, Ergänzungsheft 1, 1988, S. 1 – 35.

Schmitz, T. (1999): Steuerentlastungsgesetz 1999/2000/2002 und (umgekehrte) Maßgeblichkeit, in: Der Betrieb 1999, S. 1974 – 1975.

Schmölder, K. (1930): Der Entwurf eines Gesetzes über Aktiengesellschaften und Kommanditgesellschaften auf Aktien, in: Juristische Wochenschrift 1930, S. 2623 – 2633.

Schmölder, K. (1950): Rechnungslegung, Prüfung und Publizität der Aktiengesellschaft, in: Zeitschrift für handelswissenschaftliche Forschung 1950, S. 279 – 302.

Schneider, D. (1978): Maßgeblichkeit der Handelsbilanz für die Steuerbilanz und Besteuerung nach der Leistungsfähigkeit, in: Betriebs-Berater 1978, S. 1577 – 1581.

Schneider, D. (1987): Agency Costs and Transaction Costs: Flops in the Principal-Agent-Theory of Financial Markets, in: Agency Theory, Information and Incentives, hrsg. v. Bamberg, G./Spremann, K., Berlin u. a. 1987, S. 481 – 494.

Schneider, D. (1994): Betriebswirtschaftslehre, Band 2: Rechnungswesen, München, Wien 1994.

Schneider, D. (2002): Geschichte der Rechnungslegung, in: Handwörterbuch der Rechnungslegung und Prüfung, 3. Auflage, hrsg. v. Ballwieser, W./Coenenberg, A./Wysocki, K. v., Stuttgart 2002, Sp. 950 – 957.

Schön, W. (1995): Die Steuerbilanz zwischen Handelsrecht und Grundgesetz, in: Steuer und Wirtschaft 1995, S. 366 – 377.

Schön, W. (1997): Entwicklung und Perspektiven des Handelsbilanzrechts: vom ADHGB zum IASC, in: Zeitschrift für das gesamte Handels- und Wirtschaftsrecht 1997, S. 133 – 159.

Schön, W. (1998): Wer entscheidet im Bilanzrecht, in: Der Betrieb 1998, S.I.

Schön, W. (2000): Gesellschafter-, Gläubiger- und Anlegerschutz im Europäischen Bilanzrecht, in: Zeitschrift für Unternehmens- und Gesellschaftsrecht 2000, S. 706 – 742.

Schön, W. (2001): Internationalisierung der Rechnungslegung und Gläubigerschutz, in: Die Wirtschaftsprüfung, Sonderheft Reformbedarf der deutschen Corporate Governance im globalen Wettbewerb, 2001, S. 74 – 79.

Schön, W. (2002): Wer schützt den Kapitalschutz?, in: Zeitschrift für das gesamte Handels- und Wirtschaftsrecht 2002, S. 1 – 5.

Schönfeld, A. (1988): Das Bilanzierungsverhalten mittelständischer Unternehmen in der Rechtsform der GmbH, Ulm 1988.

Scholtissek, W. (1991): Großbritannien, Rechnungslegung der Unternehmen, hrsg. v. Bundesstelle für Außenhandelsinformationen, Köln 1991.

Schreiber, U. (1997): Hat das Maßgeblichkeitsprinzip noch eine Zukunft?, in: Handelsbilanzen und Steuerbilanzen, Festschrift zum 70. Geburtstag von Prof. Dr. h.c. Heinrich Beisse, hrsg. v. Budde, W./Moxter, A./Offerhaus, K., Düsseldorf 1997, S. 491 – 509.

Schreiber, U. (1999): Rechnungslegung im Einzelabschluß nach internationalen Grundsätzen, in: Unternehmenspolitik und internationale Besteuerung, Festschrift für Lutz Fischer zum 60. Geburtstag, hrsg. v. Kleineidam, H.-J., Berlin 1999, S. 879 – 912.

Schröer, H. (1999): Angabe von Aufsichtsmandaten im Anhang des Jahresabschlusses nach dem KonTraG, in: Zeitschrift für Wirtschaftsrecht und Insolvenzpraxis 1999, S. 1163 - 1167.

Schröer, T. (1993): Germany, in: The European Accounting Review, 1993, S. 235 – 345.

Schruff, L. (Hrsg.) (1986): Entwicklung der 4. EG-Richtlinie (Bilanzrichtlinie), Düsseldorf 1986.

Schruff, W. (1993): Die internationale Vereinheitlichung der Rechnungslegung nach den Vorschlägen des IASC, in: Betriebswirtschaftliche Forschung und Praxis 1993, S. 400 – 426.

Schubert, W. (1981): Die Abschaffung des Konzessionssystems durch die Aktienrechtsnovelle von 1870, in: Zeitschrift für Unternehmens- und Gesellschaftsrecht 1981, S. 285 – 317.

Schüppen, M. (2002): To comply or not to comply – that's the question! "Existenzfragen" des Transparenz- und Publizitätsgesetzes im magischen Dreieck kapitalmarktorientierter Unternehmensführung, in: Zeitschrift für Wirtschaftsrecht und Insolvenzpraxis 2002, S. 1269 – 1279.

Schuld, H. (1966): Geschichte der Deutschen Treuhand-Gesellschaft 1890-1965; in: 75 Jahre Deutsche Treuhand-Gesellschaft 1890-1965, hrsg. v. Muthesius, V., Frankfurt am Main 1966, S. 11 – 51.

Schulze, W. (1979): Anpassung der handelsrechtlichen Rechnungslegungsvorschriften (bzw. des Unternehmensrechts) in Deutschland an die 4. EG-Richtlinie; Anforderungen und Erwartungen aus der Sicht des deutschen Unternehmers, in: Betriebswirtschaftliche Forschung und Praxis 1979, S. 37 – 61.

Schulze-Osterloh, J. (1981): Überlegungen zur Rechnungslegungspflicht und zum Jahresabschluß nach dem Vorentwurf eines Bilanzrichtlinie-Gesetzes, in: Alternativen zum Bilanzrichtlinie-Gesetzentwurf, hrsg. v. Schulze-Osterloh, J., Köln 1981, S. 1 – 41.

Schulze-Osterloh, J. (1986a): Die Rechnungslegung der Einzelkaufleute und Personenhandelsgesellschaften nach dem Bilanzrichtlinien-Gesetz, in: Zeitschrift für das gesamte Handels- und Wirtschaftsrecht 1986, S. 403 – 427.

Schulze-Osterloh, J. (1986b): Jahresabschluß, Abschlußprüfung und Publizität der Kapitalgesellschaften nach dem Bilanzrichtlinien-Gesetz, in Zeitschrift für das gesamte Handels- und Wirtschaftsrecht 1986, S. 532 – 569.

Schulze-Osterloh, J. (1995): Fortentwicklung der Rechnungslegung auf Kosten gesellschaftsrechtlicher Kapitalschutzmechanismen?, in: Bericht über die Fachtagung 1994 des Instituts der Wirtschaftsprüfer in Deutschland e. V., hrsg. v. Institut der Wirtschaftsprüfer in Deutschland e. V., Düsseldorf 1995, S. 123 – 139.

Schulze-Osterloh, J. (1998): Die Reform der Konzernrechnungslegung nach IAS und US-GAAP, in: Gesellschaftsrecht 1997, hrsg. v. Hommelhoff, P./Röhricht, V., Köln 1998, S. 301 – 311.

Schulze-Osterloh, J. (2003): Internationale Rechnungslegung für den Einzelabschluß und für Unternehmen, die den öffentlichen Kapitalmarkt nicht in Anspruch nehmen, in: Zeitschrift für Wirtschaftsrecht und Insolvenzpraxis, Januar 2003, S. 93 – 101.

Schumann, J./Meyer, U./Ströbele, W. (1999): Grundzüge der mikroökonomischen Theorie, Berlin u. a. 1999.

Schurbom, A./Streckenbach, J. (2002): Modernisierung der Konzernrechnungslegung durch das Transparenz- und Publizitätsgesetz, in: Die Wirtschaftsprüfung 2002, S. 845 – 853.

Schwab, M. (1999a): Der Standardisierungsvertrag für das DRSC – eine kritische Würdigung (Teil I), in: Betriebs-Berater 1999, S. 731 – 738.

Schwab, M. (1999b): Der Standardisierungsvertrag für das DRSC – eine kritische Würdigung (Teil II), in: Betriebs-Berater 1999, S. 783 – 788.

Schwalbach, J. (1991): Vorstandsbezüge werden falsch berechnet, in: Harvard Manager, Heft 3, 1991, S. 39 – 42.

Schwantag, K. (1961): Die Publizität der Aktiengesellschaft, in: Der Jahresabschluß in der Aktienrechtsreform, hrsg. v. Leffson, U., Wiesbaden 1961, S. 11 – 15.

Secretary of State for Trade (Hrsg.) (1979): Company Accounting and Disclosure – A Consultative Document, Cmnd. 7654, London 1979.

Secretary of State for Trade and Industry (Hrsg.) (1973): Company Law Reform, Cmnd. 5391, London 1973.

Secretary of State for Trade and Industry (Hrsg.) (2002a): Modernising Company Law, CM 5553-I, London 2002.

Secretary of State for Trade and Industry (Hrsg.) (2002b): Modernising Company Law – Draft Clauses, CM 5553-II, London 2002.

Securities and Exchange Commission (Hrsg.) (2003): Concept Release on International Accounting Standards, File No. S7-04-00, abrufbar unter: http://www.sec.gov/rules/concept/34-42430.htm, Stand: 3.6.2003.

Selchert, F. (2002): § 252 HGB Allgemeine Bewertungsgrundsätze, in: Handbuch der Rechnungslegung, Einzelabschluss, 5. Auflage, hrsg. v. Küting, K./Weber, C.-P., Stuttgart, Loseblattausgabe, Stand: November 2002.

Semler, J. (1958): Die Publizität der Kapitalgesellschaften vom Standpunkt des Kapitalgebers und des öffentlichen Interesses, in: Zeitschrift für handelswissenschaftliche Forschung 1958, S. 453 – 466.

Seow, J.-L. (2001): The Demand for the UK Small Company Audit – An Agency Perspective, in: International Small Business Journal, January-March 2001, S. 61 – 79.

Sieben, G. (1979): Diskussionsbeitrag, in: Betriebswirtschaftliche Forschung und Praxis 1979, S. 83 – 84.

Sigloch, J. (1987): Die Neuordnung der Rechnungslegung der Unternehmen durch das Bilanzrichtlinien-Gesetz (BiRiLiG), in: Mittelstand und Betriebswirtschaft, hrsg. v. Wossidlo, P./Böhler, H./Glaser, H./Schmidt, G./Sigloch, J., Band 4, München 1987, S. 103 – 154.

Sigloch, J. (2000): Ein Valet dem Maßgeblichkeitsprinzip, in: Betriebswirtschaftliche Forschung und Praxis 2000, S. 157 – 182.

Singleton-Green, B. (2001): Something for the New Chairman, in: Accountancy, January 2001, S. 24.

Sleigh-Johnson, N. (2001): In Defence of the FRSSE, in: Accountancy, December 2001, S. 92.

Slomp, S. (2002): Fédération des Experts Comptales Européens (FEE), in: Handwörterbuch der Rechnungslegung und Prüfung, hrsg. v. Ballwieser, W./Coenenberg, A./Wysocki, K. v., Stuttgart 2002, Sp. 764 – 767.

Smith, C./Warner, J. (1979): On Financial Contracting, in: Journal of Financial Economics 1979, S. 117 – 161.

Solmssen, G. (1927): Leitsätze und Begründungen zum Thema: Soll bei einer künftigen Reform des Aktienrechts eine Annäherung an das englisch-amerikanische Recht in grundlegenden Fragen stattfinden?; in: Verhandlungen des Vierunddreißigsten Deutschen Juristentags zu Köln, hrsg. v. dem Schriftführer-Amt der ständigen Deputation, zweiter Band, Berlin, Leipzig 1927, S. 613 – 614 sowie S. 678 – 742.

Solomons, D. (1989): Guidelines for Financial Reporting Standards, London 1989.

Spence, M. (1973): Job Market Signalling, in: Quarterly Journal of Economics 1973, S. 355 – 379.

Spremann, K. (1987): Agent and Principal, in: Agency Theory, Information and Incentives, hrsg. v. Bamberg, G./Spremann, K., Berlin u. a. 1987, S. 3 – 37.

Sprissler, W. (2001): Gläubigerschutz durch Kapitalerhaltung?, in: Kapitalmarktorientierte Unternehmensüberwachung, Bericht über die Fachtagung 2002 des Instituts der Wirtschaftsprüfer in Deutschland e.V., hrsg. v. Institut der Wirtschaftsprüfer in Deutschland e.V., Düsseldorf 2001, S. 85 – 104.

Stacy, G. (1985): Universality can Hinder Progress, in: The Accountant, May 1985, S. 12 – 13.

Ständige Deputation des deutschen Juristentages (Hrsg.) (1928): Bericht der durch den 34. Juristentag zur Prüfung einer Reform des Aktienrechts eingesetzten Kommission, Mannheim, Berlin, Leipzig 1928.

Steck, D. (2002): Die Beibehaltung des Maßgeblichkeitsprinzips – Pro und Contra, in: Steuern und Bilanzen 2002, S. 487 – 493.

Stein, H.-G. (1994): Die deutsche Bilanzierung vor neuen Herausforderungen, in: Zeitschrift für betriebswirtschaftliche Forschung 1994, S. 658 – 670.

Stiglitz, J./Weiss, A. (1981): Credit Rationing in Markets with Imperfect Information, in: The American Economic Review 1981, S. 393 – 410.

Storey, D. (1994): Understanding the Small Business Sector, London u. a. 1994.

Streim, H. (1988): Grundzüge der handels- und steuerrechtlichen Bilanzierung, Stuttgart u. a. 1988.

Streim, H. (1998): Internationalisierung von Gewinnermittlungsregeln zum Zwecke der Informationsvermittlung – Zur Konzeptionslosigkeit der Fortentwicklung der Rechnungslegung, in: Unternehmensrechnung und -besteuerung, Festschrift für Dietrich Börner zum 65. Geburtstag, hrsg. v. Meffert, H./Krawitz, N., Wiesbaden 1998, S. 323 – 343.

Streim, H./Esser, M. (2003a): Rechnungslegung nach IAS/IFRS – Ein geeignetes Instrument zur Zahlungsbemessung?: Bewertungsfragen, in: Steuern und Bilanzen 2003, S. 736 – 742.

Streim, H./Esser, M. (2003b): Rechnungslegung nach IAS/IFRS – Ein geeignetes Instrument zur Zahlungsbemessung?: Ansatzfragen, in: Steuern und Bilanzen 2003, S. 781 – 786.

Streim, H./Kugel, B. (1985): GmbH & Co. KG und Rechnungslegungsreform, in: Betriebswirtschaftliche Forschung und Praxis 1985, S. 102 – 117.

Strobel, E. (1996): IASC-Rechnungslegung und Gläubigerschutzbestimmungen nach deutschem Recht, in: Rechnungslegung – Warum und Wie, Festschrift für Hermann Clemm zum 70. Geburtstag, hrsg. v. Ballwieser, W./Moxter, A./ Nonnenmacher, R., München 1996, S. 389 – 412.

Strobel, W. (1981): Publizitätspflicht und Haftungsbeschränkung, in: Betriebs-Berater 1981, S. 1742 – 1752.

Strobel, W. (1982): Die EG-Bilanzreform nach den Bundesratsbeschlüssen als Kernproblem der Insolvenzprophylaxe und der Einbeziehung der GmbH & Co.KG, in: Der Betrieb 1982, S. 1229 – 1237.

Strobel, W. (1983): Bilanz des Bilanzrichtlinie-Gesetzes, in: Der Betrieb 1983, S. 1665 – 1669.

Strobel, W. (1999): Die neuen EU-Bilanzpflichten für Kapitalgesellschaften & Co. im Rahmen neuer Schwellenwerte und Offenlegungssanktionen, in: Der Betrieb 1999, S. 1025 – 1028.

Strobel, W. (2000): Die Neuerungen des KapCoRiLiG für den Einzel- und Konzernabschluss, in: Der Betrieb 2000, S. 53 – 59.

Studienkommission des Deutschen Juristentages (Hrsg.) (1955): Untersuchungen zur Reform des Unternehmensrechts, Teil 1, Tübingen 1955.

Stützel, W. (1967): Bemerkungen zur Bilanztheorie, in: Zeitschrift für Betriebswirtschaftliche Forschung 1967, S. 314 – 340.

Taylor, P./Turley, S. (1986): The Regulation of Accounting, Oxford, New York 1986.

Teichmann, R./Koehler, W. (1937): Kommentar zum Aktiengesetz, Berlin 1937.

Templeman, J./Wootton, C. (1987): Small Businesses: Management Information Needs, hrsg. v. The Chartered Institute of Management Accountants, London 1987.

Tenhof, D. (1985): Stellungnahme in der vom Unterausschuss „Bilanzrichtlinie-Gesetz" durchgeführten öffentlichen Anhörung vom 9. Mai 1985, in: Stenographisches Protokoll über die 17. Sitzung des Unterausschusses „Bilanzrichtlinie-Gesetz", Bonn 1985, S. 17/28 – 29; 17/84 – 85; 17/98; 17/115 – 116; 17/176 – 177; 17/186.

Terberger, E. (1987): Der Kreditvertrag als Instrument zu Lösung von Anreizproblemen, Heidelberg 1987.

Terres, P. (1999): Die Logik einer wettbewerblichen Geldordnung, Tübingen 1999.

The Auditing Practices Board (Hrsg.) (1994): Statement of Standards for Reporting Accountants – "Audit Exemption Reports", London 1994.

The Company Law Review Steering Group (Hrsg.) (1999a): Modern Company Law for a Competitive Economy – The Strategic Framework, Consultation Document, London 1999.

The Company Law Review Steering Group (Hrsg.) (1999b): Modern Company Law for a Competitive Economy – Company General Meetings and Shareholder Communication, London 1999.

The Company Law Review Steering Group (Hrsg.) (1999c): Modern Company Law for a Competitive Economy – Company Formation and Capital Maintenance, Consultation Document, London 1999.

The Company Law Review Steering Group (Hrsg.) (2000a): Modern Company Law for a Competitive Economy – Developing the Framework, Consultation Document, London 2000.

The Company Law Review Steering Group (Hrsg.) (2000b): Modern Company Law for a Competitive Economy – Completing the Structure, Consultation Document, London 2000.

The Company Law Review Steering Group (Hrsg.) (2000c): Modern Company Law for a Competitive Economy – Capital Maintenance: Other Issues, London 2000.

The Company Law Review Steering Group (Hrsg.) (2001a): Modern Company Law for a Competitive Economy – Final Report, Volume I, London 2001.

The Company Law Review Steering Group (Hrsg.) (2001b): Modern Company Law for a Competitive Economy – Final Report, Volume II, London 2001.

The High Level Group of Company Law Experts (Hrsg.) (2002): Report on a Modern Regulatory Framework for Company Law in Europe, Brüssel 2002.

The Law Commission/The Scottish Law Commission (Hrsg.) (2000): Partnership Law – A Joint Consultation Paper, London 2000.

The Law Commission/The Scottish Law Commission (Hrsg.) (2001): Limited Partnerships Act 1907 – A Joint Consultation Paper, London 2001.

The Study Group on Directors' Remuneration (Hrsg.) (1995): Directors' Remuneration, Report of a Study Group chaired by Sir Richard Greenbury (Greenbury Report), London 1995.

Theile, C. (1999): Maßgeblichkeitsprinzip, europäisches und internationales Bilanzrecht: die Bilanzierung bei der GmbH und GmbH & Co. im Umbruch (I) und (II), in: GmbH-Rundschau 1999, S. 1182-1189 sowie S. 1241 – 1248.

Theile, C. (2000a): Ausweisfragen beim Jahresabschluss der GmbH & Co. KG nach neuem Recht, in: Betriebs-Berater 2000, S. 555 – 560.

Theile, C. (2000b): Publizität des Einzel- oder Konzernabschlusses bei der GmbH & Co. KG nach neuem Recht?, in: GmbH-Rundschau 2000, S. 215 – 220.

Theißen, F. (1996): Covenants in Kreditverträgen: Alternative oder Ergänzung zum Insolvenzrecht, in: Zeitschrift für Bankrecht und Bankwirtschaft 1996, S. 19 – 37.

Thiel, J. (1998): Bilanzielle und steuerrechtliche Behandlung eigener Aktien nach der Neuregelung des Aktienerwerbs durch das KonTraG, in: Der Betrieb 1998, S. 1583 – 1586.

Thomä, K. (1962): Diskussionsbeitrag im Rahmen des Frankfurter Publizitätsgespräches vom 13. und 14. April 1962, in: Das Frankfurter Publizitätsgespräch, hrsg. v. Barz, C./Claussen, C./Hauck, M./Hoffmann, D./Hornef, H./Kaufmann, H./Muthesius, V./Rautmann, H.-G./Semler, S. jr., Frankfurt am Main 1962, S. 286 – 290.

Thum, M. (1994): Möglichkeiten und Grenzen staatlicher Standardsetzung, in: Homo oeconomicus 1994, S. 465-498.

Thum, M. (1995): Netzwerkeffekte, Standardisierung und staatlicher Regulierungsbedarf, Tübingen 1995.

Tielmann, S. (2001a): Durchsetzung ordnungsmäßiger Rechnungslegung, in: Der Betrieb 2001, S. 1625 – 1634.

Tielmann, S. (2001b): Durchsetzung ordnungsmäßiger Rechnungslegung, Düsseldorf 2001.

Triebel, V./Hodgson, S./Kellenter, W./Müller, G. (1995): Englisches Handels- und Wirtschaftsrecht, 2. Auflage, Heidelberg 1995.

Trumpler, H. (1939): Das Bilanz- und Steuerrecht der Aktiengesellschaft nach englischem Recht, Basel, Leipzig 1939.

Turley, S. (1992): Developments in the Structure of Financial Reporting Regulation in the United Kingdom, in: The European Accounting Review 1992, S. 105 – 122.

Ullmann, F. (1930): Der Entwurf eines Gesetzes über Aktiengesellschaften und Kommanditgesellschaften auf Aktien, IV. Bilanzvorschriften, in: Juristische Wochenschrift 1930, S. 2633 – 2637.

UNCTAD Secretariat (Hrsg.) (2000): Accounting by Small and Medium-Sized Enterprises, Report by the UNCTAD Secretariat, Genf, April 2000.

Vhen, A. (1929): Die Entwicklung der Bilanzauffassungen bis zum AHGB, Zeitschrift für Betriebswirtschaft, Sonderheft 1929.

Vogel, F. (1993): Die Rechnungslegungsvorschriften des HGB für Kapitalgesellschaften und die 4. EG-Richtlinie, Berlin 1993.

Vogel, H. (1979): Entwicklungstendenzen im Gesellschaftsrecht, in: Bericht über die Fachtagung 1978 des Instituts der Wirtschaftsprüfer in Deutschland e. V., hrsg. v. Institut der Wirtschaftsprüfer e. V., Düsseldorf 1979, S. 13 – 26.

Volk, G. (1987): Das Informationsinteresse der Jahresabschlußadressaten, in: Betriebs-Berater 1987, S. 723 – 728.

Volk, G. (1990): Jahresabschluß und Information, Heidelberg 1990.

Währisch, M. (2001): The Evolution of International Accounting Systems, Frankfurt am Main u. a. 2001.

Wagenhofer, A. (1993): Agency Probleme bei Haftungsbeschränkungen, in: Gläubigerschutz, Betriebswirtschaftslehre und Recht, Festgabe für Otmar Koren zum 75. Geburtstag, hrsg. v. Seicht, G., Wien 1993, S. 239 – 256.

Wagenhofer, A. (2002): Die Rolle der Standards des IASB in der Internationalisierung der Rechnungslegung, in: Betriebswirtschaftliche Forschung und Praxis 2002, S. 230 – 245.

Wagenhofer, A./Ewert, R. (2003): Externe Unternehmensrechnung, Berlin u. a. 2003.

Wagner, F. (1982): Zur Informations- und Ausschüttungsbemessungsfunktion des Jahresabschlusses auf einem organisierten Kapitalmarkt, in: Zeitschrift für Betriebswirtschaft 1982, S. 749 – 771.

Walb, E. (1953): Zur Dogmengeschichte der Bilanz von 1861-1919, in: Festschrift für Eugen Schmalenbach, gewidmet von Schülern und vom Verlage, Leipzig 1953, S. 1 – 64.

Walker, R./Robinson, S. (1994): Related Party Transactions: A Case Study of Inter-Organizational Conflict over the "Development" of Disclosure Rules, in: ABACUS 1994, S. 18 – 43.

Walters, D./Dunn, J. (2000): Student's Manual of Auditing, 6. Auflage, London 2000.

Walton, P. (1993): Introduction: The True and Fair View in British Accounting, in: The European Accounting Review 1993, 1, S. 49 – 58.

Walton, P. (2000): Großbritannien, in: Unternehmenspublizität im internationalen Wettbewerb, hrsg. v. Haller, A./Raffournier, B./Walton, P., Stuttgart 2000, S. 205 – 255.

Walton, P./Harvey, D. (1996): Differential Reporting – An Analysis, London 1996.

Walz, R. (1993a): Privatautonomie oder rechtliche Intervention bei der Ausstattung und Änderung von Gesellschafterrechten?, in: Ökonomische Analyse des Unternehmensrechts, hrsg. von Ott, C./Schäfer, H.-B., Heidelberg 1993, S. 50 – 75.

Walz, R. (1993b): Ökonomische Regulierungstheorien vor den Toren des Bilanzrechts, in: Ökonomische Analyse des Bilanzrechts, hrsg. v. Wagner, F., Düsseldorf 1993, S. 85 – 106.

Watrin, C. (2001a): Internationale Rechnungslegung und Regulierungstheorie, Wiesbaden 2001.

Watrin, C. (2001b): Sieben Thesen zur künftigen Regulierung der Rechnungslegung, in: Der Betrieb, 2001, S. 933 – 938.

Watts, R./Zimmerman, J. (1986): Positive Accounting Theory, Englewood Cliffs, New Jersey 1986.

Weber, J./Weißenberger, B./Liekweg, A. (1999): Ausgestaltung eines unternehmerischen Chancen- und Risikomanagements nach dem KonTraG, in: Deutsches Steuerrecht 1999, S. 1710 – 1716.

Weber-Grellet, H. (2002): Zur Abschaffung des Maßgeblichkeitsgrundsatzes, in: Steuern und Bilanzen 2002, S. 700 – 706.

Weiß, A. (1948): Die Rechnungslegungsvorschriften des Companies Act 1948, Teil I, in: Die Wirtschaftsprüfung 1948, Heft Nr. 9, S. 36 – 44.

Weiß, A. (1949): Die Rechnungslegungsvorschriften des Companies Act 1948, Teil II, III und IV, in: Die Wirtschaftsprüfung 1949, Heft 1 und 3, S. 34 – 41, S. 60 – 68, S. 118 – 125.

Wengel, T. (2001): Der internationale Harmonisierungsprozess und seine Auswirkungen auf die deutsche Rechnungslegung, in: Betrieb und Rechnungswesen, Nr. 9 vom 4.5.2001, Fach 20, S. 587 – 592.

Whiting, S. (2002): Corporation Tax 2002/2003, Kingston 2002.

Whittington, G. (1989): Accounting Standard Setting in the UK after 20 Years: A Critique of the Dearing and Solomons Reports, in: Accounting and Business Research 1989, S. 195 – 205.

Whittington, G. (1995): Tax Policy and Accounting Standards, in: British Tax Review 1995, S. 452 – 456.

Wilcken, C. (2000): Die Reformbestrebungen zum Genossenschaftsgesetz in der Frühzeit der BRD, Frankfurt am Main 2000.

Wild, K. (1994): Standard Relief for Small Companies, in: Accountancy, December 1994, S. 11.

Wild, K. (1995): 'Radical' Proposals Fail to Impress, in: Accountancy, April 1995, S. 10.

Wild, K./Carter, C./Ross, T. (1995): Filling the GAAP for Small Companies, in: Accountancy, January 1995, S. 80.

Will, M. (Bearb.) (1989): Das englische Recht, in: Einführung in die großen Rechtssysteme der Gegenwart, auf der Grundlage „Les grands systèmes de droit contemporains", von David, R./Spinosi, C.; bearb. v. Grasmann, G./Klingmüller, E./ Müller-Gugenberger, C./Neumayer, H./Stricker, S./Wähler, K./Westen, K./Will, M., München 1989, S. 436 – 500.

Wilson, A. (1995): A GAAP in Understanding, in: Accountancy, February 1995, S. 93.

Winter, H. (1961): Die Publizität des Jahresabschlusses der GmbH im deutschen und ausländischen Recht, in: GmbH-Rundschau 1961, S. 194 – 199.

Wirtschaftsprüferkammer/Institut der Wirtschaftsprüfer (Hrsg.) (1970): Zum Referentenentwurf eines Gesetzes über Gesellschaften mit beschränkter Haftung (RefE), in: Die Wirtschaftsprüfung 1970, S. 154 – 163.

Wittig, A. (1996): Financial Covenants im inländischen Kreditgeschäft, in: Wertpapiermitteilungen 1996, S. 1381 – 1424.

Wollmert, P./Oser, P. (2000): Befreiender internationaler Konzernabschluss (§ 292 a HGB), in: Der Betrieb 2000, S. 729 – 735.

Wollmert, P./Wagner, T. (2002): International Acounting Standards Committee (IASC), in: Handwörterbuch der Rechnungslegung und Prüfung, hrsg. v. Ballwieser, W./Coenenberg, A./Wysocki, K. v., Stuttgart 2002, Sp. 1191 – 1199.

Wolter, H.-J./Hauser, H.-E. (2001): Die Bedeutung des Eigentümerunternehmens in Deutschland – Eine Auseinandersetzung mit der qualitativen und quantitativen Definition des Mittelstands, in: Jahrbuch zur Mittelstandsforschung 2/2001, hrsg. v. Institut für Mittelstandsforschung Bonn, Wiesbaden 2001, S. 25 – 77.

Würdinger, H. (1964): Zur Publizität der GmbH im nationalen und europäischen Bereich, in: GmbH-Rundschau 1964, S. 151 – 157.

Wüstemann, J. (2002a): Institutionenökonomik und internationale Rechnungslegungsordnungen, Tübingen 2002.

Wüstemann, J. (2002b): Normdurchsetzung in der deutschen Rechnungslegung – Enforcement nach dem Vorbild der USA?, in: Betriebs-Berater 2002, S. 718 – 725.

Wysocki, K. v. (1979): Anpassung der handelsrechtlichen Rechnungslegungsvorschriften in Deutschland an die 4. EG-Richtlinie; Anforderungen und Erwartungen aus der Sicht eines Hochschullehrers, in: Betriebswirtschaftliche Forschung und Praxis 1979, S. 62 – 80.

Wysocki, K. v. (1985): Stellungnahmen in der vom Unterausschuss „Bilanzrichtlinie-Gesetz“ durchgeführten öffentlichen Anhörung vom 9. Mai 1985, in: Stenographisches Protokoll über die 17. Sitzung des Unterausschusses „Bilanzrichtlinie-Gesetz“, Bonn 1985, S. 17/18 – 19; 17/94; 17/118 – 119; 17/134; 17/145 – 146; 17/148 – 149; 17/173.

Wysocki, K. v. (1999): DRS 2: Neue Regeln des Deutschen Rechnungslegungs Standards Committee zur Aufstellung von Kapitalflussrechnungen, in: Der Betrieb 1999, S. 2373 – 2378.

Zabel, M. (2002): IAS zwingend für Konzern- und Einzelabschluss?, in: Die Wirtschaftsprüfung 2002, S. 919 – 924.

Zeitler, F.-C. (2003): Rechnungslegung und Rechtsstaat, in: Der Betrieb 2003, S. 1529 – 1534.

Ziegler, H. (1994): Neuorientierung des internen Rechnungswesens für das Unternehmens-Controlling im Hause Siemens, in: Zeitschrift für Betriebswirtschaftliche Forschung 1994, S. 175 – 188.

Ziemonis, H. (2000): Erteilung des Prüfungsauftrages an den Abschlußprüfer einer Aktiengesellschaft durch einen Aufsichtsratsausschuß?, in: Der Betrieb 2000, S. 77 – 81.

Zimmermann, K. (1960a): Zur Bestimmung der Unternehmensgröße in der Industrie und im Handel, Teil I, in: Mitteilungen des wirtschaftswissenschaftlichen Instituts der Gewerkschaften 1960, S. 157 – 161.

Zimmermann, K. (1960b): Zur Bestimmung der Unternehmensgröße in der Industrie und im Handel, Teil II, in: Mitteilungen des wirtschaftswissenschaftlichen Instituts der Gewerkschaften 1960, S. 218 – 220.

Zitzelsberger, S. (1998a): Überlegungen zur Einrichtung eines nationalen Rechnungslegungsgremiums in Deutschland, in: Die Wirtschaftsprüfung 1998, S. 246 – 259.

Zitzelsberger, S. (1998b): Ist die 4. EG-Richtlinie noch zeitgemäß?, in: Die Wirtschaftsprüfung 1998, S. 799 – 808.

II. Gesetze, Gesetzesentwürfe und -anträge, Beschlussempfehlungen, Richtlinien, Verordnungen, Entschließungen und Plenarprotokolle

1. Europäische Union

Achte Richtlinie 84/253/EWG des Rates vom 10. April 1984 aufgrund von Artikel 54 Absatz 3 Buchstabe g) des Vertrages über die Zulassung der mit der Pflichtprüfung der Rechnungslegungsunterlagen beauftragten Personen, (im Schrifttum auch kurz als Achte EG-Richtlinie bezeichnet), in: Abl. Nr. L 126/20 vom 12.5.84.

Anhörung des Wirtschafts- und Sozialausschusses vom 22. Februar 1973 zu dem Vorschlag für eine vierte Richtlinie des Rates auf Grund von Artikel 54 Absatz 3 Buchstabe g) zur Koordinierung der Schutzbestimmungen, die in den Mitgliedstaaten den Gesellschaften im Interesse der Gesellschafter sowie Dritter hinsichtlich der Gliederung und des Inhalts des Jahresabschlusses und des Lageberichts sowie hinsichtlich der Bewertungsmethoden und der Offenlegung dieser Dokumente vorgeschrieben sind, in: Abl. Nr. C 39/31 vom 7.6.73.

Empfehlung der Kommission vom 16. Mai 2002, Unabhängigkeit des Abschlussprüfers in der EU – Grundprinzipien, in: Abl. Nr. L 191/22 vom 19.7.2002.

Entschließung (86/C 287/01) des Rates vom 3. November 1986 zum Aktionsprogramm für die kleinen und mittleren Unternehmen, in: Abl. Nr. C 287/1 vom 14.11.86.

Entschließung (88/C 197/04) des Rates vom 30. Juni 1988 über die Verbesserung der Rahmenbedingungen für Unternehmen und die Förderung der Entwicklung von Unternehmen, insbesondere von kleinen und mittleren Unternehmen, in der Gemeinschaft, in: Abl. Nr. C 197/6 vom 27.7.88.

Entschließung mit der Stellungnahme des Europäischen Parlaments vom 11. Dezember 1972 zu dem Vorschlag der Kommission der Europäischen Gemeinschaften an den Rat für eine Vierte Richtlinie auf Grund von Artikel 54 Absatz 3g) zur

Koordinierung der Schutzbestimmungen, die in den Mitgliedstaaten den Gesellschaften im Interesse der Gesellschafter sowie Dritter hinsichtlich der Gliederung und des Inhalts des Jahresabschlusses und des Lageberichts sowie hinsichtlich der Bewertungsmethoden und der Offenlegung dieser Dokumente vorgeschrieben sind, in: Abl. Nr. C129/38 vom 11.12.72.

Erste Richtlinie 68/151/EWG des Rates vom 9. März 1968 zur Koordinierung der Schutzbestimmungen, die in den Mitgliedstaaten den Gesellschaften im Sinne des Artikel 58 Absatz 2 des Vertrags im Interesse der Gesellschaft sowie Dritter vorgeschrieben sind, um diese Bestimmungen gleichwertig zu gestalten, (im Schrifttum auch kurz als Erste EG-Richtlinie oder „Publizitätsrichtlinie“ bezeichnet), in: Abl. Nr. L 65/8 vom 14.3.1968.

Geänderter Vorschlag einer Vierten Richtlinie des Rates 26. Februar 1974 zur Koordinierung der nationalen Gesetzgebungen hinsichtlich des Jahresabschlusses der Kapitalgesellschaften vom, in: Bulletin der Europäischen Gemeinschaften, Beilage 6/74.

Mitteilung der Kommission an den Rat und das Europäische Parlament KOM (2000) 359 endgültig vom 13. Juni 2000, Rechnungslegungsstrategie der EU: Künftiges Vorgehen, Brüssel 2000.

Mitteilung der Kommission KOM 95 (508), Harmonisierung auf dem Gebiet der Rechnungslegung: Eine neue Strategie im Hinblick auf die internationale Harmonisierung, Brüssel 1995.

Kontaktausschuss für Richtlinien der Rechnungslegung (Hrsg.) (1996): Eine Überprüfung der Konformität der Internationalen Rechnungslegungsgrundsätze (IAS) mit den europäischen Richtlinien der Rechnungslegung, Kommissionsdokument XV/7003/96.

Richtlinie 84/569/EWG des Rates vom 27. November 1984 zur Änderung der in Ecu ausgedrückten Beträge der Richtlinie 78/660/EWG, in: Abl. Nr. L 314/28 vom 4.12.1984.

Richtlinie 86/635/EWG des Rates vom 8. Dezember 1986 über den Jahresabschluß und den konsolidierten Abschluß von Banken und anderen Finanzinstituten, in: Abl. Nr. L 372/1 vom 31.12.1986.

Richtlinie 90/604/EWG des Rates vom 8. November 1990 zur Änderung der Richtlinie 78/660/EWG über den Jahresabschluß und der Richtlinie 83/349/EWG über den konsolidierten Abschluß hinsichtlich der Ausnahme für kleine und mittlere Gesellschaften sowie der Offenlegung von Abschlüssen in Ecu, (im Schrifttum auch als „Mittelstandsrichtlinie“ bezeichnet), in: Abl. Nr. L 317/57 vom 16.11.1990.

Richtlinie 90/605/EWG des Rates vom 8. November 1990 zur Änderung der Richtlinie 78/660/EWG und 83/349/EWG über den Jahresabschluß bzw. den konsolidierten Abschluß hinsichtlich ihres Anwendungsbereichs, (im Schrifttum auch als „GmbH & Co.-Richtlinie“ bezeichnet), in: Abl. L 317/60 vom 16.11.1990.

Richtlinie 91/674/EWG des Rates vom 19. Dezember 1991 über den Jahresabschluß und den konsolidierten Abschluß von Versicherungsunternehmen, in: Abl. Nr. L 374/7 vom 31.12.91.

Richtlinie 1999/60/EG des Rates vom 17. Juni 1999 zur Änderung hinsichtlich der in Ecu ausgedrückten Beträge der Richtlinie 78/660/EWG, in: Abl. Nr. L 162/65 vom 26.06.1999.

Richtlinie 2001/65/EG des Europäischen Parlaments und des Rates vom 27. September 2001 zur Änderung der Richtlinien 78/660/EWG, 83/349/EWG und 86/635/EWG des Rates im Hinblick auf die im Jahresabschluss bzw. im konsolidierten Abschluss von Gesellschaften bestimmter Rechtsformen und von Banken und anderen Finanzinstituten zulässigen Wertansätze, (im Schrifttum auch als „*Fair value*-Richtlinie" bezeichnet), in: Abl. Nr. L 283/28 vom 27.10.2001.

Richtlinie 2003/38/EG des Rates vom 13. Mai 2003 zur Änderung der Richtlinie 78/660/EWG über den Jahresabschluss von Gesellschaften bestimmter Rechtsformen hinsichtlich der in Euro ausgedrückten Beträge, in: Abl. Nr. L 120/22 vom 15.5.2003.

Richtlinie 2003/51/EG des Europäischen Parlaments und des Rates vom 18. Juni 2003 zur Änderung der Richtlinien 78/660/EWG, 83/349/EWG, 86/635/EWG und 91/674/EWG über den Jahresabschluss und den konsolidierten Abschluss von Gesellschaften bestimmter Rechtsformen, von Banken und anderen Finanzinstituten sowie von Versicherungsunternehmen, (im Schrifttum auch als „Modernisierungsrichtlinie" bezeichnet), in: Abl. Nr. L 178/16 vom 17.7.2003.

Siebente Richtlinie 83/349/EWG des Rates vom 13. Juni 1983 aufgrund von Artikel 54 Absatz 3 Buchstabe g) des Vertrages über den konsolidierten Abschluss, (im Schrifttum auch kurz als Siebente EG-Richtlinie bezeichnet), in: Abl. Nr. L 193/1 vom 18.7.1983.

Stellungnahme des Wirtschafts- und Sozialausschusses (89/C 139/12) vom 31. März 1989 zu dem Vorschlag für eine Richtlinie des Rates zur Änderung der Richtlinie 78/660/EWG über den Jahresabschluß und der Richtlinie 83/349/EWG über den konsolidierten Abschluß hinsichtlich der Ausnahmen für kleine und mittlere Gesellschaften sowie der Aufstellung und Offenlegung von Abschlüssen in ECU, in: Abl. Nr. C 139/42 vom 5.6.89.

Verordnung (EG) Nr. 1606/2002 des Europäischen Parlaments und des Rates vom 19. Juli 2002 betreffend die Anwendung internationaler Rechnungslegungsstandards, (im Schrifttum auch als „IAS-Verordnung" bezeichnet), in: Abl. Nr. L 243/1 vom 11.9.2002.

Verordnung (EG) Nr. 1725/2003 der Kommission vom 29. September 2003 betreffend die Übernahme bestimmter internationaler Rechnungslegungsstandards mit der Verordnung (EG) Nr. 1606/2002 des Europäischen Parlaments und des Rates, in: Abl. Nr. L 261/1 vom 13.10.2003.

Vierte Richtlinie 78/660/EWG des Rates vom 25. Juli 1978 aufgrund von Artikel 54 Absatz 3 Buchstabe g) des Vertrages über den Jahresabschluss von Gesellschaften bestimmter Rechtsformen, (im Schrifttum auch kurz als Vierte EG-Richtlinie bezeichnet), in: Abl. Nr. L 222/11 vom 14.8.1978.

Vorschlag einer Vierten Richtlinie des Rates vom 16. November 1971 auf Grund von Artikel 54 Absatz 3 Buchstabe g) zur Koordinierung der Schutzbestimmungen, die in den Mitgliedstaaten den Gesellschaften im Interesse der Gesellschafter sowie Dritter hinsichtlich der Gliederung und des Inhalts des Jahresabschlusses und des Lageberichts sowie hinsichtlich der Bewertungsmethoden und der Offenlegung dieser Dokumente vorgeschrieben sind, von der Kommission dem Rat vorgelegt am 16. November 1971, in: Abl. Nr. C 7/11 vom 28.1.1972.

Vorschlag für eine Richtlinie des Europäischen Parlaments und des Rates KOM (2002) 259/2 endgültig vom 9. Juli 2002 zur Änderung der Richtlinien 78/660/EWG, 83/349/EWG und 91/674/EWG über den Jahresabschluss und den konsolidierten Abschluss von Gesellschaften bestimmter Rechtsformen sowie Versicherungsunternehmen, Brüssel 2002.

Vorschlag für eine Richtlinie des Rates vom 21. Februar 1964 zur Koordinierung der Schutzbestimmungen, die in den Mitgliedstaaten den Gesellschaften im Sinne des Artikels 58 Absatz 2 im Interesse der Gesellschafter sowie Dritter vorgeschrieben sind, um diese Bestimmungen gleichwertig zu gestalten, von der Kommission dem Rat übermittelt am 21.2.1964, in: Bulletin der Europäischen Wirtschaftsgemeinschaft März 1964, Nr. 3, S. 13 – 19.

Vorschlag (88/C 287/06) für eine Richtlinie des Rates vom 24. Oktober 1988 zur Änderung der Richtlinie 78/660/EWG über den Jahresabschluß und der Richtlinie 83/349/EWG über den konsolidierten Abschluß hinsichtlich der Ausnahmen für kleine und mittlere Gesellschaften sowie der Aufstellung und Offenlegung von Abschlüssen, in: Abl. Nr. C/287/5 vom 11.11.88.

Zweite Richtlinie 77/91/EWG des Rates vom 13. Dezember 1976 zur Koordinierung der Schutzbestimmungen, die in den Mitgliedstaaten den Gesellschaften im Sinne des Artikels 58 Absatz 2 des Vertrages im Interesse der Gesellschafter sowie Dritter für die Gründung der Aktiengesellschaft sowie für die Erhaltung und Änderung ihres Kapitals vorgeschrieben sind, um diese Bestimmungen gleichwertig zu gestalten, (im Schrifttum häufig auch als „Kapitalschutzrichtlinie“ bezeichnet), in: Abl. Nr. L 26/1 vom 31.1.77.

2. Bundesrepublik Deutschland

ADHGB (1861): Allgemeines Deutsches Handelsgesetzbuch mit Einführungsgesetz vom 24. Juni 1861, Berlin 1861.

AktG (1870): Gesetz betreffend die Kommanditgesellschaften auf Aktien und die Aktiengesellschaften vom 11. Juni 1870, in: Bundesgesetzblatt des Norddeutschen Bundes 1870, Nr. 21, S. 375.

AktG (1884): Gesetz betreffend die Kommanditgesellschaften auf Aktien und die Aktiengesellschaften vom 18. Juli 1884, in: Reichsgesetzblatt, 1884, S. 123.

AktG (1937): Gesetz über Aktiengesellschaften und Kommanditgesellschaften auf Aktien (Aktiengesetz) vom 30. Januar 1937, in: Reichsgesetzblatt, Teil I, 1937, S. 107.

AktG (1965): Zitiert werden im Rahmen dieser Arbeit verschiedene Fassungen des AktG (1965), die dem Text jeweils kontextbezogen zu entnehmen sind. Die aktuellste, der Arbeit zugrunde liegende Fassung ist das Aktiengesetz vom 6. September 1965 (Bundesgesetzblatt, Teil I, 1965, S. 1089) mit allen späteren Änderungen einschließlich der Änderung durch das Gesetz zur weiteren Reform des Aktien- und Bilanzrechts, zu Transparenz und Publizität (Transparenz- und Publizitätsgesetz) vom 19.7.2002, in: Bundesgesetzblatt, Teil I, 2002, S. 2681.

Aktienrechts(not)verordnung (1931): Verordnung des Reichspräsidenten über Aktienrecht, Bankenaufsicht und über eine Steueramnestie vom 19. September 1931, in: Reichsgesetzblatt, Teil I, 1931, S. 493.

Änderungsantrag der Fraktion der SPD vom 4. Dezember 1985 zur zweiten Beratung des Entwurfs eines Gesetzes zur Durchführung der Vierten, Siebenten und Achten Richtlinie des Rates der Europäischen Gemeinschaften zur Koordinierung des Gesellschaftsrechts (Bilanzrichtlinien-Gesetz – BiRiLiG), in: Bundestagsdrucksache 10/4425, Bonn 1985.

Antrag der Fraktion der SPD vom 6. Dezember 1960, Entwurf eines Gesetzes zur Verbesserung der Publizität von Aktiengesellschaften und Gesellschaften mit beschränkter Haftung, in: Bundestagsdrucksache 3/2278, Bonn 1960.

Antrag der Fraktion der SPD vom 20. Februar 1962, Entwurf eines Gesetzes zur Verbesserung der Publizität von Aktiengesellschaften, Gesellschaften mit beschränkter Haftung und Konzernen, in: Bundestagsdrucksache 4/203, Bonn 1962.

Beschlussempfehlung und Bericht des Rechtsausschusses (6. Ausschuss) vom 13. November 1985 zu dem von der Bundesregierung eingebrachten Entwurf eines Gesetzes zur Durchführung der Vierten Richtlinie des Rates der Europäischen Gemeinschaften zur Koordinierung des Gesellschaftsrechts (Bilanzrichtlinie-Gesetz) – Drucksache 10/317 – Entwurf eines Gesetzes zur Durchführung der Siebenten und Achten Richtlinie des Rates der Europäischen Gemeinschaften zur

Koordinierung des Gesellschaftsrechts – Drucksache 10/3440, in: Bundestagsdrucksache 10/4268, Bonn 1985.

Beschlussempfehlung und Bericht des Rechtsausschusses (6. Ausschuss) vom 12. Februar 1998 zu dem Gesetzentwurf der Bundesregierung – Drucksache 13/7141 – Entwurf eines Gesetzes zur Verbesserung der Wettbewerbsfähigkeit deutscher Konzerne an internationalen Kapitalmärkten und zur Erleichterung der Aufnahme von Gesellschafterdarlehen (Kapitalaufnahmeerleichterungsgesetz – KapAEG), in: Bundestagsdrucksache 13/9909, Bonn 1998.

Beschlussempfehlung und Bericht des Rechtsausschusses vom 4. März 1998 a) zu dem Gesetzentwurf der Bundesregierung – Drucksache 13/9712 – Entwurf eines Gesetzes zur Kontrolle und Transparenz im Unternehmensbereich (KonTraG), b) zu dem Gesetzentwurf der Abgeordneten Hans Martin Bury, Dr. Uwe Jens, Anke Fuchs (Köln), weiterer Abgeordneter und der Fraktion der SPD – Drucksache 13/367 – Entwurf eines Gesetzes zur Verbesserung von Transparenz und Beschränkung von Machtkonzentration in der deutschen Wirtschaft (Transparenz- und Wettbewerbsgesetz), c) zu dem Gesetzentwurf des Bundesrates – Drucksache 13/9716 – Entwurf eines Gesetzes zur Steigerung der Effizienz von Aufsichtsräten und zur Begrenzung der Machtkonzentration bei Kreditinstituten infolge von Unternehmensbeteiligungen, d) zu dem Antrag der Abgeordneten Margareta Wolf (Frankfurt), Antje Hermenau, Kristin Heyne, weiterer Abgeordneter und der Franktion BÜNDNIS 90/DIE GRÜNEN – Drucksache 13/7737 - Begrenzung von Bankenmacht und Verbesserung der Unternehmenskontrolle – Voraussetzung für mehr Transparenz und Innovation, in: Bundestagsdrucksache 13/10038, Bonn 1998.

Bilanzrichtlinien-Gesetz (1985): Gesetz zur Durchführung der Vierten, Siebenten und Achten Richtlinie des Rates der Europäischen Gemeinschaften zur Koordinierung des Gesellschaftsrechts (Bilanzrichtlinien-Gesetz – BiRiLiG) vom 19. Dezember 1985, in: Bundesgesetzblatt, Teil I, 1985, S. 2355.

Bundesministerium der Finanzen (Hrsg.) (2003): Eckpunktepapier: Der Finanzmarktförderplan 2006, Berlin 5.3.2003.

Bundesministerium der Justiz (Hrsg.) (1958): Referentenentwurf eines Aktiengesetzes, Köln 1958.

Bundesministerium der Justiz (Hrsg.) (1969): Referentenentwurf eines Gesetzes über Gesellschaften mit beschränkter Haftung, Köln 1969.

Bundesministerium der Justiz (Hrsg.) (1980): Vorentwurf eines Gesetzes zur Durchführung der Vierten Richtlinie des Rates der Europäischen Gemeinschaften zur Koordinierung des Gesellschaftsrechts (Bilanzrichtlinie-Gesetz), vom 5. Februar 1980.

Bundesministerium der Justiz (Hrsg.) (1999): Referentenentwurf zur Neuregelung der Rechnungslegungspflicht von Kapitalgesellschaften und GmbH & Co KG vom 7. April 1999, abrufbar unter: http://www.bmj.bund.de/misc/m_09_99.htm, Stand: 28.04.1999.

Denkschrift zum Entwurf eines Handelsgesetzbuchs und eines Einführungsgesetzes in der Fassung der dem Reichstag gemachten Vorlage, 9. Legislaturperiode, IV. Session 1895/97, in: Quellen zum Handelsgesetzbuch 1897, hrsg. v. Schubert, W./Schmidel, B./Krampe, C., Frankfurt am Main 1988, Band II, S. 947 – 1214.

Einführungsgesetz zum Aktiengesetz vom 6. September 1965, Bundesgesetzblatt, Teil I, 1965, S. 1185.

Entwurf eines AktG (1870): Entwurf eines Gesetzes, betreffend die Kommandit-Gesellschaften auf Aktien und die Aktien-Gesellschaften vom 12. Mai 1870, in: IV. Band (Anlagen) der stenographischen Berichte des Reichstages des Norddeutschen Bundes, 1870, Anlagen Nr. 158, S. 645, Berlin 1870.

Entwurf eines AktG (1884): Entwurf eines Gesetzes, betreffend die Kommanditgesellschaften auf Aktien und die Aktiengesellschaften vom 7. März 1884, in: Stenographische Berichte über die Verhandlungen des Reichstages, 5. Legislaturperiode, IV. Session 1884, Dritter Band, Anlagen zu den Verhandlungen des Reichstages, Anlagen Nr. 21, S. 215, Berlin 1884.

Entwurf eines AktG (1960): Entwurf eines Aktiengesetzes vom 13. Juni 1960, in: Bundestagsdrucksache 3/1915, Bonn 1960.

Entwurf eines AktG (1962): Entwurf eines Aktiengesetzes vom 3. Februar 1962, in: Bundestagsdrucksache 4/171, Bonn 1962.

Entwurf eines Bilanzrichtlinie-Gesetzes (1982): Entwurf eines Gesetzes zur Durchführung der Vierten Richtlinie des Rates der Europäischen Gemeinschaften zur Koordinierung des Gesellschaftsrechts (Bilanzrichtlinie-Gesetz) vom 12. Februar 1982, in: Bundestagsdrucksache 9/1878 (entspricht der Bundesrat Drucksache 61/82 vom 19.03.82), Bonn 1982.

Entwurf eines Bilanzrichtlinie-Gesetzes (1983): Entwurf eines Gesetzes zur Durchführung der Vierten Richtlinie des Rates der Europäischen Gemeinschaften zur Koordinierung des Gesellschaftsrechts (Bilanzrichtlinie-Gesetz) vom 26. August 1983, in: Bundestagsdrucksache 10/317, Bonn 1983.

Entwurf eines Gesetzes über die Kapitalerhöhung aus Gesellschaftsmitteln und über die Gewinn- und Verlustrechnung vom 3. Juni 1958, in: Bundestagsdrucksache 3/416, Bonn 1958.

Entwurf eines Gesetzes zur Durchführung der Siebenten und Achten Richtlinie des Rates der Europäischen Gemeinschaften zur Koordinierung des Gesellschaftsrechts vom 3. Juni 1985, in: Bundestagsdrucksache 10/3440, Bonn 1985.

Entwurf eines GmbHG (1892): Entwurf eines Gesetzes, betreffend die Gesellschaften mit beschränkter Haftung vom 11. Februar 1892, in: Stenographische Berichte über die Verhandlungen des Reichstages, 8. Legislaturperiode, I. Session 1890/92, Fünfter Anlageband, Anlagen Nr. 660, S. 3715, Berlin 1892.

Entwurf eines GmbHG (1972): Entwurf eines Gesetzes über Gesellschaften mit beschränkter Haftung (GmbHG) vom 31. Januar 1972, Bundestagsdrucksache 6/3088, Bonn 1972.

Entwurf eines KapAEG (1997): Entwurf eines Gesetzes zur Verbesserung der Wettbewerbsfähigkeit deutscher Konzerne an internationalen Kapitalmärkten und zur Erleichterung der Aufnahme von Gesellschafterdarlehen (Kapitalaufnahmeerleichterungsgesetz – KapAEG) vom 6. März 1997, in: Bundestagsdrucksache 13/7141, Bonn 1997.

Entwurf eines KapCoRiLiG (1999): Entwurf eines Gesetzes zur Durchführung der Richtlinie des Rates der Europäischen Union zur Änderung der Bilanz- und der Konzernbilanzrichtlinie hinsichtlich ihres Anwendungsbereichs (90/605/EWG), zur Verbesserung der Offenlegung von Jahresabschlüssen und zur Änderung anderer handelsrechtlicher Bestimmungen (Kapitalgesellschaften- und Co-Richtlinie-Gesetz – KapCoRiLiG) vom 13. August 1999, in: Bundesratdrucksache 458/99, Bonn 1999.

Entwurf eines KonTraG (1998): Entwurf eines Gesetzes zur Kontrolle und Transparenz im Unternehmensbereich (KonTraG) vom 28. Januar 1998, in: Bundestagsdrucksache 13/9712, Bonn 1998.

Entwurf eines PublG (1968): Entwurf eines Gesetzes über die Rechnungslegung von Großunternehmen und Konzernen vom 5. August 1968, in: Bundestagsdrucksache 5/3197, Bonn 1968.

Entwurf eines Steuerentlastungsgesetzes 1999/2000/2002 vom 13. Januar 1999, in: Bundestagsdrucksache 14/265, Bonn 1999.

Entwurf eines TransPuG (2002): Entwurf eines Gesetzes zur weiteren Reform des Aktien- und Bilanzrechts, zu Transparenz und Publizität (Transparenz- und Publizitätsgesetz) vom 8. Februar 2002, in: Bundesratdrucksache 109/02, Bonn 2002.

Erste Verordnung zur Durchführung der aktienrechtlichen Vorschriften der Verordnung des Reichspräsidenten über Aktienrecht, Bankenaufsicht und über eine Steueramnestie vom 15. Dezember 1931, in: Reichsgesetzblatt, Teil I, 1931, S. 760.

EStG: Einkommensteuergesetz 2002, in der Fassung der Bekanntmachung vom 19. Oktober 2002, in: Bundesgesetzblatt, Teil I, 2002, S. 4210; ber. Bundesgesetzblatt, Teil I, 2003, S. 179.

EWGV (1957): Vertrag zur Gründung der Europäischen Wirtschaftsgemeinschaft; in: Bundesgesetzblatt, Teil II, 1957, S. 766.

Fünfte Verordnung zur Durchführung der aktienrechtlichen Vorschriften der Verordnung des Reichspräsidenten über Aktienrecht, Bankenaufsicht und über eine Steueramnestie vom 16. Februar 1934, in: Reichsgesetzblatt, Teil I, 1934, S. 125.

Gesetz über die Kapitalerhöhung aus Gesellschaftsmitteln und über die Gewinn- und Verlustrechnung vom 23. Dezember 1959, in: Bundesgesetzblatt, Teil I, 1959, S. 789.

Gesetz über die Prüfung von Jahresabschlüssen vom 3. Juni 1937, in: Reichsgesetzblatt, Teil I, 1937, S. 607.

Gesetz zur Änderung des D-Markbilanzgesetzes und anderer handelsrechtlicher Bestimmungen vom 25. Juli 1994, in: Bundesgesetzblatt, Teil I, 1994, S. 1682.

Gesetz zur Fortsetzung der Unternehmenssteuerreform vom 29. Oktober 1997, in: Bundesgesetzblatt, Teil I, 1997, S. 2590.

GmbHG (1892): Zitiert werden im Rahmen dieser Arbeit verschiedene Fassungen des GmbHG (1892), die dem Text jeweils kontextbezogen zu entnehmen sind. Die aktuellste, der Arbeit zugrunde liegende Fassung ist folgende: Gesetz betreffend die Gesellschaften mit beschränkter Haftung vom 20. April 1892 (Reichsgesetzblatt, 1892, S. 477) in der Fassung der Bekanntmachung vom 20. Mai 1898 (Reichsgesetzblatt, 1898, S. 846) mit allen späteren Änderungen einschließlich der Änderung durch das Gesetz zur weiteren Reform des Aktien- und Bilanzrechts, zu Transparenz und Publizität (Transparenz- und Publizitätsgesetz) vom 19. Juli 2002, in: Bundesgesetzblatt, Teil I, 2002, S. 2681.

HGB: Zitiert werden im Rahmen dieser Arbeit verschiedene Fassungen des HGB von 1897, die dem Text jeweils kontextbezogen zu entnehmen sind. Die aktuellste, der Arbeit zugrunde liegende Fassung ist das Handelsgesetzbuch vom 10. Mai 1897 (Reichsgesetzblatt, 1897, S. 219) mit allen späteren Änderungen einschließlich der Änderung durch das Gesetz zur weiteren Reform des Aktien- und Bilanzrechts, zu Transparenz und Publizität (Transparenz- und Publizitätsgesetz) vom 19.7.2002, in: Bundesgesetzblatt, Teil I, 2002, S. 2681.

KapAEG: Gesetz zur Verbesserung der Wettbewerbsfähigkeit deutscher Konzerne an Kapitalmärkten und zur Erleichterung der Aufnahme von Gesellschafterdarlehen (Kapitalaufnahmeerleichterungsgesetz – KapAEG) vom 20. April 1998, in: Bundesgesetzblatt, Teil I, 1998, S. 707.

KapCoRiLiG: Gesetz zur Durchführung der Richtlinie des Rates der Europäischen Union zur Änderung der Bilanz- und der Konzernbilanzrichtlinie hinsichtlich ihres Anwendungsbereichs (90/605/EWG), zur Verbesserung der Offenlegung von Jahresabschlüssen und zur Änderung anderer handelsrechtlicher Bestimmungen (Kapitalgesellschaften- und Co-Richtlinie-Gesetz – KapCoRiLiG), vom 24. Februar 2000, in: Bundesgesetzblatt, Teil I, 2000, S. 154.

KonTraG: Gesetz zur Kontrolle und Transparenz im Unternehmensbereich (KonTraG) vom 27. April 1998, in: Bundesgesetzblatt, Teil I, 1998, S. 786.

Plenarprotokoll des Deutschen Bundestages 10/181, Stenographischer Bericht, 181. Sitzung, Bonn, 5. Dezember 1985, in: Verhandlungen des Deutschen Bundestages, 10. Wahlperiode, Stenographische Berichte, Band 135, Plenarprotokolle 10/173 – 10/185, Bonn 1985.

PublG: Zitiert werden im Rahmen dieser Arbeit verschiedene Fassungen des PublG, die dem Text jeweils kontextbezogen zu entnehmen sind. Die aktuellste, der Arbeit zugrunde liegende Fassung ist folgende: Gesetz über die Rechnungslegung von bestimmten Unternehmen und Konzernen (Publizitätsgesetz – PublG) vom 15. August 1969 (Bundesgesetzblatt, Teil I, 1969, S. 1189, ber. 1970, Bundesgesetzblatt, Teil I, 1970, S. 1113) mit allen späteren Änderungen einschließlich der Änderung durch das Gesetz zur Anpassung bilanzrechtlicher Bestimmungen an die Einführung des Euro, zur Erleichterung der Publizität für Zweigniederlassungen ausländischer Unternehmen sowie zur Einführung einer Qualitätskontrolle für genossenschaftliche Prüfungsverbände (Euro-Bilanzgesetz-EuroBilG) vom 10.12.2001, in: Bundesgesetzblatt, Teil I, 2001, S. 3414.

Reichsjustizministerium (Hrsg.) (1930): Entwurf eines Gesetzes über Aktiengesellschaften und Kommanditgesellschaften auf Aktien sowie Entwurf eines Einführungsgesetzes nebst erläuternden Bemerkungen, Berlin 1930.

Schriftlicher Bericht des Rechtsausschusses (12. Ausschuss) vom 12. April 1965 über die von der Bundesregierung eingebrachten Entwürfe a) eines Aktiengesetzes, b) eines Einführungsgesetzes zum Aktiengesetz (Drucksache 4/171), über den von der Fraktion der SPD eingebrachten Entwurf eines Gesetzes zur Verbesserung der Publizität von Aktiengesellschaften, Gesellschaften mit beschränkter Haftung und Konzernen (Drucksache 4/203), über den von der Fraktion der SPD eingebrachten Entwurf eines Gesetzes zum Schutz von Minderheiten in Kapitalgesellschaften (Drucksache 4/204) einschließlich des Berichts des Abgeordneten Dr. Wilhelmi vom 28. April 1965; in: Bundestagsdrucksache 4/3296, Bonn 1965.

Schriftlicher Bericht des Rechtsausschusses (12. Ausschuss) vom 19. Juni 1969 über den von der Bundesregierung eingebrachten Entwurf eines Gesetzes über die Rechnungslegung von Großunternehmen und Konzernen (Drucksache V/3197) und den von den Abgeordneten van Delden, Burgemeister, Dr. Giulini, Rawe und Genossen eingebrachten Entwurf eines Gesetzes zur Verbesserung der Bilanzpublizität (Drucksache V/3771) sowie Bericht des Abgeordneten Deringer vom 20. Juni 1969; in: Bundestagsdrucksache 5/4416, Bonn 1969.

Schriftlicher Bericht des Wirtschaftsausschusses (16. Ausschuss) vom 20. November 1959 über den von der Bundesregierung eingebrachten Entwurf eines Gesetzes über die Kapitalerhöhung aus Gesellschaftsmitteln und über die Gewinn- und Verlustrechnung, in: Bundestagsdrucksache 3/1409, Bonn 1959.

Stenographisches Protokoll über die 17. Sitzung des Unterausschusses „Bilanzrichtlinie-Gesetz“ vom 9. Mai 1985, Bonn 1985.

Stenographisches Protokoll der 18. Sitzung am 23. September 1985 und der 19. Sitzung am 24. September 1985 des Unterausschusses „Bilanzrichtlinie-Gesetz", Bonn 1985.

Steuerentlastungsgesetz 1999/2000/2002 vom 24. März 1999, in: Bundesgesetzblatt, Teil I, 1999, S. 402.

TransPuG: Gesetz zur weiteren Reform des Aktien- und Bilanzrechts, zu Transparenz und Publizität (Transparenz- und Publizitätsgesetz) vom 19. Juli 2002, in: Bundesgesetzblatt, Teil I, 2002, S. 2681.

Unterrichtung durch die Bundesregierung vom 21. Februar 1985: Antwort der Bundesregierung auf den Prüfungsauftrag des Deutschen Bundestages zur „Verbesserung der Risikokapitalausstattung der deutschen Wirtschaft" (Drucksache 10/1315) vom 6. Juni 1984, in: Bundestagsdrucksache 10/2881, Bonn 1985.

Verordnung über die Bilanzierung von Genossenschaften vom 30. Mai 1933, in: Reichsgesetzblatt, Teil I, 1933, S. 317.

Verordnung über die Prüfung der Jahresabschlüsse von Kreditinstituten vom 7. Juli 1937, in: Reichsgesetzblatt, Teil I, 1937, S. 763.

Zweite Verordnung zur Durchführung der aktienrechtlichen Vorschriften der Verordnung des Reichspräsidenten über Aktienrecht, Bankenaufsicht und über eine Steueramnestie vom 20. Dezember 1932, in: Reichsgesetzblatt, Teil I, 1932, S. 563.

3. Großbritannien

Capital Allowances Act 2001.

Companies Act 1948.

Companies Act 1967.

Companies Act 1985 (zuletzt geändert durch die Directors' Remuneration Report Regulations 2002, SI 2002/1986).

Companies Act 1985 (Accounts of Small and Medium-sized Companies and Minor Accounting Amendments) Regulations 1997, SI 1997/220.

Companies Act 1989.

Companies (Single Member Private Limited Companies) Regulations 1992, SI 1992/1699.

Companies (Summary Financial Statement) Regulations 1995, SI 1995/2092.

Companies (Unregistered Companies) Regulations 1985, SI 1985/680.

Explanatory Notes zum Limited Liability Partnerships Act 2000.

Finance Act 1998.

Financial Services and Markets Act 2000.

Financial Services and Markets Act 2000 (Official Listing of Securities) Regulations 2001, SI 2001/2956.

Income and Corporation Taxes Act 1988.

Insolvency Act 1986.

Limited Liability Partnerships Act 2000.

Limited Liability Partnerships Regulations 2001, SI 2001/1090.

Limited Partnerships Act 1907.

Limited Partnerships (Unrestricted Size) No. 1 Regulations 1971, SI 1971/782.

Limited Partnerships (Unrestricted Size) No. 2 Regulations 1990, SI 1990/1518.

Limited Partnerships (Unrestricted Size) No. 3 Regulations 1992, SI 1992/1027.

Partnership Act 1890.

Partnerships and Unlimited Companies (Accounts) Regulations 1993, SI 1993/1820.

Statutory Instruments Act 1946.

Taxation of Capital Gains Act 1992.

4. Sonstige Länder

(Australia) Corporations Act 2001.

In Österreich vorgelegte Regierungsvorlage zum Bundesgesetz über Änderungen des Handelsgesetzbuchs, des Bankwesengesetzes, des Wertpapieraufsichtsgesetzes und des Versicherungsgesetzes betreffend die Anwendung international anerkannter Rechnungslegungsgrundsätze bei Konzernabschlüssen – Konzernabschlussgesetz (KonzaG) vom 29. Januar 1999, in: 1576 Beilagen zu den Stenographischen Protokollen des Nationalrates XX.GP, Wien 1999.

Österreichisches HGB: Handelsgesetzbuch vom 10. Mai 1897, Deutsches Reichsgesetzblatt, 1897, S. 219, in der Fassung Bundesgesetzblatt, Teil I, 2002/108.

III. Urteile

Europäischer Gerichtshof, Sechste Kammer, Urteil vom 22. April 1999 – Rechtssache C 272/97; Europäische Kommission/Bundesrepublik Deutschland (Vertragsverletzungsverfahren gemäß Art. 169 EGV); abgedruckt in: Internationales Steuerrecht 1999, S. 317 – 318 sowie Der Betrieb 1999, S. 950 – 951.

Europäischer Gerichtshof, Urteil vom 4. Dezember 1997 – Rechtssache C-97/96; Verband deutscher Daihatsu-Händler e. V./Daihatsu Deutschland GmbH, abgedruckt in: Deutsches Steuerrecht 1998, S. 214 – 216 sowie GmbH-Rundschau 24/1997, S. 1150 – 1152.

Europäischer Gerichtshof, Urteil vom 29. September 1998 – Rechtssache C-191/95; Europäische Kommission/Bundesrepublik Deutschland (Vertragsverletzungsverfahren gemäß Art. 169 EGV); abgedruckt in: GmbH-Rundschau 1998, S. 1078 – 1079 sowie Deutsches Steuerrecht-Entscheidungsdienst 1998, S. 803 – 807.

IV. Allgemeine Internetseiten

Accounting Standards Board: http://www.asb.org.uk

Deutsches Rechnungslegungs Standards Committee: http://www.drsc.de

Financial Reporting Review Panel: http://www.frrp.org.uk

International Accounting Standards Board: http://www.iasb.org.uk

Stichwortverzeichnis

A

D

E

F

J

K

L

M

S

T

U

V

Z

Kolibri 360 GmbH
Ferdinand-Jühlke-Straße 7
99095 Erfurt, Deutschland
produktsicherheit@kolibri360.de

Druck:
CPI Druckdienstleistungen GmbH
im Auftrag der
Kolibri 360 GmbH
Ferdinand-Jühlke-Str. 7
99095 Erfurt